Hans-W. Fischer-Elfert

# Grundzüge einer Geschichte des Hieratischen
# Band II

# Einführungen und Quellentexte zur Ägyptologie

herausgegeben von

Louise Gestermann und Christian Leitz

Band 14

LIT

Hans-W. Fischer-Elfert

# GRUNDZÜGE EINER GESCHICHTE DES HIERATISCHEN

# BAND II

LIT

Gedruckt auf alterungsbeständigem Werkdruckpapier entsprechend
ANSI Z3948 DIN ISO 9706

**Bibliografische Information der Deutschen Nationalbibliothek**
Die Deutsche Nationalbibliothek verzeichnet diese Publikation in der
Deutschen Nationalbibliografie; detaillierte bibliografische Daten sind
im Internet über http://dnb.dnb.de abrufbar.

ISBN 978-3-643-15014-1 (br.)
ISBN 978-3-643-35014-5 (PDF)

© LIT VERLAG Dr. W. Hopf Berlin 2021
Verlagskontakt:
Fresnostr. 2 D-48159 Münster
Tel. +49 (0) 2 51-62 03 20
E-Mail: lit@lit-verlag.de https://www.lit-verlag.de

**Auslieferung:**
Deutschland: LIT Verlag, Fresnostr. 2, D-48159 Münster
Tel. +49 (0) 2 51-620 32 22, E-Mail: vertrieb@lit-verlag.de

Inhaltsverzeichnis

## 15. Deir el-Medineh als Sammelpunkt diverser Schreibstile und Text- sorten
### Schreib(er)übungen und literarische Traditionspflege – Ramessi- denzeit Teil I

## I. Zur Transkription des Hieratischen des Neuen Reiches

War MÖLLERs primäres Anliegen noch ein solches der Datierung von zuvor- derst literarischen oder religiösen Handschriften, und dies besonders von sol- chen der 18.-19. Dyn., die nicht durch einen entsprechenden kalendarischen Vermerk absolut chronologisch datiert werden können, so hat er nebenbei aber auch noch Fragen der adäquaten Transkription von Zeichen behandelt.[1] Genau dieses Problem nimmt neun Jahre nach ihm GARDINER in einem gleichfalls noch heute grundlegenden Aufsatz ins Visier. Sein programmatischer Titel lau- tet „The Transcription of New Kingdom Hieratic".[2] Wie sollen wir bestimmte Spezifika des Neuhieratischen so korrekt wie möglich transkribieren bzw. wel- che hieroglyphischen Pendants verbergen sich dahinter und/oder sind sie wo- möglich gegenüber dem Hieroglyphischen eigenständig? Seine Schlussfolge- rung aus der hieroglyphischen und hieratischen Varianz in der Schreibung ein und desselben Wortes lautet so:

> „The conclusion may, I think, be drawn without further ado, that *the employment of a certain hieroglyph in New Kingdom inscriptions is no adequate reason for the employ- ment of the same hieroglyph in transcribing the contemporary hieratic text.*"[3](Kursi- ves so im Orig. !)

Anders gesagt, es gibt im NR keine Garantie für die Existenz von 1:1 mit den damaligen hieratischen Zeichenformen übereinstimmenden Hieroglyphen.

---

[1] S. seinen im vorangehenden Kap. 14 vorgestellten Artikel in: *ZÄS* 56 (1920).
[2] In: *JEA* 15 (1929), 48-55. In Kap. 14 haben wir auch schon gesehen, dass GLANVILLE bereits 1930 in seinem ersten Beitrag zu Pap. BM EA 10056 in: *ZÄS* 66, 109, GARDINERS Artikel zwar zitiert, es allerdings für „scarcely worth while" gehalten hatte, seine eigenen Transkriptionen dessen Richtlinien anzupassen. – Diese kapitale Frage der korrekten Tran- skription ins Hieroglyphische war u.a. Gegenstand mehrerer Beiträge und auch der anschlie- ßenden Diskussion auf der von VERHOEVEN und Kolleginnen organisierten Mainzer Tagung „Binsen"-Weisheiten III v. 7.-9.4. 2016. Der dazu erscheinende Band wird diese Vorträge hoffentlich *in toto* abbilden.
[3] *Loc. cit.*, 49.

Deshalb hatte sich Möller auch in seinem Artikel von 1920 älterer hieroglyphischer Paläographie bedient, die seiner Ansicht nach am ehesten mit den besprochenen Hieratogrammen korrespondieren.[4]

GARDINER beleuchtet seine Position dann anhand einer m.E. repräsentativen, weil für das NR-Hieratisch insgesamt typischen, Auswahl an Zeichen. GARDINER, das muss man dazu sagen, hatte bis zu diesem Zeitpunkt eine Vielzahl von Hieratika eigenständig ediert, bearbeitet und kommentiert. Dabei konzentrierte oder gar spezialisierte er sich nicht ausschließlich auf nur ein Genre, sondern seine hieratistischen Arbeiten sind von bewundernswerter Bandbreite, die sowohl dokumentarische, literarische als auch religiöse Texten bzw. Handschriftenmit abzudecken vermochte. Seine Quellenkenntnis war einfach fulminant und das sollte sie im weiteren Verlaufe seines langen Lebens und Publizierens noch umso mehr werden. Kurz nach diesem Aufsatz im *JEA* beginnt er geradezu eine Flut von Editionen hieratischer Texte aller Genres, an deren Lesungen selbst heute kaum zu rütteln ist. Kurzum, ein Fachmann wie GARDINER wusste, wovon er redet, wenn er Vorschläge zur verbesserten Transkription unterbreitet.

Welche Beispiele sind nun besonders instruktiv? Es können aus Platzgründen hier nur wenige präsentiert werden, und in Zweifelsfällen bei der Transkription neuhieratischer Texte sollte stets sein Artikel konsultiert werden.

Abb. 1: *p3*-Vogel: hieroglyphisch mit nur einem Flügel nach oben (G40): hieratisch mit beiden Flügeln nach oben gerichtet (G41)[5]

G40 ist unüblich im Hieratischen, wo es regelhaft in der Gestalt G41 erscheint, wenn auch G41 vereinzelt im Hieroglyphischen verwendet wird; Nachweise bei GARDINER. Zudem wird der Lautwert *p3* des 𓅮 -Vogels in der Kursive graphonematisch durch 𓂝 komplementiert. Das entspricht dem allgemeinen Usus im Hieratischen spätestens ab dem frühen MR, Mehrkonsonantenzeichen mindestens bezüglich ihres 2. Radikals auf diese Weise nach hinten bzw. links hin zu komplementieren. AR-Graphien in Hieroglyphen wie in Hieratisch praktizieren zusätzlich die graphonematische Komplementierung von Wörtern auch „nach vorne" hin, d.h. zum Wortanfang, eine Usance, die spätestens im Laufe

---

[4] A.H. GARDINER, *loc. cit.*, 48 Anm. 1, mit Verweis auf G. MÖLLER, *loc. cit.*, 34.
[5] *Loc. cit.*, 51.

des MR unüblich wird und im NR gänzlich außer Gebrauch gekommen ist. Das gilt insbesondere für die „Orthographien"[6] von hieratischen Texten.

Ein weiteres und alles andere als seltenes Zeichen betrifft die Determinierung von numinosen Wesen und Dingen, insonderheit von Namen von Göttern und Dämonen. Hatte man bis zu GARDINERS Artikel von 1929 das „Gottesdeterminativ" eines senkrechten Striches mit kurzem Querstrich darüber *par excellence* durch ⍫ (A40) umschrieben, zeigt Gardiner die adäquatere Wiedergabe durch ⍭ (G7) auf.

Ein besonders instruktives Beispiel für die im NR herrschende Divergenz des synchronen Zeichenrepertoires ist die „Kunsthieroglyphe" ⍾[7] mit dem Lautwert *šn*, der auch keine materielle Realität entspricht. Sie ist aus dem Hieratischen quasi herausdestilliert worden, sollte aber bei der Umschreibung eines damit geschriebenen Wortes nur im Wissen um diese transkriptorische Artifizialität Verwendung finden. MÖLLER, *HP II*, Nr. 521, hatte noch so transkribiert:

Abb. 2:

Da dieses Zeichen allerdings schon im NR mit der Harpune ⍿ (T22 mit dem Lautwert *sn*) paläographisch zusammengefallen und leicht verwechselbar geworden war, empfehle sich die Verwendung der „neuen" Hieroglyphe ⍾, um auch in der Umschrift das tatsächlich geschriebene Zeichen zu signalisieren.

Oder ein letztes Beispiel, über das man bei der eigenen Lektüre von NR-Hieratika auf Schritt und Tritt stolpert: Die korrekte Transkription des Zeichens ⍑ *ḥr* – „Gesicht" mit Logogrammstrich ⍒ bzw. mitphonetischem Komplement

---

[6] Von Orthographie im wörtlichen Sinne dieses Terminus kann im Ägyptischen ja generell nicht gesprochen werden, da es keine von irgendwelchen sprachregelnden Institutionen wie Akademien festgelegten Vorschriften zur graphischen Notation der Wörter des ägyptischen Wortschatzes gegeben haben dürfte. Wir können allenfalls von Graphien sprechen und diese weisen mitunter enorme diachrone und auch regionale Unterschiede auf.

[7] Wir müssen dieses Zeichen aus seinem Artikel scannen, da es sich auch nicht in GARDINERS maßgeblicher Sign-list in seiner *Egyptian Grammar*, *Third Edition, Revised*, von 1957 findet.

⌒ *r* darunter und ohne begleitenden Strich: ⸙. Wann wird das Zeichen *ḥr* wie in Ligatur aus *ḥr* + *r* geschrieben und wie gilt es dann zu transkribieren? In der Regel wird das letztere Hieratogramm dann geschrieben, wenn es im *status pronominalis* steht, also bei Antreten eines Suffixes, in ersterer Form dagegen im *status absolutus* bzw. *nominalis*, also ohne ein solches Suffix, wenn ein Nomen folgt.[8] Liegt einem hieratischen Text des NR sprachlich das sog. Neuägyptische zugrunde mit seiner gegenüber dem Mittelägyptischen gravierend anderen „Orthographie", gesellt sich nicht selten noch ein zweites ⌒ hinzu, um den Silbenanlaut dieses Konsonanten zu markieren: Z.B. in der 3. Pers. Sg. mask. mit der rekonstruierten Vokalisation *ra=f*, wohingegen das /r/ im damaligen Silbenauslaut längst zu einem sog. *glottal stop* reduziert war.[9]

Alles vermag zwar auch ein GARDINER nicht zu klären, aber seine Richtlinien insgesamt haben wie gesagt bis heute Bestand und sie haben sich bewährt. Als nächster hat sich dann 1956 CAMINOS in den Einleitungen zu diversen literarischen Texten aus der 18. Dyn. mit solchen Fragen auseinandergesetzt und eigene Beobachtungen hinzugefügt, auf die wir bereits im vorangehenden Kapitel hingewiesen haben.[10]

Damit soll es zu den praktischen Aspekten der Transkription zunächst sein Bewenden haben und wir wollen uns nun den verschiedenen Ausprägungen und Bezeugungen des Hieratischen in der Ramessidenzeit zuwenden.

Es gibt zu allen Zeiten der ägyptischen Schriftgeschichte, und in derjenigen des Hieratischen ganz besonders, sog. *peaks* in Hinblick auf seine Belegdichte. Was wir nämlich keinesfalls konstatieren oder beobachten können, ist eine kontinuierliche Zunahme in der praktischen Verwendung dieser Kursive, die sich auch mit einer quantitativ erhöhten Beleglage korrelieren ließe. Politische Zwischenzeiten dürften ihren Teil zu geringerer Schreibtätigkeit und einer Abnahme an Literalität beigetragen haben. Im NR können wir gewisse, wenn auch weit auseinanderliegende Belegdichten in der Überlieferung hieratischer Schriftkursive beobachten. Diese Spitzenwerte liegen in der Mitte der 18. Dyn.,

---

[8] Dass diese Differenzen rein phonetische bzw. Akzentuierungsgründe der Präposition haben, soll hier nicht ausgeführt werden. Es genüge der Hinweis auf F. JUNGE, *Neuägyptisch. Einführung in die Grammatik* (1. Aufl. 1996), 38f.

[9] Ein solcher glottal stop ist ein Stimmritzenverschluss, wie er z.B. im deutschen Verbum *be'achten* zwischen den beiden Vokalen liegt oder im Cockney-Dialekt des Englischen, wo das Wort für „Flasche" nicht *bottle* lautet, sondern *bo'əl*.

[10] R.A. CAMINOS, *Literary Fragments in the Hieratic Script* (1956), 1-4; 22-23; 40-41 (zur jeweiligen Paläographie der von ihm edierten Hss aus der frühen 18. Dyn.).

um die Regierungszeit Thutmosis III – Amenhotep II herum. Insbesondere Dokumentaria auf Papyrus und Ostraka sowie Dipinti – alias Graffiti – legen hiervon ein beredtes Zeugnis ab.

Die folgenden Jahrzehnte von Amenhotep II. bis zur Amarnazeit sind vergleichsweise ärmlich an hieratischen Quellen, wenn man von den unzähligen
und im Wesentlichen sich wiederholenden Weinkrug- und anderen Etiketten
z.B. aus dem Palastbezirk von Malqata[11] einmal absieht. Nur sehr wenige Privatbriefe auf Papyrus sind bekannt,[12] dazu kommen einige magisch-medizini-
sche Traktate.[13]

Zwar nimmt die Zahl der Totenbücher, zunächst auf Leinwand und Sargteilen,
später dann vorwiegend auf Papyrus, seit der frühen 18. Dyn. erheblich zu. Allerdings werden sie ganz überwiegend bis zur beginnenden 3. Zwzt. noch in
Kursivhieroglyphen geschrieben, welcher Schriftableger m.W. keinen nen-
nenswerten Einfluss auf die Entwicklung der hieratischen Kursive genommen
hat, weder in ihrer literarischen Ausprägung oder Buchschrift, noch in ihrem
administrativen Ableger oder der schon von MÖLLER sogenannten Geschäftsschrift. Deshalb wird uns dieser Seitenzweig des ägyptischen Schriftsystems
hier auch nicht weiter zu beschäftigen haben.

Ein paar Worte noch zur sog. Orthographie des Hieratischen von der 18. bis zur
20. Dynastie scheinen mir angesichts aktueller Forschungen dazu mehr als an-

---

[11] Dazu W.C. HAYES, „Inscriptions from the palace of Amenhotep III", in: *JNES* 10 (1951),
35-56; 82-111; 156-183; 231-242.
[12] So z.B. drei in Kahun/Illahun gefundene Papyri, aber in der Lit. lange Zeit unter dem Label
„Gurob" laufende, Papyri mit Briefen an Amenhotep IV.; s. A.H. GARDINER, *Ramesside
Administraticve Documents* (1948), viii; ed. von F.LL. GRIFFITH, *The Petrie Papyri. Hieratic
Papyri from Kahun and Gurob* (1898), 91-98 und Pl. XXXVIII-XXXIX. Insbesondere Pap.
I.1 ist in sorgfältiger Kanzleischrift verfasst, dem Status des Adressaten angemessen; s. ferner T.E. PEET, „Two Letters from Akhetaten", in: *Annals of Archaeology and Anthropology,
University of Liverpool* 17 (1926), 82-97 und Pl. XVIII-XXX; Übersetzung bei E.F. WENTE,
*Letters from Ancient Egypt* (1990), 94-96 (Nr. 123-124). Die Nrn. 125-127 bei WENTE bieten
solche von Amarna-Briefen auf Ostraka.
[13] S. die medizinische Hs Pap. Louvre E 4864 verso, ed. G. POSENER, *L'Enseignement loyaliste. Sagesse égyptienne du Moyen Empire* (1976), 144 (Umschrift) und Pl. IV (Photo); jetzt
a. übersetzt und knapp kommentiert von ÉTIENNE, nebst einer hervorragenden Abbildung,
in dem Ausstellungskatalog von A. CHARRON – C. BARBOTIN (Hgg.), *Savoir et Pouvoir à
l'époque de Ramsès II. Khâemwaset le prince archéologue* (2016), 258f. Aus der späten 18.
Dyn. dürfte der von LEITZ neu-arrangierte und kommentierte magiko-medizinische Pap.
London EA 10059 datieren; s. id., *Magical and Medical Papyri of the New Kingdom* (HPBM
VIII, 1999), 51-84 und Pl. 26-46.

gebracht. Auch wenn dieser historische Abriss des kursiven Ablegers der altägyptischen Hieroglyphenschrift nicht in jedem einzelnen Kapitel minutiös die
Gemeinsamkeiten und besonders die Unterschiede zwischen den beiden
Schriftarten beleuchten kann, sollen einige Spezifika hier dennoch nicht uner-
wähnt bleiben. Gemeint ist die semantische Determinierung bzw. Klassifizierung von Nomina und Verben im Verlaufe dieses Zeitraumes von immerhin gut
400 Jahren. Dass diese gewissen Veränderungen unterliegen, ist beinahe zu erwarten. CHANTRAINE hat dieses Phänomen an hieratischen Texten, literarischer
wie dokumentarischer Natur untersucht und dabei anhand von häufigen Lexemen gezeigt, dass dabei mehr oder minder parallel zur dreistufigen Entwicklung des Neuägyptischen selbst eine ebensolche dreistufige Veränderung in der
Determinierung bzw. Klassifizierung zu beobachten ist, besonders deutlich von
der 19. hin zur 20. Dynastie.[14] Danach scheinen die betroffenen Verben und
Nomina neuen semantischen Klassen zugewiesen worden zu sein, Bedeutun-
gen wurden eingeschränkt bzw. spezifiziert u.ä. Sie unterscheidet dabei zwischen „first-level-classifier" = „specific ones: subordinate and basic level" und
„second-level-classifier" = „superordinate, less specific ones" (40). Es kommt
in der orthographischen Veränderung zu Hinzufügungen neuer und Ersetzen
alter Klassifikatoren. Erstere Kategorie kann durch die zweite Kategorie ersetzt
werden, und es gibt Beispiele für Disambiguierung, d.h. Kenntlichmachung
von Polysemie durch Ersetzen eines „first-level-classifiers" durch einen anderen „first-level-classifier". Worauf sie nicht eigens eingeht, was aber zur Divergenz zwischen hieroglyphischen und hieratischen Texten besonders des NR
noch erwähnt werden sollte, ist die Tatsache, dass es einen generellen Trend
hin zu einer größeren Zahl von Determinativen / Klassifikatoren im Neuhieratischen gibt, als dies noch im MR der Fall war, vom mehr oder minder deter-
minativarmen AR ganz zu schweigen. Kursive Texte determinieren aufs Ganze

---

[14] „The Use of Classifiers in the New Kingdom. A Global Reorganization of the Classifiers
System?", in: *LingAeg* 22 (2014), 39-59.

gesehen ihre Verben und Nomina in erheblich umfänglicherer Weise als das nicht-kursive Steininschriften z.B. zu tun pflegen.[15] Für die Details sei nachdrücklich auf CHANTRAINEs Aufsatz verwiesen.

## II.    Deir el-Medineh als Ort der Schreiberausbildung

Kommen wir endlich zum nächsten Brennpunkt entsprechender Textproduktion, der u.a. mit einem buchstäblich an Hieratika nur so sprudelnden Brunnen verbunden ist. Ich meine den nördlich der Siedlung von Deir el-Medineh intendierten Brunnen zur Versorgung dieser Siedlung mit Wasser in der 18.-20. Dyn. Allerdings hat er nie Wasser führen können, da der damalige Grundwasserspiegel nicht erreicht werden konnte und man die Arbeit an seinem Aushub aufgeben musste. Stattdessen wurde er dann im Laufe der ramessidischen Jahrzehnte als „Endlager" für obsoletes Textmaterial zweckentfremdet, sehr zur Freude der Ägyptologen natürlich. Gefunden wurden in diesem sog. Brunnen ca. 13.000 Ostraka, die sich auf dokumentarische und solche literarischen wie religiösen Inhalts im weitesten Sinne verteilen. Chronologisch wird damit ganz überwiegend die Spanne von der 19. zur 20. Dyn. abgedeckt. Von diesen 13.000 Objekten sind bis heute (2017) 1275 administrativen und 873 literarisch-sakralen Genres ediert, sämtlich aus den Funden und Beständen des IFAO und des Äg. Museum in Kairo.

Archäologisch entdeckt wurden sie ganz überwiegend 1950/1 von BRUYÈRE (1879-1971),[16] dem damaligen Leiter der französischen Grabungs-Équipe. BRUYÈRE hat über knapp 30 Jahre hinweg von 1922-51 Grabungen im Auftrag des IFAO in und um Deir el-Medineh herum durchgeführt. Studiert und ediert haben die Hieratika dann die beiden Grabungsphilologen POSENER (literarische und religiöse) und ČERNÝ (dokumentarische), und vorgelegt wurden sie in mehreren Faszikeln der Reihe *DFIFAO* zwischen den Jahren 1934 bis zum heutigen Tage. Nach dem Tode POSENERs 1988 werden die Literaria von GASSE

---

[15] Synchrone wie diachrone Studien zu diesen markanten Unterschieden gibt es bislang so gut wie gar nicht. Bei Doppelüberlieferung ein und desselben Textes in beiden Schriftarten bietet sich eine solche Untersuchung geradezu an; s. z.B. die Versionen der sog. Kamose-Stelen 1-2 mit der kursiven Version auf der Holztafel Carnarvon No. 1; s. Synopse bei W. Helck, *Historisch-biographische Texte der 2. Zwischenzeit und neue Texte der 18. Dynastie* (1975), 82-91: Dort, wo die hieratische Version phonetisch komplementiert, lässt HELCK Lücken in der hieroglyphischen Fassung; s.a. grundsätzlich zu dieser Frage B.J. HARING, „Hieratic Drafts for Hieroglyphic Texts?", in: U. VERHOEVEN (Hg.), *Ägyptologische „Binsen"-Weisheiten I-II* (2015), 67-84; dort: 69 mit Fig. 1a und b.

[16] M.L. BIERBREIER (Hg.), *Who Was Who in Egyptology* (2012), 88.

weitergeführt und die Dokumentaria nach dem Tode ČERNÝS 1971 von GRAN-
DET.[17]

Aber es war nicht nur dieser nie Wasser führende Brunnen,[18] der reichliche
Textfunde an Hieratika gezeitigt hat, dazu kommen diverse andere *sites* in und
um Deir el-Medineh, angefangen bei den Häusern der Siedlung bis hin zu den
umliegenden Privatgräbern und Kapellen auf der W- und N-Seite. Erwähnt sei
auch, dass bereits zehn Jahre vor Grabungsbeginn von BRUYÈRE, nämlich in
den Jahren 1911 und 1913, MÖLLER vornehmlich am NW-Ende der Siedlung
geschürft hat, ohne allerdings seine Grabungen irgendwie archäologisch zu dokumentieren.[19] Aus seinen Kampagnen sind neben seinen Tagebüchern auch
einige Originale in Gestalt von Ostraka in die Papyrussammlung des Berliner
Äg. Museums und Papyrussammlung gelangt. Nicht alle haben den 2. Welt-
krieg jedoch überstanden und die wenigsten der Berliner Ostraka sind überhaupt publiziert.

Der wohl gewichtigste Neuzugang an Hieratika ist durch die Basler Grabungen
bei den Gräbern von Siptah (KV 47) und Ramses' X (KV 18) zu verzeichnen.
Vorgelegt und ausgewertet hat dieses umfangreiche Material 2011 DORN in
seiner Dissertation.[20] Allein durch diese Mission sind Hunderte neuer Quellen
aller Genres hinzugekommen. Insbesondere für unsere Rekonstruktion der Arbeiten an den Königsgräbern selbst sind diese Texte von maßgeblicher Bedeutung.

---

[17] Dabei werden nicht-literarische Ostraka von GRANDET in Transkription, Übersetzung und
Kommentierung präsentiert, was bei den literarischen durch GASSE nicht der Fall ist. Allerdings sei dazu gesagt, dass sich ein solches aufwändiges Unterfangen auch längst nicht in
jedem Einzelfalle lohnt, da die Literaria häufig Varianten zu längst bekannten Werken darstellen und nur im Verbund einer Gesamtbearbeitung des jeweiligen Texte eine Kommentierung verdienen.

[18] Viel wahrscheinlicher ist sein Aushub zur Gewinnung von verarbeitungsfähigem Lehm,
wie dies R. und D. KLEMM in ihrem Beitrag „Der „Grand Puits" in Theben-West" begründet
haben, s. iid., in: D. KESSLER *et al.* (Hg.), *Texte – Theben – Tonfragmente. Festschrift für
Günter Burkard* (2009), 271-280.

[19] Seine im Berliner Äg. Museum aufbewahrten Tagebücher interessieren sich beinahe ausschließlich für Textfunde bzw. beschriftetes Material. Die Hieratika nehmen dabei erwartungsgemäß eine dominante Stellung ein. MÖLLER hat seine Arbeiten an diesem Ort nie publiziert, und auch der erst 1943 von ANTHES vorgelegte Bericht vermag die präzisen Fundorte der Ostraka nicht zu benennen; id., „Die deutschen Grabungen auf der Westseite von
Theben in den Jahren 1911 und 1913", in: *MDAIK* 12, 1-68; dort: 61.

[20]*Arbeiterhütten im Tal der Könige: Ein Beitrag zur altägyptischen Sozialgeschichte aufgrund von neuem Quellenmaterial aus der Mitte der 20. Dynastie (ca. 1150 v.Chr.)* (2012);
s.a. die Rez. von C. EYRE, in: *JEA* 99 (2013, 317-319).

Was macht Deir el-Medineh nun so bedeutend für die Hieratistik? Da ist zum einen die Tatsache, dass wir aus dieser Siedlung und Umgebung wohl die gesamte Bandbreite hieratisch verschrifteter Texte der damaligen Epoche vorliegen haben dürften, auf zahlreichen Papyri und mindestens der genannten Anzahl an Ostraka. Letztere bestehen entweder aus Topfscherben oder aus – nicht selten präparierten – Kalksteinscherben.[21] Das sind dann im Einzelnen Kopien eines Kanons alter Literaturwerke aus dem MR oder später, die bis zur Mitte der 20. Dyn. zum Curriculum der Schreiberausbildung zählten. Hymnen, Gebete, Beschwörungen, Verklärungen, medizinische Rezepte kommen hinzu. An Urkunden haben wir zahlreiche Privatbriefe, Rationenlisten von Arbeitertrupps wie solche von Handwerkern, die auf der königlichen Baustelle wegen Krankheit oder aus anderen Gründen fehlen, die sog. Absentenlisten.[22] Des Weiteren gehören hierzu Protokolle von Prozessen wie denen der Grabräuber unter Ramses IX und XI, sowie solche weniger staatlicher, sondern eher privater Natur.

Es wäre ein alles andere als unfruchtbares Unterfangen, von sämtlichen Hieratika, die in irgendeiner Weise der ramessidischen Siedlung zugeordnet werden können, eine lokale Paläographie anzufertigen. Diese sollte in mehreren Bänden oder online mit feiner Binnengliederung nach Genres und soweit möglich nach individuellen Handschriften angelegt werden. Es existiert zwar eine Paläographie der nicht-literarischen Ostraka dieser beiden Dynastien aus der Feder von WIMMER.[23] Allerdings krankt diese Arbeit wie alle bis dahin vorgelegten an der Annahme, es gäbe eine generalisierbare „Entwicklung" in der Zeichen- und Ligaturentwicklung über einen vergleichsweise kurzen Zeitraum. Hier wird erneut viel zu wenig mit individuellen Spezifika *alias* Idiosynkrasien gerechnet. Wir werden aber im weiteren Verlauf unserer Betrachtung der Deir el-Medineh-Hieratika noch sehen, dass genau solche Idiosynkrasien mit namentlich bekannten Individuen verknüpft werden können. ČERNÝ war m.W. der erste, der aufgrund seiner jahrzehntelangen Studien von Dokumentaria aus diesem Ort bisweilen den einen Schreiber von seinem nächsten und zeitgleichen

---

[21] Über die Vorbereitung von bisweilen recht amorphen Kalksteinsplittern zu benutzbaren Schreibflächen s. jetzt J. PELEGRIN – G. ANDREU-LANOË – C. PARISELLE, „La production des ostraca en calcaire dans la nécropole thébaine. Étude préliminaire", in: *BIFAO* 115 (2016), 325-352.

[22] Zum Urkundenrepertoire in Deir el-Medineh allgemein C. EYRE, *The Use of Documents in Pharaonic Egypt* (2013), bes. Kap. 6.

[23] *Hieratische Paläographie der nicht-literarischen Ostraka der 19. und 20. Dynastie* 2 Bände (1995); s. dazu die nicht zu Unrecht kritische Rez. von J.J. JANSSEN, in: *BiOr* 54 (1997), 338-345.

Kollegen unterscheiden konnte, ohne dass es dazu einer namentlichen Erwähnung dieser Personen in den Urkunden bedurft hätte. MÖLLER hat vor 100 Jahren im 2. Band seiner *Hieratische(n) Paläographie* immerhin schon regionale
Unterschiede von Handschriften ausmachen können, solche zwischen Memphis und Theben, nicht aber individuelle. Trotz eigener Grabungen vor Ort
reichte das Material dafür noch nicht aus.

Deir el-Medineh hat aber nicht nur Schriftzeugnisse von geübten Profis gezeitigt, sondern gewährt uns auch einen allerersten Einblick in die Schreiberausbildung. Womit haben die Schüler begonnen und in welchen Schritten hat sich
ihre Ausbildung vollzogen? Wir erwähnten schon die Tatsache, dass wir aus
diesem Ort – und seiner näheren Umgebung bis in Tal der Könige hinein –
zahlreiche Kopien älterer Literaturwerke vorliegen haben. Man hat zur Ramessidenzeit viele der alten Texte x-fach reproduziert und vielleicht auch begleitend mündlich kommentiert. Anders formuliert, wir haben es hier mit regelrechten Textstudien, einer Art Vorläufer unserer Literaturstudien, zu tun, im
historischen wie im philologischen Sinne. Aber auch erste Ansätze zu einem
Studium der eigenen Grammatik lassen sich erahnen. Grammatische Paradigmen wie Tempora und Verbalformen, ganze Syntagmen scheinen erst in ptolemäischer Zeit im Demotischunterricht eingeübt worden zu sein.[24]

---

[24] Darauf deuten zumindest die inzwischen bekannten Quellen hin, wie sie u.a. U. KAPLONY-
HECKEL, „Schüler und Schulwesen in der ägyptischen Spätzeit", in: *SAK* 1 (1974), 227-246,
ediert und analysiert hat. Durch die römerzeitlichen Tebtunis-Onomastika kommen dann
spätestens noch die Kategorien „Substantiv", „Verb" und deren jeweilige Kollokation nach
Art früher Wort- oder semantischer Felder hinzu. In welcher Weise sich diese grammatischen Zeugnisse in die hellenistisch-römische Philologie z.B. alexandrinischer Prägung fügen, bleibt einer eigenen Untersuchung vorbehalten. Hochinteressante Beobachtungen zum
Umgang mit der eigenen Sprache und deren Grammatik finden sich in dem mehr als lehrrei-
chen Buch *Mithridates im Paradies. Kleine Geschichte des Sprachdenkens* von TRABANT
(2003), bes. auf S. 37 zur ersten Analyse von acht Redeteilen nach der aristotelischen und
post-aristotelischen Grammatik. Der altägyptische Umgang mit und die Klassifikation von
Segmenten der eigenen Sprache kommt darin noch nicht zur Sprache. Zur „Linguistic
consciousness" s. den gleichbetitelten Beitrag von ULJAS, in der online *Encyclopedia of
Egyptology* unter: https://escholarship.org/uc/item/0rb1k58f?query=
Linguistic consciousness (Zugriff: Mai 2016).

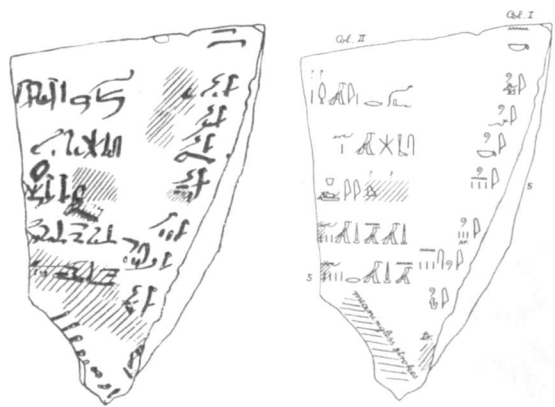

Abb. 3: Ostr. Petrie 28: Grammatische Übung *iw* + Suffixe[25]

Aus Deir el-Medineh haben wir immerhin eine grammatische Randnotiz auf
dem Ostrakon Petrie 28 in der nach ihm benannten Sammlung des University
College London. Hier wird entweder das *iw* des Futur III durch beinahe alle
Personen durchexerziert, oder wir haben es mit dem Konverter *iw* zu tun. In
beiden Fällen würde man den jeweiligen Rest des Paradigmas, also *r-sḏm* bzw.
*ḥr-sḏm*, erwarten. Davon abgesehen fehlen aber auch die 3. Pers. Sg. fem. und
2. Pers. Pl. Der Umstand, dass das Paradigma auf den Rand der Scherbe notiert
wurde, spricht für eine gewisse Beiläufigkeit im Prozess des Studiums der eigenen Sprache. Abgesehen davon stellt sich auch die Frage, inwieweit die folgende Reihung der Personen dem damaligen Kanon entsprach:

1)   *iw=i* 1. Sg., mask. und fem.(?)

2)   *iw=f* 3. mask. Sg.

3)   *iw=k* 2. mask. Sg.

4)   *iw=n* 1. Pl.

5)   *iw=<w>* 3. Pl. neuäg.

6)   *iw=sn* 3. Pl. mitteläg.

7)   *iw=t* 2. fem. Sg.

---

[25] A.H. GARDINER – J. ČERNÝ, *Hieratic Ostraca I* (1957), Pl. VIII Nr. 7; dazu a. in Übers. A.
MCDOWELL, *Village Life in Ancient Egypt. Laundry Lists and Love Songs* (1999), 132 Nr.
96. Weitere Quellen dieser Art erwähnt bei A.H. GARDINER, *AEO I*, 4 Anm. 2, darunter auch
eine hieratische auf einem Kairener Ostrakon. Seitdem ist noch Ostr. Turin CGT 57104 hinzugekommen; s. dazu weiter unten. Zu diesem Stück s.a. I. VENTURINI, „Le statut des exercices scolaires au Nouvel Empire: balbutiements d'écoliers ou entraînements d'étudiants",
in: J.-C. GOYON *et al.* (Hgg.), *Actes du Neuvième Congres International des Égyptologues*
(2007), 1885-1896; dort: 1892f.

Oder werden wir sie individuell dem Kopisten zuschreiben müssen? In der linken Spalte daneben werden übrigens Holz- bzw. Baumarten aufgelistet. Auch diese Liste spricht für eine Schülerübung aus dem Unterrichtsfach „Ägyptisch + Fremdwörter". Wir werden gleich noch weitere Beispiele für diese Übungen sehen.

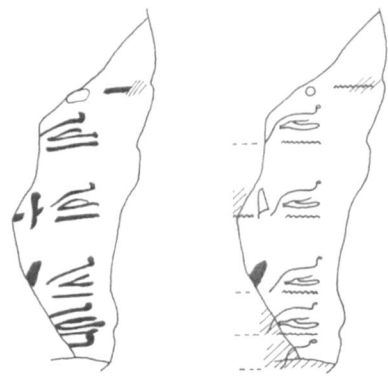

Abb. 4: Ostr. Turin CGT 57139: Konjugieren der Verbalwurzel ḏd[26]

Dieses Fragment in Turin exerziert wahrscheinlich das Verbum ḏd – „sagen" als Wurzel durch das Vergangenheitstempus sḏm.n=f durch, wie unschwer an dem jeweils folgenden Morphem /.n/ zu erkennen. Das Stück wurde 1905 von SCHIAPARELLI (1856-1928)[27] – irgendwo – in Deir el-Medineh gefunden.

Abb. 5: Grammatische Paradigmen auf Ostr. Cairo CG 25227[28]

Und schließlich noch ein von MARIETTE in der Shunet es-Zebib in Abydos gefundenes Ostrakon mit gleich zwei Paradigmen in Auszügen: iw= entweder als Konverter oder als Futur III-Morphem sowie die Basis mtw= des neuägyptischen Konjunktivs. Leider ist das Stück nie richtig ediert worden.[29]

---

[26] J. LOPEZ, *Ostraca Ieratici N. 57093 – 57319* (1980), 21f. und Tav. 61a.

[27] M.L BIERBREIER (Hg.), *Who Was Who in Egyptology* (2012), 492f.

[28] G. DARESSY, *Catalogue générale des antiquités égyptiennes du Musée du Caire Nos 25001 – 25385 Ostraca hiératiques* (1901), 55f. Daressys Transkription wird hier spiegelverkehrt und damit entsprechend der Originalschriftrichtung reproduziert.

[29] G. DARESSY, *Catalogue général des antiquités égyptiennes du Musée du Caire* (1901), 55f. (dort seitenverkehrt reproduziert), sowie A. Mariette, *Catalogue général des monuments d'Abydos* (1880), 589.

Kulturvergleichend sollte sicher ergänzt werden, dass die Babylonier den ramessidischen Ägyptern in Sachen Grammatik und deren Analyse eventuell mei-
lenweit voraus waren. Denn bereits in der altbabylonischen Epoche (ca. 19.-17.
Jh.), synchron etwa dem MR, wurde das damals mehr oder weniger als leben-
dige Sprache bereits ausgestorbene Sumerisch morphologisch analysiert und
entsprechend linguistisch klassifiziert.[30] Sumerische Verbalformen wurden akkadischen Entsprechungen – soweit möglich – gegenübergestellt. Dieser Umstand ist der damaligen und dortigen Zweisprachigkeit geschuldet, verdient in
jedem Falle unseren allerhöchsten Respekt und gehört unbedingt mit in die Geschichte des Sprachdenkens in seinem ganz pragmatisch und auf Didaktik ausgerichteten, weniger sprach-philosophischen Aspekt.

Verbleiben wir aber noch ein wenig bei solchen Übungen in der Schreiber-
schule von Deir el-Medineh. Wenn wir das Wort „Schule" in den Mund nehmen, dann sollten wir eigentlich auch sagen können, wo denn in oder bei diesem Dorf sich eine solche Schule im Sinne eines Gebäudes zum Zwecke des
Unterrichtes befunden haben könnte. Genau das aber gelingt bislang nicht, weil
kein einziges Gebäude bei dieser Siedlung diesem Zweck zugewiesen werden
kann. Vielleicht wurde an diesem Ort genauso in privater Umgebung zum
Schreiben und Schreiber ausgebildet wie z.B. im syrischen Ugarit. Selbst dort
ist bisher keine Schule nachweisbar, selbst im Palast nicht, und Privatbibliothe-
ken waren dort die Regel.[31]

Auch wenn wir davon ausgehen dürfen, dass die ägyptischen Schreiberschüler
den Wortschatz ihrer Muttersprache anhand der sog. Ganzwortmethode erlernt
haben dürften, werden sie an ihrem absoluten Anfang zunächst einzelne
Schriftzeichen haben meistern müssen. Solche Zeichenübungen haben wir z.B.
in Gestalt eines 14 x 12,5 cm großen Kalksteinostrakons im Museo Egizio in
Turin.

---

[30] Lit. dazu bei D.O. EDZARD, *Geschichte Mesopotamiens. Von den Sumerern bis zu Alexander dem Großen* (2004), 134 und 271 mit den Nrn. *29* und *31*, besonders aber der Artikel
von M. KREBERNIK, „Zur Entwicklung des Sprachbewusstseins im Alten Orient", in: C.
WILCKE (Hg.), *Das geistige Erfassen der Welt im Alten Orient. Sprache, Religion, Kultur
und Gesellschaft* (2007), 39-61. Auch diese altorientalische Vor- oder Frühgeschichte des
„Sprachdenkens" findet bei J. TRABANT, *op. cit.*, noch keine Berücksichtigung.
[31] S. z.B. O. LORETZ, *Ugarit und die Bibel. Kanaanäische Götter im Alten Testament* (1990),
9-12: dort S. 9: „Da in Ugarit die Schreiberschulen nicht mehr im Palast waren, findet sich
die gesamte Literatur dieses Bereiches in privaten Bibliotheken und Archiven. Dies gilt auch
für die religiösen Werke".

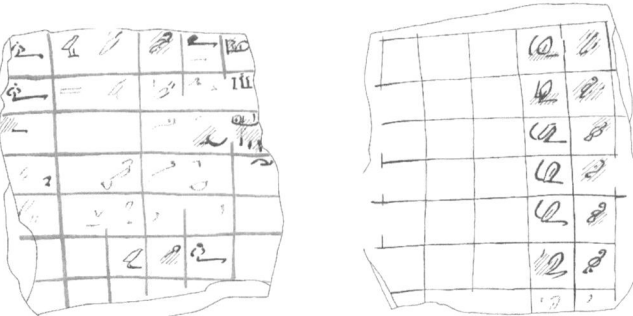

Abb. 6: Ostr. Turin CGT 57300[32]

Auf dem „Recto" dieser Kalksteinscherbe werden solche Zeichen wie ⟨⟩ (F22) und ⟨⟩ (F44) eingeübt. Auf dem Verso sind dies u.a. ⟨⟩ (F4; 2. und 6. Sp. v. re.) und erneut ⟨⟩ (F44; 3. Sp. v. re.). Die Zeichen haben eine z.T. eher kursivhieroglyphische Gestalt, und allenfalls das 1. ⟨⟩ in Sp. 2 vom „Verso" kann als echt hieratisch angesprochen werden. Ob dieser Anordnung eine kanonische Reihung zugrunde liegt, wissen wir ebenso wenig wie im Falle der Personalsuffixe. Dazu bräuchte es statistisch auswertbare Quantitäten des gleichen Musters, und genau diese fehlen uns immer noch.

Als einer der möglichen Orte des Schreiben- und Lesenlernens darf aber vielleicht der sog. K2 oder Kôm 2 nördl. der Siedlung angeführt werden, zwischen den Gräbern des Iry-nefer (TT 290) im SW und dem des Thothermektef (TT 357) im NO gelegen. In dieser Region hat Bruyère 1929 zahlreiche literarische Kopien auf Ostraka gefunden, deren Fundorte Gasse mit einigem Erfolg versucht hat, anhand seines Grabungstagebuches zu lokalisieren.[33]

---

[32] J. Lopez, *Ostraca Ieratici N. 57093-57319. Fasc. 3* (1980), 69 und Tav. 95a. Weshalb Lopez die linke Abb. als verso (= schwarzes Raster) und die rechte als recto (= rotes Raster) klassifiziert, bleibt unklar. Ob das Stück vor seiner Beschriftung präpariert wurde, notiert er ebenso wenig. Solche Beobachtungen im Rahmen der „Material Philology" sind vergleichsweise neueren Datums in der Ägyptologie. Seine Bestimmung als „esercizio scolastico" ist immerhin mit einem Fragezeichen versehen; s. dazu a. kurz O. Goelet, „Writing Ramesside Hieratic: What the *Late Egyptian Miscellanies* tell us about Scribal Education", in: S.H. D'Auria (Hg.), *Servant of Mut. Studies in Honor of Richard A. Fazzini* (2008), 102-110; dort: 105 Anm. 113.– Zu konkreten Beispielen von Anfängerübungen s. wieder den Aufsatz von I. Venturini, „Le statut des exercices scolaires au Nouvel Empire: balbutiements d'écoliers ou entraînements d'étudiants (2007), 1885-1896; dort: 1887f. zu Ostr. Turin CGT 57300.

[33] Vgl. aber den Aufsatz „Le K2, un cas d'école?" von A. Gasse, in: *Deir el-Medîna in the Third Millenium AD. A Tribute to Jac. J. Janssen* (2000), 109-120. S. map VII im Anhang von PM I.1 (1994). – Die Grabungstagebücher von Bruyère sind unter: http://www.ifao.egnet.net/bases/archives/bruyere/ einsehbar.

Wenn auch nicht innerhalb der Mauern von Deir el-Medineh selbst sich ein zu
Unterrichtszwecken reserviertes Haus hat nachweisen lassen, dann ist die
Wahrscheinlichkeit umso größer, dass diese Suche in den Mauern des Ramesseums von Erfolg gekrönt gewesen ist. Im Jahre 2004 publiziert LEBLANC den
1. Vorbericht über den Fund zahlreicher, besonders literarischer Ostraka im
südlichen Abschnitt der Anlage.[34]

Ersten Übungen in Sachen eigener Grammatik und Wortschatz dürften aber
reine Schreibversuche im „Fach" Kursivhieroglyphen vorausgegangen sein,
wie wir soeben anhand der Turiner Kalksteintafel CGT 57300 gesehen haben.

Abb. 7: Holztafel mit Anfang der *Kemyt* (Louvre Af 497)[35]

Ein späterer Schritt auf dem Weg zum Schreiber dürfte anhand einer Holztafel
vonstattengegangen sein wie dieser mit Auszügen aus dem von den Ägyptern
selbst schon „Kemyt" genannten Werk, das in der Ägyptologie überwiegend
als eine Art Modellbrief gelesen wird.[36] Das ganze Unterfangen des Schülers
wirkt noch sehr unprofessionell, die Zeichen sind reichlich ungelenk und der
Kolumnendurchschuss wie auch die einzelnen Glyphen sind noch alles andere
als ausgewogen. Inhaltlich handelt es sich um den Beginn eines Textes, der von
Schreiberschülern unendlich oft zu reproduzieren war zwecks Einübung eines

---

[34] C. LEBLANC, „L'école du temple (*ât-sbaït*) et le *per-ankh* (maison de vie). À propos de
récentes découvertes effectuées dans le contexte du Ramesseum", in: *Mnemonia* 15 (2004),
93-101 und Pl. IX-XIV).

[35] Aus: C. BARBOTIN, *La voix des hiéroglyphes* (2005), no. 7, Inv.-Nr. Af 497.

[36] Es ist hier nicht der Ort für eine grundlegende Diskussion des Schreibercurriculums und
seiner einzelnen Stadien, sofern diese überhaupt regelhaft überall und über längere Zeit-
räume hinweg gleich strukturiert waren. Eine der Fragen dabei ist, ob Hieratisch zuerst gelehrt und gelernt wurde oder Kursivhieroglyphen. S. hierzu die in der folgenden Anm. zit.
Arbeit von PETERSMARCK, 14f.

altertümlichen Briefformulars samt eingestreuter Allegorien aus dem frühen MR. Diese stuckierte Holztafel von 10 x 15,5 cm datiert wohl noch in die 18. Dyn. Ihre Herkunft ist zwar unbekannt, aber der Schreibunterricht hat im ramessidischen Deir el-Medineh wohl auch nicht wesentlich anders ausgesehen und deshalb sei sie hier beispielhaft angeführt. Die *Kemyt* wird ganz überwiegend in senkrechten Kursivhieroglyphen geschrieben und das zu allermeist auf Ostraka.[37] Rote und schwarze Tinte wird dabei nicht selten gleichzeitig[38] bzw. einander überlagernd verwendet, senkrechte Trennstriche teilen den Textverlauf in Kolumnen und insgesamt lassen sich 17 Kapitel ausmachen.

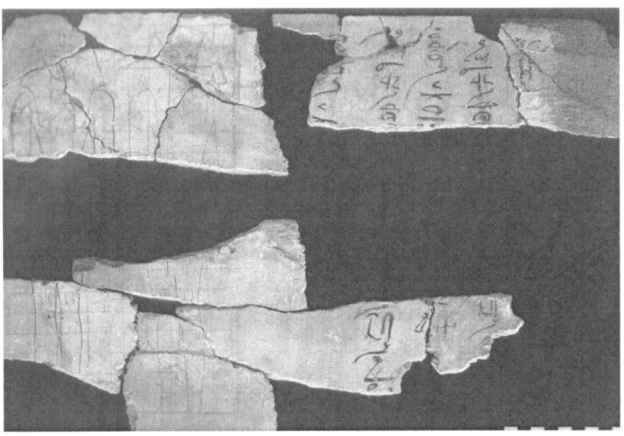

Abb. 8: Holztafel mit Anfang der *Kemyt* (re.)
und Vorzeichnungen von Königsstatuen (li.)[39]

Die Reste gleich dreier ursprünglich besonders sorgfältig kopierter Versionen vom Anfang der Kemyt hat GALAN gefunden und ediert. Sie finden sich auf einer ca. 36,5 x 53,4 cm großen und stuckierten Schreibtafel, auf deren linker Recto-Seite Skizzen von Königsstatuen in einem Gitternetz eingezeichnet sind.[40] Das Verso zeigt weitere Vorzeichnungen in einem solchen Netz. Das Stück datiert zwar noch in die Zeit Hatschepsut – Thutmosis III., darf aber m.E.

---

[37] PETERSMARK hat 2012 in ihrer Münchener Magisterarbeit *Die Kemit. Ostraka, Schreibtafel und ein Papyrus* eine komplette Neubearbeitung des Textes vorgelegt, worin sich auch die bis dahin 84 bekannten Abschriften finden.
[38] I. VENTURINI, *loc. cit.*, 1890.
[39] J.M. GALÁN, „An Apprentice's Board from Dra Abu El-Naga", in: *JEA* 93 (2007), 95-116; dort 96 (Photo) und 109 (Transkription).
[40] Diese Maße entsprechen weitgehend denjenigen der Schreibtafel BM EA 5601; J.M. GALÁN, *loc. cit.*, 100 Anm. 7.

auch für die Frage des Schreibunterrichtes in Deir el-Medineh z.Zt. der Ramessiden als repräsentativ gewertet werden.

In GALANs Transkription sieht der Text dann so aus:

Abb. 9:

Und hierzu die Übersetzung der Version C1-2:

> „Es ist der Diener da, der spricht zu [seinem Herrn, dass er (= der Diener) wünscht, dass er (= der Herr) lebe, heil sei] und gesund für die Län[ge] der Ewigkeit und Unendlichkeit, so wie es [dieser Diener da wünscht]."

Abb. 10:

Besonders interessant ist neben der Tatsache, eine Dreifachkopie ein und derselben Textpassage vorliegen zu haben, der die beiden jeweils zusammen zu lesenden Kolumnen verbindende Schrägstrich am oberen Ende der Kolumnen. Das ist eine Annotation, die m.W. bislang nicht in den einschlägigen Verzeichnissen von „Aktenvermerken" erfasst ist.[41] Aber der eigentlich und in unserem Kontext bedeutende Umstand ist der, dass diese drei Kopien vom Anfang der *Kemyt* auf zwei verschiedene Schreiber zurückgeführt werden können. Dabei kann zwischen einer Meister- und zwei Schülerkopien differenziert werden.

---

[41] Vgl. z.B. die kleine Liste bei W. HELCK, *Altägyptische Aktenkunde* (1974), 61-63; terminologisch sauber zwischen Akten und Urkunden scheidend und die Materialbasis auf den neuesten Stand gebracht hat JÜNGLING diesen Aspekt in seiner Leipziger BA-Arbeit *Vermerke in hieratischen Akten und Urkunden* von 2017.

Der Meister hat seine Vorschrift am rechten Rand der Tafel platziert, der Schüler hat sie dann zweimal links davon mit eigener Hand weiderholt und dabei auch tatsächlich Unterschiede in der Zeichenführung praktiziert. Diese schöne Beobachtung geht genauso auf den Hg. GALAN zurück wie die parallele, wonach auch die in ein Gitternetz eingetragenen Konturen von Königsstatuen (wahrscheinlich der Hatschepsut) ebenfalls zunächst vom Meister (links von der Mitte) und dann vom Schüler (am linken Rand) aufgetragen wurden. Das spricht sehr für einen individuellen Frontalunterricht, im Verlaufe dessen der Meister nach Beendigung seiner Vorschrift seine Tafel dem Schüler in die Hand gegeben hat mit der Aufgabe, seinen Duktus so gut als möglich zu reproduzieren.

Einige Zeichen gehen hinsichtlich ihrer Abbreviatur bereits über die Kursivhieroglyphen hinaus und sind als echte Hieratogramme zu klassifizieren. Das betrifft insbesondere die beiden Schlangenzeichen ⟜ (I9) und ⌐ (I10). Aber das „Hauptthema" dieser Unterrichtsstunde war eher das Erlernen der Kursivhieroglyphen anhand eines aus dem MR stammenden und als prototypisch erachteten Brieftextes.

Aus dem ramessidischen Deir el-Medineh kennen wir ähnliche Praktiken, die sich auf Meister und Schüler verteilen lassen.

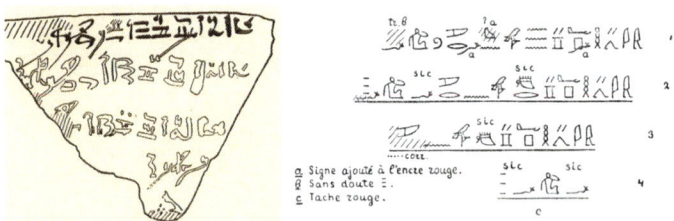

Abb. 11: Vers aus einem Nilhymnus in drei Versionen – Ostr. DeM 1195 rt.[42]

Bereits POSENER hat in der knappen Beschreibung dieser Kalksteinscherbe zwischen zwei unterschiedlichen Schreiberhänden differenziert. Zeile 1 ist in schwarzer Tusche ausgeführt und stammt sicher von einem Meister seines Fachs. Die beiden ⟜ -Schlangen sind sehr wahrscheinlich vom Schüler in rot nachgetragen; weil vom Meister ursprünglich vergessen? Oder wollte dieser seinen Eleven testen? Zumindest beim 1. ⟜ wird dies aber unwahrscheinlich, da es nicht nur grammatisch an dieser Stelle fehl am Platze ist. Diese geübt

---

[42] G. POSENER, *Catalogue des ostraca hiératiques-littéraires de Dêr el-Médineh T. II* (1952), 24 und Pl 40a. – Ich habe POSENERS Annotationen absichtlich mit reproduziert.

wirkende Zeile dient – dennoch – als Modellgraphie für die beiden folgenden, in denen ein Schüler sich geübt hat. Die Zeilen 2-4 sind komplett in rot ausgeführt und eventuell noch eine weitere unterhalb von Z. 4.

Bei genauerer Betrachtung gibt es eine Reihe von Auffälligkeiten zu erörtern, die nicht unwesentlich Aufschluss über die Schreib- und Lesefähigkeit wie auch das Textverständnis des Schülers erlauben. Nach der Texteröffnung durch *iy-ḥꜥpy* – „Es kommt/e der Nil …" liegt schon das erste Problem: Hat der Meister wahrscheinlich *ḳn=f* notiert, schreibt der Schüler in Z. 2 und 3 jeweils *ḏr*, noch dazu mit dem Determinativ für Numinosa 𓏏 . Welche Wurzel soll das vermeintliche *ḳn=f* aber sein? *ḏr* in den folgenden Zeilen ist ebenso wenig verständlich und erklärt sich nur mit Mühe aus einer Verlesung des fraglichen *ḳn=f* darüber. Der folgende Versteil dürften -*mr=f* – „aus Liebe zu ihm" zu übersetzen sein. Das ⌁ vor *mr=f* ist ebenfalls deplatziert, genauso wie dasjenige nach *mr=f* in Z. 2 und 4.

Unterm Strich sind beim Schüler gleich mehrere Fehler zu verzeichnen, und das bei einem vergleichsweise sehr kurzen Textpassus.

Auf diesem Stück werden also bereits ganze Sätze oder besser Verse eingeübt. Man fragt sich natürlich sofort, welches Stadium der Schreiberausbildung wir damit vorliegen haben. Sicherlich nicht deren absoluten Anfang, sondern eines der fortgeschreneren „Semester". Dieses Stück aus den französischen Grabungen in Deir el-Medineh illustriert sehr schön die Praxis der Wiederholung ein und desselben Übungstextes oder Wortlautes, allerdings mit kleinen Varianten untereinander. Wenn auch zunächst bestens verständlich, ist der dazugehörige Gesamttext anscheinend bislang nicht identifizierbar. Aber sobald wir ihn übersetzt haben, wird das Genre sofort klar, in das er gehört. Hier steht dreimal folgender Vers:

> „Es kommt/komme die Überschwemmung aus Liebe zu ihm."

Das dürfte entweder ein Zitat aus einem anderweitig vielleicht nicht bezeugten Hymnus sein, oder ein Konstrukt für den Grammatik- oder Poesieunterricht. Wir werden anhand eines Übungstextes aus der 3. Zwzt. noch sehen, dass die Sinnhaftigkeit von Beispielsätzen bisweilen sehr zu wünschen übrig lassen kann.[43]

---

[43] S.u. R.A. CAMINOS, „A hieratic schoolbook in the British Museum (Pap. B.M. 10298)", in: *JEA* 54 (1968), 114-120 und Pl. XVIII/A, zu einer mittelägyptischen und neuägyptischen

Liegen wir mit der Gattungsbestimmung dieser Schulübung als Hymnus richtig, dann fragt sich nur noch, an wen dieser Hymnus adressiert war. Das könnte die eingangs genannte Hapy-Überschwemmung bzw. der dahinterstehende Nil(gott) sein. Genauso gut mag der Adressat ein bestimmter König sein, „aus Liebe zu dem" das Überschwemmungswasser kommt oder kommen möge. In korrektem Mittelägyptisch müsste es übrigens *n-mrw.t=f* heißen. Das würde sich gut zu dem Schlusskapitel des Großen Nilhymnus auf diversen Papyri und Ostraka aus Deir el-Medineh fügen.[44]

Zum Duktus des Hieratischen sei abschließend zu dieser Schreib(er)übung noch vermerkt, dass wir damit nicht mehr im Anfängerunterricht sind, sondern hier ist bereits mindestens ein fortgeschrittener Schüler am Werk gewesen, was allein schon durch den Umstand unterstrichen wird, dass ein ganzer Vers aus einem Hymnus zum Gegenstand des Unterrichts oder des Selbststudiums ausgewählt wurde, wenn er denn literarisch authentisch war. Allerdings wirkt seine Zeilenführung alles andere als elegant und bedurfte sicher noch der weiteren Übung.

Dass man im Unterricht Hymnen systematisch gelernt hat, unterliegt keinem Zweifel.[45] POSENER hat mehrere Exemplare solcher Übungen erkannt und publiziert, und dazu gehört z.B. auch der von mindestens zwei Ostraka bekannte auf den Gott Thot, der bislang noch als Königshymnus klassifiziert wird.[46]

---

Version von Übungssätzen in interlinearer Anordnung. Die Handschrift ist ein Beispiel für Diglossie bei gleichbleibender Kursive in beiden Versionen. Wir werden in Kap. 21 hieratisch-demotische Mischtexte kennenlernen, die zwischen beiden Kursiven wechseln und selbst im demotischen Textteil auch älteres Vokabular einbauen. In Kap. 22 werden wir echte Übersetzungen studieren, die dann eine vollwertige hieratische Version neben eine demotische stellen. Dann haben wir es nicht mehr nur mit Diglossie, sondern auch mit Digraphie zu tun.

[44] S. die Standardedition von D. VAN DER PLAS, *L'hymne à la crue du Nil T. I-II*(1986); zum König als Garanten der Überschwemmung vgl. die Schlußstrophe (XIV) dieses Hymnus.

[45] Und MÜLLER hat z.B. gute Gründe dafür ins Feld geführt, dass auch magische Texte Gegenstand des Curriculums, sicher besonders an Tempelschulen, gewesen sein werden; id., „Magie in der Schule?", in: G. MOERS *et al.* (Hgg.), *jn.t ḏr.w Festschrift für Friedrich Junge* (2006), 449-465.

[46] In der Lit. wird er noch als Königshymnus geführt, beginnend mit G. POSENER, *Catalogue des ostraca hiératiques-littéraires de Dêr el-Médineh T. III* (1980), 91, und vorläufig endend bei Verf., *Lesefunde im literarischen Steinbruch von Dêr el-Medineh* (1997), 58-84. Weitere dazugehörige Stücke sind Ostr. DeM 1799, das Leipziger Ex. ÄMUL 3957 sowie das unpubl. Ostr. Ashmolean 398. Alle Exemplare zusammengenommen ergeben einen beinahe vollständigen Text von 32 Versen und werden publiziert von Verf., in: id. – F. NAETHER, *Hieratika et Demotika im Ägyptischen Museum -Georg Steindorff- der Universität zu Leipzig*, i. V.

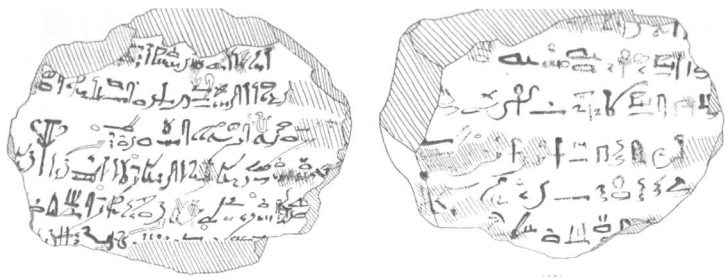

Abb. 12: Ostr. DeM 1100 rt. (re.) und vs. (li.): Korrekturen an Thothymnus[47]

Und hier die Transkription POSENERs samt seinen Annotationen zu den Korrekturen:

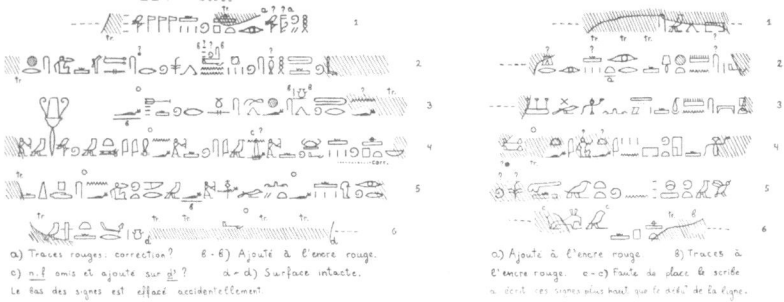

Abb. 13: Ostr. DeM 1100 rt. (re.) und vs. (li.): Transkription samt Annotationen POSENERs

Hier sind Auslassungen sowie in Rot vorgenommene Vorzeichnungen und Nachträge zu verzeichnen. Übrigens sind die Verf. bekannten weiteren Teilkopien dieses Hymnus in Oxford und Leipzig von erheblich besserer Qualität hinsichtlich ihrer Niederschrift.

Gefunden auf dem von BRUYÈRE „Kom 2" genannten Terrain nördl. der Siedlung, können diese – als wie „korrekt" damals auch immer eingestuften – Textkopien als Vorlage für die Rezitation dieses speziellen Thothymnus gedient haben.[48] Ob eine solche Rezitation völlig fehlerfrei vonstattenging, überlassen wir unserer Spekulation.

---

[47] G. POSENER, *Catalogue des ostraca hiératiques-littéraires de Dêr el-Médineh T. I* (1938), 25 und Pl. 52*a*.

[48] Die Vermutung von GASSE, wonach dieser Hymnus „doit-il être mis en relation avec la spécificité du lieu où, on l'a dit, le culte des rois divinisés était très présent", in: *Deir el-Medîna in the Third Millenium AD*, 119, mag auch eine der Funktionen dieser Kopien treffen.

War die Scherbe groß genug für mehr als die Kopie nur eines Textes oder einer Passage, wurde sie kurzerhand für weitere Notizen verwendet. So auch geschehen etwa auf Ostr. DeM 1179 mit seiner Niederschrift von Strophen aus der Berufesatire des Chety (Pap. Sall. II 7.4-9: über den Pfeilmacher) = Z. 1-8. In den nachfolgenden Zeilen 9-12 folgt eine kurze Liste von Holz- und/oder Baumbezeichnungen zumeist nicht-ägyptischer Herkunft, wie unschwer an ihrer syllabischen Orthographie zu erkennen.

Abb. 14: Ostr. DeM 1179 + Ostr. Turin Cat. 6622: Baum- und Pflanzennamen[49]

Insbesondere Hölzer besserer Qualität mussten importiert werden und dazu bedurfte es natürlich auch der Kenntnis ihrer Namen und Schreibweisen, eben in syllabischer Orthographie. Eventuell besteht sogar ein inhaltlicher Zusammenhang zwischen der Charakteristik des Pfeilmachers und den Holz- und/oder Pflanzenarten, aus denen er seine Pfeile vornehmlich schnitzen sollte, sofern es sich nicht um dafür eigentlich zu kostbare Edelhölzer handelt. Die Namen dieser Hölzer sind m.W. bis heute weder linguistisch noch holzwissenschaftlich identifiziert.[50] Davon einmal abgesehen, spricht paläographisch einiges für die Annahme nur eines einzigen Schreibers beider Texte auf dieser Scherbe.

Ähnlich Pflanzen- oder Holznamen wollten auch solche von Körperteilen gelernt sein, wie die Scherbe auf Ostr. Turin CGT 57104 wahrscheinlich macht.

---

[49] G. POSENER, *Catalogue des ostraca hiératiques-littéraires de Dêr el-Médineh T. II [Fasc. I]* (1952), 20 und Pl. 34a. Die Klassifikation POSENERs als „exercise de vocabulaire" findet sich allerdings erst in Fasc. 3 von Tome II auf der S. 45. Man muss in diesen Bänden aus seiner Feder stets darauf gefasst sein, dass die auf dem Titelblatt angegebenen Ostrakon-Nummern nicht exakt mit denen tatsächlich im Heft abgedruckten übereinstimmen.
[50] Dabei wäre das gerade für die Einträge *š-t-w-r-r-l-l* in Z. 10 und *d-ꜥ-w-d-ꜥ-w* in Z. 11 von besonderem Interesse.

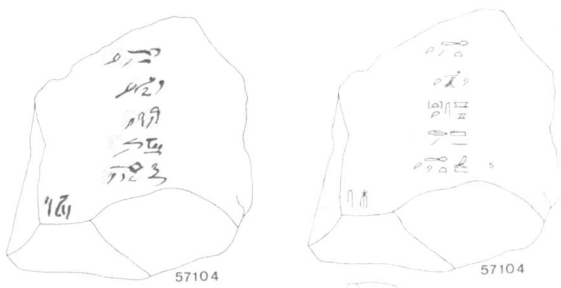

Abb. 15: Ostr. Turin CGT 57104: Anatomische Termini[51]

Bei diesem Exemplar könnte es sich um ein Exzerpt aus einem Onomastikon handeln, Kapitel „Anatomische Bezeichnungen des menschlichen Körpers". Es versteht sich ja wohl von selbst, dass ein Schreiber auch über diesen Teilwortschatz verfügen musste. Schließlich wurden diese Körperteilnamen im Bedarfsfall auch auf die entsprechenden Teile von Tieren angewandt, z.B. bei Fleischlieferungen. Welche Namen liegen hier nun vor? Von Z. 1-5 sind das im Einzelnen:

1)   $ẖ.t$ – „Leib, Bauch; Rumpf";

2)   $wf3$ – „Lunge";

3)   $mis.t$ – „Leber",

4)   $mnḏ(.t)$ – „Brust", und

5)   $m:ẖ.t$ – „Eingeweide".

Die vielleicht wegen der Unebenheit der Oberfläche nach links eingerückte Notiz $ms[ … ]$ könnte zu $ms[ḏ.t]$–„Keule; Hüfte" oder $ms[ḏr]$ – „Ohr" vervollständigt werden.[52] Hier mögen also *de facto* Rinderteile aufgelistet worden sein. Die Handschrift spricht für einen bereits geübten Schreiber.

[51] J. LOPEZ, *Ostraca Ieratici T. II N. 57093 – 57319* (1980), 12 und Tav. 61a

[52] Ein solch benannter Körperteil ist z.B. in der Liste von Rinderteilen auf Ostr. Gardiner 155 rt. 9 bezeugt und wird von seinem früheren Besitzer GARDINER in seinen *Ancient Egyptian Onomastica II* (1947), 242*f., mit „haunch", also „Keule; Hüfte" übersetzt. Jener Text ist nebenbei ein dezidiert didaktischer, wie aus seinem Titel *tp n-rḫ p3-iḥ* – „Art des Kennens des Rindes, …", u.z. eines solchen, das als „reines" Tier ($w^cb$) geopfert ($m3^c$) werden soll.

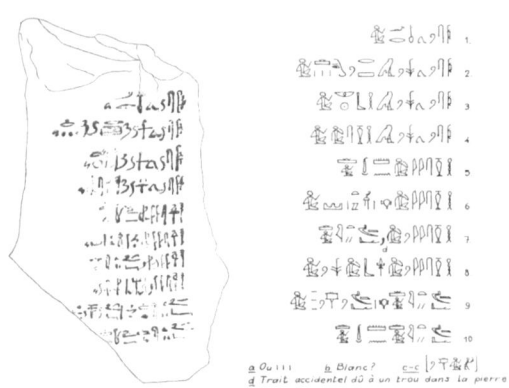

Abb. 16: Ostr. DeM 1410: Personennamen auf der Basis der Lexeme *šmsi-*, *ḥsi-* und *m3ᶜ-*[53]

Was musste ein Schreiber im täglichen Geschäft u.a. noch beherrschen? Da er dabei nicht zuletzt über unzählige Personen Buch zu führen hatte, war es unabdingbar, deren Namen korrekt schreiben zu können. Folglich stand Personennamenkunde oder Anthroponymie auch auf seinem Lehrplan. Für uns besonders interessant dabei ist die damalige Praxis, solche Namen nach Bildungsmustern, Wurzeln oder „Morphemen" einstudiert und kopiert zu haben. Wieder sind wir im Bereich sprachlicher Analyse, denn was ist das Zerlegen von Personennamen in ihre lexematischen und morphologischen Konstituenten in bestimmten grammatischen Mustern anderes als linguistische Arbeit an der eigenen Sprache? Andere Beispiellisten basieren auf dem Lexem *nfr-*, dem Gottesnamen *Ptḥ-* oder dem best. Art. *p3-*; s.u.

Schauen wir uns diese Liste auf Ostr. DeM 1410 wieder einmal genauer an, denn es gibt ein interessantes Prinzip dabei zu entdecken.[54] In der Abfolge von Z. 1-10 werden die drei Lexeme resp. Erstbestandteile von PN, nämlich *šmsi-*, *ḥsi-* und *m3ᶜ-*, durchexerziert. Das 1. Element in den Zeilen 1-4 ist die Wurzel *šmsi* – „folgen". In ihrer nominalen Ableitung erscheint sie als *šms.w* – „Gefolgsmann" in Z. 1 und in ihrer verbalen bzw. partizipialen Form *šms.w* – „der, welcher folgt" in den Zeilen 2-4.

Die nächste Wurzel ist *ḥzi* – „loben". Die Beispiele üben sämtlich das von uns als Partizip Passiv klassifizierte Paradigma: „Der-Gelobte-dauert" resp. „Der-

---

[53] G. POSENER, *Catalogue des ostraca hiératiques-littéraires de Dêr el-Médineh T. III* (1978), 33 und Pl. 17*a*. Dazu Verf., „'Namen bilden' (*ir.t-rn.w*). Ein Beitrag zur paradigmatischen Anthroponymie des Neuen Reichs", in: *Festschrift für Boyo Ockinga* (2017).
[54] Übers. a. in A. MCDOWELL, *Village Life in Ancient Egypt. Laundry Lists and Love Songs* (1999), 133 Nr. 97.

Gelobte-im-Westen", sodann in den Zeilen 7 und 8 folgt „Der-vom-Gerechten-Gelobte" und „Der-Gelobte-dessen-der-ihn-herbeisehnte". In der Z. 9 erfolgt ein hübsches Wortspiel: „Der-Gerechte-befindet-sich-in-gutem-Segelwind". Und Z. 10 endet die Übung dann wieder mit der Basis $m3^c$ – „gerecht", hier als Nisbeform $m3^c.ty$ zum Substantiv $m3^c.t$ – „Gerechtigkeit" und somit in der Bedeutung wie schon in Z. 7: "Der-Gerechte-dauert-fortan".

Nicht unwahrscheinlich, dass beim Übergang von einer Basis zur nächsten erstere als Scharnier gedient hat. So enthält das letzte Beispiel eines *šmsi*-Namens die Basis *ḥsi*- in Z. 4, auf die dann in Z. 5 der erste *ḥsi*-Name folgt. In Z. 7 endet der Name auf $m3^c.ty$ und in Z. 9 beginnt der erste auf dieser Basis. Hier erfolgt der paradigmatische Wechsel eventuell eine Zeile zu spät. Ob dieses Verfahren regelhaft angewandt wurde, erlauben die bislang vorgelegten und recht wenigen Quellen nicht zu beurteilen. Falls ja, könnte der Grund dafür ein mnemotechnischer gewesen sein.

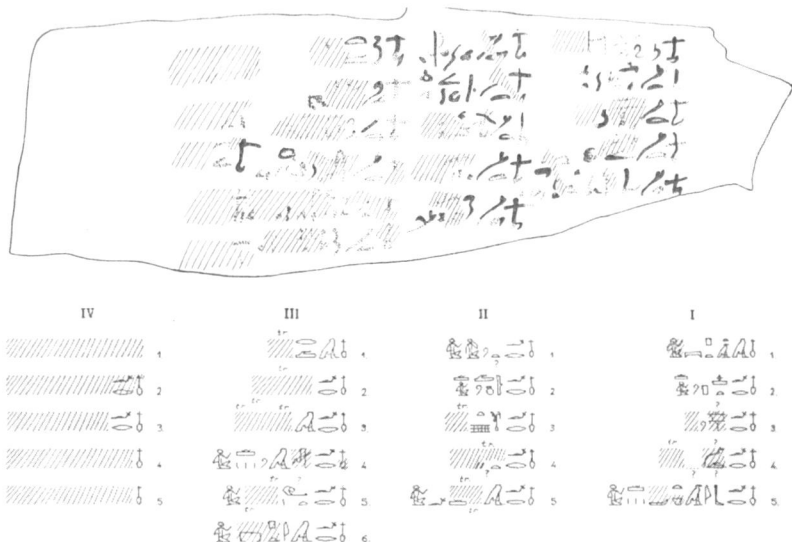

Abb. 17: Ostr. DeM 1411: Namen auf der Basis *nfr*-[55]

Dieses Paradigma ist besonders instruktiv insofern, als hier mindestens 21 Namen auf der Basis der Wurzel *nfr*- zitiert bzw. auch kreiert werden. Nur die wenigsten dieser Namen sind authentisch belegt, z.T. sogar nur im AR (wie

[55] G. POSENER, *Catalogue des ostraca hiératiques-littéraires de Dêr el-Médineh T. III* (1978), 33 und Pl. 18a.

III.4 z.B.). Aber hier mag der relativ schlechte Erhaltungszustand der Quelle einen falschen Eindruck vermitteln.

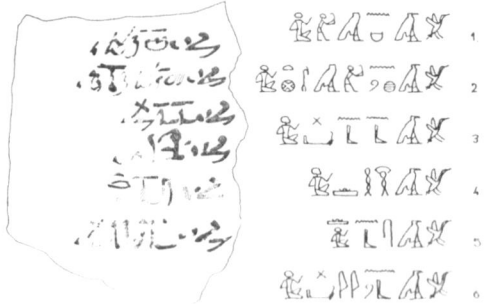

Abb. 18: Ostr. DeM 1412 rt.: Namen auf der Basis *p3-*[56]

Hier sind Namen gelistet auf der Basis des bestimmten mask. Art. *p3-*. Auch diese sind nicht alle anderweitig belegt, genau genommen nur die der Zeilen 1, 2, 4 und 5. *P3-nbnb* und *P3-nbwy* findet sich nicht bei RANKE, *Altägyptische Personennamen*, noch in den Nachträgen und Korrekturen von THIRION.

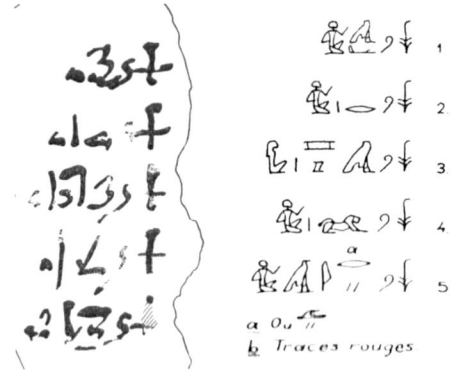

Abb. 19: Ostr. DeM 1412 vs.: Namen auf der Basis(?) *sw-*[57]

Auf der anderen Seite stehen Namen auf der Basis(?)*sw-*, von denen die in den Zeilen 4-5 anderweitig unbekannt zu sein scheinen. Inwieweit diese Basen sämtlich ägyptischer Provenienz sind, muss erst noch eruiert werden. Sie voreilig für semitisch oder „nubisch" zu erklären, dürfte unvorsichtig sein.

---

[56] G. POSENER, *Catalogue des ostraca hiératiques-littéraires de Dêr el-Médineh T. III* (1978), 33 und Pl. 18*a*.
[57] G. POSENER, *Catalogue des ostraca hiératiques-littéraires de Dêr el-Médineh T. III* (1978), 33 und Pl. 18*a*. – Worauf seine Anm. b zu den roten Spuren verweist, bleibt leider unklar.

Alle drei Ostraka Ostr. DeM 1410-12 bestehen aus Kalkstein, ob geglättet oder
im Rohzustand belassen, vermerkt POSENER nicht. Die Nr. 1410 ist immerhin
16,5 x 9,5 cm groß, 1411 misst 14 x 36 cm und 1412 ist 12 x 9 cm groß. Es ist
nicht besonders wahrscheinlich, dass sie nach Beschriftung weggeworfen worden sind. Mehrfachgebrauch in aufeinanderfolgenden „Jahrgängen" von Schü-
lern sollte zumindest in Rechnung gestellt werden.

Abb. 20: Ostr. Turin CGT 57461: Personennamen auf der Basis von *Ptḥ*-[58]

Dieses Turiner Stück endlich exerziert theophore PN auf der Basis des Gottesnamens *Ptḥ*-, die sämtlich authentisch sind, soweit der defektive Zustand von
Z. 3 dieses Urteil erlaubt und ferner die Filiation in Z. 1 aus der Liste nicht
unversehens eine historische macht. Gewöhnlich führen solche Exerzitien in
Namenkunde nämlich keine solchen Verwandtschaftsangaben.

In Anbetracht der recht zahlreichen nicht bezeugten bzw. eventuell fiktiven Namen befinden wir uns mit diesen Schreiberübungen zugleich im Bereich der
sprachlichen Konstruktion oder Theorie der damaligen Zeit.[59] Meister und
Schüler müssen sich in irgendeiner, und sei es noch so rudimentärer Terminologie darüber haben verständigen können, bevor eine derartige Liste zustande
kommen konnte. Man kann die dem Schüler gestellte Aufgabe paraphrasieren
unter dem Titel „Konstruiere Namen mit / auf der Basis von …!". Für „kon-
struieren" haben wir tatsächlich den altägyptischen Terminus und der lautete
*iri* – „machen; tun; anfertigen etc.", als solcher sogar einmal belegt auf der
Holztafel BM EA 5647 aus der 18. Dynastie.[60] Diese trägt die bezeichnende

---

[58] J. LOPEZ, *Ostraca Ieratici T. IV No. 57450 – 57568* (1984), 16 und Tav. 160*a*.

[59] Weitere Beispiele dieser Einübung von Personennamen versammelt und analysiert bei
Verf., „Namen bilden", in: *FS für Boyo Ockinga* (2017).

[60] Ed. T.E. PEET, „The Egyptian Writing-Board B.M. 5647, Bearing Keftiu Names", in: *Essays in Aegean Archaeology, presented to Sir Arthur Evans* (1927), 90-99 und Pl. XV-XVI;
dazu a. W. Helck, *Die Beziehungen Ägyptens und Vorderasiens zur Ägäis bis ins 7. Jahrhundert v. Chr.* (1977), 101 mit weiterer Lit.; dazu, wenn auch mit fehlerhafter Transkription
und fragwürdiger Phonematik, E. KYRIAKIDIS, „Indications on the nature of the language of
the Keftiw from Egyptian sources", in: *Aegypten & Levante* 12 (2002), 211-219; dort: 217f.

Überschrift *ir.t-rn.w n-Kftw* – „Namen bilden von Kretern". Dass die hier in Auswahl vorgestellten Namenlisten den ägyptischen Begriff *rn* – „Name" implizieren bzw. voraussetzen, versteht sich ja wohl von selbst. Der Terminus *ir.t-rn.w* impliziert also nicht nur Praxis, sondern auch Theorie im Sinne von „Bilden von fiktiven Namen".

Abschließend hierzu sei noch betont, dass dieser und ähnlichen, auch längeren Listen keine alphabetische Anordnung zugrunde liegt. Die Reihung der dem damaligen Ägyptisch eigenen Phoneme nach dem Prinzip eines Alphabets etwa des südsemitischen *halaHam*-Typs liegt ihnen sicherlich nicht zugrunde und wäre auch angesichts des unterschiedlichen Phoneminventars inopportun gewesen.[61] Wir können also keine Aussagen darüber treffen, nach welchem Selektionsprinzip die Personennamen als ganze und ihre jeweils ersten Morpheme oder Wurzeln zusammengestellt worden sind. Vor allem wüssten wir gerne, warum Namen „konstruiert" werden mussten und man sich nicht auf tatsächlich existente beschränkt hat. Aber dieser Befund fügt sich ja bestens zu dem von Übungssätzen, deren „Sinnhaftigkeit" sich auch nicht in allen Fällen erschließt; dazu mehr in Kap. 21.

Wann, in welchem Alter oder in welchem Stadium seiner Ausbildung, ein Schreiberschüler sein Examen hat ablegen müssen, wissen wir nicht. Wie und wann auch immer das geschehen sein mag, jedenfalls wurden keine Schreiber trainiert, die danach keine Anstellung in der Verwaltung finden sollten. Man produzierte solche Mitglieder der hauchdünnen literaten Schicht nicht auf Verdacht, sondern nach Bedarf. Gelegentlich erfahren wir dann auch zumindest, wann sie ins Amt geführt wurden oder in die Ausbildung übernommen wurden. So etwa auf dem hieroglyphischen und hieratischen Kairener Kalksteinostrakon CG 25671 aus dem Tal der Könige von 28 x 40 cm und datierend in das 5. Jahr Ramses' II.[62]

---

[61] Inzwischen können wir aber anhand eines von HARING edierten hieratischen Ostrakons aus dem thebanischen Grab des Sennefri (TT 99) zumindest den Anfang des sog. *halaḥam*-Alphabets des Altsüdarabischen mit seinen Buchstabennamen nachweisen; id., "*halaḥam* on an Ostracon of the Early New Kingdom?", in: *JNES* 74 (2015), 189-196; dazu Verf. - M. Krebernik, „Zu den Buchstabennamen auf dem *Halaḥam*-Ostrakon aus TT 99 (Grab des Sennefri)", in: *ZÄS* 143 (2016).

[62] Ed. J. ČERNÝ, *Catalogue Général du Musée du Caire Nos 25501-25832. Ostraca Hiératiques Tome Premier Texte et Transcriptions* (1935), 55; id., *Tome Second* (1935), Pl. LXX; id., *Tome Troisième* (1935), 75*.

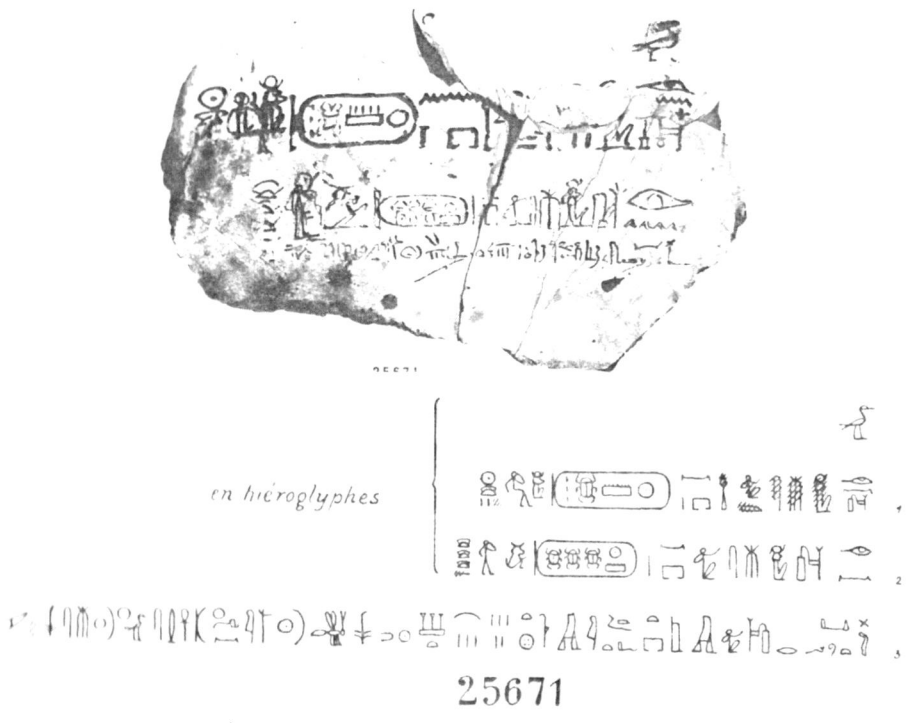

Abb. 21: Ostr. CG 25671: Z. 1-2: „angefertigt vom … Schreiber Ramose";
Z. 3: Aktennotiz über den Beginn seiner Ausbildung zum Nekropolenschreiber
in Jahr 5 Ramses' II.

Die zwei hieroglyphischen Zeilen vermelden, dass sie vom Schreiber des Totentempels von Mencheperure (= Thutmosis' IV.) Ramose (i) angefertigt seien.[63] Z. 3 notiert in moderatem Hieratisch, ohne extreme Kursive und Abbreviaturen, entweder seine Aufnahme in die Ausbildung als Schreiber($\underline{3}t.tw=f$ $r$-$z\underline{h}3.w$ –„er wird aufgezogen[64] zum Schreiber …") am „Platz-der-Wahrheit" ($s.t$-$m3^c.t$), also der königlichen Nekropole und der damit verbundenen

---

[63] Über diesen aus der Frühzeit Ramses' II. haben wir vergleichbar viele Informationen; s. J. ČERNÝ, *A Community of Workmen at Thebes in the Ramesside Period* (1973), 214 (48.) und besonders Appendix B auf den Seiten 317-327; B.G. DAVIES, *Who's Who at Deir el-Medina. A Prosopographic Study of the Royal Workmen's Community* (1999), 79-83; zu OCG 25671 dort: 79 Anm. 33 (Zählung als Ramose (i)); s. neuerdings noch K. EXELL, „The Tomb Scribe Ramose and the Cult of the King", in: R.J. DANN (Hg.), *Current Research in Egyptology V 2004* (2006), 51-67.

[64] D. MEEKS, *Année lexicographique Tome 1* (1977), 77.0099: „nourricier, élever un enfant". Das bislang unübersetzt gebliebene erste Zeichen dieser Zeile hat durchaus die Lesung $\underline{3}t$ und das folgende Zeichen ist nicht der Arm mit einem Spitzbrot auf der Hand, sondern der schlagende Arm. Ansonsten wäre es in der Aktensprache absolut unikal. Die Transkription ČERNÝs von D37 statt D40 halte ich für nicht korrekt.

Administration, die er immerhin mindestens bis Jahr 38 seines Königs inneha-
ben sollte, oder wir haben zu lesen *wḥm dj.tw=f r-zẖꜣ.w* – „Wiederholt
wird/wurde er eingesetzt als Schreiber …".[65]

Stammen die beiden hieroglyphischen Zeilen tatsächlich beide aus seiner Feder
alias Binse? Sie sind von sehr unterschiedlicher Strichstärke und Duktus, das
⊂⊙⊃ ist in beide Richtungen geschrieben. Wenn Ramose diese Zeilen geschrieben haben sollte, sind sie dann Ausdruck seines „bestandenen Hieroglyphi-
cums", das ihn fortan berechtigt, den Titel *zẖꜣ.w–* „Schreiber" zu führen?

---

[65] Dazu J. ČERNÝ, *op. cit.*, 319.

## 16. Deir el-Medineh als Sammelpunkt diverser Schreibstile und Textsorten:
## Literarisches, Religiöses und erste Beispiele hieratischer Kartographie – Ramessidenzeit Teil II

## I.   Literarisches

Zusätzlich zum Schreib- und Zeichenunterricht auf einer Baustelle gab es aber nachweisbar eine Art Fernunterricht, zumindest in Deir el-Medineh selbst. Dieses Fernstudium dürfte sich in gewissem Umfang auch im privaten Milieu des eigenen Wohnhauses abgespielt haben. Qualitativ weist dieser außerschulische Unterricht auf ein bereits erheblich fortgeschrittenes Stadium hin. ČERNÝ hat 1951 in einem Faszikel seiner Edition nichtliterarischer Ostraka aus dieser Siedlung auch ein Stück publiziert, das bis zu seiner Bearbeitung im Jahre 1993 völlig übersehen wurde, für die Frage des Hieratisch-Studiums im privaten Umfeld aber von einiger Bedeutung ist.

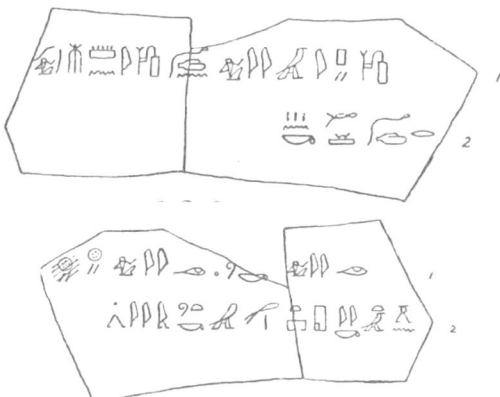

Abb. 1: ODeM 438rt. (li.) und vs. (re.)[1]

---

[1] *Ostraca hiératiques non-littéraires de Deir el-Médineh T. VII* (1951), Pl. 26; dazu Verf., „Vermischtes II“, in: *GM* 135 (1993), 32-34: „Ein Kapitel täglich“ als Pensum der Schreiberschüler“; A. McDowell, *Village Life in Ancient Egypt. Laundry Lists and Love Songs* (1999), 130 No. 94.

Auf dem Ostr. DeM 438 schickt der Schreiber namens Piay[2] eine Nachricht an den Schreiber namens Amenmose[3] folgenden Inhalts:

> (Recto) „Schreiber Piay sagt zum Schreiber Amenmose:
> „Das 3. (Kap.) ist für dich (bereit)".
>
> (Verso, Schüler:) „Ich mach's, [sie]he, ich mach's, ich mach's!"[4]
> (Meister:)
> „Bring' dein Kapitel mit und komm' her!"

Leider ist das Stück nicht in Photo oder Faksimile publiziert, und das ist deshalb so bedauerlich, weil wir im besten Falle zwei verschiedene Handschriften darauf erwarten sollten: Auf der Vorderseite die des Meisters und auf der Rückseite zunächst die seines Schülers Amenmose und daraufhin nochmals die des Meisters Piay. Diese „Unterschlagung" des Originalzustandes ausgerechnet durch einen führenden Hieratisten wie ČERNÝ scheint mir besonders schmerzlich.

Im Text ist von einem *ḥw.t*-Kapitel die Rede, also einer Strophe oder Stanze eines literarischen oder religiösen Textes. Beide Diskursfelder, Literatur wie Religion, unterteilen ihre poetischen, sakralen und kultischen Werke gerne in „Kapitel", um sie übersichtlich zu halten und ihnen eine Struktur zu verleihen.[5] Piay sagt leider nicht, auf welchen Text sich das „3." (= Kapitel) bezieht. Hätte

---

[2] Zumindest auf dem unpubl. Ostr. IFAO 1329 (frühestens Rams. IV.) erwähnt; s. M. GUT-GESELL, *Die Datierung der Ostraka und Papyri aus Dêr el-Medineh und ihre ökonomische Interpretation. Teil I: Die 20. Dynastie* (1983), 321. Zu seiner Bezeugung vermerkt GUTGE-SELL: „sehr selten". Diese Lehrer-Schüler-Korrespondenz datiert prosopographisch in den Zeitraum J. 30 Ramses III – J. 2 Ramses V.

[3] B.G. DAVIES, *Who's Who at Deir el-Medina* (1999), 100 § 22; datierbar mindestens in die allerletzten Jahre Ramses' III.

[4] Diese Form der Antwort nach dem Schema A – B – A – A entspricht übrigens gut bekannter Praxis in direkter Kommunikation; s. H. GRAPOW, *Wie die Alten Ägypter sich anredeten, wie sich grüßten und wie sie miteinander sprachen. Teil IV* (1943), 55f. Es ist die für Untergebene, um nicht zu sagen unterwürfig sich gerieren Müssende, typische Art des Antwortens auf eine Order im NR. – Ganz nebenbei bemerkt, wir haben glücklicherweise von dieser Prospektivform 1. Sg. von *iri* sogar die keilschriftliche Vokalisation erhalten, die da lautet: *ia*; dazu J. OSING, „Ein ägyptisches Idiom in keilschriftlicher Wiedergabe", in: *GM* 97 (1987), 15-20.

[5] *ḥw.t*-Kapitel z.B. als Handlungsstationen im Mundöffnungsritual mit seinen mindestens 75 Szenen, Akten oder Strophen bei Verf., *Die Vision von der Statue im Stein. Studien zum altägyptischen Mundöffnungsritual* (1998), 74-82.

er das getan, könnten wir ein direktes Zitat bzw. im Bestfalle sogar einen Text-titel nachweisen.[6]

Sollte es sich bei dem Schreiber Piay um den anderweitig bekannten Tempel-schreiber des Ramesseums gleichen Namens (*zḫ3.w ḥw.t-nṯr*) handeln, der auf Ostr. Berlin P. 14214rt. 7 als Mitglied eines externen Gerichtskollegiums belegt ist,[7] dann könnte der aus mehreren Deir el-Medineh-Quellen bekannte Schrei-ber Amenmose dort in der von LEBLANC gefundenen „Schule" ausgebildet wor-den sein. Piay hätte dann sein Ostrakon in die Siedlung hinter Gurnet Mur'ai geschickt und Amenmose wäre auf dem Gelände des Ramesseum zu seinem Meister gegangen, um seine „Hausaufgabe" bzw. das „3. Kapitel" in Empfang und mit dem Zweck der eigenen Bearbeitung oder Kopie mit nach Hause zu nehmen.

Bei diesem einen in sich kontingenten „Kapitel" scheint es sich um ein Etap-penpensum zu handeln, das Schreiberschüler vielleicht in kurzen zeitlichen Ab-ständen zu bewältigen hatten. Darauf deuten ganz klar zwei explizite Hinweise auf einem anderen DeM-Ostrakon (Ostr. DeM 1730) und in Pap. Anast. V hin.[8]

Vielleicht irritiert der Titel *zḫ3.w*– „Schreiber" beim Adressaten Amenmose, schließlich ist es der gleiche wie der seines Lehrers. Dazu ist zu sagen, dass *zḫ3.w* einerseits ebenso gut die Abkürzung von *zḫ3.w-ḳd.wt* – „Vorzeich-ner" sein kann, Amenmose sich mithin noch in der Ausbildung zum Voll-Schreiber befinden könnte. Anderseits fungiert der Titel „Schreiber" in Deir el-Medineh auch als eine Art Ehrentitel („courtesy title")[9] für alle des Schreibens und Lesens Mächtigen.

In diesem Kapitel seien des Weiteren Beispiele zur Reproduktion wie auch ori-ginären Produktion von Literatur sowie typische Urkunden aus dem Alltagsle-ben vorgestellt. Zunächst zum Literaturunterricht. Es ist ja hinlänglich bekannt,

---

[6] Die Regel war eher, Texte auf indirektem bzw. anonymem Wege zu zitieren, indem man ihren antiken Namen verschwieg und der Leser / Hörer aufgrund seines erwarteten Vorwis-sens das Zitat zuordnen sollte. Zur Rolle des Ko-Textes beim Zitieren s. Verf., *Die Satirische Streitschrift des Papyrus Anastasi I. Übersetzung und Kommentar* (1986), 95-100.

[7] S. unter http://dem-online.gwi.uni-muenchen.de/fragment.php?id=229 (Zugriff 27.01.2017); zu dem Ostrakon B.J. HARING, „The Scribe of the Mat. From Agrarian Administration to Local Justice", in: R.J. DEMARÉE – A. EGBERTS (Hgg.), *Deir el-Medina in the Third Millenium AD. A Tribute to Jac. J. Jansen* (2000), 129-158; dort: 146.

[8] Nachweise bei Verf., in: *GM* 135. Seitdem (1993) sind m.W. keine neuen Indizien zu dieser Sitte bekannt geworden.

[9] Dazu und speziell zu DeM C. EYRE, *The Use of Documents* (2013), 233: „‚Scribe' was used as a courtesy title for all literate members of the community."

dass die in der Ramessidenzeit als „klassisch" eingestufte Literatur des MR und vielleicht auch einige Werke des frühen NR[10] in und um Deir el-Medineh herum wahrscheinlich tausendfach kopiert und studiert wurde. Man tat dies in aller Regel auf dem billigsten und allerorten verfügbaren Schriftträger „Ostrakon", sei das nun eine Kalkstein- oder eine Topfscherbe, allerdings unter klarer Präferenz von Kalkstein.[11] Erstere waren naturbedingt noch häufiger im Tal der Könige als in der Siedlung selbst vorhanden.

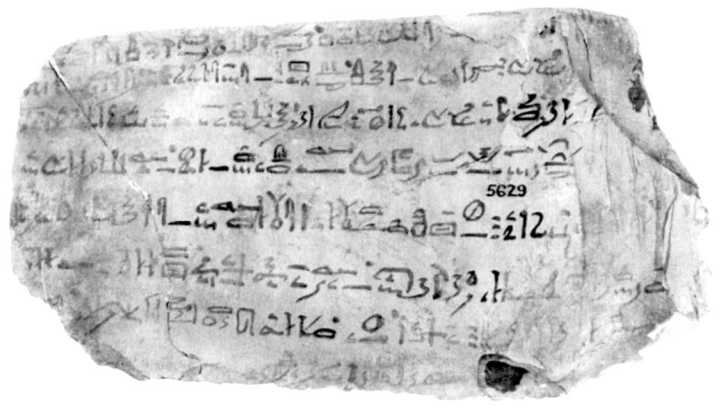

Abb. 2: Kalkstein-Ostrakon BM EA 5629 = Sin B 300-311[12]

Dieses Exemplar ist ein Musterbeispiel für Kalligraphie und damit attestierter Sakralität eines altehrwürdigen Stückes Literatur, der Erzählung des Sinuhe aus der frühen 12. Dynastie. Der Schreiber hat sich eines ausgeglichenen Duktus befleißigt, seine einzelnen Zeichen weitestgehend unter Verzicht auf Ligaturen und Abbreviaturen ausgeführt und noch dazu sorgfältig seine roten Verspunkte platziert. Inwieweit er seine Schreibfläche vorher präpariert hat, wäre noch zu untersuchen. Dennoch ist selbst diese kleine Prachthandschrift nicht fehlerfrei. So fehlen die beiden Wörter ḥr-ḫr.t – „auf dem Wüstenplateau" in der 2. Hälfte

---

[10] Damit sei hier auf die heftige Debatte um die kompositorische und linguistische Datierung einiger bislang in das MR datierter Werke angespielt, wie sie in folgenden Arbeiten ausgetragen wird: A. Stauder, *Linguistic Dating of Middle Egyptian Literary Texts* (2013), und G. Moers et al. (Hgg.), *Dating Egyptian Literary Texts* (2013).

[11] C. Eyre, *The Use of Documents* (2013), 29 mit Anm. 62; zum kaum zu erwartenden „reuse" von Ostraka s. id, *op. cit.*, 34f. mit Anm. 108 und den Hinweis auf einige Quellen: s.a. dort S. 234. Diese Form von Palimpsest scheint sich nach dem bisher vorliegenden Material aber nur auf Kalksteinsplitter zu beziehen, bei Topfscherben zieht die Tinte bzw. Tusche erheblich stärker in den gebrannten Ton ein und lässt sich dementsprechend kaum wieder entfernen.

[12] R.J. Demarée, *Ramesside Ostraca* (2002), 17 und Pl. 16.

von Z. 3 und auch sonst gibt es noch einige Abweichungen gegenüber dem „besseren" Leittext Berlin P. 3022 Z. 300-311 zu beobachten bzw. zu beanstanden.

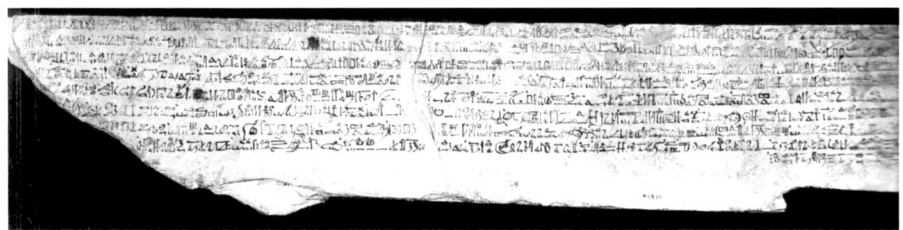

Abb. 3: Ostr. Kairo CG 25216 = Sin B1-27[13]

Derart kalligraphisches Hieratisch nimmt man mindestens ebenso gerne mit ins Jenseits wie profane und flüchtig niedergeschriebene Akten, aber sicher aus einem anderen Grund, nämlich um sich schriftästhetisch und poetisch daran zu erfreuen. Ein besonders illustratives Beispiel für diese Praxis ist das aus dem Grab des Sennedjem (TT 1) und damit der frühen Ramessidenzeit datierende Kairener Ostrakon CG 25216, das der Besitzer aus seinem unterhalb seines Grabes an der SW-Ecke der Siedlung gelegenen Haus in seine Grabausstattung überführt hat. Das Stück misst 106,5 x 21 cm, sein Gewicht ist leider nicht bekannt, die Schreibfläche wurde mit Sicherheit vor ihrer Beschriftung präpariert. Ob Sennedjem die Kopie auch eigenhändig angefertigt hat, wissen wir nicht, noch ist von ihm ein Schreibertitel bezeugt. Auch diese außergewöhnliche Handschrift ist mindestens einer Korrekturlesung unterzogen worden. Dabei finden sich z.B. in roter Tusche supralineare Nachträge ganzer Wörter, und das beginnt bereits in der allerersten Zeile, oberhalb der nur sehr wenig Freiraum war; auch ein solcher Nachtrag wollte offensichtlich gekonnt sein.

In einem fortgeschrittenen Stadium seiner Ausbildung hat der Schüler also Literatur reproduzieren müssen, und dies geschah nach Aussage der im vorangehenden Kapitel zitierten Quellen in aller Regel im Umfang von „einem Kapitel täglich" (w$^c$.t-ḥw.t m-mn.t), unabhängig von dessen jeweiliger Textmenge.

---

[13] Ed. G. DARESSY, *Catalogue générale des antiquités égyptiennes du Musée du Caire N$^{os}$ 25001 – 25385 Ostraca hiératiques* (1901), 46f. und Pl. 41; Abb. aus: M. SALEH – H. SOUROUZIAN, *Official Catalogue The Egyptian Museum Cairo* (1987), Nr. 220 (Photo Jürgen Liepe). S.a. R.B. PARKINSON, „The History of a Poem: Middle Kingdom Literary Manuscripts and their Reception", in: G. BURKARD et al. (Hgg.), *Kon-Texte. Akten des Symposions „Spurensuche – Altägypten im Spiegel seiner Texte"* (2004), 51-63; dort: 60. Zu Person und Familie Sennedjems s. B.G. DAVIES, *Who's Who at Deir el-Medina* (1999), 43-58 (§ 6).

Aber ein solches Kapitel dürfte im Schnitt zwischen acht und zwölf Verse, selten mehr, umfasst haben, die Aufgabe war also schon zu bewältigen.

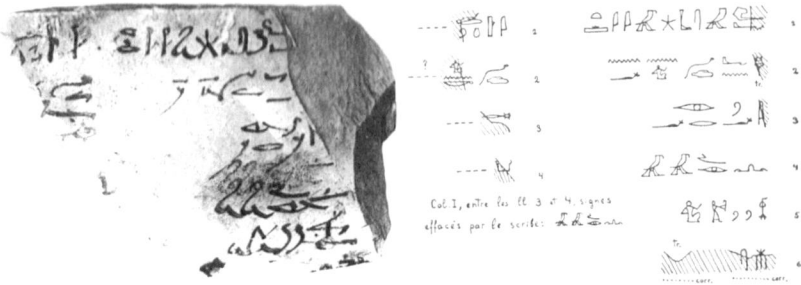

Abb. 4: Liste von *incipit* aus der Lehre des Chety auf einem Ostrakon[14]

Solche in Strophen untergliederte Werke wurden auch zu mnemotechnischen Zwecken auf Listen von Kapitelanfängen reduziert. Man könnte diese Sitte grob mit unseren Kapitelüberschriften vergleichen, nur dass die Textpassagen in den ägyptischen Quellen stets identisch sind mit den ersten Worten des jeweiligen Kapitels selbst. Diese Praxis zeigen einige Beispiele aus dem Literaturbetrieb in Deir el-Medineh ganz klar. Hier im Bild ein solches Exemplar mit einigen Strophenanfängen aus der Lehre des Chety,[15] angefangen beim Titel durch ḥꜣ.t-ꜥ m-sbꜣy.t in Kol. I.1. Es folgen die ersten Wörter oder auch nur das erste Wort der folgenden Strophen 2-6 und in Kol. II sind wir bereits bei Nr. 9-12. Daraus ersehen wir, dass unterhalb von Kol. I zwei Zeilen mit den *incipit* der Strophen 7 und 8 fehlen müssen. Zwischen den Zeilen 3-4 von Kol. I hat der Kopist das *incipit* n-mꜣꜣ.n=i zunächst ausgewischt, um es dann etwas tiefer neu zu schreiben.

---

[14] G. POSENER, *Catalogue des ostraca hiératiques-littéraires de Deir el-Médineh T. I* (1938), 5 und Pl. 12a.
[15] Zum Text s. G. BURKARD – H.J. THISSEN, *Einführung in die altägyptische Literaturgeschichte I* (4. Aufl., 2012), 163-169.

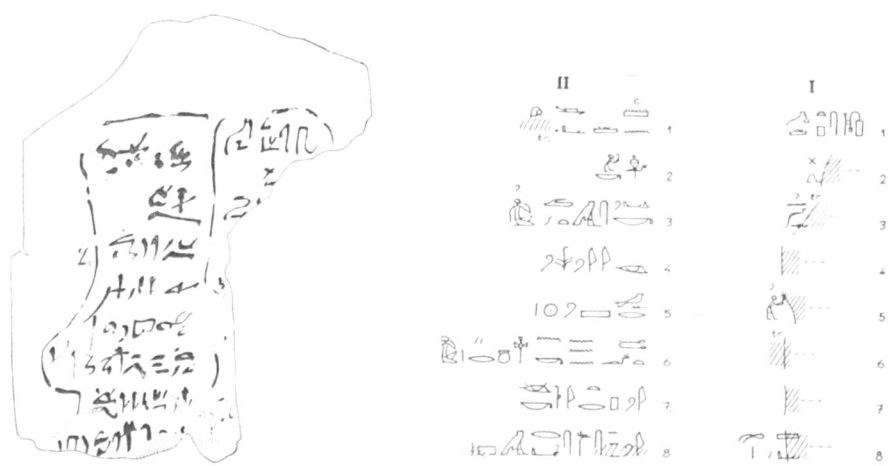

Abb. 5: *Incipit* des Satirischen Briefes von Pap. Anastasi I auf einem Ostrakon[16]

Hier noch ein Beispiel aus der sog. Satirischen Streitschrift von Pap. Anastasi I aus der Zt. Ramses' II. Zwei solcher *incipit*-Listen mit den jeweils ersten Wörtern der einzelnen Strophen sind bekannt. Der Text liegt in zwei Rezensionen vor, einer memphitischen mit Pap. Anastasi I als Hauptzeuge und einer thebanischen mit sämtlichen anderen Textzeugen. Die Liste dieser *incipit* entspricht nun weitgehend der thebanischen Rezension.

Bei diesem Exemplar ist noch zusätzlich zu beobachten, dass der Schreiber die beiden *incipit*-Kolumnen durch eine schwarze Linie umrahmt hat, wohl um sie deutlicher voneinander abzugrenzen. Das geschieht auch nicht selten bei dokumentarischen Texten, dann allerdings, um zwei nicht zusammengehörende Eintragungen auseinanderzuhalten.

Inhaltlich handelt es sich bei dieser Streitschrift um die fiktive Replik eines Schreibers namens Hori auf einen Brief eines Schreibers namens Mapu,[17] der sich durch diverse Inkompetenzen auszeichnet, aber in einem angeblichen Vorgängerschreiben vor Selbstüberschätzung nur so strotzt. Der Ich-Sprecher von Pap. Anastasi I und seinen Varianten reagiert darauf über mindestens 28 Kolumnen hinweg mit harscher Kritik, die alles andere als frei von bitterem Spott

---

[16] G. POSENER, *Catalogue des ostraca hiératiques-littéraires de Deir el-Médineh T. III* (1980), 31 und Pl. 15a; Verf., *Die Satirische Streitschrift des Papyrus Anastasi I. Textzusammenstellung* (2., erw. Aufl., 1992).
[17] Dessen Name tatsächlich soviel bedeutet wie „Wer-ist-es?" bzw. „Wer-auch-immer-es-sei" bzw. der Brief wendet sich an „to whom it may concern".

gehalten ist. Deshalb wird die Schrift von manchen auch als *Satirische Streit-schrift* tituliert und sollte auch von uns mit einigem Schmunzeln goutiert werden.[18]

Wir sagten schon, dass solche Verfahren mnemotechnischen Strategien gedient haben dürften, also als Gedächtnisstützen, aber zu welchem Zweck genau? Es gilt stets zu berücksichtigen, dass Kenntnisnahme von Texten in erster Linie über das Hören, Lesen und dann schieres Auswendiglernen derselben gelaufen sein dürfte. Alte Literatur wurde memoriert und im Bedarfsfall schriftlich reproduziert. *Incipit*-Kataloge von Kapiteln dienten als Gedächtnisstützen für die Einhaltung des korrekten Textablaufes. Wenn ein Schüler die Aufgabe gestellt bekam, „ein einziges Kapitel" (wˁ.t-ḥw.t; Ostr. DeM 1730) niederzuschreiben, dann verhalf ihm eine solche Liste zur topographischen Orientierung und Einordnung eben dieses Kapitels, er wusste dann, an welchem Punkt innerhalb des Werkes die betreffende Passage ihren Platz hatte.

Dass diese Textkenntnis nämlich längst nicht bei jedem Schreiber(ling) gegeben war, der sich seiner Literaturkenntnisse zu brüsten anschicken sollte, lehrt eine – wiedermal recht – amüsante Passage in dem Gelehrtenwettstreit von Pap. Anastasi I. Der Briefsender Hori fragt seinen eingebildeten Kollegen nach der genauen Position eines Zitates aus der Lehre des Hordjedef / Djedefhor. Er geht davon aus, Adressat kenne dessen Position ja gar nicht und betreibe damit nur Angeberei. Wir würden einen solchen Angeber heutzutage der literarischen Halbbildung bezichtigen:

> „Du bist dahergekommen, beladen mit großen Geheimnissen,
> und hast mir einen Vers (ṯꜣz = lit. „Knoten"[19]) des Hordjedef zitiert.
> Du weißt aber gar nicht, ob er positiv (nfr) oder negativ (bin) (gemeint) ist.
> Welches Kapitel (ḥw.t) geht ihm voran, welches folgt ihm denn?"[20]

---

[18] Zum Text s. G. BURKARD – H.J. THISSEN, *Einführung in die altägyptische Literaturge-schichte II* (2008), 141-155.
[19] Zu einigen altägyptischen textologischen Termini s. Verf., „Wort – Vers – Text. Bausteine einer altägyptischen Textologie", in: C. WILCKE (Hg.), *Das geistige Erfassen der Welt im Alten Orient. Sprache, Religion, Kultur und Gesellschaft* (2007), 27-38. Ein ṯꜣz umfasst mindestens einen in sich kohärenten Vers, nicht selten aber auch ein Verspaar und bildet dann die Grundlage einer md.t – „Rede". Der Begriff ist dem altägyptischen Flechthandwerk entlehnt, ebenso wie unser „Text" dem lat. *textus* – „Gewebe", also dort der Weberei.
[20] Verf., *Die Satirische Streitschrift des Papyrus Anastasi I. Übersetzung und Kommentar* (1986), 93-100.

Das ist blanke Kritik an Pseudobildung und ein deutlicher Hinweis auf diese *incipit*-Ostraka mit ihren Kapitelanfängen. Wenn man sich darauf beschränkt,

nur diese Textskelette zu lernen, kann man keine Ko- oder Kon-Texte kennen und kann deshalb auch nicht sagen, „welches Kapitel vorangeht und welches folgt". Nach Ansicht des Sprechers des Satirischen Briefes geht es um Inhalte, nicht um reine Eselsbrücken beim Erlernen von Texten! Diese Spitze hat bis heute nichts von ihrer Brisanz verloren. Ob ferner suggeriert werden soll, der Adressat habe zudem gar nicht gewusst, dass sein Zitat aus der Hordjedef-Lehre stammt, steht auf einem anderen Blatt und kann der Passage nicht eindeutig abgelesen werden. Denkbar wäre es allemal.

## II.    Religiöses: Hieratisches Totenbuch auf Ostraka?

Religiöse Texte in Hieratisch auf Ostraka gehören überwiegend folgenden Gattungen an: Hymnus, Gebet, Beschwörung und Ritual. Erheblich seltener sind z.B. Verklärungen, die in einem rituellen Kontext bei Bestattungen rezitiert oder anschließend auf Grabwände übertragen werden sollten.

Wir haben bislang noch nichts vom Totenbuch in Hieratisch berichtet, auch wenn das Totenbuch ja als neues Kompendium von Sprüchen in der 2. Zwzt. ausgebildet worden war und sich allmählich von den älteren Sargtexten als Corpus emanzipieren sollte, wenn auch dieses nie gänzlich ablösend.[21] Aber zunächst wird es ja auf die Innenseite von Totenmasken und Mumienbinden geschrieben, bevor man es dann in der 18. Dyn. auch auf Papyri überträgt. Zudem sind die Totenbuch-Handschriften vor der 20. Dyn. bis auf sehr wenige Ausnahmen[22] in Kursivhieroglyphen geschrieben und spielen somit in dieser Zeit-

---

[21] Dazu z.B. L. GESTERMANN, „Auf dem Weg zum Totenbuch: Von Tradition und Neuerung", in: R. LUCARELLI et al. (Hgg.), *Herausgehen am Tage. Gesammelte Schriften zum altägyptischen Totenbuch* (2012), 67-78; ead., „Aufgelesen: Die Anfänge des altägyptischen Totenbuchs", in: B. BACKES et al. (Hgg.), *Totenbuch-Forschungen. Gesammelte Beiträge des 2. Internationalen Totenbuch-Symposions Bonn, 25.-29. September 2005* (2006), 101-113. Bislang gibt es keinen einzigen unzweifelhaften und genuinen Totenbuchtext, der eigens für diese Spruchsammlung kreiert worden wäre, auf einem Ostrakon. Alle bislang dafür gehaltenen Exemplare erweisen sich als Kopien von eben nicht genuin zum Totenbuch gehörenden Ritualtexten. Die Kopie aus dem British Museum Any-Totenbuch auf einer Kalksteinscherbe in holländischem Privatbesitz und publiziert von M. HEERMA VAN VOSS, „Een scherf uit het Dodenboek", in: *Phoenix* 14 (1968), 165-168, ist eine eindeutige Fälschung oder moderne Replik zu Übungszwecken eines modernen Sammlers.

[22] Aufgelistet und abgehandelt bei I. MUNRO, *Untersuchungen zu den Totenbuch-Papyri der 18. Dynastie* (1987), 9f. und 190ff.

spanne keine nennenswerte Rolle für die Geschichte des Hieratischen im engeren Sinne des Wortes. Wir schauen uns ein paar Auszüge auf hieratisch beschrifteten und vermeintlich zum Totenbuch gehörenden Ostraka an, die Fragen ganz eigener Art aufwerfen.[23]

Zunächst eine kurze Liste derjenigen Sprüche, die auch auf Ostraka überliefert und bislang bekannt geworden sind.[24] Die tatsächliche Bandbreite dieser sogenannten Totenbuch-Sprüche auf diesem Schriftträger mag sich mit jeder neuen Edition einschlägigen Materials durchaus noch erhöhen. Momentan verzeichnen wir lediglich fünf solcher Sprüche, und dies sind die folgenden:

- Kap. 15 (Sonnenhymnen)
- Kap. 68 (Hervorzugehen am Tage)
- Kap. 125 (Negatives Sündenbekenntnis)
- Kap. 137 B (Fackelspruch; Var. zu 137A)
- Kap. 146 (Tore des Binsengefildes; Kurzfass. zu Tb 145)

In Anbetracht der Funktion, dem Verklärten ins Jenseits als Ausweis seines Spruchrepertoires mitgegeben zu werden, würde die Niederschrift einzelner Sprüche auf solchen wenig repräsentativen Textträgern wie Ostraka aus Kalkstein oder Topfscherben wahrlich verwundern. Zu welchem Zweck sind sie also überhaupt darauf geschrieben worden, wenn sie nicht mit ins Jenseits geschickt werden sollten?

Man könnte an Schreib(er)übungen denken, in welchem Stadium der Ausbildung oder beruflichen Tätigkeit des jeweiligen Schülers auch immer vollführt. Dann würden wir aber angesichts der schieren Menge von über 13.000 Ostraka allein aus Deir el-Medineh und dem Tal der Könige weit mehr Textzeugen erwarten als etwas mehr als eine Handvoll davon. Und warum sind sie durchweg in Hieratisch und nicht in Kursivhieroglyphen wie die entsprechenden Papyri des NR beschriftet? Diese Frage ließe sich am ehesten mit dem Hinweis auf

---

[23] A. GASSE, „Le chapitre 137B du *Livre des morts* à la lumière de quelques ostraca de Deir el-Medina", in: B. BACKES *et al.* (Hgg.), Totenbuch-Forschungen. *Gesammelte Beiträge des 2. Internationalen Totenbuch-Symposions Bonn, 25.-29. September 2005* (2006), 69-78.

[24] Da das Totenbuch während seiner gesamten Laufzeit von der 2. Zwzt. bis in die frühe röm. Kaiserzeit in *rʒ.w*– „Sprüche" und nicht in *ḥw.t* – „Kapitel" gegliedert war, spreche ich fortan auch nur von Totenbuch-Sprüchen. So tritt *ḥw.t* als Terminus der Binnengliederung eines *rʒ*– „Spruches" etwa auch im gesamten Vokabular dieses Corpus nicht in Erscheinung; s. B. BACKES, *Wortindex zum späten Totenbuch (pTurin 1791) Unter Mitarbeit von Irmtraut Munro und Simone Stöhr* (2005), 112. Dieser Befund gilt m.W. auch schon für das frühe Totenbuch.

den Umstand beantworten, dass LÜSCHER inzwischen zweifelsfrei hat nachweisen können, dass nur kursivhieroglyphische Vorlagen direkt vor der Grabwand Verwendung fanden, deren Übertragung dann in der gleichen Schriftart vorgenommen wurde, selbst wenn diese Vorlagen vereinzelte hieratische Einsprengsel enthalten.[25] Zudem sei betont, dass die hieratischen und vermeintlichen Totenbuch-Kopien auf Ostraka sämtlich ohne Vignetten auskommen, es wird nur der Wortlaut *in toto* oder partiell reproduziert. Wo also bleiben die Vignetten? Die Frage muss einstweilen auf sich beruhen, aber was eigentlich ist eine *Vignette*?

 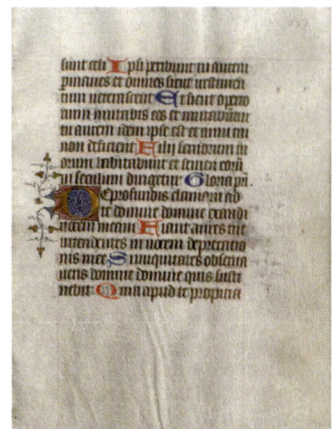

Abb. 6: Vignetten bzw. Weinranken in Psalterion aus dem frühen 15. Jh. (Privatbesitz)

Die Bezeichnung *Vignette* ist eine kodikologische, sie stammt aus der spätantiken und mediävistischen Handschriftenkunde (> Kodikologie) und meint Verzierungen am Rande des Seitenspiegels in Gestalt von Weinranken (< *vigne*).[26] Nicht selten sind diese sogar vergoldet, wie auf diesem Originalblatt in Frakturschrift aus dem späten 15. Jh.

Aber zurück zu den sogenannten Totenbuch-Sprüchen auf Ostraka. Diese an den Fackelspruch 137B angelehnte Kopie bildet eine stark veränderte Variante zur Kurzfassung von Tb 137A, dem „Spruch für Fackeln".

---

[25] B. LÜSCHER, *Die Vorlagen-Ostraka aus dem Grab des Nachtmin (TT 87)* (2013); zu angeblich originären Totenbuch-Kapiteln auf Ostraka s. Verf., Rez. B. LÜSCHER (2013), in: *BiOr* 72 (2015), 412-417.

[26] Es gilt dabei historisch zu beachten, dass die ursprüngliche Vignette diejenige Rebsorte bezeichnete, die am Rande eines Weinberges angebaut wurde. Vignette, Diminutiv von frz. *vigne-*, hat also stets etwas buchstäblich „Randständiges", ohne damit freilich etwas Negatives zu konnotieren, ganz im Gegenteil. Eine Vignette dient grundsätzlich der Verzierung und Verschönerung eines von ihr eingerahmten Textes oder Kapitels.

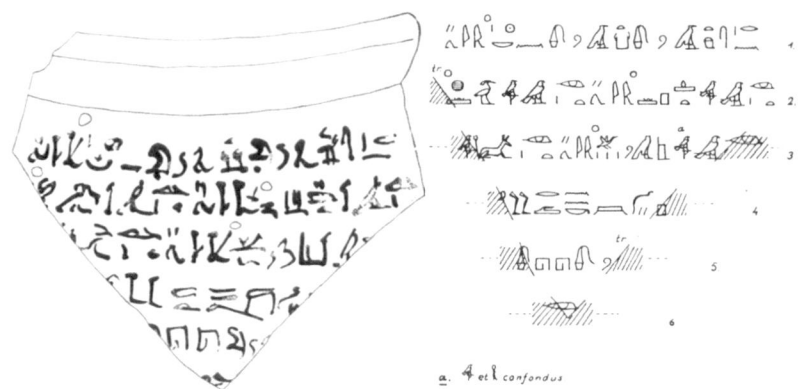

Abb. 7: Fackelspruch mit Exzerpt aus Totenbuch-Spruch 137B[27]

Tb 137B lautet in seinem Titel gewöhnlich „Spruch zum Anzünden einer Fackel für Osiris NN". Diese Version ist hier leicht abgeändert worden zu „Spruch
zum Anzünden einer Fackel eines jeden Tages." Der folgende Wortlaut der
Zeilen 1 Ende bis 5 ist überraschenderweise ein Exzerpt aus Tb 137A. Unterm
Strich erhalten wir so eine Mélange aus zwei einander nächst verwandten und
zusammengehörigen Totenbuchsprüchen, eine Art hybriden Text sozusagen.
Dieser Umstand ist auch einer der Gründe, weshalb LUFT in ihrer Dissertation
zu Tb 137 das Ostr. DeM 1608 *nicht* als Spruch 137B identifizieren, sondern
bis zum Auftauchen weiterer Parallelen eher einer eigenständigen Spruchtradi-
tion zuordnen möchte.[28] Ostr. DeM 1608 weist schwarze Verspunkte auf, die
in rot nachgezogen worden sind. Datieren kann man es grob in die 19. Dyn.,
auch wenn sein Duktus sich eines gewissen Archaismus befleißigt. Noch genauer datieren könnten wir es wohl, wenn auch der Keramiktyp „poterie
gris" (POSENER) genauer bestimmt worden wäre, auf dem der Text notiert
wurde. Aber das hat die Hieratisten bis vor kurzem nicht sonderlich umgetrie-
ben und deshalb können hierzu leider keine Aussagen getroffen werden.

In Anbetracht des enormen Spielraumes, den die Tradenten und Kopisten bei
ihrer Niederschrift dieses Spruches genossen haben und der eindeutigen Tb
137-Bestandteile halte ich diese Streichung von Ostr. DeM 1608 aus der Überlieferung dieses Spruches durch LUFT für einstweilen zu kategorisch.

---

[27] G. POSENER, *Catalogue des ostraca hiératiques-littéraires de Deir el-Médineh T. III*
(1982), 81 und Pl. 53*a*.
[28] *Das Anzünden der Fackel. Untersuchungen zu Spruch 137 des Totenbuches* (2009), 28
und 45f.

Abb. 8: Ostr. IFAO inv. OL 315 (li.) und Ostr. IFAO inv. OL 3016 (re.): Tb 137B[29]

Diese Abbildung zeigt weitere hieratische Textzeugen von Tb 137B aus Deir el-Medineh, die GASSE 2006 in einem Kongressband des Bonner Totenbuchprojektes publiziert hat. Die Handschriften könnten unterschiedlicher kaum sein, Ostr. IFAO inv. OL 315 ist noch weitgehend kursivhieroglyphisch, Ostr. IFAO inv. OL 3016 aber schon echt hieratisch, wenn auch von extrem unausgewogener Hand geschrieben. In keinem Fall werden sie als Vorlagen für entsprechende Beschriftung von Grabwänden gedient haben, sondern am wahrscheinlichsten ist ihr Gebrauch als Rezitative im Täglichen Kult von Deir el-Medineh.

Abb. 9: „Negatives Sündenbekenntnis" oder Tb 125 auf Ostrakon (li.) und kopierte Vorlage auf Pap. BM EA 10470 (re.)?[30]

---

[29] Abb. aus: A. GASSE, „Le chapitre 137B du *Livre des morts* à la lumière de quelques ostraca de Deir el-Medina", in: B. BACKES *et al.* (Hgg.), Totenbuch-Forschungen. *Gesammelte Beiträge des 2. Internationalen Totenbuch-Symposions Bonn, 25.-29. September 2005* (2006), 69-78; dort: 77-78.

[30] M. HEERMA VAN VOSS, „Een scherf uit het Dodenboek", in: *Phoenix* 14 (1968), 165-171; dort: 166 und 167.

Bei diesem Ostrakon in einer niederländischen Privatsammlung handelt es sich ganz eklatant mindestens um eine moderne Replik nach der Vorlage des im BM aufbewahrten Any-Papyrus aus der 19. Dyn. (BM EA 10470). Insbesondere bei der kursiv-hieroglyphischen *m*-Eule ist der Kopist kläglich gescheitert. Der Hg. des Stückes, HEERMA VAN VOSS, nennt weitere Stellen, die verblüffend mit der Any-Vorlage übereinstimmen. Was er aber nicht beim Namen nennt, stattdessen wie die Katze um den heißen Brei herumschleicht, ist die mangelnde archäologische Authentizität des Ostrakons. Trotz seines vermeintlichen Fundortes bei Balliana nahe Abydos ist dieser Angabe kein allzu großes Vertrauen zu schenken.

Abschließend zu den vermeintlichen Totenbuch-Ostraka des NR allgemein und denen aus Deir el-Medineh im Speziellen sei nochmals betont, dass keines von ihnen als Kopiervorlage für die anschließende Übertragung ihres Wortlautes auf eine Grabwand gedient haben kann. Ferner repräsentieren sie sämtlich Sprüche, deren Komposition nicht im genetischen Kontext der Entstehung der frühen Totenbuch-Tradition zu sehen wäre.[31] Außerdem sind sie nicht kursiv-hieroglyphisch, sondern echt hieratisch geschrieben.

### III.   Techniken zur Bestimmung von Totenbuch-Sprüchen

Wie bestimmen wir eigentlich die Identität (oder Nr.) eines Totenbuchspruches, wenn wir mit einer im Verdacht des Totenbuches stehenden Handschrift konfrontiert werden? Welche Schritte sind dazu erforderlich und welche Hilfsmittel vorhanden?

Im Falle des Fehlens von Vignetten seien folgende Arbeitsschritte empfohlen:

- Suche nach Spruchtitel; dieser stets nach dem Muster *r3 n-…* - „Spruch des …" gebildet;
- Bei Fehlen des Titels Suche nach charakteristischen Wörtern;
- Kombinierte Suche über mindestens zwei markante Wörter;
- Suche z.B. über:
  - S. SCHOTT, *Bücher und Bibliotheken im Alten Ägypten* (1990),dort der *Ägyptisch-deutsche(r) Wortindex* von A. Grimm, der allerdings wesentlich nur die in den Buch- und Spruchtiteln vorkommenden Wörter und Phrasen erfasst;

---

[31] Alles Weitere dazu bei Verf., in: *BiOr* 72 (2015), 415-417.

- B. BACKES, *Wortindex zum späten Totenbuch (pTurin 1791)* (2005)[32]
- Berliner Wortliste: http://aaew2.bbaw.de/tla/index.html

Vor dieser bisweilen etwas zeitraubenden Aktion sollte sichergestellt werden, dass es sich z.B. nicht um einen literarischen oder dokumentarischen Text handeln kann. Letztere sind m.W. so gut wie nie in literarischem Hieratisch oder gar in Kursivhieroglyphen geschrieben.

Sind Vignetten vorhanden und einigermaßen auch erhalten, empfiehlt sich eine Recherche in folgenden Werken:

- Prüfen, ob auffindbar z.B. in E. HORNUNG, *Das Totenbuch der Ägypter* (1975 und div. Aufl.); erfasst NR-Versionen; oder in R. K. R. LEPSIUS, *Das Todtenbuch der Ägypter nach dem hieroglyphischen Papyrus in Turin* (Berlin 1842). Dieses Werk markiert den Beginn der ägyptologischen Totenbuchforschung überhaupt, erfasst das Text- und Bildrepertoire des ptolemäerzeitlichen Papyrus und den die sog. *Saitische Rezension* repräsentierenden Text- und Bildbestand. Die heutige Spruchzählung bis Spr. 165 inklusive basiert auf Lepsius.

Für alle weiteren Fragen konsultiere man das Bonner Totenbuchprojekt, insbesondere die umfangreiche Textdatenbank. Zahlreiche Einzelstudien finden sich in den von diesem Projekt hg. *Studien zum Altägyptischen Totenbuch* (SAT).[33]

## IV. Hieratische Legenden auf Zeichnungen und Landkarten

Eine weitere Gelegenheit oder Notwendigkeit zum Gebrauch der hieratischen Kursive ergab sich bei der Anfertigung von Legenden auf Grundrisszeichnungen und Landkarten. Bauvorhaben im größeren wie kleineren Stil bedurften in jedem Einzelfall der Vorzeichnung, wenn schon nicht maßstabsgetreu, dann zumindest unter Angabe ihrer Dimensionen in Ellen (*mḥ*), gelegentlich auch in

---

[32] Ein älteres Werkzeug wäre das von BUDGE zum British Museum-Totenbuch des Any (BM EA 10470) angefertigte Werk *A hieroglyphic vocabulary to the Theban recension of the Book of the Dead: with an index to all the English equivalents of the Egyptian words* von 1911. Allerdings ist davon eher abzuraten, da BUDGE die Transkription des *Berliner Ägyptischen Wörterbuchs* nie übernommen und stattdessen sein eigenes „System" gepflegt hat, das erheblicher Einarbeitung bedarf – und zu dem philologisch äußerst fragwürdig ist, ganz zu schweigen von den dort zu findenden Wortbedeutungen. S. die von B. BACKES *et al.* (Hgg.), *Bibliographie zum altägyptischen Totenbuch* (2., überarb. Aufl., 2009).

[33] http://www.totenbuch-projekt.uni-bonn.de, insbesondere die Totenbuch-Datenbank: https://www.totenbuch-projekt.uni-bonn.de/totenbuch-datenbank (Zugriff 28.01.2017).

Handbreit (*šzp*) und Fingern (*ḏbꜥ*). Bauzeichnungen kennen wir seit dem AR auf Stein,[34] seit dem MR auf Papyrus.[35]

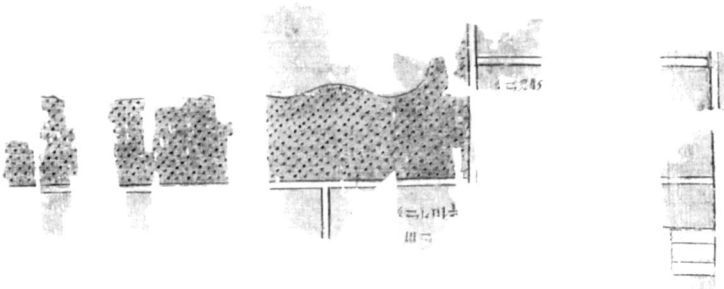

Abb. 10: Bauzeichnung – Pap. Berlin P. 15781[36]

Wenn auch mit Vorläufern im AR und MR, so werden Grundrisse von Bauwerken erst im NR ausführlicher mit hieratischen Legenden versehen. Diese bestehen im Wesentlichen aus der Angabe von Raumbezeichnungen sowie deren Maßen in Länge x Breite x Höhe. Das Standardmaß ist die Elle von ca. 52,25 cm und deren Teile in 7 Handbreit à 4 Fingern. Bisweilen wird auch die Lage in Bezug auf die Himmelsrichtungen notiert. Blickrichtung dieser Maßangaben ist stets von innen nach außen, die geographische Orientierung stets gen Süden.

Das Beispiel aus Berlin ist erst 2002 von MÜLLER publiziert worden und bildet das Pendant zu der noch unpublizierten Inv.-Nr. P. 15782A im Ägyptischen Museum und Papyrussammlung Berlin. Es zeigt den Grundriss eines Felstempels, und ausweislich seiner hieratischen Legenden dürfte es aus der 19. Dyn. datieren. Damit kommt zuerst Ramses II. als Bauherr in Betracht. Dass wir es mit einem Felstempel zu tun haben, geht deutlich aus der rötlichen und gesprenkelten Zone um das eigentliche Bauwerk hervor, denn mittels einer solchen Sprenkelung wird umgebendes Felsgelände notiert. Von den zwei Legenden ist immerhin noch erhalten:

Obere Leg.:    […] *wsḫ.t n-mḥ 6* […]        – „[…] Breite von 6 Ellen […]"

---

[34] Angefangen z.B. mit dem Ostrakon der 3. Dyn. aus Saqqara, ed. B. GUNN, „An Architect's Diagram", in: *ASAE* 26 (1926), 197-202.

[35] Z.B. Pap. Ramesseum B vs., ed. A.H. GARDINER, *The Ramesseum Papyri* (1955), 17f. Fig. 2. Die genaue Natur des sich hinter dem annotierten Grundriss verbergenden Gebäudes ist unklar, die Beischriften sind bis auf eine kaum noch lesbar.

[36] I. MÜLLER, „Plan für einen Tempel", in: B. Schmitz (Hg.), *Festschrift Arne Eggebrecht. Zum 65. Geburtstag am 12. März 2000* (2002), 67-69 u. Taf. 18.

Untere Leg.:  […] *kꜣri.t(?) n-mḥ* 6 […]  –„[…] Schrein von 6 Ellen […]

[…] *n-mḥ* 3[…]  – […] von 3 Ellen […]"

Da hat also ein Raum eine Breite (*wsḫ.t*) von 6 Ellen, ein *kꜣr*-Schrein eine Längen- oder Breitenausdehnung von mindestens 6 Ellen. Soweit die Zeichenmenge ausreicht und diesen Eindruck erlaubt, ist das verwendete Hieratisch nicht die stark verkürzte Geschäftskursive, sondern von eher moderater Kursive, was der sakralen Natur des skizzierten Gebäudes geschuldet sein mag.

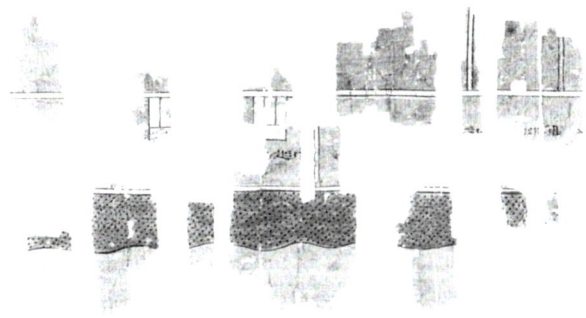

Abb. 11: Untere Hälfte von Pap. Berlin P. 15781

Auf der unteren Hälfte desselben Papyrus ist immerhin noch die Notiz lesbar, dass etwas „in Umrissen gezeichnet" sei (*zḫꜣ.w m-ḳd.wt*). Das bezieht sich auf Vorzeichnungen für anzubringende Reliefs.

Abb. 12: Pap. Berlin P. 15782A[37]

Und hier ein weiteres Exemplar aus der Berliner Sammlung, das noch nicht bearbeitet ist. Es mutet wie eine Fortsetzung der vorangehenden Inv.-Nr. an,

---

[37] Abb. aus: A. GRIMM *et al.* (Hgg.), Pharao. *Kunst und Herrschaft im Alten Ägypten* (1997), 138f. Nr. 103.

allerdings sprechen Faserstruktur und Bemalung dagegen, wie MÜLLER in ihrem Beitrag unter Bezug auf die Beobachtungen der Restauratorin KRUTZSCH bemerkt. Allerdings ist der „Gesamteindruck" ein recht ähnlicher wie bei P. 15781, auch hier erkennen wir Reste des Grundrisses eines Felstempels mit der typischen Pixelung der umgebenden Felsformation und an hieratischen Legenden die üblichen Maßangaben.

Abb. 13: Ausschnitt aus dem Plan des Grabes Ramses' IV. (Pap. Turin Cat. 1885)[38]

Der wohl mit Abstand berühmteste Grundriss mit derartigen Beischriften ist aber der Turiner Plan des Grabes Ramses' IV, erhalten ab dem 2. Korridor bis

---

[38] S. DEMICHELIS, „Le projet initial de la tombe de Ramsès IV? Papyrus de Turin CGT 55002", in: *ZÄS* 131 (2004), 114-133; Abb. aus dem Katalog *L'art du contour. Le dessin dans l'Égypte ancienne* (2013), 206f. no. 64 (Farbabb.). – Eine partiell aktualisierte Liste der bis heute bekannten – und bisweilen hieratisch (an)notierten – Grundrisse bzw. Maßangaben von Königs- und Prinzengräbern des NR bietet jetzt K. WEEKS, „The Component Parts of KV Royal Tombs", in: R.H. WILKINSON – id. (Hgg.), *The Oxford Handbook of the Valley of the Kings* (2016), 98-116; dort: 102f. Pap. Turin CGT 55002 läuft bei ihm unter der Nr. 8 als „Turin 1885, recto". Und seine Nr. 17 ist inzwischen in revidierter Gestalt von R.J. DE-MARÉE, „The wooden doors of a royal tomb: O. Leiden F 2000/1.1 + O. KV 10045", in: *JEOL* 44(2012-13), 43-48, publiziert worden. Nr. 9 bei WEEKS ist sehr wahrscheinlich O. Cairo JE 51935/SR 12388 bei R.J. DEMARÉE, *loc. cit.*, 48 Fig. 4; s.a. das 1993 bei Reinigungsarbeiten in KV 55 (sog. Echnaton-Grab) entdeckte Ostrakon mit einem in rot und schwarz gezeichneten Plan des Korridors und des nördl. Türpfeilers der Sargkammer bei L. PINCH-BROCK, „Collisions, Abandonements, Alterations, Tomb Commencements/Pits, and other Features in the Valley ofthe Kings", in: R.H. WILKINSON – id. (Hgg.), *The Oxford Handbook of the Valley of the Kings* (2016), 117-137; dort: 121 (KV 55) mit Lit.hinw.; und schließlich fehlt das Ostrakon Kairo JE 72460 gänzlich in seiner Liste, s. dazu monographisch K. LAKOMY, *Cairo Ostracon J. 72460: Eine Untersuchung zur königlichen Bestattungstradition im Tal der Könige zu Beginn der Ramessidenzeit* (2008): Grab einer Königin Isisnofret aus der 19. Dyn., und dazu jüngst A. DORN – S. POLIS, „A re-examination of O. Cairo JdE 72460 (= O. Cairo SR 1475). Ending the quest for a 19th Dynasty queen's tomb in the Valley of the Kings", in: P. COLLOMBERT *et al.* (Hgg.), *Aere perennius. Mélanges égyptologiques en l'honneur de Pascal Vernus* (2016), 129-161:Bauplan von KV 5 = Söhne Ramses' II.

zum Ende des Grabes auf dem Recto von Pap. Turin Cat. 55002. Allerdings ist von ihm nur die obere Hälfte auf einer Länge von insgesamt 120 cm bei einer Höhe von gegenwärtig max. 30 cm erhalten. Länge, Breite und Höhe der Räumlichkeiten sind notiert sowie anzubringende bemalte *bas-reliefs*. Laut Textangaben fehlt die Zeichnung der ersten drei Korridore, denn deren Zählung beginnt erst bei dem „4.“. Bei voller Höhe dürfte die Rolle ca. 48 cm betragen haben, das wäre die größte Blatthöhe in der Zeit des NR. Seine hieratischen Legenden sind nicht alle in der gleichen Anordnung platziert, es gibt vertikale und horizontale Einträge. Unter den horizontalen sticht derjenige nahe dem rechten oberen Ende insofern heraus, als er im Verhältnis zu den übrigen horizontalen Legenden auf dem Kopf steht. Was bedeutet dies? Rein praktisch kann dies u.a. darauf hinweisen, dass dieser Plan bei einer geschätzten vollen Länge von knapp 2 m und der Höhe von ca. 48 cm ausgebreitet auf einem Tisch in einem Architektenbüro von allen Seiten betrachtet und gelesen können werden sollte.

Das Verso trägt einen weiteren Grundriss eines Königsgrabes sowie, und das erstaunt durchaus, das Testament des Nekropolen-Schreibers Amennachte (V), Sohn des Ipuy (II), eines im Nebenamt eifrigen „Freizeitliteraten“, dessen individuelle Handschrift uns dank der Forschungen DORNs inzwischen bestens bekannt ist.[39]

Hieratisch-paläographisch bleibt zu vermerken, dass die Legenden in einem sehr sorgfältigen Duktus geschrieben sind und wieder nicht in der damaligen extremen Geschäftskursive. Das hat seinen Grund erneut darin, dass es sich angesichts des dargestellten Gegenstandes, eines zu bauenden Königsgrabes, um einen der sakralsten Orte und Gegenstände nach damaliger Klassifikation und Gradation von Sakralität handelt, der entsprechend beschriftet sein will. Statt extremer Kursive bedient man sich dann u.a. einer Art Kanzleischrift, die auf Lesbarkeit und eine gewisse Ästhetik abgestellt ist.

---

[39] Zu seiner Person und Familie B.G. DAVIES, *Who's Who at Deir el-Medina* (1999), 105-118. Zu seiner Handschrift s. A. DORN, „Diachrone Veränderungen der Handschrift des Nekropolenschreibers Amunnacht, Sohn des Ipui“, in: U. VERHOEVEN (Hg.), *Ägyptologische "Binsen"-Weisheiten I-II: Neue Forschungen und Methoden der Hieratistik. Akten zweier Tagungen in Mainz im April 2011 und März 2013* (2015), 175-218.

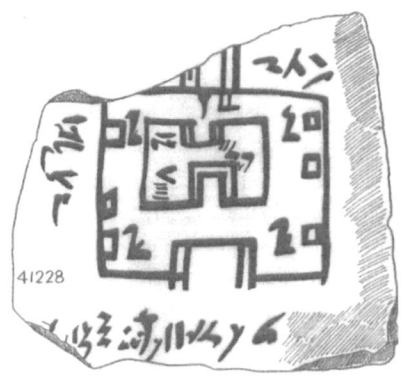 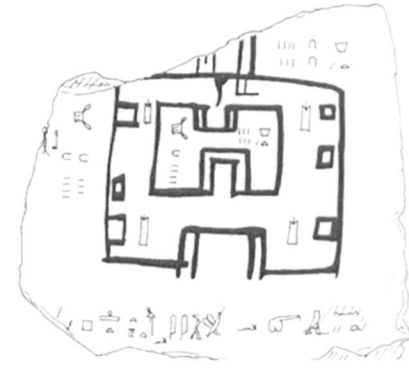

Abb. 14: Ostr. BM EA 41228[40]

Ein vielleicht weniger ansehnliches Exemplar eines Baugrundrisses haben wir auf dem Ostrakon BM EA 41228 mit einer Größe von 9,5 x 9,8 cm und im Totentempelbezirk Mentuhoteps' II. in Deir el-Bahari gefunden, datierend in die späte 18. bis frühe 19. Dynastie. Die angegebenen Maße der Umfassungsmauer von 17 x 27 Ellen und die des darin liegenden Schreines von 6 x 14 Ellen widersprechen der mehr oder weniger quadratischen Zeichnung des Grundrisses. Das Entscheidende an einer solchen Skizze sind also die kursiven Legenden, nicht die Zeichnung selbst und deren Proportionen, die keinem Maßstab Genüge tun. Wir haben es bei dem Innengebäude wohl mit einem Barkenschrein zu tun, die umstehenden Pfeiler werden als solche in der Legende benannt (*iwn*), allerdings stimmt deren Anzahl von insgesamt sechs nicht mit der einfachen Pluralnotierung dieser Stützen überein. Das Subskriptum lässt immerhin noch den unklaren Vermerk […] *nty-m-bꜣḥ=f pꜣy=f-imnt.tḥtp* […]erkennen: „[…] wer/was sich vor ihm befindet: Sein Westen ruht [auf/in …]".

Es gibt weitere solcher hieratisch beschrifteter Baupläne, nicht minder berühmt ist derjenige des Grabes Ramses' IX. auf einem Kairener Ostrakon.

---

[40] Li. Abb. aus: A. Imhausen, *Mathematics in Ancient Egypt. A Contextual History* (2017), 2016), 171; re. Abb. aus: R.J. Demarée, *Ramesside Ostraca* (2002), 27f. und Pl. 92; s.a. *Le dessin dans l'Égypte ancienne* (2013), 208, Nr. 66. *Editio princeps* ist S.R.K. Glanville, „A Working Plan for a Shrine", in: *JEA* 16 (1930), 237-239. Gute Abb. (li.) und Rekonstruktion des Grundrisses bei A. Imhausen, *Mathematics in Ancient Egypt. A Contextual History* (2016), 170-173.

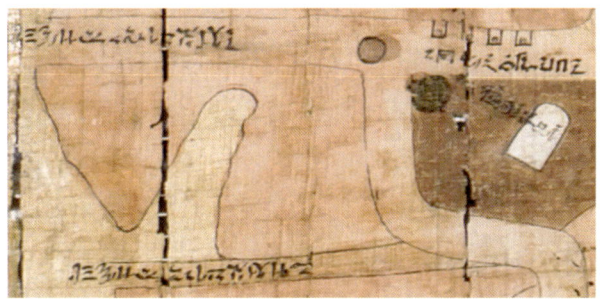

Ausschnitt aus Landkarte vom Wadi Hammamat (Zt. Ramses II.)
(Cat. 1879+1869+1899; © Museo Egizio, Turin; Fotograf: Nicola Dell'Aquila)

Dieser Ausschnitt aus der Turiner Karte des Wadi Hammamat zeigt u.a. „Die Häuser der Goldarbeiter" (*n3 pr.w n b3k.w nbw*; oben li.) und links davon sowie direkt darunter „Der Weg, der zum (Roten) Meer führt" (*t3 mj.t nty h3ꜥ r p3 ym*).[41] Der Duktus der Eintragungen – insbesondere im beschreibenden Teil weiter rechts – ist ausgesprochen literarisch-unzial, nicht kursiv wie in einer Akte oder Urkunde. Dieser Umstand attestiert ihr eine gewisse Sakralität, die nicht zuletzt mit den darin vorkommenden Königsnamen Sethos' I. und Ramses' II. verbunden ist.

---

[41] DORN und POLIS bereiten eine komplette Neubearbeitung der gesamten Handschrift inkl. Recto und Verso vor. Für die Aufnahme danke ich Susanne Töpfer vom Museo Egizio, sehr herzlich.

## 17. Regional differenzierbare Schreibtraditionen und individuelle Schreibstile in Deir el-Medineh– Ramessidenzeit Teil III

## I. Der Große Harris-Papyrus (BM EA 9999) –Rechenschaftsbericht Ramses' III.

Die Ramessidenzeit ist hieratistisch betrachtet nicht nur die Epoche mit der größten Dichte an entsprechenden Schriftzeugnissen aus sämtlichen Gattungen. Schrift- und wissenschaftsgeschichtlich betrachtet können wir in der 19.-20. Dyn. mit BIRCH, ERMAN und MÖLLER erstmalig handfeste Kriterien zur regionalen Differenzierung von Schreibstilen greifen.[1] Genauer gesagt, es lassen sich z.B. thebanische von memphitischen oder gar unterägyptischen Handschriften unterscheiden. In welcher regionalen Ausprägung die Schreiberausbildung in der Kapitale Pi-Ramesse im nordöstlichen Delta vonstattenging, ist unbekannt. Am wahrscheinlichsten dürfte die unterägyptische Spielart präferiert worden sein. Aus Gründen der Bodenbeschaffenheit werden sich kaum noch entsprechende Textzeugnisse hieratischer Natur,auf Papyrus zumindest, dort befinden, geschweige denn durch systematische Grabungen bergen lassen.[2]

Tatsächlich wurden regionale Differenzen im Gebrauch des Hieratischen zu ein und derselben altägyptischen Epoche schon recht früh erkannt. Die Quelle hierfür war der im British Museum aufbewahrte und zugleich größte altägyptische Papyrus überhaupt, der von Ramses IV. zu Ehren seines Vaters Ramses' III. angefertigte Pap. Harris I (BM EA 9999).

---

[1] *Hieratische Paläographie* II, S. 2-3f.

[2] Die römerzeitlichen und von FLINDERS PETRIE 1884 in Tanis gefundenen hieroglyphischen Papyri bilden vielleicht die Ausnahme zur Regel. Allerdings sind über deren exakte Fundumstände und Lagerung in welcher Art von Boden keine Informationen verfügbar; s. F. LL. GRIFFITH – W.M. FLINDERS PETRIE, *Two Hieroglyphic Papyri from Tanis* (1889).

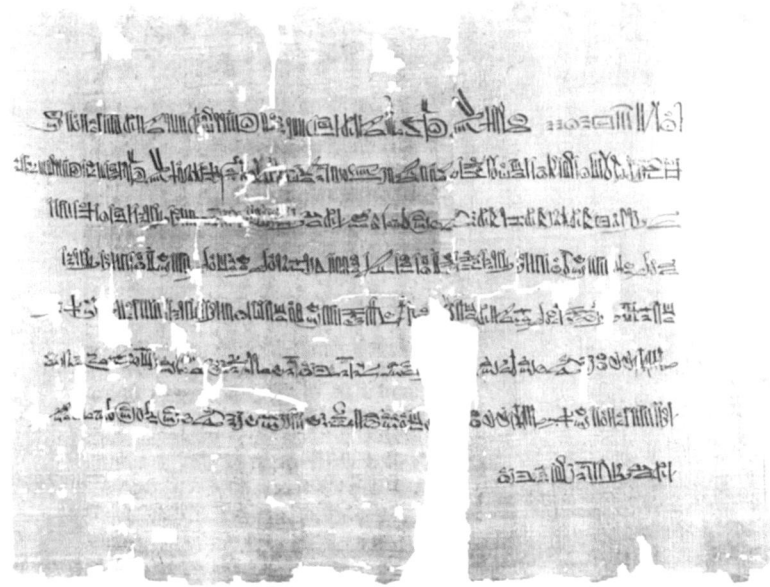

Abb. 1: Pap. Harris I – Kol. I – Courtesy Trustees of The British Museum[3]

Und hier eine leicht vergrößerte Aufnahme der 1. Zeile:

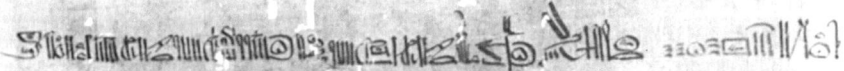

Man ist geneigt, dieser Hand das Prädikat „Strenge Unziale" zu verleihen. Der verwendete Duktus erklärt sich wieder aus der Rücksichtnahme auf die genannte Person, König Ramses III., und den sakralen Charakter der gesamten folgenden Urkunde, die eine Art Rechenschaftsbericht dieses Königs darstellt, allerdings ausgestellt von seinem Sohn und Nachfolger Ramses IV.

Benannt wurde dieser Papyrus nach seinem Erstbesitzer, dem britischen Kaufmann HARRIS (1790-1869).[4] Mit seinen ca. 42 m Länge und 40 cm Höhe ist er nicht nur der umfangreichste Papyrus aus dem antiken Ägypten insgesamt, sondern auch wegen seines Erhaltungszustandes, seiner schieren Ästhetik und infolge seiner enormen wirtschaftshistorischen Bedeutung für die Ramessidenzeit von geradezu unschätzbarem Wert für die Ägyptologie. Neben dem Leipziger Papyrus Ebers ist der Große Harris-Papyrus ein ebenbürtiger Kandidat für den Rang eines Weltdokumentenerbes der Unesco.

---

[3] P. GRANDET, *Le Papyrus Harris I (BM 9999)* I-III (1994); dort Bd. II, Pl. 1.
[4] M.L BIERBREIER (Hg.), *Who Was Who in Egyptology* (2012), 243.

Es waren der Brite BIRCH 1876, dann die Deutschen ERMAN 1903 und MÖLLER 1911, die auf unterschiedliche Hieratogramme ein und desselben Zeichens in diesem gewaltigen Manuskript aufmerksam gemacht haben. Weiter unterfüttert hat diese Beobachtungen dann 1994 der Franzose GRANDET in seiner dreibändigen Gesamtedition *Le Papyrus Harris I (BM 9999)*, die inzwischen als die Standardedition betrachtet werden könnte, würde sie als Basis ihres opulenten und unschätzbaren Kommentars zusätzlich eine fortlaufende hieroglyphische Transkription anstelle von 78 Tafeln mit Markierung des Textlayouts bieten.[5] GRANDET verteilt die an der Niederschrift des Harris-Papyrus beteiligten Hände nunmehr gar auf vier statt bisher drei Schreiber; s. dazu weiter unten.

Abb. 2: Ramses III. im Redegestus vor der thebanischen Göttertriade
Amun, Mut und Chons – © Courtesy Trustees of The British Museum[6]

Kurz zu Inhalt und Funktion dieses Manuskriptes. Der gesamte Wortlaut von 113 Kolumnen und 1489 Zeilen Text ist eine Bestandsaufnahme des damaligen Vermögens und der Stiftungen großer und kleiner Tempel im gesamten Lande Ägypten durch Ramses III. Anders gesagt, der Text wird ihm in den Mund gelegt, und das nachdem er am 15. Tag des 3. *šmw*-Monats in seinem 32. Jahre ermordet wurde.[7] Der König spricht in dieser gigantischen Urkunde also als

---

[5] Eine solche Umschrift muss noch immer über die Umwege von W. ERICHSEN, *Papyrus Harris I. Hieroglyphische Transkription* (1933), eingesehen werden. Das macht den Umgang mit dem Text am eigenen Schreibtisch nicht gerade einfacher.
[6] P. GRANDET, *op. cit.* 2, Pl. 2.
[7] Nach buchstäblichem „Lüften des Schleiers" um seinen Hals und einer forensischen Untersuchung im Jahre 2012 wurde erstmalig sichtbar, dass dieser Herrscher wohl tatsächlich einem höfischen Komplott zum Opfer gefallen sein dürfte, worauf eine Reihe uns schon lange bekannter Prozessakten hingedeutet hatte; s. Z. HAWASS *et al.*, *Revisiting the harem-conspiracy and death of Ramesses III: anthropological, forensic, radiological, and genetic study.* In: *British Medical Journal.* (BMJ) 17. Dezember 2012, Nr. 345; *ad fontes* samt Interpretation s. P. VERNUS, *Scandales et affaires sous les Ramsès* (1993), Kap. V.

Verstorbener oder, ägyptisch gesagt, als Verklärter. Seine Adressaten sind die thebanische Triade Amun, Mut und Chons-em-Waset-Neferhotep (s.o.),

Abb. 3: Ramses III. vor der memphitischen Triade Ptah, Sachmet und Nefertem
© Courtesy Trustees of The British Museum[8]

sodann die memphitische Triade Ptah, Sachmet und Nefertem, und schließlich

Abb. 4: Ramses III. vor heliopolitanischen Göttern –
© Courtesy Trustees of The British Museum [9]

die heliopolitanischen Götter Re-Harachte, Atum, Iues-aaes und Hathor-Nebethetepet. In diesem Falle ist es also nicht die klassische Neunheit des Ortes, sondern ein spezielles Konsortium mit immerhin Re-Harachte und Atum an der Spitze. Der König „betet" vor diesen Göttern, wie seine Beischriften deutlich machen. Schrifttypologisch gesehen sind diese Beischriften zu seinen Gebetenerwartungsgemäß nicht in dokumentarischem, ja nicht einmal in literarischem, Hieratisch fixiert, sondern in den mit einem erheblich höheren Sakralitätsgrad versehenen Kursivhieroglyphen. Und als wäre das noch nicht genug, sind die Namenlegenden der Gottheiten in regulären Hieroglyphen ausgeführt.

---

[8] P. GRANDET, *op. cit.* 2, Pl. 43.
[9] P. GRANDET, *op. cit.* 2, Pl. 24.

Die beiden zuletzt genannten Schrifttypen unterscheiden sich in ihrer Ikonizität jedoch nur graduell.

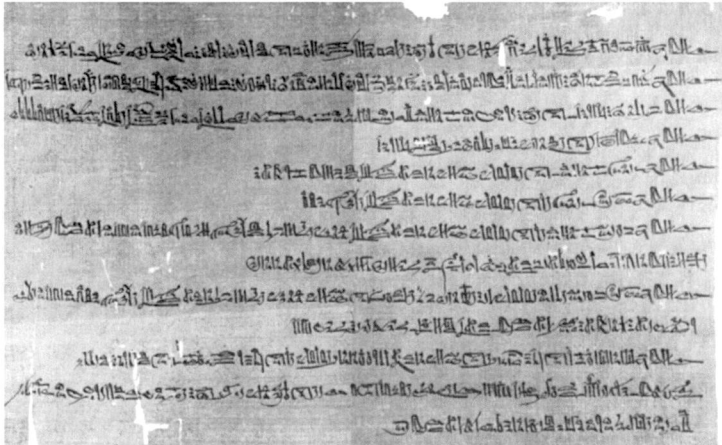

Abb. 5: Kol. 6 mit *jry=i-n=k*-Anaphora: „Ich habe dir … gemacht"
© Courtesy Trustees of The British Museum[10]

Es folgt auf die Einleitung eine lange Liste von Taten oder *res gestae*, die der König für Amun in Theben vollbracht haben will. Diese Liste ist so aufgebaut, dass nahezu jede königliche Tat eine neue Zeile eröffnet mit den Worten *iry=i-n=k* XY – „Ich habe für dich /dir zuliebe XY gemacht / für dich XY getan/eingerichtet …" etc. (Z. 1-7; 9 und 11). Dabei wird das Suffix 1. Pers. Sg. mit einem recht aufwendigen Hieratogramm notiert und das ist ein sitzender Gott: (A40). ERICHSEN transkribiert dieses Zeichen durch A42: , den hockenden König mit Uräus + Szepter.[11] Das ist aber bei genauer Betrachtung des Zeichens definitiv nicht der Fall. Bereits MÖLLER hat zu Nr. 45 im 2. Band seiner *Hier. Pal.* unter der Sigle „Harr. Theb." die korrekte Transkription verzeichnet, denn dieses Hieratogramm trägt schlechterdings keinen Uräus an der Stirn![12]

Schrifttypologisch ist auffällig, dass der – in diesem Falle thebanische – Schreiber nicht mehr die Kursivhieroglyphen verwendet, wenn er denn für diejenigen in der 1. Vignette verantwortlich zeichnen sollte. Stattdessen praktiziert er nun

---

[10] P. GRANDET, *op. cit.* 2, Pl. 6.
[11] *Papyrus Harris I. Hieroglyphische Transkription* (1933), z.B. 6-7 *pass.*
[12] Vgl. a. A.H. GARDINER, *Egyptian Grammar*, § 34, der den Wechsel von A40 zu A41 und A42 in der 18. Dyn. verzeichnet. Zu ramessidischen Formen sagt er dort allerdings nichts.

die volle hieratische Kursive, aber auch diese nicht in ihrer extrem abgekürzten und schnell oder tachygraphisch notierten Version. Nein, er befleißigt sich einer ausgesprochen kalligraphisch zu nennenden Kursive der Unziale oder Buchschrift, wie sie in religiösen und literarischen Texten Verwendung findet.[13] Man könnte meinen, Götter mögen an sie adressierte Urkunden nicht in dokumentarischer Kursive, sondern legen – von einem ihnen wollgefälligem Inhalt ganz abgesehen – auch Wert auf Schriftästhetik.

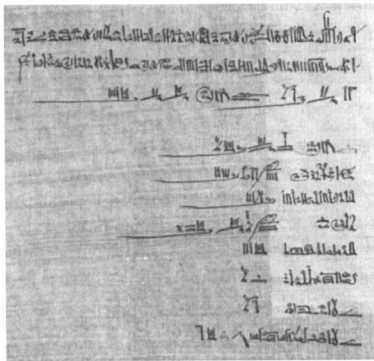

Abb. 6: Kol. 11 mit Liste – © Courtesy Trustees of The British Museum[14]

Selbst die Listen über gestiftete Statuen, dazugehöriges Personal, Vieh, Gärten, Ländereien und Schiffe mit ihren unzähligen individuellen Einträgen sind sämtlich in einer Unziale gehalten, keine einzige davon driftet in die Extremkursive etwa des Pap. Wilbour aus der Zt. Ramses' V. ab. Diese Handschrift werden wir gleich nach dem Pap. Harris I zu betrachten haben, der Unterschied zwischen diesen beiden Riesentextrollen könnte gewaltiger kaum sein, und doch liegen nur wenige Jahre zwischen diesen zwei Manuskripten.

---

[13] Diese Sakralkursive eignet sich auch im akademischen Unterricht hervorragend zum Erlernen erster Schriftzeichen und Ligaturen, will man sich auf das späte NR beschränken.
[14] P. GRANDET, *op. cit.* 2, Pl. 11.

Abb. 7: Tabellen mit Schreibervergleich bei ERMAN[15]

Nun aber zu den verschiedenen Schreiberhänden, die den Pap. Harris I beschriftet haben. Hier zunächst ERMANs Liste von 1903. Er unterscheidet dabei drei Hände:

1. eine thebanische,
2. eine heliopolitanische und
3. eine memphitische Hand.[16]

Die drei Vignetten habe nach ihm „ein und derselbe Künstler hergestellt", also scheint er – unausgesprochen – mit einer 4. Hand zu rechnen, die aber wie gesehen nicht hieratisch schreibt, sondern kursivhieroglyphisch bzw. hieroglyphisch.

Schauen wir uns in der linken Tabelle nur einmal das Zeichen des auf einem Stuhl sitzenden Vornehmen genauer an. Von ERMAN wird es durch A50 transkribiert: 🝖 . MÖLLER umschreibt es in seiner *Hier. Pal.* II, unter der Nr. 26 hingegen durch 🝖 (A51). Auch in diesem Punkte wird MÖLLER Recht zu

---

[15] A. ERMAN, *Zur Erklärung des Papyrus Harris* (1903), 5-7. Dass er die hieroglyphischen Zeichenformen oberhalb der Tabellen konsequent in Linksausrichtung oberhalb seiner Kolumnen präsentiert, verwundert doch im Nachhinein sehr. Diese Ausrichtung behindert die visuelle Gleichsetzung der unterschiedlichen Zeichentypen erheblich. Allerdings gibt es dazu m.E. eine – seitens ERMANs nicht reflektierte – Ausnahme und diese betrifft das Zeichen der Harpune ⤙ (T21), deren Haken stets nach rechts, deren Spitze gleichfalls durchgehend nach links weist, damit wie im Hieroglyphischen orientiert. Selbst jüngere Transkriptionen als die eines ERMAN ignorieren diese Devianz dagegen regelmäßig.
[16] A. ERMAN, *Zur Erklärung des Papyrus Harris*, 7.

geben sein, denn der Mann hält tatsächlich etwas Markantes in seinen Händen und es handelt sich nicht um seine angewinkelten Knie.

Aber in der Wiedergabe ein und desselben Zeichens unterscheiden sich der Thebaner und der Memphite wie auch der Heliopolitaner deutlich voneinander. Der Thebaner schreibt das Zeichen noch in seiner altertümlicheren und bildhafteren Form, während seine beiden unterägyptischen Kollegen bereits die abgekürzte Version verwenden. Genauso verhält es sich bei dem Zeichen des Schrubbers 𓌗 (V29), zu lesen entweder *wꜣḥ* oder *sk*. Die beiden Unterägypter kürzen wieder stärker ab als ihr thebanischer Kollege.

Die übrigen Beispiele verteilen sich nach ERMAN auf diese drei Schreiber, welche man anhand der Spalten neben diesen beiden markanten Zeichenvariationen 𓀾 (A50) resp. 𓀿 (A51) und V29 leicht identifizieren kann.

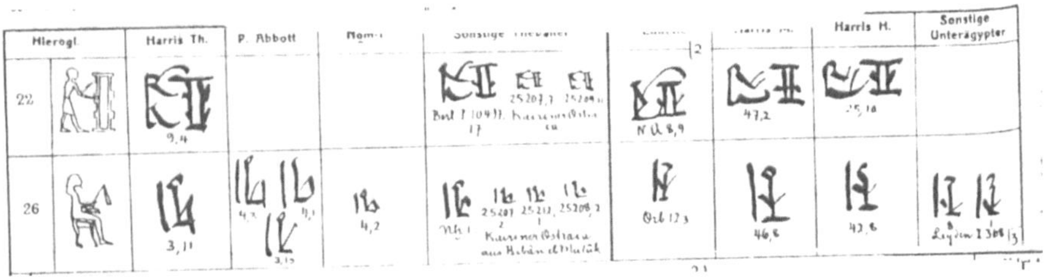

Abb. 8: Aus MÖLLERs Vergleichstabelle[17]

---

[17] *Hieratische Paläographie* II, S. 3.

Georg MÖLLER (1909) zieht im Unterschied zu ERMAN weitere regional differenzierbare Manuskripte zum Vergleich heran, belässt es aber im Wesentlichen bei dem Erstellen dieser kleinen Tabelle.

Répartition de quelques graphies hiératiques schématisées
du groupe ʿnḫ(w) wḏꜢ(w), snb(w).

| | ǀǀǀ | ꟾǀǀ | ꟾⳐꟾ |
|---|---|---|---|
| T | X | X | |
| PT (L) | X | X | |
| ERL | | X | |
| H | | | X |
| PT (D) | | | X |
| M | | | X |
| DH | | | X |

Abb. 9: Aus GRANDETs Tabelle von „graphies hiératiques schématisés"[18]

GRANDET führt 1994 weitere Beispiele für diese Unterschiede ins Feld, wie z.B. die Notation der Segensformel ʿnḫ-wḏꜢ-snb. Insgesamt unterscheidet er zwei Thebaner und jeweils einen Memphiten und Heliopolitaner.[19]

Wie man sieht, sind sich die Fachleute hinsichtlich der Zuschreibung bestimmter Abschnitte innerhalb dieses Manuskriptes an zwar anonyme, wenn auch sicher individuelle, Hände nicht sicher. Hier basiert so manche Differenzierung doch auf persönlichen Eindrücken und sollte methodisch stets mit größtem Vorbehalt bewertet werden.

---

[18] P. GRANDET, *op. cit.* 1, 25. Die Kürzel stehen im Einzelnen für Folgendes: T = Theben (pl. 2-23); PT (L) = Petits Temples in Listen (pl. 57-66); ERL = État Récapitulatif des Listes (pl. 67-74); H = Heliopolis (pl. 24-42); PT (D) = Petits Temples in Discours / kgl. Rede; M = Memphis und DH = Discours aux Humains.

[19] *Le Papyrus Harris I*, Vol. I, 24. - In seine Kürzel für die jeweiligen Schreiber muss man sich allerdings ein wenig einarbeiten.

TABLEAU 6

EXEMPLES DE VARIATIONS ORTHOGRAPHIQUES
(Pour d'autres ex., cf. Erman, *Zur Erklärung*, 462.)

| | *inrhm / inhmn*, "grenade" | | *isy*, "roseau" | | *prw(w)*, "ornements" | | *w3ḏt*, "légume(s)" [a] | |
|---|---|---|---|---|---|---|---|---|
| | avec *r* | sans *r* | avec *y* | sans *y* | avec *w* | sans *w* | avec *m* | sans *m* |
| T | x | | x | | x | | x | |
| PT (L) | x | | | | x | | | |
| ERL | x | | x | | x | | x | |
| H | | x | | x | | x | | x |
| PT (D) | | | | | | x | | x |
| M | | x | | | | x | | |
| DH | | | | | | | | |

Abb. 10: GRANDETs „Variations Orthographiques"[20]

GRANDET legt allerdings im Unterschied zu seinen deutschen Vorgängern einen erheblich größeren Wert auf orthographische Feinheiten. Anhand der Graphien der Wörter für Granatapfel,[21] Binse, Schmuck und Gemüse lassen sich mit ebensolchem Gewicht Idiosynkrasien von Schreibern konstatieren, die auf differierende Ausbildungsmethoden der damaligen Zeit und Orte zurückgeführt werden könnten.

GRANDET unterzieht sich aber auch der Mühe, die tatsächliche Textmenge seiner vier Schreiber zu ermitteln: Wieviele Zeilen und deren laufende Meter hat ein jeder von ihnen bewältigt? Aber nicht nur das, er glaubt auch die Zahl der Arbeitsstunden berechnen zu können. Danach habe z.B. sein Schreiber C insgesamt 30,06%, das sind 87,38 m an laufenden Textzeilen in 7 h 18 min bewältigt. Diese Zeitspanne entspricht auf das Gesamtdokument von 285,36 m Textlänge bezogen 27,13% des Gesamtzeitaufwandes für seine Beschriftung. Dass diese Zeitberechnung reichlich spekulativ sein dürfte, liegt auf der Hand. Selbst bei Annahme eines langsameren Schreibvorgangs bei Praktizierung von Kalligraphie als bei Schnellschrift einer nicht-königlichen Urkunde bleiben diese Zahlenwerte reine Chimären. Er hätte den Vergleich mit dem großen Felderr

---

[20] P. GRANDET, *op. cit.*, I, 24.
[21] Zu Provenienz und Bedeutung dieser von ägyptischen Schreibern „orthographisch" stets nur tentativ gemeisterten Fremdwortes s. F.A. BREYER, „Anatolisches Sprachmaterial in ägyptisch-hieroglyphischen Inschriften – ein Vorbericht", in: T. SCHNEIDER *et al.* (Hgg.), *Das Ägyptische und die Sprachen Vorderasiens, Nordafrikas und der Ägäis* (2004), 259-270; sehr kritisch dazu Z. SIMON, „Hethitisch-luwische Fremdwörter im Ägyptischen?", in: *GM* 227 (2010), 77-92.

egister des Pap. Wilbour anstellen sollen, der sich durch eine durchgehende Tachygraphie oder Schnellschrift unterschiedlicher Kursivität auszeichnet. Aber selbst dann wären alle Berechnungen nicht falsifizierbar geblieben.[22]

## II.    Der Große Wilbour-Papyrus (Brooklyn E 34.5596) aus der Zeit Ramses' V.

Wenden wir uns deshalb der imposanten Felderkataster des Pap. Wilbour E 34.5596 aus Jahr 4 Ramses' V. zu. Sie ist ein Dokument von ca. 10,33 m Länge bei einer Blatthöhe von Ø 42 cm, damit der Standardhöhe einer zu damaliger Zeit produzierten Kolumne. 126 Kolumnen Text verteilen sich auf Recto und Verso und füllen insgesamt 5223 Zeilen Text.[23] Dieser Papyrus aus der ehemaligen Sammlung von WILBOUR[24] im Brooklyn Museum of Fine Art/NY ist die umfangreichste Akte aus der Verwaltung von Tempelliegenschaften und königlichen Ländereien, deren Erträgen, Verwaltung und Besteuerung aus dem vorhellenistischen Ägypten, die wir gegenwärtig haben. Geographisch verteilen sich diese Felder zwischen dem heutigen Medinet Fayum im Norden und Miniah im Süden. Die Eintragungen decken also einen Abschnitt von ca. 140 km in Mittelägypten ab. Vergleichbare Kataster wird es auch für andere Regionen und natürlich auch zu anderen Zeiten gegeben haben. Diese alles andere als unwahrscheinliche Unterstellung lässt den Umfang des Verlorenen erahnen.

Der Papyrus liegt in vorbildlicher Edition durch GARDINER vor und hat seitdem eine intensive Diskussion über Natur und Funktion der Einträge ausgelöst, die bis heute nicht abgerissen ist. Es soll im Folgenden aber ausschließlich um den Beitrag zur hieratischen Paläographie der Ramessidenzeit im Allgemeinen und der 20. Dyn. im Besonderen gehen. Zugleich werden wir mit dieser Handschrift bzw. den an ihrem Zustandekommen beteiligt gewesenen Händen bereits für

---

[22] Mir sind keine expliziten Notizen eines altägyptischen Schreibers zur Dauer der Beschriftung einer Handschrift von welcher Länge auch immer bekannt. Man fragt sich auch unwillkürlich, für welchen Adressaten – außer den Schreiber der jeweiligen Handschrift selbst – das von welchem Interesse hätte sein können. – Nur am Rande sei eine mögliche Teilabschrift aus dem Großen Harris-Papyrus auf einem thebanischen Ostrakon erwähnt, s. Verf., „Vermischtes II", in: *GM* 135 (1993), 31-37; dort: 35.

[23] Die Standardedition von insgesamt drei Bänden stammt aus der Feder von GARDINER aus den Jahren 1941 und 1948: *The Wilbour Papyrus, Vol. I Plates* (1941), *Vol. II, Commentary,* und *Vol. III, Translation* (1948). 1952 hat FAULKNER den dazu unverzichtbaren Indexband vorgelegt: *The Wilbour Papyrus 4. Index.*

[24] Zu dessen Vermächtnis in Gestalt von Papyri, die seine Tochter Theodora 1947 dem Brooklyn Museum vermacht hat, s. den Überblick von P.F. O'ROURKE, „The papyri in the Egyptian Collection of the Brooklyn Museum" (forthcoming).

das spätestens ab der 25. Dyn. greifbare sog. Abnorm-Hieratisch sensibiliert. Es gibt derzeit keine Urkunde vergleichbarer paläographischer Vielfalt und schierer Menge an exzessiven Abbreviaturen und Ligaturen, weshalb sie zu einem Spezialgebiet nur einer Handvoll Forscher werden sollte. Das ist insofern bedauerlich, als dieser Wilbour-Papyrus trotz der Verständnisprobleme, die seine einzelnen Texte immer noch bieten, eine der wichtigsten Quellen zur pharaonischen Wirtschaftsgeschichte darstellt. GARDINERs Entzifferung kann in eine Reihe gestellt werden z.B. mit derjenigen eines GRIFFITH und eines BORCHARDT, als diese beiden sich an die *editio princeps* von Urkunden aus Illahun / Kahun machten.

Bereits GARDINER hatte drei verschiedene Schreiber identifiziert, davon zwei für das Zustandekommen von Text A und einen weiteren für das von Text B.[25] Insgesamt sieht seine Zuweisung an diese Hände tabellarisch so aus:

Text A:

> 1.1-68.19: Schreiber A („highly competent scribe")
> 68.20-68.45. Schreiber B („another hand, this still more cursive and abbreviated
> than that of the principal writer")
> 69.1-72.30: Schreiber A („the less slapdash amanuensis takes up his task afresh")
> 72.31-74.37: Schreiber B
> 75.1-95.42: Schreiber A
> 95.43-102.7: Schreiber B

Text B

> 1.1-25.22: Schreiber C („written in an appalingly cursive and clumsy hand,
> different from that [sic] of the main text")

Was GARDINER leider nicht bietet, ist eine paläographische Tabelle wie seinerzeit ERMAN und MÖLLER, anhand der wir seine Argumentation hätten nachvollziehen und ggf. modifizieren können.

Genau dies tut nun aber VON BOMHARD in ihrer Diplomarbeit von 1998, nämlich das Gesamtmanuskript des Wilbour-Papyrus einem detaillierten Schreiberabgleich zu unterziehen.[26] Sie begründet dessen Notwendigkeit damit, dass MÖLLER seinerzeit noch nicht über entsprechende Quellen habe verfügen können, wenn wir einmal von den drei oder vier Händen im Großen Harris-Papyrus

---

[25] *Papyrus Wilbour* II, 5-6.
[26] *Paléographie du Papyrus Wilbour. L'écriture hiératique cursive dans les papyri documentaires* (1998).

absehen. Dennoch hatte MÖLLER geplant, eine eigene Paläographie der kursiven „Geschäftsschrift", wie er es nannte, zu widmen; dieser Band ist leider nicht mehr erschienen.

VON BOMHARD unterscheidet – anders als GARDINER – sogar vier individuelle Schreiber, die sich an folgenden Passagen identifizieren ließen:

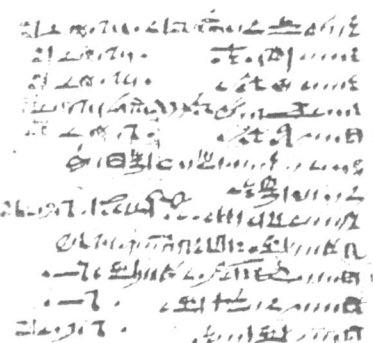

Scribe A : Colonne A 53
- écriture dense et serrée
- colonnes étroites et hautes de 40 à 45 lignes
- traits parfois épais
- changements de direction arrondis
- écriture classique en dehors des tachygraphies

Abb. 11: Schreiber A[27]

Schreiber A praktiziert eine dichtgedrängte und zusammengepresste Hand. Seine Kolumnen sind rechteckig aufgebaut, seine Striche bisweilen dick, Richtungsänderungen innerhalb von Zeichen und Ligaturen abgerundet. Insgesamt vermittelt A noch einen recht klassischen Eindruck.

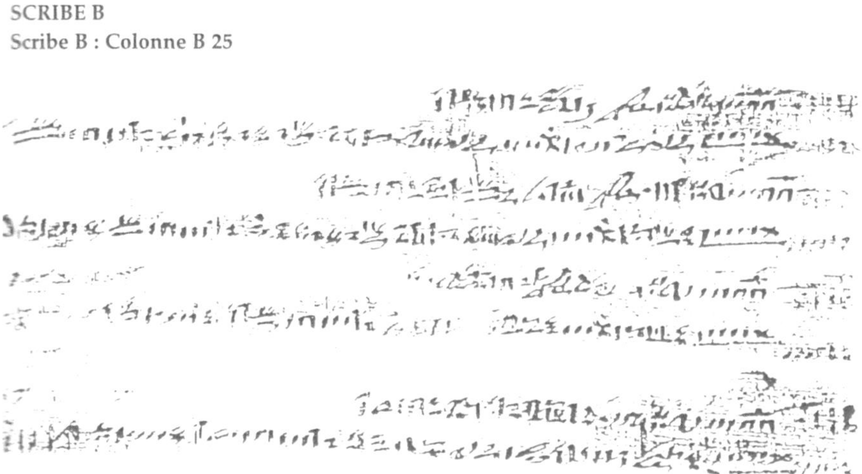

SCRIBE B
Scribe B : Colonne B 25

Abb. 12: Schreiber B[28]

---

[27] A.-S. V. BOMHARD, *Paléographie du Papyrus Wilbour*, 11.
[28] A.-S. V. BOMHARD, *Paléographie du Papyrus Wilbour*, 11.

B hat sehr große Kolumnen, seine Handschrift ist weit ausgeführt und luftig, nicht gedrängt. Er verwendet sehr figurative Zeichen, von größerer Kursivität als bei A auch durch eckige, nicht mehr runde Winkel.

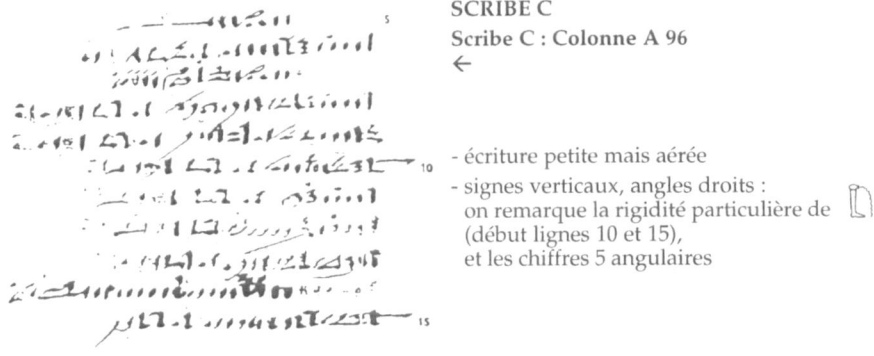

SCRIBE C

Scribe C : Colonne A 96

←

- écriture petite mais aérée
- signes verticaux, angles droits :
  on remarque la rigidité particulière de
  (début lignes 10 et 15),
  et les chiffres 5 angulaires

Abb. 13: Schreiber C[29]

C zeichnet sich durch eine insgesamt kleinere Hand aus, mit relativ vielen Spatien zwischen den vertikalen Zeichen und rechten Winkeln. Die Zahl „5" wird eckig notiert wie in den Zeilen 10, 11, 12, 13 und 15 und nicht rund.

SCRIBE D

Scribe D : Colonne A 73

→

- écriture plus étalée,
- particulièrement cursive,
- le trait est arrondi et la courbe
  partout présente, chiffres 5
  arrondis (voir photographie
  de couverture)

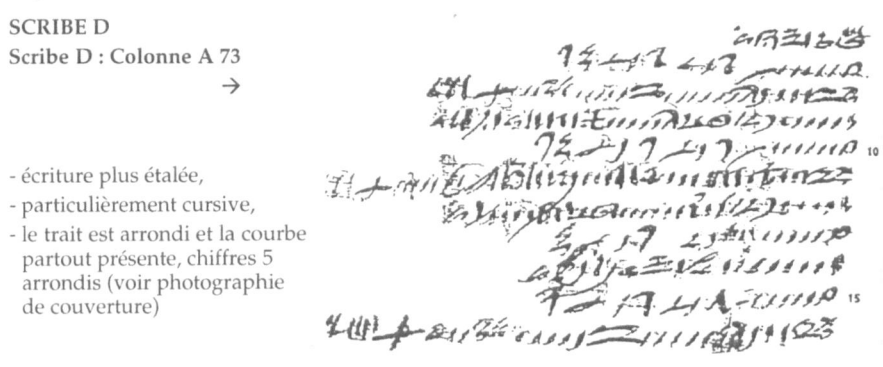

Abb. 14: Schreiber D[30]

D ist ausgebreiteter und besonders kursiv, seine Strichführung arrondiert mit deutlicher Biegung, seine Zahl „5" ist runder als die von C.

---

[29] A.-S. V. BOMHARD, *Paléographie du Papyrus Wilbour*, 12.
[30] A.-S. V. BOMHARD, *Paléographie du Papyrus Wilbour*, 12.

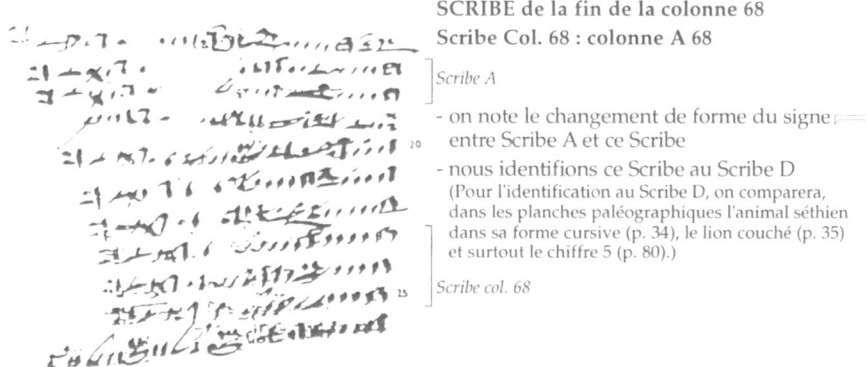

SCRIBE de la fin de la colonne 68
Scribe Col. 68 : colonne A 68

*Scribe A*

- on note le changement de forme du signe ▭
  entre Scribe A et ce Scribe
- nous identifions ce Scribe au Scribe D
  (Pour l'identification au Scribe D, on comparera,
  dans les planches paléographiques l'animal séthien
  dans sa forme cursive (p. 34), le lion couché (p. 35)
  et surtout le chiffre 5 (p. 80).)

*Scribe col. 68*

Abb. 15: Schreiber von Anf. + Ende Kol. 68[31]

Und schließlich differenziert VON BOMHARD noch den Schreiber A vom Anfang der Kol. 68 von dem am Ende derselben. Ablesbar sind die Unterschiede an der Paläographie der Himmelshieroglyphe ▭ (N 1).

• l'homme la main à la bouche

| | SCRIBES CLASSIQUES | | | SCRIBES CURSIFS | | | DEMOTIQUE[7] |
|---|---|---|---|---|---|---|---|
| SCRIBE B | | SCRIBE A | | SCRIBE C | | SCRIBE D | „ lieben" |

• le lion couché

| | SCRIBES CLASSIQUES | | | SCRIBES CURSIFS | | | DEMOTIQUE[8] |
|---|---|---|---|---|---|---|---|
| SCRIBE B | | SCRIBE A | | SCRIBE C | | SCRIBE D | |

• le faucon

| | SCRIBES CLASSIQUES | | | SCRIBES CURSIFS | | | DEMOTIQUE[9] |
|---|---|---|---|---|---|---|---|
| SCRIBE B | | SCRIBE A | | SCRIBE C | | SCRIBE D | |

• le chiffre 5

| | SCRIBES CLASSIQUES | | | SCRIBES CURSIFS | | | DEMOTIQUE[10] |
|---|---|---|---|---|---|---|---|
| SCRIBE B | | SCRIBE A | | SCRIBE C | | SCRIBE D | |

Abb. 16: Liste schreibertypischer Zeichen[32]

---

[31] A.-S. V. BOMHARD, *Paléographie du Papyrus Wilbour*, 12.
[32] A.-S. V. BOMHARD, *Paléographie du Papyrus Wilbour*, 14.

Außerdem seien die verschiedenen Hände des Pap. Wilbour am individuellen Duktus der Zeichen 𓀀 (A2), 𓄿 (E23), 𓅂 (G5) und schließlich dem Zahlzeichen „5" zu erkennen. Schreiber A und B notieren in eher klassischer Manier, dagegen die Kollegen C und D in sehr moderner Kursive, die bereits erste Anklänge an das spätere Demotisch aufweist.

Von Bomhard setzt des Weiteren drei verschiedene Typen von Kurz- bzw. Schnellschrift an, von ihr jeweils

> 1. *tachygraphie de répétition*
> 2. *tachygraphie structurelle*, und
> 3. *tachygraphie innovatrice*

genannt.

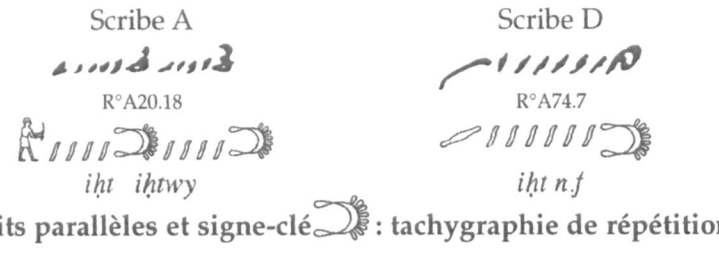

Scribe A

R°A20.18

*iḥt iḥtwy*

Scribe D

R°A74.7

*iḥt n.f*

traits parallèles et signe-clé : tachygraphie de répétition

Abb. 17: „tachygraphie de répétition"[33]

Unter „tachygraphie de répétition" versteht sie die charakteristische und auf Erkennbarkeit achtende Gestaltung der Anfangs- und Endzeichen von Wörtern. Sie nennt diese deutlicher geschriebenen Zeichen „signe-clé", also „Schlüsselzeichen". Die dazwischen wiederholten Striche kommen ohne jede weitere Differenzierung aus und bilden eher reine Platzhalter als transkribierbare Zeichen. Diese Usance findet sich bei allen vier Schreibern.

---

[33] A.-S. v. Bomhard, *Paléographie du Papyrus Wilbour*, 15.

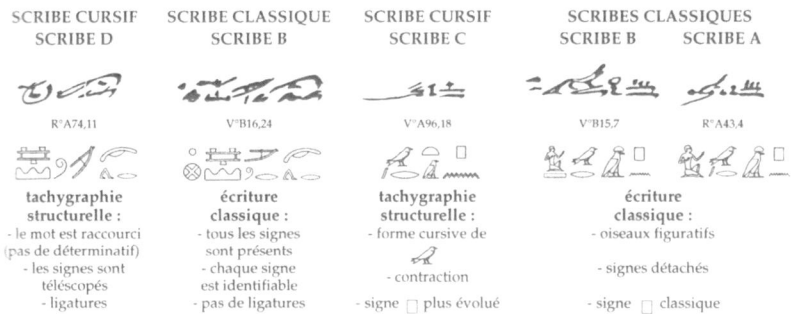

Abb. 18: „tachygraphie structurelle"[34]

Die 2. Ausprägung der Tachygraphie ist stark an Kontraktionen und Ligaturen, bes. bei Toponymen und Daten, es gibt keine sich wiederholenden Striche und Schlüsselzeichen an Anfang und Ende. Sie nennt diese Form „tachygraphie structurelle".

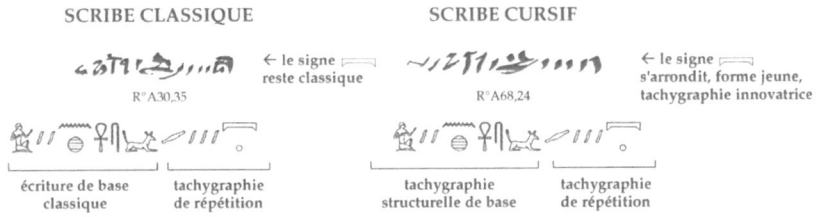

Abb. 19: „tachygraphie innovatrice"[35]

Man kann diese Benennung der 3. Form der T. getrost wörtlich nehmen, denn es tauchen paläographisch erstmalig regelrechte Neuerungen in der Abkürzung von Zeichen und Wörtern auf. Neue Zeichenformen erscheinen, die dann Trendsetter werden und teils bis zum Demotischen durchlaufen sollen.

Nach GARDINER und VON BOMHARD verteilen sich die drei resp. vier Schreiber über die Kolumnen des Wilbour-Papyrus folgendermaßen:

---

[34] A.-S. V. BOMHARD, *Paléographie du Papyrus Wilbour*, 17.
[35] A.-S. V. BOMHARD, *Paléographie du Papyrus Wilbour*, 19.

| Schreiber | Gardiner | v. Bomhard[36] | Kolumnen |
|---|---|---|---|
| A | rt. 1.1-68.19<br>69.1-72.30<br>75.1-95.42 | rt. 1.1-68.19<br>69-72.30<br>75-vs. 95.43 | 68<br>4<br>20 |
| B | 68.20-45<br>72.31-74.37<br>95.43-102.7[37] | vs. 1-25 | ca. 9 resp. 25 |
| C | vs. 1.1-25.22 | vs. 95.44-101 | 6 resp. 25 |
| D | ø | rt. 72.31-74<br>Ende 68 | 2 |

Verteilung der vier Schreiberhände nach GARDINER (1948) und VON BOMHARD (1998)

Beide Autoren stimmen in der Zuweisung von Kolumnen an den A genannten Schreiber überein, bis auf die Z. 42 resp. 43 von Kol. 95. Vs. 1-25 weisen beide einem und demselben Schreiber zu, wenn auch mit unterschiedlichen Siglen (C resp. B). GARDINERs B und VON BOMHARDs C decken sich weitgehend in der Beschriftung von Kol. 95-102 resp. 95-101. Das Ende von Kol. 68 weist VON BOMHARD ihrem 4. Schreiber D zu, anders GARDINER, der sie noch B zuordnet. Und schließlich entzieht VON BOMHARD Kol. 72-74 GARDINERs B und macht dafür gleichfalls ihren D verantwortlich.

Diese Tabelle veranschaulicht also einige Differenzen zwischen den beiden Autoren. An dieser Stelle zu bestimmen, wer von ihnen Recht oder bei welcher Kolumnen- und Zeilenzuweisung geirrt hat, wäre zumindest voreilig. Da GAR-DINER seine Schreiberhände nicht anhand von paläographischen Tabellen un-terfüttert hat, wie das schon ERMAN und MÖLLER getan hatten, lässt sich seine Differenzierung rein methodisch schon schwer falsifizieren. Letztendlich hat er sich jeglicher Kritik durch solche Charakterisierungen wie „highly competent scribe" etc. entzogen, weil er keinerlei Belege für seine Annahmen bietet. Aus diesem Grunde dürfen VON BOMHARDs Beobachtungen und Begründungen als wesentlich fundierter gewertet werden.[38]

---

[36] A.-S. V. BOMHARD, *Paléographie du Papyrus Wilbour*, 10.
[37] A.H. GARDINER, *Papyrus Wilbour Translation* III, 105 Anm. 6, und Tafelband Pl. 73 (A).
[38] Sollte sich die Annahme ANTOINES bestätigen lassen, wonach diese Riesenakte in der Verwaltung von Memphis und nicht Theben niedergeschrieben wurde, dann wäre natürlich die Differenzierung der individuellen Hände einem eher unterägyptisch geprägten Schreib-stil zuzuordnen, denn einem oberägyptisch-thebanischen; s. seinen Beitrag „The Geographi-

## III.  Identifizierbare Hände in Deir el-Medineh

Müssen die einzelnen Hände von Pap. Wilbour aus der Zt. Ramses' V. noch
anonym bleiben, dann lassen sich solche einzelner Schreiber im Deir el-Medineh der 20. Dyn. bisweilen wohl recht deutlich auseinanderdividieren. Bevor
wir uns einige gut fundierte Beispiele dafür etwas näher anschauen, sei zunächst angemerkt, dass die Überlieferungslage für solche Studien in der 20.
Dyn., im Unterschied noch zur 19., auch besonders günstig ist. Die bloße Anzahl an hieratischen Texten aus dem Verwaltungsbetrieb in und um Deir el-
Medineh herum, ohne sie hier exakt beziffern zu können, bildet eine recht be-
friedigende Grundlage dafür. Alleine die Tausende von Ostraka, zahlreiche Papyri, auch solche größeren Umfangs wie die sog. *Late Egyptian Miscellanies*
aus dem Übergang von der 19. zur 20. Dyn., und ganz besonders das Corpus
der sog. *Late Ramesside Letters* aus dem Ende der 20. bis hin zur frühen 21.
Dyn. rangieren hierbei in vorderster Linie. Wenn dann noch der – rein biologische – Umstand hinzukommt, dass manche Schreiber nicht nur ein recht hohes
Alter erlangt haben und eine dynastieübergreifende *vita* erleben durften, wie
etwa der von der Fachwelt für seine häufig „miserable Klaue" gerügte Schreiber Qenherchepschef (i),[39] dann besteht grundsätzlich auch die Chance, seine
individuelle Hand bis zu einem gewissen Grad chronologisch verfolgen zu können. Voraussetzung dafür ist klärlich die möglichst präzise Datierbarkeit seiner
Niederschriften.[40]

---

cal and Administrative Landscape of Lower Middle Egypt in Text B of the Wilbour Papyrus", in: *ZÄS* 144 (2017), 1-15. Es sei denn, wir rechnen mit einem lokalen Transfer thebanischer Schreiber nach Memphis zum Behufe der Anfertigung dieses Registers, was wenig
plausibel erscheint.

[39] B.G. DAVIES, *Who's Who*, 84-86 (§ 14). Bezeugt im Amt von J. 40 Ramses' II. – J. 1
Siptah, das sind gut und gerne 45 Jahre, jedenfalls genügend Zeit, den eigenen Duktus zu
verändern. Zu diesem Q. und weiteren Personen dieses Namens aus Deir el-Medineh s. jetzt
a. S. ŠTUBŇOVÁ, „A prosopographic analysis of the known Kenherkhepsefs at Deir el-Medina and Some observations on the Scribe Kenherkhepsef", in: *GM* 248 (2016), 123-148.

[40] Auch wir Heutigen machen doch die Erfahrung, dass sich unsere Hand beim Schreiben –
sofern das überhaupt noch in größerem Umfang geschieht – von Kindesbeinen an bis ins
höhere Alter gravierend verändert. In der Schweiz ist erst 2014 die sog. „Schnüerlischrift" =
schnörkelige Kursivschrift von 1947 mit ihren ausgeprägten Ligaturen durch einen Be-
schluss der Deutschschweizer Erziehungsdirektoren-Konferenz zugunsten einer möglichst
landesweit einzuführenden *Deutschschweizer Basisschrift* abgeschafft worden (s. http://ba-
sisschrift.ch/schriftbeispiele; Zugriff 02.02.2107). Die Schnüerlischrift als Kursive existierte
neben auch praktizierten Druckbuchstaben, der sog. *Steinschrift*.

Welche expliziten Indizien auf individuelle Schreiberhände haben wir denn
nun, oder, anders gefragt, welche Voraussetzungen müssen erfüllt sein, um hieratische Texte, insbesondere solche dokumentarischer Natur, einer namentlich
bekannten Person zuweisen zu können? Da sind zuvorderst

- Briefe, deren Absender den Titel *zẖꜣ.w* – „Schreiber"[41] führen und bei denen es sehr
  wahrscheinlich ist, dass sie auch verantwortlich für das Zustandekommen des jeweiligen
  Briefes sind. Diese Angaben stehen – gattungs- und etikettebedingt – zu Beginn eines
  solchen Briefes, in der Regel noch gefolgt von einer Absender- plus Adressatenangabe
  auf der Rückseite desgefalteten Briefes; ferner
- Subskripte oder Kolophone, aus denen die Identität des Schreibers hervorgeht und sofern
  es sich nicht um literarische Fiktionen handelt;[42] und z.B.
- namentlich gekennzeichnete Graffiti im Westgebirge oder auf Gebäuden von Theben
  oder andernorts, deren Gravur allerdings nicht repräsentativ für die Paläographie des
  zeitgenössischen Tinten-Hieratisch sein kann. Kursive Gravuren erfordern gänzlich andere Schreibgewohnheiten, und ihre Paläographie ist erheblich stärker vom Schreibuntergrund beeinflusst als bei einer bestenfalls gut geglätteten Papyruskolumne oder einem
  entsprechend präparierten Kalksteinostrakon. Sog. „Graffiti" erscheinen nun aber auch
  alles andere als selten in Gestalt von Tintenaufschriften oder Dipinti, um hier eine saubere Terminologie zu wahren.[43]

In der Deir el-Medineh-Forschung waren es zunächst besonders ČERNÝ und
JANSSEN,[44] die unser Augenmerk auf sog. Idiosynkrasien von Schreiberhänden
gelenkt haben. Auch wenn sich JANSSENs Probe auf so kurze und häufig notierte Wörter wie den best. Art. *pꜣ* beschränkt, ist das Ergebnis doch nicht un-
interessant: Vater und Sohn schreiben diesen Artikel durchaus nicht in der gleichen Weise, wie man vermuten könnte. Wir gehen doch in der Regel von einer
Schreiberausbildung vom Vater auf den Sohn aus und dabei hätten sich väter-
liche Idiosynkrasien mehr oder minder unverändert auf den Schüler übertragen

---

[41] Eventuell noch unter Angabe derjenigen Institution, für die sie arbeiten, wie z.B. *n-pꜣ-ḫr*
– „der Grabbau-Verwaltung (jeweils im Bau befindlichen Königsgrabes)".
[42] Z.B. dasjenige des Schreibers Nachtsobek auf Pap. Chester Beatty I; s. K. DONKER VAN
HEEL, *Mrs. Naunakhte & Family. The Women of Ramesside Deir el-Medina* (2016), 222 Fig.
13.
[43] Hierzu liegen aus den letzten Jahren eine Reihe wichtiger neuer Funde und Studien vor,
zu solchen aus dem thebanischen Raum s. z.B. C. RAGAZZOLI, „The social creation of a
scribal place: The visitor's inscriptions in the tomb attributed to Antefiqer (TT 60) (With
newly recorded graffiti)", in: *SAK* 42 (2013), 269-323, mit zahlreichen paläographischen
Tabellen.
[44] „On Style in Egyptian Handwriting", in: *JEA* 73 (1987), 161-167; dort: 162 Anm. 7 Verweis auf die entsprechenden Bemerkungen von GARDINER und ČERNÝ in den Beschreibungen der von ihnen publizierten Texte in *Hieratic Ostraca I* (1957), 1-30.

müssen. Das ist aber bei den beiden letzten Schreibern von Deir el-Medineh aus der *wḥm-ms.wt*-Ära Ramses' XI eben nicht der Fall!

Djehutimose / Thutmose praktiziert drei verschiedene Formen von *p3*, sein Sohn Butehamun nur zwei, wovon die 2. derjenigen 2. seines Vaters noch am nächsten kommt, dennoch von ihr in ihrem 2. Bestandteil, dem *3* – Vogel, abweicht.

Abb. 20: Vater Djehtuymose schreibt den Artikel *p3-ꜣ* [45]

DONKER VAN HEEL nennt diese drei unterschiedlich kursiven Formen die „sunday form" (li.), die „cursive weekday form" (Mi.) und die „weekday form" (re.).[46]

Nehmen wir zum Vergleich die Formen von Djehutymoses Sohn Butehamun hinzu, dann erhalten wir interessantweise nur deren zwei:

Abb. 21: Sohn Butehamun schreibt den gleichen Artikel

Davon entspricht Typ 1 (li.) noch am ehesten der „sunday form" des Vaters, Typ 2 dagegen dessen kursiver Form (re.), während die „weekday form" vom Sohn anscheinend nicht gepflegt wurde.

Drei Briefe fast gleichen Inhalts (Pap. Berlin P. 10487-89)[47] weist JANSSEN einem Schreibernamens Qen(y)chnum zu. Diese Briefe machen nur von einer einzigen Form des Artikels Gebrauch:

[45] J.J. JANSSEN, *loc. cit.,* 164.
[46] *Mrs. Naunakhte and Family* (2016), 222f.; von JANSSEN nüchterner „type 1-3" genannt.
[47] Es handelt sich um den seit ERMANs Edition (1913) sog. „Fall abgekürzter Justiz" aus dem Ende der 20. Dyn., s. seine gleichbetitelte Abhandlung. Für den Fall, dass sich eine bestimmte Äußerung zweier Polizisten bewahrheiten sollte, ruft ein General zum Mord an diesen beiden Personen auf und zu heimlichem Versenken ihrer Leichen im Fluss; s. J.J. JANSSEN, *loc. cit.*, 166.

Abb. 22: Schreiber Qenchnum schreibt den Art. *p3-*[48]

Und so präsentiert sich Pap. Berlin P. 10489 in seiner Gesamtheit:

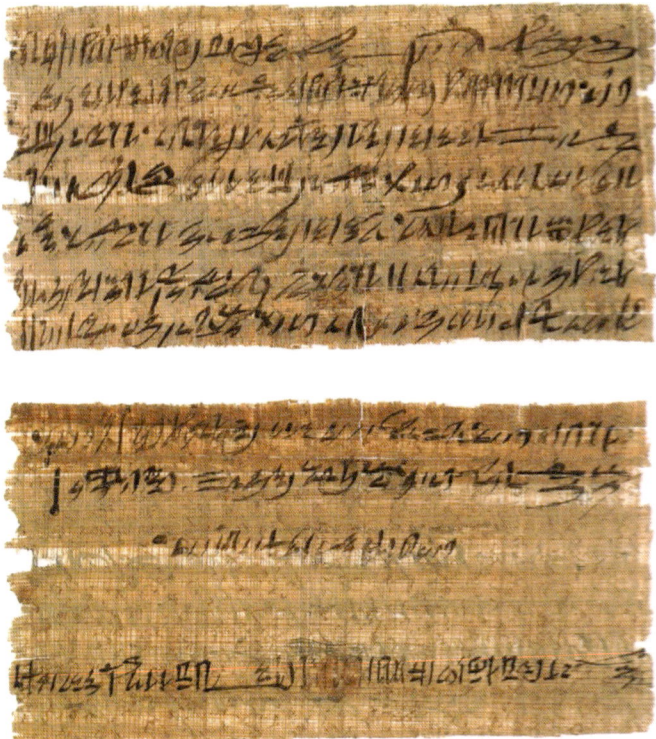

Abb. 23: Pap. Berlin P. 10489: Clandestiner Mordaufruf von General Pianchy
an die Königin Nodjmet für den Fall, dass … – Extreme Kursive[49]

Handelt es sich bei diesem kurzen Wort *p3-* um eines der häufigsten wie geläu-
figsten Wörter in diesen Texten und hatte JANSSEN seine paläographische Studie just aus diesem Grund darauf beschränkt, erweitert SWEENEY in ihrer Hand-
schriftenstudie zu den Papyri Deir el-Medineh IV-VI und XXII das Spektrum
ganz erheblich. Sie nimmt komplette Wortschreibungen ins Visier und belegt
ihre Ansicht, dass es sich um vier verschiedene Schreiber handle, durch die

---

[48] J.J. JANSSEN, *loc. cit.*, 164.

[49] Abb. aus: J.H. TAYLOR, *Journey Through the Afterlife. Ancient Egyptian Book of the Dead*
(2010), 236 Fig. 69.

Präsentation ausführlicher Tabellen mit entsprechenden Schriftproben.[50] Hier
sei nur diejenige zur Graphie des best. Artikels (Table 1) reproduziert, da erst
jüngst DONKER VAN HEEL sie zum Anlass genommen hat, sämtliche Hände ein
und demselben Schreiber zuzuweisen. Sein Hauptargument ist der Befund, dass
die anderen Schrifttabellen bei SWEENEY mit ganzen Wortschreibungen einen
solchen Grad an Homogenität demonstrieren, dass das Kriterium „Differenzierung in der Graphie von *pꜣ*-" allein nicht ausreiche.

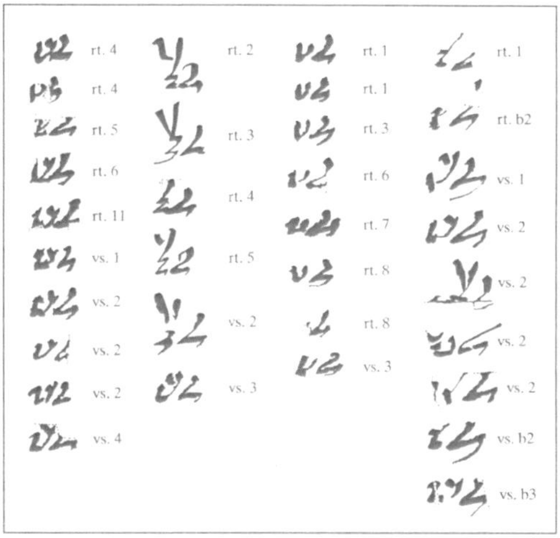

Abb. 24: Table 1 bei SWEENEY 1998:116 resp. DONKER VAN HEEL 2016:221.

Allerdings spricht DONKER VAN HEEL in der Legende zu dieser Tabelle nur von
drei(!) Papyri, nämlich DeM IV-VI („left", „middle" und „right"), wobei er die
Beispiele in der äußersten rechten Spalte unberücksichtigt lässt. Dieser Papyrus
ist aber der von SWEENEY in eine Reihe mit den ersten drei gestellte Pap.
DeM XXII. Dennoch, unter Erweiterung seines genannten Untersuchungs-
spektrums gelangt er zu einer Zuweisung aller dieser Briefe an den Schreiber
Nachtsobek,[51] der gleichfalls von „sunday" und „weekday forms" Gebrauch
mache, und das innerhalb ein und derselben Handschrift.

---

[50] „Friendship and Frustration: A Study in Papyri Deir el-Medina IV-VI", in: *JEA* 84 (1998),
101-122; dort: 113-122, mit sämtlichen Quellenangaben.
[51] Zu diesem Schreiber aus der Zt. der Nachfolger Ramses' III. s. J. ČERNÝ, *A Community of
Workmen at Thebes in the Ramesside Period* (1973), 213 No. 44. – Der Schreiber Nachtsobek ist nicht zu verwechseln mit dem Sobeknacht heißenden Schreiber bei B.G. DAVIES,
*Who's Who at Deir el-Medina* (1998), 204f. Zu diesem Herrn s. J. ČERNÝ, *op. cit.*, 219 No.
56. – Die Problematik der Namenstypen Adj.-Gottesname bzw. Gottesname – PsP. ausgehend von den Namen Nachtsobek und Sobeknacht, hat unlängst BROSE in seinem Artikel

Wie man sieht, erweist sich die Zuweisung mehrerer Handschriften an einen Schreiber als umso zuverlässiger, je größer die Zahl der beobachteten Idiosynkrasien ist. Dieses Vorgehen sollte grundsätzlich mit variablen individuellen Präferenzen im täglichen Schreibgebrauch rechnen und sich keinesfalls auf nur eine einzelne Graphie beschränken.

Bis hierher haben wir uns mit namentlich identifizierbaren Schreiberhänden in dokumentarischen Quellen aus Deir el-Medine beschäftigt. Es gibt nun aber auch vereinzelt die Chance, einem aus diesem Ort wohlbekannten Schreiber sowohl dokumentarische als auch literarische und religiöse Textkopien zuzuweisen. Bisweilen steht der eine oder andere von ihnen sogar in dem berechtigten Verdacht, selbst als Autor solcher Kompositionen verantwortlich zu zeichnen. Dazu gehört unbedingt der in den vergangenen Jahren insbesondere durch Dorn intensiv erforschte Amunnacht (v), Sohn des Ipuy (ii).[52] In J. 16 Ramses' III. zum „Schreiber der Nekropole(nverwaltung)" (*zḫꜣ.w n-pꜣ-ḫr*) ernannt und vorher als „Vorzeichner" (*zḫꜣ.w-ḳd.wt*) tätig, bleibt er bis mindestens J. 6 oder 7 Ramses' VI. im Amt. In einem dieser Jahre scheint er verstorben zu sein.[53] Das ist eine Amtszeit von mindestens 33 Jahren, über die hinweg wir ihn mehr oder minder kontinuierlich verfolgen können. Aus dieser für pharaonische Verhältnisse vergleichsweise langen Lebenszeit, zu der wir ja mindestens 15 Jahre für Kindheit und Tätigkeit als Vorzeichner werden hinzurechnen dürfen, können wir auch eine Entwicklung seiner persönlichen Handschrift erschließen.

---

„Sobeknacht oder Nachtsobek – Was ist hier die Frage? Oder: Zur Bedeutung des theophoren Namenstyps Gottesname – Pseudopartizip von Eigenschaftsverben", in: *GM* 239 (2013), 25-30, erneut diskutiert und dabei auch mögliche Motive bei der Vergabe der beiden Formen an ein neugeborenes Kind aufgezeigt.

[52] Er schreibt sich selbst die Abfassung einer *sbꜣy.t*-Lehre zu sowie mehrere Hymnen auf Könige seiner Zeit; s. zuletzt zu seinem Œuvre wie auch zu seiner „Hand" A. Dorn, „Diachrone Veränderungen der Handschriften des Nekropolenschreibers Amunnacht, Sohn des Ipui", in: U. Verhoeven (Hg.), *Ägyptologische „Binsen"-Weisheiten I-II. Neue Forschungen und Methoden der Hieratistik* (2015), 175-218; dort auch mit weiterer Lit. zu seiner persönlichen Paläographie. Amunnacht ist zudem aus zahlreichen Graffiti im Westgebirge von Theben bekannt, auch untersucht in dem genannten Aufsatz von Dorn. S. des Weiteren A. Dorn – S. Polis, „Nouveaux textes littéraires du scribe Amennakhte (et autres ostraca realtifs au scribe de la Tombe)", in: *BIFAO* 116 (2016), 57-96, mit einigen „neuen" hymnischen, laudatorischen und epistolographischen Produkten aus seiner Textwerkstatt.

[53] B.G. Davies, *Who's Who at Deir el-Medina* (1998), 115.

Von Amunnacht (v) sind auch zahlreiche „Unterschriften" erhalten, die sich nicht alle gleichen wie ein Ei dem anderen, aber dennoch gewisse Idiosynkrasien erkennen lassen. Eine dieser Unterschriften liegt vor auf dem Ostr. Nicholson Museum Sydney R. 97, Z. 5:

Abb. 25: *zḫ3.w Ỉmn-nḫt.tw*[54]

Was das Spektrum an Duktūs dieses enorm produktiven Schreibers angeht, so stellen DORN – POLIS z.B. in diesem Punkt eine deutliche Beziehung zwischen dem „échellon de sacralité" und der Art der Schriftgestaltung fest. Einen Hymnus bringt er in gepflegtem literarischen Duktus „zu Papier", eine Satire auf einen Zeitgenossen in flüchtigerem Stil etc. Dieser Amunnacht (v) wird uns dank der bevorstehenden Texteditionen noch eine geraume Weile überraschen dürfen.

Wenn auch nicht nach Deir el-Medineh gehörend, sei hier doch wenigstens kurz die erst jüngst geglückte Zuschreibung einer lange bekannten Handschrift an einen beinahe ebenso lange bekannten Schreiber gewürdigt.[55] So hat RAGAZZOLI 2012 den im Berliner Museum aufbewahrten Pap. Koller (P. 3043) dem memphitischen Schatzhausschreiber Inene zuordnen können. Diese Person war unter Merneptah und Sethos II. aktiv und zeichnet verantwortlich für die Anfertigung so bedeutender Textkonvolute wie die Papyri Anastasi IV, VI und VII, sowie den Papyri d'Orbiney (sog. Zweibrüdermärchen) und Pap. Sallier II.[56]Auch RAGAZZOLI rechnet mit Veränderungen seiner Handschrift und der bewussten Variierung je nach zu kopierender Textgattung.

---

[54] J. RAY, „Inscriptions and Ostraca in the Nicholson Museum: Hieroglyphic, Hieratic, Demotic and Carian", in: K.N. SOWADA *et al.* (Hgg.), *Egyptian Art in the Nicholson Museum, Sydney* (2006), 211-224, und Pl. 39. In diesem Ostrakon wird auch der Sohn Amunnachts, seines Zeichens selbst Schreiber, Harschire (i), erwähnt, wobei der Vater selbst als *p3-zḫ3.w* tituliert wird; s. dazu speziell B.G. DAVIES, *Who's Who*, 114f.
[55] Bereits MÖLLER hatte diesem Vielschreiber eine eigene Spalte im 2. Band seiner *Hieratische(n) Paläographie* reserviert.
[56] C. RAGAZZOLI, „Un nouveau manuscrit du scribe Inéna? Le recueil de miscéllanées du Papyrus Koller (Pap. Berlin P. 3043)", in: V. LEPPER (Hg.), *Forschung in der Papyrussammlung. Eine Festgabe für das Neue Museum* (2012), 207-239; zu eventuell weiteren Manuskripten (Pap. Sallier I und III) aus seiner Binse ebendort, S. 223 Anm. 72.

Wenn auch seine uns bekannte Schreibertätigkeit nur über ca. 6-7 bzw. 12 Jahre dokumentierbar ist (J. 6 Merneptah – J. 1 oder 6 Sethos II.), eröffnet sie allein wegen ihres enormen Textumfangs gute Chancen für eine saubere Identifizierung. Ein paar Kostproben aus dem von RAGAZZOLI vorgenommenen Handschriftenabgleich zwischen der auf Pap. Koller und derjenigen auf Pap. Anastasi IV möge diese Option verdeutlichen. Dabei bleibe die Tabelle mit den Einkonsonantenzeichen als wenig diagnostisch hier ausgeklammert. Ihre Tabellen 1 und 3 sind dafür umso erhellender.

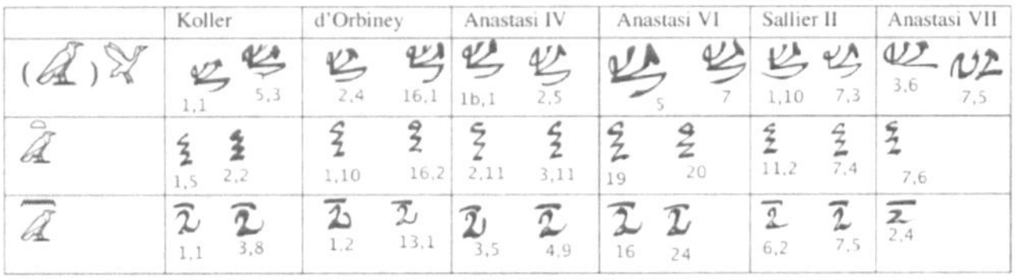

Abb. 26: Tab. 1 bei RAGAZZOLI

Um mit DONKER VAN HEEL zu sprechen, Inene praktiziert über alle sechs Papyri hinweg bei allen drei bestimmten Artikeln seine „Sunday form", am markantesten beim maskulinen und dem des *genus communis* im Plural.

Abb. 27: Tab. 3 bei RAGAZZOLI[57]

In dieser Liste bildet allenfalls die Harpune in Pap. Anast. VII einen „Ausreißer" aus der ansonsten geradezu unzialen Form dieses Zeichens in den anderen Papyri, wie auch andere Beobachtungen RAGAZZOLIs zum Duktus seiner Graphien wahrscheinlich machen. Aber das schließt ihn nicht grundsätzlich von der Hand Inenes aus.

---

[57] Beide Tabellen zu finden bei C. RAGAZZOLI, *loc. cit.*, 228 resp. 229.

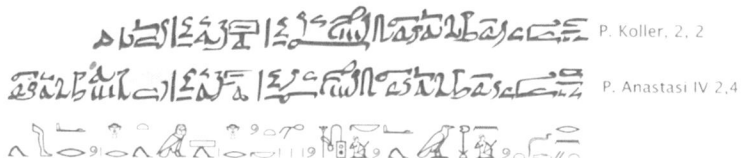

Abb: 28: Zweimal der gleiche Text in zwei Manuskripten ein und desselben Schreibers:[58]
„Folgendermaßen: Mir wurde gesagt, Du ha(be)st die Schriften aufgegeben.
Du bist/seist dabei, herumzugehen und (deine Arbeit) zu fliehen."

Am ergiebigsten ist sicherlich ein Vergleich ganzer Sätze, statt nur einzelner Zeichen oder Wörter. Ein solcher Vergleich bietet sich insbesondere bei Vorliegen von Textdubletten an, wie sie im Corpus der *Late Egyptian Miscellanies* ja des Öfteren vorliegen.

---

[58] *Loc. cit.*, 221. Das Verbum *wꜥr* bezeichnet konkret das Fliehen aus bestehenden Arbeitsverpflichtungen bis hin zur Landesflucht; s. W. SCHENKEL, s.v. „Flüchtling und Flucht aus Arbeitsverhältnissen", in: *LÄ II*, 276f. Angesichts der modernen Flüchtlings- und Migrationswellen sollten wir hinsichtlich der ägyptischen Semantik *wꜥr* präziser als „unerlaubt fliehen; Flüchtiger" übersetzen, im Unterschied zu „Flüchtling" bzw. eines solchen ein neues „Refugium" Suchenden = *refugee*. Einen *refugee* kannten die alten Ägypter nicht, nur *widerrechtlich Flüchtende*.

## 18.   Trend zum Abnormhieratischen – 3. Zwzt.

### I.   Übergangsphase zum Kursiv- oder Abnormhieratischen

Aus der Zeitspanne der 21.-24. Dynastie (ca. 1070-715) haben wir keinen vergleichbaren Fund- und systematischen Ausgrabungsort wie Deir el-Medineh, der auch nur annähernd eine solche Bandbreite hieratischer Texte aufweisen würde.[1] Überhaupt ist das Spektrum an hieratisch verschrifteten Genres in dieser sog. Libyerzeit wesentlich reduzierter. Was haben wir bislang vorliegen?

Da sind zum einen – erneut – umfangreiche Dossiers aus der Felderverwaltung des Amun-Tempels von Karnak, des Weiteren ein seit der 2. Zwzt. bekannter Urkundentyp, die sog. Schenkungsstelen. Diese werden nun vornehmlich in graviertem Hieratisch auf den Schriftträger fixiert. Wir sprechen dann von sog. Lapidarhieratisch (< *lapis* – „Stein": s. hier Kap. 20).

Ein gänzlich neues Corpus von privat verwendeten und getragenen Orakelentscheidungen aus dem Munde der thebanischen Triade Amun, Mut und Chons wird greifbar, Texte aus dem magischen Spektrum zum Schutz vor diversen tödlichen Gefahren (die sog. *Oracular Amuletic Decrees*). Literatur im erzählenden oder narrativen Sinne ist vertreten mit immerhin zwei bedeutenden Handschriften und darin geschilderten Schicksalen (*Reisebericht des Wenamun* und das sog. *Tale of Woe*). Und schließlich ist die Gattung der *sb3y.t*-Lehren mit einer Komposition vertreten, die es in Exzerpten bis in den Kanon des Alten Testaments schaffen sollte (*Lehre des Amenemope*).

Das Totenbuch erfährt einen enormen „Hieratisierungsschub", die ältere und überwiegend praktizierte Niederschrift in Kursivhieroglyphen wird für eine geraume Weile ausgesetzt zugunsten eines unzialen Hieratisch oder einer, mit VERHOEVEN gesprochen, regelrechten „Buchschrift". VERHOEVENs breit angelegte paläographische Studie *Untersuchungen zur späthieratischen Buchschrift* (2001)[2] umfasst den Zeitraum von der 21. Dyn. bis zum Ende der Ptolemäerzeit und basiert ganz wesentlich auf der Auswertung von religiösen, literarischen und wissenschaftlichen Handschriften. Dabei werden einige von

---

[1] Zu den aus der 21. Dyn. datierenden Ostraka der Handwerkersiedlung s. demn. J.-C. ANTOINE, „Dating lists of Necropolis workmen in Theban graffiti and ostraca of the 21$^{st}$ dynasty. Consequence on the chronology of this period and the individual career", in: *ZÄS.*
[2] Auf den Seiten 96-100 findet sich auch eine Liste mit Corrigenda zu MÖLLERs Zeichenliste im 3. Bd. seiner *Hieratische(n) Paläographie.*

ihnen quasi monographisch neuen Datierungen zugeführt. Der von ihr verwendete Terminus „Buchschrift" zur Charakterisierung der Schriftart und ihrer jeweiligen Duktūs klammert die oben genannten Akten aus der Verwaltung des Amun-Tempels und ähnliche Urkunden bewusst aus. Tatsächlich ist der Unterschied im Ausmaß der Abbreviaturen und Ligaturen zwischen den religiösen, literarischen und wissenschaftlichen Texten einerseits und den Urkunden anderseits so immens, dass ein Vergleich einzelner Zeichenformen etc. auf den berühmten Vergleich zwischen Äpfeln und Birnen hinauslaufen und keinen heuristischen Wert haben würde. Das Corpus der *Oracular Amuletic Decrees* wird gleichermaßen ausgeklammert, worüber man diskutieren könnte. Die zum Zeitpunkt des Erscheinens von VERHOEVENS Buchschrift vorliegenden 21 Manuskripte mit den göttlich dekretierten Schutzformeln spiegeln tatsächlich ein breites Spektrum an extremer Kursive wider (Hss. L; T; P; NY), mit verschwindend wenigen Exemplaren von gerade unzialer oder Totenbuchkursive (Hs. B); mehr dazu weiter unten.

## II.   Literarische Kursiven

An diesem Punkt müssen die beiden Moskauer Papyri im Puschkin Museum paläographisch zumindest kurz skizziert werden. Die auf ihnen niederge-schriebenen Erzählungen bilden in der ägyptologischen Literaturforschung eine gewichtige Rolle. Zuvorderst ist da der sog. *Reisebericht des Wenamun* zu nennen (Pap. Puschkin 120), der sich selbst unter Ramses XI. bzw. Smendes datiert, paläographisch aber eventuell etwas später anzusetzen ist. Die Datierungen oszillieren um die 21. Dynastie.[3] Sein Layout ist das einer *\*transversa charta*, also eines Hochrechteckformats, bei einer noch erhaltenen Höhe / Länge von ca. 104 cm. Damit hat er die äußere Form eines zeitgenössichen Briefes oder Orakeldekrets. Gefunden wurde er angeblich im mittelägyptischen El-Hibe (18. oberäg. Gau) in einem Gefäß mit zwei weiteren literarischen Papyri, der *Leidensgeschichte des Priesters Wermai* aus Heliopolis (Pap. Puschkin 127)[4] und das *Onomastikon des Amenemope* (Pap. Puschkin 169). Aus El-Hibe stammt des Weiteren ein umfangreiches

---

[3] Die Sekundärliteratur zu diesem Text ist beinahe uferlos, hier sei stellvertretend die letzte Monographie von B.U. SCHIPPER, *Die Erzählung des Wenamun. Ein Literaturwerk im Spannungsfeld von Politik, Geschichte und Religion* (2005), dort: 4 mit Anm. 12 zu den Datierungsvorschlägen, angeführt.
[4] Ed. R.A. CAMINOS, *A Tale of Woe. From a Hieratic Papyrus in the A.S. Pushkin Museum of Fine Arts in Moscow* (1977) bzw. A.H. Gardiner, *Ancient Egyptian Onomastica Vol. I-III* (1947).

Briefkonvolut, dessen Mitglieder sich über diverse Sammlungen verteilen und bis heute nicht vollständig ediert ist.[5]

Ich gebe hier nur die beiden letzten Zeilen samt einem darunter platzierten Vermerk oder einer Korrektur (*ḥt* / *ḥd*):

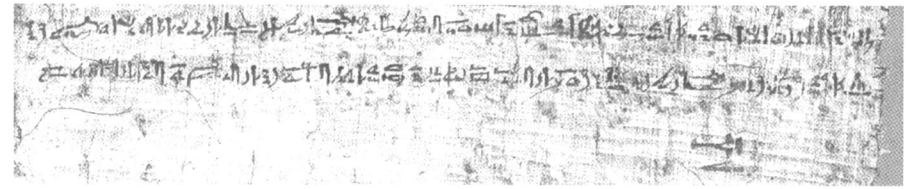

Abb. 1: Pap. Pushkin 124: Wenamun 2.82-83[6]

Für einen dokumentarischen Bericht über die Dienstreise Wenamuns nach Byblos zur Beschaffung von Zedernholz für die Barke des Amun von Karnak ist die Handschrift nicht kursiv genug, die Zahl der Ligaturen und Abbreviaturen hält sich in engen Grenzen. Die Zeichen stehen senkrecht in der Zeile und zeigen nicht selten eine deutliche Innenzeichnung, was bei einer „echten" Aktenkursive eher vermieden wird. Diese Erzählung parodiert nicht nur die diplomatischen *fauxpas* seines „Helden", auch ihr Hieratisch steht zeitgenössichen Totenbuchkursiven oder der Buchschrift näher als z.B. in Geschäftsschrift verfassten El-Hibe – Briefen, sie wirkt dadurch in ihrer Schriftästhetik insgesamt sakraler.

Der gleiche Befund ergibt sich bei Pap. Puschin 127 mit dem von CAMINOS so getauften *Tale of Woe*. Inhaltlich geht es um die Entlassung eines Priesters in Heliopolis, unter Verlust seiner Familie und aller sozialer Bindungen. Zu einer Odyssee quer durch Ägypten verurteilt und nirgends lange geduldet, sendet er seine Geschichte in Gestalt eines Briefes an einen ehemaligen Kollegen daheim mit der Bitte, für ihn ein gutes Wort bei seinem früheren göttlichen

---

[5] D. LEFÈVRE hat 2008 seine Pariser Dissertation *Les papyrus « d'El-Hibeh » à la 21ème dynastie. Étude philologique et prosopographique* zu diesem Konvolut verteidigt. Die Gesamtedition wird von ihm und M. MÜLLER (Univ. Basel) vorgelegt werden. S. einstweilen den Vorbericht von D. LEFÈVRE, „La forteresse d'el-Hibeh: papyrus inédits de la XXIe dynastie", in: *BSFE* 165 (2006), 32-47, sowie M. MÜLLER, „ The ‚el-Hibeh'-Archive: Introduction & Preliminary Information", in G.P.F. BROEKMAN *et al.* (Hgg.), *The Libyan Period in Egypt, Historical & Cultural Studies into 21st-24th Dynasties: Proceedings of a Conference at Leiden University, 25-27 October 2007* (2009), 251-264.
[6] B.U. SCHIPPER, *op. cit.*, Taf. XII.

„Arbeitgeber" einzulegen, damit er rehabilitiert werde.[7] Die Erzählung macht also nicht nur „gute Literatur", sie gewährt uns auch einen tiefen Einblick in soziale Isolation eines ehemaligen Gottesvaters (*iti-nṯr*) aus dem spätramessidischen oder frühen libyerzeitlichen Heliopolis.[8]

CAMINOS bietet sehr detaillierte paläographische Indizien für die Datierung der Handschrift in die 21. Dyn., aber selbst er kann einen Ansatz unter der 22. Dyn. nicht gänzlich ausschließen. Es fehlt einfach an bestenfalls durch Prosopographie oder andere historisch verwertbare Kriterien datierbaren Quellen im Bereich der literarischen Überlieferung für die Zeitspanne von der 21. bis zur 24. Dynastie, um hier zu präziseren Einschätzungen zu gelangen. Den Schreiber tut er dann als einen „second rate *scriba librarius*" ab, dessen Hand eng verwandt mit der des *scriba* von Wenamun und der des Onomastikons des Amenemope sei, wenn auch „much inferior to either in respect of neatness, regularity, and general appearance—in short, in calligraphic merit". CAMINOS präsentiert sodann ein ganzes Tableau von diagnostischen Zeichenformen und Orthographien, die in einer zukünftigen Paläographie dieser Zeitspanne nicht werden fehlen dürfen.[9]

---

[7] Zum Layout sei vermerkt, dass der Brief auf Querformat und dem papyrologischen Recto geschrieben wurde, nicht auf Hochrechteckformat oder *transversa charta* und damit dem Verso, mit der Schrift parallel zu den horizontalen Fasern.

[8] Die letzte und philologisch am gründlichsten untermauerte Übersetzung stammt von J.F. QUACK, „Ein neuer Versuch zum Moskauer literarischen Brief", in: *ZÄS* 128 (2001), 167-181.S. ferner L.T. MCGARRITY, *What is Papyrus Pushkin 127. An Examination of its Fiction, Genre and Ideology* (MA-thesis Univ. Birmingham 2013), s.u.: http://etheses.bham.ac.uk/5072/2/McGarrity 14MPhil.pdf (Zugriff 08.02.2017).

[9] R.A. CAMINOS, *op. cit.*, 4-7.

Aus Platzgründen seien an dieser Stelle nur die letzten sechs Zeilen und damit die nur partiell beschriftete Kol. 5 in Abbildung reproduziert:

Abb. 2: Pap. Pushkin 127, Kol. 5 – © The State Pushkin Museum of Fine Arts, Moscow [10]

Auch diese Hand repräsentiert keine Aktenkursive, sondern bemüht sich eines literarischen oder sakralen Duktus durch sparsame Ligaturen, aufrecht stehende Zeichen, wenn auch nicht selten etwas eckige Formen. Auffällig ist ferner die sehr ungleichmäßige Linienführung der einzelnen Zeilen, die CAMINOS in seiner Transkription originalgetreu nachgeahmt hat. Diese Art der Reproduktion eineshieratischen Textes sucht innerhalb der ägyptologischen Editionspraxis ihresgleichen.[11]

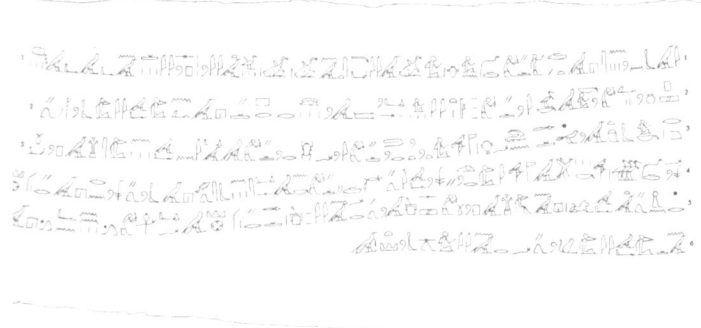

Abb. 3: Pap. Pushkin 127, Kol. 5[12]

---

[10] R.A. CAMINOS, *op. cit.*, Pl. 11.
[11] Ein Umstand, der durch die inzwischen allseits so beliebten Computerfonts zumeist verunmöglicht wird.
[12] R.A. CAMINOS, *op. cit.*, Pl. 12.

Leicht zu übersehen sind beim *Tale of Woe* die auf dem Verso angebrachten drei sog. *jottings*, im Deutschen entspricht dem am ehesten „Kritzeleien" oder „flüchtig hingeschriebener Text". Alle drei in großem Abstand voneinander platziert und völlig unterschiedlicher Natur, bilden sie in jedem Einzelfall für sich genommen wohl nur Text- oder Spruchanfänge, die anderweitig bislang nicht nachweisbar scheinen. Unabhängig von ihrer Interpretation dokumentieren sie eine andere Hand als die der Erzählung auf dem Recto und werden von CAMINOS in die Libyerzeit gesetzt, zumindest später als die der 21. Dynastie. Trifft das zu, hätte Pap. Puschkin 127 eine Laufzeit von mehreren Generationen umfasst und würde eine gewisse Veränderung in der hieratischen Paläographie widerspiegeln.

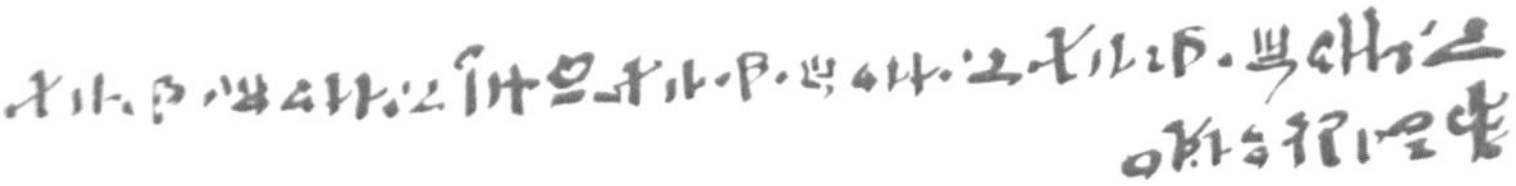

3. Jotting B

4. Jotting B

Abb. 4: Anruf an Chons auf Verso von Pap. Pushkin 127[13]

In CAMINOS' Übersetzung lautet das zweite *jotting*:[14] „(1) My persea-tree, my persea-tree: Khons is my persea-tree. (2) O that I may complete the length of my appointed time!". Abgesehen von diesen drei kurzen Textpassagen ist das Verso unbeschriftet geblieben, was angesichts der Kostbarkeit des Schreibstoffs Papyrus ungewöhnlich ist.

Die dritte in dem besagten Topf gefundene Handschrift mit dem Onomastikon des Amenemope kann hier leider nicht im Photo präsentiert werden, da es von ihr bislang nur eine hieroglyphische Transkription von Gardiner in Bd. III seiner *Ancient Egyptian Onomastica* (1947) gibt.[15]

---

[13] R.A. CAMINOS, *op. cit.*, Pl. 13.4.

[14] R.A. CAMINOS, *op. cit.*, Pl. 13 und S. 73f..

[15] Pl. VII-XIII; Bearb. id. Bd. I, 24-63 und 1*-215* und Bd. II, 1*-262*. Zur Datierung noch jüngst J.E. BENNETT, „Some Comments on the Dating of the Composition of the Onomasticon of Amenemope", in: *GM* 245 (2015, 5-8: Ausgangspunkt für ihn ist die Städteliste, die erst in der Regierung Pinudjems' I. (ca. 1070-1032) zustande gekommen sein könne.

## III. Aktenkursiven aus der Tempelverwaltung

Kommen wir zu echten hierat(ist)ischen Herausforderungen. In den letzten Kapiteln haben wir uns etwas intensiver mit der regionalen und individuellen Differenzierbarkeit hieratischer Handschriften der 20. Dyn. im Bereich des Urkundenwesens beschäftigt. Thebanische Merkmale oder Schultraditionen einerseits und memphitisch-heliopolitanische Merkmale andererseits sind seit 140 Jahren[16] in mehr oder minder detaillierter Form bekannt und paläographisch erfasst. Der Grad der Kursivierung von Wirtschaftsurkunden schreitet auch in der 3. Zwzt. ungebrochen voran. Die betreffenden Quellen erfordern unsererseits in aller Regel eine erhebliche Einarbeitungszeit, bevor sie ediert werden können. Sie strotzen nicht nur vor extremen Ligaturen, sondern zudem vor – vermutlich überwiegend logographischen – Kürzeln, deren Lesung und Bedeutung längst nicht in jedem Einzelfall verstanden werden.[17] Ein paar davon werden wir sogleich noch anhand einer Tabelle betrachten.

Aber dennoch sollte man in jedem Einzelfall genau hinschauen, bevor es zu leichtfertigen paläographischen Generalisierungen und daraus abgeleitet relativ-chronologischen Datierungen kommt. Ein in sich abgeschlossenes Dokument oder auch nur ein Abschnitt innerhalb einer solchen Akte kann nämlich aus durchaus zwei verschiedenen hieratischen Duktūs bestehen, die eine Erklärung finden wollen.

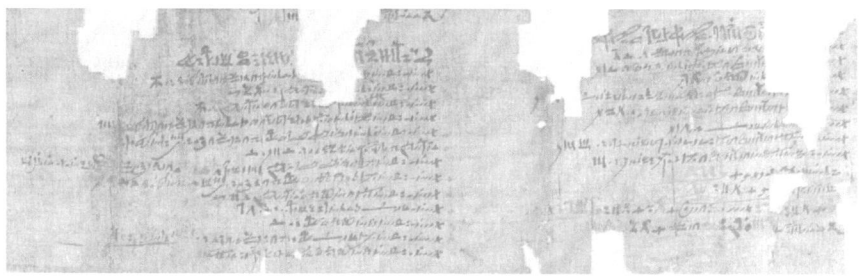

Abb. 5: Kanzleischrift in 1. Z. + folgende Aktenkursive

---

[16] Seit S. Birch, in: *ZÄS* 10 (1872) und 11 (1873).

[17] Z.B. bei W. Helck, *Altägyptische Aktenkunde des 3. und 2. Jahrtausends* (1974), 125-132; A. Gasse, *Données nouvelles administratives et sacerdotales sur l'organisation du domaine d'Amon (XXe-XXIe dynasties) Tome I* (1988), 242f.; S.P. Vleeming, *Papyrus Reinhardt.An Egyptian Land List from the Tenth Century B.C.* (1993).

Ausschnitt aus: Pap. Louvre AF 6345 + Frg. Griffith, Rt. Kol. XI-XII[18]

Das hier gezeigte Beispiel von zwei verschiedenen Hieratischkursiven datiert in die frühe 21. Dyn., listet Felderarten und deren Erträge auf und nennt deren Stifter in der darüberstehenden Kopfzeile. Wenn diese Stifter womöglich königlichen Blutes sind, dann gebietet die Schreiberetikette eine Niederschrift in Kanzlei- oder Unzialschrift. Zur Verdeutlichung des Gemeinten hier eine Vergrößerung der betreffenden Zeile XI.5 (s.a. XII.7 in der rechten Hälfte der Abb.):

Abb. 6: Rt. Kol. XI.5

Diese graphische Rücksichtnahme auf die Sakralität der stiftenden Person (*R ͨw-ms-sw mr-Imnw mrw.ty mi-[Itmw]*)[19] wird sofort und buchstäblich *ad acta* gelegt, sobald der erste Akteneintrag mit Nennung des Bezirks, in dem das Feld liegt, die Felderart oder –qualität, sein Ertrag etc., erfolgt:

Abb.7: Rt. Kol. XI.6[20]

Bei diesen Notizen kann der Schreiber seinen gewohnten Abkürzungen und Zeichenverschmelzungen geradezu freien Lauf lassen, nicht selten sehr zum Leidwesen unserer Entzifferungskünste und damit unseres Verständnisses.

Zur äußeren Anlage von z.B. Felderkatastern können wir als Faustregel also Folgendes konstatieren:

1. Kanzleischrift + Aktenkursive in ein und derselben Urkunde erfolgen in dieser Reihenfolge, nicht umgekehrt;
2. Der soziale Status oder Grad der Sakralität des Stifters oder Felderbesitzers determiniert den Typus des Hieratischen in der Kopfzeile; die mit der Stiftung

---

[18] A. GASSE, *Données nouvelles*, Übers. Bd. 1, S. und Trskr. auf Pl. 13-14; Photo in Bd. 2, Pl. 89.
[19] In diesem Beispiel wahrscheinlich Ramses II.
[20] Zu den folgenden Einträgen dieser Kolumne s. Verf., „Bemerkungen zum Felderinventar des Papyrus Louvre AF 6345 und der Griffith Fragments", in: *Enchoria* 18 (1991), 27-36; dort: 30-33; zur gleichen Kol. auch S.P. VLEEMING, Rez. GASSE, Données nouvelles, in: *Enchoria* 18 (1991), 217-227; dort: 224f.

verbundenen Einträge inkl. der Erträge folgen dann in normaler Kursive oder Geschäftsschrift.

Abb. 8: Aus Pap. Louvre AF 6345 + Griffith Frg. rt. Kol. VI[21]

Ein weiteres Beispiel aus dieser Urkunde möge Leser und Leserin mit dieser administrativen Usance noch etwas vertrauter machen und die Scheu vor der eigenen Beschäftigung mit solchen Urkunden zumindest verringern.

Schauen wir deshalb noch kurz auf weitere Einträge ganz ähnlicher Art und Anlage. Pap. Louvre AF 6345 + Griffith Fragments, Rt. VI, verzeichnet in den Zeilen 4,6, 8 und 9 Stifternamen in Kanzleischrift. Unter den Stiftern befinden sich so illustre Persönlichkeiten wie Nebma'atre (Amenhotep III.; Z. 6) und Mencheprure (Thutmosis IV.; Z. 9). Z. 8 verzeichnet eine Domäne einer anonym gehaltenen Gottesanbeterin (*dwȝ.t-nṯr*),[22] die allerdings mit keinerlei Ein- und Erträgen ausgestattet zu sein scheint. Dies könnte dem Umstand geschuldet sein, dass das Amt zur Zeit der Anlage der Akte vakant war oder

---

[21] A. GASSE, *Données nouvelles*, Pl. 85: Übers. in Bd. I, 8, Trskr. auf Pl. 6-7, und Photo in Bd. 2, Pl. 85. S.a. A.H. GARDINER, „Ramesside texts relating to the taxation and transport of corn", in: *JEA* 27 (1941), 19-73; s. Pl. VIII mit Übers. auf S. 69f.

[22] Deren Titel lautet bekanntlich in hieroglyphischen Inschriften *ḥm.t-nṯr* - „Gottesge-mahlin", in hieratischen Urkunden dagegen eben „Gottesanbeterin". Vergleichbar ist dieser Wechsel etwa mit der Benennung *rmṯ-is.t* - „Mann-der-Arbeitstruppe" in hieratischen Urkunden gegenüber der Selbstbezeichnung(!) *sḏm.w-ꜥš*- „Der-auf-den-Ruf-hört" = „Diener" für die Bewohner von Deir el-Medineh.

die Domäne generell bereits aufgegeben war. Aber die Schreiberetikette gebietet dennoch „Schönschrift" in dieser Zeile!

Im Fall von Z. 9-26 haben wir es mit einer von Thutmosis IV. wahrscheinlich in Karnak gestifteten Domäne zu tun, das Wort dafür vor seinem Namen lautet *pr*. An deren Betrieb waren Ländereien im 10. oberäg. Gau von Qaw el-Kebir angeschlossen.[23] Auch Götter können in dieser Kopfzeile erscheinen oder wir finden die *ḥm.t-nṯr* –Gottesgemahlin des Amun, die allerdings im Hieratischen den davon abweichenden Titel *dw3.t-nṯr* – „Gottesanbeterin" trägt. Dort erscheint sie dann als Stifterin und Besitzerin von Tempelländereien.

Hand in Hand mit der Kalligraphie in den Kopfzeilen und der Tachygraphie[24] in den Einträgen darunter geht sehr wahrscheinlich auch ein Wechsel der Binse. Mit kräftigem Strich und reichlich Tinte zuerst große „Lettern" schreibend, nimmt der Aktenschreiber in den nachfolgenden Zeilen eine spitzere Binse zur Hand und spart dadurch erheblich an Flüssigkeit. Er ändert seine „Fontgröße" und schreibt nun wesentlich kleinere und dünnere Zeichen. Sog. Vermerke vor den Zeilen sind in rot gehalten und werden in der Transkription gewöhnlich durch Unterstreichung als solche markiert. Getreidesorten werden gleichfalls farblich differenziert, so Gerste (*it*; Kopt.eiwt) in schwarz und Emmer (*bd.t*; Kopt. bwte) in rot.

Die differenzierende Zeichengröße hat GARDINER in seiner Transkription 1948 geflissentlich berücksichtigt:

---

[23] Zur Lokalisierung von Stiftungs-Domäne und Kapelle *ḥw.t-k3=k* s. A.H. GARDINER, *loc. cit.* Allerdings divergieren seine Transkriptionen des halb zerstörten Wortes nach dem GN *Špsy* in RAD 70.6 (*ḥk3*) und in seiner Übers. in: *JEA* 27 (1941), 69: „[rest]ing in" = [*ḥt*]*p*. Paläographisch ist die Stelle ambivalent!

[24] S.o. Kap. 17 zur Tachygraphie in Pap. Wilbour.

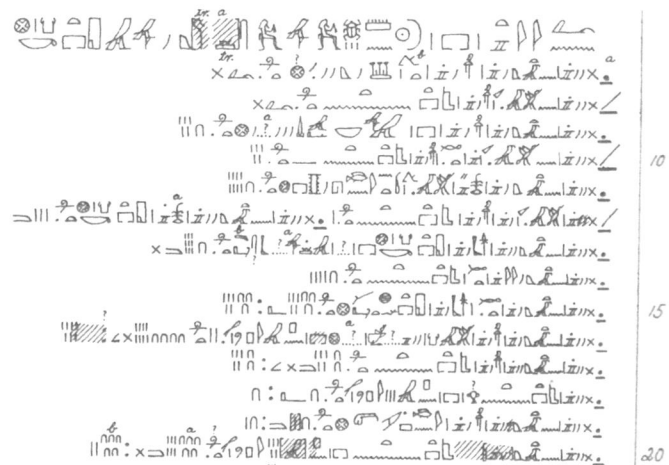

Abb. 9: Pap. Louvre AF 6345 + Griffith Frg. rt. Kol. VI.9-23[25]

Als kleinen Vorläufer des spätestens ab der 25. Dyn. gut bezeugten Abnorm-
oder Kursivhieratisch annotiert GARDINER in Anm. a zu seiner Z. 12 eigens die

extrem kursive Gestalt des Wortes *rsi.t* – „südlich", die so aussieht: .[26]
Genau genommen überspannt diese Graphie sogar noch die beiden davor
stehenden Zeichen der Felderbezeichnung *ḳ3y.t* – „Hochacker". Wir sind also
paläographisch nicht mehr allzu weit von jener speziellen Kursive der 25.-26.
Dyn. entfernt.

Die gestifteten Domänen umfassen in aller Regel mehrere Parzellen, die von
Pächtern bewirtschaftet werden. Normalerweise erhält dann jede einzelne
Parzelle eine eigene Zeile und wenn diese nicht ausreicht, schreibt der
Buchhalter in der nächsten Zeile weiter. Prinzipiell aber haben wir es so mit
einer Art stichischen Schreibung zu tun. Der griech. Terminus *stichos* bedeutet
„Reihe; Zeile, Vers" und wird spätestens seit dem großen Sesostris III-Hymnus
aus Illahun (Kap. 13) auch in literarischen Texten verwendet, ist aber in jenem
Genre sicher nicht entwickelt, sondern vermutlich dorthin nur übernommen
worden. Eine solche Anordnung einzelner Einträge, die sich auf individuelle
Pächter und / oder Parzellen Ackerbodens bezieht, dient sicher der
Übersichtlichkeit und bildet so auch einen gewissen Vorläufer unserer heutigen

---

[25] Die beste Transkription dieser Kolumne ist immer noch die von A.H. GARDINER,
*Ramesside Administrative Texts* (1948), 70. Kolumnen- und Zeilenzählung differieren
zwischen GASSE und GARDINER, weil erstere am oberen Ende ein weiteres Fragment joinen
konnte.
[26] ČERNÝ hatte ihn darauf aufmerksam gemacht.

Excel-Tabellen mit strenger Hierarchisierung und Sequenzierung der einzelnen Posten innerhalb einer solchen Zeile. Einzig die Verteilung auf Kästchen findet hier nicht statt.

Kommen wir aber noch auf die Paläographie dieser Akten aus der Felderverwaltung der späten Ramessidenzeit und 21. Dyn. aus dem thebanischen Raum zurück. GASSE hat in ihren *Données nouvelles* von 1988 ein Konvolut von einschlägigen Quellen aus eben diesem Sektor der Liegenschaftsverwaltung des Amun-Tempels von Karnak zusammengetragen und ausgewertet. Leider sind die vorgelegten Photographien nicht immer für eine Beurteilung abseits des jeweiligen Originals ausreichend, weil zu klein oder zu unscharf.[27]

Will man derart kursiv und unter zeitlichem Aspekt sicher auch extrem rasch niedergeschriebene Dokumente einer Lesung zuführen, dann braucht es nicht nur unendliche Geduld und Erfahrung, sondern auch nützliche Hilfsmittel bei der Entzifferung. Hierzu reicht bekanntlich MÖLLERs Paläographie bei weitem nicht mehr aus, zumal er sich ja einen eigenen Band über die von ihm sogenannte „Geschäftskursive" vorbehalten hatte.[28] Es steht aber zu vermuten, dass MÖLLER die Zeichenanordnung auch in diesem Extraband nach dem gleichen Schema angelegt hätte wie in den drei übrigen seiner *Hieratische(n) Paläographie*. Ein solches Vorgehen ist bei der praktischen Arbeit an Originalen allerdings wenig hilfreich, da das Auge des Interpreten nicht nach künstlich oder modern vorgenommenen Klassifikationsrastern der kursiven Grapheme operiert, sondern stets nach Ähnlichkeiten der Zeichen und Ligaturen untereinander Ausschau hält: „Woran erinnert mich dieses Zeichen / diese Ligatur?" und ähnliche Fragen stellen sich sofort ein. Was wir also brauchen, sind Listen, die auf dem Prinzip der zunehmenden und abnehmenden Similarität basieren. Bei der Transkription der jeweiligen Leseprobleme spielt es schlichtweg keine Rolle, ob das betreffende Zeichen zur Klasse „Himmel,

---

[27] Vgl. a. die Rez. von S.P. VLEEMING, in: *Enchoria* 18 (1991), sowie die Neubearbeitung der Kol. Rt. XI von Pap. Louvre AF 6345 + Griffith Fragments durch Verf., in: *Enchoria* 18 (1991), 27-36; lies dort in XI.16 *wp-s.t* – „Einzelposten" vor *n pr-Imn* mit J.F. QUACK, in: *Res severa verum gaudium. FS Zauzich* (2004), 473. Zu dem bei GASSE auch herangezogenen Pap. Reinhardt s. jetzt die maßgebliche Edition durch S.P. VLEEMING, *Papyrus Reinhardt. An Egyptian Land List from the Tenth Century B.C.* (1993). VLEEMING ist ein äußerst akribisch arbeitender Philologe und Interpret, dessen Transkriptionen Grundlagen schaffen für alle weitergehenden Studien und von angehenden Hieratisten zum Vorbild genommen werden sollten.
[28] S. seine Bemerkung in Bd. II, S. 1 Anm. 3.

Erde, Wasser" oder „Körbe und Gefäße" gehört. Das Einzige, was zählt, sind Ähnlichkeiten struktureller Natur in der Kursive und ggf. Diakritika, die ja bekanntlich schon von den antiken Schreibern gezielt zur Differenzierung einander ähnlich gewordener Zeichen(gruppen) kreiert und instrumentalisiert worden sind. M.a.W., unsere Differenzierungsprobleme bei der Lesung hatten die ägyptischen Buchhalter nicht selten selbst schon und haben für ihr eigenes Tagesgeschäft daraus die nötigen Konsequenzen gezogen. Es liegt folglich mehr als auf der Hand, dass auch wir ihre eigenen Erfahrungswerte in Anschlag bringen und Konsequenzen bei der Anlage moderner Schriftlisten daraus ziehen.

Genau das hat VON BOMHARD bei ihrer strukturellen Untersuchung der Paläographie(n) von Pap. Wilbour 1998 bekanntlich getan und dementsprechend ihre Zeichenlisten so strukturiert. Damit war sie aber nicht die erste, denn dies war vielmehr GASSE in ihrer schon mehrfach herangezogenen Edition *Données nouvelles* im Jahre 1988. Die von ihr erstellte Paläographie ist nach eben diesem Similaritäts-Prinzip aufgebaut. Einige Beispiele mögen dieses Verfahren veranschaulichen:

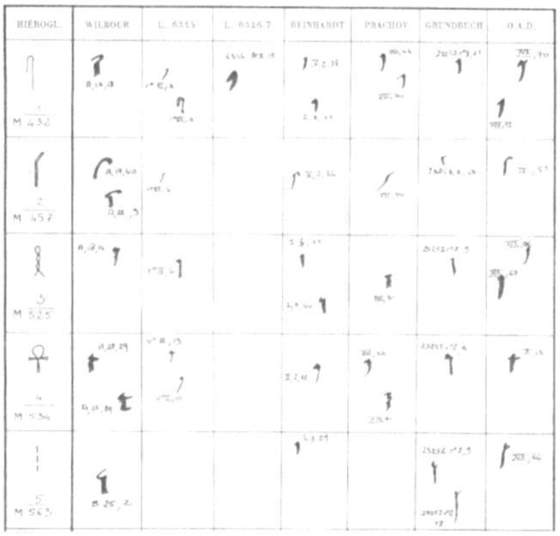

Abb. 10 : GASSE, *Données nouvelles* I, Pl. I

Ihre Vorgehensweise erläutert sie folgendermaßen:

> „Les documents sont … regroupé en fonction de leur forme cursive. La cursive la plus déformante … a été systématiquement choisie comme base de ce classement, ceci dans le but de faciliter le travail du déchiffreur. J'ai presque systématiquement éliminé les graphies trop classiques, c'est-à-dire conformes à l'écriture ramesside bien connue, au profit des formes qui expliquent le mieux l'évolution des signes d'un texte à l'autre."

Ihre Paläographie sieht dann so aus. Die exzerpierten Quellen rangieren grob nach ihrer Datierung und stammen nicht nur aus ihrem eigenen Corpus, sondern sind zusätzlich dem großen Pap. Wilbour und den – noch zu präsentierenden – *Oracular Amuletic Decrees* entnommen. Auf diese Weise erstrecken sie sich von den ältesten links (Pap. Wilbour) bis hin zu den jüngsten rechts in ihren Tabellen (*OAD*; mind. 22. Dyn.).[29]

In diesen Tabellen gibt es nun Rubriken, deren Zeichenformen z.B. eine vertikale Achse aufweisen (s. obiges Beispiel; Pl. I),

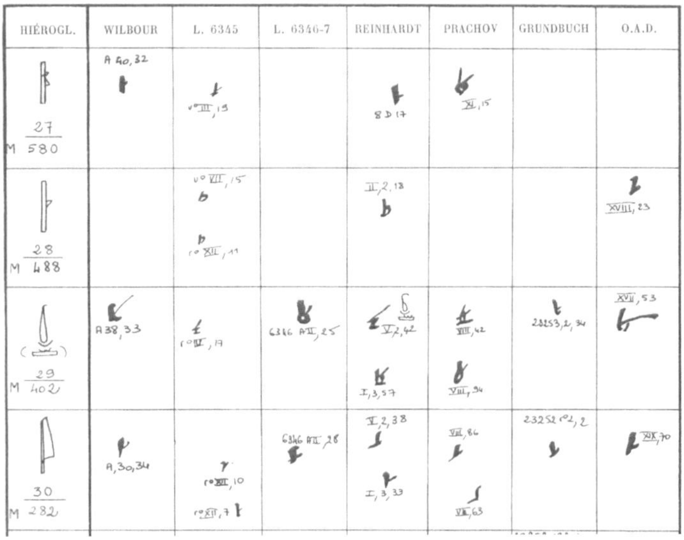

Abb. 11 : Gasse, *Données nouvelles* I, Pl. V

des Weiteren solche vertikalen mit einem Querstrich (Pl. V).

---

[29] Die in ihrer Tabelle unter „Prachov" aufgeführte Quelle wird inzwischen intensiv durch RÖMER studiert und für eine Edition vorbereitet. Erste Ergebnisse finden sich in seinem Aufsatz „Die Datierung des Papyrus Prachov und andere Merkwürdigkeiten desselben", in: *GM* 248 (2016), 111-122. Nach RÖMER datiert diese Akte in die mittlere 21. Dynastie, und Pap. Louvre AF 6345 + Griffith Fragments datiert er wie den Pap. Prachov.

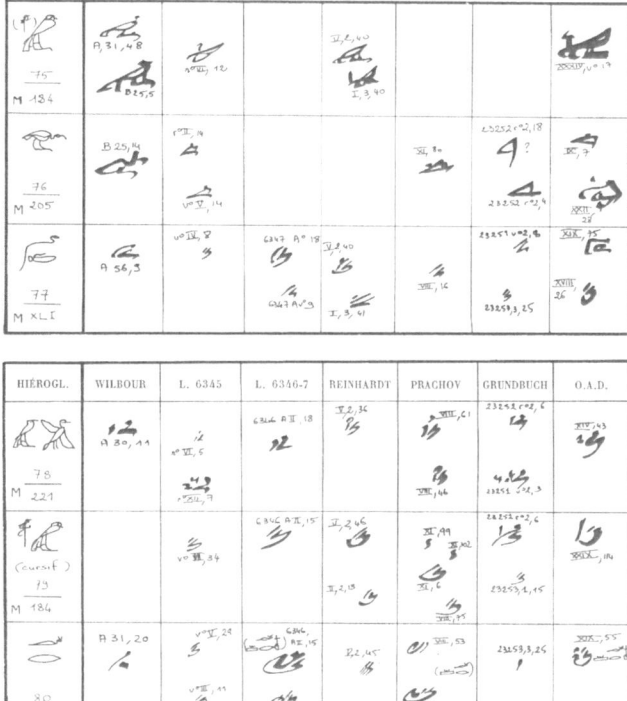

Abb. 12 : Gasse, *Données nouvelles* I, Pl. XII + XIII

Oder wir finden solche mit einer schräg von rechts oben nach links unten ausgerichteten Struktur. Man vgl. in der letztzitierten Tabelle einmal nur die Zeichen(gruppen) *ḏd* – „sagen" und die Graphie des GN Horus-auf-Standarte oder die Ligatur *f-r* in *nfr* miteinander, um zu erahnen, wie leicht man z.B. die Nrn. 77 und 79 bei flüchtiger Lektüre verwechseln könnte.

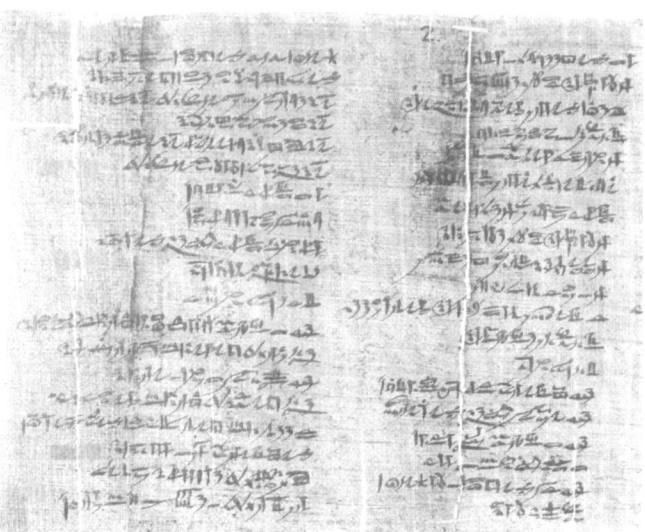

Abb. 13: Pap. BM EA 10474 rt. mit Kol. 6-7 der Lehre des Amenemope[30]
Abgebildet sind Kap. 4 V.1 – Kap. 6 V. 8

Wir hatten gesehen, in welchem Layout Akten aus der Liegenschaftsverwaltung des Amun-Tempels angelegt wurden. Stichische Schreibung der Einträge sind die Regel.[31]

Eine solche und für die *Lehre des Amenemope* typische Stichos-Anordnung ihrer Kapitelnummern und dazugehörigen Verse trägt z.B. Pap. BM EA 10474 rt. aus der 26. Dynastie.[32] Der Zufall(?) will es, dass der Sprecher, wenn nicht gar der Verfasser selbst namens Amenemope ein in der Felderverwaltung und

---

[30] Abb. aus: R.B. Parkinson – S. Quirke, *Papyrus* (1995), 44 Fig. 30. Die Kap.-Nrn. selbst sind rubriziert in Kol. 6.13 und 7.11. Neueste Bearbeitung V. P.-M. Laisney, *L'Enseignement d'Aménemopé* (2007); ausführlichste Rez. ist die von P. Vernus, in: *Orientalia* 79 (2010), 532-557. Zur Schriftgestalt dieser Basis-Hs s. U. Verhoeven, *Untersuchungen zur späthieratischen Buchschrift*, 290-303, mit ausführlichen Zeichentabellen. Von den übrigen Textzeugen weisen diese stichische Schreibung noch zwei Holztafeln in Paris und Turin auf. Zu weiteren Belegen von Stichographie in verschiedenen Gattungen s. P.-M. Laisney, *op. cit.*, 7 mit Anm. 21-27.

[31] Ein erst jüngst edierter Papyrus aus der Greteideverwaltung der 3. Zwzt. stellt erneut eine wahre „paläographische Herausforderung" (Zauzich) an die Hieratisten dar; s. R. Jasnow, „P. Suzuki Collection h 1", in: Id. *et al.* (Hgg.), *The Demotic and Hieratic Papyri in the Suzuki Collection of Tokai University, Japan* (2016), 9-25 (inkl. Schrifttabelle) und Pl. 1-4. Er enthält u.a. interessante neue(?) Ortsnamen wie „Mauer des Osorkon" etc.

[32] Detaillierte paläographische Studie dazu bei U. Verhoeven, *op. cit.* Sie möchte die Hs noch präziser in die Regierungszeit Psammetichs' I. setzen; *op. cit.*, 300f.

Feldervermessung tätiger Schreiber sein will oder dies gar tatsächlich auch war. Seine diesbezüglichen Titel und Epitheta erstrecken sich von Kol. 1.12-2.6 und umfassen geschlagene 16 Verse. Ihm war die stichische Anordnung aus seinem alltäglichen Urkundengeschäft also bestens vertraut und diese könnte sich so auf die äußere Anlage seiner 30 Lehrkapitel niedergeschlagen haben, wenn wir denn bereit sind, BM EA 10474 als eine maßgebliche Basishandschrift zu klassifizieren.[33]

Nur am Rande sei in diesem Zusammenhang dem sog. *Palästinischen Hieratisch* ab dem 8. Jh. v. Chr. Erwähnung vergönnt, das WIMMER monographisch gesammelt und ausgewertet hat.[34] Bei diesem Ableger der ägyptischen Kursive auf palästinischem Boden handelt es sich nahezu ausschließlich um Notationen von Zahlen, Maß- und Mengenangaben aus der landwirtschaftlichen Produktion, zumeist auf Gefäßen bzw. Ostraka. Insgesamt betrachtet bleibt aber Vieles noch recht unklar, die Zahlennotationen sind nicht komplett, sondern selektiv, vom ägyptischen Vorbild übernommen worden, und überhaupt sind einige Abweichungen zu verzeichnen, die noch der Erklärung harren. Auffällig, ja geradezu störend ist ihre recht späte Datierung, wenn man berücksichtigt, dass die ägyptische Verwaltung Kanaans nach Ramses III. ziemlich abrupt endet und bis zum 8. Jh. keine sicher datierbaren kursiven Texte mit ägyptischem Hintergrund aus Palästina zu verzeichnen sind.

## IV. Schutzdekrete in Geschäftskursive – Die *Oracular Amuletic Decrees*

In der Paläographie von GASSE kommen an letzter, rechter Randposition auch die schon mehrfach erwähnten *OAD* als Vergleichscorpus vor. Hinter diesem Kürzel verbergen sich die von EDWARDS so benannten *Oracular Amuletic*

---

[33] Bei den ganz überwiegend „theologischen" Betrachtungen LAISNEYS kommt dieser für die Geschichte des Ethos von Felderverwaltern so überaus ergiebigen Lehre „berufliche" Aspekt des Sprechers stets zu kurz und wird durch die mehr oder minder modifizierte Anleihe in Prov 22.17-24.22 traditionsgeschichtlich vollkommen überblendet. Es ist höchste Zeit für eine Neuanalyse der gesamten Lehre unter Einbeziehung von Urkunden der genannten Art, juristischen Texten wie Gerichtsurteilen, Memoranden und Orakeln, bei gleichzeitiger Ausblendung ihres alttestamentlichen Nachfahren.

[34] Id., *Palästinisches Hieratisch. Die Zahl-und Sonderzeichen in der althebräischen Schrift* (2008); Addendum id., „Hieratisch mit Migrationshintergrund. Neue Quellen zu den hieratischen Elementen in der hebräischen Alphabetschrift", in: U. VERHOEVEN (Hg.), *Ägyptologische „Binsen"-Weisheiten I-II. Neue Forschungen und Methoden der Hieratistik* (2015), 143-153, ohne gravierende Bereicherung des schon Vorhandenen.

*Decrees* aus der frühen 3. Zwzt.[35] Von diesen göttlich sanktionierten Schutzdekreten sind bislang 21 durch EDWARDS publiziert, ein weiteres hat BOHLEKE 1997[36] vorgelegt und der Verf. hat drei weitere Exemplare bzw. deren Reste aus deutschen Sammlungen zusammentragen können.[37]

Diese zwei Bände von EDWARDS gehören zu den editorischen Glanzstücken des letzten Jahrhunderts auf dem Gebiet äußerst schwieriger hieratischer Texte. Dass ihre Entzifferung durch EDWARDS nahezu vollkommen gelingen konnte, ist seiner jahrelangen Beschäftigung mit diesen Texten zu verdanken sowie dem Umstand, dass die Dekrete aus phraseologischen Bausteinen bestehen, die sich sehr häufig über das gesamte Corpus und in unterschiedlicher Anordnung und Auswahl wiederholen. Auch deshalb war es ihm möglich, in einer Version extrem kursiv geschriebene Schutzformeln dank weniger kursiven Versionen zu lesen.[38]

Wir können bei diesem Genre erhebliche Differenzen im Grad der Kursivität feststellen und darunter ist T. 1 aus Turin noch eines der bestgeschriebenen bzw. –lesbaren Exemplare, wie auch die Hs B aus Berlin bei EDWARDS. Zum Vergleich werfe man einen genaueren Blick auf die Ex. L. 5 und L. 7 aus London, die alle noch verhalten kursiv sind, wenn auch sich durchaus individuelle Hände erkennen lassen. So hat der Schreiber von L. 7 einen ausgeprägten Rechtsdrall, während die beiden anderen eher vertikal schreiben.

---

[35] *Hieratic Papyri in the British Museum. Fourth Series:Oracular Amuletic Decrees* I-II (1960), mit ausführlicher Einleitung in das Genre und dessen vermutliche Laufzeit (21. bis eventuell 23. Dyn.), Übersetzung, Kommentar, Konkordanztabellen, Indizes (Bd. I) sowie Photographien und hieroglyphischer Transkription (Bd. II).

[36] Die wesentliche Bibl. zu dieser Textsorte seit EDWARDS' Edition ist bei C. PEUST, in: *Texte aus der Umwelt des Alten Testaments. Neue Folge Band 4 Omina, Orakel, Rituale und Beschwörungen* (2008), 325f., zu finden.

[37] In dem Band *Magika Hieratika in Berlin, Hannover, Heidelberg und München* (2015), die Nrn. 2, 19 und 21. – Erst kürzlich weist mich QUACK auf die Existenz noch eines weiteren *OAD* in der Pierpont Morgan Library in New York hin, das bislang übersehen zu sein scheint, so dass wir inzwischen 25 Exemplare zählen können.

[38] Allerdings scheint die Entzifferungsgeschichte dieser schwierigen Texte ganz entscheidend mit dem Namen ČERNÝ verknüpft gewesen zu sein, wie NAVRÁTILOVA mir kurz vor Manuskriptende aufgrund eigener Archivrecherchen mitteilt.

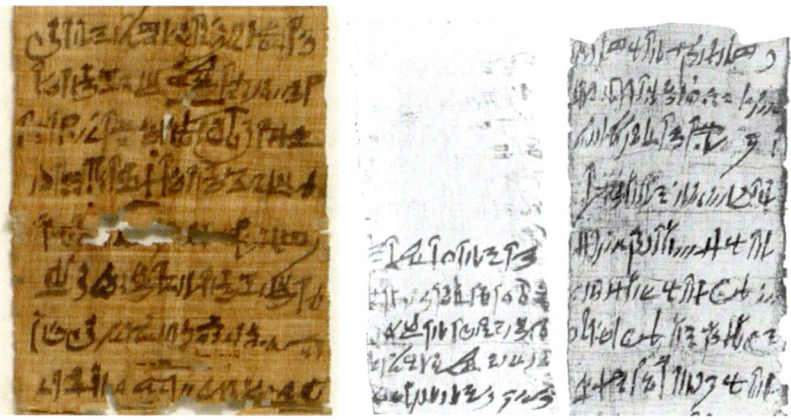

Abb. 14: *OAD* T. 1 rt. 1-8 (li.) – *OAD* L. 5 rt. 1-5 © (Mi.) – *OAD* L. 7.19-26 (re.)[39]

Verglichen damit erscheint die Variante P. 5 in der Pariser Nationalbibliothek, deren Anfang im Unterschied zu T. 1, L. 5 und L. 7 nicht erhalten ist, geradezu extrem-kursiv. Diese Handschrift zeigt einen erheblichen Grad an Kursivität, die bei flüchtigem Hinschauen schon an einen Vorläufer des Frühdemotischen des 6. Jh.v.Chr. erinnert:

Abb. 15: *OAD* P. 5[40]

---

[39] I.E.S. Edwards, *OAD* II, Pl. XVIII; X und XVI resp.
[40] I.E.S. Edwards, *OAD* II, Pl. XXXVI.

Wenn EDWARDS' grobe Datierung dieser Schutzdekrete in die 22. Dyn. und evtl. noch die folgende 23. Dyn. zutrifft, dann befinden wir uns bei einigen Exemplaren in einem Trend hin zum sog. Kursiv- oder Abnorm-Hieratischen der 25. und 26. Dynastie. Auf die Begrifflichkeit und deren Problematik kommen wir weiter unten zurück.

Was in EDWARDS' Edition dieser bis zu ihrem Erscheinen im Jahre 1960 so gut wie völlig unbekannten, zumindest nicht diskutierten, Dekrete definitiv fehlt, ist eine Corpus-Paläographie.[41] Diese wäre eine echte Bereicherung für die hieratisch immer noch dürftig bezeugte 3. Zwzt. gewesen, fügen doch die nun verstärkt so geschriebenen Totenbücher kaum wesentlich Neues zu diesem alten Schrifttypus hinzu. Man sieht diesen Dekreten auf Anhieb an, dass deren Schreiber oder Kopisten zu ihrem Broterwerb ganz überwiegend Akten und Urkunden zu Papyrus gebracht haben und weniger sakrale Texte oder göttliche Verlautbarungen dieser Art. Bei der Niederschrift der *OAD* geht die Bürokratenbinse mit ihnen durch und das sakrale Hieratisch der Stiftervermerke in Felderkatastern tritt nur noch ansatzweise in Erscheinung.[42] Ihr hochrechteckiges Layout (*transversa charta*) ist gattungsbedingt, Orakelentscheide auf Papyrus wurden schon spätestens in Deir el-Medineh in diesem Format angelegt.[43] Und ihre unterschiedliche Länge zwischen – erhaltenen – 32,5 cm (P. 1) und 1,47 m (L. 7) bei einer durchschnittlichen Breite von 4 – 7 cm wird von WILFONG neuerdings in Abhängigkeit gebracht von der Körpergröße ihrer antiken Träger.[44]

---

[41] ČERNÝ würdigt die „accurate hieroglyphic transcription" von EDWARDS in seiner knapp eine Seite umfassenden Rezension in: *JEA* 46 (1960), 115f.

[42] Diese *OAD*-Kursive(n) finden genauso wenig in den Tabellen und Erörterungen bei U. VERHOEVEN, *Untersuchungen zur späthieratischen Buchschrift*, ihren Niederschlag, eben weil sie keine „Buchschrift" sind.

[43] Zwei hervorragende Beispiele dafür sind die leider noch immer nicht edierten Papyri Kiseleff I und II im Martin von Wagner-Museum der Universität Würzburg aus der mittleren 20. Dynastie.

[44] „The Oracular Amuletic Decrees: A question of length", in: *JEA* 99 (2013), 295-300. Er kann auf moderne Parallelen in Äthiopien verweisen, wo es noch heute den Brauch der Anfertigung von mit christlichen Texten beschrifteten – und illustrierten – sog. Zauberrollen gibt, die gleichfalls unterschiedlicher Länge sind. Von ihm ist auch eine größere Studie zu diesen Orakeldekreten zu erwarten. Zu den äthiopischen Zauberrollen s. die Monographie von J. MERCIER, *Zauberrollen aus Äthiopien* (1979). – Als späte „Nachfahren" dieser Textgattung erklärt RILLY in ähnlichem Format geschriebene meroïtische Texte aus Qasr Ibrim und andernorts in Nubien, C. RILLY, "Deux exemples de décrets oraculaires amulétiques en méroïtique: les ostraca REM 1317/1168 et REM 1319 de Shokan", in: Meroitic Newsletter 27 (2000), 99-118; dort: 109-113, die andere Forscher für Briefe gehalten haben.

Ein weiteres, EDWARDS noch nicht bekannt gewesenes, Exemplar befindet sich in der Ägyptischen Sammlung des August Kestner-Museums in Hannover unter der Inv.-Nr. 1976.60c.

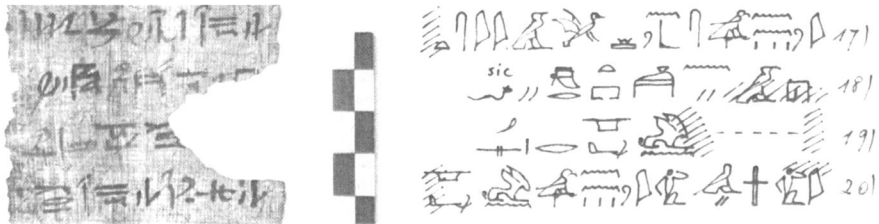

Abb. 16: OAD Pap. August Kestner-Museum Inv.- Nr. 1976.60c, vs. 17-20[45]

Die noch erhaltenen 72 cm in der Höhe und 6,5 cm Breite sind durchweg durch eine sägeartige Einkerbung am rechten Rand des Verso in Mitleidenschaft gezogen. Aber dank der übrigen Varianten dieser Textsorte lässt sich das Meiste des Verlorenen recht sicher ergänzen.

Ausgestellt wurde dieses Dekret zugunsten einer Frau oder eines Mädchens mit dem für Theben typischen Namen *T3-{n.t}-dj-Mntw*, deren Muttername nicht erhalten ist. Diese Handschrift zeichnet sich durch eine sehr sorgfältige und leicht lesbare Kursive aus, die der Lesung auch dann keine sonderlichen Probleme bereiten würde, wäre das Corpus von EDWARDS nicht zur Hand.

Ich möchte abschließend zu diesem Textcorpus ein winziges hieratistisches und lexikalisches Detail hinzufügen, das erst 26 Jahre später durch eine Miszelle von JASNOW endgültig geklärt werden konnte. Dieses Detail schlägt zugleich eine Brücke zu dem bereits genannten Abnorm- oder Kursivhieratischen der Kuschiten- und Saitenzeit.

---

[45] Verf., *Magika Hieratika in Berlin, Hannover, Heidelberg und München* (2015), 203-219; dort: 216.

Gemeint ist der folgende juristische Terminus:

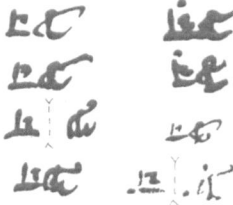

Abb. 17: Achtmal erscheinende und von EDWARDS ungelesene Gruppe in den *OAD*[46]

Ausgehend von der 1985 durch POSENER erfolgten Edition der Erzählung auf Pap. Vandier, in welchem die gleiche Zeichengruppe vorkommt,[47] sowie von deren Gebrauch in demotischen Urkunden, kann JASNOW deren Lesung als *ꜥš-(s)ḥn* – „matter; affair; commisson" nachweisen. In den *OAD* ist es entweder *ꜥš-(s)ḥn-nfr* oder *ꜥš-(s)ḥn-bin*, die dem Amuletträger ermöglicht bzw. vor denen er bewahrt werden wird. Pap. Vandier 2.1 schreibt diese Gruppe etwas ausführlicher so: , ![Zeichengruppe] von POSENER zwar bereits als *ꜥš-sḥn* transliteriert und in seiner Bedeutung „condition" erkannt, aber nicht in hieroglyphischer Umschreibung präsentiert.

Die gesamte Zeichengruppe in den *OAD* besteht aus ![A26] (A26), ![N23] (N23) + ![Z1] (Z1), bisweilen mit einem supralinearen diakritischen Punkt, in jedem Fall endend mit einem horizontalen Strich (≠ ~~~ (N35)). Das /s/ bleibt dort ungeschrieben.

Schließlich sei noch der Vollständigkeit halber die in Stein gravierte und hieroglyphisch adaptierte Diktion der *OAD* auf dem Stelophor Kairo CG 1040 von Osorkon II. nicht unterschlagen.[48] In seiner Inschrift dreht Osorkon phraseologisch quasi den Spieß um, indem er diejenigen Versicherungen der Götter in den *OAD* nunmehr selbst in den Mund nimmt und um Amuns(?) Schutz bittet: *iw=k-<r>-šd=i r-sḥd n-ꜣmn Pꜣ-Rꜥ [Ptḥ Bꜥst.t nb.t]-Bꜣs.t Wsir Ḥr ꜣs.t nṯr-nb nṯr.t-nb.t nw-p.t-tꜣ / iw=k-<r>-šd[=i r-nꜣy=]w-sḥd r-nꜣy=w-bꜣw …*

---

[46] Nachweise zu den Belegen bei R. JASNOW, „A Note on 'ꜥš-sḥn", in: *GM* 92 (1986), 65-67; dort: 65.

[47] *Le Papyrus Vandier* (1985), 48 (2.1): Datierung der Niederschrift der Erzählung bei U. VERHOEVEN, *Untersuchungen zur späthieratischen Buchschrift* (2001), 329-337, auf 600 ± 25 Jahre.

[48] S. die auf eigener Kollationierung beruhende Abschrift bei K. JANSEN-WINKELN, *Inschriften der Spätzeit. Teil II: Die 22.-24. Dynastie* (2007), 109, Z. 3-5.

– „Du <sollst/wirst> mich bewahren vor den *šḥd* von Amun, … . Du <sollst/wirst> mich bewahren vor ihren *šḥd* und vor ihren Machterweisen …".[49] In den *OAD* lautet die Standardphrase aus dem Munde der Götter und zum Wohle des Amulettbesitzers: *iw=i/iw=n-r-šd=k r-NN* – „Ich/Wir werden dich bewahren vor NN". Ist der Statuentext also eine Bitte um die Ausstellung eines solchen hieratisch geschriebenen *OAD*?

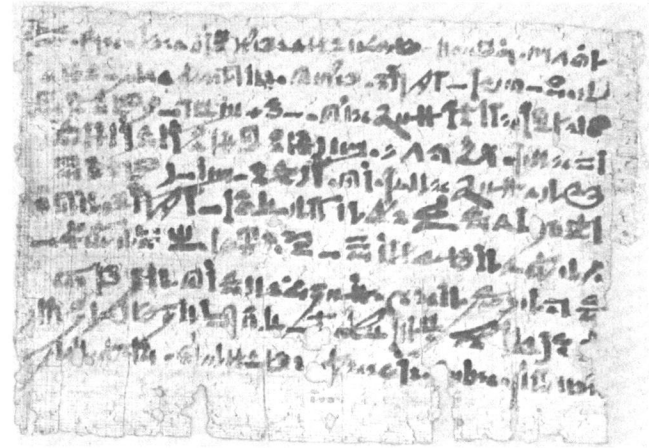

Abb. 18: Pap. BM EA 10800

Ein weiterer Vorläufer dieser Extrem-Kursive, die dann in der späten 26. Dyn. für Urkunden vom Frühdemotischen abgelöst werden sollte, ist die ebenfalls von EDWARDS edierte Verkaufsurkunde im British Museum über einen kompletten Satz von 401 Uschebti.

---

[49] S.a. die Übersetzung bei H.K. JACQUET-GORDON, „The Inscriptions on the Philadelphia-Cairo Statue of Osorkon II", in: *JEA* 46 (1960), 12-23; dort: 17 und die Anm. zu Z. (3) auf S. 18 mit Verweis auf einen weiteren Beleg für diese Art der Umsetzung oder Adaption eines Götterdekretes durch einen Nicht-Gott. Es entbehrt nicht einer gewissen Ironie der Wissenschaftsgeschichte, dass ihr Artikel just in dem Jahr erscheinen sollte wie EDWARDS' *OAD*-Edition.

Abb. 19: Pap. BM EA 10800 Trskr. + Ü.[50]

Hier die Uschebti-Passage in Z. 3-4 in Übersetzung:

> „diese 365 an Uschebti
> zusammen mit ihren 36 Vorstehern-der-Zehn (Dekaden), macht zusammen 401."

Abgesehen von seiner Paläographie ist diese Urkunde von einigem rechtshistorischen Interesse. In Verbindung mit den verkauften Uschebti ist sie auch deshalb so bedeutend, weil in ihr *expressis verbis* ein Set von 365 Figuren genannt wird, zu denen sich noch 36 „Vorsteher/Große-der-Zehn (Dekaden)" gesellen.[51] Das bedeutet also, der Käufer, in diesem Fall ein Wab-Priester namens Nes-per-nub, erwirbt diesen Teil einer Grabausstattung für seinen verstorbenen Vater Ihafy gegen Bezahlung von Silber bzw. dessen Gegenwert. Der Preis wird dabei nicht genannt, sondern wohl als bekannt vorausgesetzt. Er nimmt diese Objekte aus der Hand des Urkundenausstellers bzw. „Zeugenschreibers" entgegen (*p3-mt(r)-zḫ*; Z. 10), nachdem sie der „Chef der Amulettknüpfer" (*ḥry-t3z.w-wd3.t*; Z. 1-2) im Karnak-Tempel namens Padichonsu hergestellt hatte.

Will man diese Urkunde nun paläographisch datieren, ergibt sich ein gewisses Problem. Phraseologische Indizien anhand der juristischen Sprache zwischen den Vertragspartnern Verkäufer und Käufer allein helfen da nicht viel weiter. Aber die archäologisch verbürgte Tatsache, dass Uschebti-Sets eigentlich nur

---

[50] „Bill of Sale for a Set of Ushabtis", in: *JEA* 57 (1971), 120-124 und Pl. XXXII; dazu a. F. POOLE, ‚"All that has been done to the Shabtis': Some Considerations on the Decree for the Shabtis of Neschons and BM EA 10800", in: *JEA* 91 (2005), 165-170; D. FAROUT, "Des esclaves pour dettes à Deir el-Bahari", in: *Égypte. Afrique et Orient* 38 (2005), 35-44.
[51] Nach einer Kollationierung der Stelle durch CAMINOS handelt es sich bei dem *jotting* auf dem Verso von Pap. Puschkin 120 Z. 2 gleichfalls um eine Lieferung von Uschebti, in dem Fall um lediglich acht Exemplare; id., *The Tale of Woe*, 74 Anm. 2.

zwischen der 19. und der 23. Dyn. ihre eigenen „Aufseher" hatten, ist eine wichtige und schon von FLINDERS PETRIE gemachte Beobachtung. Paläographisch scheidet die 19. Dyn. komplett aus, und auch in der 20. würden wir nicht fündig. Gehen wir aber vom sog. Abnorm-Hieratisch nur der 25. Dyn. aus, dann sieht das Bild schon erheblich anders aus, denn mit diesem Duktus hat die Urkunde schon sehr viel gemein. Sollten auch seit FLINDERS PETRIES Zeiten keine Vorsteher-Uschebti aus der 24. und 25. Dyn. aufgetaucht oder diese Sitte komplett aus der Mode geraten sein,[52] dann würde das bedeuten, dass diese Urkunde als *Protokursivhieratisch* spätestens der 23. Dyn. klassifiziert werden könnte. Mit EDWARDS können wir aufgrund des Regierungsjahres 14 zu Beginn des Textes am ehesten in die späte 22. Dyn. gehen, da aus der 3. Zwzt. nicht so viele Herrscher mit dieser Amtsdauer belegt sind.[53]

M.a.W., wir haben hier die Möglichkeit der Kombination verschiedener Parameter zum Zwecke der Datierung einer hieratischen Urkunde in Anschlag zu bringen, auf keinen Fall ihre Paläographie allein oder gar als die einzig relevante.

---

[52] H.D. SCHNEIDER, *Shabtis. An Introduction to the History of Ancient Egyptian Funerary Statuettes* (1977), z.B. 162 und *pass.*

[53] I.E.S. EDWARDS, *loc. cit.*, 122. Als onomastisches Kriterium mag noch der Name des Zeugen-schreibers *P3-miw* – „Der-Kater" angeführt werden, der nach einer Studie von YOYOTTE erst im 8. Jh v. Chr. modern wird; id., „Des lions et de chats. Contribution à la prosopographie de l'époque libyenne", in: *Rd'É* 39 (1988), 155-178.Und der Titel *p3-mt(r)-zh* – „Zeugenschreiber" selbst spricht normalerweise für einen Ansatz in die 25. Dyn., könnte allerdings auch schon früher in Gebracuh gewesen sein; s. K. DONKER VAN HEEL, „Papyrus Louvre E 7852. A Land Lease from the Reign of Taharqa", in: *Rd'É* 48 (1997), 83f.

## 19. Abnorm- oder Kursivhieratisch der 3. Zwzt. und der 25.-26. Dynastie

## I. Vorbemerkungen zu seiner Erforschungsgeschichte

Wir haben nun schon mehrfach den mindestens für die 25.-26. Dyn. typischen Stil des Abnorm-Hieratischen erwähnt, zu dem aber sofort gesagt werden muss, dass er durchaus noch neben oder parallel zum älteren oder klassischen Hieratisch läuft. Was aber eigentlich ist Abnorm-Hieratisch? Der Terminus geht zurück auf GRIFFITH und ist von ihm 1909 in seiner Edition der überwiegend demotisch beschrifteten Papyri in der John Rylands Library in Manchester geprägt worden.[1] Damit bezeichnete GRIFFITH den extrem kursiven Schrifttypus von Urkunden der Kuschiten- und Saitenzeit aus dem thebanischen Raum. Seitdem werden die Bezeichnungen Abnorm- und Kursivhieratisch zumeist synonym gebraucht und eine bessere Benennung hat sich – *faute de mieux* – bislang nicht finden lassen.

Nach GRIFFITH hat sich dann besonders der französische Ägyptologe MALININE (1900-1977)[2] um die Erforschung dieser Kursive und der in ihr geschriebenen Texte verdient gemacht. Allein in einem Band von 1953[3] bearbeitet MALININE 19 Exemplare in Abnorm-Hieratisch und Frühdemotisch und es ist rein wissenschaftshistorisch auch angebracht, diese beiden Termini in einem Satz zu lesen. Die frühen Demotisten in der Ägyptologie, bis hin zu GRIFFITH, haben zunächst nämlich diese beiden Kursiven kaum ordentlich auseinanderhalten können und dabei auch das Abnorm-Hieratische bisweilen zu Frühdemotisch erklärt; Kronzeuge hierfür ist der Franzose REVILLOUT (1843-1913).[4] Der Übergang zwischen beiden Schriftarten verlief im späten 6. Jh. v. Chr. Wir

---

[1] *Catalogue of the Demotic Papyri in the John Rylands Papyri I-III* (Manchester 1909); dort vol. III, 12-14.

[2] M.L BIERBREIER (Hg.), *Who Was Who in Egyptology* (2012), 352.

[3] *Choix de textes juridiques en hiératique « anormal » et en démotique (XXVe-XXVIIe dynasties). Première partie. Traduction et commentaire philologique.* Schüler MALININES haben dann nach seinem Tod 1983 einen 2. Band unter dem gleichen Titel mit Transkriptionen und Annotationen all derjenigen Quellen herausgebracht, die MALININE nur in Umschrift und Kommentar behandelt hatte; s. *Choix de textes juridiques en hiératique « anormal » et en démotique (Deuxième partie)* (1983).

[4] M.L BIERBREIER (Hg.), *Who Was Who in Egyptology* (2012), 462: Auch wenn er der Begründer der altägyptischen Rechtsgeschichte und ein bienenfleißiger Herausgeber einschlägiger Quellen war, wird er dennoch in diesem *Who Was Who* als „erratic and unsystematic and his work often has inaccuracies" klassifiziert.

werden das noch anhand der Schreibtradition innerhalb einer thebanischen Familie von Buchhaltern *en détail* studieren können.[5]

Es wird seit GRIFFITH und MALININE gemeinhin davon ausgegangen, dass das Abnormhieratische eine aus der spät- und postramessidischen Geschäftsschrift entwickelte Kursive darstellt, die im oberägyptischen Raum in Gebrauch war. Das Demotische habe sich aus einem unterägyptischen Ableger abgespalten.[6] Wie auch immer es sich mit der Herausbildung der demotischen Kursive in der frühen Saitenzeit verhalten haben mag, das ist hier nicht unser Thema und bleibe Berufeneren überlassen zu entscheiden.[7] Zur geographischen Verbreitung des Abnormhieratischen kann gegenwärtig immerhin schon soviel festgehalten werden, dass es im Unterschied zu GRIFFITHS und MALININES Zeiten dank neuester Funde über den thebanischen Raum hinaus weiter südlich auch aus den deutschen Grabungen auf Elephantine und den australischen aus der Dachlah-Oase bekannt ist.[8] Bei den Dachlah-Abrechnungen und –Briefen aus Mut el-Charab ist zudem neu, dass sie wegen dort eventuell herrschenden Papyrusmangels auf Ostraka geschrieben sind, solche Objekte aber aus dem Niltal – mit verschwindend geringen Ausnahmen – bislang unbekannt sind. Kursive in der Oase auf Ostraka bzw. Tontafeln anstatt auf Papyri haben wir ja bereits im späten Alten Reich in Balat kennen gelernt (s. Kap. 7).

Verf. selbst wird einschlägig geschriebene Listen auf Papyrus von – zumeist libyschen – Personennamen aus den britischen Grabungen in Qasr Ibrim vorlegen. Diese Listen sind allein wegen ihres ethnischen Hintergrundes von

---

[5] Diese schriftgeschichtlich eminente Beobachtung geht auf DONKER VAN HEEL zurück; id., „The lost battle of Peteamonip", in: *Acta Demotica. Acts of*[sic] *Fifth International Conference for Demotists. Pisa, 4th-8th September 1993*, in: *Egitto e Vicino Oriente* 17 (1994), 115-124.

[6] Näheres dazu in dem am Ende dieses Kapitels herangezogenen Artikel von MARTIN.

[7] G. VITTMANN, „Der Stand der Erforschung des Kursivhieratischen (und neue Texte)", in: U. VERHOEVEN (Hg.), *Ägyptologische „Binsen"-Weisheiten I-II* (2015), 383-433; dort: 383 Anm. 3, erwähnt einen in Jahr 16 Psammetichs' I. (= 649/8) datierenden frühdemotischen Text aus Illahun(!), den ihm RYHOLT signalisiert habe.

[8] VITTMANN bereitet die Editionen vor. S. seinen Vorbericht, „Demotische und kursivhieratische Ostraka aus Mut el-Kharab", in: R. BAGNALL *et al.* (Hgg.), *Dakhleh Oasis Project: Monograph 15. The Oasis Papers 6. Proceedings of the Sixth International Conference of the Dakhleh Oasis Project* (2013), 19-31; dort 20-21 und Abb. 1-6. S. jetzt a. seine Edition eines kurivhieratischen Briefes auf einem Ostrakon aus Amheida in der genannten Oase in: C. JURMAN *et al.* (Hgg.), *A True Scribe of Abydos. Essays in First Millenium Egypt in Honour of Anthony Leahy* (2017), 492-503.

einiger Bedeutung und deuten auf administrativ versetzte Bauarbeiter, die an dem dortigen taharqazeitlichen Tempel zu arbeiten hatten.[9]

## II.    Literarisches in Abnormhieratisch

Es mag verwundern, wenn wir mit dem am wenigsten bekannten Material in dieser Schriftart beginnen, aber es bildet zugleich die größte Überraschung der letzten 20 Jahre und ist zudem relativ rasch abgehandelt. Danach wenden wir uns den Texten bzw. Genres zu, für die das Abnormhieratische gemeinhin in der Ägyptologie und Demotistik bekannt geworden ist.

Bis in die späten 90er Jahre des vergangenen Jahrhunderts gingen die – weltweit an einer Hand abzuzählenden – Fachleute des Abnorm-Hieratischen davon aus, dass in dieser Kursive lediglich Urkunden geschrieben worden wären, aber keinerlei Literatur oder religiöses Textgut. Letzteres ist auch bis heute nicht abnorm-hieratisch dokumentiert, aber bei der Literatur sieht es inzwischen erfreulich anders aus. Es sind bislang zwei Texte bekannt geworden, und einer davon liegt auch schon ediert vor. Der eine davon ist stilistisch narrativ und der andere wohl eher belehrend gehalten. Die Erzählung auf dem Recto des Oxforder Papyrus Queen's College ist von BAINES[10] bekannt gemacht worden und wird von Verf. in Kooperation mit VITTMANN ediert werden, welcher die administrativen Texte auf dem Verso behandeln wird. VITTMANN ist es darüber hinaus aber schon 2006 gelungen, einen weiteren literarischen Text bzw. Anfang eines solchen in dieser Kursive bekannt zu machen.

Bei diesem kleinen Text handelt es sich um eine beidseitig beschriftete und ca. 14 cm breite x ca.7-8 cm in der Höhe messende Holztafel aus dem sog. Grab VII im thebanischen Asasif.[11] Gefunden wurde sie im Rahmen österreichischer Grabungen unter BIETAK. Diese Tafel ist bigraph, d.h. sie wurde auf zweifache Weise beschriftet: Die eine Seite trägt den Anfang eines klassischen Literaturwerkes in gewöhnlicher „Buchschrift", genauer gesagt trägt diese Seite den Beginn der *Lehre des Chety*, auch Berufesatire oder *Satire des Métiers* genannt. Die andere Seite dagegen zeigt Abnorm-Hieratisch mit einem

---

[9] Genau wie die Mut el-Charab-Ostraka haben auch die Kursivhieratika aus Qasr Ibrim einen dokumentierten archäologischen Kontext und können deshalb in diese Regierungszeit datiert werden, wofür darüber hinaus ihre Paläographie spricht.
[10] In: *The Queen's College Record*, Vol. VII Number 4 (December 1998), 32-36.
[11] G. VITTMANN, „Eine spätzeitliche Schülertafel aus dem Asasif", in: *Ägypten & Levante* 16 (2006), 187-193. Die offizielle Inv.-Nr. lautet Kairo JE 94478.

gleichfalls literarischen Text, allerdings erheblich jüngeren Datums hinsichtlich seiner sprachlichen Gestalt. Ob die beiden Aufschriften von der gleichen Hand stammen, lässt sich nicht entscheiden, ganz auszuschließen ist das aber nicht.

Hier zunächst der Beginn der Chety-Lehre auf der Seite „a":

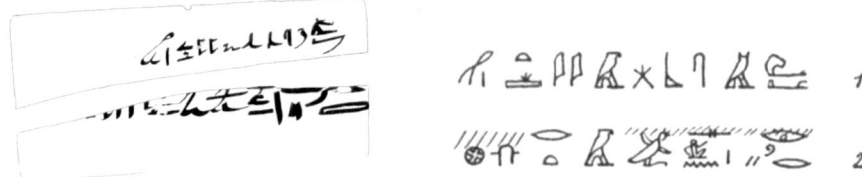

Abb. 1: Beginn der Chety-Lehre in klassischem Hieratisch[12]

In unserem Zusammenhang mehr von Interesse ist die andere Seite der Tafel mit der bislang unbekannten Komposition in Kursivhieratisch:

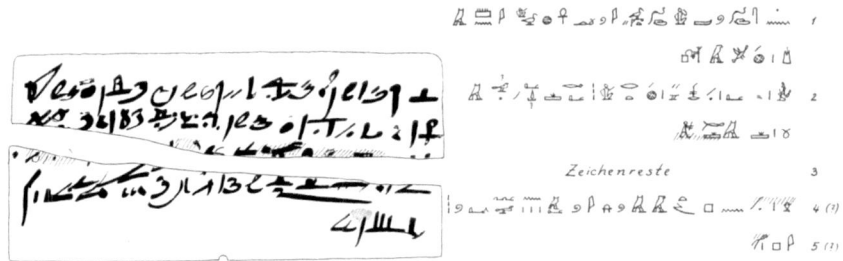

Abb. 2: Faksimile und Transkription der Asasif-Holztafel (VITTMANN)

In VITTMANNs Übersetzung lautet dieser Text etwa so:

1    „Die Worte/Aussprüche des *Ḏd-Ḏḥwty-iw=f-ꜥnḫ*, des Sohnes des
     *'Imn-m-in.t*, des Schreibers
2    des Heeres der Südregion. (Ein) sehr ungerechter(?) Großer/Reicher –
     ergreifen
3    ⌈… … … …⌉ [… …] ⌈…⌉
4    Oberseite(?) der(?) Matte, indem sie keine
5    Zahl[13] haben."

Abgesehen von der Paläographie ist auch die Orthographie typisch für kursivhieratische Texte. So wird z.B. der Pluralartikel *nꜣ*- ⬗ geschrieben, und diese Form wird allgemein durch einen Punkt über einem 〰〰

---

[12] G. VITTMANN, *loc. cit.*
[13] Ob vielleicht eher *ipw* im Sinne von „Zahlung; Inventar; Register" (?).

transkribiert. Und das Zeichen für die Filiationsangabe ✒ = 🦆 *z3-* (Z. 1) wird von DONKER VAN HEEL „multifunctional sign" genannt, weil es in genau dieser Gestalt in diversen und völlig verschiedenen Wörtern Verwendung findet, und das bei erheblich divergierenden Lesungen;[14] wir kommen darauf noch zurück. In der gleichen Zeile erscheint es z.B. als noch weitergehende Verkürzung in dem Elephantenzahn ⌒ von *s:ḏd* – „Worte/Aussprüche". Noch ein weiterer Beleg hierfür ist die Verwendung für den sitzenden Mann in 𓀀 in *rmt* (Z. 2). *Last but not least* begegnet dieses Zeichen ↄ noch für das Aleph in Z. 1 (in *p3-*) und in Z. 4 (in *tm3*). Man vergleiche diese Graphie mit dem Aleph in Z. 2 von Seite „a".

Es gilt also bei der Entzifferung stets den unmittelbaren Kotext einer solch ubiquitären Graphie zu beachten und dies ist auch einer der Gründe, warum beim Lehren und Erlernen des Kursivhieratischen im Anfangsstadium darauf gezielt hingewiesen werden muss. Bei DONKER VAN HEELS *Crash Course* ist dieses Zeichen denn auch sogleich das erste zu erlernende.

Hinsichtlich der paläographischen Datierung dieser bigraphen Holztafel ist auch grundsätzlich mit der Möglichkeit zu rechnen, dass zwischen den beiden Beschriftungen ein gewisser Zeitraum vergangen ist. Die Frage stellt sich dann, wieviel Zeit und welcher Text zuerst niedergeschrieben wurde. Rein methodisch müssen wir darauf achten, nicht automatisch beide Texte auf einen und denselben Tag etwa zu datieren. VITTMANN nennt das Objekt eine „Schülertafel" und unterstellt ihr damit einen didaktischen Zweck. Diese Annahme zielt dann auf das Lehren klassischer Literatur einerseits, und das betrifft die Seite „a" mit dem Beginn der Chety-Lehre, und das Lehren von Aussprüchen eines weisen Mannes andererseits auf der Seite „b". Übrigens kann VITTMANN den auf dieser Seite „b" namentlich genannten „Honoratioren" (*rmt-ˁ3*) über seine Titulatur als historische Person nachweisen. Nach ihm handelt es sich um *Ḏd-Ḏḥwty-iw=f-ˁnḫ* I, den Schwiegersohn eines Königs namens Scheschonq (I. ?) aus der 22. Dyn. Damit wäre dieser kursiv-hieratische Textanfang, verglichen mit dem der Chety-Lehre, jung zum

---

[14] Koenraad Donker van Heel ist es zu verdanken, dass wir uns im akademischen Unterricht inzwischen auf eine didaktisch aufbereitete Einführung in das Abnormhieratische im Unterricht stützen können, s. sein *A Very Easy Crash Course in Abnormal Hieratic* (2013); auch online unter: http://www.aegyptologie.uni-muenchen.de/download/ ah_crash _course.pdf (Zugriff 11.02.2017).

Zeitpunkt seiner Niederschrift und irgendwann in der fortgeschrittenen 3. Zwzt. oder Kuschitenzeit anzusetzen.

Der bedeutendste literarische Neuzugang in Kursivhieratisch ist aber zweifellos der 1997 im Zuge einer Buchrestaurierung im Queen's College zu Oxford zufällig wiederentdeckte gleichnamige Papyrus.[15]

Von der literarischen Erzählung sind noch mindestens drei Kolumnen mit einer bislang einmaligen literarischen Erzählung (rt.) und mindestens fünf weitere Kolumnen mit dokumentarischen Texten (vs.) erhalten. Beide Textsorten haben ihre Eigentümlichkeiten und ihre ganz spezifischen Probleme in Lesung und Verständnis.[16] Kurz zum Inhalt der Erzählung. Diese hat einen dezidiert juristischen bzw. gerichtlichen Hintergrund. Zwei Kontrahenten, beide ihres Zeichens Priester am Atum-Re-Harachte-Tempel von Heliopolis, liegen im Streit miteinander, wahrscheinlich weil die eine Partei namens Amenemope, Sohn des Tjanefer, seinem Kollegen Ihy, Sohn des Item, seinen Posten streitig machen oder seine Pfründe schmälern will. Details sind hier nicht zuletzt aufgrund heftiger Zerstörungen und fehlender Passagen schwierig. Die Handlung spielt sich im Gau von Heliopolis-Athribis ab, wobei der dem Ihy am Schluss zu seinem Recht verhelfende Irypat Hemnanefi in Athribis residiert. Dies spricht für eine Hintergrundfolie in der 25. Dyn., wozu auch die Namen und ganz besonders die Paläographie des Textes passen. Sollte diese enge zeitliche Nähe zwischen Komposition und Niederschrift tatsächlich zutreffen, wäre das eine extrem frühzeitige Verschriftung eines literarischen Stoffes, die nur unwesentlich von ihrem Kompositionszeitpunkt entfernt läge. Die *causa* endet mit einer hochpoetischen Dankeshymne an den Irypat, gefolgt von dem Wunsche Ihys, dass der Gerichtsbeschluss für immer und ewig

---

[15] Der Papyrus gelangte auf indirektem Wege aus dem Vermächtnis von SARAH BELZONI (1783-1870), der Witwe GIOVANNI BATTISTA BELZONIs (1778-1823) in den Besitz des College um das Jahr 1830 herum. Seitdem blieb er verschollen, bis eben zum Jahr 1997; s.o. BAINES' Bericht.

[16] Ed. unter dem Titel *Papyrus Queen's College Oxford: a juridical tale and accounts of the 25th dynasty in abnormal hieratic* in Vorb. durch Verf. (*juridical tale*) und VITTMANN (*accounts*). Zur Erzählung unter einem *iry-pꜥ.t* namens Hemnanefi (≈ Bakennanefu) s. den Vorbericht bei Verf., „Papyrus Queen's College Recto: A Narrative in Abnormal Hieratic", in: R. ENMARCH – V. LEPPER (Hgg.), *Ancient Egyptian Literature. Theory and Practice* (2013), 143-151. Der im Text mehrfach genannte *pꜣ-ḥry Pꜣ-di-ꜣs.t* – „Chef Petese" ist möglicherweise traditionsgeschichtlich mit einem aus demotischen Erzählungen über diese Figur gut bekannten Namensvetter identisch, doch das müssen weitere Forschungen und Editionen noch erweisen; einstweilen s. J.F. QUACK, *Einführung in die altägyptische Literaturgeschichte III* (2. verb. Aufl., 2009), 87, mit Verweisen.

Gültigkeit genießen möge. In der letzten Zeile auf Kol. x+4 folgen ein Datum und eine Zeugenschreiber-formel (s.o. Kap. 18, ad BM EA 10800). Dieses Datum „Jahr 21" ist entweder Piye (= 726) oder Taharqa (= 669) zuzuweisen; Details dazu in der Publikation.

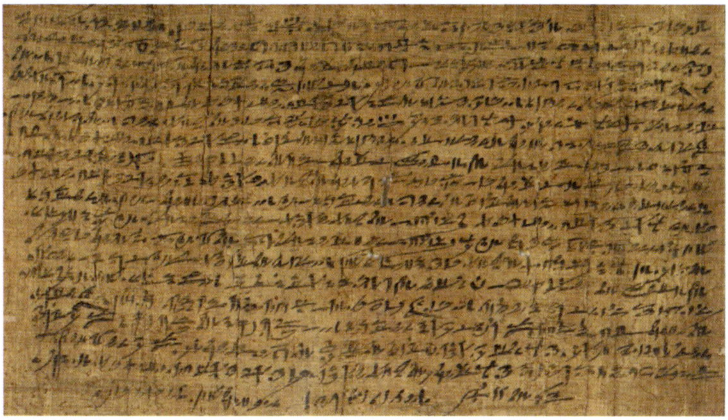

Abb. 3: Pap. Queen's College rt. x+4[17]

Hier ein Gesamteindruck von der am besten erhaltenen Kol. x+4 mit der Datierung in der Mitte der letzten Zeile: „Jahr 21. 4. *šmw* (Mesore), <Tag> 1", gefolgt von der Signatur *p₃-mty-zḫ Wd₃-Ḥr z₃ Ḥr-ḥb(?)* – „Der Zeugenschreiber Udjahor, Sohn des Horcheb(?)". Dieser Schreiber scheint anderweitig bislang nicht bezeugt zu sein.

Die Hand ist wohlgemerkt kein „literarischer" Duktus innerhalb dieser speziellen Kursive, er entspricht vielmehr voll und ganz demjenigen von Urkunden besonders aus der Zeit Taharqas, ist möglicherweise aber schon früher unter Piye anzusetzen. Eine Episode innerhalb der Erzählung wird aus der *h₃w nswt Wsr-m₃ꜥ.t-Rꜥ* – „Regierungszeit König Usermaatres" berichtet, der seinem Gott Re-Harachte-Atum, Herrn von Heliopolis, diverse Renovierungen und Kultinstallationen in seinem Tempelbezirk ausgerichtet habe. Unter den Epitheta dieses Königs, am ehesten Ramses' II., firmiert auch *p₃-nṯr-ꜥ₃* – „Der-Große-Gott" (x+3.16 und 18), zunächst in der Erwähnung von Z. 16 und sodann in der wörtlich zitierten Rede dieses Herrschers in Z. 18. Paläographisch auffällig ist bei diesem Epitheton die Mischung aus Abnorm- plus Normalhieratisch. Dabei ist nämlich *p₃-nṯr* in der modernen Kursive geschrieben, der restliche Bestand ꜥ₃ dagegen in der älteren Kursive:

---

[17] Courtesy Queen's College Oxford.

x+3.16                    x+3.18

In x+3.20 und damit in der Eröffnung der Rede des Gottes an den König wird es hingegen komplett abnormhieratisch geschrieben:

x+3.20

Die abnormhieratischen Charakteristika just dieses Adjektivs ꜥꜣ hat VLEEMING minutiös analysiert und dabei auf die Unterschiede zum älteren Hieratisch hingewiesen.[18]

Diese graphische Differenzierung mag nun auf den ersten Blick belanglos scheinen, wenn wir aber die unmittelbaren Kotexte berücksichtigen, dann stoßen wir wieder auf das schon aus den Felderregistern der 21. Dyn. bekannte Phänomen variierender Sakralität von Textpassagen innerhalb ein und derselben Handschrift. Der gesamte Passus über Usermaatre inkl. seiner wörtlich zitierten Rede an den Gott wird *in illo tempore*, also in der Vergangenheit, angesiedelt. Er hat aber dennoch geradezu „historischen" Stellenwert, auch wenn er vielleicht fiktiv ist und damit eher zum literarischen Charakter des gesamten Textes beiträgt. Der Schreiber hat zumindest an diesen beiden Stellen paläographisch darauf Rücksicht genommen und damit auch gezeigt, dass er die ältere Kursive durchaus beherrscht. Zudem werden die einzelnen Bestandteile des Königsnamens selbst in keiner Weise phonetisch komplementiert, im Gegenteil, sie bestehen aus den

drei Logogrammen *wsr* , *m3ꜥ.t* und *Rꜥ* , noch dazu mit pleonastischer Sonnenscheibe zu Beginn der Kartusche. Streng genommen entspricht die Notierung dieses Namens damit eher einer hieroglyphischen, denn einer kursiven, Graphie.

---

[18] „Transcribing Cursive Late-Hieratic", in: S. SCHOSKE (Hg.), *Akten des Vierten Internationalen Kongresses München 1985* (1989), 211-218; dort: 215 Anm. 28 Verweis auf das *OAD* T.3 u.a., in denen die abnormhieratische mit der weniger kursiven Form dieses Wortes wechselt. Deren Schreiber waren auch offenbar in beiden Schrifttypen erfahren.

Vollends kursivhieratisch unter extremster Abkürzung der einzelnen Zeichen(gruppen) verfährt unser Schreiber Udjahor dann ganz gegen Ende bei der Nennung seines eigenen Titels und Namens in x+4.19.

### III.    Akten und Urkunden in Abnormhieratisch

Das chronologische wie inhaltliche Spektrum der in dieser Kursive bekannten Texte hat unlängst VITTMANN in seinem grundlegenden Beitrag zum „… Stand der Erforschung des Kursivhieratischen (und neue Texte)" präsentiert.[19] Dabei hat er auch sog. Protokursivhieratische Texte aus der 21.-23. Dyn. aufgelistet, von denen wir einige Vertreter im vorangehenden Kapitel knapp skizziert haben. Die zeitlichen Grenzen sind bezüglich des Beginns dieser Kursive nur schwer zu ziehen, über ihr Ende wissen wir dagegen umso mehr; s.u.

An dieser Stelle soll lediglich eine besonders instruktive Schriftprobe in VITTMANNs Faksimile und Transkription vorgestellt werden, um einen Eindruck von dieser Schriftart und auch einiger damit verbundener Lesungsprobleme zu vermitteln.

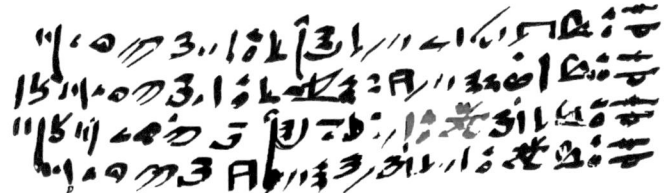

Abb. 4: Pap. Wien 12011bII, IV.13-16[20]

Bei diesem Ausschnitt handelt es sich um eine Liste von Männern samt Filiation über die Mutter(!) plus Mengenangaben von Gold in *deben* und *kite*. Aber diese Einträge folgen auf den allen Männern gemeinsamen „Klassifikator"(?) *sḥm.t* – „Frau", determiniert mit dem vornehmen Hockenden 𓀾. Die von VITTMANN dazu schon angegebene Literatur lässt mehrere Möglichkeiten der Interpretation dieses Vermerkes zu: entweder wir haben es mit Kastraten, Transvestiten oder mit Männern zu schaffen, die aus irgendeinem Grund diskriminierend(?) als „Weiber" klassifiziert wurden. Allerdings dürften sie einer gehobenen Schicht angehört haben, s. wieder 𓀾, für die Details bleibt vorläufig VITTMANNs Edition abzuwarten.

---

[19] In: U. VERHOEVEN (Hg.), *Ägyptologische „Binsen"-Weisheiten I-II* (2015), 383-431; dort: 411-431. Zu den einzelnen Urkundentypen findet sich dort alles Nötige.
[20] G. VITTMANN, *loc. cit.*, 396 Abb. 2, dort auch die Transkription von Z. 14.

In seiner Transkription stellt sich Z. 14 dann so dar:

*sḥm.t ꜥnḫ-tꜣy=f-ḥry(.t) zꜣ Tꜣ-šr.t-n-ꜣs.t ir nbw dbn 3 ḳd.t 1*
„Frau: Anchtayefheryt, Sohn der Tascheretenaset, macht Gold: 3 *deben*, 1 *qite*:"

Diese Urkunde datiert nach VITTMANN noch vor die 25. Dyn. und die in ihr aufgelisteten Namen weisen in die Region um Herakleopolis, am Ausgang des Fayum. Damit allein wären zwei gewichtige neue Aspekte zur Geschichte des Kursivhieratischen gegeben, nämlich seine frühere Ausprägung und Verwendung als in der Kuschitenzeit einerseits und seine erheblich weiterreichende Ausdehnung gen Norden anderseits.

Und schließlich aus der gleichen Handschrift noch ein typisch kursivhieratisch geschriebenes Datum:

Abb. 5: Pap. Wien 12011c, IV.9[21]

Man beachte auch die oberhalb des Zahlwortes „30" und selbst unterhalb der Tageszahl „23" stehenden Punkte, die wie im Buchhieratischen ab der späten 3. Zwzt. rapide zunehmen und nicht selten dann sogar zu Datierungszwecken herangezogen werden können. Bei sehr häufigen Wörtern findet sich erneut die bereits aus extrem kursiven Akten der Ramessidenzeit bekannte Art, das erste und das letzte Zeichen noch deutlich zu schreiben, den mittleren Teil dagegen auf reine Schrägstriche zu reduzieren, so geschehen in diesem Datum bei *ꜣḫ.t*.

Nun aber zu einer längst bekannten und zudem hervorragend edierten Urkunde, die auch nicht einer eminent ästhetischen Dimension entbehrt. Sie ist – nach bestem Wissen – die bis dato einzige Quelle für gleich drei Elemente in Layout und Beschriftung eines Papyrus. Gemeint ist der zurecht berühmte – und historisch bedeutsame – sog. Orakelpapyrus aus dem 14. Jahr Psammetichs' I. Das heute noch in einer Länge von 1,09 m bei 29,8 cm Höhe erhaltene Dokument trägt nicht nur hieratische Beschriftung in sog. abnormer Gestalt, sondern auch in traditioneller Art, der Papyrus ist darüber hinaus auf äußerst elaborierte und farbenprächtige Weise illustriert. Zugleich ist diese Handschrift

---

[21] G. VITTMANN, *loc. cit.*, 397.

der Kronzeuge *par excellence* gegen eine rein paläographische Datierung kursiver Texte allgemein. Warum werden wir sogleich erfahren.

Ihre Edition verdanken wir Richard A. Parker (1905-1993),[22] der sich in der Ägyptologie besonders als Astronomie- und Mathematikhistoriker, Grammatiker und zudem auf dem Gebiet des Demotischen einen Namen gemacht hat.

Abb. 6: Pap. Brooklyn 47.218.3 mit dem Schrein Amun-Res von Karnak
und diversen Priestern in Prozession – © Courtesy of the Brooklyn Museum, New York[23]

In dieser gigantischen Urkunde geht es um die göttliche Sanktionierung der Versetzung eines Priesters aus dem Amun-Kult in den des Gottes Monthu innerhalb des Karnak-Bezirks. Die Prozession, während der dieser Gottesentscheid herbeigeführt wurde, war es dem Kopisten der Urkunde namens Amenemhet offensichtlich wert oder der Anlass mag dies schlichtweg geboten haben, dieses Ereignis auch ikonographisch darzustellen. Dabei sind u.v.a. so illustre politische Figuren der Zeit wie der 4. Prophet des Amun von Karnak namens Monthemhet und der damalige Wesir und Stadtgouverneur Nespeqaschuty buchstäblich ins Bild gesetzt, wie sie im Festtagsgewand neben anderen Würdenträgern des Tempels dem Kultbild des Amun entgegen schreiten. Nr. 1 ist Montemhet und Nr. 7 Nespeqaschuty, und die Nr. 8 schließlich ist wahrscheinlich Pamy, derjenige, um dessen Amtsveretzung es geht.[24]

Ein solch bedeutender Akt in der Personalverwaltung zweier Tempel ist nicht ohne Zeugen und deren eigenhändige Unterschrift und damit Beglaubigung des Rechtsaktes denkbar gewesen. Und damit sind wir endlich wieder bei dem neuralgischen Punkt paläographischer Datierung hieratischer Handschriften

---

[22] M.L BIERBREIER (Hg.), *Who Was Who in Egyptology* (2012), 416f.
[23] Ed. R.A. PARKER, *A Saite Oracle Papyrus from Thebes in the Brooklyn Museum* [*Papyrus Brooklyn* 47.218.3] (1962), Pl. I.
[24] Von Monthemhet und Nespeqaschuty sind auch deren Gräber auf der thebanischen Westseite erhalten, das sind TT 34 und 312 resp.; *P&M* I.1 (1994), 56-61 resp. 387f.

bzw. individueller Hände. Ich möchte nun anhand eines einzigen, aber sehr umfänglichen und zudem ausgesprochen repräsentativen, Beispiels grundsätzlich die Gefahr paläographisch basierter Datierungen illustrieren. Im Jahre 14 Psammetichs' I, 1. *šmw*, Tag 5 hat sich dieser Akt vollzogen, sein Datum entspricht nach unserem gregorianischen Kalender dem 4. Oktober 651 v. Chr.

Es ist aber nicht allein der bedeutende religionspolitische Akt, der hier zur Abbildung und notariellen Beurkundung gelangt ist. Für uns als Historiker des Hieratischen ist dieser Papyrus von geradezu herausragender Bedeutung. Die über den Versetzungsakt ausgestellte Urkunde muss wie alle Urkunden im Alten Ägypten, spätestens ab der Ramessidenzeit, *qua* Unterschrift der anwesenden Personen bezeugt werden, und das geschieht eben auch mittels eigenhändiger Unterschrift.[25] Damit sind wir an dem Punkt, auf den es hier nun besonders ankommt. Wir stellen nämlich bei dieser imposanten Urkunde fest, dass nicht weniger als 50 Personen, allesamt Priester ihres Zeichens, das Gottesurteil eigenhändig schriftlich wiederholen und dabei auch ihre Namen und Titel nennen.[26] Alle diese Zeugenunterschriften geschehen an ein und demselben Tag und diesen können wir ja sogar exakt in unser kalendarisches System umrechnen. Wir gewinnen so einen Einblick in die individuellen Niederschriften dieser Personen, die nach welcher Rangordnung auch immer einer nach dem anderen sich auf dem Papyrus verewigt haben.

Abb. 7: Links die beiden oberen, rechts die beiden unteren Zeugen auf einer Kolumne[27]

---

[25] C. EYRE, *The Use of Documents in Pharaonic Egypt* (2013), 115-122 und *pass.*

[26] Zu der Zeugenliste aus prosopographischer Perspektive s. bes. den Beitrag „Le papyrus oraculaire de Brooklyn, trente ans après" von H. DE MEULENAERE, in: J. VAN DIJK (Hg.), *Essays on Ancient Egypt in Honour of Herman Te Velde* (1997), 243-249, und zu ihrem schriftgeschichtlichen Hintergund W. HELCK, „Zum Brooklyner Orakelpapyrus", in: H.J. THISSEN – K.-TH. ZAUZICH (Hgg.), *Grammata Demotika. Festschrift für Erich Lüddeckens zum 15. Juni 1983* (1984), 71-74.

[27] R.A. PARKER, *op. cit.*, Pl. 14

Ein besonders instruktives Beispiel für die paläographische Vielfalt ist die Taf. 14 in PARKERs Edition. Diese vier Zeugen schreiben von oben nach unten gelesen 1. abnormhieratisch, 2. und 3. traditionelle Kursive und 4. gar die traditionelle Unziale. Wir können unterm Strich allein auf dieser Kolumne also drei Spielarten des Hieratischen studieren. Abgesehen davon scheinen sie verschiedene, private(?), Binsen benutzt zu haben. Nr. 2 ist insgesamt von feineren Schriftzügen als Nr. 3. Auch hat Nr. 3 wesentlich öfter eingetaucht und kräftiger aufgedrückt als Nr. 2, Nr. 4 gar kommt in steifer Kanzlei- oder ausgeprägter Totenbuchkursive daher.

Das Entscheidende nun für die Relevanz oder Gewichtung hieratischer Paläographie ist der Umstand, dass diese Handschriften oder Hände kaum unterschiedlicher sein könnten. Wären auch nur zwei oder drei davon auf separaten Schriftträgern überliefert, würde der ägyptologische Paläograph sie vermutlich chronologisch auseinander dividieren und verschiedenen Zeitspannen zuweisen. Es wird aber noch erheblich komplizierter durch folgenden Umstand. Wir begegnen nämlich nicht nur Zeugenkopien und Unterschriften in gewöhnlichem oder altertümlichem Kanzlei-Hieratisch, also kursiver Schönschrift. Die paläographische Delikatesse dieser Urkunde liegt in der Tatsache, dass wir auch zahlreiche Unterschriften in „modernem" Kursiv-Hieratisch antreffen. Das bedeutet, dass man bei der individuellen Beschriftung solcher Dokumente diejenige Kursive zu Papyrus bringt, die man gelernt hat oder zur Beurkundung für die angemessene hält. Dabei gibt es konservative oder traditionell schreibende Priester und solche, die bereits die jüngere Kursive erlernt haben und nun praktizieren bzw. präferieren. Inwieweit hierbei eine persönliche Vorliebe oder eigenhändige Sakralisierung *qua* Schriftart mit ins Spiel kommt, stehe dahin, da wir die Herren nicht mehr befragen können.

Im Einzelnen verteilen sich die Hieratisch-Typen auf folgende Amtsträger:

    1. 17 schreiben Normalhieratisch;

    2. 27 Abnormhieratisch; und

    3. 6 schreiben eine Mischung aus beiden Typen.

Dabei lassen die einzelnen Vertreter der beteiligten Priesterchargen folgende Präferenzen erkennen:

    1. 13 der 22 sicheren oder sehr wahrscheinlichen *ḥm.w-nṯr* – Propheten machen Gebrauch von der traditionellen Kursive;

    2. nur 4 von den 24 sicheren oder wahrscheinlichen *jtj-nṯr* – Gottesvätern praktizieren diese „Antiqua"-Kursive;

3. von den acht anwesenden Monthu-Propheten schreiben nur zwei in traditioneller Type, der Rest in Kursivhieratisch. Einer davon ist der Schreiber des Gottesentscheides und damit der Urkundenschreiber Amenemhet;

4. Nur zwei von 12 Amun-Propheten schreiben noch in der traditionellen Weise. Dieses Amt und das damit verbundene Prestige und *ranking* in der gesamten Priesterschaft könnte mit Parker eine besonders „conservative attitude to writing" bei diesen zweien wie bei den beiden Monthpropheten mit sich gebracht haben.[28]

Am gleichen Ort, aber 89 Jahre später, schreiben Vater und Sohn unmittelbar aufeinanderfolgend in einer Zeugenliste das theophore Element *ʾImn* in ihren eigenen Namen auf zwei verschiedene Weisen. Der Sohn Petehorresne tut es im Namen seines Vaters Peteamunip auf frühdemotische Weise, wohingegen sein Vater es in Abnormhieratisch praktiziert tat. So geschehen auf dem Louvre Papyrus E 7847 aus dem Jahre 552, einer Schrift über die Akzeptanz von Zahlungsrückständen:

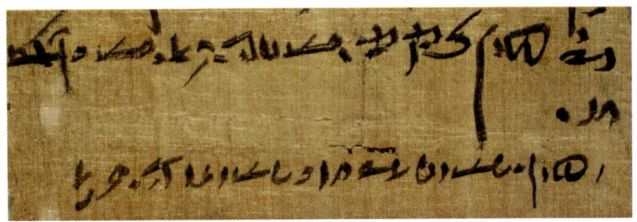

Abb. 8: Louvre Papyrus E 7847.9-11

In DONKER VAN HEELS Transkription:

Abb. 9: Zwei verschiedene Graphien des theophoren Elements *ʾImn*
im Namen bei Vater & Sohn [29]

---

[28] Zur hier referierten prozentualen Verteilung der Schriftpräferenzen sowie dem Zitat s. R.A. PARKER, *op. cit.*, 14. U. Verhoeven, *Untersuchungen zur späthieratischen Buchschrift* (2001), 29-60, hat sich intensiv den normalhieratischen Idiosynkrasien der entsprechend Schreibenden gewidmet, auf welches Kapitel hier nachdrücklich hingewiesen sei.

[29] K. DONKER VAN HEEL, *Abnormal Hieratic and Early Demotic Texts collected by the Theban Coachytes in the Reign of Amasis. Papyri from the Louvre Eisenlohr Lot* (unpubl. Diss. Leiden 1995), 122 und Pl. VIII/A; s.a. id.; *Djekhy & Son. Doing Business in Ancient Egypt* (2012), 31f.

Die frühdemotische Variante des Namens Amun sieht vor dem – in dieser Schriftart obligaten Falken-auf-Standarte in Personennamen (G7; s.u.) – so aus: ▨ , und in der abnormhieratischen Form wie folgt: ▨ .[30]

In Anbetracht der seit GRIFFITHS und MALININES Zeiten erheblich erweiterten Quellenbasis und der nach hinten verlängerten Laufzeit um das – vorläufig sogenannte – Proto-Abnormhieratische wäre es verwunderlich, wenn sich keine paläographischen Veränderungen oder Tendenzen bis in die späte 26. Dyn. nachweisen ließen. Seit 2013 haben wir nun eine erste Paläographie von GOLVERDINGEN aus der Schule von DONKER VAN HEEL in Leiden/NL.[31] Allerdings beginnt diese tabellarische Zusammenstellung erst bei Piye/Pianchi in der späten 25. Dynastie.[32]

---

[30] Das Gottesdeterminativ nach *Pȝ-di-imn-Ip* in der letzten Zeile steht tatsächlich nicht da, weil es auch nicht dastehen darf (s.u.)! In diesem kleinen Punkt ist DONKER VAN HEELS Transkription zu korrigieren, und wir werden gleich sehen, dass die Präsenz resp. Absenz dieses Zeichens in frühdemotischen resp. kursivhieratischen Urkunden einer festen Regel unterliegt; warum das so ist, stehe dahin.

[31] https://www.academia.edu/7806071/An_Abnormal_Hieratic_Reading_Book_fasc., insgesamt bislang drei Faszikel (Zugriff 13.02.2017).

[32] JASNOW (Johns Hopkins University Baltimore) hatte bereits in den 90er Jahren des vergangenen Jahrhunderts mit einer solchen Erfassung begonnen. Ich danke ihm sehr herzlich für die Einsicht in das von ihm gesammelte Material.

Ich zitiere aus dem 2. Fasz. die fünf Spalten zu den Graphien von *pr-ḥḏ* – „Schatzhaus" und *Pr-ˁꜣ* – „Pharao":[33]

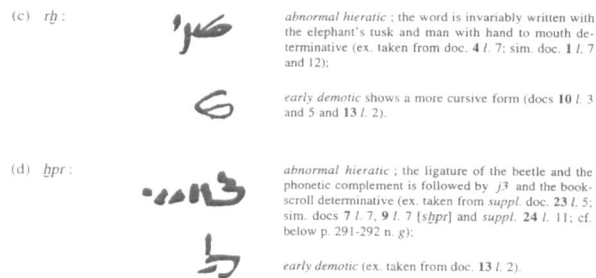

Abb. 10: Spalten zu den Graphien von *pr-ḥḏ* –„Schatzhaus" und *Pr-ˁꜣ* – „Pharao"[34]

Markante Unterschiede in der Schreibung ein und desselben Wortes o.ä. im Spätkursivhieratischen und Frühdemotischen hat DONKER VAN HEEL in seiner Dissertation von 1995 versammelt, aus denen hier gleichfalls zwei Beispiele ausgewählt seien, die Graphien von *rḫ* – „wissen; kennen usw." und *ḫpr* – „werden; sein usw.":

(c)  *rḫ* :

*abnormal hieratic* ; the word is invariably written with the elephant's tusk and man with hand to mouth determinative (ex. taken from doc. 4 *l.* 7; sim. doc. 1 *l.* 7 and 12);

*early demotic* shows a more cursive form (docs 10 *l.* 3 and 5 and 13 *l.* 2).

(d)  *ḫpr* :

*abnormal hieratic* ; the ligature of the beetle and the phonetic complement is followed by *j*ꜣ and the book-scroll determinative (ex. taken from *suppl.* doc. 23 *l.* 5; sim. docs 7 *l.* 7, 9 *l.* 7 [*sḫpr*] and *suppl.* 24 *l.* 11; cf. below p. 291-292 n. *g*);

*early demotic* (ex. taken from doc. 13 *l.* 2).

Abb. 11: Unterschiedliche Graphien von *rḫ* – „kennen u.ä." und *ḫpr* – „werden; sein u.ä."[35]

---

[33] Die Ziffern vor den Faksimiles verweisen auf die entsprechend durchnummerierten Quellen in allen drei Faszikeln.

[34] Aus: K. DONKER VAN HEEL – J. GOLVERDINGEN, *An Abnormal Hieratic Reading Book. With a Palaeography of Abbnormal Hieratic Signs and Sign Groups. Fascicle III: Papyri from Oxford, Turin, Vienna & Tablets from Egypt & Leiden, Uitgaven vanwege de Stichting Het Leids Papyrologisch Instituut* 24, Leiden 2014.

[35] K. DONKER VAN HEEL, *Abnormal Hieratic and Early Demotic Texts* (1995), 62. Davon datieren die Doc. 1 und 4 in die Jahre 568 und 559, die Nr. 10 und 13 in die Jahre 550 und 539 resp. (ad *rḫ*). Die Nrn. 7 und 9 datieren auf die Jahre 554 und 549 resp. und schließlich die Nrn. 23 und 24 in die Jahre 570 und 556 und die Nr. 13 in das Jahr 539 resp.

Es ist allgemeiner Usus in der Kursivhieratistik, die Texte hieroglyphisch zu transkribieren, was für die Demotistik allgemein so nicht gilt, allenfalls noch für die frühen Textzeugen in dieser Schriftart.[36]

Die kapitalen Unterscheidungskriterien zwischen abnormhieratischen und frühdemotischen Texten hat 1981 VLEEMING in einem Aufsatz zusammengefasst, der bis heute nichts von seiner Gültigkeit verloren hat:[37]

> 1. Es beginnt bei Äußerlichkeiten wie dem Layout der Urkunden. Kursivhieratische sind in aller Regel im Hochrechteckformat verfasst, wie spätramessidische Briefe und Orakelmemoranden, frühdemotische dagegen im Querrechteckformat. Der oben kurz skizzierte Pap. Queen's College mit seiner Erzählung schlägt aus der Reihe, denn seine Kolumnen variieren zwischen einer Breite von 31,7 – 37,9 cm und einer Höhe von 22,7 – 23,5 cm. Da es sich aber um einen literarisierten Streitfall zwischen zwei Priestern handelt, nicht aber um eine beglaubigte Urkunde über diesen Streit, wird es wohl zu dem Querformat gekommen sein.[38]
>
> 2. Theophore Personennamen in Kursivhieratisch meiden in aller Regel das Determinativ des Falken-auf-Standarte (G7), außer solche mit Horus als integralem Bestandteil, frühdemotische dagegen schreiben es regelhaft;
>
> 3. Juristische Urkunden in Kursivhieratisch verwenden eine altertümlichere Diktion;
>
> 4. Auch inhaltliche Unterschiede gibt es. Kursivhieratische Texte zeigen im Datum ohne Nennung des Königsnamens eine Tagesangabe und platzieren das gesamte Datum in eine eigene vor den eigentlichen Text platzierte Zeile. Bei den frühdemotischen Urkunden folgt der Wortlaut direkt auf das Datum ohne Tagesangabe in derselben Zeile unter steter Angabe des regierenden Herrschers.
>
> 5. Zeugen wiederholen Teile eines Kontraktes mehr oder minder ausführlich in ihrer eigenen Handschrift, diejenigen in frühdemotischen Urkunden wiederholen den gesamten Wortlaut auf der Recto-Seite mit ihrer Unterschrift entweder am unteren Recto-Ende oder auf dem Verso. Kursivhieratische Texte werden von einem

---

[36] S. die entsprechenden Transkriptionen DONKER VAN HEELS im Tafelteil seiner Dissertation; ferner grundsätzlich die Bemerkungen von LIPPERT in ihrem Beitrag „L'écriture démotique", in: L.B. RIZZO et al. (Hgg.), À l'école des scribes. Les écritures de l'Égypte ancienne (2016), 73-85; dort: 77b.

[37] „La phase initiale du démotique ancien", in: Cd'É 66 (1981), 31-48. Zu diesem Artikel führt MARTIN einige zusätzliche Beobachtungen und teilweise auch Korrekturen an VLEEMINGs Artikel ins Feld, die er in seinem Beitrag „The Saite ,Demoticisation' of Southern Egypt", zusammengefasst hat. Erschienen ist dieser in: K. LOMAS et al. (Hgg.), Literacy and the state in the ancient Mediterranean (2007), 25-38 (frdl. Hinw. DONKER VAN HEEL). – S.a. Nachtrag DONKER VAN HEEL – C. MARTIN (2021) in Lit.verz. ad Kap. 19.

[38] Auch der in traditionellem Hieratisch bei gleichzeitig frühdemotischem Sprachstatus geschriebene Pap. Vandier, einer Erzählung u.a. am Hofe eines fiktiven Königs, weist Querformat auf.

„Zeugenschreiber" beurkundet, der auch die Namen der anderen Zeugen niederschreibt.

Es gibt weitere Differenzen, die hier nicht alle aufgezählt werden können, es geht bis in die Feinheiten des Urkundenformulars und seiner Phraseologie. Dahinter dürften verschiedene „Rechtsschulen" mit ihren je eigenen Jargons bzw. Terminologien gestanden haben. Generell lässt sich eher eine Beeinflussung des Kursivhieratischen durch den frühdemotischen Jargon beobachten als umgekehrt, und dieser Trend macht sich besonders ab der Regierung von Amasis (570-526) bemerkbar.

In dessen Herrschaft fällt auch der innerhalb einer über drei Generationen zu verfolgenden thebanischen Schreiberfamilie nachweisbare Übergang vom Kursivhieratischen zum Frühdemotischen, vom Vater auf den Sohn bzw. zwei Söhne genaugenommen. DONKER VAN HEEL hat diesen Wechsel im Detail nachgezeichnet.[39] Zwischen den 40er und den 30er Jahren des 6. Jh. hat der Vater Petehorresne allem Anschein nach zwei seiner Söhne noch Abnormhieratisch schreiben lassen, während die beiden anderen Söhne auf eine „frühdemotische Schule" im thebanischen Raum geschickt worden sein könnten, so die Vermutung DONKER VAN HEELS.[40]

|  |  | Petehorresen (AH) | |  |
|  |  | P. Louvre E 7861 (568) | |  |
|  |  | P. Louvre E 7848 (559) | |  |
|  |  | P. Louvre E 7847 (552) | |  |
| Peteamunip (AH) | Djedher (AH) | Eshorpakhrat(FD) | | Dykhonsiut (FD) |
| P. BM EA 10432 (556) | P. Cairo CG 30665 (544) | P. Louvre E 7836 (536) | | P. Louvre E 7836 (witness) |
| P. Louvre E 7845 B (nach 554) | | P. Louvre E 7839 (534) | | (536) |
| P. Cairo CG 30657 (547) | | | | |

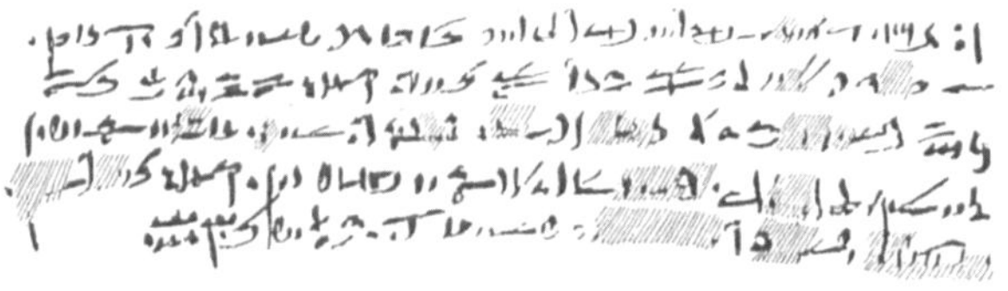

Abb. 12: Pap. Cairo CG 30657[41]

---

[39] „The lost battle of Peteamonip son of Petehorresne", in: *Acta Demotica. Acts of <the> Fifth International Conferencce for Demotists*, abgedruckt in: *Egitto e Vicino Oriente* 17 (1994), 115-124; dort: 120. – S. wieder den Lit.-Nachtrag zu diesem Kapitel.
[40] Die nachfolgende Tabelle verdanke ich ihm. Sie entspricht derjenigen in id., *Djekhy & Son. Doing Business in Ancient Egypt* (2012), 28 Table 3. AH steht für Abnormhieratisch und FD für Frühdemotisch.
[41] Als Faksimile MALININEs reproduziert und diskutiert bei DONKER VAN HEEL, in: *Acta Demotica. Acts of <the> Fifth International Conferencce for Demotists*, 118 und 116.

Eine Urkunde aus dieser Liste ist von ganz besonderem Interesse für unsere Betrachtung dieses Schriftwechsels, und das ist Pap. Cairo CG 30657, aus der Binse von Peteamunip. Bei diesem Exemplar stellt sich nämlich nach wie vor die Frage nach seiner paläographischen Klassifizierung: Ist diese Handschrift rein abnorm-hieratisch oder bereits frühdemotisch? Die Antowrt DONKER VAN HEELs fällt dezidiert unentschieden aus.

Dass hinter dem Schriftwechsel eine von höchster Stelle, dem damaligen Königshof in Sais und damit im Delta, ergangene Order zur Schriftreform in Richtung auf das dort immer schon vermutete früheste Demotisch stecken könnte, ist im internationalen Vergleich z.B. mit ähnlichen königlichen Ordern so unwahrscheinlich nicht.

Deshalb sei an dieser Stelle ein kleiner Exkurs in den – erheblich älteren – Vorderen Orient erlaubt.[42] Unter der Dynastie von Akkad (24.-23. Jh.), genauer unter König Naramsin, wurde zum Gebrauch der Keilschrift ein „uniform style across the empire" verordnet. Zu seiner Zeit waren nämlich zwei „Stile" von Keilschrift in Gebrauch, einer davon für lokale oder interne Vorgänge, der zweite hingegen „intended to be presented to the imperial inspectors, which conformed to the new criteria." Das trifft nun vielleicht nicht in jedem Detail auf das von DONKER VAN HEEL bearbeitete Archiv zu, eher schon auf die im 19. Jh. v. Chr. in Mari durchgeführte Schriftreform, die zur Abschaffung der altmodisch gewordenen „Shakkanakku"-Tafeln geführt hat „in favor of a more „modern" style consistent with the habits of the scribes from the neighboring kingdom of Eshnunna."

Warum sollten wir also nicht mit einer „von ganz oben" verordneten Schrift- und „Rechtschreib"reform weg vom Hieratischen und hin zum Demotischen im Akten- und Urkundenverkehr rechnen dürfen? Dass wir darüber keine Königsdekrete besitzen, ist kein Gegenargument.

MARTIN setzt einen dreiphasigen Übergang von der älteren zur jüngeren Urkundenschrift an, unter gleichzeitiger Berücksichtigung von deren juristischer Terminologie und Phraseologie:[43]

---

[42] Ich beziehe mich auf das auch für ägyptologische Schrifthistoriker höchst anregende wie informative Buch von D. CHARPIN, *Reading and Writing in Babylon* (2010), bes. S. 81, wo auch die Zitate zu finden sind.
[43] *Loc. cit.*, 30.

1. Hier geschieht die Platzierung von bestimmten demotischen Phrasen in kursivhieratischen Urkunden. Dazu wird eine Urkunde aus der Binse von Petehorresne von 568 angeführt, in der die Phrase aus dem Munde eines Verkäufers *di=k-mt(r)-ḥȝty=i n* – „Du hast mein Herz zufriedengestellt mit …" lautet (Pap. Louvre E 7861). Wir haben aber im vorangehenden Kapitel gesehen, dass bereits die proto-abnormhieratische Urkunde über den Verkauf von 401 Uschebti just diese Formel verwendet und damit die „Infiltration" demotischen Juristenjargons erheblich früher einsetzt; s. dort a. den Verweis auf RITNERs Bemerkungen. Der Terminus *sḥn* „beauftragen" ist dagegen bereits in Urkunden aus Deir el-Medineh anzutreffen und nicht typisch „demotisch";

2. Diese Phase ist markiert durch Kopräsenz von hieratischen und demotischen Schreibungen im gleichen Text. Der Schreiber Petebast z.B. bringt es fertig, innerhalb des kurzen Wörtchens *rn* – „Name" dessen Grapheme /r/ und /n/ in der älteren Kursive, dann aber das Determinativ 𓀁 (Pap. Louvre E 7844.7; 555 BC) in der jüngeren Form: ꝺꞁ zu schreiben. In der älteren Schriftart sieht dieses Wort noch so aus: (Pap. Louvre E 7856 rt. 6; J. 19 Taharqa = 672), in der Transkription des Hg. DONKER VAN HEEL entspricht das hieroglyphisch: •𓀁𓂝𓈖 .[44]

3. Diese Phase ist gekennzeichnet durch die komplette Ablösung und anschließende Absenz von kursivhieratischen Urkunden im täglichen Geschäftsverkehr. Puristisch gesehen datieren die letzten beiden komplett kursivhieratisch geschriebenen Texte aus den Jahren 549 resp. 544.

Und für das tatsächliche Ende des Hieratischen insgesamt als alleinige Art der Geschäftsschrift für den täglichen Bedarf kann – so jedenfalls der bisherige Befund – die folgende Zeugenunterschrift ins Feld geführt werden. Sie bildet das bislang chronologisch jüngste und letzte Beispiel kursivhieratischer Schrift überhaupt:

Abb. 13: Pap. Louvre E 7837 vs. 9[45]

---

[44] „Papyrus Louvre E 7856 Verso and Recto: Leasing Land in the reign of Taharka", in: *Rd'É* 49 (1998), 91-102 und Pl. XII-XII; dort: 99. In der Reproduktion dieses Textes bei K. JANSEN-WINKELN, *Inschriften der Spätzeit. Teil III: Die 25. Dynastie* (2009), 222, ist just diese Passage ausgelassen.

[45] *Abnormal hieratic and early demotic texts* (1995), 213 und Pl. XXVI A.

In DONKER VAN HEELs Transkription sieht das dann so aus:

Abb. 14: *Iw=f-ˁw-Imn-Ip z3 Ir.t[.w-r=t]* – „Efaouamonip son of It[ourodj]"[46]

Das ist die Zeugenunterschrift eines Mannes vom September 535. Damit ist zugleich die Endphase des Hieratischen bis hin zur Römerzeit eingeläutet, in der nunmehr die Bedeutung des griech. *hierá* in Abgrenzung von *demotiká* bei Herodot (II.36.4) zum Tragen kommt insofern, als in der älteren Kursive zu seiner Zeit noch literarische, wissenschaftliche und v.a. Totenbuchsprüche verfasst wurden, Urkunden aber bereits wie gesehen in der frühdemotischen Kursive.[47] Die „Literarisierung" des Demotischen sollte ja bis mindestens in das 4. Jh. v. Chr. noch auf sich warten lassen.[48]

---

[46] *Abnormal hieratic and early demotic texts* (1995), 213 und Pl. XXVI; s.a. id., *Djekhy & Son. Doing Business in Ancient Egypt* (2012), 26.

[47] Die Lebenszeit Herodots von Halikarnass wird auf ca. 490/80-424 v. Chr. angesetzt. Ob und wenn ja, wann genau, er in Ägypten gewesen sein und was er dort beobachtet haben soll, bleibt relativ nebulös.

[48] S. hierzu das Kapitel „Demotisch und Literatur" bei J.F. QUACK, *Einführung in die altägyptische Literaturgeschichte III. Die demotische und gräko-ägyptische Literatur* (2. Aufl. 2009), 1-6.

## 20. Lapidarhieratisch

## I. Lapidarhieratisch oder hieratisch gravierte Schenkungsstelen

Unter „Lapidarhieratisch" verstehen wir diejenige hieratische Kursive, die entweder mit Tinte auf eine steinerne (> *lapis*) Unterlage notiert oder in dieselbe mit einem Meißel oder Stein eingraviert wurde. Der Terminus ist zugegeben in der Ägyptologie oder Hieratistik noch nicht sonderlich eingebürgert, in anderen Philologien aber durchaus in ganz ähnlicher Bedeutung fest etabliert. So klassifiziert etwa der Alttestamentler und Epigraphiker ROLLSTON auf Stein geschriebene oder in diesen gravierte althebräische Inschriften als „lapidary inscriptions", die entweder monumental und sehr sorgfältig gearbeitet sind oder solche, die stärker „cursive" sind und damit eher einer Schreibschrift gleichkommen.[1]

In anstehenden Fels eingravierte bzw. geritzte Kursive oder Hieroglyphen nennen wir für gewöhnlich *Graffiti*,[2] diejenigen mittels Tinte aufgetragenen Inschriften *Dipinti*.[3] Diese Unterscheidung wird bekanntlich in der Ägyptologie leider nicht konsequent durchgeführt und der Terminus Dipinto zumeist komplett vermieden.[4] Solche Graffiti und Dipinti sind bereits im 3. Jt. bestens bezeugt und Einzelnachweise hierfür erübrigen sich.[5] Was nun ab der 21. Dyn. besonders markant hinzukommt, das sind lapidare und damit auf dauerhafte Gültigkeit gestellte Urkunden in z.T. recht kursivem Hieratisch auf Stelen mit illustriertem Giebelfeld.[6] Inhaltlich handelt es sich überwiegend um Schenkungen oder Stiftungen von Landparzellen an Götter bzw. deren Tempel oder Mitglieder von deren Personal, die von hochrangigen Beamten und Priestern bis hin zu Mitgliedern des Königshauses getätigt werden.[7] Vom Gesamtcorpus von

---

[1] Id., *Writing and Literacy in the World of Ancient Israel. Epigraphic Evidence from the Iron Age* (2010), z.B. im Index auf den Seiten 146f. Das *Handbuch der althebräischen Epigraphik*, Bd. II/1 (1995), 99f., von RENZ unterscheidet zwischen „Monumentalinschriften", „Ritzinschriften" in Ton und einer „Kursive" in Tinte. Die Übergänge sind bisweilen auch in dieser Epigraphik fließend.
[2] Eingeritzte Inschrift oder Zeichnung; modern auch übertragen auf Sprayertexte und –zeichnungen.
[3] Tinteninschriften oder –zeichnungen.
[4] A.J. PEDEN, *The Graffiti of Pharaonic Egypt* (2001). S. bereits o. Kap. 12.
[5] S. z.B. A.J. PEDEN, *op. cit.*, pass.
[6] Zu besonders ab der 3. Zwzt. auftretenden Monumentalinschriften in Hieratisch s.a. die Bemerkungen bei A. V. LIEVEN, *Grundriss des Laufs der Sterne. Das sogenannte Nutbuch* (2007), 205ff.
[7] MEEKS hat den ihm bis 1979 bekannten Bestand zusammengetragen und ausgewertet, s. seine Arbeit „Les donations au temple dans l'Égypte du I^er millénaire avant J.-C.", in: E.

131 Schenkungsstelen zwischen der 17. Dyn. und der Zeit Marc Aurels (161-180) stammen allein 103 Exemplare aus den Dynastien 22-26. Von diesen sind 24 hieratisch beschriftet, und 17 Urkunden davon wurden allein in der 22. Dyn. ausgestellt. Das eigentliche Anliegen der Stiftung wird für den Fall der Verletzung der Vereinbarung nicht selten auch durch eine Fluchformel drastischen Inhalts beschlossen.

Solche steinernen Urkunden sind zu Beginn der 3. Zwzt. typisch für Unterägypten, werden im Verlaufe der 23. Dyn. dann aber auch häufiger im thebanischen Raum.

Als Illustration einer solchen Stele aus der fortgeschrittenen 22. Dyn. diene ein Exemplar aus Brooklyn, datiert in Jahr 22 unter Scheschonq III. (ca. 804 BC) und ausgestellt von dem Großfürsten und Anführer der (libyschen) Ma(schwesch) namens Hornacht und zugunsten eines *wḏny*-Doppelflöten-spielers (s. Figur am rechten Giebelrand).[8] Gefunden wurde die Stele in Mendes (16. uäg. Gau):[9]

---

LIPIŃSKI (Hg.), *State and Temple Economy in the Ancient Near East.* II (1979), 605-668. Tami Schmidt-Gottschalk (Univ. Leipzig) arbeitet derzeit an einer Gesamtaufnahme und –auswertung solcher Schenkungsstelen.

[8] Ein weiterer (Tempel)flötist (*sbꜣy* – „Querflöte") agiert eventuell als Verwalter oder Manager einer Stiftung auf der von ÉTIENNE wiederentdeckten Stele 26.1.19 aus Jahr 19 Psammetichs' I.; Ed. id., „La stèle 26.1.19 retrouvée", in: *Rd'É* 44 (1993), 19-31. Auf jenem Stück ist interessant zu beobachten, wie der Graveur vergessenen Wortlaut – noch dazu den eigentlichen Inhalt der Stiftung(!) – in Miniaturhieratisch oberhalb der Zeile 5 nachgetragen hat.

[9] „*Donation Stela*, year 22 of Sheshonq III, ca. 804 B.C.E. Limestone, 20 1/2 x 12 3/4 x 2 1/2 in., 41 lb. (52.1 x 32.4 x 6.4 cm, 18.6 kg). Brooklyn Museum, Charles Edwin Wilbour Fund, 67.118. Creative Commons-BY (Photo: Brooklyn Museum, 67.118_PS1.jpg)"; ed. K.A. KITCHEN, „Two Donation Stelae in the Brooklyn Museum", in: *JARCE* 8 (1969/70), 59-67 und Fig. 1-4; dort: 59-63 und Fig. 1-3; K. JANSEN-WINKELN, *Inschriften der Spätzeit. Teil II: Die 22.-24. Dynastie* (2007), 199.

 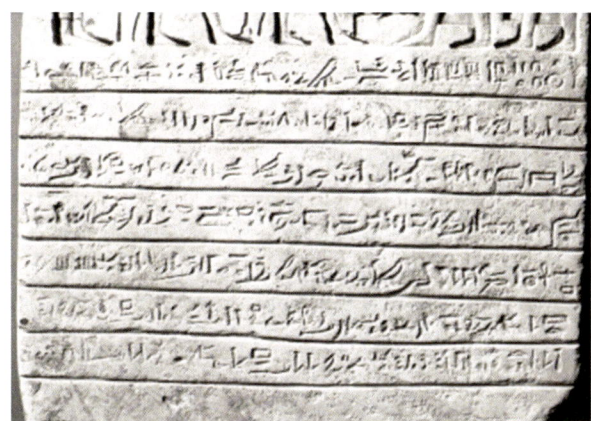

Abb. 1: Hieratische Brooklyn-Stele aus der 22. Dyn. (67.118)[10]

Im Unterschied zum hieroglyphisch beschrifteten Giebelfeld ist der gesamte Schenkungsvertrag in hieratischer Kursive graviert, d.h. sogar der *pr-ꜥꜣ*-Titel und der folgende Königsname *Ššnḳ*, beide Bestandteile ohne Kartusche:

Abb. 2: Transkription JANSEN-WINKELN, *op. cit.*

In späteren kursivhieratischen wie frühdemotischen Urkunden wird es nämlich üblich, „Pharao" + „Königsname" jeweils mit einer eigenen Kartusche zu rahmen. Allerdings ist die fehlende Kartusche in solchen Urkunden nicht die Regel, und schon das zweite in Brooklyn aufbewahrte Exemplar dieser Gattung dokumentiert das Gegenteil; s.u. Ferner heißt es zu Beginn des Textes mit seiner Datierung nicht etwa wie in „klassischem" Protokoll „Jahr x, Monat y, Tag z unter der Majestät des Königs von Ober- und Unterägypten NN", sondern hier beschränkt sich das Protokoll auf das absolut Notwendige. Die Götterkonstellation und der als Mediator fungierende Prinz Hornacht nebst der in eine Ritualhandlung eingebetteten *Felderstiftung* bedingen den sakralen Schrifttyp Hieroglyphen. Dabei können die Götterfiguren selbst auf einigen dieser Stelen durchaus recht krude gestaltet sein.

Zum Typus des Hieratischen selbst sei angemerkt, dass wir hier nicht die extreme Kursive von Felderregistern wie dem Großen Pap. Wilbour oder gar dem zeitlich näherstehenden Pap. Reinhardt aus der 21. Dyn. antreffen, sondern

---

[10] Abb. aus: https://www.brooklynmuseum.org/opencollection/objects/3762 (15.02.2017).

vielmehr eine geradezu unziale Variante wie in den zeitgenössischen Totenbüchern, jedenfalls soweit dies dem Schreiber-Graveur technisch und manuell
mittels eines Stichels oder Meißels überhaupt möglich war. Und bei genauem
Hinschauen entdeckt man sogar vollikonische Hieroglyphen, so z.B. zu Beginn

der vorletzten Zeile im Wort  „Sohn", das beinahe komplett nicht-
kursiv graviert wurde. Es liegt also eine Art Hybridschrift, ein „Hierato-Hiero-
glyphisch" vor, aber eben doch keine Kursivhieroglyphik!

Abb. 3: Hieratische Brooklyn-Stele 67.119[11]

Diese aus dem Jahr 15 (ca. 763/758) des Königs Aacheperre-setepenre Scheschonq (V) datierende Stele gewährt dem – libyschstämmigen – König wenn
auch keine kompletten Kartuschen, so doch immerhin eine für den Thronnamen. Jedoch beschränkt diese sich auf ihre Rahmung an Anfang und Ende, was
dem gewöhnlichen Usus in hieratischen Wiedergaben von Thron- und Geburtsnamen entspricht. Allerdings hatte der Schreiber-Graveur dabei keine Skrupel,
diese über Z. 1-2 hinweg zu verteilen, was „unschön" aussieht und auf einer

---

[11] „*Donation Stela with Image of the God Heka ("Magic"), the Goddess Sakhmet and a
Curse*, ca. 945-715 B.C.E. Limestone, 15 1/2 x 7 5/16 x 4 15/16 in. (39.3 x 18.5 x 12.5 cm).
Brooklyn Museum, Charles Edwin Wilbour Fund, 67.119. Creative Commons-BY (Photo:
Brooklyn Museum, 67.119_view1_PS1.jpg)"; ed. K.A. KITCHEN, *loc. cit.*, 64-66 und Fig. B
bzw. B; K. JANSEN-WINKELN, *Inschriften der Spätzeit. Teil II: Die 22.-24. Dynastie* (2007),
274.

klassischen hieroglyphischen Stele eines ägyptischen Königs so nicht zu erwarten wäre. Das wäre statistisch zu prüfen. Der Geburtsname Scheschonq dagegen verbleibt gänzlich ohne Kartusche.

Aber bevor wir überhaupt auf die Kartusche schauen, fällt noch ein anderer

*faux pas* gegenüber der Sakralität des Königs ins Auge: ![Hieratogramm]. Das gewöhnlich durch „Majestät" übersetzte Wort *ḥm* (*n-*) wird hier mit dem Sitzenden Mann determiniert, obwohl es sich um einen Herrscher handelt. Andere Stelen dieses Genres zeigen dagegen erheblich mehr Respekt in ihrem kursiven Graffito, wie z.B. Kairo JE 30972 oder Kairo JE 45779 unter dem gleichen König.[12] Letztere komplett in Hieroglyphen gehaltene Stele gewährt natürlich dem Geburtsnamen Scheschonqs eine Kartusche.

Bei noch genauerem Hinsehen fallen eine Reihe weiterer paläographischer Spezimina ins Auge, und das allein in den ersten beiden Zeilen. So hat der Graveur an mehreren Stellen schlichtweg runde Löcher in den Stein gebohrt, so bei der Innenzeichnung von Hieratogrammen wie ⌒ (V30) in Z. 1 (in *nb-tȝ.wy*) und 2 (in *nb-ḫꜥ.w*). Des Weiteren bohrt er anstelle des bei JANSEN-WINKELN zweimal transkribierten Determinativs „Landzunge" ⌒ (N21) das erste als simples Loch, nur das zweite entspricht mehr seiner hieroglyphischen Zeichenform. Danach scheint noch ein Loch zu folgen. Unterhalb von *nb* in *nb-ḫꜥ.w* begnügt er sich gleichfalls mit einer Bohrung.[13] Aber um einiges kursiver, um nicht zu sagen bereits kursiv-hieratisch wie in der 25.-26. Dyn. (s.o. Kap. 19)

graviert er den GN Amun am Ende von Z. 2 in dem Epitheton *mr-Ỉmn*: ![Hieratogramm].

Was hier vorliegt, ist eine Extremkursive mit einleitendem ⸢ (M17), gefolgt von

---

[12] Beide bequem zu finden bei K. JANSEN-WINKELN, *op. cit.*, 276f.
[13] Derjenige Punkt unter dem *Rꜥ* von *zȝ-Rꜥ* fehlt bei JANSEN-WINKELN.

der Ligatur aus ⌐⊐ (Y5) + ∾∾ (N35).[14] Es steht damit paläographisch zwischen denjenigen Graphien dieses GN, die das ⟨ noch getrennt von der folgenden Ligatur und der kompletten Ligaturierung aller drei Zeichen zeigt. Am
Ende der 2. Zeile platziert der Graveur einen langen Füllstrich, wie er nicht
selten auf hieratischen Papyri zu finden ist, wenn eine in sich geschlossene neue
Sinneinheit folgt. Auf dieser Stele beginnt ja in Z. 3 der eigentliche Vertragstext.

Damit soll es bezüglich dieser Stele sein Genüge haben. Ich hoffe gezeigt zu
haben, wie genau wir auf die paläographische Umsetzung kursiver Tintenschrift in ihre steinerne Gravur zu schauen haben, um die Unterschiede in den
Blick zu bekommen, eventuell sogar nicht nur chronologische, sondern auch
regionale.

Aus Jahr 24 von Pharao Piye/Pianchy (724) datiert die sog. Kleine Dachlah-
Stele aus dem Ort Mut (el-Charab) und aufbewahrt im Ashmolean Museum
Oxford unter der Inv.-Nr. 1894.107b.[15] Sie zeigt ein hieroglyphisch graviertes
Giebelfeld mit einem falkenköpfigen Seth in der linken Hälfte, davor den op-
fernden Stifter namens Nesdjehuty, seines Zeichens Stammesfürst und Mittler
zwischen dem eigentlichen Stifter Harentabia und dem Herrn des Tempels.
Harentabia weiht ½ *ẖ3r*-Sack Emmer und 5 Brote täglich seinem Vater in das
Innere des lokalen Seth-Tempels.

---

[14] S. z.B. in der Tabelle bei A. GASSE, *Données nouvelles*, I, Pl. XII No. 74, ab der Spalte L
6345.
[15] Ed. J.J. JANSSEN, „The Smaller Dâkhla Stela (Ashmolean Museum 1894.107 b)", in: *JEA*
54 (1968), 165-172 mit Pl. XXV/A; K. JANSEN-WINKELN, *Inschriften der Spätzeit. Teil II:
Die 22.-24. Dynastie* (2007), 363ff., mit weiterer Lit.

Abb. 4: Ashm. Mus. 1894.107 b[16]

Ungewöhnlich ist in jedem Fall die Platzierung des Stiftervermerks oberhalb des eigentlichen Vertragstextes, abgetrennt vom Giebelfeld und Text darunter durch zwei horizontale Linien. Man würde ihn eigentlich am Ende der Stiftung erwarten.

Zur Schriftart vermerkt JANSSEN: „the present text is purely hieratic, even to the inscriptions in the top register, which elsewhere are normally in hieroglyphs".[17] Diese Klassifizierung ist umso unverständlicher, als zum einen das Giebelfeld tatsächlich in Hieroglyphen gehalten ist und der Stiftungstext, wieder bei genauester Betrachtung, eine Mischung aus verschiedenen Stilen an den Tag legt. Neben normalhieratischer Paläographie begegnen Anleihen aus dem Abnormhieratischen, wie z.B. in der Graphie des Titels *Pr-ꜥꜣ* in Z. 1: . Allein der Punkt nach dem Falken spricht dafür wie auch die des Königsnamens Piye mit dem Schrägstrich am Ende, den JANSSEN mit einem

---

[16] J.J. JANSSEN, *loc. cit.*, Pl. XXV.
[17] *Loc. cit.*, 165f.

„?" versehen hatte: 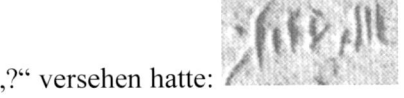 . Auch die Filiationsangabe *z3* in dem Stif-

tervermerk ![] ist kursivhieratisch und durch 𓀀 (A1) über 𓅬 (G38) zu
umschreiben, und nicht durch A1 + Strich.[18]

Weitestgehend hieroglyphische Graphien finden wir z.B. in Z. 9 und 11 in der
Bestätigungsformel über die ewige Gültigkeit der Stiftung mit dem Verbum

*smn* . Hier ist einzig das Zeichen 𓏰 in Buchschrift notiert,
geht aber keine Ligatur mit dem /n/ darunter ein. Überhaupt bemüht sich der
Graveur um einen möglichst sorgfältigen Duktus, wenn auch er sich bei der
Schreibung von /t/ auf eine kleine Bohrung beschränkt.

Ab der 20. Dyn. treten bei solchen Stiftungsurkunden, die sich selbst auch *wd.t*
– „Dekret" nennen, in aller Regel abschließende Fluchformeln ans Ende von
deren Wortlaut. Jedem, der die getroffenen Vereinbarungen übertreten sollte,
wird mit Hunger, Durst und sogar dem Tod gedroht, ab der 21. Dyn. ergänzt
durch Segensformeln für den Fall ihrer Einhaltung, und obszöne Fluchformeln
ehrbeleidigender Art. Diese drohen den Übeltätern Vergewaltigung durch einen Esel an, sowie eine solche seiner Frau und die Vergewaltigung von deren
Kindern durch die eigene Mutter. Wir würden das heute Kindesmissbrauch
nennen. Die Kleine Dachlah-Stele ist ein gutes Beispiel hierfür (Z. 12 Ende –
15):

---

[18] Dazu ausführlich S.P. VLEEMING, „The Sale of a Slave in the Time of Pharaoh *PY*", in:
*JEOL* 61 (1980), 7 Anm. 27.

Abb. 5: Transkription JANSSEN

„Was den angeht, der es (das *wḏ.t*-Dekret) entfernen sollte, der soll <dem> Gemetzel[19] Amun-Res <anheimfallen>, er soll <dem> Pesthauch der Sachmet <an-
heimfallen>. Er soll dem Osiris zum Feind, Herrn von Abydos,[20] sein zusammen
mit dem Sohn seines Sohnes für immer und ewig. Ein Esel soll ihn vergewaltigen, ein Esel soll seine Frau vergewaltigen (und) seine Frau soll seinen Sohn
vergewaltigen!"[21]

Hinter dem Esel steht natürlich der Gott Seth, der in der Dachlah-Oase zudem
über einen eigenen Tempel samt „Priestern des Seth" gebot.[22] Der Fluch ist
ferner ein Zeugnis für die Praxis der Sippenhaft(ung) für den Fall eines Verge-
hens auf Seiten eines der Mitglieder der Familie.[23] Beschlossen wird diese Stele
von einem Schreibervermerk, der zugleich als Zeuge fungiert, samt Namen und
Filiation.

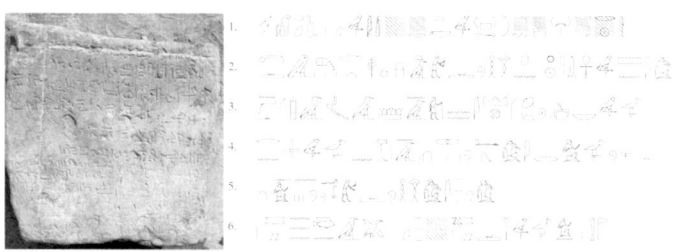

Abb. 6: Stele aus Amheida – Zt. Takeloth III[24]

---

[19] Hier liegt das Wort *šꜥ.t* – „Gemetzel" (*Wb* IV 416/7) vor, nicht *šꜥ.t*– „Messer" (*Wb* IV
417).
[20] Und damit wohl jeglichen Anspruchs auf ein Begräbnis unter dem Schutz des Totengottes
*par excellence* verlustig gehen.
[21] Zu Flüchen und Fluchformeln im pharaonischen Ägypten allgemein s. S. MORSCHAUSER,
*Threat-Formulae in Ancient Egypt. A Study of the History, Structure and Use of Threats and
Curses in Ancient Egypt* (1991), bes. S. 233f., und K. NORDH, *Aspects of Ancient Egyptian
C urses and Blessings. Conceptual Background and Transmission* (1996), bes. S. 90.
[22] S.o. Kap. 19 zu VITTMANNs Vorbericht über seine Arbeit an den kursivhieratischen Ostraka aus Mut el-Charab in der Dachlah-Oase, die aus dem Milieu der dortigen Seth-Priester-
schaft stammen.
[23] Ganz ähnliche Maßnahmen haben wir bereits anhand des Brooklyner Verzeichnisses über
Arbeitsflüchtige aus der späten 12. bis frühen 13. Dyn. gehört; s.o. Kap. 12.
[24] O.E. KAPER – R.J. DEMARÉE, "A Donation Stela in the Name of Takeloth III from Amheida, Dakhleh Oasis", in: *JEOL* 39 (2005/2006), 19-37; dort: 23 Fig. 2 und 22; Datierung

Im Jahre 2006 hat dieses Corpus von Schenkungsstelen einen interessanten Neuzuwachs erfahren durch den Fund einer hieratischen Stele aus dem Jahr 13 Takeloths' III. (ca. 740) in Amheida, wie die Kleine Dachlah-Stele also aus derselben Oase. Dieser Text ist ca. 16 Jahre älter als die Kleine Dachlah-Stele, und der gleiche Stifter Nesdjehuty hat somit mindestens über diesen Zeitraum hinweg derartige Stiftungen verfügt. Inhalt ist die Zuweisung von ¼ Sack Emmer (ca. 19 l) für 11 Brotrationen/Tag auf 10 Personen verteilt, die sämtlich im Dienst des Thot von Sawahet stehen.[25]

Abb. 7: Stele aus Amheida – Zt. Takeloth III – Zeugenliste[26]

Es folgt eine Zeugenliste Ende Kol. II.6-7 unterhalb des Stiftungstextes und dieses Faktum allein verdient schon unsere gebührende Aufmerksamkeit. Zeugenlisten bzw. –unterschriften finden sich gewöhnlich in frühdemotischen Urkunden auf Papyrushandschriften unterhalb eines Vertrages auf dem Recto, dagegen in kursivhieratischen der 25. und 25. Dyn. auf dem Verso. Eine Stele hat keine Verso-Seite im papyrologischen Sinne und somit kann diese Liste *faute de mieux* nur auf der gleichen Seite platziert werden wie der eigentliche Vertragstext. Zudem kann hier nicht von individuellen Zeugenhandschriften gesprochen werden. Und die Tatsache, dass die gesamte Urkunde von einem

---

nach F. PAYRAUDEAU, „Le règne de Takélot III et les débuts de la domination koushite à Thèbes", in: *GM* 198 (2004), 79-90; dort: 80.

[25] Die Details dieser Stiftung erinnern unweigerlich an Verteilungsaufgaben im mathemat. Papyrus Rhind aus der frühen 18. Dyn., s. A. IMHAUSEN, *Altägyptische Algorithmen Eine Untersuchung zu den mittelägyptischen mathematischen Aufgabentexten* (2000), und zu übersetzungstechnischen Problemen solcher Aufgabenstellungen ead., „Zum Arbeiten mit hieratischen mathematischen Aufgabentexten", in: ead. – T. POMMERENING (Hgg.), *Translating Writings of Early Scholars in the Ancient Near East, Egypt, Greece and Rome. Methodological Aspects with Examples* (2016), 281-334; dort: 292-299.

[26] O.E. KAPER – R.J. DEMARÉE, *loc. cit.*, 23.

„Zeugenschreiber" (*p3-zḫ-mtr*) in der allerletzten Zeile von Kol. II notariell beurkundet wird,[27] macht aus der Textdisposition dieser in Stein gravierten Stiftung eine Mélange aus frühdemotischem und kursivhieratischem Layout; s. die
Ausführungen am Ende des vorangehenden Kapitels zum Abnormhieratischen.
Man macht hier aus der Not eine Tugend.[28]

Die Regierungszeit Takeloths' III.[29] ist nebenbei eine wahre Schatztruhe für
Urkunden in kursivem Hieratisch der 3. Zwzt. So trägt allein der noch immer
unpublizierte Pap. Berlin P. 3048 auf seinem Verso 37 Urkunden in diesem
Schrifttypus und dürfte eines Tages unsere Kenntnisse des Hieratischen in der
späten 3. Zwzt. erheblich erweitern.

Chronologisch haben diese – zunächst rein hieroglyphischen – Schenkungs-
oder Stiftungsstelen wie gesagt eine bislang bekannte Laufzeit von der 17. Dyn.
bis zur Herrschaft von Kaiser Marc Aurel im 2. Jh. n. Chr. Von den 1979 durch
MEEKS gesammelten 130 Zeugnissen sind die eigentlichen Stiftungstexte auf
23 Exemplaren in hieratischer Kursive ausgeführt.[30] Keine von diesen datiert
vor die 3. Zwzt. und keine weitere über die 26. Dyn. hinaus. Wir haben es also
mit einem spezifisch libyer- und kuschitenzeitlichen Phänomen innerhalb der
Geschichte des Hieratischen zu tun und regional stammen die meisten Exemplare aus dem Delta. Wenn wir so wollen, können wir sie damit auch unter dem
Aspekt des Regionalhieratischen verbuchen, auch wenn es dazu an einer Spezialstudie bislang fehlt. Möglicherweise unterscheidet sich deren Hieratisch ja
in keiner Weise von dem zeitgenössischen im oberägyptischen Landesteil.

---

[27] Ob er auch der Graveur der Inschrift war?

[28] Einzig das Zeichen 𓀝 (A21) in Z. 3 ist durch das Zeichen 𓀜 (A19) zu ersetzen und eventuell der „Fisch" im Namen *P3-in-mw* in Z. 6 Ende durch 𓈗 (W35) wie in unwesentlich
späterem Kursivhieratisch. Und schließlich will die Transkription der Determinativgruppe
am Ende des Namens „Der-Wasserträger" auch nicht so recht einleuchten; ob dort ein Topf
intendiert war?

[29] Zu weiteren historischen Implikationen allein dieser Stele aus Amheida s. wieder die Ausführungen von O.E. KAPER – R.J. DEMARÉE, *loc. cit.*, 32f.

[30] „Les donations aux temples dans l'Égypte du Ier millénaire avant J.-C.", in: E. LIPIŃSKI
(Hg.), *State and Temple Economy in the Ancient Near East II* (1979), 605-687. Die bei
MEEKS noch als vermisst gemeldete Stele 26.1.19 aus der Zt. Psammetichs' I ist inzwischen
von M. Étienne, in: *RdÉ* 44 (1993), 19-30 mit Pl. 2, aufgefunden und publiziert worden; s.o.
Anm. 8. Sämtliche der bislang edierten 3. Zwzt.- und Saitenzeit-Stelen über Stiftungen sind
jetzt auch in den Bänden *Inschriften der Spätzeit. Teil I-IV* (2007-2014) von JANSEN-WIN-
KELN in hieroglyphischer Umschrift samt Bibl. versammelt.

Die Lehre Amenemopes (s.o. Kap. 18) schreibt sich ja einem Katasterschreiber und Feldvermesser zu, dem auch unbedingt die Kenntnis von Stiftungsstelen zugestanden werden dürfte. Als Feldvermesser war er besonders nach dem Rückgang der Nilüberschwemmung mit der Neuziehung von Feldergrenzen beschäftigt. Diese Aufgabe wird jährlich im Herbst angestanden und nicht selten zu heftigen Auseinandersetzungen mit den jeweiligen Pächtern geführt haben. Dem Betrug und der Korruption waren hier Tür und Tor geöffnet, wenn willentlich Falschaussagen zu früheren Grenzziehungen getätigt und – nach Bestechung der einschlägigen Autoritäten – notariell bestätigt wurden. Vor all diesen Missbräuchen warnt Amenemope ja eindringlich. Damit es aber erst gar nicht zu solchen Rechtsstreitigkeiten kommen konnte, gab es die Institution der Grenzstele, die in den Boden gerammt und weithin sichtbar die individuellen Areale der jeweiligen Ackerparzellen markierte. Von diesen Grenzstelen muss es unzählige über das gesamte landwirtschaftlich bewirtschaftete Niltal gegeben haben. Leider haben wir davon m.W. nur eine einzige erhalten und dokumentiert, deren gegenwärtiger Aufbewahrungsort noch dazu unbekannt ist.

Abb. 8: Grenzstele aus dem Antikenhandel[31]

---

[31] D. Meeks, „Une borne commemorative hiératique", in: *CdÉ* 70 (1995), 72-82; dort: 81.

So werden wir uns hieratisch beschriftete Eckpeiler zur Markierung von Feldergrenzen vorstellen dürfen. MEEKS hat dieses Exemplar aus dem Kairener Antikenhandel ediert und kommentiert.[32] Es misst 87 cm in der Höhe und 18 cm in der Breite. Wo genau der Text endet, ist nicht mehr zu erkennen. Es wird aber noch genügend unbeschriftete Fläche vorhanden gewesen sein müssen, um die Stele im Boden zu befestigen.

Der Wortlaut lässt wieder an Drastik nichts zu wünschen übrig, falls es jemand wagen sollte, diese Grenzziehung zu missachten. Dann solle ein Esel ihn und seine Frau beschlafen, und seine Frau wiederum solle Inzucht mit seinen Kindern treiben etc.[33] Aber das ist bei Weitem noch nicht alles. Dieser Text lässt mit dem Fluch über diejenigen, die das göttlich sanktionierte „Dekret" (*wḏ*) missachten und übertreten sollten, gar nicht erst lange auf sich warten, sondern beginnt mit ihm und füllt die ersten zehn Zeilen. MEEKS führt gute Gründe dafür ins Feld, dass wir es mit der „Abschrift" eines originär gleichfalls kursiv notierten göttlichen Orakelentscheides zu tun haben, worauf die Titulatur des Gottes hinweise.

Der Stifter, ein *bȝk*-Diener namens Hartechi und wohl Nutznießer des Dekretes, rühmt sich sodann in klassisch-autobiographischer Diktion, den Nackten gekleidet und den Hungrigen gespeist (Z.12-13) und in Jahren eines schlechten Nils (Z. 14) für die Leute gesorgt zu haben. Er wird ausschließlich in der 3. Pers. Sg. genannt, eine in der 1. Pers. Sg. genannte weitere Person scheint hierarchisch über ihm gestanden und ihn als Nutznießer bestimmt zu haben. Die Details bleiben wegen der vielen Zerstörungen im Dunkeln. Hauptanliegen des Textes ist das Management eines „schlechten Jahres" (*rnp.t-bin.t*; Z. 13 u. 27) und eines zu „niedrigen Nils" (*mw-šri*; Z. 14). Für ein solches Jahr galt es wohl besondere Präventivmaßnahmen für die Versorgung der lokalen Bevölkerung zu treffen, um Hunger zu vermeiden (s.a. Z. 12-13) und ohne der Korruption nachzugeben. Wir sind also mitten im Milieu der Amenemope-Lehre! Die finalen Textreste legen die Vermutung nahe, dass es mitunter zur Verbrennung von Akten gekommen zu sein scheint (Z. 29-30).[34]

---

[32] D. MEEKS, *loc. cit.* Die Fluchformel beginnt obendrein mit einem unerwarteten *iw*-Konverter(?); hieroglyphische Umschrift bei K. Jansen-Winkeln, *Inschriften der Spätzeit. Teil II: Die 22.-24. Dynastie* (2007), 456f.

[33] S.o. Anm. 21 mit der wichtigsten Lit.

[34] Es bleibt sicher Spekulation, diese Texttrümmer mit Passagen in den Admonitions des Ipuwer korrelieren zu wollen, unterlassen sei sie dennoch nicht. Zu den Admonitions s. R.

Trotz großer Beschädigungen und vieler Textverluste besonders gegen Ende der Inschrift sprengt dieses momentan unikale und teilweise schon in extrem kursivem Hieratisch gravierte Bekenntnis eines gewöhnlichen „Dieners" der Felderverwaltung alle Genregrenzen, die die ägyptologische Textwissenschaft meinte aufstellen zu müssen. Was für eine Gattung haben wir hier eigentlich vor uns? Doch nicht nur eine elaborierte und autobiographisch untersetzte Fluchformel, die sich auf einer „Stele" (p3-wḏ) befinde. Um diese Frage zu beantworten, benötigen wir mehr Exemplare dieser Art und vor allem komplett erhaltene.

Denn wohlgemerkt, wir kennen nur dieses eine Exemplar, aber es müssen davon Hunderte, wenn nicht Tausende im ganzen Land aufgestellt gewesen sein. Eine einzige solche Stele macht keinen Sinn, weil sie außerstande ist, die exakten Eckpunkte der jeweiligen Parzelle zu markieren. Wie waren die Stücke verteilt und welcher Pächter hatte für wieviele Exemplare / Abschriften Sorge zu tragen, damit das Carré einer Parzelle von dem der angrenzenden deutlich unterscheidbar war?

Dieser Pfeiler hat einiges gemein mit dem babylonischen *kudurru (Typ II)*, der u.a. auch die Übertragung von Feldern in den Besitz von Tempeln zum Gegenstand hatte, zumeist dort allerdings von Königen getätigt.[35] Aufgrund paläographischer, phraseologischer und orthographischer Spezifika dürfte dieser ägyptische Stein am ehesten aus der 21.-22. Dyn. und geographisch aus dem Raum Theben stammen; die Erwähnung Amuns in Z. 24 spricht scheinbar für letzteren Ort. Interessant an diesem Text ist u.a. die nicht ganz unwahrscheinliche Benennung der hieratischen Schrift bzw. ihrer Schriftzeichen selbst als *ti.t* in Z. 9. Ansonsten hat dieses Wort die Bedeutung „Abbild", auch „Hieroglyphe", aber da es sich um eine kursive Inschrift handelt, scheint seine Bedeutung auch

---

Enmarch, *A World Upturned. The Dialogue of Ipuwer and the Lord of All* (2008), 116-119, zur Plünderung offizieller Archive.

[35] J. BLACK – A. GEORGE – N. POSTGATE (Hgg.), *A Concise Dictionary of Akkadian* (2nd (corrected) printing, 2000), 165; monographisch abgehandelt von K. SLANSKY, *The Babylonian Entitlement narûs (kudurrus). A Study in their form and function* (2003). Akkad. *kudurru* bezeichnet die Grenze, die Grenzsteine selbst aber werden in ihren Inschriften *narû* genannt und das bezeichnet eine „Stele" oder noch allgemeiner ein „Denkmal". Die aus dem 14.-7. Jh. datierenden mesopotamischen Inschriftensteine bestehen zumeist aus einem einleitenden Landstiftungsabschnitt, gefolgt von heftigen Flüchen und Verwünschungen bei Übertretung der Vereinbarungen. Dennoch gibt es einige signifikante Unterschiede zu dem einen „borne commémorative" von MEEKS.

auf die von „hieratischen Zeichen" ausgeweitet worden zu sein. MEEKS weist auf die Singularität dieser Gebrauchsweise von *ti.t* hin.[36]

In seiner Transkription lässt MEEKS mehrere Passagen in faksimilierter Form und ohne hierogylphische Entsprechung. Das hat seinen einfachen Grund darin, dass der Text vielerorts extrem kursiv und graphisch nicht anders als eine zeitgenössische Kataster- oder Pachturkunde wie die von GASSE und VLEEMING bearbeiteten Quellen der frühen 3. Zwzt. gehalten ist.[37] Da das Photo der Stele unverhältnismäßig klein ist und sich für eine detaillierte Reproduktion der von ihm aufgelisteten Zeichen nicht eignet, muss es hier mit einem Hinweis auf die Zeichennrn. sein Genüge haben; für Näheres s. seine Edition. Als besonders diagnostisch gelten dabei 𓀀 , 𓂋 und ganze Wortschreibungen.

Schon nach Betrachtung dieser wenigen Exemplare von Lapidarhieratisch aus der 3. Zwzt. stellt sich doch die Frage, weshalb sie nicht hieroglyphisch graviert worden sind. Eine naheliegende Antwort darauf ist der Umstand, dass die Stifter bzw. Aussteller dieser Urkunden wohl ganz überwiegend libyscher Herkunft gewesen zu sein scheinen und eventuell in Lesung und Gebrauch von Hieroglyphen gänzlich unerfahren, wenn nicht gar überhaupt nicht ausgebildet waren. Zu deren Schreiberausbildung haben wir m.W. keinerlei Indizien. Aber die Tatsache, dass die Stiftungen eingraviert und nicht mit Tinte auf den geglätteten Stein aufgetragen wurden, kann auch aus dem Wunsch heraus verstanden werden, der öffentlich aufgestellten Urkunde möglichst dauerhaften Bestand zu verleihen. Das lässt sich mit einer Gravur eher erzielen als mittels eines ausradierbaren Tintentextes. Allerdings werden wir unbedingt mit entsprechenden kursiven Vorlagen solcher Lapidargravuren auf Papyrus rechnen dürfen, nur müssen diese erst noch gefunden werden.

---

[36] *Loc. cit.*, 74 Anm. (k).
[37] Verweise und Beispiele dazu in Kap. 18.

## II.    Priesterstammbaum aus Karnak

Abb. 9: Priesterstammbaum im Karnak-Tempel[38]

Die gleiche Frage nach der *raison d'être* der hieratischen Schrift stellt sich bei diesem interessanten Text aus Karnak. Es handelt sich um den Stammbaum von Priestern über einen Zeitraum von insgesamt 18 Generationen, der allerdings nur grob in die Zeitspanne der 22.-24. Dyn. eingeordnet werden kann. Er beginnt mit einem Kleriker namens Horachbit und endet mit dem an letzter Position genannten Vorfahren, einem Wesir namens Amenmose aus der 19. Dynastie. Die ganze Inschrift ist eingraviert als Graffito mit einer Länge von 16 Zeilen. Die Maße der Stele betragen H 70 cm x B 59 cm. Die letzte grundlegende Edition mit zahlreichen Verbesserungen in Lesung und Verständnis des Textes stammt von VITTMANN aus dem Jahre 2002. VITTMANN spricht übrigens in seinem Kommentar mehrfach vom sog. „Steinhieratischen".

---

[38] Abb. aus: D. WILDUNG, *Imhotep und Amenhotep. Gottwerdung im Alten Ägypten* (MÄS 36, 1977), Taf. LXVI. S. a. G. VITTMANN, „Der große Priesterstammbaum in Karnak", in: *SAK* 30 (2002), 351-371 mit Taf. 20-22; s.a. K. JANSEN-WINKELN, *Inschriften der Spätzeit, Teil II: Die 22.-24. Dynastie* (2007), 443-445; G. VITTMANN, „Noch einmal der große Priesterstammbaum in Karnak ", in: *GM* 236 (2013), 97-108, zur minutiösen Differenzierung hieratisch geschriebener Titelbestandteile wie *jmy-r3* resp. *ḥry*, nicht nur in dieser Inschrift.

Abb. 10: Nahaufnahme der Zeilen 4 und 5[39]

Bei Licht betrachtet erweist sich die Schriftart auf diesem Monument als ein äußerst zurückhaltendes Hieratisch, das Hieroglyphische dominiert unübersehbar. Ob hier die Autosemantika[40] die letztere – sakrale – Schrifttype für sich beanspruchen konnten, wohingegen grammatische Elemente wie Präpositionen und Morpheme stärker kursiv gehalten werden durften? Das wäre noch zu prüfen.

Solche Priesterstammbäume waren besonders in der 3. Zwzt. sehr beliebt, allerdings eher in hieroglyphischer denn in kursiver Schrift.[41] Und was das Spektrum des Lapidarhieratischen in dieser Zeitspanne betrifft, so könnten sicher noch so manche Graffiti an Felswänden ins Feld geführt werden, das paläographische Spektrum des auf den Schenkungsstelen allein schon Vorhandenen würden sie kaum bereichern.

---

[39] D. WILDUNG, *op. cit.*

[40] Die vielgeschmähte *wikipedia* notiert dazu in ihrem Eintrag „Autosemantika": „Das Autosemantikum (auch Autosemantikon) ist ein Lexem (Grundeinheit des Wortschatzes), welches im Gegensatz zu einem Synsemantikum eine vom Kontext unabhängige und selbständige lexikalische Bedeutung aufweist. Zugleich kann es auch als Satzglied fungieren. Auch bei isolierter Nennung lassen Autosemantika einen Rückschluss auf das Bezeichnete zu .... , während Artikel, Konjunktionen, Subjunktionen und Präpositionen in der Regel synsemantisch sind." (Zugriff 17.02.2017)

[41] KRUCHTEN hat hierzu das vorhandene Material gesammelt und philologisch wie historisch aufbereitet in seiner Monographie *Les annales des prêtres de Karnak (XXI-XXIII^mes dynasties) et autres textes contemporains relatifs à l'initiation des prêtres d'Amon* (1989).

## 21.    Späte Totenbuchkursive und anderes Buchhieratisch

Kommen wir nun endlich zur sog. hieratischen Buchschrift des 1. Jt. v. Chr. Unter diesem Begriff fasst VERHOEVEN[1] all diejenigen Handschriften zusammen, die nicht irgendeine Form der schon von MÖLLER sogenannten „Geschäftskursive" aufweisen. Inhaltlich impliziert ihr Terminus Texte sakralen, literarischen und wissenschaftlichen Inhalts. Das sind dann im Wesentlichen Totenbücher und Verwandtes, Ritualskripte und Literarisches wie etwa der Pap. Vandier mit seiner Erzählung über einen fiktiven König Sa-Sobeq, des Weiteren die späteste in Hieratisch geschriebene Lehre auf Pap. Brooklyn 47.218.3 aus der 26. Dynastie. Sodann ist der dank neuerer Editionen erfreulich wachsende Bestand an wissenschaftlichen Handschriften, besonders aus der Saiten- und Ptolemäerzeit, hier zu nennen.

Der zeitliche Rahmen von VERHOEVENs Paläographie reicht von der 21. Dyn. bis ca. 200 v. Chr. Das Hieratisch der römischen Kaiserzeit ist bei ihr noch nicht erfasst, welche Lücke jetzt zumindest ein grundlegender Aufsatz von QUACK ein wenig zu füllen versucht hat.[2]

VERHOEVEN versammelt aber nicht nur buchschriftliche Hieratika in ihrer Paläographie in Gestalt von Zeichentabellen. Sie unternimmt in Einzelfällen grundsätzliche Neudatierungen bekannter und bedeutender Texte, die bis 2001 einen erheblich anderen chronologischen Ansatz erfahren hatten. Darunter sind dann Quellen wie die Lehre des Amenemope in ihrer Haupthandschrift auf Pap. BM EA 10474 (s.o. Kap. 18), das Ritual des Lebenshauses auf Pap. Salt 825, oder der bislang unikale Schlangentraktat auf Pap. Brooklyn 47.218.48&85,

---

[1] *Untersuchungen zur späthieratischen Buchschrift* (2001).
[2] Allerdings sollte es mit einer monographischen Paläographie der Römerzeit noch ein wenig Zeit haben, denn die inhaltlich bedeutsamsten Texte im Hieratisch der sog. Spätzeit insgesamt datieren zumeist in die Römerzeit und weniger in die Jahrhunderte davor, am allerwenigsten die inflationären und paläographisch wenig Neues bietenden Totenbücher und Mumienbinden. Ich denke insbesondere an die von OSING edierten Onomastika, Mythologien und Kopien von MR-Inschriften aus Assiut auf Kopien aus Tebtynis, sowie an zahlreiche von QUACK in der Zwischenzeit edierten Fragmente von Texten enzyklopädischen und anderen Inhalts. Die Forschung sollte sich verstärkt auf die Edition solcher inhaltlich und traditionsgeschichtlich weiterführenden Quellen konzentrieren. Zu einigen Spezifika des römerzeitlichen Hieratisch s. den inzwischen vorgelegten Vorbericht von J.F. QUACK, „Rohrfedertorheiten? Bemerkungen zum römerzeitlichen Hieratisch", in: U. VERHOEVEN (Hg.), *Ägyptologische „Binsen"-Weisheiten I-II* (2015), 435-468, dazu mehr im letzten Kap. 22.

um nur diese drei hier zu nennen. Dabei verfolgt sie eine paläographische Datierungsmethode, die sie in der früheren Hieratistik vermisst.[3] Sie bringt die folgenden Kriterien in Anschlag.

Im Bestfalle stehen uns bei der Arbeit diese Kriterien zur Verfügung:

- Jahresdatierung am Anfang oder im Kolophon unter Angabe des Königsnamens;
- namentlich bekannte und historisch datierbare Personen;
- erwähnte historische Ereignisse;
- sauberer archäologischer Kontext.

Im weniger günstigen Falle nur diese:

- paläographischer Abgleich mit sicher datierten Handschriften;
- bei Illustrationen Stilistik der Vignetten beachten.

Selbst die Berücksichtigung von Vokabular und Grammatik kann bis zu einem gewissen Grade hilfreich sein, auch wenn Datierungen von Texten aufgrund dieser Kriterien in der Ägyptologie notorisch umstritten sind.[4] Das Gesamtlayout einer Handschrift mag mit in die Waagschale geworfen werden, also etwa die Verteilung von Text und Bild, das Format der Kolumnen etc.

Kommen wir aber noch kurz auf die paläographische Datierungsmethode VERHOEVENS zurück. Wie geht sie nun im Einzelnen vor?

- Sie trifft eine Auswahl markanter und für eine bestimmte Zeit typischer Zeichen;
- Voraussetzung dabei ist eine hinreichend große Anzahl ausgewählter Hieratogramme, nicht nur von zweien oder dreien;
- das Zeicheninventar sollte mit dem inhaltlich verwandter Quellen vergleichbar sein, d.h. wir sollten nicht Buch- mit Geschäftsschrift vergleichen;
- es gilt auf Sonderzeichen oder Idiosynkrasien zu achten;
- Vergleiche sollten auf Handpausen basieren;
- schlussendlich müssen stets Vorbehalte einkalkuliert werden.

---

[3] Welche Fallstricke paläographische Datierungen von Inschriften andernorts haben nehmen können, schildert z.B. K. SCHIPPMANN, *Geschichte der alt-südarabischen Reiche* (2010), 36 u. 46 mit Lit.

[4] Vgl. nur den von G. MOERS *et al.* hg. Band *Dating Egyptian Literary Texts* (2013).

Eine Grundvoraussetzung für eine einigermaßen zuverlässige Datierung einer hieratischen Handschrift sind folglich ihr Umfang und eine genügend große Varianz im Zeichenbestand. Anders herum gesagt, kleine Fragmente bis hin zu briefmarkengroßen Fetzen sind schwerlich bis kaum sicher zu datieren.

## I.1    Hieratisierung des Totenbuchs im 1. Jt. – Papyrushandschriften

Kommen wir endlich zur Hieratisierung des Totenbuches.[5] Dieser Trend setzt nach ersten zaghaften Vorläufern in der 18. Dyn.[6] ein, um dann aber erst in der 3. Zwzt. voll zum Tragen zu kommen. Hinsichtlich dieser Entwicklung gibt es eine weitgehend synchrone Parallele zu in Lapidarhieratisch gravierten Schenkungsstelen in der Libyer- und Kuschitenzeit, die zufällig sein kann. Ob es hier Zusammenhänge in der Attitüde insbesondere der ägyptisch schreibenden Libyer gegenüber dem Hieratischen als Primärschrift gab, stehe dahin.

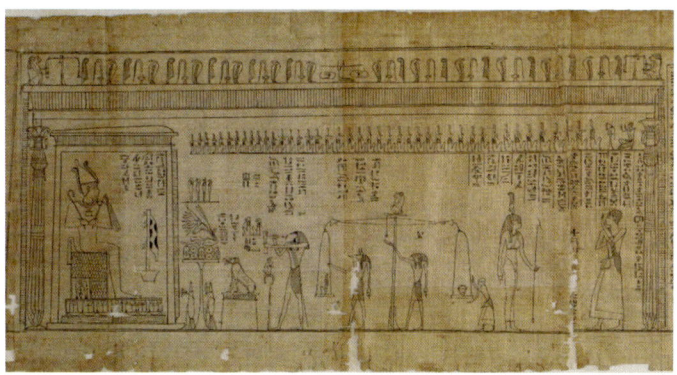

Abb. 1: Ausschnitt aus Pap. Turin Cat. 1791 (Ptolemäerzt.) – Grundlage aller Totenbuchstudien[7]

---

[5] Grundsätzlich sei für die reichhaltige Materialpräsentation und Bibliographie zum Totenbuch die website des Bonner Totenbuchprojektes hier empfohlen:
http://totenbuch. awk.nrw.de//register/bibliografie (Zugriff 21.02.2017). Solche in Hieroglyphen z.B. auf Tempelwände, Sarkophage, Stelen und Statuenbasen applizierten Exemplare dieses Corpus werden wir aus naheliegenden Gründen hier nicht behandeln, s. dazu etwa A. v. LIEVEN, „Book of the Dead, Book of the Living. BD Spells as Temple Texts", in: *JEA* 98 (2012), 249-267; ead., „The Book of the Dead in the Temples, in: R. LUCARELLI – M. MÜLLER – M. SMITH (Hgg.), *Handbook of the Ancient Egyptian Book of the Dead, Oxford* (in Bearbeitung).
[6] I. MUNRO, *Untersuchungen zu den Totenbuch-Papyri der 18. Dynastie* (1987), 9f. und 190-193; s. jetzt a. ead. – R. FUCHS, *Papyrus Amenemhet: Ein Totenbuchpapyrus der 18. Dynastie* (2015), 13-16. Dies ist übrigens einer der ganz wenigen Totenbuchpapyri, die mit Hilfe der C14-Methode datiert wurden und das Resultat liegt bei 1435-1395, eine erstaunliche präzise Datierung.
[7] Abb. aus: B. LÜSCHER, in: J.H. TAYLOR (Hg.), *Journey Through the Afterlife. Ancient Egyptian Book of the Dead* (2010), 306.

Zuvor sei nur kurz in Erinnerung gerufen, mit welcher Quelle eigentlich alles in der Totenbuchforschung begann. Es war der spätptolemäerzeitliche Turiner Papyrus Cat. 1791, den LEPSIUS 1842 – nach Vorarbeiten CHAMPOLLIONS – erstmalig edierte, wobei er zugleich den – ägyptologischen – Begriff „To(d)tenbuch" prägen sollte.[8] Allerdings datierte er diese Turiner Version noch in das NR, in die Ptolemäerzeit wurde sie erst von SPIEGELBERG und MÖLLER aufgrund von demotischen Notizen unterhalb von Tb 144 gesetzt. Der Turiner Text ist wohlgemerkt in hieroglyphischer Schrift notiert, nicht in Hieratisch, und die Handschrift hat deshalb für unsere Belange nur die Funktion der Markierung eines wissenschaftlichen Startschusses innerhalb eines bedeutenden Forschungszweiges der Ägyptologie. LEPSIUS' Textausgabe ist noch heute unverzichtbar bei der Beschäftigung insbesondere mit der späten Totenbuch-Tradition, hat er doch ausgehend von dieser Quelle die bis heute gültige Spruchfolge von 1-165 festgelegt.[9] Zugleich hat er die Turiner Version einer Rezension innerhalb der Tradition der Totenbuch-Sprüche zugewiesen und das ist die sog. *Saïtenzeitliche Rezension*, zu der heute noch mit einer Art Vorläufer oder Vorbereitungszeit unter den Kuschiten der 25. Dyn. gerechnet wird.

In Anbetracht des wissenschaftshistorischen Umstandes, dass das Hieratische als Kursive in seiner ganzen Entwicklung vom AR bis zur Römerzeit zu Zeiten eines LEPSIUS um 1840 alles andere als wohlbekannt und leicht lesbar war, verwundert es nicht, wenn er eine – damals vielleicht „gefälligere" – hieroglyphische Version als Basis weiterer Forschungen erkoren hat. Allerdings ist auch LEPSIUS' Präsentation dieser Handschrift nicht frei von Fehlern. Erst jüngst haben LEGOWSKI und MÜLLER-ROTH diese Versehen und Missverständnisse auf Seiten ihres Editors in einem eigenständigen Beitrag herausgearbeitet und zusammengestellt, die bei jeder künftigen Konsultation der LEPSIUS'schen Edition berücksichtigt werden sollten.[10] Es darf schon als wissenschaftshistorisches Kuriosum klassifiziert werden, dass eine Disziplin geschlagene 170 Jahre

---

Der gesamte Papyrus in photographischer Reproduktion bei B. DE RACHEWILTZ, *Il Libro dei Morti degli antichi egiziani* (1958; 2. Aufl. 1992).

[8] *Das Todtenbuch der Ägypter nach dem hieroglyphischen Papyrus in Turin* (1842).

[9] Erweitert wurde sie dann später von NAVILLE 1886 bis auf die Nr. 186, s. seine synoptische Edition *Das aegyptische Todtenbuch der XVIII. bis XX. Dynastie, 3 Bde.* (1886). Chronologisch bzw. schriftgeschichtlich bedingt hat auch NAVILLE noch keine hieratischen Textfassungen in seinem Kompendium erfasst.

[10] „Papyrus Turin 1791 – revisited", in: *GM* 241 (2014), 77-101.

braucht, um diese editorischen „Schönheitsfehler" in einer ihrer Pionierpublikationen beim Namen zu nennen.

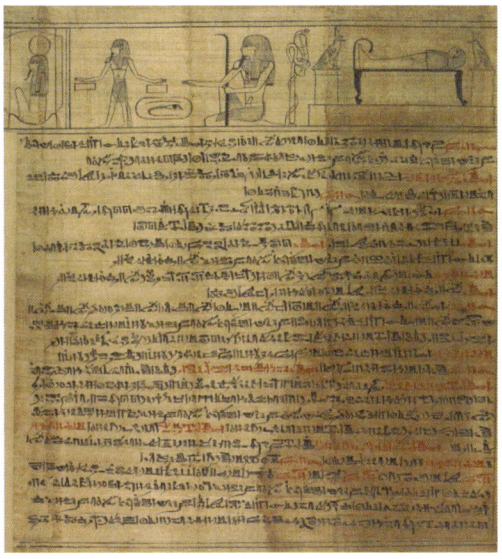

Abb. 2: Ausschnitt aus Pap. Greenfield (BM EA 10554; 21. Dyn.):
Unziale mit kursivhieroglyphischen Einschlägen[11]

Nun aber zu einem der ganz überwiegend hieratisch geschriebenen Totenbücher aus der 3. Zwzt., genauer gesagt aus dem Übergang von der 21. zur 22. Dynastie. Der nach seinem Erstbesitzer bzw. dessen Gemahlin Greenfield benannte Papyrus ist der umfangreichste Totenbuchpapyrus überhaupt, den wir gegenwärtig haben. Bei einer Gesamtlänge von 37 m steht er dem Pap. Harris I (s.o. Kap. 17) mit dessen ca. 42 m nur unwesentlich nach. Neben seinen zahllosen Standard-Totenbuchsprüchen enthält der Greenfield-Papyrus auch eine Reihe anderweitig unbekannter Sprüche, die nicht zum eigentlichen Kanon des Totenbuches zählen. Hier mag die noble Besitzerin Nesitanebischeru, Tochter des Hohepriesters des Amun von Theben namens Pinudjem II (ca. 990-969) bei der Spruchauswahl selbst ein entscheidendes Wörtchen mitgeredet haben. Ihr Totenbuch ist in einem sehr sorgfältigen, an vielen Stellen noch eher kursivhieroglyphisch anmutenden, Hieratisch gehalten. Die Vignetten befinden sich am oberen Rand, was über lange Zeit hinweg auch Standard werden soll; zu Änderungen s. gleich.

---

[11] B. LÜSCHER, in: J.H. TAYLOR (Hg.), *Journey Through the Afterlife. Ancient Egyptian Book of the Dead* (2010), 306; dort finden sich noch weitere Abb. aus dieser Prachthandschrift.

Ist der gewaltige Pap. Greenfield allem Anschein nach von einem einzigen Schreiber beschriftet worden, trifft das auf den aus nur drei Textkolumnen und einer Vignette bestehenden Pap. BM EA 10743/2 aus der 21.-22. Dyn. nicht zu. Hier waren zwei Hände am Werk, und der Übergang ist alles andere als ein fließender, vielmehr gaben sich die beiden Herren mitten im Satz von Spr. 136.4 die Binse in die Hand, noch dazu beim Übergang von Kol. 2 zu Nr. 3:

Abb. 3: „Schichtwechsel": Zwei Schreiber am Werk auf BM EA 10743/2
(21.-22. Dyn.; 30,8 x 75 cm)[12]

Der erste schreibt mit kräftiger und wohl auch dickerer Binse als sein nachfolgender Kollege. Ob die Besitzerin, ihres Zeichens Sängerin des Amun und der Mut namens Asetemachbit, persönlich Einfluss auf den Schreiberwechsel genommen hat, entzieht sich unserer Kenntnis.

Abb. 4: Palimpsest auf BM EA 9974 (21. Dyn.; H 11,8 cm)[13]

Totenbücher der 3. Zwzt. werden in aller Regel mit einer hieroglyphisch beschrifteten Vignette an ihrem rechten Ende eröffnet.[14] Darin sind dann Besitzer

---

[12] R. LUCARELLI, in: J.H. TAYLOR (Hg.), *op. cit.*, 282.

[13] R. LUCARELLI, in: J.H. TAYLOR (Hg.), *op. cit.*, 278.

[14] Das ist bei den zumeist kursivhieroglyphischen Totenbüchern der 18. Dyn. genau umgekehrt, die retrograd beschriftet sind, deren Zeichen also in Richtung Textende blicken und von links nach rechts zu lesen sind; s. I. MUNRO, in: ead. – R. FUCHS, *Papyrus Amenemhet: Ein Totenbuchpapyrus der 18. Dynastie* (2015), 13-15. In der frühen Römerzeit allerspätestens soll dieses Verfahren wieder fröhliche Urständ feiern, und das besonders im mittelägyp-

oder Besitzerin vor Gottheiten abgebildet. Das kann entweder der omnipräsente Osiris oder eine andere Gottheit sein. In diesem Fall auf Pap. BM EA 9974 eines Herrn namens Buhar (*Bw-ḥʿr*) ist es ein falkengestaltiger Gott ohne präzise Namensnennung, wahrscheinlich Re-Harachte. Was aber dieses Exemplar aus der 21. Dyn. so interessant macht, ist die Tatsache, dass der Spruchtext über eine zuvor ausradierte profane Abrechnung hatte geschrieben werden sollen. Anders gesagt, wir haben hier ein Palimpsest vorliegen, das es laut rituellen Anweisungen für die Beschriftung von sakralen Texten eigentlich gar nicht geben dürfte. Diese Vorschrift besagt, dass ein sakraler Text wie eine Beschwörung oder auch ein Totenbuchspruch auf ein zuvor leeres, weil „neues" (*n-mȝw.t*) Papyrusblatt geschrieben werden musste. Ein vormalig für quasi profane Zwecke verwendeter Papyrus erfüllte diese Vorschrift sicher nicht in vollem Umfange, trotzdem hat man sich im Bedarfsfall(?) darüber hinweggesetzt.[15] Bei genauerer Betrachtung stellt man aber im Falle dieser einen Handschrift fest, dass es letztlich gar nicht mehr zu einer Beschriftung mit Totenbuch-Sprüchen gekommen ist, vielleicht just wegen des – zu vermeidenden – Status eines Palimpsests. Soweit die wenigen Tintenspuren ein Urteil erlauben, wies die abgeriebene Schrift in etwa einen Duktus wie auf den in Kap. 18 besprochenen Akten aus der Liegenschaftsverwaltung des Amun-Tempels von Karnak auf. Trifft diese Vermutung zu, dann hat das u.a. Konsequenzen für die damalige Lagerung und Verfügbarkeit des bereits beschrifteten Blattes. Ist es aus der Agrarverwaltung ausgemustert worden und anschließend in die Schreibstube eines Priesters gelangt?

---

tischen Achmim, nun aber gepaart mit zahllosen Korruptelen in den Sprüchen, die auf mangelndes Verständnis seitens der Kopisten schließen lassen; s. M. MOSHER, *The Papyrus of Hor (BM EA 10479) with Papyrus MacGregor: The Late Period Tradition at Akhmim* (2001), bes. 11-22.

[15] Sog. magische Amulettpapyri liefern dafür auch zahlreiche Belege, die m.W. bislang nicht systematisch gesammelt sind. Eine Bestandsaufnahme und kritische Sichtung solcher Palimpseste wäre sicher ein lohnendes Unterfangen.

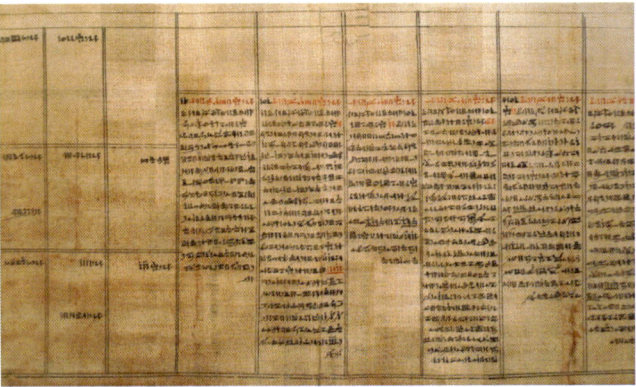

Abb. 5: Unfertiges saitenzeitliches Totenbuch (26. Dyn.)[16]

Totenbücher wurden wohl in aller Regel auf Vorrat angefertigt, indem die Schreiber dann Spatien für Titel, Namen und Filiation der endgültigen Besitzer frei ließen.[17] Dabei kam es nicht selten zu Platzproblemen, die dann Kompromisse zeitigten. Aber nicht nur daran kann man den Fertigungsprozess solcher Handschriften im Detail beobachten. Eine andere Facette sind Leerräume für ursprünglich geplante Vignetten, die dann aber wahrscheinlich aus Zeitmangel nicht mehr zur Ausführung gelangten. Auch das erzeugt Spatien größeren Umfangs wie etwa auf dem saitenzeitlichen Totenbuch des Propheten des Month von Theben namens Nespasefy aus der 26. Dyn., das insgesamt 150 Sprüche der Saitischen Rezension umfasst.[18]

Abb. 6: Instruktion an Vignettenzeichner auf Pap. New York MMA 25.3.121 A-G[19]

---

[16] R. LUCARELLI, in: J.H. TAYLOR (Hg.), *op. cit.*, 283 Fig. 151 (Marseille, Musée d'Archéologie Méditerranéenne Inv. 91/2/1 + 291). Die gesamte Rolle umfasst 560 cm in der Länge und 35-36 cm in der Höhe.

[17] Grundlegend hierzu U. RÖSSLER-KÖHLER, „Zum Problem der Spatien in altägyptischen Texten: Versuch einer Systematik von Spatientypen", in: *ASAE* 70 (1984-1985), S. 383-408.

[18] Wobei nicht einmal alle Kolumnen erhalten sind; Ed. U. VERHOEVEN, *Das Totenbuch des Monthpriesters Nespasefy aus der Zeit Psammetichs I. pKairo JE 95714 + pAlbany 1900.3.1 pKairo JE 95649 pMarseille 91/2/1 (ehem. Slg. Brunner) + Marseille 291* (1999).

[19] Publ. durch U. VERHOEVEN, *Das frühsaitische Totenbuch des Monthpriesters Chamhor C. Unter Mitarbeit von Sandra Sandri* (2017), 42ff.; s. jetzt a. H. KOCKELMANN, „How a Book of the Dead Manuscript Was Produced", in: F. SCALF (ed.), *Book of the Dead. Becoming God in Ancient Egypt* (2017), 67-74; zu dieser Instruktion mit neuer Übersetzung „Produce according to this guide which is in writing" s.a. F. SCALF, „Demotic and Hieratic

Das Totenbuch eines gewissen Chamhor (C) im Metropolitan Museum in New York trägt an einer Stelle eine interessante Instruktion an den Vignettenzeichner: *ir mi-sšm-pn nty-m-zḫ.w* –„Handle entsprechend dieser Abbildung, die in der Schrift ist!".[20]

Die Sprüche und Vignetten sind einfach oder doppelt umrahmt, eine Praxis, die letztendlich auch zur Umrahmung ganzer Textkolumnen geführt haben könnte. Angesichts der Komplexität von Layout sowie Text- und Vignettendistribution über mehrere Kolumnen hinweg wird sich ein solch gliederndes Verfahren beinahe von selbst aufgedrängt und rasch auch bewährt haben. Wann und wo genau die Rahmung ganzer Kolumnen eingeführt wurde, können wir noch nicht absolut-chronologisch bestimmen. Diese Praxis ist dann aber eine typische Erscheinung erst ab der frühen Römerzeit und dürfte dem Gebrauch in demotischen Handschriften zeitlich vorangegangen sein.[21]

Dieses Exemplar des Nespasefy ist zugleich das erste seiner Art nach einer ca. 200-jährigen Beleglücke in der Geschichte des Totenbuches, auch wenn die metatextuelle Instruktion an den Zeichner bereits eine Vorgeschichte in einem Totenbuch aus der 21. Dyn. der Bibliothèque Nationale in Paris hat.[22]An dieser Handschrift hat RAGAZZOLI den umgekehrten Fertigungsprozess beobachtet, also einen solchen mit den Vignetten als zuerst angefertigten Elementen und dem dann folgenden Wortlaut der Sprüche. Warum mal der einen und dann der anderen Variante der Vorzug gegeben wurde, mag den individuellen Präferenzen der jeweiligen Produzenten zugeschrieben werden oder den dahinter stehenden Werkstätten.

Kurze, teilweise schon kursivhieratische, Legenden mit dem bestimmten Art. *p3-* und *t3-* markieren in der Pariser Handschrift oberhalb der betreffenden Kolumnen, was an Illustration zu dem darunter stehenden Spruch dargestellt zu

---

Scholia in Funerary Papyri and their Implications for the Manufacturing Process", in: *SSEAJ* 42, 2015/16, 69-82; dort: 71f..

[20] Abgebildet bei W. FORMAN – S. QUIRKE, *Hieroglyphs & the Afterlife in Ancient Egypt* (1996), 155, dort versehentlich dem Nespasefy zugeschrieben; Korr. bei U. VERHOEVEN, *Nespasefy*, 51b.

[21] Grundlegend dazu immer noch der Aufsatz von W.J. TAIT, „Guidelines and borders in Demotic papyri", in: M. BIERBRIER (Hg.), *Papyrus: Structure and Usage* (1986), 63-89; dort 71f. und 75f. spez. zu hieratischen Manuskripten.

[22] Zu dem Pariser Papyrus s. ausführlich C. RAGAZZOLI, „The Book of the Dead of Ankhesenaset (P. BNF 62-88). Traces of a Workshop. Production or Scribal Experiments?", in: *BMSAES* 15 (2010), 225-245; dort: 234: „the marginalia were added at a preliminary phase, to indicate to the draughtsman where the illustrations were to be painted".

werden hat. Die Marginalia sind nicht positionsgenau platziert, wie man das in der Spätzeit für gewöhnlich bei der Angabe von im Text vorzunehmenden Nachträgen getan hat.[23] Sie unterscheiden sich paläographisch deutlich von den in Buchschrift geschriebenen Spruchtexten (dazu u. ein Bsp.), die den typischen Totenbuchduktus seiner Zeit repräsentieren und wie er in VERHOEVENS Studie zur *Buchschrift* von 2001 gründlich untersucht wurde. Um den Unterschied der beiden Duktūs zu verdeutlichen, hier die Gegenüberstellung einer kurzen Passage aus Kol. 6:

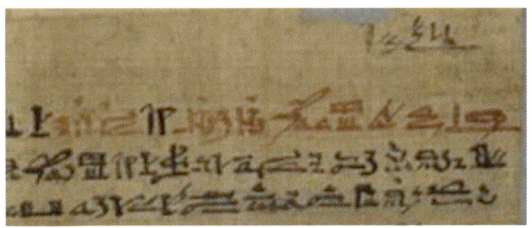

Abb. 7: Digraphien auf einem Blatt[24]

Man gewinnt zudem den Eindruck, dass diese Marginalie und der eigentliche Spruchtext mit zwei unterschiedlich dicken Binsen geschrieben wurden.

Abb. 8: Kol. 6: „Falke" = Vignette zu Tb 78: „Spruch zur Verwandlung in einen Falken"[25]

Der kursivhieratische Einschlag in der Graphie des Gottesnamens ist unübersehbar, nicht zuletzt an der Gestalt des Horusfalkens als erstem Determinativ.

---

[23] J.F. QUACK, „Positionspräzise Nachträge in spätzeitlichen Handschriften, in: *SAK* 33 (2005), 343-347.
[24] Gutes Photo dieses Ausschnittes zu finden u.: http://gallica.bnf.fr/ark:/12148/btv1b 8304507p/f1.item.zoom, sowie Gesamtaufnahmen sämtlicher Kolumnen.
[25] In dieser und in der folgenden Transkription sind der Autorin leider zwei kleine Fehler unterlaufen. Das Wort für „Falke" – *bik* – wird in beiden Fällen in der für kursivhieratische theophore Personennamen üblichen Form wie *biwk*, mit /wk/ in Ligatur, geschrieben. Man merkt dem Schreiber dieser – buchstäblichen – Marginalien also seine Vertrautheit mit Akten über Domänen und deren Pächtern an, wie sie in den von GASSE edierten *Données nouvelles* (1988) und VLEEMINGS *Papyrus Reinhardt* (1991) an der Tagesordnung sind. Diese spezielle Ligatur hat m.W. erstmalig R.A. PARKER, *A Saite Oracle Papyrus from Thebes* (1962), 54, erklärt. Die Form des Falken als Determinativ entspricht exakt der extremen Kursive in jenen Dokumenten und die sehr leicht mit der Schreibung des Wortes *ḏd* und der Komplementierung von /f-r/ von *nfr* verwechselt werden kann; s.o. Kap. 19 mit Beispielen.

Abb. 9: Kol. 9: Legenden zu „Spruch (77), sich in einen goldenen Falken zu verwandeln" (*bi(w)k*;li. Hälfte) und „Spruch (82), sich in Ptah zu verwandeln" (*ḳi*[rot]-*Ptḥ*;re. Hälfte)

Allein der GN Ptah ist von besonderer Kursivität und das Aleph von *ḳi* – „Gestalt etc." nicht minder, s.a. wieder den Horusfalken.

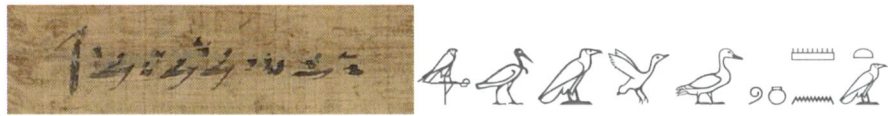

Abb. 10: Kol. 10: Legende zu „Spruch (85), sich in einen lebendigen Ba[26]zu verwandeln" (li. Hälfte) und „Spruch (86), sich in eine Schwalbe zu verwandeln" (re. Hälfte)

Zum Vergleich: Die Buchschrift-Variante des Wortes *b3* in Kol. 6,23 Anfang

sieht dagegen so aus:   .

Abb. 11: Kol. 11: „Die zwei Reiher": Vignetten zu „Spruch(83), sich in einen Phönix zu verwandeln" und zu „Spruch (84), sich in einen Reiher zu verwandeln"

Man beachte die graphische Differenzierung des auffliegenden Vogels in dem best. Art. *p3*- sowie als Determinativ zu *bnw* vor dem Zahlzeichen „2".

Abb. 12: Kol. 12: „Spruch (81A), sich in einen Lotus zu verwandeln" (in rot unterhalb der 1. Zeile des Spruchtextes)

Wieder ist der best. Art. extrem kursiv geschrieben, und im Titel des Spruches kommt dieses Wort gar nicht vor.

---

[26] Hier fehlt der Ideogrammstrich links oberhalb des Reihers.

Abb. 13: Kol. 13: „Spruch (102), in die Barke des Re hinabzusteigen"
mit Barken-Vignette am unteren Kolumnenende

Hier ist das Aleph zu einem kurzen senkrechten Strich verkümmert und die Barke mutet auch eher als Kursivhieratisch an, wozu JASNOW und VITTMANN einige einschlägige Beispiele gesammelt haben.[27]

Die Kolumnen 19 und 26 tragen zwei weitere, recht knappe, Legenden am oberen Blattrand (ein Skarabäus und das Wort ḥr– „Gesicht(?)"), deren Semantik sich nicht ohne Weiteres über den Inhalt der umgebenden Sprüche erschließt.

Falls der Zeichner und der Schreiber verschiedene Personen waren, dann konnte der erstere mit Sicherheit Hieratisch lesen, so RAGAZZOLI. Nicht auszuschließen aber auch die Option, nach der der Kopist der Sprüche auch seine andere – eher geschäftliche – Kursive für die Marginalia in Anschlag gebracht hätte. Wie dem auch sei, die Vignetten wurden sicher zuerst gezeichnet und der Wortlaut der Sprüche drum herum drapiert.[28] RAGAZZOLI hat auch auf das *dipping* dieses Totenbuchschreibers geachtet und dabei festgestellt: „It can also be observed that the scribe always paused to dip his reed in ink after the end of a word, implying that he understood what he was copying."[29]

Die Spruchtexte selbst galt es also um die Vignetten herum zu arrangieren, was in Zusammenschau mit den Marginalia einmalig in der Geschichte des ägyptischen Totenbuches sein könnte.

Spätestens in der fortgeschrittenen Ptolemäerzeit lassen sich auch regionale Unterschiede in der äußeren Anlage der Totenbuch-Handschriften feststellen. So tragen diejenigen aus Theben ihre Vignetten gerne zwischen die fortlaufenden Sprüche platziert,

---

[27] „An Abnormal Hieratic Letter to the Dead (P. Brooklyn 37.1799 E)", in: *Enchoria* 19/20 (1992/3), 23-43 und Taf. 12; dort: 31 Anm. S).

[28] BEINLICH hat zu diesem technischen Vorgang anhand seiner Edition des Buches vom Fayum auch entsprechende Beobachtungen angestellt, s. id., *Das Buch vom Fayum. Zum religiösen Eigenverständnis einer ägyptischen Landschaft* (1991), 39-54.

[29] *Loc. cit.*, 229.

Abb. 14: Spätptolemäische Tradition in Theben (BM EA 10086/6; Ptol.zt.)[30]

diejenigen aus der memphitischen Region dagegen eher oberhalb der Textkolumnen. Die Rahmenlinien sind doppelt und äußerst sorgfältig mittels eines Lineals gezogen:

Abb. 15: Memphitische Tradition (BM EA 10045/3; Ptol.zt.)[31]

Typisch für den Raum Achmim in Mittelägypten sind retrograd geschriebene Sprüche von nicht selten unglaublich korrumpierten – kursivhieroglyphischen – Texten. Diese Kopisten haben entweder wenig bis gar nichts von diesen Sprüchen verstanden oder sie haben sich nicht im Mindesten um eine wortgetreue Kopie geschert.

Totenbuchsprüche sind aber nicht nur als Funeralia und damit für das Jenseits produziert und verwendet worden. Es gibt mehrere Sprüche, die besonders gerne auch als einzige Texte auf kleinformatigen, sog. Amulettpapyri unter begleitenden Vignetten fixiert wurden. Das betrifft insbesondere die Sprüche 100

---

[30] R. LUCARELLI, in: J.H. TAYLOR (Hg.), *op. cit.*, 269 Fig. 80.
[31] R. LUCARELLI, in: J.H. TAYLOR (Hg.), *op. cit.*, 269 Fig. 81.

und 129,[32] beide zur Aufnahme des Trägers / Besitzers in der Sonnenbarke des Re bestimmt. Ob sie denn auch tatsächlich schon zu Lebzeiten als Schutzzauber in einem kleinen Behälter und am Hals getragen wurden, geht aus ihnen nicht *expressis verbis* hervor, ist aber recht wahrscheinlich. Nicht alle dieser Totenbuch-Amulette sind allerdings in Kursive geschrieben, genauso sind Kursivhieroglyphen belegt.

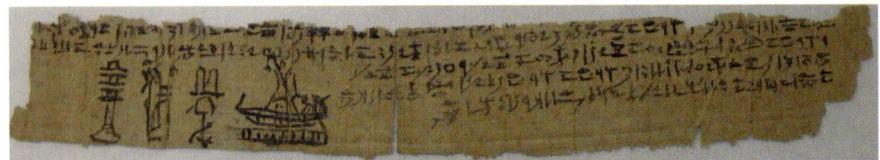

Abb. 16: Pap. Berlin P. 15785: Tb 100 als Amulett (ptolemäisch)[33]

Dieses Exemplar im Ägyptischen Museum Berlin gehört einer Dame namens *T3-Mnw*, Tochter der *T3-ḫy-biȝ*. Es misst 30 x 4,8 cm in voll entfaltetem Zustand. In seiner Grundform maß es nur ca. 4,8 x 1,7 cm und dürfte deshalb leicht in einen kleinen Container gepasst haben, der an einer Schnur um den Hals getragen werden konnte.[34]

---

[32] Diese beiden Sprüche stehen im Verhältnis von Varianten zueinander.
[33] Verf., *Magika Hieratika in Berlin, Hannover, Heidelberg und München* (2015), 152-156; dort: 156..
[34] Dazu M. KRUTZSCH, „Materialtechnische Beobachtungen während der Restaurierung", in: Verf., *Magika Hieratika*, 1-74, dort: 46f.

Die Behältnisse für solche – und originär diesseitsbezogene – Amulette müssen wir uns wie diese Beispiele vorstellen, je nach Status und Einkommen aus Edelmetallen oder billigerem Material:

Abb. 17: Amulett-Container aus kostbaren und weniger edlen Materialien
Li.: Louvre 3317 (H 5,6 cm; Gold);[35] re.: Bibl. Nat. Paris 182 (H 8,8 cm; Holz)[36]

Ein Papyrusamulett ohne einen solchen Behälter würde sehr schnell Schaden nehmen und damit wirkungslos werden.

Die Laufzeit des Totenbuchs ist in den letzten Jahren zunehmend in den Fokus des wissenschaftlichen Interesses gerückt. In Kap. 14 haben wir bereits auf den Beginn bzw. Übergang von den Sargtexten zu den frühesten Repräsentanten dieses Corpus hingewiesen, an dieser Stelle soll nun kurz auf dessen End- und Übergangsphase zum sog. „Buch-vom-Atmen" eingegangen werden (s. Kap. 22). Absolut-chronologisch dürfen wir diesen Übergang in die beiden Jahrhunderte vor und nach der Zeitenwende ansetzen. Das ist auch in etwa die Epoche, in der die allerletzten Uschebti auftreten. QUIRKE hat in einem Aufsatz von 1999 die spätesten hieratischen Totenbuchpapyri gesucht und sie sehr wahrscheinlich z.B. in Gestalt zweier British Museum-Handschriften identifizieren können.[37] Wenn auch in der soeben genannten Zeitspanne noch aus einem Corpus von 150 Sprüchen nach Belieben gewählt werden konnte, so beschränken sich die beiden Papyri BM EA 10671 und 10983 auf die Spruchtitel und anstelle des eigentlichen Wortlautes erfolgen Name und Filiation der Besitzer. Man

[35] M. ÉTIENNE, *Heka. Magie et envoutement dans l'Égypte ancienne* (2000), 55 Cat. 138: Spätzeit.
[36] I.E.S. EDWARDS, *Oracular Amuletic Decrees. Vol. 1 Text* (1960), XVIIIf. Der Papyrus darunter in original gerolltem Zustand, die beiden Köpfe repräsentieren die Sprecher des Amulettes Mut und Chons von Theben: 22.-23. Dynastie.
[37] „The Latest Books of the Dead?", in: W.V. DAVIES (Hg.), *Studies in Egyptian Antiquities. A Tribute to T.G.H. James* (1999), 83-98 und Pl. XIX-XX.

ergeht sich in Andeutungen. Die Farbe rosa spielt eine seit der späten Ptolemäerzeit dominierende Rolle in den Vignetten, das Hieratisch wirkt ungelenk und
steif, alles andere als flüssig und „elegant" wie z.B. in der Saitenzeit.

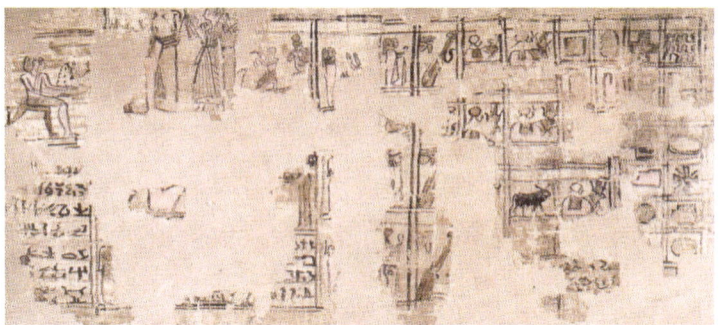

Abb. 18: Ausschnitt aus Pap. BM EA 10671[38]

Während man sich im mittelägyptischen Achmim auf die Re-Hieroglyphisie-
rung des Totenbuches verlegt, inkl. retrograder Textanordnung, also beides für
die 18. Dyn. typische Eigenschaften, praktizieren die Kopisten im thebanischen
Raum weiter die hieratische Kursive. Und erst unlängst haben TÖPFER und
MÜLLER-ROTH anhand zweier Handschriften in Tübingen und Paris diesen spätesten Repräsentanten einer um die Zeitenwende herum gut und gerne 1500
Jahre alten Tradition eine detaillierte Edition und Diskussion gewidmet, auf die
hier exemplarisch hingewiesen sei.[39] Schließlich hat STADLER zur demotisch
verfassten Totenliteratur, in die das Totenbuch ebenfalls – noch dazu in „klassischer" Sprache– eingeflossen ist, mehrere Studien vorgelegt, die den momen-
tanen Kenntnis- und Diskussionsstand reflektieren.[40]

Hinsichtlich der Identifizierung lokaler oder regionaler Unterschiede zwischen
Totenbuchmanuskripten des 1. Jt. sind inzwischen einige Fortschritte erzielt
worden. Eine Datierung und Lokalisierung bei unbekannter Provenienz ist ja
bekanntlich dann von wenig Erfolg gekrönt, wenn z.B. prosopographische und
genealogische Daten zu den Besitzern fehlen, insbesondere dann, wenn diese
nicht zusätzlich über andere Quellen eindeutig identifizierbar sind. Da die ca.

---

[38] S. QUIRKE, *loc. cit.*, Pl. XX
[39] So geschehen im Rahmen des Bonner Totenbuchprojektes: *Das Ende der Totenbuchtradition und der Übergang zum Buch vom Atmen. Die Totenbücher des Monthemhat (pTübingen 2012) und der Tanedjmet (pLouvre N 3085) (2011).*
[40] S. seine Edition *Der Totenpapyrus des Pa-Month (P. Bibl. nat. 149)* von 2003 sowie seine
*Einführung in die ägyptische Religion ptolemäisch-römischer Zeit nach den demotischen
religiösen Texten* von 2012; darin bes. die Seiten 130-136 zum Totenbuch und Übergangs-
texten wie dem *Buch der Verwandlungen* etc.

1.000 im Bonner Totenbuchprojekt erfassten Manuskripte mit Saitischer Rezension insgesamt ca. 10.000 Vignetten tragen, können zusätzlich über das Studium der Ikonographie des Totenbuches neue Erkenntnisse gewonnen werden. Von sicher lokalisier- und datierbaren Manuskripten kann man fortschreiten zu denjenigen mit diesen Unbekannten. Auf diesem Felde waren z.B. MOSHER und MÜLLER-ROTH in den letzten ca. 25 Jahren sehr aktiv und erfolgreich.[41] Das Hieratische als Datierungskriterium – s. wieder VERHOEVENS Studie zur *Buchschrift* – ist dabei natürlich keinesfalls zu vergessen, sollte aber stets in Kombination mit anderen Kriterien in Anschlag gebracht werden.

Das späteste Totenbuch überhaupt ist aber nicht mehr in Hieratisch, sondern bereits komplett in demotischer Schrift wie Sprache notiert und datiert in Jahr 63 n. Chr. Erhalten ist es auf dem wohl aus einem thebanischen Grab stammenden Pap. Bibl. Nat. 149 in Paris. Nach den ersten 16 Zeilen mit einem Auszug aus dem „Buch vom Durchwandeln der Ewigkeit" enthält es eine Version von Tb 125 mit der Negativen Konfession. STADLER hat diesem letzten Textzeugen einer bis dato ca. 170-jährigen Tradition eine ausführliche Monographie gewidmet.[42] Im Text finden sich sogar noch Vignettenbeschreibungen, die aber nicht mehr zur Ausführung gelangt sind(Kol. I 16-24).

---

[41] Wesentliche Lit. zu finden über den exemplarisch an den Vignetten zu Tb 88; 154; 149a; e; h; m; und 149n orientierten Aufsatz „From Memphis to Thebes: Local traditions in the Late Period" von M. MÜLLER-ROTH, in: *BMSAES* 15 (2010), 173-187.

[42] *Der Totenpapyrus des Pa-Month (P. Bibl. Nat. 149)* (2003); Rez. dazu von M. COENEN, in: *BiOr* 59 (2004), 499-501; J.F. QUACK, in: *WdO* 35 (2005), 188-193. S.a. J. QUAEGEBEUR, „Books of Thoth Belonging to Owners of Portraits? On Dating Late Hieratic Funerary Papyri", in: M.L. BIERBREIER (Hg.), *Portraits and Masks. Burial Customs in Roman Egypt* (1997), 72-78; dort: 72b: „Even the demotic papyrus Pamonthes ... can, in view of its contents, hardly be considered a genuine Book of the Dead. It is another, demotic, Book of Thoth. These late funerary books are in some sense predecessors of what is called in Greek ‚the Books of Hermes'". Allerdings sollte diese Bemerkung keinesfalls dazu verleiten, das von JASNOW und ZAUZICH rekonstruierte „Book of Thoth" damit gleichzusetzen; s. dazu die *editio princeps The Ancient Egyptian Book of Thoth. Vol. 1: Text – Vol. 2: Plates* (2005), sowie die wichtigen Beiträge von J.F. QUACK, in: *Archiv f. Religionsgeschichte* 9 (2007), 259-294 (inkl. komplette Neüübers.) und id., in: *SAK* 36 (2007), 249-295. S.a. den Beitrag von LEITZ zum sog. Geiertext" innerhalb dieser Komposition in: *Rd'É* 62 (2012), 137-186. Deren Korrekturen haben inzwischen zu der von JASNOW und ZAUZICH revidierten Neüübersetzung *Conversations in the House of Life. A New Translation of the Ancient Egyptian Book of Thoth* (2014) geführt, rez. von G. VITTMANN, in: *Cd'É* 91 (2016).

## I.2    Hieratisierung des Totenbuchs im 1. Jt. – Mumienbinden

Wir haben bereits notiert, dass die Datierung von Handschriften im 1. Jt. v. Chr.
nicht selten an ihre Grenzen stößt, wie VERHOEVEN ja hinreichend deutlich gemacht hat in ihren *Untersuchungen zur späthieratischen Buchschrift*. Sind die
Titel- und Namenangaben in Totenbüchern z.B. einwandfrei mit identischen
außerhalb einer solchen Quelle bezeugten zu korrelieren, so dass wir von per-
soneller Identität ausgehen dürfen, dann ist das schon geradezu ein Glücksfall.
Nun sind aber Totenbücher im 1. Jt. nicht nur auf Papyri kopiert worden, sondern in geradezu ungeheurer Menge und Länge auch auf Mumienbinden. Bis
vor kurzem mussten wir diese Textzeugen mühsam zusammensuchen, um mit
ihnen arbeiten zu können. Diese Arbeit hat uns KOCKELMANN nun dankens-
werterweise abgenommen und besonders im Rahmen seiner Dissertation ein
Grundlagenwerk zur Typologie dieser Objektgattung dazu bereitgestellt.[43]
Auch außerhalb seiner Monographie hat er sich speziell mitderen expliziten
Datierungskriterien über Personennamen, deren Genealogie und Titel, auch
und gerade in demotischer Schrift und Sprache, beschäftigt.[44] Spätestens ab der
Ptolemäerzeit werden wir bei der Datierung derartiger hieratischer Manuskripte
auch die nicht seltenen demotischen „Einsprengsel" und Vermerke mit zu be-
rücksichtigen haben, die zugleich die von nun an zu beobachtende Digraphie
Hieratisch – Demotisch sehr schön illustrieren.[45]

---

[43] *Untersuchungen zu den späten Totenbuch-Handschriften auf Mumienbinden* 2 Bde.
(2008).
[44] „Notiz zur möglichen Datierung zweier Totenbuch-Handschriften auf Mumienbinden",
in: *GM* 224 (2010), 5f. (über die Titulatur; zugleich die früheste ihrer Art in der 26. Dyn.);
weitere Arbeiten dazu von id. z.B., „Vier späte Leinenamulette für Mumien im Kunsthistorischen Museum Wien und im Museum of Archaeology and Anthropology, University of
Pennsylvania", in: *SAK* 31 (2003), 235-260; „Zur Lesung einiger Personennamen auf Totenbuch-Mumienbinden", in: *GM* 198 (2004), 23-37.
[45] Zu hieratisch-demotischen Digraphien von Personennamen auf solchen Binden s. id.,
„Zwei Personennamen in Hieratisch-Demotischer Mischschreibung: Anmerkungen zur graphischen Form und Lesung der Besitzernamen in den Totenbuch-Handschriften pLondon,
British Museum EA 10306 und Madrid Inv. 84/79/IX/10", in: *Rd'É* 55 (2004), 167-171. Dass
diese Digraphie auch kursivhieroglyphisch geschriebene religiöse Werke wie so bedeutende
Traktate auf dem Pap. Jumilhac betrifft, sei schon hier kurz vermerkt, auch wenn wir den
Pap. Jumilhac aufgrund seiner dominierenden hieroglyphischen, eben nicht hieratischen,
Schriftart nicht eigens abhandeln werden.

Abb. 19: Zweimal derselbe Name *P(ȝ)-di-Nfr-tm* digraph[46]

Ein Beispiel sei dafür angeführt. Auf der Mumienbinde des Padi-Nefertem, Sohn der Dini-Bastetiri, erscheint der Besitzername sowohl in Hieratisch, als auch in Demotisch. Letztere Version fungiert interessanterweise aber nicht als Ausweis der Beherrschung der beiden Kursiven durch den Besitzer, vielmehr steht die demotische Variante als Platzhalterin bei einer der Vignetten zu Tb 150, so dass die hieratische Beschriftung an der Stelle unterbleiben musste. Man könnte es auch so nennen: Hier stand ein demotischer Reservierungsvermerk der eigentlich avisierten Beschriftung im Weg. Weitergedacht bedeutet dies, dass diese Notiz wegen der materiell unmöglichen Entfernung der Tinte aus Leinenstoff nicht zu einem Palimpsest mit anschließender hieratischer Beschriftung hat gemacht werden können. Auf einer Papyrusunterlage wäre dies ja kein Problem gewesen, s.o. das Bsp. BM EA 9974 aus der 21. Dynastie.

Nun aber ein besonders gut erhaltenes und noch dazu das längste illustrierte Exemplar seiner Art im Bild. Der rechte – zudem komplett – erhaltene Anfang der Binde BM EA 10265 (spätes 3. – frühes 2. Jh.) veranschaulicht gleich mehrere Eigenschaften dieser Gattung. Die Figuren zeigen typisch ptolemäische Darstellungskonventionen wie Gewänder und Kopfformen. Der thronende Osiris ist von einer – bemüht wirkenden – hieroglyphischen Rezitation frontal umrahmt, ebenso erscheinen Titulatur und Name des verstorbenen Ptahpriesters namens Hor sowie die Beischrift vor der Mondsichel des Thot. Ganz rechts steht der Titel des „Anfangs der Sprüche vom Herauskommen am Tage …" in zierlich und mit dünner Binse geschriebenem Hieratisch.

---

[46] H. KOCKELMANN, in: *GM* 198 (2004), 34f. (Mumienbinde Museum St. Petersburg 1112a-c). Irritierend wirkt dagegen der völlig andere Drall in der Graphie des Mutternamens *Di-n=i-Bȝst.t-iry* ⟨⟩ , als ob von anderer Hand.

Abb. 20: Anfang der Binde BM EA 10265[47]

Am rechten Rand – hier nicht abgebildet – steht der Vermerk für den Hersteller *pȝ-mḥ-1* – „Die erste (Binde)", mit dessen Hilfe entsprechend aneinander zu reihende Bindenstreifen korrekt platziert werden konnten. Dafür sind zahlreiche Belege bekannt. BM EA 10265 ist außerdem das längste bislang bekannte Exemplar mit einer Gesamtlänge von 242,2 cm und einer Höhe von 16,2 cm – 17,7 cm.

Zum Abschluss dieses Abschnittes sei noch kurz ein Konvolut archäologisch dokumentierter Mumienbinden vorgestellt, das im Verlaufe eines Heidelberg-Leipziger Projektes zutage kam. Die entsprechenden Funde sind im Verlaufe der Dokumentationsarbeiten des thebanischen Grabes TT 157, dem des Hohepriesters von Karnak namens Nebwenenef aus der Frühzeit Ramses' II., in sekundären oder Nachbestattungen aus der Ptolemäerzeit zutage getreten.[48] In mehreren Schächten innerhalb des Vorhofes fanden sich Sekundärbestattungen aus der späten Ptolemäerzeit. Dazu gehörten auch zahlreich und ganz überwiegend recht gut erhaltene Mumienbinden und –bandagen, nebst Kartonnagen, Sargfragmente etc. Einige der Mumienbinden sind fortlaufend durchnummeriert und bisweilen sogar datiert. Die Datierungen sind durchgehend hieroglyphisch ausgeführt, die Nummerierungen dagegen in hieratisch.

---

[47] I. MUNRO, in: J.H. TAYLOR (Hg.), *Journey Through the Afterlife* (2010), 79 No. 32. Bearb. bei H. KOCKELMANN, *Untersuchungen zu den späten Totenbuch-Handschriften auf Mumienbinden I*, 1 und Taf. 2-3.
[48] Es handelt sich um ein von 2005–2010 von der DFG gefördertes Projekt unter der Leitung von ASSMANN und dem Verf. sowie der Grabungsdirektion von KUBISCH und SEYFRIED.

Ein Beispiel mit der Nennung eines Gottesvaters Anchefenchonsu, seines Zeichens Sohn einer Sängerin des Amun-Re unvollständig erhaltenen Namens ist dieses Exemplar:[49]

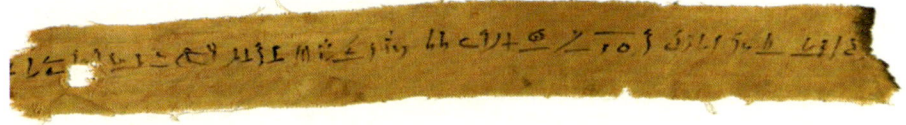

*ḏd-mdw.w in Wsir it-nṯr ʿnḫ=f-n-Ḫnsw mꜣʿ-ḫrw*
*ms.n nb.t-pr iḥy.t n Imn-Rʿw Tꜣ-ip*[…]

„Rezitation durch den Osiris des[50] Gottesvaters Anchefenchonsu selig,
geboren der Hausherrin (und) Musikantin des Amun-Re *Tꜣ-ip*[… …]“
Abb 21: Mumienbinde aus Vorhofschacht von TT 157 (Inv.-Nr. 157.66)

Stil oder Duktus dieser Art von Hieratisch sind nur schwer adjektivisch zu charakterisieren. Eigentlich müsste beinahe jede einzelne Zeichenform annotiert werden, weil sie nicht wenig aus dem Rahmen des von Totenbuch-Papyri Bekannten herausfallen. Allein die Notierung des Wortes *nb.t* in dem Titel *nb.t-pr* der Mutter des Besitzers durch drei Punkte – ▪▪▪ – verdient Beachtung. Die zwei Zeichen im Epitheton *mꜣʿ-ḫrw* – 𓏏𓏏 – sind kaum voneinander unterscheidbar.[51]

Allein anhand paläographischer Kriterien wären diese Objekte bzw. ihre Aufschriften nicht präzise datierbar gewesen. Es kommt aber in diesem Falle der erfreuliche Umstand hinzu, dass dieses Grab in der Ptolemäerzeit von einer thebanischen Priesterfamilie als ihr Bestattungsplatz quasi usurpiert wurde. Das entsprach im 2. Jh. v. Chr. bereits einer uralten Sitte. Diese Familie bestand aus *wꜣḥ-mw*-Choachyten, also Wasserlibierern, deren Dienste käuflich waren wie die von heutigen Friedhofsgärtnern, nur dass diese keine kultischen Handlungen mehr vollziehen. Zahlreiche Namen dieser Choachyten sind uns aus demotischen Urkunden eines Familienarchivs gut bekannt, und diese Urkunden

---

[49] Aus: Heidelberg-Leipziger Dokumentation des Grabes TT 157 (Nebwenenef), unpubl., Verf. (i.V.).
[50] Dazu statt des alten „Osiris (=) NN" ausführlich M. SMITH, „Osiris NN or Osiris of NN?", in: *SAT* 11 (2006), 325-338; id., New References to the Deceased as *Wsir n NN* from the Third Intermediate Period and the Earliest Reference to a Deceased Woman as *Ḥ.t-Ḥr n NN*', in: *Rd'É* 63 (2012), 193-202 (frdl. Hinw. L. Gestermann)
[51] Die weitere Rekonstruktion dieser Mumienbinden aus dem Vorhof von TT 157 muss noch zeigen, ob die Anschlussstücke vorhanden sind und welche Tb-Sprüche o.a. sich darauf befinden. Dies wird im Rahmen der Gesamtpublikation zu Grab und Funden geschehen.

wurden aktengemäß auf Jahr, Monat und Tag genau datiert.[52] Eine Umrechnung dieser Datumsangaben in unseren gregorianischen Kalender bietet keinerlei Unsicherheiten, da die absolute Datierung spätestens ab der 26. Dyn. (664-525) gesichert ist.

Das genannte Archiv wird in der Demotistik als das 2. Choachyten-Archiv gezählt, in dem das Grab TT 157 des Nebwenenef in gräzisierter Form als θυναβουνούν aufscheint. Das ist die Entsprechung der demotischen Form *t($3$)-ḥw(.t)-n-nb-wnn(=f)*– „Das-Grab-des-Nabunún". Wir befinden uns mit diesem Archiv um das Jahr 146 v. Chr. In den demotischen Urkunden werden nun überwiegend männliche Namen erwähnt, auf den Mumienbinden und -etiketten aber nicht nur diese, sondern auch nicht selten deren Filiation, also auch deren Mütternamen. M.a.W., profane demotische und sakrale hieratische Quellen ergänzen einander und erstere datieren letztere auf ± 10 Jahre genau. Das hat für deren paläographische Fixierung gravierende Konsequenzen, können wir die ptolemäischen Hieratika aus den Schächten dieses Grabes nun doch als Ausgangspunkt für die Datierung vergleichbarer Handschriften aus dem thebanischen Raum heranziehen, die solch eines idealen Zusammengehens unterschiedlicher Quellen entbehren.

In dem gleichen Grab des Nebwenenef sind auch mehrere Mumienbinden-Fragmente mit Auszügen aus einem der literarischen Nachfahren des Totenbuches zum Vorschein gekommen. Gemeint ist das sog. Buch vom Atmen, auf den genannten Stoffstreifen in hieroglyphischer Version. Diese Komposition ist nach bisherigem Kenntnisstand spätestens ab dem 1. Jh. v. Chr. belegt und es wäre, wenn die Datierung ins 2. Jh. v. Chr. stimmen sollte, ein sehr frühes Exemplar. Wir werden auf diese Komposition im Rahmen des nächsten Kapitels noch zu sprechen kommen.

---

[52] P.W. PESTMAN, *The Archive of the Theban Choachytes (Second Century B.C.) A Survey of the Demotic and Greek Papyri Contained in the Archive* (1993).

## II.    Literatur in Späthieratisch

Abb. 22: Pap. Vandier – Saitische Totenbuchrezension verhilft zur Wiedergewinnung von
Literatur[53]

Bisweilen helfen sogar fragmentierte Totenbuch-Handschriften auf dem Recto
bei der Rekonstruktion von Texten anderen Genres auf ihrer Verso-Seite, die
gewöhnlich frei gelassen wurde. So ist es z.B. POSENER unter Zugrundelegung
der Saitischen Spruchrezension und ihrer dazugehörigen Sequenz gelungen, einen auf einem solchen Verso notierten – und bis heute einmaligen – literarischen Text weitgehend zu rekonstruieren.[54] Nach Anordnung der Recto-Seiten
der Fragmente gemäß der ihm bekannten Spruchfolge brauchte er das Ergebnis
schlussendlich nur noch umzudrehen und hatte so mehr oder weniger komplett
den roten Faden einer Erzählung über einen Pharao namens Sa-Sobeq und seine
intriganten Magier. Für diese Erzählung ist der nach dem Ägyptologen VAN-
DIER benannte Papyrus aus der 26. Dyn.[55] bekannt geworden, bildet diese
Handschrift doch wie gesagt den bislang einzigen Textzeugen dieser u.a. höfischen Erzählung. Dahingegen sind die Totenbuch-Sprüche auf dem Recto vergleichsweise Massenware und in diesem konkreten Fall paläographisch von
nachgeordnetem Interesse.[56] Diese Spruchkollektion ist zudem eine Muster-
oder Masterkopie für ein später zu individualisierendes Exemplar, denn anstelle
eines Eigennamens steht dort *mn ms.n-mn.t* – „NN, geboren der NN".

---

[53]  Ausschnitt aus den Zeilen von Kol. 1,11-12 unter: http://egyptologie.univ-li-
lle3.fr/IMG/media/papyrus-pl-139-a-rect.html (Zugriff 21.02.2107). Die dort aufgelisteten
Aufnahmen der einzelnen Kolumnen des Papyrus sind leider nicht aufrufbar, so dass wir uns
mit diesem Ausschnitt einstweilen begnügen müssen.
[54] *Le Papyrus Vandier* (1985). Die im Anhang seiner Edition gebotenen Photos eignen sich
für eine Lektüre im akademischen Unterricht leider nur wenig, da die Rubren durchweg un-
kenntlich sind. Dafür bräuchte es Spezialaufnahmen, wie man sie auf der website des Institut
de Papyrologie et d'Egyptologie de Lille eigentlich erwarten würde; s. letzte Anm.
[55] Zur Datierung s. U. VERHOEVEN, *Buchschrift*, 329-337: um 600 v. Chr.
[56] G. POSENER, *Le Papyrus Vandier* (1985); s. dort bes. die Seiten 2-3 mit einer Beschreibung
seiner materiellen Rekonstruktion der Papyrusfragmente; s. a. die Übersetzung von J.F.
QUACK, in: F. HOFFMANN – id., *Anthologie der demotischen Literatur* (2007), 153–160 und
Anm. auf S. 345ff.

Beide Seiten des Papyrus sind in einem sehr gepflegten literarischen Hieratisch beschriftet, das keine großen Entzifferungsprobleme bereitet. Im Falle der Erzählung kommt nur der bemerkenswerte Umstand hinzu, dass sein Wortlaut spätneuägyptische und früh- oder protodemotische Grammatik sowie z.T. auch schon demotisches Vokabular aufweist. An dieser Erzählung sehen wir, wie eine altehrwürdige Kursive mit „moderner(er)" Sprache kombiniert werden kann, für die es auch einen eigenständigen Terminus, nämlich Demotisch, gibt.[57] Hieratisch hat ja bekanntlich keine solche doppelte Bedeutung. Die hieratische Kursive dieser Erzählung unterscheidet sich substantiell in nichts von der zeitgenössischen Kursive (26. Dyn.) auf Totenbüchern oder magischen Amuletten.[58]

Abb. 23: Die späteste Lehre in Hieratisch
(Pap. Brooklyn 47.218.135 Kol. x+1,14-17; 26. Dyn.)[59]

Lange Zeit galt die Lehre Amenemopes als die späteste in Hieratisch überlieferte aus dem pharaonischen Ägypten. Doch im Grunde wussten wir seit 1962 von der Existenz einer noch späteren Komposition dieses Genres,[60] nur sollte es eben bis zu JASNOWs Chicagoer Dissertation Ende der 80er Jahre dauern, dass der gesamte Text oder was davon noch übrig war vorlag. Inhaltlich setzt diese Lehre durchaus neue Akzente insofern, als sie zum einen – reichlich über-

---

[57] Dazu spez. SHISHA-HALEVY mit seiner ausführlichen Erstanalyse der Grammatik in: *JAOS* 109 (1989), 421-435, sowie QUACK mit zahlreichen weiteren einschlägigen Beobachtungen hierzu in seinem Beitrag „Notes en marge du papyrus Vandier", in: *Rd'É* 46 (1995), 163-170.

[58] Diese können hier aus Platzgründen nicht en détail besprochen werden; exemplarisch s. die beiden aus dem Kestner-Museum in Hannover bei Verf., *Magika Hieratika in Berlin, Hannover, Heidelberg und München* (2015), Nr. 16 und 17 mit Verweis auf vergleichbare Exemplare in anderen Sammlungen.

[59] R. JASNOW, *A Late Period Hieratic Wisdom Text* (P. Brooklyn 47.218.135) (1992), Fig. 2; s.a. die Rez. von QUACK samt Übers. ins Deutsche, in: *WdO* 24 (1993), 5-19; J. WINAND, in: *Cd'É* 73 (1998), 42-53, für eine solche ins Französische. Zur paläographischen Datierung U. VERHOEVEN, *Buchschrift*, 319-328: Ende der 26. Dynastie, jedenfalls *post*-Apries (589-570), der in der Einleitung genannt wird.

[60] R. JASNOW, *op. cit.*, 1, mit Verweis auf den Vortrag von POSENER und SAINT FARE GARNOT auf einem Kongress in Strasbourg.

raschend – mit einem Hymnus auf einen König (Apries) beginnt und zum anderen einen Schwerpunkt im sozialen Milieu von Herr und Diener setzt. Entlang der Goldenen Regel gilt es sein Verhalten auszurichten, und ähnlich wie
in der Lehre des Kairsu aus der 12. Dyn. wird auch die Einsicht vermittelt, dass
die Abhängigen im Produktionsbereich für die Nicht-Produzierenden von entscheidender Bedeutung seien, man nicht auf sie verzichten könne. Aber wer
hier zum wem spricht, ist infolge der weitgehenden Fragmentierung des Anfangs nicht mehr erkennbar.

Es ist – rein schriftgeschichtlich – alles andere als verwunderlich, dass diese
Lehre in Hieratisch niedergeschrieben wurde, denn in welcher anderen Schriftart hätte sich auch sonst daherkommen sollen? Hieroglyphen scheiden von
vornherein für die Verschriftung von Literatur im zirkulierenden Sinne von all-
tagsübergreifenden Werken aus, und Frühdemotisch war – zu Apries' Zeiten –
erst im Entstehen begriffen, und selbst in den Jahrzehnten danach noch im
Kommen, das aber auch ausschließlich für Urkunden (s.o. Kap. 19). Aber weshalb wurde hier kein Gebrauch von aktuellem Abnormhieratisch gemacht wie
im Falle der Erzählung des Papyrus Queen's College? Sollte mit der Wahl der
zeitgenössischen Buchschrift dem Werk eine gewisse Anciennität und Reve-
renz vor der Geschichte ihrer Gattung verliehen werden? Auszuschließen ist
das keineswegs.

Mit diesem Text, den beiden abnormhieratisch geschriebenen auf der Holztafel
aus dem Asasif und auf dem Queen's College-Papyrus (für beide s. wieder Kap.
19) ist der gegenwärtige Bestand an Literaturproduktion nach der 3. Zwzt. auch
schon erschöpft, wenn wir die unklare Datierung der Amenemope-Lehre einmal ausklammern. Was wir darüber hinaus noch vorliegen haben, sind Fragmente von einstmals wohl kompletten Abschriften „klassischer" Literatur wie
der Lehre des Chety und der des Königs Amenemhet. So hat BURKARD 1977
im Anhang seiner Dissertation zur Überlieferung von Lehren des MR ein kleines Berliner Fragment aus Elephantine mit winzigen Resten der Königslehre
vorlegen können, die für eine erheblich längere Bekanntheit dieses Werkes
spricht, als bis dato angenommen (§ IIa-IVa).[61] Und QUACK führt in diesem
Zusammenhang der Tradition älterer Literatur noch die Teilkopien der Chety-

---

[61] *Textkritische Untersuchungen zu ägyptischen Weisheitslehren des Alten und Mittleren
Reiches*, 7f. und 341 sowie die Taf. im Anhang mit Photo und Trskr. von Pap. Berlin P.
23045. Inzwischen geht niemand mehr ernsthaft von der Datierung irgendeines der von ihm
behandelten Werke ins AR aus.

Lehre sowie der dem Prinzen Hordjedef zugeschriebenen aus der Saitenzeit an.[62] Im Jahre 2003 schließlich macht QUACK seinen Fund eines weiteren Fragments des gleichen Berliner Papyrus P. 23045 bekannt, das in Z. 1 einen Passus aus dem Schlusskapitel der Chety-Lehre bietet und in den Zeilen 2-4 Reste aus dem Anfang des Amenemhet-Textes, der mit dem von Burkard identifizierten Part zusammen zu ein und derselben Kolumne gehört hat.[63]

Abb. 24: Berlin P. 23045: Indirekter *join* bei noch zu findendem *missing link*[64]

Es ist davon auszugehen, dass dieser Papyrus P. 23045 in seinem ursprünglichen Zustand beide Werke in voller Länge enthalten hat. Trifft diese Annahme zu, dann spräche das in der Tat sehr stark für die Anfertigung und Pflege von „Sammelhandschriften" mit Werken der klassischen Literatur.[65]

---

[62]*Studien zur Lehre für Merikare* (1992), 13.

[63] „Aus einer spätzeitlichen literarischen Sammelhandschrift", in: *ZÄS* 130 (2003), 182-185 mit Taf. XLV. QUACKs Fund ist das obere, BURKARDs Fund das untere Fragment.

[64] J.F. QUACK, *loc. cit.*, XLV.

[65] Eine Passage von Verf. als Zitat aus der Chety-Lehre erklärte Inschrift auf einer Terrakotta-Figur aus dem British Museum hat sich inzwischen als moderne – aber geschickte! – Fälschung erwiesen; s. die „Notiz zur Inschrift auf der Terrakotta BM von H.-W. Fischer-Elfert" im Anhang zu dem Beitrag „Les terres cuites d'Harpocrate-au-Faucon-sur-le-Pilier" von H. GYÖRY, in: *Aegyptus et Pannonia 1. Acta Symposii anno 2000* (2002), 65-98; dort: 94f.; zur Entlarvung als Fälschung mit überzeugenden Argumenten S. SANDRI, „Echt oder falsch? Hieroglyphische Inschriften auf gräko-ägyptischen Terrakotten", in: *Cd'É* 85 (2010), 314-330; dort 314-316.

„Alte" Lehren waren also alles andere als obsolet und der Verfasser der Brooklyn-Lehre wird diese – zumindest in Gestalt zeitgenössischer Vorlagen – gekannt haben, und damit auch ihren hieratischen Duktus.

## III.  Wissenschaften und deren Kanonisierung in der Spät- und Ptolemä- erzeit

Vielleicht schon in pharaonischer Zeit selbst als *sbȝy.t* – „Lehre" klassifiziert, kennen wir ja nicht erst aus demotischen Quellen paradigmatische Listen ägyptischer Wörter, Namen und kompletter Sätze. Das – selektive – Paradigma der Suffixe auf dem ramessidischen Ostr. Petrie 28 haben wir schon in Kap. 15 kennengelernt. Spätestens in der 3. Zwzt. kommen regelrechte Übersetzungsübungen ganzer Sätze – eventuell auch Verse – hinzu. So hat CAMINOS das Fragment einer wahrscheinlich als Lehrbuch zu deutenden Interlinearübersetzung von Sätzen in *Égyptien de tradition* in jüngeres Ägyptisch ediert.[66] Wir bewegen uns damit in altägyptischer Diglossie.[67] Bis auf einen Fall (s.u.) folgt auf eine Zeile mit der älteren Version die nächste mit der jüngeren Version. Dabei werden vornehmlich Wörter ausgetauscht, die wahrscheinlich dem moderneren Wortschatz Rechnung tragen. Die Schreiberhand charakterisiert und datiert CAMINOS vorsichtig so: „It is a literary, as opposed to business, hand, rather heavy and devoid of ligatures. I should tentatively judge it to be post-Ramesside, but not later than the Twenty-Second Dynasty." Er verweist dazu auf ein Totenbuch in Chicago,[68] damit implizit auf die – vermutete – zeitgenössische Totenbuchkursive.

---

[66] Der Terminus *Égyptien de tradition* geht auf VERNUS zurück und bezeichnet eine klassisches Mittelägyptisch imitierende Sprachvariante; s. z.B. id., „Langue littéraire et diglossie", in: A. LOPRIENO (Hg.), *Ancient Egyptian Literature. History and Forms* (1996), 555-564. Der Beitrag von CAMINOS findet sich unter dem Titel „A Fragmentary Hieratic School-Book in the British Museum", in: *JEA* 54 (1968), 114-120 und Pl. XVIII/A.

[67] K. JANSEN-WINKELN, „Diglossie und Zweisprachigkeit im Alten Ägypten", in: *WZKM* 85 (1995), 85-115.

[68] Pap. Chicago OI 18039; s. u. Totenbuchprojekt Bonn, TM 134407, <totenbuch.awk.nrw.de/objekt/tm134407>

Abb. 25: Intralineare Übersetzung: *in.w ḥr<.w> dd r t3 = t3 \*iwn n{w}n3 rmt̠.w ḫ3ˁ r-bl*[69]

In Übersetzung lautet das Exemplum dann etwa so:

> „Tribute-der-Gesicht<er>(= Menschen) sind gelegt zur Erde =
> Die \*Schiffslast der Leute ist geworfen nach draußen."

Die Details dieser von der CAMINOS'schen Wiedergabe abweichenden Übersetzung haben wir andernorts geliefert und diese sollen hier nicht wiederholt
werden.[70] So unverständlich oder wenig nachvollziehbar nur dieses eine Beispiel auch erscheinen mag, es bildet beileibe keine Ausnahme von „semanti-
schem Defizit" in Sprachübungen dieser Art. Es kam nicht auf Authentizität
des Gesagten an, sondern auf Einübung semantischer Sensibilität und syntakti-
scher Korrektheit. Der „Sinn" blieb dabei mitunter auf der Strecke.[71]

Im Unterschied zu diesem „Lehrbuch der ägyptischen Sprache" mit seinen ganz
überwiegend *interlinearen* Übersetzungen bietet die von QUACK gleichfalls im
British Museum entdeckte und in die 26.-27. Dyn. datierte Handschrift BM EA
69574 durchweg *intralineare* Übertragungen vom Mittelägyptischen ins Frühdemotische, aber eben noch in hieratischer Schrift.[72] Zur Hand sagt er: „The
hand is clearly of the Late Period, and as clearly pre-Ptolemaic. Given the well-
known difficulties in dating uncial hands of the Late Period, I would not venture
beyond a guess of ‚probably Dynasties Twenty-six to Twenty-seven'".

---

[69] Pap. BM EA 10298 Kol. x+2,4-6.
[70] Verf., „Vermischtes", in: *GM* 127 (1992), 33-47; dort: 44-47.
[71] Das gilt z.B. auch für die demotische Schulübung auf Pap. Berlin P. 13639, ed. W. ERICH-
SEN, *Eine demotische Schulübung in demotischer Schrift* (1948). Zu einer Neubearbeitung
dieses Textes s. jetzt Nachtrag zu Kap. 21 PRADA (2018) in Lit.-Verzeichnis.
[72] „A New Bilingual Fragment from the British Museum (Papyrus BM EA 69574)", in: *JEA*
55 (1999), 153-164  und Pl. XXII-XXIII; dort: 153 das Zitat; *n3:km=f* ist das demotische
Adjektiv mit dem Präfix *n3:*, ebenso wie in *n3-ḥs=f*.

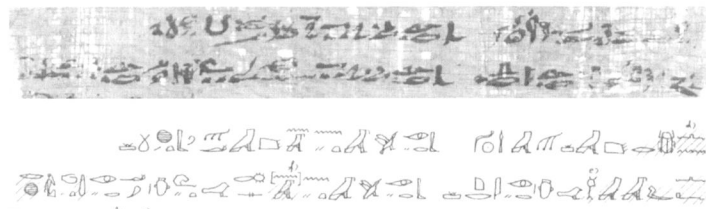

Abb. 26: Pap. BM EA 69574: Vom Klassisch-Ägyptischen ins Frühdemotische:

4) „Schwarzes wird nicht weiß = Nicht wird das, was schwarz ist, hell (leuchtend).
5) Es gibt keinen Vergesslichen, der ordentlich handelt = Der, dessen Herz schwach ist, pflegt keine Kompetenz (*md.t-rḫ*) zu praktizieren."[73]

So erratisch diese Sätze auch aufeinander zu folgen scheinen, so führt QUACK einige Argumente dafür ins Feld, in dieser Satz- oder Verssammlung mehr als nur eine bilinguale Schulstunde zu sehen. Rekurrente Stichwörter wie „Hirte", „Stall" und „Feld" sprechen für ein pastorales *setting*. Suffixpronomina der 1. und 2. Pers. Sg. mask. sprechen für eine Art Dialog, dennoch hält er sich zurück, die zwei Fragmente auf eine Stufe mit den aus der klassisch-griechischen Literatur bekannten bukolischen Idyllen – etwa eines Theokrit (um 270 v. Chr.) – stellen zu wollen. Stattdessen spricht doch einiges für Lehrhaftes: „In fact, the chain of thought rather points towards a more ‚sapiential' composition."[74] Abgesehen von der Frage der Gattungszugehörigkeit, wenn so überhaupt von Relevanz für den antiken Autoren und sein Auditorium, bieten die zwei Fragmente für uns Ägyptologen entscheidende Hinweise auf die Existenz von sog. *emphatischen* oder *substantivischen* Verbalformen schon im Mittelägyptischen. Denn diese Formen werden durch ihre Verwendung in mehreren der intralinearen demotischen Übersetzungen unbedingt suggeriert, wenn nicht gar gefordert. Diese Fragmente sind folglich in doppelter Hinsicht von lehrhaftem Charakter, für die spätzeitlichen Schüler der eigenen Sprache sowie für uns Ägyptologen, die wir immer noch mühsam an ein besseres Verständnis des Ägyptischen zu gelangen versuchen.

Vielleicht in die Phase des Wechsels vom Kursivhieratischen zum Frühdemotischen und damit ins 6. Jh. v. Chr. (s. Kap. 19) fällt ein Fragment in der japanischen Sammlung von Hachishi Suzuki. Recto und Verso enthalten eine Liste von Wörtern und Personennamen in einer Mischung aus Frühdemotisch und Buchhieratisch.

---

[73] *Loc. cit.*, 158 (Fr. A, 4-5).
[74] *Loc. cit.*, 162.

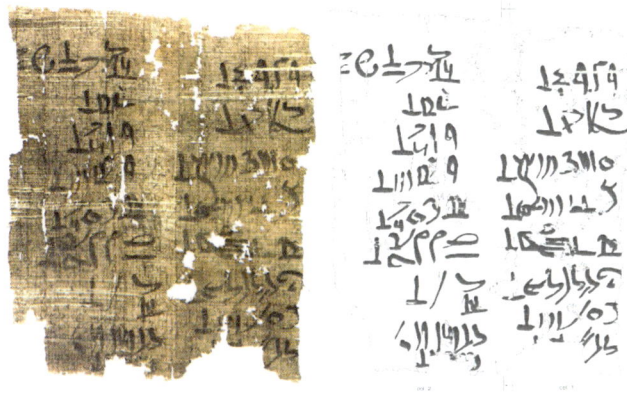

Abb. 27: Pap. Suzuki d 4 Recto samt Faksimile[75]

Auf einem nach Beobachtungen von KRUTZSCH aus dem Neuen Reich(!) stammenden Palimpsest-Papyrus von wahrscheinlich thebanischer Herkunft finden sich in den leidlich erhaltenen vier Kolumnen u.a. Einträge zu diversen Gefäßen und Gerätschaften aus Metall sowie mindestens vier Namen von Personen wie Petese, Nesmin und Imhotep. Auf dem Verso lesen wir Namen von Bandagen, wie sie im Balsamierungsritual von Apis-Stier und menschlichen Mumien zum Einsatz gekommen sind oder sein können, unter Zuweisung an die für sie zuständigen Priester. So wird eventuell eine solche Bandage (*r3*) „dem für die Rezitation von Bitten(?; *n p3 ꜥš bḥ*)" Zuständigen zugewiesen usw.

Ob es sich um einen profanen oder dokumentarischen Text handelt oder um eine kultisch und damit sakral eingebundene Auflistung, ist schwer zu bestimmen. Warum sie in unserem Zusammenhang eine erhebliche Rolle in der Geschichte des Hieratischen spielen sollte, ist ihre Niederschrift in einer Mélange aus Demotisch und Hieratisch. Von den Herausgebern wird sie als „Early Demotic" klassifiziert und damit auch datiert, in der Tabelle auf S. 107 in den Zeitraum „ca. 600-300 BC". Diese Klassifizierung ist vermutlich auch der Grund dafür, dass die Bearbeiter keine hieroglyphische Transkription vorlegen, was in der Demotistik bekanntlich eher unüblich ist.

---

[75] Ed. R. JASNOW *et al.* (Hgg.), *The Demotic and Hieratic Papyri in the Suzuki Collection of Tokai University, Japan* (2016), 29-33 und Pl. 9-12; dort: Pl. 9-10. Das Verso ist etwas schlechter erhalten und eignet sich für unsere Zwecke daher weniger. Die relevante Literatur zu vergleichbaren Wortlisten in beiden Schriftarten findet sich auf der S. 29.

Um einen gewissen Eindruck von der Mischschrift zu erhalten, sei hier anhand des erhaltenen Eintrages in rt. II.7 die entsprechende Zeichen(gruppe) exemplarisch ausgewählt: ⊥/ 🔾 . Das Wort ist unzweifelhaft ꜥgr zu lesen und mit den Bearbeitern zur Bezeichnung ꜥkr/ꜥkr für ein metallenes Gefäß zu stellen. Dabei sind die ersten zwei Konsonanten hieratisch notiert, das /r/ dagegen demotisch und das hieratische wie demotische Determinativ steht für „Metall" bzw. „Kupfer" (ḥmt): ⊥ . Zahlreiche weitere Beispiele allein aus dem wenigen Erhaltenen ließen sich hierzu anführen.

Die Frage nach dieser Digraphie stellt sich natürlich sofort und angesichts der extrem hohen Frequenz von Hieratogrammen drängt sich eher ein sakraler Hintergrund der Liste auf, welcher genauen Natur auch immer.

Wir sprachen weiter oben schon davon, dass Wörter und Namen seit geraumer Zeit auf dem Curriculum angehender Schreiber und/oder Priester gestanden haben müssen. Sog. Onomastika mit teilweise recht umfangreichen Listen von derartigen Einträgen aus der Geographie und Toponomastik des eigenen Landes (= Kemet), Titeln von Beamten und Priestern, Dingen der *materia sacra* eines Tempels, von Göttern, deren Genealogien, Identifikationen, Funktionen etc. sind zu regelrechten Kompendien mit Referenzcharakter zusammengestellt und tradiert worden. Sie bilden „kulturelle Texte" im ASSMANN'schen Sinne.[76] Das früheste Onomastikon datiert in das späte MR und läuft unter dem Label „Ramesseum-Onomastikon", und das nächst größere und bedeutende ist das eines Schreibers namens Amenemope aus der frühen 3. Zwzt.[77] Es hat eine Weile gebraucht, bis weitere Quellen dieser Art ans Licht kamen. Das nächstgrößere Werk über ein römerzeitliches Onomastikon ist dann nach jahrzentelanger Rekonstruktion aus unzähligen Fragmenten 1998 von OSING vorgelegt worden. Doch bevor wir diese immense Leistung würdigen (dazu Kap. 22), sei aus rein chronologischen Gründen ein wesentlich bescheideneres Zeugnis kurz vorgestellt, das in die Ptolemäerzeit datiert und erst 2006 entdeckt wurde. Auf

---

[76] „Kulturelle und literarische Texte", in: A. LOPRIENO (Hg.), *Ancient Egyptian Literature. History and Forms* (1996), 59-82. In seiner Grafik auf S. 82 sind die hier inredestehenden Kompendien unter der Kategorie „Wissensliteratur" ganz unten rechts zu verorten.
[77] Alles bis 1947 Bekannte versammelt und ausführlich diskutiert in dem opulenten Werk von A.H. GARDINER, *Ancient Egyptian Onomastica Vol. I-III* (1947).

seinem papyrologischen Recto befinden sich die Reste des liebevoll illustrierten Totenbuchspruches 149 aus dem ehemaligen Besitz einer Sängerin im Kult eines Gottes.

Abb. 28: Onomastikon Kurth verso, obere Hälfte[78]

Der Papyrus stammt aus der ehemaligen Privatsammlung des Berliner Pfarrers Dr. Julius Kurth. Diese Totenbuchreste wären allenfalls einer kurzen Erwähnung in einer Einführung wie dieser wertgewesen, würden sich nicht erkleckliche Reste eines Onomastikons bzw. sakralen Lexikons auf dessen Verso befinden. Diese Kombination von Totenbuch auf dem Recto und Onomastikon bzw. Lexikon auf dem Verso ist nach Auskunft des Bonner Totenbuchprojektes bislang einmalig. Von Spruch 149 sind noch partiell Vignetten und Begleittexte zu den *i.t*-Hügeln 6-11 erhalten und der Stil dieser Vignetten weist die Fragmente dem thebanischen Raum zu (= Vignetten oberhalb der Textkolumnen).[79]

---

[78] Abb. aus: ZÄS 135 (2008), Taf. XXXI; jetzt im Robertinum der Universität Halle-Wittenberg in Halle/S. aufbewahrt. Der Katalog der gesamten Aegyptiaca-Sammlung J. Kurth ist von LEHMANN und FISCHER-ELFERT 2015 vorgelegt worden und enthält u.a. zahlreiche Objektbeschreibungen, die im Rahmen eines Seminares an der Univ. Leipzig 2007/8 entstanden sind: *Aegyptiaca und Papyri der Sammlung Julius Kurth* (2015), . Die Beschreibung und Übersetzung von Pap. Kurth 33 findet sich dort auf den Seiten 181-187. Die *editio princeps* dieser Handschrift enthält den nötigen philologischen und sachlichen Kommentar und findet sich bei Verf., „Weitere Details zur Göttlichkeit der Natur – Fragmente eines späthieratischen Lexikons (Pap. Hal. Kurth Inv. 33 A-c (Halle/Saale)", in: *ZÄS* 135 (2008), 115-130 und Taf. XXVI-XXXI.

[79] Zur wahrscheinlichen Herkunft dieses Totenbuches aus Theben aufgrund vergleichender ikonographischer Beobachtungen an den Vignetten s. M. MÜLLER-ROTH, in: *BMSAES* 15 (2010), 177, und weiter oben zum Totenbuch auf Papyri.

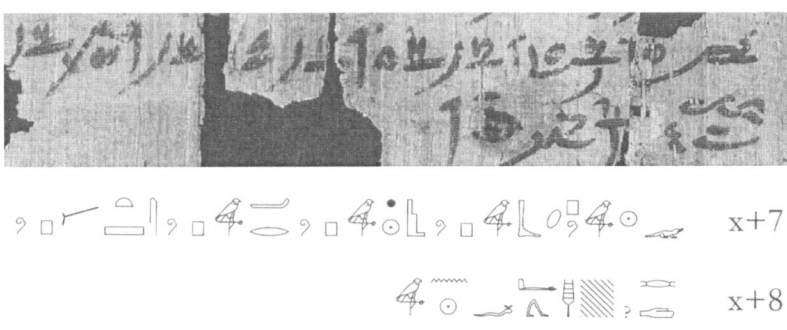

Abb. 29: Pap. Hal. Kurth Inv. 33 A-c rt., Text zu Tb 149 Hügel 10 x+12-15[80]

Abb. 30: Pap. Hal. Kurth Inv. 33 A-c vs. III' x+7-8:[81]

„Sobek-Re ist das; Geb ist das; Osiris ist das; Horus ist das; Seth ist das;
Ichneumon: Er steht für (= repräsentiert) Re."

Der Stil des Hieratischen auf Recto und Verso könnte unterschiedlicher kaum
sein, selbst wenn beide Hände unter „Totenbuchkursive" subsummiert werden
könnten. Das Verso mit seinem Lexikonzeigt einen erheblich ungelenker wirkenden Duktus. Man möchte zwei verschiedene Schreiber hier am Werk vermuten, die allerdings chronologisch kaum auseinander zu dividieren sind. Dazu
müssten wir auch Indizien zur Laufzeit bzw. Benutzungsphase dieser Handschrift haben. Gehört ein Totenbuch qua Natur bzw. Genre doch primär in eine
Grabausstattung und sollte damit im Bestfalle auf ewig unzugänglich bleiben,
so dient ein Lexikon zu Mineralien, Pflanzen und Tieren samt ihren *sakramen-
talen Ausdeutungen* (ASSMANN) als Gottheiten dem Erlernen und Nachschlagen seitens der Priester, besonders derjenigen des Lebenshauses (*pr-ʿnḫ*) an

---

[80] *Loc. cit.*, Taf. XXVI-XXVII.
[81] *Loc. cit.*, Taf. XXX-XXXI.

Tempeln. Welches war nun die finale Nutzungsart dieses Papyrus? Hat der Besitzer des Totenbuches, ein gewisser *Jḥy*-[..(?)] auch sein(?)Lexikon zur *materia sacra* mit ins Jenseits nehmen wollen?[82]

Der kapitale Unterschied zwischen diesem, dem von VON LIEVEN edierten Onomastikon in Berlin, und den von GARDINER 1947 edierten Quellen ist der, dass die beiden ptolemäischen Fragmente in hieratischer Schrift erstmalig Erklärungen oder, um ASSMANN erneut zu zitieren, sakramentale Ausdeutungen von Entitäten der natürlichen Umwelt liefern. Aus diesem Grund habe ich das Hallenser Fragment auch als *Lexikon* klassifiziert. Die älteren Listen kommen noch gänzlich ohne diese Ausdeutungen daher. Um einiges ergiebiger sind dann aber die Onomastika aus dem 2. Jh. n. Chr., die OSING rekonstruiert und ediert hat und die in Kap. 22 etwas genauer vorgestellt werden müssen. Um bereits einen kapitalen Unterschied zu den römerzeitlichen Quellen dieses Genres hier zu benennen, sei gesagt, dass sowohl die Berliner „Baumliste" VON LIEVENs als auch der Hallenser Kurth-Papyrus noch keine supralinearen Glossen sprachlicher Art tragen, die den antiken Benutzern Hinweise auf die präzise Aussprache lieferten, doch dazu später.

Eine kapitale Rolle im hieratischen Schrifttum des 1. Jt. v. Chr. spielen, neben den zahllosen Totenbüchern, wissenschaftliche Traktate, die sich der Medizin, Magie und Astronomie widmen. Leider haben wir bislang keine späthieratischen und eventuell alte Traditionen aufgreifenden Handbücher zur Mathematik. Dazu müssen wir bis zur demotischen Fachliteratur ab dem 3. Jh. warten.[83]

Schauen wir angesichts des bislang am zuverlässigsten edierten Materials zunächst auf die Quellen zur Medizin, zu denen sofort bemerkt werden muss, dass eine künstliche Grenzziehung von den der sog. beschwörenden, sei es der prophylaktischen oder der kurativen, Magie nicht funktioniert. Dennoch lassen sich diagnostisch-therapeutische Fallbeschreibungen von verbal zu rezitierenden wie performierenden Beschwörungen durchaus unterscheiden. Das ist

---

[82] Eine partielle Parallele auf einem Berliner hieratischen Papyrus (P. 29027 rt.) mit einer Baumliste hatte VON LIEVEN kurz vor der Entdeckung des Hallenser Texte vorgelegt, ead., „Das Göttliche in der Natur erkennen. Tiere, Pflanzen und Phänomene der unbelebten Natur als Manifestationen des Göttlichen (mit einer Edition der Baumliste P. Berlin 29027)", in: *ZÄS* 131 (2004), 156-172 mit Taf. XX-XXI.
[83] S. dazu den Überblick bei F. HOFFMANN, *Ägypten. Kultur und Lebenswelt in griechisch-römischer Zeit. Eine Darstellung nach den demotischen Quellen* (2000), 111-119, sowie das gesamte Kapitel 6 zu „Wissenschaften".

keine neue Entwicklung des 1. Jt., sondern gilt uneingeschränkt bereits für diejenigen Manuale und Sammelhandschriften des 2. Jt.

Wir kennen medizinische Handschriften in Hieratisch aus der Zeitspanne von
der Saiten- bis zur frühen Römerzeit.[84] Davon nehmen die älteren allein schon
wegen ihres Umfangs und ihrer Anzahl den weitaus größten Stellenwert ein.
Musste sich der *Grundriß der Medizin der Alten Ägypter*[85] von VON DEINES,
GRAPOW und WESTENDORF noch ganz wesentlich auf Quellen des 2. Jt. beschränken, ist die Sachlage heute eine andere und wird in allernächster Zukunft
durch weitere Ersteditionen noch erheblich verbessert werden. Unterm Strich
erweist sich die spätzeitliche Medizin nicht ausschließlich als traditionalistisch
oder konservativ, sondern in manchen Punkten auch als innovativ, wie RITNER
herausgestrichen hat.[86]

Beginnen wir mit dem m.W. zuerst aus dieser Zeitspanne von WESTENDORF
publizierten medizinischen Text auf Papyrus, dem sog. Rubensohn-Papyrus
Berlin P. 10456.[87]

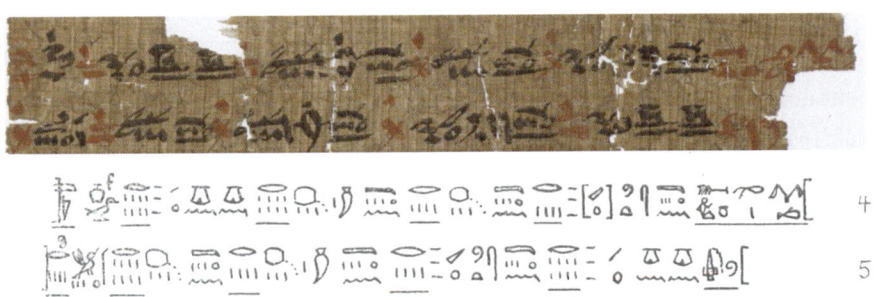

Abb. 31: Pap. Berlin P. 10456 („Rubensohn") rt. 4-5 (inkl. WESTENDORFs Transkription)

---

[84] Aus schieren Platzgründen gebe ich im Folgenden nur kleinere, möglichst gut erhaltene,
Bildausschnitte aus den besprochenen Exemplaren.
[85] 9 Bände (1954-1973) sowie W. WESTENDORF, *Handbuch der altägyptischen Medizin*, 2
Bde. (1999). In Bd. 1, 50-53, werden lediglich zwei hieratische Medizinika aufgelistet, von
denen wir inzwischen wissen, dass sie beide(!), also auch die Nr. 14), aus Elephantine stammen, und letztere Nr. nicht aus Heliopolis; dazu u. mehr.
[86] „Innovations and Adaptations in Ancient Egyptian Medicine", in: *JNES* 59 (2000), 107-
117.
[87] S. jetzt die Metadaten und Photos beider Seiten unter, woraus auch die zwei Zeilen:
http://elephantine.smb.museum/ record/?result=0&Alle=10456 (Zugriff: 27.02.2017). Die
dort vergessenen Maßangaben H 24 x B 14 cm finden sich in der genannten Edition Westendorfs.

Wir haben hier Reste aus einer „Sammlung von Lehrtexten" zur Behandlung von Husten vor uns. Z. 4 nennt eingangs eine „Sammelhandschrift des *swnw*-Arztes" (*dmḏ.t-swnw*).

War bei diesem Fragment die geographische Herkunft aus Elephantine nie in Zweifel, hatte sie doch RUBENSOHN im Verlaufe seiner Papyrusgrabungen auf der Insel zwischen 1906 und 1908 entdeckt, war dies im Falle weit besser erhaltener Papyri bei ähnlichem bis gleichem Duktus lange unklar. In der Papyrussammlung des Ägyptischen Museums zu Berlin liegen Tausende von hieratischen Fragmenten medizinischen Inhalts, die noch ihrer Erschließung harren.[88]

Aus den Papyrusbeständen des Berliner wie des New Yorker Brooklyn Museums sind umfangreiche Quellen zur spätägyptischen Medizin in hieratischer Kursive bekannt, allerdings erst in einem verschwindend geringen Umfang ediert. Der bislang umfangreichste und ergiebigste Traktat ist der Behandlung von Schlangenbissen gewidmet. Im Jahre 1989 wurde seitens des IFAO in Kairo ein im Nachlass des 1976 verstorbenen Ägyptologen SAUNERON befindliches Manuskript zu Pap. Brooklyn 47.218.48+85 herausgegeben, das sich dieser Thematik widmet.[89] Darin werden ganz überwiegend Giftschlangen beschrieben, die Natur ihrer Bisse und der Grad ihrer Letalität bzw. Überlebenschancen des Patienten sowie die Gottheiten, für die sie „stehen" (ꜥḥꜥ) bzw. die sich in ihnen manifestieren. Zwar fehlen erkleckliche Teile vom Anfang, allerdings können aus seinem erhaltenen Teil Rückschlüsse auf die verlorenen Einträge zu weiteren Schlangennamen gezogen werden. Von ursprünglich 38 Namen und Beschreibungen sind immerhin noch 25 erhalten.

Seit Erscheinen dieser Publikation hat eine intensive Beschäftigung mit dieser bis heute einmaligen Quelle aus dem pharaonischen Ägypten eingesetzt und nicht alle der von SAUNERON erwogenen Identifizierungen mit heute bekannten Spezies wurden übernommen.[90] Der gesamte Traktat war ein Handbuch des

---

[88] Das von LEPPER eingeworbene ERC-Projekt „ELEPHANTINE: Localizing 4000 Years of Cultural History. Texts and Scripts from Elephantine Island in Egypt" (2015-2022) widmet sich u.a. diesem Material und es steht zu hoffen, dass in dessen Verlauf weitere Quellen dieses Genres identifiziert und bekannt gemacht werden können.

[89] S. SAUNERON, *Un Traité Égyptien d'Ophiologie. Papyrus du Brooklyn Museum Nos 47.218.48+85.*

[90] Hier sei insbesondere die Neuuntersuchung durch C. LEITZ, *Die Schlangennamen in den ägyptischen und griechischen Quellen* (1997), genannt, der zudem intensiv antike Quellen zur gleichen Thematik und gegenseitigen Beleuchtung heranzieht. – Eine weitere Übersetzung hat STEGBAUER vorgelegt in: *TUAT. Neue Folge Band 5 Texte zur Heilkunde* (2010),

ḥrp-Śrḳ.t oder „Skorpionbeschwörers", der anhand der Symptomatik der Schlangenbisse auf deren Speziesschließen sollte und die daraus resultierenden Therapien anzuwenden hatte.

Um hier einen kleinen Einblick in die Handschrift zu gewinnen, sei der Beginn des sog. Rezeptbuches auf Kol. II in Photo und Transkription SAUNERONS zitiert. Man beachte, dass die Rubren in aller Regel recht blass im Original und so auch in den Abbildungen in der Edition erscheinen:

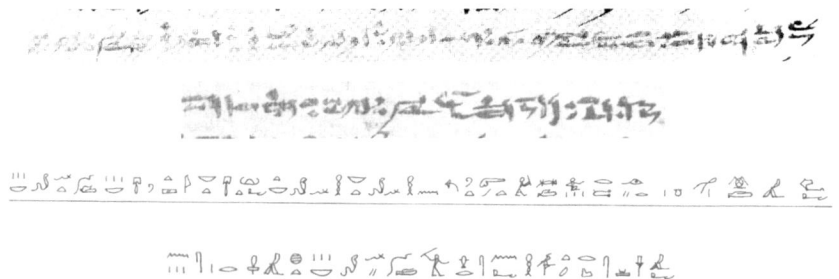

Abb. 32: Anfang des Rezeptbuches – Aus Pap. Brooklyn 47.218.48+85 rt. II.17 [91]

Und hier der Passus in Anlehnung an die Übersetzung Stegbauers:

> „ANFANG DES SAMMELWERKES DER *HEILMITTEL, DIE DAS GIFT EINES JEGLICHEN SCHLANGENMÄNNCHENS ODER –WEIBCHENS, EINES JEGLICHEN SKORPIONS, EINES JEG-LICHEN STECHENDEN INTESH-SKORPIONS [92] UND EINES JEGLICHEN GIFTTIERES FORTNEH-MEN, (die) dem Skorpionbeschwörer zur Verfügung (stehen), und die alle Schlangen vertreiben und ihr Maul verschließen."[93]

Hinter der Graphie ⬛⬛ = 𓂋𓏤𓏥 = rmṯ – „Mensch(en)" hat SAUNERON mit guten Gründen eine Verschreibung für das hieratisch sehr ähnlich aussehende ⬛⬛ = 𓂋𓐍𓏏𓏤 = pẖr.t – „Heilmittel" (Kol. II.4; Kopt. u.a. paxre) vermutet.[94]

---

274-298; Übers. selbst dort: 281-298. S.a. die aktualisierte Literaturliste auf der website http://sae.saw-leipzig.de/fileadmin/redakteure/user_upload/Literaturliste_pBrooklyn_ 47.218.48_und_85.pdf (Zugriff: 28.02.2017).

[91] S. SAUNERON, op. cit., Pl. [2/A].

[92] MEEKS erwägt für intš eine „variété du scorpion", s. seinen Aufsatz „De quelques 'insec-tes' égyptiens entre lexique et paléographie", in: Z. HAWASS et al. (Hgg.), Perspectives on Ancient Egypt. Studies in Honor of Edward Brovarski (2010), 273–304; dort: 285.

[93] Loc. cit., 278. Kapitälchenschreibung für im Text Rubriziertes entspricht durchaus dem Standard in ägyptologischen Transkriptionen kursiver Texte.

[94] Das Photo auf der website des Museums selbst ist leider von unzureichender Auflösung, weshalb hier der Ausschnitt samt Transkription aus der Edition Saunerons reproduziert wird.

⬯ (F46) und ⬯ (D21) wurden im Späthieratischen leicht miteinander verwechselt.

Allein dieses eine Beispiel sollte als Warnung genügen, um in diesen auf den ersten Blick so perfekt und zudem ästhetisch anmutenden Handschriften als fehlerfreie Abschriften anzusehen.

Während der Herausgeber noch eine Datierung in die 30. Dyn. und Herkunft aus einer Tempelbibliothek in Heliopolis vorgeschlagen hatte, setzt VERHOEVEN die Handschrift nach gründlicher paläographischer Analyse in die 2. Hälfte der 26. Dyn. der hier mangels besserer Argumente gefolgt wird.[95]

Von einer großen und vergleichsweise gut erhaltenen Handschrift ein kurzer Sprung zu leicht übersehbaren Fragmenten geringen Umfangs, aber gewichtigen Inhalts. Die geringe Größe solcher Fragmente sollte niemals darüber hinwegtäuschen, dass sie ursprünglich zu umfangreicheren Manuskripten gehört haben werden, denn Handbücher medizinischen, magisch-beschwörenden, divinatorischen oder ähnlichen Inhalts bestehen in aller Regel nicht aus einem oder zwei Papyrusblättern.

Identifiziert und ediert hat die folgenden Fragmente wieder einmal QUACK in einem kurzen Festschriftbeitrag 2010, in dem cr auf die bislang spätesten Reste zweierhieratischer Traumdeutungsbücher aus Elephantine aufmerksam macht.[96] Sprachlich ist der Textbestand jung bzw. frühdemotisch, die Schrift aber ist saitenzeitliches Hieratisch. Das erinnert an die gleiche Mélange aus Grammatik, Lexik und Schrift des Pap. Vandier (s.o., sub **II.**). Eventuell enthält er sogar eine echte demotische Graphie.

Hier ein Auszug aus Frg. a von P. 29009:

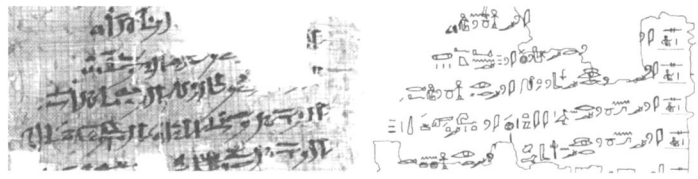

Abb. 33: Berlin P. 29009 rt. a x+3-7[97]

---

[95] *Buchschrift*, 304-307.
[96] Auch wenn er von nur éinem Schreiber spricht; s. „Aus zwei spätzeitlichen Traumbüchern (Pap. Berlin P. 29009 und 23058)", in: H. KNUF *et al.* (Hgg.), *Honi soit qui mal y pense. Studien zum pharaonischen, griechisch-römischen und spätantiken Ägypten zu Ehren von Heinz-Josef Thissen* (2010), 99-110 und Taf. 34-37.
[97] J.F. QUACK, *loc. cit.*, Taf. 34.

_z_ʿ _iw=f-<r>-nw_-X– „EIN MANN, der von sich träumen wird in der Stadt X:
Er wird Y sein/haben (o.ä.)"

Der Schreiber hat keine große Sorgfalt auf das Layout seiner Kopie verwandt, die Zeilen sind tatsächlich nicht horizontal zum Faserverlauf ausgerichtet. Das betrifft aber auch noch andere Phänomene in diesen Fragmenten wie Korrekturen und Nachträge, wie QUACK notiert.

Als Thema und damit auch als Textgattung kommen am ehesten Oneiromantik oder Traumdeutung in Betracht. der Träumende ist wie in dem bislang ältesten hieratischen Traumbuch auf dem ramessidischen Pap. Chester Beatty III ein _z_ʿ oder „Mann", dessen Traumgesicht knapp geschildert und sogleich darauf ausgedeutet wird.[98]Allerdings ist allein schon das Verbum für „träumen" ein jüngeres als das in der älteren Quelle: hießt es dort noch _ptr-sw z_ʾ _m-rsw.t_– „Sieht sich ein Mann im Traum", so hier bereits _nw r=f_–„der von sich träumt". Das Adjektiv ʿ3 – „groß; lang; schwer" schreibt der Kopist in x+5 klassisch und

x+7 [Zeichen] , in x+3 dagegen modern oder demotisch [Zeichen] .Es gilt also mit dem Hg. sehr genau auf solche Schriftwechsel zu achten.

Die Kausalbeziehungen zwischen den Traumbildern und deren Ausdeutung ist im Einzelfall zu prüfen, sehr geläufig in älterer Zeit sind das sog. „Wortspiele". Im Unterschied zu Pap. Ch. B. III sind die demotischen Traumbücher nach Themen geordnet, und diese Themen tragen dann auch regelrechte Überschriften zu den betreffenden Abschnitten, auch Unterschiede zwischen Männer- und Frauenträumen tauchen nun auf. QUACK verweist auf eine ausgefeilte Tendenz zur Kanonisierung dieser späten Omina, deren Systematik wahrscheinlich nicht ganz unabhängig von Tendenzen im späten Mesopotamien zu sehen sei.[99]

Von diesem Trend zur Kanonisierung wie auch zur „Monographisierung" von themenspezifischen Handschriften oder Manualen spricht auch jüngst O'ROURKE in seiner Edition einer otiologischen[100] Sammelhandschrift aus

---

[98] Zu Pap. Chester Beatty III s. die Edition von A.H. GARDINER, _Hieratic Papyri in the British Museum. Third Series. The Chester Beatty Gift Vol. I: Text_ (1935), 9-23, und _Vol. II: Plates_, Pl. 5-8; dazu neuerdings ausführlich K. SZPAKOWSKA, _Behind Closed Eyes. Dreams and Nightmares in Ancient Egypt_ (2003), 76-122.

[99] Hierzu sei u.a. auch auf das Buch von K. van der Toorn, _Scribal Culture and the Making of the Hebrew Bible_ (2007) verwiesen, das auch _pass._ auf Ägypten eingeht, und in dem er besonders die Kanonisierung wissenschaftlicher Kompendien im Alten Orient eingeht.

[100] Abgeleitet von griech. ὠτός (ōtós), Gen. zu οὖς (ous), „Ohr".

Brooklyn.[101] Darin sind x+18 Beschwörungen des Ohres bzw. der Ohren eines *pr-ʕȝ* – „Pharaos" bzw. namentlich genannten Psammetich kompiliert, die zum Schutz vor diversen Dämonen und den durch sie ausgelösten Ohrenbeschwerden bewahren sollen. Diese Handschrift stammt wie der oben skizzierte Schlangentraktat aus dem Vermächtnis WILBOURs und dürfte wie noch weitere Handschriften dieser und ähnlicher Paläographie auf Elephantine gefunden und erworben worden sein. Ein von QUACK hergestellter direkter *long distance join* zwischen Elephantine-Fragmenten in der Berliner Papyrussammlung und dem sog. Illustrierten Magischen Papyrus Brooklyn[102] machen diese Provenienz für einen Großteil der Brooklyner wie Berliner Späthieratika inzwischen mehr als wahrscheinlich.[103] Trifft das zu, dann verfügen wir über einen Zeitraum von 140 Jahren über einen Schatz an medizinischen, magischen wie auch divinatorischen (s.o. Pap. Berlin P. 29009+) Texten von einander sehr ähnlicher Paläographie, die auf ein gemeinsames Tempelskriptorium (z.B. das des Chnum) hindeuten könnten. Dazu werden in Kürze noch weitere Monographien zu Schwangerschaft und Geburt, Rückenheilkunde und Gynäkologie vorgelegt werden.[104] O'ROURKE erwähnt *pass.* eine von ihm in Editions-Vorbereitung befindliche Monographie zu Schutz und Therapie des königlichen Mundes.

Aus Pap. Brooklyn 47.218.49 hier eine in sich geschlossene und zudem recht gut erhaltene Passage:

---

[101] *A Royal Book of Protection of the Saite Period: pBrooklyn 47.218.49* (2015).

[102] Ed. S. SAUNERON, *Le papyrus magique illustré de Brooklyn (Brooklyn Museum 47.218.156)* (1970).

[103] P.F. O'ROURKE, *op. cit.*, 17.

[104] S. z.B. die Kostproben VON I. GUERMEUR, „À propos d'un passage du papyrus médico-magique de Brooklyn 47.218.2 (X+III,9 – X+IV,2)", in: C. ZIVIE-COCHE – I. GUERMEUR (Hgg.), *« Parcourir l'éternité » Hommage à Jean Yoyotte* (2012), 541-555; id., „Un faucon et une chatte dans une recette iatromagique du papyrus de Brooklyn 47.218.2 (col. x + IV, 2-7)", in: *CENiM* 11 (2015), 165-181; id., „Le papyrus hiératique iatromagique no. 47.218.2 du musée de Brooklyn", in: *BSFE* 193-194 (2016), 10-28, sowie jüngst id., „Encore une histoire de sorcière (*š-ʕ-l-ṯ*)? Une formule de protection de la chambre dans le mammisi (pBrooklyn 47.218.2, x+v²⁻⁶)", in: *CENiM* 14 (= *Sapientia Felicitas. Festschrift für Günter Vittmann zum 29. Februar 2016). Textes réunis par S.L. Lippert et al.* (Hgg.), 171-189; s.a. J.-C. GOYON, *Le recueil de prophylaxie contre les agressions des animaux venimeux du Musée de Brooklyn. Papyrus Wilbour 47.218138* (2012); dazu bes. die Vieles richtigstellende Textanordnung etc. von J. F. QUACK, in: *WdO* 43 (2013), 256-272: Die anderen Texte sind durch O'ROURKE, UNGER und QUACK in Bearbeitung.

Abb. 34: Pap. Brooklyn 47.218.49 Kol. x+10.1-8[105]

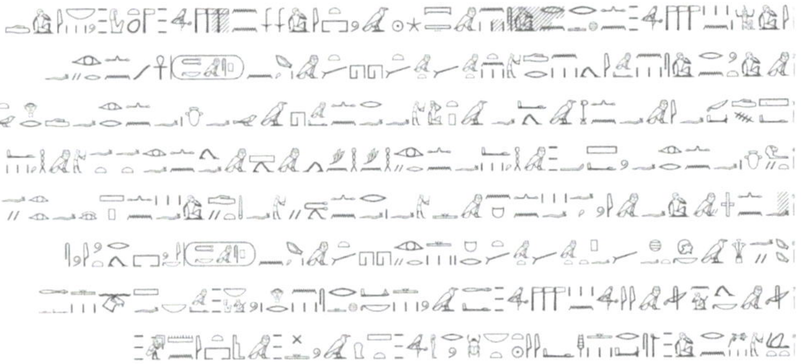

Abb. 35: Transkription O'ROURKE[106]

Um auch einen Eindruck vom Tenor des Textes zu erlangen, hier eine Übersetzung dieser Passage:

> „(1) O ihr unzähligen Götter, deren Namen im Himmel, in der Erde (und) in der Un-
> terwelt unbekannt sind! O all ihr Götter (und) Göttinnen! O
> (2) ihr, deren Namen man nennt! Kommt, auf dass ihr vertreibt männliche (und) weib-
> liche Wiedergänger, Hitze[107] aus dem Ohr (Psammetichs) LHG. Er (= der Verursa-
> cher) soll sein (3) Gemetzel nicht an ihm anrichten. Er soll seine Last nicht bei ihm
> abladen. Er soll sein Herz nicht vergesslich machen. Er soll keine Bitternis (4) seines
> Herzens bewirken. Er soll nicht an seinem Leib herumkauen. Er soll ihn nicht zurück-
> halten, wenn er geht. Er soll kein Zittern verursachen in seinem Leib. (5) Er soll nicht
> von seinem Fleisch essen. Er soll nicht seine Sprechfähigkeit wegnehmen. Er soll ihm
> nicht die Worte/Rede stehlen. Er soll seine Augen nicht blenden. Er soll seine Ohren

---

[105] P.F. O'ROURKE, *op. cit.*, Pl. 10A (Photo).

[106] P.F. O'ROURKE, *op. cit.*, Pl. 10B (Trskr.).

[107] In Fluchformeln wird diese *ḥḥ*-Hitze gerne der Sachmet zugeschrieben; s. S. MOR-
SCHAUSER, *Threat-Formulae in Ancient Egypt* (1991), 99f.: „refers to a flame that has been
intensified by the breath; perhaps a „scorching flame" heated up by bellows".

($^{c}nḥ.wy$) nicht taub machen. (6) Weiche zurück, Feind, Jener, Wiedergänger, Wiedergängerin, usw., die ihr Hitze im Ohr Psammetichs bewirkt! Du bist rausgekommen, (7) du führst mir die Bilder der wichtigsten Götter zu, so dass du sie jedermann kennen lässt, nämlich den Herrn der größten Autorität, (8) zahlreiche Kräfte, mächtige Namen zu allen Lebenszeiten, deren Manifestationen schwer zugänglich sind am geheimen Ort."

Zu Schrift und Schreiber vermerkt O'ROURKE:

> „The scribe of *pBrooklyn 47.218.49* has a somewhat idiosyncratic hand: the vertical signs are fairly narrow, and the horizontal signs show a somewhat flattened appearance. Many of the signs seem made in an almost cursory manner, and often two or more signs, typically written with only some similarity in Late Period hieratic, have an identical appearance in the Brooklyn papyrus. Only a few ligatures are encountered."[108]

Er vergleicht diese Hand anschließend mit zwei von VERHOEVEN als Leitfossilien der zeitgenössisch-saitischen Totenbücher herausgearbeiteten Handschriften in Köln (Iahtesnacht) und Kairo (u. andernorts; Nespasefy).

Zuletzt noch ein Ausschnitt aus einem erst 1999 von QUACK edierten Fragment aus dem Ashmolean Museum in Oxford.[109]

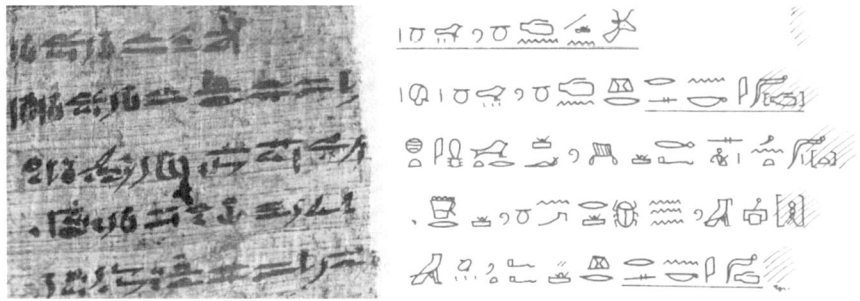

Abb. 36: Pap. Ashmolean Museum 1984.55 rt. Kol. I' x+8-12 + Transkription Quack

So bescheiden die Reste dieser „Inventarnummer" im Ashmolean Museum auch sein mögen, nicht auszuschließen, dass sie eines Tages an andere Fragmente anderen Ortes angepasst werden können. Selbst dieser kleine Ausschnitt verrät seine terminologische Herkunft aus der klassisch-ägyptischen Medizin des 2. Jt. Der Fachbegriff *šsȝ.w* für „Lehrtext" und „Diagnose" zu Beginn des 1. Rubrums gehört dazu, ebenso wie die Anweisung an den Heiler, nachvollzogener Diagnose ein Statement abzugeben: *ḏd.in=k-r=s* – „dann hast du dazu

---

[108] P.F. O'ROURKE, *op. cit.*, 7-11; Zitat dort S. 7.
[109] „Ein neues medizinisches Fragment der Spätzeit (pAshmolean Museum 1984.55 rt.)", in: *ZÄS* 126 (1999), 141-149 und Taf. XIII.

zu sagen: …" ist rückblickend in der Saitenzeit bereits uralte medizinische Diktion.

Wollen wir Mythen und Mythologien nicht als alleinige intellektuelle Beschäftigung von professionellen Priestern abtun, sondern auch und gerade als Modelle der Welterklärung, dann haben auch solche Texte Anspruch auf Frühformen von Wissenschaft und gehören in den Reigen ihrer ersten Disziplinen. Geradezu als Sensation darf die 2006 von MEEKS vorgelegte Musteredition eines weiteren großen Traktates aus der Brooklyner Sammlung von Aegyptiaca betrachtet werden.[110] Diese Kollektion von Mythen aus diversen Gauen des Deltas ist nicht nur in einem wahrhaft kalligraphischen Hieratisch niedergeschrieben, sie ist vor allem inhaltlich eine Schatztruhe, die ihresgleichen auf Papyri sucht. So erfahren wir u.a. von der inzestuösen Vaterschaft des Osiris, der mit seiner Tochter Horit drei Kinder hat, nämlich Hauron,[111] Hor-Hekenu und Hor-Medenu. Horus von Mendes entsteht aus seinem Phallus im Mund der Isis und Thot kommt durch die Vergewaltigung der Isis durch Seth in die Welt. Überhaupt strotzt die Mythensammlung von *sex and crime* in der Götterwelt des Deltas.[112]

Die Handschrift ist zwar von ausgesuchter Ästhetik und Ausgewogenheit, dennoch hat der Kopist sich einige Versehen zuschulden kommen lassen. Doch zunächst ein Gesamteindruck, hier die Kol. 10, auf der sich zugleich eine Reihe von rubrizierten Korrekturen ausmachen lässt:

---

[110] *Mythes et legendes du Delta d'après le papyrus Brooklyn 47.218.84* (2006).
[111] Eigentlich ein kanaanäischer Gott, s. U. RÜTERSWÖRDEN, in: K. VAN DER TOORN *et al.* (Hgg.), *Dictionary of Deities and Demons in the Bible* (Second extensively revised ed. 1999), 425f.
[112] Davon abgesehen sollte der gesamte Textbestand dieses Papyrus in keiner zukünftigen Anthologie ägyptischer Göttererzählungen mehr fehlen. Eine deutsche Übersetzung samt philologischer Annotation findet sich unter: http://aaew.bbaw.de/tla/servlet/ GetTextDetails?u=Gast&f=0&l=0&tc=19952&db=0 (Zugriff: 3.3.2017).
Zu römerzeitlichen Mythensammlungen aus Tebtynis s. das folgende Kapitel.

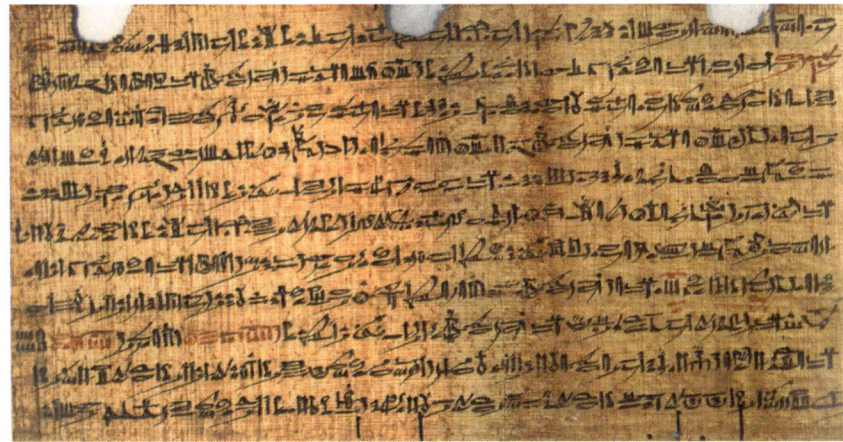

Abb. 37: Pap. Brooklyn 47.218.84, Kol. 10[113]

In den Zeilen 3 und 9 sind insgesamt drei solcher Korrekturen angebracht, so in getilgtem *ḥr* mit supralinearem *n*, ferner in getilgtem *ꜥḥꜥ.n=f* mit darüber geschriebenem *m-ꜥ* und im ebenso getilgten *ḥnꜥ* mit supralinearem *n.t*. Auch diese roten Korrekturen sind mit äußerster Sorgfalt ausgeführt. Aber selbst eine derart sauber kopierte und gut lesbare Handschrift bietet bisweilen Hieratogramme, die sich einer sicheren Lesung unsererseits entziehen, so etwa in Kol. 13.9:  . Es muss sich dem Kontext nach zu urteilen um einen Teil des Halses handeln, eventuell die Wirbel. Weitere Unbekannte begegnen in Kol. 1 Ende, 2.1-2 und 9.4-5. Es entspricht mit MEEKS guter Praxis, diese Zeichen in faksimilierter Form in die Transkription zu fügen.

Meeks' kommentierte Paläographie[114] am Ende des Bandes beschränkt sich zwar auf die in dieser Handschrift belegten Zeichenformen, dieser geht aber eine auf Verhoevens *Buchschrift* basierende Begründung voran. Er unterscheidet dabei zwischen einer „forme indicative de la datation" und einer solchen, die es eben nicht ist.

---

[113] D. MEEKS, *op. cit.*, Pl. 10.
[114] *Op. cit.*, 319-365.

## IV.     Varia hieratika im 1. Jt. v. Chr.

### IV.1.  Hieratische Stelen

### IV.1.1 Stelenabschriften auf Papyrus

Wenn auch nicht im Original erhalten, sondern „nur" als Kopien auf einem Papyrus, verdienen die beiden folgenden Versionen ein und desselben Stelentextes in spät-saitenzeitlichem Hieratisch unsere volle Aufmerksamkeit. Zu finden sind sie auf dem ansonsten demotisch beschrifteten Pap. Rylands IX aus der frühen 1. Perserzeit.[115] Dieser Text läuft zumeist unter der Bezeichnung „Petition des Petese" aus Jahr 9 Dareios' I. (nach 513 v. Chr.) und umfasst insgesamt 25 Kolumnen überwiegend in Demotisch. Gegenstand der Petition, deren Abschrift wohl aufgrund zahlreicher Fehler und Korrekturen als Entwurf zu gelten hat, ist „eine Kompilation von Dokumenten, mit denen der jüngste Sproß einer Priesterfamilie von *T3j=w-dj=* El-Hibe im 18. oäg. Gau; F.-E.] in Mittelägypten, *P3-dj-is* III [... seine Ansprüche auf die längst verlorenen Einkünfte eines Propheten des Amun am Tempel der genannten Stadt untermauern möchte. Zu diesem Zwecke erzählt er in farbiger Anschaulichkeit, wie seinem Vorgänger *P3-dj-is* I, unter Psammetich I. vom damaligen „Schiffsmeister" – ebenfalls einem *P3-dj-is* – Amt und Einkünfte eines Propheten des Amun und seiner Neunheit am Tempel von *T3j=w-dj* übertragen worden waren, wie die örtlichen Priester immer wieder versuchten, der *P3-dj-is* –Familie die betreffenden Einkünfte vorzuenthalten und sie untereinander aufzuteilen, wie ihnen das unter Anwendung einer List schließlich gelang, und wie sich er – *P3-dj-is* III – bisher vergeblich bemühte, wieder in den Besitz seiner Einkünfte zu gelangen."[116] Zum – vermeintlichen – Nachweis seiner Ansprüche implementiert Petese III

---

[115] S. die vorbildliche Neuedition durch G. VITTMANN, *Der demotische Papyrus Rylands 9.* Teil I: *Text und Übersetzung*; Teil II: *Kommentare und Indizes* (1998); Trskr. dort Teil I: 102-104 (= Kol. XXI.12-XXII.7) und 105, Z. 2-108 (= Kol. XXII.9-XXIII.9); Übers. 189-199, und Komm. Teil II: 567-592. Faksimiles der Kolumnen hat der Erstherausgeber und – bearbeiter dieses Papyrus, GRIFFITH, in Bd. 2 seines *Catalogue of the Demotic Papyri in the John Rylands Library*, 3 Bde. (1909), vorgelegt.
S.a. sub: http://aaew.bbaw.de/tla/servlet/OTPassport?u=Gast&f=0&l=0&oc=1632&db=1, wo sich allerdings die hieratischen Passagen „aus Gründen der Datenbankkonzeption bisher nicht aufgenommen" finden. Dort a. weitere Lit. seit VITTMANN (1998). Alle Bände von GRIFFITHs Edition finden sich auch als pdf-Versionen unter der website der John Rylands Library der Manchester University.
[116] Konziser lässt sich dieser Riesentext kaum zusammenfassen als in den Worten VITTMANNs, „Eine mißlungene Dokumentenfälschung: Die „Stelen" des Petese I (P. Ryl. 9, XXI – XXIII)", in: *Egitto e Vicono Oriente* 17 (= *Acta Demotica. Acts of the Fifth International Conference for Demotists Pisa, 4th-8th September 1993)* (1994), 301-315; dort: 301.

die beiden auf Jahr 14 und 34 [= 651 resp. 631; F.-E.] Psammetichs' I. datierten Stelentexte in seine Petition. VITTMANN mutmaßt wohl zurecht, dass deren „Originale" in Hieroglyphen verfasst waren, von denen diese hieratischen Versionen eine in diese Kursive transformierte Kopie darstellen.

Hier ein kurzer Ausschnitt aus dem Beginn der 1. Steleninschrift auf Kol. XXI, deren Datierung in Z. 12 zwei in demotischer Schrift gehaltene Kopiervermerke unmittelbar vorangehen:

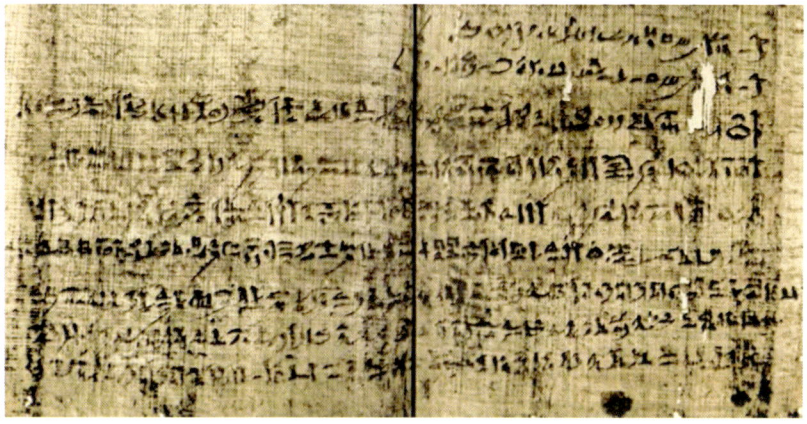

Abb. 38: Pap. Rylands IX, Kol. XXI.10-18,
davon Z. 10-11 demotisch, Z. 12-18 hieratisch[117]

---

[117] F.L. GRIFFITH, *op. cit.*, Bd. I, Pl. 39. – Das Hieratisch dieser Stelen ist natürlich auch bei Verhoeven, *Buchschrift*, berücksichtigt, s. die zahlreichen Verweise unter „Manchester, Rylands IX, vs. 21-23 (Bittschrift Petese)" in ihrem Index I.

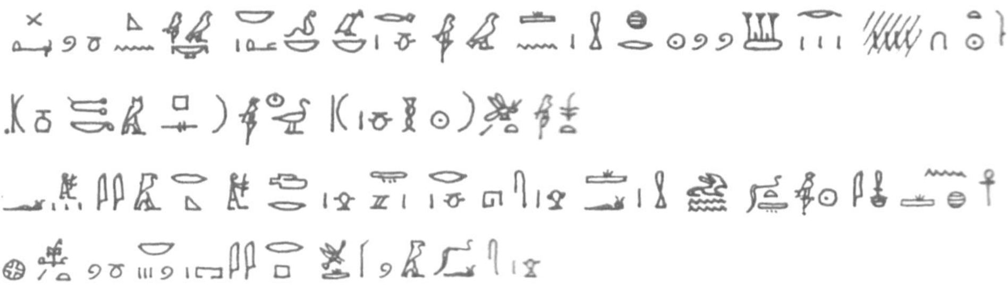

Abb. 39: Pap. Rylands IX, Kol. XXI.12-13[118]

„(12) Jahr 14, 3. Monat der ꜣḥt-Jahreszeit, unter der Majestät des Horus „Groß an Herzen", die Beiden Herrinnen „Herr des Armes", Goldhorus „Der Tapfere", König von Ober- und Unterägypten Wꜣḥ-ib-rꜥ, Sohn des Re Psammetich,

(13) lebend wie Re ewiglich. Seine Majestät befriedete das Land, indem er seine Rebellen abwehrte und alle Tempel von Ober- und (14) Unterägypten (13) versorgte."[119]

Man beachte, dass wir hier dokumentarische Texte in Buchschrift-Hieratisch aus dem Jahr 513 v. Chr. vor uns haben, aus einer Zeit also, in der der Gebrauch des Kursivhieratischen für Urkunden zumindest im thebanischen Raum seit gut zwei Jahrzehnten durch das Frühdemotische abgelöst war (s.o. Kap. 19). Im Datum des Stelentextes fehlt allerdings die Angabe des Tages, und der eigentliche Wortlaut folgt unmittelbar auf Jahr und Monat der betreffenden Jahreszeit. Beides entspricht dem Urkundenformular frühdemotischer Texte, nicht aber dem kursivhieratischer.[120] Da der gesamte Stelentext in nur mühsam verschleiertem Gewand einer sog. „Königsnovelle" daherkommt, wie VITTMANN überzeugend nachweisen kann, dürfte die hieratische Schrift anstatt der zeitgenössischen demotischen seinem Sakralcharakter eher Genüge getan haben und nicht zuletzt hierin ihre Berechtigung finden.

## V.    Hieratische Texte auf Stelen aus der Tiernekropole von Saqqara-Nord

Nicht alle hieratischen Texte lassen sich ohne Weiteres einer eigenständigen und nur in dieser Kursive im 1. Jt. verschrifteten Großgattung zuordnen. Es gibt durchaus Texte, die sowohl in Hieratisch als auch in zeitgenössischem Demotisch verfasst wurden. Besonders herausragende Beispiele dafür sind erst vor wenigen Jahren publizierte hieratische Stelen aus der Tiernekropole von Nord-

---

[118] G. VITTMANN, *Der demotische Papyrus Rylands 9, Teil I*, 102.
[119] G. VITTMANN, *op. cit.*, 191.
[120] S.P. VLEEMING, „La phase initial du démotique ancien", in: *Cd'É* 66 (19819; 31-48; dort: 38f.

Saqqara, genauer gesagt aus dem Bezirk der Apismütter-Nekropole.[121] Aus Anlass der Bestattung der Mutterkuh eines Apisstieres haben Priester aus Memphis präzise Gedenkstelen anfertigen und deponieren lassen. Diese Stelen haben nicht nur ein auf den Tag genau rekonstruierbares Datum, sie haben eben auch einen archäologisch dokumentierten oder *in situ*-Befund ihres finalen Aufstellungsortes. Allein deshalb sind sie schon für die Geschichte der hieratischen Paläographie der 2. Hälfte des 1. Jt. v. Chr. von kaum zu überschätzender Bedeutung.

Von den vier bei SMITH und Kolleginnen vorgelegten Stücken ist die Nr. 15 die besterhaltene und das noch dazu von einigem Umfang.[122] Insgesamt 28 Zeilen sind nahezu komplett erhalten.[123] Die Hgg. charakterisieren die Schrift als „Late Hieratic text written in ink in a fine flowing script, which is smaller in size than the hands of nos. **14, 52** and **53**." Ein ausführlicher paläographischer Kommentar ist der Transliteration und Übersetzung vorgeschaltet, wie es Usus in gediegenen demotistischen Texteditionen ist. Etwas verwunderlich ist allerdings der Umstand, dass von den gründlichen Studien zur *Späthieratischen Buchschrift* VERHOEVENS kein Gebrauch gemacht wird, denn um einen solchen Duktus handelt es sich auf allen vier Stelen, allein MÖLLERS „*HP.* III" wird herangezogen.

Der Haupttext besteht genau besehen aus nichts weiter denn mehreren langen Selbstvorstellungen von Priestern verschiedener Götter wie Ptah, Horus, Min u.a. über mehrere Generationen hinweg. Der eigentliche Stifter dürfte mit den Hgg. ein gewisser Wenenefer, Sohn eines Imhotep und einer Nefersachmet, sein. Für den Fall der „Zerstörung" (*sk*) der Stele wird mit der spiegelnden „Vernichtung" (*sk*) des Übeltäters durch sämtliche Götter von Memphis gedroht.

---

[121] H.S. SMITH – C.A.R. ANDREWS – S. DAVIES (Hgg.), *The Sacred Animal Necropolis at North-Saqqara Part 1-2* (2011).
[122] *Op. cit.*, *Part 2: Commentaries and Plates*, 50-56 und Pl. XI-XIII: aus Nische 14.
[123] H5-2594 [4871] = MoA 70/3, um präzise zu zitieren. „MoA" steht für „Mother of Apis".

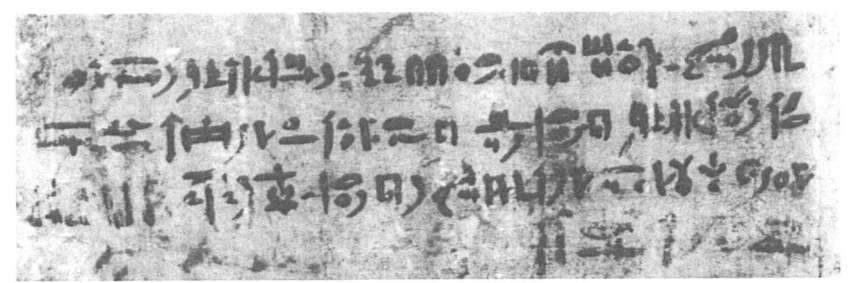

Abb. 40: Subskriptum aus J. 5, 2. Peret, Tag 26 unter Nektanebos' II. (*Nḫt-Ḥr-m-ḥb*)

Und hier in der Transkription von SMITH – ANDREWS – DAVIES:

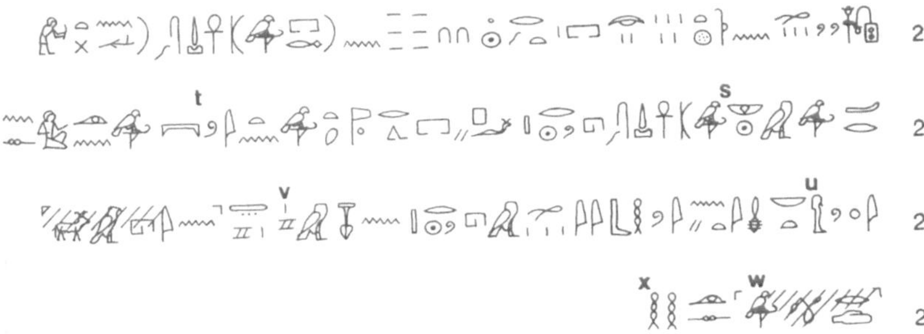

Abb. 41:

Über den Kommentar der Autoren hinaus sei hier noch Folgendes angemerkt. Die Notierung des Datums weist in seiner Tagesangabe eine Abweichung vom Standard auf, die nicht übergangen werden sollte. So sind die beiden Zehner-zeichen für „20" stehend geschrieben, was eigentlich gegen die alte Regel ver-stößt, nach der die Zehnerpotenzen in Datumsangaben liegend zu platzieren sind. Bei VERHOEVEN wird diese Neuerung seit pBM 10252 = 306 v. Chr. als regelhaft verzeichnet.[124] Irgendwann muss also eine „Reform" in diesem Punkt durchgeführt worden sein, nur scheint dies nach Ausweis der klar in das Jahr 346 datierten Saqqara-Stele schon mindestens 40 Jahre früher geschehen zu sein.[125] Diese Änderung betrifft genauso die Jahreszahl „5", die „eigent-lich" noch im Jahre 306 aus zwei liegenden Ligaturen der Zahlen „3+2" beste-hen müsste. Und an der Graphie der Jahreszeit *pr.t* hat sich ein Demotizismus

[124] *Buchschrift*, 217 Tabelle. Zur „6" im Jahresdatum *op. cit.*, 215.

[125] Was in der Paläographie bei U. VERHOEVEN, *Buchschrift*, noch nicht aufgenommen wer-den konnte. Die Datierung der anderen zwei vorptolemäischen hieratischen Stelen mit den Kat.-Nrn. 14 und 52 kann indirekt über demotische Stelen zur Bestattung der Apismutter in Jahr 6-9 Nektanebos' I. vorgenommen werden; s. H.S. SMITH et al., *op. cit.*, 50. Ob die pa-läographische Neuerung in deren verlorenen hieratischen Daten allerdings bereits unter die-sem König (also ab 374) eingeführt war, bleibt ungewiss. – Weitere hieratische Stelen aus vorptolemäischer Zeit sind die Kat.-Nrn. 48 (Darius I, II oder III); 52 (52+53 unter Nekt. II.?); 60+61+62+63 (letzte Dekade Dyn. 29), Nr. 160 (Dat. unklar).

eingeschlichen in Gestalt des scheinbaren Ideogrammstriches nach ▭.[126] Als weiteren Demotizismus würde ich das extrem verkürzte 〰 nach *zḥ.w* betrachten wollen, das absolut untypisch für seine Wiedergabe in Hieratisch generell ist. Umgekehrt weist die Sprache nur dieses kurzen Passus' einige sprachliche Anciennitäten auf wie die *sḏm.n=f*-Form von *iri* in Z. 26 Ende und das fem. Demonstrativum *-tn* unmittelbar zuvor.

Im Haupttext der Stele wird zweimal das ehrende Epitheton *ḥsy* – „Geehrter", wenn nicht gar schon im Sinne von „(Lokal)Heiliger", verwendet. In den Zeilen 7 und 20 wird es unetymologisch so notiert: 〔𓏏𓀁𓏏〕 (Z. 20), von den Autoren so umschrieben: 〔𓄿𓂝𓃭〕. bzw. mit nur einem Schilfblatt (Z. 7).[127] Sie schlagen dennoch eine Lesung 〔𓄿〕 *s3/s3i* vor. Mir erscheint eine andere Deutung erheblich wahrscheinlicher, unter Beibehaltung von 〔𓂝𓃭〕 und dessen Verständnis als Vokalanzeiger für /i/, eventuell auch für /e/. Als solcher supralinearer Vokalindikator fungiert dieses Verbum in verschiedenen Wortformen in dem römerzeitlichen Tebtunis-Onomastikon.[128] Zugegeben, das wäre ein vergleichsweise früher Vokalisationsindikator in einem Text aus dem Jahre 346 v. Chr.!

Genug der Kleinigkeiten! Viel entscheidender ist die Frage nach der Wahl der hieratischen Schrift anstelle der zur damaligen Zeit üblichen demotischen. Bis auf die genannten vier hieratischen Stelen sind alle übrigen – 154 von insgesamt 167 – in der jüngeren Kursive verfasst.

Aus der gleichen Nekropole haben wir nun auch eine Reihe hieratischer Ostraka aus dem 4. Jh. v. Chr., was beinahe schon einer Sensation gleichkommt, denn „spätzeitliche Ostraka in hieratischer Schrift gehören zu den Seltenheiten der Ägyptologie".[129]

---

[126] Vgl. W. ERICHSEN, *Demotisches Glossar* (1953), 135.

[127] Annotiert bei H.S. SMITH et al., *op. cit.*, 51 Anm. e.

[128] J. OSING, *Hieratische Papyri aus Tebtunis I. Text* (1998), 49 **cd)**.

[129] J.F. QUACK, „Bemerkungen zum Ostrakon Glasgow D 1925.91 und zum Menu-Lied", in: *SAK* 29 (2001), 283-306 und Taf. 17; dort: 283. Wir werden uns diesem Exemplar wegen seiner Datierung in die Römerzeit im nächsten Kapitel zuwenden. –Über die Edition durch RAY hinaus hat QUACK weitere Stücke in dessen Edition dieser Schriftart zuweisen können: J.D. RAY, *Demotic Ostraca and Other Inscriptions from the Sacred Animal Necropolis, North Saqqara* (2013); dazu Rez. J.F. QUACK, in: *Orientalia* 84 (2015), 110-117; dort: 111. Zu weiteren hieratischen Einsprengseln in demotischen Ostraka von dort *loc. cit.*, 115f. (ohne Photo!) und 116 (ad DO Saqqara 290 und ad S. 328). Die Rez. von DONKER VAN HEEL, in: *BASP* 52 (2015), 331-333, geht auf die Hieratika nicht ein. – Es darf schon als ein

## VI.   Zwei Fundstücke aus dem 4. Jahrhundert

### VI.1   Holztafel mit zwei Verklärungstexten und einem Klagelied aus dem Grab des Padihorresenet (TT 196; frühe Ptol.zt.)

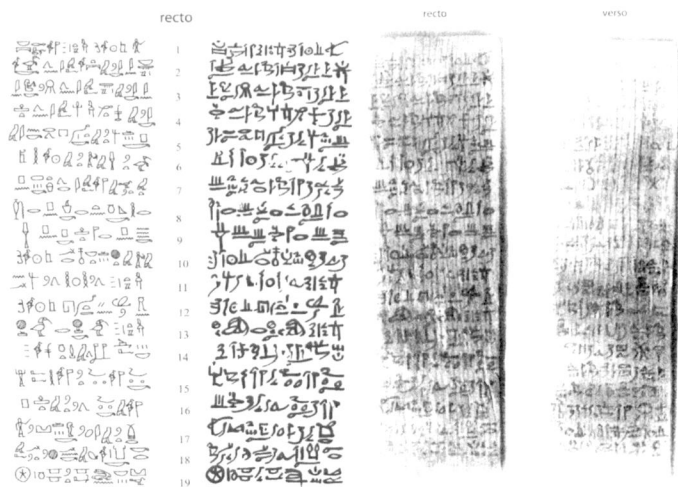

Abb. 42: Holztafel (re.) aus TT 196 mit Faksimile der Recto-Seite (li.)
22,1 x 6–6,4 cm[130]

Die – wie in der Spätzeit üblich – nicht-stuckierte Tafel trägt ein sorgfältiges Buchhieratisch, wie es besonders auch in Totenbüchern Verwendung fand. Ein paläographischer Abgleich mit solchen seit der Erstedition hinzugekommenen Texten und v.a. der Paläographie VERHOEVENs führt KUCHAREK zu einem Ansatz in die frühe Ptolemäerzeit, dem schwerlich etwas entgegengehalten werden kann. Leitfossilien sind dabei die drei Zeichen ⸶ (F35) mit zwei statt nur einem Quersteg am oberen Ende, ⸺ (N37) mit horizontalem Binnenstrich und

---

Kuriosum in der Geschichte der Erforschung und Publikation hieratischer Texte aus der spätesten Phase dieser Schriftart gelten, wenn ein philologisches Schwergewicht wie GARDINER in der zweizeiligen Beschreibung eines nach ihm römerzeitlichen Ostrakon vermerkt: „D 1. A POTSHERD OF RED WARE with fragments of five lines in hieratic of the Roman Period, giving parts of a hymn. Without interest."; id. , in: id. *et al.* (Hgg.), *Theban Ostraca: Edited from the originals, now mainly in the Royal Ontario Museum of Archaeology, Toronto, and the Bodleian Library, Oxford* (1913, repr. 2009), 16. Da muss man sich nicht wundern, dass bis heute erst so wenige Exemplare aus dieser Epoche ediert worden sind.

[130] *Editio princeps* E. GRAEFE, *Das Grab des Padihorresnet: Obervermögensverwalter der Gottesgemahlin des Amun (Thebanisches Grab Nr. 196)* (2003), 170-172; Taf. 88-89; Reedition A. KUCHAREK, „A Hieratic Tablet from TT 196 Reexamined", in: R. JASNOW – G. WIDMER (Hgg.), *Illuminating Osiris. Egyptological Studies in Honor of Mark Smith* (2017), 197-214 u. Pl. 13-14; dort: 200f. eine aktuelle Liste hieratischer Holztafeln aus der Spätzeit.

schließlich die liegende Mondsichel ⌢ (vgl. N12 in umgekehrter Ausrichtung).

Sind die zwei Verklärungen auch anderweitig längst bekannt, ist das finale Klagelied bislang ein Unikat und bezieht Elemente des Choiak-Festes um Osiris mit ein. Unterbrochen werden die Texte von zwei *faute de mieux* sog. „Intermediate Spells". Adressaten sind wahrscheinlich zwei Geschwister, deren Mutter als dritte Person genannt wird. Da all ihre Namen überwiegend mehr als geläufige in der Ptolemäerzeit sind und kaum diagnostische Titel hinzutreten, sind wir auf Vermutungen über ihre präzise Datierung angewiesen und so, wie gesehen, bleibt einzig die Paläographie mit all ihren Tücken das einzige Kriterium. Wie in so vielen anderen wesentlich älteren Grabanlagen in Theben auch, so werden diese Holztafeln im „Lichthof" von TT 196 aus der Zeit um 600 v. Chr. entweder mit einer Sekundärbestattung zu verbinden sein, die nur noch nicht gefunden ist. Eine andere Möglichkeit wäre die, in diesem sog. Lichthof eine Art „Klassenzimmer" für Schreibunterricht i.S. Hieratisch, Spezialgebiet zeitgenössische (= frühptolemäische) Verklärungen u.ä. mehr, zu sehen. Zwei im abschließenden Kap. 22 vorzustellende und aus dem saitenzeitlichen Grab des Monthemhet (TT 34) stammende hieratische Holztafeln aus dem 2. Jh. n. Chr. weisen eindeutig in diese Richtung.

## VI.2. Inventartafel aus Luxor (Ma'at-Tempel von Karnak?)

Im Jahre 1941 macht Varille (1909-1951)[131] eine beidseitig beschriftete Holztafel von 18 x 7,5 cm Größe bekannt, die das Inventar von Kultrequisiten aus einem Ma'at-Tempel, wahrscheinlich dem des Karnak-Bezirks, auflistet. Sie ist am Ende der Verso-Seite in ein Jahr 2 unter einem Alexander datiert, der entweder der sog. Große ist oder dessen gleichnamiger Sohn. In unseren Kalender umgerechnet befinden wir uns am wahrscheinlichsten mit dieser Liste am 22. März des Jahres 330 v. Chr.

Das Besondere an diesem Text ist der Umstand, dass er kein Ritual, keinen Spruch o.ä. repräsentiert, sondern die offizielle und damit dokumentarische Übergabenotiz von einer Priesterphyle an die nächste, genauer gesagt von der ersten an die in Vs. tatsächlich genannte „2." des 1. Peret-Monats. Der Text ist an dessen Tag 9 ausgestellt worden.

---

[131] M.L BIERBREIER (Hg.), *Who Was Who in Egyptology* (2012), 552f.

Wohlgemerkt, dokumentarisches Hieratisch bleibt nach der Aufgabe des Kursivhieratischen unter Amasis schwer zu finden. Die Saqqara-Ostraka (ed. RAY) kommen nun als weitere Belege dazu (s.o.).

Die „Edition" dieser Holztafel ist allerdings etwas unglücklich verlaufen insofern, als VARILLE lediglich ein Photo und eine Transkription präsentiert hat, letztere noch dazu in falscher Schriftrichtung (<), jedoch ohne Bearbeitung. Eine Übersetzung und Kommentierung hat erst 53 Jahre später JASNOW vorgelegt, nebst einem Faksimile.[132] Zum Duktus vermerkt er: „The hand is a legible late hieratic, which displays no features of abnormal hieratic" (*loc. cit.*, 100).[133]

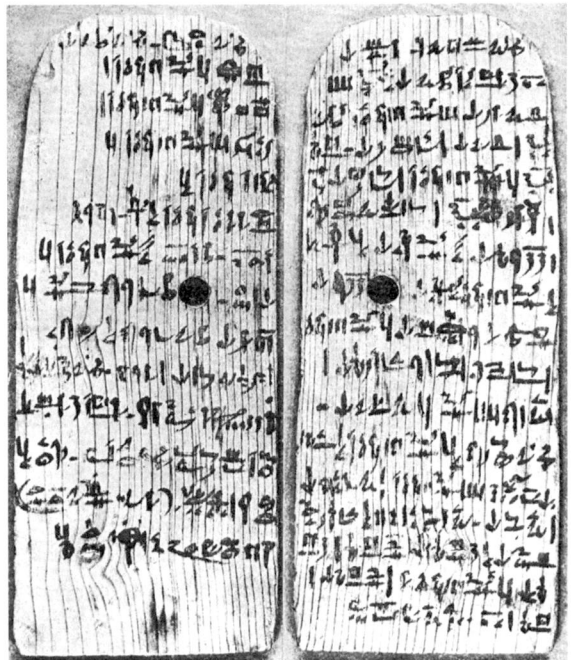

Abb. 43: Holztafel Varille; re. Recto, li. Verso[134]

Eine Recto- und eine-Verso-Seite können wir der Tafel deshalb zuweisen, weil ihr Text eine Überschrift oder Einleitung trägt, die da lautet: *pꜣ snh n ipd nty m imnw.t* – „Das Inventar von Objekten/Requisiten, die zum täglichen Kult(?) gehören: …". Es folgt eine lange Auflistung dieser Gerätschaften wie Gefäßen,

---

[132] „The Hieratic Wooden Tablet Varille", in: D.P. Silverman (Hg.), *For His Ka: Essays Offered in Memory of Klaus Baer* (1994), 99-112.
[133] *Loc. cit.*, 100; zu diesem Text auch Verhoeven, *Buchschrift*, 24.
[134] Aus: A. VARILLE, „Inventaire d'objets cultuels d'un temple thébaine de Maat", in: *BI-FAO* 41 (1941), 135-139 mit einer Tafel.

Kästen, Räuchergeräten, Grillzangen etc. und deren Anzahl.[135] Aufgeschrieben
hat dies alles der Gottesvater und Prophet des Amun von Ipetsut, also von Karnak, namens Padi-…(?), Sohn des Hor, im genannten Jahr 2 eines Alexander.
Diese Jahreszahl 2 ist wegen des femininen Wortes für „Regierungsjahr" (ḥsb.t) genuskongruent ebenfalls im Femininum notiert, allerdings nicht

im damaligen Hieratisch, sondern in Demotisch: 𓏤 (vs. 12).[136] Wir werden
wohl daraus schließen dürfen, dass die alltägliche Schriftart dieses Gottesvaters
eben das Demotische war, er aber als Priester auch sein „Hieratikum" absolviert
haben muss, doch dazu mehr in Kap. 22.

## VII.   Statueninventare auf Papyri (Pap. Berlin P. 10472 A & 14.400)

Erheblich umfangreichere Inventare von Tempelrequisiten, genauer gesagt von
Statueninventaren u.a. mit präzisen Beschreibungen ihrer Attribute, kennen wir
dagegen in Gestalt eines Papyrus in der Papyrussammlung des Ägyptischen
Museums zu Berlin. Diese Listen wurden zwar von CAUVILLE ediert und kommentiert, jedoch eignen sich die mitgelieferten Photographien kaum für eine
adäquate Behandlung an dieser Stelle.[137] Diese Listen datieren nach Ausweis
ihrer Paläographie am ehesten in das 4. Jh., und als Beleg hat CAUVILLE auch
50 als diagnostisch eingestufte Zeichen in einer Tabelle zusammengestellt.

Was dieses Inventar auch für die ägyptologische Kunstgeschichte so bedeutend
macht, ist der Umstand, dass es wie selbstverständlich von genuin ägyptischen

---

[135] Von einer Reihe dieser Requisiten kennen wir dank der Amarna-Korrespondenz sogar
die – ältere – Vokalisation, wie etwa *namsa* für *nms*(.*t*) (rt. 8), *hana* für *hn* (rt. 4; 15-17; vs.
2), *wadha* für *wḏḥ.w* (rt. 6) und *mahan* für *mhn* (rt. 15). Quelle hierfür ist u.a. die sog. Große
Geschenkeliste auf der EA-Tafel 14.
[136] W. ERICHSEN, *Demotisches Glossar*, 695. Diese Graphie entspricht auch den anderen in
der Liste vorkommenden maskulinen Formen. – Eine paläographische Detailstudie zur Zahl
„2" im Demotischen bei C.J. MARTIN, „Memphite Palaeography", in: S.P. VLEEMING (Hg.),
*Aspects of Demotic Orthography* (2013), 41-62; dort: 48, insbesondere zur Verschmelzung
des Zahlzeichens mit dem Feminin-*t*.
[137] „Un inventaire de temple: Les papyrus Berlin 10472 A et 14.400", in: *ZÄS* 122 (1995),
38-61 und Taf. I-II; dazu kurz U. VERHOEVEN, *Buchschrift*, 24f. Einige Korrekturen dazu
hat F. HOFFMANN beigetragen in seinem Artikel „Zum Körperkonzept in Ägypten (P. Berlin
P. 10472 A + 14400)", in: A. BERLEJUNG *et al.* (Hgg.), *Menschenbilder und Körperkonzepte
im Alten Israel, in Ägypten und im Alten Orient* (2012), 481-500. Zur Datierung dort 482
Anm. 8.

Termini für Statuentypen Gebrauch macht, die seitens der Ägyptologie eigentlich unbesehen übernommen werden könnten, wenn sie es nur wollte. So werden männliche „Standfiguren" als *s'ḥ-'ḥ'* und *twt-'ḥ'* bezeichnet, weibliche als *rpy.t-'ḥ'*, „weibliche Sitzfiguren" als *rpy.t-ḥms*, männliche als *twt-ḥms* und *mnw-ḥms*, „weibliche Figuren" allgemein als *rpy.t*,[138] solche in „Schreitstellung" als *pd-nmt.t*, mit „erhobenem Arm" und Götterbart als *ꜣi-'* (wie Minstatuen), und schließlich „ithyphallische" als *ḏ.t=f-nḫt* bzw. weibliche(!) als *ḏ.t=s-nḫt.t*.

HOFFMANN hat diese Statuenliste unter dem Aspekt des altägyptischen Körperkonzeptes einer minutiösen Revision unterzogen und gelangt dabei zu teilweise überraschenden Ergebnissen. Dabei kann er die soeben gegebenen Übersetzungen der Termini ganz wesentlich präzisieren: *twt* ist eine „männliche Statue, deren Beine freigestellt sind", *s'ḥ* ist eine „mumiengestaltige Männerfigur", *šzp* ist eine „sphinxgestaltige Männerfigur", und allgemein zum dahinter stehenden Körperkonzept notiert er: „Die Beschreibung folgt einem stets gleichen, analytischen Schema. Die Ägypter müssen also überzeugt davon gewesen sein, dass eine Beschreibung von Götterdarstellungen nach den Kategorien Typus (durch den verwendeten Bildterminus ausgedrückt) – Haltung – Gesicht – Kopfputz – Hände (und was sie ggf. halten) – erigiertes Glied im Normalfall ausreichte. Im Rahmen der Gegebenheiten der ägyptischen Kunst ist dem im Wesentlichen so. Die ägyptischen Beschreibungen sind in diesem Sinne vollständig."[139] Von einem sog. „Stil" der Statuen weiß der erhaltene Teil dieses faszinierenden Papyrus leider nichts.

## VIII. Hieratisch *plus* Demotisch in einem Text – Das spätptolemäische Apis-Balsamierungsritual (Pap. Zagreb 597-2 + Pap. Vindob. 3873)

Ähnlich wie menschliche Leichen hat auch der in Memphis seit der frühdynastischen Zeit verehrte Apis-Stier seine Mumifizierung erfahren, nur wie genau diese im 3. und 2. Jt. v. Chr. vonstattenging, bleibt einstweilen unbekannt. Das Balsamierungsritual für Menschen ist uns erst aus frührömischer Zeit in Form mehrerer Handschriften zugänglich (s. dazu Kap. 22), dasjenige für den Apis-Stier dagegen spätestens seit der Mitte des 3. Jh. v. Chr. Aber dass wir diese Textkopie genau datieren können, ist eine recht junge Erkenntnis und geht auf

---

[138] Was wir spätestens aus Instruktionen in magischen Texten schon wussten.
[139] *Loc. cit.*, 499.

eine erst 2004 von MEYRAT gemachte Entdeckung im Archäologischen Museum von Zaghreb zurück.[140] Dort befindet sich nämlich die 1. Kolumne von 30 cm H x 21-22,4 cm B, wobei noch ein Streifen am rechten Rand von ca. 11 cm fehlt. Die folgenden sechs Kolumnen der Recto- und drei weitere der Verso-Seite sind der Ägyptologie seit BRUGSCHs Beschäftigung mit dem Text seit 1867 bekannt, und die letzte Edition dieses auf Pap. Vindob. 3873 erhaltenen Textes stammt von VOS aus dem Jahre 1993.[141] Bleibt dessen paläographische Datierung in die Ptolemäerzeit noch recht schematisch hinsichtlich der hieratischen und demotischen Teile, kann die Handschrift als ganze nunmehr dank der 1. Kolumne präzise unter die Herrschaft Nektanebos' II. (360-343) ca. in dessen 9.-10. Jahr, also 351 v. Chr., datiert werden.

Wie soeben bemerkt, sind das Manual mit seinen Instruktionen zur konservierenden und das Ritual mit den seinen zur rituellen Behandlung des Tierkadavers in zwei Kursiven niedergeschrieben: Hieratisch + Demotisch. Dabei reflektiert erste Schriftart einen älteren Sprachzustand, fortgeschrittenes Neuägyptisch, während die demotische Kursive auch die gleichnamige Sprachstufe repräsentiert.

In dieser Schrift- wie Sprachmischung liegt auch einer der besonderen kulturgeschichtlichen Reize dieses Manuskriptes und zugleich dürfte es die bis heute früheste Handschrift dieser Art und dieses Umfangs in der Geschichte des Hieratischen überhaupt sein. An ihr waren zwei Schreiber mit recht unterschiedlichen Binsen am Werk, einer für die Recto- und ein weiterer für die Verso-Seite. Erstere Seite trägt beide Kursiven, letztere nur die jüngere, eben demotische. Dabei ist das Hieratische besonders für die Ritualbeschreibungen, das Demotische vorrangig für die technischen Instruktionen zum Einsatz gekommen. Das Verso mit seinen rein manuellen Instruktionen in Demotisch weist nur mehr sehr wenige hieratische Einsprengsel auf. Spätestens im 4. Jh. v. Chr. also

---

[140] „The First Column of the Apis Embalming Ritual Papyrus Zaghreb 597-2", in: J.F. QUACK (Hg.), *Ägyptische Rituale der griechisch-römischen Zeit* (2014), 263-337. In diesem Band ist die hieroglyphische Transkription der 27 Zeilen dieser 1. Kolumne leider versäumt worden, zu finden ist sie unter der website: https://sites.google.com/site/pierre meyrat/Home/publications (Zugriff: Juli 2017).
[141] *The Apis Embalming Ritual P. Vindob. 3873*; dort a. Angaben zu früheren Bearbeitungen. Seither sind neben der Rez. von F. HOFFMANN, in: *BiOr* 52 (1995), 581-589, mehrere Beiträge aus der Feder von QUACK dazu erschienen, so in: *Enchoria* 21 (1994), 184-191; ibid. 24 (1997/98), 43-53 und ibid. 22 (1995), 123-129. Zu topographischen Details im Text P. MEYRAT, in: J.F. QUACK (Hg.), *Ägyptische Rituale*, 247-262.

kommt der älteren Kursive eindeutig der höhere Sakralitätsgrad zu als der vergleichsweise jüngeren des Demotischen.

Hier zunächst eine Gesamtansicht von rt. Kol. III

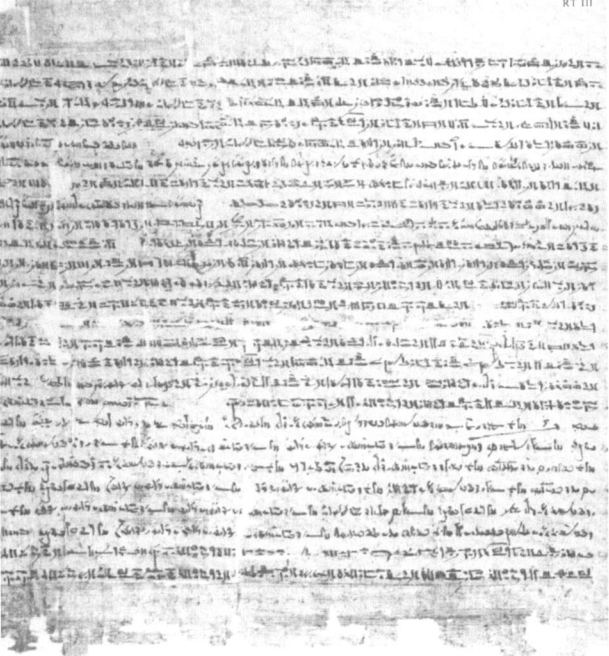

Abb. 44: Apis-Balsamierungsmanual rt. III[142]

Die linksorientierte Transkription in Hieroglyphen trägt der rein konsonantischen Transliteration des Demotischen Rechnung, entspricht daher nicht dem Standard gediegener Hieratistik und ist als technischer Kompromiss einzustufen:

---

[142] R.L. VOS, *op. cit.*, Pl. 3.

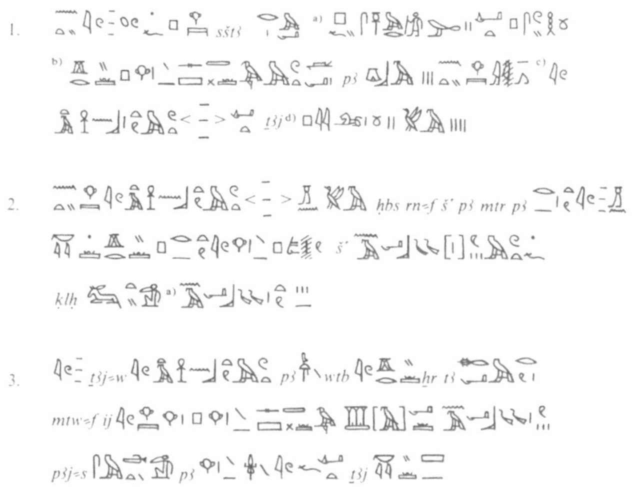

Abb. 45: Transkription rt. Kol. x+I.3-4[143]

MEYRAT hat seiner Edition der Eingangskolumne auch eine kurze Liste faksimilierter und als diagnostisch erachteter hieratischer Zeichen beigefügt:

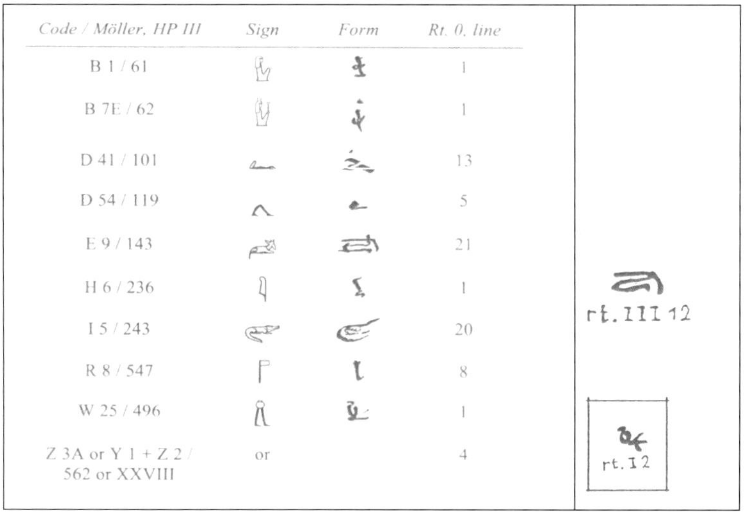

| Code / Möller, HP III | Sign | Form | Rt. 0, line |
|---|---|---|---|
| B 1 / 61 | | | 1 |
| B 7E / 62 | | | 1 |
| D 41 / 101 | | | 13 |
| D 54 / 119 | | | 5 |
| E 9 / 143 | | | 21 |
| H 6 / 236 | | | 1 |
| I 5 / 243 | | | 20 |
| R 8 / 547 | | | 8 |
| W 25 / 496 | | | 1 |
| Z 3A or Y 1 + Z.2 / 562 or XXVIII | or | | 4 |

rt. III 12

rt. I 2

Abb. 46: Ausgewählte Zeichen aus Pap. Zaghreb 597-2 (li.)

---

[143] R.L. VOS, *op. cit.*, 241.

und Korrespondenzen aus Pap. Vindob. 3873 (re.).[144] Da von dieser 1. Kolumne außer der Transkription bislang kein Photo vorliegt, kann nicht beurteilt werden, wie diagnostisch diese kurze Liste tatsächlich ist. Zudem deckt sich die Auswahl von neun Zeichen nur sehr beschränkt mit den zwei Korrespondenzen aus den insgesamt sechs paläographischen Tafeln bei VOS.[145] Ein entsprechender Abgleich kann demnach erst vorgenommen werden, wenn auch die von MEYRAT entdeckte Kolumne im Photo vorliegt.

Ein interessantes Detail am Rande: Z. 14 enthält eine explizite Aufzeichnungsmeidung hinsichtlich nicht spezifizierter „Aktionen, die Pharao durchführen wird" (ꜥs-m(y) nꜣ md.wt nty jw p(ꜣ) Pr-ꜥꜣ (mꜣꜥ)-ḫrw r jr=w), und die „man nicht aufschreiben soll" (bn jw=w (r) sš=w).[146]

Unterm Strich illustriert der Text des Apisbalsamierungsmanuals und –rituals anschaulich das Verschmelzen der beiden Kursiven Hieratisch und Demotisch, unter deren weitgehender und nachvollziehbarer „Arbeitsteilung", wobei die demotische Version noch von älterem Vokabular Gebrauch macht und letztlich Demotisch als Sprachstufe nur begrenzt in Erscheinung tritt. Das soll sich bis zur frühen Römerzeit spätestens dergestalt ändern, dass dann hieratische und „mittelägyptische" neben einer graphisch wie sprachlich demotischen Version zu stehen kommen. Wir können dann von einer echten Übersetzung sprechen; s. zu den Papyri Rhind I und II in Kap. 22.

## IX.   Verwechslung von Demotisch und Hieratisch (Pap. Rylands 50)

Die nachfolgend skizzierte Editions- und Interpretationsgeschichte eines illustrierten Amuletts auf Papyrus ist vor dem Hintergrund der im vorangehenden Abschnitt ins Feld geführten Mischtexte aus Demotisch und Hieratisch, nebst den anderen bisweilen verwendeten Schriften und Sprachen, zu sehen. Der aus dem Fundus der Rylands Papyri in Manchester 1963/64 von JELINKOVA-REYMOND (née Reymonova) publizierte Pap. dem. Rylands no. 50 war ihrer Meinung nach ein solcher digraph geschriebener Zauberspruch.[147] Einmal ganz abgesehen von der Tatsache, dass es sich bei dem Papyrus mitnichten um ein

---

[144] P. MEYRAT, loc. cit., 315. Im Einzelnen s. dazu S. 269f.; 270; 271; 278 (ad Z. 5; nicht in Liste = niL); 282; 293; 295; 298 (ad Z. 25; niL); 299 (ad Z. 25; niL).

[145] Op. cit., 19-24.

[146] P. MEYRAT, loc. cit., 268 und 288, mit Lit.verw. in Anm. 215.

[147] „Studies in the Late Egyptian Documents preserved in the John Rylands Library I – Fragment of a Crocodile Papyrus (P. dem. Rylands no. 50)", in: Bulletin of the John Rylands Library 46 (1963/4), 154-163 samt Photo & Faksimile zwischen S. 158 und 159; s. dazu

Fragment handelt, er vielmehr von wünschenswertem Erhaltungszustand ist, ist er von Anfang bis Ende monograph, also in nur einer Kursive, notiert. Seine Maße betragen 24,5 x 5,0 cm, und er besteht aus zwei aneinandergeklebten Blättern. Inhaltlich handelt es sich „perhaps" auch nicht um einen „letter of greeting addressed to a deity or deities" mit einem gewissen „magical effect" (*loc. cit.*, 161), sondern um die Gleichsetzung des Gesichtes eines Neugeborenen mit dem der Bastet. Es liegt mithin eine partielle Gliedervergottung vor.

Meine Ausführungen von 1995 müssen hier nicht wiederholt werden, zumal sich die Publikationslage zu diesem Amulett in Gestalt der hymnischen Anrufung der Bastet, Mutter eines Widders, in der Zwischenzeit erfreulich verbessert hat. Neben den dort als hieroglyphische Parallelen ins Feld geführten Varianten im römischen Dendera-Mammisi (Zt. Trajan) und dem in Edfu (Zt. Pt. IX) sind nunmehr auch die Berliner Papyrusvarianten P. 10101 B (Herkunft wohl Theben), P. 23031 (aus Elephantine)[148] und München SMÄK 5882b (Ankauf)[149] ediert worden, wie auch die auf dem Pap. Wien Aeg 8426 aus Hermopolis oder Dime.[150] Die Berliner Versionen datieren frühestens in die 26./27. Dyn. (P. 10101 B) bzw. späte 26. Dyn. (P. 23031) und das späte 1. – frühe 2. Jh. n. Chr. (Pap. Wien 8426). Wir können also in etwa eine Mindestlaufzeit des Bastet-Spruches von gut 700 Jahren ansetzen, nur ist unter den Textzeugen bislang kein einziger in demotischer Schrift und Sprache.

---

Verf., „Papyrus demot. Rylands no. 50. Ein in den Edfu und Dendera-Mammisi wiederverwendeter hieratischer Zaubertext", in: *Enchoria* 22 (1995), 1–15. – In seiner Rez. des Bandes J. RAY, *Demotic Ostraca and Other Inscriptions from the Sacred Animal Necropolis, North Saqqara* (2013), hat QUACK auf eine ganze Reihe übersehener hieratischer oder semi-hieratischer Ostraka und Mischschreibungen aufmerksam gemacht, die künftig noch zu bearbeiten wären; id., in: *Orientalia Nova Series* 84 (2015), 110-117; dort: 111 (Nrn. 267; 287; 290 und 360 etc.); zu Mischtexten *loc. cit.*, 115f. (Nr. 263 und 265A (medizinisch?)); 116 Nr. 290 (ebenfalls medizinisch?).

[148] Verf., *Magika Hieratika in Berlin, Hannover, Heidelberg und München* (2015), 103-110.

[149] Verf., *Magika Hieratika*, 262f.

[150] Die Handschrift P. 23031 von G. BURKARD, „Drei Amulette für Neugeborene aus Elephantine", in: G. MOERS et al. (Hgg.), *jn.t dr.w. Festschrift für Friedrich Junge* (2006), 109-124; dort bes.: 110-114. – Den Wiener Text hat FLESSA in seiner 2006 erschienenen Münchener Magisterarbeit vorgelegt, s. id., *„(Gott) schütze das Fleisch des Pharao" Untersuchungen zum magischen Handbuch pWien AEg 8426*, 95-99. Auf jener Handschrift füllt er die Zeilen 23-24.

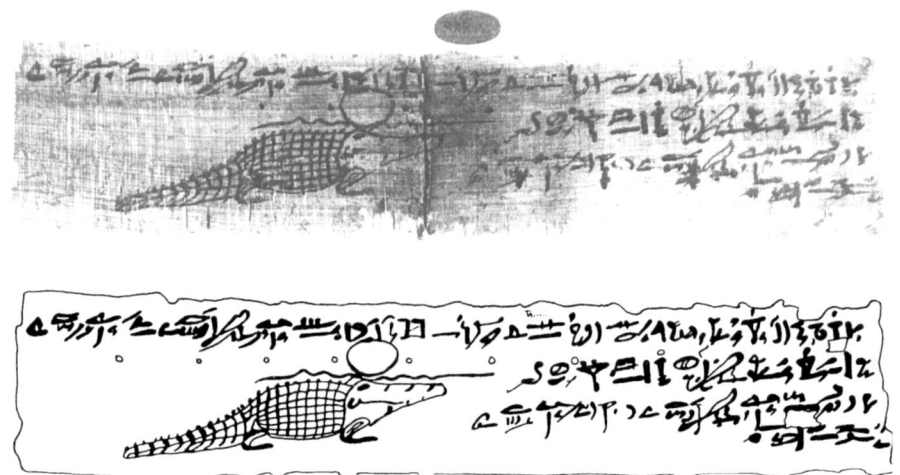

Abb. 47: Pap. Rylands no. 50 – Faksimile REYMOND[151]

Unterm Strich erfordert weder der Rylands-Papyrus noch irgendeiner seiner übrigen hieratischen Ableger, von den Tempelversionen ganz zu schweigen, gediegene Kenntnisse der demotischen Schrift. Umgekehrt sieht es dagegen erheblich anders aus und Reymond wäre gut beraten gewesen, hätte sie einen erfahrenen Hieratiker zu Rate gezogen. Das Krokodil wird im Text übrigens nirgends erwähnt, aber das ist bei begleitenden Vignetten auch wahrlich kein Muss. Deshalb ist auch schon der Titel ihres Beitrages „Fragment of a Crocodile Papyrus" zuhöchst – und nunmehr gleich doppelt – irreführend, geht es doch um die Bastet, einen Widder und v.a. den menschlichen Nutznießer des Spruches, dessen Körper bzw. Fleisch rundum geschützt sein möge.

---

[151] Ead., In: *Bulletin of the John Rylands Library* 46 (1963/64), 154–163; dort zw. S. 158 und 159.

## 22. Römisches Hieratisch
### Endphase einer Schreibschrift unter Verlust ihrer Autonomie

Im Unterschied zu hieroglyphischen und demotischen Textzeugen können wir bislang keinen hieratischen Text als definitiv spätesten seiner Art identifizieren und datieren. Die jüngste hieroglyphische Inschrift findet sich in Philae und datiert in das Jahr 394 n. Chr., und diese Datierung erfolgt in Abhängigkeit von dem gleichfalls dort angebrachten demotischen Graffito (Graff. 436), welches auf den 24. August 394 n. Chr. fällt. Das ist aber noch nicht das Ende der demotischen Schrift, sondern das wiederum im Philae-Tempel angebrachte demotische Graffito 365 ist präzise auf den 12. Dezember des Jahres 452 n. Chr. datierbar und zeigt bereits erhebliche „Verfallserscheinungen" in der korrekten Beherrschung dieser Kursive.[1] MÖLLER verortete in seinem 3. Band als späteste hieratische Quellen den Zeichenpapyrus aus Tanisnebst zwei Berliner Handschriften um 100 n. Chr. Inzwischen ist das bekannte Quellenmaterial erheblich angewachsen und die Laufzeit dieser Schriftart scheint im 3. Jh. n. Chr. ihr Ende erlebt zu haben, präzise datieren lassen sich die am Ende dieses Kapitels vorgestellten Quellen jedoch nicht. Insbesondere in den letzten Jahren hat das Studium des Späthieratischen jenseits der Ptolemäerzeit einen gewaltigen Aufschwung genommen und dieser Trend hält erfreulicherweise an. Vieles von dem, was MÖLLER zu den ptolemäerzeitlichen und insbesondere römerzeitlichen Handschriften vermerkt, ist 100 Jahre nach Erscheinen seines Bandes stark revisionsbedürftig. Der chronologische Rahmen der analytischen Paläographie VERHOEVENs endet bekanntlich um ca. 240 v. Chr., und für die folgende Epoche bis ins 3. nachchristliche Jahrhundert hat erst jüngst QUACK eine gründliche Skizze in seinem Beitrag zu *Ägyptologische „Binsen"-Weisheiten I-II* vorgelegt, der als Grundlage dieses Kapitels dienen kann.[2] Da QUACK aus Platzgründen keine Illustrationen bieten konnte, die einen optischen Eindruck von der Paläographie wie weiteren Charakteristika der von ihm ins Feld geführten Handschriften geben würden, sollen zumindest einige wenige Texte an dieser Stelle wie in den vorangehenden Kapiteln auch zumindest ausschnittweise präsentiert werden. Eine Paläographie der Zeichenformen, nach welcher

---

[1] Alle Nachweise bei F. Hoffmann, *Ägypten. Kultur und Lebenswelt in griechisch-römischer Zeit. Eine Darstellung nach den demotischen Quellen* (2000), 241f. – Zum Ende des – bislang bezeugten – Hieratischen s.a. F. Hoffmann, „Hieratic and Demotic Literature", in: C. RIGGS (Hg.), *Oxford Handbook of Roman Egypt* (2012), 543-562. Ich danke Ursula Verhoeven für ihren Hinweis auf diesen beinahe übersehenen Artikel.
[2] „Rohrfedertorheiten? Bemerkungen zum römerzeitlichen Hieratisch", in: U. VERHOEVEN (Hg.), *op. cit.*, 435-468, mit reichhaltiger Bibliographie.

Ordnung oder Klassifizierung auch immer angelegt, bleibt nach verbesserter Publikationslage erst noch zu schreiben.

Trotz dieser Aktualisierung unseres Kenntnisstandes können wir aber noch immer keinen hieratischen Text als den definitiv spätesten und letzten niedergeschriebenen identifizieren. Nur ungefähre Datierungen und diese basierend auf Vergesellschaftung mit überwiegend demotisch geschriebenen Texten oder Textpartien helfen hier einigermaßen weiter. Aber solche Datierungen auf dem Umweg über den gleichzeitigen Gebrauch des Demotischen in ein und demselben Text besagen nichts über das tatsächliche Ende des Hieratischen. Hier tappen wir einstweilen im Dunkeln.

Die verschrifteten Gattungen im römerzeitlichen Hieratisch entsprechen am ehesten der von Herodot (II.36.4) dieser Kursive attestierten sakralen Verwendung, denn Urkunden oder dokumentarische Alltagstexte wurden in dieser Epoche nur äußerst selten in dieser Kursive verfasst; weiter unten mehr. Dazu stand ja das seit der Saitenzeit etablierte Demotisch zur Verfügung, vom Griechischen ab der Ptolemäerzeit hier einmal ganz zu schweigen. Auch findet sich keine Literatur mehr im Sinne etwa von *belles lettres*, wie wir das noch anhand der Weisheitslehre auf Brooklyn Papyrus 47.218.135 oder der Erzählung über den Magier Merire auf Pap. Vandier aus der Saitenzeit in Kap. 21 haben sehen können, von dem kursiv-hieratische Geschriebenen Pap. Queen's College aus der 25. Dyn. wieder ganz abgesehen. Erzählungen ohne mythologischen Hintergrund liegen nun ausschließlich in Demotisch vor, ebenso wie Lehren. Das Hieratische der Römerzeit ist augenscheinlich eine Domäne von Priestern für ihren internen und unmittelbar berufsbezogenen, eben kultisch-religiösen, Gebrauch praktiziert worden. Unterm Strich können wir eine endgültige „Sakralisierung" dieser Kursive konstatieren, die zu keiner anderen Epoche ihrer Schriftgeschichte in diesem Ausmaß gegeben war.

Ein kapitales Problem im wissenschaftlichen Umgang mit hieratischen Handschriften aus der Römerzeit ist – wieder einmal – ihre Datierung, denn diese ist auch für die allermeisten aus der Spätzeit bzw. Ptolemäerzeit stammenden nur in den seltensten Fällen durch absolute Jahresangaben, z.B. unter einzelne Herrscher, gegeben. Einige der bisherigen Ansätze differieren um gut und gerne 500 Jahre, und der Kronzeuge für diese Differenz ist der von QUACK angeführte Pap. Berlin P. 29103.[3] Von VERHOEVEN „nach 400 v. Chr." angesetzt, versetzt QUACK ihn in das frühe 2. nachchr. Jahrhundert. Hieratische Handschriften in direkter Kollokation mit z.B. griechisch geschriebenen und exakt datierten Urkunden können eine erheblich längere Vorlaufzeit haben als in das Jahr gehören, in dem die Urkunde ausgestellt wurde, wie etwa im Falle des Pap. Berlin P. 13242.[4] Auf erheblich sichererem Terrain bewegen wir uns, wenn Ritualtexte wie die auf dem digraphen – Hieratisch und Demotisch – fixierten Pap. Rhind I und II durch die Notiz des Sterbetages ihrer Besitzer präzise datierbar sind, in diesem Falle in das Jahr 21 unter Kaiser Augustus = Jahr 9 v. Chr.[5]

Noch genauer als ein ERMAN und MÖLLER dies um 1900 herum zu tun vermochten, gilt es bei den römischen Hieratika deren Herkunftsort oder –region zu beachten, soweit dies inzwischen möglich ist. Insbesondere die zahlreichen – archäologisch auch dokumentierten – Funde aus Orten im Fayum wie Tebtynis oder Soknopaios Nesos sind hier anzuführen. Die an diesen Quellen arbeitenden Spezialisten sind inzwischen in der Lage, sehr feine Unterschiede allein im Bereich der Paläographie zu bestimmen und im Falle unbekannter Fundorte Handschriften entsprechend mit einiger Sicherheit zu lokalisieren, ganz abgesehen von der Zuweisung an individuelle Hände. Regionale oder lokale Schreibtraditionen kommen dabei ins Spiel, man hat selbst an unweit voneinander gelegenen Orten nicht stets den gleichen Duktus gelehrt und praktiziert. Weitere Orte in diesem Zusammenhang mit hieratischen Spezifika sind etwa Oxyrhynchus und Theben, um nur diese stellvertretend zu nennen.

## I.   Der digraphe und bilingue Pap. Rhind I und II

Beginnen wir mit einem chronologischen Ankertext aus der frühen Römerzeit. In das 9 v. Chr. bzw. nach altägyptischer Weise in das Jahr 21 unter Kaiser Augustus datiert ist die hieratisch-demotische Bilingue des Totenpapyrus Rhind I und II in Edinburgh, gefunden 1856 oder 1857 in einem Grab in

---

[3] *Loc. cit.*, 463f., mit Verweis auf die *editio princeps* von U. VERHOEVEN, „Der hieratische Papyrus Berlin P. 29013 B, 8 (ehemals: P. 14420c): Horus und Seth, die Weiße und die Rote Krone", in: V. LEPPER (Hg.), *Forschung in der Papyrussammlung. Eine Festgabe für das Neuen Museum* (Berlin 2012), 261-266.
[4] J.F. QUACK, *loc. cit.*, 437.
[5] J.F. QUACK, *loc. cit.*, 438. Für weitere Beispiele zu Datierungsmöglichkeiten s. wieder id., *loc. cit.*, 436-443.

Scheich Abd el-Gurnah. Davon gehört die Nr. 1 einem Manne namens Mon-
thuemsaf bzw. gräzisiert Menthesouphis und die Nr. II seiner Frau bzw. gehei-
rateten Nichte Tanuat bzw. gräzisiert Tanous.[6] Beide Ehepartner stammen aus
der gleichen Familie und Menthesouphis war tatsächlich ihr Onkel väterlicher-
seits.

Inhaltlich sind beide Handschriften bislang unikal, was ihnen innerhalb der
Tradition und Produktion von Totenliteratur in der hellenistischen Zeit Ägyptens daher auch einen besonderen Stellenwert verleiht. Ohne auf jeden einzelnen Text eingehen zu können, sei der Inhalt von Nr. I dennoch kurz umrissen;[7]
eine ausführliche Würdigung findet sich – wie gewohnt – in der für hieratische
und demotische Jenseitstexte dieser Zeitspanne inzwischen maßgeblichen Anthologie von SMITH.[8]

Der Besitzer von Pap. Rhind I stammt aus Armant bei Theben und war u.a.
Priester und Kavallerieoffizier. Diese Handschrift ist die ausführlichere Version zu ihrem Partner Nr. II. Jede Kolumne trägt innerhalb einer eingerahmten
Kolumne zuoberst eine begleitende Vignette mit einer Beischrift entweder in
Demotisch, Hieratisch oder Hieroglyphisch. Darunter folgt eine Sektion in Hieratisch und mittelägyptischer Sprache, darunter dann die Übersetzung in Demotisch, schriftlich wie sprachlich. Genauso wie die hieratische Version
sprachlich-demotische Einsprengsel aufweist, so gilt dies umgekehrt auch für
die demotische Version mit einigen sprachlichen Archaismen, die auch bisweilen Text auslässt. Es ist bis heute nicht gelungen, eine der beiden Versionen als
die ältere bzw. Vorlage der jeweils anderen zu identifizieren.[9] Beide Versionen
gehen auf einen Schreiber zurück.

---

[6] Die nach wie vor bis heute nicht ersetzte Standardedition beider Papyri stammt von G.
MÖLLER, *Die beiden Totenpapyrus Rhind des Museums zu Edinburg* (1913), und bei dem
Museum handelt es sich konkret um das *National Museum of Scotland*; s.a. http://www.tris-
megistos.org/hhp/detail.php?tm=57970 (Zugriff Juli 2017). Nr. I trägt dort die Nr. A
1956.313, Nr. 2 die Nr. A 1956.314. Übersetzung der demotischen Versionen und umfangreicher Kommentar finden sich bei M. SMITH, *Traversing Eternity. Texts for the Afterlife
from Ptolemaic and Roman Egypt* (2009), 302-348; eine sozialgeschichtlich orientierte Analyse und Kommentierung der Übersetzungstechniken bei E. Cole, *Interpretation and Authority: The Social Functions of Translation in Ancient Egypt* (in Druckvorbereitung befindliche Diss. von 2015 an der UCLA).
[7] Nr. II bildet eine Art Kurzfassung zum Papyrus von Menthesouphis.
[8] S. hier Anm. 6.
[9] S. aber jetzt E. COLE, *op. cit.*, 192: „It appears that the texts were created simultaneously,
with translation to and from both languages".

Thot verkündet den Bewohnern des Westens bzw. des Jenseits die biographischen Daten und dessen Ankunft nach Vollzug der einleitenden, nur angedeu-
teten, Schritte zur Balsamierung seines Leichnams. Anubis empfängt diesen
und verspricht die ordnungsgemäße weitere Behandlung. Diese weiteren Akte
werden dem Verstorbenen nun genannt und dabei u.a. der 36. Tag dieser Pro-
zedur als Endpunkt einer aus mehreren Prozessionen bestehenden Handlungs-
kette. Insgesamt muss der Tote 17 solcher Prozessionen über sich ergehen lassen, bevor er ins Jenseits eintreten kann. Diese Zahl korrespondiert mit derjenigen der 17 Körperteile des Osiris.[10] Isis proklamiert ein Dekret über die per-
fekte Präparierung der Leiche unter Nennung kostbarer Ingredienzen, die dabei
zur Applikation gelangen. Anubis betritt daraufhin erneut(?) die Bühne und
agiert als Psychopompos, der den Verstorbenen vors Jenseitsgericht führt. Sein
Ba werde verjüngt und er selbst ein zweites Leben führen können. Osiris oder
Anubis heißen ihn nun in der Unterwelt willkommen, Horus und Thot treten
als Reinigende auf den Plan und versprechen u.a. den Lebenshauch und Zugang
zu diversen Göttern. Der Verstorbene wird dann an sein langes Leben (= 59
Jahre), kontrastierend mit dem vorzeitig verstorbener Kinder, erinnert. Das
„Dekret" (= *wḏ-pn*) des Thot über den Lebenshauch in der hieratischen Vari-
ante bzw. das demotische Äquivalent „Brief" (= *tꜣ-šꜥ.t*) werden nun genannt,
und SMITH macht deutlich, dass sich dahinter nichts anderes als die Handschrift
Pap. Rhind I selbst verberge. Die vier Horussöhne legen ein gutes Wort vor
Osiris für Menthesouphis ein, denen letzterer zu entsprechen vorgibt. Isis tritt
auf und spricht eine Opferformel, dem Verklärten solle der Zutritt zur Sonnenbarke wie zu den Gefolgsleuten des Osiris in der Unterwelt gewährt werden.
Diverse Götter sollen ihn mit Amuletten ausstatten etc. Ewiges Leben und Opfer in den Tempeln werden versprochen, Nut spricht „als Sarg", der Verstorbene werde u.a. Macht über seine Feinde haben etc.[11]

---

[10] S. dazu den Komm. bei M. SMITH, *op. cit.*, 322 Anm. 105.

[11] Auf die grammatischen und performatorischen Aspekte des Textes, ob die einzelnen Akte
in der Vergangenheit oder in der Zukunft anzusiedeln sind, kann in diesem Rahmen nicht
eingegangen werden. Dazu vgl. man die Ausführungen bei M. SMITH, *op. cit.*, 310ff. Diese
Erörterung betrifft insbesondere die Frage, ob die Balsamierung als abgeschlossene oder
noch zu vollziehende Handlung sowie die Einschätzung seines Charakters als vollzogen oder
erst noch bevorstehende Handlung zu klassifizieren sind. Die Verbalformen sind da graphe-
misch nicht eindeutig differenzierbar. Balsamierung und Rechtfertigung scheinen Hand in
Hand verlaufen zu sein, so dass SMITH von einer „korporealen Rechtfertigung" spricht, in
Ergänzung zu ASSMANNs „moralischer Mumifizierung".

Wahrscheinlich wurden die einzelnen Texte bzw. Reden des Papyrus während der Stundenwachen in der Nacht unmittelbar vor der Bestattung rezitiert. Als Genre des gesamten Papyrustextes wird in 8.1 explizit die auch anderweitig wohldokumentierte Textsorte „Brief zum Atmen" genannt, die den Toten direkt an eine Seite ihres Körpers gelegt ins Grab mitgegeben wurden, bei Menthesouphis war es seine linke.

Abb. 1: Pap. Rhind I Kol. III[12]

Zur Illustration des für beide Rhind-Papyri typischen Layouts sei hier Kol. III von Nr. I gewählt, das zudem digraphe Beischriften zur Vignette am oberen Rand trägt. So ist die Namensbeischrift zu Menthesouphis auf einem Papyrusnachen hieratisch gehalten, diejenige zu Isis (li.) und Nephthys (re.) darüber in Demotisch. Letztere besagt (nach zerstörtem Anfang):

---

[12] G. MÖLLER, *op. cit.*, Taf. III.

„Ein [Boot mit einer Mumie(?)] darin. Ein See, in dem sich eine Figur (*twt*) befindet“, und weiter links davon noch „Zwei Figuren des Anubis, ein Pantherfell und Leinen tragend.“[13]

Letztere Beischrift bezieht sich jedoch auf die Vignette von Kol. II und wirkt deshalb deplatziert. Der Schreiber hat es in diesem Sektor mit der Handschrift bisweilen nicht so genau genommen.

Hinsichtlich des sprachlichen Verhältnisses der zwei Versionen spricht COLE von einer 'pseudo-historical' Übersetzung. Darunter versteht sie die Absicht eines Autoren, „to pass a text off as a translation either to provide it with an exotic and appealing origin, or to give it authority that it otherwise lacked. In the case of the Rhind texts, the translation is genuine, but an element of the historical is added through the use of parallel texts. Even if the original material were mostly Hieratic, the author need only have kept the original or translated it entirely. Instead, the Hieratic provided the authority that the Demotic lacked, while the reader could understand Demotic.“[14]

Ein Beispiel für Abweichungen zwischen den beiden Textversionen seien die Zeilen 11-12 von Kol. I, an welcher Stelle die hieratische Version etwas gesprächiger als ihr demotisches Pendant ist. In Transliteration und Übersetzung stellt sich dies dann so dar:[15]

---

[13] M. SMITH, *op. cit.*, 332, mit Referenzen. – Zu diesen Verweisen jetzt a. mit weiteren Beobachtungen zur Anfertigung der Pap. Rhind I und II F. Scalf, „Demotic and Hieratic Scholia in Funerary Papyri and their Implications for the Manufacturing Process“, in: *SSEAJ* 42 (2015/16), 69-82; dort: 79f.

[14] *Op. cit.*, 193.

[15] COLE hat diesen Passus in ihrer Diss. eingehend besprochen; *op. cit.*, 207f., von wo auch die tabellarische Gegenüberstellung der beiden Passūs übernommen ist. – Das Photo bei MÖLLER eignet sich nicht zur Reproduktion, weshalb es hier mit einer Umschrift sein Genüge haben muss. Ein besseres ist dem Verf. aus der Literatur nicht bekannt, auch unter trismegistos.org ist kein solches verzeichnet.

| Hieratisch | Demotisch |
|---|---|
| *wḏ.t jry r spꜣ.t-jgr.t r ḏj.t ntb jmy.w dwꜣt jn zẖ p.t smꜣ Rᶜ ḥry-tp n psḏ.t ᶜꜣ nb H̱mnw ḫpr wᶜb.t n …NN* | *tꜣ šᶜ.t r.zẖ Ḏḥwty r 'Imnṯ [r ḏj.t] sḏm nꜣ nt n tꜣ dwꜣt ḏd ḫpr wᶜb.t n … NN* |
| „(Das) Dekret, ausgestellt an die Adresse der Unterwelt durch den Schreiber des Himmels, Leiter des Re, Chef der Großen Neunheit, Herrn von Hermopolis, um die Dat-Bewohner vernehmen zu lassen, dass die Balsamierung dem … NN zuteil wurde / wird." | „Der Brief, den Thot für den Westen / die *Westlichen(?) geschrieben hat, [um dafür zu sorgen], dass diejenigen in der Dat gesagt bekommen, dass dem … NN Balsamierung zuteilwurde /wird." |

Abb. 2: Hieratische und demotische Version von Kol. I.11-12[16]

Ganz abgesehen davon, dass in diesem Passus zugleich der Titel der gesamten Komposition steckt, das aus ihr ein „Dekret" bzw. einen „Brief des Thot" macht, können wir u.a. ein in der hieratischen Version äußerst gewähltes Vokabular beobachten. Das extrem seltene Verbum *ntb* für „hören; vernehmen" wird in der demotischen Parallel durch das all- und altbekannte *sḏm/ sdm* ersetzt. Des Weiteren verwendet die ältere Sprachstufe noch das Passiv in *jry* + Agens, während die jüngere dafür die perfektische Relativform *r.zẖ* einsetzt, und mit COLE: „A combination of the syntax and the religious importance of the Hieratic text probably led to the longer passage appearing in the Hieratic but not in the Demotic version".

In jedem Falle haben wir es bei diesen beiden Edinburgh-Totenpapyri mit linguistisch echten Übersetzungen zu tun, die mit einer Digraphie Hand in Hand gehen. Das war in diesem Spektrum im Falle des Apis-Balsamierungsrituals und –manuals so noch nicht gegeben (s.o. Kap. 21). Und eine erstmalig belegte ausschließliche Übersetzung aus älterem Ägyptisch in Neuägyptisch haben wir in Kap. 15 anhand des von CAMINOS edierten „Hieratic schoolbook" im British Museum kennen gelernt. Die Schriftart war dort noch für beide Versionen der jeweiligen Übungssätze dieselbe.

## II.    Balsamierungsritual

In unserer Textauswahl soll an erster Stelle eine Komposition stehen, mit deren Dokumentation Ägyptologen eigentlich schon in wesentlich früheren Epochen der altägyptischen Kulturgeschichte gerechnet hätten. In Anbetracht der zur

---

[16] G. MÖLLER, *op. cit.*, Taf. I.

Römerzeit bereits seit mindestens 3500 Jahren praktizierten Mumifizierung bzw. Balsamierung menschlicher Leichen ist es umso erstaunlicher, nähere Angaben über den Ablauf der dabei vollzogenen Handlungen und begleitenden Sprüche erst aus dem späten 1. bis frühen 2. Jh. n. Chr. zu erfahren. Dem ist aber bislang nicht so, außer knappen Anspielungen auf die Prozeduren und beteiligten Aktanten schildert keiner der funerären Texte aus dem 3.–1. Jt. v. Chr. die Behandlung der Leiche von Anfang bis Ende, ganz zu schweigen von den begleitenden Rezitativen seitens der verantwortlichen Priester. Das heißt aber mitnichten, dass es derartige Traktate nicht bereits in vorrömischer Zeit gegeben hätte, eher dürften wir dafür den Zufall des Erhaltenen bzw. Nichterhaltenen oder schlicht noch nicht Entdeckten verantwortlich machen.

Ein so kapital wichtiger Text wie die Vorschriften zur Balsamierung z.B. eines Apis-Stieres dagegen liegt auf der Handschrift von Pap. Vind. 3873 vor, und dieser Text in demotischer wie auch hieratischer Schrift datiert – rein paläographisch betrachtet – in die späte Ptolemäerzeit, also ca. in das ausgehende 2. Jh. v. Chr.[17] Jedoch in Anbetracht der langen Vorlaufzeit der Balsamierung von Apis- und anderen Stieren ist auch diese Überlieferung eine vergleichsweise sehr späte, wurden doch Apisstiere spätestens seit der 1. Dyn. rituell verehrt und bestattet.

Aber zurück zum Balsamierungsritual bei Menschen. Die darüber bekannten Quellen beschränken sich auf eine Haupthandschrift in Kairo, dazu eine weitere in Paris sowie Fragmente in Durham + St. Petersburg; die beiden letzteren Standorte beherbergen materiell die Reste einer einzigen Handschrift. TÖPFER hat erst 2014 die grundlegende (Neu-)Bearbeitung dieses Rituals präsentiert, auf die sich die folgenden Ausführungen stützen.[18] Für unsere Belange im Rahmen einer Geschichte der hieratischen Kursive ist insbesondere ihr 1. Kapitel (S. 3 – 57) von Bedeutung. So stehen z.B. die Datierung aller Textzeugen ganz im Vordergrund ihrer Untersuchung, ist diese doch in der früheren Forschung nie wirklich begründet worden. Dazu werden die üblichen Parameter wie Paläographie und Duktus, Layout der Textträger sowie die Prosopographie der Textbesitzer herangezogen. Ein glücklicher Umstand will es nämlich, dass die

---

[17] Die Standardedition dieses Traktates ist jetzt R.L. VOS, *The Apis Embalming Ritual. P. Vindob. 3873* (1993); zur demotisch-hieratischen Beschriftung ibid., 10-25 inkl. einer kleinen hieratischen Paläographie.

[18] S. TÖPFER, *Das Balsamierungsritual. Eine (Neu-)Edition der Textkomposition Balsamierungsritual (pBoulaq 3, pLouvre 5158, pDurham 1983.11 + pSt. Petersburg 18128)* (2014).

Kairener Handschrift auf Pap. Boulaq 3 einem thebanischen Priester namens Heter zugewiesen werden kann, dessen Name wie der seiner Eltern auch von anderen Denkmälern, u.a. seinem inzwischen verschollenen Holzsarg, bekannt sind. Auf diesem wird u.a. auch sein Sterbealter in einer demotischen Aufschrift auf den Tag genau notiert: Er ist danach 31 Jahre, 5 Monate und 25 Tage alt geworden. Diese präzise Angabe impliziert auch die Notierung bzw. Archivierung seines Geburtsdatums. Um diese 31 ½ Jahre nun absolut-chronologisch einordnen zu können, haben bereits NEUGEBAUER und PARKER in ihren astronomiegeschichtlichen Studien diesen Sarg auf seinen Zodiak, die Sternbilder am Nordhimmel in Verbindung mit Planetenkonstellationen studiert. Dabei konnten sie den Zeitraum der Geburt des Sargbesitzers Heter auf die erste Oktoberhälfte des Jahres 93 n. Chr. ermitteln, denn in diesem Zeitraum ereignete sich die in dem Sarg abgebildete Konjunktion der Gestirne. Daraus lässt sich nun das Sterbedatum Heters auf das Jahr 125 n. Chr. datieren und damit auch als *terminus ante quem* der Zeitraum der Niederschrift seiner Version des Balsamierungsrituals. Die Hs Pap. Boulaq 3 stellt nachweislich eine von einem Schreiber A vorgefertigte Kopie dar, in der ein *spatium* oder Platzhalter den endgültigen Namen des Besitzers noch von einem Schreiber B zum gegebenen Zeitpunkt der Verwendung aufnehmen sollte. Wieviel Zeit nun zwischen der Niederschrift und der Überweisung auf den Namen Heter vergangen ist, lässt sich nicht ermitteln, dieser Zeitraum dürfte aber nicht allzu lang anzusetzen sein. M.a.W., wir erhalten durch die Kombination sämtlicher von TÖPFER ins Feld geführter Parameter eine recht präzise Datierung der HauptHs des Pap. Boulaq 3 und damit seiner Paläographie. Diese Datierung verhilft des Weiteren die übrigen Textzeugen von recht ähnlicher hieratischer Kursive nebst anderer Kriterien absolut-chronologisch beinahe aufs Jahr genau zu verankern. Damit ist ein regelrechter paläographischer Anker gewonnen, der dazu beitragen kann, andere Handschriften ähnlicher Gestalt in Schrift und Layout zu datieren.

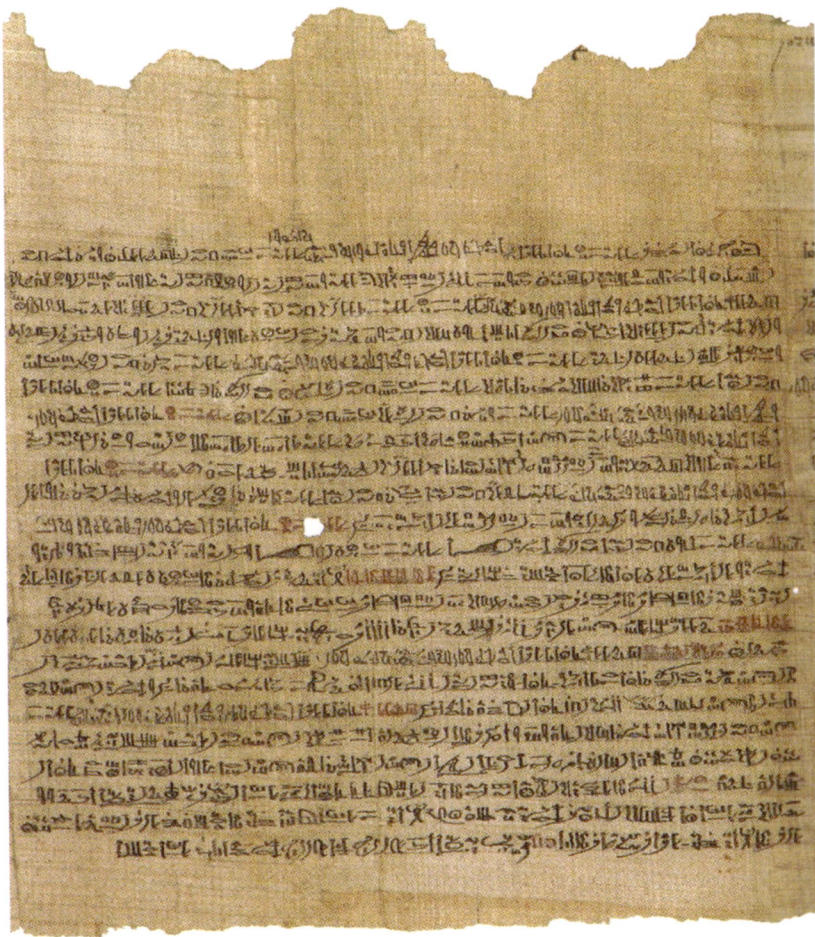

Abb. 3: Pap. Boulaq 3, Kol. x+3[19]

Kol. x+3 von insgesamt 10 noch erhaltenen zeigt das typische Layout mit brei-
tem oberen Rand, an dessen Oberkante in der Regel inhaltlich kommentierende
demotische Glossen zu stehen kommen, die auch die Platzierung entsprechender Vignetten markieren können. Vignetten weist der Pap. Boulaq 3 im Unterschied zu seinem Textbruder auf Pap. Louvre 5158 allerdings nicht auf; dazu
gleich. Vorgefertigte Zeilenlinien der jeweiligen Kolumnen sind in dieser
Handschrift erst bei perfekter Ausleuchtung zu erkennen, im Gegensatz zu den

---

[19] S. TÖPFER, *op. cit.*, Taf. 6.

wesentlich besser erhaltenen Linien im Louvre-Pendant. Solche Hilfslinien begegnen seit der späten Ptolemäerzeit und sind nicht länger Datierungskriterien
in die Römerzeit, wie noch vor wenigen Jahren angenommen.[20]

Die Abschrift ist alles andere als fehlerfrei vonstattengegangen und TÖPFER
kann eine entsprechende Liste von Korrekturen, supralinearen Nachträgern etc.
aufstellen, die besonders gegen Ende der Niederschrift noch mit einer zunehmenden Rapidität des Schreibaktes einhergehen. Der Schreiber wollte offensichtlich mit seiner Arbeit zu einem baldigen Ende gelangen, vielleicht auch
deswegen, weil er für andere Kandidaten noch weitere Kopien desselben, nicht
eben kurzen Textes anzufertigen hatte, was zu einer gewissen „Entfremdung"
von seiner Arbeit beigetragen haben könnte, um es vorsichtig auszudrücken.

Oberhalb der 1. Zeile ist ihm die Notierung des Mutternamens misslungen, so
dass er sich genötigt sah, nach dem Demonstrativum *tꜣy* das 2. Element *ḥr* –
„Gesicht" nachzutragen. Insgesamt kann die Bearbeiterin 46 solcher Auslassungen nachweisen, das sind pro erhaltener Kolumne 4,6, wobei die 1. Kolumne aufgrund ihres gering erhaltenen Umfangs gar nicht mitgezählt werden
sollte. Es kommt ferner der Umstand hinzu, dass einige, wenn nicht sämtliche,
Auslassungen bereits in der Vorlage zu beklagen gewesen sein dürften, unser
Kopist hat also nicht die allergrößte Sorgfalt im Umgang mit seinen „textkritischen" Problemen walten lassen.

Der Duktus der Handschrift ist einer Rohrfeder bzw. einem Kalamos geschuldet, der auch während des Schreibprozesses wenn nötig neu angespitzt werden
musste. Durch die Verwendung einer solchen Feder erhält der Duktus eine erheblich grazilere Ausprägung als im Falle einer traditionellen Binse. Interessant
scheint mir auch die Beobachtung TÖPFERs, dass der Schreiber A um eine möglichst ausgeglichene Tinten- oder Tuschenstärke bemüht war. Das verunmöglicht uns Heutigen die Erkennung solcher Passagen, an denen er seine Feder
neu eingetaucht hat und damit diejenigen Positionen in Satz und Vers, die eventuell mit syntaktischen oder anderen grammatischen Zäsuren koinzidieren.
Diese Praxis lässt sich ja an binsengeschriebenen Handschriften teilweise mil-
limetergenau ermitteln.[21]

---

[20] S. dazu S. TÖPFER, *op. cit.*, 7 und 36, sowie J.F. QUACK, in: *Ägyptologische „Binsen"-Weisheiten I-II*, 445-450, mit zahlreichen Belegen.
[21] S.o. Kap. 11 zu ALLENs Beobachtungen den Hekanachte-Papyri, denen PARKINSONs z.B.
an den Bauern- und Sinuhe-Handschriften in Kap. 13 bzw. meinen eigenen an dem kursivhieratischen Pap. Queen's College Recto (Kap. 19).

Verschreibungen aufgrund einander sehr ähnlich bis identisch gewordener Zeichen kommen ebenfalls vor. Mit diesem Problem hatten also auch die römerzeitlichen Schreiber zu schaffen, nicht nur Ägyptologen.

Im Unterschied zur Boulaq-Version weist die Louvre-Hs am oberen Blattrand eingefügte Vignetten auf, z.T. in direkter Kollokation mit einer darunter angebrachten demotischen Glosse (Kol. x+2). Die Schreiberhand ist eine ihrer Kairener Schwester ausgesprochen ähnliche. Wie jene, so ist auch die Pariser Version sparsam an Ligaturen. Die Hilfslinien sind in diesem Exemplar klar zu erkennen und bedürfen keiner speziellen Beleuchtung oder Autopsie.

Abb. 4: Pap. Louvre 5158, Kol. x+3[22]

Es gibt einen Nachtrag unterhalb von Kol. x+2, der besondere Aufmerksamkeit verdient. Zusätzlich zu der „aus der Linie tanzenden" Passage *jj-n=k Ḥrw* –

„Horus kommt zu dir" wird hier noch diese demotische Glosse hinzugefügt. Deren Lesung lautet mit SMITH *t3j* + 1 und verweist auf die Zugehörigkeit der zitierten Passage zur 1. Zeile der folgenden Kolumne oder innerhalb dieser 2. Kol. eine Zeile weiter oben. TÖPFER schlägt die weitergehende Lesung *t3j 1 ḥry* mit der Bedeutung „bezieht sich auf 1 oben" vor, womit die Vignette am oberen Blattrand gemeint wäre. Insgesamt ist der Befund ein recht komplexer und für die Details ihrer Argumentation sei auf ihre Publikation verwiesen.[23] Ganz gleich welche Übersetzung die einzig angemessene ist, was wir mit Vermerken dieser Art vor uns haben, sind weitere Exempel einer sich all-

---

[22] S. TÖPFER, *op. cit.*, Taf. 23.
[23] *Op. cit.*, 40.

mählich ausbildenden textkritischen Nomenklatur, platziert in direkter Kollokation zum Referenztext. Von der Fußnote im eigentlichen bzw. heute gebräuchlichen Sinne sind wir ja noch Hunderte von Jahren entfernt.[24] In Kap. 21 haben wir schon den von QUACK identifizierten Vermerk *zẖ-bl* für marginal notierten Wortlaut notiert. In diesem Zusammenhang sei nur noch die Usance der Schreiber erwähnt, Vignetten von ihrem letzten Beispiel her aufsteigend zu nummerieren, was auch auf Paginierungen zutrifft.[25] Dies trifft auf die letzte Version der Durham- und St. Petersburg-Variante des Balsamierungsrituals zu. Am unteren Kolumnenende verläuft die rückläufige demotische Zählung, am oberen vermutet TÖPFER die entgegengesetzte Praxis, die heute nur verloren ist. Das Genus der Seitenzahlen ist dabei feminin, also „6.t“ u.ä., was auf einen entsprechenden femininen Referenzterminus für „(Papyrus-)Seite“ oder „Kolumne“ hindeutet.

Am Ende ihrer Bearbeitung bietet TÖPFER eine kleine, zeichenweise kommentierte, Paläographie der Handschriften, ausgehend von besonders markanten und komplexeren Zeichen, aus der an dieser Stelle nur wenige Beispiele herausgegriffen seien, u.a. die Nr. U 32 wegen ihrer leichten Verwechselbarkeit mit dem stehenden und einen Arm nach vorne streckenden Mann (*HP* III Nr. 1).

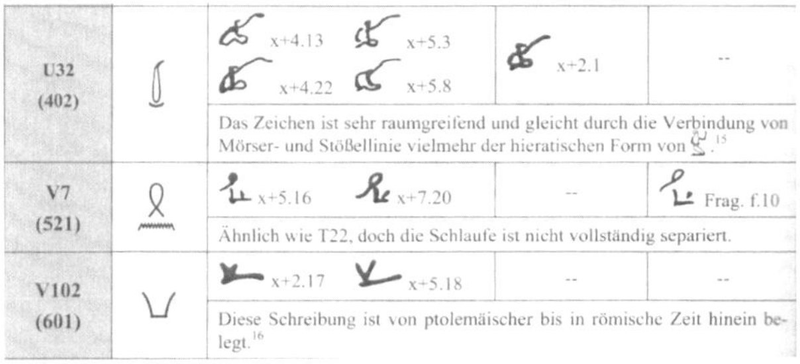

| | | | | |
|---|---|---|---|---|
| U32 (402) | | x+4.13 x+5.3 x+4.22 x+5.8 | x+2.1 | -- |
| | | Das Zeichen ist sehr raumgreifend und gleicht durch die Verbindung von Mörser- und Stößellinie vielmehr der hieratischen Form von .[15] | | |
| V7 (521) | | x+5.16 x+7.20 | -- | Frag. f.10 |
| | | Ähnlich wie T22, doch die Schlaufe ist nicht vollständig separiert. | | |
| V102 (601) | | x+2.17 x+5.18 | -- | -- |
| | | Diese Schreibung ist von ptolemäischer bis in römische Zeit hinein belegt.[16] | | |

Abb. 5: Auszug aus Paläographie des Balsamierungsrituals[26]

## III. Hieratisch-demotische Mischschreibungen auf engstem Raum – Das Beispiel von Personennamen

In ptolemäischer, und dann erst recht in römischer, Zeit war es längst Usus geworden, Urkunden jeglicher Art ganz überwiegend in demotischer Sprache

[24] Höchst informativ und kurzweilig dazu A. GRAFTON, *Die traurige Geschichte der deutschen Fußnote* (1998; Übers. des amerik. Originals *The Footnote. A Curious History*, 1995).
[25] Dazu mit Belegen wieder S. TÖPFER, *op. cit.*, 47f.
[26] *Op. cit.*, 375-379.

und Schrift aufzuzeichnen. Diese Gewohnheit schlägt sich bisweilen in „Demotizismen" innerhalb eines ansonsten hieratisch geschriebenen Textes nieder. Man könnte sie auch demotische „Schnitzer" nennen, die als echte Versehen einzustufen sind.

In einem diesbezüglichen Beitrag hat KOCKELMANN Beispiele aus hieratischen Totenbüchern dieser Zeitspanne versammelt, deren Besitzernamen aus eben dieser Digraphie von Hieratisch und Demotisch zusammengesetzt sind.[27] Aus seinen Beispielen seien hier die beiden folgenden vorgestellt. So heißt der Besitzer des Totenbuches BM EA 10306 (Abb. 6), dessen erste zwei Zeichen sowie der am Ende Sitzende-Mann (A1) rein hieratisch notiert sind, diejenigen dazwischen dagegen eben demotisch. Zu lesen ist mit KOCKEL-MANN entweder *P3-(n)-nsw.t-t3.wy* –„Der-des-Königs-Beider-Länder" oder *P3-(n)-ns.wt/ns.tj-t3.wy* – "Der-der-Throne-B.-L.". Erstere Lesung wäre dann ein theophorer Name mit Amun in seiner Gestalt als „König (*nsw.t*)-B.-L." als theophorem Element, oder dahinter steckt die Schreibung für seinen Hauptkultort Karnak unter dem Epitheton „Throne (*ns.wt/ns.tj*)-B.-L.". Diese Schreibungen bzw. schon antiken Interpretationen können einander substituieren. In jedem Falle sind Anfang und Ende des Namens in Totenbuchkursive, der mittlere Teil in dokumentarischem Demotisch gehalten. Allerdings erlaubt diese mittlere

Gruppe auch noch die Lesung *Sm3-t3.wy*, so dass letztlich auch *P3-(n)-Sm3-t3.wy* gelesen werden könnte.

Etwas komplexer ist der Fall des Besitzernamens der Madrider Mumienbinde.

Hier ist der Name so notiert: (Abb. 7). Die ersten drei Zeichen stehen für den Gottesnamen *Wsjr*, dann folgt mit KOCKELMANN das demotische Possessivpräfix *pa-*, danach kommen rein hieratische Gruppen für *-t3-m3ᶜ-ḥrw* – – und abschließend das für Personennamen in Totenbüchern dieser Zeit geläufige Demonstrativ *–pn* – „eben dieser".

---

[27] „Zu Personennamen in hieratisch-demotischer Mischschreibung: Anmerkungen zur graphischen Form und Lesung der Besitzernamen in den Totenbuchhandschriften pLondon, British Museum EA 10306 und M. Madrid Inv. 84/79/IX/10", in: *Rd'É* 55 (2004), 167-171.

Schließlich kann er auch noch den digraphen Kurznamen *P3-t3.wy* auf Wiener Mumienbinden des Besitzers des Madrider Streifens nachweisen:

Abb. 8: Zwei Mischgraphien des PN *Pa-t3*[28]

Was ist nun von solchen Digraphien zu halten? Sind das Flüchtigkeiten, steckt womöglich ein tieferer „Schrift"sinn dahinter, der es vorgeschrieben hat, bestimmte Namensbestandteile von besonderer mythologischer, kultischer oder welcher religiösen Bedeutung auch immer hieratisch und damit „sakraler" niederzuschreiben als in der als „profan(er)" verstandenen demotischen Kursive? Verf. würde hier äußerst behutsam deuten wollen und vor einer unnötigen Theologisierung dieser Notationen dringend warnen. Diese Digraphien sind nicht zu verwechseln oder gar in einen Topf zu werfen mit hieratisch-demotischen Aufzeichnungen z.B. des Apis-Balsamierungsmanuals und –rituals oder etwa den echt zweisprachigen und digraphen Totenbüchern auf Pap. Rhind I und II, dort bisweilen noch mit hieratischen Einsprengseln im demotischen Text etc. KOCKELMANN deutet selbst schon daraufhin, dass den Schreibern dieser Totenbücher das Demotische in Schrift und Sprache schlicht und ergreifend geläufiger, alltäglicher war als die „uralte" Kursive Hieratisch und so dürfte infolge unzähliger Niederschriften von demotisch notierten Personennamen in ihrem ansonsten geschäftlich orientierten Alltag die Binse mit ihnen durchgegangen sein, insbesondere zu Beginn eines solchen Namens, der mit dem demotischen Possessivpräfix *pa-* beginnt.

Als weiteres *caveat* vor einer „Theologisierung" solcher Mischschreibungen sei auch das Beispiel von Pap. Berlin P. 10101 A und B angeführt.[29] Dort erscheint der Name des Amulettbesitzers *P3-mr-jḥ.w* (gräzisiert *Pelaias*) nämlich beinahe vollständig in demotischer Graphie, bis auf das den Namen beschließende Determinativ 𓏥. Es kommt noch der Umstand hinzu, dass der Name seiner Mutter *Jr.t(y)-r.r=w* (gräzisiert *Ithorōs*) komplett hieratisch notiert ist.

---

[28] H. KOCKELMANN, *loc. cit.*, 169.
[29] Ed. in: Verf., *Magika Hieratika in Berlin, Hannover, Heidelberg und München* (2012), 103-109 mit Taf. IV; Datierung frühestens 26. Dynastie.

Wie man sieht, ist der Spielraum solcher Digraphien just bei Eigennamen offensichtlich recht groß und dem Ermessen des jeweiligen Schreibers anheimgestellt gewesen.

## IV. Nachfolger des Totenbuches – Bücher vom Atmen und Verwandtes

Verweilen wir noch im Bereich sakraler Texte, die z.B. der ungehinderten Überführung Verstorbener ins Jenseits und deren dortiger ungetrübter Existenz, Teilnahme an jahreszeitlichen Festen etc. dienen. Das sog. Totenbuch ist in der Römerzeit nicht mehr die Jenseitsfibel *par excellence*, wie sie das seit der späten 2. Zwzt war. Es kommen in der späten Ptolemäerzeit neue Kompositionen auf, hinsichtlich deren ägyptologischer Klassifizierung noch nicht so lange Einigkeit besteht. Gemeint sind die vom 2. Jh. v. bis zum 2. Jh. n. Chr. in erheblicher Stückzahl bekannten Bücher vom Atmen, die auf den thebanischen Raum beschränkt gewesen zu sein scheinen. Herrschte hier lange Zeit Konfusion in der Ägyptologie, besteht gegenwärtig Konsens hinsichtlich der Benennung und damit auch Zählung als drei Versionen:

- „1. Buch vom Atmen" (*t3 šˁ.t n snsn mḥ-1*),
- „2. Buch vom Atmen" (*t3 šˁ.t n snsn mḥ-2*), und
- „Buch vom Atmen, das Isis für ihren Geliebten/Bruder angefertigt hat" (*ḥ3.t-ˁ m šˁ.t n snsn jr.n 3s.t n sn=s Wsjr*)[30]
- „Buch vom Durchwandeln der Ewigkeit" (*mḏ3.t n sb nḥḥ*)[31]

Laut manueller Instruktion der beiden ersten ist die Nr. 1 „unter den Kopf" des Verstorbenen zu platzieren und Nr. 2 ergänzend dazu „an die Füße". Die dritte Variante präzisiert in ihrer abschließenden Anweisung, dass es „unter den linken Arm gegenüber seinem Herzen" zu legen sei.[32]

---

[30] Verf. bezieht sich hier insbesondere auf die einleitenden Ausführungen von HERBIN in seinem Katalog einschlägiger und verwandter Kompositionen im British Museum, s. id., *Books of Breathing and Related Texts* (2008), 1-4. – Zu diesem Band s.a. J.F. QUACK, „Philologische Bemerkungen zu den Dokumenten vom Atmen im British Museum", in: *LingAeg* 20 (2012), 271-280; grundlegend dabei sind seine einleitenden Bemerkungen zum – nicht mehr „mittelägyptischen" – Sprachcharakter dieser Texte.

[31] Die einschlägige Edition und Bearbeitung ist wieder von HERBIN vorgelegt worden, s. seine Pariser Diss. *Le Livre de parcourir l'éternité* (1994); Rez. J.F. QUACK, in: *OLZ* 91 (1996), 151-158 (und H. DE MEULENAERE, in: *Cd'É* 74 (1999), 74f.). Der Text weist zahlreiche inhaltliche Bezüge zu den Büchern vom Atmen auf.

[32] Das Verständnis dieses Passus ist wesentlich von J.F. QUACK, „Der Schlußparagraph des Buches vom Atmen, das Isis machte", in: *WdO* 39 (2009), 72-76, erschlossen worden.

Diese Bücher, ägyptisch *šꜥ.t* – „(lit.) Brief" oder *wḏ.t* – „Dekret" betitelt, sind nicht unerheblich vom Totenbuch beeinflusst, aufs Ganze gesehen haben sie sich aber davon weitestgehend emanzipiert. Neben ausführlichen existieren auch abgekürzte Varianten. Bisweilen sind sie von den bei HERBIN sog. „Related Texts" nur schwer zu scheiden, die Elemente der Bücher vom Atmen aufnehmen, in vielen Punkten dann doch eigene Wege gehen. Die Details können hier aus Platzgründen nicht referiert werden, die Monographie von HERBIN und die bei QUACK, *loc. cit.*, 72, notierte Lit. führen bei Bedarf dazu weiter. Hinsichtlich der verwendeten Schriftart ist festzuhalten, dass diese Bücher in Hieroglyphisch, Hieratisch und Demotisch bezeugt sind. Um wenigstens einen ersten Eindruck der paläographischen Bandbreite der hieratischen Exemplare nur des 1. Buches zu gewinnen, seien hier die Redeeinleitungen der jeweiligen Besitzer in Form einer selektiven Synopse präsentiert:

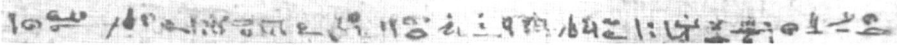

Abb. 9: Pap. BM EA 10191rt. I.1 – Courtesy Trustees of The British Museum[33]

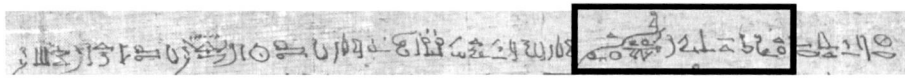

Abb. 10: Pap. BM EA 10109 rt. I.1 – Courtesy Trustees of The British Museum[34]

Abb. 11: Pap. BM EA 10199 rt. I.1 – Courtesy Trustees of The British Museum[35]

Abb. 12: Pap. BM EA 10283 rt. I.1 – Courtesy Trustees of The British Museum[36]

---

[33] F.-R. HERBIN, *op. cit.*, Pl. 29; Langversion, Datierung 1.-2. Jh. n. Chr.

[34] F.-R. HERBIN, *op. cit.*, Pl. 33; Kurzversion, Datierung 1.-2. Jh. n. Chr., dazu spez. S. 76 mit Anm. 150. Die Besitzerin trägt hier den Titel „Hathor" statt „Osiris". Beachte die ausführliche Graphie des Namenbestandteils *Ḏꜣm* –„Medinet Habu" in ihrem Namen *T-n.t-Ḏꜣm* mit dem Krokodil-auf-Standarte.

[35] F.-R. HERBIN, *op. cit.*, Pl. 33; Kurzversion, Datierung 1.-2. Jh. n. Chr.

[36] F.-R. HERBIN, *op. cit.*, Pl. 42; Kurzversion, Datierung Ende 1. – Anfang 2. Jh. n. Chr. – Auf Pl. 43 ist die Benennung „verso" in „recto" zu korrigieren.– Man beachte, dass das Zeichen für /p/ in dem Namen *Pylt* (= griech. Philous) demotisch geschrieben ist: ▨ , im Vergleich dazu kurz zuvor jedoch hieratisch in dem Namen *Pꜣ-krr* ▨. Hier scheint dem Kopisten einmal seine gewohnte(re) Alltagskursive Demotisch unversehens in das

Im Kern lauten diese Eingangspassagen: „So spricht der Osiris / die Hathor NN gerechtfertigt, geb. der NN gerechtfertigt: „Ich bin Re bei seinem Aufgang, ich bin Atum bei seinem Untergang …" etc., wie z.B. komplctt in der 1.Zeile in Pap. BM EA 10109 zu lesen. Bisweilen sind solche Handschriften präziser und indirekt z.B. über ihre Särge zu datieren, wenn etwa Pap. BM EA 10123 dank einer griechischen Aufschrift auf dem Sarg der Besitzerin *s3pwr* (= griech. *Sapaulis*) zugleich deren Buch vom Atmen unter Kaiser Antoninus Pius exakt in das Jahr 146 n. Chr. gesetzt werden kann.[37]

Der Band von HERBIN ist eine wahre Fundgrube für Paläographen des frührömischen Hieratisch. Allgemein darf eine gewisse Ligaturabstinenz der antiken Schreiber konstatiert werden, aber diese Eigenschaft betrifft wohl die allermeisten religiösen bzw. funerären Handschriften dieser Epoche. Was er leider nicht notiert bzw. differenziert, ist der Gebrauch von Binse oder Schreibrohr, wie das z.B. COENEN und QUAEGEBEUR getan haben.[38]

## V.  Varia religiosa

Eine der für die Römerzeit vergleichsweise seltenen rot punktierten Handschriften hat VON LIEVEN vorgelegt.[39] Der Text stammt aus dem fayumischen „Papyrusnest" Tebtynis und datiert ca. in das 1.-2. nachchr. Jh. Inhaltlich handelt es sich um eine Osiris-Liturgie bzw. ägyptisch genauer gesagt eine *s:3ḫ-*

---

Schreibrohr alias Kalamos geflossen zu sein. Auf dem Verso erfolgt dann noch der demotische Vermerk „(an) seinem Kopf (zu platzieren)". Zu diesem Namen und seinem familiären Hintergrund s.a. BACKES in seiner Rez. des Bandes von F.-R. HERBIN, in: *JEA* 97 (2011), 262f.

[37] F.-R. HERBIN, *op. cit.*, 8 und 132. – Für solche erheblich früher, nämlich in die Zeitspanne 150-50 v. Chr., zu datierenden Exemplare s. die bei M. COENEN, „Funerary Papyri of the Bodleian Library at Oxford", in: *JEA* 82 (2000), 81-98; dort: 88, angeführten Handschriften; ferner J. QUAEGEBEUR, „Books of Thoth Belonging to Owners of Portraits? On Dating Late Hieratic Funerary Papyri", in: M.L. BIERBRIER (Hg.), *Portraits and Masks. Burial Customs in Roman Egypt* (1997), 72-77; dort: 73 b.

[38] S.a. wieder die entsprechenden Beobachtungen von J.F. QUACK, „Rohrfedertorheiten?", in *Ägyptologische „Binsen"-Weisheiten I-II* (2015).

[39] „Eine punktierte Osirisliturgie (P. Carlsberg 589 + PSI Inv. I 104 + P. Berlin 29022)", in: K. RYHOLT (Hg.), *The Carlsberg Papyri 7. Hieratic Texts from the Collection* (2007), 9-38 und Pl. 1-4. Auch dieser Band ist eine wahre Fundgrube für römerzeitliche Handschriften, diesmal aus Tebtynis und bietet sich damit für einen paläographischen Vergleich mit den thebanischen Handschriften der Bücher vom Atmen geradezu an. Darauf kann hier aus Platzgründen unmöglich jeder einzelne Beitrag präsentiert und ausgewertet werden. S. dazu a. die in manchen Punkten inhaltlich und auch bibliographisch weiterführende Rez. von G. VITTMANN, in: *Enchoria* 30 (2006/2007), 186-191.

*sn.ty* – „Verklärung der Beiden Schwestern", womit natürlich Isis und Nephthys gemeint sind. Der Text ist stichisch geschrieben, allerdings ist diese Praxis
nur in der Tebtynis-Hs angewendet worden, die übrigen Textzeugen zeigen
diese Anordnung nicht, genauso wenig wie die Punktierung. Diese Besonderheit ist denn auch der Grund, warum sie hier kurz vorgestellt werden soll.

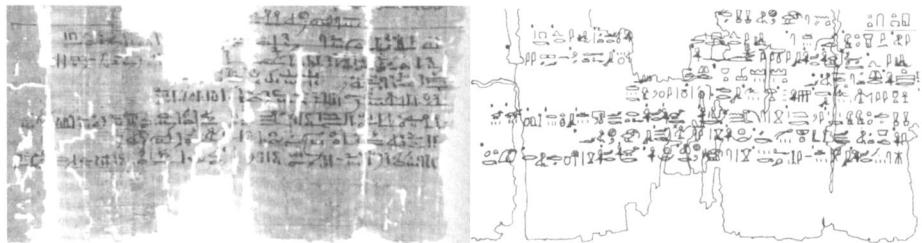

Abb. 13: Pap. Carlsberg 589 + PSI Inv. I 104 + P. Berlin 29022[40]

Es braucht schon sehr scharfe Augen und fehlende Rot-Grün-Schwäche, um
diese Punkte und Kreuze auf den Phototafeln auszumachen. Deshalb ist VON
LIEVENS Transkription der Zeilen 20-27 umso wichtiger, um deren Platzierung
nachvollziehen zu können. Die – prosodischen – Hintergründe dieser Punkte
und Kreuze werden nun von der Hg. dezidiert nicht 1:1 mit den von FECHT
rekonstruierten Regeln der altägyptischen Metrik verknüpft, da ihrer Meinung
nach „die Punkte als Anleitung für die rhythmische Akzentuierung des Vortrages [scil. seitens der beiden Isis & Nephthys verkörpernden Priesterinnen; F-E]
zu deuten" seien. Dabei gelte es, einen unmittelbaren Zusammenhang mit dem
Gebrauch einer im Text erwähnten Rahmentrommel in Betracht zu ziehen: „Jeder Punkt entspräche dann etwa einem Schlag, die Kreuze müßten dementsprechend etwas Ähnliches bedeuten".[41]

Mit dieser Deutung hat sich kurz darauf HOFFMANN kritisch auseinandergesetzt.[42] Dabei kommt er zu dem Ergebnis, dass die Kreuze Akzenteinheiten wie

---

[40] A. VON LIEVEN, *loc. cit.*, Pl. 2 und 2A.
[41] A. VON LIEVEN, *loc. cit.*, 21.
[42] „Zur angeblichen musikalischen Notation in einer ägyptischen Osiris-Liturgie", in: B.
ROTHÖHLER – A. MANISALI (Hgg.), *Mythos & Ritual. Festschrift für Jan Assmann zum 70.
Geburtstag* (2008), 71-76.

Komposita, wie schon aus dem Onomastikon von Tebtynis bekannt, bezeichnen, die Punkte hingegen metrische Kola.[43] Damit ergeben sich durchaus engeKorrespondenzen zu einigen von FECHT aufgestellten metrischen Regeln.[44] Es bleibt weiteres und entsprechend annotiertes Textmaterial aus dieser späten Phase des Hieratischen abzuwarten, um diese Frage bestenfalls positiv entscheiden zu können.

## VI.    Hieratisches auf Ostraka– inkl. der Kollokation mit Demotisch

Römerzeitliche Kalkstein- oder Topfscherben sind nicht eben häufig bezeugt als Träger hieratischer Texte,[45] was erneut dem Zufall des Erhaltenen geschuldet sein mag. Wie dem auch sei, einige wenige Beispiele seien hier präsentiert, auch solche Exemplare mit einer Kollokation aus Hieratisch und Demotisch.

Erst seit kurzem bekannt ist das folgende, ganze 7,5 x 7,9 cm messende, Exemplar aus Ton in Berlin mit der Nr. P. 12622.[46] Datieren lässt sich der Text vorläufig nur grob in das 1. – 2. Jh. n. Chr., für einen präziseren Ansatz muss die Paläographie des römischen Hieratisch erst noch aufgearbeitet werden.

Abb. 14: Text im Stil von Totenbuchspruch 151[47]

---

[43] Bei seinen Belegen (2), (8) und (15) auf S. 75 hat man jedoch eher den Eindruck, dass das Kreuz die metrisch nicht zusammengehörigen Elemente wegen gleichem Vokalismus(?; 2) bzw. Konsonantismus ((8) und (9)) in den Wortfugen akustisch zu trennen scheint. Das Kreuz als Marker von Akzenteinheiten wird uns noch unten in **IV.1** auf den thebanischen Holztafeln mit Verben der Bewegung begegnen.
[44] Es ist schon ein besonders tragischer Umstand, dass der Ende 2006 verstorbene Wiederentdecker der altägyptischen Metrik zu dieser Textedition und ihrer Diskussion nicht mehr hat Stellung beziehen können.
[45] S. wieder die Notiz bei J.F. QUACK, „Bemerkungen zum Ostrakon Glasgow D 1925.91 und zum Menu-Lied", in: *SAK* 29 (2001), 283-306 und Taf. 17; dort: 283, sowie Kap. 21.
[46] Das Objekt ist m.W. keramologisch bislang nicht bestimmt.
[47] Verf., *Magika Hieratika in Berlin, Hannover, Heidelberg und München* (2015), 333-337 mit Taf. VII; dazu a. kurz D. MEEKS, in: *Cd'É* 91 (2016), 83.

Dabei handelt es sich um den Wortlaut zu einem der vier sog. magischen Ziegel von Tb-Spruch 151, und angerufen wird u.a. ein dem Verstorbenen potentiell feindlicher Lassofänger (*zpḥ.w*). Ist der ganz überwiegende Text in der hieratischen Kursive gehalten, gibt es in der 1. Zeile einen demotischen „Ausreißer" dergestalt, dass die Filiationsangabe des Nutznießers bereits die aus dieser jüngeren Kursive bekannte verkürzte Gestalt aufweist:

In Übersetzung lautet diese Einleitung: „O du, der mit dem Lasso fängt! Du wirst nicht den NN (geb. der NN) mit dem Lasso fangen! … ." Was fehlt, ist die Angabe des Namens der Mutter, in älterem Hieratisch standardmäßig also

*ms*[48] *n-mn.t* - „geb. der NN". Dabei ist die Gruppe     das „Demotikon" dieser Zeile, dessen exakte Umschreibung in Hieroglyphen noch immer nicht gelingen will.[49] Warum nun die Namen des Beschützten (und der seiner Mutter) nicht in traditionellem Hieratisch notiert werden und ob diese hieratisch-demotische Mélange dem Gutdünken des Kopisten überlassen blieb, wissen wir nicht. Vielleicht wollte er seine Digraphie – zusätzlich zu seiner Diglossie „Mittelägyptisch + Demotisch" – wenigstens in Gestalt dieser einen Andeutung unter Beweis stellen.

Ein weiteres Ostrakon, diesmal ist sogar der Fundort – Medinet Habu – einigermaßen gesichert, ist erst 1993 von MCDOWELL ediert und zuletzt ausführlich von QUACK und LEITZ (dazu u.) bearbeitet worden, auf deren Studien ich mich im Folgenden im Wesentlichen stütze. Paläographisch wird er von QUACK unter Hinweis auf einzelne Zeichenformen in das 1. Jh. n. Chr. datiert.

---

[48] Vokalisiert in dieser Zeitspanne wohl ähnlich der „Pre-Coptic" belegten Relativform von nim emesie nim – „NN, den NN geboren hat"; dazu mit Beispielen J.F. QUACK, „How the Coptic Script Came About", in: E. GROSSMAN *et al.* (Hgg.), *Greek Influence on Egyptian Coptic: Contact Induced Change in an Ancient African Language* (2016), 27-96; dort: 72.
[49] Dazu J. DIELEMANN, „What's in a Sign? Translating Filiation in the Demotic Magical Papyri", in: A. PAPACONSTANTINOU (Hg.), *The Multilingual Experience in Egypt, from the Ptolemies to the Abbasids* (2010), 127-152; dort: 143-146.

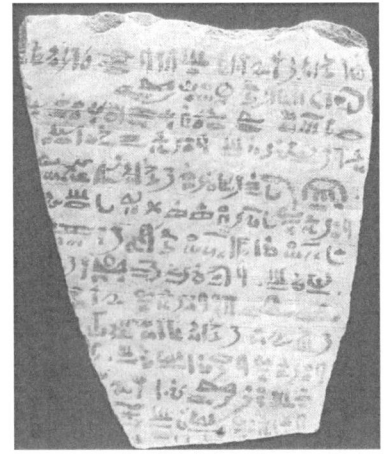 

Abb. 15: Ostr. Glasgow D. 1925.91[50]

Der Text ist ein Ausschnitt aus einem größeren und bislang noch weitgehend unbekannten Ritual, in dem u.a. der König „auszieht, um im Mittelsaal zu stehen". Gesungen wird er zum Preis der Hathor, wenn ihr der sog. *mnw*–Krug gereicht wird. Aus Tempel-Versionen ist er u.a. in Dendara, Philae, Kom Ombo, Edfu und neuerdings auch aus dem Repit-Tempel von Athribis bekannt. Allerdings weist die kursive Version auch ihre Idiosynkrasien gegenüber den hieroglyphischen Varianten auf.[51]

Wie schon bei dem Berliner Ostrakon P. 12622 ist die Kursive weitestgehend frei von Ligaturen, außerdem begegnen zahlreiche echt hieroglyphische Zeichenformen wie z.B. beim Mund ⬠ = ▬ (= *r*) und ▭ = ◳ (= S). Das „noch nicht völlig verkümmert(e)" Zeichen ◿ für 𓀝 (A24) wird von QUACK als Datierungskriterium „gegen einen zu späten Ansatz" ins Feld geführt. Es erinnert an die laufenden Beine Λ (D54). Daneben z.B. auch die Form des ▭ für ⬬ (F32). Andererseits sei die recht markante und auch kursive Form der m-Eule in der Präposition *m-ꜥ* hervorgehoben (Z. 2 und 7): ▨ und ▨ . Und die Form ⬲ des legosteinartigen Spielbretts ▭ (Y5) in dem entscheidenden Wort *mnw*-Krug dieses Textauszuges ähnelt eher der

---

[50] QUACK, „Bemerkungen zum Ostrakon Glasgow D 1925.91 und zum Menu-Lied", in: *SAK* 29 (2001), 283-306 mit Taf. 17.
[51] *En détail* aufgelistet bei QUACK, *loc. cit.*

Barke 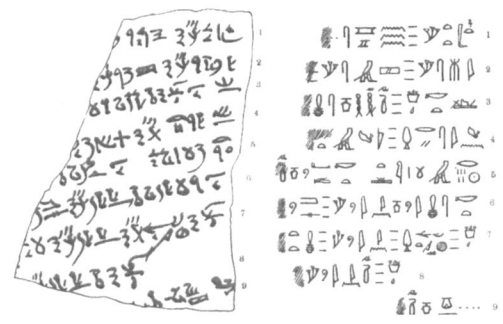 (P4) ohne Wasserfläche darunter = MÖLLER, *HP III*, 376. Das Zeichen (M8) in dem Wort *bš3* – „Malz" (Z. 6) mutet wie eine übereinander gestellte Gruppierung aus den alphabetischen Zeichen /p/ und /r/ an: , eine bei MÖLLER, *HP III* 274, so noch nicht verzeichnete Variante. Die Gruppe *ꜥnḫ-wḏ3-snb* nach *Pr-ꜥ3* in Z. 2 scheint ihren schrägen Abstrich am linken Ende erst zur frühen Römerzeit regelmäßig zu erhalten: (= MÖLLER, *HP III*, Lig. XXXII).

LEITZ hat in einem 2016 erschienenen Beitrag gezeigt, dass es sich bei diesem Text um ein stark mit Metaphern untersetztes Rezept zum Bierbrauen für ein Fest der Göttin Hathor handelt.[52]

Die Berliner Papyrussammlung beherbergt eines der äußerst seltenen Exemplare medizinischer Rezepte auf einem römerzeitlichen Ostrakon. Die Nr. P. 5570 steht diesbezüglich recht allein auf weiter Flur.

Abb. 16: Ostr. Berlin P. 5570[53]

Die von MÖLLER angefertigte Transkription ist nicht in allen Punkten exakt, so hat QUACK z.B. auf die *nḏ snꜥꜥ m (i)ḫ.t [wꜥ.t]* zu lesende Passage in Z. 4 hingewiesen sowie auf die Verbesserung *w3ḏ* in Z. 3 (unterhalb Anm. a), 6, 8 und 9.[54] Dem kann noch mindestens das missverständlich transkribierte in den Zeilen 3, 7 und 8 hinzugefügt werden, das tatsächlich MÖLLER, *HP III* Nr. 550,

---

[52] Id., „Das Menu-Lied: Eine Anleitung zum Bierbrauen für Hathor in 18 Schritten", in: R. JASNOW – G. WIDMER (Hgg.), *Illuminating Osiris. Egyptological Studies in Honor of Mark Smith* (2016), 221-237; Synopse aller Versionen bei C. TEOTINO, in: C. LEITZ – D. MENDEL (Hgg.). *Athribis III.*, (Le Caire 2017), 458-494.

[53] *Hieratische Papyrus Berlin III* (1911), Taf. XXVII/a. – *Grundriß der Medizin der Alten Ägypter* V (1958), 542f.

[54] „Ein neues medizinisches Fragment der Spätzeit (pAshmolean Museum 1984.55 rt.)", in: *ZÄS* 126 (1999), 146 Anm. 9.

dem Räuchergefäß mit der Lesung *snṯr* – „Pistarzienharz; Weihrauch" (*Wb* IV 180/1) samt Kügelchen + Pluralstrichen entspricht. Die zeitgenössische Aussprache von *snṯr-wꜣḏ* – „frischem Weihrauch" in Z. 8 erfahren wir übrigens aus der *esercizio scolastico* auf dem hieratisch-altkoptischen Ostrakon OMM 1263 aus dem römerzeitlichen Narmouthis im Fayum: sentouwt, aufzulösen in sent + ouwt. Das Berliner und das Narmouthis-Ostrakon dürften chronologisch nicht allzuweit auseinanderliegen.[55]

Mit dem Genre des letzten Beispiels haben wir wegen des ungewöhnlichen Schriftträgers bereits einen Textzeugen aus der Sparte Wissenschaftliches (s.u. **VII. Wissenschaftliches**) vorweggenommen. Das Gleiche tun wir mit dem folgenden Ostrakon, das diesmal der Disziplin *Spätägyptischer Sprachunterricht* zugeordnet werden darf und aus dem soeben schon genannten Narmouthis stammt. Es geht dabei um die Vermittlung von Kenntnissen in Hieratisch, Demotisch und deren zeitgenössische Vokalisation bzw. Aussprache, notiert in sog. altkoptischen Lettern.[56] Im Verlaufe italienischer Grabungen sind im antiken Narmouthis bzw. bei Medinet Madi im Fayum zahlreiche polyglotte und polygraphe Topfscherben zutage getreten, die GALLO ediert und bearbeitet hat, mindestens fünfzehn davon tragen Sprach- und Schriftübungen.[57] Die im II. Band der *Ostraca Narmouthis* vorgelegten Exemplare lassen sich durch zahlreiche sichere Indizienzum einenin die Herrschaft von Antoninus Pius (138-161) datieren, der Hauptteil des Archivs gehört aber in die 2. Hälfte des 2. Jh. n. Chr., das Ende desselben lässt sich nicht sicher bestimmen.[58] Die Schulübungen tragen keinerlei prosopographische oder kalendarische Datierungskriterien und können so nur grob in das späte 2. Jh. n. Chr. eingeordnet werden.

---

[55] P. GALLO, *Ostraca demotici e ieratici dall'archivio bilingue di Narmouthis II* (1997), 15 und Tav. IV. Das Photo eignet sich wegen der teils stark abgeriebenen Schrift nicht für eine Reproduktion. – S.a. die Lit in Trismegistos unter http://www.trismegistos.org/arch/ archives/pdf/534.pdf (Zugriff Juli 2017).

[56] Zur Herausbildung des altkoptischen Alphabets s. jetzt die umfangreiche Studie von J.F. QUACK, „How the Coptic Script came about", in: E. GROSSMAN et al. (Hgg.), *Greek Influence on Egyptian-Coptic: Contact-Induced Change in an Ancient African Language* (2017), 27-96; dort bes. die Seiten 37-55 zu den seit den späten Ptolemäerzeit in Verwendung gewesenen Glossierungsverfahren und deren Spezimina.

[57] *Ostraca demotici e ieratici*; dort sind auch die älteren Publikationen genannt. S.a. die inzwischen aktualisierten Zahlen unter Trismegistos.org.

[58] P. GALLO, *op. cit.*, LI-LIII; zur Paläographie *op. cit.*, LIV-LX.

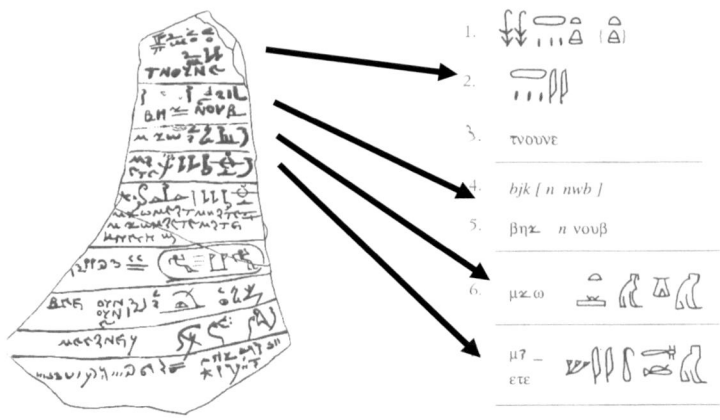

Abb. 17: OMM 1063 + 204[59]

An dieser Stelle seien nur die Zeilen 1-8 von Nr. 37 herausgegriffen und kurz erläutert. Zunächst ist zu bemerken, dass die einzelnen Einträge oder Lemmata, und dazu zählen z.B. auch Toponyme, durch mit der Hand gezogene Linien voneinander abgehoben sind. Z. 1-3 tragen entweder (mit GALLO) den Gottesnamen Tatenen oder (mit QUACK)[60] den Namen des *tnn.t*-Heiligtums in damaliger Aussprache tnoune; der /t/-Anlaut des Namens ist zweimal notiert. Die Gruppe *nn* am Ende der Zeile sollte noch durch zwei /n/-Wasserlinien unterhalb der beiden Rispen ⟙ (M22) vervollständigt werden.

Z. 4-5 erweist die Aussprache des Goldfalken *bjk-n-nb(w)* als bhg-nnoub, mit demotisch notiertem ⌃ = /g-n/ anstatt griechischer bzw. altkoptischer Lettern q-- + supraliniertem N.Z. 6 mit seinem Eintrag und erneut demotischem /g/ in *mg3.t* bleibt lexikalisch unsicher,[61] die Zeilen 7-8 liefern die Aussprache des – botanisch unklaren – Pflanzennamens *mḫdty*, in Altkoptisch wiedergegeben als mxete.

[59] P. GALLO, *op. cit.*, 8-12 und Tav. III. Das Photo eignet sich wegen der teils stark abgeriebenen Schrift nicht für eine Reproduktion.
[60] S. seine Rez. des Bandes von GALLO, in: *Enchoria* 25 (1999), 196.
[61] P. GALLO, *op. cit.*, 11.

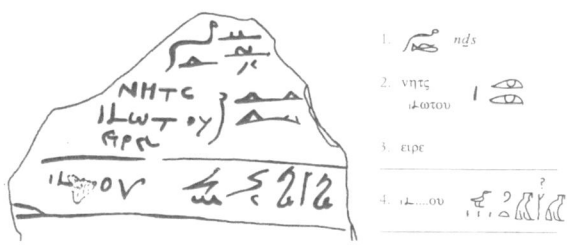

Abb. 18: OMM 1311[62]

Die Nr. 36 bei GALLO (= OMM 1311) trägt zunächst das demotisch notierte Lemma *nḏs*, dessen altkoptische Lautung nhts in Z. 2 folgt. Das eher kursiv-hieroglyphisch geschriebene *ḏd* ist nicht eindeutig in seiner grammatischen Form bestimmbar, scheint aber unterhalb von nhts wohl wieder auf in der Ein-

leitung der demotisch-altkoptischen Lesung ⲓⲗⲱⲧ ⲟⲩ das einem gespro-chenen jotou entsprechen dürfte, also dem Infinitiv jot + Objektssuffix =u. Die beiden hieratisch notierten Augen werden als eire zu sprechen erklärt.[63] Das Phonem /ḏ/ ist demotisch, der Rest des Wortes altkoptisch notiert. Das Wort in Z. 4 ist mit QUACK[64] *ṯȝw* – „Vogelküken" zu lesen.

Wissenschaftsgeschichtlich interessant ist der Umstand, dass nur ein Jahr nach GALLOs 2. Band die fulminante Edition des 1. Bandes von OSINGs hieratischen Onomastika aus Tebtynis, also aus einem Nachbarort von Narmouthis im Fa-yum, erscheinen sollte.[65] Die Tebtynis-Texte datieren grob in die gleiche Zeit-spanne und weisen eine recht ähnliche Annotation bzw. Hinweise zur damali-gen Aussprache alter Wörter und Namen auf. Wir werden darauf unter **VII. Wissenschaftliches** noch zu sprechen kommen, wie auch auf solche Listen von Verben ein und desselben Wortfeldes.

Handelt es sich bei den Narmouthis-Ostraka m.E. am ehesten um *esercizi sco-lastici*, trifft diese Klassifizierung auf die zu Eingang dieses Abschnittes vor-gestellten Exemplare nicht unbedingt oder weniger wahrscheinlich zu. Ein Auszug aus dem sog. Menu-Lied (Ostr. Glasgow) mag eine Schreiberübung sein, kann aber ebensogut als „handliche" Vorlage des zu singenden Liedtextes

---

[62] P. GALLO, *op. cit.*, 6-7 und Tav. II.
[63] Der Eintrag in Z. 4 bleibe hier infolge seiner nicht eindeutigen hieratischen Form und unvollständig erhaltener Glosse einstweilen unberücksichtigt.
[64] *Loc. cit.*, 196.
[65] S. bereits P. GALLO, *op. cit.*, LVI und LIX, mit ersten Hinweisen auf die markanten Un-terschiede zwischen diesen beiden Textgenres *Onomastikon* und *Schul-* bzw. *Sprachübung*; J. Osing, *Hieratische Papyri aus Tebtunis I Text und II Tafeln* (1998).

im Kult gedient haben. Und die kleine Rezeptsammlung auf Berlin P. 5570 könnte als Memorandum einer konkret und individuell zu applizierenden Medikamentur zur Anwendung gelangt sein.

## VII. Wissenschaftliches: Sprach- und Ausspracheunterricht – Priesterhandbücher und Onomastika –Astronomie& Astrologie etc.

### VII.1. Sprach- und Ausspracheunterricht

Die im letzten Abschnitt besprochenen Ostraka aus Narmouthis mit ihren hieratischen Notizen erhöhen die Zahl der ausschließlich in dieser Kursive beschrifteten Textträger aus der Römerzeit nur scheinbar. Es kommt der Umstand hinzu, dass die Expertise der Narmouthis-Schreiber in dieser Schriftart noch eine ausgesprochen bescheidene gewesen zu sein scheint, hier haben sehr wahrscheinlich Priesteranwärter ihre ersten Fingerübungen veranstaltet. Selbst wenn diese Unterstellung nicht zutreffen sollte, ist der Umfang und die „Qualität" des auf diesen Stücken erhaltenen Hieratisch für eine zukünftige Paläographie der Römerzeit kaum von repräsentativem Wert. Um diese zu erstellen, bedarf es der Auswertung anderer Quellen, solchen von einigem (Zeichen-)Umfang und eines statistisch auswertbaren Repertoires verschiedener Duktūs.

Verweilen wir an dieser Stelle noch ein wenig bei der damaligen Beschäftigung mit der eigenen Sprache. Im Fokus des Erlernens standen – neben Syntax und Grammatik – lexikalische Einheiten in Gestalt einzelner Wörter oder Wortkombinationen, und diese Einheiten sind auch noch in Hieratisch gelehrt worden.[66]

Ein besonders instruktives Exemplar aus der Kategorie „Wortkunde" ist eine Holztafel in der Schøyen-Collection in Oslo (Ms. 189). Diese Tafel von 16 x 13 cm Größe ist auf beiden Seiten mit einem geradezu kalligraphischen Hieratisch beschriftet und bietet einen Teil einer einst sehr umfangreichen Liste von Verben der Bewegung. Diese Verben werden jeweils mittels semantisch verwandter Verben erklärt, so dass wir zumindest einen recht umfangreichen Ausschnitt aus dem dahinterliegenden Wortfeld greifen können.

---

[66] Zum demotisch geprägten Schulunterricht i.S. Ägyptische Sprache s. bei F. HOFFMANN, *Ägypten. Kultur und Lebenswelt in griechisch-römischer Zeit* (2000), 40-45, knapp skizzierten Quellen mit weiterer Lit. auf den Seiten 259-261.

22.VII. Wissenschaftliches: Sprach- und Ausspracheunterricht –
Priesterhandbücher und Onomastika –Astronomie& Astrologie etc.

583

Nach alter Usance werden die jeweilig zu erklärenden Lemmata mittels der Prolepse *jr*-XY- „Was angeht; betreffs XY" eingeleitet. Darauf folgt eine mehr oder minder lange Liste weiterer solcher Verben, auf dem Verso auch zusammengesetzte Ausdrücke, Idioms und konjugierte Verbalformen (stets im *sdm=f*!). Die Provenienz dieses Stückes ist unbekannt, kann aber aufgrund einer zweiten solchen Tafel mit dem gleichen hieratischen Duktus und weiteren Mitgliedern desselben Wortfeldes einigermaßen sicher erschlossen werden. Diese 2. Tafel ist heute leider verschollen, wurde aber in den 80er Jahren des vergangenen Jahrhunderts in Grab TT 34 des u.a. Bürgermeisters von Theben namens Monthemhet z.Zt. Psammetichs' I. bei systematischen Grabungen gefunden. Da beide Tafeln zweifellos von der gleichen Hand beschriftet wurden, dürfte das Osloenser Exemplar den gleichen Fundkontext gehabt haben.[67]

Paläographisch befinden wir uns mit beiden Textzeugen wahrscheinlich im späten 1. bis frühen 2. Jh. n. Chr. Ort der Niederschrift dürfte nach dem Fundort der Tafel aus TT 34 zu urteilen daher am ehesten der thebanische Raum gewesen sein und das Grab selbst mag in der Römerzeit als „Ort des Lernens", als anshbe oder Schule gedient haben. Sicher ist das aber keineswegs.

Abb. 19: Schøyen-Collection Ms. 189 – recto[68]

---

[67] Wie sie dann in den Handel gelangt ist, bleibt unserer Spekulation anheimgestellt.
[68] Photos und Publikationserlaubnis verdankt Verf. dem Besitzer Dr. Martin Schøyen.

Wir greifen hier nur einen Eintrag heraus, erklärt wird das Verbum *šmȝy*, in älterer Zeit *šmȝ* – „wandern; umherziehen" (rt. 2-3):[69]

In vorläufiger Übersetzung lautet dieser Eintrag dann so:

| |
|---|
| x+2:*ir-šmȝy – wʿrḥtȝ ‹ sny / šny ky-dd* [.........] |
| x+2: „Betreffs: „Umherziehen: fliehen; zurückweichen; zurücktreiben; …(?)"; andere Bedeutung: [… … …] |
| x+3: *thth ‹ ky-dd wth pthh ‹ hdhd / htht ‹* |
| x+3: „verworren sein", andere Bedeutung: „ zu Boden werfen / zu Boden geworfen sein"; „zurückweichen"; |

Haken zwischen einzelnen Verben bedeuten „ditto",[70] ein *ky-dd*-Vermerk etwa „weitere; andere Bedeutung".[71]

Paläographisch ist diese wie auch die in TT 34 gefundene von ausgesuchter Kalligraphie und Ausgewogenheit der Zeichen, unter Vermeidung nahezu jeglicher Ligatur. Das ist keine Schülerkopie mehr, sondern die Hand eines Meisters. Man kann sich derartige „Lehrbücher" sehr gut in einer Schulbibliothek vorstellen, aus der sie im Falle des anstehenden Unterrichts hervorgeholt und vorgelesen wurden, wenn nicht sogar an weiß gekalkte Wände geschrieben. In jedem Falle verdienen beide Tafeln zusammen genommen eine eigene Spalte in einer zukünftigen römerzeitlichen Paläographie des Hieratischen.

Was uns diese Quellen – wie schon die aus Narmouthis – lehren, ist die damalige Wahrnehmung und Thematisierung einer diskreten linguistischen Entität wie einem verbalen Lexem und dessen Semantik, sowie dass diese Semantik mittels anderer, sinnverwandter verbaler Lexemen umschrieben werden kann. Dass man sich dazu auch des Hieratischen bedient hat, dürfte nicht zuletzt der

---

[69] *Wb* IV 470.

[70] Zu diesen Haken s. a. die ausführliche Diskussion ihres Gebrauchs in dem demotischen Papyrus Berlin P. 6750 aus dem späten 1. oder frühen 2. Jh. n. Chr. aus Soknopaiu Nesos s. G. WIDMER, *Résurrection d'Osiris – Naissance d'Horus. Les papyrus Berlin P. 6750 et Berlin P. 8765* (2015), 49-54.

[71] Nach GALLO hat dieser Vermerk in den Narmouthis-Ostraka sogar die Bedeutung „errore", s. id., *op. cit.*, 125f. Anm. 66: „un errore ortografico o di significato intervenuto durante la redazione del testo." Besonders pikant wird ein solcher Irrtum dann, wenn, wie in Ostr. Nr. 45.5, der Schreiber die alte Regel für *sw* im Datum durch die Schreibung von *hrw* verletzt, aber sofort seinen Fehler bemerkt, indem er *ky-dd sw* dahinter setzt. Man fühlt sich an modernen Ägyptisch-Unterricht und die erste Lesung datierter Inschriften erinnert …

Tatsache geschuldet sein, dass zahlreiche Verben in diesen beiden Listen von ausgesuchter Seltenheit, teilweise hohen Alters und bisweilen speziell literarischer Verwendung zu sein scheinen. Das könnte bedeuten, dass die (ur)alte Kursive dem hohen Alter und dementsprechend erklärungsbedürftig gewordenen „Inhalt" dieser Verben Rechnung trägt.[72] Die recht zahlreichen Totalreduplikationen der Tafeln erinnert an ähnliche Kollokationen entsprechender Morphologie auf Frg. H im Tebtynis-Onomastikon.[73]

## VII.2    Priesterhandbücher oder Onomastika

In diesen gewaltigen Wissens-Konvoluten, gleichfalls aus dem Fayum und weitgehend synchron mit den bisher behandelten Wissens- oder Schultexten sind u.a. reine Wortlisten von beträchtlichem Umfang erhalten bzw. – da viele Passagen zerstört sind – noch zu erahnen. Ähnlich wie in den Narmouthis-Ostraka werden Aussprachehilfen nicht selten wieder in altkoptischen plus zusätzlichen demotischen Lettern mitgeliefert, diesmal jedoch supra- und nicht interlinear. Diese Art der Glossierung geschieht, und dies ist ein weiterer Unterschied zu den Ostraka, nicht auf einer regelmäßigen Basis, sondern nur fallweise.

Auch wenn wir Wort- und Namenslisten seit dem Ramesseum-Onomastikon aus der 12. Dyn. bereits kennen (s. Kap. 12), so bleibt dieses wie auch das des Amenemope aus El-Hibeh (ca. 21. Dyn.; Kap. 18) und das erst kürzlich edierte auf Pap. Hal. Kurth 33 (Kap. 21) unkommentiert. Keines der bisher bekannten vorrömischen Exemplare trägt irgendwelche Glossen, die Hinweise auf die Aussprache der dazugehörigen Einträge lieferten.

In langwieriger Sammelarbeit und mit kaum zu überbietender philologischer Akribie hat OSING die auf verschiedene Standorte verteilten Fragmente von mindestens vier verschiedenen Handschriften mit z.T. noch umfangreich erhaltenen Onomastika aus dem 2. Jh. n. Chr. ediert, die aus Tebtynis im Fayum stammen. Inhaltlich bieten diese Konvolute Aufstellungen von:

- •   Verben

---

[72] Der *ad* Sinuhe B 164 häufig kommentierte Eintrag *ḥwj-tꜣ* (*Wb* III 48.10-11) z.B. erfährt auf der Osloenser Tafel (rt. x+4-5) eine hochbrisante politisch-ideologische Erklärung, die FEDERs Interpretation dieses *idioms* als „Hochverrat" zu bestätigen scheint; id., „Ist das „Erschüttern des Landes" (*ḥwi tꜣ*) Hochverrat?", in: Id. *et al.* (Hgg.), *Von Theben nach Giza. Festmiszellen für Stefan Grunert zum 65. Geburtstag* (2011), 41-47.
[73] J. OSING, *Hieratische Papyri aus Tebtunis I Text* (1998), 79-81 und Taf. 3.

- Substantiven zu Schriftwesen, Orts- und Zeitbegriffen, Krankheiten, diversen Gegenständen aus unterschiedlichsten Materialien, Tiernamen, der *materia sacra* ägyptischer Tempel mit u.a. Namen heiliger Stätten, Bäume, Tiere, von Priesterämtern, Göttern inkl. deren Hierarchie, Angaben zum religiösen Kalender etc.

Die Glossen helfen bei der Rekonstruktion des Vokalismus inklusive der Haupt- und Nebentonsilben sowie des Konsonantismus, kurzum der zeitgenössischen Morphologie der entsprechend annotierten Einträge. Diese Art der kommentierten Liste[74] ist von unschätzbarem Wert für die Ägyptologie allgemein, für ihre Sparten Sprach- und Religionsgeschichte, Klassifikation der natürlichen bzw. von der Omnipräsenz des Göttlichen erfüllten Umwelt, der Kalendarik, Astronomie sowie Astrologie, um nur einige der wichtigsten Wissensgebiete zu nennen, im Besonderen.

Demotische Onomastika aus ptolemäischer und frührömischer Zeit unterscheiden sich von den hieratischen der griechisch-römischen Zeit durch ihre alphabetische Anordnung, basierend auf einem dem südarabischen Alphabet abgeschauten Prinzip der sog. *halaḥam*-Reihe, nicht der Aleph-Beth-Gimel-Reihe, auf die unser lateinisches Alphabet zurückgeht. Benannt wird dieses Alphabet nach seinen ersten vier „Buchstaben" *h-l-ḥ-m*.[75] Die darin genannten ägyptischen Gaue und Orte werden für Oberägypten regelhaft von Süd nach Nord und innerhalb des Deltas mehr oder minder präzise im Uhrzeigersinn aufgelistet. Insgesamt scheinen sie ein geringeres Themenspektrum zu bieten als ihre hieratischen Parallelen, und anders als diese weisen sie keinerlei Glossierung auf, nicht in Hieratisch und auch nicht in Altkoptisch.

---

[74] Zur Liste als Medium von Wissensarchivierung und bisweilen auch –kommentierung s. jetzt den informativen Band *Die Liste. Ordnungen von Dingen und Menschen in Ägypten*, hg. von S. DEICHER − E. MAROKO (2015); darin bes. die Beiträge von HOFFMANN, QUACK und POMMERENING.

[75] Zu den demotischen Onomastika kurz F. HOFFMANN, *Ägypten. Kultur und Lebenswelt in griechisch-römischer Zeit* (2000), 104-106. – Der bislang früheste Beleg für dieses semitische Alphabet ist ein von HARING identifiziertes hieratisches Ostrakon aus der 18. Dyn.; id., „Halaḥam on an Ostracon of the Early New Kingdom?", in: *JNES* 74 (2015), 189-196; dazu a. Verf. − M. KREBERNIK, „Zu den Buchstabennamen auf dem Halaḥam-Ostrakon aus TT 99 (Grab des Sennefri)", in: *ZÄS* 143 (2016), 169-176, mit der älteren Lit.

22.VII. Wissenschaftliches: Sprach- und Ausspracheunterricht – Priesterhandbücher und Onomastika –Astronomie& Astrologie etc.

587

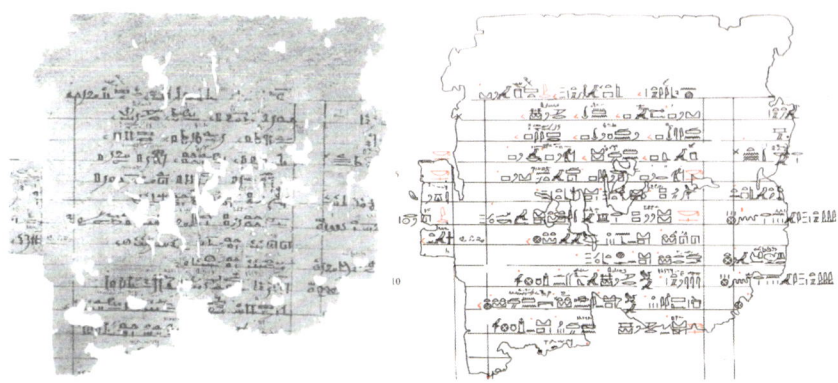

Abb. 20: Tebtynis-Onomastikon Pap. I, Frgm. J Kol. 20-21.13 (Pap. Carlsberg 180)[76]

Zur Illustration von Schriftcharakter und Annotation bzw. Glossierung sei hier das Fragment J Kol. 20-21.1-13 herausgegriffen. Wie alle diese Listen sind die Einträge in vorlinierten Kästen auf mit einem Lineal gezogenen Hilfslinien ge-

schrieben. In 21.1 beginnt mit der Lemmatisierung [glyph] jr-št3w – „STEINBRUCH", das seinerseits durch supralineares demotisches šwṭ – „Händler"[77] glossiert wird, eine Liste von Bergen und Gebirgen samt ggf. ihren darin enthaltenen Mineralien.

Z. 10 bietet supralineare demotische und altkoptische Annotation gleicherma-
ßen. Dort ist zu lesen: $sw^{sw}$ $p3$ $mrw^{myl}$ $m$ $ʿk3^{ʿk}$ $n$ $jwnw$– sw: „Die Wüste gegenüber von Heliopolis". Dabei ist die 1. Glosse sw zunächst getilgt und danach von dem Zeitausdruck sw – „Zeit" überschrieben worden. Das Wort für „Wüste" ist im fayumischen Dialekt von Tebtynis mit einem /l/ gesprochen worden, der Vokal hat in der 1. Silbe gestanden und wird durch /y/ transkribiert, determiniert das ganze Wort mit dem Zeichen für Stein. Die zusammengesetzte Präposition m-ʿk3 lautete in ihrem 2. Bestandteil ʿk.[78]

---

[76] J. OSING, op. cit. I, 107-109 und II, Taf. 6. Von Kol. 22 sind auf diesem Fragment nur geringe Reste von Zeilenanfängen erhalten; zu dieser Kolumne s.a. J.F. QUACK, „How the Coptic Script Came About", 41f. mit Fig. 5.

[77] J. OSING, op. cit. I, 87f. Anm. k).

[78] Für die Details s. wieder J. OSING, op. cit. I, 109 Anm. o).

Doch so faszinierend und bedeutsam diese diversen Formen der Glossierung auch sind, vergessen wir nicht den Schriftcharakter der von OSING edierten Onomastika, deren jeweilige Handschriften durchaus Idiosynkrasien aufweisen und somit paläographisch nicht alle über einen Kamm geschoren werden dürfen. OSING bietet keine vollständige Liste sämtlicher Zeichenformen im Sinne einer klassischen Corpus-Paläographie, sondern konzentriert sich auf markante und komplexere Zeichen(gruppen). Im Folgenden seien nur einige wenige Beispiele aus seiner Liste reproduziert, die die Unterschiede an ein und demselben Ort des Schreibens = Tebtynis verdeutlichen mögen (folg. Tabelle).[79]

| Pap. I | Pap. II | Pap. III | Pap. IV |
|--------|---------|----------|---------|
| K 3,9;V 4,11;AA 3,24 | 16,7;18,10 | D 4,10 | 2,2 |
| J 5,14; AD 7 | 19,21 | | |
| Y 10,10;11,5 | | | |
| X 5,10 | | | A 7 |
| B 4,9 | 21,9 | E 4 | |
| J 21,10 | | | 1,3 |
| X 4,3  M 3,8;AA 2,6 | 16,9 | | 4,9 |

Leider bietet seine Schrifttafel nur wenige Zeichen(gruppen) in allen vier Handschriften, die miteinander verglichen werden könnten, weshalb einige Kästchen in der Tabelle unbesetzt bleiben müssen. Um sich einen Gesamteindruck auch vom Duktus der Manuskripte zu verschaffen, empfiehlt sich ein gründlicher Blick in den fulminanten Tafelband seiner Edition.

In Pap. I gibt es einen Abschnitt zu Verben und Substantiven, in dem auch Wörter für „leiden" und Namen von Krankheiten aufgelistet werden. Aus einer supralinearen Glosse zu dem in *Wb* II als *mr* – „krank; schmerzhaft" verzeichneten Lemma erfahren wir, dass dieses tatsächlich als *mḥr* anzusetzen ist. Die

---

[79] J. OSING, *op. cit. I*, 291f.

Glosse ist in fayumischem Dialekt als *mhl* notiert mit dem Lambdazismus /*l*/ für sonstiges /*r*/. Das mediale /*h*/ geht seinerseits auf älteres /ḥ/ zurück, aber spätestens seit der Ptolemäerzeit sind beide Phoneme zusammengefallen.[80]

## VII.3. Medizin

Nosologische Termini und Verben des Leidens in hieratischer Schrift in der tiefen Römerzeit werfen die Frage nach dem Überlieferungszeitraum altägyptischer Medizin in dieser Kursive auf. Tatsächlich hat HERBIN erst kürzlich ein hieratisch beschriftetes Fragment mit Auszügen aus einem solchen Traktat vorlegen können. Die Handschrift ist die bislang späteste ihrer Art, die publiziert in dieser Schriftart vorliegt.[81] Allerdings unterzieht HERBIN sich nicht der Mühe eines Abgleichs von Zeichenformen aus der spätptolemäischen bis frührömischen Epoche, die er als Zeitraum der Niederschrift von P. Ifao H 48 rt. veranschlagt. Der Nachweis für diese Ansetzung ist also eigentlich noch zu leisten.

---

[80] Für die Details s. J.F. QUACK, „Zum Lautwert von Gardiner Sign-List U 23", in: *LingAeg* 11 (2003), 113-116; s.a. P. COLLOMBERT, in: *GM* 227 (2010), 17-22, zum Wort *mḥr* – „Pyramide".

[81] „Un nouveau document gynécologique (P. Ifao H 48 ro)", in: *BIFAO* 111 (2011), 191-203 mit Fig. 1-2. Auf dem Verso befindet sich eine demotische Urkunde, die ebenfalls ihrer paläographischen Einordnung und v.a. Bearbeitung harrt. – Von QUACK ist Verf. aber bekannt, dass er weitere römerzeitliche Exemplare in Hieratisch entdeckt hat, u.a. zu Augenkrankheiten, für welche Information ihm herzlich gedankt sei; Ed. durch QUACK i.V.

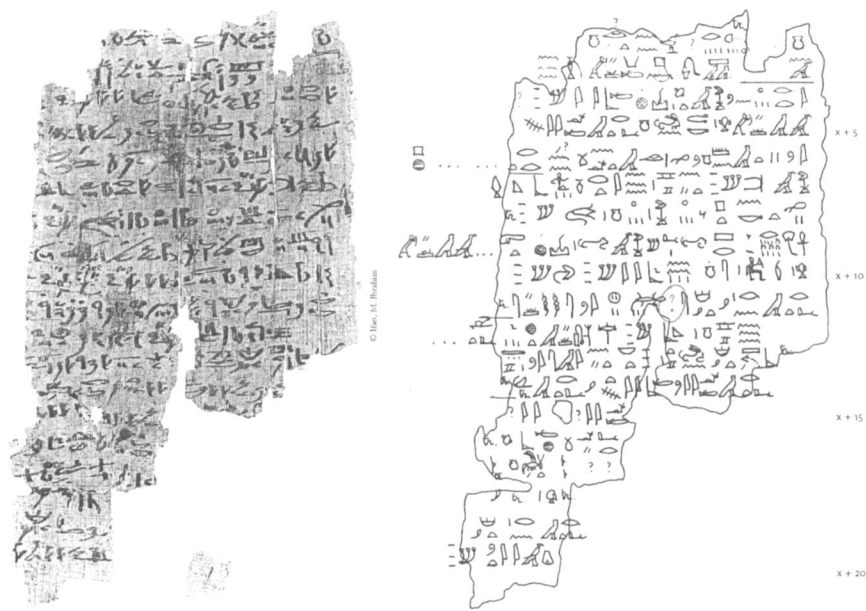

Abb. 21: Pap. Ifao H 48 rt.

Insgesamt sind Reste von 20 Zeilen mit mindestens vier Rubren (Zz. x+3; 6; 11 und 14) erhalten, geschrieben mit einer Rohrfeder bzw. einem Kalamus statt einer Binse wie im traditionellen Hieratisch. Nach QUACKs Beobachtungen mag dieser Umstand für einen *terminus post quem* spätestens ab dem 1. Jh. v. Chr. sprechen, ab wann nämlich der Kalamos zunehmend Verwendung findet.[82]

Inhaltlich geht es um „Rezepte" (*pḫr.t*) gegen Uterus-Erkrankungen, u.a. *šmm* – „Fieber (o.ä.)", irgendetwas soll aus dem Uterus „auf die Erde abgehen" (*bš ... r-tȝ*; x+13). Im Unterschied zur „klassischen" Apotheke eines Pap. Ebers aus der frühen 18. Dyn. etwa werden diese Rezepte mittels Ordinalzahlen durchnummeriert, so noch erhalten in x+5-6(?); sicherer in x+7-8. „Weintrauben aus der Oase" (x+4) sowie Minze (*nkpt*), Lotusblätter (*ḫȝ.w nw zšn*), Öl des Kampferbaumes (*tj-šps*)und Wattebäusche (*ftt*) etc. gelangen u.a. zur Applikation. Leider ist keines der Rezepte in den bislang edierten gynäkologischen Traktaten wiederzufinden.

Phraseologisch steht der Text in alter Tradition mit seinen Instruktionen wie *nḏ snꜥꜥ m ḫt wꜥ.t* – „werde fein zermahlen zu einer einzigen Masse" (x+12) und *rḏ*

---

[82] Id., in: U. VERHOEVEN (Hg.), *Ägyptologische „Binsen"-Weisheiten I-II* (2015), 444f.

22.VII. Wissenschaftliches: Sprach- und Ausspracheunterricht –
Priesterhandbücher und Onomastika –Astronomie& Astrologie etc.

591

*m rȝ n-*…– „werde an die Öffnung von … gegeben" oder infinitivisch „geben an …", in diesem Fall an die des Uterus.

Der Duktus dieser Schreiberhand ist alles andere als ausgeglichen, die Schrift wirkt ungelenk und sehr unausgewogen, sämtlich Kriterien, die für Referenz-handschriften medizinischen Inhalts nicht eben typisch sind.

Ist dieser Text noch 100%ig in Hieratisch kopiert, steht es bei anderen ungefähr gleichzeitigen Quellen zur spätägyptischen Medizin anders. Gemeint sind solche Traktate mit einer Mischung aus Demotisch und Hieratisch und ein Exemplar ist darunter von besonderem Interesse. Gemeint ist der 1976 von REYMOND edierte Pap. Vind. 6257,[83] der in den letzten Jahren einer grundle-genden Neubearbeitung durch HOFFMANN unterzogen worden ist. Diese Arbeit war notwendig, nachdem REYMOND zahlreiche Fehllesungen und entspre-chende –interpretationen vorgenommen hatte, zusätzlich zu stellenweise fal-schen Arrangements von Fragmenten. Unterm Strich kann HOFFMANN 16% hieratische Implementierungen in der zu 81% demotisch geschriebenen Re-zeptsammlungen nachweisen, deren restliche 3% eine hieratisch-demotische Mélange aufweisen. Die Applikationen erstrecken sich auf Husten, gynäkolo-gische Beschwerden und Wundbehandlungen.

So werden Überschriften bzw. Einleitungen wie *k.t* – „anderes (R.)" in der äl-teren Schrift und rubriziert notiert. Namen einzelner Drogen erscheinen mal in komplettem Hieratisch, dann aber auch wieder in Demotisch:

|  | normal | | abgekürzt | |
|---|---|---|---|---|
| *irp* | 𒀭 | (3.29) | 𒁹 | (3.14) |
| *qd.t* | | (2.6) | | (2.13) |

Abb. 22: „normal" = hieratisch & „abgekürzt" = demotisch[84]

Bei der Paläographie des Krug-Determinativs in *jrp* – „Wein" kann man sich streiten, welche Form die ältere von beiden ist.

---

[83] *From the Contents of the Libraries of the Suchos Temples in the Fayum, Teil 1: A Medical Book from Crocodilopolis, P. Vind. D. 6257* (1976); s. z.B. F. HOFFMANN, „Die Verwendung hieratischer Zeichen in demotischen medizinischen Texten", in: S.P. VLEEMING (Hg.), *Aspects of Demotic Orthography* (2013), 25-41; dort 25 Anm. (2) mit Angaben zu bereits bis dato erschienenen Vorberichten aus seiner Feder.

[84] F. HOFFMANN, *loc. cit.*, 29.

Mischgraphien kommen ebenso vor:

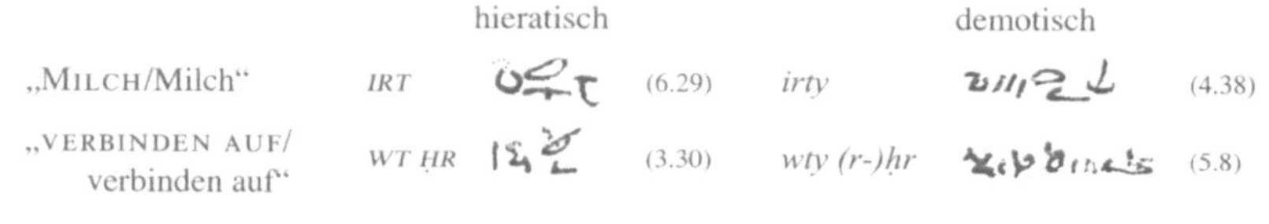

|  | hieratisch |  | demotisch |  |
|---|---|---|---|---|
| „MILCH/Milch" | IRT | (6.29) | irty | (4.38) |
| „VERBINDEN AUF/ verbinden auf" | WT ḤR | (3.30) | wty (r-)ḥr | (5.8) |

Abb. 23:[85]

HOFFMANN spricht hier von einem „unbewußten Vorgang", der in dem Wort *jrt* – „Milch" (alt: *jrṯ.t*) das einleitende *j* und das Land-Zeichen *t3* betrifft, mit dem das Wort regelhaft im Demotischen wie  (6.38) geschrieben wird, hier aber eben nicht.

Hieratische Determinative bei ansonsten rein demotisch geschriebenen Wörtern sehen dann z.B. so aus:

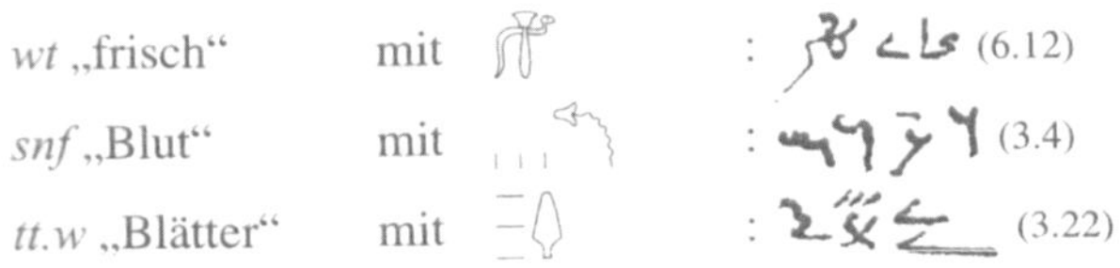

| *wt* „frisch" | mit |  | : | (6.12) |
| *snf* „Blut" | mit |  | : | (3.4) |
| *tt.w* „Blätter" | mit |  | : | (3.22) |

Abb. 24: Hieratische Determinative an demotischen Wörtern[86]

Und bei der alten Instruktion *nḏ sn^ꜥ* – „fein zerreiben" (oder passivisch) stellt sich bezüglich der demotischen Adaption die Frage der tatsächlichen Aussprache, ob nur noch als das sprachlich jüngere und um den 2. Bestandteil verkürzte *nt < nḏ* zu lesen wie im magischen Pap. London & Leiden bezeugt.[87]

Es fällt einigermaßen schwer, die *raison-d'être* der Hieratogramme in dieser Handschrift und eventuell auch ihr medizinisches Genre mit einem höheren Grad an Sakralität dieser altehrwürdigen Kursive zu verknüpfen. Diese Hypothese mag bei dem weiter unten vorgestellten Traktat zur Astronomie und Religion von Memphis eher in Betracht kommen (s. **IV.4**).

## VII.4    Astronomie und Astrologie

Diese beiden Disziplinen sind bekanntlich erst in Zeiten der Aufklärung auseinandernividiert worden, in der ägyptischen Antike aber waren sie funktional untrennbar miteinander verknüpft, wie ja auch noch in Mesopotamien und

---

[85] F. HOFFMANN, *loc. cit.*, 29.
[86] F. HOFFMANN, *loc. cit.*, 31.
[87] Ausführlich diskutiert bei F. HOFFMANN, *loc. cit.*, 35f., dort auch zur alt auch mitunter belegten Folge *dj.t-n^ꜥ*.

Griechenland etwa. Gestirne hatten danach je nach Konstellation ihre unmittelbaren Auswirkungen auf die Lebenswelt und die einzelnen Menschen und stel-
lare Vorzeichen mussten gedeutet werden. VON LIEVEN spricht deshalb auch
treffend von „religiöser Astronomie", womit beide – die eher naturwissen-
schaftliche und die magisch-divinatorische – Komponente abgedeckt werden.[88]
Unter den in **VI.** knapp skizzierten bilinguen Ostraka aus Narmouthis gibt es
z.B. zahlreiche Horoskope mit bisweilen präziser Angabe der Geburtsstunde,
Sternkonstellationen etc. Allerdings sind diese Texte nicht in Hieratisch, sondern in Demotisch geschrieben.

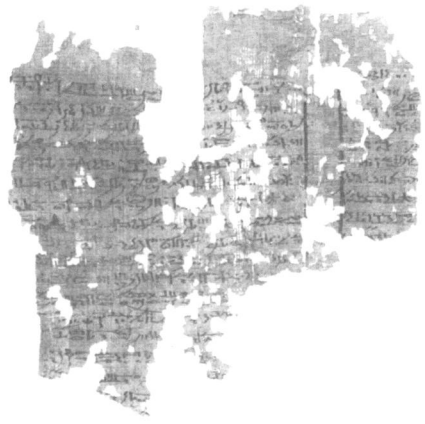

Abb. 25: Pap. Berlin 14402 Frgm. a[89]

Reste eines astronomisch-astrologischen Traktates aus dem uns schon bekannten Tebtynis, zudem in einer Mischung aus Hieratisch und Demotisch, hat
QUACK 2004 vorgelegt.[90] Dieser Traktat ist sprachlich demotisch, graphisch
aber in der genannten Mischung, fixiert, weshalb QUACK hier von „Semidemo-
tisch" spricht. Er datiert ihn in das frühe 2. Jh. n. Chr., das Layout zeigt kräftige
schwarze Linien bei Kolumnentrennung, allerdings keine horizontalen Hilfslinien. Geschrieben mit dem Kalamus, zieren einige Rubren und z.T. hochorna-
mentale Hieroglyphen in Tiernamen den Text. An Sternen spielen Dekane und

---

[88] A. VON LIEVEN, *Der Himmel über Esna. Eine Fallstudie zur Religiösen Astronomie in
Ägypten am Beispiel der kosmologischen Decken- und Architravinschriften im Tempel von
Esna* (2000).
[89] J.F. QUACK, *loc. cit.*, 470-474 und Taf. XXXVII.
[90] „Fragmente memphitischer Religion und Astronomie in semidemotischer Schrift (pBerlin
14402 + pCarlsberg 651 + PSI Inv. D 23)", in: F. HOFFMANN – H.J. THISSEN (Hgg.), *Res
severa verum gaudium. Festschrift für Karl-Theodor Zauzich zum 65. Geburtstag am 8. Juni
2004*, 467-496 und Taf. XXXVII-XXXIX.

die 7 Planeten eine tragende Rolle, ebenso das Tierkreiszeichen „Fische", der Mondzyklus sowie das uralte Mythem über den Sonnengott und seinen Erzfeind Apopis. Omina (*sḫn*), Völkerschaften wie die Parther, Assyrer und eventuell auch die Kreter und Libyer kommen im Rahmen universalastrologischer Erklärungsmuster wie etwa in demotisch-divinatorischen Quellen vor. Individualastrologie in Gestalt der sog. „Edeldamen" (*špḥy.t*), ausgeprägt kulttopographische Bezüge zum memphitischen Raum sind dominant, es werden Örtlichkeiten erwähnt, die alles andere als rein mythische Orte waren, sondern reale Regionen wie das „Binsengefilde" (*sḫ.t-j3rw*) oder die sog. „Verschüttete Höhle" (*tpḥ.t-d3.t*). Ein für den Haupttempel von Memphis stehendes „Goldhaus" ist erhalten und der gesamte Traktat könnte mit dem aus Memphis bekannten Ereignis des „Hochhebens des Himmels" (*ʿḥj-p.t*) thematisch verknüpft werden.

Um einen gewissen Eindruck von der Beschaffenheit einer solchen Komposition zu erhalten, seien hier aus Platzgründen nur wenige und möglichst gut erhaltene Passagen in QUACKs Umschrift und Übersetzung zitiert. Die hieratischen Passagen innerhalb der Zitate sind jeweils eingerahmt, der demotische Teil der Übersetzung ist kursiviert. Weil die Transkription des Demotischen von links nach rechts erfolgt, hat QUACK diejenige der hieratischen Passagen entsprechend umdrehen müssen, um sie im Textfluss belassen zu können.

Abb. 26: Frgm. a, Z. 11

„**Der Stern** des Atum. *Das ist/bedeutet* [..]..[..]. *Er* erscheint *oberhalb des* Platzes [...]".

Diese Mélange aus Hieratisch und Demotisch ist sicher nicht *ad libitum* vorgenommen, sondern wohlüberlegten Selektionskriterien unterzogen worden. Besonders sakral aufgeladene Ausdrücke wie *ḥʿj* – „aufgehen; erscheinen" von Gestirnen wie in dieser Zeile, Göttern, Königen etc., ein Verbum also, das nie einen „profanen" Referenten oder Subjekt zu haben scheint, schreibt man in der Kursive mit dem höheren Grad an Anciennität, näher am Zeitpunkt der Schöpfung als das Demotische. Rein grammatische Elemente wie Kopula und Konverter, Artikel, Präposition u.ä. sind in zeitgenössisch-üblichem Demotisch gehalten.

Grundsätzlich wäre dieses Verfahren der Mischung zweier Kursiven in religiösen Handschriften oder in kürzeren Partien wie der Notation von Priestertiteln[91] schon in frühdemotischer Zeit eine eigene Studie wert. Dieses Verfahren dürfte eine erheblich gesteigerte Aufmerksamkeit des Schreibers während seiner Niederschrift erfordert haben und eine auf großer Quellenbasis vorgenommene Untersuchung könnte im Bestfalle sogar „Fehler" in der Verteilung von Hieratisch und Demotisch zutage fördern.

Bevor wir diesen Traktat jedoch verlassen, sei noch auf eine nur allzuleicht übersehbare Stelle verwiesen, die möglicherweise einen römerzeitlich völlig üblichen fachsprachlichen Begriff aus der Welt der Schreiber und der Schreibkunst liefert. QUACK liest das auf Frgm. c) x+7 noch erhaltene

Abb. 27: Frgm. c) x+7

[zḫ].w-bl und übersetzt dies durch „[…] außen geschrieben. (spatium) […]", versteht dies aber im Sinne eines „s.o."(= siehe oben)-Verweises, der auf eine Passage auf der gleichen Seite der Handschrift rekurriert, nicht aber auf eine „außerhalb" bzw. auf dem Verso zu findende Stelle. Der gleichfalls gemischtkursiv geschriebene magische Papyrus London & Leiden aus dem 3. Jh. n. Chr. macht auch noch von diesem intratextuellen Verweissystem Gebrauch.[92] Ganz offensichtlich haben die damaligen Schreiber ein gewisses textologisches Vokabular verwendet, mit Hilfe dessen sie intratextuell referenzieren konnten – und wollten.[93] Das Wort bl (> bol in ebol) spricht für eine „Marginalie" am Rand der Kolumne.

---

[91] S.P. VLEEMING, „Notes on Demotic Orthography", in: id. (Hg.), *Aspects of Demotic Orthography* (2013), 145-161; dort: 155f.

[92] J.F. QUACK, *loc. cit.*, 475. Die von F.L GRIFFITH–H. THOMPSON , *The Leiden Papyrus. An Egyptian Magical Book* (Repr. 1974), 118 (col. XVIII.6), vorgeschlagene Gleichsetzung mit dem griechischen εξω als Verweis auf einen „umseitig" zu findenden Text kann für das Demotische nicht gelten, weil sich auf jener Handschrift „umseitig" bzw. auf dessen Verso gar keine entsprechende Passage befindet, auf die rekurriert werden könnte. M.a.W., wir haben einen intratextuellen Verweis vor uns, der auf eine andere Stelle auf der gleichen Recto-Seite zielt.

[93] Dazu gehören z.B. auch Instruktionen über noch zu zeichnende wie zu platzierende Vignetten auf Totenbüchern (s.o. Kap. 21, I.).-

Auch dieser textlinguistische Aspekt in der Geschichte der späten Kursiven in Ägypten verdiente unbedingt eine Sammlung und Sichtung der Belege, u.z. der hieratischen und demotischen gleichermaßen, keinesfalls getrennt voneinander.

Dieser Abschnitt zur Himmelskunde, wenn wir Astronomie und Astrologie in diesem Zeitraum einmal so zusammenfassen wollen, wäre unvollständig, würden wir nicht wenigstens kurz auf das sog. „Nutbuch" zu sprechen kommen. Die 2007 vorgelegte Standardedition aller bislang dazu bekannter Quellen von der Ramessidenzeit bis ins 2. Jh. n. Chr. ist VON LIEVEN zu verdanken.[94] Der aus mehreren astronomischen Traktaten bestehende Text ist in hieroglyphischer (Sethos I.-Tempel Abydos) sowie dreifach in hieratischer und zweifach in hieratisch mit demotischer Übersetzung und Kommentierung bis ins 2. nachchr. Jh. überliefert (Pap. Carlsberg I + weitere Papyri). Die ursprüngliche Version könnte bereits in altägyptischer Sprache abgefasst gewesen sein, wofür einige Indizien zu sprechen scheinen.[95] Die beiden Dekanlisten gestatten eine astronomische Datierung in die Zeit Sesostris' III. und setzen das Nutbild in das Jahr 7 dieses Herrschers, just dasjenige Jahr, aus dem wir den berühmten heliakischen Aufgang der Sothis in Illahun notiert haben (s.o. Kap. 12). Dieser Zeitpunkt bzw. Zeitraum kann zumindest als diejenige Redaktionsstufe der Handschrift Pap. Carlsberg I angesetzt werden, die somit einen Traditionsvorlauf von gut und gerne 2000 Jahren aufweist. Es versteht sich von daher beinahe von selbst, dass der Traktat irgendwann kommentarbedürftig wurde.[96] Diese Kommentierung setzte spätestens in vor- oder frühptolemäischer Zeit ein, da „die zahllosen hieratischen Gruppen im demotischen Text … auf eine Umsetzung aus einer hieratischen Vorlage hindeuten."[97] Und aus rein sprachhistorischen Beobachtungen an der Textgeschichte lassen sich „Rudimente einer ersten frühneuägyptischen Kommentarschicht fassen".[98]

---

[94] *Grundriss des Laufes der Sterne. Das sogenannte Nutbuch*, Text- und Tafelband, erschienen in der Reihe *The Carlsberg Papyri 8.*

[95] A. VON LIEVEN, *op. cit.*, 251-254.

[96] A. VON LIEVEN, *op. cit.*, 258-273. An zwei Stellen ihres opulenten Kommentars verweist VON LIEVEN auf eine mögliche mittelhieratische Vorlage, s. S. 43 und 56 Anm. 235.

[97] A. VON LIEVEN, *op. cit.*, 272.

[98] A. VON LIEVEN, *op. cit.*, 271. Zu den differenzierbaren Kommentaren bzw. Kommentarschichten s. ead., *op. cit.*, 264-267.

22. VII. Wissenschaftliches: Sprach- und Ausspracheunterricht –
Priesterhandbücher und Onomastika –Astronomie& Astrologie etc.

597

Abb. 28: Anfang von Kol. 1 auf P. Carlsberg 1 aus Tebtynis[99]

In hieroglyphischer Umschrift (Z. 1-3 und 5) und demotischer Transliteration
(Z. 4) wird diese Passage in VON LIEVENS Studie so reproduziert:

PC1: (1,1) *[.............. č]mᶜ pꜣi tꜣ rpi.t* *čt čꜣčꜣ[=s n prⱼ-imn.ti* (1.2)

*ph.t=s n pr-iꜣb.]ti* *tꜣi tꜣ* *tꜣi i:iri=f čt — [......]* (1.3)

*[..............]* *nti nꜣ.w-ht=s tꜣi čr.t pꜣi nti-iw bn-p=f ph r pꜣ* (1.4) *[.... mtw=s]*
*fy nꜣy=s tbs.w m-sꜣ=f*

(1.5) *[..... ph.t=]ꜥsꜥ* *čt tꜣ rpi.t i:iri=f či.t iri* *ḥꜣ.t čt pꜣ ꜥwi n msi pꜣi*

Abb. 29: Transkription[100]

Die Umschrift der Textpassage dreht die originale Schriftrichtung wieder zugunsten der der konsonantischen Transliteration des Demotischen um, ein
kaum zu vermeidender wissenschaftlicher Kompromiss.

In ihrer Übersetzung verschwindet diese Mischgraphie allerdings:

(1,1) Das ist [.......... Schrift]rolle[159]. Die Frauenfigur, die eine Vornüberge-
beugte(?)[160] ist, nämlich die, [deren] Kopf [im W]esten und (1,2) [deren
Hinterteil im Ost]en ist, das ist Nephthys[161], das ist der nördliche Himmel.
Wenn er zu ihr [.............][162] sagte (1,3) [.................]. Das ist die [........] des
Nordens, die ausgespannt(?)[163] ist. Die Hand desjenigen, die nicht bis an
den (1,4) [..............] reichte, [.... und sie] hebt ihre Fersen[164] hinter ihm.
(1,5) [.......]. Ihr [Hinterteil] ist im Osten, nämlich das der Frauenfigur.
Wenn er das Hinterteil vorangehen ließ, so deshalb, weil es der Ort des
Gebärens ist[165].

Abb. 30: Übersetzung[101]

---

[99] A. VON LIEVEN, *op. cit.*, Taf. 8.
[100] A. VON LIEVEN, *op. cit.*, 373.
[101] A. VON LIEVEN, *op. cit.*, 47.

Vielleicht wäre eine graphische Differenzierung der hieratischen bzw. demotischen Partien auch in diesem Teil der Bearbeitung instruktiv, ohne den Lese-
fluss allzu sehr zu beeinträchtigen. Schließlich finden sich die hieratischen Elemente nur hieroglyphisch transkribiert, nicht aber in einer ägyptologisch-kon-
sonantischen Umschrift. Was konkret hieratisch notiert ist und was demotisch,
wäre wiederum intertextuell eine Spezialstudie wert; s. bereits oben zu dem von
QUACK edierten Text aus Berlin. Aber auch im Nutbuch sind es vornehmlich
bedeutungstragende Wörter (Autosemantika) und nicht mehr oder minder
grammatische Funktionswörter, die in Hieratisch gehalten sind.

An einer Stelle des beschriebenen Nutbildes wird die Platzierung einer Beischrift mittels eines textologischen Terminus bestimmt. Es ist dort (§ 31 = Pap.
Carlsberg I 2.19) von der *smd.t-ḥr.t–* „oberen Randinschrift" bzw. „Horizon-
talinschrift" die Rede, die uns weiter unten nochmals im hieratischen Text zur
Votivelle begegnen wird.[102] Ihr „Anfang soll nach innen(?) gegenüber dem
Kopf der Frauenfigur" platziert werden. Dieser Terminus lässt auf die Existenz
weiterer Fachvokabeln aus dem Metier damaliger „Textwissenschaft" schließen; s. bereits o. zu dem von QUACK erwogenen Vermerk *zḫ bl –* „Schrift außerhalb".

VON LIEVEN subsummiert das sog. Nutbuch nicht einseitig unter dem Label
„Wissenschaftliche Literatur", wie vor ihr zumeist geschehen, sondern in Anbetracht seiner starken mythologischen Komponente besonders im Abschnitt
über die Mondphasen unter „Religiöser Astronomie".[103]

Eine detaillierte paläographische Untersuchung findet sich in ihrem Werk
nicht, aber wie eingangs dieses Kapitels bereits betont, kann eine solche chronologisch  über die *Späthieratische Buchschrift* von VERHOEVEN hinausge-
hende Studie erst unter Einbeziehung einer repräsentativen Textmasse vorgenommen werden.[104]

---

[102] A. VON LIEVEN, *op. cit.*, 59 und 382.
[103] Kurioserweise findet sich am Ende dieses Buches die Schreibernotiz *bn-p=y gm=f –* ,
von VON LIEVEN durch „Ich habe es nicht verstanden" übertragen, nach ihr ein sehr seltenes
Eingeständnis eines an seinem gerade beendeten Text verzweifelnden Schreibers. Eine wört-
lichere Übersetzung im Sinnen eines „ich habe es nicht gefunden", mit Bezug auf Vorlagen
o.ä., wäre auch nicht auszuschließen (Christian Leitz macht mich darauf aufmerksam).
[104] Diese Arbeit kann wiederum nur von einem Langzeitprojekt wie dem Mainzer-Darmstäd-
ter Akademie-Unternehmen „Altägyptische Kursivschriften (AKU). Digitale Paläographie
und systematische Analyse des Hieratischen und der Kursivhieroglyphen" geleistet werden.

Zur religiösen Wissenschaft müssen auch unbedingt die mehrfach überlieferten
Texte zur sog. Votivelle gerechnet werden. Einen wichtigen Vertreter dieser
Textgattung in hieratischer Schrift und aus Tebtynis hat QUACK vorgelegt, die
erste bislang bekannte Papyrushandschrift zu dieser Art von Ellen. Er datiert
etwa in das 2. Jh. n. Chr. und liefert wertvolle Informationen zur Einteilung
von Wasser- und Schattenuhr, mit deren Hilfe Stunden und Tagesabschnitte
durch das Jahr hindurch gemessen wurden. Niedergeschrieben mit einem Kalamus bzw. der Rohrfeder in einer den Spezialisten bekannten Handschrift, ermöglicht er u.a. ein besseres Verständnis der damaligen Tagesunterteilungen in
drei Abschnitte. Zudem wird die antike Rolle der Deltastadt Mendes (+d.t) als
eine Art „Eichamt" für Maße immer deutlicher.

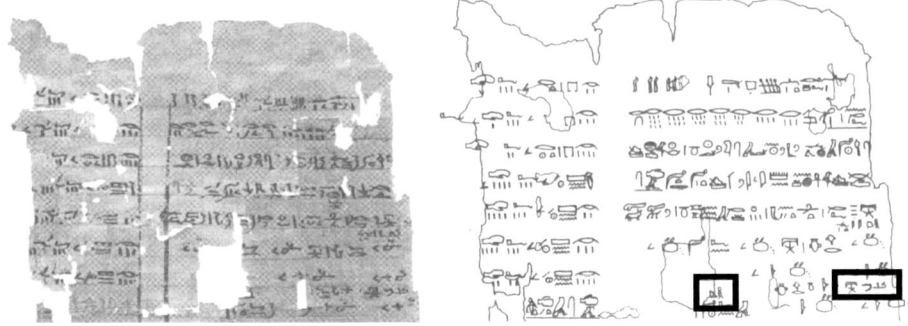

Abb. 31: Texte zur Votivelle auf Papyrus Carlsberg 419 aus Tebtynis (Kol. x+2-3)[105]

Oberhalb der Z. 8 auf der Kol. x+2[106] finden sich zwei kurze demotische Glossen zur Aussprache der alten Wörter wḫ3 –„Abend" und ḥḳ3.t, ein Getreidemaß.
Diese werden wš (mit hieroglyphischem Determinativ „Stern-am-Himmel")
resp. ḥḳ glossiert. In den Zeilen x+2.4-[5] und x+3.8 begegnet das schon weiter
oben in der punktierten Osiris-Liturgie sowie im Nutbuch angetroffene – und
rubrizierte – Terminus smd.t „für „Horizontal-„ oder „Randzeile" wieder. Aber
auch QUACK räumt ein, dass die „Lesung der Bruchzahlen angesichts des sehr
geringen Vergleichsmaterials für späthieratische Handschriften verbesserungs-
fähig" sei (S. 45).

---

[105] „Eine Papyruskopie des Textes der Votivellen (P. Carlsberg 419)", in: K. RYHOLT (Hg.),
*The Carlsberg Papyri 7. Hieratic Texts from the Collection* (2007), 39-52 und Pl. 5; dort u.a.
Bemerkungen zum Verhältnis von hieroglyphischen zu hieratischen Versionen ein und desselben Textes, zu hieratischen Versionen mit Zwischenüberschriften im Unterschied zu solchen ohne diese wie etwa im Buch vom Fayum, ganz zu schweigen von der umfassenden
Lit. zu altägyptischen Ellen und deren Inschriften.
[106] Von Kol. x+1 sind nur sehr geringe Reste erhalten; s. die Tafeln 5/A.

## VIII.    Hieratische Vorlagen hieroglyphischer Inschriften?

In das Jahr 29 v. Chr. = 1. Regierungsjahr Octavians bzw. des nachmaligen Kaisers Augustus datiert eine 1896 im Philae-Tempel gefundene dreisprachige Stele aus Rosengranit, die den 1. Präfekten über Ägypten namens C. Cornelius Gallus als Sieger preist. Er lässt seinen Text unterhalb des Giebelfeldes und seiner selbst als Reiter auf einem Pferd in ägyptischer, lateinischer und griechischer Sprache eingravieren. Dabei ist der ägyptische Text in Hieroglyphen gearbeitet und angesichts des Materials Rosengranit extrem schwer lesbar und nicht überall befriedigend erhalten. Mit dieser Stele haben sich erst kürzlich HOFFMANN, MINAS-NERPEL und PFEIFFER intensiv auseinandergesetzt, auf deren Ausführungen wir uns im Folgenden stützen.[107]

Abb. 32: Gesamtaufnahme der Gallus-Stele[108]

In einem Kapitel[109] zu Paläographie und Sprache wird eine Reihe von Kriterien ins Feld geführt, die auf eine ursprünglich hieratische Vorlage der hieroglyphischen Inschrift hinzuweisen scheinen. Schreibfehler sind dafür stets die besten Indizien, die aus Unverständnis des Vorgefundenen und Umzusetzenden resultieren, so auch auf diesem Monument. Darunter sind auch Zeichendreher, wie sie eigentlich nur auf diesem Wege der Verlesung zustande gekommen sein können.

---

[107] *Die dreisprachige Stele des C. Cornelius Gallus. Übersetzung und Kommentar* (2009).
[108] https://www.uni-trier.de/index.php?id=28124 (Abruf 20.07.2017).
[109] F. HOFFMANN, *op. cit.*, 50-65.

Eindeutig hieratische Einsprengsel sind die beiden folgenden:

Z. 1     {ʾ}     für   ◊,

Z. 10    ↵      für   ▭⌐.

Abb. 33: Hieratische Zeichenformen auf der Gallus-Stele[110]

Von diesen ist insbesondere das 1. der beiden Arme typisch für Römisch-Hie-ratisch.

Der Text selbst ist ein relativ konventionell, aus Standardphrasen zusammen-gebautes, Selbstlob seines Besitzers und historisch wenig ergiebig. Sprachlich gehört er einer Mischung aus überwiegend Elementen des *Égyptien de tradition* plus einigen wenigen Einschlägen aus späteren Phasen an. Bei seiner Umset-zung aus einer kursiven Vorlage sind dem Vorzeichner und/oder dem Graveur – ob beide identisch? – einige „Schnitzer" unterlaufen, die aber auch der Wi-derspenstigkeit des harten Granit geschuldet sein können. Es bleibt aber im Un-klaren, wie genau die Transformation aus einer hieratischen Vorlage in Hiero-glyphen vonstattengegangen sein soll, denn wie wir in Kap. 14 gesehen haben, ist ein solcher Schritt mit reichlich technischen Problemen behaftet und eher unwahrscheinlich. Warum nicht zumindest eine hieroglyphische Skizze auf Pa-pyrus oder einer Holztafel ansetzen, in der die hieratischen Zeichen von Z. 1 und 8 bereits vorhanden waren?

## IX.  Weiteres zur Mischung von Hieratisch und Demotisch – Zugleich die spätesten Textzeugen in Hieratisch

Aus dem Bereich der spätägyptischen Magie und Divinationspraktiken sind uns eine Reihe von z.T. recht umfänglichen Handschriften erhalten, die ganz über-wiegend in spätdemotischer Schrift und Sprache verfasst sind, daneben aber auch zahlreiche hieratische Passagen mit älterem Wortbestand und grammati-schen Konstruktionen enthalten. Wir bewegen uns damit im 3. nachchr. Jahr-hundert und so nimmt es auch nicht Wunder, wenn Griechisch sich dazugesellt, war es doch in diesem Zeitraum längst als Urkundensprache fest etabliert und hatte das Demotische aus diesem Sektor der Verwaltung verdrängt.

Aus naheliegenden Gründen beschränken wir uns auf eine Auswahl solcher hieratisch-demotischer Passagen, die nach allem, was wir momentan über die Datierung dieser Handschriften sagen können, zu den letzten Zeugnissen der

---

[110] F. HOFFMANN, *op. cit.*, 50.

hieratischen Schrift überhaupt gehören. Einen auf das Jahr genau datierbaren Text in dieser altehrwürdigen Kursive können wir ja nicht identifizieren, wie schon eingangs dieses Kapitels ausdrücklich konstatiert.

### IX.1  Pap. BM EA 10070 & Leiden I 383

Beginnen wir mit einem Beispiel aus dem großen Handbuch divinatorischer Techniken auf dem auf die beiden Sammlungen in London (BM EA 10070)+ Leiden (I 383) verteilten Manuskript.[111] Diese Handschrift trägt drei Schriftarten, neben dem Demotischen und Hieratischen zusätzlich in griechischen Lettern geschriebenen Texte sowie Altkoptisch[112] und eine auf dem griechischen Alphabet basierende Geheim- oder *cypher*-Schrift. Sie datiert paläographisch wie sprachlich am ehesten an die Wende vom 2. zum 3. Jh. n. Chr.[113] Als Herkunft gilt wegen eines im frühen 19. Jh. von ANASTASI getätigten Ankaufes der thebanische Raum und mit weiteren magischen und divinatorischen Papyri z.T. von gleicher Hand läuft sie als Bestandteil der sog. *Theban Magical Library*.

Das folgende Exzerpt stammt aus einer Schalenbefragung oder Lekanomantie, es trägt zusätzlich zu seiner Digraphie noch supralineare *voces magicae* in altkoptischen Lettern. Das bedeutet, neben rein griechischen Buchstaben werden zusätzlich für die dem Griechischen fremden Phoneme noch zusätzlich demotisch-alphabetische Zeichen verwendet.

DIELEMAN unterscheidet drei verschiedene Kombinationstypen von hieratischer und demotischer Kursive in diesem Manuskript, von deren 3. und zugleich komplexesten Typus hier ein Beispiel zur Illustration diene. Aber zunächst zitieren wir seine Definitionen:[114] „First, hieratic signs may occur as an independent scriptural and lexical cluster within a larger demotic unit. This means that a Demotic sentence incorporates a hieratic word or phrase without breaking up the sentential and semantic order of the Demotic unit. In these cases, the hieratic elements are mainly archaic, religious terms or traditional

---

[111] Pap. BM EA 10070 + Pap. Leiden I 383. Alle wesentlichen Verweise zu Edition und Übersetzungen bei J.F. QUACK, in: *TUAT N.F. Band 4, Omina, Orakel, Rituale und Beschwörungen* (2008), 334f.; s.a. J. Dieleman, *Priests, Tongues, and Rites. The London-Leiden Magical Manuscripts and Translation in Egyptian Ritual (100-300 CE)* (2005), dessen Kap. 3 „The Use of Script" (3.1.-3.) zuvorderst für das Verständnis der hieratisch-demotischen Mischgraphien samt altkoptischen *voces magicae* von Bedeutung ist.
[112] Dazu in dieser Handschrift speziell jetzt a. J.F. QUACK, in: E. GROSSMAN *et al.* (Hgg.), *Greek Influence on Egyptian Coptic* (2017), 52-54 und Fig. 15.
[113] J. DIELEMAN, *op. cit.*, 41-44.
[114] *Op. cit.*, 49f. Es sei betont, dass er auch zwischen „demotic" als Schriftart und „Demotic" als Sprachstufe graphisch differenziert; s.a. S. 77f.

divine epithets. Second, a word can be made up of hieratic signs used in combination with demotic characters to form a hybrid unit. Again, in this case, the treatment is mostly limited to religious vocabulary. Third, hieratic is occasionally used for transcribing and glossing secret magical names, the so-called *voces magicae*. Principally, these *voces magicae* are transcribed and glossed in respectively alphabetic demotic and Old Coptic, but, in one case, a hieratic gloss is added above an epithet in Demotic."

Ein solcher Passus aus einer Schüsselbefragung am 15. Mondmonatstag und gerichtet an *Jꜥḥ* bzw. den Mond sieht dann – mit einem spitzen Schreibrohr geschrieben – so aus:

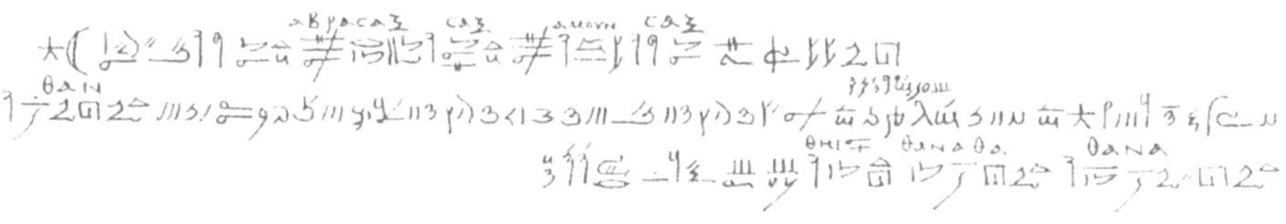

Abb. 34: Faksimile von Pap. London & Leiden rt. 23.24-26

Und in DIELEMANs Übersetzung hört sich das folgendermaßen an:

**sax amoun sax abrasax**
1) *Hail, saks, Amun, saks, abrasaks,*

*he who gave birth to them*
2) for you are *the moon*, the great one of the stars, he who gave birth to them.
3) Listen to these things which I said.
4) Walk in accordance with the (words) of my mouth.
5) May you reveal yourself to me.
   **than thana thanatha;** another (manuscript) says **thêi.**
6) *tahanu, taheanuna, tahnuatha*
7) *This is my correct* name.

Abb. 35: Übersetzung von Pap. London–Leiden 23.24-26[115]

Die supralinearen *voces magicae* sind in seiner Übersetzung in Fettdruck, die demotischen Passagen in Normalschrift und die hieratischen Einsprengsel kursiv gehalten. Werden diese *voces* in der 1. Zeile in der älteren Kursive notiert und altkoptisch glossiert, wird die in demotischer Schrift und Sprachstufe geschriebene Relativphrase *pꜣ-j:jr-msṯ=w* – „der sie geboren hat" in der nächsten

---

[115] J. DIELEMAN, *op. cit.*, 57.

Zeile supralinear hieratisch und älterer Sprachstufe –  – phonetisch etwas verkürzt als *p(3)-(j:)jr-ms=w* wiederholt, „which must have soun-
ded rather awkward and archaic to Roman-period ears".[116]

Und in der abschließenden Versicherung *pfe p=j rn n mtr* – „*Das ist mein korrekter* Name" ist lediglich das Wort *rn* für „Name" in Demotisch notiert:[117]

Im Unterschied zum erstmaligen *s⁽ḥ⁾* ist dieser Namenbestandteil
in abrasax nicht mit alphabetischem /s/ + laufenden Beinen für das Verbum der
Bewegung *z3w* – „langsam gehen", sondern zweimal mit der gesamten Wortschreibung *stj* –„stechen" o.ä. wiedergegeben: , von dem die
mediale Guppe /tj/ keine phonetische Realität widerspiegelt. Hier waltet das
Prinzip der Akrophonie, nur der „an der Spitze" des Wortes stehende Konso-
nant ist zu lesen.

Der als *s⁽ḥ⁾* oder – entsprechend seiner geläufigeren Gestalt – als Abrasax glos-
sierte Gottesname erscheint hier auffälligerweise nicht in demotischer Schrift,
sondern in dem eine uralte Tradition vortäuschenden Hieratisch: „It is therefore
remarkable that the name is not spelled in alphabetic Demotic signs as custo-
mary with foreign names, but written in the highly traditional hieratic script."[118]

Die hieratische Paläographie ist in der älteren Forschung bereits Gegenstand
mehrerer umfangreicher Aufsätze von STRICKER gewesen, nachzulesen u.a. in
dem 1. Beitrag eines Quartetts in *OMRO* 36 (1955), 92-132. Sie weist ganz
wesentlich die gleiche Spannbreite von Zeichenformen auf wie die oben unter
**IV.** kurz porträtierten Bücher vom Atmen im British Museum.

---

[116] J. DIELEMAN, *op. cit.*, 51.
[117] Darf man hierzu auf die Ersetzung des altägyptischen *k3* durch demotisches *rn* hinweisen?
Dazu J. DIELEMAN, *op. cit.*, 51 Anm. 13.
[118] J. DIELEMAN, *op. cit.*, 78.

## IX.2   Pap. Louvre E 3229

Aus dem späten 2. oder frühen 3. Jh. n. Chr. datiert der gleichfalls zur *Theban Magical Library* zählende Pap. Louvre E 3229.[119] Recto und Verso lassen sich zwei Schreibern zuweisen, rote Linien auf dem Recto begrenzen die Textfelder, kleine Spatien trennen eine Kolumne von der nächsten, was den Schreiber nicht gehindert hat, bisweilen über das linke Zeilenende und den unteren Rand hinauszuschreiben.

Auch in diesem divinatorischen Manual zur Herbeiführung von Träumen[120] und für Lekanomantie unter Einsatz von Öllampen begegnet man auf Schritt und Tritt hieratischen Passagen und selbst hieroglyphische Graphien, wenn auch etwas ungelenk wirkend, kommen noch hier und dort vor. Ägyptische Götternamen werden zudem bisweilen durch griechische Glossen annotiert und griechische Vokale werden direkt in demotisch-alphabetisch notierte Wörter integriert, ein ähnlich dem London – Leidener Papyrus sehr multiples graphisches System zur Niederschrift spätägyptischer Magie.

Die folgende Passage illustriert den Wechsel von Hieratisch zu Demotisch und wieder zurück zum Hieratischen sehr schön. Zugleich ist sie durch die vervollständigte Lesung dank Quack noch besser verständlich als in der Edition. Nach dem Beginn der manuellen und auf welche Weise zu rezitierenden Instruktion wird das Ergebnis der Traumsendung für den Nutznießer (= *s* – „Mann") dieses Rezeptes verkündet:

Abb. 36: Pap. Louvre E 3229 rt. VI.25: Ausschnitt:[121]

*s ḫft sḏr m33=f pfe ꜥ.wy n ꜥnḥ –*

---

[119] Ed. J.H. JOHNSON, "Louvre E 3229: A Demotic Magical Text", in: *Enchoria* 7 (1977), 55-102 mit Taf. 10-17; partielle Übers. von J.F. QUACK, in: In: *TUAT, Neue Folge Band 2, Omina, Orakel, Rituale und Beschwörungen* (2008),350-356. Im Unterschied zu DIELEMAN differenziert QUACK die graphisch verschiedenen Partien in seiner Übersetzung nicht, da die *TUAT*-Bände sich an ein breiteres Publikum richten und komplizierte Schriftvarianten die Lektüre wesentlich erschwert hätten (mdl. Auskunft QUACK August 2017).
[120] Zum Inhalt dieser Handschrift speziell J.F. QUACK, „Remarks on Egyptian Rituals of dream-sending", in: P. KOUSOULIS (Hg.), *Ancient Egyptian Demonology. Studies on the Boundaries between the Demonic and the Divine in Egyptian Magic* (2011), 129-150.
[121] Verf. hat sich bemüht, die von der vorangehenden Zeile in diese hineinragenden Zeichenspuren so weit als möglich zu tilgen; vollständig ist das unmöglich.

„(WORTE SPRECHEN über einem Ibis, gezeichnet mit schwarzer Tinte auf die linke Hand eines) Mannes beim Schlafen, dann sieht er sein Haus des Lebens."

So in Anlehnung an die Übersetzung von QUACK, der das von der Erstbearbeiterin JOHNSON übersehene Verbum *sḏr* – „schlafen" (hier eingerahmt) vor dem beinahe hieratischen *mꜣꜣ=f* – „(dann) sieht er …" nachgetragen hat.[122] Zu transkribieren ist die Gruppe als ⍓ (A55[123] bzw. MÖLLER Nr. 384B) über ⌣ (D40 bzw. MÖLLER Nr. 105). Als rein demotische Gruppe sticht die Graphie des Wortes *ꜥ.wy* für „Haus" (gestrichelter Rahmen) hervor.[124]

Außer Traumsendungen bietet der Papyrus auch Instruktionen zur Kontaktaufnahme bzw. direkten vis-à-vis-Begegnung mit Göttern, also dasjenige Verfahren, das wir seit dem NR spätestens unter dem Terminus *pḥ-nṯr* – „den Gott erreichen/treffen" kennen. In der Überschrift und Anrufung der ersehnten Götter zu einem dieser Minirituale ist eine interessante Varianz zwischen Demotisch und Hieratisch zu beobachten, um nur diese hier ins Feld zu führen, denn die Handschrift ist voll davon! In Kol. 5.14-15 beginnt eine solche *pḥ-nṯr*–Anrufung

Folgendermaßen:

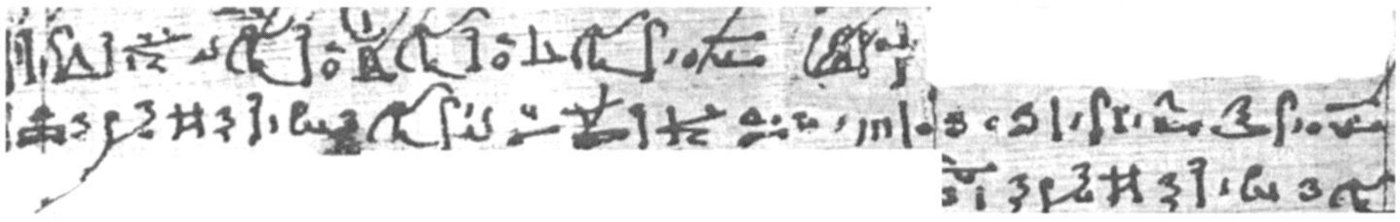

Abb. 37: Pap. Louvre E 3229 rt. Kol. V.14-16[125]

| | |
|---|---|
| (14) *Wꜥ pḥ-nṯr n Wsjr* | „EINE *GOTTESBEFRAGUNG* des Osiris. |
| *j ꜣs.t j Nb.t-ḥw.t* | »Oh Isis, oh Nephthys, |
| *j pꜣ bꜣ šps* (15) *n Wsjr Wn-nfr* | oh du edle Seele des Osiris Wennefer! |
| *jmj n=j jnk zꜣ mr=k Ḥr* | Komm zu mir! Ich bin dein liebender Sohn Horus! |
| *j nꜣ nṯr.w jmy.w p.t* | Oh Götter im Himmel, |
| (16) *j nꜣ nṯr.w jmy.w tꜣ* | oh Götter der Erde, …«."[126] |

---

[122] In: *TUAT, Neue Folge Band 2, Omina, Orakel, Rituale und Beschwörungen* (2008), 355 Anm. 152.

[123] Aber vgl. wieder M. MÜLLER, in: *GM* 200 (2004), 11f. (danach mit Vogel auf Bahre zu transkribieren).

[124] Der eingangs zu sehende Querstrich gehört zu einer *f*-Schlange in der Zeile darüber.

[125] J.H. JOHNSON, *loc. cit.*, Taf. 14; S. 63 (Translit.); S. 71 (Übers.) und S. 90f. zu *pḥ-nṯr*.

[126] Übers. J.F. QUACK, in: *TUAT Neue Folge Band 2*, 354. Die Kapitälchen am Spruchanfang stehen für Rubrizierung im Original.

Entsprechend der bei DIELEMAN zu findenden Wiedergabe dieser Mélange aus
Kursive und Normalschrift gestaltet sich die Verteilung der Hieratizismen und
Demotizismen folglich alles andere als einheitlich. Warum ist der vokativisch
verwendete Artikel *p3* in *p3 b3 šps* demotisch geschrieben, weil semantisch und
sakral nicht sonderlich aufgeladen? Warum wird der Gottesname *Nwn* dann
aber im Unterschied zu den Göttern von „Himmel" und „Erde" demotisch und
eben nicht hieratisch notiert, genauso Horus in Z. 15?

An diesem Punkt unserer Präsentation demotisch-hieratischer Mischtexte
scheint es aber an der Zeit, auf eine allenthalben zu beobachtende Abstinenz
der Spezialisten *alias* Demotiker aufmerksam zu machen. Diese Kenner der
spätesten Kursive(n) haben es sich ja – bis auf verschwindend wenige Ausnahmen[127] – zur Regel gemacht, demotische Texte nicht mehr in Hieroglyphen zu
umschreiben, weil das auch in den allermeisten Fällen überhaupt nicht mehr
funktionieren würde. Just diese späthieratischen Passagen in den divinatorischen und magischen Texten aber werden in der Fachliteratur auf ihre konso-
nantische Transliteration reduziert und nur in Ausnahmefällen wird eine vollwertige hieroglyphische Transkription mitgeboten. Eine solche Ausnahme
macht z.B. QUACK anlässlich seiner korrigierten Lesung einer Passage in diesem Louvre-Handbuch E 3229 der Traumsendung etc. Es geht konkret um die
Zeilen 15 Mitte – 16 Anfang auf Kol. 3 (Abb. 38):

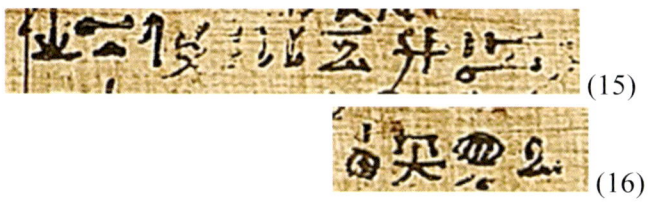

(15)

(16)

Abb. 38: Pap. Louvre E 3229 rt. Kol. III.15-16

Seine Transkription sieht dann so aus:

Abb. 39:

---

[127] Wie etwa DE CENIVAL mit ihrer Transkription eines Fragmentes des demotischen Mythos
vom Sonnenauge, in: *CRIPEL* 9 (1987), 55-70.

Und seine Übersetzung lautet: „(15)(Fire, behold it (?)!) The night-bark sails [= n˹ꜥy] in the night [= (m wḫ)(16)ꜣw.t] …“.[128]

Es wäre bei zukünftigen Neubearbeitungen dieser Texte auch für Nicht-Demo-tisten sicher eine große Hilfe, sämtliche dieser hieratischen Passagen in ent-sprechender Transkription vorzulegen und nicht nur grammatisch und lexika-lisch über sie zu reden.[129]

### IX.3  Pap. BM EA 10588

Mit der folgenden Handschrift Pap. BM EA 10588 wollen wir dieses Kapitel beschließen, denn mit ihr haben wir sehr wahrscheinlich den bislang spätesten Textzeugen für demotische und hieratische Kursive und damit auch für die hie-ratische Schrift insgesamt vorliegen. Chronologisch ist sie in das 3. Jh. n. Chr. zu setzen, trägt neben Sprüchen in spätdemotischer Sprache auch solche in äl-terer Sprachstufe und diese sind dann dezidiert in der älteren Kursive notiert. Griechische Texte und der Gebrauch der altkoptischen Schrift finden sich auf dem Verso. Auf Kol. 7.1-4 des Recto ist ein Spruch zur Gewinnung von Gunst und Liebe zusätzlich als von nubischer Provenienz ausgewiesen (n mt.t ikš).[130]

Innerhalb einer sog. „Gottesbefragung von Horus-Thot“ (rt. 5) unter Einsatz einer Lampe werden sieben göttliche Wesen angerufen, von denen die ersten vier in griechischen Lettern und die letzten drei hieratisch geschrieben werden. Nach Thot, Löwe-Seele-Gottes, Pre und Sabanacha folgen Falke (bjk), Pavian

---

[128] In: P. Kousoulis (Hg.), *Ancient Egyptian Demonology* (2011), 132 Anm. 27. *Loc. cit.*, 131 und 133, finden sich weitere Transkriptionen einzelner Wörter in den Fußnoten. S.a. seinen Aufsatz „Weitere Korrekturvorschläge, vorwiegend zu demotischen literarischen Texten“, in: *Enchoria* 25 (1999), 44 und 45 (mit weiteren Beispielen dieser Art aus Pap. BM EA 10588; dazu u.). Die – partiell ergänzte – Graphie wḫꜣḫ entspricht weitgehend derjenigen von älterem wḫꜣ > jüngerem wḫꜣḫ – „suchen“.

[129] Eine solche Praxis mag man sich von Waß (Univ. München) im Rahmen seiner i. V. befindlichen Dissertation *Untersuchungen zur Verwendung von demotischer und hierati-scher Schrift in den magischen Papyri der spätrömischen Zeit* erhoffen; s. http://www.gs-distantworlds.mzaw.lmu.de/de/Personen/Christopher-Wass/47. Ich danke Christopher Waß sehr herzlich für seine Erlaubnis zur Einsicht in seine laufenden Forschungen, über die er auch auf der 13. Internationalen Konferenz für Demotische Studien im Herbst 2017 in Leipzig berichtet hat.

[130] Ed. H.I. Bell – A.D. Nock – H. Thompson, „Magical Texts from a Papyrus in the British Museum“, in: *From the Proceedings of the British Academy, Volume XVII* (1931), 235-287 und fünf Tafeln; Teilübersetzung und weitere Lit. bei J.F. Quack, in: *TUAT Neue Folge Band 4* (2008), 356; id., „How the Coptic Script Came About“, in: E. Grossman et al. (Hgg.), *Greek Influence on Egyptian Coptic* (2017), 54f.; s. ferner A. von Lieven, „Osiris, der Dekan Ḫꜣw und der Tod. Zur Deutung des Spruches zum Finden eines Diebes in pBM 10588“, in: *Enchoria* 27 (2001), 82-87.

(ꜥnē) und Ibis (ḥb). Alle diese Namen gilt es auf die Spitze eines Myrrhenblattes zu schreiben. Im Original sehen diese drei Namen aus wie folgt:

| bjk | ꜥnē | ḥb |

Abb. 40: Pap. BM EA 10588 rt. 5 – Namenkolumne in Zentrum

Einzig der Pavian erhält kein – hieroglyphisches! – Determinativ. Nun werden in dieser Handschrift ganz besonders Götternamen und –epitheta hieratisch notiert, ein anders illustres Beispiel auf derselben Kolumne ist zu Eingang von Z.

11 jmn rn=f:            . (Abb. 41)

Es ließen sich viele weitere Passagen anführen, aber hiermit soll es sein Genüge haben.

Eingangs dieses Kapitels haben wir schon darauf hingewiesen, dass bis heute kein Text in Hieratisch bekannt geworden ist, der aufgrund einer authentischen Selbstdatierung als der späteste seiner Art identifiziert werden könnte. Das gelingt auch im Falle von Pap. BM EA 10588 nicht, und selbst wenn seine Provenienz nicht dieselbe zu sein scheint wie die der Mitglieder der sog. *Theban Magical Library*, so sprechen doch auch paläographische Kriterien seiner griechischen Texte für einen Spätansatz, mindestens in das 3. nachchristliche Jahrhundert. Was wir aber für die finale Phase der in diesem Band exemplarisch präsentierten Kursive in jedem Falle werden konstatieren dürfen, ist die abhanden gekommene Autonomie oder Autarkie der hieratischen Schrift. Sie wird augenscheinlich in diesem 3. Jt nicht mehr dazu verwendet, einen kompletten Text oder gar ein gesamtes Konvolut von Texten auf einem Papyrus – oder anderen Schriftträgern – zu fixieren. Sie ist zu einer Schrift unter mehreren geworden, wenn auch nicht degradiert. Eine solche Klassifikation würde ihr Unrecht tun, weil sie – wie gesehen – just für solche Textpartien mobilisiert wird, die nicht selten mit einer älteren Sprachstufe, in jedem Falle aber mit „uralten" Mythemen, Motiven, Namen etc. einhergehen. Der Gebrauch in den zuletzt vorgestellten Handschriften trägt maßgeblich zu deren Sakralität und damit auch zu deren Wirksamkeit (mnḫ) bei. Dem Hieratischen kommt folglich eher ein hoher Grad an Distinguierung des jeweils in ihm Geschriebenen zu. Ihren einstmaligen „profanen" Gebrauch für Akten und Urkunden hatte sie im 3.

Jahrhundert ja schon längst eingebüßt. Bei Licht betrachtet hatte also ein Herodot im 5. Jh. v. Chr. gar nicht so Unrecht, wenn er das Hieratische auf den Gebrauch für – wohl im weitesten Sinne seines damaligen Textverständnisses – religiöse Texte eingeschränkt sehen wollte. Aber die in den beiden letzten Kapiteln nachgezeichnete Entwicklung der Verwendung dieser Kursive konnte er in dieser Ausprägung unmöglich voraussehen.

# Resümee

In den vorangegangenen Kapiteln haben wir erstmalig den Versuch unternommen, ca. 3300 Jahre altägyptische Schriftgeschichte anhand der hieratischen Kursive zu skizzieren. In dem vollen Bewusstsein, daß die uns heute zur Verfügung stehende Textmenge nur einen Bruchteil des tatsächlich handschriftlich Niedergeschriebenen repräsentiert, kann ein solcher Versuch theoretisch von vornherein zum Scheitern verurteilt sein, weil die dabei aufgezeigten Trends im antiken Gebrauch nicht der damaligen Realität entsprechen mögen und sehr wahrscheinlich dies auch nicht tun. Im besten Falle kann man ein verzerrtes Bild antiker Gegebenheiten zeichnen, das durch Hinzukommen neuen Textmaterials korrigiert und adjustiert werden kann – und muss. Dennoch: wir müssen bekanntlich mit dem arbeiten, was wir haben und kennen. Unzählige Quellen harren noch immer ihrer Ersterschließung durch gediegene und mit dem nötigen philologischen wie kulturgeschichtlichen Rüstzeug ausgestattete Editionen. Andere Texte bedürfen dringend einer verbesserten und aktualisierten Neuedition.

Welches Resümee können wir also ziehen? Stark verallgemeinernd darf vorerst sicherlich folgendes Szenario entworfen werden: Der Gebrauch kursiver Hieroglyphen ist nicht synchron mit der Niederschrift religiöser Texte im allerweitesten Sinne. Rituale, Litaneien, Hymnen, Gebete, Mythen, Beschwörungen u.ä. sind nicht vor dem Ende des 3. Jt. v. Chr., wahrscheinlich am ehesten ab der 11.-12. Dyn. greifbar. Die genannten Textsorten sind zwar in der ein oder anderen Ausprägung im Corpus der Pyramidentexte verarbeitet und tradiert, nur liegen bis auf geringe Reste bislang keine Handschriften in der Kursive der 5. oder 6. Dyn. vor, auch wenn es sie gegeben haben wird. Das gleiche Bild wird für medizinische Handbücher gelten, deren Existenz und Gebrauch aus mehreren (Auto)biographien dieser Zeitspanne implizit hervorgeht. Die Frage ist allerdings, ob Texte dieser Art in vollwertiger und damit stark abgekürzter Kursive vorlagen, oder ob sie in sog. Kursivhieroglyphen fixiert waren. Letztere Annahme ist die wahrscheinlichere (s. noch die retrograden Pap. Ramesseum IV und V aus dem späten MR), da es sich um sakrale Texte handelt, die kaum in der z.B. aus Abusir, Saqqara oder Elephantine bekannten Aktenkursive daherkamen. Ob tatsächlich und wenn ja, wie immer die Textproduzenten und –tradenten unterschiedliche Grade von Sakralität an ihre Produkte angelegt haben, es ist mehr als unwahrscheinlich, daß z.B. ein Hymnus mit der Namensformel in den Pyramidentexten den gleichen Duktus oder den gleichen Hang zu Ligaturen aufwies wie ein Brief aus der alltäglichen Verwaltung, der nicht auf lange Archivierung konzipiert war.

Hieratisch in der Frühzeit und dann besonders im AR ist nach dem derzeitigen Befund ganz wesentlich auf die Fixierung dokumentarischer Texte beschränkt. Man schreibt z.B. *über* den Kultbetrieb (s. Abusir-Akten) ganz anders als man *den* konkreten Ablauf eines Kultgeschehens *alias* Ritual niederschreiben würde. Die ältesten sog. Ächtungstexte und –figuren haben wir zugleich als die frühesten Ritualtexte in Kursive kategorisiert, auch wenn sie in gewisser Weise „defektive" Texte sind. Die große Ächtungsformel „Was den/jeden X angeht, der Y tun sollte …" bleibt quasi in der Protasis „stecken", die Apodosis war das eigentliche Hinrichtungsritual und das war zugleich alles andere als „kursiv", sondern brutal, plastisch, körperlich und ohne jede notwendige Schriftverkürzung, weil dafür gar keine Schrift mehr benötigt wurde. Diese Formeln zeichnen sich nun allerdings durch einen fortgeschrittenen Grad an Abkürzung und auch Ligaturen aus, sie wurden geradezu „schluderig" und nicht auf Repräsentativität bedacht auf den klobig geformten Ton geschrieben, weil sie anschließend deponiert und damit jeder Sichtbarkeit wie Lesbarkeit entzogen werden sollten. Warum dann also Kalligraphie oder gar Kursivhieroglyphen verwenden?

Ähnliche Überlegungen gelten vielleicht auch für die Briefe an verstorbene Verwandte oder Ahnen. Hier wird zwar eine liminale Zone zum Zwecke der Korrespondenz überschritten, und zwar keine geringere als die zwischen Diesseits und Jenseits, aber das verwendete Genre „Brief" hat den gleichen ontologischen wie auch juristischen Status wie ein Brief zwischen zwei Lebenden. Warum dann also kalligraphisch schreiben und nicht, wie man es für diesseitige Korrespondenz gelernt hat? Und, modern gesagt, diese Sitte der „Post ins Jenseits" (U. Verhoeven) zeigt doch auch, daß die „Dortigen" (*nty.w-jm*) eigentlich gar nicht tot sind, sondern nur ein „zweites Leben" an anderem Orte führen.

Künftige epochenspezifische Paläographien sollten zumindest stets zweispurig verfahren. Es gilt streng zu vermeiden, alles mehr oder minder kursiv Geschriebene in den gleichen Topf zu werfen bzw. in die gleiche Schriftspalte einzutragen. Solche Paläographien sollten wenigstens Kriterien wie

Schriftträger und Textgenre mit in den Blick nehmen, die Materialität der Texte mithin nicht ausklammern.

Die Bandbreite hieratischer Texte und Textsorten nimmt erst nach dem AR zu, und dann über einen geringen Zeitraum zwischen der 11. und 12. Dyn. geradezu sprunghaft. Es ist bzw. war hier nicht der Ort, die möglichen Ursachen dieser Textzunahme in Kursive zu ermitteln, das wäre die Aufgabe einer dezidiert kulturanthropologischen Schriftgeschichte. War die Epoche des AR- und des 1. Zwzt.-Hieratischen noch ausschließlich von dokumentarischen Aufzeichnungen dominiert, werden in der 12. Dyn. erstmals Literaria greifbar, wenn auch z.T. auf für Aktennotizen vorgefertigten Papyri wie im Falle einiger Ramesseum-Papyri. Das Layout dieser Texte variiert noch eine Weile bis in die 13. Dyn. zwischen vertikaler und horizontaler Schreibrichtung wie im Falle von z.B. Sinuhe und dem Schiffbrüchigen. Genrespezifische Duktūs werden sichtbar, so nimmt der Grad der Kursivität nud Abbreviatur im Falle der Administrativa immer mehr zu, wohingegen die Literaria und auch Religiosa sich eines eher kalligraphischen Duktus bemühen, der nicht nur auf gute Lesbarkeit, sondern auch auf bibliophile Repräsentativität hindeutet. Das gleiche Schriftbild vermitteln die nun gegen Ende des MR erstmals greifbaren wissenschaftlichen Abhandlungen zu Medizin und Mathematik. Nahezu gleichzeitig lesen wir Hieratisch in Tinte und als Ritzung auf Topfscherben von der Küste des Roten Meeres, mithin auf Ostraka, die im AR noch absolute „Mangelware" im Repertoire der damaligen Schriftträger dieser Kursive waren.

Inwieweit regionale Spezifika in der hieratischen Paläographie bereits im MR nachgewiesen werden können, steht auf einem anderen Blatt. Auch hierzu bedürfte es gesonderter Untersuchungen, die natürlich nur auf der Basis gesicherter Provenienzen von Handschriften jedweder couleur durchgeführt werden können. Aber prinzipiell wäre die Ausgangslage dafür gar nicht so dürftig, können wir doch erkleckliche Mengen an Handschriften Orten wie Illahun, Naga ed-Dêr, Theben, Wadi Gasus und Elephantine zuordnen, und dies teilweise in sauber dokumentiertem archäologischem Kontext (→ Illahun und Elephantine). Darüber hinaus ist im Illahun der 12.–13. Dyn. unter den Administrativa erstmalig eine Extremkursive bezeugt, die derjenigen des in der 25.-26. Dyn. im oberägyptischen Raum wie in Unternubien praktizierten kursivhieratischen Kursive im Sinne von Abbreviaturen in nichts nachsteht.

Einzig deren (Ortho)graphien, Wortschatz und Grammatik unterscheiden sich kapital.

In der 2. Zwzt. und der 18. Dyn. sind zunächst keine gravierenden Veränderungen in der Kursivität der jeweiligen Textgenres zu verzeichnen, das Layout z.B. literarischer Handschriften weist nun eine durchgehende Horizontalität der Schrift auf. Der in die frühe 18 Dyn. datierende und zu Recht berühmte Pap. Ebers mit seinen 877 Rezepten bzw. Einzeltexten steht von seiner Paläographie her noch stark in der Tradition der MR-Handschriften literarischer Texte.

Niederschriften auf kleinräumigen Ostraka wie denen aus Deir el-Bahari etwa bedingen auch eine entsprechende Größe der Zeichen und bisweilen extreme Abkürzung und Zahl von Ligaturen. Das vor der 18. Dyn. sich von den Coffin Texts emanzipierende Totenbuch wird zunächst noch, und das bis in die 3. Zwzt. hinein, ganz überwiegend in Kursivhieroglyphen zu Papyrus gebracht. In der Ramessidenzeit schließlich ist die schon von Adolf Erman und Georg Möller beobachtete regionale Differenzierung hieratischer Schriftzeichen und –gruppen heute noch erheblich genauer zu beschreiben als vor gut 100 Jahren. Dazu kommt die Binnendifferenzierung innerhalb ein und desselben „Schreib(er)ortes" wie Deir el-Medineh etwa, wo Andreas Dorn und Stéphane Polis ein scharfes Auge für administrative wie besonders auch literarische Handschriften aus der Feder des Nekropolenschreibers Amennacht, Sohn des Ipuy, aus der frühen 20. Dyn. entwickelt haben. Zuvor hatten z.B. bereits J. Černý und J.J. Janssen anhand von Briefen im Corpus der *Late Ramesside Letters* Idiosynkrasien bei Schreibern aus der späten 20. Dyn. herausfiltern können.

Die 3. Zwzt. ist rein quantitativ von Totenbuchmanuskripten dominiert, die nun überwiegend in einer eleganten Kursive geschrieben sind und nicht mehr in kursiven Hieroglyphen. Das genaue Gegenteil dokumentieren die sog. *Oracular Amuletic Decrees* aus der – schätzungsweise – 21.–22. Dyn., die schon allein durch ihre auf Tragbarkeit am Halse angelegtes schmales Papyrusformat herausstechen und zusätzlich in den meisten der ca. zwei Dutzend bislang bekannten Exemplare auch eine extreme Kursive an den Tag legen, die an die Grenzen der Lesbarkeit unsererseits reicht. Diese spezielle Kursivve, die bislang nur auf den Großraum Theben beschränkt nachweisbar ist, nimmt bereits einige Eigentümlichkeiten des sog. Abnorm- oder Kursivhieratischen der späten Kuschiten- und dann der Saitenzeit vorweg. Die

Entwicklungslinie von der 21.–26. Dyn. ließe sich wesentlich präziser nachzeichnen, wenn zahlreiche größere Handschriften in Berlin und Wien erst einmal ediert wären.

Spezialgebiet nur sehr weniger Experten, aber editorisch noch immer vergleichsweise dürftig dokumentiert, fristete das Kursivhieratische bis vor kurzem eine Randexistenz innerhalb der ägyptologischen Sprach- und Textgeschichte. Notiert in einer Extremkursive und linguistisch in einer Übergangsform vom späten Neuägyptisch zu frühem Demotisch mit zahlreichen lexikalischen wie grammatischen Anleihen bei der jüngeren Sprachstufe ist es ganz überwiegend zur Niederschrift administrativer und juristischer Urkunden verwendet worden. Zwei literarische Kompositionen gesellen sich inzwischen hinzu, von denen besonders die Erzählung am Tempel von Heliopolis auf Pap. Queen's College Oxford rt. eine Art *borderline*-Text repräsentiert. Von seinen Sprechhaltungen her betrachtet ein Mix aus Erzählung und direkter Rede, thematisiert er die juristische Auseinandersetzung zweier am Re-Harachte-Tempel beschäftigter Priester(?) um Einkommen und Pfründe. Diese Erzählung zeigt in jedem Falle, daß das Kursivhieratische zumindest auch für semiliterarische Kompositionen Verwendung fand. Geographisch kann diese Kursive zwischen Qasr Ibrim (unpubl.) und dem thebanischen Großraum inclusive der Oase Dachlah nachgewiesen werden. Das Ende ihrer Laufzeit innerhalb Thebens konnte von Koenraad Donker van Heel anhand eines Familienarchivs auf den Tag genau festgelegt werden, wohingegen wir die Entwicklung hin zu diesem Hieratischableger wie bereits bemerkt nur ungenau beobachten und datieren können.

Ungefähr zeitgleich (26. Dyn.) kennen wir eine stattliche Anzahl wissenschaftsgeschichtlich hoch bedeutsamer Traktate zu Magie und Medizin, Naturkunde, Astronomie u.ä., deren weitere Zeugnisse bis hin zur Römerzeit erfreulich zunehmen und den eigentlichen Beitrag zur Geschichte des Hieratischen in der Spätzeit und hellenistisch-römischen Epoche darstellen. Diese Quellen dürften von Herodot mitgemeint gewesen sein, wenn er von der „hieratischen Schrift" spricht, nicht nur die Massenware Totenbuch, endlose Verklärungen und dergleichen Repetitives und Ermüdendes mehr. Das Hieratische als eigenständige Schriftart verliert bis zum 3. Jh. n. Chr. allmählich seine Autonomie und wird auf sorgfältig selektierte „Einsprengsel" in ansonsten demotisch dominierten Handschriften aus dem Diskurs der Magie medinehincl. der Divination reduziert. Kein einziger rein hieratischer Text ist als der letzte seiner Art exakt datierbar wie das beim Demotischen der Fall ist.

Es sollte dann bis zum 17. Jh. u. Z. dauern, bis diese Kursive wiederentdeckt und erstmalig abgebildet wie knapp beschrieben wurde (s. Kap. 1), nachdem die Hieroglyphen spätestens ab der Renaissance ein verstärktes Interesse erfuhren und vielfach reproduziert wurden.

Und so schließt sich der Kreis unserer Betrachtung. Möge diese Schriftskizze insbesondere auf studentischer Seite zu einer intensiveren editorischen Erschließung des noch reichlich vorhandenen Thesaurus an Quellen führen. Denn nicht ikonische Hieroglyphen waren das eigentliche „Markenzeichen" altägyptischer alltäglicher Schriftpraxis und -kultur, sondern deren Kursiven Hieratisch und Demotisch.

Indizes

618

620

622

**Kap. 15**
**Deir el-Medineh – Ramessidenzeit Teil I**
**347-376**

624

# Besprochene Quellen

## Holztafeln

| | |
|---|---|
| BM EA 5647 | 373-374 |
| Dra Abu el-Naga | 362-364 |
| | Abb. 8-10 (Kat. 15) |
| Kairo CG 1430 | 13-14 |
| | Abb. 5 (Kap. 1) |
| Kairo JE 94478 | 455-457 |
| Louvre AF 497 | 361 |
| | Abb. 7 (Kat. 15) |
| Oslo MS. 189 | 2-3, 582-585 |
| | Abb. 1 (Kap. 1), Abb. 19 (Kap. 22) |
| TT 196 | 543-544 |
| | Abb. 42 (Kap. 21) |
| Varille | 544-546 |
| | Abb. 43 (Kap. 21) |

## Lederrollen

| | |
|---|---|
| Berlin P. 3029 | 334, 339, 340 |
| | Abb. 52 (Kap. 14) |

## Mumienbinden

| | |
|---|---|
| BM EA 9974 | 499, 511 |
| | Abb. 4 (Kap. 21) |
| BM EA 10265 | 511-512 |
| | Abb. 20 (Kap. 21) |
| M. Madrid 84/79/IX/10 | 569 |
| | Abb. 7 (Kap. 22) |
| St. Petersburg 1112 a-c | 511 fn. 46 |
| TT157 157.66 | 513-514 |
| | Abb. 21 (Kap. 21) |

## Ostraka

| | |
|---|---|
| ÄMUL 495 | 333-334 |
| | Abb. 48 (Kap. 14) |
| Ashmolean 1938.912 | 323 |
| | Abb. 37 (Kap. 14) |

| | |
|---|---|
| Berlin P. 5570 | 578-579, 582 |
| | Abb. 16 (Kap. 22) |
| Berlin P. 12341 | 281 |
| Berlin P. 12622 | 575-578 |
| | Abb. 14 (Kap. 22) |
| Berlin P. 14214 | 379 |
| BM EA 5629 | 380 |
| | Abb. 2 (Kap. 16) |
| BM EA 41228 | 396 |
| | Abb. 14 (Kap. 16) |
| DeM 483 | 377-378 |
| | Abb. 1 (Kap. 16) |
| DeM 1100 | 367 |
| | Abb. 12-13 (Kat. 15) |
| DeM 1179 | 368 |
| | Abb. 14 (Kat. 15) |
| DeM 1195 | 364-366 |
| | Abb. 11 (Kat. 15) |
| DeM 1404 | 383 |
| | Abb. 5 (Kap. 16) |
| DeM 1410 | 370-371, 373 |
| | Abb. 16 (Kap. 15) |
| DeM 1411 | 371, 373 |
| | Abb. 17 (Kap. 15) |
| DeM 1412 | 372-373 |
| | Abb. 18 (Kap. 15) |
| DeM 1608 | 388 |
| | Abb. 7 (Kap. 16) |
| DeM 1730 | 379, 384 |
| Glasgow D 1925.91 | 576-578, 581 |
| | Abb. 15 (Kap. 22) |
| Helwan I | 88-89 |
| | Abb. 9 (Kap. 5) |
| Helwan II | 88-89 |
| | Abb. 9 (Kap. 5) |
| Ifao 1017 | 382 |
| | Abb. 4 (Kap. 16) |
| Ifao 1329 | 378 |
| Ifao OL 315 | 389 |
| | Abb. 8 (li.) (Kap. 16) |
| Ifao OL 3016 | 389 |
| | Abb. 8 (re.) (Kap. 16) |

## Papyri

632

## Vermischtes

638

## Stichwörter

# Ägyptische Wörter

# Abbildungsverzeichnis

**Kapitel 1**

Abb. 1: Holztafel Schøyen Mskr. 189 rt. (Oslo).
Unpubliziert, mit freundlicher Genehmigung von Martin Schøyen und John Tait (UC London). – Publ. durch Verf. i.V.

Abb. 2: Kursive *tags* in Gestalt von unterägyptischen (li.) und oberägyptischen (re.) Steuernotizen aus der Zt. des Königs Ka (Ende Dyn. 0, ca. 3000 v.u.Z.).
Nach: WILKINSON, T. A.H., Early Dynastic Egypt, London 1999, Fig. 4.4.

Abb. 3: Prinz Setka (4. Dyn.) als praktizierender Hieratist, aber umgeben von Hieroglyphen(!).
Louvre E 12629. – © 2002 Musée du Louvre, dist. RMN-Grand Palais/Christian Décamps.

Abb. 4: Hockende Schreiber bei der Arbeit. Umzeichnung eines Reliefs aus der Mastaba des Kaninisut I in Giza (G 2155).
Nach: SCHMITZ, B., Der König und seine Beamten – Zu Staat und Verwaltung im Alten Reich, in: K. Lembke/B. Schmitz (Hgg.), Giza. Am Fuß der großen Pyramiden, Ausstellungskatalog Hildesheim, München 2011, 110 (Abb. 7).

Abb. 5: Holzpaneel des Hesire mit Schreibzeug über der Schulter (Kairo CG 1430; 3. Dyn. Saqqara).
Nach: O'NEILL, J. P. (Hg.), Egyptian Art in the Age of the Pyramids, Ausstellungskatalog Metropolitan Museum of Art, 1999, 188 (Nr. 17).

Abb. 6: Pastenrelief aus der Mastaba des Nefermaat (4. Dyn., Zt. Snofru; Copenhagen ÆIN 1133).
Nach: O'NEILL, J. P. (Hg.), Egyptian Art in the Age of the Pyramids, Ausstellungskatalog Metropolitan Museum of Art, 1999, 199 (Nr. 24A).

Abb. 7: Ältester ägyptischer Papyrus des königlichen Sieglers Hemaka (eventuell Grab S3506 des königlichen Sieglers Hemaka; 1. Dyn.

**Kapitel 2**

Abb. 1: Ausschnitt aus Papyrus Fauvel, obere Hälfte.
Aus: SYNDRAM, D., Der «Apis-Altar» Johann Melchior Dinglingers. Die Ägypten-Rezeption unter August dem Starken, Mainz am Rhein 1999, 30, Abb. 27.

Abb. 2: Mittlere Zone des Apis-Altars mit dem eingravierten Totenbuch an der Rückwand.
Aus: SYNDRAM, D., Der «Apis-Altar» Johann Melchior Dinglingers. Die Ägypten-Rezeption unter August dem Starken, Mainz am Rhein 1999,4, Abb. 2.

Abb. 3: Rechte Hälfte der Kultnische im Detail.
Aus: SYNDRAM, D., Der «Apis-Altar» Johann Melchior Dinglingers. Die Ägypten-Rezeption unter August dem Starken, Mainz am Rhein 1999,9, Abb. 6.

Abb. 4: J.F. Champollion 1823 mit seinem Tableau des signes hiéroglyphiques.
Aus: PARKINSON, R., Cracking Codes. The Rosetta Stone and Decipherment, London 1999, Pl. 6.

Abb. 5: Titelblatt von Champollions L'écriture hiératique des anciens Égyptiens.
Aus: CHAMPOLLION, J.F., De l'écriture hiératique des anciens Égyptiens, Paris 1821, Titelblatt.

Abb. 6: Pl. IV aus der L'écriture hiératique von 1821: Beispiele für zwei und drei übereinander geschriebene Zeichen.
Aus: CHAMPOLLION, J.F., De l'écriture hiératique des anciens Égyptiens, Paris 1821, Pl. IV.

Abb. 7: Pl. V aus der L'écriture hiératique von 1821: Zeichen ohne formalen Bezug zur Hieroglyphenversion.
Aus: CHAMPOLLION, J.F., De l'écriture hiératique des anciens Égyptiens, Paris 1821, Pl. V.

Abb. 8: *Précis*, Pl. XI Nr. 4-5.
Aus: CHAMPOLLION, J.F., Précis du système hiéroglyphique des anciens Égyptiens ou recherché sur les élémens premiers de cette écriture sacrée, sur leurs diverses combinaisons, et sur les rapports de ce système avec les autres méthodes graphiques égyptiennes, Paris 1824, Pl. XI, Nr. 4–5.

Abb. 9: Précis, Pl. XI Nr. 1.
Aus: CHAMPOLLION, J.F., Précis du système hiéroglyphique des anciens Égyptiens ou recherché sur les élémens premiers de cette écriture sacrée, sur leurs diverses combinaisons, et sur les rapports de ce système avec les autres méthodes graphiques égyptiennes, Paris 1824, Pl. XI, Nr. 1.

Abb. 10: Pl. XIV.
Aus: CHAMPOLLION, J.F., Précis du système hiéroglyphique des anciens Égyptiens ou recherché sur les élémens premiers de cette écriture sacrée, sur leurs diverses combinaisons, et sur les rapports de ce système avec les autres méthodes graphiques égyptiennes, Paris 1824, Pl. XIV.

Abb. 11: Tafel A des Précis.
Aus: CHAMPOLLION, J.F., Précis du système hiéroglyphique des anciens Égyptiens ou recherché sur les élémens premiers de cette écriture sacrée, sur leurs diverses combinaisons, et sur les rapports de ce système avec les autres méthodes graphiques égyptiennes, Paris 1824, Pl. A.

Abb. 12: Pl. B des Précis, s. hier Nr. 15.
Aus: CHAMPOLLION, J.F., Précis du système hiéroglyphique des anciens Égyptiens ou recherché sur les élémens premiers de cette écriture sacrée, sur leurs diverses combinaisons, et sur les rapports de ce système avec les autres méthodes graphiques égyptiennes, Paris 1824, Pl. B.

Abb. 13: Pl. H des *Précis*, s. hier Nr. 91.
Aus: CHAMPOLLION, J.F., Précis du système hiéroglyphique des anciens Égyptiens ou recherché sur les élémens premiers de cette écriture sacrée, sur leurs diverses combinaisons, et sur les rapports de ce système avec les autres méthodes graphiques égyptiennes, Paris 1824, Pl. H.

Abb. 14: Champollion, Grammaire égyptienne ..., 299.
Aus: CHAMPOLLION, J.F., Grammaire égyptienne ouprincipes généraux de l'écriture sacrée égyptienne appliquée à la représentation de la langue parlée, Paris 1836-1841, 299.

## Kapitel 3

Abb. 1: Pap. BNF 187 = Lehre des Ptahhotep Kol. 6.1-7.3.
Aus: COLLECTIF, A. C., Savoir et Pouvoir à l'Époque de Ramsès II. Khaemouaset Le Prince Archéologue, Paris 2016, 175. – © Bibliothèque Nationale de France

Abb. 2: Turiner Totenbuch (Cat. 1791).
Aus: B. Lüscher, Studying the Book of the Dead, in: J. Taylor (Hg.), Journey through the Afterlife. Ancient Egyptian Book of the Dead (2010), 288 Fig. 83. – © Museo Egizio, Fotograph: Nicola Dell'Aquila.

Abb. 3: Handschrift der Sinuhe-Erzählung (Berlin P. 3022, Z. 78-112).
Aus: LEPSIUS, C.R., Denkmäler aus Aegypten und Aethiopien, Abtheilung VI, Bd. XII, Berlin 1849–1858, Bl. 105.

Abb. 4: Pleyte-Fonts – Beispiel aus p. III.
Aus: PLEYTE, W., Catalogue raisonné de types égyptiennes hiératiques de la fonderie de N. Tetterode, à Amsterdam, Leiden 1865, Pl. III.

Abb. 5: Pleyte/Rossi, Papyrus de Turin, Bd. I, 224.
Aus: PLEYTE, W./ROSSI, F., Papyrus de Turin, Bd. 1, Leiden 1876, 224.

Abb. 6: S. Levi, *Raccolta* … (1880), Tav. 1.
Aus: LEVI, S., Raccolta dei segni ieratici egizi nelle diverse epoche con i corrispondenti geroglifici ed i loro differenti valori fonetici, Turin 1880, Tav. 1.

Abb. 7: Erman, *Papyrus Westcar*, S. 43 oben: „Schnörkel".
Aus: ERMAN, A. (Hg.), Die Märchen des Papyrus Westcar, 2 Bde., Mittheilungen aus den Orientalischen Sammlungen 5 / 6, Berlin 1890, 43.

Abb. 8: Zeichenanordnung nach dem Prinzip der Similarität.
Aus: GASSE, A., Données nouvelles administratives et sacerdotales sur l'organisation du domaine d'Amon XX$^E$-XXI$^E$ dynasties à la lumière des papyrus Prachov, Reinhardt et Grundbuch (avec éditio princeps des papyrus Louvre AF 6345 et 6346 – 7), I Traductions – Commentaire – Transcriptions, Kairo 1988, Pl. XVI.

## Kapitel 4

Abb. 1: Tintentexte aus Grab Uj in Abydos.
Nach: REGULSKI, I., The Beginning of Hieratic Writing in Egypt, SAK 38, 2009, 269, Fig. 1.

Abb. 2: *Tags* aus Grab U-j.
Aus: DREYER, G., Frühe Schriftzeugnisse, in: G. Dreyer – D. Polz (Hg.), Begegnung mit der Vergangenheit. 100 Jahre Ägypten. Deutsches Archäologisches Institut Kairo 1907-2007, Mainz am Rhein 2007, 213, Abb. 298b-c.

Abb. 3: Tintenaufschrift aus U-j.
Aus: DREYER, G., Frühe Schriftzeugnisse, in: G. Dreyer – D. Polz (Hg.), Begegnung mit der Vergangenheit. 100 Jahre Ägypten. Deutsches Archäologisches Institut Kairo 1907-2007, Mainz am Rhein 2007, 211, Abb. 299.

Abb. 4: Umzeichnungen von Skorpionzeichen auf Krügen.
Aus: DREYER, G., Frühe Schriftzeugnisse, in: G. Dreyer – D. Polz (Hg.), Begegnung mit der Vergangenheit. 100 Jahre Ägypten. Deutsches Archäologisches Institut Kairo 1907-2007, Mainz am Rhein 2007, 212, Abb. 297a+c.

Abb. 5: Tintenaufschrift aus der Zt. des Königs Skorpion II aus Tarchan.
Ausschnitt aus: SCHLOTT, A., Schrift und Schreiber im Alten Ägypten, München 1989, 115 (Abb. 51).

Abb. 6: Dipinti aus Djoser-Galerien.
Aus: LACAU, P./LAUER, J.-Ph., La pyramide à degrés. Tome V. Inscriptions à l'encre sur les vases, Fouilles à Saqqarah, Le Caire 1965, 89.

Abb. 7: Ausschnitt aus Zeichentabelle bei Regulski, Fig. 7.
Aus: REGULSKI, I., The Beginning of Hieratic Writing in Egypt, SAK 38, 274.

Abb. 8: Archaisch-hieratische Gefäßaufschriften aus der 3. Dynastie.
Li. & Mitte: aus: DREYER, G., Drei archaisch-hieratische Gefäßaufschriften mit Jahresnamen aus Elephantine, in: G. Dreyer – J. Osing (Hg.), Form und Maß: Beiträge zur Literatur, Sprache und Kunst des alten Ägypten (Fs Fecht), in: ÄAT 12, Wiesbaden 1987, 99 (Abb. 1).
Re.: aus: DREYER, G., Drei archaisch-hieratische Gefäßaufschriften mit Jahresnamen aus Elephantine, in: G. Dreyer – J. Osing (Hg.), Form und Maß: Beiträge zur Literatur, Sprache und Kunst des alten Ägypten (Fs Fecht), in: ÄAT 12, Wiesbaden 1987, 100 (Abb. 2).

Abb. 9: Hieratogramme auf Gefäß Nr. I (li.) und II (re.).
Li. & Mitte: nach: DREYER, G., Drei archaisch-hieratische Gefäßaufschriften mit Jahresnamen aus Elephantine, in: G. Dreyer – J. Osing (Hg.), Form und Maß: Beiträge zur Literatur, Sprache und Kunst des alten Ägypten (Fs Fecht), in: ÄAT 12, Wiesbaden 1987, 99 (Abb. 1).
Re.: nach: DREYER, G., Drei archaisch-hieratische Gefäßaufschriften mit Jahresnamen aus Elephantine, in: G. Dreyer – J. Osing (Hg.), Form und Maß: Beiträge zur Literatur, Sprache und Kunst des alten Ägypten (Fs Fecht), in: ÄAT 12, Wiesbaden 1987, 100 (Abb. 2).

Abb. 10: Siegel auf Papyrus.
Aus: SEIDLMAYER, S.J., Funde und Befunde, in: W. Kaiser et al., Stadt und Tempel von Elephantine: Neunter/Zehnter Grabungsbericht, in: MDAIK 38, 1982, 304.

Abb. 11: Siegel(abdruck) aus der Zt. des Königs Peribsen.
Aus: KAPLONY, P., Inschriften der Ägyptischen Frühzeit Teil III, ÄA 8, Wiesbaden 1963, Taf. 95, Abb. 368.

Abb. 12: Djoserschrein aus Heliopolis.
Aus: Egyptian Art in the Age of the Pyramids (1999), 175 Fig. 7c

Abb. 13: Baudipinti aus der 4. Dyn. (li.).
Aus: VERNER, M., Die Pyramiden, Reinbek bei Hamburg 1998, 499.

Abb. 14: Baudipinti aus der 4. Dyn. (re.).
LEMBKE, K./SCHMITZ, B. (Hgg.), Giza. Am Fuß der großen Pyramiden, Ausstellungskatalog Hildesheim, München 2011, 157 (Nr. 0441).

Abb. 15: Kursive Aufschrift auf Schiffsmodell aus Elephantine :Auf der rechten Bugseite Text (a) und auf der linken Text (b).
Aus: SEIDLMAYER, S.J., Funde und Befunde, in: W. Kaiser et al., Stadt und Tempel von Elephantine: Neunter/Zehnter Grabungsbericht, in: MDAIK 38, 1982, 178.

Abb. 16: Wadi el-Jarf.
Ausschnitt aus:TALLET, P, Un aperçu de la région Memphite à la fin du règne de Chéops selon le « journal de Merer « (P.Jarf I-III), in: S. Dhennin – Cl. Somaglino (Hgg.), Décrire, imaginer, construire l'espace. Toponymie égyptienne de l'Antiquité au Moyen Age, Recherches d'archéologie, de philologie et d'histoire 39, Kairo 2016, 27 (Fig. 1).

Abb. 17: Kursivhieroglyphisch beschrifteter Papyrus aus dem Wadi el-Jarf.
Aus: P. Tallet, Les papyrus de la Mer Rouge I. Le « Journal de Merer » (Papyrus Jarf A et B), 2017, 16 Fig. 2.

Abb. 18: Kursiv beschrifteter Papyrus aus dem Wadi el-Jarf.
Ausschnitt aus: P. Tallet, Les papyrus de la Mer Rouge I. Le « Journal de Merer » (Papyrus Jarf A et B), 2017, 103 Pl. III.

Abb. 19: Liegender-Mann-auf-Bett-Hieratogramm: Jarf (2x).
Aus: TALLET, P, Un aperçu de la région Memphite à la fin du règne de Chéops selon le « journal de Merer « (P.Jarf I-III), in: S. Dhennin – Cl. Somaglino (Hgg.), Décrire, imaginer, construire l'espace. Toponymie égyptienne de l'Antiquité au Moyen Age, Recherches d'archéologie, de philologie et d'histoire 39, Kairo 2016, 29 (Fig. 3), Zz. 4 und 6 von rechts.

Abb. 20: Liegender-Mann-auf-Bett-Hieratogramm: Fragment aus dem Neferefre-/Raneferef-Archiv.
Aus: POSENER-KRIÉGER, P. et al. (Hgg.), Abusir X. The Pyramid Complex of Raneferef. The Papyrus Archive, Prague 2006, 442.

Abb. 21: Liegender-Mann-auf-Bett-Hieratogramm: Fragment aus dem Neferirkare-Archiv.
Aus: DE CENIVAL, J.L./POSENER-KRIÉGER, P., Hieratic Papyri in the British Museum. Fifth Series. The Abusir Papyri, London 1968, Pal. pl. I.

Abb. 22: Das Toponym *R3-3w*–Turah in Pap. Jarf III – Ausführliche (li.) und kursive Form des Wachtelkükens (re.).
Aus: TALLET, P, Un aperçu de la région Memphite à la fin du règne de Chéops selon le « journal de Merer « (P.Jarf I-III), in: S. Dhennin – Cl. Somaglino (Hgg.), Décrire, imaginer, construire l'espace. Toponymie égyptienne de l'Antiquité au Moyen Age, Recherches d'archéologie, de philologie et d'histoire 39, Kairo 2016, 29 (Fig. 3), Z. 6 von rechts.

Abb. 23: Pap. Gebelên IV rt.
Aus: POSENER-KRIÉGER, P., I papiri di Gebelein. Scavi G. Farina 1935, Turin 2004, Tav. 30. – © The Egyptiam Museum Cairo

Abb. 24: Holzkiste, in der die Gebelên-Urkunden entdeckt wurden.
Aus: POSENER-KRIÉGER, P., Old Kingdom papyrus: external features, in: M.L. Bierbreier (ed.), Papyrus: Structure and Usage, London 1986, 33 (Pl. 1). – © The Egyptiam Museum Cairo

Abb. 25: Präpariertes, aber unbeschriftetes Blatt (Pap. Gebelên III rt.).
Aus: POSENER-KRIÉGER, P., I papiri di Gebelein. Scavi G. Farina 1935, Turin 2004, Tav. 23. – © The Egyptiam Museum Cairo

Abb. 26: Ausschnitt aus der Paläographie der Gebelên-Papyri: Sitzende Männer.
Aus: POSENER-KRIÉGER, P., I papiri di Gebelein. Scavi G. Farina 1935, Turin 2004, 25.

Abb. 27: Ausschnitt aus der Paläographie der Gebelên-Papyri: Vogelzeichen.
Aus: POSENER-KRIÉGER, P., I papiri di Gebelein. Scavi G. Farina 1935, Turin 2004, 29.

**Kapitel 5**

Abb. 1: Ostrakon als Totenschein neben Frauenleiche aus Helwan.
Aus: SAAD, Z.Y., Royal Excavations at Saqqara and Helwan (1941-1945), Kairo 1957, 106f. (Grab Nr. 299 II.2) und Pl. XLII-XLIII.

Abb. 2: Ostrakon Kairo Jd'E. 86853 A (li.) und B (re.) (Helwan Grab Nr. 305 H.2).
Aus: FISCHER, H. G., The Butcher *Pḥ-r-nfr*, in: Orientalia 29, 1960, 188, Fig. 7.

Abb. 3: Ostr. Leiden J 426.
Aus: H. Goedicke, Four Hieratic Ostraca of the Old Kingdom, in: JEA 54, 1968, 23–30; Pl. V.1. – © Rijksmuseum van Oudheden, Leiden.

Abb. 4: Frauenzeichen (B1) auf Gebelên-Papyri der 4. Dyn.
Aus: POSENER-KRIÉGER, P., I papiri di Gebelein. Scavi G. Farina 1935, Turin 2004, 26.

Abb. 5: A1 in 5. Dyn.-Urkunden aus Abusir; ausführliche (oben) + abgekürzte Form (unten).
Aus: POSENER-KRIÉGER, P. et al. (Hgg.), Abusir X. The Pyramid Complex of Raneferef. The Papyrus Archive, Prague 2006, 442.

Abb. 6: Ostr. Leiden J 427.
Aus: JEA 54, 27 und Pl. V 2. – © Rijksmuseum van Oudheden, Leiden.

Abb. 7: Ostr. Leiden J 428.
Aus: JEA 54, 28, Pl. V 3. – © Rijksmuseum van Oudheden, Leiden.

Abb. 8: Ostr. Leiden J 429.
Aus: JEA 54, 28f., Pl. V 4. – © Rijksmuseum van Oudheden, Leiden.

Abb. 9: Ostr. „Helwan I – II".
Aus: GOEDICKE, : Festschrift zum 100-jährigen Bestehen der Papyrussammlung der Österreichischen Nationalbibliothek Papyrus Erzherzog Rainer (P. Rainer Cent.), Textband (1983), 154-164; *Tafelband*, Taf. I.1-2.

## Kapitel 6

Abb. 1: Abusir-Süd mit den Pyramidenanlagen von Neferirkare (7), Chentkaus (II; 8) und Neferefre (9).
Aus: BRINKMANN, V. (Hg.), Sahure – Tod und Leben eines großen Pharao, Frankfurt am Main 2010, 25.

Abb. 2: Fundort der Neferirkare-Papyri – Blick von Pyramide gen Osten.
Aus: BRINKMANN, V. (Hg.), Sahure – Tod und Leben eines großen Pharao, Frankfurt am Main 2010, 252.

Abb. 3: Pap. Berlin P. 11301.
MÖLLER, G., Hieratische Paläographie. 1, Bis zum Beginn der achtzehnten Dynastie, Leipzig 1927, Taf. I. – © Äg. Museum und Papyrussammlung, Berlin.

Abb. 4: Ausschnitt aus einer Diensthabendenliste für den Zeitraum eines Monats (Pap. BM EA 10735 rt.).
Aus: DE CENIVAL, J.L./POSENER-KRIÉGER, P., Hieratic Papyri in the British Museum. Fifth Series. The Abusir Papyri, London 1968, Pl. III/A. – © Courtesy Trustees of the British Museum, London.

Abb. 5: Zum Vergleich: Beispiel eines späten NR-Briefes mit Faserverlauf & Beschriftungsrichtung auf Recto.
Aus: ČERNÝ, J., Late Ramesside Letters, in: Bibliotheca Aegyptiaca 9, Brüssel 1939, XX (Fig. 8).

Abb. 6: Aus einem Inventar von Geräten zur Mundöffnung (Pap. BM EA 10735 frame 12).
Aus: DE CENIVAL, J.L./POSENER-KRIÉGER, P., Hieratic Papyri in the British Museum. Fifth Series. The Abusir Papyri, London 1968, Pl. XX/A. © Courtesy Trustees of the British Museum, London.

Abb. 7: Mundöffnungsset aus der 6. Dynastie.
Aus: AURIA, S. D' et al., Mummies & Magic. The Funerary Arts of Ancient Egypt, Boston 1988, 80 (Nr. 11).

Abb. 8: Tägliche Opferlieferungen (Pap. Louvre E 25416c). – © 2009 RMN-Grand Palais (Musée du Louvre)/Georges Poncet.

Abb. 9: Linke Hälfte von Pap. Louvre E 25416c rt. – © 2009 RMN-Grand Palais (Musée du Louvre)/Georges Poncet.

Abb. 10: Pap. Louvre E 25316c verso.
Aus: DE CENIVAL, J.L./POSENER-KRIÉGER, P., Hieratic Papyri in the British Museum. Fifth Series. The Abusir Papyri, London 1968, Pl. XIV/A. – © Musée du Louvre, Paris.

Abb. 11: Brief Pap. Berlin P. 11301.
Aus: DE CENIVAL, J.L./POSENER-KRIÉGER, P., Hieratic Papyri in the British Museum. Fifth Series. The Abusir Papyri, London 1968, Pl. LXXX/A. b – © Äg. Museum und Papyrussammlung, Berlin.

Abb. 12: Ausschnitt aus Pap. Berlin P. 11301, s. vorangehende Abb.

Abb. 13: Transkription eines Ausschnitts aus Pap. Berlin P. 11301, s. vorangehende Abb.

Abb. 14: Brief auf Ton aus Balat (Oase Dachlah).
Aus: PANTALACCI, L., La documentation épistolaire du palais des gouverneurs à Balat – Ayn Asil, in: BIFAO 98, 1998, 312 (Fig. 2), Tafel Nr. 4965. - – © The Egyptian Museum, Cairo.

Abb. 15: Ligaturen auf Tafel Nr. 4965 aus Balat.
Nach: PANTALACCI, L., La documentation épistolaire du palais des gouverneurs à Balat – Ayn Asil, in: BIFAO 98, 1998, 312 (Fig. 2), Tafel Nr. 4965.

Abb. 16: Schreiberpaletten als Lineale.
Aus: MANUELIAN, P. DER, Presenting the Scroll: Papyrus Documents in Tomb Scenes of the Old Kingdom, in: id. (Hg.), Studies in Honor of William Kelly Simpson. Volume 2, 1996, 573 (Fig. 5, Nr. 4).

Abb. 17: Verteilung von gelb, rot und schwarz auf einer Palette (obere Reihe von li. nach re.).
Aus: GUILLEMETTE, A.-L. et al., L'art du contour. Le dessin dans l'Égypte ancienne, Ausstellungskatalog Paris, Paris 2013, 145.

Abb. 18: Fundorte der drei Archive von Abusir (s. Pfeile): Neferefre (li.), Chentkaus (Mi.) und Neferirkare (re.).
Aus: VERNER, M., Die Papyrus-Archive von Abusir, in: Sokar 14, 2007, 26 (Abb.3).

Abb. 19: Zeichnung einer Chentkaus-Statue.
Aus: SAHURE. Tod und Leben eines großen Pharao (2010), 251 Abb. 208.

Abb. 20: A1 in G.
Aus: POSENER-KRIÉGER, P., I papiri di Gebelein. Scavi G. Farina 1935, Turin 2004, 25.

Abb. 21: A1 in A.
Aus: DE CENIVAL, J.L. DE/POSENER-KRIÉGER, P., Hieratic Papyri in the British Museum. Fifth Series. The Abusir Papyri, London 1968, Pal. pl. I.

Abb. 22-24: G43 – Wachtel.
Oben: aus: POSENER-KRIÉGER, P., I papiri di Gebelein. Scavi G. Farina 1935, Turin 2004, 30.

Mitte: aus: DE CENIVAL, J.L./POSENER-KRIÉGER, P., Hieratic Papyri in the British Museum. Fifth Series. The Abusir Papyri, London 1968, Pal. pl. V.

Unten: aus: POSENER-KRIÉGER, P. et al. (Hgg.), Abusir X. The Pyramid Complex of Raneferef. The Papyrus Archive, Prague 2006, 445.

Abb: 25: Q1 bzw. Q3 (p).

Oben: aus: POSENER-KRIÉGER, P., I papiri di Gebelein. Scavi G. Farina 1935, Turin 2004, 35.

Mitte: aus: DE CENIVAL, J.L./POSENER-KRIÉGER, P., Hieratic Papyri in the British Museum. Fifth Series. The Abusir Papyri, London 1968, Pal. pl. IX.

Unten: aus: POSENER-KRIÉGER, P. et al. (Hgg.), Abusir X. The Pyramid Complex of Raneferef. The Papyrus Archive, Prague 2006, 447.

Abb. 26: M 8 –Teich-mit-Lotos.

Oben: aus: POSENER-KRIÉGER, P., I papiri di Gebelein. Scavi G. Farina 1935, Turin 2004, 31.

Mitte: aus: DE CENIVAL, J.L./POSENER-KRIÉGER, P., Hieratic Papyri in the British Museum. Fifth Series. The Abusir Papyri, London 1968, Pal. pl. VI.

Unten: aus: POSENER-KRIÉGER, P. et al. (Hgg.), Abusir X. The Pyramid Complex of Raneferef. The Papyrus Archive, Prague 2006, 445.

## Kapitel 7

Abb. 1: Karte mit Fundorten von AR-Hieratika der 5.-6. Dyn.
Aus: O'NEILL, J. P. (Hg.), Egyptian Art in the Age of the Pyramids, Ausstellungskatalog Metropolitan Museum of Art, 1999, XVI.

Abb. 2: Unas-Pyramide mit ungefährem Fundort der Baustellenjournale.
Aus: R. Stadelmann, Die ägyptischen Pyramiden. Vom Ziegelbau zum Weltwunder (2. überarb. u. erw. Aufl. 1991), 181.

Abb. 3: s3t-Transporter aus dem Grab des Senedjemib-Inti in Giza.
Aus: BROVARSKI, E., The Senedjemib Complex, Part I, Boston 2002, Fig. 23.

Abb. 4: Papyrus aus dem Teti-Archiv.
Aus: BSFÉ 181, 2011, Titelbild.

Abb. 5: Königliche Determinative.
Aus: COLLOMBERT, P., Les papyrus de Saqqâra. Enquête sur un fond d'archives inédit de l'Ancien Empire, in: BSFÉ 181, 2011, 28.

Abb. 6: Pap. Cairo JE 49623.
Aus: GUNN, B., A Sixth Dynasty Letter from Saqqara, in: ASAE 25, 1925, Pl. 1. – © The Egyptian Museum, Cairo..

Abb. 7: Ungefährer Fundort von JE 49623 bei Nr. 8 (u. li.).
Aus: SPERVESLAGE, G., »Das ist eine Behinderung der Arbeit!« Ein Beschwerdebrief an den Wesir, in: Sokar 22, 2011, 38.

Abb. 8: Faksimile des Briefes Pap. Cairo JE 49623.
Aus: SPERVESLAGE, G., »Das ist eine Behinderung der Arbeit!« Ein Beschwerdebrief an den Wesir, in: Sokar 22, 2011, 42.

Abb. 9: Brief aus der 6. Dyn. im Museo Egizio di Torino (Neg. B 37).
Aus: ROCCATI, A., Una lettera inedita dell'antico regno, in: *JEA* 54, 1968, Pl. IV A.

Abb. 10: Bibliotheks- oder Archivräume in Tempel T im Djoserbezirk (bei Nr. 4).
Aus: SPERVESLAGE, G., »Das ist eine Behinderung der Arbeit!« Ein Beschwerdebrief an den Wesir, in: Sokar 22, 2011, 41.

Abb. 11: Pap. Cairo JE 52001 A.
Aus: POSENER-KRIÉGER, P., Fragments de papyrus provenant de Saqqara, in: RdÉ 32, 1980, Pl. 6. - – © The Egyptian Museum, Cairo.

Abb. 12: Transkription von CG 52001 A.
Aus: POSENER-KRIÉGER, P., Fragments de papyrus provenant de Saqqara, in: RdÉ 32, 1980, 84.

Abb. 13: Transkription von CG 52001 C.
Aus: POSENER-KRIÉGER, P., Fragments de papyrus provenant de Saqqara, in: RdÉ 32, 1980, 87.

Abb. 14: Graphie *mḥr-ꜥ3* für „Hauptpyramide" in Pap. Cairo JE 52001 C.
Oben: Ausschnitt aus: POSENER-KRIÉGER, P., Fragments de papyrus provenant de Saqqara, in: RdÉ 32, 1980, Pl. 7.
Unten: Ausschnitt aus: POSENER-KRIÉGER, P., Fragments de papyrus provenant de Saqqara, in: RdÉ 32, 1980, 87.

Abb. 15: Hieratogramm für „Vogelfalle" in Pap. Cairo JE 52001 C.
Oben: Ausschnitt aus: POSENER-KRIÉGER, P., Fragments de papyrus provenant de Saqqara, in: RdÉ 32, 1980, Pl. 7.
Unten: aus: POSENER-KRIÉGER, P., Fragments de papyrus provenant de Saqqara, in: RdÉ 32, 1980, 89.

Abb. 16: Auszug aus einer Kolumne von Pap. Scharuna mit Personennamen Mer-Pepi. – © Äg. Museum und Papyrussammlung, Berlin.

Abb. 17: „Jahr 1, 1. Peret-Monat".

Abb. 18: Paläographisches: *m-mtr* – „als Zeuge"

Abb. 19: *it m-it* – „in Form von Getreide"

Abb. 20: Personenname *Mmi* mit deutlich abgesetztem Determinativ A1

Abb. 21: Beispiel für abgekürzte Wachtelküken

Abb. 22: Tafel mit Stylus. – Inv. Ifao 6883. – © Ifao, Le Caire.
Aus: L. Pantalacci, in: 25 ans de découvertes archéologiques sur les chantiers de l'IFAO 1981-2006 (2007), 67.

Abb. 23: Briefträger = Schreiber bei der Arbeit.
Aus: PIACENTINI, P., Les «préposés aux écrits» dans l'Égypte du IIIᵉ millénaire av. J.-C., in: RdÉ 53, 2002, 181 (Fig. 1).

Abb. 24: Liste von Getreide mit Feldervorstehern. – Inv. Ifao 5308. – © Ifao, Le Caire.
Aus: PANTALACCI, L., Agriculture, élevage et société rurale dans les oasis d'après les archives de Balat (fin de l'Ancien Empire), in: CRIPEL 25, 2005, Fig. 1.

Abb. 25: Neue Hieratogramme aus Balat.

Aus: PANTALACCI, L., Nouveautés graphiques et lexicales dans le corpus des textes de Balat, in: St.J. Seidlmayer (Hg.), Texte und Denkmäler des Ägyptischen Alten Reiches, 2005, 276 (Fig.1).

Abb. 26: Das Töpfer-Hieratogramm.

Aus: PANTALACCI, L., Nouveautés graphiques et lexicales dans le corpus des textes de Balat, in: St.J. Seidlmayer (Hg.), Texte und Denkmäler des Ägyptischen Alten Reiches, 2005, 277 (Fig. 2).

Abb. 27: Statue (*rpw.t*) einer Göttin auf ihrer Sänfte.

Aus: PANTALACCI, L., Nouveautés graphiques et lexicales dans le corpus des textes de Balat, in: St.J. Seidlmayer (Hg.), Texte und Denkmäler des Ägyptischen Alten Reiches, 2005, 277 (Fig. 3).

**Kapitel 8**

Abb.1: Karte Elephantine – Frühzeit und Altes Reich.

Aus: KEMP, B., Ancient Egypt. Anatomy of a Civilization, 2. Auflage, London 2006, 198 (Fig. 69).

Abb. 2: Die Südostecke von Elephantine zwischen 1906-1909 vor den ersten Grabungen.

Aus: KAISER, W., Elephantine. Die antike Stadt, Kairo 1998, Taf. 1a.

Abb. 3: Der gleiche Blick 1998.

W Aus: KAISER, W., Elephantine. Die antike Stadt, Kairo 1998, Taf. 1b.

Abb. 4: Pap. Berlin P. 8869. – © Äg. Museum und Papyrussammlung, Berlin.

Li.: aus: BURKARD, G./FISCHER-ELFERT, H.-W., Verzeichnis der Orientalischen Handschriften in Deutschland. Bd. 4: Ägyptische Handschriften, Stuttgart 1994, 76.

Re.: aus: BURKARD, G./FISCHER-ELFERT, H.-W., Verzeichnis der Orientalischen Handschriften in Deutschland. Bd. 4: Ägyptische Handschriften, Stuttgart 1994, Frontispiz.

Abb. 5: Pap. Str. 3.

Aus: EDEL, E., Unpublizierte althieratische Elephantine-Papyri aus Straßburg, in: I. Gamer-Wallert – W. Helck (Hg.), Gegengabe. Festschrift für Emma Brunner-Traut, 1992, 75.

Abb. 6: Privatbrief von Tochter an Vater (P. 277664a Elephantine aus der Zeit des Königs Mery-Re Pepi I.).

Die Entrollung und Aufnahme stammen von Myriam Krutzsch (Äg. Mus. u. Pap.Slg. Berlin).

Abb. 7: Anfang des Briefes von Tochter an Vater mit Datierung unter Mery-Re in Z. 3' Restaurierter Zustand.

Die Entrollung und Aufnahme stammen von Myriam Krutzsch (Äg. Mus. u. Pap.Slg. Berlin).

Abb. 8: Infrarotaufnahme eines verkohlten Papyrusfragments aus Elephantine.

Noch ohne Nr., Entrollung und Aufnahme Myriam Krutzsch (Äg. Mus. u. Pap.Slg. Berlin).

Abb. 9: Zwei Gefäße aus Grab QH 88 Schacht II/Sargkammer (Li. 88/528; re. 88/581).

Li. (88/528): aus: EDEL, E., Die Felsgräbernekropole der Qubbet el Hawa bei Assuan. II. Abteilung. Die althieratischen Topfaufschriften aus den Grabungsjahren 1972 und 1973, Abhandlungen der Rheinisch-Westfälischen Akademie der Wissenschaften 55, Wiesbaden 1975, Frontispiz.

Re. (88/581): aus: EDEL, E., Die Felsgräbernekropole der Qubbet el Hawa bei Assuan. II. Abteilung. Die althieratischen Topfaufschriften aus den Grabungsjahren 1972 und 1973, Abhandlungen der Rheinisch-Westfälischen Akademie der Wissenschaften 55, Wiesbaden 1975, Frontispiz.

Abb. 10: Edels Transkription der Gefäßaufschriften 88/528; re. 88/58.

Li. (88/528): aus: EDEL, E., Die Felsgräbernekropole der Qubbet el Hawa bei Assuan. II. Abteilung. Die alt-hieratischen Topfaufschriften aus den Grabungsjahren 1972 und 1973, Abhandlungen der Rheinisch-Westfä-lischen Akademie der Wissenschaften 55, Wiesbaden 1975, Taf. 24 und 49.

Re. (88/581): aus: EDEL, E., Die Felsgräbernekropole der Qubbet el Hawa bei Assuan. II. Abteilung. Die alt-hieratischen Topfaufschriften aus den Grabungsjahren 1972 und 1973, Abhandlungen der Rheinisch-Westfä-lischen Akademie der Wissenschaften 55, Wiesbaden 1975, *Op. cit.*,Taf. 24 und 49.

Abb. 11: Beschrifteter Napf aus QeH 30b (11.-12. Dyn.)
Aus: EDEL, E., Eine althieratische Liste von Grabbeigaben aus einem Grab des späten Alten Reiches der Qub-bet el-Hawa bei Assuan, Göttingen 1987, Taf. 1 Abb. 1 und Taf. 5 Abb. 8.

## Kapitel 9

Abb. 1: Der Abu-Bakr-Fund von Ächtungsfiguren im Westfriedhof von Giza (x).
Aus: K. Lembke/Schmitz, B. (Hg.), *GIZA. Am Fuß der großen Pyramiden* (2011), 12.

Abb. 2: Giza-Krüge mit Datierungen auf ihrer Schulter.
Aus: ABU BAKR, A.M./OSING, J., Ächtungstexte aus dem Alten Reich, in: MDAIK 29/2, 1973, Taf. XXXIa.

Abb. 3: Aufschriften.
Aus: ABU BAKR, A.M./OSING, J., Ächtungstexte aus dem Alten Reich, in: MDAIK 29/2, 1973, Taf. XXXIb+c.

Abb. 4: Faksimiles der Aufschriften.
Aus: ABU BAKR, A.M./OSING, J., Ächtungstexte aus dem Alten Reich, in: MDAIK 29/2, 1973, Taf. 32.

Abb. 5: Beispiele von Figurinen des Abu Bakr-Fundes.
Aus: ABU BAKR, A.M./OSING, J., Ächtungstexte aus dem Alten Reich, in: MDAIK 29/2, 1973, Taf. 54, 1. Reihe.

Abb. 6: Die entsprechenden Faksimiles.
Aus: ABU BAKR, A.M./OSING, J., Ächtungstexte aus dem Alten Reich, in: MDAIK 29/2, 1973, Taf. 55, 1. Reihe.

Abb. 7: Unbeschriftete Figur des Abu Bakr-Konvolutes.
Aus: ABU BAKR, A.M./OSING, J., Ächtungstexte aus dem Alten Reich, in: MDAIK 29/2, 1973, Taf. 33.

Abb. 8: Faksimile der großen und mit kompletter Phraseologie beschrifteten Figur.
Aus: ABU BAKR, A.M./OSING, J., Ächtungstexte aus dem Alten Reich, in: MDAIK 29/2, 1973, Taf. 56.

Abb. 9: Fundort von Reisners Ächtungsfiguren (Blick Richtung Osten).
Aus:LEMBKE, K./SCHMITZ, B. (Hgg.), Giza. Am Fuß der großen Pyramiden, 2011, 66 (Abb. 3).

Abb. 10: Bierkrug mit Ächtungsfigurinen.
Aus: OSING, J., Ächtungstexte aus dem Alten Reich (II), in: MDAIK 32, 1976, 51.

Abb. 11: Große Figur aus dem Reisner-Konvolut; re. Faksimile Osing
Aus: OSING, J., Ächtungstexte aus dem Alten Reich (II), in: MDAIK 32, 1976, Taf. 51.

Abb. 12: Transkription des Textes auf der Großen Figur.
Aus: OSING, J., Ächtungstexte aus dem Alten Reich (II), in: MDAIK 32, 1976, 146.

Abb. 13: Fundort Junker-Konvolut.
Aus: JUNKER, H., Giza-Grabungen Bd. VIII. Der Ostabschnitt des Westfriedhofs, Wien 1947, 1.

Abb. 14: Junkers Krug.
Aus: JUNKER, H., Giza-Grabungen Bd. VIII. Der Ostabschnitt des Westfriedhofs, Wien 1947, Taf. VIb.

Abb. 15: Aus der Paläographie der Giza-Ächtungsfiguren – Ligaturen.
Aus: OSING, J., Ächtungstexte aus dem Alten Reich (II), in: MDAIK 32, 1976, 184.

Abb. 16: Karte mit der geographischen Verteilung und chronologischen Datierung der vier Giza-Konvolute bei Diego Espinel.
Aus: ESPINEL, A. D., A newly identified Old Kingdom execration text, in: E. Frood – A. McDonald (Hgg.), Decorum and experience. Essays in ancient culture for John Baines, Oxford 2013, 30 (Fig. 3).

Abb. 17: Figur aus Balat/Dachlah.
Aus: GRIMAL, P., Les «Noyés» de Balat, in: Mélanges offerts à Jean Vercoutter, 1985, 112 Pl. I.

Abb. 18: Archäologischer Kontext im Teti-Bezirk von Saqqara (schwarze Marken).
Aus: SOWADA, K. et al. (Hgg.), The Teti Cemetery at Saqqara Vol. IV, Warminster 1999, 65, Pl. 19 und 40, sowie QUACK, J.F., Some Old Kingdom Execration Figurines from the Teti Cemetery, in: BASE 13, 2002, Pl. 25.

Abb. 19: Ächtungsfiguren aus der Nedjetempet-Mastaba in Saqqara.
Aus: QUACK, J.F., Some Old Kingdom Execration Figurines from the Teti Cemetery, in: BASE 13, 2002, Pl. 25.

Abb. 20: Figuren aus Antikenhandel. SMÄK Inv.-Nr. 7123/4.
Aus: GRIMM, A./SCHOSKE, S./WILDUNG, D. (Hgg.), Pharao. Kunst und Herrschaft im Alten Ägypten. Sonderausstellung Pharao - Kunst und Herrschaft im Alten Ägypten im Kunsthaus Kaufbeuren vom 13. September 1997 bis 6. Januar 1998, München 1997, 20. – © Staatliches Museum Ägyptischer Kunst, München.

Abb. 21: Determinativ der Sitzenden Frau + z3-Gans.
Ausschnitt aus: GRIMM, A./SCHOSKE, S./WILDUNG, D. (Hgg.), Pharao. Kunst und Herrschaft im Alten Ägypten. Sonderausstellung Pharao - Kunst und Herrschaft im Alten Ägypten im Kunsthaus Kaufbeuren vom 13. September 1997 bis 6. Januar 1998, München 1997, 20.

Abb. 22: Zum Vergleich die Sitzende Frau in den Gebelên-Papyri der 4. Dyn.
Aus: POSENER-KRIÉGER, P., I papiri di Gebelein. Scavi G. Farina 1935, Turin 2004, 26.

Abb. 23: „Sterbender" in roter Tusche (München ÄS 7123 und 7124).
Ausschnitt aus: GRIMM, A./SCHOSKE, S./WILDUNG, D. (Hgg.), Pharao. Kunst und Herrschaft im Alten Ägypten. Sonderausstellung Pharao - Kunst und Herrschaft im Alten Ägypten im Kunsthaus Kaufbeuren vom 13. September 1997 bis 6. Januar 1998, München 1997, 20.

Abb. 24: Gefesselter und zu enthauptender(?) Gefangener hinter männlichem (Mitte) und weiblichem Namen (links und rechts).
Aus: ESPINEL, A. D., A newly identified Old Kingdom execration text, in: E. Frood – A. McDonald (Hgg.), Decorum and experience. Essays in ancient culture for John Baines, Oxford 2013, 28 c.

Abb. 25: „Sterbender" in Pap. Gardiner II.

Aus: REGULSKI, I., Papyrus Fragments from Asyut: A Paleographic Comparison, in: U. Verhoeven (Hg.), Ägyptologische „Binsen"-Weisheiten I-II. Neue Forschungen und Methoden der Hieratistik, Abhandlungen der Akademie der Wissenschaften und der Literatur 14. Mainz, Stuttgart 2015, 305.

Abb. 26: Papyrus aus Saqqara mit Pyramidentexten, Seite A.
Aus: BERGER-EL NAGGAR, C., Des Textes des Pyramides sur papyrus dans les archives du temple funéraire de Pépy Ier, in: S. Bickel – B. Mathieu (Hg.), D'un monde à l'autre. Textes des pyramides & Textes des sarcophages, Kairo 2004, 89.

Abb. 27: Id., Seite B.
Aus: BERGER-EL NAGGAR, C., Des Textes des Pyramides sur papyrus dans les archives du temple funéraire de Pépy Ier, in: S. Bickel – B. Mathieu (Hg.), D'un monde à l'autre. Textes des pyramides & Textes des sarcophages, Kairo 2004, 90.

**Kapitel 10**

Abb.1: „Cairo Text on Linen".
Aus: GARDINER, A. H./SETHE, K., Egyptian Letters to the Dead. Mainly from the Old and Middle Kingdoms, London 1928, Pl. I. – © The Egyptian Museum, Cairo.

Abb. 2: Nag' ed-Dêr–Papyri (li.: N 3737 – re.: N 3500).
Li. und Re.: aus: JEA 52 (1966), Pl. IX.

Abb. 3: Faltung von Nag' ed-Dêr–Papyrus N 3737.
Aus: SIMPSON, W.K., The letter to the dead from the tomb of Meru (N3737) at Nag' ed-Dêr, in: JEA 52, 1966, 41 (Fig. 1).

Abb. 4: Aus der Paläographie von Pap. N 3500.
Aus: SIMPSON, W.K., A late Old Kingdom letter to the dead from Nag' ed-Dêr N 3500, in: JEA 56, 1970, Fig. 1 nach Pl. XLVI.

Abb. 5: Aus der Paläographie von Pap. N 3500: Einkonsonantenzeichen *k*.
Aus: SIMPSON, W.K., A late Old Kingdom letter to the dead from Nag' ed-Dêr N 3500, in: JEA 56, 1970, Fig. 2 nach Pl. XLVI.

Abb. 6: Aus der Paläographie von Pap. N 3737.
Li.: aus: SIMPSON, W.K., The letter to the dead from the tomb of Meru (N 3737) at Nag' ed-Dêr, in: JEA 52, 1966, 51 (Fig. 2).
Re.: aus: SIMPSON, W.K., The letter to the dead from the tomb of Meru (N 3737) at Nag' ed-Dêr, in: JEA 52, 1966, 51 (Fig. 3).

Abb. 7: Napf aus QeH 30b
Aus: EDEL, E., Eine althieratische Liste von Grabbeigaben aus einem Grab des späten Alten Reiches der Qubbet el-Hawa bei Assuan, Göttingen 1987, Taf. I Abb. 1 und Taf. 5 Abb. 8.

Abb. 8: Louvre-Schale E 6134 (Ø 13,5 x H 7,5cm).
Ausschnitt aus: CLÈRE, J.-J./PIANKOFF, A., A letter to the dead on a bowl in the Louvre, in: JEA 20, 1934, Pl. XX.

**Kapitel 11**

Abb. 1: Grundriss der zwei Steinbrüche von Hatnub nach Anthes.

Li.: aus: ANTHES, R., Die Felsinschriften von Hatnub nach den Aufnahmen Georg Möllers, in: UGAÄ 9, Leipzig 1928, Taf. 1.

Re.: aus: ANTHES, R., Die Felsinschriften von Hatnub nach den Aufnahmen Georg Möllers, in: UGAÄ 9, Leipzig 1928, Taf. 2.

Abb. 2: Der sog. Hauptsteinbruch von Hatnub.
Aus: NICHOLSON, P.T./SHAW, I. (Hg.), Ancient Egyptian Materials and Technology, Cambridge 2000, 59.

Abb. 3: HatnubDipinto Nr. 20 des Gaufürsten Neheri I (Ende 11. – Anf. 12. Dyn.).
Aus: ANTHES, R., Die Felsinschriften von Hatnub nach den Aufnahmen Georg Möllers, in: UGAÄ 9, Leipzig 1928, Taf. 18.

Abb. 4: Stele aus Slg. Michailides + Fragment.
Aus: SIMPSON, W. K., A Hatnub Stela of the Early Twelfth Dynasty, in: MDAIK 16, 1958, dort: S. 300 und 301.

Abb. 5: Hieratische Spezifika der Stele aus Slg. Michailides.
Nach: SIMPSON, W. K., A Hatnub Stela of the Early Twelfth Dynasty, in: MDAIK 16, 1958, dort: S. 300 und 301.

Abb. 6: ꜥnḫ hieroglyphisch in Königstitulatur bzw. 1x hieratisch.
Li. & Re.: Ausschnitt aus: SIMPSON, W. K., A Hatnub Stela of the Early Twelfth Dynasty, in: MDAIK 16, 1958, 300 horiz. Z. 2.

Abb 7: Mann mit Waffe(?) in rechter Hand.
Li.: Ausschnitt aus: SIMPSON, W. K., A Hatnub Stela of the Early Twelfth Dynasty, in: MDAIK 16, 1958, vertik. Z. 1.

Abb. 8: Wachtelküken hieroglyphisch (li.: Z. 1) und hieratisch (re.: Kol. 1).
Li. & Re.: Ausschnitt aus: SIMPSON, W. K., A Hatnub Stela of the Early Twelfth Dynasty, in: MDAIK 16, 1958, 300 horiz. Z. 1.

Abb. 9: Pap. Nag ed-Dêr-N 3500 (li.) und 1. Zwzt.-Stele aus Naqada (re.).
Li.: Ausschnitt aus: SIMPSON, W. K., A Hatnub Stela of the Early Twelfth Dynasty, in: MDAIK 16, 1958, 308.
Re.: Ausschnitt aus: FISCHER, H. G., Inscriptions from the Coptite Nome, Rom 1964, Pl. XX, 3. Segment von oben.

Abb. 10: Paläographie der Stelen-Rückseite.
Aus: SIMPSON, W. K., A Hatnub Stela of the Early Twelfth Dynasty, in: MDAIK 16, 1958, 301.

Abb. 11: Konjugierte Partikel *iw* in typischer Pyramidentextgraphie.
Aus: SIMPSON, W. K., A Hatnub Stela of the Early Twelfth Dynasty, in: MDAIK 16, 1958, 301.

Abb. 12: *sin* – „abwischen" u.ä.
Aus: SIMPSON, W. K., A Hatnub Stela of the Early Twelfth Dynasty, in: MDAIK 16, 1958, 301.

Abb. 13: Hatnub-Stele.
Aus: POSENER, G., Une stèle de Hatnoub, in: JEA 54, 1968, Pl. VIII.

Abb. 14: Faksimile Posener.
Aus: POSENER, G., Une stèle de Hatnoub, in: JEA 54, 1968, Pl. IX.

Abb. 15: Transkription Posener.
Aus: POSENER, G., Une stèle de Hatnoub, in: JEA 54, 1968, Pl. IX/A.

Abb. 16: Kursives /w/ in *iw=f* (li.) und leicht verwechselbare Zeichen(gruppen) (Mi. u. re.). Aus: Posener, Une stèle de Hatnoub, in: JEA 54 (1968), 67-70 und Pl. IX

Abb. 17: Fundort der Heqanachte-Papyri – Grab des Meseh, westl. von dem Ipys.
Aus: ALLEN, J.P., The Heqanakht Papyri, Pl. I.

Abb. 18: Brief III in gefaltetem Zustand + Siegel. – © The Metropolitan Museum, New York.
Li.: aus: ALLEN, J.P., The Heqanakht Papyri, New York 2002, Pl. 6C.
Re.: aus: ALLEN, J.P., The Heqanakht Papyri, New York 2002, Pl. 7.

Abb. 19: Brief I in entfaltetem Zustand, recto (li.) und verso (re.). – © The Metropolitan Museum, New York.
Li. & Re.: aus: ALLEN, J.P., The Heqanakht Papyri, New York 2002, CD-ROM.

Abb. 20: „Dips" und „strokes" etc. in den ersten drei Zeilen von Brief III.
Aus: ALLEN, J.P., The Heqanakht Papyri, New York 2002, 236.

Abb. 21: Aus der Paläographie des Heqanacht-Archivs: Ligaturen.
Aus: ALLEN, J.P., The Heqanakht Papyri, New York 2002, 217.

Abb. 22: Pap. Turin Cat. 54003 rt. 13-16. – © Museo Egizio, Fotograph: Nicola Dell'Aquila.
Li.: aus: ROCCATI, A., Papiro ieratico n. 54003: Estratti magici e rituali del Primo Medio Regno, Musée de Turin II, Torino 1970, unnummerierte Tafel.
Re.: aus: OSING, J., Zu einigen magischen Texten, in: Luft, Ulrich (Hrsg.), The Intellectual Heritage of Egypt. Studies Presented to László Kákosy by Friends and Colleagues on the Occasion of his 60th Birthday [Fs Kákosy], StudAeg 14, Budapest 1992, 473.

Abb. 23: Pap. Turin Cat. 54003 vs. 8-14. – © Museo Egizio, Fotograph: Nicola Dell'Aquila.
Aus: OLETTE-PELLETIER, J.-G., Note sur l'emploi d'une rubrique cryptographique dans un papyrus du Moyen Empire, in: *NEHET. Revue numérique d'Égyptologie* (Paris-Sorbonne – Université de Bruxelles) 4, 2016, 64 (Fig. 2).

Abb. 24: Sarg des Herischefhotep (I) (ÄMUL 3) Boden – Register I.
Oben: Photographie von: M. Wenzel, Universität Leipzig.
Unten: aus: MÖSCHEN, S., Studien zu den Pyramidentexten auf dem inneren Sarg des Herischef-Hotep in Leipzig (ÄMUL Inv.-Nr.: 3) (unpubl. Master-Arbeit 2012 an der Univ. Leipzig).

Abb. 25: CT spell 1127 graviert auf den Sarg B6C (Faksimile J. Wiśniewska und Transkription © und mit Erlaubnis des Autors W. Sherbiny; s. id., in: M. Tomorad – J. Popielska-Grzybowska (Hg.), *Egypt 2015. Perspectives of Research* … (2017), 87-96; dort: 94 Fig. 49 (rechte Hälfte).

Abb. 25: Determinativ des GN Osiris auf der Naqada–Stele eines *D3g* in Rom.
Aus: FISCHER, H. G., 7. Provincial Inscriptions of the Heracleopolitan Period. 1. Stelae from Naqada, in: Egyptian Studies III. Varia Nova, New York 1996, 80.

Abb. 26: In Pap. Turin Cat. 54003 belegte Varianten.
Aus: ROCCATI, A., Papiro ieratico n. 54003: Estratti magici e rituali del Primo Medio Regno, Musée de Turin II, Torino 1970, 43 & 47.

Abb. 27: Die beiden in dem chronologisch nicht weit entfernten Pap. Turin Cat. 54003 bei Roccati.
Aus: ROCCATI, A., Papiro ieratico n. 54003: Estratti magici e rituali del Primo Medio Regno, Musée de Turin II, Torino 1970, 47.

Abb. 28: Determinativ zu *wꜣwꜣ.tw*–Nubiern in Naqada (8. Dyn. oder später).
Ausschnitt aus: FISCHER, H. G., Inscriptions from the Coptite Nome, Rom 1964, Pl. XX, 3. Segment von oben.

Abb. 29: Rt. 24 und vs. 1 des Turiner magischen Pap. Cat. 54003.
Aus: ROCCATI, A., Papiro ieratico n. 54003: Estratti magici e rituali del Primo Medio Regno, Musée de Turin II, Torino 1970, 48.

Abb. 30: Die AR-Formen in Pap. Turin Cat. 54003.
Aus: ROCCATI, A., Papiro ieratico n. 54003: Estratti magici e rituali del Primo Medio Regno, Musée de Turin II, Torino 1970, 52 und S. 45.

Abb. 31: CT spell 1127 graviert auf den Sarg B6C (Faksimile J. Wiśniewska und Transkription mit Erlaubnis des Autors W. Sherbiny). – © The Egyptian Museum, Cairo.

Abb. 32: Partiell retrogrades Hieratisch in Friesbeischrift, aus: H. Willems, The Coffin of Heqata (Cairo JdE 36418) (1996), 205 und Pl. 29.

Abb. 33: Komplett retrogrades Hieratisch mit einigen verstellten Zeichen in Friesüberschrift, aus: Willems, op. cit., 233f. mit Fig. 68 auf S. 234 und Pl. 31-32

**Kapitel 12**

Abb. 1: Tafel B mit der Familie des *mwt* – „Verdammten" Ipi (Z. 1 Anfang).
Aus: POSENER, G., Tablettes-figurines de prisonniers, in: RdE 64, 2013, Pl. III.

Abb. 2: Gefesselter auf Taf. B (li.) und auf Tafel München ÄS 7123 (re.; 6. Dyn.).
Li. & Mitte: Ausschnitt aus: POSENER, G., Tablettes-figurines de prisonniers, in: RdE 64, 2013, Pl. III.
Re.: Ausschnitt aus: GRIMM, A./SCHOSKE, S./WILDUNG, D. (Hgg.), Pharao. Kunst und Herrschaft im Alten Ägypten. Sonderausstellung Pharao - Kunst und Herrschaft im Alten Ägypten im Kunsthaus Kaufbeuren vom 13. September 1997 bis 6. Januar 1998, München 1997, 20.

Abb. 3: Der in schwarzer und roter Tinte gefesselt zu Enthauptende auf den von Diego Espinel publizierten Barcelonenser Exemplaren.
Aus: ESPINEL, A. D., A newly identified Old Kingdom execration text, in: E. Frood – A. McDonald (Hgg.), Decorum and experience. Essays in ancient culture for John Baines, Oxford 2013, 28 c.

Abb. 4: Pap. Reisner IV, Section B.
Aus: SIMPSON, W. K. Papyrus Reisner IV, Personnel Accounts of the Early Twelfth Dynasty. Transcription and Commentary, Boston 1986, Pl. 10.

Abb. 5: Arm ohne und mit Stock in der Hand.
Aus: SIMPSON, W. K., Papyrus Reisner I, The Records of a Building Project in the Reign of Sesostris 1. Transcription and Commentary, Boston 1963, 95 resp. 96.

Abb. 6: ⸗ (M17) und ⸗ (V28).
Aus: SIMPSON, W. K., Papyrus Reisner I, The Records of a Building Project in the Reign of Sesostris 1. Transcription and Commentary, Boston 1963, 99 resp. 102.

Abb. 7: 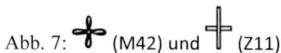 (M42) und ✝ (Z11)

Aus: SIMPSON, W. K., Papyrus Reisner I, The Records of a Building Project in the Reign of Sesostris 1. Transcription and Commentary, Boston 1963, 99 resp. 102.

Abb. 8: ⊜ (Aa1)

Aus: SIMPSON, W. K., Papyrus Reisner I, The Records of a Building Project in the Reign of Sesostris 1. Transcription and Commentary, Boston 1963, 103.

Abb. 9: *ntf* und *rn=f.*

Aus: SIMPSON, W. K., Papyrus Reisner I, The Records of a Building Project in the Reign of Sesostris 1. Transcription and Commentary, Boston 1963, 104.

Abb. 10: Arm-Hieroglyphe (D36) mit zweierlei Lesungen.

Aus: ARNOLD, F. in collaboration with Arnold, D. et al., The South Cemeteries of Lisht, Vol. II. The Control Notes and Team Marks, Publications of the Metropolitan Museum of Art Egyptian Expedition 23, New York 1990, 40.

Abb. 11: Arm-mit-Spitzbrot (D37-39).

Aus: ARNOLD, F. in collaboration with Arnold, D. et al., The South Cemeteries of Lisht, Vol. II. The Control Notes and Team Marks, Publications of the Metropolitan Museum of Art Egyptian Expedition 23, New York 1990, 40.

Abb. 12: Arm-mit-Stock (D40).

Aus: ARNOLD, F. in collaboration with Arnold, D. et al., The South Cemeteries of Lisht, Vol. II. The Control Notes and Team Marks, Publications of the Metropolitan Museum of Art Egyptian Expedition 23, New York 1990, 40.

Abb. 13: M17 und V28.

Aus: ARNOLD, F. in collaboration with Arnold, D. et al., The South Cemeteries of Lisht, Vol. II. The Control Notes and Team Marks, Publications of the Metropolitan Museum of Art Egyptian Expedition 23, New York 1990, 42.

Abb. 14: Das unklare Zeichen Aa1.

Aus: ARNOLD, F. in collaboration with Arnold, D. et al., The South Cemeteries of Lisht, Vol. II. The Control Notes and Team Marks, Publications of the Metropolitan Museum of Art Egyptian Expedition 23, New York 1990, 44.

Abb. 15: Aus dem Tempeltagebuch von Illahun: Ankündigung des Sothis-Aufgangs. – © Äg. Museum und Papyrussammlung, Berlin.

Aus: LUFT, U., Die chronologische Fixierung des ägyptischen Mittleren Reiches nach dem Tempelarchiv von Illahun, Österreichische Akademie der Wissenschaften, Philosophisch-Historische Klasse, Sitzungsberichte 598. Band, Veröffentlichungen der ägyptischen Kommission Nr. 2, Wien 1992, Taf. 7.

Abb. 16: Gleiche Passage in Möllers Faksimile.

Aus: MÖLLER, G. (Hg.), Hieratische Lesestücke für den akademischen Gebrauch. 1, Alt- und mittelhieratische Texte, Berlin 1910, 19.

Abb. 17: Horváths Transkription.

Aus: HORVÁTH, Z., Temple(s) and Town at El-Lahun. A Study of Ancient Toponyms in the el-Lahun Papyri, in: D. P. Silverman et al. (Hgg.), Archaism and Innovation: the Culture of Middle Kingdom Egypt, New Haven 2009, 188.

Abb 18: Gebel Tjauti Inscription No. 11: Sothisdatum; ca. 26,75 x 6,50 cm.
Aus: DARNELL, D./DARNELL, J. C., Theban Desert Road Survey in the Egyptian Western Desert I. Gebel Tjauti Rock Inscriptions 1-45 and Wadi el-Hôl Rock Inscriptions 1-45, OIP 119, Chicago 2002, 49.

Abb. 19: Pap. UCL 32199: links Brief (rt.) und rechts Absender + Adressat (vs.). – © The Petrie Museum of Egyptian Archaeology, University College London.
Aus: COLLIER, M. A./QUIRKE, S. (Hgg.), The UCL Lahun Papyri: Letters, BARS 1083, Oxford 2002, CD_ROM UC32199f+b.

Abb. 20: Rekonstruktion des ehemaligen Aussehens dieses einstmals gefalteten und gesiegelten Briefes von R. Parkinson.
Aus: PARKINSON, R. B. (Hg.), Voices from Ancient Egypt. An Anthology of Middle Kingdom Writings, London 1991, 91.

Abb. 21: Wadi el-Gasus am Roten Meer.
Aus: MANLEY, B., The Penguin Historical Atlas of Ancient Egypt, London 1996, 45.

Abb. 22: O. WG 20& O. WG 22.
Aus: MAHFOUZ, S., Les ostraca hiératiques du Ouadi Gaouasis, in: RdE 59, 2008, Pl. XXXIV.

Abb. 23: O. WG 40 mit der Nennung von Punt, eines von mehreren.
Aus: MAHFOUZ, S., Les ostraca hiératiques du Ouadi Gaouasis, in: RdE 59, 2008, Pl. XLI.

Abb. 24: Graviertes Ostrakon (WG 12).
Aus: MAHFOUZ, S., Les ostraca hiératiques du Ouadi Gaouasis, in: RdE 59, 2008, 278 (Trskr.) und Pl. LIV.

Abb. 25: O. WG 06 - Faksimile El-Sayed Mahfouz.
Aus: MAHFOUZ, S., Les ostraca hiératiques du Ouadi Gaouasis, in: RdE 59, 2008, 271 (Trskr.) und Pl. XXXV.

Abb. 26: Hieratisch beschriftete Scherben aus amerikanischen Grabungen unter Josef Wegner im Totentempelbezirk Sesostris' III. in Abydos.
Aus: MANASSA, C., Loaves and Zirs: A Re-examination of a hieratic Text from Abydos, in: GM 229, 2011, 88 (Fig. 1-2).

Abb. 27: Hieratische Stele Cambridge (E.60.1926). – © The Fitzwilliam Museum, Cambridge.

Abb. 28: Stele BM EA 220 (H 31,5 x B 20,8 cm); rechts Umzeichnung der Zeilen 4-13 von R.B. Parkinson. – © Courtesy Trustees of The British Museum.
Li.: aus: FRANKE, D./MARÉE, M. (Hg.), Egyptian Stelae in the British Museum from the 13th to 17th Dynasties, London 2013, Pl. 11.
Re: aus: FRANKE, D./MARÉE, M. (Hg.), Egyptian Stelae in the British Museum from the 13th to 17th Dynasties, London 2013, Fig. 3.

Abb. 29: BM EA 226: Hieroglyphisch + Hieratisch (H 42,4 x 26,2 cm). – © Courtesy Trustees of The British Museum.
Aus: FRANKE, D./MARÉE, M. (Hg.), Egyptian Stelae in the British Museum from the 13th to 17th Dynasties, London 2013, Colour Pl. 2.

Abb. 30: BM EA 226: Hieratisches Dipinto in Lunette (R.B. Parkinson). – © Courtesy Trustees of The British Museum
Aus: FRANKE, D./MARÉE, M. (Hg.), Egyptian Stelae in the British Museum from the 13th to 17th Dynasties, London 2013, 70 (Fig. 4).

Abb. 31: Außenseite der Schale 19606P/d-6 aus Haus 69b auf Elephantine.
Aus: PILGRIM, C. von, Elephantine XVIII. Untersuchungen in der Stadt des Mittleren Reiches und der Zweiten Zwischenzeit, in: AV 91, Mainz 1996, Taf. 41.

Abb. 32 – Abb. 41: Zeichen(formen), die für die Klassifizierung der Paläographie von Bedeutung sind.
Aus: PILGRIM, C. von, Elephantine XVIII. Untersuchungen in der Stadt des Mittleren Reiches und der Zweiten Zwischenzeit, in: AV 91, Mainz 1996, Ausschnitte aus Taf. 41.

Abb. 42: Pap. Brooklyn 35.1446, Rt. 1-10.
Aus: HAYES, W. C. (Hg.), A Papyrus of the Late Middle Kingdom in the Brooklyn Museum (Papyrus Brooklyn 35.1446), New York 1955, Pl. II. – © https://d1lfxha3ugu3d4.cloudfront.net/images/opencollection/objects/size4/35.1446a-e_negAA_bw_IMLS.jpg.

Abb. 43: Einschub A in rt. 25-54.
Aus: HAYES, W. C. (Hg.), A Papyrus of the Late Middle Kingdom in the Brooklyn Museum (Papyrus Brooklyn 35.1446), New York 1955, Pl. IV. – © https://d1lfxha3ugu3d4.cloudfront.net/images/opencollection/objects/size4/35.1446e_side1_PS1.jpg.

Abb. 44: Einschub B(re.) auf dem Kopf stehend zu links und rechts stehenden Einträgen.
Aus: HAYES, W. C. (Hg.), A Papyrus of the Late Middle Kingdom in the Brooklyn Museum (Papyrus Brooklyn 35.1446), New York 1955, Pl. V. – © https://d1lfxha3ugu3d4.cloudfront.net/images/opencollection/objects/size4/35.1446e_side1_PS1.jpg.

Abb. 45: Nummerierung alle zehn Zeilen, hier die Ziffern „50" und „60".
Aus: HAYES, W. C. (Hg.), A Papyrus of the Late Middle Kingdom in the Brooklyn Museum (Papyrus Brooklyn 35.1446), New York 1955, Pl. XI. – © https://d1lfxha3ugu3d4.cloudfront.net/images/opencollection/objects/size4/35.1446e_side2_PS1.jpg.

Abb. 46: Vier Spalten zu Name, Spitzname, Beruf und Geschlecht resp. Alter.
Aus: HAYES, W. C. (Hg.), A Papyrus of the Late Middle Kingdom in the Brooklyn Museum (Papyrus Brooklyn 35.1446), New York 1955, Pl. VIII. – ©https://d1lfxha3ugu3d4.cloudfront.net/images/opencollection/objects/size4/35.1446a-e_SL1.jpg.

Abb. 47: Hieratisch auf pBrooklyn: Nameneintrag auf Vs. 28: „Dienerin Wewis Tochter Jret. Das ist ihr Name".
Ausschnitt aus: HAYES, W. C. (Hg.), A Papyrus of the Late Middle Kingdom in the Brooklyn Museum (Papyrus Brooklyn 35.1446), New York 1955, Pl. IX. .

Abb. 48: Ligaturen: /r/-/t/ in PN 'Ir.t :/r/-/n/ in rn=s.
Ausschnitt aus: HAYES, W. C. (Hg.), A Papyrus of the Late Middle Kingdom in the Brooklyn Museum (Papyrus Brooklyn 35.1446), New York 1955, Pl. IX.

Abb. 49: rn=s : rn=f auf Verso 2-4.
Aus: HAYES, W. C. (Hg.), A Papyrus of the Late Middle Kingdom in the Brooklyn Museum (Papyrus Brooklyn 35.1446), New York 1955, Pl. VIII.

Abb. 50: Probe aus Boulaq XVIII über Möller *HP I.*
Aus: QUIRKE, S., The Administration of Egypt in the Late Middle Kingdom. The Hieratic Documents, Cambridge 1987, 13.

Abb. 51: Erman, *Hymnen an das Diadem*, Zeichenliste.
Aus: ERMAN, A., Hymnen an das Diadem der Pharaonen. Aus einem Papyrus der Sammlung Golenischeff, Berlin 1911, 4-5.

**Kapitel 13**

Abb. 1: Layout von Pap. Prisse.
Aus: HAGEN, F., An Ancient Egyptian Literary Text in Context. The Instruction of Ptahhotep, in: OLA 218, Leuven 2012, 135 (Fig. 4).

Abb. 2: Pap. BNF 187 = Lehre des Ptahhotep Kol. 6.1-7.3.
Aus: COLLECTIF, A. C., Savoir et Pouvoir à l'Époque de Ramsès II. Khaemouaset Le Prince Archéologue, Paris 2016, 175. – © Bibliothèque Nationale de France.

Abb. 3: Pap. Eremitage 1115, Z. 1-12.
Aus: GRIMM, A./SCHOSKE, S., Stimmen vom Nil. Altägypten im Spiegel seiner Texte, München 2002, 29 (Nr. 19).

Abb. 4: Pap. Eremitage 1115, Z. 170-176 und 177.
Aus: Wladimir Golenischeff: Les papyrus hiératiques No. 1115, 1116 A et 1116 B de l'Ermitage impériale à St. Petersbourg. 1913.

Abb. 5: Tab. S. 52 Auszug aus Schriftvergleich bei v. Bomhard.
Aus: BOMHARD, A. S. von, Le conte du Naufragé et le papyrus Prisse, in: RdE 50, 1999, 52.

Abb. 6: Linearität von Einkonsonantenzeichen in Pap. Prisse.
Aus: BOMHARD, A. S. von, Le conte du Naufragé et le papyrus Prisse, in: RdE 50, 1999, 55.

Abb. 7: Palimpsestspuren auf Pap. Prisse oberhalb von Ptahhotep Kol. 1.
Aus: HAGEN, F., An Ancient Egyptian Literary Text in Context. The Instruction of Ptahhotep, in: OLA 218, Leuven 2012, 138 (Fig. 5).

Abb. 8: *Re-dippings* in der Sinuhe-Erzählung (Pap. Berlin P. 3022, Z. 51-6).
Aus: PARKINSON, R. B., Reading Ancient Egyptian Poetry. Among Other Histories, Malden 2009, 91 (Fig. 4.8).

Abb. 9: Nachträge & Fehler in Sinuhe (Pap. Berlin P. 3022, Z. 175f.).
Aus: BAYLIS, L./PARKINSON, R. B., Four 12th Dynasty Literary Papyri (Pap. Berlin P. 3022-5). A Photographic Record, London / Berlin 2012, CD-ROM. – © Äg. Museum und Papyrussammlung, Berlin.

Abb. 10: Getilgte Hilfslinien des Vorgängerlayouts für Akten (Bauer B1 298 und 305-315).
Aus:BAYLIS, L./PARKINSON, R. B., Four 12th Dynasty Literary Papyri (Pap. Berlin P. 3022-5). A Photographic Record, London / Berlin 2012, CD-ROM, Abb. 19, P. 3023 D-E vso. – © Äg. Museum und Papyrussammlung, Berlin.

Abb. 11: Radierung re. unterhalb B1.304.

Aus: BAYLIS, L./PARKINSON, R. B., Four 12th Dynasty Literary Papyri (Pap. Berlin P. 3022-5). A Photographic Record, London / Berlin 2012, CD-ROM, Abb. 18, P. 3023 D vso (2). – © Äg. Museum und Papyrussammlung, Berlin.

Abb. 12: Sinuhe B 249-250: Nicht getilgtes *nfr*-Zeichen rechts neben der Kolumne.
Aus: BAYLIS, L./PARKINSON, R. B., Four 12th Dynasty Literary Papyri (Pap. Berlin P. 3022-5). A Photographic Record, London / Berlin 2012, CD-ROM, Abb. 17, P. 3022 G(2). – © Äg. Museum und Papyrussammlung, Berlin.

Abb. 13: „Figure 2: Three Related Inscriptions: Wadi el Hôl Rock Inscriptions 4, 5 and 6.
Aus: DARNELL, D./DARNELL, J. C., Theban Desert Road Survey in the Egyptian Western Desert I. Gebel Tjauti Rock Inscriptions 1-45 and Wadi el-Hôl Rock Inscriptions 1-45, OIP 119, Chicago 2002, 96.

Abb. 14: Transkription.
Aus: Aus: DARNELL, D./DARNELL, J. C., Theban Desert Road Survey in the Egyptian Western Desert I. Gebel Tjauti Rock Inscriptions 1-45 and Wadi el-Hôl Rock Inscriptions 1-45, OIP 119, Chicago 2002, 99.

Abb. 15: Tilapia-Fisch.
Aus: MÖLLER, G., Hieratische Paläographie. 1, Bis zum Beginn der achtzehnten Dynastie, Leipzig 1927, Nr. 253.

Abb. 16: Pap. Ramesseum II vs. II.
Aus: http://www.britishmuseum.org/research/publications/online_research_catalogues/search_object_details.aspx?objectid=109917&partid=1&catalogueOnly=true&catParentPageid=33723&output=bibliography/!!/OR/!!/7682/!///!/The%20Ramesseum%20Papyri/!///!!//!!!/&catalogueName=The%20Ramesseum%20Papyri&catalogueSection=The%20Ramesseum%20Papyri&sortBy=catNumber (Zugriff 11.12.2016). – © Courtesy Trustees of The British Museum.

Abb. 17: Ausschnitt aus Pap. Ramesseum II vs. II: Position der Gliederungspunkte.
Aus: GARDINER, A. H. (Hg.), The Ramesseum Papyri, Oxford 1955, Pl. VI. – © Courtesy Trustees of The British Museum.

Abb. 18: Pap. Ramesseum D (Berlin P. 10495), Frame 9. – © Äg. Museum und Papyrussammlung, Berlin.

Abb. 19: Pap. Ramesseum 13. – © Courtesy Trustees of The British Museum.
Aus:http://www.britishmuseum.org/research/publications/online_research_catalogues/catalogue_image.aspx?objectId=110024&partId=1&searchText=10766&orig=%2fresearch%2fonline_research_catalogues%2frusian_icons%2fcatalogue_of_russian_icons.aspx&sortBy=catNumber&numPages=12&currentPage=1&catalogueOnly=True&catparentPageId=33723&output=bibliography%2f!!%2fOR%2f!!%2f7682%2f!!%2f%2f!!%2f The+Ramesseum+Papyri%2f!!%2f%2f!!%2f%2f!!!%2f&asset_id=477260001 (Zugriff 11.12.2016).

Abb. 20: Pap. Ramesseum V: medizinische Rezepte (vgl. Pap. Ebers, Text Nr. 689). – © Courtesy Trustees of The British Museum.

Abb. 21: Sesostris III- Hymnus Kol. III. – © Courtesy of the Petrie Museum of Egyptian Archaeology, UCL.
Aus: COLLIER, M. A./QUIRKE, S. (Hgg.), The UCL Lahun Papyri: Religious, Literary, Legal, Mathematical and Medical, BARS 1209, Oxford 2004, CD-ROM UC 32157-PAGES2-3-F-RI.

Abb. 22: Aus der Geschichte des Sinuhe (= B1 8-11; UC 32106B-B vs.). – © Courtesy of the Petrie Museum of Egyptian Archaeology, UCL.
Aus: KEMP, B., Ancient Egypt. Anatomy of a Civilization, 2. Auflage, London 2006, 219 (Fig. 79).

Abb. 23: Beginn eines literarischen Textes (Pap. UC 32106 rt.). – © Courtesy of the Petrie Museum of Egyptian Archaeology, UCL.
Aus: COLLIER, M. A./QUIRKE, S. (Hgg.), The UCL Lahun Papyri: Religious, Literary, Legal, Mathematical and Medical, BARS 1209, Oxford 2004, CD-ROM 32106B-F.

Abb. 24: Rubrizierter Beginn der Erzählung von Neferpesdjet (UC 32156 A). – © Courtesy of the Petrie Museum of Egyptian Archaeology, UCL.
Aus: COLLIER, M. A./QUIRKE, S. (Hgg.), The UCL Lahun Papyri: Religious, Literary, Legal, Mathematical and Medical, BARS 1209, Oxford 2004, CD-ROM 32156A-F.

Abb. 25: Kursivhieroglyphen auf Pap. UC 32036. – © Courtesy of the Petrie Museum of Egyptian Archaeology, UCL.
Aus: COLLIER, M. A./QUIRKE, S. (Hgg.), The UCL Lahun Papyri: Religious, Literary, Legal, Mathematical and Medical, BARS 1209, Oxford 2004, CD-ROM 32036-F-RI.

Abb. 26: Wadi el-Hôl-Inschrift Nr. 8.
DARNELL, D./DARNELL, J. C., Theban Desert Road Survey in the Egyptian Western Desert I. Gebel Tjauti Rock Inscriptions 1-45 and Wadi el-Hôl Rock Inscriptions 1-45, OIP 119, Chicago 2002, 107-119; dort: 108, und Pl. 65 sowie 85-88.

**Kapitel 14**

Abb. 1: Hieratismen auf hieroglyphischen Stelen der 2. Zwzt. (nach S. Kubisch).
Aus: KUBISCH, S., Lebensbilder der 2. Zwischenzeit. Biographische Inschriften der 13.–17. Dynastie, SDAIK 34, Berlin 2008, 128.

Abb. 2: Aus der Zeichenliste von Erman, Hymnen an das Diadem der Pharaonen.
Aus: ERMAN, A., Hymnen an das Diadem der Pharaonen. Aus einem Papyrus der Sammlung Golenischeff, Berlin 1911, 4.

Abb. 3: Pap. Westcar, Kol. 8.
Aus: BLACKMAN, A. M. (Hg.), The Story of King Kheops and the Magicians Transcribed from Papyrus Westcar (Berlin Papyrus 3033), Reading 1988, Pl. 8. - © Äg. Museum und Papyrussammlung zu Berlin.

Abb. 4: Ausschnitt aus Ermans Zeichenliste.
Aus: ERMAN, A. (Hg.), Die Märchen des Papyrus Westcar, *I. Einleitung und Commentar*, Mittheilungen aus den Orientalischen Sammlungen 5, Berlin 1890, Schrifttafel I.

Abb. 5: Aus: *ZÄS* 56 (1920), Taf. II.
Aus: MÖLLER, G., Zur Datierung literarischer Handschriften aus der ersten Hälfte des Neuen Reiches, in: ZÄS 56, 1920, Taf. II.

Abb. 6: Reste einer narrativ gerahmten Königseulogie (BM EA 10475 rt. x+1-x+4).
Aus: PARKINSON, R. B., Two New „Literary" Texts on a Second Intermediate Period Papyrus? A Preliminary Account of P. BM EA 10475, in: J. Assmann / E. Blumenthal (Hgg.), Literatur und Politik im pharaonischen und ptolemäischen Ägypten, BdE 127, Kairo 1999, 195 (Fig. 2). – © Courtesy Trustees of the British Museum, London.

672

Abb. 7: Pap. Ebers, Kolumne 78.
Aus: http://papyri.uni-leipzig.de/rsc/viewer/UBLPapyri_derivate_00500750/ p_ebers_23_77-79300.jpg (Zugriff 31.12.16).

Abb. 8 – 21: Einzelnchweise in P. Dils/Popko, L., „Transcribing Hieratic into Hieroglyphs for the TLA. Problems and Priorities of a Lexicographical Database" (noch unpubl. Mskr. eines Vortrages im Rahmen der „Binsen"-Weisheiten-Tagung in Mainz (April 2016).

Abb. 22: Pap. Edwin Smith, Kol. 2.
Aus: ALLEN, J. P. / with an Essay by Mininberg, D. T., The Art of Medicine in Ancient Egypt, New Haven 2005, 74.

Abb. 23: Die Hände von Pap. Smith und Pap. Ebers im Vergleich.
Aus: BREASTED, J. H., The Edwin Smith Surgical Papyrus, 2 Bde., OIP 3, Chicago 1930, 27.

Abb. 24: Schreiberwechsel auf Verso IV.8-9.
Aus: ALLEN, J. P. / with an Essay by Mininberg, D. T., The Art of Medicine in Ancient Egypt, New Haven 2005, 112.

Abb. 25: Nefer-Stele.
Aus: EDWARDS, I. E. S., Lord Dufferin's Excavations at el-Bahari and the Clandeboye Collection, in: JEA 51, London 1965, Pl. XI.3.

Abb. 26: Innenseite von BM EA 29997.
Aus: PARKINSON, R. B. / QUIRKE, S., The Coffin of Prince Herunefer and the Early History of the Book of the Dead, in: A. B. Lloyd (Hg.), Studies in Pharaonic Religion and Society in Honour of J. Gwyn Griffiths, Egypt Exploration Society. Occasional publications 8, London 1992, 42 Pl. II. – © Courtesy Trustees of the British Museum, London.

Abb. 27: Paläographie der Sarginnenwand BM EA 29997.
Aus: PARKINSON, R. B. / QUIRKE, S., The Coffin of Prince Herunefer and the Early History of the Book of the Dead, in: A. B. Lloyd (Hg.), Studies in Pharaonic Religion and Society in Honour of J. Gwyn Griffiths, Egypt Exploration Society. Occasional publications 8, London 1992, 38 (Fig. 1).

Abb. 28: Opferformel = semi-hieroglyphisch + Widmung = hieratisch.
Aus: WHELAN, P., Mere Scraps or Rough Wood? 17th-18th Dynasty Stick Shabtis in the Petrie Museum and other Collections, Egyptology 6, London 2007, 75 (UC 40181). – © Courtesy of the Petrie Museum of Egyptian Archaeology, UCL.

Abb. 29: Pap. Berlin P. 3027, Kol. 1.
Aus: YAMAZAKI, N., Zaubersprüche für Mutter und Kind. Papyrus Berlin 3027, Achet – Schriften zur Ägyptologie 2, Berlin 2003, Taf. 2. – © Äg. Museum und Papyrussammlung Berlin.

Abb. 30: Übergang von Schreiber 1 zu Schreiber 2 im Rubrum auf rt. V.8.
Aus: YAMAZAKI, N., Zaubersprüche für Mutter und Kind. Papyrus Berlin 3027, Achet – Schriften zur Ägyptologie 2, Berlin 2003, Taf. 6. – © Äg. Museum und Papyrussammlung Berlin.

Abb. 31: Photo und Faksimile von „Graff. A2" in Grab N13.1 in Assyut.
Li.: aus: VERHOEVEN, U., Von der „Loyalistischen Lehre" zur „Lehre des Kaïrsu". Eine neue Textquelle in Assiut und deren Auswirkungen, in: ZÄS 136, 2009, Taf. XII

Re.: aus: VERHOEVEN, U., Von der „Loyalistischen Lehre" zur „Lehre des Kaïrsu". Eine neue Textquelle in Assiut und deren Auswirkungen, in: ZÄS 136, 2009, 89 (Fig. 1).

Abb. 32: Verhoevens Transkription.
Aus: VERHOEVEN, U., Von der „Loyalistischen Lehre" zur „Lehre des Kaïrsu". Eine neue Textquelle in Assiut und deren Auswirkungen, in: ZÄS 136, 2009, 89 Fig. 2 und 91 Fig. 3.

Abb. 33: CG 20538 vs. 10-11 (Amenemhet III.) = § 2.1 Lehre des Kairsu.
Aus: ALLEN, J. P., Middle Egyptian Literature. Eight Literary Works of the Middle Kingdom, Cambridge 2015, 156.

Abb. 34: Ostr.DeM 1427 Z. 1 (Ramessidenzt.) = § 2.1 Lehre des Kairsu.
Aus: POSENER, G., Catalogue des ostraca hiératiques littéraires de Deir el-Medineh, T. III, Fasc. 2 (Nos 1410 – 1606), DFIFAO 20,2, Kairo 1978, Pl. 21a.

Abb. 35: Transkription Posener.
Aus: POSENER, G., Catalogue des ostraca hiératiques littéraires de Deir el-Medineh, T. III, Fasc. 2 (Nos 1410 – 1606), DFIFAO 20,2, Kairo 1978, Pl. 21.

Abb. 36: CG 20538 vs. (späte 12. Dyn.) = § 5.14 Lehre des Kairsu.
Aus: ALLEN, J. P., Middle Egyptian Literature. Eight Literary Works of the Middle Kingdom, Cambridge 2015, 156.

Abb. 37: Ostr. Ashmolean Museum 1938.912, Z. 5 (Ramessidenzt.).
Aus: ČERNÝ, J./GARDINER, A. H., Hieratic Ostraca I, Oxford 1957, Pl. LXXVI/A.

Abb. 38: Transkription Posener.
Aus: POSENER, G., L'Enseignement Loyaliste. Sagesse égyptienne du Moyen Empire, Hautes études orientales 5, Genf 1976, 91.

Abb. 39: Dipinto auf Pfeiler B in Grab Assiut N13.1 mit Anfang der Lehre Amenemhets' I.
Aus: VERHOEVEN, U., Tomb N13.1: The Teaching of Amenemhat I (§ 1-2) on pillar B, in: J. Kahl et al., The Asyut Project: Ninth Season of Fieldwork (2011), SAK 41, 2012, 207.

Abb. 40: Auswahlpaläographie des Dipintos auf Pfeiler B.
Aus: VERHOEVEN, U., Tomb N13.1: The Teaching of Amenemhat I (§ 1-2) on pillar B, in: J. Kahl et al., The Asyut Project: Ninth Season of Fieldwork (2011), SAK 41, 2012, 208.

Abb. 41: Ostracon UCL 31918.
Aus: RAGAZZOLI, C., Genres textuels et Supports matériels. Une Inscription de Visiteur comme Exercice sur Ostracon (Ostracon University College 31918), in: Nehet 4, 2016, 66. – © Courtesy of the Petrie Museum of Egyptian Archaeology, UCL.

Abb. 42: Ostr. UCL 31918: Transkription Ragazzoli.
Aus: RAGAZZOLI, C., Genres textuels et Supports matériels. Une Inscription de Visiteur comme Exercice sur Ostracon (Ostracon University College 31918), in: Nehet 4, 2016, 66.

Abb. 43: Ostrakon 99.95.0297 rt. (li.) und vs. (re.) aus TT 99.
Li.: aus: HARING, B. J., Halaḥam on an Ostracon of the Early New Kingdom, in: JNES 74, 2015, 190 (Fig. 1).

Re.: aus: HARING, B. J., Halaḥam on an Ostracon of the Early New Kingdom, in: JNES 74, 2015, 190 (Fig. 2). – Photograph A. Middleton; © Nigel Strudwick

Abb. 44: Graphische Unterschiede zwischen Vorlage (li.) und Abschrift (re.).
Aus: LÜSCHER, B., Kursivhieroglyphische Ostraka als Textvorlagen: Der (Glücks-)Fall TT 87, in: U. Verhoeven (Hg.), Ägyptologische „Binsen"-Weisheiten I–II. Neue Forschungen und Methoden der Hieratistik. Akten zweier Tagungen in Mainz im April 2011 und März 2013, Mainz / Stuttgart 2015, 103.

Abb. 45: Ostr. Louvre E 22394 rt. mit Auszug aus CT 154 (Photo: Georges Poncet).
Aus: LÜSCHER, B., Kursivhieroglyphische Ostraka als Textvorlagen: Der (Glücks-)Fall TT 87, in: U. Verhoeven (Hg.), Ägyptologische „Binsen"-Weisheiten I–II. Neue Forschungen und Methoden der Hieratistik. Akten zweier Tagungen in Mainz im April 2011 und März 2013, Mainz / Stuttgart 2015, Taf. 2. – © Musée du Louvre.

Abb. 46: Verteilung von OP 4 Recto & Verso, rechts vom Eingang zur Grabkammer von TT 87.
Aus: LÜSCHER, B., Kursivhieroglyphische Ostraka als Textvorlagen: Der (Glücks-)Fall TT 87, in: U. Verhoeven (Hg.), Ägyptologische „Binsen"-Weisheiten I–II. Neue Forschungen und Methoden der Hieratistik. Akten zweier Tagungen in Mainz im April 2011 und März 2013, Mainz / Stuttgart 2015, 45 (Abb. 22).

Abb. 47: Senmut-Ostraka Nr. 63 rt. (li.) und vs. (re.) aus TT 71.
Aus: HAYES, W. C., Ostraka and Name Stones from the Tomb of Sen-Mūt (No. 71) at Thebes, Publications of the Metropolitan Museum of Art Egyptian Expedition 15, New York 1942, 21 und Pl. XIII mit Transkription.

Abb. 48: „Die neuen Syrer" auf Ostr. ÄMUL 495 (li. Recto & re. Verso).
Li.: aus: G. Steindorff, „Eine ägyptische Liste syrischer Sklaven", in: ZÄS 38 (1900), 15-18; dort: 16.
Re.: Photo von Marion Wenzel, Kustodie der Universität Leipzig.

Abb. 49: Pap. Metropolitan Museum of Art / NY 27.3.560.
Aus: HAYES, W. C., The Scepter of Egypt II. The Hyksos Period and the New Kingdom, London 1959, 178 (Fig. 99). – © Courtesy Metropolitan Museum, Dept. of Egyptian Antiquities.

Abb. 50: wnḫ.w in Pap. BM EA 10056 rt. 5.5 (li. Schreiber A) und rt. 14.3 (re. Schreiber B).
Li. und re.: Glanville, in: ZÄS 68, Taf. I. – © Courtesy Trustees of the British Museum, London.

Abb. 51: Die gleiche Determinativgruppe in Glanvilles Faksimiles.
GLANVILLE, in: ZÄS 66, Taf. I* Fig. 2.

Abb. 52: Pap. Berlin P. 3029: Abrechnung über Holz oben rechts, auf dem Kopf stehend dazu Teile der Bauinschrift Ses. I.
Aus: MÜLLER, M., Die administrativen Texte der Berliner Lederhandschrift, in: E. Bechtold et al. (Hgg.), From Illahun to Djeme. Papers Presented in Honour of Ulrich Luft, BARS 2311, Oxford 2011,173-181 mit 2 Abb. – © Äg. Museum und Papyrussammlung, Berlin.

Abb. 53: Pap. Kairo CG 58078. oberstes Fragment in Faksimile und Transkription.
Aus: ALI, M. S., Der Papyrus Kairo CG 58078 – Ein Teil von Papyrus Boulaq 11?, in: Lingua Aegyptia 5, Göttingen 1997, 3.

Abb. 54: Pap. Louvre E 3226 Recto Anfang. – © 2018 Musée du Louvre, dist. RMN-Grand Palais/Hervé Lewandowski.

Abb. 55: Pap. Louvre E 3226 B rt. IX.2. – – © 2018 Musée du Louvre, dist. RMN-Grand Palais/Hervé Lewandowski.

Abb. 56: Pap. Louvre E 3226 B vs. X.2.
Aus: Megally, *op. cit.*, Pl. LIV und LXXVI. – © Musée du Louvre.

Abb. 57: ⚓ (F40) - Faksimiles F. Hagen.
Aus: HAGEN, F., The hieratic dockets on the cuneiform tablets from Amarna, in: JEA 97, 2011, 214.

Abb. 58: Abb. aus: N. Reeves, Echnaton.
Aus: REEVES, N., Echnaton. Ägyptens falscher Prophet, Kulturgeschichte der Antiken Welt 91, Mainz 2001, 89 (Abb. 46).

Abb. 59-60: Hieratische Notiz auf der Kante von EA 27
Aus: FRITZ, W., Bemerkungen zum Datierungsvermerk auf der Amarnatafel KN 27, in: SAK 18, 212.

**Kapitel 15**

Abb. 1: *p3*-Vogel: hieroglyphisch mit nur einem Flügel nach oben (G40) : hieratisch mit beiden Flügeln nach oben gerichtet (G41)
Aus: GARDINER, A. H., The Transcription of New Kingdom Hieratic, in: JEA 15, London 1929, 51.

Abb. 2: Möllers Transkription der „Kunsthieroglyphe" ⚱ .
Aus: MÖLLER, G., Hieratische Paläographie. 2, Von der Zeit Thutmosis' III bis zum Ende der einundzwanzigsten Dynastie, Leipzig 1927, Nr. 521.

Abb. 3: Ostr. Petrie 28: Grammatische Übung *iw* + Suffixe.
Aus: ČERNÝ, J./GARDINER, A. H., Hieratic Ostraca I, Oxford 1957, Pl. VIII (Nr. 7).
© The Petrie Museum of Egyptian Archaeology, University College London

Abb. 4: Ostr. Turin Cat. 57139: Konjugieren der Verbalwurzel *ḏd*.
Aus: LOPEZ, J., Ostraca Ieratici. T. III, N. 57093 – 57319, Milano 1980, Tav. 61/a. – © Museo Egizio.

Abb. 5: Ostr. Cairo CG 25227.
Aus: DARESSY, G., Ostraca. Catalogue générale des antiquités égyptiennes du Musée du Caire Nᵒˢ 25001 – 25385, Kairo 1901, 55.

Abb. 6: Ostr. Turin Cat. 57300.
Aus: LOPEZ, J., Ostraca Ieratici. T. III, N. 57093 – 57319, Milano 1980, Tav. 95a. – © Museo Egizio.

Abb. 7: Holztafel mit Anfang der *Kemyt* (Louvre Af 497).
© 2003 Musée du Louvre, dist. RMN-Grand Palais/Christian Décamps

Abb. 8: Holztafel mit Anfang der *Kemyt* (re.) und Vorzeichnungen von Königsstatuen (li.).
Aus: GALÁN, J. M., An Apprentice's Board from Dra Abu El-Naga, in: JEA 93, London 2007, 96.

Abb. 9: Galans Transkription.
Aus: GALÁN, J. M., An Apprentice's Board from Dra Abu El-Naga, in: JEA 93, London 2007, 109.

Abb. 10: Ausschnitt der Holztafel mit Anfang der *Kemyt*.

Ausschnitt aus: GALÁN, J. M., An Apprentice's Board from Dra Abu El-Naga, in: JEA 93, London 2007, 96.

Abb. 11: Vers aus einem Nilhymnus in drei Versionen – ODeM 1195 rt.
Aus: POSENER, G., Catalogue des ostraca hiératiques-littéraires de Deir el-Médineh, T. II, Fasc. 2 (Nos 1168 à 1213), DFIFAO 18,2, Kairo 1952, 24 und Pl 40a. – © Courtesy of the Ifao, Le Caire.

Abb. 12: ODeM 1100 rt. (re.) und vs. (li.): Korrekturen an Thothymnus.
Aus: POSENER, G., Catalogue des ostraca hiératiques-littéraires de Deir el Médineh, T. 1 (Nos 1001 à 1108), DFIFAO 1, Kairo 1938, 25 & Pl. 52a. – © Courtesy of the Ifao, Le Caire.

Abb. 13: ODeM 1100 rt. (re.) und vs. (li.): Transkription samt Annotationen Poseners.
Aus: POSENER, G., Catalogue des ostraca hiératiques-littéraires de Deir el Médineh, T. 1 (Nos 1001 à 1108), DFIFAO 1, Kairo 1938, 25 & Pl. 52a. – © Courtesy of the Ifao, Le Caire.

Abb. 14: Ostr. DeM 1179 + Ostr. Turin Cat. 6622: Baum- und Pflanzennamen.
Aus: POSENER, G., Catalogue des ostraca hiératiques-littéraires de Deir el-Médineh, T. II, Fasc. 2 (Nos 1168 à 1213), DFIFAO 18,2, Kairo 1952, 20 & Pl. 34a. – © Courtesy of the Ifao, Le Caire + Courtesy Museo Egizio.

Abb. 15: Ostr. Turin Cat. 57104: Anatomische Termini.
Aus: LOPEZ, J., Ostraca Ieratici. T. III, N. 57093 – 57319, Milano 1980, 12 und Tav. 61a. – © Museo Egizio.

Abb. 16: Ostr. DeM 1410: Personennamen auf der Basis der Lexeme šmsi-, ḥsi- und mȝˁ-.
Aus: POSENER, G., Catalogue des ostraca hiératiques littéraires de Deir el-Medineh, T. III, Fasc. 2 (Nos 1410 – 1606), DFIFAO 20,2, Kairo 1978, 33 und Pl. 17a. – © Courtesy of the Ifao, Le Caire.

Abb. 17: Ostr. DeM 1411: Namen auf der Basis nfr-.
Aus: POSENER, G., Catalogue des ostraca hiératiques littéraires de Deir el-Medineh, T. III, Fasc. 2 (Nos 1410 – 1606), DFIFAO 20,2, Kairo 1978, 33 und Pl. 18a. – © Courtesy of the Ifao, Le Caire.

Abb. 18: Ostr. DeM 1412 rt.: Namen auf der Basis pȝ-.
Aus: POSENER, G., Catalogue des ostraca hiératiques littéraires de Deir el-Medineh, T. III, Fasc. 2 (Nos 1410 – 1606), DFIFAO 20,2, Kairo 1978, 33 und Pl. 18a. – © Courtesy of the Ifao, Le Caire.

Abb. 19: Ostr. DeM 1412 vs.: Namen auf der Basis(?) sw-.
Aus: POSENER, G., Catalogue des ostraca hiératiques littéraires de Deir el-Medineh, T. III, Fasc. 2 (Nos 1410 – 1606), DFIFAO 20,2, Kairo 1978, 33 und Pl. 18a. – © Courtesy of the Ifao, Le Caire.

Abb. 20: Ostr. Turin Cat. 57461: Personennamen auf der Basis von Ptḥ-.
Aus: LOPEZ, J., Ostraca Ieratici. T. IV, N. 57450 – 57568. Tabelle lignee N. 58001 – 58007, Milano 1984. – © Museo Egizio.

Abb. 21: Ostr. Cairo CG 25671: Z. 1-2: „angefertigt vom … Schreiber Ramose"; Z. 3: Aktennotiz über den Beginn seiner Ausbildung zum Nekropolenschreiber in Jahr 5 Ramses' II.
Aus: ČERNÝ, J., Ostraca Hiératiques. Catalogue Général du Musée du Caire Nos 25501-25832, 4 Bde., Kairo 1935, 55.

**Kapitel 16**

Abb. 1: ODeM 438rt. (li.) und vs. (re.). – © Courtesy of the Ifao, Le Caire.
Aus: ČERNÝ, J., Ostraca hiératiques non-littéraires de Dêr el-Médineh T. VII, DFIFAO VII, Kairo 1951, Pl. 26.

Abb. 2: Kalkstein-Ostrakon BM EA 5629 = Sin B 300-311.
**Aus:** DEMARÉE, R. J., Ramesside Ostraca, London 2002, 17 und Pl. 16. – © Trustees of The British Museum, London..

Abb. 3: Ostr. Kairo CG 25216 = Sin B1-27.
Aus: DARESSY, G., Ostraca. Catalogue générale des antiquités égyptiennes du Musée du Caire Nᵒˢ 25001 – 25385, Kairo 1901, Pl. 41.

Abb. 4: Liste von *incipit* – „es fängt an" aus der Lehre des Chety.
Aus: POSENER, G., Catalogue des ostraca hiératiques-littéraires de Dêr el Médineh, T. 1 (Nos 1001 à 1108), DFIFAO 1, Kairo 1938, 5 und Pl. 12*a*. – © Courtesy of the Ifao, Le Caire.

Abb. 5: *Incipit* des Satirischen Briefes von Pap. Anastasi I.
Aus: POSENER, G., Catalogue des ostraca hiératiques littéraires de Dêr el-Medineh, T. III, Fasc. 2 (Nos 1410 – 1606), DFIFAO 20,2, Kairo 1978, 31 und Pl. 15*a*. – © Courtesy of the Ifao, Le Caire.

Abb. 6: Vignetten bzw. Weinranken in Psalterion aus dem 15. Jh. (Privatbesitz).

Abb. 7: Fackelspruch mit Exzerpt aus Totenbuch-Spruch 137B.
Aus: POSENER, G., Catalogue des ostraca hiératiques littéraires de Dêr el-Medineh, T. III, Fasc. 2 (Nos 1410 – 1606), DFIFAO 20,2, Kairo 1978, 81 und Pl. 53*a*. – © Courtesy of the Ifao, Le Caire.

Abb. 8: oIFAOinv. OL 315 (li.) und oIFAOinv. OL 3016 (re.): Tb 137B.
Aus: GASSE, A., Le chapitre 137B du Livre des morts à la lumière de quelques ostraca de Dêr el-Medina, in: B. Backes et al. (Hgg.), Totenbuch-Forschungen. Gesammelte Beiträge des 2. Internationalen Totenbuch-Symposions Bonn, 25.-29. September 2005, SAT 11, Wiesbaden 2006, 77-78. – © Courtesy of the Ifao, Le Caire.

Abb. 9: „Negatives Sündenbekenntnis" oder Tb 125 auf Ostrakon (li.) und kopierte Vorlage auf Pap. BM EA 10470 (re.)?. – © Courtesy Trustees of The British Museum.
Aus: HEERMA VAN VOSS, M., Een scherf uit het Dodenboek, in: Phoenix 14, Leiden 1968, 165-171; dort: 166 und 167

Abb. 10: Bauzeichnung – Pap. Berlin P. 15781.
Aus: MÜLLER, I., Plan für einen Tempel, in: B. Schmitz (Hg.), Festschrift Arne Eggebrecht. Zum 65. Geburtstag am 12. März 2000, HÄB 48, Hildesheim 2002, Taf. 18. – © Äg. Museum und Papyrussammlung, Berlin.

Abb. 11: Untere Hälfte von Pap. Berlin P. 15781.
Aus: MÜLLER, I., Plan für einen Tempel, in: B. Schmitz (Hg.), Festschrift Arne Eggebrecht. Zum 65. Geburtstag am 12. März 2000, HÄB 48, Hildesheim 2002, Taf. 18. – © Äg. Museum und Papyrussammlung, Berlin.

Abb. 12: Pap. Berlin P. 15782A.
Aus: GRIMM, A./SCHOSKE, S./WILDUNG, D. (Hgg.), Pharao. Kunst und Herrschaft im Alten Ägypten. Sonderausstellung Pharao - Kunst und Herrschaft im Alten Ägypten im Kunsthaus Kaufbeuren vom 13. September 1997 bis 6. Januar 1998, München 1997, 138f. Nr. 103. – © Äg. Museum und Papyrussammlung, Berlin.

Abb. 13: Ausschnitt aus dem Plan des Grabes Ramses' IV. (Pap. Turin Cat. 55002).
Aus: GUILLEMETTE, A.-L. et al., L'art du contour. Le dessin dans l'Égypte ancienne, Ausstellungskatalog Louvre, Paris 2013, 206f. no. 64. – © Museo Egizio, Photograph: Nicola Dell'Aquila.

Abb. 14: Ostr. BM EA 41228.
Li.: aus: IMHAUSEN, A., Mathematics in Ancient Egypt. A Contextual History, Princeton / Oxford 2016, 171.

Re.: aus: DEMARÉE, R. J., Ramesside Ostraca, London 2002, 27f. und Pl. 92. – © Courtesy Trustees of The British Museum.

Abb. 15: Ausschnitt aus Landkarte vom Wadi Hammamat (Zt. Ramses II.); (CG 1879+1869+1899; © Museo Egizio, Turin; Photograph: Nicola Dell'Aquila).

**Kapitel 17**

Abb. 1: Pap. Harris I – Kol. I.
Aus: GRANDET, P., Le Papyrus Harris I (BM 9999), 2. Bd., BdE 109 II, Kairo 1994, Pl. 1. – © Courtesy Trustees of The British Museum.

Abb. 2: Ramses III. im Redegestus vor der thebanischen Göttertriade Amun, Mut und Chons.
Aus: GRANDET, P., Le Papyrus Harris I (BM 9999), 2. Bd., BdE 109 II, Kairo 1994, Pl. 2. – © Courtesy Trustees of The British Museum.

Abb. 3: Ramses III. vor der memphitischen Triade Ptah, Sachmet und Nefertem.
Aus: GRANDET, P., Le Papyrus Harris I (BM 9999), 2. Bd., BdE 109 II, Kairo 1994, Pl. 43. – © Courtesy Trustees of The British Museum.

Abb. 4: Ramses III. vor heliopolitanischen Göttern.
Aus: GRANDET, P., Le Papyrus Harris I (BM 9999), 2. Bd., BdE 109 II, Kairo 1994, Pl. 24. – © Courtesy Trustees of The British Museum.

Abb. 5: Kol. 6 mit *jry=i-n=k*-Anaphora: „Ich habe dir … gemacht".
Aus: GRANDET, P., Le Papyrus Harris I (BM 9999), 2. Bd., BdE 109 II, Kairo 1994, Pl. 6. – © Courtesy Trustees of The British Museum.

Abb. 6: Kol. 11 mit Liste.
Aus: GRANDET, P., Le Papyrus Harris I (BM 9999), 2. Bd., BdE 109 II, Kairo 1994, Pl. 11. – © Courtesy Trustees of The British Museum.

Abb. 7: Tabellen mit Schreibervergleich bei Erman.
Aus: ERMAN, A., Zur Erklärung des Papyrus Harris, Sitzungsberichte der Preussischen Akademie der Wissenschaften, Philosophisch-Historische Klasse 21, Berlin 1903, 5-7.

Abb. 8: Aus Möllers Vergleichstabelle.
Aus: MÖLLER, G., Hieratische Paläographie. 2, Von der Zeit Thutmosis' III bis zum Ende der einundzwanzigsten Dynastie, Leipzig 1927, 3.

Abb.9: Aus Grandets Tabelle von „graphies hiératiques schématisés".
Aus: GRANDET, P., Le Papyrus Harris I (BM 9999), 1. Bd., BdE 109 I, Kairo 1994, 25.

Abb. 10: Grandets „Variations Orthographiques".
Aus: GRANDET, P., Le Papyrus Harris I (BM 9999), 1. Bd., BdE 109 I, Kairo 1994, 24.

Abb. 11: Schreiber A.
Aus: BOMHARD, A. S. von, Paléographie du Papyrus Wilbour. L'écriture hiératique cursive dans les papyri documentaries, Paris 1998, 11.

Abb. 12: Schreiber B.

Aus: BOMHARD, A. S. von, Paléographie du Papyrus Wilbour. L'écriture hiératique cursive dans les papyri documentaries, Paris 1998, 11.

Abb. 13: Schreiber C.
Aus: BOMHARD, A. S. von, Paléographie du Papyrus Wilbour. L'écriture hiératique cursive dans les papyri documentaries, Paris 1998, 12.

Abb. 14: Schreiber D.
Aus: BOMHARD, A. S. von, Paléographie du Papyrus Wilbour. L'écriture hiératique cursive dans les papyri documentaries, Paris 1998, 12.

Abb. 15: Schreiber von Anf. + Ende Kol. 68.
Aus: BOMHARD, A. S. von, Paléographie du Papyrus Wilbour. L'écriture hiératique cursive dans les papyri documentaries, Paris 1998, 12.

Abb. 16: Liste schreibertypischer Zeichen.
Aus: BOMHARD, A. S. von, Paléographie du Papyrus Wilbour. L'écriture hiératique cursive dans les papyri documentaries, Paris 1998, 14.

Abb. 17: „tachygraphie de répétition".
Aus: BOMHARD, A. S. von, Paléographie du Papyrus Wilbour. L'écriture hiératique cursive dans les papyri documentaries, Paris 1998, 15.

Abb. 18: „tachygraphie structurelle".
Aus: BOMHARD, A. S. von, Paléographie du Papyrus Wilbour. L'écriture hiératique cursive dans les papyri documentaries, Paris 1998, 17.

Abb. 19: „tachygraphie innovatrice".
Aus: BOMHARD, A. S. von, Paléographie du Papyrus Wilbour. L'écriture hiératique cursive dans les papyri documentaries, Paris 1998, 19.

Abb. 20: Vater Djehtuymose schreibt den Artikel *p3-*.
Aus: JANSSEN, J. J., On Style in Egyptian Handwriting, in: JEA 73, 1987, 164.

Abb. 21: Sohn Butehamun schreibt den gleichen Artikel.
Aus: JANSSEN, J. J., On Style in Egyptian Handwriting, in: JEA 73, 1987, 164.

Abb. 22: Schreiber Qenchnum schreibt den Art. pA-.
Aus: JANSSEN, J. J., On Style in Egyptian Handwriting, in: JEA 73, 1987, 164.

Abb. 23: Clandestiner Mordaufruf von General Pianchy an die Königin Nodjmet für den Fall, dass … – Extreme Kursive.
Aus: TAYLOR, J.H., Journey through the afterlife. Ancient Egyptian book of the dead, Cambridge 2010, 236 (Fig. 69). – © Äg. Museum und Ppayrussammlung, Berlin; Photographin: .

Abb. 24: Table 1 bei Sweeney 1998:116 resp. Donker van Heel 2016:221.
Aus: SWEENEY, D., Friendship and Frustration: A Study in Papyri Dêr el-Medina IV-VI, in: JEA 84, 1998, 116 (Tab. 1).

Abb. 25: *zḫ3.w Ɂmn-nḫt.tw.*

Ausschnitt aus: RAY, J. D., Inscriptions and Ostraca in the Nicholson Museum. Hieroglyphic, Hieratic, Demotic and Carian, in: K. N. Sowada et al. (Hgg.), Egyptian Art in the Nicholson Museum, Sydney 2006, Pl.
39.

Abb. 26: Tab. 1 bei Ragazzoli.
Aus: RAGAZZOLI, C., Un nouveau manuscrit du scribe Inéna? Le recueil de miscéllanées du Papyrus Koller
(Pap. Berlin P. 3043), in: V. Lepper (Hg.), Forschung in der Papyrussammlung. Eine Festgabe für das Neue
Museum, Berlin 2012, 228.

Abb. 27: Tab. 3 bei Ragazzoli.
Aus: RAGAZZOLI, C., Un nouveau manuscrit du scribe Inéna? Le recueil de miscéllanées du Papyrus Koller
(Pap. Berlin P. 3043), in: V. Lepper (Hg.), Forschung in der Papyrussammlung. Eine Festgabe für das Neue
Museum, Berlin 2012, 229.

Abb: 28: Zweimal der gleiche Text in zwei Manuskripten ein und desselben Schreibers.
Aus: RAGAZZOLI, C., Un nouveau manuscrit du scribe Inéna? Le recueil de miscéllanées du Papyrus Koller
(Pap. Berlin P. 3043), in: V. Lepper (Hg.), Forschung in der Papyrussammlung. Eine Festgabe für das Neue
Museum, Berlin 2012, 221.

**Kapitel 18**

Abb. 1: Wenamun 2.82-83. – © The State Pushkin Museum of Fine Arts, Moscow.
Aus: SCHIPPER, B. U., Die Erzählung des Wenamun. Ein Literaturwerk im Spannungsfeld von Politik, Geschichte und Religion, OBO 209, Fribourg 2005

Abb. 2: Pap. Pushkin 127, Kol. 5. – © The State Pushkin Museum of Fine Arts, Moscow. – © The State Pushkin
Museum of Fine Arts, Moscow.
Aus: CAMINOS, R. A., A Tale of Woe. From a Hieratic Papyrus in the A.S. Pushkin Museum of Fine Arts in
Moscow. Papyrus Puschkin 127, Oxford 1977, Pl. 11.

Abb. 3: Pap. Pushkin 127, Kol. 5.
Aus: CAMINOS, R. A., A Tale of Woe. From a Hieratic Papyrus in the A.S. Pushkin Museum of Fine Arts in
Moscow. Papyrus Puschkin 127, Oxford 1977, Pl. 12.

Abb. 4: Caminos' Transkription.
Aus: CAMINOS, R. A., A Tale of Woe. From a Hieratic Papyrus in the A.S. Pushkin Museum of Fine Arts in
Moscow. Papyrus Puschkin 127, Oxford 1977, Pl. 13.4.

Abb. 5: Kanzleischrift + Aktenkursive. Ausschnitt aus: Pap. Louvre AF 6345 + Frg. Griffith, Rt. Kol. XI-
XII). – © Musée du Louvre, dist. RMN-Grand Palais/Pierre et Maurice Chuzeville.

Abb. 6: Pap. Louvre AF 6345 + Frg. Griffith Rt. Kol. XI.5. – © Musée du Louvre, dist. RMN-Grand Pa-
lais/Pierre et Maurice Chuzeville.

Abb.7: Pap. Louvre AF 6345 + Frg. Griffith Rt. Kol. XI.6 – © Musée du Louvre, dist. RMN-Grand Pa-
lais/Pierre et Maurice Chuzeville.

Abb. 8: Pap. Louvre AF 6345 + Griffith Frg. rt. Kol. VI. – A. Gasse, Données nouvelles I, Pl. 85 – © Musée
du Louvre, dist. RMN-Grand Palais/Pierre et Maurice Chuzeville.

Abb. 9: Pap. Louvre AF 6345 + Griffith Frg. rt. Kol. VI.9-23. – A.H. Gardiner, RAD, 70.

Abb. 10: Gasse, Données nouvelles I, Pl. I.

Abb. 11: Gasse, Données nouvelles I, Pl. V

Abb. 12: Gasse, Données nouvelles I, Pl. XII + XIII

Abb. 13: Pap. BM EA 10474 rt. mit Kol. 6-7 der Lehre des Amenemope; Abb. aus: R.B. Parkinson – St. Quirke, *Papyrus* (1995), 44 Fig. 30 – © Courtesy Trustees of The British Museum, London.

Abb. 14: OAD T. 1 rt. 1-8 (li.) – © Museo Egizio, Photograph: Nicola Dell'Aquila.
OAD L. 5 rt. 1-5 (Mi.) – © Courtesy Trustees of The British Museum, London.
OAD L. 7.19-26 (re.) – © Courtesy Trustees of The British Museum, London.

Abb. 15: OAD P. 5; aus: Edwards, *OAD* II, Pl. XXXVI.

Abb. 16: Abb. 16: OAD Pap. August Kestner-Museum Inv.- Nr. 1976.60c, vs. 17-20; aus: Verf., Magika Hieratika in Berlin, Hannover, Heidelberg und München (2015), 203-219; dort: 216.

Abb. 17: Achtmal erscheinende und von Edwards ungelesene Gruppe in den OAD; aus: JASNOW, R., A Note on ʿš-šḥn, in: GM 92 (1986), 65-67; dort: 65.

Abb. 18 und 19: Pap. BM EA 10800 – Courtesy Trustees of The British Museum, London.
I.E.S. Edwards Bill of Sale for a Set of Ushabtis", in: *JEA* 57 (1971), 120-124 und Pl. XXXII.

## Kapitel 19

Abb. 1: Beginn der Chety-Lehre in klassischem Hieratisch.
Aus: VITTMANN, G., Eine spätzeitliche Schülertafel aus dem Asasif, in: Ägypten & Levante 16, 2006, 187-193.

Abb: 2: Andere Seite der Tafel.
Aus: VITTMANN, G., Eine spätzeitliche Schülertafel aus dem Asasif, in: Ägypten & Levante 16, 2006, 187-193.

Abb. 3: Pap. Queen's College rt. x+4 – © Courtesy Queen's College Oxford

Abb. 4: Pap. Wien 12011bII, IV.13-16.
Aus: VITTMANN, G., Eine spätzeitliche Schülertafel aus dem Asasif, in: Ägypten & Levante 16, 2006, 396 (Abb. 2).

Abb. 5: Pap. Wien 12011c, IV.9.
Aus: VITTMANN, G., Eine spätzeitliche Schülertafel aus dem Asasif, in: Ägypten & Levante 16, 2006, 397.

Abb. 6: Pap. Brooklyn 47.218.3 mit dem Schrein Amun-Res von Karnakund diversen Priestern in Prozession.
Aus: PARKER, R. A. (Hg.), A Saite Oracle Papyrus from Thebes in the Brooklyn Museum (Papyrus Brooklyn 47.218.3), Brown Egyptological Studies 4, Providence 1962, Pl. 1. – © Courtesy of the Brooklyn Museum, New York.

Abb. 7: Links die beiden oberen, rechts die beiden unteren Zeugen auf einer Kolumne.

Aus: PARKER, R. A. (Hg.), A Saite Oracle Papyrus from Thebes in the Brooklyn Museum (Papyrus Brooklyn 47.218.3), Brown Egyptological Studies 4, Providence 1962, Pl. 14. – © Courtesy of the Brooklyn Museum, New York.

Abb. 8-9: Louvre Papyrus E 7847. – © 2012 RMN-Grand Palais (Musée du Louvre)/Georges Poncet.

Abb. 10: Spalten zu den Graphien von *pr-ḥḏ* –„Schatzhaus" und *Pr-ʿꜣ* – „Pharao".
Aus: DONKER VAN HEEL, K./GOLVERDINGEN, J., An Abnormal Hieratic Reading Book. With a Palaeography of Abbnormal Hieratic Signs and Sign Groups. Fascicle III: Papyri from Oxford, Turin, Vienna & Tablets from Egypt & Leiden, Uitgaven vanwege de Stichting Het Leids Papyrologisch Instituut 24, Leiden 2014.

Abb. 11: Unterschiedliche Graphien von *rḫ* – „kennen u.ä." und *ḫpr* – „werden; sein u.ä.".
Aus: DONKER VAN HEEL, K., Abnormal Hieratic and Early Demotic Texts collected by the Theban Coachytes in the Reign of Amasis. Papyri from the Louvre Eisenlohr Lot, unpubl. Diss., Leiden 1995, 62.

Abb. 12: Pap. Cairo CG 30657.
Aus:DONKER VAN HEEL, K., Donker van Heel, in: Acta Demotica. Acts of <the> Fifth International Conferencce for Demotists, 118 und 116.

Abb. 13: Pap. Louvre E 7837 vs. 9. – © 2003 Musée du Louvre, dist. RMN-Grand Palais/Christian Décamps.

Abb. 14: *Ꜣw=f-ʿw-Ꜣmn-Ꜣp zꜣ Ꜣr.t[.w-r=t]* – „Efaouamonip son of It[ourodj]".
Aus: DONKER VAN HEEL, K., Abnormal Hieratic and Early Demotic Texts collected by the Theban Coachytes in the Reign of Amasis. Papyri from the Louvre Eisenlohr Lot, unpubl. Diss., Leiden 1995, 213 und Pl. XXVI A.

**Kapitel 20**

Abb. 1: Hieratische Brooklyn-Stele aus der 22. Dyn. (67.118).
Beide Abb. aus: https://www.brooklynmuseum.org/opencollection/objects/3762 (15.02.2017).

Abb. 2: Transkription Jansen-Winkeln.
Aus: JANSEN-WINKELN, K., Inschriften der Spätzeit. 2. Bd, Die 22. – 24. Dynastie, Wiesbaden 2007, 199.

Abb. 3: Hieratische Brooklyn-Stele 67.119.
Abb. aus: https://d1lfxha3ugu3d4.cloudfront.net/images/opencollection/objects/size2/67.119negA_bw_IMLS.jpg. (Zugriff: 06.02.2018)

Abb. 4: Ashm. Mus. 1894.107 b.
Aus: JANSSEN, J. J., The Smaller Dâkhla Stela (Ashmolean Museum 1894.107 b), in: JEA 54, 1968, Pl. XXV. – © The Fitzwilliam Museum, Cambridge.

Abb. 5: Transkription J.J. Janssen.
Aus: JANSSEN, J. J., The Smaller Dâkhla Stela (Ashmolean Museum 1894.107 b), in: JEA 54, 1968, Pl. XXV.

Abb. 6: Stele aus Amheida – Zt. Takeloth III.
Aus: DEMARÉE, R. J./KAPER, O. E., A Donation Stela in the Name of Takeloth III from Amheida, Dakhleh Oasis, in: JEOL 39, 2005/2006, 19–37; dort: 23 Fig. 2 und 22.

Abb. 7: Zeugenliste.

Aus: DEMARÉE, R. J./KAPER, O. E., A Donation Stela in the Name of Takeloth III from Amheida, Dakhleh Oasis, in: JEOL 39, 2005/2006, 23.

Abb. 8: Grenzstele aus dem Antikenhandel.
Aus: MEEKS, D., Une borne commemorative hiératique, in: CdE 70, 1995, 72–82; dort: 81.

Abb. 9: Priesterstammbaum im Karnak-Tempel.
Aus: Abb. aus: D. Wildung, *Imhotep und Amenhotep. Gottwerdung im Alten Ägypten* (MÄS 36, 1977), Taf. LXVI.

Abb. 10: Nahaufnahme der Zeilen 4 und 5, aus : D. Wildung, *Imhotep und Amenhotep. Gottwerdung im Alten Ägypten* (MÄS 36, 1977), Taf. LXVI

**Kapitel 21**

Abb. 1: Ausschnitt aus Pap. Turin Cat. 1791 (Ptolemäerzt.) – Grundlage aller Totenbuchstudien.
Aus: LÜSCHER, B., Studying the Book of the Dead, in: J. H. Taylor (Hg.), Journey Through the Afterlife. Ancient Egyptian Book of the Dead, London 2010, 306. – © Museo Egizio, Photograph: Nicola Dell'Aquila.

Abb. 2: Ausschnitt aus Pap. Greenfield (BM EA 10554; 21. Dyn.):Unziale mit kursivhieroglyphischen Einschlägen. – © Trustees of The British Museum, London.

Abb. 3: „Schichtwechsel": Zwei Schreiber am Werk auf Pap. BM EA 10743/2.
Aus: LUCARELLI, R., Making the Book of the Dead, in: J. H. Taylor (Hg.), Journey Through the Afterlife. Ancient Egyptian Book of the Dead, London 2010, 282. – © Trustees of The British Museum, London.

Abb. 4: Palimpsest auf Pap. BM EA 9974 (21. Dyn.; H 11,8 cm).
Aus: LUCARELLI, R., Making the Book of the Dead, in: J. H. Taylor (Hg.), Journey Through the Afterlife. Ancient Egyptian Book of the Dead, London 2010, 278. – © Trustees of The British Museum, London.

Abb. 5: Unfertiges saitenzeitliches Totenbuch (26. Dyn.). Marseille, Musée d'Archéologie Méditerranéenne Inv. 91/2/1 + 291.
Aus: LUCARELLI, R., Making the Book of the Dead, in: J. H. Taylor (Hg.), Journey Through the Afterlife. Ancient Egyptian Book of the Dead, London 2010, 283 (Fig. 151).

Abb. 6: Instruktion an Vignettenzeichner auf Pap. New York MMA 25.3.121 A-G.
Aus: VERHOEVEN, U., Das frühsaitische Totenbuch des Monthpriesters Chamhor C. Unter Mitarbeit von Sandra Sandri, Beiträge zum Alten Ägypten 7, Basel 2017, 42. – © Metropolitan Museum, New York.

Abb. 7: Digraphien auf einem Blatt.
Aus: http://gallica.bnf.fr/ark:/12148/btv1b8304507p/f1.item.zoom (Zugriff 06.02.1018). – © Bibliothèque National de France, Paris.

Abb. 8: Kol. 6: „Falke" = Vignette zu Tb 78: „Spruch, sich in einen Falken zu verwandeln".
Aus: http://gallica.bnf.fr/ark:/12148/btv1b8304507p/f1.item.zoom (Zugriff 06.02.1018). – © Bibliothèque National de France, Paris.

Abb. 9: Kol. 9: Legenden zu „Spruch (77), sich in einen goldenen Falken zu verwandeln" (bi(w)k; li. Hälfte) und „Spruch (82), sich in Ptah zu verwandeln" (qi[rot]-PtH; re. Hälfte).
Aus: http://gallica.bnf.fr/ark:/12148/btv1b83045120.r=egyptien%2075?rk=107296;4 (Zugriff 06.02.2018). – © Bibliothèque National de France, Paris.

Abb. 10: Kol. 10: Legende zu „Spruch (85), sich in einen lebendigen Bazu verwandeln" (li. Hälfte) und „Spruch (86), sich in eine Schwalbe zu verwandeln" (re. Hälfte).
Aus: http://gallica.bnf.fr/ark:/12148/btv1b8304513d.r=egyptien%2075?rk= 21459;2 (Zugriff 06.02.2018). – © Bibliothèque National de France, Paris.

Abb. 11: Kol. 11: „Die zwei Reiher": Vignetten zu „Spruch (83), sich in einen Phönix zu verwandeln" und zu „Spruch (84), sich in einen Reiher zu verwandeln".
Aus: http://gallica.bnf.fr/ark:/12148/btv1b8304511k/f1.item.zoom (Zugriff 06.02.2018). – © Bibliothèque National de France, Paris.

Abb. 12: Kol. 12: „Spruch (81A), sich in einen Lotus zu verwandeln"(in rot unterhalb der 1. Zeile des Spruchtextes):
Aus:  http://gallica.bnf.fr/ark:/12148/btv1b83045105/f1.item.r=Livre%20des%20 Morts%20d' Ankhesena-set.zoom. – © Bibliothèque National de France, Paris.

Abb. 13: Kol. 13: „Spruch (102), in die Barke des Re hinabzusteigen"mit Barken-Vignette am unteren Kolumnenende.
Aus: http://gallica.bnf.fr/ark:/12148/btv1b8304518g.r=egyptien%2080?rk= 21459;2 (Zugriff 06.02.2018). – © Bibliothèque National de France, Paris.

Abb. 14: Spätptolemäische Tradition in Theben (Pap. BM EA 10086/6; Ptol.zt.).
Aus: LUCARELLI, R., Making the Book of the Dead, in: J. H. Taylor (Hg.), Journey Through the Afterlife. Ancient Egyptian Book of the Dead, London 2010, 269 (Fig. 80). – © Trustees of The British Museum, London.

Abb. 15: Memphitische Tradition (Pap. BM EA 10045/3; Ptol.zt.).
Aus: LUCARELLI, R., Making the Book of the Dead, in: J. H. Taylor (Hg.), Journey Through the Afterlife. Ancient Egyptian Book of the Dead, London 2010, 269 (Fig. 81). © Trustees of The British Museum, London.

Abb. 16: Pap. Berlin P. 15785: Tb 100 als Amulett (ptolemäisch).
Aus: FISCHER-ELFERT, H.-W., Magika Hieratika in Berlin, Hannover, Heidelberg und München, Ägyptische und orientalische Papyri und Handschriften des Ägyptischen Museums und Papyrussammlung Berlin, Berlin 2015, 152 – 156; dort: 156. © Äg. Museum und Papyrussammlung, Berlin.

Abb. 17: Amulettcontainer aus kostbaren und weniger edlen Materialien; Li.: Louvre 3317 (H 5,6 cm; Gold); re.: Bibl. Nat. Paris 182 (H 8,8 cm; Holz). – © 2005 Musée du Louvre, dist. RMN-Grand Palais/Christian Décamps.

Abb. 18: Ausschnitt aus Pap. BM EA 10671.
Aus: QUIRKE, S., The Latest Books of the Dead?, in: W. V. Davies (Hg.), Studies in Egyptian Antiquities. A Tribute to T.G.H. James, British Museum Occasional Paper 123, London 1999, Pl. XX. – © Courtesy Trustees of The British Museum, London.

Abb. 19: Zweimal derselbe Name *P(3)-di-Nfrtm* digraph.
Li.: aus: KOCKELMANN, H., Zur Lesung einiger Personennamen auf Totenbuch-Mumienbinden, in: GM 198, 2004, 34.
Re.: aus: KOCKELMANN, H., Zur Lesung einiger Personennamen auf Totenbuch-Mumienbinden, in: GM 198, 2004, 35.

Abb. 20: Anfang der Binde BM EA 10265.
Aus: MUNRO, I., The Evolution of the Book of the Dead, in: J. H. Taylor (Hg.), Journey Through the After-life. Ancient Egyptian Book of the Dead, London 2010, 79 Fig. 32. – © Courtesy Trustees of The British Museum, London.

Abb. 21: Ein Beispiel mit der Nennung eines Gottesvaters Anchefenchonsu.
Aus: Heidelberg-Leipziger Dokumentation des Grabes TT 157 (Nebwenenef), unpubl., Verf. (i.V.).

Abb. 22: Pap. Vandier – Saitische Totenbuchrezension verhilft zur Wiedergewinnung von Literatur.
Aus: http://egyptologie.univ-lille3.fr/IMG/media/papyrus-pl-139-a-rect.html(Zugriff 21.02.2017).

Abb. 23: Die späteste Lehre in Hieratisch (Pap. Brooklyn 47.218.135 Kol. x+1,14-17; 26. Dyn.).
Aus: JASNOW, R., A Late Period Hieratic Wisdom Text (P. Brooklyn 47.218.135), SAOC 52, Chicago 1992, Fig. 2. – © Courtesy of the Brooklyn Museum, New York.

Abb. 24: Indirekter *join* bei noch zu findendem *missing link*.
Aus: QUACK, J. F., Aus einer spätzeitlichen literarischen Sammelhandschrift. Papyrus Berlin 23045, in: ZÄS 130, 2003, Taf. XLV. – © Äg. Museum und Papyrussammlung, Berlin.

Abb. 25: Intralineare Übersetzung. – Pap. BM EA 10298 Kol. x+2,4-6. – © Courtesy Trustees of The British Museum, London.
Oben: Ausschnitt aus: CAMINOS, R. A., A hieratic Schoolbook in the British Museum (Pap. B.M EA 10298), in: JEA 54, London 1968, XVIII.
Unten: Ausschnitt aus: CAMINOS, R. A., A hieratic Schoolbook in the British Museum (Pap. BM EA 10298), in: JEA 54, London 1968, XVIIIA.

Abb. 26: Vom Klassisch-Ägyptischen ins Frühdemotische. – © Courtesy Trustees of The British Museum, London.
Aus: QUACK, J. F., A New Bilingual Fragment from the British Museum (Pap. BM EA 69574), in: JEA 85, 1999, 158 (Fr. A, 4-5).

Abb. 27: Pap. Suzuki d 4 Recto samt Faksimile.
Li.: aus: JASNOW, R., P. Suzuki Collection h 1, in: R. Jasnow et al. (Hgg.), The Demotic and Hieratic Papyri in the Suzuki Collection of Tokai University, Japan, Atlanta 2016, Pl. 9.
Re.: aus: JASNOW, R., P. Suzuki Collection h 1, in: R. Jasnow et al. (Hgg.), The Demotic and Hieratic Papyri in the Suzuki Collection of Tokai University, Japan, Atlanta 2016, Pl. 10.

Abb. 28: Onomastikon Kurth verso, obere Hälfte.
Aus: ZÄS 135 (2008), Taf. XXXI.

Abb. 29: Pap. Hal. Kurth Inv. 33 A-c rt., Text zu Tb 149 Hügel 10 x+12-15.
Li.: aus: MÜLLER-ROTH, M., From Memphis to Thebes: Local traditions in the Late Period, in: BMSAES 15, 2010, Taf. XXVI.
Re.: aus: MÜLLER-ROTH, M., From Memphis to Thebes: Local traditions in the Late Period, in: BMSAES 15, 2010, Taf.XXVII.

Abb. 30: Pap. Hal. Kurth Inv. 33 A-c vs. III' x+7-8.
Li.: aus: MÜLLER-ROTH, M., From Memphis to Thebes: Local traditions in the Late Period, in: BMSAES 15, 2010, Taf. XXX
Re.: aus: MÜLLER-ROTH, M., From Memphis to Thebes: Local traditions in the Late Period, in: BMSAES 15, 2010, Taf. XXXI.

Abb. 31: Pap. Berlin P. 10456 („Rubensohn") rt. 4-5 (inkl. Westendorfs Transkription).
Aus: http://elephantine.smb.museum/ record/?result=0&Alle=10456. – © Äg. Museum und Papyrussammlung, Berlin.

Abb. 32: Anfang des Rezeptbuches. Ausschnitt aus Pap. Brooklyn 47.218.48+85 rt. II.17.
Aus: SAUNERON, S., Un Traité Égyptien d'Ophiologie. Papyrus du Brooklyn Museum Nᵒˢ 47.218.48+85, IFAO Bibliothèque générale 11, Kairo 1989, Taf. 2 Bas. – © Courtesy of the Brooklyn Museum, New York.

Abb. 33: P. 29009 rt. a x+3-7.
Aus: J.F. Quack, „Aus zwei spätzeitlichen Traumbüchern (Pap. Berlin P. 29009 und 23058)", in: H. Knuf et al. (Hgg.), *Honi soit qui mal y pense. Studien zum pharaonischen, griechisch-römischen und spätantiken Ägypten zu Ehren von Heinz-Josef Thissen* (2010), 99-110 und Taf. 34-37; hier: Taf. 34. – © Äg. Museum und Papyrussammlung, Berlin.

Abb. 34: Pap. Brooklyn 47.218.49 Kol. x+10.1-8.
Aus: O'ROURKE, P.F., A Royal Book of Protection of the Saite Period: pBrooklyn 47.218.49, in: Yale Egyptological Studies 9, New Haven 2015, Pl. 10 A. – © Courtesy of the Brooklyn Museum, New York.

Abb. 35: Transkription von Pap. Brooklyn 47.218.49 Kol. x+10.1-8.
Aus: O'ROURKE, P.F., A Royal Book of Protection of the Saite Period: pBrooklyn 47.218.49, in: Yale Egyptological Studies 9, New Haven 2015, Pl. 10 B.

Abb. 36: Pap. Ashmolean Museum 1984.55 rt. Kol. I' x+8-12 + Transkription Quack.
Li.: Ausschnitt aus: QUACK, J. F., Ein neues medizinisches Fragment der Spätzeit (pAshmolean Museum 1984.55 rt.), in: ZÄS 126, 1999, Taf. XIII.
Re.: aus: QUACK, J. F., Ein neues medizinisches Fragment der Spätzeit (pAshmolean Museum 1984.55 rt.), in: ZÄS 126, 1999, 143. – © Ashmolean Museum, University of Oxford.

Abb. 37: Pap. Brooklyn 47.218.84, Kol. 10. – © Courtesy of the Brooklyn Museum, New York.
Aus: MEEKS, D., Mythes et legendes du Delta d'après le papyrus Brooklyn 47.218.84, MIFAO 125, Kairo 2006, Pl. 10.

Abb. 38: Pap. Rylands IX, Kol. XXI.10-18, davon Z. 10-11 demotisch, Z. 12-18 hieratisch.
Aus: GRIFFITH, F. L., The Petrie Papyri. Hieratic Papyri from Kahun and Gurob, principally of the Middle Kingdom, 1. Bd., London 1898, Pl. 39.

Abb. 39: Pap. Rylands IX, Kol. XXI.12-13.
Aus: VITTMANN, G., Der demotische Papyrus Rylands 9, 1. Bd., ÄAT 38, Wiesbaden 1998, 102.

Abb. 40: Subskriptum aus J. 5, 2. Peret, Tag 26 unter Nektanebos' II. (*Nḫt-Ḥr-m-ḥb*).
Ausschnitt aus: ANDREWS, C. A. R./DAVIES, S./SMITH, H. S. (Hgg.), The Sacred Animal Necropolis at North-Saqqara. The Mother of Apis Inscriptions, Band 2, Commentaries and Plates, Egypt Exploration Society: Texts from Excavations 14, London 2011, Pl. XI.

Abb. 41: Transkription von Smith – Andrews – Davies.
Ausschnitt aus: ANDREWS, C. A. R./DAVIES, S./SMITH, H. S. (Hgg.), The Sacred Animal Necropolis at North-Saqqara. The Mother of Apis Inscriptions, Band 2, Commentaries and Plates, Egypt Exploration Society: Texts from Excavations 14, London 2011, 55.

Abb. 42: Holztafel (re.) aus TT 196 mit Faksimile der Recto-Seite (li.).

Re.: aus: KUCHAREK, A., A Hieratic Tablet from TT 196 Reexamined, in: R. Jasnow / G. Widmer (Hgg.), Illuminating Osiris. Egyptological Studies in Honor of Mark Smith, Material and visual culture of Ancient Egypt 2, Atlanta 2017, Pl. 14

Li.: aus: KUCHAREK, A., A Hieratic Tablet from TT 196 Reexamined, in: R. Jasnow / G. Widmer (Hgg.), Illuminating Osiris. Egyptological Studies in Honor of Mark Smith, Material and visual culture of Ancient Egypt 2, Atlanta 2017, Pl. 13.

Abb. 43: Holztafel Varille; re. Recto, li. Verso.
Aus: A. Varille, Inventaire d'objets cultuels d'un temple thébaine de Maat, in: BIFAO 41 (1941), 135-139 mit einer Tafel.

Abb. 44: Apis-Balsamierungsmanual rt. III.
Aus: VOS, R. L., The Apis Embalming Ritual P. Vindob. 3873, OLA 50, Leuven 1993, Pl. 3.

Abb. 45: Transkription rt. Kol. x+I.3-4.
Aus: VOS, R. L., The Apis Embalming Ritual P. Vindob. 3873, OLA 50, Leuven 1993, 241.

Abb. 46: Ausgewählte Zeichen aus Pap. Zaghreb 597-2 (li.).
Aus: MEYRAT, P., The First Column of the Apis Embalming Ritual Papyrus Zaghreb 597-2, in: J. F. Quack (Hg.), Ägyptische Rituale der griechisch-römischen Zeit, ORA 6, Tübingen 2014, 315.

Abb. 47: Pap. Rylands no. 50 – Faksimile E.A.E. Reymond.
Aus: REYMOND, E. A. E., Studies in the Late Egyptian Documents preserved in the John Rylands Library. 1, Fragment of a Crocodile Papyrus (P. dem.Rylands no. 50), in: Bulletin of the John Rylands Library 46/1, 1963, 154–163; Photo und Faksimile zwischen S. 158 und 159.

## Kapitel 22

Abb. 1: Pap. Rhind I Kol. III.
Aus: MÖLLER, G., Die beiden Totenpapyrus Rhind des Museums zu Edinburg, 2 Bde., Demotische Studien 6, Leipzig 1913, Taf. III.

Abb. 2: Hieratische und demotische Version von Kol. I.11-12.
Aus: MÖLLER, G., Die beiden Totenpapyrus Rhind des Museums zu Edinburg, 2 Bde., Demotische Studien 6, Leipzig 1913, Taf. I.

Abb. 3: Pap. Boulaq 3, Kol. x+3.
Aus: TÖPFER, S., Das Balsamierungsritual. Eine (Neu-)Edition der Textkomposition Balsamierungsritual (pBoulaq 3, pLouvre 5158, pDurham 1983.11 + pSt. Petersburg 18128), Studien zur spätägyptischen Religion 13, Wiesbaden 2015, Taf. 6.

Abb. 4: Pap. Louvre 5158, Kol. x+3.
Aus: TÖPFER, S., Das Balsamierungsritual. Eine (Neu-)Edition der Textkomposition Balsamierungsritual (pBoulaq 3, pLouvre 5158, pDurham 1983.11 + pSt. Petersburg 18128), Studien zur spätägyptischen Religion 13, Wiesbaden 2015, Taf. 23.

Abb. 5: Auszug aus Paläographie des Balsamierungsrituals.
Aus: TÖPFER, S., Das Balsamierungsritual. Eine (Neu-)Edition der Textkomposition Balsamierungsritual (pBoulaq 3, pLouvre 5158, pDurham 1983.11 + pSt. Petersburg 18128), Studien zur spätägyptischen Religion 13, Wiesbaden 2015, 378.

Abb. 6: Besitzer des Totenbuches BM EA 10306.
Aus: KOCKELMANN, H., Zwei Personennamen in Hieratisch-Demotischer Mischschreibung. Anmerkungen zur graphischen Form und Lesung der Besitzernamen in den Totenbuch-Handschriften pLondon, British Museum EA 10306 und Madrid Inv. 84/79/IX/10, in: RdE 55, 2004, 167.

Abb. 7: Besitzernamen der Madrider Mumienbinde.
Aus: KOCKELMANN, H., Zwei Personennamen in Hieratisch-Demotischer Mischschreibung. Anmerkungen zur graphischen Form und Lesung der Besitzernamen in den Totenbuch-Handschriften pLondon, British Museum EA 10306 und Madrid Inv. 84/79/IX/10, in: RdE 55, 2004, 168.

Abb. 8: Zwei Mischgraphien des PN *Pa-tȝ*.
Aus: KOCKELMANN, H., Zwei Personennamen in Hieratisch-Demotischer Mischschreibung. Anmerkungen zur graphischen Form und Lesung der Besitzernamen in den Totenbuch-Handschriften pLondon, British Museum EA 10306 und Madrid Inv. 84/79/IX/10, in: RdE 55, 2004, 169.

Abb. 9: Pap. BM EA 10191rt. I.1. – © Trustees of The British Museum, London.
Aus: HERBIN, F.-R., Le Livre de parcourir l'éternité, OLA 58, Leuven 1994, Pl. 29.

Abb. 10: Pap. BM EA 10109 rt. I.1. – © Trustees of The British Museum, London.
Aus: HERBIN, F.-R., Le Livre de parcourir l'éternité, OLA 58, Leuven 1994, Pl. 33.

Abb. 11: Pap. BM EA 10199 rt. I.1. – © Trustees of The British Museum, London.
Aus: HERBIN, F.-R., Le Livre de parcourir l'éternité, OLA 58, Leuven 1994, Pl. 33.

Abb. 12: Pap. BM EA 10283 rt. I.1. – © Trustees of The British Museum, London.
Aus: HERBIN, F.-R., Le Livre de parcourir l'éternité, OLA 58, Leuven 1994, Pl. 42.

Abb. 13: Pap. Carlsberg 589 – © The Papyrus Carlsberg Collection, Kopenhagen.

+ PSI Inv. I 104 + P. Berlin 29022 – © Äg. Museum und Papyrussammlung, Berlin.
Li.: Aus: LIEVEN, A. von, Eine punktierte Osirisliturgie (P. Carlsberg 589 + PSI Inv. I 104 + P. Berlin 29022), in: K. Ryholt (Hg.), The Carlsberg Papyri 7. Hieratic Texts from the Collection, CNI publications 30, Kopenhagen 2006, Pl. 2.
Re.: aus: LIEVEN, A. von, Eine punktierte Osirisliturgie (P. Carlsberg 589 + PSI Inv. I 104 + P. Berlin 29022), in: K. Ryholt (Hg.), The Carlsberg Papyri 7. Hieratic Texts from the Collection, CNI publications 30, Kopenhagen 2006, Pl. 2 A.

Abb. 14: Text im Stile von Totenbuch 151. – © Äg. Museum und Papyrussammlung, Berlin.
Li.: aus: FISCHER-ELFERT, H.-W., Magika Hieratika in Berlin, Hannover, Heidelberg und München, Ägyptische und orientalische Papyri und Handschriften des Ägyptischen Museums und Papyrussammlung Berlin, Berlin 2015, Taf. VII.
Re.: aus: FISCHER-ELFERT, H.-W., Magika Hieratika in Berlin, Hannover, Heidelberg und München, Ägyptische und orientalische Papyri und Handschriften des Ägyptischen Museums und Papyrussammlung Berlin, Berlin 2015, 334.

Abb. 15: Ostr. Glasgow D. 1925.91.
Li.: aus: QUACK, J. F., Bemerkungen zum Ostrakon Glasgow D 1925.91 und zum Menu-Lied, in: SAK 29, 2001, Taf. 17.
Re.: aus: QUACK, J. F., Bemerkungen zum Ostrakon Glasgow D 1925.91 und zum Menu-Lied, in: SAK 29, 2001, 248 (Abb. 1).

Abb. 16: Ostr. Berlin P. 5570. – © Äg. Museum und Papyrussammlung, Berlin.

Aus: Katalog Berlin, Hieratische Papyrus aus den Königlichen Museen zu Berlin. 3, Schriftstücke der VI. Dynastie aus Elephantine, Zaubersprüche für Mutter und Kind, Ostraka, Berlin 1911, Taf. XVII/a.

Abb. 17: OMM 1063 + 204.
Li.: Aus: GALLO, P., Ostraca demotici e ieratici dall'archivi obilingue di Narmouthis II, Quaderni di Medinet Madi 3, Pisa 1997, 9.
Re.: aus: GALLO, P., Ostraca demotici e ieratici dall'archivi obilingue di Narmouthis II, Quaderni di Medinet Madi 3, Pisa 1997, 8.

Abb. 18: OMM 1311.
Aus: GALLO, P., Ostraca demotici e ieratici dall'archivi obilingue di Narmouthis II, Quaderni di Medinet Madi 3, Pisa 1997, 6.

Abb. 19: Schøyen-Collection Ms. 189 – recto.
Unpubliziert, mit freundlicher Genehmigung von Martin Schøyen und John Tait (UC London).

Abb. 20: Tebtunis-Onomastikon Pap. I, Frgm. J Kol. 20-21.13 (Pap. Carlsberg 180). – © The Papyrus Carlsberg Collection, Kopenhagen.
Aus: OSING, J., Hieratische Papyri aus Tebtunis, CNI Publications 17/2, Kopenhagen 1998, Taf. 6.

Abb. 21: Pap. Ifao H 48 rt. - – © Ifao, Le Caire.
Li.: aus: HERBIN, F.-R., Un nouveau document gynécologique (P. Ifao H 48 ro), in: BIFAO 111, 2011, 201 (Fig. Ia).
Re.: aus: HERBIN, F.-R., Un nouveau document gynécologique (P. Ifao H 48 ro), in: BIFAO 111, 2011, 202 (Fig. Ib).

Abb. 22: „normal" = hieratisch & „abgekürzt" = demotisch.
Aus: HOFFMANN, F., Die Verwendung hieratischer Zeichen in demotischen medizinischen Texten, in: S.P. Vleeming (Hg.), Aspects of Demotic Orthography. Acts of an International Colloquium held in Trier, 8 November 2010, Studia Demotica 11, Leuven 2013, 29.

Abb. 23: Mischgraphien.
Aus: HOFFMANN, F., Die Verwendung hieratischer Zeichen in demotischen medizinischen Texten, in: S.P. Vleeming (Hg.), Aspects of Demotic Orthography. Acts of an International Colloquium held in Trier, 8 November 2010, Studia Demotica 11, Leuven 2013, 30.

Abb. 24: Hieratische Determinative an demotischen Wörtern.
Aus: HOFFMANN, F., Die Verwendung hieratischer Zeichen in demotischen medizinischen Texten, in: S.P. Vleeming (Hg.), Aspects of Demotic Orthography. Acts of an International Colloquium held in Trier, 8 November 2010, Studia Demotica 11, Leuven 2013, 31.

Abb. 25: pBerlin 14402 Frgm. A. – © Äg. Museum und Papyrussammlung, Berlin.
QUACK, J. F., Fragmente memphitischer Religion und Astronomie in semidemotischer Schrift (pBerlin 14402 + pCarlsberg 651 + PSI Inv. D.23), in: H. J. Thissen / F. Hoffmann (Hgg.), Res severa verum gaudium. Festschrift für Karl-Theodor Zauzich zum 65. Geburtstag am 8. Juni 2004, Studia Demotica 6, Leuven / Paris / Dudley 2004, Taf. XXXVII.

Abb. 26: Frgm. a, Z. 11.
Oben: Ausschnitt aus: QUACK, J. F., Fragmente memphitischer Religion und Astronomie in semidemotischer Schrift (pBerlin 14402 + pCarlsberg 651 + PSI Inv. D.23), in: H. J. Thissen / F. Hoffmann (Hgg.), Res severa

verum gaudium. Festschrift für Karl-Theodor Zauzich zum 65. Geburtstag am 8. Juni 2004, Studia Demotica 6, Leuven / Paris / Dudley 2004, Taf. XXXVII.

Unten: aus: QUACK, J. F., Fragmente memphitischer Religion und Astronomie in semidemotischer Schrift (pBerlin 14402 + pCarlsberg 651 + PSI Inv. D.23), in: H. J. Thissen / F. Hoffmann (Hgg.), Res severa verum gaudium. Festschrift für Karl-Theodor Zauzich zum 65. Geburtstag am 8. Juni 2004, Studia Demotica 6, Leuven / Paris / Dudley 2004, 471.

Abb. 27: Frgm. c x+7.

Li.: Ausschnitt aus: QUACK, J. F., Fragmente memphitischer Religion und Astronomie in semidemotischer Schrift (pBerlin 14402 + pCarlsberg 651 + PSI Inv. D.23), in: H. J. Thissen / F. Hoffmann (Hgg.), Res severa verum gaudium. Festschrift für Karl-Theodor Zauzich zum 65. Geburtstag am 8. Juni 2004, Studia Demotica 6, Leuven / Paris / Dudley 2004, Taf. XXXVII.

Re.: aus: QUACK, J. F., Fragmente memphitischer Religion und Astronomie in semidemotischer Schrift (pBerlin 14402 + pCarlsberg 651 + PSI Inv. D.23), in: H. J. Thissen / F. Hoffmann (Hgg.), Res severa verum gaudium. Festschrift für Karl-Theodor Zauzich zum 65. Geburtstag am 8. Juni 2004, Studia Demotica 6, Leuven / Paris / Dudley 2004, 475.

Abb. 28: Anfang von Kol. 1 auf P. Carlsberg 1 aus Tebtunis. – © The Papyrus Carlsberg Collection, Kopenhagen.

Aus: LIEVEN, A. von, Grundriss des Laufs der Sterne. Das sogenannte Nutbuch, CNI Publications 31, The Carlsberg Papyri 8, Kopenhagen 2007, Taf. 8.

Abb. 29: Passage in von Lievens Studie.

Aus: LIEVEN, A. von, Grundriss des Laufs der Sterne. Das sogenannte Nutbuch, CNI Publications 31, The Carlsberg Papyri 8, Kopenhagen 2007, 373.

Abb. 30: Übersetzung.

Aus: LIEVEN, A. von, Grundriss des Laufs der Sterne. Das sogenannte Nutbuch, CNI Publications 31, The Carlsberg Papyri 8, Kopenhagen 2007, 47.

Abb. 31: Texte zur Votivelle auf Papyrus Carlsberg 419 aus Tebtunis (Kol. x+2-3). – © The Papyrus Carlsberg Collection, Kopenhagen.

Li.: Ausschnitt aus: QUACK, J. F., Eine Papyruskopie des Textes der Votivellen (P. Carlsberg 419), in: K. Ryholt (Hg.), The Carlsberg Papyri 7. Hieratic Texts from the Collection, CNI Publications 30, Kopenhagen 2007, Pl. 5.

Re.: Ausschnitt aus: QUACK, J. F., Eine Papyruskopie des Textes der Votivellen (P. Carlsberg 419), in: K. Ryholt (Hg.), The Carlsberg Papyri 7. Hieratic Texts from the Collection, CNI Publications 30, Kopenhagen 2007, Pl. 5A.

Abb. 32: Gesamtaufnahme der Gallusstele.

Aus: https://www.uni-trier.de/index.php?id=28124 (Abruf 20.07.2017).

Abb. 33: Hieratische Zeichenformen auf der Gallus-Stele.

Aus: HOFFMANN, F./MINAS-NERPEL, M./PFEIFFER, S., Die dreisprachige Stele des C. Cornelius Gallus. Übersetzung und Kommentar, Archiv für Papyrusforschung und verwandte Gebiete 9, Berlin 2009, 50.

Abb. 34: Pap. London & Leiden rt. 23,24-26.

Aus: DIELEMAN, J., Priests, Tongues, and Rites. The London-Leiden Magical Manuscripts and Translation in Egyptian Ritual (100-300 CE), Religions in the Graeko-Roman World 153, Leiden 2005, 57 (Fig. 3.1).

Abb. 35: Dielemanns Übersetzung.

Aus: DIELEMANN, J., Priests, Tongues, and Rites. The London-Leiden Magical Manuscripts and Translation in Egyptian Ritual (100-300 CE), Religions in the Graeko-Roman World 153, Leiden 2005, 57.

Abb. 36: Pap. Louvre E 3229 rt. VI.25: Ausschnitt. – © 2018 RMN-Grand Palais (Musée du Louvre)/Georges Poncet.

Abb. 37: Pap. Louvre E 3229 rt. Kol. V.14-16. – © 2018 RMN-Grand Palais (Musée du Louvre)/Georges Poncet.

Abb. 38: Pap. Louvre E 3229 rt. Kol. III.15 Mitte – 16 Anfang. – © 2018 RMN-Grand Palais (Musée du Louvre)/Georges Poncet.

Abb. 39: Quacks Transkription.
Aus: QUACK, J. F., Remarks on Egyptian rituals of dream-sending, in: P. Kousoulis (Hg.), Ancient Egyptian Demonology. Studies on the Boundaries between the Demonic and the Divine in Ancient Egyptian Magic, OLA 175, Leuven / Paris / Walpole 2011, 132 Anm.27.

Abb. 40: Falke (*bjk*), Pavian (ꜥ*ne*) und Ibis (*hb*). – © Trustees of The British Museum, London.
Aus: BELL, H. I./NOCK, A. D./THOMPSON, H., Magical Texts from a bilingual Papyrus in the British Museum, in: Proceedings of the British Academy, Volume XVII, London 1931, 235–287; dort: rt. 5, Namenkolumne in Zentrum.

Abb. 41: *jmn rn=f*. – © Trustees of The British Museum, London.
Aus: BELL, H. I./NOCK, A. D./THOMPSON, H., Magical Texts from a bilingual Papyrus in the British Museum, in: Proceedings of the British Academy, Volume XVII, London 1931, 235–287; dort: rt.5.11 (Anfang).

# Literaturverzeichnis[1]

ABU BAKR, A. M. – OSING, J., Ächtungstexte aus dem Alten Reich, in: MDAIK 29/2, 1973, 97-133.

ALI, M. S., Der Papyrus Kairo CG 58078 – Ein Teil von Papyrus Boulaq 11?, in: Lingua Aegyptia 5, Göttingen 1997, 1-12.

ALLAM, M., Marking Signs in Hieratic and Glosses in Ancient Egyptian Texts, in: BEM 4 (2007), 29-34.

ALLEN, J. P., The Heqanakht Papyri, New York 2002.

ALLEN, J. P. – with an Essay by Mininberg, D. T., The Art of Medicine in Ancient Egypt, New Haven 2005.

ALLEN, J. P., The Ancient Egyptian Pyramid Texts, Writings from the Ancient World 23, Atlanta/GA 2005

ALLEN, J. P., Middle Egyptian Literature. Eight Literary Works of the Middle Kingdom, Cambridge 2015.

ANDREU-LANOË, G. – PARISELLE, C. – PELEGRIN, J., La production des ostraca en calcaire dans la nécropole thébaine. Étude préliminaire, in: BIFAO 115, 2016, 325-352.

ANDREWS, C. A. R. – DAVIES, S. – SMITH, H. S. (Hgg.), The Sacred Animal Necropolis at North-Saqqara. The Mother of Apis Inscriptions, 2 Bde., Egypt Exploration Society: Texts from Excavations 14, London 2011.

ANTHES, R., Die Felsinschriften von Hatnub nach den Aufnahmen Georg Möllers, in: UGAÄ 9, Leipzig 1928.

ANTHES, R., Die deutschen Grabungen auf der Westseite von Theben in den Jahren 1911 und 1913, MDAIK 12, 1943, 1-68.

ANTOINE, J.-C., The Geographical and Administrative Landscape of Lower Middle Egypt in Text B of the Wilbour Papyrus, in: ZÄS 144, 2017, 1-15.

ANTOINE, J.-C., Dating lists of Necropolis workmen in Theban graffiti and ostraca of the 21st dynasty. Consequence on the chronology of this period and the individual career, in: ZÄS 146, 2019, 103-128.

APTED, M. R. – BLACKMAN, A. M., The Rock-Tombs of Meir Part VI. The tomb-chapels of Ukhhotpe son of Iam (A, No.3), Senbi son of Ukhhotpe son of Senbi (B, No.3), and Ukhhotpe son of Ukhhotpe and Heny-Hery-Ib (C, No.1), Archaeological Survey of Egypt 29, London 1953.

ARLT, C., Deine Seele möge leben für immer und ewig! Die Mumienschilder im British Museum, Würzburg 2011.

ARNOLD, F. in collaboration with Arnold, D. et al., The South Cemeteries of Lisht, Vol. II. The Control Notes and Team Marks, Publications of the Metropolitan Museum of Art Egyptian Expedition 23, New York 1990.

AURIA, S. D' et al, Mummies & Magic. The Funerary Arts of Ancient Egypt, Boston 1988.

ASSMANN, J., Die Unschuld des Kindes. Eine neue Deutung der Nachschrift von CT spell 228, in: T. du QUESNE (Hg.): Hermes Aegyptiacus. Egyptological Studies for BH Stricker, Oxford 1995, 19-26.

ASSMANN, J. Kulturelle und literarische Texte, in: A. LOPRIENO (Hg.), Ancient Egyptian Literature. History and Forms, Probleme der Ägyptologie 10, Leiden 1996, 59-82.

AUFRÈRE, S.H., Les alphabets dits « égyptiens » et « cophtes » de Fournier le Jeune (1766) et la « guerre des polices » au XVIIIᵉ siècle, in: I. REGEN – F. SERVAJEAN (Hgg.), Verba manent. Recueil d'études dédiées à Dimitri Meeks par ses collègues et amis, Montpellier 2009, 29-49.

AVENNES, E. P. D', Fac-similé d'un papyrus égyptien en caractères hiératiques, trouvé à Thèbes, Paris 1847.

BACKES, B., unter Mitarbeit von MUNRO, I. und STÖHR, S., Wortindex zum späten Totenbuch (pTurin 1791), SAT 9, Wiesbaden 2005.

BACKES, B. et al. (Hgg.), Bibliographie zum altägyptischen Totenbuch, 2. überarb. Aufl., SAT 13, Wiesbaden 2009.

BACKES, B., Rezension zu: HERBIN, F.-R., Le Livre de parcourir l'éternité, in JEA 97, 2011, 262-263.

BAGH, T., Finds from W.M.F. Petrie's Excavations in Egypt in the Ny Carlsberg Glyptotek, Kopenhagen 2011.

BAINES, J., A find in the library, in: The Queen's College Record 7/4, Oxford 1998, 32-36.

BAINES, J., Prehistories of literature: performance, fiction, myth, in: Gerald MOERS, Definitely – Egyptian literature: proceedings of the Symposion Ancient Egyptian Literature – History and Forms, Los Angeles, March 24 – 26, 1995, Lingua aegyptia. Studia monographica 2, Göttingen 1999, 17-41.

BAINES, J. Visual & Written Culture in Ancient Egypt, Oxford 2007.

BAINES, J. – EYRE, C. J., Four Notes on Literacy, in: GM 61, Göttingen 2007, 65-96.

BARBOTIN, C. – DEVAUCHELLE, D., La voix des hieroglyphs. Promenade au Département des antiquités égyptiennes du muséedu Louvre, Paris 2005.

BARWIK, M., A Building Ostracon from Deir el-Bahari, in: ZÄS 136, 2009, 107-113.

---

[1] Für eine ständig aktualisierte Liste von hieratistischen Neuerscheinungen s. die website https://aku.uni-mainz.de/aku-bibliographie/.

BAYLIS, L. – PARKINSON, R. B., Four 12th Dynasty Literary Papyri (Pap. Berlin P. 3022-5). A Photographic Record, London / Berlin 2012.

BECKERATH, J. von, Chronologie des pharaonischen Ägypten. Die Zeitbestimmung der ägyptischen Geschichte von der Vorzeit bis 332 v. Chr., Mainz am Rhein 1997.

BEINLICH, H., Das Buch vom Fayum. Zum religiösen Eigenverständnis einer ägyptischen Landschaft, 2 Bde., Ägyptologische Abhandlungen 51, Wiesbaden 1991, 39-54.

BEINLICH-SEEBER, C., Bibliographie Altägyptens 1822-1946 Teil II, Ägyptologische Abhandlungen 61, Wiesbaden 1998.

BELL, H. I. – NOCK, A. D. – THOMPSON, H., Magical Texts from a bilingual Papyrus in the British Museum, in: Proceedings of the British Academy, Volume XVII, London 1931, 235-287.

BENNETT, J. E., Some Comments on the Dating of the Composition of the Onomasticon of Amenemope, in: GM 245, 2015, 5-8.

BERGER-EL NAGGAR, C., Des Textes des Pyramides sur papyrus dans les archives du temple funéraire de Pépy Ier, in: S. BICKEL – B. MATHIEU (Hgg.), D'un monde à l'autre. Textes des pyramides & Textes des sarcophages, Kairo 2004, 85-90.

BERLEV, O. – HODJASH, S., An Early Dynasty XII Offering Service from Meir (Moscow and London), in: Warsaw Egyptological Studies 1, Essays in honour of Prof. Dr. Jadwiga Lipińska, Warschau 1997, 283-290.

BESTOCK, L., Violence and Power in Ancient Egypt. Image and Ideology before the New Kingdom, London and New York 2018.

BIERBRIER, M. L., Who Was Who in Egyptology. Third revised Edition, London 2012.

BIRCH, S., Varia, in: ZÄS 10, 1872, 96-98.

BIRCH, S., Papyrus Harris, in: ZÄS 11, 1873, 9-12.

BLACK, J. – GEORGE, A. – POSTGATE, N. (Hgg.), A Concise Dictionary of Akkadian (2nd (corrected) printing, SANTAG 5, Wiesbaden 2000.

BLACKMAN, A. M. (Hg.), The Story of King Kheops and the Magicians Transcribed from Papyrus Westcar (Berlin Papyrus 3033), Reading 1988.

BOMHARD, A. S. von, Paléographie du Papyrus Wilbour. L'écriture hiératique cursive dans les papyri documentaries, Paris 1998.

BOMHARD, A. S. von, Le conte du Naufragé et le papyrus Prisse, in: RdE 50, 1999, 51-65.

BOMMAS, M., Zur Datierung einiger Briefe an die Toten, in: GM 173, Göttingen 1999, 53-60.

BORCHARDT, L., Der zweite Papyrusfund von Kahun und die zeitliche Festlegung des Mittleren Reiches der ägyptischen Geschichte, in: ZÄS 37, 1899, 89-103.

BORCHARDT, L., Allerhand Kleinigkeiten, Leipzig 1933.

BORCHARDT, L., ḥnt-k3w.s, die Stammmutter der 5ten Dynastie, in: ASAE 38, 1938, 209-215.

BORRMANN, L., Die Ächtungsfiguren des Alten und Mittleren Reiches – Mechanismen sozialer Aus- und Abgrenzung zwischen Lebensrealität, ritueller Magie und Formfindung jenseits der kanonischen Kunst (unpubl. Master-Arbeit FU Berlin 2012).

BREASTED, J. H., The Edwin Smith Surgical Papyrus, 2 Bde., OIP 3/4, Chicago 1930.

BREYER, F. A., Anatolisches Sprachmaterial in ägyptisch-hieroglyphischen Inschriften – ein Vorbericht, in: T. SCHNEIDER et al. (Hgg.), Das Ägyptische und die Sprachen Vorderasiens, Nordafrikas und der Ägäis, AOAT 310, Münster 2004, 259-270.

BRINKMANN, V., Sahure - Tod und Leben eines großen Pharao, Frankfurt am Main 2010.

BROSE, M., Sobeknacht oder Nachtsobek – Was ist hier die Frage? Oder: Zur Bedeutung des theophoren Namenstyps Gottesname – Pseudopartizip von Eigenschaftsverben, in: GM 239, 2013, 25-30.

BROSE, M., Grammatik der dokumentarischen Texte des Mittleren Reiches, Lingua aegyptia. Studia monographica 13, Hamburg 2014.

BROVARSKI, E., The Senedjemib Complex, Part I, Boston 2002.

BRUNTON, G. – MURRAY, M. A. – PETRIE, W. M. F., Lahun II, BSAE 33, London 1923.

BUDGE, E. A. W., Facsimiles of of Egyptian Hieratic Papyri in the British Museum. 1, with Descriptions, Summaries of Contents, etc., London 1910.

BUDGE, E. A. W., A hieroglyphic Vocabulary to the Theban Recension of the Book of the Dead. With an Index to all the English Equivalents of the Egyptian Words, Books on Egypt and Chaldaea 31, London 1911.

BURKARD, G., Textkritische Untersuchungen zu Weisheitslehren des Alten und Mittleren Reiches, Ägyptologische Abhandlungen 34, Wiesbaden 1977.

BURKARD, G. – FISCHER-ELFERT, H.-W., Verzeichnis der Orientalischen Handschriften in Deutschland. Bd. 4: Ägyptische Handschriften, Stuttgart 1994.

BURKARD, G. – THISSEN, H. J., Einführung in die altägyptische Literaturgeschichte I. Altes und Mittleres Reich, EQÄ 1, Berlin 2003.

694

BURKARD, G., Drei Amulette für neugeborene aus Elephantine, in: G. MOERS et al. (Hgg.), *jn.t ḏr.w*. Festschrift für Friedrich Junge, Göttingen 2006, 109-124.

BURKARD, G. – THISSEN, H. J., Einführung in die altägyptische Literaturgeschichte II. Neues Reich, EQÄ 6, Berlin 2008.

CAMINOS, R. A., Literary Fragments in the Hieratic Script, Oxford 1956.

CAMINOS, R. A., A hieratic Schoolbook in the British Museum (Pap. B.M. 10298), in: JEA 54, London 1968, 114-120.

CAMINOS, R. A., A Tale of Woe. From a Hieratic Papyrus in the A.S. Pushkin Museum of Fine Arts in Moscow. Papyrus Puschkin 127, Oxford 1977.

CAMINOS, R. A., Some Comments on the Reuse of Papyrus, in: M. L. BIERBRIER (Hg.), Papyrus: Structure and Usage, British Museum Occasional Paper 60, London 1986, 43-61.

CASTEL, G. – MEEKS, D., Dêr el-Medineh Bd. II, Kairo 1980.

CAUVILLE, S., Un inventaire de temple: Les papyrus Berlin 10472 A et 14.400, in: ZÄS 122 1995, 38-61.

CAVALLO, G., Greek and Latin Writing in Papyri, in: R. BAGNALL (Hg.), Handbook of Papyrology, Oxford 2009, 101-148.

CENIVAL, J. L. De – POSENER-KRIÉGER, P., Hieratic Papyri in the British Museum. Fifth Series. The Abusir Papyri, London 1968.

ČERNÝ, J., Ostraca Hiératiques. Catalogue Général du Musée du Caire N⁰ˢ 25501-25832, 4 Bde., Kairo 1935.

ČERNÝ, J., Late Ramesside Letters, in: Bibliotheca Aegyptiaca 9, Brüssel 1939.

ČERNÝ, J., Ostraca hiératiques non-littéraires de Dêr el-Médineh T. VII, DFIFAO VII, Kairo 1951.

ČERNÝ, J. – GARDINER, A. H., Hieratic Ostraca I, Oxford 1957.

ČERNÝ, J., Rezension zu: B. PORTER – R. L. B. MOSS, Topographical Bibliography of Ancient Egyptian Hieroglyphic Texts, Reliefs, and Paintings. I. The Theban Necropolis. Part I, Private Tombs, in: JEA 46, 1960, 114-115.

ČERNÝ, J., A Community of Workmen at Thebes in the Ramesside Period, BdE 50, Kairo 1973.

CHAMPOLLION, J. F., Grammaire égyptienne ouprincipes généraux de l'écrituresacrée égyptienne appliquée à la représentation de la langue parlée, Paris 1836-1841.

CHAMPOLLION, J. F., De l'écriture hiératique des anciens égyptiens, Paris 1821.

CHAMPOLLION, J. F., Lettre à M. Dacier relative à l'alphabet des hiéroglyphes phonétiques, Paris 1822.

CHAMPOLLION, J. F., Précis du système hiéroglyphique des anciens Égyptiens ou recherché sur les élémens premiers de cette écriture sacrée, sur leurs diverses combinaisons, et sur les rapports de ce système avec les autres méthodes graphiques égyptiennes, Paris 1824.

CHANTRAINE, G., The Use of Classifiers in the New Kingdom. A Global Reorganization of the Classifiers System?, in: Lingua Aegyptia 22, Hamburg 2014, 39-59.

CHARPIN, D., Reading and Writing in Babylon, Cambridge 2010.

CHRISTIE, A., Death Comes as the End, 1944.

CLÈRE, J.-J. – PIANKOFF, A., A letter to the dead on a bowl in the Louvre, in: JEA 20, 1934, 157-169.

COENEN, M., Funerary Papyri of the Bodleian Library at Oxford, in: JEA 82, 2000, 81-98.

COENEN, M., Rezension zu: Der Totenpapyrus des Pa-Month (P. Bibl. nat. 149), in: Bibliotheca Orientalis 59, 2004, 499-501.

COLE, E., Interpretation and Authority. The Social Functions of Translation in Ancient Egypt, UCLA Diss. 2015, in Druck.

COLE, E., Language and Script in the Book of the Dead, in: F. SCALF (Hg.), Book of the Dead: Becoming God in Ancient Egypt, Chicago 2017, 41-48.

CHARRON, A. – BARBOTIN, C. (éd.), Savoir et Pouvoir à l'Époque de Ramsès II. Khaemouaset Le Prince Archéologue, Paris 2016.

COLLIER, M. A. – QUIRKE, S. (Hgg.), The UCL Lahun Papyri: Letters, BARS 1083, Oxford 2002.

COLLIER, M. A. – QUIRKE, S. (Hgg.), The UCL Lahun Papyri: Religious, Literary, Legal, Mathematical and Medical, BARS 1209, Oxford 2004.

COLLIER, M. A. – QUIRKE, S. (Hgg.), The UCL Lahun Papyri: Accounts, BARS 1471, Oxford 2006.

COLLIER, M. A., Lots I and II from Lahun, in: D. P. SILVERMAN et al. (Hgg.), Archaism and Innovation: the Culture of Middle Kingdom Egypt, New Haven 2009, 205–259.

COLLOMBERT, P., *mr = ḥr = mḥr = (m)ḥr*, « pyramide » ?, in: GM 227, Göttingen 2010, 17-22.

COLLOMBERT, P., Les papyrus de Saqqâra. Enquête sur un fond d'archives inédit de l'Ancien Empire, in: BSFÉ 181, 2011, 17-30.

CONTARDI, F., Mittel der Gliederung in den administrativen und literarischen Papyri des Mittleren Reiches, in: Orientalia nova Series 72 (2003), 421-431.

CZERWIK, D., Some Remarks on the Letters to the Dead from the First Intermediate Period, GM 173, 1999, 61-66.

DARESSY, G., Ostraca. Catalogue générale des antiquités égyptiennes du Musée du Caire N⁰ˢ 25001 – 25385, Kairo 1901.

DARNELL, D. – DARNELL, J. C., Theban Desert Road Survey in the Egyptian Western Desert I. Gebel Tjauti Rock Inscriptions 1-45 and Wadi el-Hôl Rock Inscriptions 1-45, OIP 119, Chicago 2002.

DARNELL, J. C., Theban Desert Road Survey in the Egyptian Western Desert II. The Rock Shrine of Pahu, Gebel Akhenaten, and Other Rock Inscriptions from the Western Hinterland of Qamûla, Yale Egyptological Publications 1, New Haven 2013.

DAVIES, B. G., Who's Who at Deir el-Medina. A Prosopographic Study of the Royal Workmen's Community, Egyptologische Uitgaven 13, Leiden 1999.

DE CENIVAL, F., Transcription hiéroglyphique d'un fragment de Mythe conservé à l'Université de Lille, in: *CRIPEL* 9 (1987), 55-70.

DEICHER, S. – MAROKO, E. (Hgg.), Die Liste. Ordnungen von Dingen und Menschen in Ägypten, Berlin 2015.

DEINES, H. von – GRAPOW, H. – WESTENDORF, W., Grundriß der Medizin der Alten Ägypter, 9 Bde., Berlin 1954-1973.

DEMARÉE, R. J., Ramesside Ostraca, London 2002.

DEMARÉE, R. J. – KAPER, O. E., A Donation Stela in the Name of Takeloth III from Amheida, Dakhleh Oasis, in: JEOL 39, 2005/2006, 19-37.

DEMARÉE, R. J., The wooden doors of a royal tomb. O. Leiden F 2000/1.1 + O. KV 10045, in: JEOL 44, Leiden 2012/13, 43-48.

DEMICHELIS, S. et al., «Le paquet»: Sépulture anonyme de la IVᵉ dynastie provenant de Gébélein, in: BIFAO 103, 2003, 235-256.

DEMICHELIS, S., Le projet initial de la tombe de Ramsès IV? Papyrus de Turin CGT 55002, in: ZÄS 131, 2004, 114-133.

DENON, D. V., Voyage dans la basse et la haute Égypte, pendant les campagnes du général Bonaparte (Band 1), London 1802.

DÉVAUD, E., Les Maximes de Ptahhotep d'après le papyrus Prisse, les papyrus 10371/10435 et 10509 du British Museum et la tablette Carnarvon, Fribourg 1916.

DEWACHTER, M., Nouvelles informations relatives à l'exploration de la nécropole royale de Drah Aboul Neggah, in: RdE 36, 1985, 43-66.

DEWACHTER, M., L'apparition du Papyrus Prisse (pBN 183-194), in: RdE 39, 1988, 209-210.

DÍAZ HERNÁNDEZ, R. A., Der Ramesseumspapyrus E. Ein Ritualbuch für Bestattungen aus dem Mittleren Reich, GM Beihefte 15, Göttingen 2014.

DIELEMANN, J., Priests, Tongues, and Rites. The London-Leiden Magical Manuscripts and Translation in Egyptian Ritual (100-300 CE), Religions in the Graeko-Roman World 153, Leiden 2005.

DIELEMANN, J., What's in a Sign? Translating Filiation in the Demotic Magical Papyri, in: A. PAPACONSTAN-TINOU (Hg.), The Multilingual Experience in Egypt, from the Ptolemies to the Abbasids, Farnham 2010, 127–152.

DILS, P. – POPKO, L., Transcribing Hieratic into Hieroglyphs for the TLA. Problems and Priorities of a Lexico-graphical Database (unpubl. Vortrag anläßlich der Konferenz „Binsen"-Weisheiten IV, Mainz April 2016).

DOBREV, V. – VERNER, M. – VYMAZALOVÁ, H., Old Hieratic Paleography I: Builder's Inscriptions and Mason's Marks from Saqqara and Abusir, Prague 2011.

DONKER VAN HEEL, K., The lost battle of Peteamonip son of Petehorresne, in: Acta Demotica. Acts ofˢⁱᶜ Fifth International Conference for Demotists. Pisa, 4th-8th September 1993, EgVicOr 17, Pisa 1994, 115-124.

DONKER VAN HEEL, K., Abnormal Hieratic and Early Demotic Texts collected by the Theban Coachytes in the Reign of Amasis. Papyri from the Louvre Eisenlohr Lot, unpubl. Diss., Leiden 1995.

DONKER VAN HEEL, K., Papyrus Louvre E 7852. A Land Lease from the Reign of Taharqa, in: RdE 48, 1997, 81-93.

DONKER VAN HEEL, K., Papyrus Louvre E 7856 Verso and Recto: Leasing Land in the reign of Taharka, in: RdE 49, 1998, 91-102.

DONKER VAN HEEL, K., Djekhy & Son. Doing Business in Ancient Egypt, Kairo 2012.

DONKER VAN HEEL, K., A Very Easy Crash Course in Abnormal Hieratic. Being a Step by Step Introduction to the Least Accessible of All Ancient Egyptian Scripts, Uitgaven vanwege de Stichting Het Leids Papyrologisch Instituut 25, Leiden 2013.
Online abrufbar: http://www.aegyptologie.uni-muenchen.de/download/ah_crash_course.pdf (Zugriff 11.02.2017).

DONKER VAN HEEL, K. – GOLVERDINGEN, J., An Abnormal Hieratic Reading Book. With a Palaeography of Abnormal Hieratic Signs and Sign Groups. Fascicle III: Papyri from Oxford, Turin, Vienna & Tablets from Egypt & Leiden, Uitgaven vanwege de Stichting Het Leids Papyrologisch Instituut 24, Leiden 2014.

DONKER VAN HEEL, K., Rezension zu: RAY, J. D., Demotic Ostraca and Other Inscriptions from the Sacred Animal Necropolis, North Saqqara, in: BASP 52, 2015, 331-333.

DONKER VAN HEEL, K., Mrs. Naunakhte & Family. The Women of Ramesside Deir el-Medina, Kairo 2016.

DONNAT, S., Le rite comme seul référant dans les lettres aux morts. Nouvelle interprétation du Cairo text on linen, in: BIFAO 109, 2009, 61-93.

DONNAT, S., Gestion in absentia du domain familial. À propos des lettres aux morts et des documents d'Héqanakht, in: A. GASSE et al. (Hgg.), Et in Ægypto et ad Ægyptam. Receuil d'études dédiées à Jean-Claude Grenier. II, Montpellier 2012.

DONNAT BEAUQUIER, S., Écrire à ses morts. Enquête sur un usage rituel de l'écrit dans l'Égypte pharaonique, Grenoble 2014.

DORMAN, P. F., The Tombs of Senenmut: The Architecture and Decoration of Theban Tombs 71 and 353, Publications of the Metropolitan Museum of Art Egyptian Expedition 24, New York 1991.

DORMAN, P. F., The Career of Senenmut, in: C. H. ROEHRIG et al. (Hgg.), Hatshepsut. From Queen to Pharaoh, New York 2005, 107-133.

DORMAN, P. F., The Origins and Early Development of the Book of the Dead, in: F. SCALF (Hg.), Book of the Dead: Becoming God in Ancient Egypt, Chicago 2017, 29-40.

DORN, A., Arbeiterhütten im Tal der Könige: Ein Beitrag zur altägyptischen Sozialgeschichte aufgrund von neuem Quellenmaterial aus der Mitte der 20. Dynastie (ca. 1150 v.Chr.), 3 Bde., Aegyptiaca Helvetica 23.1 – 23.3, Basel 2012.

DORN, A., Diachrone Veränderungen der Handschrift des Nekropolenschreibers Amunnacht, Sohn des Ipui, in: U. VERHOEVEN (Hg.), Ägyptologische „Binsen"-Weisheiten I-II: Neue Forschungen und Methoden der Hieratistik. Akten zweier Tagungen in Mainz im April 2011 und März 2013, Mainz / Stuttgart 2015, 175-218.

DORN, A. – POLIS, S., A re-examination of O. Cairo JdE 72460 (= O. Cairo SR 1475). Ending the quest for a 19th Dynasty queen's tomb in the Valley of the Kings, in: P. COLLOMBERT et. al. (Hgg.), Aere Perennius. Mélanges égyptologiques en l'honneur de Pascal Vernus, in: OLA 242, Leuven 2016, 129-162.

DORN, A. – POLIS, S., Nouveaux textes littéraires du scribe Amennakhte (et autres ostraca relatifs au scribe de la Tombe), in: BIFAO 116, 2016, 57-96.

DREYER, G., Drei archaisch-hieratische Gefäßaufschriften mit Jahresnamen aus Elephantine, in: G. DREYER – J. OSING (Hgg.), Form und Maß: Beiträge zur Literatur, Sprache und Kunst des alten Ägypten (Fs Fecht), in: ÄAT 12, Wiesbaden 1987, 98-109.

DREYER, G. et al, Umm el-Qaab I. Das prädynastische Königsgrab Uj und seine frühen Schriftzeugnisse, in: AV 86, Mainz 1998.

DREYER, G., Frühe Schriftzeugnisse, in: G. DREYER – D. POLZ (Hgg.), Begegnung mit der Vergangenheit. 100 Jahre Ägypten. Deutsches Archäologisches Institut Kairo 1907-2007, Mainz am Rhein 2007, 211-217.

DROWER, M. S., Flinders Petrie. A Life in Archaeology, London 1985.

EDEL, E., Altägyptische Grammatik, Roma 1955-1964.

EDEL, E., Das Akazienhaus und seine Rolle in den Begräbnisriten, Berlin 1970.

EDEL, E., Die Felsgräbernekropole der Qubbet el Hawa bei Assuan. II. Abteilung. Die althieratischen Topfaufschriften aus den Grabungsjahren 1972 und 1973, Abhandlungen der Rheinisch-Westfälischen Akademie der Wissenschaften 55, Wiesbaden 1975.

EDEL, E., Die Felsgräbernekropole der Qubbet el Hawa bei Assuan. II. Abteilung. Die althieratischen Topfaufschriften. Paläographie der althieratischen Gefäßaufschriften aus den Grabungsjahren 1960 bis 1973, Abhandlungen der Rheinisch-Westfälischen Akademie der Wissenschaften 66, Opladen 1980.

EDEL, E., Ägyptische Ärzte und ägyptische Medizin am hethitischen Königshof. Neue Funde von Keilschriftbriefen Ramses' II. aus Boğazköy, Rheinisch-Westfälische Akademie der Wissenschaften: Vorträge / G 205, Opladen 1976.

EDEL, E., Eine althieratische Liste von Grabbeigaben aus einem Grab des späten Alten Reiches der Qubbet el-Hawa bei Assuan, Göttingen 1987.

EDEL, E., Unpublizierte althieratische Elephantine-Papyri aus Straßburg, in: I. GAMER-WALLERT – W. HELCK (Hgg.), Gegengabe. Festschrift für Emma Brunner-Traut, 1992, 73-81.

EDEL, E., Die Felsgräbernekropole der Qubbet el Hawa bei Assuan. I. Abteilung (Band 1-3) Die Architektur, Darstellung, Texte, archäologischer Befund und Funde der Gräber QH 24 - QH 209. Aus dem Nachlass verfasst und herausgegeben von Karl-J. Seyfried und Gerd Vieler, Bd. 1, Paderborn 2008.

EDWARDS, I. E. S., Hieratic Papyri in the British Museum. Fourth Series: Oracular Amuletic Decrees of the Late New Kingdom, 2 Bde., London 1960.

EDWARDS, I. E. S., Lord Dufferin's Excavations at el-Bahari and the Clandeboye Collection, in: JEA 51, London 1965, 16-28.

EDWARDS, I. E. S., Bill of Sale for a Set of Ushabtis, in: JEA 57, 1971, 120-124.

EDZARD, D. O., Geschichte Mesopotamiens. Von den Sumerern bis zu Alexander dem Großen, München 2004.

EICHLER, E., Untersuchungen zu den Königsbriefen des Alten Reiches, in: SAK 18, 1991a, 141-171.

EICHLER, E., Zwei Bemerkungen zu den hieratischen Briefen des Alten Reiches, in: GM 123, 1991b, 21-26.

EICHLER, E., Untersuchungen zum Expeditionswesen des ägyptischen Alten Reiches, Wiesbaden 1993.

EMERY, W. B. – SAAD, Z., Excavations at Saqqara. The Tomb of Hemaka, Kairo 1938.

ENMARCH, R., A World Upturned. Commentary on and Analysis of the Dialogue of Ipuwer and the Lord of All, Oxford 2008.

ERICHSEN, W., Papyrus Harris I. Hieroglyphische Transkription, Bibliotheca Aegyptiaca 5, Brüssel 1933.

ERICHSEN, W., Eine demotische Schulübung in demotischer Schrift, Historisk-filologiske meddelelser 31/4, Kopenhagen 1948.

ERICHSEN, W., Demotisches Glossar, Kopenhagen 1954.

ERMAN, A. (Hg.), Die Märchen des Papyrus Westcar, 2 Bde., Mittheilungen aus den Orientalischen Sammlungen 5 / 6, Berlin 1890.

ERMAN, A., Zaubersprüche für Mutter und Kind. Aus dem Papyrus 3027 des Berliner Museums, Philosophische und historische Abhandlungen der Königlich-Preussischen Akademie der Wissenschaften 1, Berlin 1901.

ERMAN, A., Zur Erklärung des Papyrus Harris, Sitzungsberichte der Preussischen Akademie der Wissenschaften, Philosophisch-Historische Klasse 21, Berlin 1903, 456-474.

ERMAN, A., Hieratische Papyrus Berlin II, Leipzig 1905.

ERMAN, A., Hymnen an das Diadem der Pharaonen. Aus einem Papyrus der Sammlung Golenischeff, Berlin 1911.

ERMAN, A. – GRAPOW, H., Wörterbuch der ägyptischen Sprache, 6 Bde., Leipzig 1926-71.

ERMAN, A., Mein Werden und mein Wirken, Leipzig 1929.

ESCOLANO-POVEDA, M., New Fragments of Papyrus Berlin 3024, in: ZÄS 144, 2017, 16-57.

ESPINEL, A. D., A newly identified Old Kingdom execration text, in: E. FROOD – A. MCDONALD (Hgg.), Decorum and experience. Essays in ancient culture for John Baines, Oxford 2013, 26-33.

ETIENNE, M., La stèle 26.1.19 retrouvée, in: Rde 44, 1993, 19-31.

ETIENNE, M., Heka. Magie et envoutement dans l'Égypte ancienne, Les dossiers du Musée du Louvre 57, Paris 2000.

ETIENNE, M., La médécine et son exercise, in: A. CHARRON – C. BARBOTIN (Hgg.), Savoir et Pouvoir à l'époque de Ramsès II. Khâemwaset le prince archéologue, 2016, 255-260.

EXELL, K., The Tomb Scribe Ramose and the Cult of the King. A Social and Historical Reading of some Private Votive Stelae from Deir el Medina in the Reign of Ramesses II., in: R. J. DANN (Hg.), Current Research in Egyptology V, Oxford 2006, 51-67.

EYRE, C., The Use of Documents in Pharaonic Egypt, Oxford 2013.

EYRE, C., Rezension zu: DORN, A., Arbeiterhütten im Tal der Könige: Ein Beitrag zur Altägyptischen Sozialgeschichte aufgrund von neuem Quellenmaterial aus der Mitte der 20. Dynastie (ca. 1150 v. Chr), JEA 99, 317-319.

FALTINGS, D., Die Keramik der Lebensmittelproduktion im Alten Reich, Heidelberg 1998.

FARINA, G., Il papiro dei Re restaurato, Roma 1938.

FAROUT, D., Des esclaves pour dettes à Dêr el-Bahari, in: Égypte, Afrique et Orient 38, 2005, 35-44.

FAULKNER, R. O., The Wilbour Papyrus. Bd. 4, Index, London 1952.

FECHT, G., Literarische Zeugnisse zur »Persönliche Frömmigkeit« in Ägypten. Analyse der Beispiele aus den ramessidischen Schulpapyri, Abhandlungen der Heidelberger Akademie der Wissenschaften, Philosophisch-Historische Klasse 1/1965, Heidelberg 1965.

FECHT, G., The Structural Principle of Ancient Egyptian Elevated Language, in: J.C. de Moor – W.G.E. Watson (Hgg.), Verse in Ancient Near Eastern Prose, Wiesbaden 1993, 69-94.

FEDER, F., Ist das „Erschüttern des Landes" (ḫwi-tȝ) Hochverrat?, in: F. FEDER – L. MORENZ – G. VITTMANN (Hgg.): Von Theben nach Giza, Festmiszellen für Stefan Grunert zum 65. Geburtstag, Göttingen 2011, 41-47.

FISCHER, H., Der Ägyptologe Georg Ebers. Eine Fallstudie zum Problem Wissenschaft und Öffentlichkeit im 19. Jahrhundert, Wiesbaden 1994.

FISCHER, H. G., The Butcher Pḥ-r-nfr, in: Orientalia 29, 1960, 168-87.

FISCHER, H. G., Inscriptions from the Coptite Nome, Rom 1964.

FISCHER, H. G., Dendera in the Third Millenium B.C. down to the Theban Domination of Upper Egypt, Philadelphia 1968.

FISCHER, H. G., Archaeological Aspects of Epigraphy and Palaeography, in: R.A. CAMINOS – id. (Hgg.), Ancient Egyptian Epigraphy and Palaeography, New York 1976, 29-50.

FISCHER, H. G., Egyptian Studies I. Varia, New York 1976.

FISCHER, H. G., Egyptian Studies II. The Orientation of Hieroglyphs. Part I. Reversals, Egyptian Studies 2, New York 1977.

FISCHER, H. G., The Evolution of Composite Hieroglyphs in Ancient Egypt, in: MMJ 12 (1978), wieder abgedruckt in: id., Ancient Egypt in the Metropolitan Museum Journal Supplement: Volumes 12-13 (1977-1978), 5-19.

FISCHER, H. G., L'écriture et l'art de l'Égypte ancienne. Quatre leçons sur la paléographie et l'épigraphie pharaoniques, Essais et Conférences, Collège de France, Paris 1986.

FISCHER, H. G., Egyptian Studies III. Varia Nova, New York 1996.

FISCHER, H. G., Egyptian Women of the Old Kingdom and of the Heracleopolitan Period (Second Edition), New York 2000.

FISCHER-ELFERT, H.-W., Die Satirische Streitschrift des Papyrus Anastasi I. Übersetzung und Kommentar, ÄA 44, Wiesbaden 1986.

FISCHER-ELFERT, H.-W., Bemerkungen zum Felderinventar des Papyrus Louvre AF 6345 und der Griffith Fragments, in: Enchoria 18, 1991, 27-36.

FISCHER-ELFERT, H.-W., Vermischtes, in: GM 127, 1992, 3-47.

FISCHER-ELFERT, H.-W., Vermischtes II, in: GM 135, 1993, 31-37.

FISCHER-ELFERT, H.-W., Papyrus demot. Rylands no. 50. Ein in den Edfu- und Dendera-Mammisis wiederverwendeter hieratischer Zaubertext, in: Enchoria 22, 1995, 1-15.

FISCHER-ELFERT, H.-W. (Hg.), Lesefunde im literarischen Steinbruch von Deir el-Medineh, Kleine Ägyptische Texte 12, Wiesbaden 1997.

FISCHER-ELFERT, H.-W., Die Vision von der Statue im Stein. Studien zum altägyptischen Mundöffnungsritual, Schriften der Philosophisch-Historischen Klasse der Heidelberger Akademie der Wissenschaften 5, Heidelberg 1998.

FISCHER-ELFERT, H.-W., Notiz zur Inschrift auf der Terrakotta BM, im Anhang zu: GYÖRY, H., Les terrescuites d'Harpocrate-au-Faucon-sur-le-Pilier, in: Aegyptus et Pannonia 1. Acta Symposii anno 2000, Budapest 2002, 65-98.

FISCHER-ELFERT, H.-W. et. al, Stadt und Tempel von Elephantine. 28./29./30. Grabungsbericht, in: MDAIK 58, 2002, 157-226.

FISCHER-ELFERT, H.-W., Wort – Vers – Text. Bausteine einer altägyptischen Textologie, in: C. WILCKE (Hg.), Das geistige Erfassen der Welt im Alten Orient. Sprache, Religion, Kultur und Gesellschaft, Wiesbaden 2007, 27-38.

FISCHER-ELFERT, H.-W., Weitere Details zur Göttlichkeit der Natur – Fragmente eines späthieratischen Lexikons (Pap. Hal. Kurth Inv. 33 A-c (Halle/Saale), in: ZÄS 135, 2008, 115-130.

FISCHER-ELFERT, H.-W., Stolz auf seine Fachbibliothek oder Die Thaumaturgischen Hände des Dr. Nefer, in: WO 43, Göttingen 2013, 106-113.

FISCHER-ELFERT, H.-W., Papyrus Queen's College Recto: A Narrative in Abnormal Hieratic, in: R. ENMARCH – V. LEPPER (Hgg.), Ancient Ehyptian Literature. Theory and Practice, Proceedings ofthe British Academy 188, Oxford 2013, 143–151.

FISCHER-ELFERT, H.-W., Magika Hieratika in Berlin, Hannover, Heidelberg und München, Ägyptische und orientalische Papyri und Handschriften des Ägyptischen Museums und Papyrussammlung Berlin 2, Berlin 2015.

FISCHER-ELFERT, H.-W. – LEHMANN, S., Aegyptiaca und Papyri der Sammlung Julius Kurth. Archäologisches Museum der Martin-Luther Universität Halle: Bestandskatalog Band 1, Dresden 2014.

FISCHER-ELFERT, H.-W., Rezension zu: LÜSCHER, B., Die Vorlagen-Ostraka aus dem Grab des Nachtmin (TT 87), Beiträge zum Alten Ägypten 4, in: Bibliotheca Orientalis 72, 2015, 412-417.

FISCHER-ELFERT, H.-W. – KREBERNIK, M., Zu den Buchstabennamen auf dem Halaḥam-Ostrakon aus TT 99 (Grab des Sennefri), in: ZÄS 143, 2016, 169-176.
   Addenda & Corrigenda unter: https://uni-leipzig.academia.edu/HansWernerFischerElfert

FISCHER-ELFERT, H.-W., 'Namen bilden' (ir.t-rn.w). Ein Beitrag zur paradigmatischen Anthroponymie des Neuen Reichs, in: C. DIBIASE-DYSON – L. DONOVAN (Hgg.), The Culturous Manifestations of Religious Experience. Studies in Honour of Boyo G. Ockinga, ÄAT 85, Münster 2017, 311-325.

FISCHER-ELFERT, H.-W. – VITTMANN, G., Papyrus Queen's College Oxford: a juridical tale and accounts of the 25th dynasty in abnormal hieratic (in Vorbereitung).

FISCHER-ELFERT, H.-W., in: id. – F. NAETHER, Hieratika et Demotika im Ägyptischen Museum -Georg Steindorff- der Universität zu Leipzig (i. V.)

FLESSA, N. (Hg.), „(Gott) schütze das Fleisch des Pharao". Untersuchungen zum magischen Handbuch pWienAEg 8426, Corpus Papyrorum Raineri 27, München 2006.

FOISSY-AUFRÈRE, M.-P. et al., Égypte & Provence. Civilisation survivances et, cabinetz de curiosités, Avignon 1985.

FORMAN, W. – QUIRKE, S., Hieroglyphs & the Afterlife in Ancient Egypt, London 1996.

FRANKE, D., Altägyptische Verwandtschaftsbezeichnungen im Mittleren Reich, Hamburger Ägyptologische Studien 3, Hamburg 1983.

FRANKE, D., Zur Chronologie des Mittleren Reiches (12.-18. Dynastie). Teil 1: Die 12. Dynastie, in: Orientalia 57, Rom 1988, 113-138.

FRANKE, D., Geschöpf des ‚Ersten Tages'. Eine Assoziationstechnik zur Statuserhöhung in der 10. und 11. Dynastie, in: *GM* 164, 1998, 63-70.

Franke, D., Rez. zu J.C. DARNELL, Theban Desert Road Survey in the Egyptian Western Desert Vol. 1, in: OLZ 101, 2006, 123-129

FRANKE, D. – MARÉE, M. (Hgg.), Egyptian Stelae in the British Museum from the 13th to 17th Dynasties, London 2013.

FRITZ, W., Bemerkungen zum Datierungsvermerk auf der Amarnatafel KN 27, in: SAK 18, Hamburg 1991, 207-214.

FUCHS, R. – MUNRO, I., Papyrus Amenemhet: Ein Totenbuchpapyrus der 18. Dynastie, Studien zu den Ritualszenen altägyptischer Tempel 28, Dettelbach 2015.

GALÁN, J. M., An Apprentice's Board from Dra Abu El-Naga, in: JEA 93, London 2007, 95-116.

GALLO, P., Ostraca demotici e ieratici dall'archivi obilingue di Narmouthis II, Quaderni di Medinet Madi 3, Pisa 1997.

GALLORINI, C., A reconstruction of Petrie's excavation at the Middle Kingdom settlement of Kahun, in: S. QUIRKE (Hg.), Lahun Studies, Reigate 1998, 42-59.

GARDINER, A. H., Hieratic Texts, in: A. H. GARDINER et al. (Hgg.), Theban Ostraca: Edited from the originals, now mainly in the Royal Ontario Museum of Archaeology, Toronto, and the Bodleian Library, Oxford 1913, 1-16.

GARDINER, A. H., An Administrative Letter of Protest, in: JEA 13, 1927, 75-78.

GARDINER, A. H. – SETHE, K., Egyptian Letters to the Dead. Mainly from the Old and Middle Kingdoms, London 1928.

GARDINER, A. H., The Transcription of New Kingdom Hieratic, in: JEA 15, London 1929, 48-55.

GARDINER, A. H., A new letter to the dead, in: *JEA* 16, 1930, 19-22.

GARDINER, A. H., Hieratic Papyri in the British Museum. Third Series. The Chester Beatty Gift. Vol. 1, Text, London 1935.

GARDINER, A. H., Ramesside texts relating to the taxation and transport of corn, in: JEA 27, 1941, 19-73.

GARDINER, A. H., The Wilbour Papyrus, 3 Bde., London 1941/48.

GARDINER, A. H., Ancient Egyptian Onomastica I-III, London 1947.

GARDINER, A. H. (Hg.), Ramesside Administrative Documents, London 1948.

GARDINER, A. H., The Wilbour Papyrus, 3 Bde., London 1948.

GARDINER, A. H. (Hg.), The Ramesseum Papyri, Oxford 1955.

GARDINER, A. H., Egyptian Grammar. Being an Introduction to the Study of Hieroglyphs, Third Edition. Revised, Oxford 1957.

GASSE, A., Données nouvelles administratives et sacerdotales surl'organisation du domained'Amon XX[E]-XXI[E] dynasties à la lumière des papyrus Prachov, Reinhardt et Grundbuch (avec éditio princeps des papyrus Louvre AF 6345 et 6346 – 7), 2 Bde., Kairo 1988.

GASSE, A., Le K2, un cas d'école?, in: R. J. DEMARÉE – A. EGBERTS, Deir el-Medina in the Third Millenium AD. A Tribute to Jac. J. Janssen, Egyptologische Uitgaven 14, Leiden 2000, 109-120.

GASSE, A., Le chapitre 137B du Livre des morts à la lumière de quelques ostraca de Dêr el-Medina, in: B. BACKES et al. (Hgg.), Totenbuch-Forschungen. Gesammelte Beiträge des 2. Internationalen Totenbuch-Symposions Bonn, 25.-29. September 2005, SAT 11, Wiesbaden 2006, 69-78.

GASSE, A., Une caverne d'Ali Baba, la documentation hiératique des anciens ègyptiens, in: L.B. RIZZO (éd), À l'école des scribes, CENIM15, 2016, 61-71.

GEISEN, C., Die Totentexte des verschollenen Sarges der Königin Mentuhotep aus der 13. Dynastie. Ein Text zeuge aus der Übergangszeit von den Sargtexten zum Totenbuch, SAT 8, Wiesbaden 2004.

GERTZEN, T., École de Berlin und ‚Goldenes Zeitalter' (1882-1914) der Ägyptologie als Wissenschaft. Das Lehrer-Schüler-Verhältnis zwischen Ebers, Erman und Sethe, Berlin 2013.

GESTERMANN, L., Schreibmaterialien, in: LÄ V, Wiesbaden 1986, 700-703.

GESTERMANN, L., Aufgelesen: Die Anfänge des altägyptischen Totenbuches, in: B. BACKES et al. (Hgg.), Totenbuch-Forschungen, Gesammelte Beiträge des 2. Internationalen Totenbuch-Symposiums Bonn, 25. bis 29. September 2005, SAT 11, Wiesbaden 2006, 101-113.

GESTERMANN, L., Die Datierung der Nomarchen von Hermopolis aus dem frühen Mittleren Reich – eine Phantomdebatte?, in: *ZÄS* 135 (2008), 1-15.

GESTERMANN, L., Auf dem Weg zum Totenbuch: Von Tradition und Neuerung, in: R. LUCARELLI et al. (Hgg.), Herausgehen am Tage. Gesammelte Schriften zum altägyptischen Totenbuch, SAT 17, Wiesbaden 2012, 67-78.

GIULIANI, S., A New Proposal for the Interpretation of Hatnub Graffito N° 16, in: GM 159, 1997, 53-60.
GLANVILLE, S. R. K., The Letters of Aaḥmōse of Peniati, in: JEA 14, 1928, 294-312.
GLANVILLE, S. R. K., Working Plan for a Shrine, in: JEA 16, 1930, 237-239.
GLANVILLE, S. R. K., Records of a Royal Dockyard of the Time of Thutmosis III: Papyrus British Museum 10056, in: ZÄS 66, 1931, 105-121.
GLANVILLE, S. R. K., Records of a Royal Dockyard of the Time of Thutmosis III: Papyrus British Museum 10056, Part II, ZÄS 68, 1933, 7-41.
GOEDICKE, H., Two Lost Old Kingdom Ostraca, in: Festschrift zum 100-jährigen Bestehen der Papyrussamm lung der Österreichischen Nationalbibliothek Papyrus Erzherzog Rainer (P. Rainer Cent.), Textband, Vienna 1983, 155-156.
GOEDICKE, H., Four Hieratic Ostraca of the Old Kingdom, in: JEA 54, 1968, 23-30.
GOEDICKE, H., Old Hieratic Paleography, Baltimore 1988.
GOELET, O., Writing Ramesside Hieratic: What the Late Egyptian Miscellanies tell us about Scribal Educa-tion, in: S. H. D'AURIA (Hg.), Servant of Mut. Studies in Honor of Richard A. Fazzini, Probleme der Ägyptologie 28, Leiden 2008, 102-110.
GOELET, O., Observation on Copying and the Hieroglyphic Tradition in the Production of the *Book of the Dead*, in: S.H. D'AKOCKRIA (Hg.), Offerings to the Discerning Eye. An Egyptological Medley in Honor of Jack. A. Josephson, Leiden – Boston 2019, 121-132.
GOLENIŠČEV, S., Le conte du Naufragé, BdE 2, Kairo 1912.
GOMAÀ, F., Die Besiedlung während des Mittleren Reiches I. Oberägypten und das Fayum, Wiesbaden 1986.
GOURDON, Y., Les nouvelles inscriptions rupestres de Hatnoub, in: BSFÉ 189, 2014, 26-45.
GOUZ DE LA BOULLAYE, F. Le, Les voyages et observations du Sieur de la Boullaye-Le-Gout gentil-homme angevin, Paris 1653.
GOYON, J.-C., Le recueil de prophylaxie contre les agressions des animaux venimeux du Musée de Brooklyn. Papyrus Wilbour 47.218138, SSR 5, Wiesbaden 2012.
GRAEFE, E., Studien zu den Göttern und Kulten im 10. und 12. oberägyptischen Gau, Freiburg 1980.
GRAEFE, E., Untersuchungen zur Verwaltung und Geschichte der Institution der Gottesgemahlin des Amun vom Beginn des Neuen Reiches bis zur Spätzeit, 2 Bde., ÄA 37, Wiesbaden 1981.
GRAEFE, E., Das Grab des Padihorresnet. Obervermögensverwalter der Gottesgemahlin des Amun (Thebani-sches Grab Nr. 196), 2 Bde., Monumenta Aegyptiaca 9, Brüssel 2003.
GRAFTON, A., Die tragischen Ursprünge der deutschen Fußnote, Berlin 1995.
GRAJETZKI, W., Die höchsten Beamten der ägyptischen Zentralverwaltung zur Zeit des Mittleren Reiches. Prosoprographie, Titel und Titelreihen, Achet – Schriften zur Ägyptologie 2, Berlin 2000.
GRAJETZKI, W., Women and Writing in the Middle Kingdom. Stela Louvre C 187, in: RdE 60, 2003, 209-214.
GRAJETZKI, W., Another early source for the Book of the Dead. The SIP Burial D25 at Abydos, in: SAK 34, 2006a, 205-216.
GRAJETZKI, W., The Middle Kingdom of Ancient Egypt, London 2006b.
GRAJETZKI, W., Urkunden aus einem Pyramidenbaubüro des Mittleren Reiches, in: Sokar 19, Berlin 2009, 46-51.
GRANDET, P., Le Papyrus Harris I (BM 9999), 3 Bde., BdE 109 / 129, Kairo 1994/99.
GRAPOW, H., Sprachliche und schriftliche Formung ägyptischer Texte, Leipziger Ägyptologische Studien 7, Glückstadt 1936.
GRAPOW, H., Bd. IV Ergänzungsheft zu G. Möller, Hieratische Paläographie I-III, 1936.
GRAPOW, H., Wie die alten Ägypter sich anredeten, wie sie sich grüßten und wie sie miteinander sprachen, Band 4, Abhandlungen der Preußischen Akademie der Wissenschaften Philosophisch-Historische Klasse 1942/7, Berlin 1943.
GRDSELOFF, B., Notes sur deux monuments inédits de l'Ancien Empire. • I, Fragment de linteau de „Wr bꜣ-bꜣ". • II, Tambour de „Nj-ʿnḫ-ḥnm", in: ASAE 42, 1943, 25-70.
GRESKY, J. et al., „Folter" im Alten Reich? Untersuchungen zu den Ursachen und der Häufigkeit von Trau-mata bei der altägyptischen Population von Elephantine, in: D. RAUE et al. (Hgg.), The First Cata-ract: One Region – Diverse Perspectives, Berlin 2013, 77-89.
GRIFFITH, F. L., The Petrie Papyri. Hieratic Papyri from Kahun and Gurob, principally of the Middle King-dom, 2 Bde., London 1898.
GRIFFITH, F. L., Catalogue of the Demotic Papyri in the John Rylands Library, Manchester 1909.
GRIFFITH, F. L. – THOMPSON, H. (Hgg.), The Leiden Papyrus. An Egyptian Magical Book, New York 1974.
GRIFFITH, F. L. – FLINDERS PETRIE, W. M., Two Hieroglyphic Papyri from Tanis, Egypt Exploration Fund 9, Oxford 1889.
GRIFFITH, F. L., Catalogue of the Demotic Papyri in the John Rylands Papyri, 3 Bde., Manchester 1909.
GRIMAL, N. P., Les «Noyés» de Balat, in: Mélanges offerts à Jean Vercoutter, 1985, 111-121.
GRIMM, A, Wilhelm Spiegelberg als Sammler, München 1995.

GRIMM, A. – SCHOSKE, S. – WILDUNG, D. (Hgg.), Pharao. Kunst und Herrschaft im Alten Ägypten. Sonderausstellung Pharao - Kunst und Herrschaft im Alten Ägypten im Kunsthaus Kaufbeuren vom 13. September 1997 bis 6. Januar 1998, München 1997.

GRIMM, A. – SCHOSKE, S., Stimmen vom Nil. Altägypten im Spiegel seiner Texte, München 2002.

GUERMEUR, I., Les nouveaux papyrus hiératiques exhumés sur le site de Tebtynis: unaperçu, in: S. LIPPERT – M. SCHENTULEIT (Hgg.), *Graeco-Roman Fayum - Texts and Archaeology.* Proceedings of the Third International Fayum Symposion, Freudenstadt, May 29 - June 1, 2007, Wiesbaden 2008, 113-122.

GUERMEUR, I., À propos d'un passage du papyrus médico-magique de Brooklyn 47.218.2 (X+III,9 – X+IV,2), in: C. ZIVIE-COCHE – I. GUERMEUR (Hgg.), « Parcourir l'éternité » Hommage à Jean Yoyotte, 2 Bde, Turnhout 2012, 541-555.

GUERMEUR, I., Un faucon et une chatte dans une recette iatromagique du papyrus de Brooklyn 47.218.2 (col. x + IV, 2-7), in: M. MASSIERA – B. MATHIEU – F. ROUFFET, Apprivoiser le sauvage. Taming the Wild, CENiM 11, 2015, 165-181.

GUERMEUR, I., Le papyrus hiératique iatromagique no 47.218.2 du musée de Brooklyn, in: BSFE 193-194, 2016, 10-28.

GUERMEUR, I., Encore une histoire de sorcière (S-a-l-v)? Une formule de protection de la chamber dans le mammisi (pBrooklyn 47.218.2, x+v$^{2-6}$), in: S. L. LIPPERT et al. (Hgg.), Sapientia Felicitas. Festschrift für Günter Vittmann zum 29. Februar 2016, CENiM 14, 171-189.

GUGLIELMI, W., Agatha Christie und die Aneignung altägyptischer Quellen, in: C. TRÜMPLER (Hg.), Agatha Christie und der Orient. Kriminalistik und Archäologie, Essen 1999, 350-366.

GUILLEMETTE, A.-L. et al., L'art du contour. Le dessin dans l'Égypte ancienne, Ausstellungskatalog Louvre, Paris 2013.

GUNDACKER, R., Papyrus British Museum 10056: Ergebnisse einer Neukollationierung und Anmerkungen zur inhaltlichen Auswertung im Rahmen der militärischen Ausbildung Amenophis' II., in: Ägypten & Levante 27 (2017), 281-334.

GUNN, B., Studies in Egyptian Syntax, Paris 1924.

GUNN, B., A Sixth Dynasty Letter from Saqqara, in: ASAE 25, 1925, 242-255.

GUNN, B., An Architect's Diagram of the Third Dynasty, in: ASAE 26, 1926, 197-202.

GUTGESELL, M., Die Datierung der Ostraka und Papyri aus Dêr el-Medineh und ihre ökonomische Interpretation. Teil I: Die 20. Dynastie, Hildesheimer Ägyptologische Beiträge 18, Hildesheim 1983.

HAGEN, F., The hieratic dockets on the cuneiform tablets from Amarna, in: JEA 97, 2011, 214-216.

HAGEN, F., An Ancient Egyptian Literary Text in Context. The Instruction of Ptahhotep, in: OLA 218, Leuven 2012.

HAGEN, F., An Eighteenth Dynasty Writing Board (Ashmolean 1948.91) and the Hymn to the Nile, in: JARCE 49, 2013, 73-91.

HAGEN, F., On some movements of the royal court in New Kingdom Egypt, in: J. VAN DIJK (Hg.), Another Mouthful of Sand. Egyptological Studies in Honour of Geoffrey Thorndike Martin, OLA 246, Leuven 2016, 155-181.

HARING, B. J., The Scribe of the Mat. From Agrarian Administration to Local Justice, in: R.J. DEMARÉE – A. EGBERTS (Hgg.), Deir el-Medina in the Third Millenium AD. A Tribute to Jac. J. Jansen, Egyptologische Uitgaven 14, Leiden 2000, 129-158.

HARING, B. J., Halaḥam on an Ostracon of the Early New Kingdom, in: JNES 74, 2015, 189-196.

HARING, B. J., Hieratic Drafts for Hieroglyphic Texts?, in: U. VERHOEVEN (Hg.), Ägyptologische „Binsen"-Weisheiten I-II. Neue Forschungen und Methoden der Hieratistik, Mainz / Stuttgart 2015, 67-84.

HASSAN, K., A Visitor's Hieratic Ostracon Concerning the Temple of Deir el-Bahri, in: BIFAO 113, 2013, 183-191.

HASSAN, K., A Solar Hymn Ostracon from el-Bahari, in: BIFAO 114, 2014, 245-260.

HASSAN, K., An 18th Dynasty Wooden Board in the Egyptian Museum of Cairo JE 95750-CG 25366, in: Egyptian Journal of Archaeological and Restauration Studies 6, 2016, 125-132.

HAWARY, A. E. – HÖVELER-MÜLLER, M. (Hgg.), Zwischen den Welten. Grabfunde von Ägyptens Südgrenze, Bonn 2011.

HAWASS, Z. et al., Revisiting the harem conspiracy and death of Ramesses III: anthropological, forensic, radiological, and genetic study, in: British Medical Journal 345, London 2012.

HAYES, W. C., Ostraka and Name Stones from the Tomb of Sen-Mūt (No. 71) at Thebes, Publications of the Metropolitan Museum of Art Egyptian Expedition 15, New York 1942.

HAYES, W. C., Inscriptions from the palace of Amenhotep III, in: JNES 10, 1951, 35-56.

HAYES, W. C. (Hg.), A Papyrus of the Late Middle Kingdom in the Brooklyn Museum (Papyrus Brooklyn 35.1446), New York 1955.

HAYES, W. C., An Administrative Letter to Thuty, in: MDAIK 15, 1957, 89-90.

HAYES, W. C., The Scepter of Egypt II. The Hyksos Period and the New Kingdom, London 1959.

HAYES, W. C., A selection of Thutmoside ostraca from el-Bahari, in: JEA 46, 1960, 29-52.

HAYKAL, F., Papyrus Boulaq XIII, in: BIFAO 83, 1983, 213-248.

HEERMA VAN VOSS, M., Een scherf uit het Dodenboek, in: Phoenix 14, Leiden 1968, 165-168.

HELCK, W., Die Bedeutung der Felsinschriften J. Lopez, Inscripciones ruprestres Nr. 27 und 28, in: SAK1, 1974, 215-225.

HELCK, W., Die altägyptischen Gaue. TAVO Reihe b Nr. 5, Wiesbaden 1974.

HELCK, W., Altägyptische Aktenkunde des 3. und 2. Jahrtausends, MÄS 31, München 1974.

HELCK, W., Historisch-biographische Texte der 2. Zwischenzeit und neue Texte der 18. Dynastie, Kleine Ägyptische Texte 6,1, Wiesbaden 1975.

HELCK, W., Die Beziehungen Ägyptens und Vorderasiens zur Ägäis bis ins 7. Jahrhundert v. Chr., Erträge der Forschung 120, Darmstadt 1979.

HELCK, W., Zum Brooklyner Orakelpapyrus, in: H. J. THISSEN – K.-Th. ZAUZICH (Hgg.), Grammata Demotika. Festschrift für Erich Lüddeckens zum 15. Juni 1983, Würzburg 1984, 71-74.

HERBIN, F.-R., Le Livre de parcourir l'éternité, OLA 58, Leuven 1994.

HERBIN, F.-R., Books of Breathing and Related Texts, London 2008.

HERBIN, F.-R., Un nouveau document gynécologique (P. Ifao H 48 ro), in: BIFAO 111, 2011, 191-203.

Hieratische Papyrus aus den Königlichen Museen zu Berlin II. Hymnen an verschiedene Götter. Zusatzkapitel zum Totenbuch, Leipzig 1905.

Hieratische Papyrus aus den Königlichen Museen zu Berlin III. Schriftstücke der VI. Dynastie aus Elephantine, Zaubersprüche für Mutter und Kind, Ostraka, Leipzig 1911.

HILL, M., Note on the Dating of Certain Stone Serving Statuettes, in: Egyptian Art of the Old Kingdom, New York 1999, 386-395.

HOCH, J. E., Semitic Words in Egyptian Texts of the New Kingdom and Third Intermediate Period, Princeton 1994.

HOFFMANN, F., Rezension zu: VOS, R. L., The Apis Embalming Ritual P. Vindob. 3873, in: Bibliotheca Orientalis 52, 1995, 581-589.

HOFFMANN, F., Ägypten. Kultur und Lebenswelt in griechisch-römischer Zeit. Eine Darstellung nach den demotischen Quellen, Berlin 2000.

HOFFMANN, F., Zur angeblichen musikalischen Notation in einer ägyptischen Osirisliturgie, in: B. ROTHÖHLER – A. MANISALI (Hgg.), Mythos & Ritual. Festschrift für Jan Assmann zum 70. Geburtstag, Religionswissenschaft: Forschung und Wissenschaft 5, Berlin 2008, 71-76.

HOFFMANN, F. – MINAS-NERPEL, M. – PFEIFFER, S., Die dreisprachige Stele des C. Cornelius Gallus. Übersetzung und Kommentar, Archiv für Papyrusforschung und verwandte Gebiete 9, Berlin 2009.

HOFFMANN, F., Hieratic and Demotic Literature, in: C. RIGGS (Hg.), Oxford Handbook of Roman Egypt, Oxford 2012, 543-562.

HOFFMANN, F., Zum Körperkonzept in Ägypten (P. Berlin P. 10472 A + 14400), in: A. BERLEJUNG et al. (Hgg.), Menschenbilder und Körperkonzepte im Alten Israel, in Ägypten und im Alten Orient, Orientalische Religionen in der Antike 9, Tübingen 2012, 481-500.

HOFFMANN, F., Die Verwendung hieratischer Zeichen in demotischen medizinischen Texten, in: S.P. VLEEMING (Hg.), Aspects of Demotic Orthography. Acts of an International Colloquium held in Trier, 8 November 2010, Studia Demotica 11, Leuven 2013, 25-41.

HOFMANN, B., Die Königsnovelle. „Strukturanalyse am Einzelwerk", ÄAT 62, Wiesbaden 2004.

HOFMANN, T., Zur sozialen Bedeutung zweier Begriffe für ‹Diener›: b3k und ḥm, Aegyptiaca Helvetica 18, Basel 2005.

HORVÁTH, Z., Temple(s) and Town at El-Lahun. A Study of Ancient Toponyms in the el-Lahun Papyri, in: D. P. SILVERMAN et al. (Hgg.), Archaism and Innovation: the Culture of Middle Kingdom Egypt, New Haven 2009, 171-203.

IMHAUSEN, A., Altägyptische Algorithmen. Eine Untersuchung zu den mittelägyptischen mathematischen Aufgabentexten, ÄA 65, Wiesbaden 2003.

IMHAUSEN, A., Mathematics in Ancient Egypt. A Contextual History, Princeton / Oxford 2016.

IMHAUSEN, A., Zum Arbeiten mit hieratischen mathematischen Aufgabentexten, in: A. IMHAUSEN – T. POMMERENING (Hgg.), Translating Writings of Early Scholars in the Ancient Near East, Egypt, Greece and Rome. Methodological Aspects with Examples, Beiträge zur Altertumskunde 344, Berlin / New York 2016, 281-334.

IZRE'EL, S., The Amarna Scholarly Tablets, Cuneiform Monographs 9, Groningen 1997.

JACQUET-GORDON, H.K., The Inscriptions on the Philadelphia-Cairo Statue of Osorkon II, in: JEA 46, 1960, 12-23.

JAKOBI-MIRWALD, C., Das mittelalterliche Buch. Funktion und Ausstattung, Stuttgart 2004.

JAMES, T.G.H., The discovery and identification of the Alabaster Quarries of Hatnub, in: Melanges Jacques Jean Clère, CRIPEL 13, 1991, 79-84.

JANSEN-WINKELN, K., Diglossie und Zweisprachigkeit im Alten Ägypten, in: WZKM 85, 1995, 85-115.

JANSEN-WINKELN, K., Inschriften der Spätzeit. 4 Bde., Wiesbaden 2007–2014.

JANSEN-WINKELN, K., Zur Datierung der mittelägyptischen Literatur, Rez. zu G. MOERS (Hg.), Dating Egyptian Literary Texts (2013), in: Orientalia N.S. 86 (2017), 107-134; bes. 124-134.

JANSSEN, J. J., The Smaller Dâkhla Stela (Ashmolean Museum 1894.107 b), in: JEA 54, 1968, 165-172.

JANSSEN, J. J., On Style in Egyptian Handwriting, in: JEA 73, 1987, 161-167.

JASNOW, R., A Note on 'š-shn, in: GM 92 (1986), 65-67.

JASNOW, R., A Late Period Hieratic Wisdom Text (P. Brooklyn 47.218.135), SAOC 52, Chicago 1992.

JASNOW, R. – VITTMANN, G., An Abnormal Hieratic Letter to the Dead (P. Brooklyn 37.1799 E), in: Enchoria 19/20, 1992/3, 23-43.

JANSSEN, J. J., Rezension zu: WIMMER, S., Hieratische Paläographie der nicht-literarischen Ostraka der 19. und 20. Dynastie, 2 Bde., ÄAT 28 I / II, Wiesbaden 1995, in: BiOr 54 (1997), 338-345.

JASNOW, R., The Hieratic Wooden Tablet Varille, in: D.P. SILVERMAN (Hg.), For His Ka: Essays Offered in Memory of Klaus Baer, Studies in Ancient Oriental Civilization 55, Chicago 1994, 99-112.

JASNOW, R. – ZAUZICH, K.-T., The Ancient Egyptian Book of Thoth. A Demotic Discourse on Knowledge and Pendant to the Classical Hermetica, 2 Bde., Wiesbaden 2005.

JASNOW, R. – ZAUZICH, K.-T., Conversations in the House of Life. A New Translation of the Ancient Egyptian Book of Thoth, Wiesbaden 2014.

JASNOW, R., P. Suzuki Collection h 1, in: R. JASNOW et al. (Hgg.), The Demotic and Hieratic Papyri in the Suzuki Collection of Tokai University, Japan, Atlanta 2016, 9-25.

JOHNSON, J. H., Louvre E 3229. A Demotic Magical Text, in: Enchoria 7, 1977, 55-102.

JØRGENSEN, M., Egypt I (3000 – 1550 B.C.), Kopenhagen 1996.

JUNGE, F., Zur „Sprachwissenschaft" der Ägypter, in: Studien zu Sprache und Religion Ägyptens. Band 1: Sprache. Fs Wolfhart Westendorf, 1984, 257-272.

JUNGE, F., Neuägyptisch. Einführung in die Grammatik, 1. Aufl., 1996.

JUNKER, H., Giza-Grabungen Bd. VIII. Der Ostabschnitt des Westfriedhofs, Wien 1947.

KAHL, J., Von h bis ḳ. Indizien für eine „alphabetische" Reihenfolge einkonsonantiger Lautwerte in spätzeitlichen Papyri, in: GM 122, 1991, 33-48.

KAHL, J. – KLOTH, N. – ZIMMERMANN, U., Die Inschriften der 3. Dynastie. Eine Bestandsaufnahme, Wiesbaden 1995.

KAHL, J., Ein Zeugnis altägyptischer Schulausflüge, in: GM 211, 2006, 25-29.

KAISER, W., Elephantine. Die antike Stadt, Kairo 1998.

KAPLONY, P., Inschriften der Ägyptischen Frühzeit Teil III, ÄA 8; Wiesbaden 1963.

KAPLONY-HECKEL, U. – LÜDDECKENS, E. (Hgg.), Ägyptische Handschriften, Teil 1, Verzeichnis der Orientalischen Handschriften in Deutschland 19,1, Wiesbaden 1971.

KAPLONY-HECKEL, U., Schüler und Schulwesen in der ägyptischen Spätzeit, in: SAK 1, 1974, 227-246.

KEMP, B., Ancient Egypt. Anatomy of a Civilization, 2. Auflage, London 2006.

KESSLER, D. et al. (Hgg.), Texte – Theben – Tonfragmente. Festschrift für Günter Burkard, ÄAT 76, Wiesbaden 2009.

KITCHEN, K. A., Two Donation Stelae in the Brooklyn Museum, in: JARCE 8, 1969/70, 59-67.

KITCHEN, K.A., Ramesside Inscriptions II. Translated and Annotated. Translations II, Oxford 1996.

KLEMM, D. – KLEMM, R., Der „Grand Puits" in Theben-West, in: D. KESSLER et al. (Hgg.), Texte – Theben – Tonfragmente. Festschrift für Günter Burkard, Wiesbaden 2009, 271-280.

KLUGE, F., Etymologisches Wörterbuch der deutschen Sprache (23. Aufl.), 1999.

KOCKELMANN, H., Vier späte Leinenamulette für Mumien im Kunsthistorischen Museum Wien und im Museum of Archaeology and Anthropology, University of Pennsylvania, in: SAK 31, 2003, 235-260.

KOCKELMANN, H., Zur Lesung einiger Personennamen auf Totenbuch-Mumienbinden, in: GM 198, 2004, 23-37.

KOCKELMANN, H., Zwei Personennamen in Hieratisch-Demotischer Mischschreibung. Anmerkungen zur graphischen Form und Lesung der Besitzernamen in den Totenbuch-Handschriften pLondon, British Museum EA 10306 und Madrid Inv. 84/79/IX/10, in: RdE 55, 2004, 167-171.

KOCKELMANN, H., Untersuchungen zu den späten Totenbuch-Handschriften auf Mumienbinden, 2 Bde., SAT 12, Wiesbaden 2008.

KOCKELMANN, H., Notiz zur möglichen Datierung zweier Totenbuch-Handschriften auf Mumienbinden, in: GM 224, 2010, 5-6.

KOCKELMANN, H., How a Book of the Dead Manuscript Was Produced, in: F. SCALF (ed.), Book of the Dead. Becoming God in Ancient Egypt, OIMP 39, Chicago 2017, 67-74.

KÖHLER, C., The Cairo Museum collection of artefacts from Zaki Saad's excavations at Helwan, Armidale 2004.

KOOTZ, A., Der altägyptische Staat. Eine Untersuchung aus politikwissenschaftlicher Sicht, Wiesbaden 2006.

704

KOPP, P., Elephantine XXIV. Funde und Befunde aus der Umgebung des Satettempels. Grabungen von 2006 –2009. Mit Beiträgen von Richard D. Colman, Angela von den Driesch, Eva-Maria Engel, Hans-W. Fischer-Elfert, Irene Forstner-Müller, Amber G. E. Hood, Joris Peters und Dietrich Raue, Wiesbaden 2018.

KREBERNIK, M., Zur Entwicklung des Sprachbewusstseins im Alten Orient, in: C. WILCKE (Hg.), Das geistige Erfassen der Welt im Alten Orient. Sprache, Religion, Kultur und Gesellschaft, Wiesbaden 2007, 39-61.

KRUCHTEN, J.-M., Les annales des prêtres de Karnak (XXI-XXIII^mes dynasties) et autres textes contemporains relatifs à l'initiation des prêtres d'Amon, OLA 32, Leuven 1989.

KRUTZSCH, M., Materialtechnische Beobachtungen während der Restaurierung, in: H.-W. FISCHER-ELFERT, Magika Hieratika in Berlin, Hannover, Heidelberg und München, Ägyptische und orientalische Papyri und Handschriften des Ägyptischen Museums und Papyrussammlung Berlin 2, Berlin 2015, 1-74.

KUBISCH, S., Lebensbilder der 2. Zwischenzeit. Biographische Inschriften der 13.–17. Dynastie, SDAIK 34, Berlin 2008.

KUCHAREK, A., A Hieratic Tablet from TT 196 Reexamined, in: R. JASNOW – G. WIDMER (Hgg.), Illuminating Osiris. Egyptological Studies in Honor of Mark Smith, Material and visual culture of Ancient Egypt 2, Atlanta 2017, 197–214.

KYRIAKIDIS, E., Indications on the nature of the language of the Keftiw from Egyptian sources, in: Ägypten & Levante 12, 2002, 211-219.

LACAU, P. – LAUER, J.-P., La pyramide à degrés. Tome V. Inscriptions à l'encresur les vases, Fouilles à Saqqarah, Le Caire 1965.

LAISNEY, V. P.-M., L'Enseignement d'Aménemopé, Studia Pohl. Series Maior 19, Rom 2007.

LAKOMY, K. C., Cairo Ostracon J. 72460: Eine Untersuchung zur königlichen Bestattungstradition im Tal der Könige zu Beginn der Ramessidenzeit, GM Beihefte 4, Göttingen 2008.

LANDSBERGER, B. – SODEN, W.V., Die Eigenbegrifflichkeit der babylonischen Welt – Leistung und Grenze sumerischer und babylonischer Wissenschaft, Darmstadt 1965.

LANGE, H. O. – SCHÄFER, H., Grab- und Denksteine des Mittleren Reiches im Museum von Kairo. Catalogue Générale 20001-20780, Band 4, Kairo 1925.

LAVRENTYEVA, N. V., Rare Copies of Religious Texts on Papyrus: Storage Form or Method of Transformation?, in: Aegyptiaca Rossica, 2016, 203-219.

LEACH, B. – TAIT, J., Papyrus, in: P.T. NICHOLSON – I. SHAW (Hgg.), Ancient Egyptian Materials and Technology, Cambridge 2000, 227-253.

LEBLANC, C., L'école du temple (ât-sbaït) et le per-ankh (maison de vie). À propos de récentes découvertes effectuées dans le contexte du Ramesseum, in: Mnemonia 15 (2004), 93-101 und Pl. IX-XIV).

LEFÈVRE, D., La forteresse d'el-Hibeh. Papyrus inédits de la XXIe dynastie, in: BSFE 165, 2006, 32-47.

LEFÈVRE, D., Les papyrus « d'El-Hibeh » à la 21ème dynastie. Étude philologique et prosopographique, in: L. PANTALACCI (Hg.), La lettre d'archive. Communication administrative et personnelledans l'Antiquité proche-orientale et égyptienne, IFAO Bibliothèque générale 32, Kairo2008, 109-116.

LEITZ, C., Die Schlangennamen in den ägyptischen und griechischen Quellen, Akademie der Wissenschaften und der Literatur Mainz: Abhandlungen der Geistes- und Sozialwissenschaftlichen Klasse 1997,6, Stuttgart 1997.

LEITZ, C., The Magical and Medical Papyri of the New Kingdom, Hieratic Papyri in the British Museum 7, London 1999.

LEITZ, L. – MENDEL, D., Athribis III, Die östlichen Zugangsräume und Seitenkapellen sowie die Treppe zum Dach und die rückwärtigen Räume des Tempels Ptolemaios XII, 2 Bde., Le Caire 2017.

LEITZ, C., Die Geierweibchen des Thothbuches in den 42 Gauen Ägyptens, in: RdE 63, 2012, 137-185.

LEITZ, C., Das Menu-Lied: Eine Anleitung zum Bierbrauen für Hathor in 18 Schritten, in: R. JASNOW – G. WIDMER (Hgg.), Material and visual culture of Ancient Egypt 2, Atlanta 2017, 221-237.

LEMBKE, K. – SCHMITZ, B. (Hg.), Giza. Am Fuß der großen Pyramiden. Katalog zur Sonderausstellung Hildesheim, München 2011.

LEPROHON, R., The Stela of Sehetepibre (CG 20538). Borrowings and Innovation, in: D.P. SILVERMAN et al. (Hgg.), Archaism and Innovation: the Culture of Middle Kingdom Egypt, New Haven 2009, 277-291.

LEPSIUS, C.R., Denkmäler aus Aegypten und Aethiopien, Abtheilung VI, Bd. XII, Berlin 1849–1858.

LEPSIUS, C.R., Das Todtenbuch der Ägypter nach dem hieroglyphischen Papyrus in Turin, Leipzig 1842.

LEGOWSKI, A. – MÜLLER-ROTH, M., Papyrus Turin 1791 – revisited, in: GM 241, 2014, 77-101.

LESUR-GEBREMARIAM, J. – PANTALACCI, L., Wild animals downtown: Evidence from Balat, Dakhla Oasis (end of the 3rdmillenium), in: H. RIEMER et al. (Hgg.), Desert animals in the eastern Sahara: Status, economic significance, and cultural reflection in antiquity. Proceedings of an Interdisciplinary ACACIA Workshop held at the University of Cologne December 14–15, Köln 2009, 245-259.

LEVI, S., Raccolta dei segni ieratici egizi nelle diverse epoche con i corrispondenti geroglifici ed i loro differenti valori fonetici, Turin 1880.

LIEVEN, A. von, Der Himmel über Esna. Eine Fallstudie zur Religiösen Astronomie in Ägypten am Beispiel der kosmologischen Decken- und Architravinschriften im Tempel von Esna, ÄA 64, Wiesbaden 2000.

LIEVEN, A. von, Osiris, der Dekan Ḥꜣw und der Tod. Zur Deutung des Spruches zum Finden eines Diebes in pBM 10588, in: Enchoria 27, 2001, 82-87.

LIEVEN, A. von, Das Göttliche in der Natur erkennen. Tiere, Pflanzen und Phänomene der unbelebten Natur als Manifestationen des Göttlichen (mit einer Edition der Baumliste P. Berlin 29027), in: ZÄS 131, 2004, 156-172.

LIEVEN, A. von, Eine punktierte Osirisliturgie (P. Carlsberg 589 + PSI Inv. I 104 + P. Berlin 29022), in: K. RYHOLT (Hg.), The Carlsberg Papyri 7. Hieratic Texts from the Collection, CNI publications 30, Kopenhagen 2006, 9-38.

LIEVEN, A. von, Grundriss des Laufs der Sterne. Das sogenannte Nutbuch, CNI Publications 31, The Carlsberg Papyri 8, Kopenhagen 2007.

LIEVEN, A. von, Book of the Dead, Book of the Living. BD Spells as Temple Texts, in: JEA 98, 2012, 249-267.

LIEVEN, A. von, The Book of the Dead in the Temples, in: R. LUCARELLI – M. MÜLLER – M. SMITH (Hgg.), Handbook of the Ancient Egyptian Book of the Dead, Oxford, in Bearbeitung.

LIPPERT, S., L'écriture démotique, in: L. B. RIZZO et al. (Hgg.), À l'école des scribes. Les écritures de l'Égypte ancienne, CENiM 15, Milano 2016, 73-85.

LLOYD, A. B., Herodotus Book II. Commentary 1-98, in: Études préliminaires aux religions orientales dans l'empire romain 43, Leiden 1976.

LOPEZ, J., Ostraca Ieratici. T. III, N. 57093 – 57319, Milano 1980.

LOPEZ, J., Ostraca Ieratici. T. IV, N. 57450 – 57568. Tabelle lignee N. 58001 – 58007, Milano 1984.

LORAND, D., Le Papyrus Dramatique du Ramesseum. Étude des Structures de la Composition, Lettres Orientales 13, Leuven 2009.

LORETZ, O., Ugarit und die Bibel. Kanaanäische Götter im Alten Testament, Darmstadt 1990.

LUCARELLI, R., Making the Book of the Dead, in: J. H. TAYLOR (Hg.), Journey Through the Afterlife. Ancient Egyptian Book of the Dead, London 2010, 264-287.

LUFT, D. C., Das Anzünden der Fackel. Untersuchungen zu Spruch 137 des Totenbuches, SAT 15, Wiesbaden 2009.

LUFT, U., Die chronologische Fixierung des ägyptischen Mittleren Reiches nach dem Tempelarchiv von Illahun, Österreichische Akademie der Wissenschaften, Philosophisch-Historische Klasse, Sitzungsberichte 598. Band, Veröffentlichungen der ägyptischen Kommission Nr. 2, Wien 1992.

LUISELLI, M., The Colophons as an Indication of the Attitudes towards the Literary Tradition in Egypt and Mesopotamia, in: S. BICKEL – A. LOPRIENO (Hgg.), Basel Egyptology Prize 1. Junior Research in Egyptian History, Archaeology and Philology, Aegyptiaca Helvetica 17, Basel 2003, 343-360.

LUISIELLI, M., Der Amun-Re Hymnus des P. Boulaq 17 (P. Kairo CG 58038), Kleine Ägyptologische Texte 14, Wiesbaden 2004.

LÜSCHER, B., Studying the Book of the Dead, in: J. H. TAYLOR (Hg.), Journey Through the Afterlife. Ancient Egyptian Book of the Dead, London 2010, 288-297.

LÜSCHER, B., Kursivhieroglyphische Ostraka als Textvorlagen: Der (Glücks-)Fall TT 87, in: U. VERHOEVEN (Hg.), Ägyptologische „Binsen"-Weisheiten I–II. Neue Forschungen und Methoden der Hieratistik. Akten zweier Tagungen in Mainz im April 2011 und März 2013, Mainz / Stuttgart 2015, 85-118.

LÜSCHER, B., Die Vorlagen-Ostraka aus dem Grab des Nachtmin (TT 87), Beiträge zum Alten Ägypten 4, Basel 2013.

LÜSCHER, B., Papyrus Paris, Bibliothèque National 46: Ein Beitrag zur frühen Rezeptionsgeschichte des Totenbuches, in: S. BICKEL – L. DÍAZ-IGLESIAS (Hgg.), Studies in Egyptian Funerary Literature, 2017, 355-373.

MAHFOUZ, S., Les ostraca hiératiques du Ouadi Gaouasis, in: Égypte, Afrique et Orient 41, 2006, 31-34.

MAHFOUZ, S., Amenemhat III au Ouadi Gawasis, in: BIFAO 108, 2008, 253-279.

MAHFOUZ, S., Les ostraca hiératiques du Ouadi Gaouasis, in: RdE 59, 2008, 267-334.

MAHFOUZ, S., Amenemhat IV au Ouadi Gaouasis, in: BIFAO 110, 2010, 165-173.

MAHFOUZ, S., L'expédition de Sésostris III au Pays de Pount, in: PAM Supplement Series 2.2/3, Warschau 2010, 431-438.

MÁLEK, J., Old Kingdom Rulers as „local saints" in the Memphite area during the Middle Kingdom, in: M. Bárta – J. KREJČI (Hgg.), Abusir and Saqqara in the Year 2000, Prague 2000, 241-258.

MALININE, M., Choix de textes juridiques en hiératique «anormal» et en démotique (XXVe-XXVIIe dynasties). Première partie. Traduction et commentaire philologique, Paris 1953.

MALININE, M., Choix de textes juridiques en hiératique « anormal » et en démotique. Deuxième partie, RAPH 18, Kairo 1983.

MANASSA, C., Loaves and Zirs: A Re-examination of a hieratic Text from Abydos, in: GM 229, 2011, 81-88.

MANASSA, C. M., The Crimes of Count Sabni Reconsidered, in: ZÄS 133, 2006, 151-163.

MANLEY, B., The Penguin Historical Atlas of Ancient Egypt, London 1996.

MANUELIAN, P. Der, Presenting the Scroll: Papyrus Documents in Tomb Scenes of the Old Kingdom, in: id. (Hg.), Studies in Honor of William Kelly Simpson. Volume 2, 1996, 561-588.

MARIETTE, A., Les papyrus égyptiens du Musée de Boulaq, Band 2, Paris 1872.

MARIETTE, A., Catalogue général des monuments d'Abydos. Découverts pendant les Fouilles de cette Ville, Paris 1880.

MARTIN, C., The Saite ‚Demoticisation' of Southern Egypt, in: K. LOMAS et al. (Hgg.), Literacy and the State in the ancient Mediterranean, London 2007, 25-38.

MARTIN, C., Memphite Palaeography. Some Observations on Texts from the Ptolemaic Period, in: S. P. VLEEMING (Hg.), Aspects of Demotic Orthography. Acts of an International Colloquium held in Trier, 8 November 2010, Studia Demotica 11, Leuven 2013, 41-62.

MASPERO, G., Rez. zu S. LEVI, Raccolta dei segni ieratici egizi nelle diverse epoche con i corrispondenti geroglifici ed i loro differenti valori fonetici, Turin 1880, in: Revue archéologique, année 21, vol. 40 (1880), 63f.

MATHIEU, B., La poésie amoureuse de l'Égypte ancienne, Le Caire 1996.

McDOWELL, A. Village Life in Ancient Egypt. Laundry Lists and Love Songs, Oxford 1999.

McGARRITY, L. T., What is Papyrus Pushkin 127. An Examination of its Fiction, Genre and Ideology, MA-Thesis University of Birmingham, 2013.
Online abrufbar: http://etheses.bham.ac.uk/5072/2/McGarrity14MPhil.pdf (Zugriff 08.02.2017).

MEEKS, D., Année lexicographique, Tome 1 & 2, Paris 1977/78.

MEEKS, D., Les donations au temple dansl'Égypte du Ier millénaire avant J.-C., in: E. LIPIŃSKI (Hg.), State and Temple Economy in the Ancient Near East. Band 2, OLA 6, Leuven 1979, 605-668.

MEEKS, D., Une borne commemorative hiératique, in: CdE 70, 1995, 72-82.

MEEKS, D., Rezension zu: HOCH, J. E., Semitic Words in Egyptian Texts of the New Kingdom and Third Intermediate Period, in: Bibliotheca Orientalis 44, 1997, 32-61.

MEEKS, D., Mythes et legendes du Delta d'après le papyrus Brooklyn 47.218.84, MIFAO 125, Kairo 2006.

MEEKS, D., De quelques 'insectes' égyptiens entre lexique et paléographie, in: Z. HAWASS et al. (Hgg.), Perspectives on Ancient Egypt. Studies in Honor of Edward Brovarski, SASAE 40, Kairo 2010, 273-304.

MEGALLY, M., Le papyrus hiératique comptable E. 3226 du Louvre, BdE 53, Kairo 1971.

MEGALLY, M., Études sur le Papyrus E. 3226 du Louvre. 3, Considerations sur les Variations et la Transformation des Formes des Signes hiératiques dans le Papyrus E. 3226 du Louvre, Paris 1971.

MEKHITARIAN, A., Georges Posener (1907-1988), in: RdÉ 39, 1988, I-III.

MELTZER, E. S. – WENTE, E. F. (Hgg.), Letters from Ancient Egypt, Writings from the ancient World 1, Atlanta 1990.

MELTZER, E. S. – SANCHEZ, G. M, The Edwin Smith Papyrus. Updated Translation of the Trauma Treatise and Modern Medical Commentaries, Atlanta 2012.

MERCIER, J., Zauberrollen aus Äthipien. Kultbilder magischer Riten, München 1979.

MEULENAERE, H. de, Le papyrus oraculaire de Brooklyn, trente ans après, in: J. VAN DIJK (Hg.), Essays on Ancient Egypt in Honour of Herman Te Velde, Egyptological Memoirs 1, Groningen 1997, 243-249.

MEULENAERE, H. de, Rezension zu: HERBIN, F.-R., Le Livre de parcourir l'éternité, in: CdE 74, 1999, 74-75.

MEYER, C., Senenmut. Eine prosopographische Untersuchung, Hamburger Ägyptologische Studien 2, Hamburg 1982.

MEYRAT, P., The First Column of the Apis Embalming Ritual Papyrus Zaghreb 597-2, in: J. F. QUACK (Hg.), Ägyptische Rituale der griechisch-römischen Zeit, ORA 6, Tübingen 2014, 263-337.

MEYRAT, P., Topography-related Problems in the Apis Embalming Ritual, in: J. F. QUACK (Hg.), Ägyptische Rituale der griechisch-römischen Zeit, ORA 6, Tübingen 2014, 247-262.

MEYRAT, P., Les Papyrus Magiques du Ramesseum. Recherches sur une bibliothèque privée de la fin du Moyen Empire. Tome 1–2, Bibliothèque d'Étude 172, Le Caire 2019.

MIGAHID, A., Demotische Briefe an Götter von der Spät- bis zur Römerzeit, Würzburg 1987.

MIGAHID, A.G. – VITTMANN, G., Zwei weitere frühdemotische Briefe an Thot, in: Rd'É 54, 2003, 47-65.

MINIACCI, G. – QUIRKE, S., Reconceiving the Tomb in the Late Middle Kingdom. The Burial of the Accountant of the Main Enclosure Neferhotep at Dra Abu el-Naga, in: BIFAO 109, 2009, 339-383.

MINIACCI, G., Lettere ai morti nell'Egitto antico e altre storie di fantasmi, Paideia 2015.

MOERS, G. et al. (Hgg.), Dating Egyptian Literary Texts. Göttingen, 9–12 June 2010, Vol. 1, Lingua aegyptia. Studia monographica 11, Hamburg 2013.

MORENO-GARCÍA, J. C., A New Old Kingdom Inscription from Giza (CGC 57163), and the Problem of sn-dt in Pharaonic Third Millenium Society, in: JEA 93, 2007, 117-136.

MÖLLER, G. (Hg.), Hieratische Lesestücke für den akademischen Gebrauch. 1, Alt- und mittelhieratische Texte, Berlin 1910.

MÖLLER, G., Die beiden Totenpapyrus Rhind des Museums zu Edinburg, 2 Bde., Demotische Studien 6, Leipzig 1913.

MÖLLER, G., Zur Datierung literarischer Handschriften aus der ersten Hälfte des Neuen Reiches, in: ZÄS 56, 1920, 34-43.

MÖLLER, G., Hieratische Paläographie. 1, Bis zum Beginn der achtzehnten Dynastie, Leipzig 1927.

MÖLLER, G., Hieratische Paläographie. 2, Von der Zeit Thutmosis' III bis zum Ende der einundzwanzigsten Dynastie, Leipzig 1927.

MONTFAUCON, B. de, L'Antiquité expliquée et représentée en figures, Paris 1719-24.

MONTFAUCON, B. De, Supplement à l'Antiquité expliquée, Band II, Paris 1724.

MORAN, W. L., The Amarna Letters, Baltimore 1992.

MORENZ, L.D., Hoffen und Handeln. Vom altägyptischen Heka, Berlin 2016.

MORSCHAUSER, S., Threat-Formulae in Ancient Egypt. A Study of the History, Structure and Use of Threats and Curses in Ancient Egypt, Baltimore 1991.

MÖSCHEN, S., Studien zu den Pyramidentexten auf dem inneren Sarg des Herischef-Hotep in Leipzig (Ä-MUL Inv.-Nr.: 3) (unpubl. Master-Arbeit 2012 an der Univ. Leipzig).

MÖSCHEN, S., Hieratische Chrestomathie. Band 1, Einführungen und Quellentexte zur Ägyptologie, Münster 2021.

MOSHER, M., The Papyrus of Hor (BM EA 10479) with Papyrus MacGregor. The Late Period Tradition at Akhmim, Catalogue of Books of the Dead in the British Museum, London 2001.

MÜLLER, I., Plan für einen Tempel, in: B. SCHMITZ (Hg.), Festschrift Arne Eggebrecht. Zum 65. Geburtstag am 12. März 2000, HÄB 48, Hildesheim 2002, 67-69.

MÜLLER, M., Randnotizen zu einigen Illahun-Papyri, in: GM 150, 1996, 13-32.

MÜLLER, M., Zur Transkription eines neuhieratischen Zeichens, in: GM 200, 2004, 11-12.

MÜLLER, M., Ägyptische Briefe aus der Zeit der XVIII. Dynastie, in: B. JANOWSKI – G. WILHELM (Hgg.), Briefe, TUAT. Neue Folge 3, Gütersloh 2006, 314-329.

MÜLLER, M., Magie in der Schule?, in: G. MOERS et al. (Hgg.), jn.t ḏr.w Festschrift für Friedrich Junge, Göttingen 2006, 449-465.

MÜLLER, M., The ‚el-Hibeh'-Archive: Introduction & Preliminary Information, in G. P. F. BROEKMAN et al. (Hgg.), The Libyan Period in Egypt, Historical & Cultural Studies into 21st-24th Dynasties: Pro ceedings of a Conference at Leiden University, 25-27 October 2007, Egyptologische Uitgaven 23, Leuven 2009, 251-264.

MÜLLER, M., Die administrativen Texte der Berliner Lederhandschrift, in: E. BECHTOLD et al. (Hgg.), From Illahun to Djeme. Papers Presented in Honour of Ulrich Luft, BARS 2311, Oxford 2011, 173-181.

MÜLLER-ROTH, M., From Memphis to Thebes: Local traditions in the Late Period, in: BMSAES 15, 2010, 173-187.

MÜLLER-ROTH, M. – TÖPFER, S., Das Ende der Totenbuchtradition und der Übergang zum Buch vom Atmen. Die Totenbücher des Monthemhat (pTübingen 2012) und der Tanedjmet (pLouvre N 3085), Handschriften des Altägyptischen Totenbuchs 13, Wiesbaden 2011.

MÜLLER-WOLLERMANN, R. – VANDEKERCKHOVE, H., Elkab VI. Die Felsinschriften des Wadi Hilâl 1. Text, Turnhout 2001.

MUNRO, I., Untersuchungen zu den Totenbuch-Papyri der 18. Dynastie. Kriterien ihrer Datierung, London 1988.

MUNRO, I., Totenbuchhandschriften der 18. Dynastie im Ägyptischen Museum Cairo. Mit einem Beitrag von Wolfgang Helck, 2 Bde., ÄA 54, Wiesbaden 1994.

MUNRO, I., The Evolution of the Book of the Dead, in: J. H. TAYLOR (Hg.), Journey Through the Afterlife. Ancient Egyptian Book of the Dead, London 2010, 54-79.

MUNRO, I. – FUCHS, R., Papyrus Amenemhet. Ein Totenbuch der 18. Dynastie, Dettelbach 2015.

MYNÁŘOVÁ, J., Language of Amarna – Language of Dipolomacy. Perspectives on the Amarna Letters, Prague 2007.

NAVILLE, E., Das aegyptische Todtenbuch der XVIII. bis XX. Dynastie, 3 Bde., Brighton 1886.

NAVRÁTILOVÁ, H., Visitor's Graffiti of Dynasties 18 and 19 in Abusir and Northern Saqqara. With a Survey of the Graffiti at Giza, Southern Saqqara , Dahshur and Maidum, Prag 2016.

NETHERCLIFT, J., Select Papyri in the Hieratic Character from the Collections of the British Museum, London 1844.

NEVEU, F., La Langue des Ramsès. Grammaire du néo-égyptien, Paris 1996.

NICHOLSON, P. T. – SHAW, I. (Hgg.), Ancient Egyptian Materials and Technology, Cambridge 2000.

NORDH, K., Aspects of Ancient Egyptian Curses and Blessings. Conceptual Background and Transmission, Acta Universitatis Upsaliensis 26, Uppsala 1996.

NÖRLICH, A., Studien zu den Pyramidentexten auf dem äußeren Sarg des Herischef-Hotep in Leipzig (Ä-MUL Inv.-Nr.: 4) (unpubl. Master-Arbeit 2012 an der Univ. Leipzig).

OBSOMER, C., Sésostris I^er. Étude chronologique et historique du règne, CEA 5, Brüssel 1995.

OLETTE-PELLETIER, J.-G., Note sur l'emploi d'une rubrique cryptographique dans un papyrus du Moyen Empire, in: *NEHET. Revue numérique d'Égyptologie* (Paris-Sorbonne – Université de Bruxelles) 4, 2016, 59-64.

OPPENHEIM, A. et al. (Hgg.), Ancient Egypt Transformed. The Middle Kingdom, New Haven 2015.

O'ROURKE, P. F., La codification du savoir médical à l'époque Saïte, in: EAO 71, 2013, 33-40.

O'ROURKE, P. F., A Royal Book of Protection of the Saite Period: pBrooklyn 47.218.49, in: Yale Egyptological Studies 9, New Haven 2015.

OSING, J., Ächtungstexte aus dem Alten Reich (II), in: MDAIK 32, 1976, 133-185.

OSING, J., Die Nominalbildung des Ägyptischen. 2, Anmerkungen und Indices, Mainz 1976.

OSING, J., Ein ägyptisches Idiom in keilschriftlicher Wiedergabe, in: GM 97, 1987, 15-20.

OSING, J., Zu einigen magischen Texten, in: U. LUFT, (Hg.), The Intellectual Heritage of Egypt. Studies Presented to László Kákosy by Friends and Colleagues on the Occasion of his 60^th Birthday [Fs Kákosy], StudAeg 14, Budapest 1992, 473-480.

OSING, J., Hieratische Papyri aus Tebtunis, 2 Bde., CNI Publications 17, Kopenhagen 1998.

PANTALACCI, L., Remarques sur les composés de type ʿ-, r3-, ou r3-ʿ devant racine verbale en Ègyptien ancien, in: OLP 16, 1985, 5-20.

PANTALACCI, L., La documentation épistolaire du palais des gouverneurs à Balat – Ayn Asil, in: BIFAO 98, 1998, 303-315.

PANTALACCI, L. – SOUKIASSIAN, G. – WUTTMANN, M. (Hgg.), Le palais des gouverneurs de l'époque de Pepy II. Les sanctuaires de ka et leurs dépendances. Balat VI, in: IFAO 46, 2002.

PANTALACCI, L., Agriculture, élevage et société rurale dans les oasis d'après les archives de Balat (fin de l'Ancien Empire), in: CRIPEL 25, 2005, 79-91.

PANTALACCI, L., Nouveautés graphiques et lexicales dans le corpus des textes de Balat, in: S. J. SEIDLMAYER (Hg.), Texte und Denkmäler des Ägyptischen Alten Reiches, 2005, 275-286.

PANTALACCI, L., 25 ans de découvertes archéologiques sur les chantiers de l'IFAO 1981-2006, Bibliothèque Générale 31, Kairo 2007.

PANTALACCI, L., Archivage et scribes dans l'oasis de Dakhla (Égypte) à la fin du III^e millénaire, in: ead. (Hg.), La lettre d'archive. Communication administrative etpersonnelle dansl'antiquit éproche-orientale et égyptienne, 2008, 141-153.

PANTALACCI, L., Nouvelles récentes des archives anciennes trouvées dans la ville d'Élephantine, in: C. GALLOIS et al (Hgg.), Mélanges offerts à François Neveu, 2008, 239-244.

PARKER, R. A. (Hg.), A Saite Oracle Papyrus from Thebes in the Brooklyn Museum (Papyrus Brooklyn 47.218.3), Brown Egyptological Studies 4, Providence 1962.

PARKINSON, R. B. (Hg.), The Tale of the Eloquent Peasant, Oxford 1991.

PARKINSON, R. B. (Hg.), Voices from Ancient Egypt. An Anthology of Middle Kingdom Writings, London 1991.

PARKINSON, R. B., Teachings, discourses and tales from the Middle Kingdom, in: S. QUIRKE (Hg.), Middle Kingdom Studies, New Malden 1991, 91-122.

PARKINSON, R. B. – QUIRKE, S., The Coffin of Prince Herunefer and the Early History of the Book of the Dead, in: A. B. LLOYD (Hg.), Studies in Pharaonic Religion and Society in Honour of J. Gwyn Griffiths, Egypt Exploration Society. Occasional publications 8, London 1992, 37-51.

PARKINSON, R. B. – QUIRKE, S., Papyrus, London 1995.

PARKINSON, R. B., Two New „Literary" Texts on a Second Intermediate Period Papyrus? A Preliminary Account of P. BM EA 10475, in: J. ASSMANN – E. BLUMENTHAL (Hgg.), Literatur und Politik im pharaonischen und ptolemäischen Ägypten, BdE 127, Kairo 1999, 177-196.

PARKINSON, R. B., Cracking Codes. The Rosetta Stone and Decipherment, London 1999.

PARKINSON, R. B., Poetry and Culture in Middle Kingdom Egypt. A dark Side to Perfection, Athlone Publications in Egyptology and Ancient Near Eastern Studies, London 2002.

PARKINSON, R. B., The History of a Poem: Middle Kingdom Literary Manuscripts and their Reception, in: G. BURKARD et al. (Hgg.), Kon-Texte. Akten des Symposions „Spurensuche – Altägypten im Spiegel seiner Texte", ÄAT 60, Wiesbaden 2004, 51-63.

PARKINSON, R. B., Reading Ancient Egyptian Poetry. Among Other Histories, Malden 2009.

PASQUALI, S., La date du papyrus BM 10056. Thoutmosis III ou Amenhotep II?, in: RdE 58, 2007, 71-86.

PAYRAUDEAU, F., Le règne de Takélot III et les débuts de la domination koushite à Thèbes, in: GM 198, 2004, 79-90.

PEDEN, A. J., The Graffiti of Pharaonic Egypt. Scope and Roles of informal Writings (c. 3100–332 B.C.), Probleme der Ägyptologie 17, Leiden 2001.

PEET, T. E., Two Eighteenth Dynasty Letters: Papyrus Louvre 3230, in: JEA 12, 1926, 70-74.

PEET, T. E., Two Letters from Akhetaten, in: Annals of Archaeology and Anthropology, University of Liverpool 17, 1926, 82-97.

PEET, T. E., The Egyptian Writing-Board B.M. 5647, Bearing Keftiu Names, in: Essays in Aegean Archaeology, presented to Sir Arthur Evans, 1927, 90-99.

PESTMAN, P. W., Chronologie égyptienne d'après les textes démotiques (332 av. J.-C. – 453 ap. J.-C.), Papyrologica Lugduno-Batava 15, Lugdunum Batavorum 1967.

PESTMAN, P. W., The Archive of the Theban Choachytes (Second Century B.C.) A Survey of the Demotic and Greek Papyri Contained in the Archive, Studia Demotica 1993.

PETERSMARK, E., Die Kemit. Ostraka, Schreibtafel und ein Papyrus, GM Beihefte 12, Göttingen 2012.

PETRIE, W. M. F., Kahun, Gurob, and Hawara, London 1890.

PETRIE, W. M. F., Illahun, Kahun and Gurob 1889–1890, London 1891.

PETRIE, W. M. F., Medum, London 1892.

PEUST, C., Ein Orakelamulett (pTurin 1983), in: TUAT. Neue Folge Band 4. Omina, Orakel, Rituale und Beschwörungen, Gütersloh 2008, 331-334.

PIACENTINI, P., Les «préposés aux écrits» dans l'Égypte du IIIe millénaire av. J.-C., in: RdÉ 53, 2002, 179-196.

PILGRIM, C. von, Elephantine XVIII. Untersuchungen in der Stadt des Mittleren Reiches und der Zweiten Zwischenzeit, in: AV 91, Mainz 1996.

PIANKOFF, A., The Pyramid of Unas, Bollingen Series 40: Egyptian Religious Texts and Representations 5, Princeton 1968.

PINARELLO, M. S., An Archaeological Discussion of Writing Practice. Deconstruction of the Ancient Egyptian Scribe, London 2015.

PINCH-BROCK, L., Collisions, Abandonements, Alterations, Tomb Commencements/Pits, and other Features in the Valley of the Kings, in: R. H. WILKINSON – L. PINCH-BROCK (Hgg.), The Oxford Handbook of the Valley of the Kings, Oxford 2016, 117-137.

PLAS, D. van der (Hg.), L'hymne à la crue du Nil, 2 Bde., Egyptologische Uitgaven 4, Leiden 1986.

PLETT, H. G., Textwissenschaft und Textanalyse. Semiotik, Linguistik, Rhetorik (2., verb. Aufl.), Heidelberg 1979.

PLEYTE, W., Catalogue raisonné de types égyptiennes hiératiques la fonderie de N. Tetterode, à Amsterdam, Leiden 1865.

PLEYTE, W. – ROSSI, F., Papyrus de Turin, 2 Bde., Leiden 1869/1876.

POMMERENING, T., Die altägyptischen Hohlmaße, in: SAK Beihefte 10, Hamburg 2005.

POOLE, F., 'All that has been done to the Shabtis': Some Considerations on the Decree for the Shabtis of Neschons and BM EA 10800, in: JEA 91, 2005, 165-170.

PORTEN, B. (Hg.), The Elephantine Papyri in English. The Millenia of Cross-Cutlrual Continuity and Change, Leiden – New York – Köln 1996.

PORTER, B. – MOSS, R., Topographical bibliography of ancient Egyptian hieroglyphic texts, reliefs, and paintings. Pt. 1, Bd. I, The Theban necropolis, Oxford 1994.

POSENER, G., Catalogue des ostraca hiératiques-littéraires de Dêr el Médineh, T. 1 (Nos 1001 à 1108), DFIFAO 1, Kairo 1938.

POSENER, G., Les signes noires dans les rubriques, in: JEA 35, 1949, 77-81.

POSENER, G., L'encre rouge dans les manuscripts égyptiens, in: JEA 37, 1951, 75-80.

POSENER, G., Catalogue des ostraca hiératiques-littéraires de Dêr el-Médineh, T. II, Fasc. 2 (Nos 1168 à 1213), DFIFAO 18,2, Kairo 1952.

POSENER, G., Littérature et Politique dans l'Égypte de la XIIE dynastie, Bibliothèque de l'Ecole des Hautes Etudes 307, Paris 1956.

POSENER, G., Les empreintes magiques et les morts dan gereux, in: MDAIK16, 1958, 252-270.

POSENER, G., Une stèle de Hatnoub, in: JEA 54, 1968, 67-70.

POSENER, G., Champollion et le déchiffrement de l'écriture hiératique, in: Comptes Rendus des séances de l'Académie des Inscriptions et Belles-Lettres, 116e année N. 3, 1972, 566-573.

POSENER, G., L'écriture hiératique, in: Textes et langages 1, Bd'É LXIV/1, Le Caire 1972, 25-30.

POSENER, G., L'Enseignement Loyaliste. Sagesse égyptienne du Moyen Empire, Hautes études orientales 5, Genf 1976.

POSENER, G., Catalogue des ostraca hiératiques littéraires de Deir el-Medineh, T. III, Fasc. 2 (Nos 1410 – 1606), DFIFAO 20,2, Kairo 1978.

POSENER, G., Le Papyrus Vandier, IFAO Bibliothèque générale 7, Kairo 1985.

POSENER, G., Tablettes-figurines de prisonniers, in: RdE 64, 2013, 135-175.

POSENER-KRIÉGER, P., Les archives du temple funéraire de Néferirkaré-Kakai. (Les papyrus d'Abousir). Traduction et commentaire I-II, 1976, 136-137.

POSENER-KRIÉGER, P., Fragments de papyrus provenant de Saqqara, in: RdÉ 32, 1980, 83-93.

POSENER-KRIÉGER, P., Old Kingdom papyrus: external features, in: M.L. BIERBREIER (ed.), Papyrus: Structure and Usage, London 1986.

POSENER-KRIÉGER, P., Rez. zu Goedicke (1988), in: BiOr 49, 1992, 367-374.

POSENER-KRIÉGER, P., Le coffret de Gebelein, in: C. BERGER et al. (éd.), Hommages à Jean Leclant. Volume 1. Études Pharaoniques, 1994, 315-326.

POSENER-KRIÉGER, P. – VERNER, M. et al. (Hgg.), Abusir III. The Pyramid Complex of Khentkaus, Prague 1995.

POSENER-KRIÉGER, P., I papiri di Gebelein. Scavi G. Farina 1935, Turin 2004.

POSENER-KRIÉGER, P. et al. (Hgg.), Abusir X. The Pyramid Complex of Raneferef. The Papyrus Archive, Prague 2006.

QUACK, J. F., Studien zur Lehre für Merikare, Göttinger Orientforschungen Reihe 4, Ägypten 23, Wiesbaden 1992.

QUACK, J. F., Rezension und Übersetzung zu: JASNOW, R., A Late Period Hieratic Wisdom Text (P. Brooklyn 47.218.135), in: WdO 24, 1993, 5-19.

QUACK, J. F., Rezension zu: VOS, R. L., The Apis Embalming Ritual P. Vindob. 3873, in: Enchoria 21, 1994, 186-191.

QUACK, J. F., Zwei Handbücher der Mumifizierung im Balsamierungsritual des Apisstieres, in: Enchoris 22, 1995, 123-129.

QUACK, J. F., Notes en marge du papyrusVandier, in: RdE 46, 1995, 163-170.

QUACK, J. F., Rezension zu: HERBIN, F.-R., Le Livre de parcourir l'éternité, in: OLZ 91, 1996, 151-158.

QUACK, J. F., Beiträge zum Verständnis des Apisrituals, in: Enchoria 24, 1997/98, 43-53.

QUACK, J. F., Rezension zu: GALLO, P., Ostraca demotici e ieratici dall'archivi obilingue di Narmouthis II, in: Enchoria 25, 1999, 196.

QUACK, J. F., A New Bilingual Fragment from the British Museum (Papyrus BM EA 69574), in: JEA 85, 1999, 153-164.

QUACK, J. F., Ein neues medizinisches Fragment der Spätzeit (pAshmolean Museum 1984.55 rt.), in: ZÄS 126, 1999, 141-149.

QUACK, J. F., Weitere Korrekturvorschläge, vorwiegend zu demotischen literarischen Texten, in: Enchoria 25, 1999, 39-47.

QUACK, J. F., Bemerkungen zum Ostrakon Glasgow D 1925.91 und zum Menu-Lied, in: SAK 29, 2001, 283-306.

QUACK, J. F., Ein neuer Versuch zum Moskauer literarischen Brief, in: ZÄS 128, 2001, 167-181.

QUACK, J. F., Some Old Kingdom Execration Figurines from the Teti Cemetery, in: BACE 13, 2002, 149-160.

QUACK, J. F., Aus einer spätzeitlichen literarischen Sammelhandschrift. Papyrus Berlin 23045, in: ZÄS 130, 2003, 182-185.

QUACK, J. F., Zum Lautwert von Gardiner Sign-List U 23, in: Lingua Aegyptia 11, 2003, 113-116.

QUACK, J. F., Fragmente memphitischer Religion und Astronomie in semidemotischer Schrift (pBerlin 14402 + pCarlsberg 651 + PSI Inv. D.23), in: H. J. THISSEN – F. HOFFMANN (Hgg.), Res severa verum gaudium. Festschrift für Karl-Theodor Zauzich zum 65. Geburtstag am 8. Juni 2004, Studia Demotica 6, Leuven / Paris / Dudley 2004, 467-496.

QUACK, J. F., Positionspräzise Nachträge in spätzeitlichen Handschriften, in: SAK 33, 2005, 343-347.

QUACK, J. F., Rezension zu: STADLER, M. A., Der Totenpapyrus des Pa-Month, in: WdO 35, 2005, 188-193.

QUACK, J. F., Zur Lesung und Deutung des Dramatischen Ramesseumpapyrus, in: ZÄS 133, 2006, 72-89.

QUACK, J. F., Die Initiation zum Schreiberberuf im Alten Ägypten, in: SAK 36, 2007, 249-295.

QUACK, J. F., Ein ägyptischer Dialog über die Schreibkunst und das arkane Wissen, in: Archiv für Religionsgeschichte 9, 2007, 259-294.

QUACK, J. F., Der Papyrus Vandier, in: HOFFMANN, F. – QUACK, J. F., Anthologie der demotischen Literatur, Einführungen und Qellentexte zur Ägyptologie 4, Münster 2007, 153-160.

QUACK, J. F., Die Initiation zum Schreiberberuf im Alten Ägypten, in: SAK 36, 2007, 249-295.

QUACK, J. F., Eine Papyruskopie des Textes der Votivellen (P. Carlsberg 419), in: K. RYHOLT (Hg.), The Carlsberg Papyri 7. Hieratic Texts from the Collection, CNI Publications 30, Kopenhagen 2007, 39-52.

QUACK, J. F., Demotische magische und divinatorische Texte, in: TUAT Folge Band 4, Omina, Orakel, Rituale und Beschwörungen, Gütersloh 2008, 331-385.

QUACK, J. F., Der Schlußparagraph des Buches vom Atmen, das Isis machte, in: WdO 39, 2009, 72-76.

QUACK, J. F., Einführung in die altägyptische Literaturgeschichte III. Die demotische und gräko-ägyptische Literatur, 2. verä. Aufl., Einführungen und Qellentexte zur Ägyptologie 3, Berlin 2009.

QUACK, J. F., Aus zwei spätzeitlichen Traumbüchern (Pap. Berlin P. 29009 und 23058), in: H. KNUF et al. (Hgg.), Honi soit qui mal y pense. Studien zum pharaonischen, griechisch-römischen und spätantiken Ägypten zu Ehren von Heinz-Josef Thissen, Orientalia Lovaniensia analecta 194, Leuven 2010, 99-110.

QUACK, J. F., Rezension zu: LORAND, D., Le Papyrus Dramatique du Ramesseum. Étude des Structures de la Composition, in: Lettres Orientales 13, Leuven 2009, in: Bibliotheca Orientalis 67, 2010, 523-527.

QUACK, J. F., Remarks on Egyptian rituals of dream-sending, in: P. KOUSOULIS (Hg.), Ancient Egyptian Demonology. Studies on the Boundaries between the Demonic and the Divine in Ancient Egyptian Magic, OLA 175, Leuven / Paris / Walpole 2011, 129-150.

QUACK, J. F., Philologische Bemerkungen zu den Dokumenten vom Atmen im British Museum, in: Lingua Aegyptia 20, 2012, 271-280.

QUACK, J. F., Richard Lepsius als Historiker, in: I. HAFEMANN – V. LEPPER (Hgg.), Karl Richard Lepsius. Der Begründer der deutschen Ägyptologie, 2012, 101-119.

QUACK, J. F., Rezension. zu: GOYON, J.-C., Le recueil de prophylaxie contre les agressions des animaux venimeux du Musée de Brooklyn. Papyrus Wilbour 47.218138, SSR 5, Wiesbaden 2012, in: WdO 43 (2013), 256-272.

QUACK, J. F., Imhotep – der Weise, der zum Gott wurde, in: V. LEPPER (Hg.), Persönlichkeiten aus dem Alten Ägypten im Neuen Museum, 2014, 43-66.

QUACK, J. F., Rohrfedertorheiten? Bemerkungen zum römerzeitlichen Hieratisch, in: U. VERHOEVEN (Hg.), Ägyptologische „Binsen"-Weisheiten I–II. Neue Forschungen und Methoden der Hieratistik. Akten zweier Tagungen in Mainz im April 2011 und März 2013, Mainz / Stuttgart 2015, 435-468.

QUACK, J. F., Rezension zu: RAY, J. D., Demotic Ostraca and Other Inscriptions from the Sacred Animal Necropolis, North Saqqara, in: Orientalia Nova Series 84, 2015, 110-117.

QUACK, J. F., How the Coptic Script Came About, in: E. GROSSMAN et al. (Hgg.), Greek Influence on Egyptian Coptic. Contact Induced Change in an Ancient African Language, Lingua Aegyptia. Studia Monographica 17, Hamburg 2017, 27-96.

QUACK, J. F., How the Coptic alphabet came about, in: P. DILS – E. GROSSMAN – T. S. RICHTER – W. SCHENKEL (Eds.), Greek Influence on Egyptian-Coptic: Contact-Induced Change in an Ancient African Language (DDGLC Working Papers 1), Lingua Aegyptia Studia Monographica 17 (Hamburg 2017), 27-96.

QUAEGEBEUR, J., La désignation (PA-) Hry-tp: Phritop, in: G. DREYER – J. OSING (Hgg.), Form und Maß. Beiträge zur Literatur, Sprache und Kunst des alten Ägypten. Festschrift für Gerhard Fecht zum 65. Geburtstag am 6. Februar 1987, ÄAT 12, Wiesbaden 1987, 368-394.

QUAEGEBEUR, J., Books of Thoth Belonging to Owners of Portraits? On Dating Late Hieratic Funerary Papyri, in: M.L. Bierbreier (Hg.), Portaits and Masks. Burial Customs in Roman Egypt, London 1997, 72-78.

QUIBELL, J. E., The Ramesseum, in: BSAE 2, 1898, 1-21.

QUIRKE, S., The Administration of Egypt in the Late Middle Kingdom. The Hieratic Documents, Cambridge 1987.

QUIRKE, S., The Latest Books of the Dead?, in: W. V. DAVIES (Hg.), Studies in Egyptian Antiquities. A Tribute to T.G.H. James, British Museum Occasional Paper 123, London 1999, 83-98.

QUIRKE, S., Titles and Bureaux of Egypt 1850-1700 BC, Egyptology 1, London 2004.

QUIRKE, S., Egyptian Sites. Lahun. A town in Egypt 1800 BC, and the history of ist landscape, London 2005.

QUIRKE, S., Contexts for the Lahun Lists, in: I. RÉGEN – F. SERVAJEAN (Hgg.), Verba manent. Recueil d'études dédiées à Dimitri Meeks, Vol. II, Montpellier 2009, 363-386.

QUIRKE, S., Writings for good health in social context: Middle and New Kingdom comparisons, in: C. PRICE et al. (Hgg.), Mummies, Magic and Medicine in Ancient Egypt: Multidisciplinary Essays for Rosalie David, Manchester 2016, 183-196.

QUIRKE, S., Who writes the literary in late Middle Kingdom Lahun?, in: G. BARJAMOVIC – K. RYHOLT (Hgg.), Problems of Canonicity and Identity Formation in Ancient Egypt and Mesopotamia, CNI Publications 43, Kopenhagen 2016, 127-152.

RACHEWILTZ, B. de, Il Libro dei Morti degli antichi egiziani, Mailand 1958.

RAGAZZOLI, C., The Book of the Dead of Ankhesenaset (P. BNF 62-88). Traces of a Workshop. Production or Scribal Experiments?, in: BMSAES 15, 2010, 225-248.

RAGAZZOLI, C., Un nouveau manuscrit du scribe Inéna? Le recueil de miscéllanées du Papyrus Koller (Pap. Berlin P. 3043), in: V. LEPPER (Hg.), Forschung in der Papyrussammlung. Eine Festgabe für das Neue Museum, Berlin 2012, 207-239.

RAGAZZOLI, C., The social creation of a scribal place: The visitor's inscriptions in the tomb attributed to Antefiqer (TT 60) (With newly recorded graffiti), in: SAK 42, 2013, 269-323.

712

RAGAZZOLI, C., Genres textuels et Supports matériels. Une Inscription de Visiteur comme Exercice sur Ostracon (Ostracon University College 31918), in: Nehet 4, 2016, 67-76.

RANKE, H., Die Ägyptischen Personennamen, Bd. 1: Verzeichnis der Namen, Glückstadt 1935.

RAY, J. D., Inscriptions and Ostraca in the Nicholson Museum. Hieroglyphic, Hieratic, Demotic and Carian, in: K. N. SOWADA et al. (Hgg.), Egyptian Art in the Nicholson Museum, Sydney 2006, 211-224.

RAY, J. D., Texts from the Baboon and Falcon Galleries. Demotic, Hieroglyphic and Greek Inscriptions from the Sacred Animal Necropolis, North Saqqara, Egypt Exploration Society / Texts from Excavations 15, London 2011.

RAY, J. D., Demotic Ostraca and Other Inscriptions from the Sacred Animal Necropolis, North Saqqara, Egypt Exploration Society. Texts from Excavations 16, London 2013.

REDFORD, D. B., Pharaonic King-Lists, Annals and Day-Books, Mississauga 1986.

REEVES, N., Echnaton. Ägyptens falscher Prophet, Kulturgeschichte der Antiken Welt 91, Mainz 2001.

REGULSKI, I., Scribes in Early Dynastic Egypt, in: E.-M. ENGEL et al. (Hgg.), Zeichen aus dem Sand. Streiflichter aus Ägyptens Geschichte zu Ehren von Günter Dreyer, MENES 5, 2008, 581-612

REGULSKI, I., The Beginning of Hieratic Writing in Egypt, in: SAK 38, 2009, 259-274.

REGULSKI, I., Papyrus Fragments from Asyut: A Paleographic Comparison, in: U. VERHOEVEN (Hg.), Ägyptologische „Binsen"-Weisheiten I-II. Neue Forschungen und Methoden der Hieratistik, Abhandlungen der Akademie der Wissenschaften und der Literatur 14. Mainz, Stuttgart 2015, 299-333.

RENZ, J., Das Handbuch der althebräischen Epigraphik, 3 Bde., Darmstadt 1995.

REYMOND, E. A. E., Studies in the Late Egyptian Documents preserved in the John Rylands Library. 1, Fragment of a Crocodile Papyrus (P. dem. Rylands no. 50), in: Bulletin of the John Rylands Library 46, 1963/64, 154-163.

REYMOND, E. A. E. (Hg.), From the Contents of the Libraries if the Suchos Temples in the Fayum. Teil 1, A Medical Book from Crocodilopolis, P. Vind. D. 6257, Mitteilungen aus der Papyrussammlung der Österreichischen Nationalbibliothek N.S. 10, Wien 1976.

RIGAULT, P., L'art du contour. Le dessin dans l'Égypte ancienne, Paris 2013.

RILLY, C. – DE VOOGT, A., The Meroitic Language and Writing System, Cambridge 2012.

RILLY, C., Deux exemples de décrets oraculaires amulétiques en méroïtique: les ostraca REM 1317/1168 et REM 1319 de Shokan, in: Meroitic Newsletter 27 (2000), 99-118.

RITNER, R. K., Innovations and Adaptations in Ancient Egyptian Medicine, in: JNES 59, 2000, 107-117.

RIZZO, L. B., Les métiers et les lieux de l'écriture, in: À l'école des scribes. Les écritures de l'Égypte ancienne, CENIM 15, 2016, 190-207.

ROBINS, G. – SHUTE, C., The Rhind Mathematical Papyrus. An ancient Egyptian Text, London 1987.

ROCCATI, A., Una lettera inedita dell'antico regno, in: JEA 54, 1968, 14-22.

ROCCATI, A., Papiro ieratico n. 54003: Estratti magici e rituali del Primo Medio Regno, Musée de Turin II, Torino 1970.

ROCHHOLZ, M., Schöpfung, Feindvernichtung, Regeneration. Untersuchung zum Symbolgehalt der machtgeladenen Zahl 7 im Alten Ägypten, Ägypten und Altes Testament 56, Wiesbaden 2002.

ROLLSTON, C. A., Writing and Literacy in the World of Ancient Israel. Epigraphic Evidence from the Iron Age, Archeology and Biblical Studies 11, Leiden 2010.

RÖMER, M., Die Ostraka DAI/Asasif 55 und 56 – Dokumente der Bauarbeiten in Deir el-Bahri und im Asasif unter Thutmosis III., in: E.-M. ENGEL et al. (Hgg.), Zeichen aus dem Sand. Streiflichter aus Ägyptens Geschichte zu Ehren von Günter Dreyer, Menes 5, Wiesbaden 2008, 613-625.

RÖMER, M., Miszellen zu den Ostraka der 18. Dynastie aus Deir el-Bahri und dem Asasif, in: B. HARING et al. (Hgg.), The Workmen's Progress. Studies in the village of Deir el-Medina and documents from Western Thebes in Honour of Rob Demarée, Egyptologische Uitgaven 28, Leiden 2014, 211-216.

RÖMER, M., Die Datierung des Papyrus Prachov und andere Merkwürdigkeiten desselben, in: GM 248, 2016, 111-122.

RÖSING, F. W., Qubbet el Hawa und Elephantine. Zur Bevölkerungsgeschichte von Ägypten, Stuttgart 1990.

RÖSSLER-KÖHLER, U., Zum Problem der Spatien in altägyptischen Texten: Versuch einer Systematik von Spatientypen, in: ASAE 70, 1984/85, 383-408.

ROTH, A. M., Egyptian Phyles in the Old Kingdom. The Evolution of a System of Social Organization, Chicago 1991.

ROTH, A. M., The Meaning of Menial Labor: 'Servant Statues' in Old Kingdom Serdabs, in: JARCE 39, 2002, 103-121.

RUSSO, B., Un rituel matinal dans la tombe du Moyen Empire de Neha, in: RdE 55, 2004, 113-123.

RÜTERSWÖRDEN, U., Horeph, in: K. VAN DER TOORN et al. (Hgg.), Dictionary of Deities and Demons in the Bible. Second extensively revised ed., Leiden / Boston / Köln 1999, 424-425.

RYHOLT, K., The Late Old Kingdom Archive from the Pyramid Complex of Netjerkhet (with an appendix on the Old Kingdom Papyri from South Saqqara) (i. Dr.).

SAAD, Z. Y., Royal Excavations at Saqqara and Helwan (1941-1945), Kairo 1957.

SALEH, M. – SOUROUZIAN, H., Official Catalogue The Egyptian Museum Cairo, Mainz 1987.

SALLABERGER, W., „Wenn du mein Bruder bist, …". Interaktion und Textgestaltung in altbabylonischen Alltagsbriefen, Groningen 1999.

SANDRI, S., Echt oder falsch? Hieroglyphische Inschriften auf gräko-ägyptischen Terrakotten, in: CdE 85, 2010, 314–330.

SAUNERON, S., Les conditions d'accès à la fonction sacerdotale à l'époque gréco-romaine, in: BIFAO 61, 1962,55-57.

SAUNERON, S., Le papyrus magique illustré de Brooklyn (Brooklyn Museum 47.218.156), Wilbour Monographs 3, Brooklyn 1970.

SAUNERON, S., Un Traité Égyptien d'Ophiologie. Papyrus du Brooklyn Museum Nᵒˢ 47.218.48+85, IFAO Bibliothèque générale 11, Kairo 1989.

SAYED, A. M. A. H., Discovery of the Site of the 12th Dynasty Port at Wadi Gawasis on the Red Sea Shore, in: RdE 29, 1977, 138-178.

SCALF, F., Demotic and Hieratic Scholia in Funerary Papyri and their Implications for the Manufacturing Process, in: SSEAJ 42, 2015/16, 69-82.

SCALF, F. (Hg.), Book of the Dead: Becoming God in Ancient Egypt, Chicago 2017.

SCHÄFER, H., Ein Bruchstück altägyptischer Annalen, Berlin 1902.

SCHÄFER, H., Priestergräber und andere Grabfunde vom Ende des Alten Reiches bis zur griechischen Zeit vom Totentempel des Ne-user-Rê, Leipzig 1908.

SCHENKEL, W., Die Wurzel bnj „süß", in: MDAIK 20, 1965, 115.

SCHENKEL, W., Flüchtling und Flucht aus Arbeitsverhältnissen, in: LÄ II, Wiesbaden 1977, 276–277.

SCHENKEL, W. – GOMÀA, F., Sharuna I. Der Grabungsplatz. Die Nekropole. Gräber aus der Alten Reichs-Nekropole, Mainz/Rh 2004.

SCHIPPER, B. U., Die Erzählung des Wenamun. Ein Literaturwerk im Spannungsfeld von Politik, Geschichte und Religion, OBO 209, Fribourg 2005.

SCHENKEL, W., Bruch und Aufbruch. Adolf Erman und die Geschichte der Ägyptologie, in: B. U. SCHIPPER (Hg.), Ägyptologie als Wissenschaft. Adolf Erman (1854-1937) in seiner Zeit, Heidelberg 2006, 224-247.

SCHENKEL, W., Die Entzifferung der Hieroglyphen und Karl Richard Lepsius, in: V. M. LEPPER – I. HAFEMANN (Hgg.), Karl Richard Lepsius. Der Begründer der deutschen Ägyptologie, 2012, 37-78.

SCHENKEL, W., Wozu die Ägypter eine Schrift brauchten, in: A. ASSMANN et al. (Hgg.), Schrift und Gedächtnis. Beiträge zur Archäologie der literarischen Kommunikation, 1983, 45-63.

SCHIPPMANN, K., Geschichte der alt-südarabischen Reiche, Darmstadt 1998.

SCHMITZ, B., Nofret – die Schöne. Wahrheit und Wirklichkeit. Roemer- und Pelizaeus-Museum Hildesheim, 15. Juli 1985 - 4. November 1985, Mainz 1985.

SCHNEIDER, H. D., Shabtis. An Introduction to the History of Ancient Egyptian Funerary Statuettes, Leiden 1977.

SCHLOTT, A., Schrift und Schreiber im Alten Ägypten, München 1989.

SCHNEIDER, T., Lexikon der Pharaonen, München 1996.

SCHNEIDER, T., Rezension zu: LORAND, D., Le Papyrus Dramatique du Ramesseum. Étude des Structures de la Composition, in: Lettres Orientales 13, Leuven 2009, in: JNES 72, Chicago 2013, 322-325.

SCHOLL, R., Der Papyrus Ebers. Die größte Buchrolle zur Heilkunde Altägyptens, Schriften aus der Universitätsbibliothek Leipzig 7, Leipzig 2002.

SCHWEITZER, S., Zum Lautwert einiger Hieroglyphen, in: ZÄS 138, 2011, 132-149.

SEIDLMAYER, S. J., Funde und Befunde, in: W. KAISER et al., Stadt und Tempel von Elephantine: Neunter/Zehnter Grabungsbericht, in: MDAIK 38, 1982, 280-289.

SEIDLMAYER, S. J., Execration texts, in: D. B. REDFORD (Hg.), The Oxford Encyclopedia of Ancient Egypt, Oxford / New York 2001, 487-489.

SEIDLMAYER, S. J., Nubier im ägyptischen Kontext im Alten und Mittleren Reich, in: Orientwissenschaftliche Hefte 4. Mitteilungen des SFB „Differenz und Integration" 2: Akkulturation und Selbstbehauptung, 2002, 89-113.

SEIDLMAYER, S. J., Zum Verständnis der „Liste von Grabbeigaben" von der Qubbetel-Hawa, in: GM 2008, 2006, 95-103.

SEIDLMAYER, S. J. et al., Report on the Excavations at Elephantine by the German Archaeological Institute and the Swiss Institute from autumn 2014 to spring 2015, Kairo 2015.

SETHE, K., Die Altägyptischen Pyramidentexte nach den Papierabdrücken und Photographien des Berliner Museums. Erster Band. Text, Erste Hälfte Spruch 1-468 (Pyr. 1-905), Leipzig 1908.

SEYFRIED, K-J., Hieratische Gefäßaufschriften aus dem späten Alten Reich, in: ZÄS 141, 2014, 56-82.

714

SHERBINY, W., The Earliest Source of the So-called Book of Two Ways as a Coffin Floorboard Decoration from the Early Middle Kingdom, in: M. TOMORAD – J. POPIELSKA-GRZYBOWSKA (Hgg.), Egypt 2015. Perspectives of Research. Proceedings of the Seventh European Conference of Egyptologists 2nd-7th June 2015, Zagreb, Croatia, Oxford 2017, 87-96.

SHERBINY, W., Through Hermopolitan Lenses. Studies on the So-called Book of Two Ways in Ancient Egypt. Probleme der Ägyptologie 33 (edited by W. Schenkel, A. Loprieno, and J. F. Quack). Brill: Boston / Leiden 2017.

SHISHA-HALEVY, A., Papyrus Vandier recto: An early Demotic Literary Text?, in: JAOS 109, 1989, 421-435.

SIMON, Z., Hethitisch-luwische Fremdwörter im Ägyptischen?, in: GM 227, 2010, 77-92.

SIMPSON, R. S., Retrograde Writing in Ancient Egyptian Inscriptions, in: R. JASNOW – G. WIDMER (Hgg.), Illuminating Osiris. Egyptological Studies in Honor of Mark Smith, Material and Visual Culture of Ancient Egypt 2, Atlanta 2017, 337-345.

SIMPSON, W. K., A Hatnub Stela of the Early Twelfth Dynasty, in: MDAIK 16, 1958, 298-309.

SIMPSON, W. K., An Additional Fragment of a „Hatnub" Stela, in: JNES 20, 1961, 25-30.

SIMPSON, W. K., Papyrus Reisner I, The Records of a Building Project in the Reign of Sesostris 1. Transcription and Commentary, Boston 1963.

SIMPSON, W. K., Papyrus Reisner II, Accounts of the Dockyard Workshop at This in the Reign of Sesostris I. Transcription and Commentary, Boston 1965.

SIMPSON, W. K., The letter to the dead from the tomb of Meru (N3737) at Nag' ed-Dêr, in: JEA 52 ,1966, 39-52.

SIMPSON, W. K., Papyrus Reisner III, The Records of a Building Project in the Early Twelfth Dynasty. Transcription and Commentary, Boston 1969.

SIMPSON, W.K., A late Old Kingdom letter to the dead from Nag' ed-Dêr N 3500, in: JEA 56, 1970, 58-64.

SIMPSON, W. K. Papyrus Reisner IV, Personnel Accounts of the Early Twelfth Dynasty. Transcription and Commentary, Boston 1986.

SIMPSON, W. K., Inscribed Material from the Pennsylvania-Yale Excavations at Abydos, Publications of the Pennsylvania-Yale Expedition to Egypt 6, New Haven 1995.

SLANSKY, K., The Babylonian Entitlement narûs (kudurrus). A Study in their form and function, American Schools of Oriental Research Books 9, Boston 2003.

SMITH, M., Osiris NN or Osiris of NN?, in: SAT 11, 2006, 325-338.

SMITH, M., Traversing Eternity. Texts for the Afterlife from Ptolemaic and Roman Egypt, Oxford 2009.

SMITH, M., New References to the Deceased as *Wsir n NN* from the Third Intermediate Period and the Earliest Reference to a Deceased Woman as *Ḥ.t-Ḥr n NN*', in: RdÉ 63 (2012), 193-202.

SOWADA, K. et al. (Hgg.), The Teti Cemetery at Saqqara Vol. IV, Warminster 1999.

SPALINGER, A., Dated Texts from the Old Kingdom, in: SAK 21, 1994, 275-319.

SPERVESLAGE, G., »Das ist eine Behinderung der Arbeit!« Ein Beschwerdebrief an den Wesir, in: Sokar 22, 2011, 36-47.

STADLER, M. A., Der Totenpapyrus des Pa-Month (P. Bibl. nat. 149), SAT 6, Wiesbaden 2003.

STADLER, M. A., Einführung in die ägyptische Religion ptolemäisch-römischer Zeit nach den demotischen religiösen Texten, Einführungen und Quellentexte zur Ägyptologie 7, Berlin 2012.

STAUDER, A., Linguistic Dating of Middle Egyptian Literary Texts. Dating Egyptian Literary Texts. Göttingen, 9–12 June 2010, Vol. 2, Lingua aegyptia. Studia monographica 12, Hamburg 2013.

STAUDER, A., The Earliest Egyptian Writing, in: C. WOODS (Hg.), Visible Language. Inventions of Writing in the Ancient Middle East and Beyond, Chicago 2010.

STEINDORFF, G., Eine ägyptische Liste syrischer Sklaven, in: ZÄS 38, 1900, 15-20.

STEGBAUER, K., Das Brooklyner Schlangenbuch, in: TUAT Neue Folge 5, Texte zur Heilkunde, 2010, 274-297.

STÖHR, S. – WÜTHRICH, A., Ba-Bringer und Schattenabschneider. Untersuchungen zum sogenannten Totenbuchkapitel 191 auf Totenbuchpapyri, in: SAT 18, Wiesbaden 2013.

STRECK, M. P., Altbabylonisches Lehrbuch, Wiesbaden 2011.

ŠTUBŇOVÁ, S., A prosopographic analysis of the known Kenherkhepshefs at Dêr el-Medina and Some observations on the Scribe Kenherkhepshef, in: GM 248, 2016, 123-148.

STUDIA AEGYPTIACA 14, The Intellectual Heritage of Ancient Egypt. Studies Presented to László Kákosy by Friends and Colleagues on the Occasion of his 60th Birthday, Budapest 1993.

SWEENEY, D., Friendship and Frustration: A Study in Papyri Deir el-Medina IV-VI, in: JEA 84, 1998, 101-122.

SYNDRAM, D., Der «Apis-Altar» Johann Melchior Dinglingers. Die Ägypten-Rezeption unter August dem Starken, Mainz am Rhein 1999.

SZPAKOWSKA, K., Behind Closed Eyes. Dreams and Nightmares in Ancient Egypt, Swansea 2003, 76-122.

TACKE, N., Verspunkte als Gliederungsmittel in ramessidischen Schülerhandschriften, SAGA 22, Heidelberg 2001.

TAIT, W. J., Guidelines and borders in Demotic papyri, in: M. L. BIERBRIER (Hg.), Papyrus: Structure and Usage, British Museum Occasional Paper 60, London 1986, 63-89.

TALLET, P., Les papyrus de la Mer Rouge (ouadi el-Jarf, golfe de Suez), in: Comptes Rendus der Académie des Inscriptions et Belle-Lettres von April-Juni 2013, 1015-1024.

TALLET, P., Des papyrus du temps de Chéops auf Ouadi el-Jarf, in: BSFÉ 188, 2014, 25-49.

TALLET, P, Un aperçu de la région Memphite à la fin du règne de Chéopsselon le « journal de Merer « (P. Jarf I-III), in: S. DHENNIN – C. SOMAGLINO (Hgg.), Décrire, imaginer, construirel'espace. Toponymie égyptienne de l'Antiquité au Moyen Age, Recherches d'archéologie, de philologie et d'histoire 39, Kairo 2016, 13-30.

TALLET, P., Les papyrus de la Mer Rouge. Le « Journal de Merer » (Papyrus Jarf At et B), 2017.

TAYLOR, J. H., Journey through the afterlife. Ancient Egyptian Book of the Dead, Cambridge 2010.

THEISS, C., Magie und Raum. Der magische Schutz ausgewählter Räume im alten Ägypten nebst einem Vergleich zu angrenzenden Kulturbereichen, Tübingen 2014.

THEISS, C., Wenn Archäologie und Philologie nicht harmonieren. Magische Ziegel, ihre Nischen und Totenbuchspruch 151d–g, in: ZÄS 142, 2015, 85-95.

THIRION, M., Notes d'onomastique. Contribution à une révision du Ranke PN. Douzième série, in: RdE 54, 2003, 177-190.

TOMORAD, M. – POPIELSKA-GRZYBOWSKA, J. (Hgg.), Egypt 2015. Perspectives of Research. Proceedings of the Seventh European Conference of Egyptologists (2nd-7th June, 2015, Zagreb - Croatia), 2017.

TOORN, K. van der, Scribal Culture and the Making of the Hebrew Bible, Cambridge 2007.

TÖPFER, S., Das Balsamierungsritual. Eine (Neu-)Edition der Textkomposition Balsamierungsritual (pBoulaq 3, pLouvre 5158, pDurham 1983.11 + pSt. Petersburg 18128), Studien zur spätägyptischen Religion 13, Wiesbaden 2015.

TRABANT, J., Mithridates im Paradies. Kleine Geschichte des Sprachdenkens, München 2003.

VALBELLE, D., Satis et Anoukis, Paris 1981.

VALLOGGIA, M., Balat I: Le mastaba de Medou-nefer, FIFAO XXXI, Le Caire 1986.

VENTURINI, I., Le statut des exercices scolaires au Nouvel Empire. Balbutiements d'écolier sou entraînements d'étudiants, in: J.-C. GOYON et al. (Hgg.), Proceedings of the Ninth International Congress of Egyptologists. Actes du neuvième Congrès international des Égyptologues, OLA 150, Leuven 2007, 1885/1896.

VERHOEVEN, U., Das Totenbuch des Monthpriesters Nespasefy aus der Zeit Psammetichs I. pKairo JE 95714 + pAlbany 1900.3.1 pKairo JE 95649 pMarseille 91/2/1 (ehem. Slg. Brunner) + Marseille 291, Handschriften des Altägyptischen Totenbuches 5, Wiesbaden 1999.

VERHOEVEN, U., Untersuchungen zur spälhieratischen Buchschrift, OLA 99, Leuven 2001.

VERHOEVEN, U., Von der „Loyalistischen Lehre" zur „Lehre des Kaïrsu". Eine neue Textquelle in Assiut und deren Auswirkungen, in: ZÄS 136, 2009, 87-98.

VERHOEVEN, U., Der hieratische Papyrus Berlin P. 29013 B, 8 (ehemals: P. 14420c): Horus und Seth, die Weiße und die Rote Krone, in: V. LEPPER (Hg.), Forschung in der Papyrussammlung. Eine Festgabe für das Neue Museum, Ägyptische und Orientalische Papyri und Handschriften des Ägyptischen Museums und Papyrussammlung Berlin 1, Berlin 2012, 261-266.

VERHOEVEN, U., Tomb N13.1: The Teaching of Amenemhat I (§ 1-2) on pillar B, in: J. KAHL et al., The Asyut Project: Ninth Season of Fieldwork (2011), SAK 41, 2012, 206-209.

VERHOEVEN, U., Literatur im Grab – der Sonderfall Assiut, in: G. MOERS et al. (Hgg.), Dating Egyptian Literary Texts, Hamburg 2013, 139-158.

VERHOEVEN, U., Das frühsaitische Totenbuch des Monthpriesters Chamhor C. Unter Mitarbeit von Sandra Sandri (Beiträge zum Alten Ägypten7, Basel 2017.

VERNER, M., Die Pyramiden, Reinbek bei Hamburg 1998.

VERNER, M., Die Papyrus-Archive von Abusir, in: Sokar 14, 2007, 25-33.

VERNUS, P., Le surnom au Moyen Empire. Répertoire, procédés d'expression et structures de la double identité du début de la XIIe dynastie à la fin de la XVIIe dynastie, Studia Pohl 13, Rom 1986.

VERNUS, P., Omina calendériques et comptabilité d'offrandes sur une tablette hiératique de la XVIIIe dynastie, in: RdE 33, 1981, 89-124.

VERNUS, P., Schreibtafel, in: LÄ V, Wiesbaden 1984, 703-709.

VERNUS, P., Scandales et affaires sous les Ramsès, Paris 1993.

VERNUS, P., Langue littéraire et diglossie, in: A. LOPRIENO (Hg.), Ancient Egyptian Literature. History and Forms, Probleme der Ägyptologie 10, Leiden 1996, 555-564.

VERNUS, P., Sagesses de l'Égypte pharaonique, 2ème éd., révisée et augmentée, Paris 2010.

VERNUS, P., Rezension zu: LAISNEY, V. P.-M., L'Enseignement d'Aménemopé, in: Orientalia 79, 2010, 532-557.

VITTMANN, G., Eine mißlungene Dokumentenfälschung. Die „Stelen" des Petese I (P. Ryl. 9, XXI – XXIII), in: Acta Demotica. Acts of the Fifth International Conference for Demotists Pisa, 4th-8th September 1993, Egitto e Vicono Oriente 17, Pisa 1994, 301-315.

VITTMANN, G., Zwei demotische Briefe an den Gott Thot, in: Enchoria 22, 1995, 169-181.

VITTMANN, G., „Riesen" und riesenhafte Wesen in der Vorstellung der Ägypter, Veröffentlichungen der Institute für Afrikanistik und Ägyptologie der Universität Wien 71, Beiträge zur Ägyptologie 13, Wien 1995.

VITTMANN, G., Der demotische Papyrus Rylands 9, 2 Bde., ÄAT 38, Wiesbaden 1998.

VITTMANN, G., Der große Priesterstammbaum in Karnak, in: SAK 30, 2002, 351-371.

VITTMANN, G., Noch einmal der große Priesterstammbaum in Karnak. Zu *jmj-r3 sb3(w)* und ähnlichen Titeln, in: GM 236, 2013, 97-108.

VITTMANN, G., Rezension zu: RYHOLT, K. (Hg.), Hieratic Texts from the Collection. The Carlsberg Papyri 7, CNI Publications 30, Copenhagen 2006, in: Enchoria 30, 2006/07, 186-191.

VITTMANN, G., Eine spätzeitliche Schülertafel aus dem Asasif, in: Ägypten & Levante 16, 2006, 187-193.

VITTMANN, G., Der Stand der Erforschung des Kursivhieratischen (und neue Texte), in: U. VERHOEVEN (Hg.), Ägyptologische „Binsen"-Weisheiten I-II. Neue Forschungen und Methoden der Hieratistik, Mainz / Stuttgart 2015, 383-433.

VITTMANN, G., Rezension zu: JASNOW, R. – ZAUZICH, K.-T., Conversations in the House of Life. A New Translation of the Ancient Egyptian Book of Thoth, in: CdE 91, 2016, 336-339.

VITTMANN, G., An Abnormal Hieratic Letter from Dakhleh Oasis (Ostracon Amheida 16003), in: A True Scribe of Abydos. Essays in First Millenium Egypt in Honour of Anthony Leahy, OLA 265, Leuven 2017, 492-503.

VLEEMING, S. P., The Sale of a Slave in the Time of Pharaoh PY, in: JEOL 61, 1980, 1-17.

VLEEMING, S. P., La phase initiale du démotique ancien, in: CdE 66, 1981, 31-48.

VLEEMING, S. P., Transcribing Cursive Late-Hieratic, in: S. SCHOSKE (Hg.), Akten des Vierten Internationalen Kongresses München 1985. 3, Linguistik, Philologie, Religion, SAKB 3, Hamburg 1989, 211-218.

VLEEMING, S. P., Rezension zu: GASSE, A., Données nouvelles administratives et sacerdotales sur l'organisation du domaine d'Amon (XXe-XXIe dynasties), in: Enchoria 18, 1991, 217-227.

VLEEMING, S. P., Papyrus Reinhardt. An Egyptian Land List from the Tenth Century B.C., Hieratische Papyri aus den Staatlichen Museen zu Berlin – Preussischer Kulturbesitz 2, Berlin 1993.

VLEEMING, S. P., Notes on Demotic Orthography, in: S. P. VLEEMING (Hg.), Aspects of Demotic Orthography, Studia Demotica 11, Leuven 2013, 145-161.

VON BECKERATH, J., Chronologie des Alten Ägypten, MÄS 46, Mainz / Rhein 1997

VOS, R. L., The Apis Embalming Ritual P. Vindob. 3873, OLA 50, Leuven 1993.

VOSS, S., Ludwig Borchardts Recherche zur Herkunft des pEbers, in: MDAIK 65, 2009, 373-376.

VOSS-KERN, S., Die Geschichte der Abteilung Kairo des DAI im Spannungsfeld deutscher politischer Interessen Band 1 (= Menschen - Kulturen - Traditionen. Bd. 8), 2013.

VYMAZALOVÁ, H., Hieratic inscriptions on the masonry of the mastaba des Neferinpu (AS 37), in: M. BÁRTA et al. (eds.), Abusir XXIII. The Tomb of the Sun Priest Neferinpu (AS 37), Prague 2014, 71-80.

WAß, C., Untersuchungen zur Verwendung von demotischer und hieratischer Schrift in den magischen Papyri der spätrömischen Zeit (Dissertation, in Vorbereitung). Siehe dazu: http://www.gs-distantworlds.mzaw.lmu.de/de/Personen/Christopher-Wass/47 (Zugriff August 2017).

WEEKS, K., The Component Parts of KV Royal Tombs, in: K. WEEKS – R. H. WILKINSON (Hgg.), The Oxford Handbook of the Valley of the Kings, Oxford 2016, 98-116.

WEGNER, J. W., The Mortuary Complex of Senwosret III at Abydos, Publications of the Pennsylvania-Yale Expedition to Egypt 8, New Haven 2007.

WENTE, E. F., Letters from Ancient Egypt, Atlanta 1990.

WESTENDORF, W., Grammatik der medizinischen Texte, Grundriss der Medizin der Alten Ägypter 8, Berlin 1962.

WESTENDORF, W., Zur Entstehung übertragener und abstrakter Begriffe, in: GM 6, 1973, 135-144.

WESTENDORF, W., Papyrus Berlin 10456. Ein Fragment des wiederentdeckten medizinischen Papyrus Rubensohn, in: Festschrift zum 150jährigen Bestehen des Berliner Ägyptischen Museums, Mitteilungen aus der Ägyptischen Sammlung VIII, Berlin 1974, 247-254.

WESTENDORF, W., Handbuch der altägyptischen Medizin I, Handbuch der Orientalistik Abt. 1.36,1-2, Leiden 1999.

WHELAN, P., Mere Scraps or Rough Wood? 17th-18th Dynasty Stick Shabtis in the Petrie Museum and other Collections, Egyptology 6, London 2007.

WIDMER, G., Résurrection d'Osiris – Naissance d'Horus. Les papyrus Berlin P. 6750 et Berlin P. 8765, Ägyptische und orientalische Papyri und Handschriften des Ägyptischen Museums und Papyrussammlung Berlin Band 3, Berlin 2015.

WILBOUR, C. E., Travels in Egypt (December 1880 to May 1891), Brooklyn 1833-1896.

WILDUNG, D., Imhotep und Amenhotep. Gottwerdung im Alten Ägypten, MÄS 36, München 1977.

WILDUNG, D., Pastenfüllung, in: LÄ IV, 1982, 913.

WILFONG, T., The Oracular Amuletic Decrees: A question of length, in: JEA 99, 2013, 295-300.

WILKINSON, T. A.H., Early Dynastic Egypt, London 1999.

WILLEMS, H., The Nomarchs of the Hare Nome and Early Middle Kingdom History, in: JEOL 28, 1983/84, 80-102.

WILLEMS, H., The Coffin of Heqata (Cairo *JdE* 36418), OLA 70, Leuven 1996.

WIMMER, S., Neue Ächtungstexte aus dem Alten Reich, in: Biblische Notizen 67, 1993, 87-101.

WIMMER, S., Hieratische Paläographie der nicht-literarischen Ostraka der 19. und 20. Dynastie, 2 Bde., ÄAT 28 I / II, Wiesbaden 1995.

WIMMER, S., Palästinisches Hieratisch. Die Zahl-und Sonderzeichen in der althebräischen Schrift, ÄAT 75, Wiesbaden 2008.

WIMMER, S., Hieratisch mit Migrationshintergrund. Neue Quellen zu den hieratischen Elementen in der hebräischen Alphabetschrift, in: U. VERHOEVEN (Hg.), Ägyptologische „Binsen"-Weisheiten I-II: Neue Forschungen und Methoden der Hieratistik. Akten zweier Tagungen in Mainz im April 2011 und März 2013, Mainz / Stuttgart 2015, 143–153.

WINAND, J., Une nouvelle Sagesse en hiératique de la Basse Époque (Papyrus Brooklyn Museum 47.218.135 in: CdE 73, 1998, 42-53.

YAMAZAKI, N., Zaubersprüche für Mutter und Kind. Papyrus Berlin 3027, Achet – Schriften zur Ägyptologie 2, Berlin 2003.

YOYOTTE, J., Des lions et de chats. Contribution à la prosopographie de l'époque libyenne, in: RdE 39, 1988, 155-178.

ŽABA, Z., The Rock Inscriptions of Lower Nubia, Prague 1974.

ZAUZICH, K.-T., Ein Interregnum weniger, in: U. LUFT (Hg.), The Intellectual heritage of Egypt. Studies Presented to László Kákosy, 1992, 619-626.

ZEIDLER, J., Zur Frage der Spätentstehung des Mythos in Ägypten, in: GM 132, 1993, 85-109.

ZIBELIUS, K., Ägyptische Siedlungen nach Texten des Alten Reiches, Wiesbaden 1978.

ZIEGLER, C., Decorated Fragments from the Chapel of King Djoser at Heliopolis, in: Egyptian Art in the Age of the Pyramids. Ausstellungskatalog Metropolitan Museum of Art, 1999, 175-176.

ZIERMANN, M., Stadt und Tempel von Elephantine. 15./16. Grabungsbericht, in: MDAIK 44 (1998), 177-182.

Nachtrag (s.o. Vorwort und Danksagung):

Allgemein zur hieratischen und kursiv-hieroglyphischen Paläographie, Editionstechniken etc.:

ALI, M. S., Die Kursivhieroglyphen. Eine paläographische Betrachtung, in: GM 180, 2001, 9-21.

ALLAM, M., Die Kursivhieroglyphen. Sind sie Hieroglyphen oder Hieratisch ?, in: ASAE 81, 2007, 33-37.

DONKER VAN HEEL, K., Some Issues in and perhaps a New Methodology for Abnormal Hieratic, in: DAVIES, V. – LABOURY, D. (Hgg.), The Oxford Handbook of Egyptian Epigraphy and Palaeography, Oxford 2020, 590-604.

FISCHER-ELFERT, H.-W., Hieratic Palaeography in Literary and Documentary Texts from Deir el-Medina, in: DAVIES, V. – LABOURY, D. (Hgg.), The Oxford Handbook of Egyptian Epigraphy and Palaeography, Oxford 2020, 647-662.

GÜLDEN, S. A. – KRAUSE, C. – VERHOEVEN, U., Digital Paleography of Hieratic, in: DAVIES, V. – LABOURY, D. (Hgg.), The Oxford Handbook of Egyptian Epigraphy and Palaeography, Oxford 2020, 634-646.

LUCARELLI, R., Cursive Hieroglyphs in the Book oft he Dead, in: DAVIES, V. – LABOURY, D. (Hgg.), The Oxford Handbook of Egyptian Epigraphy and Palaeography, Oxford 2020, 578-589.

POLIS, S., Hieratic Palaeography Tools, methods and perspectives, in: DAVIES, V. – LABOURY, D. (Hgg.), The Oxford Handbook of Egyptian Epigraphy and Palaeography, Oxford 2020, 550-565.

SHERIF ALI, M., Carved Hybrid Scipt, in: DAVIES, V. – LABOURY, D. (Hgg.), The Oxford Handbook of Egyptian Epigraphy and Palaeography, Oxford 2020, 566-577.

Die Ergebnisse der 3. Tagung „Binsen"-Weisheiten sind versammelt in:

VERHOEVEN, U. (Hg.), Ägyptologische „Binsen"-Weisheiten III, Mainz 2018.

Zur Frage der Existenz und Natur von Archiven s. jetzt den grundlegenden Beitrag von

HAGEN, F., with a contribution by Daniel Soliman (3.8), Archives in Ancient Egypt 2500–1000 BCE, in: BAUSI, A. et al. (Hgg.), Manuscripts and Archives. Studies in Manuscript Cultures 11, Berlin 2018, 71-170.

Zu Kap. 4:

TALLET, P, Les papyrus de la Mer Rouge I. Le «Journal de Merer» (Papyrus Jarf A et B). MIFAO 136, Le Caire 2017.

Zu Kap. 6 und besonders zu Kap. 7:

PANTALACCI, L., Between Old and Middle Kingdom: Palaeography of the clay documents from Balat, in: U. VERHOEVEN (Hg.), Ägyptologische „Binsen"-Weisheiten III, Mainz 2018, 217-234.

Zu Kap. 14:

HAGEN, F., New Copies of Old Classics: Early Manuscripts of *Khakheperreseneb* and *The Instruction of a Man for His Son*, in: JEA 105 (2019), 177-208.
KILANI, M., Vocalisation in Group Writing. A New Proposal. Lingua Aegyptia Studia Monographica 22, Hamburg 2019.

VERHOEVEN, U. (Hg.), Dipinti von Besuchern des Grabes N13.1 in Assiut. Band 1: Text und Band 2: Tafeln. The Asyut Project 15, Wiesbaden 2020.

Zu dem in Kap. 17 paläographisch kurz porträtierten Schreiber von Deir el-Medineh Djehutimose / Thutmose s. jetzt u.a. weitere Idiosynkrasien seiner Hand in seinem „Notizbuch" auf P. Vienna ÄS 10321, ediert von

DEMARÉE, R. J., in: HÖLZL, R. – NEUMANN, M. – id., The Notebook of Dhutmose. Probleme der Ägyptologie 37, Leiden / Boston 2018, 10-34 und Taf. Pl. 1-23, und dazu die ausführliche Rezension von

MÜLLER, M., in: Lingua Aegyptia 28, 2020, 285-309.

Zu Kap. 17-18:

BURKARD, G., Draʿ Abu el-Naga II. Hieratische Ostraka und Namensteine aus Draʿ Abu el-Naga, Archäologische Veröffentlichungen 129, Wiesbaden 2018. – S. dazu a. die bereits erschienenen Rezensionen von

FISCHER-ELFERT, H.-W., Notizen zu den hieratischen Ostraka und Namensteinen aus Draʿ Abu el-Naga, in: GM 260, 2020, 63-67, und

QUACK, J. F., in: OLZ 114 (2019), 431f.

Zu Kap. 19:

DONKER VAN HEEL, D. – MARTIN, C., Dead People are Money. The Abnormal Hieratic Papyrus Louvre N 2432 Revisited, and a Note on the Introduction of Demotic in Sixth Century BCE Thebes, in: J.V. STOLK – G.A.J.C. VAN LOON (Hgg.), Text Editions of (Abnormal) Hieratic, Demotic, Greek, Latin, and Coptic Papyri and Ostraca. Some people love their friends even when they are far away: Festschrift in Honour of Francisca A.J. Hoogendijk (P.L. Bat. 37, Leiden 2021), 13-27; bes. 23-27 Zur Annahme einer bewußten Maßnahme durch Amasis, das juristische Formular und dessen terminologie in den kursiv-hieratischen Urkunden durch das aus dem Norden stammende in Frühdemotisch zu ersetzen. Dies könnte mit aus dem Norden nach Theben „versetzten" Schreibern einhergegangen sein.

Zu Kap. 21-22:

KURTH, D., Der Einfluss der Kursive auf die Inschriften des Tempels von Edfu, in: id. (Hg.), EDFU: Bericht über drei Surveys: Materialien und Studien. Die Inschriften des Tempels von Edfu Begleitheft 5, Wiesbaden 1999, 69-96.

PRADA, L., Egyptian Education in Hellenistic and Roman Egypt: A Take from the Fayum—School Textbooks and P.Schulübung Revisited, in: M.-P. CHAUFRAY et al. (Hgg.), Le Fayoum. Archéologie - Histoire – Religion. Actes du sixième colloque international, Montpellier, 26-28 octobre 2016, 101-128.

QUACK, J. F., On the Regionalization of of Roman-Period Egyptian Hands, in: CROMWELL, J. – GROSSMANN, E. (eds.), Scribal Repertoires in Egypt from the New Kingdom to the Early Islamic Period. Oxford Studies in Ancient Documents, Oxford 2018, 184-210.

RYHOLT, K., Scribal Habits at the Tebtunis Temple Library: On Materiality, Formal Features, and Palaeography, n: CROMWELL, J. – GROSSMANN, E. (eds.), Scribal Repertoires in Egypt from the New Kingdom to the Early Islamic Period. Oxford Studies in Ancient Documents, Oxford 2018, 153-183.

Zu Kap. 22:

Schlichtweg übersehen wurde die Erörterung des Terminus *smd.t* – „Randzeile u.ä." von

MEEKS, D., L'art et la manière: petite enquête lexicale, in: Orientalia. Nova Series 83, 2014, 90-100; dort bes.: 97ff.

**Internetquellen**

http://aaew.bbaw.de/tla/servlet/GetTextDetails?u=Gast&f=0&l=0&tc=19952&db=0 (Zugriff: 3.3.2017).

http://aaew.bbaw.de/tla/servlet/OTPassport?u=Gast&f=0&l=0&oc=1632&db=1

https://www.academia.edu/7806071/An_Abnormal_Hieratic_Reading_Book_fasc., insgesamt bislang drei Faszikel (Zugriff 13.02.2017).

http://www.adwmainz.de/projekte/altaegyptische-kursivschriften/beschreibung.html

https://www.aegyptologie.uni-mainz.de/the-asyut-project-feldarbeiten-in-mittelaegyptenfieldwork-in-middleegypt/ (Zugriff 2.1.2017).

http://basisschrift.ch/schriftbeispiele (Zugriff 02.02.2107).

http://www.britishmuseum.org/research/publications/online_research_catalogues/rp/the_ramesseum_papyri.aspx (Zugriff 11.12.2016)

http://www.britishmuseum.org/research/publications/online_research_catalogues/rp/the_ramesseum_papyri/the_catalogue/5_p_ramesseum_e.aspx (Zugriff 11.12.2016).

http://www.britishmuseum.org/research/publications/online_research_catalogues/search_object_details.aspx?objetid=109917&partid=1&catalogueOnly=true&catParentPageid=33723&output=bibliography/!!/OR/!!/7682/!//!/The%20Ramesseum%20Papyri/!//!!//!!!/&catalogueName=The%20Ramesseum%20Papyri&catalogueSection=The%20Ramesseum%20Papyri&sortBy=catNumber (Zugriff 11.12.2016).

http://www.britishmuseum.org/research/collection_online/search.aspx?searchText=papyrus+10056 (Zugriff 11.01.2017).

https://www.brooklynmuseum.org/opencollection/objects/3762 (Zugriff: 15.02.2017).

http://dem-online.gwi.uni-muenchen.de/fragment.php?id=229 (Zugriff 27.01.2017)

http://elephantine.smb.museum/ record/?result=0&Alle=10456 (Zugriff: 27.02.2017).

https://escholarship.org/uc/item/0rb1k58f?query= Linguistic consciousness (Zugriff: Mai 2016).

https://fu-berlin.academia.edu/MRoemer

http://www.ifao.egnet.net/bases/archives/bruyere/

http://www.liv.ac.uk/archaeology-classics-and-egyptology/staff/roland-enmarch/research/ (Zugriff 17.01.14)

https://www.nms.ac.uk/explore-our-collections/collection-search-results/?item_id=300695 (Zugriff Nov. 2017)

http://www.organapapyrologica.net/content/papportal_start.xed?XSL.PortalType.SESSION=papportal

http://www.rmo.nl/collectie/zoeken?object=AMS+64

http://sae.sawleipzig.de/fileadmin/redakteure/user_upload/Literaturliste_pBrooklyn_47.218.48_und_85.pdf (Zugriff: 28.02.2017).

https://sites.google.com/site/pierremeyrat/Home/publications (Zugriff: Juli 2017).

totenbuch.awk.nrw.de/objekt/tm134407

720

http://totenbuch.awk.nrw.de//register/bibliografie (Zugriff 21.02.2017)
https://www.totenbuch-projekt.uni-bonn.de/totenbuch-datenbank (Zugriff 28.01.2017).
http://www.trismegistos.org/arch/archives/pdf/534.pdf (Zugriff Juli 2017).
http://www.trismegistos.org/hhp/detail.php?tm=57970 (Zugriff Juli 2017).
https://www.uni-muenster.de /imperia/md/content/iaek/_v/stundenritual/stundenritual.pdf.
https://www.uni-trier.de/index.php?id=28124 (Abruf 20.07.2017).
http://webapps.fitzmuseum.cam.ac.uk/explorer/index.php?qu=E.60.1926&oid=52421
         (Zugriff 23.12.2016)
https://de.wikipedia.org/wiki/Akzidenz-Grotesk (Zugriff 16.11.2016).
https://de.wikipedia.org/wiki/Student

Hans-W. Fischer-Elfert

# Grundzüge einer Geschichte des Hieratischen
# Band I

# Einführungen und Quellentexte zur Ägyptologie

herausgegeben von

Louise Gestermann und Christian Leitz

Band 14

LIT

Hans-W. Fischer-Elfert

# GRUNDZÜGE EINER GESCHICHTE DES HIERATISCHEN

# BAND I

LIT

Gedruckt auf alterungsbeständigem Werkdruckpapier entsprechend
ANSI Z3948   DIN ISO 9706

**Bibliografische Information der Deutschen Nationalbibliothek**
Die Deutsche Nationalbibliothek verzeichnet diese Publikation in der
Deutschen Nationalbibliografie; detaillierte bibliografische Daten sind
im Internet über http://dnb.dnb.de abrufbar.

ISBN 978-3-643-15014-1 (br.)
ISBN 978-3-643-35014-5 (PDF)

© LIT VERLAG Dr. W. Hopf  Berlin  2021
Verlagskontakt:
Fresnostr. 2   D-48159 Münster
Tel. +49 (0) 2 51-62 03 20
E-Mail: lit@lit-verlag.de    https://www.lit-verlag.de

**Auslieferung:**
Deutschland: LIT Verlag, Fresnostr. 2, D-48159 Münster
Tel. +49 (0) 2 51-620 32 22, E-Mail: vertrieb@lit-verlag.de

Dem Andenken an Georg Möller
(*1876 – †1921)

# ERRATA

Ad

S. 579, 1. Absatz lies ⲥⲉⲛⲧⲟⲩⲱⲧ statt sentouwt sowie ⲟⲩⲱⲧ statt ouwt.

S. 580, 1. Absatz lies ⲧⲛⲟⲩⲛⲉ statt tnoune. 2. Absatz lies ⲃⲏⲅ–ⲛⲛⲟⲩⲃ statt bhg-nnoub sowie ⲙϩⲉⲧⲉ statt mxete.

S. 581, 1. Absatz lies ⲛⲏⲧⲥ statt nhts sowie ⲓⲭⲱⲧⲟⲩ statt jotou sowie ⲭⲟⲧ statt jot und ⲉⲓⲡⲉ=eire statt nur eire. Zudem wird es sich bei ⲓⲭⲱⲧⲟⲩ eher um eine Relativform mit der Bedeutung „was man dazu (gewöhnlich) gesagt hat:" handeln. Die Kollokation ⲛⲏⲧⲥ ⲉⲓⲡⲉ spricht für eine in literarischem, medizinischem und mythologischem Kontext belegte Symptombezeichnung an den Augen: „schwindende(s) Augen(licht)".[1] Wie sich das dazwischen angeordnete hieratische *ḏd* = ⲓⲭⲱⲧⲟⲩ dazu verhält, erschließt sich mir nicht.

S. S, 616: Streiche das intrusive „medineh" am Beginn der Seite.

---

[1] Dies wird anderweitig im Zuge von laufenden Studien zur altägyptischen Augenapotheke gezeigt werden.

# Vorwort

Vorliegende *Grundzüge einer Geschichte des Hieratischen* sind im Rahmen eines von der Universität Leipzig 2013-2014 geförderten Lehrprojektes konzipiert worden.[1] Unter dem Titel *Entwicklung einer didaktischen Einführung in die altägyptische Schreibschrift des Hieratischen* ist sie von Anfang an als praktische wie theoretische Veranstaltung konzipiert und erprobt worden. Texte in dieser Kursive aus allen Epochen der altägyptischen Schriftgeschichte wurden den Studierenden in didaktisch aufbereiteter Form vorgestellt und erarbeitet. Diesen Part haben Anne Nörlich M.A., Martina Grünhagen M.A. und Sophie Möschen M.A. übernommen. Sophie Möschen hat die zusammen mit diesem Band erscheinende Chrestomathie, Teil I, erstellt; Teil II wird von Martina Landrino geschrieben und in Englisch erscheinen. Den eher theoretischen und schriftgeschichtlichen Teil in Gestalt einer chronologisch orientierten Vorlesung hat der Verf. dieses Bandes übernommen. Die Einführungskurse erstreckten sich über jeweils zwei Semester und sind insgesamt zweimal im Tandem-Verfahren (= Seminar + Vorlesung) und mehrfach als Seminar allein durchgeführt worden.

Mit großem Interesse und Engagement ist die Didaktik des Hieratischen auch andernorts und gleichzeitig mit der Leipziger Einführung ins Rollen gekommen. Es sei hier nachdrücklich auf den von Koenraad Donker van Heel entwickelten *Crash Course* in Abnorm- oder Kursiv-Hieratisch an der Universität Leiden/NL hingewiesen.[2] Darin entwickelt er eine im Prinzip recht einfache,

---

[1] S.u. http://www.stil.uni-leipzig.de/wp-content/uploads/2013/05/Pressemitteilung_Labor-Uni_3.Kohorte.pdf. Es sei dem damaligen Prorektorat für Bildung und Internationales der UL und dem damaligen Vertreter dieses Amtes, Herrn Prof. Dr. Claus Altmayer, sowie seinen Mitarbeiterinnen Friederike Keil und Dorothea Braun für all ihre Unterstützung und Betreuung herzlich gedankt, ganz besonders für die Gewährung von zusätzlichen Lehraufträgen zur Durchführung der praktischen Einführung in das Lesen hieratischer Primärquellen.

[2] Es handelt sich dabei um die folgenden Bände: *An Abnormal Hieratic Reading Book. Vol. III: Papyri from Oxford, Turin, Vienna & Tablets from Egypt & Leiden.* Uitgaven vanwege de Stichting Het Leids Papyrologisch Instituut 24; *An Abnormal Hieratic Reading Book*

aber deshalb auch so effektive, Methode der Hinführung zu Lesung und Verständnis einer in besonderem Maße abgekürzten Schreibweise des Hieratischen der späten 3. Zwischenzeit und 26. Dynastie, wie sie vornehmlich für dokumentarische Texte Verwendung fand und im Laufe des 6. Jh. v.u.Z. vom Frühdemotischen abgelöst wurde. Im Unterschied zur hier vorgelegten Einführung und Chrestomathie haben Donker van Heel und J. Golverdingen auch eine Paläographie dieses Ablegers des Hieratischen in Angriff genommen, mit deren Erscheinen hoffentlich in Bälde zu rechnen ist. Donker van Heel hat seinen *Crash Course* in der Zwischenzeit über Leiden hinaus bereits an mehreren ägyptologischen Standorten in der Bundesrepublik und den USA unterrichten können, so in München, Mainz, Heidelberg, Leipzig und Los Angeles. Ich danke Herrn Donker van Heel sehr herzlich für seine Korrekturlesung von Kap. 19.

Des Weiteren ist im Rahmen des von Ursula Verhoeven initiierten und federführend geleiteten Akademie-Projektes *AKU – Altägyptische Kursivschriften*[3] das strukturierte Lehren und Lernen des Hieratischen auch ein fester Bestandteil im akademischen Curriculum an der Universität Mainz.

Vorliegende *Grundzüge* verstehen sich ausdrücklich nicht als Hieratische Handschriftenkunde, in der z.B. ausführliche Darstellungen zu technischen Fragen wie Maßen, chemischer Zusammensetzung der verwendeten Tuschen und Tinten, Faltungen oder Rollungen von Papyrus sowie deren Layout bzw. Disposition von Text und ggf. Vignetten etc. behandelt werden Das bleibt einem zukünftigen Projekt vorbehalten, zu dem Spezialisten als Beiträger eingeladen werden sollen.

Verfasser macht keinen Hehl aus seiner Hoffnung, dass die Leipziger *Grundzüge* und *Chrestomathie* auch über ihren Entstehungsort hinaus erprobt werden

---

*Containing Texts from the British Museum (London), the Brooklyn Museum (New York), the Egyptian Museum (Cairo), the Louvre (Paris), the Museo Egizio (Turin), the Nationalbibliothek (Vienna), Queen's College (Oxford) and the Rijksmuseum van Oudheden (Leiden), with a Palaeography of Abnormal Hieratic Signs and Sign Groups. Vol. I:Papyri from London, Brooklyn, Cairo and Leiden.* Uitgaven vanwege de Stichting Het Leids Papyrologisch Instituut 24; *An Abnormal Hieratic Reading Book Containing Texts from the British Museum (London), the Brooklyn Museum (New York), the Egyptian Museum (Cairo), the Louvre (Paris), the Museo Egizio (Turin), the Nationalbibliothek (Vienna), Queen's College (Oxford) and the Rijksmuseum van Oudheden (Leiden), with a Palaeography of Abnormal Hieratic Signs and Sign Groups. Vol. II:Papyri from Paris.* Uitgaven vanwege de Stichting Het Leids Papyrologisch Instituut 24.
[3] S. die website https://aku.uni-mainz.de/projektbeschreibung/.

und die dabei gemachten Erfahrungen zu einer weiteren Verbesserung dieses zweisemestrigen Kurses beitragen können.

Neben den drei bereits genannten Dozentinnen Nörlich, Grünhagen und Möschen geht mein Dank an die Leipziger Studentinnen Anna Grünberg, Lisa Joseph, Lara Raïssa Galow, Karin Radovič und René Martin für ihre Arbeit mit der Formatierung, dem Abbildungs- und Literaturverzeichnis und den Indizes sowie ihr gründliches Korrekturlesen und inhaltliches Annotieren des Manuskriptes aus studentischer Perspektive. Das gleiche gilt für Martina Landrino M.A. (Turin/Leipzig). Sie hat diese Arbeiten „in einem Rutsch" und höchst professionell zuende geführt. Marion Wenzel, Photographin der Kustodie der Univ. Leipzig, werden die gestochen scharfen Aufnahmen vom inneren Sarg Herischefhoteps im Äg. Museum der UL verdankt.

Peter Dils und Lutz Popko haben mir großzügigerweise ihre Beobachtungen zu uneinheitlichen Transkriptionen und den daraus resultierenden Codierungsproblemen anhand von Quellen aus dem Mittleren und Neuen Reich zur Verfügung gestellt.[4] Emily Cole / ISAW verdanke ich Einblick in ihre 2015 noch ungedruckte Dissertation *Interpretation and Authority: The Social Functions of Translation in Ancient Egypt*. Christopher Waß von der LMU München hat mir erste Ergebnisse seiner Dissertation zu hieratisch-demotischen Texten zugänglich gemacht (zu den Arbeiten von E. Cole und Chr. Waß s. hier Kap. 22). Der gleiche Dank geht an Joachim Friedrich Quack, mit dem ich mich stets insbesondere über das späteste Hieratisch austauschen konnte und der mir eine ganze Reihe eigener Manuskripte, inkl. noch unpublizierter, zur Verfügung stellte. Jérémie Florès (Paul Valéry Université, Montpellier), der an einer Edition des Berliner P. 10500 A-B arbeitet, hat mir die auszugsweise Abbildung einiger Ausschnitte aus dieser Handschrift gewährt, wofür ich ihm herzlich danke.

Während eines 4-wöchigen Aufenthaltes auf Einladung von „This project supported by LabEx ARCHIMEDE from „Investissement d'Avenir" program ANR-11-LABX-0032-01" an der Université Montpellier III Paul Valéry konnte das Manuskript in entscheidenden Punkten weiter vorangebracht werden. Ich danke Sandra Lippert und Ivan Guermeur von Herzen für die Einladung und die wunderbare Zeit in und um Montpellier im Herbst 2016.

---

[4] Vorgestellt von Lutz Popko auf den *Ägyptologische(n) „Binsenweisheiten III"* in Mainz (April 2016).

iv

Eine Art Einführung in die Geschichte des Hieratischen wäre sinnlos ohne angemessene Illustrierung. Zahlreiche Institutionen haben durch Verleihung von Bildrechten und teilweise Neuanfertigung von Photographien entscheidend zur optischen Unterfütterung des Bandes beigetragen, wofür ihnen allen auch an dieser Stelle gedankt sei. Namentlich sind dies: Verena M. Lepper (Ägyptisches Museum und Papyrussammlung, Berlin); Helen Strudwick und Emma Darbyshire (Fitzwilliam Museum, Cambridge); Hamid Loutfy (Egyptian Museum, Kairo); Mazen Essam (Ifao, Kairo); Kim Ryholt (The Papyrus Carlsberg Collection, Kopenhagen); Ilona Regulski (The British Museum, London); Lara Weiss (Rijksmuseum van Oudheiden, Leiden/NL); Anna Garnett (Petrie Museum of Egyptian Archaeology University College, London); Olga Vassilieva (The Pushkin Museum of Fine Arts, Moskau); Silvia Schoske (Staatliches Museum Ägyptischer Kunst, München); Isabel Stünkel (The Metropolitan Museum of Fine Arts, New York); Yekaterina Barbash (The Brooklyn Museum, New York); Françoise Legrand (Bibliothèque Nationale de France, Paris); Vincent Rondot, Marc Étienne, Audrey Vigey und Béatrice Perrault-Dubois (Musée du Louvre, Paris); Susanne Töpfer (Museo Egizio, Turin[5]).

Dieser Überblick ging und geht im akademischen Unterricht an der Univ. Leipzig einher mit der von Sophie Möschen erstellten und mehrfach erprobten *Chrestomathie des Hieratischen*, *Teil I*, deren didaktisch aufbereitete Textbeispiele von der Frühzeit bis zum Ende der 2. Zwzt. reichen. Die dort versammelten Quellen finden sich sämtlich in größerem Zusammenhang im 1. Band. der vorliegenden *Grundzüge* wieder, wenn auch hier nicht unter didaktischen Aspekten.

Das Manuskript zu diesen Bänden wurde im Wesentlichen bereits im Herbst 2018 abgeschlossen und konnte aus diversen Gründen nicht mehr bis Ende 2020 aktualisiert werden. Im Nachtrag zum Literaturverzeichnis finden sich daher einige der wichtigsten Arbeiten zum Hieratischen, die in diesem Zeitraum erschienen sind und so zumindest ein wenig diese Scharte auswetzen helfen.

Es bleibt mir noch, Louise Gestermann und Christian Leitz für Ihre gründliche Vorablektüre und Annotationen sowie für die Aufnahme des Bandes in ihre Reihe *Einführungen und Quellentexte zur Ägyptologie* herzlich zu danken. Alle

---

[5] Die zu den Abb. von Turiner Handschriften angebene Lit. in den Fußnoten ist nicht die Quelle der jeweils reproduzierten Photos. Diese stammen sämtlich von Nicola Dell'Aquila.

verbliebenen Fehler sowie Fehlendes gehen natürlich zu Lasten des Verfassers. Dem LIT-Verlag in Münster in Gestalt von Herrn Martin Richter danke ich für die professionelle verlegerische Betreuung.

Die Widmung an Georg Möller bedarf sicher keiner eigenen Begründung, denn welches ägyptologische Werk wie seine *Hieratische Paläographie I-III* kann schon von sich behaupten, auch noch nach über 100 Jahren zur Standardliteratur für Anfänger wie Experten gleichermaßen zu gehören?


Hans-W. Fischer-Elfert                          Leipzig, Frühjahr 2021

# Inhaltsverzeichnis

## 1.  Was ist Hieratisch? – Eigenbegriffliches

Die Idee zu dieser Einführung ist wie schon im Vorwort expliziert aus dem eigenen Hieratisch-Unterricht geboren, gefördert wurde sie nicht zuletzt und besonders durch Gespräche mit Studiosi[1] über ihre individuellen ersten Erfahrungen im Umgang mit dieser speziellen Kursive der altägyptischen Hieroglyphen. Der Austausch mit Kollegen hat sein Übriges dazu beigetragen, so dass es für eine Gesamtdarstellung des Hieratischen durchaus Bedarf zu geben und es dafür nach knapp 200jähriger Beschäftigung mit dieser Schriftart an der Zeit zu sein scheint. Problematisch wurde es im akademischen Unterricht dann, wenn es um die Art und Weise eines solchen systematischen und historischen Überblicks samt Hinführung zu den Quellen ging. Nicht zuletzt curricular eng gezogene Zeitfenster haben eine vertiefende Präsentation schlichtweg verunmöglicht. Als zusätzliche Barriere zum Erlernen der Hieroglyphenschrift, von den diversen Sprachstufen und anderen Schriftarten des Ägyptischen ganz zu schweigen, erfreut sich deren hieratisches Derivat auf Seiten der Studenten ohnehin nicht unbedingt der allergrößten Priorität auf der Beliebtheitsskala derjenigen Teilgebiete, die das Mammutfach Ägyptologie konstituieren. Es gilt also zudem, Barrieren abzubauen, die den Kontakt mit dieser Kursive so weit als irgend möglich minimieren helfen.

Zu diesem Missstand haben die etablierten Ägyptologen unzweifelhaft selbst entscheidend beigetragen. Ähnlich wie in der Papyrologie beschränken sich die meisten Spezialisten der Hieratistik[2] auf die Edition und Kommentierung der von ihnen vorgelegten oder erneut studierten Handschriften, ohne dabei jemals größere historische wie systematisch-phänomenologisch orientierte Überblicke zu liefern. Verfasser nimmt sich hiervon gar nicht aus. Der „Erstbenutzer", also der studentische Anfänger, steht damit weiterhin ziemlich allein auf weiter Flur

---

[1] Bezeichnungen rezenter Personengruppen erfolgen aus reiner Sprachökonomie im grammatischen Maskulinum, decken aber stets beide Geschlechter ab. Im Übrigen s. das Zitat von GOLDT unter Punkt 6.2 in: https://de.wikipedia.org/wiki/Student.
[2] Fortan soll dieser m.W. von WIMMER eingeführte und auf „Hieratische Studien" im allerweitesten Sinne anzuwendende Begriff verwendet werden wie auch der des „Hieratogramms" von VERHOEVEN für eine hieratische Schreibung im allgemeinen; zu ersterem s. S. WIMMER, *Hieratische Paläographie der nicht-literarischen Ostraka der 19. und 20. Dynastie* (1994), T. I, 1ff.; zu letzterer s. U. VERHOEVEN, *Untersuchungen zur späthieratischen Buchschrift* (2001), Einleitung, dort bes. S. 4-7 zur „Standortbestimmung" hieratistischer Studien.

und weiß nicht, auf welchem Wege sie oder er sich einen Einstieg in das Material und die Spezifik dieser scheinbar so wenig ikonisch wirkenden Schriftart einarbeiten könnte. Zweifel an der eigenen Memorierbarkeit der Zeichenformen, besonders deren gewöhnliche Abbreviaturen und im Laufe der Schriftgeschichte an Zahl und Kursivität zunehmende Ligaturen[3] machen ein studienbedingt rasches Erlernen nicht gerade einfacher. Diese Vorannahmen, nicht selten eher Vorurteile, gegenüber dem Hieratischen münden dann leicht in einer noch durch unstrukturierten Unterricht geförderten Frustration. „Unstrukturierter Unterricht" meint hier, dass es bislang zur gewöhnlichen Praxis gehörte, in das Hieratische mittels der Lektüre eines gut erhaltenen und vordergründig „leicht" zu lesenden Textes – wie etwa dem des Zweibrüdermärchens – „einzuführen". Spezimina der Kursive wurden und werden dann fallweise, aber eben nicht im System, erläutert. Gegen diese Praxis spricht schon der altägyptische Unterricht i.S. der eigenen Schriftvermittlung, soweit wir ihn heute glauben überhaupt rekonstruieren zu können.[4] Wurden auch altüberlieferte Texte wie Literaturwerke massenhaft *in toto* oder in Auszügen reproduziert, so muss es dennoch auch die Einzelwortmethode gegeben haben. Verzeichnisse von Wörtern, geordnet nach „Sachgebieten" oder semantischen Feldern und spätestens ab der frühen Römerzeit auch nach Wortarten wie Substantiv und Verb[5] bezeugt, dürften eine der regulären Vermittlungsmodi im antik-ägyptischen Sprachunterricht gewesen sein.

Diese zwar zur Hälfte bekannte, aber bislang unbearbeitete, Holztafel in Oslo, gleichfalls aus der Römerzeit, listet eine Reihe von Verben der Bewegung in altertümelndem, aber kalligraphischem Hieratisch auf und gibt zu jedem Lemma semantische Erläuterungen. Dabei werden ihrerseits *verba movendi* zur Erläuterung des jeweiligen Lemmas herangezogen.[6]

---

[3] Ligatur, eigentlich ein musikologischer Terminus mit der Bedeutung „Verbindung von Noten durch einen Haltebogen" < Lat. *ligare* – „verbinden", übertragen auf die Paläographie zur Bezeichnung von Zeichenverbindungen. Im Hieratischen liegt die Obergrenze bei drei miteinander verbundenen Zeichen.

[4] Dazu mehr anhand einschlägigen Materials aus Deir el-Medineh in Bd. II, Kap. 15.

[5] S. die Zusammenstellungen in dem von OSING edierten Onomastikon aus Tebtynis (2. Jh. n.u.Z.), *Hieratische Papyri aus Tebtunis I. Text* (1998), *pass.*

[6] Die Osloenser Holztafel ist tatsächlich nur eine von zweien, in identischer Handschrift beschriebener, Listen von Verben der Bewegung. Die 2. Tafel wurde von einer ägyptischen Mission in den 80er Jahren des letzten Jahrhunderts im saitenzeitlichen Grab des Monthemhet (TT 34) gefunden, ist aber seitdem verschollen. Verf. dankt Erhart Graefe sehr herzlich für die Einsicht in Arbeitsphotos der thebanischen Tafel. Der Bestand an Lemmata über-

Abb. 1: Holztafel Schøyen Mskr. 189 rt. (Oslo)

Zugegeben, eine solche „Vokabel-Liste" befriedigt vielleicht in erster Linie die Erfordernisse des damaligen Ägyptisch-, mithin Sprach-Unterrichts. In Kombination mit der antiquierten Kursive verleiht sie sich zugleich den Anstrich einer Schreib- oder Schriftlehre im Fach „Hieratisch", das zu jener Zeit nachweislich einer Prüfung in der Schreiberausbildung von angehenden Priestern unterlag. Man musste als angehender „Schreiber-des-Gottesbuches" z.B. sein Hieratikum erfolgreich absolvieren.[7]

Wir wissen nicht, wie altägyptische Schreiber ihre Eleven regelhaft unterrichtet bzw. in welcher Weise sie deren schriftliche Hausaufgaben korrigiert und ggf. kommentiert haben.[8] Zufällige Streiflichter aus der Handwerkersiedlung von Deir el-Medineh der 19.-20. Dyn. können eine der Praktiken vielleicht sogar repräsentativ beleuchten. So fordert ein Schreiber in seiner Eigenschaft als Lehrender seinen Schüler dazu auf, bei ihm vorbeizuschauen und „das 3. (Kapitel: ḥw.t)" abzuholen, da „es bereitliege". Der Schüler verspricht daraufhin, genau

---

schneidet sich an keiner Stelle mit demjenigen der Osloenser Tafel, im Gegenteil, beide Listen ergänzen einander. Martin Schøyen, dem Besitzer der Handschriften-Sammlung, danke ich für die Publikationserlaubnis sowie John Tait (UC London) ganz besonders für den regen Informationsaustausch in dieser Sache. John Tait ist zugunsten des Verf. von seiner ursprünglich geplanten Edition der Osloenser Tafel zurückgetreten. Wir werden Auszüge aus der Osloenser Tafel in Bd. II, Kap. 22 vorstellen.

[7] S. SAUNERON, „Les conditions d'accès à la fonction sacerdotale à l'époque gréco-romaine", in: *BIFAO* 61 (1962), 55-57; zur Schreiberausbildung an Tempeln, nicht nur der sog. Spätzeit, s. insbes. J.F. QUACK, „Die Initiation zum Schreiberberuf im Alten Ägypten", in: *SAK* 36 (2007), 249-295.

[8] Nachträglich angebrachte Korrekturen kommen in den Kap. 11, 12, 14, 15, 16, 18 und 21 zur Sprache.

dies zu tun. Daraufhin legt der Meister nach mit den Worten: „Bringe dein Kapitel mit und komm' her!"[9]

Für eine Kommentierung seitens der Schreiber braucht es eine zumindest rudimentäre Terminologie, aber diese ihnen eigene Begrifflichkeit kennen wir erst recht kaum bis gar nicht. Das hat auch zur Folge, dass wir uns heutzutage mit einem „modernen" terminologischen Apparat behelfen müssen. Hatten die Schreiber etwa einen eigenen Ausdruck für „Ligatur" (= graphische Verbindung mindestens zweier Zeichen zu einem einzigen), für den „Vers-„ oder „Gliederungspunkt", die „Zeile" oder die „Kolumne"?[10] So hat erst kürzlich QUACK einen altägyptischen Terminus für die „Horizontalzeile" (*smd.t*) identifizieren können.[11] Das Vokabular für Schreibmaterialien, also für Binse, Papyrus, Tinte etc., ist uns hingegen einigermaßen bekannt.[12]

Kommen wir nun zur Frage einer genuin ägyptischen Bezeichnung für das „Hieratische", so es denn überhaupt eine gab.[13] Denn „Hieratisch" selbst bzw. die sog. *Hieratiká grámmata* für die entsprechenden „heiligen Schriftzeichen" sind ja eine Fremdbezeichnung des griechisch schreibenden Autoren CLEMENS ALEXANDRINUS in seinem Werk *Stromata* (V 4.20f.) aus dem 2 Jh. Bereits im 5. Jh. v.Chr. hatte HERODOT zwischen den Kursiven der *hi(e)rá* und der *demotiká* unterschieden (II 36.4) und meinte damit natürlich das „Hieratische" bzw.

---

[9] Für die Quelle und alle weiteren Details s. Verf., „Vermischtes II", in: *GM* 135 (1993), 32-34; A. McDOWELL, *Village Life in Ancient Egypt. Laundry Lists and Love Songs* (1999), 130 Nr. 94.

[10] Textologische Termini sind zweifellos vorhanden und in Gebrauch gewesen, auch im intertextuell-referentiellen Sinne; s. Verf., „Wort – Vers – Text. Bausteine einer altägyptischen Textologie", in: C. WILCKE (Hg.), *Das geistige Erfassen der Welt im Alten Orient. Sprache, Religion, Kultur und Gesellschaft* (2007), 27-38; s.a. wieder das reichhaltige Vokabular im Tebtynis-Onomatikon bei J. OSING, *op. cit.*, 96-100.

[11] „Eine Papyruskopie des Textes der Votivellen. P. Carlsberg 419", in: K. RYHOLT (ed.), *Hieratic Texts from the Collection. With Contributions by J.F. Quack, A. von Lieven, K. Ryholt* (2006), 39-52 und Pl. 5/a); dort: 50; id., „Fragmente memphitischer Religion und Astronomie in semidemotischer Schrift (pBerlin 14402 + pCarlsberg 651 + PSI Inv. D 23)", in: F. HOFFMANN – H.J. THISSEN (Hgg.), *Res severa verum gaudium. Festschrift für Karl-Theodor Zauzich zum 65. Geburtstag am 8. Juni 2004* (2004), 467-496; dort: 475 zur Ergänzung [*sḫ3*] *bnr* als metatextueller Terminus für „außen geschrieben" i.S. von „s.o.".

[12] L. GESTERMANN, s.v. Schreibmaterialien, in: *LÄ* V, 700ff.; s.a. den knappen Überblick, allerdings ohne die ägyptischen Eigenbezeichnungen, bei A. SCHLOTT, *Schrift und Schreiber im Alten Ägypten* (1989), 53-70; s.a. das Kapitel „Les métiers et les lieux de l'écriture" von RIZZO in dem Ausstellungskatalog *À l'école des scribes. Les écritures de l'Égypte ancienne* (2016), 190-207.

[13] Z.B. von A. GASSE, „Une caverne d'Ali Baba, la documentation hiératique des anciens ègyptiens", in: L.B. RIZZO (éd), *À l'école des scribes*, 61-71; dort: 71, verneint.

„Heilige" oder „Sakrale" für religiöse Texte resp. „Demotische" bzw. „Volkstümliche" für Nichtliterarisches im weitesten Sinne.[14] Wenn die Ägypter die demotische Kursive (seit dem späten 6. Jh. v.Chr.) dann *sḫ-šꜥ.t* – „Briefschrift" nennen, dann adaptieren bzw. transferieren sie im Grunde genommen die Bedeutung eines erheblich älteren Schreibertitels, der im Neuen Reich (fortan NR) *zḫ(ꜣ.w)-šꜥ.t* – „Briefeschreiber" lautet bzw. – dem Original etwas näherkommend – in akkadischer Transkription *šaḫ-šiḫa = saḫ-šiḫa*.[15] Durch die Rückübertragung des akkad. Laterals[16]/š/ in den ägyptischen stimmhaften Sibilanten /s/ wie in „Sabine" und diejenige des Akkad. /ḫ/ in das sog. ägyptische /ꜥ/ erhalten wir die Lautung *saḫ-šiꜥa*. Daraus dürfen wir vielleicht schließen, dass man spätestens im NR die Verwendung der hieratischen Kursive mit der Niederschrift von Briefen als ihrer primären oder typischen Funktion assoziierte. So gesehen ist die spätere demotische Applikation *sḫ-šꜥ.t* auf die nunmehr demotische Kursive dann so neu nicht mehr: Sie verlagert sich lediglich von den Produzenten = „Briefeschreibern" auf die von ihnen vornehmlich praktizierte Schriftart, eben die „Briefschrift".

Verweilen wir noch kurz bei diesem ihrem Produkt, dem Brief, dann sollten wir auf die bisher belegte Dokumentation dieses Genres über das NR zurückschauen. Seit wann gibt es denn offizielle und/oder private Briefe aus dem pharaonischen Ägypten? Und wurde die mit ihnen verbundene Kursive schon von jeher „Briefschrift" genannt? Zur ersten Frage lässt sich gegenwärtig immerhin soviel sagen, dass die verschriftlichte Kommunikationsform über die Distanz hinweg mittels eines „Briefes" (*šꜥ.t*) seit der hohen Zeit des Alten Reich (fortan AR) bezeugt ist. Nur wird der „Brief" zu jener Epoche gewöhnlich *mḏꜣ.t* genannt. Genauer gesagt können wir Briefe in – sicher formalisierter und nicht umgangssprachlicher – altägyptischer Sprachform seit der Regierungszeit des Djedkare-Asosi (5. Dyn., ca. 2400 v.Chr.) greifen.[17] Allerdings lässt sich keinem dieser AR-Briefe – und damit beantworten wir zugleich die zweite Frage – die genuin ägyptische Terminologie für die hieratische Kursive entnehmen. Ihren Namen zu erwähnen war vielleicht nicht vonnöten. Aber seien wir vorsichtig, denn jeder neue Brief aus dem AR könnte uns plötzlich eines Besseren

[14] A.B. LLOYD, *Herodotus Book II. Commentary 1-98* (1976), 161-163.
[15] EA (= Amarna Brief) 316.16; s. W.L. MORAN, *The Amarna Letters* (1992), 348.
[16] Noch genauer gesagt den affrizierten(?) alveolaren stimmlosen Lateral wie im deutschen /Schwein/ mit M.P. STRECK, *Altbabylonisches Lehrbuch* (2011), 14.
[17] E.F. WENTE, *Letters from Ancient Egypt* (1990), Nr. 62 und 63).

belehren, und erst recht die neuerlich (2013) gefundenen und bislang ältesten beschrifteten Papyri aus Ägypten überhaupt (dazu mehr in Kap. 4).

Gehen wir zeitlich noch weit vor die 5. Dyn. zurück, dann müssen wir uns einer kniffligen Definitionsfrage stellen. Gemeint ist das Problem, ab wann bzw. ab welchem Text oder welcher Textsorte sind wir überhaupt befugt, von „Hieratisch" zu reden? Wann ist der Grad der Abbreviaturen und Vereinfachungen der hieroglyphischen Zeichen so groß, dass wir die Kursive entsprechend benennen können?

Eine eingehende Betrachtung frühzeitlicher Tintenaufschriften in Bezug auf ihre Kursivität in Abgleich mit zeitgenössischen ikonischen Hieroglyphen wird diese Differenzierung rasch an ihre Grenzen stoßen lassen.

Abb. 2: Kursive *tags* in Gestalt von unterägyptischen (li.) und oberägyptischen (re.) Steuer-notizen aus der Zt. des Königs Ka (Ende Dyn. O, ca. 3000 v.Chr.)[18]

sind die ersten greifbaren Tintenaufschriften in Form von Produkt-Labeln wie den beiden hier reproduzierten schon als kursiv zu klassifizieren, oder sind sie nichts weiter als mehr oder minder zu Tinte geronnene Hieroglyphen, wenn auch in etwas verkürzter und abstrahierter Gestalt? Nehmen wir die einzig verfügbare Paläographie des sog. Althieratischen, also der Kursive des AR, von GOEDICKE zur Hand, dann stellen wir fest, dass er seine Dokumentation

---

[18] Nach: T.A.H. WILKINSON, *Early Dynastic Egypt* (1999), Fig. 4.4.

tatsächlich bereits mit einer Tintenaufschrift des Königs „Skorpion" aus Tarchan in Dyn. 0,[19] und damit noch vor Narmer,[20] beginnen lässt.[21] Wir werden uns diese und ähnliche frühzeitliche Aufschriften in Kap. 4 näher anschauen. Es lässt sich schon an dieser Stelle mit allem Vorbehalt vermuten, dass mit der Entstehung und Verbreitung der ägyptischen Hieroglyphenschrift entweder gleichzeitig oder bereits kurz zuvor eine Kursive kreiert worden sein könnte, die den alltäglichen Anforderungen in Verwaltung und Kult gerecht wurde und rasch zur Niederschrift gebracht werden konnte.[22] Eine solche Schnellschrift oder Tachygraphie war mit ikonischen Hieroglyphen in Stein graviert nicht zu bewerkstelligen; in diesem Falle ist die Binse schneller als jeder Meißel. Aber natürlich konnten auch bildliche Hieroglyphen ohne jeden Anflug von Kursive zur Kennzeichnung von Waren und Produkten auf sog. *tags* oder kleinen Anhängern aus Knochen oder Holz graviert werden.[23] Ihr textueller Umfang ist allerdings derart begrenzt, dass der zeitliche Aufwand für ihre Gravur nicht allzu hoch gewesen sein dürfte. War es dagegen nötig, längere Aufzeichnungen zu notieren, bot sich eine Kursive geradezu an.

Damit sind wir unweigerlich auch bereits mitten in der Frage angelangt: „Wozu brauchten die Ägypter eine Schrift?", um es in Anlehnung an einen fast gleichbetitelten Artikel von SCHENKEL[24] zu formulieren. Gehen wir nach dem Ausschlussprinzip vor, das Einiges für sich beanspruchen dürfte, dann können wir wohl Folgendes einigermaßen plausibel vermuten: Die Schreiberbeamten der Formativen oder Frühphase des altägyptischen Staatswesens haben ihr neues

---

[19] Obwohl sein Königtum wegen des fehlenden Serech, auf dem der Falke thronen sollte, bestritten wird von T.A.H. WILKINSON, *op. cit.*, 54.
[20] Wohl wissend, dass die römerzeitliche Lesung des Zeichens U23 *mhr / mhl* gelautet hat, bleiben wir im Folgenden bei der alteingebürgerten Namensform „Narmer", auch wenn er nicht der einzige Königsname werden würde, dessen Lesung seitens der Ägyptologie Veränderungen unterworfen war; für *mhr* statt *mr* s. J.F. QUACK, „Zum Lautwert von Gardiner Sign-List U 23", in: *LingAeg* 11 (2003), 113-16; unterstützend dazu P. COLLOMBERT, „[mr] = [ḥr] = [mhr] = (m)ḥr, « pyramide »" ?, in: *GM* 227 (2010), 17-22 (*m:ḥr* mit *m:*-Präfix); dagegen S. Schweitzer, „Zum Lautwert einiger Hieroglyphen", in: *ZÄS* 138 (2011), 132-149; dort: 142-144.
[21] *Old Hieratic Paleography* (1988), XIV.
[22] Ganz ähnliche Hypothesen formuliert auch BAINES in seinem Aufsatz "Writing and society in early Egypt", in: id., *Visual & Written Culture* (2007), 117-145; dort: 140-142 und 281: „the cursive signs used for administrative purposes, which developed into the ‚hieratic' 'script'.
[23] S. z.B. diejenigen aus Grab U-j in Abydos, ed. G. DREYER *et al.*, *Umm el-Qaab I, Das prädynastische Königsgrab Uj und seine frühen Schriftzeugnisse* (1998), Taf. 27-35.
[24] „Wozu die Ägypter eine Schrift brauchten", in: A. ASSMANN *et al.* (Hgg.), *Schrift und Gedächtnis. Beiträge zur Archäologie der literarischen Kommunikation* (1983), 45-63.

Medium nicht zur Produktion und Tradition von Literatur im rezeptions-ästhe-
tischen Sinne verwendet, auch nicht zur Komposition und Inszenierung von Ri-
tualen, seien es nun solche für den König oder einzelne Gottheiten. Allerdings
sei einschränkend umgehend notiert, dass die sog. Annalentäfelchen mit der
Notation von einzelne Regierungsjahre dominierenden Ereignissen nicht ganz
eines rituellen Charakters entbehren. Schließlich dienten sie doch auch der Ver-
herrlichung und Verewigung von Taten ihrer jeweiligen Herrscher. Und diese
Taten sollten nicht losgelöst von einem wie auch damals sicher schon im Detail
strukturierten Ritualkalender gelesen werden. Zumindest in rudimentär annalis-
tischem Kontext erfüllte die frühe Schrift also bereits sakrale Funktionen, die in
den Dienst der unbefristeten Glorifizierung von „Leistungen" ihrer Elite gestellt
wurde. Damit war sie aber in dieser schriftformativen Phase alles andere als ein
rein administratives Vehikel zur Notation „profaner" Verwaltungs- und Wirt-
schaftsvorgänge. M.a.W., diese kulturellen Aktionsfelder waren von Anfang an
untrennbar miteinander verzahnt und die scharf gezogene Grenze zwischen
„profan" und „sakral" greift hier sicher noch nicht.

An dieser Stelle sei auch noch kurz die Frage gestreift, ab wann die ägyptischen
Schreiber denn so etwas wie die linguistische Größe „Text" als Konzept hatten
und dies in die Praxis umgesetzt haben. Ohne uns hier auf eine endlose Diskussion darüber einzulassen, was denn ein „Text" eigentlich sei, und die Zahl der
Definitionen dürfte in die Dutzende gehen, sei zunächst wieder danach Ausschau gehalten, ob die Ägypter denn selbst eine solche Kategorie kannten und
wenn ja, wie sie sie benannten. Moderne Wörterbücher der ägyptischen Sprache
tun sich schwer damit bzw. halten sich ganz mit der Übersetzung „Text", welchen ägyptischen Lexems auch immer, zurück.[25] Das muss seinen Grund haben,
und sei er auch eher im Unbewussten, als in offener Reflexion der individuellen
Interpreten begründet. Die Textsorte „Brief" haben wir schon genannt, zumal
sie – in Kursive – wie bereits erwähnt zu den ältesten bezeugten

---

[25] *Wb* VI, 155a, listet allenfalls den Ausdruck *ꜣj drf* auf, der im Neuägyptischen so etwas wie
„Textsammlung" bedeuten soll. Unterstellt wird dabei dem Lexem *drf* die Bedeutung „Text".
*Wb* V 348.10 versieht diese Bedeutungsangabe jedoch noch mit dem Zusatz „o.ä."! B. MA-
THIEU, *La poésie amoureuse de l'Égypte ancienne* (1996), 47 Anm. 121, korrigiert diese An-
gabe unter Hinweis auf weitere Lit. zu diesem Kompositum und seinem ersten Bestandteil
*ꜣy*, bei dem es sich u.a. um einen Kasten für Handschriften handelt.

Textsorten zählt.[26] Seiner ursprünglichen Wortbedeutung nach bezeichnet ein „Brief" einen auf „kurze schriftliche Festlegung"[27] gestellten Text mehr oder minder kurzen Umfangs, s. das Englische „to be brief" oder „to brief sb." im Sinne von jmd. kurz informieren und instruieren etc.

Ein „Text" ist seiner wörtlichen Bedeutung nach ein „Gewebe; Geflochtenes", u.z. aus Wörtern und Sätzen, denn das Wort selbst schreibt sich vom Lat. *textus* – „Gewebe" her. Ähnlich einem Geflecht oder Gewebe hat ein Text nämlich auch, um im Bilde zu bleiben, Kett- ($\rightarrow$ + $\leftarrow$) und Schussfäden ($\downarrow$ + $\uparrow$). Linguistischer Terminologie zufolge sprechen wir aber eher von einer – horizontalen – Achse der Syntagmatik und von einer – vertikalen – Achse der Paradigmatik. In jedem Falle greifen diese beiden Achsen vertikal ineinander und je nach Wahl seiner Satzbausteine inkl. der einzelnen Wörter „webt" der Textproduzent eine Art „Teppich" und mithin aus diesen Elementen eben einen „text(us)". Die dadurch bestenfalls gewährleistete Kohärenz oder semantische Stimmigkeit ihres Produktes haben die altägyptischen Schreiber bisweilen selbst schon eingefordert. Ein sprechender Beleg dafür ist die Klage des Hori auf Pap. Anastasi I aus der Zt. Ramses' II. in seiner Replik auf das textuell völlig verworrene Schreiben seines Kollegen Amenemope *alias* Mapu, das jener ihm zumutet. Es heißt dort wörtlich: „Deine Äußerungen vermischen Dieses und Jenes. All' deine Worte sind verkehrtherum und ohne Zusammenhang".[28]

Diese – lateinische – Analogie ist nun alles andere als weit entfernt von der genuin altägyptischen Benennungsmotivik für ein verschriftetes Sprachprodukt wie einen „Text". Denn um einen kohärenten, also in sich stimmigen, Text zu produzieren, brauchte es, wie gezeigt, schon nach damaliger Erwartungshaltung einer transparenten und geordneten „Webart" von Syntagmatik und Paradigmatik, eben eines strukturierten „Gewebes".

Das ägyptische Benennungsmotiv für dieses Sprachprodukt ist der *ṯзw / tz* – „Knoten", dessen weitere Bedeutung auch „Ausspruch; Befehl" u.ä. mehr umfasst. Ein solcher *ṯзw* ist nun nachweisbar mehr als nur ein *mdw* oder „Wort",

---

[26] Hierzu und mit Fokus auf die Zeit des AR ausführlich E. EICHLER, „Untersuchungen zu den Königsbriefen des Alten Reiches", in: *SAK* 18 (1991), 141–171; id., „Zwei Bemerkungen zu den hieratischen Briefen des Alten Reiches", in: *GM* 123 (1991), 21-26.
[27] F. KLUGE, *Etymologisches Wörterbuch der deutschen Sprache* (23., erw. Aufl., 1999), 135.
[28] Verf., *Die Satirische Streitschrift des Papyrus Anastasi I. Übersetzung und Kommentar* (1986), 50; E.F. WENTE, *Letters from Ancient Egypt* (1990), 101: „Your sentences are jumbled, this one with that one, and all your words are turned about and disconnected".

auch „Sprechgruppe im metrischen Sinne".[29] Vom Umfang eines Verspaares kann er aber wohl auch um Einiges größer als eine Strophe oder ein Kapitel bzw. länger als diese gewesen sein, bis hin zu einem in sich geschlossenen „Text". Spätestens mit dem ramessidenzeitlichen Pap. Anastasi I lässt sich diese Übersetzung unter bestimmten Umständen rechtfertigen. Inwieweit sie auch schon für die Epoche des AR erlaubt ist, steht auf einem anderen, weitgehend buchstäblich unbeschriebenen Blatt. Das Material zu seiner Beurteilung fehlt schlichtweg aus diesem immer noch recht schriftkargen Zeitraum der ägyptischen Frühzeit. Somit werden wir bislang kaum entscheiden können, ob die Schreiber der 1.-6. Dyn. z.B. bereits ein gattungsübergreifendes Konzept ähnlich dem unseres „Textes" im Sinne eines syntaktisch wie semantisch kohärenten Informations- und Kommunikationsmediums gehabt haben.[30]

Möglicherweise haben sie sich darauf beschränkt, die jeweiligen Text*sorten* bei deren jeweiligem Namen zu nennen, also etwa einen „(Ritual)spruch" als *r3*, einen „Brief" als *md3.t*, eine „Beschwörung" als *šn.t*, ein „Rezept" als *p̱ẖr.t* oder einen „Hymnus" als *dw3.w* und dergleichen mehr. Es ist auch nicht unwahrscheinlich, dass sich eine differenzierende Terminologie erst allmählich und abhängig vom Bedarf nach neuen Textgenres herauszubilden begann.

Damit kehren wir wieder zum Hieratischen zurück. In diesem Zusammenhang sei noch auf etwas Anderes und für die Schreiberbeamten zudem extrem Bedeutsames aufmerksam gemacht. Die Erlaubnis und die Fähigkeit zum Lesen und Schreiben war sozialstratigraphisch bekanntlich eine zuhöchst restriktive wie auch distinguierende, geradezu „elitierende" Kompetenz. Schätzungen zur Literalität im AR durch BAINES und EYRE belaufen sich auf ca. 10.000 Individuen bei einer weiterhin geschätzten Gesamtbevölkerung von etwa 1 Million Menschen zwischen dem 1. Katarakt im Süden und dem Deltaufer im Norden.[31] Wie genau auch immer oder wie weit neben der Realität diese ihre Schätzung

---

[29] F. JUNGE, „Zur „Sprachwissenschaft" der Ägypter", in: *Studien zu Sprache und Religion Ägyptens. Band 1: Sprache. Zu Ehren von Wolfhart Westendorf* (1984), 257-272; Verf., „Wort – Vers – Text. Bausteine einer altägyptischen Textologie", in: C. WILCKE (Hg.), *Das geistige Erfassen der Welt im Alten Orient. Sprache, Religion, Kultur und Gesellschaft* (2007), 27-38. Zur Ableitung abstrakter Begriffe von ehemaligen Konkreta s. W. WESTENDORF, „Zur Entstehung übertragener und abstrakter Begriffe", in: *GM* 6 (1973), 135-144.

[30] Interessante Überlegungen hierzu finden sich wieder bei J. BAINES, *Visual & Written Culture*, 142-144.

[31] „Four Notes on Literacy", in erweiterter und überarbeiteter Form wiederabgedruckt in: J. BAINES, *Visual & Written Culture in Ancient Egypt* (2007), 63-94; s. dortselbst noch weitere Beiträge zu den Facetten von *literacy*.

auch liegen mag, und das spielt hier keine Rolle, so geht es vielmehr um die hohe Wahrscheinlichkeit, dass die literaten Männer der damaligen Nomenklatura zuvorderst des konservatorisch sensibleren Hieratischen mächtig gewesen sein dürften, weniger, wenn überhaupt, des petrifizierten Hieroglyphischen. Anders gesagt, Schreiben und Lesen implizierte in allererster Linie die Potenz und den Akt des Verstehens von kursiv, also Hieratisch geschriebenen Aufzeichnungen.[32]

Abb. 3: Prinz Setka (4. Dyn.) als praktizierender Hieratist,
aber umgeben von Hieroglyphen(!)[33]

Dieser Umstand mag u.a. auch hinter der so beliebten Selbstdarstellung dieser einschlägig literaten Herren stehen, wenn sie sich auf dem Boden im Schneidersitz kauernd mit einer ausgebreiteten Papyrusrolle auf dem Schoß und ggf. einer Binse in der rechten Hand präsentieren. Sie tun dies entweder als virtuell Lesende oder als Schreibende, nämlich ohne je direkt auf ihren Text bzw. Schriftträger zu blicken.[34] Wir werden kategorisch ausschließen dürfen, dass sie sich im Akt des Lesens oder Schreibens von hieroglyphischen Texten haben verewigen lassen. Dazu hätten sie ja auch eher eines Meißels anstelle der Binse bedurft, von der gänzlich anders gearteten Schreibunterlage bzw. Gravurfläche

---

[32] S. den hübschen Aufsatz von K.-TH. ZAUZICH, „Ein Interregnum weniger", in: U. LUFT (Hg.), *The Intellectual Heritage of Egypt. Studies Presented to László Kákosy* (1992), 619-626. Darin porträtiert er einen Schreiber, der zwar das Hieratische beherrscht, bei seinem Versuch Hieroglyphisch zu schreiben aber kläglich scheitert.

[33] Louvre E 12629; nach: DO. ARNOLD – K. GRZYMSKI – C. ZIEGLER (Hgg.), *Egyptian Art in the Age of the Pyramids* (1999), 250 Nr. 55.

[34] Zu Schreiberfiguren oder –plastiken des AR s. J. BAINES, *Visual & Written Culture*, 44, mit weiteren Verweisen; M.S. PINARELLO, *An Archaeological Discussion of Writing Practice. Deconstruction of the Ancient Egyptian Scribe* (2015), 136-144. Seiner Präferenz der hockenden Haltung dieser Figuren als Zeichen ihrer sozialen Distinktion gegenüber der der Präsentifikation ihrer – schreiberisch praktizierten – Literalität kann ich nicht folgen. Zahlreiche der von ihm ins Feld geführten Beamten- und Priestertitel implizieren diese Literalität, ohne dass der Titel *zḫꜣ.w* – „Schreiber" dabei stets eigens genannt werden müsste. Man darf gespannt sein auf die Rezensionen wie Rezeption seitens des „conventional Egyptological approach" (*loc. cit.*, 137).

abgesehen. Auf dem Boden in der soeben beschriebenen Weise hockend repräsentiert mithin prototypisch die entsprechende kulturelle Kompetenz und Akti-
vität. Aber nicht nur dies, sie steht auch für die Repräsentativität der Beherrschung dieser Kursive, die in diesem Selbstdarstellungsmedium gleichzeitig
ihre eigene Petrifizierung erlebt, wozu sie dann die ikonischen Glyphen selbst
gar nicht benötigt. Interessant ist aber des Weiteren, dass die in eine Basis eingebetteten Schreiberstatuen in der Regel von eben diesen ikonischen Hieroglyphen umrahmt werden, nicht von der ihrerseits tatsächlich praktizierten und qua
Sitzstatue scheinbar visualisierten hieratischen Kursive.

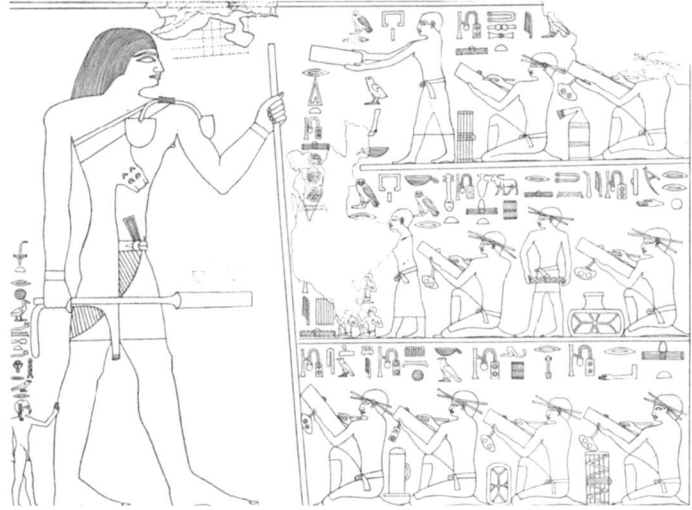

Abb. 4: Hockende Schreiber bei der Arbeit[35]

Im Unterschied dazu sind die eigentlichen Praktikanten der Kursivschrift dann
auch nicht die Besitzer solcher Statuen selbst, sondern deren *adlati*, ihre die
eigentliche Arbeit vollziehenden Aktenschreiber. Diese Praktiker des Hieratischen sind im Akt des Notierens flachbildlich, aber eben nicht dreidimensional,
auf die Grabwände ihres Patrons (Äg. *nb*) bzw. Vorgesetzten delegiert.

Die statuarische Nobilitierung des Mediums »Schrift« und der kulturellen Kompetenz „Schreiben & Lesen" auf dem Umweg(?) über den hier genannten rund-
bildlichen Typus der Schreiberfigur richtet sich demnach nicht auf die in erheblich späterer Zeit genuin sog. *mdw.w-nṯr* oder „Gottesworte" im Sinne der bild-

---

[35] Umzeichnung eines Reliefs aus der Mastaba des Kaninisut I in Giza (G 2155), nach: K.
LEMBKE – B. SCHMITZ (Hgg.), *Giza. Am Fuß der Pyramiden* (2011), 110 Abb. 7.

haften und eben nicht kursiven Hieroglyphen. Sie verweist vielmehr repräsentativ im wörtlichen Sinne, also über den Prototyp oder Repräsentanten des kursiven Schriftgebrauchs, auf genau diese Form oder Variante der altägyptischen Schrift in der texthistorisch noch immer formativen Phase der literaten Kultur.[36] Nicht die Gravur von „Bildzeichen" in steinerne Denkmäler von König, Gott oder Privatmann, sondern kursiv schreiben zu können wie zu dürfen, ist das Eintrittsbillet in die stratifizierte Nomenklatura der zeitgenössischen Gesellschaft.

Abb. 5: Holzpaneel des Hesire mit Schreibzeug über der Schulter
(Kairo CG 1430; 3. Dyn. Saqqara)[37]

---

[36] Es sei an dieser Stelle auch an den weitgehenden Konsens unter den Ägyptologen erinnert, den ersten fortlaufenden altägyptischen Text – im Sinne eines „syntactic discourse" (J. BAINES, *Visual & Written Culture* (2007), 142 und pass.) – auf den Fragmenten jenes berühmten Schreines von Djoser (3. Dyn.) aus Heliopolis mit seinen Ritualvermerken zu sehen; s. C. ZIEGLER: „Decorated Fragments from the Chapel of King Djoser at Heliopolis", in: *Egyptian Art in the Age of the Pyramids.* Metropolitan Museum of Art (1999), 175–176; J. KAHL – N. KLOTH – U. ZIMMERMANN, *Die Inschriften der 3. Dynastie. Eine Bestandsaufnahme* (1995), 116-119, mit Lit., Transliteration und Übersetzung; s.a. J. BAINES, *op. cit.*, 104 und bes. 138f. mit Fig. 22.
[37] Nach: DO. ARNOLD – K. GRZYMSKI – C. ZIEGLER (Hgg.), *Egyptian Art in the Age of the Pyramids* (1999), 188 Nr. 17.

Dieses eine Holzpaneel von ursprünglich elf Tafeln dieser Machart aus Aka-
zienholz präsentieren den Obersten Königsschreiber des Djoser (3. Dyn.) namens Hesire mit seinem Handwerkszeug: Palette, Farbsäckchen und Binse. Das
ist eine Darstellungsweise eines literaten Grabherrn, wie sie so ab der 4. Dyn.
nicht mehr üblich zu sein scheint. In der 3. Dyn. ist das Hieratische aber bereits
voll ausgebildet, wie wir in Bälde sehen werden.

Mit diesen Überlegungen haben wir unversehens dem Hieratischen und seiner
Beherrschung ein soziales Gewicht attestiert, das man vielleicht zunächst so
nicht würde vermuten wollen und *a priori* eher im Gebrauch der Hieroglyphen
lokalisiert hätte.

Abb. 6: Pastenrelief aus der Mastaba des Nefermaat
(4. Dyn., Zt. Snofru; Copenhagen ÆIN 1133)[38]

Wohlgemerkt, es geht in keinem Falle um die Ästhetik einer gelungenen Hieroglypheninschrift oder eines erfundenen Verfahrens zu sog. Pastenreliefs in
Gestalt von farbigen Schriftzeichen bzw. „Bildern" (*nt̲r.w*), die angeblich „nicht
ausgelöscht / abgewischt werden können", wie sein Erfinder stolz notiert.[39] Es
geht vielmehr um die Tatsache der über die reine Entzifferung hinausgehenden
individuellen Lesefähigkeit bereits abstrahierender Schriftzeichen. Deren Ikonizität oder Bildhaftigkeit soll denn auch im weiteren Verlauf der hieratischen

---

[38] Nach: DO. ARNOLD – K. GRZYMSKI – C. ZIEGLER (Hgg.), *Egyptian Art in the Age of the
Pyramids* (1999), 199 Nr. 24A.
[39] Wie sie etwa Nefermaat z.Zt. Snofrus in seiner Mastaba Medum Nr. 16 für sich reklamiert
und mit einigem Stolz in seiner sog. Biographie vermerkt; ed. W.M. FLINDERS PETRIE,
*Medum* (1892), Pl. 24; D. WILDUNG, s.v. Pastenfüllung, in: *LÄ* IV, 913; J. STAUDER-POR-
CHET, in: C. WOODS (Hg.), *Visible Language. Inventions of Writing in the Ancient Middle
East and Beyond* (2010), 155. Sehr gute Farbabbildungen zweier Stücke in der Ny Carlsberg
Glyptotek bei M. JØRGENSEN, *Egypt I (3000 – 1550 B.C.)* (1996), 37 und 39. Der Zahn der
Zeit gibt seinem Erfinder allerdings vehement Unrecht, denn zahlreiche der eingelegten Gly-
phen sind tatsächlich nicht mehr an ihrem ursprünglichen Ort, weil herausgefallen.

Schriftgeschichte erheblich abnehmen und z.B. im 8.-6. Jh. derart kursive Blüten treiben, dass die Ägyptologen *faute de mieux* nun von einem „Kursiv-" oder gar „Abnormhieratisch" sprechen, was strenggenommen einer klassischen Tautologie bzw. einem eklatanten *misnomer* gleichkommt.[40]

Halten wir jedoch zunächst fest, dass die Beherrschung des Hieratischen, in welchem Abstraktionsgrad auch immer im Einzelnen vorangeschritten und praktiziert, spätestens im AR *das* Distinktionskriterium in der gesellschaftlichen Stratigraphie war, sofern nicht familiäre Bande mit dem Königshaus sich noch hinzugesellten und das ohnehin schon vorhandene Prestige zusätzlich erhöhten. Wir würden heutzutage differenzieren zwischen Leistungen und Beziehungen, wobei erstere durchaus nicht zuletzt infolge „guter Beziehungen" überhaupt erst vollbracht worden sein mögen. Dieses Standesbewusstsein, dass sich allerspätestens in der 18. Dynastie (s. Lehre des Chety) und dann in der Rames-sidenzeit in zahllosen selbstbeweihräuchernden Traktaten über die Vorzüge des Schreiberberufs Bahn brechen sollte, könnte aber bereits erheblich vor dem AR dominant gewesen sein. Als Kronzeuge sei hier der stets und gerne zitierte Blanko-Papyrus aus dem Grab des Hemaka in Saqqara (Zt. König Den) aus der 1. Dyn. bemüht, der von EMERY[41] gefunden wurde.[42] Angeblich weist er bereits alle Charakteristika der späterhin so typischen kreuzweisen Anordnung von horizontalen und vertikalen Papyruslagen übereinander auf.[43]

---

[40] „Erfinder" des Terminus „abnormal" oder „cursive hieratic" war dessen Entzifferer GRIFFITH in seinem epochalen Werk *Catalogue of the Demotic Papyri in the John Rylands Library* (1909). Zum Kursivhieratischen s.u. Kap. 19. Terminologisch noch um Einiges hilfloser mutet die Parallelbezeichnung „abnormal hieratic" oder „Abnormhieratisch" an. Wir werden später sehen, dass mit diesem Ableger des Hieratischen zugleich die Grenze von der rein schriftgeschichtlichen Klassifizierung hin zu einer auch sprachgeschichtlich als Spätneuägyptisch bis Frühdemotisch gezogen werden kann.

[41] M.L. BIERBREIER (Hg.), *Who Was Who in Egyptology* (2012), 176ff.

[42] *Excavations at Saqqara. The Tomb of Hemaka* (1938), 14: „flattened roll of papyrus"; pl. 23a.

[43] W.B. EMERY, *op. cit.*, 38.

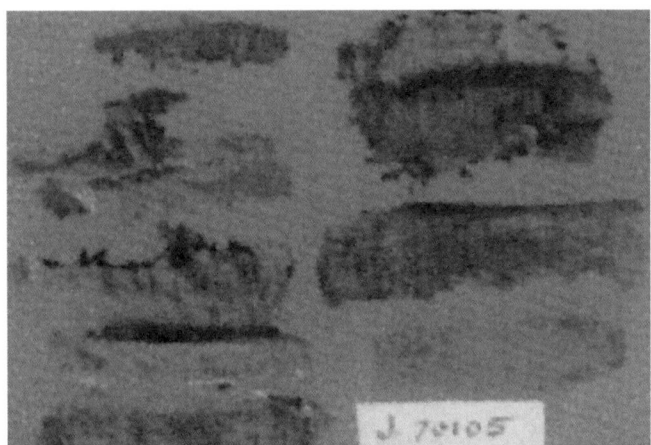

Abb. 7: Älteste ägyptische Papyrusfragmente des königlichen Sieglers Hemaka
(eventuell Grab S3506 des königlichen Sieglers Hemaka; 1. Dyn.)[44]

Dieser Fund besagt doch eines deutlich: Bereits in der 1. Dyn., also am Beginn
der altägyptischen Staatsbildung und noch formativen Schriftentwicklung,
kommt man auf die Idee, als Zeichen seiner Elitezugehörigkeit ein Exemplar
desjenigen Mediums mit ins Jenseits zu nehmen, das man zu Lebzeiten in mehr
oder minder weitgehender Kursive[45] zum Zwecke der Notation von Alltagsge-
schäften beschriftet hat, nämlich mit Tinte und Binse. Dabei ist es doch mehr
als unwahrscheinlich, dass auf diesem Papyrus und seinen Zeitgenossen ikonische Glyphen wie auf heutigen Touristenpapyri fixiert waren, die allein deswegen schon so atypisch für den Schriftträger Papyrus generell sind. Wenn dem
so war, dann kommt der Frage „Wer war zuerst da, die Hieroglyphen oder das
Hieratische?" die gleiche Aporie zu wie derjenigen nach der Henne und dem Ei.

Bis hierhin mag der Eindruck entstanden sein, Hieroglyphen seien vornehmlich
etwas für den Stein, weil auf Ewigkeit gestellt, die Kursive eher etwas für das
„Papier" (< *papyros*), weil von eher flüchtigem, ephemerem Charakter. Dabei
dürfen wir in keinem Fall vergessen, dass in der Zwischenzeit eine erkleckliche
Anzahl von kursiv auch geritzten(!) Texten in Stein, genauer gesagt besonders
an Felswänden, entdeckt worden sind. Zur Zeit der Libyerherrschaften bis in

---

[44] Wertvolle Informationen zu diesen Papyrusfragmenten verdanke ich Kim Ryholt (Univ.
Kopenhagen), für eine Reproduktionserlaubnis der Vermittlung Wael Sherbinys (Univ. Leuven).
[45] Das betont auch T.A.H. WILKINSON, *Early Dynastic Egypt* (1999), 11, ausdrücklich durch-
Fettdruck: „Although uninscribed, it proved that this writing medium – and therefore a **cursive** version of the Egyptian script for use on papyrus – already existed in the First Dynasty." S. dazu allerdings die vorsichtigere Einschätzung von REGULSKI in Kap. 4.

die Saitenzeit hinein erfreuen sich sog. Landschenkungsstelen einer vornehmlich hieratischen Gravur, nicht etwa einer hieroglyphischen. Diese graffitoartigen Inschriften – im ursprünglichen Sinne des Wortes Graffito – gehören über die gesamte Geschichte des Hieratischen hinweg zum Corpus dieser Schriftart, nicht anders als solche mit Tinte auf den nackten Fels geschriebene. Dies sei hier deswegen schon betont, weil die bisherigen Paläographien des Hieratischen um Graffiti wie Dipinti einen großen Bogen gemacht haben. Die Heterogenität der steinigen oder felsigen Schriftfläche hat ja nicht unerhebliche Auswirkungen auf den Duktus der jeweiligen Inschrift und bedingt so eine nicht selten erheblich erschwerte Entzifferungsarbeit. Materialbedingt hat dieser Umstand mitunter eigenwillige Paläographien im Gefolge, die sich von denen auf Tinte basierenden doch markant unterscheidet. Eine epochenübergreifende Paläographie von hieratischen Ritzinschriften ist erst noch zu schreiben.

Wenn wir uns vorläufig darauf verständigen können, dass die Geschichte der Kursivierung des Hieroglyphischen im Sinne des aus Abbreviaturen und Simplifizierungen wie eines bestimmten Grades der Anikonizität bestehenden Hieratisch in der Frühzeit beginnt, dann werden wir uns mit dem Beginn dieser ersten altägyptischen Kursive in Kap. 4 detaillierter beschäftigen müssen.

Die nachfolgenden zwei Kapitel möchte ich dagegen der Erforschungsgeschichte des Hieratischen, insbesondere von CHAMPOLLION (1821) bis MÖLLER (1909-12), widmen. In diesen ersten ca. 90 Jahren der wissenschaftlichen Ägyptologie sind die Grundlagen für alle weiteren hieratistischen Studien und Editionen gelegt werden, wie wir dann ab Kap. 4 sehen werden.

## 2. Forschungsgeschichte I – Vom späten 17. Jahrhundert bis Jean-François Champollion

Die intellektuelle Auseinandersetzung mit der hieratischen Kursive setzt im Verlaufe des späten 17. Jh.[1] ein und erreicht ihren ersten Höhepunkt um 1720 mit der Publikation des 15-bändigen Werkes *L'Antiquité expliquée et représentée en figures* (1719-24), genauer gesagt in dem 1724 erschienenen *Supplement à l'Antiquité expliquée* (5 Bde.) durch den polyglotten Benediktiner und Begründer der griechischen Paläographie DE MONTFAUCON (1655-1741). In Band II, 1re partie auf der Taf. LIV, findet sich auch die manuelle Kopie eines spätzeitlichen Totenbuches auf der nach seinem damaligen Besitzer *Papyrus Fauvel* benannten Handschrift. Sie trägt Sprüche aus dem Totenbuch, nach LEPSIUS'scher Nummerierung sind das von rechts nach links die Nrn. 149-150, gefolgt von einer Darstellung der Vier Horussöhne aus Spr. 151. Dieser in handschriftlicher Kopie und nicht einem originalgetreuen Faksimile reproduzierte Papyrus wurde anschließend als altägyptischer Kalender gedeutet, basierend auf der Annahme einer Alphabetschrift. Die 12 Vignetten wurden mit den 12 Monaten gleichgesetzt. Der Name des Besitzers ist infolge der ungenügenden Reproduktion nicht mehr identifizierbar.

---

[1] Die früheste handgeschriebene Kopie eines kursiv-hieroglyphischen Totenbuch-Textes findet sich nach den Forschungen von LÜSCHER in dem Werk *Les voyages et observations du Sieur de la Boullaye-Le-Gout gentil-homme angevin* aus dem Jahre 1653. Der französische Reisende und Gelehrte LE GOUZ DE LA BOULLAYE lebte von 1623-1669 und reproduziert diese Kopie auf S. 357 seiner Reisebeschreibung. Das Fragment läuft heute unter der Nr. P. Paris BN 46 und trägt einen Ausschnitt aus Tb 99B ab; s. B. LÜSCHER, „Papyrus Paris, Bibliothèque National 46: Ein Beitrag zur frühen Rezeptionsgeschichte des Totenbuches", in: S. BICKEL – L. DÍAZ-IGLESIAS (Hgg.), *Studies in Egyptian Funerary Literature* (2017), 355-373; dort: 359 Abb. 2. Die früheste Kopie eines echt hieratischen Textes, erneut aus dem Totenbuch und angefertigt am 28.11.1698 in Kairo, findet sich dagegen bei S.H. AUFRÈRE, in: M.-P. FOISSY-AUFRÈRE *et al.*, *Égypte & Provence. Civilisation survivances et „cabinetz de curiosités"* (1985), 227f. und Fig. 101 ad § 424; dazu B. LÜSCHER, *loc. cit.*, 368. Allerdings steht die Bestimmung des Tb-Spruches auf dieser Mumienbinde in Nîmes immer noch aus; s.a. H. KOCKELMANN, *Untersuchungen zu den späten Totenbuch-Handschriften auf Mumienbinden. Band II* (2008), 4.

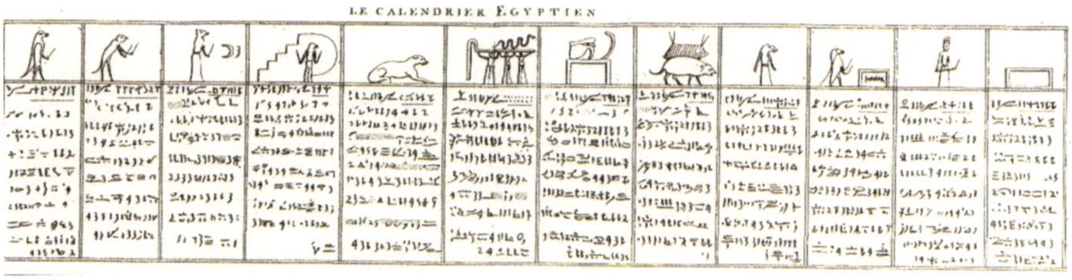

Abb. 1: Ausschnitt aus *Papyrus Fauvel*, obere Hälfte[2]

Nur wenige Jahre nach DE MONTFAUCONs *L'Antiquité expliquée* wird August dem Starken, seines Zeichens u.v.a. Herrscher von Sachsen und Polen, im Jahre 1738 ein kostbares Kunstwerk überreicht, das seither unter dem Namen „Apis-Altar" in die barocke Kunstgeschichte eingegangen ist. Aus den teuersten Steinen, Edelsteinen und Edelmetallen gefertigt, ist die silber-vergoldete Rückwand der Kultnische mit der Apis-Barke mit just der Gravur desjenigen Totenbuches verziert, das sich bei DE MONTFAUCON findet und dessen Werk offenbar in Dresden bekannt war.

---

[2] Ich entnehme die Abb. D. SYNDRAM, *Der «Apis-Altar» Johann Melchior Dinglingers. Die Ägypten-Rezeption unter August dem Starken* (1999), 30 Abb. 27; s.a. den für die vor-Champollionische Erforschung des Hieratischen sehr erhellenden Beitrag von S.H. AUFRÈRE, „Les alphabets dits « égyptiens » et « cophtes » de Fournier le Jeune (1766) et la « guerre des polices » au XVIIIᵉ siècle", in: I. REGEN – F. SERVAJEAN (Hgg.), *Verba manent. Recueil d'études dédiées à Dimitri Meeks* I (2009), 29-49; dort bes. 32-35 mit Abb. auf S. 39 oben. – Zum gleichen Thema hat LÜSCHER auf der Mainzer Tagung *Ägyptologische „Binsen"-Weisheiten III* im April 2016 ausführlich referiert und weitere bedeutende Quellen präsentiert. Von ihr befindet sich eine Monographie in Vorbereitung unter dem Titel *Der sogenannte "Calendrier Egyptien". Zur frühen Rezeptionsgeschichte eines späten Totenbuches* (Erscheinungsjahr voraussichtlich 2019). Ich danke Barbara Lüscher sehr herzlich für ihre entsprechenden Auskünfte in dieser Sache.

Abb. 2: Mittlere Zone des Apis-Altars mit dem eingravierten Totenbuch an der Rückwand[3]

Die Bezeichnung der gravierten Kursive als einmal „ägyptisch-arabische Schriftzeichen" und das andere Mal korrekt als „hieratische Zeichen" zeigt die noch heute bisweilen anzutreffende Konfusion zweier völlig verschiedener Schriften auf gleichem ägyptischem Boden.[4]

Hier noch eine Detailaufnahme der rechten Hälfte dieser Kultnische:

Abb. 3: Rechte Hälfte der Kultnische im Detail[5]

---

[3] D. SYNDRAM, op. cit., 4 Abb. 2.
[4] D. SYNDRAM, op. cit., 14 und 31 ad Abb. 26.
[5] D. SYNDRAM, op. cit., 9 Abb. 6.

Will man eine möglichst lückenlose Geschichte der wissenschaftlich seriösen Erforschung des Hieratischen schreiben, dann ist das alles andere als ein einfaches Unterfangen. Auch wenn die Edition der ersten kursiven ägyptischen Texte im Sinne der in Kap. 1 definierten Schreibschrift bereits mit der Napoleonischen *Description de l'Égypte* in den Jahren 1809-29 einsetzt, wird die Entzifferung dieses vermeintlichen Ablegers der Hieroglyphen doch über weite Strecken regelrecht überstrahlt vom Glanz ihrer Entzifferung durch YOUNG, mit ihrem Höhepunkt unter CHAMPOLLION und dann natürlich eines weiterführenden LEPSIUS.[6]

Abb. 4: CHAMPOLLION 1823 mit seinem *Tableau des signes hiéroglyphiques*[7]

Auf diesem Gemälde von 1823 präsentiert der Entzifferer stolz sein „hieroglyphisches Alphabet" bzw. das *Tableau des signes hiéroglyphiques*, das in seiner berühmten „Lettre à M. Dacier" v. 27. Sept. 1822, also genau ein Jahr zuvor, bereits enthalten ist.

Wäre die kursive Textversion auf dem Stein von Rosette statt in Demotisch in Hieratisch eingraviert worden, hätte die weitere Erschließung der altägyptischen Schriftarten sicher einen erheblich anderen Verlauf genommen. Aber dass es dazu nicht gekommen ist, hat insbesondere CHAMPOLLION nicht daran gehindert, bereits ein Jahr  v o r  seiner berühmten *Lettre à M. Dacier relative*

---

[6] Zur tatsächlichen Rolle von YOUNG und LEPSIUS im Vor- wie Nachgang der Champollionischen Leistung von 1822 hat SCHENKEL erst kürzlich sehr aufschlussreiche Beobachtungen beigesteuert, die ein wenig am Nimbus des autoreferentiellen Franzosen zu kratzen vermögen; id., „Die Entzifferung der Hieroglyphen und Karl Richard Lepsius", in: V.M. LEPPER – I. HAFEMANN (Hgg.), *Karl Richard Lepsius. Der Begründer der deutschen Ägyptologie* (2012), 37-78.

[7] Aus: R.B. PARKINSON, *Cracking Codes. The Rosetta Stone and Decipherment* (1999), Pl. 6.

*à l'alphabet des hiéroglyphes phonétiques* mit einer ersten Publikation zu diesem Thema an die Öffentlichkeit zu treten.

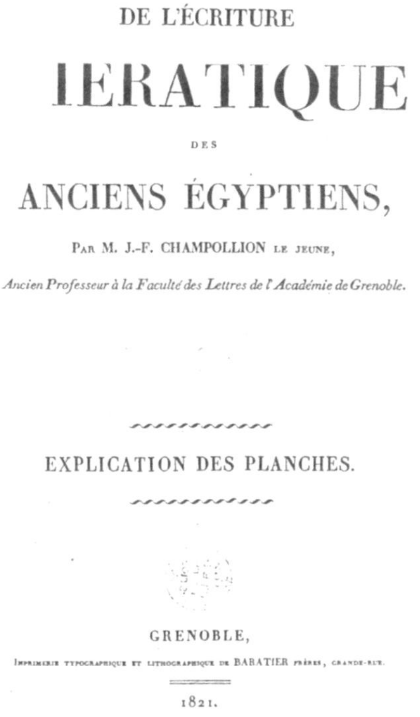

DE L'ÉCRITURE

# IERATIQUE

DES

## ANCIENS ÉGYPTIENS,

PAR M. J.-F. CHAMPOLLION LE JEUNE,

*Ancien Professeur à la Faculté des Lettres de l'Académie de Grenoble.*

EXPLICATION DES PLANCHES.

GRENOBLE,

IMPRIMERIE TYPOGRAPHIQUE ET LITHOGRAPHIQUE DE BABATIER FRÈRES, GRANDE-RUE.

1821.

Abb. 5: Titelblatt von CHAMPOLLIONs *L'écriture hiératique des anciens Égyptiens*[8]

1821 bringt er nämlich in Grenoble eine kleine Schrift unter dem Titel *De l'écriture hiératique des anciens égyptiens* heraus, die im Wesentlichen aus Erläuterungen zu Schrifttafeln besteht.[9] Diese *Explication des Planches* listet eine erste stattliche Anzahl von Hieratogrammen auf und stellt diese ihren hieroglyphischen Entsprechungen gegenüber, wenn auch nicht immer mit voller Treffsicherheit. Zuvor muss aber kurz etwas zu dem ihm verfügbaren Textmaterial bemerkt werden. An einem Satz seiner *Introduction* verrät er sich nämlich, wenn er zum Charakter der hieratischen Kursive Folgendes bemerkt:

„*Les signes de la seconde espèce* [= *Écriture Hiératique*; F.-E.] *de manuscrits égyptiens affectent, au contraire, une disposition constante; ils sont tracés de droite à*

---

[8] Das „H" in „Hiératique" ist versehentlich ausgefallen.
[9] Die Beschäftigung CHAMPOLLIONs mit dem Hieratischen hat POSENER ausführlich in einem an entlegener Stelle publizierten Beitrag aus Anlass des 150. Entzifferungsjubiläums rekonstruiert; s. G. POSENER „Champollion et le déchiffrement de l'écriture hiératique", in: *Comptes Rendus des séances de l'Académie des Inscriptions et Belles-Lettres*, 116e année N. 3 (1972), 566-573.

*gauche en lignes toujours horizontales. Ces signes consistent en traits variés, enlacés les uns dans les autres, d'un aspect bizarre, et formés de lignes droites ou de courbes. "* (S. 1)

„Die Schriftzeichen der zweiten Art [= *Écriture Hiératique*; F.-E.] ägyptischer Manuskripte bewirken, im Gegenteil, eine gleichbleibende Anordnung; sie sind <u>stets horizontal</u> von rechts nach links gezeichnet. Diese Schriftzeichen bestehen aus verschiedenen Charakteristika, die einen wie die anderen umarmt von bizarrem Aussehen und von geraden und gebogenen Linien gebildet." (Unterstr. F.-E.)

Es geht mir um die im Text unterstrichenen zwei Wörter. An dieser Charakterisierung ist nämlich der Umstand ablesbar, dass CHAMPOLLION zu diesem Zeitpunkt, also um 1820 herum, offenbar noch keine alt- oder mittelhieratischen Texte bekannt gewesen sein können. Hätte er diese schon in ausreichender Anzahl und Qualität zur Verfügung gehabt und sie vor allem sauber in diese Epochen datieren können, wäre ihm die besonders im AR vorherrschende Ausrichtung der Zeilen und Zeichen in vertikaler Ausrichtung nicht entgangen. Der Übergang zum weitgehend horizontalen Schreiben erfolgte ja erst etwa im Verlaufe des späten MR. Aber mit diesen Epochennamen greifen wir natürlich wissenschaftsgeschichtlich erheblich vor, denn selbst ein CHAMPOLLION hätte damit wohl noch nichts anzufangen gewusst.

Seine Bemerkung zur „konstant horizontalen" Ausrichtung der hieratischen Schriftzeichen ist deshalb so irritierend, weil er im Folgenden innerhalb seiner Abhandlung zur *Écriture hiératique* ausgiebigen Gebrauch von Handschriften macht, die aus dem 1. Jt v. Chr. datieren und ganz überwiegend in vertikalen Kolumnen Totenbuchsprüche enthalten, die ihm über die Publikation der *Description* schon zugänglich waren. Von diesen Texten macht er denn auch im Anschluss bei der Katalogisierung und Klassifizierung der Zeichen oder Hieratogramme reichlichen Gebrauch.

Sodann fährt er fort, namentlich einige Vorgänger in der Erforschung und Benennung der Kursive zu erwähnen, deren eine Gruppe darin *Hiératique* gesehen habe, deren andere die *Écriture épistolographique* oder *populaire*. Einig seien sie sich aber sämtlich darin gewesen, dass das Hieratische *alphabétique* sei, „*c'est-à-dire qu'elle se compose de signes destinés à rappeler les sons de la langue parlée*" = „d.h., dass sie sich aus Zeichen zusammensetzt, die dazu dienen, an die Laute der gesprochenen Sprache zu erinnern." (S. 2). An diesem Punkt seiner Argumentation wird er regelrecht energisch, wenn er diese Ansicht kategorisch zurückweist. Man ahnt schon, was im Jahr 1822 darauf in der

*Lettre à M. Dacier* u.a. stehen wird. CHAMPOLLION stellt nämlich Folgendes fest:

**1.** Die Schrift der ägyptischen Manuskripte der „*seconde espèce*" (= Hieratisch) ist nicht im Mindesten alphabetisch („*n'est point alphabétique*"; Hervorhebung durch Kursive schon im Original!);

**2.** Diese Kursive ist nur eine simple Modifikation des hieroglyphischen Schriftsystems und unterscheidet sich von diesem ausschließlich durch die (äußere) Gestalt der Zeichen („*par la forme des signes*");

**3.** Diese zweite Schriftart ist das *Hieratische* der griechischen Autoren und sollte als *Tachygraphie hiéroglyphique* betrachtet werden, also als eine Art Schnellschrift von Hieroglyphen, und

**4.** die hieratischen Schriftzeichen repräsentieren Dinge („*choses*") und nicht Laute („*sons*").

Die nachfolgenden Schrifttafeln dienen ihm anschließend zum Beweis dieser vier Behauptungen. Ohne an dieser Stelle auf alle seine Bemerkungen zu Zeichen und deren Varianten im Detail eingehen zu können, seien doch einige davon ausdrücklich erwähnt. Alle zusammen beleuchten die feine Beobachtungsgabe CHAMPOLLIONs und die strenge Systematik in der Klassifizierung des Zeicheninventars. In der folgenden Tabelle kategorisiert er den Bestand nach dem Kriterium der Zeichenanordnung:

1. Zwei übereinander platzierte Zeichen, ohne dass diese automatisch eine Ligatur eingehen müssten;
2. Drei, vier oder noch mehr übereinander platzierte Zeichen;
3. Hieratogramme der 1. Klasse („*première classe*"), die eine „grobe Abbildung" (*image grossière*") der hieroglyphischen Variante wiedergeben;
4. Hieratogramme der 2. Klasse („*seconde classe*"), welche die „vorrangigen Züge" („*traits principaux*") der Hieroglyphen wiedergeben;
5. Hieratogramme der 3. Klasse, welche die hieroglyphische Variante nur „teilweise imitieren" („*n'imitant qu'une partie*").

Zur Illustration dieser Kategorien dient ihm das Material auf seiner Pl. IV. Unter den Nrn. 1 und 2 listet er solche Ligaturen auf, die sich aus zwei resp. drei Zeichen konstituieren. Des Weiteren untergliedert er sein Material in Klassen, deren formaler Bezug zu Hieroglyphen überhaupt nicht gegeben sei (Pl. V.1), in hieroglyphischen Formen, die durch mehr als nur ein Hieratogramm vertreten seien (Pl. V.2), und schließlich in Ligaturen von zwei oder mehr Zeichen (Pl. V.3).[10] Einige der folgenden Beispiele auf dieser Taf. V sind aus heutiger Perspektive mit großer Vorsicht zu genießen, um nicht zu sagen schlicht irrig.[11]

Da das Hieratische nichts anderes sei als die Tachygraphie des Hieroglyphischen, biete sich eine Klassifizierung der Hieratogramme[12] nach dem gleichen Ordnungsschema an. Auf diese Weise gelangt er zu neun Klassen von Zeichen, die in den meisten Fällen bereits die wissenschaftsgeschichtlich spätere ägyptologische Einteilung in belebte, unbelebte usw. Klassen vorwegnimmt. Allerdings reserviert CHAMPOLLION auch den sog. „rechteckigen, gekrümmten oder winkligen" Formen eine eigene – „geometrische" – Klasse („*I.ʳᵉ classe*"). Die zweite heißt bei ihm die „astéromorphe", also die Himmelskörper darstellende, gefolgt von der dritten oder „zoomorphen" Klasse. Erst danach folgen diejenigen Klassen, die noch heute Grundlage der MÖLLER'schen Zeichenliste des Hieratischen wie auch der Gardinerschen Zeichenliste sind, angefangen mit dem Menschen, seinen Körperteilen, den Vierfüßlern und deren Körperteilen etc.

CHAMPOLLION ist sich der Fehlerhaftigkeit seiner Klassifikation durchaus bewusst (S. 7) und betont, dass „*La science est encore bien neuve sur cette matière, elle commence*", also „Die Wissenschaft ist noch jung mit diesem Gegenstand, sie fängt gerade erst an." Das ist ein ehrliches Eingeständnis der Vorläufigkeit seiner Analysen.

Aber mit dieser Bemerkung sollte die Bedeutung dieses kurzen Abrisses der hieratischen Schrift durch CHAMPOLLION noch nicht ihr Bewenden haben, ohne wenigstens kurz auf solche scharfen Beobachtungen hinzuweisen, wie er sie zu Pl. III vornimmt: Das sog. Wachtelküken (sign-list G43) erscheint in seinen hieratischen Beispielen unter der Nr. 1 „*toujours rendu par un trait courbe extrèmement simple*", also „stets durch einen gebogenen und äußerst einfachen Strich wiedergegeben". Damit hat er bereits ein äußerst häufiges Beispiel von extremer Kursive in den Blick genommen und im Grunde zwei verschiedene Grade von Abkürzungen im Hieratischen erkannt.

---

[10] Wobei man in dieser Spalte auf seiner Tafel sehr differenzieren sollte. Nicht alle Beispiele sind tatsächlich Ligaturen!
[11] So etwa die Erklärung der Nrn. 5, 7, 8 und 9 sowie 13 und 14.
[12] Wohlgemerkt, ohne diesen modernen(!) Terminus bereits zu verwenden.

Zwei Jahre nach der *Lettre à M. Dacier*, also schon 1824, erscheint sein nicht minder berühmter und bedeutender *Précis du système hiéroglyphique des anciens Égyptiens*. Dies ist nur der erste Teil des Buchtitels, denn wie im gesamten 19. Jt so Brauch, pflegten Titel akademischer Abhandlungen bisweilen den Umfang komplexer, verschachtelter Sätze anzunehmen.[13] So charakterisiert er auf den Seiten 353 ff. (§ 114ff.) das Hieratische als „im Grunde genommen nichts weiter denn eine veritable *Tachygraphie* der hieroglyphischen Schreibweise" (= *méthode*; § 114), also als „Schnell-" oder „Kurzschrift". Im folgenden § 115 analysiert er deren Zeichenformen dann erheblich präziser:

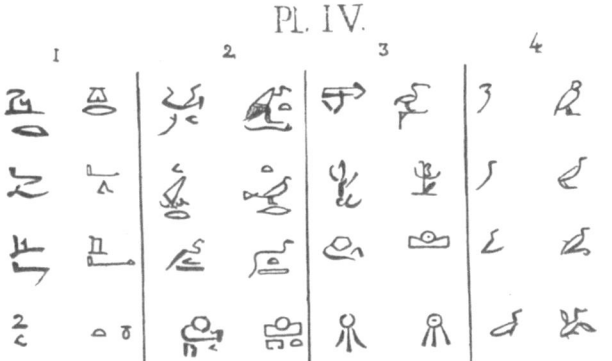

Abb. 6: Pl. IV aus der *L'écriture hiératique* von 1821:
Beispiele für zwei und drei übereinander geschriebene Zeichen

„§ 115. Diese Schrift ist unmittelbar vom Hieroglyphischen abgeleitet. Die *hieratischen Zeichen* sind zumeist tatsächlich nur *Abkürzungen* von *reinen* oder *linearen Hieroglyphen*."

Diese Unterscheidung in „reine" und „lineare Hieroglyphen" bezieht er auf solche Zeichenformen in ihrer vollen, gänzlich unverkürzten (= „*pur*")[14] und jedes Detail wiedergebenden Gestalt, wohingegen die zweite, „lineare" Form das repräsentiert, was wir heute *Kursivhieroglyphen* nennen. Er fährt dann in seiner Klassifizierung fort:

---

[13] So geht es denn nach dem Komma folgendermaßen weiter: „*ou recherches sur les élémens premiers de cette écriture sacrée, sur leurs divers combinaisons, et sur les rapports de ce système avec les autres méthodes graphiques égyptiennes*"(Paris 1824).
[14] S. dazu seinen *Précis du système hiéroglyphique des anciens Égyptiens*, 259: „komplette und detaillierte Wiedergabe physischer Objekte".

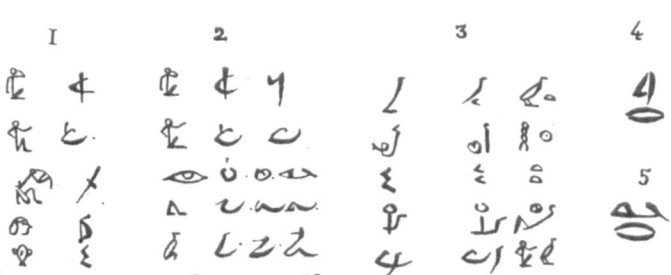

Abb. 7: Pl. V aus der *L'écriture hiératique* von 1821:
Zeichen ohne formalen Bezug zur Hieroglyphenversion

„Ich habe drei unterschiedliche Klassen von *hieratischen Zeichenformen* (= „*caractères*") erkannt:

1. Die einen sind eine komplette Imitation, aber exzessiv abgekürzt, von hieroglyphischen Zeichenformen;

2. Andere repräsentieren nur die Kurzform des *wichtigsten* (= „*principale*") *Teiles* der *hieroglyphischen Zeichenform*;

3. Eine dritte Klasse schließlich umfasst rein *willkürliche* (= „*arbitraire*") Zeichen, die aber stets ein und dieselbe *hieroglyphische Zeichenform* sind. Es ist möglich, dass diese Zeichen nicht von Anfang an willkürlich waren, sondern sie es eigentlich durch den Zwang zur Verkürzung geworden sind: der größte Teil der hieroglyphischen Zeichen hat seine feste Entsprechung („*correspondant fixe*") in der hieratischen Schrift."

Nun verbindet er seine Charakteristik des hieratischen „Ablegers" der Hieroglyphenschrift mit einer seiner Hauptthesen zum Wesen dieser Schrift insgesamt, und das ist ihr phonetischer Charakter. Anders gesagt, es handle sich auch beim Hieratischen nicht um eine „Bilderschrift" ohne phonetischen Wert, wie er das noch auf S. 2 seiner *Écriture hiératique* von 1821 behauptet hatte. Ich zitiere weiterhin in Übersetzung aus seinem *Précis*:

„§ 116. Die *hieratische* Schrift umfasst also, wie die *hieroglyphische*, *phonetische* Schriftzeichen, *symbolische* Schriftzeichen und *figurative* Schriftzeichen, wobei die einen den anderen exakt entsprechen und die Abstraktion von ihren materiellen Formen vorgenommen worden ist; aber die hieratische Schrift unterscheidet sich in jedem Falle von der sakralen Schrift („*écriture sacrée*") dadurch, dass sie eine weniger große Zahl an *figurativen* und *symbolischen* Schriftzeichen erlaubt."

Der Rest von § 116 und die anschließenden §§ 117-122 seien hier nicht *in extenso* übersetzt, sondern inhaltlich zusammengefasst. So habe man sich bei der Kreation der hieratischen Kursive auf eine begrenzte Anzahl figurativer oder symbolischer Zeichen beschränkt, und das auch nur bei solchen, die rasch in einer verkürzten, aber dennoch jeder erkennbaren Gestalt produzierbar waren, unter Beibehaltung weniger charakteristischer Eigenschaften. Andere Zeichen seien durch eigens ("*arbitraire*") für das Hieratische geschaffene ersetzt worden. Insgesamt verfüge das Hieratische aber dennoch über eine stattliche Anzahl von ca. 400 Zeichen, wie man seinen Tabellen entnehmen könne. Allerdings sei diese Schriftart insgesamt zu kompliziert gewesen, um von alltäglichem oder volkstümlichem Gebrauch ("*vulgaire*") zu werden, so dass eine weitere und jetzt die demotische oder epistolographische Variante „geboren" worden sei ("*donna naissance à …*"), ihrerseits abgeleitet vom Hieratischen. Wenn wir § 118 richtig verstehen, dann hält CHAMPOLLION das Demotische für noch stärker phonetisch als seinen hieratischen Paten. So stoße das Demotische den im Hieratischen noch bisweilen anzutreffenden figurativen Charakter komplett ab und beschränke sich auf die Notation von Lauten (§ 119). Der Anteil symbolischer Zeichen sei verschwindend gering und umfasse nur Götternamen und *materia sacra*, diese seien ihrerseits aus dem Hieratischen geschöpft ("*puisées*"; § 120). Dies sei auch keine Frage der Schriftentwicklung, sondern dem Respekt und Glauben der Ägypter an kultische und religiöse Dinge geschuldet.

Es erscheint mir wichtig festzuhalten, dass CHAMPOLLION eine schrifthistorische Entwicklung von den „reinen Hieroglyphen" ("*purement hiéroglyphiques*"; § 122) über das Hieratische hin zum Demotischen bereits fest im Blick hatte. Daran kann ja auch 200 Jahre nach seinem Durchbruch nicht gezweifelt werden. Nur war sein chronologischer Blick noch nicht weit genug geschärft, um ihn von der Behauptung abzuhalten, alle diese drei Schriftarten seien stets und zu gleicher Zeit der altägyptischen Geschichte im gesamten Lande in Gebrauch gewesen, und dieser Satz sei hier im Original zitiert:

„§ 122. Ces trois systèmes d'écriture, si étroitement liés entre eux, furent usités à-la-fois et dans toute l'étendue de l'Égypte."

„§ 122. Diese drei Schriftsysteme, derart eng miteinander verbunden, wurden gleichzeitig [!] und in Gesamtägypten verwendet."

Man kann diese Bemerkung nämlich durchaus auch evolutionistisch verstehen. Danach hätte er eine Entwicklung vom „reinen" und „linearen"[15] Hieroglyphischen" über das noch teils figurative und symbolisch untersetzte Hieratische hin zum rein phonetischen Demotisch postuliert. Diese Unterstellung suggerieren jedenfalls seine Bemerkungen in den §§ 121-122. Da CHAMPOLLION aber noch lange nicht über das chronologische Gerüst der ägyptischen Geschichte verfügte wie gut 30 Jahre später ein LEPSIUS,[16] hat diese Annahme aber weniger für sich. Seine Formulierung „usités à-la-fois" deutet doch wohl auf eine von ihm vermutete Synchronizität der drei Schriftarten hin, unabhängig von ihrer chronologischen Einordnung. Man muss aber dazu sagen, dass sein Textmaterial im Hieratischen – im Demotischen ohnehin – recht spätägyptischer Natur war, wohingegen sein hieroglyphisches Corpus weit über die Spätzeit hinaus nach hinten in die Geschichte ragt. Was CHAMPOLLION also über die Natur des Hieratischen vermerkt, bezieht sich ausschließlich auf Quellen des 1. Jt. v. Chr., insbesondere auf solche ab der Ptolemäerzeit. Von daher kann es auch nur alles andere als repräsentativ für das von ihm über diese Kursive Gesagte sein.[17]

In mehreren begleitenden Tafeln seines *Précis* illustriert CHAMPOLLION seine ersten Funde und Lesefrüchte zu hieroglyphischen, hieratischen und demotischen Entsprechungen ein und desselben Zeichens, einer Zeichengruppe bis hin zu ganzen Sätzen oder kurzen Texten. Diese Korrespondenzen bilden einen entzifferungsgeschichtlichen Meilenstein, der zusätzlich zu seiner Leistung der sprachlichen Erschließung des Altägyptisch-Koptischen seinen eigenen Wert erhält. Wenn ihm dabei bisweilen falsche Korrespondenzen in die Tabellen und Tafeln geraten sind, dann klingt diese Vokabel „falsch" aus heutiger Sicht und gegenwärtigem Kenntnisstand nur allzu anmaßend. Ein Beispiel mögen diese Korrespondenzen illustrieren:

---

[15] S. seine Definition auf S. 261: Stark abgekürzte Zeichenform von physischen Objekten.
[16] Zu dessen Arbeit als Historiker s. den Beitrag von J.F. QUACK über „Richard Lepsius als Historiker" in: V.M. LEPPER – I. HAFEMANN (Hgg.), *Karl Richard Lepsius. Der Begründer der deutschen Ägyptologie* (2012), 101-119.
[17] Auch POSENER bemerkt gleich zu Eingang seines kurzen Beitrages „L'écriture hiératique" von 1972: „La forme de certains signes suggère que Champollion connaissait surtout des manuscrits tardifs"; id., in: *Textes et langages* (1972), 25 Anm. 1; id., „Champollion et le déchiffrement de l'écriture hiératique", in: *CRAIBL* 116 (1972), 566-573.

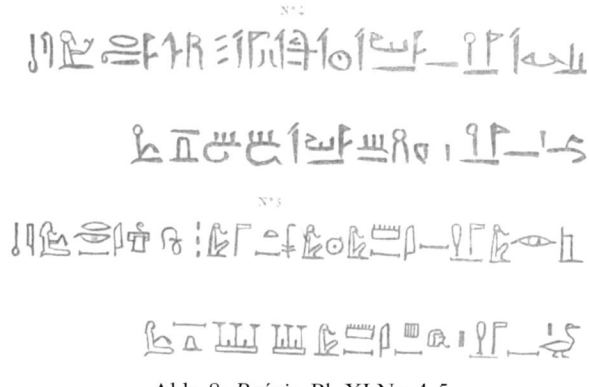

Abb. 8: *Précis*, Pl. XI Nr. 4-5

Auf den Seiten 208ff. bespricht CHAMPOLLION eine hieratische Beischrift zu einem Hohepriester des Amonrasonther namens Osorkon, Sohn des gleichbetitelten Scheschonq (mit Pl. XI, dort Nr. 4-5). Dabei geht es ihm darum zu zeigen, dass diese kursive Beischrift einer recht ähnlichen in ikonischen Hieroglyphen auf einem steinernen Piedestal entspricht (Nr. 1 und 3).[18] Dabei entgeht ihm z.B. auch nicht die unterschiedliche Notierung der Filiationsbezeichnung *zȝ* – „Sohn von" in Hieroglyphen bzw. gleichbedeutendes *zȝ n-* im Hieratischen, das eine Mal mit der Gans, das zweite Mal mit dem Ei notiert.

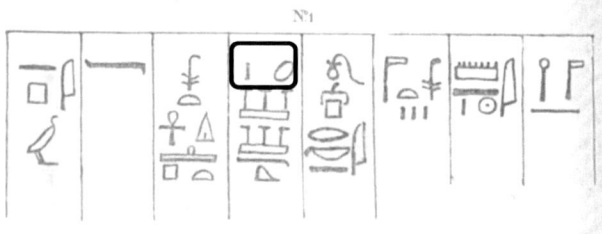

Abb. 9: Pl. XI Nr. 1

---

[18] Diese Beispiele hat CHAMPOLLION dem Band von V.D. DENON, *Voyages dans la Haute et Basse-Égypte* (1817), pl. 137 und 138, entnommen.

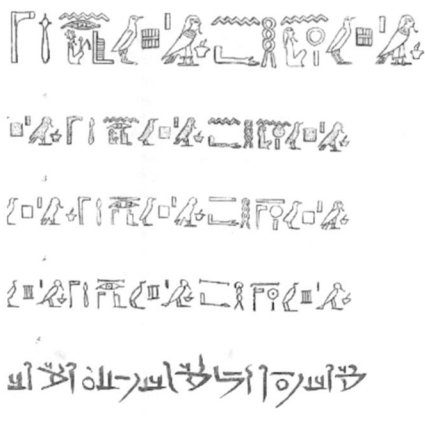

Abb. 10: Pl. XIV

Auf dieser Tafel führt er die verschiedenen Kursivitätsgrade von Hieroglyphen vor, von den „puren" (Nr. 1-2) über die linearen (Nr. 3-4) bis hin zur hieratischen Verkürzung (Nr. 5).

Und auf der S. 380 schließlich listet er die wesentlichen Schriftarten des Ägyptischen auf. Diese heißen nach ihm im Einzelnen:

A *l'écriture hiéroglyphique* ou *sacrée*;
B *l'écriture hiératique* ou *sacerdotale*;
C *l'écriture démotique* ou *populaire.*

Insbesondere die *écriture hiéroglyphique* untergliedert er anschließend noch erheblich genauer, aber das braucht uns hier für das Hieratische nicht weiter zu beschäftigen. Zu dieser Kursive bemerkt er auf den Seiten 384-385 ganz wesentlich dasselbe, was wir auf seinen Seiten 353ff. bereits gelesen haben.
Auf den Tafeln A-K des Tafelbandes zum *Précis* findet man vier Spalten mit „Hiéroglyphiques phonétiques", die sich auf die von ihm sogenannten „reinen", die „linearen", die „hieratischen" und die „demotischen Hieroglyphen" verteilen. Dabei gibt es bei den von ihm vorgenommenen Korrespondenzen noch ein paar wenige Unstimmigkeiten.

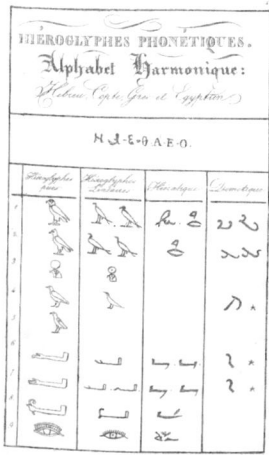

Abb. 11: Tafel A des *Précis*

Wenn wir nur einen Blick auf Taf. A werfen, dann fällt sofort das Missverhält-
nis zwischen dem Pur-, Linear- und Demotisch-Hieroglyphischen einerseits
und dem Hieratischen andererseits ins Auge. Was er an dieser Stelle in der hieratischen Spalte unter Nr. 1 eingetragen hat, entspricht eher einem kursiven
Horusfalken und der Notation des Gottesnamens Horus mittels des Rinderzah-
nes ⟝ (= ḥ = F18) + Mund ⟨⟩ (= r = D21), also der „alphabetischen" Graphie aus /ḥ/ Ḏ /r/. Da er keine Belegstellen für diese Graphien angibt, lässt sich
unmöglich ermitteln, was ihn zu dieser Gleichung bewogen hat.

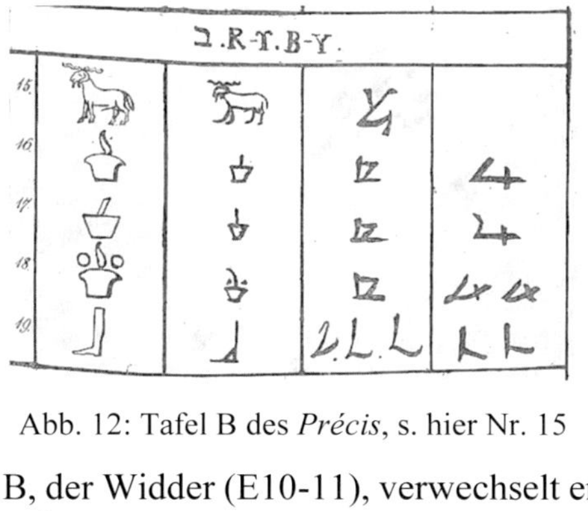

Abb. 12: Tafel B des *Précis*, s. hier Nr. 15

Seine Nr. 15 auf Pl. B, der Widder (E10-11), verwechselt er hieratisch tatsächlich mit dem Löwen ⬲ (E23), der in dieser Kursive im Wesentlichen diese
Zeichenstruktur aufweist. Korrekter hätte er den deplazierten Löwen auf Pl. E
unter der Nr. 58 untergebracht.

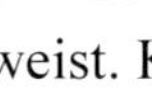

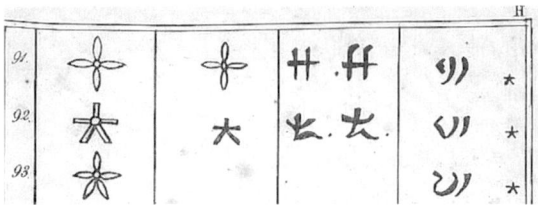

Abb. 13: Tafel H des *Précis*, s. hier Nr. 91

Auf Pl. H wird man bei der Nr. 91, der Rosette, stutzig und kann nur mutmaßen, weshalb er dieses Zeichen (M42) mit einem Hieratogramm verbindet, das eher wie das der zwei gekreuzten Planken ☩ aussieht (Z 11).[19] Tatsächlich können die beiden Zeichen im Hieratischen zusammenfallen, aber sein Beispiel ist tatsächlich durch Z11, und nicht durch M42, zu transkribieren. Diese wenigen Beispiele sind denn auch die einzigen, die in seiner Tabelle noch nicht exakt identifiziert bzw. platziert sind.

Auf seiner Reise nach Ägypten und Nubien macht CHAMPOLLION im Juli 1828 und im Januar-Februar 1830 auch in Aix-en-Provence Station und erhält die Chance, die damals noch dem Sammler SALLIER[20] gehörenden und nach diesen fortan benannten Papyri zu studieren.[21] Durch seinen Aufenthalt im Karnak-Tempel erlangt er zwischenzeitlich Kenntnis von einer historischen Inschrift Ramses' II., die später Weltberühmtheit erlangen sollte. Diese ist an der südlichen Außenwand des Hypostyls angebracht. Wie CHAMPOLLION auf der Rückreise in Aix-en-Provence anlässlich seines zweiten Besuches bei SALLIER feststellen sollte, befindet sich eine recht ähnliche, aber eben nicht identische, Version der genannten Karnak-Inschrift auf dem Pap. Sallier III.[22] Er nennt die Papyrusversion wegen ihrer stärker ausgeprägten literarischen Diktion das „Poème" zur etwas nüchterner daherkommenden hieroglyphischen Version des gleichen Ereignisses. Dabei handelt es sich um nichts Geringeres als die Qa-

---

[19] Und in MÖLLERs *Hieratische Paläographie III*, Nr. 564 der Rosette unter der Nr. 564 B direkt vorangeht.
[20] M.L BIERBREIER (Hg.), *Who Was Who in Egyptology* (2012), 484.
[21] Nach dessen Tod 1831 gelangten sie durch Ankauf 1839 in den Besitz des British Museum.
[22] K.A. KITCHEN, *Ramesside Inscriptions* II (1979), 2-147, und id., *Ramesside Inscriptions* II. *Translated and Annotated. Translations* II ((1996), 2-26.

desch-Schlacht im 5. Jahr Ramses' II., die der ägyptische König – wahrscheinlich – geschichtsklitternd als großen Sieg in allen seinen Textversionen für sich verbuchen sollte.[23]

Halten wir die Leistung CHAMPOLLIONs diesbezüglich gebührend fest: Er hat nur acht Jahre nach seiner *Lettre à M. Dacier* zwei so sprachlich, graphisch wie literarisch und materiell grundverschiedene Quellen miteinander zur Deckung bringen können. Seine Hieratisch-Kenntnisse waren spätestens 1830 bereits so weit fortgeschritten, dass er diese textuelle Beziehung zwischen einer hieroglyphischen Tempelinschrift und einer poetischen Handschriftenversion zu erkennen in der Lage war. Damit war er bereits damals den Hieratisch-Kenntnissen der meisten heutigen Ägyptologen überlegen.

Aber wir sind mit der Initialgeschichte der Entzifferung dieser Kursive und seiner Verhältnisbestimmung zum Hieroglyphischen durch CHAMPOLLION noch immer nicht am Ende angelangt. In seiner erst posthum 1836-1841 erschienenen Ägyptischen Grammatik[24] – CHAMPOLLION ist ja bekanntlich am 4. März 1832 im Alter von nur 41 Jahren verstorben – widmet er sich dem Hieratischen erneut, wenn auch in nicht mehr so ausführlicher monographischer Form wie noch in den 20er Jahren. Aber es gibt in dieser seiner Grammatik bezüglich des Hieratischen ein Spezifikum, das sie über all ihre deskriptive wie analytische Brillanz so einmalig macht.

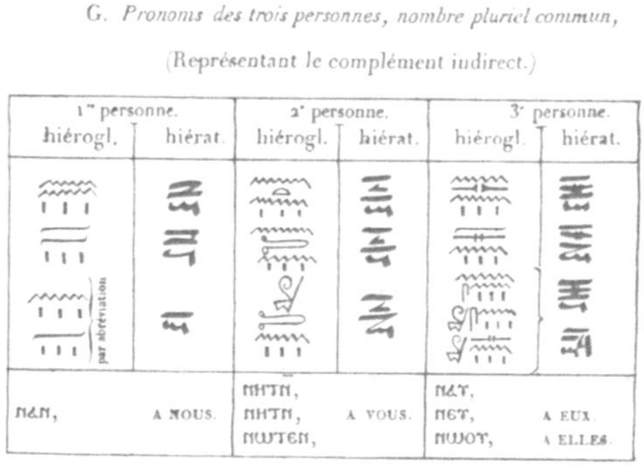

Abb. 14: CHAMPOLLION, *Grammaire égyptienne*, 299

---

[23] Zu dem gegenwärtig vorhandenen Textbestand s. die Auflistung bei K.A. KITCHEN, *Ramesside Inscriptions II*, V-VI.

[24] *Grammaire égyptienne ou principes généraux de l'écriture sacrée égyptienne appliquée à la représentation de la langue parlée* (1836-1841).

Gemeint ist seine Usance, zu allen besprochenen Paradigmen nicht nur die hieroglyphischen Schreibweisen, sei es in Tabellen oder außerhalb derselben, anzuführen, sondern eben auch hieratische und sogar deren koptische Ableger. Ganz gleich, auf welche Seite oder in welche Tabelle man schaut, stets „lernt" man alle drei Schriftarten auf einen Blick.[25] Seine Textauszüge, welchen Umfangs auch immer, kommen gleichfalls in zweifacher Ausfertigung samt Quellenangabe daher. Auch wenn seine eigene hieratische „Handschrift" in keinem Fall seinen Vorlagen 1:1 entspricht, so ist sie noch immer mit Abstand besser als diejenige eines LEVI im Jahre 1880, mit dem wir uns im folgenden Kapitel beschäftigen wollen.

Warum wird dieses Verfahren des mindestens „Zwei-Fliegen-mit-einer-Klappe-Schlagen" eigentlich seitdem in keiner der unzähligen Grammatiken welcher vorkoptischen Sprachstufe auch immer mehr praktiziert? Es spricht m. E. rein gar nichts dagegen, außerhalb des Demotischen und Koptischen jede einzelne der drei älteren Stufen des Alt-, Mittel- und Neuägyptischen gleich von Anfang an quasi *digraph* zu vermitteln. Zugegeben, das mag beim Altägyptischen zunächst so einfach nicht sein, berücksichtigt man die grundlegend verschiedenen Gattungen oder Textsorten, die im 3. Jt. jeweils in Hieroglyphisch und in Hieratisch notiert werden. Spätestens aber beim Neuägyptischen, derjenigen Sprachstufe also, die ganz überwiegend aus kursiven Quellen bekannt und erschlossen ist und nicht aus hieroglyphischen, böte sich ein solches Lehrkonzept unbedingt an.[26] CHAMPOLLION ist in diesem didaktischen Punkt bedauerlicherweise kein Trendsetter geworden.

---

[25] Die Bemerkung sei bewusst in eine Fußnote verbannt, dass es sich nicht immer zum Besten verhält mit den von ihm aufgestellten Korrespondenzen zwischen den kursiven und den nicht-kursiven Beispielen. Was wir heute als „Fehler" brandmarken würden, könnte im akademischen Unterricht als reizvolle Aufgabe für die Studenten fungieren, diese Inkongruenzen herauszufiltern und somit seine Tabellen zu aktualisieren.

[26] NEVEU hat in seiner Einführung ins Neuägyptische *La Langue des Ramsès* (1996) immerhin einige hieratische Textbeispiele in faksimilierter Form, um die Nutzer mit dem das Neuägyptische beherrschenden Schriftbild vertraut zu machen.

# 3.    Forschungsgeschichte II – Das späte 19. Jahrhundert

LEPSIUS,[1] der zwar reiche dokumentarische Schätze von seiner Ägypten-Nubien-Expedition 1842-45 mit nach Berlin bringt, darunter auch Faksimiles von Handschriften, hat weder einen ägyptischen Text jemals von Anfang bis Ende übersetzt, noch der Beschreibung und Analyse des Hieratischen und seines Verhältnisses zum Hieroglyphischen neue Impulse gegeben. Dieses Verdienst gebührt weiterhin CHAMPOLLION. Dafür ist LEPSIUS umso bedeutender bei der fortgesetzten Entzifferung des Hieroglyphischen in Erscheinung getreten, wie SCHENKEL unlängst in einem illuminierenden Artikel von großer Detailfülle und scharfsinniger Beobachtung nachgewiesen hat.[2] Dabei geht SCHENKEL auch an der ein oder anderen Stelle durchaus hart mit CHAMPOLLION ins Gericht. Als gebürtiger Deutscher, der sich keines erst- oder zweitentziffernden Landsmannes rühmen kann wie die Engländer oder Franzosen, kann er bei dieser Kritik am Genie CHAMPOLLION und Lob von LEPSIUS' Leistung denn auch keines Chauvinismus geziehen werden.[3] Dies sei deshalb ausdrücklich hervorgehoben, weil die Debatten um das eigentliche Verdienst der Erst- oder Hauptentzifferung nie ganz frei von nationalistischen Allüren gewesen sind.

Nun aber zum weiteren Verlauf der Forschungsgeschichte nach 1836. Man kann hierzu Folgendes vermerken. Nach der Entzifferungsarbeit an der Kursive und der Bestimmung ihres graphischen wie phonetischen Verhältnisses zu den „reinen" bzw. „linearen Hieroglyphen" („hiéroglyphes purs" und „h. linéaires") durch den Franzosen setzt mit den 30er und 40er Jahren des 19. Jts zunächst eine rege Editionsarbeit ein. Das bedeutet, hieratische Handschriften werden in faksimilierter Form der wissenschaftlichen Öffentlichkeit in Gestalt von Prachtbänden in Foliogröße zugänglich gemacht. Beidieser Tätigkeit ragen besonders

---

[1] M.L. BIERBRIER (Hg.), *Who Was Who in Egyptology* (2012), 324-326.

[2] Die Entzifferung der Hieroglyphen und Karl Richard Lepsius, in: V.M. LEPPER – I. HAFEMANN (Hgg.), *Karl Richard Lepsius. Der Begründer der deutschen Ägyptologie* (2012), 37-78.

[3] SEYFFARTH (1796-1885) als beratungsresistenter Konkurrenz-Entzifferer zu CHAMPOLLION braucht uns hier nicht weiter aufzuhalten; zu seiner Person s. M.L. BIERBRIER (Hg.), *Who Was Who in Egyptology* (2012), 504f.

BIRCH (1813-1885)[4] und dann NETHERCLIFT (1792-1863)[5] mit seinen *Select Papyri in the Hieratic Character from the Collections of the British Museum* (1841-60) heraus.

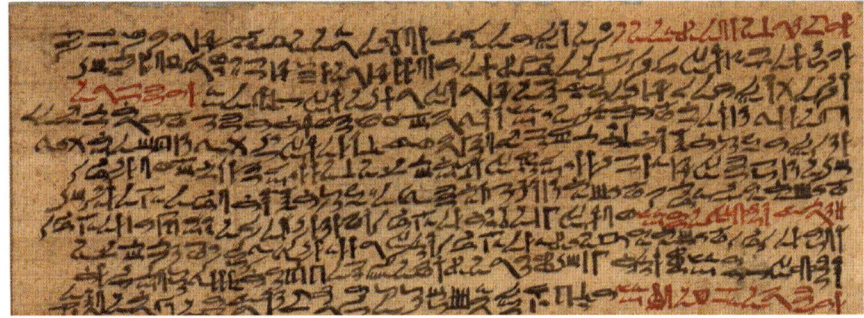

Abb. 1: Pap. BNF 187 = Lehre des Ptahhotep Kol. 6.1-7.3[6]

und dazwischen 1847 PRISSE D'AVENNES (1807-1879)[7] mit der Ausgabe der in seinem Privatbesitz befindlichen Prachthandschrift der Ptahhotep-Lehre (Paris 1847)[8] heraus. Paläographische Studien und Datierungen, die auf größerer Materialbasis ruhen würden, geschehen dabei jedoch noch nicht.

---

[4] M.L. BIERBRIER (Hg.), *Who Was Who in Egyptology* (2012), 59f.

[5] Nicht im M.L. BIERBRIER (Hg.), *Who Was Who in Egyptology* (2012) verzeichnet und der Wikipedia-Eintrag ist spärlich: https://en.wikipedia.org/wiki/Joseph_Netherclift (letztes up-date 3.7.2016).

[6] Aus: A. CHARRON − C. BARBOTIN (Hgg.),*Savoir et Pouvoir à l'Époque de Ramsès II. Khaemouaset Le Prince Archéologue* (2016), 175. S. darin die Beschreibung und Übersetzung der abgebildeten Passagen durch MATHIEU auf den Seiten 173-177.

[7] M.L. BIERBRIER (Hg.), *Who's Who in Egyptology* (2012), 445f.

[8] *Fac-similé d'un papyrus égyptien en caractères hiératiques, trouvé à Thèbes.* Wo genau diese Handschrift in Theben gefunden worden sein könnte, das hat DEWACHTER in einem gründlich recherchierten Artikel zu ermitteln versucht, s. id., „Nouvelles informations relatives à l'exploitation de la nécropole royale de Drah Abou l Neggah", in: *Rd'É* 36 (1985), 43-66; s.a. id., „L'apparition du Papyrus Prisse (pBN 183-194)", in: *Rd'É* 39 (1988), 209-210: Ankauf auf Kairener Antikenmarkt, keine Indizien für thebanische Provenienz. Der Papyrus befindet sich heute in der Bibliothèque Nationale de Paris und trägt die Nrn. 183-194.

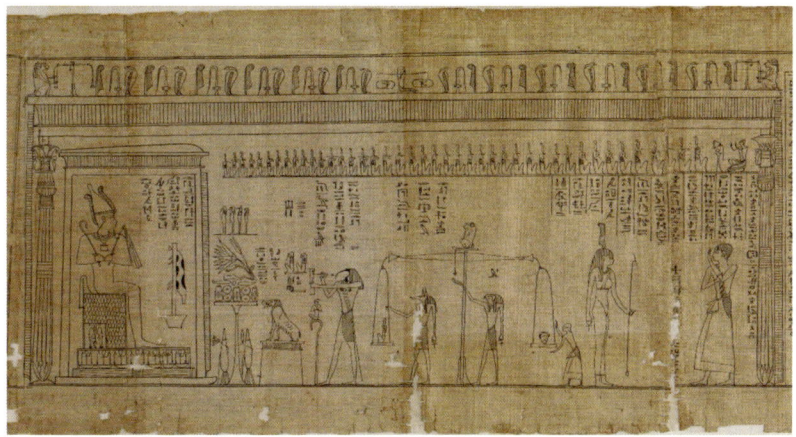

Abb. 2: Turiner Totenbuch (Cat. 1791)[9]

Um hier noch einmal LEPSIUS ins Spiel zu bringen, sei keinesfalls seine Ausgabe des Turiner Totenbuchpapyrus Cat. 1791 in der damaligen Editionschronologie übergangen, im Gegenteil. Auch wenn diese Handschrift alles andere als hieratisch beschriftet ist, so hat LEPSIUS mit seiner Einteilung von deren Textcorpus in die Totenbuchsprüche 1-165 bis heute Maßstäbe gesetzt und damit diese Nummerierung auch für echt hieratisch beschriebene Totenbücher verbindlich gemacht. Inzwischen zählen wir allerdings mindestens 192 Sprüche.[10]

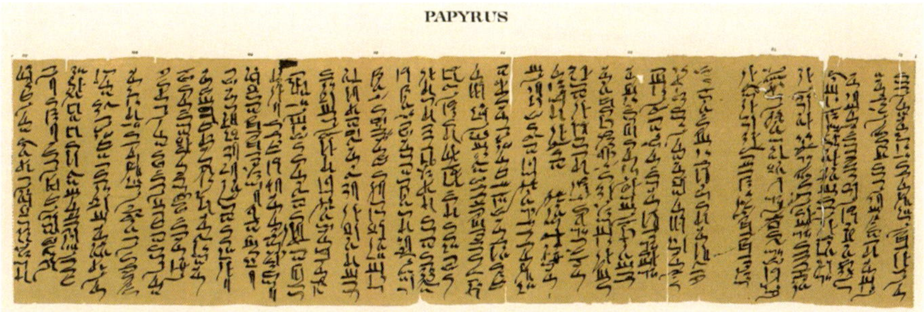

PAPYRUS

Abb. 3: Handschrift der Sinuhe-Erzählung (Berlin P. 3022, Z. 78-112)[11]

---

[9] Aus: B. LÜSCHER, Studying the Book of the Dead, in: J. Taylor (Hg.), *Journey through the Afterlife. Ancient Egyptian Book of the Dead* (2010), 288 Fig. 83.
[10] A. WÜTHRICH – S. STÖHR, *Ba-Bringer und Schattenabschneider. Untersuchungen zum sogenannten Totenbuchkapitel 191 auf Totenbuchpapyri* (SAT 18, 2013), 1, rechnen mit wenigstens „250 identifizierten und nicht identifizierten Einzelsprüchen".
[11] Aus: K.R. LEPSIUS, *Denkmäler aus Aegypten und Aethiopien* Abt. VI, Bd. XII (1849-1858), Blatt 105.

LEPSIUS' *Denkmäler aus Aegypten und Aethiopien* liefern des Weiteren in Abt. VI auf den Taf. 104-124 eine reiche Dokumentation u.a. literarischer Handschriften im Ägyptischen Museum Berlin, wie z.B. der des Sinuhe (jetzt: Berlin P. 3022). Übrigens wird Hieratisch für Totenbücher erst ab der 3. Zwzt. bis in die Saitenzeit die Schriftart *par excellence*, danach verteilen sich Hieroglyphisch und Hieratisch auf die Handschriften mehr oder minder zu gleichen Teilen.

In den 60er und 70er Jahren des 19. Jh. setzt dann für eine kurze Zeit und das erste Mal ein eher mechanistischer Umgang mit dem Hieratischen ein. Man versucht ihm nun editorisch vermittels standardisierter Fonts zu Leibe zu rücken.

Abb. 4: PLEYTE-Fonts – Beispiel aus p. III

Der erste im Bunde ist der Niederländer PLEYTE (1836-1903),[12] der 1865 einen Satz von 391 Stahlgriffeln oder Punzen kreiert. Mit diesen Punzen ediert er fortan seine hieratischen Texte. Pleyte schlägt nämlich vor, die faksimilierte Reproduktion hieratischer Zeichen und Wörter durch standardisierte Typen zu ersetzen. Auf S. III seines *Catalogue raisonné de types égyptiennes hiératiques* erläutert er sein Anliegen anhand dieses Beispiels:[13]

> „        [ḥnw – „Aufruhr"] wird wie        [ḥnw – „Inneres" (phonetisch? F.-E.)] transkribiert, und die Verwirrung hat (schon) begonnen. Kein System kann es verhindern, und demzufolge ist jegliches System nicht praktizierbar.
>
> Es gibt nur ein Mittel, alle Schwierigkeiten aus dem Weg zu räumen, und das ist der Einsatz von Drucktypen."

Unter „transkribieren" kann er hier nur eine phonetische, nicht aber eine hieroglyphische Umschrift im Auge haben. Letztere wäre ja schon 1865 erheblich divergent ausgefallen, nicht aber so die „phonetische".

Auf der folgenden S. IV kommt er dann auf den Punkt, wenn er schreibt, und dies sei hier zunächst im Originalwortlaut zitiert:

---

[12] M.L. BIERBRIER (Hg.), *Who Was Who in Egyptology* (2012), 437f.
[13] Mit dem weiteren Zusatz *de la fonderie de N. Tetterode, à Amsterdam* (1865).

„Les types *hiératiques* n'existent pas encore. Il doit y être pourvu, l'acquisition publique et facile pourrait lever beaucoup de difficultés. Pour l'intelligence de plusieurs manuscrits il suffirait qu'ils fussent rendus par des caractères bien écrits. ... Considérant le tout, je me proposai d'effectuer des types hiératiques."

Und in Übersetzung lautet der Passus:

„Die *hieratischen* Typen gibt es noch nicht. Man sollte damit ausgestattet sein, die öffentliche und leichte Anschaffung könnte viele der Schwierigkeiten beheben. Zum Verständnis der meisten Manuskripte würde es genügen, wenn sie durch gut geschriebene Schriftzeichen wiedergegeben wären. ...
In Anbetracht von all diesem habe ich mir vorgenommen, hieratische (Druck)typen zu verwenden."

Dann teilt er die Geschichte des Hieratischen in vier Perioden ein, als da wären:

1. Frühzeit bis Hyksos („Hikschôs");
2. 18.-19. Dyn.
3. 20. Dyn.
4. *post*-20. Dyn. bis zum Ende der altägyptischen Schriftgeschichte

Während seiner Laufzeit sei das Hieratische zunächst überwiegend für Alltagsdokumente und Literatur, nach der 4. Phase dann zumeist für sakrale Texte verwendet worden. An dieser letzteren Bemerkung zeigt sich, dass PLEYTE entweder noch nicht von der Existenz älterer sakraler Handschriften wusste oder, falls doch, diese noch nicht entsprechend zu datieren vermochte.

Was seinen *Catalogue raisonné* ferner auszeichnet, ist das Fehlen jeglicher hieroglyphischer Transkriptionen sowie die Angabe der Lautwerte oder Lesungen der von ihm versammelten Zeichen. Seine hieroglyphischen Entsprechungen sind in zahlreichen Fällen noch unzutreffend, ohne dass dies hier im Einzelnen präsentiert werden könnte.

Gebrauch von diesen Punzen macht PLEYTE dann noch einmal 1869-76 im Textband der von ihm mit ROSSI in Faksimiles edierten Auswahl Turiner Papyri.[14]

---

[14] *Papyrus de Turin*, 2 Bde. (1869 – 1876).

Abb. 5: PLEYTE – ROSSI, *Papyrus de Turin*, Bd. I, 224

Sowohl der philologische Kommentar zu den einzelnen Handschriften wie auch das gesamte Vokabular auf den Seiten 224-249 des Textbandes zu den Turiner Papyri machen von diesen Hieratisch-Stempeln Gebrauch.

Was bewirkt nun diese Form der Reproduktion unterschiedlich kursiv geschriebener Wörter auf Seiten des Benutzers einer solchen Edition? Nun, sie suggeriert eine Homogenität individueller Hände oder Handschriften, die so zu keinem Zeitpunkt und auf keinem seiner oder anderer Schriftträger mit dieser Kursive je gegeben war. Anders gesagt, diese Art der Huldigung an den Typendruck von Lettern nivelliert jegliche Spezifika, die doch gerade ägyptische Handschriften genauso interessant und wertvoll machen wie jede andere Art von Handschriften auch. Denken wir nur an griechisch beschriebene Papyri oder mittelalterliche Handschriften aus unseren Breiten, welch letztere im 8. Jt paläographisch völlig anders aussahen als z.B. solche des 12. Jahrhunderts. Es gibt Typen von Majuskeln und Minuskeln zu diversen Zeiten und in diversen Gegenden, aber man vereinheitlicht sie doch niemals durch eine derartig rücksichtslose Editionspraxis.

So ist es denn auch kein Wunder, dass dieser Missgriff auf Seiten von PLEYTE keine weiteren Nachfolger gefunden hat.[15]

---

[15] MÖSCHEN zeigt in ihrer *Hieratische(n) Chrestomathie, Teil I*, dass es noch im späten 20. Jh. eine Art Neuauflage derartig vereinheitlichender Reproduktion – diesmal mittels Computer – bzw. eines seiner hässlichsten „Kollateralschäden" geben sollte. Gemeint ist der Ausdruck hieratischer Zeichen und Wörter mit Hilfe eines Nadeldruckers, wie man ihn in den 80er Jahren des vergangenen Jahrhunderts in nahezu allen Büros und auch privat rattern hören konnte. Wenn dieser Nadeldrucker sich durchgesetzt hätte, wäre die paläographische Individualität der nicht selten auf hochgradige Ästhetik angelegten Handschriften endgültig

Fünfzehn Jahre nach seinem *Catalogue raisonné* legt ein Italiener namens LEVI[16] seine *Raccolta dei segni ieratici egizi nelle diverse epoche con i corrispondenti geroglifici ed i loro differenti valori fonetici* (1880) vor.

Dieser Katalog zeichnet sich zum einen durch die Sammlung eines erheblich größeren Zeichenbestandes als noch bei PLEYTE – ROSSI zu finden aus. Diese Kollektion umfasst nämlich 675 Zeichen und Zeichengruppen.

Abb. 6: LEVI, *Raccolta dei segni ieratici egizi* (1880), Tav. 1

Zum zweiten bietet sie nicht selten zahlreiche Varianten ein und desselben Zeichens oder einer Gruppe. Sodann bieten seine Tafeln neben der fortlaufenden Nummerierung zunächst ein oder mehrere hieroglyphische Entsprechungen, in Kol. 3 die hieratischen Formen in nicht-typisierter, sondern bemüht individueller Gestalt, und schließlich in Kol. 4 phonetische oder Lautwerte, soweit damals, 1880, als sichere oder vermutete bereits bekannt. Anders als PLEYTE – ROSSI bietet LEVI also hieroglyphische Transkriptionen und phonetische Transliterationen. Seine *Raccolta* hat nun zwar auch keine ernstzunehmende Rezension erfahren, aber immerhin eine zehnzeilige Würdigung MASPEROS (1846-

---

liquidiert gewesen! Glücklicherweise hat der technische Fortschritt hin zu Laserdruckern etc. dieser Gefahr einen Strich durch die Rechnung gemacht.
[16] Name nicht im M.L. BIERBRIER (Hg.), *Who Was Who in Egyptology* (2012) aufgeführt.

1916),[17] also von einem der französischen Doyens der damaligen Ägyptologie. Darin preist er die Arbeit mit den Worten:

„C'est un début, et un début excellent. … C'est n'est pas encore un traité de paléographie égyptienne, mais c'est le commencement d'un traité. … Je n'ai relevé dans ce qu'il a publié qu'un très petit nombre de fautes assez légères. Pour le reste je ne saurais trop recommander le livre aux égyptologues qui s'exercent au déchiffrement des écritures cursives."[18]

„Das ist ein Anfang, und ein exzellenter Anfang. … Es ist noch keine Abhandlung der ägyptischen Paläographie, aber es ist der Beginn einer Abhandlung. … Ich habe in dem, was er publiziert hat, nur eine sehr kleine Anzahl von recht leichten Fehlern entdeckt. Ansonsten wüsste ich nicht, wie ich das Buch den Ägyptologen noch mehr empfehlen könnte, die sich um die Entzifferung kursiver Schriften bemühen."

Was sagen nun die damaligen Rezensenten zu dieser Editionsweise? Nehmen sie überhaupt dazu Stellung und wenn ja, haben sie u.a. dazu beigetragen, dass die weitere Wissenschaft davon Abstand genommen hat? Im Unterschied zu dem von LEVI nehmen sie zum *Catalogue raisonné* von PLEYTE keinerlei Stellung, zumindest nicht per Rezension. Das Werk scheint nirgends besprochen worden zu sein. Vielleicht erklärt dieses Stillschweigen auch, dass das Unterfangen von vornherein zum Scheitern verurteilt war.

Doch keines der bisher referierten Systeme oder Ansätze einer wissenschaftlichen Beschreibung des Hieratischen war in der Lage, historische Entwicklungen seiner Paläographie(n) nachzuzeichnen. Ich erwähnte ja bereits, dass das chronologische Gerüst der altägyptischen Geschichte erst mit LEPSIUS seine ersten Fundamente gelegt bekam.[19] Dazu kommt, dass die Geschichte der ägyptischen Sprache in ihren einzelnen Etappen, abgesehen vom Demotischen hin zum Koptischen, hinsichtlich ihrer ersten und früheren Stufen noch so gut wie eine *terra incognita* war. Damit sind natürlich diejenigen Phasen des Alt-, Mittel- und Neuägyptischen gemeint.

Das Jahr 1890 markiert in der Forschungsgeschichte nicht nur der ägyptischen Sprache, sondern auch in der der immer noch jungen Hieratistik, gleich einen

---

[17] M.L. BIERBRIER (Hg.), *Who Was Who in Egyptology* (2012), 359-361.
[18] In: *Revue archéologique, année* 21, vol. 40 (1880), 63f. = Nr. 12126 in der *Bibliographie Altägyptens 1822-1946 Teil II* von BEINLICH-SEEBER.
[19] S. dazu wieder den Beitrag von J.F. QUACK über „Richard Lepsius als Historiker", in: V.M. LEPPER – I. HAFEMANN (Hgg.), *Karl Richard Lepsius. Der Begründer der deutschen Ägyptologie* (2012), 101-119.

doppelten Paukenschlag. In diesem Jahr erscheint die zweibändige Erst-Edition und vollwertige Studie zu den *Märchen des Papyrus Westcar* (heute: Pap. Berlin P. 3033). So lautet der Titel dieses Werkes und sein Autor ist kein Geringerer als der damals erst 36jährige ERMAN, seines Zeichens gewöhnlich unter ERMAN firmierend.[20] Im 1. Band widmet er sich der Sprache dieser Erzählung und ihrer historischen Verortung oder Einordnung, indem er dabei erstmals das „Altägyptisch" vom jüngeren „Neuägyptisch" scheidet. Unter „Altägyptisch" wurden damals noch übergreifend die heute in Alt- und Mittelägyptisch differenzierten Phasen subsummiert. Aber der entscheidende Punkt ist die Abgrenzung vom späteren Neuägyptisch, indem ERMAN in seinem Quellentext des Pap. Westcar vom Älteren wie Jüngeren zugleich konstituierende Elemente wiederfindet.

Der sprachhistorische ist wie gesagt der eine Paukenschlag in der noch jungen Geschichte der ägyptologischen Philologie. Die Paläographie des Pap. Westcar und anderer Handschriften ist der zweite im Bunde. ERMAN ist der erste ernstzunehmende Wissenschaftler, der sich der Problematik einer präziseren Datierung hieratischer Handschriften überhaupt annimmt. Auf den Seiten 32-60 von 2. Band skizziert er den „Entwicklungsgang der hieratischen Schrift", wie er sich ihm zu jenem Zeitpunkt darstellt. Sein Fundus basiert auf 17 Quellen, angefangen mit dem Berliner Papyrus P. 3022 zur Geschichte des Sinuhe aus der hohen 12. Dyn. (ca. spätes 19. Jh. v. Chr.) und endend mit Hymnen auf diverse Götter (heute P. 3048-49 und P. 3056)[21] aus der Zeit Takelothis' II., Hohepriester des Amun von Karnak in der 22. Dyn.

ERMAN macht gleich zu Beginn dieser Studie eine fundamentale Beobachtung, wenn er die hieratische Paläographie in zwei „Gattungen" einteilt, nämlich in „eine Unciale für Bücher und eine Cursive für geschäftliche Schriftstücke" (S. 33). Es sei betont, dass sich seine Begrifflichkeit nicht ganz mit dem heutigen

---

[20] M.L. BIERBRIER (Hg.), *Who Was Who in Egyptology* (2012), 180f.; zu seinem Leben und Wirken in Berlin s. zuallererst seine Autobiographie *Mein Werden und mein Wirken* (1929), sodann den von SCHIPPER hg. Band *Ägyptologie als Wissenschaft. Adolf Erman (1854-1937) in seiner Zeit* (2006), sowie jetzt T. GEERTZEN, *École de Berlin und Goldenes Zeitalter' (1882-1914) der Ägyptologie als Wissenschaft. Das Lehrer-Schüler-Verhältnis zwischen Ebers, Erman und Sethe"* (2013). Der volle Titel von ERMANs Edition lautet *Die Märchen des Papyrus Westcar. I Einleitung und Commentar*; id., *II Glossar, Palaeographische Bemerkungen und Feststellung des Textes* (Mitteilungen aus den Orientalischen Sammlungen Band V und VI, 1890).
[21] Ediert in *Hieratische Papyrus Berlin II* (1905).

Verständnis von „Unziale"[22] und „Kursive"[23] decken mag, da erstere eigentlich „gerundete lateinische Großbuchstaben", letztere „schrägliegende Drucktypen" bezeichnet. Aber die moderne Benennung geht von gedruckten Lettern, in keinem der beiden Fälle von handgeschriebenen Texten aus. Was ERMAN meint, ist eine Art ausgeglichene Schönhandschrift (= „Unciale") sowie eine auf Abbreviaturen und Simplifizierungen basierende Schnellschrift (= „Kursive"). Schon CHAMPOLLION spricht ja an vielen Stellen seines Œuvres von „Tachygraphie".[24] ERMANS Maxime wird es des Weiteren, „auf die kleinen Veränderungen der Gestalt, die das einzelne Schriftzeichen im Laufe der Jahrhunderte erleidet" (S. 33), besonders zu achten. Rein numerisch beschränkt er sich dabei auf ganze 70 Zeichen, aber man muss ihm bei näherem Hinsehen zugutehalten, dass diese recht geringe Zahl an Exempeln mit Bedacht gewählt ist. Es handelt sich in so gut wie allen Fällen um markante Zeichen, die nicht selten untereinander eine erhebliche morphologische Übereinstimmung und damit Verwechselbarkeit aufweisen, ein Wesenszug des Hieratischen, mit dem besonders Anfänger ihre Probleme haben können.

Was die Chronologie seiner Handschriften angeht, konstatiert er eine weitere Wasserscheide in Bezug auf deren sich grundlegend wandelnden Duktus zwischen der 2. Zwzt. und der frühen 18. Dyn. Unter Duktus, ohne dass er selbst diesen Terminus verwenden würde, verstehen wir heute die Linienführung (< lat. *ducere* – „führen; geleiten")[25] von Handschriften, eben deren Schriftzug. ERMAN spricht recht allgemein von der „Umgestaltung der Schrift", nicht ohne

---

[22] Lit. „Schrift mit zoll-langen Buchstaben"; F. KLUGE, *Etymologisches Wörterbuch der deutschen Sprache* (23., von E. Seebold erw. Aufl., 1999), 850.
[23] Lit. „Schrägschrift" < mittellat. *Scriptura cursiva* = „fortlaufend geschriebene Schreibschrift im Gegensatz zur Druckschrift"; F. KLUGE, *Etymologisches Wörterbuch*, 495. Zu diesen Schriftformen s.a. die sehr hilfreichen Beobachtungen und Nomenklaturen in der modernen Papyrologie und mediävistischen Handschriftenkunde; s. den Beitrag „Greek and Latin Writing in Papyri" von G. CAVALLO in: R. BAGNALL (Hg.), *Handbook of Papyrology* (2009), 101-148, und zum mittelalterlichen Schreibprozess C. JAKOBI-MIRWALD, *Das mittelalterliche Buch. Funktion und Ausstattung* (2004), 125-132.
[24] Wir werden zu gegebener Zeit noch sehen, dass diese Prägung CHAMPOLLIONs bei der Klassifizierung der verschiedenen Schreibweisen wie auf dem großen Pap. Wilbour aus der Zeit Ramses' V. Pate gestanden hat; s. A.S. VON BOMHARD, *Paléographie du Papyrus Wilbour. L'écriture hiératique cursive dans les papyri documentaires* (1998), 15-20. Sie klassifiziert die verschiedenen Typen in eine „Tachygraphie de repetition", „T. structurelle" und in eine „T. innovatrice"; s. dazu Kap. 17.
[25] Der Terminus *ductus* wird a. pass. in dem von G. CAVALLO zit. Beitrag (s. Anm. 23) verwendet; s. ferner C. ROLLSTON, *Writing and Literacy in the World of Ancient Israel: Epigraphic Evidence from the Iron Age* (2009), 5: „number, order, and direction of strokes".

zu bekennen, dass sein Quellenmaterial just für diese Zeit etwa des 15. Jh. v. Chr. versagt. Dennoch „trennen sich" nach ihm „zunächst die Handschriften der 18. Dyn. und die der 19. Dynastie. Die ersteren bewahren z.Th.[26] noch alterthümliche Formen".

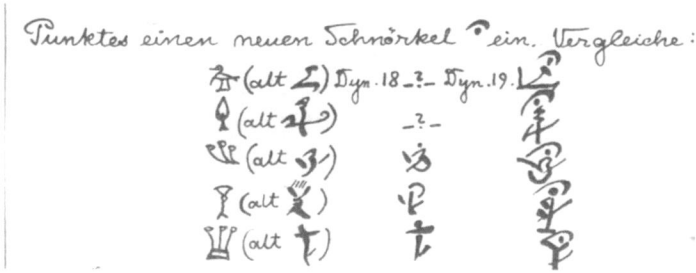

Abb. 7: ERMAN, *Papyrus Westcar*, S. 43 oben: „Schnörkel"

Die Schreiber der 19. Dyn. führen „bei mehreren Zeichen an Stelle eines einfachen Punktes einen neuen Schnörkel ein" (S. 42f.). Zugegeben, „Schnörkel" ist nicht gerade ein wissenschaftlicher Terminus.[27] Wir würden heutzutage eher von einem „diakritischen Appendix" sprechen. „Diakritisch" meint dabei, dass der ERMAN'sche „Schnörkel" das jeweilige Zeichen von seiner älteren Gestalt, aber auch von zeitgleich ähnlich aussehenden Zeichen differenzieren soll. Eine andere Funktion von Diakritika kann die der Hervorhebung charakteristischer Eigenschaften von Zeichen sein.

Weiter vorangeschritten in der Zeit vermeldet ERMAN: „Die Handschriften der 20. Dyn. kennzeichnen sich dann ihrerseits dadurch, dass sie diesen Schnörkel weiter umbilden, vgl. . " (S. 43) Für die folgende Epoche der 22. Dyn. oder 3. Zwzt. notiert er eine wieder stärker werdende Annäherung an hieroglyphische Formen. Man mache nun ferner „die eigentliche Buchschrift steif, eckig und ängstlich" (S. 44), auch das nicht unbedingt eine präzise wissenschaftliche Terminologie. In dieser Zeitspanne stünden wir „offenbar an dem Punkt, wo sich einerseits die „Volksschrift", das Demotische, und andererseits die besondere „Priesterschrift" herausbildet, das jeden Lebens bare „Hieratische" der Spätzeit" (S. 44).

---

[26] Abkürzung von „Theil" in damaliger Orthographie für „Teil".
[27] Dennoch wie selbstverständlich verwendet von C. JAKOBI-MIRWALD, *Das mittelalterliche Buch*, 129.

Anschließend kommt er nochmals auf seine Unterscheidung in „Unciale" und „Cursive" zurück und unterfüttert diese mit zahlreichen Beispielen aus seinen Quellen (S. 44-51). Nachdem er dann „Unregelmäßigkeiten in der Form der Zeichen" notiert und analysiert hat, wendet er sich der paläographischen Datierung seiner Ausgangsquelle, eben dem Pap. Westcar zu. Schließlich hat er den gesamten paläographischen Aufwand letztendlich aus eben nur einem Beweggrunde betrieben, um diese einmalige Handschrift präziser innerhalb der hieratischen Schriftentwicklung von der 12. bis hinunter zur 22. Dyn. platzieren zu können. Deshalb darf sein paläographischer Exkurs im 2. Band seiner *Märchen des Papyrus Westcar* auch mit Fug und Recht den Status einer Pilotstudie auf dem hieratistischen Terrain für sich beanspruchen. Bis auf geringfügige chronologische Ungenauigkeiten, die dem Forschungsstand seiner Zeit geschuldet waren, gelten seine Vorschläge und Ergebnisse noch heute. Er datiert den Westcar-Papyrus kurz vor den Leipziger medizinischen Papyrus Ebers, der nach Ausweis eines auf Amenhotep I. datierten Kalenders auf seiner Rückseite aus der Mitte des 16. Jh. stammt.[28] Und an dieser ERMAN'schen Datierung der Berliner „Märchensammlung" in die ausgehende 2. Zwzt. hat sich bis heute nichts grundlegend ändern lassen.

Rückblickend aus dem Jahre 1890, dem Jahr der Publikation der *Märchen des Papyrus Westcar*, auf die Jahre 1865 und 1880, in welchen die beiden Zeichentabellen von PLEYTE und LEVI erschienen waren, können wir zu ERMANs Arbeit Folgendes notieren: Er zitiert weder den *Catalogue raisonné* PLEYTEs noch die *Raccolta di segni ieratici* von LEVI. Selbst CHAMPOLLION ist ihm keine Notiz wert. Diese Ignoranz scheint typisch für ERMANs Arbeitsweise gewesen zu sein, und SCHENKEL hat dazu erst kürzlich einige Bemerkungen gemacht, die diese unsere Feststellung bezüglich des Verschweigens von Vorläufern in der Hieratistik voll und ganz bestätigen.[29] Es darf ERMAN mit einigem Recht unterstellt werden, dass er die Arbeiten von PLEYTE und LEVI schlichtweg für nicht der

---

[28] Eine Datierung, die der Zwischenzeit durch die C[14]-Methode eine nachträgliche Bestätigung erfahren hat, s. http://sae.saw-leipzig.de/detail/dokument/papyrus-ebers/, s.v. Datierung.

[29] Id. „Bruch und Aufbruch. ERMAN und die Geschichte der Ägyptologie", in: B.U. SCHIPPER (Hg.), *Ägyptologie als Wissenschaft. Adolf Erman (1854-1937) in seiner Zeit* (2006), 224-247; dort 236: „Zunächst einmal ist klar, dass der junge Erman die ältere ägyptologische Literatur nicht ernsthaft studiert hat. Er bezieht aus der älteren Ägyptologie, sei es aus dem akademischen Unterricht, sei es aus sporadischer Lektüre ein gewisses Basiswissen. Ansonsten gewinnt er sein Wissen aus eigener Beschäftigung mit den originalen Quellen."

Erwähnung oder gar Auseinandersetzung wert erachtet hat, bekannt werden sie ihm allemal gewesen sein.

Die im 2. Band seiner Westcar-Studien eingeschlossenen „Schrifttafeln I-VII" mit ihren 70 Zeichen sollten kurz darauf das Grundgerüst derjenigen erheblich größer angelegten Hieratischen Paläographie werden, die mit dem Namen MÖLLER noch heute verbunden ist. Diese Tafeln sind chronologisch von links, den ältesten, nach rechts fortschreitend mit den jüngsten Formen bestückt. Mit dieser Präsentation erhalten die hieratistischen Studien erstmalig ein dezidiert an der Chronologie der Handschriften orientiertes Gepräge, das von nun nicht mehr aus dem Blick geraten sollte. Schließlich war es stets eine der vordringlichsten Fragen im Umgang mit entsprechenden Manuskripten, auf welchen Schriftträger auch immer appliziert, diese möglichst nahe an den Zeitpunkt ihrer Niederschrift heranzurücken. Das wissenschaftsgeschichtlich älteste Verfahren zur Erlangung dieses Zieles war eben die Paläographie, also die Disziplin der „Lehre von den alten Schriften",[30] insonderheit von der Gestalt der darin erscheinenden Schriftzeichen, zuvorderst praktiziert zum Zwecke der Datierung derselben.[31]

MÖLLER (1876-1921)[32] ist ein Schüler ERMANs und sein Hauptforschungsschwerpunkt ist ganz dezidiert die Geschichte der hieratischen Schrift, noch präziser gesagt der Buchschrift. Denn die extreme Kursive wollte er sich einer eigenständigen Abhandlung vorbehalten, wozu er leider nicht mehr gekommen ist. Dieses sein Wissenschaftsprofil, wie man heute zu sagen pflegt, deutet bereits an, dass MÖLLER an einer Gesamtdarstellung dieser Kursive gelegen war. Konkret hat er die Zeitspanne „von der Fünften Dynastie bis zur Römischen Kaiserzeit" im Blick, und damit erweitert er den Untersuchungshorizont ganz erheblich über denjenigen von ERMAN aus dem Jahre 1890. ERMAN hatte sich ja noch auf die Zeitspanne von der späten 12. bis hin zur 22. Dyn., also von ca. dem frühen 18. bis hinunter zum 9. Jh., beschränkt.

---

[30] C. JAKOBI-MIRWALD, *Das mittelalterliche Buch*, 43.
[31] Wie trügerisch die Datierung z.B. von *In*schriften auf anderen als portablen Schriftträgern sich erwiesen hat, wenn es darum geht, ganze Kulturphasen auseinander zu dividieren, zeigt K. SCHIPPMANN, *Geschichte der alt-südarabischen Reiche* (1998), 36f. Auf die grundsätzliche Fragwürdigkeit paläographischer Datierung von *Hand*schriften werden wir spätestens im Rahmen des ramessidischen und des saitischen Hieratisch zu sprechen kommen müssen.
[32] M.L. BIERBRIER (Hg.), *Who Was Who in Egyptology* (2012), 378f. – Eine Würdigung seiner Leistungen auf dem Gebiet der Hieratistik hat erst kürzlich VERHOEVEN in ihrem Berliner Akademie-Vortrag von 2015 vorgenommen unter dem Titel „Georg Möller (1876-1921) und die Erforschung der hieratischen Schrift heute".

MÖLLER legt nun in den Jahren 1909-12 im Leipziger J.C. Hinrichs Verlag eine dreibändige *Hieratische Paläographie* vor, die bis heute *das* Standardwerk zu dieser Kursive darstellt und noch immer im akademischen Unterricht eine zentrale Rolle spielt.[33] Nebenbei: MÖLLER ist sich nicht zu schade, LEVIs *Raccolta di segni ieratici* von 1880 dem Anfänger zu empfehlen, denn dazu sei dieses „anspruchslose Schriftchen", wie er es im Vorwort seines 1. Bandes zu nennen beliebt, durchaus geeignet.

Nun, trotz der inzwischen erheblich angewachsenen Materialfülle und vieler Detail- wie auch systematischer Studien zu einzelnen Phänomenen[34] bleibt MÖLLERs Paläographie nicht ersetzt. Sie ist auch deshalb nicht so ohne Weiteres zu ersetzen, weil eine komplette Neuausgabe den Rekurs auf die Originale in jedem Einzelfalle nach Möglichkeit erfordern würde.[35]

Zwischen ERMANs Westcar-Edition von 1890 und dem 1. Band seiner Paläographie 1909 kommt die ägyptologische Editionsarbeit entsprechender Quellen durchaus nicht zum Erliegen und ist dies bis heute nicht, trotz einiger theorielastiger Unkenrufe. Ganz im Gegenteil, das Jahr 1898 ist durch eine weitere editorische Sensation auf dem Gebiet der Hieratistik geprägt.

Autor ist diesmal ein britischer Ägyptologe namens GRIFFITH (1862-1934).[36] Dieser Forscher gehört wie CHAMPOLLION zu den wahren Giganten unseres Faches, denn ihm war es u.a. vergönnt, gleich zwei komplett verschiedene Schriften bzw. Schriftarten zu entziffern, genau genommen sogar deren drei.[37] Angefangen hat er mit der Lesbarmachung extrem kursiv geschriebener Alltagsdo-

---

[33] Diese Einschätzung dürfte mit fortschreitender Arbeit des Mainzer Akademieprojektes *Altägyptische Kursivschriften* (AKU) zumindest relativiert werden können; s. einstweilen http://www.adwmainz.de/projekte/altaegyptische-kursivschriften/beschreibung.html (Zugriff 15.11.2016). An der Pionierleistung MÖLLERs auf dem Gebiet der Hieratistik wird sich auch langfristig kaum rütteln lassen.

[34] POSENER erwähnt immerhin einige bis 1972 erschienene in seinem Aufsatz „L'écriture hiératique", in: *Textes et Langages* [1], (1972), 28 mit Anm. 3. Die Liste ließe sich mühelos erweitern.

[35] Digitalisate vermögen diese Arbeit nicht zu kompensieren und wer das behauptet, hat nie an Originalhandschriften gearbeitet, sie allenfalls verwaltet und in online-Datenbanken gepostet.

[36] M.L. BIERBRIER (Hg.), *Who Was Who in Egyptology* (2012), 227f.

[37] Neben den sogleich zu erwähnenden MR-Papyri aus Illahun ist das zum einen seine Entzifferung und Benennung des sog. *abnormal hieratic* der 25. und 26. Dyn. sowie diejenigen der auf dem Demotischen basierenden meroitischen Kursive; Nachweise im M.L. BIERBRIER (Hg.), *Who Was Who in Egyptology*. Zum Abnorm- oder Kursiv-Hieratischen s. hier Kap.19.

kumente aus der Pyramidenstadt Sesostris' II. im fayumischen Illahun *alias* Kahun im Jahre 1898.[38] Dort, in Illahun, hatte FLINDERS PETRIE (1853-1942)[39] in den Jahren 1889-1890 und im selben Jahr 1898 wie GRIFFITHs Edition an diversen Orten in und außerhalb der Siedlung Papyruskonvolute und einzelne Papyri aus der 12.-13. Dyn. entdeckt. Abgesehen von den leichter lesbaren literarischen Handschriften aus diesem Ort haben es die Urkunden wie Briefe, Tempeltagebücher und Abrechnungen aller Art paläographisch wirklich in sich.

GRIFFITH bringt nun die zur Entzifferung nötige Begabung mit und legt 1898 seinen Band *The Petrie Papyri. Hieratic Papyri from Kahun and Gurob* vor. Die Geschichte des musealen Verbleibs dieser Handschriften ist recht kompliziert und soll hier nicht im Detail referiert werden.[40] Daneben hat auch ein junger deutscher Ägyptologe sich um die Entzifferung eines Teils der nach Berlin gelangten Illahun-Papyri sehr verdient gemacht. Das war der eigentlich als Architekt ausgebildete BORCHARDT (1863-1938),[41] der in mehreren Aufsätzen in der Leipziger *ZÄS* seine Transkriptionen und Interpretationen vorlegte.[42]

Diese Illahun-Papyri und die zwischen 1890 und 1909 edierten Berliner Papyri[43] literarischen, religiösen wie administrativen Inhalts ergänzen MÖLLERs Materialbasis ganz entscheidend und erweitern seinen chronologischen Skopus zurück in die 5. Dyn. und nach vorne mindestens in die 26. Dyn. Dazu gesellen sich chronologisch bereits solche CHAMPOLLION und LEPSIUS bekannten und

---

[38] Welche Namensform ein *misnomer* ist und auf PETRIE zurückgeht; s.u. Kap. 12.
[39] M.L. BIERBRIER (Hg.), *Who Was Who in Egyptology* (2012), 428-430; s.a. M.S. DROWER, *Flinders Petrie. A Life in Archaeology* (1985), dort spez. zu den Grabungen in Illahun Kap. VI, pass.; S. QUIRKE, *Lahun. A town in Egypt 1800 BC, and the history of its landscape* (2005); T. BAGH, *Finds from W.M.F. Petrie's Excavations in Egypt in the Ny Carlsberg Glyptotek* (2011), 147-150.
[40] Zur genaueren Herkunftsbestimmung der einzelnen *lots* s. die minutiösen Recherchen von C. GALLORINI, „A reconstruction of Petrie's excavation at the Middle Kingdom settlement of Kahun", in: S. QUIRKE (Hg.), *Lahun Studies* (1998), 42-59, und M. COLLIER, „Lots I and II from Lahun", in: D.P. SILVERMAN u.a. (eds.), *Archaism and Innovation: the Culture of Middle Kingdom Egypt* (2009), 205-59; dort ist a. die weitere Lit. zu finden.
[41] M.L. BIERBRIER (Hg.), *Who Was Who in Egyptology* (2012), 68f., und jetzt die umfassende Studie zur Geschichte des Deutschen Archäologischen Instituts. Abt. Kairo durch S. VOSS-KERN, *Die Geschichte der Abteilung Kairo des DAI im Spannungsfeld deutscher politischer Interessen* Band 1 (= *Menschen - Kulturen - Traditionen.* Bd. 8) (2013). Darin spielt BORCHARDT eine so fulminante Rolle, dass Seitenverweise im Einzelnen sich erübrigen.
[42] Nachweise im Registerband zu den Heften 1-88 in Band 89 der *ZÄS* (1964), 4 Nr. 4; 5 Nr. 35.
[43] *Hieratische Papyrus Berlin I-V* (1901-1909).

u.a. von Letzterem edierten Texte wie z.B. Spätzeit-Totenbücher und Ritualtexte.

Die Ausgangslage ist für MÖLLER also recht vielversprechend und so legt er in
nur drei aufeinanderfolgenden Jahren sein Handbuch zur Hieratischen Paläographie vor. Alles daran ist buchstäblich handgemacht, von der Beschreibung
der Quellen bis hin zur letzten Schrifttafel. Zahlreiche der damals noch leer be-
lassenen Quadrate wären heute mühelos zu füllen, wenn nicht gar sämtliche.

Etwas allerdings macht diese Paläographie für Anfänger nicht gerade leicht be-
nutzbar, und das ist ihre streng nach Sachkategorien angeordnete Zeichenliste,
die auf einem 1875 kreierten Font von Hieroglyphen beruht. Dieser Font wird
nach seinem Designer THEINHARDT (1820-1909)[44] benannt und wurde über
viele Jahrzehnte in deutschsprachigen ägyptologischen Publikationen, allen voran in der Leipziger *ZÄS*, verwendet. Eine solche Sortierung der Hieroglyphen
nach Sachgruppen macht die Orientierung in einem zu entziffernden und *a priori* unbekannten hieratischen Text und v.a. dessen Entzifferung nicht eben
leichter. Warum dies? Weil die Erfahrung mit der Arbeit an hieratischen Texten
sehr schnell lehrt, dass man seine ungelesenen Zeichen oder Ligaturen nach dem
Prinzip der Analogie oder Ähnlichkeit in den Griff zu bekommen versucht. Deshalb wäre eine Auflistung der Zeichenformen nach dem Kriterium ihrer graphischen Ähnlichkeit und die daraus resultierende Reihung der Hieratogramme erheblich sinnvoller. Eine moderne und auch an didaktischen Aspekten interes-
sierte Paläographie sollte folglich so verfahren und nicht mehr wie MÖLLER.

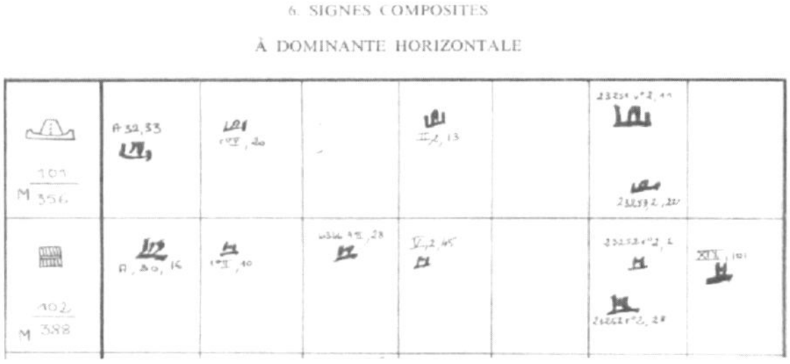

Abb. 8: Zeichenanordnung nach dem Prinzip der Similarität[45]

---

[44] „Um 1880 entwarf der deutsche Typograf THEINHARDT (1820–1909) für die Publikationen
der Königlich-Preußischen Akademie der Wissenschaften zu Berlin vier Schnitte einer Se-
rifenlosen unter dem Namen *Royal Grotesk*"; Zitat nach https://de.wikipedia.org/wiki/Akzi-
denz-Grotesk (Zugriff 16.11.2016).
[45] Ausschnitt aus der Paläographie von A. GASSE, *Données nouvelles*, I, Pl. XVI.

Tatsächlich gibt es eine auf diesem Prinzip der fortschreitenden und abnehmenden Ähnlichkeit von Zeichen basierende Corpus-Paläographie inzwischen. Vorgelegt hat sie 1988 GASSE als Appendix zu ihrer Edition von Urkunden in extremer Kursive aus der postramessidischen Verwaltung des Amun-Tempels von Karnak.[46] Die Zeichen und ihre Ligaturen sind also z.B. nach dominanten graphischen Eigenschaften, nach ihrem Kompositcharakter sowie ihrer horizontalen oder vertikalen Ausrichtung angeordnet. Dabei gehören sie nach der alten THEINHARDT- oder auch nach der heute noch vielfach verbindlichen Gardiner *sign-list* keinen Sachgruppen an, sondern stammen aus völlig unterschiedlichen Kategorien. Man sucht eben beim Entziffern und Lesen hieratischer Texte im Zweifelsfalle nicht nach modernen Kategorien, sondern nach Similaritäten, Dissimilaritäten und Diakritika der Hieratogramme. Aber das ist erst der Anfang für eine völlig neu zu kreierende Hieratische Paläographie. Wir werden uns vorerst weiterhin mit den MÖLLER-Bänden und ggf. mit Spezial- bzw. Corpuspaläographien auseinandersetzen müssen.

---

[46] Unter dem – an Usancen des 19. Jh. gemahnenden – Titel *Données nouvelles administratives et sacerdotales sur l'organisation du domaine d'Amon XX<sup>E</sup>-XXI<sup>E</sup> dynasties à la lumière des papyrus Prachov, Reinhardt et Grundbuch (avec éditio princeps des papyrus Louvre AF 6345 et 6346 – 7) I Traductions – Commentaire – Transcriptions*(1988), Pl. I-XXVI.

# 4.    Abriss der hieratischen Schriftgeschichte – Dyn. 0 – 2 und 3 – 4

Im ersten Kapitel haben wir bereits kurz die Probleme erwähnt, ab wann innerhalb der ägyptischen Frühzeit der Beginn des eigentlichen Hieratischen verorten kann. Es ist natürlich grundsätzlich denkbar, dass die Schrifteinführung über monumentale Hieroglyphen verlaufen ist. Dann hätte die ägyptische Schrift zunächst – es fragt sich für wie lange – ausschließlich *decorums*- oder repräsentativen Zwecken gedient und wäre erst sekundär auch zur Notierung von eher wirtschaftlichen Transaktionen und zur Markierung von Gütern verwendet worden.

Kurzum, das Problem der Datierung des ersten Aufkommens einer von den ikonischen oder Monumental-Hieroglyphen abgekürzten Kursive besteht nach wie vor. Ich denke aber, dass der erst kürzlich vorgelegte Vorschlag von REGULSKI unter dem Titel „The Beginning of Hieratic Writing in Egypt" uns in dieser Hinsicht bei der Lösung der anstehenden Frage sehr hilfreich sein kann.[1] Zudem hat sie eine repräsentative Materialzusammenstellung vorgelegt, indem sie die relevanten Quellen bereits unter dem Grad ihrer Abbreviaturen und zunehmender Kursivierung auswertet. Dabei gelangt sie zu dem Ergebnis, dass wir mit einigem Recht von vollwertigem „Hieratisch" erst ab der 2. Dyn. sprechen können.

## I.    Beschriftete Warenzettel aus Abydos – Die sog. *tags* etc.

Das von DREYER in Umm el-Qa'ab bei Abydos entdeckte Grab U-j aus der Zeit Naqada IIIA1 (ca. 3250) hat zwar auch kursive Tintenaufschriften auf Gefäßen zutage gefördert,

---

[1] „The beginning of hieratic writing in Egypt", in: *SAK* 38 (2009), 259-274. S.a. ihren Beitrag „Scribes in Early Dynastic Egypt", in: E.-M. ENGEL *et al.* (Hgg.), *Zeichen aus dem Sand. Streiflichter aus Ägyptens Geschichte zu Ehren von Günter Dreyer* (2008), 581-611, mit zahlreichen Faksimiles kursiver Aufschriften.

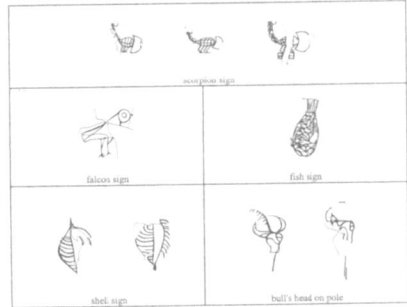

Abb. 1: Tintentexte aus Grab U-j in Abydos[2]

allerdings weisen diese folgende Kriterien auf:

1.      Die Zeichen sind reich an Details, besonders an Innenzeichnung;

2.      Sie sind sehr groß gehalten, und

3.      in einer anderen Schreibtechnik notiert, nämlich mit extrem trockener Tinte und sie vermitteln einen holzkohlenartigen Eindruck. Zudem scheinen sie vom Schreibuntergrund nicht vollkommen absorbiert worden zu sein, wie das bei echt-hieratischen Tintentexten in der Regel der Fall ist;

4.      Sie weisen noch kein „developed system of phonetic writing" (REGULSKI, *loc. cit.*, S. 261) auf wie auf den hieroglyphischen Knochentäfelchen aus demselben Grab.

Abb. 2: *Tags* aus Grab U-j[3]

Ein „phonetic writing" im Ansatz zeigen dagegen die im gleichen Grab zutage getretenen *tags*. *Tags* sind kleine Anhänger aus Horn oder Knochen mit einem

---

[2] Nach: I. REGULSKI, in: *SAK* 38 (2009), 269 Fig. 1.

[3] G. DREYER, „Frühe Schriftzeugnisse", in: id. – D. POLZ (Hgg.), *Begegnung mit der Vergangenheit. 100 Jahre Ägypten. Deutsches Archäologisches Institut Kairo 1907-2007* (2007), 211-217; dort: 213 Abb. 298b-c. – Eine wohltuend ausgewogene und überfällig-kritische Diskussion insbesondere des zur Überinterpretation verleitenden Materials aus Grab U-j liefert A. STAUDER, „The Earliest Egyptian Writing", in: C. WOODS (Hg.), *Visible Language. Inventions of Writing in the Ancient Middle East and Beyond* (2010), 137-147. Dabei wird auch die Frühgeschichte des Hieratischen mit seinen elaborierten Tintenaufschriften mehr als nur gestreift.

Loch zur Applikation an einen Behälter. Sie wurden in Serie als mehrfach un-
terteilte Platten hergestellt und anschließend in die einzelnen *tags* zerbrochen.[4]
An der bisweilen von einem solchen *tag* auf das nächste übergreifenden Inschrift kann man diesen Herstellungsprozess noch ablesen. Wahrscheinlich
fand dies vor Ort, d.h. nahe desjenigen Grabes statt, in das sie final gelangen
sollten. Diese Anhänger wurden an Behältnisse gefügt und bezeichnen entweder deren Inhalt, Herkunfts- oder Zielort. In der Abbildung sind vier Beispiele
ausgewählt, die vielleicht sogar sicher gelesen werden können. Das linke Stück
notiert nach rechts und links blickend die gleiche Kollokation zweier hieroglyphischer Zeichen, nämlich den Jabiru-Storch (*Ephippiorhynchus senegalensis*;
G29), zu lesen *b3* und daneben jeweils einen Thronsitz, zu lesen *s.t* (= Q1).
Zusammengenommen ergibt das die Lesung *B3s.t*. Nun ist das sicher nicht die
Göttin Bastet, sondern nach Ausweis anderer *tags* wie dem rechts daneben stehenden ein Toponym. Als solcher Ortsname kommt aber nur der im Ostdelta
beim heutigen Zagazig gelegene uralte Ort (Bu)bastis in Betracht. Wir hätten
also eine Ortsangabe mit zwei zweikonsonantigen Zeichen notiert als Aufschrift und wahrscheinlich Herkunftsangabe. Schließlich ist der Anhänger im
Grab U-j in Umm el-Qa'ab bei Abydos gefunden worden, und nicht in Bubastis
selbst.

Nach dem gleichen Leseprinzip könnten auch die beiden *tags* daneben gedeutet
werden. Der linke trägt eine Ritzinschrift aus drei Zeichen, von rechts nach
links einer Kobra oberhalb eines Gebirges oder Berges, das linke davon erinnert
an eine Hieroglyphe für „Blitz-am-Himmel", die auch den Nachthimmel bezeichnen kann. Gehen wir von den für diese Zeichen bekannten Lautwerten
aus, dann ergäbe sich mit Dreyer eine Lesung und Interpretation als *dw-grḥ* –
„Berg-der-Finsternis/Nacht", welch konkreter Berg auch immer das sein mag.

Der rechte Anhänger in der Abbildung schreibt unterhalb des Loches einen
Berg (= N26) und links daneben einen Vogel. Um welchen es sich handelt, wird
klar, wenn man seinen Schopf in Betracht zieht. Das kann nur der spätere
Schopfibis (*Ibis comata*; G25) sein, der gewöhnlich *3ḫ* zu lesen ist. Zusammen
mit dem Berg davor, den wir als *dw* ansetzen, ergibt das ein Toponym namens
*dw-3ḫ*, was allerdings kaum „Nützlicher-Berg" o.ä. bedeuten wird. Wahrscheinlicher ist die Lesung *i3ḫ* für den Schopfibis und dann sind wir bei der

---

[4] G. Dreyer u.a., *Umm el Qaab I* (1998), 137.

Wurzel *i3ḫ* und die bedeutet „strahlen; leuchten". Mithin hätten wir einen Ortsnamen gewonnen, der soviel wie „Leuchtender-Berg" bedeutet, das wäre dann
am wahrscheinlichsten das Ostgebirge mit der Sonne bei ihrem Aufgang. Genau so wird sie nämlich in späteren Hymnen z.B. gewöhnlich als *i3ḫ* – „leuchtend; strahlend" bezeichnet. Es könnte sich also um eine im Osten des Niltals
gelegene Region oder einen entsprechend benannten Ort handeln.

Dieses Notationssystem ist klärlich ein phonetisches, die einzelnen Zeichen stehen nicht (mehr) für die mit ihnen geritzten oder „geschriebenen" Gegenstände,
sondern von deren Namen sind bereits phonetische oder Lautwerte abstrahiert.
Und diese abstrahierten Lautwerte werden nun zur Notation davon unabhängi-
ger Namen oder Wörter herangezogen, mithin als vollwertige Phonogramme.

Abb. 3: Tintenaufschrift aus U-j[5]

Auf zahlreichen Importgefäßen aus der südlichen Levante mit Wein als Inhalt
finden sich Tintenaufschriften wie diese. Darunter begegnen bereits Zei-
chenkombinationen wie „Skorpion + Baum", „Skorpion + bewässerte Parzelle" oder „Fisch + Baum; Pflanze". Wie diese Kombinationen zu „lesen" sind, ist Gegenstand anhaltender Diskussion und kann hier nicht *en détail*
erörtert werden. Eines aber gemahnt unbedingt zur Vorsicht, und das ist abgesehen von übereilten Entzifferungen die Annahme, bei Tintenaufschriften
müsse es sich in jedem Falle automatisch um kursive im Sinne von hieratischen
Aufschriften handeln. Hatte nicht schon CHAMPOLLION in seinem *Précis du
système hiéroglyphique* von 1824 daran erinnert, dass Hieratisch aus Abbreviaturen und Vereinfachungen ikonischer Hieroglyphen bzw. *hiéroglyphes purs*
bestünde und in keinem Falle zur Niederschrift von reinen Logogrammen gedient habe? Nun, die Aufschrift auf dem Gefäß dieser Abbildung mutet zunächst „hieratisch" an.

---

[5] G. DREYER, in: id. – D. POLZ (Hgg.), *Begegnungen*, 211 Abb. 299.

Abb. 4: Umzeichnungen von Skorpionzeichen auf Krügen[6]

Schauen wir uns weitere Aufschriften auf solchen Gefäßen jedoch genauer an, dann stellen wir zumindest bei den Tieren einen enormen Detailreichtum fest, der nicht so recht zu einer simplifizierenden und abkürzenden Kursive passen will. Das sind immer noch rein ikonische Hieroglyphen, deren kursiver Anflug einzig dem Schreibgerät und der etwas amorphen, weil gewölbten, Schreibunterlage geschuldet ist. Das Schreibzeug war sicherlich eine Binse und kein Griffel. Aus diesem Grunde allein kann es aber nicht schon als Hieratisch klassifiziert werden.

Das Grab U-j gehörte einem König namens „Skorpion", der momentan als Nr. I solchen Namens gezählt wird.

Abb. 5: Tintenaufschrift aus der Zt. des Königs Skorpion II aus Tarchan[7]

Schreiten wir nun etwas weiter in der Zeit voran. Aus Tarchan im Fayum stammt eine Aufschrift des Namens eines weiteren Königs „Skorpion", wahrscheinlich aus Dyn. Null. Chronologisch wird er auf ca. 3000 angesetzt.[8] Laut GOEDICKES *Old Hieratic Paleography* handele es sich dabei um die „oldest datable hieratic inscription".[9] Unter Zugrundelegung unserer Kriterien Abbreviatur & Simplifikation bei gleichzeitig vermiedener detaillierter Innenzeichnung trifft diese Klassifizierung als „älteste datierbare hieratische Inschrift" allerdings sicher nicht zu.

---

[6] G. DREYER, in: id. – D. POLZ (Hgg.), *Begegnungen*, 212 Abb. 297a+c.
[7] H. GOEDICKE, *Old Hieratic Paleography* (1988), XIV; A. SCHLOTT, *Schrift und Schreiber im Alten Ägypten* (1989), S. 115.
[8] Es werden ja bekanntlich zwei „Skorpion"-Könige vor der 1. Dyn. gezählt.
[9] *Op. cit.*, XIV.

Aus der folgenden 1. Dyn. sind ebenfalls eine Reihe von Tintenaufschriften auf Keramik, Lehmziegelmauern und Steingefäßen bezeugt, so aus Saqqara und erneut Umm el-Qa'ab bei Abydos. Gegen Ende der 1. Dyn. werden solche Aufschriften verstärkt auf Steingefäße appliziert. Ca. 4000 von ihnen wurden in den subterranen Galerien VI und VII der Djoser-Pyramide aus der 3. Dyn. gefunden, wovon allerdings nur wenige Exemplare beschriftet sind. Beschriftete Keramikgefäße aus der 2. Dyn. gibt es nicht, sie tauchen erst wieder unter Djoser in der 3. Dyn. auf. Besonders die Gefäße aus der 2. Dyn., die in der Anlage von Djoser gefunden wurden, sind hier von Interesse. Sie nennen nämlich Beamte beim Namen, Provenienzen oder Zielorte sowie Auflistungen von Produkten wie z.B. Brot und Bier. Was sie aber noch nicht enthalten, sind grammatische Elemente wie Genitive oder die Präposition *n*- „für; zugunsten von". Eine große Gruppe von ca. 1000 Gefäßen steht im Zusammenhang mit dem Sedfest des Königs und konstituiert als solche die größte Gruppe von sehr früher Kursivschrift.

Abb. 6: Dipinti aus Djoser-Galerien[10]

Solche Dipinti sind u.a. nach dem Schema des Palermo-Steines in annalistischer Manier angelegt. Sie benennen ein Regierungsjahr nach bestimmten Ereignissen, in diesem Fall vielleicht nach der Eroberung eines Landes *Št.t*, determiniert mit dem Fremdland- oder Wüstenzeichen (re.) oder nach der üblichen Rinderzählung *ṯnw.t iḥ.w zp-17* (li.), hier also dem „17. Mal der Rinderzählung".

Allgemein lässt sich eine zunehmende Kursivierung solcher Aufschriften beobachten von Naqada III (ca. 3200-3000) bis hin zur 2. Dyn (ca. 2850-2740). Zum „style of writing" von Tintenaufschriften aus Naqada IIIB und der 1. Dyn.

---

[10] P. Lacau – J.-P. Lauer, *La pyramide à degrés. Tome V. Inscriptions à l'encre sur les vases* (1965), 88f.

vermerkt REGULSKI Folgendes: Da sie durchweg nur gemalte Versionen von ikonischen Hieroglyphen sind, sollten wir diesen Schreibstil zwar durchaus eine „Kursive" nennen, von echtem Hieratisch sei dabei aber noch nichts zu beobachten. Das könnten wir erst ab der 2. Dyn., weil ab diesem Zeitraum die Abbreviaturen der Zeichen deutlich zunehmen.

Abb. 7: Ausschnitt aus Zeichentabelle bei Regulski, Fig. 7[11]

Dabei konzentrieren sich die Schreiber nunmehr auf die wesentlichen visuellen Charakteristika der jeweiligen Zeichen (REGULSKI, *loc. cit.*, 265). Was es noch nicht gibt, sind Diakritika. Ein Diakritikon ist ein differenzierendes und zusätzliches Element, das zwei einander ähnliche Zeichen voneinander unterscheidet. Die Schriftträger der 2. Dyn. sind ganz überwiegend Hartsteingefäße, in der 1. Dyn. waren die beschrifteten Gefäße ja noch aus Keramik. Auf deren Innenseiten sind in lesbarer Position die Tintenaufschriften notiert. Sie liefern Angaben zu Provenienz oder Zielort, Eigentümer oder Absender und sie nennen die Inhalte, wieder Brot und Bier, auch wenn dies auf Tellern wenig sinnvoll erscheint. Typologisch gehören diese Gefäße zu Schüsseln und eben zu Tellern und ihre Funktion steht wieder in Zusammenhang mit dem Sedfest des Königs. Unter Djoser tauchen wie erwähnt Keramikgefäße erneut auf, die aber auf der Außenseite beschriftet werden und deren Notizen einen höheren Grad an Kursivität aufweisen als die auf der Innenseite beschrifteten Steingefäße.

Zusammenfassend lässt sich über den genannten Zeitraum eine zunehmende Abbreviation und Vereinfachung der mit Tinte notierten Schriftzeichen beobachten, die sich ab der 2. Dyn. typologisch am ehesten mit dem aus der Folgezeit bekannten Hieratisch verbinden lässt, nicht aber mit den eingangs gezeigten Tintenzeichen auf Gefäßen aus Grab U-j in der Zeit Naqada IIIA1 um 3250.

---

[11] In: *SAK* 38 (2009), 274.

## II.     Gefäßaufschriften aus Elephantine

Chr. Kap. 4

Abb. 8: Links: Ib – Mitte: Ia – Rechts: II
Archaisch-hieratische Gefäßaufschriften aus der 3. Dynastie[12]

Bis hierhin haben wir, ohne es ausdrücklich schon zu bemerken, nur von sehr kurzen Aufschriften in Tinte gesprochen, die keinerlei kohärenten Text von mindestens dem Umfang eines in sich kontingenten Satzes gebildet hätten. Sie bestehen allenfalls aus nominal stilisierten „Schlagzeilen" oder „Überschriften". Anders verhält es sich dagegen mit diesen drei archaisch-hieratischen Gefäßaufschriften auf zwei Bierkrügen aus Elephantine, die bei den DAI-Grabungen in der Nähe von Schichten aus der späten 3. Dyn. nördlich der dortigen Stufenpyramide entdeckt wurden. Aufgrund von gleichfalls nahebei entdeckten Siegelabrollungen aus der Zeit des Sanacht (Ende 3. Dyn.) dürfte ihre Datierung in etwa diese Zeitspanne relativ sicher sein.

Schauen wir uns zunächst eine Übersetzung an, bei der ich mich im Wesentlichen auf die vorsichtigere von KAHL *et al.* publizierte stütze. Gefäß Ia notiert in seiner Aufschrift etwa Folgendes:

Z. 1     „Horusgeleit, Bauen (in) Stein […]

Z. 2     Erhalten: […] (vom) Vorsteher der Gerste und des Rindviehs […]."[13]

---

[12] G. DREYER, „Drei archaisch-hieratische Gefäßaufschriften mit Jahresnamen aus Elephantine", in: id. – J. OSING (Hgg.), *Form und Maß. Festschrift für Gerhard Fecht* (1987), 98-109 + Taf. 2 u. 3; von J. KAHL *et al.*, *Inschriften der 3. Dynastie. Eine Bestandsaufnahme* (1995), 168-171, in der Kategorie „Nicht näher datierbare Inschriften" aufgenommen. Zur Bedeutung dieser Topfaufschriften für die Frage nach datierten Inschriften, u.a. zu Viehzählungen und deren Turnus, aus dem AR insgesamt s. A. SPALINGER, „Dated Texts from the Old Kingdom", in: *SAK* 21 (1994), 275-319; dort: 277f.

[13] J. KAHL *et al.*, *op. cit.*, 169.

Zugegeben, das ist kein Text im Sinne eines „Geflechtes" aus deklinierten und konjugierten Wortformen. Vielmehr haben wir es hier mit genitivisch aneinandergefügten Notizen, eher in der Diktion eines Tagebuches oder von Annaleninschriften, zu tun. Der Aufbau dieser Einträge mit der Eröffnung durch die die gesamte Notiz am rechten Rand rahmende *rnp.t*-Hieroglyphe entspricht nämlich gänzlich dem des berühmten Palermo-Steines.[14]

Die Aufschrift Ib auf Gefäß I ist nicht wesentlich anders strukturiert. Sie lautet mit KAHL *et al*.:

> Z. 1 „Jahr: Horusgeleit. 11. Mal der Schätzung der Schafhürde von Heliopolis.
> Z. 2 […] an Getreide: 26 Scheffel … […]."[15]

Auf Gefäß II finden sich folgende Aufschriften in vier senkrechten Kolumnen:

> Z. 1    „Jahr des Erscheinens des Königs von Oberägypten, Erscheinen des Königs von Unterägypten, 3. Mals des Bekämpfens der Räuber, der Schä[digung ?] der Großen des *ḥts*-Szepters + *ꜣ.t(=i)-Nb.tj*.
> Z. 2 (An den) Hofmeister (des Lagers) „Die Zerstampfer der Länder": 30 …Scheffel
> Z. 3 (An den) Kapitän *Ḥnnj*: ꜥbꜥšꜣ:-Getreideprodukt […] … 17 …
> Z. 4 Wüste, die das Gold hervorbringt / *Ir-nbw*(?)[16]

Wie man sieht, ist die Übersetzung insbesondere dieser Aufschrift alles andere als einfach und gesichert. Aber das gilt in gleichem Maße eigentlich auch für diejenige(n) von Gefäß Nr. 1.

Lassen wir die Probleme ihres Verständnisses im Detail einmal außen vor, dann bleibt immerhin soviel gewiss: Es handelt sich in keinem Falle um Decorumstexte, sondern um administrative bzw. genauer gesagt um annalistische Notizen. Diese sind nach Regierungsjahren datiert, in einem Falle (Gefäß Nr. 2, Z. 1) wird sogar eine – nach DREYER – ansonsten unbekannte Königin namens Djefati-nebti genannt. Datiert wird nach dem x.ten Mal des Horusgeleits bzw. der Schätzung einer Schafhürde und von Rindvieh, wie das bis zum Ende des AR noch Usus bleiben sollte.[17]

---

[14] Erstpublikation H. SCHÄFER, *Ein Bruchstück altägyptischer Annalen* (1902); D.B. REDFORD, *Pharaonic King-Lists, Annals and Day-Books* (1986), 87-90 *et pass*.
[15] J. KAHL *et al*., *op. cit.*, 169.
[16] J. KAHL *et al*., *op. cit.*, 171.
[17] Dazu J. V. BECKERATH, *Chronologie des pharaonischen Ägypten* (1997), 10f.

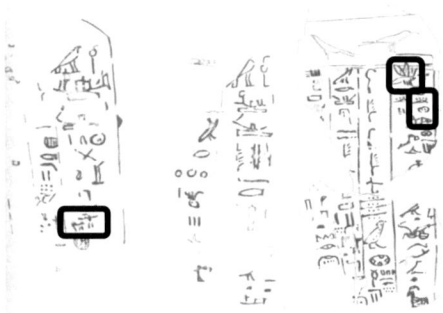

Abb. 9: Hieratogramme auf Gefäß Nr. I(li.) und II (re.)

Zum Schriftduktus der Tintenaufschriften. Was daran könnte schon als Hieratisch klassifiziert werden und was ist – noch – kursivhieroglyphisch? Legen wir
dabei die schon bemühten Kriterien Abbreviatur und Simplifizierung, ggf. gar
Ligaturierung, einzelner Zeichen an, dann ergibt sich folgendes Bild:

Auf Gefäß II geht das Schilfblatt ⟨ /j/ noch am ehesten eine echte Kursivform
ein, die /m/-Eule links oben davon ist eine kursivhieroglyphische Variante zur
vollen Form. In Inschrift Ib links hiervon ist der Widder am unteren Ende der
1. Kol. recht hieratisch geschrieben.

Die Strichelung des /j/-Schilfblattes könnte mit epigraphischen und paläographischen Beobachtungen FISCHERS verknüpft werden, wie er sie in einem Aufsatz von 1976 angestellt hat.[18] Dieses Kriterium findet sich um Einiges öfter
auf Gefäß II, besonders deutlich in dessen Kol. 2. Darüber hinaus sind die Zeichenformen von /f/-Schlange und /3/-Vogel in Kol. 1 schon so weit kursiv, dass
man hier nicht mehr von Kursivhieroglyphen reden kann. Insgesamt ist das
Schriftbild unter dem Aspekt seiner Abkürzungen und Kursivierungen aber
recht uneinheitlich und man erkennt, dass wir uns mit diesen beiden Gefäßen
noch in der Übergangsphase zu echtem Hieratisch bewegen. Es sei auch nicht
vergessen, dass diese Töpfe aus der tiefsten damaligen Provinz, eben Elephantine, und nicht aus der Residenz um Memphis-Saqqara stammen. Ich betone
das, weil wir beim Elephantine-Hieratisch der 12. Dyn. noch sehen werden, wie
lange man dort mit andernorts längst obsoletem Hieratisch verfahren ist, im
Unterschied zur Residenz der 12. Dyn., wo man bereits erheblich kursiver

---

[18] „Archaeological Aspects of Epigraphy and Palaeography", in: R.A. CAMINOS – id. (Hgg.),
*Ancient Egyptian Epigraphy and Palaeography* (1976), 29-50; dort: 42f. Anm. 52: „The use
of marginal stippling does appear in archaic ink inscriptions, …, and these might be considered the earliest form of hieratic."

schrieb. Auch das Wachtelküken auf Gefäß II, links oberhalb von /f/ und /ȝ/, ist kursivhieroglyphisch, aber nicht wirklich kursiv notiert.

Ein Zeichen verdient besondere Beachtung, wenn so korrekt von KAHL *et al.*[19]

transkribiert: ![Zeichen], von den Autoren durch ![Zeichen] transkribiert. Der Appendix an der Stirn ist nicht etwa eine Haarlocke o.ä., sondern dürfte am ehesten einen Blutstrom darstellen, wie wir ihn auf den Ostraka aus der AR-Nekropole von Helwan in Kap. 5 und auf den sog. Ächtungstäfelchen vom AR bis mindestens zum NR antreffen werden. Als solcher wurde dieser Appendix gerne in (blut)roter Tinte wiedergegeben, im Unterschied zum restlichen Schwarz des Zeichens. Da es sich nach der vorgeschlagenen Übersetzung von KAHL *et al.* um die „der Schä[digung ?] der Großen des *ḥts*-Szepters+*fȝ.t*(=*i*)-*Nb.tj*" handelt, könnte hier auf den gewaltsamen Tod der betreffenden Person hingewiesen werden, der im genannten (Annalen)jahr stattgefunden hat.

Die erwähnten archäologischen Schichten aus der Zeit des Sanacht haben aber noch einen weiteren für die Geschichte der Beschriftung von Papyri in der 3. Dyn. aufschlußreichen Fund erbracht.

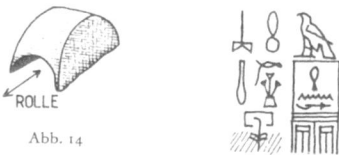

Abb. 10: Siegel auf Papyrus[20]

SEIDLMAYER hat ganz in der Nähe der Fundstelle der soeben behandelten und gleichfalls von ihm entdeckten Topfaufschriften ein Siegel gefunden, an dem noch Fasern des mit ihm versiegelten Papyrus klebten. Als Halbzylinder war das Siegel auf der Rolle appliziert, genauso wie die Hieroglyphe der Buchrolle ohne Verschnürung ![Zeichen] (Y2) dies in Seitenansicht zeigt. Das hier gegebene Beispiel datiert nur unwesentlich später als das Elephantine-Siegel, nämlich aus der Zeit Snofrus und findet sich im Grab des Metjen, das heute im Äg. Museum Berlin aufbewahrt wird.

---

[19] *Op. cit.*, 170 Z. (a) Ende.
[20] S.J. SEIDLMAYER, „Funde und Befunde", in: W. KAISER *et al.*, „Stadt und Tempel von Elephantine: Neunter/Zehnter Grabungsbericht", in: *MDAIK* 38 (1982), 303-306; dort: 304.

Es ist interessant, aber vielleicht auch nach dem gegenwärtigen Quellenstand rein zufällig, dass die frühesten konjugierten Texte und die ersten echt hieratischen Aufschriften mehr oder minder gleichzeitig in Erscheinung treten. Allerdings hört die Koinzidenz in diesem Punkt auch schon wieder auf, denn die bislang ältesten echten Texte, die über den Status von Notizen hinausgehen, sind durchweg hieroglyphisch überliefert, nicht hieratisch.

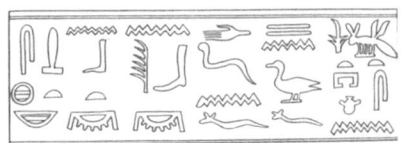

Abb. 11: Siegel(abdruck) aus der Zt. des Königs Peribsen[21]

Dieses Siegel bzw. seine Abrollung liefert den Erstbeleg für einen Text mit grammatischer Konjugation, bestehend aus einer nominalen Einleitung oder Prolepse und fortgeführt von einer Kol. 4 bildenden Relativform der Vergangenheit (*d<m>d.n=f*). Eine Übersetzung könnte in etwa so lauten:

> „Siegel aller goldenen Sachen des Goldenen (Gottes?), nachdem er für seinen Sohn,
> den Doppelkönig Peribsen, die Beiden Länder zusammengefügt *(d<m>d.n=f)* hat.“

Worauf genau sich die „goldenen Sachen" beziehen und wer oder was hinter dem Wort *nib / nbi* steckt, bleibt unklar. Das folgende konjugierte Verbum kann nur eine Defektivschreibung für *d<m>d* – „zusammenfügen" sein. Dabei wäre die mediale und sperrige /*m*/- Hieroglyphe oder Eule ungeschrieben geblieben wie in der Standardgraphie etwa von *rmt* – „Mensch".

Wie dem auch im Einzelnen sei, einen vergleichbar „konjugierten Text" in Hieratisch aus dieser oder gar früherer Zeitspanne (Anf. 2. Dyn.) kennen wir bislang noch nicht.

---

[21] P. KAPLONY, *Inschriften der Ägyptischen Frühzeit Teil III* (1964), Taf. 95 Abb. 368; id., *Teil II* (1963), 692 Anm. (77); 782 Anm. (673).

Abb. 12: Djoserschrein aus Heliopolis[22]

Machen wir jetzt einen relativ großen zeitlichen Sprung in die 4. Dynastie. Den unter Djoser in Heliopolis entstandenen Götterschrein mit weiteren konjugierten Beischriften erwähnen wir hier nur kurz erneut, weil auch er natürlich nicht in Kursive, sondern in ikonischen Hieroglyphen gearbeitet ist. Allerdings werden wir wohl eine kursive Skizze oder Kladde vermuten dürfen, die nur nicht erhalten ist. Das Fragment auf der Folie ist zu lesen:

„(Ich = Geb) gewähre Leben, Dauer, Macht und Herzensweite ewiglich."

Abb. 13(li.) & Abb. 14 (re.): Baudipinti aus der 4. Dyn.[23]

Hier noch kurz zwei hieratische Dipinti, das obere aus der Entlastungskammer der Cheops-Pyramide und von LEPSIUS entdeckt; darunter ein Baudipinto aus der Mastaba G 4000 des Neffen und Wesirs von Cheops namens Hemiunu (ca. 2600 v. Chr.), diesmal in roter Tinte.

---

[22] Abb. aus: *Egyptian Art in the Age of the Pyramids* (1999), 175 Fig. 7c; zu den Fragmenten des heliopolitanischen Djoser-Schreines mit einem weiteren „echten" (Ritual-)Text in Hieroglyphen s. J. KAHL *et al.*, *Die Inschriften der 3. Dynastie. Eine Bestandsaufnahme* (1995), 116-119, mit Lit., Transliteration und Übersetzung.
[23] Das linke Ex. aus: M. VERNER, *Die Pyramiden* (1998), 499, und das rechte aus: K. LEMBKE – B. SCHMITZ (Hgg.), *Giza. Am Fuß der großen Pyramiden* (2011), 157 (Nr. 0441).

Wenn auch mangels Datierung plus Namen nicht präzise unter einen bestimmten Herrscher der 4. Dyn. datierbar, so doch „aufgrund stratifizierter Keramikkonvolute"[24] in diese Zeit, sollen die kursiv-hieroglyphischen wie auch partiell hieratischen Tinten-Aufschriften auf einem partiell erhaltenen Schiffsmodell aus Terrakotta aus Elephantine-Stadt hier nicht übergangen werden.

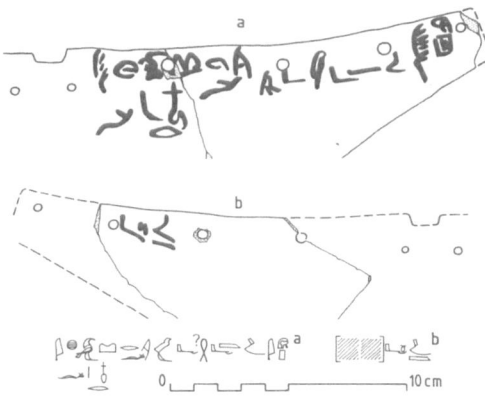

Abb. 15: Kursive Aufschrift auf Schiffsmodell aus Elephantine:
Auf der rechten Bugseite Text (a) und auf der linken Text(b)

SEIDLMAYER hat ihnen einen erste Deutung in dem genannten Vorbericht der 15./16. Grabungskampagne gewidmet.[25] Wegen ihrer Einmaligkeit können seine Lesung und Übersetzung vorläufig kaum verbessert werden:

> (a) *tpi mꜣꜥ šnꜥw mr=f ḏw ꜣḫi nfr=f* – „Das (scil.: Schiff), das vor dem rechten Wind ist; Kajüte, die er liebt; nutzbringender ‚Berg'; sein Schatz.
> (b) *mꜣꜥ ḥnk* […] – „Gabe, die dar(ge)reicht (wird) [(für/von) NN]"

Welches Bewenden im Einzelnen es auch immer konkret mit diesen Aufschriften auf sich haben mag, SEIDLMAYERs Verständnis als Bitte um einen „günstigen Segelwind" in rauen Gewässern wie denen beim 1. Katarakt hat einiges für sich. Das von ihm ferner vermutete Wortspiel zwischen den Wörtern *mꜣꜥw* – „günstiger (Segel)wind" und *mꜣꜥ* – „Gabe" würde ihnen zudem einen dezidiert poetischen Anstrich verleihen, der an spätere literarische Verwendungen von *mꜣꜥw* etwa im Beredten Bauern (B1 86) und im kursivhieratischen Pap. Queen's College (rt. x+4.16) erinnert, auch wenn er offen gestanden mit Vorsicht zu

---

[24] M. ZIERMANN, „Stadt und Tempel von Elephantine. 15./16. Grabungsbericht", in: *MDAIK* 44 (1998), 175.
[25] *Loc. cit.*, 177-181; dort: Abb. auf S. 178.

genießen bleibt.[26] Der „Berg" mag als Metapher auf die gewünschte „Seetüchtigkeit" des Schiffes zielen.

An „echten" Hieratogrammen sind in diesem kurzen Text (a) die beiden Zeichen ⟨D1⟩ und ⟨G25⟩ zu klassifizieren, die ihre nächsten paläographischen Parallelen in den Tempelarchiven von Abusir aus der 5.-6. Dyn. finden (s. hier Kap. 6).

## III.    Die bislang ältesten hieratischen Papyri aus Ägypten – Das Wadi el-Jarf

Verweilen wir noch ein wenig in der 4. Dyn., denn dort werden seit kurzem die bislang ältesten und umfangreichsten echt hieratischen Urkunden greifbar.

Dabei beginnen wir gleich mit einer archäologischen Sensation im Wadi el-Jarf aus dem Jahre 2013. Es handelt sich um den Fund eines Konvolutes von Papyri aus der Zeit des Cheops an der Küste des Roten Meeres durch eine französisch-amerikanische Équipe. Leiter der Mission sind TALLET von der Sorbonne und MAROUARD vom Oriental Institute der University of Chicago.[27] Wohlgemerkt, die Papyri sind nicht in oder nahe der Residenz aufgetaucht, sondern an der Ostgrenze des Landes.

---

[26] Zu Letzterem s. hier Kap. 19.

[27] Seit der Entdeckung der Handschriften ist eine Reihe von Vorberichten erschienen. Hier sei nur auf die beiden von TALLET publizierten Artikel „Des papyrus du temps de Chéops auf Ouadi el-Jarf", in: *BSFÉ* 188 (2014) 25-49, sowie „Les papyrus de la Mer Rouge (ouadi el-Jarf, golfe de Suez)", in: *Comptes Rendus* der *Académie des Inscriptions et Belle-Lettres* von April-Juni 2013, 1015-1024, verwiesen, die auch beide online unter http://paris-sorbonne.academia.edu/PierreTallet zugänglich sind (Zugriff 18.11.2016). Der inzwischen erschienen 1. Band mit dem sog. « Journal de Merer » erreichte Verf. etwas zu spät, um noch gebührend eingearbeitet werden können, s. P. TALLET, *Les papyrus de la Mer Rouge. Le « Journal de Merer » (Papyrus Jarf At et B)* (2017). Darin sind auch erste Analysen der Paläographie samt ausgewählter Zeichen zu finden, *op. cit.*, 29-32.

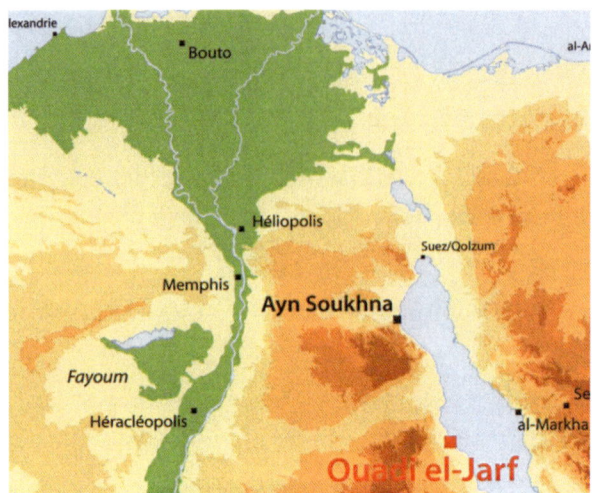

Abb. 16: Wadi el-Jarf[28]

Zur Orientierung zunächst eine Karte. Es handelt sich um einen Hafen an der Küste des Roten Meeres direkt gegenüber den Türkis- und Malachitminen auf dem Sinai, 119 km sdl. des heutigen Suez. Damit haben wir ein neues Zeugnis der ägyptischen Interessen an diesen Mineralien auf dem Sinai schon zu dieser frühen Zeit gewonnen, mehr noch aber für die aktenmäßige Verwaltung über denjenigen Zeitraum eines solchen Unternehmens, bevor man überhaupt das Rote Meer per Schiff überquerte.

Abb. 17: Kursivhieroglyphisch beschrifteter Papyrus aus dem Wadi el-Jarf[29]

---

[28] Ausschnitt aus: P. TALLET, *Les papyrus de la Mer Rouge I. Le « Journal de Merer »* (Papyrus Jarf A et B), 2017, 16 Fig. 2.
[29] Für Verweise s. die Lit. in der vorigen Anmerkung.

Gegenwärtig sind nur wenige Kostproben dieses Archivs in allerersten Annoncen über das Internet zugänglich, diese hier im Bild zeigt den Anfang der Titulatur von Cheops, datiert in das

> „Jahr nach dem 13.(?) Mal der Rinder- und Kleinviehzählung …
> Horus Medjedu … Chnum-Chuefui"

Dass diese Akte kursivhieroglyphisch und nicht hieratisch beginnt, hat eine einfache Erklärung.[30] Es handelt sich schließlich um nichts Geringeres als das königliche Protokoll, seine Titulatur, bestehend mindestens aus seinem Horusnamen (*mḏd.w*) in Kol. 2, gefolgt von seinem Eigennamen (*H̱nm.w-ḥw=f-wi*). Eine Königstitulatur ist gemäß ihrer Bedeutung und Funktion sakral zuhöchst aufgeladen und verdient deshalb eine repräsentativere Schreibung oder Schriftart als eine flüchtige Geschäftsschrift. Diese Titulatur kommt nun nach Ausweis anderer Urkunden aus dem AR grundsätzlich rechts vom eigentlichen Wortlaut der Urkunde zu stehen, welcher kursiv und nicht hieroglyphisch geschrieben wurde. M.a.W., dieser Urkundenwortlaut fehlt auf diesem Exemplar komplett.

Es ist ferner unbedingt damit zu rechnen, dass auch der ursprünglich rechts von der Titulatur platziert gewesene und heute verlorene Text mit dem eigentlichen Inhalt einer vorangehenden Urkunde in einer erheblich kursiveren Schriftart notiert war. Reste davon sind nämlich noch in Gestalt der Linierung zu erahnen; s.a. folgendes Exemplar einer solchen Urkunde.

---

[30] Zu dieser regelhaften Praxis, den Beginn einer Rolle oder einer neuen Sektion innerhalb derselben, s. a. die Bemerkungen von P. POSENER-KRIÉGER, „Fragments de papyrus provenant de Saqqara", in: *Rd'É* 32 (1980), 83-93 mit Pl. 6-7. Dort S. 86 notiert sie: „la taille des signes et le faitqu'ils sont en écriture hiérogylphique indiquent que nous avons affaire à l'ouverture d'un roule au ou à l'ouverture d'une section de rouleau, …".

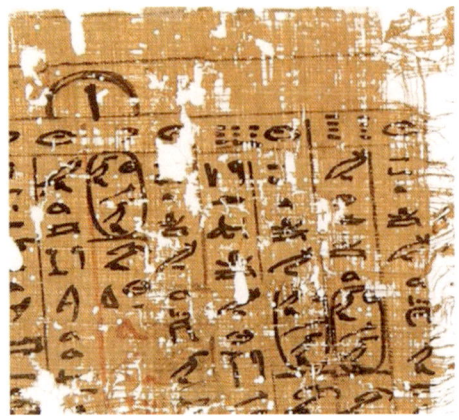

Abb. 18: Kursiv beschrifteter Papyrus aus dem Wadi el-Jarf[31]

Hier zeigt sich bereits die für die späteren Archive aus der 5. und 6. Dyn. in Abusir und Saqqara typische Linierung, welche die individuellen Einträge umrahmt. An Tinte verwenden die Wadi el-Jarf-Papyri rote für Ziffern und schwarze für die Kommoditäten, Personennamen etc. Diese Praxis entspricht ebenfalls bereits späterem Usus, woran nun schon aufgrund dieses geringen Befundes zu ersehen ist, wie alt solche Praktiken in der schriftlichen Administration bereits zu Cheops' Zeiten sind.

Aber bei Anlegen der Kriterien Abbreviatur und Simplifizierung der Grapheme sind wir noch nicht ganz in einer 100%igen Kursive angelangt, denn die meisten Zeichen haben fast ausschließlich stark bildlichen Charakter.

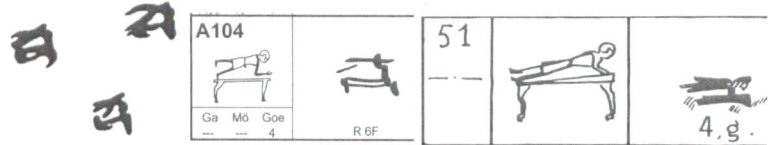

Abb 19 (li./Mitte li.), Abb. 20 (Mitte re.) & Abb. 21 (re.):
Liegender-Mann-auf-Bett-Hieratogramm (von li. > re.): Jarf (3x)[32],
Fragment aus dem Neferefre-/Raneferef-Archiv (3. von li.) und aus dem Neferirkare-Archiv (re.)[33]

---

[31] Ausschnitt aus: P. TALLET, *Les papyrus de la Mer Rouge I. Le « Journal de Merer »* (Papyrus Jarf A et B), 2017, 103 Pl. III.

[32] Ausschnitt aus: P. TALLET, *Les papyrus de la Mer Rouge I.*, 31.

[33] P. POSENER-KRIÉGER † et al. (Hgg.), *Abusir X. The Pyramid Complex of Raneferef. The Papyrus Archive* (2006), 442 und zum Inhalt des Fragments 215; J.-L. DE CENIVAL – P. POSENER-KRIÉGER, *Hieratic Papyri in the British Museum. Fifth Series. The Absuir Papyri* (1968), Pal. pl. I. – Zur korrekten Transkription des vermeintlich auf einem Bett Liegenden

Ob dieses Zeichen in dem Verbum *sḏr*– „die Nachtwache verbringen" tatsächlich korrekt mit dem in Rückenlage auf einem Bett Ruhenden zu transkribieren ist, darf füglich bezweifelt werden. Es hat eher den Anschein, als ob wir auch in diesem Archiv aus der Zt. des späten Cheops bereits diejenige hieroglyphische Transkription ansetzen müssen wie in dem Beispiel aus dem Raneferef- bzw. dem Neferirkare-Archiv aus Abusir (späte 5. – frühe 6. Dyn.). Danach handelt es sich viel eher um einen Mann, der im Begriff ist, sich auf dem Bett auszustrecken und dessen beide Arme in jedem Falle im Hieratischen angedeutet sind.

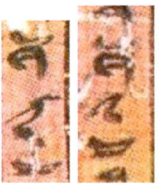

Abb. 22: Das Toponym *Rȝ-ȝw*–Turah in Pap. Jarf III –
Ausführliche (li.) und kursive Form des Wachtelkükens (re.)[34]

Ein weiteres, weniger gravierendes, Detail in dem von TALLET abgebildeten Papyrusausschnitt ist die unterschiedliche hieratische Gestalt des Wachtelkü-

kens 𓅱, das innerhalb ein und derselben Zeile erste Ansätze zu einer stärkeren Kursive zeigt.

Das mögen für sich genommen Quisquilien sein, sie sind aber für das häufig auftretende Problem der korrekten Transkription von Hieratogrammen alles andere als trivial. Zugleich führen uns diese Details wieder vor Augen, welche Regeln der Transkription in der Hieratistik zur Anwendung kommen sollten. Hier ist das letzte Wort noch nicht gesprochen

---

in neuäg. Hieratisch s. M. MÜLLER, in: *GM* 200 (2004), 11f.: von Bett auffliegender Vogel statt einer Mumie.
[34] P. TALLET, „Un aperçu de la région Memphite", 29 (Fig. 3), Z. 6 von rechts.

## IV.   Das Papyrus-Archiv aus Gebelein

Chr. Kap. 5

Zum Abschluss dieses ersten Kapitels zur hieratischen Schriftgeschichte werfen wir einen Blick auf das bis vor kurzem älteste Papyrusarchiv aus dem antiken Ägypten. Gemeint sind die von FARINA (1889-1947)[35] bei italienischen Grabungen 1935 in Gebelein gefundenen Handschriften aus der 4. Dyn.. Posthum sind sie 2004 unter dem Namen ihrer Bearbeiterin POSENER-KRIÉGER (1925-1996)[36] von DEMICHELIS herausgegeben worden.[37]

Abb. 23: Pap. Gebelein IV rt.[38]

---

[35] M.L BIERBREIER (Hg.), *Who Was Who in Egyptology* (2012), 187. Die Ägyptologie ist FARINA besonders durch seine Edition des Turiner Königspapyrus verbunden; id., *Il papiro dei Re restaurato* (1938).

[36] M.L BIERBREIER (Hg.), *Who Was Who in Egyptology* (2012), 442f.

[37] P. POSENER-KRIÉGER, *I papiri di Gebelein – Scavi G. Farina 1935* (2004). – Eine Auswertung dieses Archivs liegt m.W. noch nicht vor. Dazu gesellt sich ferner der bei Untersuchung einer Mumie aus Gebelein zutage gekommene Pap. Suppl. 14062, ed. von S. DEMICHELIS, in: E. FIORE-MAROCHETTI *et al.*, „«Le paquet»: Sépulture anonyme de la IV<sup>e</sup> dynastie provenant de Gébélein", in: *BIFAO* 103 (2003), 235-256; dort: 246-248 und Fig. 11. Zur Rolle der sog. *sn-d̲.t*–Leute in diesem Corpus s. J.C. MORENO-GARCÍA, „A New Old Kingdom Inscription from Giza (CGC 57163), and the Problem of *SN-D̲T* in Pharaonic Third Millenium Society", in: *JEA* 93 (2007), 117-136; dort: 126-129.

[38] P. POSENER-KRIÉGER, *I papiri di Gebelein* (2004),18ff. u. Tav. 30.

Exakter als vermutlich irgendwo in die 4. Dyn. sind sie bislang nicht datierbar, auch wenn eine der Urkunden (Pap. Geb. IV rt. A-C) eine Jahresangabe im Stile der Annalen enthält. Leider ist die Kolumne für den Horusnamen des betreffenden Königs unbeschriftet belassen. Der Eintrag lautet, soweit erhalten:

> 1) „Jahr nach der 11.ten Zählung allen Rind- und Kleinviehs von Ober-
>    und Unterägypten; 1. *pr.t*-Monat.
> 2) [l e e r  b e l a s s e n]
> 3) Inventar der kostbaren *swš.w*-Stoffe der Domäne von Jnerty-Anubis
>    und von Jaru.“

Warum die so wichtige 2. Kolumne leer belassen wurde, ist unklar. In jedem Fall befinden wir uns in Regierungsjahr 23 eines Königs, denn solche Zählungen wurden bekanntlich nur alle zwei Jahre durchgeführt. Hypothetisch ist das Jahr eines in der 4. Dyn., beweisen lässt sich das bislang aber nicht. In Pap. Geb. I D1 wird ein Tempel des Snofru erwähnt, der einen *terminus ante quem non* liefert, d.h. einen Zeitpunkt, vor dem die Urkunde nicht hat beschriftet werden können, weil Snofru zu dem Zeitpunkt noch nicht an der Regierung war. Ausgehend von dieser Datierung kommen in der 4. Dyn. nur Cheops und Chephren in Betracht. Sollte sich eines Tages erstere Datierung als die einzig mögliche herausstellen, wären die Gebelein-Urkunden in etwa zeitgleich mit denjenigen vom Wadi el-Jarf.

Abb. 24: Holzkiste, in der die Gebelein-Urkunden entdeckt wurden[39]

In diesem Kasten von 55 x 26,5 x 8 cm wurden die Gebelein-Papyri in einem Schachtgrab gefunden, neben einem Sarkophag mit Palastfassade. Leider gibt

---

[39] P. POSENER-KRIÉGER, „Old Kingdom papyrus: external features“, in: M.L. BIERBREIER (ed.), *Papyrus: Structure and Usage* (1986), 25-41; dort: 33 Pl. 1; erheblich ausführlicher abgehandelt von ead., „Le coffret de Gebelein“, in: C. BERGER *et al.* (éd.), *Hommages à Jean Leclant. Volume 1. Études Pharaoniques* (1994), 315-326.

es keine Notizen über Grab wie Sarkophag, aus denen eine namentliche Identifizierung des Besitzers und womöglich weitere Datierungskriterien hätten gewonnen werden können. Das ist umso bedauerlicher, als wir es– wie bereits erwähnt – neben den hochaktuellen Wadi el-Jarf-Papyri hierbei mit den ältesten Urkunden in Kursive auf Papyri zu tun haben.

Kurz zum Inhalt des Archives. Er besteht aus zwölf Handschriften unterschiedlicher Höhe und Breite, Brocken roter und schwarzer Tinte, einem Reibstein und einem Satz Binsen.[40] Inhaltlich geht es in den Papyri um Namenlisten von Arbeitern und deren Vorgesetzten, Getreideabgaben samt Außenständen, Stoffe etc. In ihrem Layout ähneln auch diese Papyri bereits sehr stark den aus der späten 5. Dyn. datierenden Urkunden aus Abusir und Saqqara. Es wird rote und schwarze Tinte verwendet, rote besonders für die Markierung der Dekaden oder 10-Tagewochen und für Zahlen.

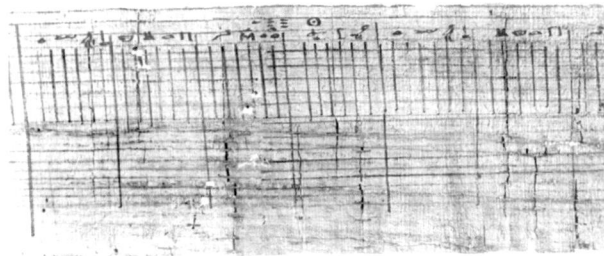

Abb. 25: Präpariertes, aber unbeschriftetes Blatt (Pap. Gebelein III rt.)[41]

Es gibt neben ausgefüllten auch solche Urkunden, die nur ansatzweise beschriftet wurden. Der Rest blieb leer wie das Recto von Pap. Gebelein III, das Verso ist dagegen voll beschriftet, ein Umstand, der noch erklärt werden muss.

Ein Blick auf einzelne Zeichen und Zeichengruppen soll deren „Hieratizität" ermitteln. Auf den Seiten 25-42 der Edition POSENER-KRIÉGER & DEMICHELIS finden wir eine sorgfältig faksimilierte Corpus-Paläographie.[42]

---

[40] Zwischen 10-12,5 cm und 20-22 cm hoch und zwischen 103 und 149 cm breit.

[41] P. POSENER-KRIÉGER, *I papiri di Gebelein* (2004), Tav. 23.

[42] Ein derartiges Corpus kann mit einem in sich geschlossenen – und als solches z.B. in ein Grab gelangten – Archiv identisch sein, muss dies aber nicht zwangsläufig. So kann etwa der über eine ganze Siedlung verstreute Bestand z.B. an Urkunden aus Illahun (12.-13. Dyn.) durchaus als Corpus zusammengefasst und paläographisch analysiert werden, auch wenn er aus mehreren lokal wie funktional differenzierten Archiven besteht.

Abb. 26: Ausschnitt aus der Paläographie der Gebelein-Papyri: Sitzende Männer[43]

Die allerersten Einträge listen auch hier Zeichen von Männern, entweder hockend oder stehend, auf. Allein diese wenigen Beispiele A1, 2, 3 und 9 dokumentieren die späterhin für das Hieratische so typischen Verkürzungen dieser Zeichen.

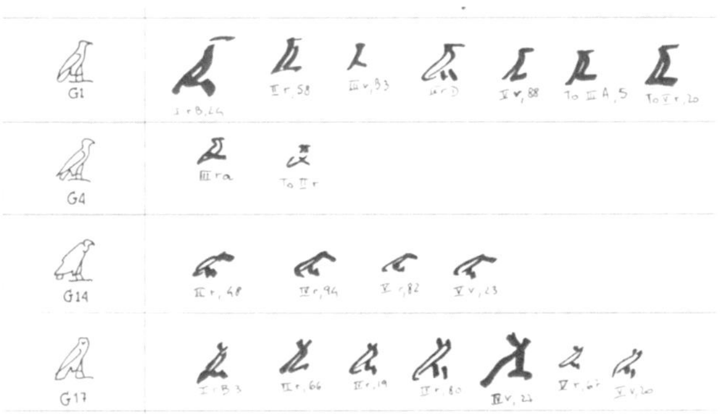

Abb. 27: Ausschnitt aus der Paläographie der Gebelein-Papyri: Vogelzeichen[44]

Im Vergleich dazu bestehen z.B. bei den Vogelzeichen noch erhebliche Divergenzen in ihrem Grad der Kursivität, wenn wir nur G1 und G17 einander gegenüberstellen. Die *m*-Eule G17 soll noch eine geraume Zeit ihre Semi-Kursive beibehalten, weniger dagegen der A-Vogel G1. Es ließen sich zahlreiche weitere Beispiele anführen, an dem paläographischen Gesamtbild würde das wenig ändern. Nach dem gegenwärtig vorliegenden kursiven Schriftmaterial zu urteilen, befinden wir uns bei der Urkunden-Kursive selbst in der 4. Dyn. noch immer in einem Stadium des Übergangs vom Kursiv-Hieroglyphischen zum Hieratischen. Einige Zeichen werden quasi antiquierend ikonisch geschrieben, wohingegen andere bereits den Schritt zur weiteren Abstraktion hinter sich haben. Ob diese Entwicklung mit einer zentral gesteuerten Schriftreform bzw. einer

---

[43] P. POSENER-KRIÉGER, *I papiri di Gebelein* (2004), 25.
[44] P. POSENER-KRIÉGER, *I papiri di Gebelein* (2004), 29.

entsprechenden paläographischen Ausbildung der Schreiber zusammenhängt, lässt sich kaum bestimmen.

## 5.    Ostraka aus dem Alten Reich

## I.    Die frühesten Totenscheine auf Ostraka aus der Nekropole von Helwan

Frühhieratisch, das die Kriterien von Simplifizierung, Abkürzung und fehlender Innenzeichnung von kursiven Hieroglyphen erfüllt, finden wir bislang auf Steingefäßen und den ersten Urkunden auf Papyrus aus Gebelein und dem Wadi el-Jarf an der Küste des Roten Meeres. Es wurden aber auch andere Schriftträger entsprechend kursiv beschriftet, und dazu gehören die immer noch frühesten Kalksteinostraka im Rijksmuseum in Leiden und die von SAAD in der Nekropole von Helwan gefundenen ostrakonartigen Steine mit kursiven Aufschriften zu verstorbenen Priesterinnen, die im Ägyptischen Museum von Kairo aufbewahrt werden.

Es sind bislang nur verschwindend wenige Stücke dieser Art, die sich entsprechend datieren lassen. Vielleicht sind Ostraka auch noch nicht regelhaft zur Aufnahme von transportierbaren Texten genutzt worden, sondern nur fallweise oder wenn Papyrus gerade nicht zur Hand war bzw. als zu wertvoll für derart kurze Notizen erachtet wurde wie in Balat (s. dazu Kap. 7).

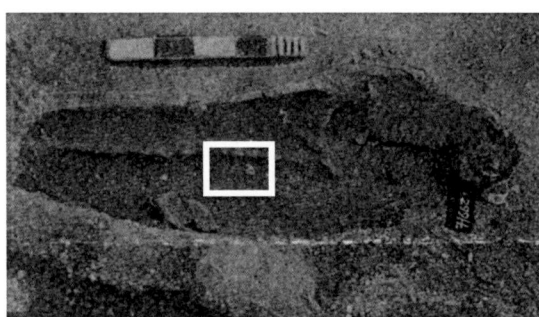

Abb.1: Ostrakon als Totenschein neben Frauenleiche aus Helwan[1]

---

[1] Z.Y. Saad, *Royal Excavations at Saqqara and Helwan (1941-1945)* (1957), 106f. (Grab Nr. 299 II.2) und Pl. XLII-XLIII. Ein Ostrakon aus Grab 299 H.2 (Pl. XLII a) trägt in seiner linken Hälfte die Kartusche mit dem Namen des Königs Chephren, damit kann dieses – und vielleicht auch die übrigen Ostraka dieser Art – auf etwa die Mitte der 4. Dyn. datiert werden. Verf. dankt Christiana Köhler (Univ. Wien) für die frdl. Zusendung von Kopien der entsprechenden Seiten und Tafeln sehr herzlich; s.a. Chr. Köhler, *The Cairo Museum collection of artefacts from Zaki Saad's excavations at Helwan* (2004): *non vidi.*

In ihrer Größe zwischen 18 cm in der Höhe und 12 cm in der Breite schwankend, kennen wir sie archäologisch verbürgt gegenwärtig nur aus der 4. Dyn.-Nekropole von Helwan, am südlichen Stadtrand des heutigen Kairo auf dem Ostufer des Nil. Dieser Ort bzw. die dazugehörige Nekropole umspannt eine Laufzeit von mindestens Naqada IIIA bis hin zur 4. Dyn. (Zt. des Chephren).

Die von SAAD[2] publizierten Ostraka stammen sämtlich aus Frauengräbern und bilden jeweils Paare mit identischen Tintenaufschriften. Ein festes Schema liegt diesen Texten zugrunde, wovon das am besten untersuchte hier in einem Faksimile von FISCHER exemplarisch präsentiert sei.

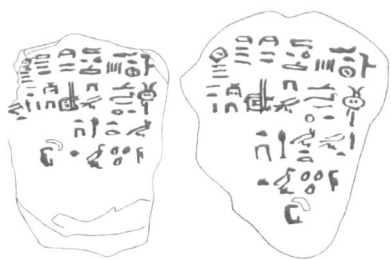

Abb. 2: Ostrakon Kairo Jd'E. 86853 A (li.) und B (re.) (Helwan Grab Nr. 305 H.2)[3]

Die Struktur der Aufschrift A ist die folgende:

Z. 1: Datierung, hier nach dem 4. Mal einer Viehzählung, bei biennalem Zensus also Jahr 9 eines nicht genannten Königs;

Z. 2: Angabe des Gaues (hier 3. oberäg. von *Nḫn*-Hierakonpolis); darauf ein Ort innerhalb dieses Gaues (*Ḏdn.t*), determiniert mit der Stadt-Hieroglyphe ( ⊙ ) oder dem Sandkorn (O), in Konnex mit der Tempelanlage des *pr-wr* bzw. oberäg. Reichsheiligtums; der Vorhof desselben (*ḥnt*); in A folgt noch der Titel *mni.t(?)-wr.t*;[4]

    Z. 3: „Vorsteherin des Akazienhauses" (*imy.t-r3-šnḏ.t*), und
    Z. 4: ihr Name *ˀItw*.

Ostraka mit diesem Texttyp bei variierenden Titeln und Eigennamen lagen neben den Mumien der Frauen, gleichsam eine Art Personalausweis fürs Jenseits. Die m.W. einhellige Deutung dieser Aufschriften geht in besagte Richtung von

---

[2] M.L BIERBREIER (Hg.), *Who Was Who in Egyptology* (2012), 481.

[3] „The Butcher *Pḫ-r-nfr*", in: *Orientalia* 29 (1960), 187-190; dort: 188 Fig. 7.

[4] Dieser Titel ist in B auf die 3. Zeile verschoben; zu seiner Verbindung mit den *ḥnr*-Musikanten und dem *šnḏ.t*- Akazienhaus s. noch H. VANDEKERCKHOVE† – R. MÜLLER-WOLLERMANN, *Elkab VI. Die Felsinschriften des Wadi Hilâl 1. Text* (2001), 315f.

Totenscheinen oder Mumienetiketten, damit den frühesten ihrer Art. Sie nennen Jahr, Monat und Tag des Todes oder der Bestattung der betreffenden Personen, ihren Herkunftsgau (hier der 3. oberäg. von Hierakonpolis), noch präziser vielleicht ihren Geburtsort bzw. diejenige Siedlung, aus der sie nach Helwan verbracht wurden, gefolgt von Titel + Namen. In diesem Exemplar lag der Ort *Ḏdn.t* in unmittelbarer Nachbarschaft desoberäg. Reichsheiligtums *pr-wr*, in dessen Vorhof (*ḫnt*) *ꞽtw* wahrscheinlich als „Großer-Landepflock" und „Vorsteherin des Akazienhauses" tätig war. Der Titel *mnꞽ.t(?)-wr.t* – wenn so korrekt – weist sie als Personifikation einer der beiden göttlichen Klagefrauen Isis und Nephthys aus. Diese werden spätestens in den Pyramidentexten als Verkörperung der Landepflöcke an Bug und Heck der königlichen Totenbahre interpretiert und inszeniert. Diese Dame namens *ꞽtw* stand darüber hinaus dem sog. Akazienhaus (*šnḏ.t*) vor, das bei den Begräbnisriten des Königs eine eminente Rolle spielte.[5] So knapp diese Notizen auch gehalten sein mögen, sie liefern uns Hinweise auf die zumindest in der 4. Dyn. praktizierte Sitte, weiblichen Angehörigen des Kultpersonals bei Bestattungen, ob nur königlichen stehe dahin, zumindest einen kurzen und kursiv, also flüchtig angefertigten, Identifikationsnachweis mit ins eigene Grab zu geben, auch dann, wenn sie nicht an ihrem Geburts- oder Herkunftsort bestattet werden.[6]

Ein kritischer Blick auf die Zeichenformen erweist diese als noch recht verhalten in ihrem Kursivitätsgrad. Die einzelnen Zeichen werden getrennt voneinander notiert, Ligaturen vermieden und die früh zur erheblichen Abkürzung neigende Eule (🦉)erscheint in einer Gestalt, die gewöhnlich unter dem Terminus „kursiv-hieroglyphisch" rangiert. Eine Besonderheit des Determinativs der sitzenden Frau hinter ihrem Namen ist der in roter statt in schwarzer

---

[5] Lesung und Einordnung der Titel der bestatteten Frauen auf diesen Ostraka in den Kontext des Akazienhauses anstelle des noch von FISCHER *imꜣ.t*-Harim gelesenen Zeichens in Z. 3 verdanken wir E. Edel, *Das Akazienhaus und seine Rolle in den Begräbnisriten* (1970), bes. 25-27; EDELs Lesung *šnḏ.t* anstelle FISCHERs *imꜣ.t* von letzterem spätestens anerkannt in: id., *Egyptian Studies I. Varia* (1976), 71 mit Anm. 17; s.a. *op. cit.*, 49 Anm. 36; id., *Egyptian Women of the Old Kingdom and of the Heracleopolitan Period* (Second Edition, 2000), 26 mit Anm. 140.

[6] Ob die Dame *ꞽtw* und damit auch die anderen Priesterinnen nun nach ihrem Tod eigens aus Elkab nach Helwan überführt wurden, oder an letzterem Ort verstarben, weil dort zuvor bei Bestattungsritualen tätig, wird sich kaum entscheiden lassen; s. Fischer, „The Butcher ", in: *Orientalia* 29 (1960), 187 Anm. 2.

Tinte notierte Blutstrahl, der aus ihrem Kopf hervorquillt: ⳤ .[7] Ein derartiges Determinativ für Verstorbene oder Getötete(?)[8] ist uns bereits auf einer Gefäß-aufschrift aus Elephantine (3. Dyn.)[9] begegnet und wird auch noch auf den sogleich zu behandelnden Ostraka aus Leiden erscheinen sowie in einigen Ächtungstexten aus München und Barcelona.[10]

## II.    Weitere Totenscheine im Leidener Rijksmuseum und in der Papyrus-Sammlung Erzherzog Rainer in Wien

Ein weiteres Konvolut von gerade einmal vier Objekten ist über die ursprüngliche Sammlung G. Anastasi (1780-1860)[11] im frühen 19.Jh. in das Rijksmuseum zu Leiden gelangt. An deren Echtheit besteht kein Zweifel und so dürften diese Ostraka bei illegalen Ausgrabungen oder zufällig gefunden worden sein; die Frage ist nur, wo das war. Dafür kommen Saqqara und eben wieder Helwan in Betracht, andere Provenienzen können aber nicht ausgeschlossen werden.

Welchen Inhalts bzw. Urkundentyps sind diese Notizen? Denn streng genommen handelt es sich gar nicht um Texte, sondern um knappste Angaben zu Personen, z.T. auch deren Herkunft innerhalb Ägyptens, ihre Filiation unter Angabe von Vater und Mutter und erneut eine besonders interessante Notiz ganz an ihrem Schluß: Ein hockender Mann mit einem Blutstrom aus dem Kopf und dahinter ein senkrechter Strich. Die Aufschriften sind fast durchweg schwarz notiert, bis auf eben diesen Blutstrom und den Strich, beide sind in roter Tinte ausgeführt. An diesen Stellen kommt wieder Farbsymbolik ins Spiel, Rot markiert u.a. Gefährliches, Todesbefallenes u.ä. mehr.

---

[7] H.G. FISCHER, *loc. cit.,* 188 Fig. 7 = Ostr. Kairo Jd'E. 86853 A.

[8] Dazu G. POSENER, „Les empreintes magiques et les morts dangereux", in: *MDAIK* 16 (1958), 252-270; dort: 256.

[9] S.o., Kap. 4.

[10] Man fragt sich, wozu diese besondere Kennzeichnung des Todes als Determinativ des Eigennamens bei ohnehin Bestatteten, wenn diese eines natürlichen Todes gestorben sind. Aber diese Frage gehört nicht mehr hierher; dazu jetzt A.D. ESPINEL, „A newly identified Old Kingdom execration text", in: E. FROOD – A. McDONALD (Hgg.), *Decorum and experience. Essays in ancient culture for John Baines* (2013), 26-33; dort: 29, hält die Determinative auf den Helwan- und Leiden-Ostraka für „a means of protection and as a way of diverting the potential dangers of the deceased".

[11] M.L BIERBREIER (Hg.), *Who Was Who in Egyptology* (2012), 19f.

GOEDICKE hat 1968 diese Ostraka aus Leiden ediert und kommentiert.[12] Ob die Kursive der Tintenaufschrift schon als vollwertiges Hieratisch klassifiziert werden darf, stehe auf einem anderen Blatt, aber hundertprozentiges Hieroglyphisch ist das sicher auch nicht mehr, und deshalb dürfen sie in der Geschichte des frühen Hieratischen auch nicht übergangen werden.

Meine Übersetzung versucht der Anordnung der Notizen zeilenweise gerecht zu werden; hier zunächst eine Abbildung und GOEDICKES Transkription:

Abb. 3: Ostr. Leiden J 426[13]

1)  „Leiter der Mannschaft,[14] Chenmes',
2)  Gehilfe (aus)
3)  Huut im 10. oäg. Gau (Wadjyt).
4)  Des Hirten/Webers[15] Neb's<♂> (und)
5)  Wenennefers♀ Sohn,
6)  der Ruderer Medu(?)-rehu<♂>[16]
7)  (verstorben)"

---

[12] „Four Hieratic Ostraca of the Old Kingdom", in: *JEA* 54, 23-30 und Pl. V.

[13] H. GOEDICKE, *loc. cit.*, 24f. und Pl. V 1.

[14] Zu diesem und ähnlichen Titeln und ihrer Funktion innerhalb von Expeditionen z.B. E. EICHLER, *Untersuchungen zum Expeditionswesen des ägyptischen Alten Reiches* (1993), 163-168.

[15] Zur paläographischen Entwicklung der Zeichen für den *mniw*-Hirten (A24, 25, 33 und 47) vom AR bis zur 19. Dyn. vgl. H.G. FISCHER, *Egyptian Studies II. Varia Nova* (1996), 177-180. Laut FISCHER wird das von GOEDICKE zu Beginn der 4. Z. transkribierte Zeichen als einziges für den Hirten im AR verwendet. Danach wird das Spektrum der Graphien erheblich erweitert. Allerdings ist die Transkription des Hierogramms alles andere als sicher. Es weist größere Ähnlichkeit mit der AR-Hieroglyphe für *inꜥ*– „Spinner; Weber" auf, wie sie H.G. FISCHER, *Egyptian Studies I. Varia* (1976), 72 Anm. 22, diskutiert.

[16] Das hier vorliegende Muster der Filiationsangabe ist zu paraphrasieren als „Des A und der B Sohn C"; dazu E. EDEL, *Die Felsengräber der Qubbet el Hawa bei Assuan II. Abt. Die althieratischen Topfaufschriften. I. Band Die Topfaufschriften aus den Grabungsjahren 1960, 1961, 1962, 1963 und 1965* (1970), 70-72. EDEL unterscheidet penibel zwischen solchen durch „M" = „Mann", „E" = „Ehrwürdiger Mann", „F" = „Frau" resp. „ø" determinierten Personennamen in diesen Filiationen.

Was sind also die Bestandteile einer solch kurzen Notiz? In der ersten Zeile stehen Titel und Name eines Vorgesetzten, zu erkennen an dem genitivisch folgenden Titel „Gehilfe". Ersterer ist also der Chef von letzterem. Dann folgt in Z. 3 dessen Herkunftsangabe, aus welchem Gau und aus welcher Stadt er stammt. Z. 4-5 nennen die Namen von Vater und Mutter des Gehilfen, dessen eigener Name nach seinem wahrscheinlichen Titel „Ruderer" (ẖnw/ḥmw) in Z. 6 zu stehen kommt. Z. 7 trägt die Notiz des am Kopf blutenden Mannes samt Strich dahinter.

Es ist ein Charakteristikum noch am Ende des AR, bei Filiationsangaben bisweilen das Determinativ des sitzenden Mannes oder der sitzenden Frau nicht durchgehend, sondern selektiv zu setzen; so auch hier geschehen. Der Name des Vaters bleibt indeterminiert, weil als Erstgenannter männlichen Geschlechts. Derjenige der Mutter musste dagegen determiniert werden, weil sie einen Beinamen des Osiris trägt, der ansonsten Männern vorbehalten war: Wnn-nfr.[17] Darüber hinaus zeigt die Paläographie des Frauenzeichens große

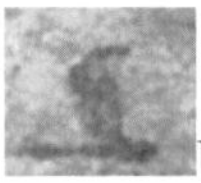

Übereinstimmungen mit der entsprechenden Form der Gebelein-Papyri der 4. Dyn. (s.o. Kap. 4):

Abb. 4: Frauenzeichen (B1) auf Gebelein-Papyri der 4. Dyn.[18]

Schließlich erhält der Name des verstorbenen Sohnes das Zeichen des Sterben-

den bzw. Toten mit dem Blutstrom am Kopf, dessen weibliches Pendant wir ja schon aus den Helwan-Ostraka kennen.

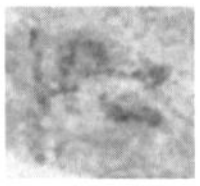

Es bleibt zu überlegen, in welcher Form eine solche Misch- bzw. Nulldeterminierung zukünftig in Transkriptionen von hieratischen Texten durch entsprechendes *tagging* ausgezeichnet werden soll.

---

[17] H.G. FISCHER, *Egyptian Women of the Old Kingdom*, 33.
[18] P. POSENER-KRIÉGER, *I Papiri di Gebelein – Scavi G. Farina 1935* (2004), 26.

Das (dreifache) Zeichen des Mannes in dem Namen *Mdw-rḥ.w* zeigt bereits die

abgekürzte Form von A1: , wie sie z.B. im Neferefre-Archiv der 5. Dyn.
von Abusir geläufig sein wird:

Abb. 5: A1 in 5. Dyn.-Urkunden aus Abusir;
ausführliche (oben) + abgekürzte Form (unten)[19]

Und *last but not least* sei noch auf die Gestalt der Gans in der Filiationsangabe

*z3* auf den Leidener Ostraka hingewiesen: (J 426 Z. 5). EDEL macht
dazu interessante schriftgeschichtliche Anmerkungen in seiner Bearbeitung der
Qubbet el-Hawa-Aufschriften aus dem späten AR und der 1. Zwzt.[20] Im paläographisch recht altertümlich schreibenden Elephantine zeigt die Gans noch
nicht die für ihre Verwendung als Filiationsangabe typische Kurzform plus
Strich, sondern die ältere volle Form, wie wir sie auf den Leidener Ostraka
antreffen. Zwischen beiden Corpora liegen Jahrhunderte.

Wie bei Ostr. Leiden J 426 sind auch die Verstorbenen auf den beiden folgenden Exemplaren die Untergebenen oder *ḫry-ꜥ*-Gehilfen der stets eingangs genannten Personen.

---

[19] P. POSENER-KRIÉGER† *et al.* (Hgg.), *The Pyramid Complex of Raneferef. The Papyrus Archive* (2006), 442.

[20] E. EDEL, *Die Felsengräber der Qubbet el Hawa bei Assuan II. Abt.*, 73 (cc)). Zum paläo-graphischen Spektrum der Qubbet el-Hawa-Aufschriften s. id., *op. cit.*, *Paläographie der althieratischen Topfaufschriften aus den Grabungsjahren 1960 bis 1973* (1980), Tafel 30-32. Da EDEL in diesem Teilband sämtliche Formen der jeweiligen Zeichen aufzulisten pflegt, fällt die Auswahl schwer. Im Falle der Gans G 38/39 sind das allein schon 90 Belege.

Abb. 6: Ostr. Leiden J 427[21]

## Hier zunächst wieder die Übersetzung:

1)      „Leiter der Mannschaft Neferchu's Gehilfe (aus)

2)      Areq-Inet (im) 7. uäg. Gau[22]

3)      des Totenpriesters Chnum (und der)

4)      Itjet Sohn

5)      der Ruderer Teti – verstorben."

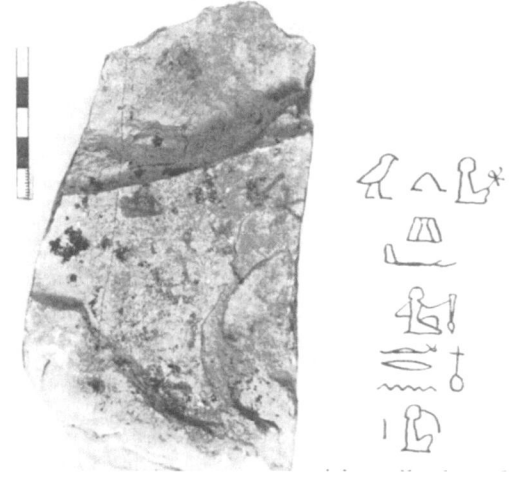

Abb. 7: Ostr. Leiden J 428[23]

1) „Des Hirten/Webers(?) Iu

2) Gehilfe,

3) der Ruderer

---

[21] H. GOEDICKE, *loc. cit.*, 27 und Pl. V 2.

[22] W. HELCK, *Die altägyptischen Gaue* (1974), 169; F. GOMAÀ, *Die Besiedlung während des Mittleren Reiches I. Oberägypten und das Fayum* (1986), 116f.

[23] H. GOEDICKE, *loc. cit.*, 28 und Pl. V 3. Hier ist erneut die Transkription des allerersten Zeichens als „Hirte" nicht sicher.

4) Nefer-en / Ni-nefer(u)(?)

5) verstorben."

Bei diesem Beispiel fehlen die Herkunftsangabe und die Filiation, eventuell weil sie beide dem Buchhalter unbekannt waren?

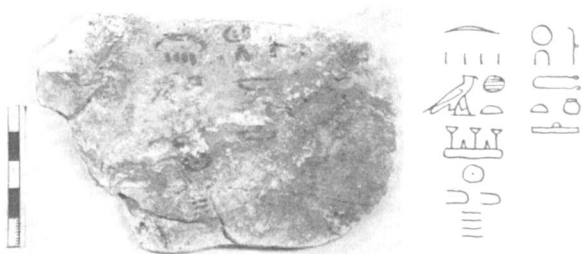

Abb. 8: Ostr. Leiden J 429[24]

1) „Jahr der 10. Zählung

2) Monat 4 der Achetzeit,[25] Tag 24."

Hier stellt sich die Frage nach der Funktion des Datumseintrages. Bezieht dieser sich auf die vorangehenden Ostraka und benennt das Datum des Todes der drei genannten Personen oder das Datum der Versendung von deren Leichen? Dann fragt sich nur, wo diese Notizen abgelegt worden sind. GOEDICKE bringt dazu eine recht interessante Theorie vor. Da es sich bei den ersten drei Exemplaren in letzter Konsequenz jeweils um die Aktennotiz über einen Verstorbenen handelt, besteht die Chance, in diesen Ostraka eine Art Totenscheine zu erblicken. Dazu könnten auch die Herkunftsangaben der Verstorbenen selbst passen, sofern bekannt und entsprechend vermerkt. Diese Ostraka könnten dann den Leichen auf deren Rücktransport in ihre Heimat(nekropole) beigelegt worden sein oder in diejenige Nekropole, die als nächste zu ihrem letzten Arbeitsort gelegen war. Man beachte, dass die Ostraka J 426 und J 427 geographische Angaben machen, die zwischen dem 10. oäg. Gau um das heutige Qaw el-Kebir herum und dem 7. uäg. Gau, in dem später Alexandria gebaut werden sollte, zu liegen kommen. Möglicherweise sind die Verstorbenen also aus derart weit voneinander entfernt liegenden Heimatorten an ihren neuen Arbeits- oder Einsatzort verbracht worden, ob freiwillig oder nicht, ist müßig zu fragen: Letzteres ist wahrscheinlicher.

---

[24] H. GOEDICKE, *loc. cit.*, 28f. und Pl. V 4.

[25] Man beachte die Metathese der Zeichen in *ꜣḥ.t.*

Als wenn auch rangniedriges Mitglied einer ꜥpr.w-Mannschaft, und deren Vorgesetzte waren ja Leiter solcher Mannschaften, hatte man wohl auch als einfacher Ruderer Anspruch auf eine eigene Grabstätte, für die der Staat Sorge zu tragen gehabt hätte, wenn die Theorie der heimatfernen Bestattung zutrifft.

Es kommt noch ein recht bemerkenswertes Faktum hinzu. Wenn auch nicht von GOEDICKE in seinem Artikel abgebildet, waren alle diese beschrifteten Ostraka von einer Art Deckel gekrönt, der wohl die Aufgabe hatte, die Inschriften vor dem Abrieb zu schützen. Dieser Deckel ist in jedem Falle nichts weiter als die andere Hälfte des gleichen Kalksteinblockes. Man hat sie also gespalten und nach Beschriftung wieder passgenau aufeinandergelegt und dann versandt. Diese Praxis erinnert entfernt an den Schutzmantel aus Lehm von akkadischen Briefen, die auf diese Weise vor der Beeinträchtigung ihrer Inschriften geschützt werden sollten.[26]

GOEDICKE bemerkt bereits selbst, dass diese Ostraka eigentlich noch stark hieroglyphisch beschriftete seien, betitelt seinen Aufsatz dann aber doch mit „Four Hieratic Ostraca of the Old Kingdom". Und mindestens drei der wohl häufigsten Zeichen in althieratischen Texten tauchen denn auch tatsächlich darin auf. Das sind die Sitzende Frau (B1), besonders häufig in den Gebelein-Urkunden belegt, die zꜣ-Gans für die Filiationsangabe „Sohn" oder „Tochter" und der Sitzende Mann (A1). Alle übrigen Zeichen sind in der Tat recht stark am Hieroglyphischen orientiert.

Kurzum, sollte es sich bei diesen Ostraka um eine Art Totenscheine handeln, dann wären sie ein sehr früher Vorläufer der aus den demotischen und griechischsprachigen Quellen bekannten Mumienschilder.[27]

Fünfzehn Jahre später publiziert GOEDICKE zwei weitere Ostraka aus dem AR in der Wiener Papyrussammlung Erzherzog Rainer, die leider nicht mehr im Original erhalten sind.[28] Im Unterschied zu den von SAAD in Helwan entdeckten und den von GOEDICKE selbst edierten Leidener Exemplaren nennen diese

---

[26] S. z.B. W. SALLABERGER, „*Wenn du mein Bruder bist". Interaktion und Textgestaltung in altbabylonischen Alltagsbriefen* (1999), 26ff.

[27] Dazu jetzt monographisch C. ARLT, „*Deine Seele möge leben für immer und ewig!" Die Mumienschilder im British Museum* (2011).

[28] „Two Lost Old Kingdom Ostraca", in: *Festschrift zum 100-jährigen Bestehen der Papyrussammlung der Österreichischen Nationalbibliothek Papyrus Erzherzog Rainer (P. Rainer Cent.), Textband* (1983), 154-164; *Tafelband*, Taf. I. Genau genommen haben diese Ostraka weder je zu einer Sammlung gehört, noch haben sie eine eindeutige Provenienz, auch

zwei früheren Wiener Stücke keinerlei Titel der Verstorbenen. Nicht auszuschließen, dass sie tatsächlich der Grundschicht der damaligen Bevölkerung
angehörten und deshalb inschriftlich so behandelt werden.

Abb. 9: Ostr. „Helwan I – II"[29]

Die beiden Vierzeiler sind wieder nach einem festen Muster strukturiert. Auf
die Ortsangabe, die vermutlich als Herkunftsangabe der Verstorbenen zu lesen
ist (Osten des Deltas?; Z. 1),[30] folgt in Z. 2 jeweils ein Frauenname,[31] in der 3.
Zeile wohl ein Männername[32] und schließlich wie bei den anderen Stücken aus
SAADs Helwan-Grabungen bzw. im Leidener Museum ein Vermerk über das
Ableben entweder beider oder – mit GOEDICKE – nur der männlichen Person.
Man beachte die wesentlich andere Zeichenform für den Verstorbenen bzw.

dessen Tod: ⏑⏑⏑ resp. ⏑⏑⏑ . In beiden Fällen handelt es sich um einen
gefallenen Mann mit einem Blutstrom aus seinem Kopf und oberhalb einer Ver-
tiefung, mit GOEDICKE wahrscheinlich der flachen Grube, in der er bestattet
wurde. Auffällig ist ferner die Spiegelung dieses Zeichens im Verhältnis zu
denen der ersten drei Zeilen, die völlig normal nach rechts blicken.

Die Handschrift ist nicht in beiden Texten dieselbe. So ist alleine schon das
Determinativ der Sitzenden Frau in Nr. II wesentlich kursiver und erinnert wieder an die Formen der Gebelein-Papyri.

---

wenn einige Hinweise auf Helwan hindeuten. Ich benenne sie der Zitationsfähigkeit halber
deshalb als „Ostr. Helwan I (resp.) II".
[29] H. GOEDICKE, *loc. cit.*, Taf. I.1-2. Wegen der bescheidenen Qualität der Photographien
gebe ich hier GOEDICKEs erheblich deutlichere Umzeichnungen.
[30] Keiner der beiden ON ist bereits bei K. ZIBELIUS, *Ägyptische Siedlungen nach Texten des
Alten Reiches* (1978), erfasst.
[31] Über deren präzise Lesung hier nicht gehandelt werden soll; dazu GOEDICKE.
[32] Von diesen beiden Namen ist bislang nur *Iti* anderweitig bezeugt, der zweite wird aufgrund
des Determinativs von GOEDICKE naheliegenderweise *ḥbs* gelesen.

# 6. Exkurs: Chronologischer und regionaler Vergleich der Paläographien der Gebelein- und Abusir-Archive Akten aus den Büros der Pyramidenbezirke des Neferirkare, seiner Gemahlin Chentkaus (II) und des Neferefre in Abusir (5.-6. Dyn.)

Gab es bei der präziseren Datierung der Akten aus Gebelein noch einige Probleme ob ihrer Verortung innerhalb der 4. Dyn., fällt dies bei den in diesem und den im nächsten Kapitel zu verhandelnden Dokumenten weit weniger schwer.

Dieser erfreuliche Umstand basiert auf der Tatsache, dass die in den Pyramidenbezirken von Abusir entdeckten Verwaltungspapyri in zahlreichen Fällen einen archäologisch dokumentierten Fundkontext aufweisen. Dieser Kontext liegt innerhalb von architektonischen Bezirken, deren Zuordnung zu historischen Figuren keinerlei Ungewissheiten aufkommen lässt. Wir haben es mit königlichen Pyramidenanlagen aus der 5. Dyn. zu tun, deren Besitzer namentlich in hieroglyphischen Inschriften dieser Anlagen belegt sind und deren Namen des Weiteren in leicht lesbarer Gestalt auf Papyrushandschriften aus diesen Anlagen bestätigt werden.

Die AR-Nekropole und die Zone der Pyramidenanlagen von Abusir liegt unweit nördlich des Hochplateaus von Saqqara.

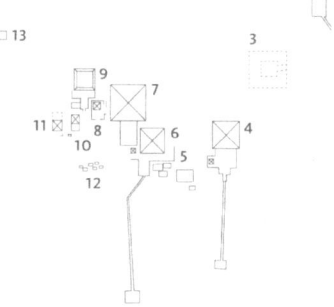

Abb. 1: Abusir-Süd mit den Pyramidenanlagen von Neferirkare (7), Chentkaus (II; 8) und Neferefre (9)[1]

Die Pyramidentempel der Anlagen von Neferirkare, seiner Gemahlin Chentkaus (II) und von deren gemeinsamem Sohn Neferefre sind diejenigen, aus denen die Papyrusfunde stammen. Dessen Vorgänger Schepseskare, die Nr. 4 auf dem Thron der 5. Dyn., spielt in diesem Zusammenhang bislang keine

---

[1] Aus dem Ausstellungskatalog: V. BRINKMANN, *Sahure. Tod und Leben eines großen Pharao* (2010), 25.

Rolle. Von ihm gibt es in Abusir nur Siegelabdrücke und seine Pyramidenanlage ist nicht zweifelsfrei identifiziert.

Bevor wir uns dem kursiv-hieroglyphischen und hieratischen Textmaterial aus den drei genannten Tempel-Komplexen etwas näher zuwenden, müssen einige grundlegende Überlegungen vorausgeschickt werden. Alle diese und ähnliche Anlagen hatten nur den einen Zweck, nämlich den jeweiligen Totenkult der in ihnen bestatteten Könige und ihrer Angehörigen zu pflegen, und dies im Bestfalle bis in alle Ewigkeit. Ein religiöser Kult impliziert auch im alten Ägypten unweigerlich Rituale, bedarf eines gewissen Stabes an Personal, Professionellen wie Semi-Professionellen, wie auch an Requisiten. Diese Spezialisten verfügen über das notwendige intellektuelle Wissen, sie beherrschen im Idealfall das Procedere der Rituale und Feste, die es an bestimmten Daten zu begehen gilt. Dazu braucht es Vorschriften, Aufzeichnungen, Listen, Abrechnungen und ggf. auch Korrespondenz zwischen verschiedenen Ämtern und Institutionen. Eine ganze Reihe diverser Vorgänge sind es also, die verschriftet werden müssen. Rückblickend auf die Urkunden aus dem Fund in Gebelein können wir heute feststellen, dass einige dieser Urkundentypen am Ende der 5. Dyn. bereits Vorläufer der mehr oder minder gleichen Machart in Sachen Layout und Beschriftungsmodus hatten und bei weitem nicht die ersten ihrer Art sind.

Dieser Schriftgebrauch und –verkehr erfordert zudem bestimmte mit ihm verbundene Lokalitäten, an denen er gepflegt und auch archiviert werden kann. In den Pyramidenkomplexen ist also mit Büros und Archiven zu rechnen und genau diese Räumlichkeiten sind durch systematische Ausgrabungen dokumentiert worden.

Wie so häufig tauchen die ersten Textfunde allerdings nicht durch derartige Forschungen auf, sondern auf dem Antikenmarkt und in den Händen von Anwohnern nahe den jeweiligen späteren Grabungsorten. So geschehen auch im Falle des Abusir-Archivs aus der Pyramide des Neferirkare. Die Entdeckungsgeschichte liest sich ähnlich wie z.B. die der berühmt gewordenen Tontafeln von Amarna. Auch die Zeit ihrer Entdeckung liegt nur wenige Jahre auseinander. Die internationale Korrespondenz von Amenhotep III. und Echnaton in Amarna-City wurde durch eine Sebbachgräberin[2] 1887 zufällig entdeckt und

---

[2] Sebbach bezeichnet fruchtbaren Dünger, der aus dem Zerfall antiker Ziegel bzw. dem ihnen zugrundeliegenden fruchtbaren Nilschlamm basiert und unter die Scholle gepflügt wird.

sofort danach für wenige Piaster zum Kauf angeboten.[3] Sebbach sind die Reste antiker Lehmziegel, die von Fellachen zur Düngung ihrer Felder zu allen Zeiten hochgeschätzt waren und regelhaft auf antiken Stätten gesammelt wurden. Die ersten Abusir-Papyri tauchen 1893 ebenfalls auf diese Weise auf und erregen umgehend das Interesse der akademischen Welt.[4] Sie gelangen daraufhin in das damalige Giza-Museum. Bereits vier Jahre später publiziert BORCHARDT die ersten Exemplare in der Festschrift für EBERS, den früheren Ordinarius für Ägyptologie an der Universität Leipzig und Vorgänger von STEINDORFF.[5] Dieser Papyrusfund wird für BORCHARDT zum Anlass, auf dem Pyramidenfeld von Abusir im Auftrag der Deutschen Orientgesellschaft (DOG) mit systematischen Grabungen zu beginnen.

Dabei findet er im Jahre 1903 Fragmente aus dem Neferirkare-Archiv, von denen eines sogar mit einem weiteren Fragment aus dem ersten Giza-Konvolut von dem damaligen Berliner Restaurator IBSCHER direkt wieder zusammengefügt werden kann.[6]

---

[3] S. stellvertretend für viele Nacherzählungen dieser Fundgeschichte die gründlichen Rekonstruktionen bei J. MYNÁŘOVÁ, *Language of Amarna – Language of Dipolomacy. Perspectives on the Amarna Letters* (2007), 13-39, und S. IZRE'EL, *The Amarna Scholarly Tablets* (1997), 1-13. Man vermisst ein entsprechendes Kapitel in dem Ausstellungsband *Im Licht von Amarna. 100 Jahre Fund der Nofretete* (2012), noch dazu, wo sich ein Großteil des internationalen Archivs quasi „um die Ecke" im Vorderasiatischen Museum Berlin befindet.
[4] Die Fund- und Erwerbungsgeschichte der ersten Abusir-Papyri ist natürlich auch oft referiert worden, z.B. von J.-L. DE CENIVAL – P. POSENER-KRIÉGER, *Hieratic Papyri in the British Museum. Fifth Series. The Abusir Papyri* (1968), IX-XX. Wir skizzieren diese hier nur in einigen ihrer Eckpunkte.
[5] Zu Person und Wirken von EBERS s. die Monographie von H. FISCHER, *Der Ägyptologe Georg Ebers. Eine Fallstudie zum Problem Wissenschaft und Öffentlichkeit im 19. Jahrhundert* (1994).
[6] In dem Band von J.-L. DE CENIVAL – P. POSENER-KRIÉGER, *The Abusir Papyri*, ist das die Taf. 61B.

Abb. 2: Fundort der Neferirkare-Papyri – Blick von Pyramide gen Osten[7]

Hier ein Blick auf die Kammern im Totentempel von Neferirkare, die als Archiv gedient haben. BORCHARDTs Funde werden anschließend zwischen Kairo und Berlin geteilt.

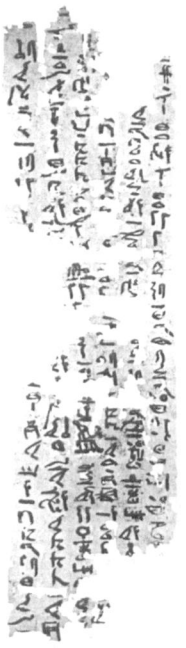

Abb. 3: Pap. Berlin P. 11301[8]

---

[7] Abb. aus dem Ausstellungskatalog: V. BRINKMANN, *Sahure* (2010), 252.
[8] G. MÖLLER, *Hieratische Paläographie I* (1909), Taf. I.

Ein weiteres Berliner Exemplar wird MÖLLER schon 1909 in Band I seiner Hieratische(n) Paläographie auf der Taf. I im Photo ablichten.[9] Für geraume Zeit stagniert die Forschung, bis derselbe BORCHARDT 1933 in seinem Heft Allerhand Kleinigkeiten ein weiteres Stück publiziert, das in der Zwischenzeit in das Britische Museum gelangt war.[10]

1937 entdeckt POSENER[11] im Institut Français d'Archéologie Orientale du Caire (IFAO) weitere Fragmente, deren Zugehörigkeit zu den Abusir-Papyri er sofort erkennt.[12] Abgesehen von der Edition eines Stückes durch GRDSELOFF[13] im Jahre 1943[14] sollte es dann erneut POSENER werden, der den Anstoß zur endgültigen Edition des Neferirkare-Archives gab. Der damals bekannte Bestand an Textzeugen aus diesem Fundort war inzwischen über die Sammlungen Kairo, Berlin, Paris und die beiden Standorte am British Museum sowie dem University College in London verstreut. Eine von POSENERs Studentinnen in Paris und seine spätere Frau POSENER-KRIÉGER, unternimmt es dann 1968 zusammen mit dem damaligen Kurator der Ägyptischen Sammlung des Pariser Louvre DE CENIVAL, den bis dato identifizierten Bestand des Archives in Photo, Transkription, Beschreibung und Paläographie zu edieren. Damit ist die Basis für eine fundierte Interpretation gelegt, die 1976 in zwei fulminanten Bänden der Bibliothèque d'Étude am IFAO in Kairo erscheinen.[15]

---

[9] Auch bei J.-L. DE CENIVAL – P. POSENER-KRIÉGER, *Hieratic Papyri in the British Museum. Fifth Series. The Abusir Papyri*, Pl. 80 A.

[10] *Op. cit.*, 43f. mit Taf. 14 (= Pap. BM EA 10735 bei J.-L. DE CENIVAL – P. POSENER-KRIÉGER, *op. cit.*, auf der Taf. 2A). BORCHARDT ediert ein kleines Fragment mit dem Namen der Königsmutter Chentkaus; id., „*ḫnt-k3w.s*, die Stammmutter der 5ten Dynastie", in: *ASAE* 38 (1938), 209-15 mit Pl. XXIX.

[11] Zu Lebenslauf und Werk POSENERs s. den Nachruf von A. MEKHITARIAN, in: *RdÉ* 39 (1988). POSENER wird uns noch besonders bei der physischen Textrekonstruktion zahlreicher Literaturwerke aus dem MR und NR begegnen.

[12] Auch diese Art der Entdeckung von altägyptischen Handschriften ist alles andere als ungewöhnlich. Im weiteren Verlaufe dieser Einführung werden wir noch weitere Zufallsfunde dieser Art antreffen, die leider nicht immer mit dokumentierten Fundsituationen verknüpft werden können.

[13] M.L BIERBREIER (Hg.), *Who Was Who in Egyptology* (2012), 222.

[14] „Notes sur deux monuments inédits de l'Ancien Empire. • I, Fragment de linteau de "*Wrb3-b3*". • II, Tambour de "*Nj-ˁnḫ-ḫnm*"", in: *ASAE* 42 (1943), 106-126; dort: 117 mit Fig. 21 (= Pl. 67-68, col. d1-d2, ll. 15-19, bei J.-L. DE CENIVAL – P. POSENER-KRIÉGER, *op. cit.*).

[15] *Les archives du temple funéraire de Néferirkaré-Kakai. (Les papyrus d'Abousir). Traduction et commentaire I-II* (1976).

Zwar ist die Entdeckungsgeschichte von AR-Papyri aus Abusir noch lange nicht abgeschlossen, aber schauen wir uns nun endlich einige typische Exemplare aus dem ersten großen Komplex des Neferirkare-Archives an. Es handelt sich durchweg um Vertreter der bereits grob skizzierten Textgattungen.

📖 Chr. Kap. 6

Abb. 4: Ausschnitt aus einer Diensthabendenliste für den Zeitraum eines Monats
(Pap. BM EA 10735 rt.) – © Courtesy Trustees of The British Museum[16]

Diese 21 cm hohe x 76 cm breite Urkunde listet in den obersten fünf Zeilen die zu verrichtenden Dienste auf, darunter die Namen der diensthabenden Beamten. Schließlich folgen 3 x 10 Zeilen, die sich auf die drei ägyptischen Wochen à zehn Tage verteilen. Dabei wird jede Woche zusätzlich zu einer schwarzen noch durch eine rote Linie von der folgenden Woche abgegrenzt. Wir haben es also mit einem Dienstplan für einen gesamten Monat zu tun. Allerdings sind nur die Tage 1-21 mit Einträgen versehen, ab Tag 22 bis Tag 30 finden sich keine solchen mit Namen gefüllten Kästchen, so dass die Annahme berechtigt ist, dass diese Tage eventuell dienstfrei waren.

Zu diesen Listen von Diensthabenden sei aus hieratistischer Perspektive notiert, dass die Recto- oder Vorderseiten der Papyri in aller Regel in weniger kursivem Hieratisch beschriftet sind, die Verso- oder Rückseiten dagegen summarische Notizen in erheblich kursiverer Form aufweisen. Das spricht dafür, dass man vor einer vielleicht so zu nennenden Reinschrift die ersten Notizen regelhaft flüchtiger vorgenommen hat, ähnlich wie wir mit Notizen auch heute noch verfahren. Aber das weist noch auf einen anderen Usus hin, der in einem gewissen Gegensatz zu etwa NR-Urkunden steht.

---

[16] Bei J.-L. DE CENIVAL – P. POSENER-KRIÉGER, *Hieratic Papyri in the British Museum. Fifth Series*, Pl. III/A = Bearb. in: P. POSENER-KRIÉGER, *Les archives*, I 14-18; 22-41; 52-56 und II, 536-549.

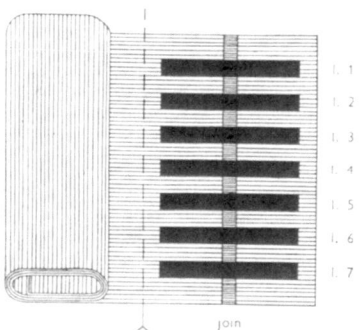

Abb. 5: Zum Vergleich: Beispiel eines späten NR-Briefes mit
Faserverlauf & Beschriftungsrichtung auf Recto[17]

Die schwarzen Balken stehen für Schriftzeilen auf dem Recto, der sog. „join" unterhalb der Illustration deutet auf die Klebung zweier Papyrusblätter hin, und die Außenseite der Rolle bildet das Verso.

Gewöhnlich wird nämlich nach dem AR die Recto-Seite, das ist die mit den horizontal verlaufenden Fasern, zuerst beschriftet. Erst danach, wenn noch Bedarf für den jeweiligen Text oder weitere zu notierende Texte besteht, dreht man das Blatt oder die Rolle aus mehreren aneinandergeklebten Blättern um und fährt mit der Beschriftung auf der Verso-Seite fort, also derjenigen, auf der die Fasern vertikal verlaufen.

Wenn wir nun feststellen, dass die Abusir-Schreiber zuerst die Verso-Seiten mit ihren Notizen gefüllt haben, dann scheinen sie den Umstand berücksichtigt zu haben, dass diese Außenseiten nach Beendigung ihrer Arbeit anfälliger für Schriftabrieb und Beschädigung waren als die Recto-Seiten. Um also eine endgültige Urkunde möglichst nachhaltig vor diesen Beschädigungen zu bewahren, bot sich die Innenseite für die finale und beinahe kalligraphische Niederschrift geradezu an.

---

[17] J. ČERNÝ, *Late Ramesside Letters* (1939), XX Fig. 8.

Abb. 6: Aus einem Inventar von Geräten zur Mundöffnung
(Pap. BM EA 10735 frame 12) – © Courtesy Trustees of The British Museum[18]

Betrachten wir einen anderen Typ von Urkunden aus Abusir, die Inventarlisten. Auch hier sind wieder zwei Arten zu unterscheiden, die detaillierten und die summarischen Listen. Erstere erscheinen in Rastern mit roten und schwarzen Linien und Kästchen und listen Gerätschaften des täglichen Kultdienstes auf. An jedem Monatsende erfolgt eine Generalinventur in Bezug auf Bestand und Zustand des jeweiligen Kultinventars durch die nächstfolgende Priestermannschaft. Diese Priestergruppen nennen wir mit einem griechischen Ausdruck „Phylen", lit. „Stamm".[19] Jede noch so kleine Veränderung an diesem Inventar wird minutiös notiert. Die summarischen Inventare werden nur für sakrale Requisiten angelegt, ohne jedes Raster und nur zu speziellen Anlässen.

Das Beispiel in der Abbildung listet u.a. Geräte für die Mundöffnung von Statuen auf aus dem Harvard Museum of Fine Arts:

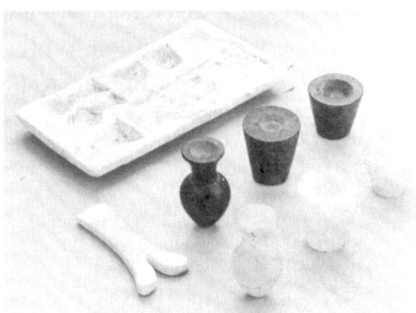

Abb. 7: Mundöffnungsset aus der 6. Dynastie[20]

---

[18] Bei J.-L. DE CENIVAL – P. POSENER-KRIÉGER, *Hieratic Papyri in the British Museum. Fifth Series*, Pl. XX/A = Bearb. in: P. POSENER-KRIÉGER, *Les archives*, I, 134-136.
[19] Zu den Priesterphylen des AR s. die Arbeit von A.M. ROTH, *The Phyles of the Old Kingdom* (1991).
[20] Abb. aus: S. D'AURIA *et al*, *Mummies & Magic. The Funerary Arts of Ancient Egypt* (1988), 80 Nr. 11.

Ein besonders sorgfältig geschriebenes Exemplar einer solchen Inventarliste beherbergt der Louvre, hier in Farbe, zunächst seine Recto-Seite:

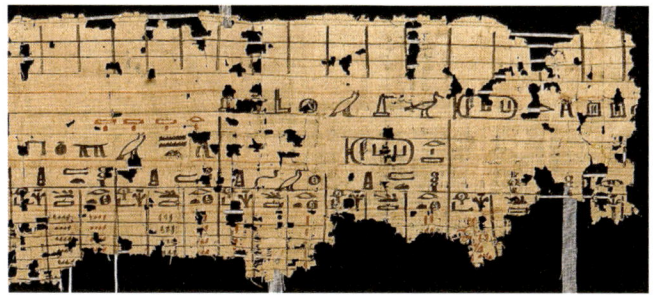

Abb. 8: Tägliche Opferlieferungen (Pap. Louvre E 25416c)[21]

Diese Akte beginnt oben rechts mit dem Vermerk über „Opfergaben, die geliefert wurden an den Totentempel des Kakai (= Neferirkare) aus seinem Sonnentempel Set-ib-Re". Darunter folgt in sechs Zeilen eine sehr detailliert gegliederte Tabelle mit der Herkunftsangabe von Brot, Bier, Fleisch und Geflügel. Namen der für den Transport Verantwortlichen werden genannt und dann jede Kommodität mit drei Spalten versehen:

1. die jeweils rechte Spalte nennt die erwartete oder zu liefernde Menge (*rḫt* in rot),
2. diese Spalte die tatsächlich gelieferte Menge (*km* in schwarz), und die
3. Spalte die eventuellen Außenstände zwischen diesen Beträgen (*ḫȝw-ḥr-ʿ* in rot).

Es folgen 30 Zeilen für die 30 Monatstage mit den jeweiligen tatsächlichen Beträgen, d.h. es wird jeden Tag präzise und auf das Stück genau abgezählt.

[21] Aus: DO. ARNOLD – K. GRZYMSKI – C. ZIEGLER (Hgg.), *Egyptian Art in the Old Kingdom* (1999), 350f. Nr. 117 = rechte Hälfte der Urkunde; bei J.-L. DE CENIVAL – P. POSENER-KRIÉGER, *Hieratic Papyri in the British Museum. Fifth Series. The Abusir Papyri*, Pl. XXXIII/A = Bearb. in: P. POSENER-KRIÉGER, *Les archives*, I, 257-272.

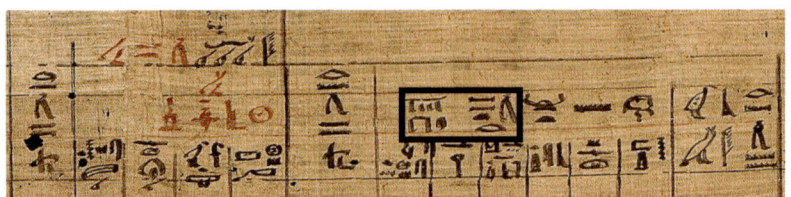

Abb. 9: Linke Hälfte von Pap.Louvre E 25416c rt.[22]

Natur und Qualität des Hieratischen zeigen immer noch eine ausgeprägt hieroglyphische Notierung der einzelnen Einträge, allerdings mit gewissen Ausnahmen. Die hier eingerahmte Überschrift *inn.t r-ẖnw* – „Was zur Residenz geliefert wird: …" weist beide Kursivformen direkt hintereinander auf. *inn.t r-* ist
rein hieroglyphisch notiert, das folgende Kalb-ohne-Kopf dagegen extrem kursiv. Es erinnert eher an einen Tisch denn an ein Tier.

Das Gleiche gilt für die umgekehrte Notiz *inn.t r-ẖnw* – „Was zur Residenz
geliefert wird" am Ende der Tabelle. Vielmehr an echt Hieratischem ist in dieser Urkunde denn auch nicht zu finden, wenn man einmal von der Schreibung
des Vermerks *km* – „vollzählig (geliefert)" absieht, der als zweiter Eintrag in
der Überschriftenzeile zu den zu liefernden Kommoditäten erscheint.

Wir hatten ja gesehen, dass die Verso-Seiten in der Regel für summarische Notizen verwendet werden und die Schrift dann auch insgesamt flüchtiger und
kursiver erschien. Drehen wir also einmal einen Teil dieses Louvre-Papyrus um
und schauen uns dessen Außenseite an.

---

[22] Aus: Do. ARNOLD – K. GRZYMSKI – C. ZIEGLER (Hgg.), *Egyptian Art in the Old Kingdom*
(1999), 350f. Nr. 117; bei J.-L. DE CENIVAL – P. POSENER-KRIÉGER, *Hieratic Papyri in the
British Museum. Fifth Series. The Abusir Papyri*, Pl. XXXIV/A = Bearb. in: P. POSENER-
KRIÉGER, *Les archives*, I, 257-272; dort 260: „Cequi est apporté à la Residence".

Abb. 10: Pap. Louvre E 25316c verso[23]

Und in der Tat sind hier bereits echte Hieratogramme zu verzeichnen, z.B. gehört dazu der Duktus des Wortes *nfr.w*, einer Stoffbezeichnung[24] von vermutlich einiger Größe. Insbesondere die Notierung der Nominalendung /*w*/ kann so klassifiziert werden, wohingegen die das Wachtelküken (G43) einrahmenden (F35) und ⟨⟩ – Zeichen (D21) noch rein hieroglyphisch sind. Man muss also sehr genau hinschauen, um den Kursivitätsgrad solcher Urkunden zu bestimmen.

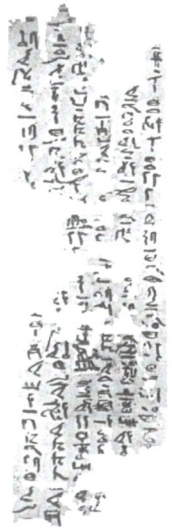

Abb. 11: Brief Pap. P. 11301[25]

---

[23] J.-L. DE CENIVAL – P. POSENER-KRIÉGER, *Hieratic Papyri in the British Museum. Fifth Series. The Abusir Papyri*, Pl. XIV/A = Bearb. in: P. POSENER-KRIÉGER, *Les archives*, I, 76-80 und II, 552f.

[24] P. POSENER-KRIÉGER, *Les archives*, II, 364.

[25] J.-L. DE CENIVAL – P. POSENER-KRIÉGER, *Hieratic Papyri in the British Museum. Fifth Series. The Abusir Papyri* (1968), Pl. LXXX/A = Bearb. in: P. POSENER-KRIÉGER, *Les archives*, II, 450-465.

Zum Vergleich: Wie sieht es bei den zweien aus dem Neferirkare-Archiv bekannten Briefen aus? Dieses Prachtexemplar, das schon MÖLLER vor 100 Jahren in Band I seiner *Hieratische(n) Paläographie* reproduziert hatte, ist das besterhaltene unter den bei POSENER-KRIÉGER und DE CENIVAL 1968 in Photo und Transkription gebrachten Fragmenten, denn kein einziger Brief aus den Abusir-Archiven ist komplett erhalten.[26] Allerdings fehlen auch bei diesem Stück entscheidende Partien eines typischen AR-Briefes. Dazu gehören die Angabe des Senders in horizontaler Zeile oberhalb des eigentlichen Briefkörpers sowie die Angabe des Adressaten in der ersten senkrechten Zeile am rechten Rand des Blattes.

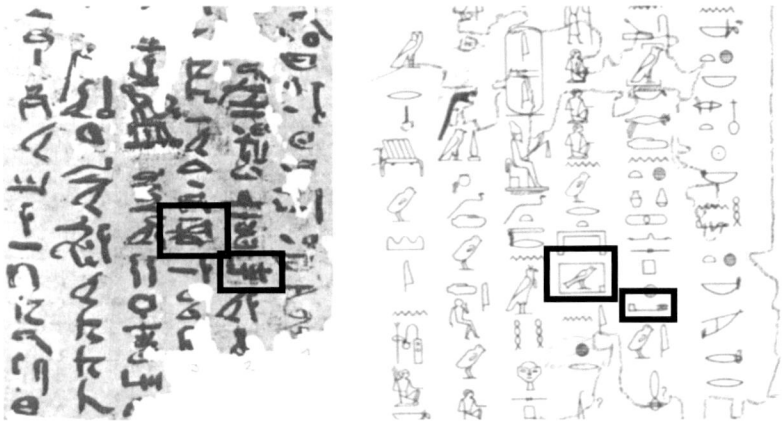

Abb. 12 & Abb. 13: Ausschnitt aus Pap. Berlin P. 11301 samt Transkription

Von einer weitgehenden Kursive kann man selbst in diesem Text noch nicht sprechen, wenn auch manche Zeichen sehr verkürzt sind wie etwa das /t/ in der ersten, dritten und vierten Kolumne[27] von rechts oder das Adjektiv *wr.t* in dem Kompositum *ḥw.t-wr.t* in Kol. 3. Das Zeichen für das Verbum *šzp* – „empfangen" in Z. 2 ist auf das Notwendigste reduziert. Echte Ligaturen aus zweien oder gar mehr Zeichen sucht man hier allerdings noch vergebens, der nötige Freiraum zwischen den Zeichen gewährt diesen stets ihre Eigenständigkeit.

---

[26] *Op. cit.* pl. 80 A und B.
[27] Jeweils als x+Nr. zu verstehen wegen der fehlenden Adresse am rechten Rand; s. P. POSE-
NER-KRIÉGER, *Les archives* II, 452.

Abb. 14: Brief auf Ton aus Balat (Dachlah-Oase)[28]

Kurz zum Vergleich ein Brief auf Ton aus der Dachlah-Oase, genauer gesagt aus Ain Asil bei Balat.[29] Gefunden wurden sie ab 1987 im Rahmen von französischen Grabungen des Institut Français d'Archéologie du Caire (IFAO). Sie lagen nahe dem Eingang des dortigen Gouverneurspalastes aus der 6. Dyn. und bis 1998 belief sich ihre Zahl auf ca. 30 Exemplare. Es haben also nicht nur die altorientalischen Schriftkulturen in Ton geritzt, was in Mesopotamien, Syrien, Anatolien und der Levanteküste, um nur diese zu nennen, die Regel war. Auch ägyptische Schreiber haben sich dieses Materials bedient, aber dies sicher nur aus der puren Not, weil kein Papyrus zur Hand war. Man befand sich in der tiefsten Westwüste und so mag der Nachschub mit diesem typisch ägyptischen Schreibmaterial bisweilen ins Stocken geraten sein. Auffällig ist auch der häufig sich auf die unmittelbare Umgebung beziehende Inhalt der Schreiben. Nichts darin weist auf eine Korrespondenz etwa mit der Residenz hin. Wir werden auf diesen faszinierenden Komplex von hieratischem Textmaterial aus der 6. Dyn. noch näher zu sprechen kommen müssen. Hier für den Anfang nur eine kleine Schriftprobe.

---

[28] L. PANTALACCI, „La documentation épistolaire du palais des gouverneurs à Balat – Ayn Asil", in: *BIFAO* 98 (1998), 303-315; dort: 312 Fig. 2 Tafel Nr. 4965.
[29] Dazu liegen inzwischen mehrere Vorberichte inkl. Übersetzungen aus der Feder von PANTALACCI vor.

Auf diesem Tontäfelchen, dessen Größe von ca. H 11,4 cm x B 8 cm zwischen der dort üblichen liegt, ist eine kurze Anweisung von einem Vorgesetzten an einen Untergebenen notiert. Höflichkeitsfloskeln fehlen in den Balat-Briefen regelhaft; man beschränkt sich auf das Notwendigste. Hier zunächst eine Übersetzung dieser Notiz:

> (horizontal) „Der Königsedle und Herold Rensi
> (horizontal) (an) den Siegelbewahrer Rensi:
> (vertikal) „Ich habe ihn (= Briefträger) gesandt, um […]
>      der Kinder des Gouverneurs. Fertige dir eine
>   Aufstellung davon an für den Hausverwalter Rensi!"

Zunächst sind Absender und Adresse jeweils horizontal oberhalb des Textkörpers notiert, dann folgt das eigentliche Anliegen des Königsedlen und Sieglers.

Nun zum Hieratischen bzw. dem Grad der Abbreviaturen und Ligaturen in diesem Schreiben.

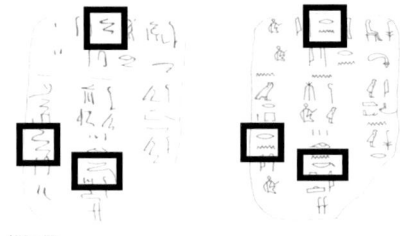

Abb. 15: Ligaturen auf Tafel Nr. 4965 aus Balat

In diesem kurzen Text wimmelt es geradezu von Ligaturen aus zwei Zeichen und manche einzelne zeigen bereits die für sie später so typischen Charakteristika. So sind die Zeichen für ⌒ und ∿ sowie die für ∿ und ⌒ bereits zu einer Linienführung verbunden. Die im AR mit keiner Schlaufe versehene Buchrolle ▭ und die zwei verschiedenen kursiven Formen des Sitzenden Mannes 𓀀 nehmen spätere hieratische Formen vorweg.

Ob zu Ligaturierung und Kursivierung der weiche Ton und der Gebrauch eines Stylus oder Griffels anstelle der auf Papyrus üblichen Binse beigetragen haben? Zu diesen so unerwarteten Briefen auf Ton weiter unten[30] mehr.

Doch zunächst einmal zurück zum Corpus des Neferirkare-Archivs aus Abusir. Welche Urkundentypen haben wir dort über die bereits genannten hinaus zu

---

[30] S.u. Kap. 7.

verzeichnen? Neben den Listen von Diensthabenden, den Inventaren und Lieferungsverzeichnissen sind das z.B.:

- **Inspektionen**, z.B. von Tempeltoren und –türen. So werden etwa diverse Tore und Türdurchgänge im Totentempelbezirk in – wahrscheinlich – regelmäßigen Abständen inspiziert.[31]
- **Abrechnungen**, basierend auf täglichen(!) Angaben = Kopien von Skizzen.
- **Personenlisten**, sämtlich schlecht erhalten. Hier sind Beamte höherer Ränge genannt als in Diensthabendenlisten; Pl. LXV nennt wohl verstorbene(!) Beamte, die an kgl. Totenkult partizipieren durften.
- **Briefe**

Die Gesamtlaufzeit des Archivs erstreckt sich von Jahr 5 Djedkare-Asosi in der 5. bis Jahr 1 von Teti in der 6. Dynastie. Das umfasst eine Zeitspanne von ca. 53 Jahren. In jedem Falle ist das älteste Dokument ca. 50 Jahre nach Neferirkare angefertigt, m.a.W., aus der Zeit unmittelbar nach seinem Tod selbst gibt es keine einzige Urkunde. Djedkare-Asosi folgt ihm schließlich erst als 5. König, nachdem in der Zwischenzeit Schepseskare, Neferefre, Niuserre und Menkauhor regiert haben. Absolut chronologisch liegt Neferirkare nach SCHNEIDER in den Jahren 2475-65 und Djedkare-Asosi um 2410-2380.

Paläographisch weisen die meisten Urkunden nach DE CENIVAL und POSENER-KRIÉGER in die Zeit Asosis bis Unas, also in das Ende der 5. Dynastie.

Tonsiegelabdrücke beginnen aber bereits unter dem Besitzer der Totentempelanlage und reichen bis Pepi II, das sind knapp 200 Jahre bis 2180. So lange war die Anlage also mindestens in Betrieb, danach lässt sich ein allgemeiner Verfall von Kult und Versorgung der Besatzung mit Viktualien und ein Verschleiß der Gerätschaften beobachten.

Noch kurz einige Details zum äußeren Erscheinungsbild der Urkunden. Sie weisen eine volle Höhe von 21-23 cm auf oder von 11-15 cm bei also ca. halber Höhe. Der gezeigte Brief aus Berlin ist ein absoluter Ausreißer mit einer Höhe von mindestens 30 cm, denn es fehlt noch der Absender am oberen Rand. Der obere Rand einer Recto-Seite ist stets auch der obere Rand der Verso-Seite. Die

---

[31] J.-L DE CENIVAL – P. POSENER-KRIÉGER, *op. cit.*, pl. XXXI-XXXII, allerdings nur ein Exemplar aus dem Neferirkare-Komplex bezeugt.

meisten Dokumente sind Palimpseste, also abgeriebene und neu beschriftete Papyrusblätter bzw. –rollen.[32]

Abb. 16: Schreiberpaletten als Lineale[33]

Für die Linierung muss eine Art Lineal, am wahrscheinlichsten die jeweilige Schreibpalette, benutzt worden sein. Hier eine Illustration zu Schreibern aus dem AR mit ihren unter den Arm geklemmten Paletten. So präsentieren sie dem jeweiligen Grabherrn eine beschriftete Akte.

Auf den Abusir-Papyri finden sich zwei zuvor markierte rote Punkte, die anschließend mit einer solchen Palette als Lineal durch eine Linie von bis zu 40 cm Länge verbunden wurden. Normale Schreibpaletten enthalten zwei Mulden für die im täglichen Schreibbetrieb nötigen Farben schwarz und rot. Haben sie mehr als zwei solcher Vertiefungen, dann weisen sie gewöhnlich auch noch Spuren anderer Farbpigmente auf, wie z.B. solche von Gelb. In solchen Fällen haben wir es mit Paletten von Vorzeichnern und Malern zu tun.

Einige Details noch zum Gebrauch von roter und schwarzer Tinte auf den Abusir-Papyri. Doppelte rote Linien trennen ganze Monatsabschnitte ab, wobei der letzte Monatstag durch eine einfache rote Linie am unteren Rand des Blattes begrenzt wird. Daneben wird jede Dekade oder 10 Tage-Woche durch eine rote Linie von der folgenden Dekade abgetrennt.

---

[32] Palimpsest = „wieder abgerieben; abgeschabt" von Handschriften, die vor ihrer Wiederverwendung von der vorangehenden Beschriftung durch Abschaben der Tinte/Tusche präpariert wurden. Nicht selten wird der Terminus jedoch im Sinne eines „wiederbeschriebenen" Schriftträgers verwendet.

[33] P. DER MANUELIAN, „Presenting the Scroll: Papyrus Documents in Tomb Scenes of the Old Kingdom", in: id. (Hg.), *Studies in Honor of William Kelly Simpson. Volume 2* (1996), 561-588; dort: 573 Fig. 5 Nr. 4.

Abb. 17: Verteilung von gelb, rot und schwarz auf einer Palette
(obere Reihe von li. nach re.)[34]

Je nach Urkundentyp stellen wir die nachfolgende Verteilung der beiden Hauptfarbpigmente fest:

1. In den **Inventaren** trennen rote Linien diejenigen Kästchen mit den inspizierten Objekten von den nachfolgenden schwarzen Linien mit denjenigen Kästchen, die Angaben zum Zustand der Objekte liefern. Eine doppelte Rotlinie oder eine rote + schwarze Linie trennt hierbei eine spezielle Inspektion von der nächstfolgenden ab. Rot dient zur Angabe des Materials von Geräten, schwarz derjenigen von beschädigten Objekten, aber auch wieder in rot. Hier würde man unbedingt erwarten, dass beschädigte Objekte durchgehend in rot notiert wären, hat doch rot in der Farbsymbolik eine ganz überwiegend negative Denotation.[35]

2. Rot wird in den **Listen von Diensthabenden** für spezielle Pflichten oder für Zeit und Ort der Amtsausübung verwendet. In Monatslisten mit Aufstellung von Lieferungen wird deren Herkunftsort oder die Qualität der Lieferung in rot notiert.

3. **Abrechnungen** notieren Abzulieferndes (*rḥt* – „Liste" = Sollbetrag[36]) und bereits im Magazin Vorhandenes in rot, bereits Abgeliefertes in schwarz (*km* – „Summe" = Habenbetrag), und die eventuelle Differenz zwischen beiden Beträgen wieder in rot (*ḥ3w-ḥr-ꜥ* – „Differenz"). Summenangaben von Objekten ein und derselben Art werden ebenfalls in rot notiert. Das Gleiche gilt für Nachträge zu Personen und die Lokalisierung von Geräten.

---

[34] Unten links Louvre N 2274; Maße L 40,9 x B 5,2 cm, aus: Katalog G. ANDREU-LANOË *et al.*, *Le dessin dans l'Égypte ancienne* (2013), 144f.

[35] G. POSENER, „Sur l'emploi de l'encre rouge dans les manuscrits égyptiens", in: *JEA* 37 (1951), 75-80; id., „Les signes noires dans les rubriques", in: *JEA* 35 (1949), 77-81.

[36] Zu diesem Aktenterminus s. die ausführliche Erörterung bei P. POSENER-KRIÉGER *et al.* (Hgg.), Abusir X. *The Pyramid Complex of Raneferef. The Papyrus Archive* (2006), 407-412. Raneferef ist eine andere ägyptologische Konvention, den Namen des Besitzers der Pyramidenanlage von Abusir zu umschreiben. Sie speist sich aus der noch immer nicht einwandfrei erklärten Struktur des Namens, ob *Rꜥw-nfr=f* oder eben *Nfr=f-Rꜥw* anzusetzen ist.

Mit dem Papyrusfund aus dem Totentempel des Neferirkare stehen wir aber archivgeschichtlich innerhalb der Entwicklung des Hieratischen der 5.-6. Dyn. schon längst nicht mehr allein. Es gibt nämlich noch mindestens zwei weitere Konvolute von Akten aus dem täglichen und monatlichen Tempeldienst direkt vergleichbarer Anlagen. Das sind zum einen der Pyramidenkomplex der Gemahlin Neferirkares mit Namen Chentkaus, inzwischen als Königin Nr. II dieses Namens gezählt. Sodann hat eine tschechische Équipe unter Leitung von VERNER seit 1976, dem Jahr ihrer Entdeckung des Chentkaus-Archivs, auch noch das von deren gemeinsamem Sohn namens Neferefre hinzufügen können.[37]

Abb. 18: Fundorte der drei Archive von Abusir (s. Pfeile):
Neferefre (li.), Chentkaus (Mi.) und Neferirkare (re.)[38]

Den exakten Fundort des Neferirkare-Konvolutes kennen wir schon, diejenigen von Chentkaus und Neferefre sehen wir auf dieser Luftaufnahme. Es ist auffällig, dass die Dokumente jeweils nicht in Verwaltungsräumen oder entsprechend ausgewiesenen Büros zutage getreten sind, sondern in Magazinen. Vielleicht wurden sie dort sekundär hingebracht oder regelrecht archiviert, nachdem sie ihren „Dienst" in den Schreibbüros erfüllt hatten.[39]

---

[37] Alle wesentlichen und bis 2014 vorgelegten Publikationen finden sich in der Prager Reihe *Abusir*.

[38] M. VERNER, „Die Papyrus-Archive von Abusir", in: *Sokar* 14 (2007), 25-33; dort: 26 Abb.3.

[39] C. EYRE, *The Use of Documents in Pharaonic Egypt* (2013), 317, spricht den Registern bzw. Inventaren von Ritualgeräten in Abusir den Status eines regelrechten auf Dauer und

Kurz noch etwas zum Inhalt der beiden neueren Archive, ohne dass wir Bekanntes in Bezug auf die Urkundentypen hier wiederholen müssten. Es gibt aber sowohl im Chentkaus- als auch im Neferefre-Archiv interessante und höchst bedeutsame Dokumente, die bei Neferirkare in dieser Form oder Anzahl nicht ans Tageslicht getreten sind.

Fangen wir bei dem älteren der beiden Komplexe, bei Chentkaus II an. Da sind z.B. Beschreibungen von Statuen ihrer selbst, wie sie in einem Statuensaal – nach damaliger Terminologie *pr-twtw* genannt – aufgestellt gewesen sein müssen. Das Problem bei Chentkaus ist nur, dass man diesen Saal schwerlich in der Architektur lokalisieren kann. Bei Neferefre ist das erheblich einfacher. Insgesamt 16 Säle werden in einer von Chentkaus' Akten genannt.[40] Es könnte sich mit POSENER-KRIÉGER um Figuren für bestimmte Festivitäten gehandelt haben, die also gar nicht permanent an ein und demselben Ort aufgestellt gewesen sein müssen.

Die reine Numerik ist hier zwar von einigem Interesse für unsere Frage nach dem Statuen-Programm eines solchen Tempels, aber auch ihre materielle Beschaffenheit erfährt eine detaillierte Auflistung

Abb. 19: Zeichnung einer Chentkaus-Statue[41]

nebst bisweilen einer schematischen Darstellung in schwarzer Tinte wie auf diesem Faksimile. Die Königin mit Uräus bzw. eine ihrer Statuen steht in einem Schrein bzw. unter einem Baldachin. Weitere Details sind bei diesem Beispiel

permanente Referenzierbarkeit gestellten Archives ab: „working tools for periodic accounting and not documents for long-term audit".

[40] P. POSENER-KRIÉGER, in: M. VERNER (Hg.), *Abusir III. The Pyramid Complex of Khentkaus* (Prague 1995), 133f.

[41] Abb. aus: V. BRINKMANN, *Sahure. Tod und Leben eines großen Pharao* (2010), 251 Abb. 208. – Zu entsprechenden Statuendarstellungen samt hieratischen Beischriften s. P. POSENER-KRIÉGER, in: M. VERNER (Hg.), *Abusir III.The Pyramid Complex of Khentkaus* 1995), 133-142 und Pl. 27-29.

nur schwer auszumachen. Laut Beschreibungen anderer Skizzen sollen die Figuren u.a.

- eine Geierhaube (*nr.t*) tragen,
- ein *w3s*-Szepter aus Elektron (*d͗ᶜm*) in der Hand halten,
- ein Halsband (wohl *wsḫ*) aus Gold tragen,
- sowie die Augen (*ir.ty*) mit Onyx (*k33*) eingelegt haben.

Der Statuen-Schrein selbst bestehe aus Holz und sei eingelegt mit Lapislazuli.[42] Es sind eine ganze Reihe von solchen Statuen-Beschreibungen zumindest in Bruchstücken erhalten, bisweilen von den Figuren selbst nur die Füße oder ein Szepter. Alle Statuen sind als nackte und somit noch im Einzelfall zu bekleidende gezeichnet. Was auf allen Fragmenten eklatant fehlt, ist eine Größenangabe in Ellen (*mḥ*), Handbreit (*šzp*) und Fingern (*db͗ᶜ*).

## Exkurs:     Chronologischer und regionaler Vergleich der Paläographien der Gebelein- und Abusir-Archive

Abschließend zu diesen ersten größeren Archiven sei hier eine vergleichende Paläographie skizziert, die von der Annahme ausgeht, dass das Gebelein-Archiv (fortan: G) tatsächlich irgendwo in die 4. Dyn. zu datieren ist und die drei aus Abusir (fortan: A) stammenden Konvolute aus der späten 5. bis in die 6. Dynastie. Damit ist zugleich erstmalig ein regionaler Vergleich möglich, und die eventuellen Unterschiede in den jeweiligen Corpus-Paläographien können sich in mehr als einer Hinsicht deuten lassen. So ließen sich eben divergierende lokale oder regionale Schreibgewohnheiten beobachten und solche historischer Weiterentwicklung, z.B. in Richtung auf eine stärkere Kursive und Ligaturierung der einzelnen Zeichen.

Schon bei einem allerersten Vergleich fällt auf, dass das Zeichen &#x1F2A3; , die Sitzende Frau, im gesamten Corpus von A nur ein einziges Mal in dem Logogramm für *rmṯ* vorkommt.[43] Das ist wohl der Tatsache geschuldet, dass Frauen im Totentempelbetrieb nur eine anonyme bzw. sehr untergeordnete Rolle gespielt haben und sich unter solchen Gruppenbezeichnungen wie *imy-s.t-ᶜ-rmṯ* —„diensthabendes Personal" verbergen. Eigenständige Titel von Frauen, z.B. als Priesterinnen, sind in A nicht bezeugt. In G dagegen ist das hieratische Zeichen für die sitzende Frau gleich mehrfach in Personennamen

---

[42] U.a. erwähnt bei M. VERNER, „Die Papyrus-Archive von Abusir", in: *Sokar* 14 (2007), 30.
[43] J.-L. DE CENIVAL – P. POSENER-KRIÉGER, *Hieratic Papyri in the British Museum. Fifth Series. The Abusir Papyri* (1968), Pl. I A (in dem Titel *imy-s.t-ᶜ-rmṯ*).

belegt, zudem noch in einer sehr archaischen Form, die so gar nichts gemein hat mit den Graphien ab dem späten AR.

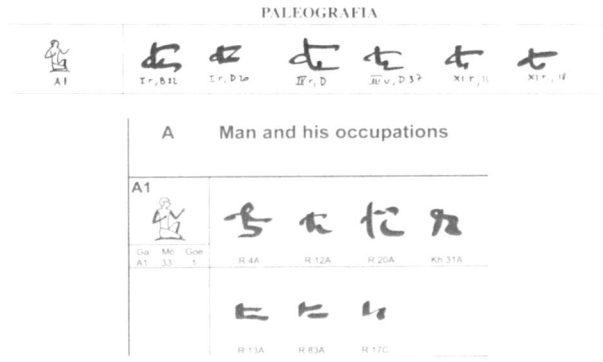

Abb. 20 (oben) & Abb. 21 (unten): A1 in G und in A[44]

Bei der Zeichen-Kategorie A „Man and his occupations" fällt ein gravierender Unterschied zwischen G und A ins Auge: Der sitzende Mann hat spätestens in A (späte 5. – frühe 6. Dyn.) seine Neben- oder Kurzform erhalten, die in G (4. Dyn.) noch nicht verwendet wird. M.a.W., der Grad der Kursive bei diesem Zeichen nimmt in diesem Zeitraum aus Gründen seiner starken Frequenz rapide zu. Es kommt noch ein kleines Detail hinzu. Diese 2. Kursive[45] begegnet nur im Raneferef/Neferefre-Archiv, also dem jüngsten der drei Archive insgesamt. Nicht auszuschließen also, dass zumindest in Abusir die neue Konvention erst mit Aufnahme des Totentempelbetriebs unter diesem König begonnen wurde.

---

[44] Aus: P. POSENER-KRIÉGER, *I Papiri di Gebelein* (2004), 25, und J.-L. DE CENIVAL – P. POSENER-KRIÉGER, *Hieratic Papyri in the British Museum. Fifth Series. The Abusir Papyri* (1968), Pal. pl. I. Kürzel: R = Raneferef-Archiv (jünger), Kh = Chentkaus-A.(älter).
[45] Im Unterschied zu der „gewöhnlichen" und weniger starken Abkürzung.

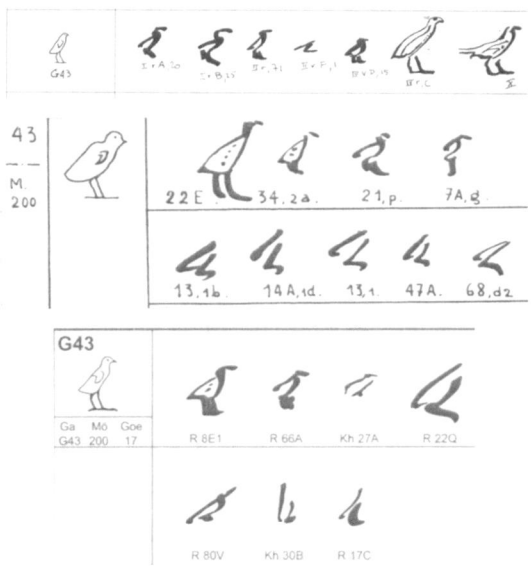

Abb. 22 (oben), Abb. 23 (Mitte) & Abb. 24 (unten): G43 - Wachtel[46]

Auch bei dem nicht minder häufigen Zeichen G43, dem Wachtelküken, ist eine zunehmende Abkürzung von der 4. zur späten 5. Dyn. durchaus zu beobachten.

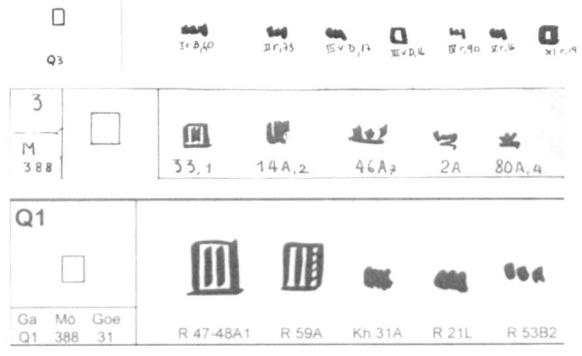

Abb: 25: Q1 bzw. (Q3) (p) ◼[47]

[46] Aus: P. POSENER-KRIÉGER, *I Papiri di Gebelein* (2004), 30 (oben); J.-L. DE CENIVAL – P. POSENER-KRIÉGER, *Hieratic Papyri in the British Museum. Fifth Series. The Abusir Papyri* (1968), Pal. pl. V (Mitte) und P. POSENER-KRIÉGER, in: ead. *et al.* (Hgg.), *Abusir X. The Pyramid Complex of Raneferef. The Papyrus Archive* (2006), 445 (unten).
[47] Aus: P. POSENER-KRIÉGER, *I Papiri di Gebelein* (2004), 35 (oben); J.-L. DE CENIVAL – P. POSENER-KRIÉGER, *Hieratic Papyri in the British Museum. Fifth Series. The Abusir Papyri* (1968), Pal. pl. IX (Mitte), und P. POSENER-KRIÉGER, in: ead. *et al.* (Hgg.), *Abusir X. The Pyramid Complex of Raneferef. The Papyrus Archive* (2006), 447 (unten).

Das unterschiedlich als Q1 und Q3 gelistete Zeichen, der Sitz mit der Lesung /p/, zeigt bereits eine erste Veränderung durch die Einführung der horizontalen Zeichenbasis in dem Beleg 46A7(Mitte). Ein Beleg aus dem Neferirkare-Archiv zeigt bereits die Grundlinie unterhalb der drei senkrechten Striche, mithin die später gewöhnliche Form dieses Zeichens in der 5. und 6. Dyn. Diese Grundlinie sollte nämlich bis zum Ende der hieratischen Schriftgeschichte ein Kennzeichen des p-Sitzes oder -Thrones bleiben.

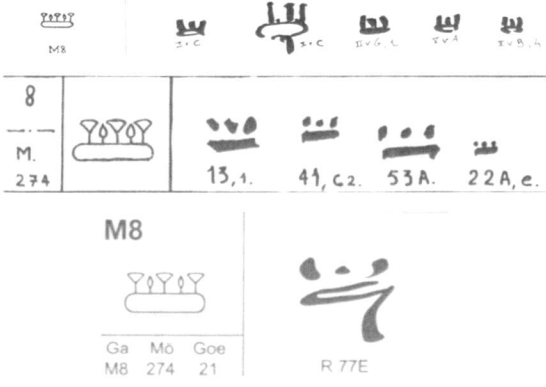

Abb. 26: M 8 –Teich-mit-Lotos[48]

Der Teich-mit-Lotos distanziert sich paläographisch zunehmend von Q3, dem Sitz, indem er am rechten Ende einen Haken nach links unten entwickelt, wie er dann ab der 6. Dyn. charakteristisch für dieses Zeichen werden soll.[49]

[48] Aus: P. POSENER-KRIÉGER, *I Papiri di Gebelein* (2004), 31 (oben); J.-L. DE CENIVAL – P. POSENER-KRIÉGER, *Hieratic Papyri in the British Museum. Fifth Series. The Abusir Papyri* (1968), Pal. pl. VI (Mitte), und P. POSENER-KRIÉGER, in: ead. *et al.* (Hgg.), *Abusir X. The Pyramid Complex of Raneferef. The Papyrus Archive* (2006), 445 (unten).
[49] G. MÖLLER, *Hieratische Paläographie I*, Nr. 274, für Belege.

## 7. Erste Informationen über Akten aus der Pyramidenbaustelle des Unas in Saqqara aus der Zeit des Teti sowie Briefe aus Balat (Dachlah-Oase) (5.-6. Dyn.)

Nach den großen Archiven aus Gebelein und Abusir haben wir uns einer Reihe von kleineren und erheblich weniger umfangreichen Konvoluten zuzuwenden. Es geht um hieratische und kursivhieroglyphische Urkunden aus dem späten AR, geographisch betrachtet aus den folgenden Orten:

**1.** Saqqara,
**2.** Scharuna,
**3.** Ayn Asil bei Balat (Dachlah-Oase), und
**4.** Elephantine.

Dabei repräsentieren gleich mehrere Konvolute bzw. Einzelfunde in der AR-Nekropole von Saqqara natürlich solche Urkunden aus der damaligen Residenz bzw. in deren unmittelbarer Nähe. Die anderen drei Orte liegen verglichen mit Saqqara in der Provinz, wie bereits Gebelein in der 4. Dynastie. Aber diese Dichotomisierung der Lokalitäten mag trügerisch sein insofern, als die Verwaltungsstrukturen ausgehend von der Residenz und in Rückbindung an diese bis zum Ende des AR natürlich längst das gesamte Territorium Ägyptens vom Nildelta bis nach Elephantine erfasst hatten, wenn auch vielleicht von unterschiedlicher Durchdringung. Dem mir bislang bekannten Material aus Elephantine werden wir uns im folgenden Kapitel widmen.

Bezüglich des jeweiligen Papyrus- bzw. Papieraufwandes ist allenfalls mit einem regional oder lokal und siedlungsgeographisch bedingten Unterschied zu rechnen. Einige Verwaltungszentren benötigen mehr davon, die anderen weniger. M.a.W., rein proportional dürfte in Residenznähe grundsätzlich ein höheres Aktenaufkommen als beispielsweise in der Dachlah-Oase zu veranschlagen sein.

Abb. 1: Karte mit Fundorten von AR-Hieratika der 5.-6. Dyn.[1]

Kurz vorweg zu den avisierten Konvoluten bzw. Einzelfunden. Saqqara als Sitz und nächster Einflussbereich der Residenz bei Memphis bietet gleich mehrere Archive mit interessanten Einblicken in den damaligen Verwaltungsalltag dieser Region. Der Ort Scharuna dürfte weniger bekannt sein, er liegt im 18. oäg. Gau unweit des heutigen Kom el-Ahmar Scharuna. Ayn Asil bei Balat in der Dachlah-Oase als Fundort von hieratischen Briefen auf Tontafeln haben wir bereits im vorangehenden Kapitel kurz angerissen. Die Elephantine-Insel und die auf dem Westufer des Nils gelegene Qubbet el-Hawa (=„Windhügel") haben reiche Funde hieratischer Natur aus dem Ende des AR und weit darüber hinaus gezeitigt.

Aus allen vier Orten gilt es noch die ein oder anderen Papyri und Tontafeln zu edieren. Dieser Prozess ist noch bei weitem nicht abgeschlossen. Und was das Archiv aus Gebelein angeht, so haben wir ja gesehen, dass dieser Komplex nach der posthum erschienenen Edition aus der Feder POSENER-KRIÉGERs noch seiner Interpretation harrt.

---

[1] Aus dem Ausstellungskatalog Do. ARNOLD –K. GRZYMSKI –C. ZIEGLER (Hgg.), *Egyptian Art in the Age of the Pyramids* (1999), XVI.

## I.    Saqqara

Woraus besteht das hieratische Textmaterial des AR aus Saqqara, wenn wir
vorläufig von zeitgenössischen Dipinti auf Bauwerken, Baustellen und Stein-
brüchen absehen wollen?[2] Bei dem Rest handelt es sich u.a. um Briefe und
Listen mit Titeln. Die damit verbundenen Personen führen bestimmte Tätigkeiten aus, außerdem finden wir Abrechnungen über diverse Kommoditäten.
Interessanterweise stoßen wir hierbei auf solche Urkunden, die sich mit dem
Bau von Pyramidenanlagen beschäftigen, deshalb besteht die Möglichkeit,
dass sie in den entsprechenden Organisations- und Architekturbüros angefertigt worden sind.[3] Aber damit erschöpft sich unser Interesse an ihnen noch bei
weitem nicht, denn es sind nicht zuletzt die jeweiligen Fundumstände, die diese
Urkunden zusätzlich so bedeutend machen.

### I.1    Das Teti-Archiv südl. des Unas-Bezirks

Beginnen wir mit dem allerjüngsten Fund bzw. dem Wiederauffinden lange
Jahre verschollener Papyri an unerwartetem Ort. Es handelt sich um Akten aus
dem Baustellenbetrieb an der Pyramide des Teti, des ersten Königs der 6. Dyn.
Wiederentdeckt hat das Konvolut COLLOMBERT im Jahre 2000, nämlich im
sog. „Salle des ostraca" des IFAO in Kairo. Publiziert hat er einen ersten Vorbericht darüber im Jahre 2011.[4]

Verborgen waren die Fragmente, denn um solche handelt es sich durchweg, in
einem Karton mit der Aufschrift „Sud Pyr d'Ounas. À donner à Drioton".

---

[2] Diese Dipinti liefern zumeist nur sehr kurze Notizen mit Kalenderangaben, Namen von
Personen und solchen von Bauwerken. S. dazu jetzt die Zusammenstellung von V. DOBREV
– M. VERNER – H. VYMAZALOVÁ, *Old Hieratic Paleography I: Builder's Inscriptions and
Mason's Marks from Saqqara and Abusir* (2011). Dazu gesellen sich inzwischen die von
VYMAZALOVÁ edierten „Hieratic inscriptions on the masonry of the mastaba" des Neferinpu
(AS 37), in: M. BÁRTA *et al.* (eds), *Abusir XXIII. The Tomb of the Sun Priest Neferinpu* (AS
37) (2014), 71-80.
[3] Zu den zur Baustelle der Cheops-Pyramide gehörenden Papyri aus dem Wadi el-Jarf am
Roten Meer s. weiter o. Kap. 4.
[4] „Les papyrus de Saqqâra. Enquête sur un fond d'archives inédit de l'Ancien Empire", in:
*BSFÉ* 181 (2011), 17-30.

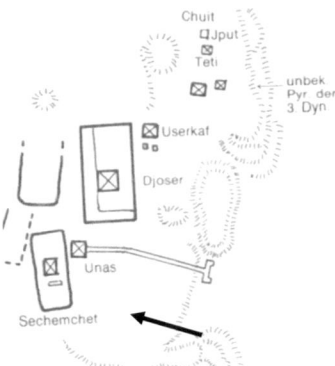

Abb. 2: Unas-Pyramide mit ungefährem Fundort der Baustellenjournale[5]

Das ist eine reichlich ungefähre Angabe über den Fundort der Stücke, nämlich
südlich der Unas-Pyramide und dem damaligen Direktor der Altertümerver-
waltung von Saqqara, DRIOTON,[6] zu übergeben. Archäologisch gefunden wurden sie zwischen Januar 1937 und Mai 1939, es sollten also gut 60 Jahre bis
September 2000 ins Land gehen, bis sie ein zweites Mal entdeckt werden konnten.

Kurz auf den Punkt gebracht geht es um Transport- und Bauarbeiten sowie
deren Organisation und Leitung. Dabei wird an verbauten Materialien u.a. auch
Granit (*mȝṯ*) erwähnt, der bekanntlich erst im Süden in und um Assuan ansteht
und dementsprechend weit gen Norden mit der Strömung zur Baustelle transportiert werden musste. Typen von Transportschiffen erscheinen unter ihren
Bezeichnungen *sȝṯ* resp. *wsḥ.t*.

Abb. 3: *sȝṯ*-Transporter aus dem Grab des Senedjemib-Inti in Giza[7]

---

[5] Abb. aus: R. STADELMANN, *Die ägyptischen Pyramiden. Vom Ziegelbau zum Weltwunder*
(2. überarb. u. erw. Aufl. 1991), 181.
[6] M.L. BIERBREIER (Hg.), *Who Was Who in Egyptology* (2012), 160f.
[7] Abb. aus: E. BROVARSKI, *The Senedjemib Complex, Part I* (2002), fig. 23.

Der Typus des *s3t*–Schiffes wird auch mehrfach im Flachbild der damaligen Epoche abgebildet wie etwa im Grab von Senedjemib-Inti in Giza. Aber einer der Steinbrüche liegt unmittelbar der Baustelle von Saqqara gegenüber und das ist der *r'-3w* genannte von Tura (gräzisiert „Troia"). Von dort wurde der feine weiße Kalkstein für ausgewählte Bauteile der Gräber und Pyramiden in Giza und Saqqara herangeschafft.

Die Baustelle selbst wird auch unter ihrem Namen festgehalten, und dieser lautet *Dd-s.wt-Tti* – „Die (Kult)stätten Tetis sind dauerhaft". Eine Notiz spricht von dem königlichen Bauherrn als *Tti nb=i* – „Teti, mein Herr", woraus auf die zeitgenössische Datierung der Texte unter diesen König selbst, und nicht unter einen seiner Nachfolger, geschlossen werden darf.

Es ist in den Teti-Akten regelhaft von *k3.t* – „Arbeiten" und deren „Leitung" (*ḥrp*) die Rede. Dabei erscheinen auch individuelle Namen von solchen Leitern und das Faszinierende an diesen Namen ist der Umstand, dass diese Herren zuerst archäologisch und inschriftlich über ihre Gräber nördlich der Teti-Pyramide in Saqqara schon vor Auffinden der Akten bekannt waren. Die Akten aus dem Teti-Archiv zeigen sie nun bei der Ausübung ihres Amtes als „Leiter aller königlichen Arbeiten", ein Amt, das auch inschriftlich auf deren Grabwänden bezeugt ist.[8]

Abb. 4: Papyrus aus dem Teti-Archiv[9]

---

[8] Alle Verweise dazu bei P. COLLOMBERT, *loc. cit.*, 24.
[9] *BSFÉ* 181 (2011), Titelbild.

Leider ist von dem Archiv erst ein einziges Blatt bekanntgemacht, und dieses prangt auf dem Cover von Heft 181 des *Bulletin de la Société Française d'Égyptologie* (BSFÉ) von 2011. Einige wenige Kostproben aus dessen Inhalt liefert COLLOMBERT in Übersetzung. In einem der besterhaltenen Fragmente mit einem Register über tägliche Arbeitsleistungen findet sich u.a. die Eintragung *wrš m Ḏd-s.wt-Tti r ḥrp k3.t irr.t im* - „Den Tag verbringen bei T., um die Arbeiten, die dort ausgeführt werden, zu leiten."[10]

Abb. 5: Königliche Determinative[11]

Diese zwei Faksimiles zeigen königliche Determinative in ihrer hieratischen Gestalt, das linke von einer Königin namens Hetepheres, welche eine andere als die Mutter von Cheops (Grab G 7000 in Giza) in der 4. Dyn. sein muss. Das rechte Determinativ ziert den Namen von einer königlichen Person namens Tjeti, von der ein Tempel genannt wird. Wir sehen, es tauchen in diesen Akten neue Familienmitglieder des Königshauses auf, die bislang anderweitig nicht bezeugt waren und deren Funerärbauten auch noch nicht haben lokalisiert werden können.

Bezüglich der Paläographie der Teti-Urkunden sind nach COLLOMBERT verschiedene Hände zu beobachten, die Papyri selbst von hoher Qualität und großer Biegsamkeit, was für die Wertschätzung des auf ihnen Aufgezeichneten spricht.

Aus schriftgeschichtlicher Perspektive können wir aufgrund ihrer sicheren Datierung unter Teti (ca. 2318-2300) ferner festhalten, dass diese Akten zumindest partiell synchron mit einem Großteil der Abusir-Archive laufen. Regional liegen sie nur wenige Kilometer auseinander und paläographisch sollten sie keine eklatanten Abweichungen von den Urkunden in jenen Totentempelarchiven aufweisen. Um das aber präziser beurteilen zu können, müssen sie erst einmal *in toto* von ihrem (Wieder-)Entdecker COLLOMBERT vorgelegt werden. Da-

---

[10] Weitere Auszüge daraus bei P. COLLOMBERT, *loc. cit.*, 27f.
[11] P. COLLOMBERT, *loc. cit.*28.

runter werden dann auch noch Briefe, Abrechnungen und Listen mit Personennamen sein, vielleicht gar neue Königsdekrete. Das ist zwar das übliche Spektrum an Urkundentypen in diesen Jahrhunderten, aber jedes neue Stück ist in
mehr als einer Hinsicht willkommen.

## I.2    Ein versprengter Protestbrief aus dem Sedfesthof des Djoser

Abb. 6: Pap. Cairo JE 49623[12]

Wir bewegen uns zum Djoser-Bezirk, also der Grab-, Sedfest-, Pyramiden-
bzw. Mastaba- und Totentempelanlage aus der 3. Dyn. (ca. 2700). In ihrem
Sedfest-Hof und angrenzenden sog. „Tempel T" ist spätestens ab der 6. Dyn.
mindestens ein Verwaltungsbüro mit hieratischem Schriftverkehr eingerichtet
worden.

Der nun kurz zu präsentierende Brief eines Truppenvorstehers an seinen Vorgesetzten, den Wesir, hat unmittelbar nach seiner Auffindung 1924 für großes
Aufsehen gesorgt. Nicht nur, weil es sich um ein weiteres Exemplar der im
AR-Schrifttum besonders nach 1924 noch sehr dürftig vertretenen Gattung
„Brief" handelt, sondern auch deswegen, weil sich hier jemand gegenüber dem
obersten Verwaltungs- und Militärchef des Landes gleich nach dem König
massiv über logistische Probleme seines Arbeitsalltags beschwert.

---

[12] B. GUNN, „A Sixth Dynasty Letter from Saqqara", in: *ASAE* 25 (1925), 242-255 und Pl.
1; dazu immer noch wichtig A.H. GARDINER, „An Administrative Letter of Protest", in: *JEA*
13 (1927), 75-78. Weitere Lit. in dem in Anm. 28 zit. Beitrag von K. RYHOLT, Anm. 2.

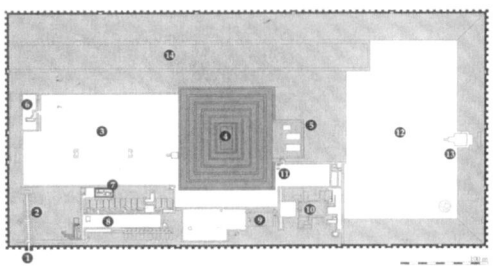

Abb. 7: Ungefährer Fundort von JE 49623 bei Nr. 8 (u. li.)[13]

Kurz zum Layout des Briefes.

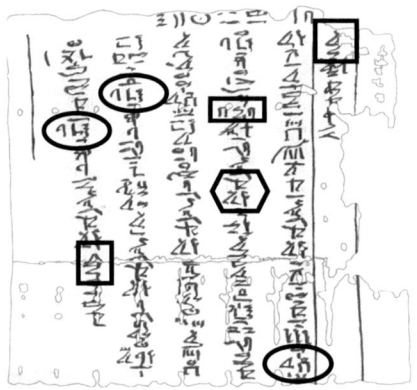

Abb. 8: Faksimile des Briefes Cairo JE 49623[14]

Drei senkrechte schwarze Linien teilen den Textkörper in Abschnitte ein. Davon rahmen die beiden Linien am rechten Rand Titel + Namen des Absenders,
links davon folgt dann mit den Kolumnen 2-6 der eigentliche Inhalt des Schreibens, an seinem Ende begrenzt durch eine kurze senkrechte Linie. Oberhalb
des Wortlautes ist eine Datierung in ein Jahr 11, 1. Monat der Schemu-Zeit,
Tag 23, platziert. Das Wort *rnp.t* oder *ḥsb.t* für „Jahr" oder „Zählung" fehlt
oberhalb der 1. Kol. Diese Art der Rahmung samt supratextueller Datierung ist
nach ROCCATI ein Kriterium für den Ansatz der Urkunde in die spätere 6. Dynastie.[15]

Hier die Übersetzung in Anlehnung an Sperveslage:[16]

---

[13] Aus: G. SPERVESLAGE, „»Das ist eine Behinderung der Arbeit!« Ein Beschwerdebrief an
den Wesir", in: *Sokar* 22 (2011), 37-47; dort: 38.
[14] Aus: G. SPERVESLAGE, *loc. cit.*, 42.
[15] „Una lettera inedita dell'antico regno", in: *JEA* 54 (1968), 14-22 mit Pl. IV / A; dort: 14.
[16] G. SPERVESLAGE, *loc, cit.*, 42.

„[Regierungsjahr] 11, 1. [Monat] der Schemu-Jahreszeit, Tag 23.

 Der Truppenvorsteher sagt: Das Schreiben des Wesirs, die Arbeitertruppe von Tura zu holen und in seiner Anwesenheit in der Verwaltungsbehörde der Westseite (neu) einzukleiden, ist mir zugestellt worden. Ich aber wende mich gegen die Forderung des Distriktes, da du doch mit dem Transportschiff nach Tura kommst. Ich aber habe sechs Tage mit dieser Truppe in der Residenz verbracht, ohne dass sie eingekleidet wurde. Das ist eine Behinderung derjenigen Arbeit, die in meiner Verantwortung liegt. Denn es bräuchte nur einen Tag, der dieser Truppe verloren ginge, sie einzukleiden. Ich sage das, damit Du Bescheid weißt.“

Die Kursive weist eine Reihe charakteristischer Ligaturen (eckige Rahmen), horizontale Anordnung mindestens zweier Zeichen (ellipsoide Rahmen) und auch kursivhieroglyphische Formen einzelner Zeichen auf (sechseckiger Rahmen). Letztere Schreibvariante tritt auch als Einzelzeichen auf: 𓅐 (G17). Auf der Abbildung sind alle diejenigen Ligaturen eingerahmt, die sich ohne Autopsie des Originals mit einiger Sicherheit ausmachen lassen.[17] Das sind nicht eben viele, der Schreiber trennt seine Zeichen nach Möglichkeit komplett voneinander. Hinsichtlich des Layouts ganzer Wörter lässt sich eine gewisse Neigung zur Niederschrift ihrer Phonogramme auf imaginärer Horizontale nicht übersehen, das sind die durch den ellipsoiden Rahmen markierten. Das Determinativ oder deren mehrere selbst folgen dann wieder vertikal. Bei mehr als einem Determinativ wie zu Beginn von Kol. 7 (in ḥb.t) steht nur das erste auf der Horizontale.

Abb. 9: Brief aus der 6. Dyn. im Turiner Museo Egizio di Torino (Neg. B 37)[18]

---

[17] Um hier ganz sicher zu sein, bedarf es der Inaugenscheinnahme der Strichführung (> Duktus), die durch Faksimiles im herkömmlichen Sinne einer mit Tusche angefertigten Durchzeichnung des Textes verunklärt wird. Wir werden bei der Besprechung des sog. Heqanachte-Archives aus der späten 11. oder frühen 12. Dyn. die von seinem letzten Hg. J.P. ALLEN vorgelegten und den Duktus berücksichtigenden Faksimiles kennenlernen; s.u. Kap. 11.
[18] A. ROCCATI, „Una lettera inedita dell'antico regno“, in: *JEA* 54 (1968), 14-22 mit Pl. IV A.

Zum Vergleich ein Brief im Turiner Museo Egizio, der nach internen geographischen Angaben (Z. 10) wohl aus dem 4. oäg. Gau stammt und paläographisch in die lange Regierungszeit Pepis' II. gehören könnte.[19] ROCCATI hat diesen Brief ausführlich paläographisch gewürdigt[20] und mit Papyri aus Elephantine und anderen AR- sowie 1. Zwzt.-Hieratika verglichen. Wie in dem Beschwerdebrief aus Saqqara wird auch in dem Turiner Exemplar gerne das Verbum *rḏi* sowie der so häufige Titel *imy-r'* in Ligatur geschrieben. Es sieht so aus, als wären bestimmte Wörter und Zeichenverbindungen wie /ḏ-r/, /r-ḏ/ in *rḏi* - „geben; veranlassen" und /m-r/ in *imy-r'* regelrechte Trendsetter gewesen auf dem Wege zu einer fortschreitenden Etablierung von Ligaturen. Das Moment der statistischen Häufigkeit hat diese Entwicklung sicherlich stark gefördert.

## I.3.  Akten aus „Tempel T" im Djoser-Bezirk

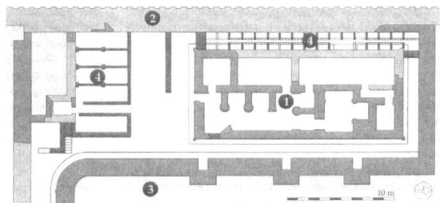

Abb. 10: Bibliotheks- oder Archivräume in Tempel T im Djoser-bezirk (bei Nr. 4)[21]

Aus dem westlich an den Sedfesthof Djosers anschließenden sog. Tempel T stammt eine ganze Reihe von Papyrusfragmenten administrativen Inhalts. Ediert wurden die besterhaltenen unter ihnen 1980 von POSENER-KRIÉGER.[22]

---

[19] Ed. A. ROCCATI, *loc. cit.*
[20] Einzig bei der Transkription der letzten beiden Zeichen in Kol. 14 dürfte anstelle *m-bꜣḥ* der Imperativ *mi* – „Komm'!" zu lesen sein. Dies sei hier vermerkt, weil diese von ihm mit einem Fragezeichen versehene Ligatur auf S. 20 unter den wenigen im Text auftauchenden Zeichenverbindungen aufgelistet wird.
[21] Aus: G. SPERVESLAGE, *loc. cit.*, 41.
[22] „Fragments de papyrus provenant de Saqqarah", in: *RdÉ* 32 (1980), 83-93 mit Pl. 6 und 7.

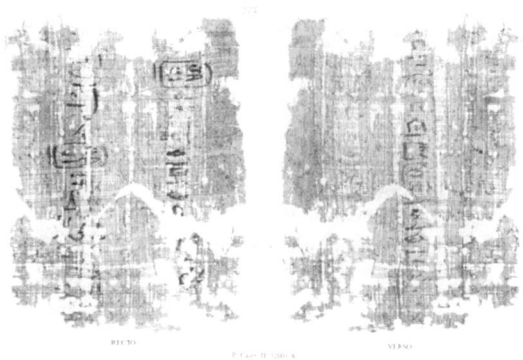

Abb. 11: Pap. Cairo CG 52001 A[23]

Darin wird ein Funerärbezirk eines Königs mit dem Thronnamen Merenre
Nemtiemsaef erwähnt, bei dem es sich um den 1. oder 2. dieses Namens in der
6. Dyn. handeln wird. Man beachte zunächst in jedem Falle die großzügige
Verwendung des Schreibmaterials Papyrus, wie sie auch COLLOMBERT für
seine Funde aus dem Teti-Archiv notiert hat. Offenbar herrschte an diesem
Stoff damals in Saqqara kein allzu großer Mangel, oder das reine Schreibauf-
kommen hielt sich noch immer in mehr oder minder eng gesteckten Grenzen.
Auf dem Recto spricht jemand in der 1. Pers. Sg. davon, ein Jahr in diesem
Bezirk des Merenre verbracht zu haben, diese Zeitspanne auf Order einer na-
mentlich nicht erhaltenen Person, wahrscheinlich des Königs höchst daselbst.
Den Baukomplex habe er „in perfektem Zustand" vorgefunden.

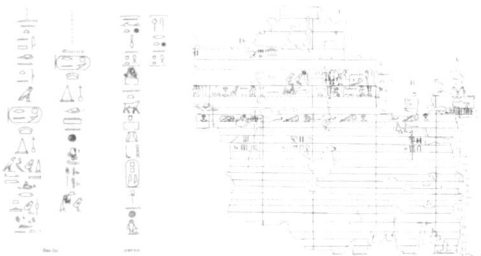

Abb. 12 (li.) & Abb. 13 (re.): Transkription von CG 52001 A (li.) und C (re.)[24]

Hier die drei von POSENER-KRIÉGER transkribierten Fragmente. Die Nr. 52001
A erwähnt den Totentempelkomplex *H̱ʿ-nfr-Rʿw* des Merenre aus der 6. Dynastie.

---

[23] P. POSENER-KRIÉGER, *loc. cit.*, Pl. 6.
[24] P. POSENER-KRIÉGER, *loc. cit.*, 84 resp. 87.

Auf Fragment C befinden sich Reste von Einträgen zu Bauarbeiten, u.a. an einer Pyramide, die als *mḥr-ꜥꜣ* klassifiziert wird, von POSENER-KRIÉGER durch
„pyramide principale" übersetzt.[25]

Abb. 14: Graphie *mḥr-ꜥꜣ* für „Hauptpyramide" in Pap. Cairo CG 52001 C

Wir erkennen eine recht vertraute listenartige Einteilung der Urkunde wie
schon in den Abusir-Archiven, mit horizontalen Linien (hier für die Tage 1-
28)[26] und senkrecht abgetrennten Kompartimenten, die sich sämtlich auf *kꜣ.t* –
„Arbeiten" an königlichen Bauwerken beziehen. Damit allein dürfte dieses
Fragment aus dem 6. Dyn.-Archiv in „Tempel T" des Djoser-Bezirks recht
ähnliche Tätigkeiten notiert haben wie die von COLLOMBERT in den Teti-Papyri
entdeckten.

Paläographisch hat diese Akte aber noch eine regelrechte Delikatesse zu bieten.
Da wir noch lange nicht davon ausgehen sollten, sämtliche hieroglyphisch im
AR verwendeten Zeichen auch im Hieratischen wiederzufinden bzw. umgekehrt mit solchen stets zu rechnen haben werden, die hieroglyphisch bislang
nicht belegt sind, sei dieses kleine Detail hier umso mehr gewürdigt.

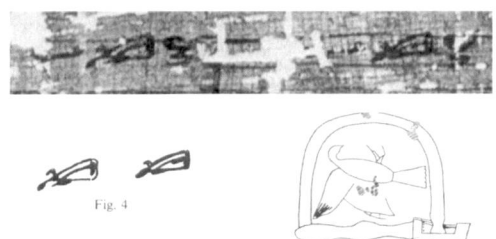

Abb. 15: Hieratogramm für „Vogelfalle" in Pap. Cairo CG 52001 C

---

[25] Ausgehend von der von QUACK korrigierten Lesung des Zeichens 𓌻 (U23) als *m:ḥr* anstelle
des alten *mr*, also mit medialem /ḥ/ bei Ansetzung des Nominalpräfixes /m:/ vor der Wurzel
/ḥr/, liest auch P. COLLOMBERT, in: *GM* 227 (2010), 17-22, hier eine Defektivschreibung *ḥr*,
deren initiales /m:/ unter Einfluss der vorangehenden Präp. *m* in dem Kairener Papyrus ausgefallen sei; id.,*loc. cit.*, 21. Einfacher wäre die Lesung *kꜣ.t n.t mḥr* – „Arbeitten (an) der
Pyramide", also ohne jede Emendation (Vorschlag LEITZ).
[26] Und nach POSENER-KRIÉGERs Beobachtungen, *loc. cit.*, 86, von links nach rechts gezogen.

Es geht um das Zeichen einer Vogelfalle, wie wir sie aus diversen hieroglyphischen Inschriften späterer Zeit, und dann auch aus dem Hieratischen, kennen.
Allerdings hat das zweimal in zwei Kompartimenten als Überschrift vorkom-
mende Zeichen hier nicht diese Bedeutung „Vogelfalle", sondern repräsentiert
lediglich den Lautwert entweder eines architektonischen Terminus namens *sḫt*,
und dieser bezeichnet soviel wie ein „Baugelände". Die andere Möglichkeit
wäre, darin einen Infinitiv zu sehen mit der Bedeutung „versammeln", vielleicht von Leuten oder Baumaterialien.[27]

Zugegeben, allzu viel Neues geben diese Kairener bzw. Saqqara-Fragmente
nicht her, aber die Tatsache allein, dass sie im Djoser-Bezirk gefunden wurden,
bescheinigt bereits ihren Stellenwert als aus den Akten eines königlichen Bau-
betriebes stammend. Wir dürfen vielleicht eine primäre Nutzung des als Tempel T bezeichneten Gebäudes als Akten-Ablage vermuten. RYHOLT rekonstruiert diese Möglichkeit minutiös anhand des von den Ausgräbern nicht selten
nur summarisch oder gar nicht diskutierten Grabungsbefundes.[28] In Anbetracht
des von ihm betonten ausgeklügelten Sicherungssystems, das u.a. von einer
Wachstube aus nur kontrollierten Zugang zu dem Gebäude und seinen Magazinen bzw. „Aktenschränken" ermöglicht haben dürfte. Es ist aber m.E. nicht
*a priori* auszuschließen, daß diese Überwachung auch und gerade dem Schutz
sakraler Texter gedient hat, die während kalendarisch bedingter Feste zur Auf-
führung bzw. Rezitation gelangten. Dazu mögen auch Vorläufer der erst ab
Unas an die Wände gelangten Pyramidentexte gezählt haben.

## II.    Scharuna

Verlassen wir Saqqara endlich und gehen nach Scharuna zu, einem Ort auf dem
Ostufer des Nils in der Nähe des heutigen Kom el-Ahmar Scharuna mit einer
Nekropole spätestens ab der 3. Dynastie.[29] Aus diesem Gebiet soll eine sehr
umfangreiche hieratisch beschriftete Papyrusakte stammen, die seit 1909 in der
Papyrussammlung des Ägyptischen Museums zu Berlin unter der Nr. P. 10500

---

[27] P. POSENER-KRIÉGER, *loc., cit.,* 89, mit Nachweisen.
[28] RYHOLT hat u.a. diesen Räumlichkeiten aus der Perspektive der Archiv- und Bibliotheks-
geschichte des Alten Ägypten einen höchst instruktiven Beitrag gewidmet. Darin spielen
auch das Archiv oder die Archive im sog. Tempel T und angrenzenden Gebäuden im Djoser-
Bezirk mit auffällig magazinartigem Grundriß eine gewichtige Rolle; id., „The Late Old
Kingdom Archive from the Pyramid Complex of Netjerkhet" (i. Dr.).
[29] F. GOMAÀ, *Die Besiedlung während des Mittleren Reiches I. Oberägypten und das Fayum*
(1986), 342ff.

A und B aufbewahrt wird.[30] GOEDICKE hatte ihre Edition bereits 1988 in Aussicht gestellt.[31] Bis zum heutigen Tag schlummert der Papyrus jedoch unpubliziert in seinem Magazin und liegt allenfalls in Gestalt einer ersten Beschreibung aus dem Jahre 1994 vor.[32]

Abb. 16: Auszug aus einer Kolumne von Pap. Scharuna
mit Personennamen Mer-Pepi

Datieren lässt sich diese insgesamt aus mindestens zwei großen Fragmenten bestehende Akte sicher in die 6. Dynastie.

Abb. 17: „Jahr 1, 1. Peret-Monat"

Darauf weist der mehrfach erscheinende basilophore PN *Mry-(Ppi)* - „Geliebter-des-Pepi" klar hin. Die Frage ist nur, ob wir es mit Nr. 1 oder Nr. 2 dieses Königsnamens Pepy zu tun haben.[33] Bei Nr. 1 wären wir nach ungefährer absoluter Chronologie ca. im Jahr 2295, bei Nr. 2 ca. im Jahre 2245, denn mindestens einmal ist ein Jahr 1 komplett erhalten.

Zum Inhalt. Es sind eine ganze Reihe von Jahres-, Monats- und Tagesdaten notiert, von denen dieses auf der Abbildung auf dem Verso auch noch ein Jahr

---

[30] Zur reichlich opaken Erwerbungsgeschichte s. die Bemerkungen in: W SCHENKEL - F. GOMAÀ, *Scharuna I. Der Grabungsplatz. Die Nekropole. Gräber aus der Alten Reichs-Nekropole* (2004), 35 (2.5.1)

[31] *Old Hieratic Paleography* (1988), XVIII-XIX mit Anm. 69. Darin sind die Spalten zu Pap. Boulaq 8 und die zum Scharuna-Papyrus konstant vertauscht, was POSENER-KRIÉGER in ihrer Rez. zu GOEDICKEs Paläographie, in: *BiOr* 49 (1992), 369, natürlich nicht entgangen ist.

[32] G. BURKARD – H.-W. FISCHER-ELFERT, *Verzeichnis der Orientalischen Handschriften in Deutschland XIX.4* (1994), Nr. 95. Seine Provenienz Scharuna ist wohl nicht über jeden Zweifel erhaben.

[33] Zu diesen beiden Königen namens Pepi s. T. SCHNEIDER, *Lexikon der Pharaonen* (1996), 295-301.

1 nennt. Es geht um Getreide mit präzisen Maßangaben, bis auf die Bruchstellen genau.[34] So wird Gerste u.a. „zum Unterhalt" (*n-s:ʿnḫ*) an diverse Personen ausgehändigt, u.z. als Naturalie (*m-it*) nach den zu beliefernden PN genannt. Eine Flachsladung geht an den Stoffvorsteher *Mkwi* etc.

Für unsere Einschätzung des Hieratischen sind paläographisch von Interesse die folgenden Zeichen(gruppen):

Abb. 18: Paläographisches: *m-mtr* – „als Zeuge"

Nehmen wir ein so einfaches Zeichen wie die *m* – Eule 𓅓 (G17). Der Scharuna-Papyrus zeigt klare Zwischenstadien von der kursivhieroglyphischen hin zur späteren und dann echt hieratischen Gestalt, die so nicht in der Tabelle in GOEDICKES *Old Hieratic Palaeography* erfasst ist:

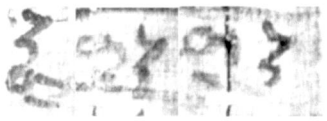

Abb. 19: *it m-it* – „in Form von Getreide"

Abb. 20: Personenname *Mmi* mit deutlich abgesetztem Determinativ A1

Dieser Personenname besteht aus den drei Einkonsonantenzeichen *M-m-i*.[35] Namen zu Listen zusammengestellt weisen regelhaft ihre Determinative des sitzenden Mannes oder der sitzenden Frau getrennt am linken Rand der Listen auf. Je nach Länge der tatsächlichen Namen ist der Abstand zwischen diesen und den Determinativen unterschiedlich groß.[36]

---

[34] Dazu im Detail T. POMMERENING, *Die altägyptischen Hohlmaße* (2005), 102 mit Tab. 5.1.1.
[35] H. RANKE, *PN I*, 149.18.
[36] S. die bei F. HOFFMANN, „Aufzählungen, Listen, Kataloge und Tabellen im alten Ägypten – formale und inhaltliche Aspekte", in: S. DEICHER et al. (Hgg.), *Die Liste. Ordnungen von Dingen und Menschen in Ägypten* (2015), 87-123; dort bes. 91-93, genannten Beispiele.

Abb. 21: Beispiel für abgekürzte Wachtelküken

Drei Beispiele aus der gleichen Personenliste, in der auch *Mmi* vorkommt, mit ersten Beispielen der Sekundärform von G43, dem Wachtelküken.

Der sog. Scharuna-Papyrus weist eine ganze Reihe von stark abgekürzten und häufigen Einkonsonantenzeichen auf. Seine Edition wird die Paläographie des Hieratischen der 6. Dyn. um einige neue Facetten bereichern.

**III.    Ayn Asil bei Balat (Dachlah-Oase)**

Inwieweit wir im Falle des Scharuna-Papyrus von oberägyptischem Provinz-hieratisch, im Unterschied zu dem der Residenzregion um Memphis-Saqqara in der 6. Dyn. sprechen dürfen, wird sich frühestens nach seiner wie auch der Edition zeitgenössischer hieratischer Dokumente aus Elephantine einigerma-ßen abschätzen lassen. Grundsätzlich darf in Folge des erhöhten Aktenaufkom-mens in der Residenz mit einer beschleunigten Entwicklung hin zum kursive-ren Hieratisch gerechnet werden, als in den Orten und Regionen, in denen die Bevölkerungsdichte sowie der schiere Verwaltungsumfang von Wirtschafts-und Kultbetrieben geringer gewesen sein dürfte.

Gehen wir in die vielleicht noch tiefere Provinz als Scharuna in Mittelägypten, nämlich in die Dachlah-Oase, genauer gesagt nach Ayn Asil bei Balat. Dort gräbt das IFAO seit 1974 und zwischen 1987 und 2008[37] sind annähernd 60 Dokumente in Gestalt hieratisch geschriebener Briefe auf Tafeln aus dem lokal anstehenden rötlichen Ton ans Tageslicht getreten, neben hunderten anderer Urkundentypen bzw. Fragmenten von solchen.[38] *Summa summarum* bildet das

---

[37] Ich beziehe mich hier auf den letzten mir bekannten Bericht über den Tafelbestand in dem Beitrag von L. PANTALACCI, „Archivage et scribes dans l'oasis de Dakhla (Égypte) à la fin du IIIᵉ millénaire", in: ead. (Hg.), *La lettre d'archive. Communication administrative et per-sonnelle dans l'antiquité proche-orientale et égyptienne* (2008), 141-153. Einige Briefe, Listen von Personennamen und Fragmente unbekannter Funktion bereits ediert von ead., in: G. SOUKIASSIAN – M. WUTTMANN – ead. (Hgg.), *Le palais des gouverneurs de l'époque de Pepy II. Les sanctuaires de ka et leur dépendances. Balat VI* (2002), 331-384; dort: 375-384 auch eine hieratische Paläographie der Texte.

[38] Für präzisere Zahlen s. L. PANTALACCI, *loc. cit.*, 142. Dazu gehören die üblichen Ver-dächtigen, als da wären Abrechnungen, Inventare und onomastische oder Personennamen-listen.

Corpus der Briefe ca. 10% des Gesamtbestandes der tönernen Texte von Balat. Wir haben schon von dem interessanten Umstand gehört, daß diese Briefe nicht etwa mit einer Binse auf dem zu erwartenden Schreibmaterial Papyrus geschrieben worden sind, sondern mit einem Griffel oder Stylus in den noch weichen Ton geritzt.[39] Die Laufzeit dieser Texte erstreckt sich vom Ende des AR bis in den Anfang der 1. Zwzt., also grob in das 22. Jh. v. Chr.

Direkt in und in der Nähe des dortigen Gouverneurspalastes aus der 6. Dyn. sind die einzelnen Tafelfunde gemacht worden, genauer gesagt nördlich des Hauptbezirkes ca. 500 Exemplare, dort aber nur 5 Briefe, einer davon komplett erhalten. Im Südteil des Palastgebäudes scheint ein regelrechtes Archiv gelegen zu haben. An dieser Stelle, am W-Tor sowie am NW-Tor und im Peristyl des Palastes wurden insgesamt ca. 30 Briefe entdeckt. In einem weiteren Archiv nordöstlich der Residenz stießen die Ausgräber auf 272 gesiegelte und 279 weitere Tafeln bzw. Fragmente davon, die zuvor in stuckierten Holzkisten verwahrt waren.[40] Man scheint sie während der Nutzung des Palastes in regelmäßigen Abständen aus dem Gebäude und auf Halden geworfen zu haben, nachdem sie ihre Aktualität verloren hatten, eventuell auf monatlicher Basis.

Abb. 22: Balat-Tafel mit Stylus[41]

Hier ein Beispiel mit seinem Griffel aus der Tibia bzw. dem Schienbeinknochen einer Ziege, mit dessen Hilfe die Texte wie solche in Keilschrift eingeritzt wurden. Inhaltlich handelt es sich um eine Auflistung von Objekten wie Möbeln, die von 10 Personen transportiert werden, wie wir sie auch auf zeitgenössischen Grabwänden antreffen.

---

[39] In diesem Kontext ist unbedingt der aus dem NR bekannte Gebrauch ungebrannten Tons für die sog. „Magischen Ziegel" mit ihrem Totenbuchspruch 151d-g zu erwähnen; s. dazu beiläufig Kap. 14 Anm. 117.
[40] Dazu auch knapp C. EYRE, *The Use of Documents in Pharaonic Egypt* (2013), 255f.
[41] L. PANTALACCI, in: *25 ans de découvertes archéologiques sur les chantiers de l'IFAO 1981-2006* (2007), 67.

Die Tafeln wurden anschließend genauso wenig gebrannt wie im Alten Orient, und wenn sie heute wie die aus Balat wie gebacken aus dem Boden kommen, dann ist das auf den gewaltigen Brand zurückzuführen, dem der Palast von Balat zum Opfer gefallen ist.

Das Durchschnittsmaß der Tafeln beträgt etwa 12 x 8 cm mit ø 3-7 Kolumnen Text. Die meisten der Briefe sind anonym gehalten, also ohne Absender und Adressat, offenbar wussten die Beteiligten in diesen Fällen, wer zu wem sprach bzw. schrieb. Aber es tauchen durchaus Autoreferenzen nach dem Muster *bȝk-im.i* – „Diener, der ich bin" auf.[42]

Abb. 23: Briefträger = Schreiber bei der Arbeit[43]

Überbracht wurden sie von einem sog. *iry-mdȝ.t* – „préposé au courrier" oder „Briefträger; Kurier". Allerdings kaschiert diese Übersetzung die in Balat nachweisbare Literalität der *iry.w-mdȝ.t*. Auffällig in dieser Palastverwaltung ist nämlich die Tatsache, dass bis auf einen Siegelabdruck in den Urkunden selbst nie der Schreibertitel auftaucht. Die *iry.w-mdȝ.t* scheinen diese Aufgabe wahrgenommen zu haben.

Listen, Abrechnungen und Inventare sind durchweg anonym, ohne Schreibernamen, gehalten. Inhaltlich weisen sie bisweilen auf Fortsetzungsschreiben hin, Adressat hatte sich also auf weitere Instruktionen oder Informationen einzustellen. Es scheint ferner gängige Praxis gewesen zu sein, Briefe doppelt zu archivieren und gelegentlich erfolgt sogar *expressis verbis* eine Aufforderung an den Adressaten, von dem erhaltenen Schreiben eine Kopie anzufertigen. Trotz dieses scheinbar regen Briefverkehrs wird mit einer überwiegenden Illiteralität selbst innerhalb des Palastbetriebes und besonders außerhalb zu rechnen sein. Mehr noch als per Schreiben auf Ton wird man auch über gewisse Distanzen hinweg oral miteinander kommuniziert haben.

---

[42] T. HOFMANN, *Zur sozialen Bedeutung zweier Begriffe für <Diener>: bȝk und ḥm. Untersucht an Quellen vom Alten Reich bis zur Ramessidenzeit* (2005), *pass.*
[43] P. PIACENTINI, „Les «préposés aux écrits» dans l'Égypte du IIIᵉ millénaire av. J.-C.", in: *Rd'É* 53 (2002), 179-196; dort: 181 Fig. 1; zu denen von Balat, *op. cit.*, 188-90.

Paläographisch ist auffällig, dass sich bei zunehmender Länge der Briefe auch die Routine des Schreibers manifestiert. In diesen Fällen sitzt er nachweislich im Palast und nicht außerhalb. Vielleicht deutet das auf eine gewisse Qualifikation der Personen hin, indem nur die besten unter ihnen hier angestellt wurden.

Abb. 24: Liste von Getreide mit Feldervorstehern[44]

Die Tafel 5308 auf dieser Abbildung nennt *it-*„Gerste" und *imy.rꜣ-sḫ.t–* „Feldervorsteher", stammt mithin aus der Agrarverwaltung der Oase.

Abb. 25: Neue Hieratogramme aus Balat[45]

Schließlich noch einige neue Hieratogramme, die bislang in keiner Paläographie des AR-Hieratisch erfasst sind. Das linke Zeichen stellt einen Erntearbeiter in Aktion dar, das rechte einen Wasserschöpfer. Leider gibt PANTALACCI keine Lautwerte der Zeichen preis.

---

[44] Fig. 1 bei L. PANTALACCI, „Agriculture, élevage et société rurale dans les oasis 'après les archives de Balat (fin de l'Ancien Empire)", in: *CRIPEL* 25 (2005), 79-91; dort: 84; s. ferner83 zum *it-*„Getreide" und 86 zu den *imy.w-rꜣ-sḫ.t–* „Feldervorstehern".

[45] L. PANTALACCI, „Nouveautés graphiques et lexicales dans le corpus des textes de Balat", in: S.J. SEIDLMAYER (Hg.), *Texte und Denkmäler des Ägyptischen Alten Reiches* (2005), 275-285; dort: 276 Fig.1. Das linke Zeichen findet sich in der Paläographie in: Le palais des gouverneurs, 375 und auf S. 334 mit der Lesung *ꜣzḫ*; s.o. Anm. 16.

Abb. 26: Das Töpfer-Hieratogramm[46]

Außer beim Töpferzeichen mit der Lesung *iḳd.w* bleiben die anderen Lesungen mit der endgültigen Edition der Tafeln abzuwarten. Man kann sich darüber streiten, ob der Töpfer steht oder, was wahrscheinlicher ist, am Boden hockt und sein Produkt in Händen hält.

Abb. 27: Statue (*rpw.t*) einer Göttin auf ihrer Sänfte[47]

Dieses Hieratogramm determiniert den Terminus *rpw.t*-„Statue einer Göttin", die sicher mit einem Attribut in den Händen ausgestattet war, dessen genaue Identität allerdings aufgrund seiner extremen Kursive nicht zu identifizieren ist.

Hand in Hand mit diesen erstmalig belegten Hieratogrammen aus dem AR gehen lexikalische „Neuheiten" in den Balat-Urkunden, die es in unsere zukünftigen Wörterbücher des Ägyptischen aufzunehmen gilt.[48]

Hieratisch in Ton geritzt ist beileibe nicht auf diese frühen Texte aus der Provinz beschränkt, sondern findet sich in erheblich späterer Zeit – ab dem NR – besonders als Träger von Exzerpten aus dem Totenbuch-Kap. 151. Wir sprechen dann von den sog. Magischen Ziegeln, die in vier Nischen der Grabkammer deponiert werden sollten. Auf sie sei hier lediglich unter dem Aspekt des Schriftträgers verwiesen.[49]

---

[46] Ead., *loc. cit.*, 277 Fig. 2.

[47] Ead., *loc. cit.*, 277 Fig. 3.

[48] S. ferner L. PANTALACCI – J. LESUR-GEBREMARIAM, „Wild animals downtown: Evidence from Balat, Dakhla Oasis (end of the 3ʳᵈmillenium)", in: H. RIEMER *et al.* (Hgg*.), Desert animals in the eastern Sahara: Status, economic significance, and cultural reflection in antiquity. Proceedings of an Interdisciplinary ACACIA Workshop held at the University of Cologne December 14–15, 2007* (2009), 245-259; dort: 248 Fig. 2, das in Ton geritzte Hieratogramm einer Antilopenart (?; *mȝ-s.t*) und auf S. 249 Fig. 4 das einer *g̱ḥs.t* – Gazelle. Statt der Antilope verweist mich LEITZ auf seine Deutung als "Rotfuchs", s. id., in: *BiOr* 57 (2000), 275 (dort bereits Hinw. auf diese Quelle aus Balat).

[49] Dazu ausführlich C. THEIS, *Magie und Raum* (2014), 539-569; id., Wenn Archäologie und Philologie nicht harmonieren. Magische Ziegel, ihre Nischen und Totenbuchspruch 151d– g, in: *ZÄS* 142 (2015), 85–95.

## 8.    Elephantine – Briefe und Topfaufschriften aus Siedlung und Nekropole (Insel & Qubbet el-Hawa) (6. Dyn.)

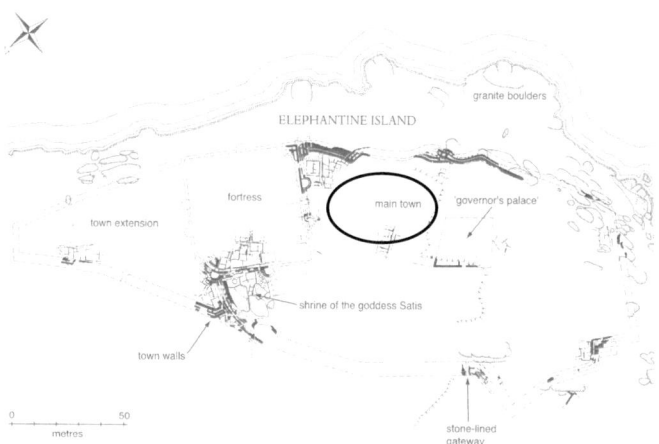

Abb.1: Karte Elephantine– Frühzeit und Altes Reich[1]

Ein weiterer Ort auf der Landkarte des Hieratischen im AR, an dem entsprechende und spätestens in die 6. Dyn. datierende Schriftfunde gemacht werden konnten, sind die Insel Elephantine am 1. Katarakt und nordwestlich gegenüber der Abhang an der Qubbet el-Hawa am Nilufer. Teils sind diese Funde leider durch clandestine Aktivitäten von Schatzsuchern zutage gekommen, zum andern Teil aber glücklicherweise auch durch systematische und wohl dokumentierte Ausgrabungen. Dieser Umstand ist ja nicht gerade typisch insbesondere für die frühe Grabungsgeschichte auf der Insel und der benachbarten Nekropole auf der Westseite des Nils.

Hier zunächst zur Orientierung einige Blicke auf die Landkarte von Elephantine mit seinen frühen Siedlungsspuren. Die AR-Stadt liegt am SO-Zipfel der Insel und ist hier eingerahmt („main town" in KEMPs Plan).

Südlich davon liegt der sog. Gouverneurspalast, nördlich der Schrein bzw. spätere Tempelbezirk der Göttin Satet, etwas nordöstlich die Festung sowie weitere Stadtbezirke im Norden.

---

[1] Aus: B. KEMP, *Ancient Egypt. Anatomy of a Civilization* (Second Edition, 2006), 198 Fig. 69.

Besonders aus der 6. Dyn. standen die Häuser der Siedlung bei ihrer Freilegung noch bis zu 3m Höhe an. Dass auch in ihnen und nicht nur etwa in dem Governeurspalast geschrieben wurde, werden wir bald anhand eines ergreifenden Privatbriefes noch sehen.

Abb. 2: Die Südostecke von Elephantine zwischen 1906-1909 vor den ersten Grabungen[2]

Dieser Blick auf die SO-Spitze der Insel zeigt den antiken Siedlungsplatz vor den Grabungen zwischen 1906 und 1909. Diese Grabungen von deutschen und französischen Archäologen und vor allem Philologen hatten nur ein Ziel, nämlich Texte zu finden, besonders Papyri und Ostraka. Ans Tageslicht kamen dabei dann solche in Ägyptisch, Griechisch, Koptisch, Arabisch und Aramäisch.[3]

Abb. 3: Der gleiche Blick 1998[4]

---

[2] Aus: W. KAISER, *Elephantine. Die antike Stadt* (1998), Taf. 1a.
[3] S. die Anthologie von B. PORTEN (Hg.), *The Elephantine Papyri in English.* (1996).
[4] W. KAISER, *Elephantine. Die antike Stadt* (1998), Taf. 1b.

Und so präsentierte sich das gleiche Terrain 90 Jahre später im Verlaufe der Grabungen des Deutschen Archäologischen Instituts, Abt. Kairo (DAI), und derjenigen des Schweizerischen Instituts für Bauforschung.

Im Jahre 2008 hat PANTALACCI die Entdeckungs- und Erwerbungsgeschichte der Elephantine-Hieratika skizziert.[5] Laut ihrer Rekonstruktion beginnt alles mit Plünderungen antiker Stätten und wohl auch zufälligen Funden durch Einheimische auf der Insel. Wir haben eine solche Fundgeschichte ja schon im Zusammenhang mit dem Abusir-Archiv von Neferirkare und den Amarna-Tafeln in Keilschrift gehört.[6]

Nach Auftauchen von Handschriften im Antikenhandel bekommen auch einige Ägyptologen davon Kenntnis und kaufen Konvolute teils für die private Sammlung oder für die ihrer Institute und Universitätsbibliotheken an. So geschehen 1890 durch den amerikanischen Ägyptologen WILBOUR (1833-1896)[7] und 1896 durch seinen deutschen Kollegen SPIEGELBERG (1870-1930).[8] Ersterer berichtet darüber beiläufig in seinem Reisebericht *Travels in Egypt (December 1880 to May 1891).*[9] WILBOUR, nach ägyptologischer Ausbildung in Paris und Berlin, zählt zweifellos zu einem der bedeutendsten Sammler altägyptischer Handschriften. Seine Aegyptiaca nebst dazugehöriger Bibliothek sollten im Jahre 1947 auf Geheiß seiner Tochter Theodora in den Besitz des Brooklyn Museum in New York übergehen.[10] Dazu zählen so berühmte Handschriften wie der Schlangentraktat[11] aus der Saitenzeit, zahlreiche magiko-medizinische

---

[5] „Nouvelles récentes des archives anciennes trouvées dans la ville d'Éléphantine", in: C. GALLOIS *et al.* (Hgg.), *Mélanges offerts à François Neveu* (2008), 239-244.

[6] S.o. Kap. 6.

[7] M.L. BIERBREIER (Hg.), *Who Was Who in Egyptology* (2012), 576f.

[8] M.L. BIERBREIER (Hg.), *Who Was Who in Egyptology* (2012), 521f. Alle wesentlichen biographischen Details zu seiner Person sind versammelt in dem Band *Wilhelm Spiegelberg als Sammler* (1995) aus der Feder von A. GRIMM, *op. cit.*, 1ff.

[9] *Letters of Charles Edwin Wilbour Edited by Jean Capart* (1936), 552 und 554. S. jetzt a. die Biographie zu BREASTED von J. ABT, *American Egyptologist: The Life of James Henry Breasted and the Creation of His Oriental Institute* (2012).

[10] Einen aktuellen Überblick über den Bestand an magiko-medizinischen Papyri in der Slg. Wilbour gibt P.F. O'ROURKE, „La codification du savoir médical à l'époque Saïte", in: *EAO* 71 (2013), 33-41.

[11] Posthum ediert von S. SAUNERON, *Un traité égyptien d'ophiologie. Papyrus du Brooklyn Museum N^os 47.218.48 et 85* (1989).

Handbücher[12] und der große Pap. Wilbour[13] mit einem Felderkataster samt Steuerlisten aus Mittelägypten aus der Zeit Ramses' V. Aber auch zahlreiche AR-Fragmente aus Elephantine sind darunter zu nennen, die noch ihrer Edition harren.

1896 erwirbt der damalige Privatdozent für Ägyptologie an der Universität Strasbourg, SPIEGELBERG, ein weiteres Konvolut von Fragmenten für seine Universitätsbibliothek. Gleichzeitig gelangt das Berliner Ägyptische Museum und Papyrussammlung in den Besitz entsprechender Stücke. Auch der Name SAYCE (1845-1933),[14] eines britischen Altertumswissenschaftlers und Philologen, ist mit dem Erwerb von Elephantine-Papyri verbunden.[15] Der Verbleib seiner Elephantine-Papyri bleibt leider unbekannt, PANTALACCI vermutet sie in Schottland, aber vielleicht sind sie sogar mit dem *Wilbour lot* identisch: hier herrscht noch Unklarheit.

Unterm Strich gehören alle die von SPIEGELBERG, dem Berliner Ägyptischen Museum und die von SAYCE gekauften Stücke zu ein und demselben Konvolut und eventuell auch einzigen Fund illegaler Ausgräber auf der Insel. Zwischen Berlin und Strasbourg kam es zu manchem Austausch einzelner Stücke und 1911 publiziert MÖLLER einige Beispiele in Band III der Serie *Hieratische Papyrus aus den Königlichen Museen zu Berlin*, also zeitgleich mit dem Erscheinen seiner drei Bände *Hieratische Paläographie*.

In der Zwischenzeit waren 1906/7 durch die von RUBENSOHN (1864-1967)[16] und ZUCKER (1881-1973)[17] auf Elephantine durchgeführten Papyrusgrabungen weitere Zeugnisse auch von AR-Hieratika ans Licht gekommen, die ihren Weg auf die Berliner Museumsinsel finden sollten. Das Terrain, auf dem RUBENSOHN und ZUCKER auf sie stießen, wird durch die archäologischen Grabungen des DAI in Kairo inzwischen als Palastzone der Gouverneure aus der 6. Dyn.

---

[12] Letzte Edition eines Schutzbuches für die Ohren eines Königs Psammetich von P.F. O'ROURKE, *A Royal Book of Protection of the Saite Period: pBrooklyn 47.218.49* (2015), s. dazu Kap. 21.

[13] Ed. A.H. GARDINER, *The Wilbour Papyrus*, 3 Bde. (1948), zusammen mit einem Indexband von R.O. FAULKNER (1952), s. dazu Bd. II, Kap. 17.

[14] M.L. BIERBREIER (Hg.), *Who Was Who in Egyptology* (2012), 489f.

[15] Er hat übrigens als erster erkannt, dass die Hethiter ihre Hauptstadt beim heutigen Boghazköy angelegt hatten.

[16] M.L. BIERBREIER (Hg.), *Who Was Who in Egyptology* (2012), 477f.

[17] M.L. BIERBREIER (Hg.), *Who Was Who in Egyptology* (2012), 599f.

und 1. Zwzt. klassifiziert. Dadurch wird auch endlich klar, dass es sich um offizielle Dokumente dieser Palastverwaltung und nicht um Reste eines ehemaligen Privatarchivs handeln muss. Es liegt mithin eine ähnliche Befundsituation dieser administrativen Hieratika vor wie im Palastbezirk von Balat in der Dachlah-Oase; s.o. Kap. 7.

Neben den Funden von Papyri und Ostraka auf der Insel selbst haben wir noch auf den reichhaltigen Bestand von beschrifteten Krügen aus dem späten AR und der 1. Zwzt. hinzuweisen. Gefunden wurden diese Krüge in Gräbern der lokalen Gouverneure auf der Qubbet el-Hawa, der Felsgräbernekropole auf dem Westufer des Nils; dazu später.[18]

Nun aber endlich zu einigen ausgewählten Stücken selbst und dabei konzentrieren wir uns auf die besterhaltenen und aussagekräftigsten. An Textgattungen bzw. Dokumenttypen haben wir Briefe, Abrechnungen, Inventare von Gütern und Personen, mithin das übliche Spektrum dessen, was wir aus Saqqara, Abusir, Scharuna und Balat bereits kennen.

Bei Pap. Berlin P. 8869 handelt es sich um einen Brief, leider ohne dokumentierten Fundkontext. In der kurzen Eingangskolumne am rechten Rand nennt sich der Absender in einer horizontalen Zeile: Er ist ḥꜣty-ꜥ – Fürst, Lordsiegelbewahrer, Einziger Freund und Siegelbewahrer des Gottes namens Iru-rehu. Er schreibt an den Truppenvorsteher namens Mer-Re-nachte, dessen Name in der horizontalen Zeile oberhalb des eigentlichen Briefkörpers platziert wird. Links vom Absender ist noch in Spuren ein senkrechter Strich erkennbar, der trennende Funktion in Bezug auf den nachfolgenden Briefinhalt hat. Dieser Brief sollte in der Ägyptologie aufgrund seines pikanten Inhaltes sehr schnell einige Berühmtheit erlangen. Kurz gesagt geht es um Diebstähle seitens eines ḥꜣty-ꜥ-Bürgermeisters von Elephantine namens Sabni, dem auch Kungelei mit Nubiern im Verlaufe einer seiner Expeditionen vorgeworfen wird. Datieren dürfen wir den Brief wohl in die späte Zeit Pepis' II, also an das Ende der 6. Dynastie.

---

[18] Zu den Qubbet el-Hawa-Gefäßen s. a. M. HÖVELER-MÜLLER, in: L.D. MORENZ *et al.* (Hgg.), *Zwischen den Welten. Grabfunde von Ägyptens Südgrenze* (2011), 231-253. Ein weiteres Konvolut von althieratisch beschrifteten Krügen im Äg. Museum Berlin hat jüngst K.-J. SEYFRIED rekonstruieren und mit Privatstelen der späten 6. Dyn. aus Naqada (Qus) verknüpfen können; s. seinen Beitrag „Hieratische Gefäßaufschriften aus dem späten Alten Reich", in: *ZÄS* 141 (2014), 56-82 mit 42 Abb.

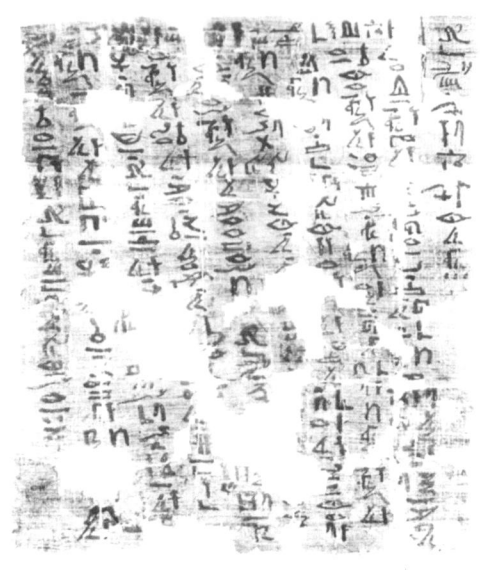

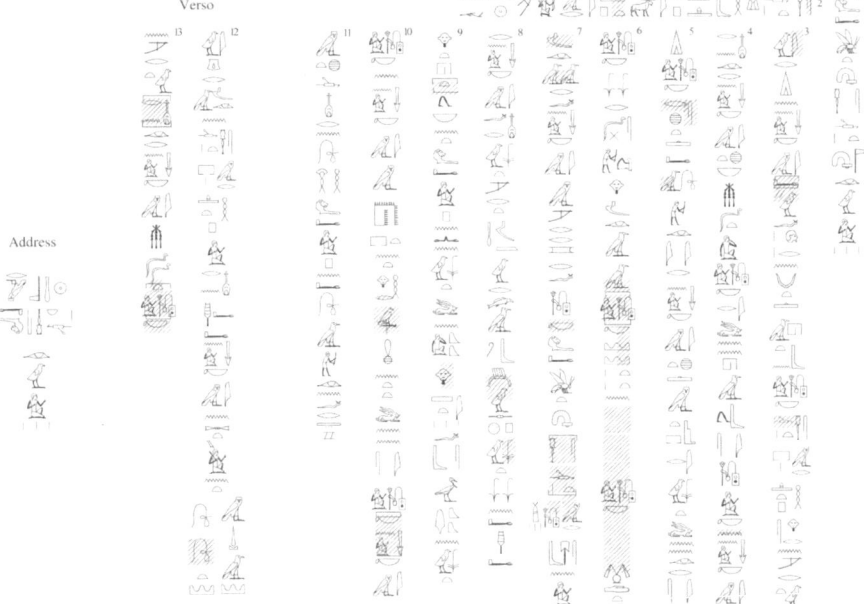

Abb. 4: Pap. Berlin P. 8869[19]

[19] Photo aus: G. BURKARD – H.-W. FISCHER-ELFERT, *Ägyptische Handschriften Teil 4* (1994), Nr. 76 & Frontispiz. – Dieser Brief ist einer Neuinterpretation durch C.M. MANASSA unterzogen worden; s. ead., „The Crimes of Count Sabni Reconsidered", in: *ZÄS* 133 (2006),

## Straßburger Fragmente

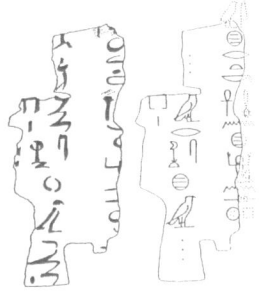

Abb. 5: Pap. Str. 3[20]

Und so sehen die Fragmente in Straßburg und teilweise auch in Berlin und New York (Brooklyn Museum) aus. Die Straßburger Fragmente hat EDEL einer eingehenden Analyse unterzogen und dabei in unnachahmlicher Weise auch Ergänzungen vorgenommen, die auf der Heranziehung paralleler Brief-Phraseologie beruhen.

Diese Fragmente sind nicht selten nur briefmarkengroß, sie stammen sämtlich von Briefen, konkret von deren Anfängen. Aufgrund der Tatsache, dass solche Texteinleitungen einem schon damals in der 6. Dyn. recht fixen Formular mit Segensformeln unterlagen, fiel es EDEL nicht allzu schwer, die Textsplitter über das bisschen Erhaltene hinaus nach vorne und nach hinten bzw. nach oben und nach unten hin über ganze Strecken zu ergänzen. Inhaltlich geben diese Straßburger Stücke so gut wie nichts an Informationen zu damaliger Verwaltung und Rechts- oder Privatleben preis. Dennoch verdienen sie eine gesonderte Edition, weiß man doch nie, ob sie nicht eines Tages mit anderweitig auftauchenden Fragmenten derselben Texte direkt oder zumindest digital „gejoint" werden können.

Bis hierher hatten wir es mit nicht-dokumentierten Papyrus-Funden aus Elephantine zu tun. Die Sachlage ändert sich grundlegend u.a. mit dem folgenden

---

151-163 mit hier reproduzierter Transkription auf Taf. XXXXVI. Bei besagtem Sabni handele es sich nach MANASSA am wahrscheinlichsten um den Sohn des Pepinacht-Heqaib (Grab QH 31) aus der späten 6. Dyn., dessen Grab mit QH 34 (Sabni-Heni) zu identifizieren ist.

[20] E EDEL, „Unpublizierte althieratische Elephantine-Papyri aus Straßburg", in: I. GAMER-WALLERT – W. HELCK (Hgg.), *Gegengabe. Festschrift für Emma Brunner-Traut* (1992), 73-81; dort: S. 75.

Beispiel eines Briefes, der über einen sauber dokumentierten archäologischen Befund verfügt.

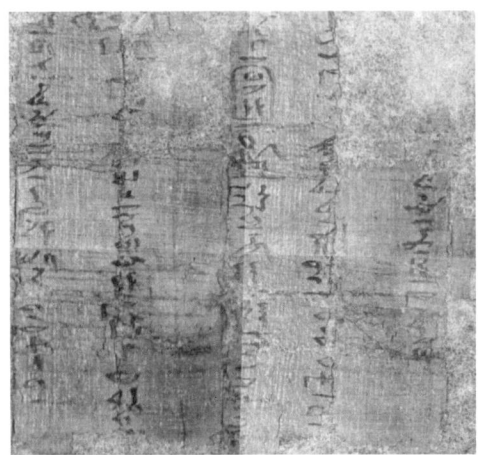

Abb. 6: Privatbrief von Tochter an Vater
(P. 27664a Elephantine aus der Zeit des Königs Mery-Re Pepi I.)[21]

Er ist im Verlaufe der DAI-Grabungen am 9. März 1998 entdeckt worden und die Fundumstände sind einesteils so aufregend wie auch rätselhaft.

Zunächst also zur Archäologie dieses Briefes. In ein unversiegeltes Leinensäckchen gehüllt, wurde er unter der Drehangel einer Tür in einem Mauereck zwischen Wand und Türlaibung entdeckt. Das betreffende Gebäude liegt westlich des Satet-Tempels und südlich des späteren Chnum-Tempels. Es handelt sich bei ihm nicht um ein Privathaus, eher um ein wirtschaftlich genutztes Anwesen. ZIERMANN spricht von einer Deponierung, da solche Ablagen wie auch die von Flintmessern und Perlen in der Frühzeit und im AR auf Elephantine ganz üblich seien.

Restauriert wurden die Fragmente kurz nach Auffindung von KRUTZSCH, der Papyrus- und Handschriftenkonservatorin am Ägyptischen Museum und Papyrussammlung zu Berlin.

---

[21] Ed. Verf., „Brief einer Tochter an ihren Vater (Pap. 27664a; Zt. Pepi I)", in dem von KOPP (DAI Kairo) herausgegebenen Band Elephantine XXIV. Mein Dank für archäologische Auskünfte gilt Dietrich Raue, Martin Ziermann und Peter Kopp, für philologische Hilfen im Verständnis des Briefes auch an dieser Stelle Laure Pantalacci und James P. Allen. Die Aufnahme stammt von M. KRUTZSCH (Äg. Mus. u. Pap.Slg. Berlin).

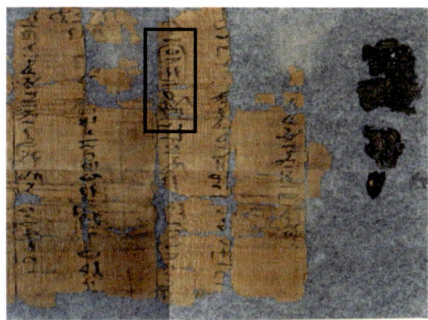

Abb. 7: Anfang des Briefes von Tochter an Vater mit Datierung unter Mery-Re in Z. 3'
Restaurierter Zustand[22]

Danach verteilen sich die Fragmente wie hier auf dieser Detailaufnahme zu sehen. Vom Anfang des Schreibens sind noch erkleckliche Reste erhalten, und es
kommt der besonders erfreuliche Umstand hinzu, dass der Brief auch noch unter einen König datiert wird: In Z. x+4 erscheint eine geradezu kalligraphisch
geschriebene Kartusche des Königs Mery-Re, und das ist der Thronnname von
Pepi I, dem 3. König der 6. Dynastie. Aber in Wirklichkeit ist das der 2. Thronname Pepis' I., denn seinen ursprünglichen Thronnamen Neferzahor hat Pepi
irgendwann im Verlaufe seiner mindestens 20jährigen, eventuell sogar mehr
als 50-jährigen, Regierung geändert. Auf Elephantine selbst ist er durch die
Stiftung eines Naos für die Lokalgöttin Satet hervorgetreten, auf dem er den
gleichen Thronnamen wie auf dem Brief trägt.[23] Wir bewegen uns absolut-
chronologisch ca. in der 1. Hälfte des 23. Jh.

Hier die dazugehörige Übersetzung:

1')   „[… Mitteil]ung deiner-Tochter-da (z3.t=k-im) diesbezüglich:
2')   [Mögen dich alle Götter] Oberägyptens (und) dein Herz mit einem
      langen Leben [versehen(?)], einem wunderbaren Alter und Geleiten zur Jen-
      seitsversorgung ewiglich!
3')   [Möge die Majestät] des (Mery-Re), er lebe ewig und dauerhaft, [für dich
      tun], was er für gewöhnlich lobt und was er darin wünscht!
4')   [Mögen] die Gött[er versehen(?)] das Kind, das ich dir gebracht/ geholt habe,
      mit langem Leben und millionenfach. Mögen alle Götter dir [wohlgesonnen]
      handeln!
5')   […] der Verlust in diesem Herzen deiner-Tochter-da, die von deiner guten
      Verfassung gehört hat.

---

[22] Aufnahme M. KRUTZSCH (Äg. Mus. u. Pap.Slg. Berlin).
[23] D. VALBELLE, *Satis et Anoukis* (1981), 1 (Nr. 4).

6')    […] sie […], um sie fortzuführen nach Unterägypten, (denn) die Mutter deiner-Tochter-da wurde fortgeführt nach [Unter]ägypten.

7')    [Bezüglich dessen, was gesagt wurde] in diesem Brief, so werde ich zu einer Frau werden, die den Sommer verbringt ohne eine Bettstatt, obwohl es gesagt wurde, daß er es ihr gegeben hatte.

8')    […] …deti darin, bis er gekommen ist mit meinem Brief. Was aber nun dieses betrifft, was gesagt hat Ik[em]

9')    [über] deine-[Tochter]-da: Wurde gesagt, daß deine-Tochter-da den Brief nicht zu Ikem hat bringen lassen?

10')    [Siehe], es ist deine-Tochter-da, die veranlassen wird, daß der Brief zugestellt wird an Ikem, meinen Herrn. Es wurde geschrieben an Ik-

11')    [em] dort, so daß die 6 von It-scheri überprüften Menit an den Beamten Neri gebracht werden mögen.

12')    [Was angeht …], den du mir gesandt hast mit einem *mn*-Stoff und einer Matte: Er hat mir davon nicht(s) (ab)gegeben.

13')    […] …(?). Es/er wurde mir nicht ausgehändigt."

Wer spricht dort eigentlich? Schauen wir auf die Zeilen 1', 5', 9' und 10'. Hier spricht eine Tochter, die sich selbst als *z3.t=k-im.i* – „Deine-Tochter-dort / (bin ich)" bezeichnet.

Gemeint ist soviel wie „meine-Wenigkeit", also dient diese Form der Autoreferenz als eine Art Ersatz für die bislang fehlende 1. Sg. Femininum. Wir haben damit erstmalig in einem Brief aus dem AR und damit auch im Hieratischen dieser Epoche eine neue, zusätzliche Autoreferenz eines Briefsenders, denn die maskuline Form *z3=k-im.i* – „dein-Sohn-da" ist uns längst bekannt. Andere Autoreferenzen in Briefen sind z.B. *zh3.w=k-im.i*– „dein-Schreiber-dort" oder *b3k-im.i*– „der-Diener-dort" oder „Der-Diener-der-ich-bin".

„Deine-Tochter-dort" oder „Deine-Tochter-die-ich-bin", je nach Deutung des Adverbs im oder der Nisbe von der Präposition *m* macht klar, an wen sie sich wendet, mithin an ihren Vater.[24] Diese Tochter, die anonym bleibt, weil die Absenderangabe fehlt, wendet sich an ihren Vater, dessen Adresse uns gleichfalls verborgen bleibt, ebenso wie sein Aufenthaltsort. Das Wort *iti* für „Vater" und „Großvater" erscheint zwar an keiner Stelle im erhaltenen Wortlaut, aber das muss es auch gar nicht, geht diese Filiation doch aus dem Selbstverweis *z3.t=k-im.i* bereits hervor.

---

[24] Zur Natur des fraglichen *im/im.i* vgl. E. EDEL, *Altägyptische Grammatik* (1955), § 202.

Wenn wir uns nun weiternach Briefen von Frauen im AR umschauen, dann hat es ganz den Anschein, als ob diese nur selten eine Stimme in diesem Medium verliehen bekommen. Wir werden sogleich einen kurzen Blick auf den vielleicht ältesten Brief an einen Verstorbenen oder Familienahnen werfen, der von dessen Witwe und deren gemeinsamem Sohn verfasst oder in Auftrag gegeben worden ist. Jener Brief stammt nachweislich aus einem Grab aus der Zeit Pepis' II. in Saqqara.[25] Unser Elephantine-Brief datiert aber laut Kartusche ohne jeden Zweifel in die Zeit Pepis' I. Auch wenn die beiden Herrschaften nur durch einen kurzfristig regierenden König Nemtiemsaf dazwischen getrennt waren, ist der Elephantine-Brief folglich der ältere von beiden und insgesamt betrachtet noch dazu der erste ausschließlich einer Frau in den Mund gelegte Brief.[26] Nicht nur das, sondern er ist zudem von ganz privater, geradezu intimer Natur, und nicht in die Mühlen der damaligen Verwaltung eingebettet. Alle anderen aus Elephantine bekannten Briefe der 6. Dyn. oder 1. Zwzt. haben nämlich einen dezidiert administrativen Kontext, wie PANTALACCI 2008 klargestellt hat.[27]

Was ist also das Anliegen „deiner-Tochter-dort"? Sie schreibt an ihren Vater, aber nicht als einen bereits verstorbenen, denn aus der Einleitung geht unmissverständlich hervor, dass er noch lebt. Sie wünscht ihm ein langes Leben und eine Jenseitsversorgung, die ihm also seitens seines Königs Pepi I. bestenfalls noch bevorsteht. Sie spricht von einem Kind, das sie ihrem Vater gebracht oder geholt habe, möglicherweise ihr eigenes. Dann wäre der Vater bereits dessen Großvater. Die Mutter der Sprecherin wurde nach Unterägypten fortgebracht, warum, erfahren wir nicht, weil der Vater bzw. Ehemann es wohl wusste. Die Tochter fürchtet, den Sommer ohne ein Bett verbringen zu müssen, vielleicht gar obdachlos zu werden.

Sie betont, einen Brief an ihren „Herrn (*nb*) Ikem" zugestellt zu haben, trotz anderslautender Behauptung von diesem. Darin geht es offenbar um sechs Me-

---

[25] A.H. GARDINER – K. SETHE, *Letters to the Dead Mainly from the Old and Middle Kingdoms* (1928), 3. Zu diesem „Cairo Text on Linen" s. die neueste durch S. DONNAT-BEAUQUIER, „Le rite comme seul référant dans les lettres aux morts. Nouvelle interprétation du Cairo text on linen", in: *BIFAO* 109 (2009), 61-93, und jetzt ead., *Écrire à ses morts. Enquête sur un usage rituel de l'écrit dans l'Égypte pharaonique* (2014), 29-35 und *pass.*

[26] Mehr als unwahrscheinlich ist, dass sie ihn auch selbst geschrieben hat, da eine Ausbildung zur Schreiberin nicht nur im AR weitestgehend ausgeschlossen gewesen sein dürfte.

[27] S. ihren Beitrag „Nouvelles récentes".

nit, also Rasselinstrumente, die an einen Dritten namens Neri überbracht werden sollen. Eine vom Vater geschickte Matte und ein Stoff namens *mn* seien ihr nicht ausgehändigt worden. Damit endet der Brief.

Es ist also ein recht ergreifendes Dokument einer Frau, die gewisse Verluste und Außenstände ihrem Vater gegenüber zu beklagen sich genötigt sieht. An welchem Ort der Vater selbst sich aufhält, wird als bekannt vorausgesetzt, wie so vieles andere in Briefen dieser Art auch. Ob der Vater ihn je zu Gesicht bekommen hat und er erst danach unter der besagten Drehangel des Wirtschaftsgebäudes deponiert wurde, bleibt uns ebenfalls verborgen.

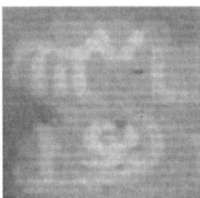

Abb. 8: Infrarotaufnahme eines verkohlten Papyrusfragments aus Elephantine[28]

Weil stark verkohlt, sind manche der vom DAI-Team gefundenen Papyri nur unter Infrarotphotographie in ihrer Beschriftung zu erkennen. Auf Anhieb lesbar sind sie deshalb noch lange nicht. Auf diesem nur wenige cm messenden Fragment sind dank dieser Technik in den Zeilen 1 und 2 aber zwei Wörter bzw. Namen klar auszumachen. In der obersten steht der partiell erhaltene Name der Stadt und Festung Elephantine, altägyptisch *Ꜣbw*, und in der zweiten derjenige von Pepi I. unter seinem 2. Thronnamen Mery-Re (*Mry-Rꜥ*), möglicherweise der gleiche wie der in dem Brief der Tochter an ihren Vater. Und vielleicht geht oder ging es in dieser Urkunde ja sogar um seine Stiftung eines Naos an die Göttin Satet, von der wir schon gehört haben. Bemerkenswert und für das Zeicheninventar des damaligen Hieratisch ist die Determinierung des Ortsnamens *Ꜣbw* durch das Zeichen des Elephanten, der seinen Rüssel in die Höhe schwingt.[29]

Das andere große Konvolut an Hieratika des späten AR vom 1. Katarakt bildet wie eingangs schon gesagt die Felsgräbernekropole auf bzw. an dem „Windhügel" nordwestlich von der Insel Elephantine, arabisch Qubbet el-Hawa. Hier

---

[28] Noch ohne Nr.; Aufnahme KRUTZSCH (Äg. Mus. u. Pap.Slg. Berlin).
[29] Elephanten als Hieratogramme sind m.W. anderweitig nicht belegt, in keinem Falle jedenfalls gewöhnlich.

hat EDEL in den Jahren zwischen 1960 und 1973 weit über 1300 beschriftete Töpfe in den Gräbern des ausgehenden AR und der 1. Zwzt. bergen können. Gefunden wurden sie in Grabschächten und Sargkammern in unterschiedlichen Stückzahlen. Es handelt sich bei ihnen nicht um familiäre Beigaben für die Verstorbenen, sondern um „fromme" Stiftungen von Bediensteten der dortigen Grabherrn. Notiert werden Früchte und Getreidesorten, teils in roher und teils in verarbeiteter Gestalt. Einige der Rückstände in den Gefäßen konnten sogar mit ihrem altägyptischen Namen auf den Gefäßen gleichgesetzt werden. So verhalfen diese Aufschriften z.B. dazu, die Erdmandel (*wꜥḥ*) und verschiedene Namen für Gerste (*iꜥꜥ*), darunter die sechszeilige Gerste (*šḏ.t*) botanisch wie lexikographisch zu bestimmen.

Eine repräsentative Auswahl der Keramiktypen und Aufschriften hat EDEL dann in mehreren Bänden seiner Publikation *Die Felsgräbernekropole der Qubbet el Hawa bei Assuan* vorgelegt. Ich wähle an dieser Stelle nur zwei Beispiele aus:

Abb. 9: Zwei Gefäße aus Grab QH 88 Schacht II/Sargkammer
(Li. 88/528; re. 88/581)[30]

Zunächst die Originale in Photographie. Es ist zu beachten, dass diese Aufschriften bei weitem nicht durchgehend vertikal angeordnet sind, wie man das beim Althieratischen primär erwarten würde. Es ist sicher abhängig vom verfügbaren Platz und der Beschaffenheit der recht rauen Tonoberfläche gewesen, wie der Schreiber seine Aufschriften anordnen konnte. So gibt esauch einzeilige Aufschriften, die komplett horizontal geschrieben sind.

---

[30] E. EDEL, *Die Felsgräbernekropole der Qubbet el Hawa bei Assuan. II. Abteilung Die althieratischen Topfaufschriften aus den Grabungsjahren 1972 und 1973* (1975), Frontispiz, sowie Faksimiles und Umzeichnung auf den Tafeln 24 und 50. – Zu QH 88 s.a. M. HÖVELER-MÜLLER, in: L.D. MORENZ et al. (Hgg.), *Zwischen den Welten. Grabfunde von Ägyptens Südgrenze* (2011), 236-252.

Auf diesen beiden Töpfen aus Grab 88 haben wir eine gemischte Anordnung der Aufschriften, zunächst Edels Transkriptionen:

Abb. 10: EDELs Transkription der Gefäßaufschriften 88/528; re. 88/581[31]

Das linke Gefäß (88/528) trägt folgenden Text:

[dw]dw sḫ.t n ḥkr.t-nswt Śtit-Ḫnm.w-ḥtp z3 ḫtm.ty-biti smḥr-wꜥ.ti Jy-n-ḫn.t.i ir.y m prw Sbk-ḥtp

„Mehl von Gerste von Königsschmuck (♀ = Titel) Setit-Chnumhotep's Sohn Königssiegler, Einziger Freund Iyenchenti;
hergestellt aus dem/im Haushalt (der Totenstiftung) Sobekhoteps."

Die rechte Aufschrift notiert:

dwdw sḫ.t n 'Ipi z3 smḥr-wꜥ.ti Śbk-ḥtp ir(.y) m pr-ḏ.t=f

„Mehl von Gerste von Ipi's Sohn, Einziger Freund Sobekhotep; hergestellt im Haushalt seiner Totenstiftung."

Wir sehen wieder, dass Teile der Aufschriften horizontal und andere vertikal geschrieben sind.

Zu all den von ihm in seinen Grabungskampagnen gefundenen Topfaufschriften hat EDEL im Jahre 1980 eine ausführliche Paläographie vorgelegt, die sämtliche Formen der einzelnen Zeichen auflistet.[32]

So sind allein von der Hieroglyphe „i-Schilfblatt" (M17) an die 218 Beispiele im Faksimile präsentiert. In zahlreichen, wenn nicht gar den allermeisten, Fällen fragt man sich aber nach der Sinnhaftigkeit dieser geradezu positivistischen Sammelwut. Ein Schilfblatt gehört nicht unbedingt zu den kompliziertesten und

---

[31] Op. cit.,Taf. 24 und 49.
[32] E. EDEL, Die Felsgräbernekropole der Qubbet el Hawa bei Assuan. II. Abteilung. Die althieratischen Topfaufschriften. Paläographie der althieratischen Gefäßaufschriften aus den Grabungsjahren 1960 bis 1973 (1980).

diagnostischsten Hieratogrammen, dass es ganzer dreieinhalb Seiten einer Paläographie bedurft hätte, oder etwa der Brotlaib *t'* (X1), der sogar ganze vier Seiten einnimmt.

Besonders wertvoll dürften aber die Tafeln 114-126 sein, auf denen sich die Palette der in den Topfaufschriften praktizierten Ligaturen findet.

Soweit zum Gros der Gefäße mit hieratischen Aufschriften aus den AR- und 1. Zwzt.-Gräbern der Qubbet el-Hawa. Es gibt nun aber noch ein ganz besonderes Exemplar, das 1. durch seinen keramologischen Typus und 2. durch seinen hieratischen Text auf der Innen- und Außenseite aus dem gesamten Repertoire dieser Fundgattung heraussticht.

Abb. 11: Beschrifteter Napf aus QeH 30b (11.-12. Dyn.)[33]

Es handelt sich um einen Napf oder eine Schale mit weißlichem Überzug, also nicht tonfarben. Links ein Blick ins Innere mit dem Text einer Liste samt Namen und rechts ein Ausschnitt von der den Rand umziehenden 2. Aufschrift mit weiteren Namen von Personen. Diese Schale oder diesen Napf hat EDEL separat 1987 in einer kleinen Akademie-Abhandlung publiziert und dabei die Aufschrift auf der Innenseite als „althieratische Liste von Grabeigaben" erklärt. Diese kleine Abhandlung sei hier auch deshalb etwas ausführlicher vorgestellt, weil sie sich im Verlaufe der auf die Publikation folgenden 21 Jahre bis 2008 als Musterbeispiel einer klassischen Fehlinterpretation erweisen sollte. Ein Philologe vom Schlage eines EDEL, dem wir u.a. die Standardgrammatik zum Altägyptischen verdanken, argumentiert nicht nur an einer Passage der Innenseite gegen seine eigene Grammatik, er ignoriert auch die Keramologie seines Objektes. Weil das Stück in einem Grab (QH 30B) aus der späten 6. Dyn. zutage

---

[33] *Eine althieratische Liste von Grabbeigaben aus einem Grab des späten Alten Reiches der Qubbet el-Hawa bei Assuan* (1987), 91-105 und Taf. 1 Abb. 1 und Taf. 5 Abb. 8.

kam und für diese Zeit typische PN trägt, unterstellte er ihm automatisch eine entsprechende Datierung.

Zunächst aber seine Übersetzung[34] und dann die Korrektur:

a) Innenseite:

> 1. „Schrift(liche Aufstellung) der Wertsachen, die dem Besitzer
> 2. dieses Grabes von Sebekhotep gegeben wurden,
> 3. als er seinen Vater in ihm (dem Grab) begrub:
> 4. 2 Säcke Oberägyptische Gerste;
> 5. 3 Säcke Emmer;
> 6. 1 Sack Erdmandeln;
> 7. 1 50-(Quadrat)ellen (großes Stück) eines *stp*-Tuches;
> 8. 1 Beil;
> 9. 1 „reines" (Gewand)."

Auf der Außenseite:

> „1. *W3-mw.t* hat (es) seinem Vater gegeben, der es dem von ihm Geliebten (weiter)gegeben hat: 4 Säcke Oberägyptische Gerste (und) 2 Krüge Öl."

Das Problem beginnt bei der Identifizierung dessen, wer „sein Vater" ist in Z. 3. Zudem ist die Übersetzung „als er seinen Vater begrub" nachweislich grammatisch falsch, es muss laut EDELs eigener Grammatik heißen: „weil er seinen Vater bestattete". Das kann nur der genannte Sobekhotep selbst sein, der seinen eigenen Vater zu Grabe tragen will und dieser sein Vater ist eben nicht mit dem „Besitzer dieses Grabes" (Z. 1-2) identisch.

Es folgt eine Aufzählung von Gütern, die EDEL als Grabbeigaben deutete. Und hier beginnt sein zweites Missverständnis, denn alle diese Dinge wie Getreidesäcke, Erdmandeln, die bestimmten Stoffarten und das Beil gehören mitnichten zum Standardrepertoire von Grabausrüstungen auf Elephantine oder in der Qubbet el-Hawa im späten AR oder danach.

Dies sind die kritischen Punkte, die SEIDLMAYER in einem kurzen, aber konzisen, Aufsatz ins Feld führt und EDEL nachweist, dass die Schale als Gefäßtypus und nicht zuletzt wegen seines weißlichen Überzuges keramologisch in das letzte Viertel der 11. Dyn. datiert oder gar in die Zeit Amenemhets' I., also absolut-chronologisch um das Jahr 2000 und nicht um 2200.Diese Form von Trinkschalen, um genau zu sein, hat eine Laufzeit, die mit EDELs Datierung überhaupt nicht harmonieren will, sie beginnt erheblich später. Man muss dazu

---

[34] *Op. cit.*, 95.

sagen, dass wir von SEIDLMAYER die Publikation seiner eigenen Ausgrabungen des Gräberfeldes der Nordweststadt von Elephantine erwarten. Er ist ein ausgewiesener Kenner der Funerärkultur u.a. dieser Region im AR und MR.

Soviel zum archäologischen Problem von EDELs Trinkschale, die er übrigens nicht einmal als solche bezeichnet, weil er wie gesagt den Keramiktyp nicht in seine Analyse miteinbezieht. Das inhaltliche Problem mit EDELs Deutung liegt in der vermeintlichen „Liste von Grabbeigaben", die nach SEIDLMAYER eben gar keine solchen sind, vielmehr die Bezahlung für den Erwerb von Belegungsrechten an diesem Grab QH 30B ca. 200 Jahre nach seiner Erstbelegung. Dazu wird dem „Eigentümer dieses Grabes" (*nb n iz pn*) eine Reihe von Gütern angeboten, die es dem Sekundärnutzer Sobekhotep ermöglichen sollen, seinen eigenen Vater in diesem Grab beizusetzen. Und die Aufschrift auf der Außenseite bedeutet mit SEIDLMAYER:

> „Was *W3mt*(♂) seinem Vater gegeben hat, der es dem, dem er will, (weiter) geben wird:
> 4 Säcke ‚oberägyptische' Gerste,
> 2 Töpfe Öl."

Wir haben mit der SEIDLMAYER'schen Neudatierung und daraus resultierenden Neuinterpretation nur dieser einen Schale aus Elephantine unerwartet auch einen Sprung in der hieratischen Paläographie dieser Insel und der Qubbet el-Hawa von gut und gerne 200 Jahren gemacht. Deshalb sei diese Konsequenz hier mit allem Nachdruck hervorgehoben.

## 9.     Ächtungstexte aus dem Alten Reich (5.-6. Dyn.)

Ein derart autokratisches, wenn nicht gar totalitäres[1] Herrschaftssystem wie das altägyptische des AR musste stets mit Arbeitsverweigerung, Landflucht und schlimmstenfalls offener Rebellion seitens seiner Untertanen rechnen. Nicht nur die eigene oder autochthone und seit ihrer Geburt zwischen Elephantine und dem Mittelmeer ansässige Bevölkerung hatte sich diversen Staatsdiensten zur Verfügung zu stellen. Insbesondere auch die originär nicht ägyptisch-sprachige Gruppe z.B. der Nubier, Libyer und Levantiner. Diese kamen nicht selten, wenn auch keineswegs regelhaft, unfreiwillig ins Land.[2] Sie traf dann unter Umständen ein schweres Los im Dienste ihrer neuen Herren, waren das nun *nb*-Herren oder Patrone oder die Könige selbst. Das Leben des „Kleinen Mannes" dürfte alles andere als ein Zuckerschlecken gewesen sein. Krankheiten, Verletzungen durch äußere Gewalteinwirkung,[3] mangelnde Hygiene, Versorgungsengpässe und kurze durchschnittliche Lebenserwartung, eingeschränkte Bewegungsfreiheit, Feinde im Innern wie im Ausland u.v.a. gehörten zu deren alltäglichen Erfahrungen. In vielen Punkten war davon selbst die Top-Elite nicht ausgenommen, insbesondere nicht in Sachen Hygiene und Krankheiten sowie durch äußere Bedrohung wie Eindringlinge in die ägyptische Kulturzone.

---

[1] Im Sinne einer politischen „Durchherrschung" der gesamten Gesellschaft von oben nach unten, wie es als eines der Hauptkriterien von Totalitarismus in der einschlägigen Diskussion geführt wird. Diesen Terminus und interessante Gespräche zu diesem Thema verdanke ich meinem Leipziger Kollegen und früheren Leiter des Hannah Arendt Instituts für Totalitarismusforschung in Dresden, Günther Heydemann. – Zum altägyptischen Staatswesen aus politologischer Perspektive s. jetzt A. KOOTZ, *Der altägyptische Staat. Eine Untersuchung aus politikwissenschaftlicher Sicht* ( 2006).

[2] Die „Razzien" in Nubien unter Snofru, die W. HELCK, „Die Bedeutung der Felsinschriften J. LOPEZ, *Inscripciones ruprestres* Nr. 27 und 28", in: *SAK* 1 (1974), 216-226, als Belege dafür diesem König unterstellt hat, werden hinsichtlich ihrer Historizität vehement von S.J. SEIDLMAYER bestritten, weil sie „ – derzeit jedenfalls – nicht substantiell, vor allem nicht archäologisch" nachweisbar seien; s. id. „Nubier im ägyptischen Kontext im Alten und Mittleren Reich", in: *Orientwissenschaftliche Hefte 4. Mitteilungen des SFB „Differenz und Integration" 2: Akkulturation und Selbstbehauptung* (2002), 89-113; Zitat dort: 98 Anm. 21.

[3] S. die paläoanthropologischen Befunde an Unterarmknochen bes. bei Frauen aus der Nekropole auf Elephantine bei F.W. RÖSING, *Qubbet el Hawa und Elephantine. Zur Bevölkerungsgeschichte von Ägypten* (1990), bes. 74-88, und jetzt die detaillierte paläoanthropologische Untersuchung eines Skeletts aus dem AR-Friedhof von Elephantine bei J. GRESKY et al., „„Folter" im Alten Reich? Untersuchungen zu den Ursachen und der Häufigkeit von Traumata bei der altägyptischen Population von Elephantine", in: D. RAUE et al. (Hgg.), *The First Cataract: One Region – Diverse Perspectives*(2013), 77-89 und Taf. 16-18. Den Hinweis auf diesen wichtigen Aufsatz verdanke ich Dietrich Raue.

Um nun dieses System reibungslos in Gang zu halten, bedurfte es auch einer prophylaktischen Paralyse oder Bannung aller potentiellen Aufrührer, die ihren Dienst am Staat verweigern oder gar zu dessen Sturz aufrufen könnten. Dazu bediente man sich in der Elite magischer Praktiken, bestehend aus Beschwörungen, um die Bediensteten in der Spur zu halten. Es wurden also Rituale zur Bannung dieser potentiellen Aufrührer komponiert und performiert und dazu brauchte es naturgemäß auch Schrift und Text und die dabei verwendete Schriftart ist ab der 5. Dyn. spätestens das Hieratische. Auch wenn diese textlichen Aufzeichnungen mit Sicherheit nur einen Bruchteil der bannenden Performance widerspiegeln, vermitteln sie uns doch einen gewissen Eindruck von Ablauf und Zweck eines solchen Rituals.

Die Quellen hierzu firmieren in der Ägyptologe unter dem Terminus „Ächtungstexte", „textes d'envoûtement" oder „execration texts".[4] Damit sind einschlägig beschriftete Figuren gefesselter Feinde und Töpfe bzw. Schalen mit entsprechenden Aufschriften gemeint. Die Figuren sind zumeist auf sehr grobe Konturen menschlicher Leiber reduziert, bisweilen unter Andeutung von Augen, Nase und Mund und mit auf dem Rücken gefesselten Händen. Das Material ist entweder ungebrannter Nilschlamm, seltener Travertin bzw. sog. ägyptischer Alabaster oder Holz. Geschlechtsmerkmale sind nicht ausdrücklich markiert, so dass man meinen könnte, wir hätten es mit androgynen Statuetten zu tun, da sie auch mit Namen von männlichen wie weiblichen Feinden versehen sind. Die Schalen sind auf ihrer Außenseite beschriftet und wurden wohl während des Bannrituals rituell zerbrochen. Dadurch sollte im Analogieverfahren die Vernichtung der auf ihnen aufgelisteten Rebellen herbeigeführt werden.

---

[4] Allgemein zu diesem Text- und Objektgenre s. den Überblick von S.J. SEIDLMAYER, „Execration texts", in: D.B. REDFORD (Hg.), *The Oxford Encyclopedia of Ancient Egypt* (2001), 487-489. Nicht primär aus philologischer und magiegeschichtlicher Perspektive, sondern dezidiert aus der Perspektive ihres rituellen und kunsthistorischen Charakters analysiert von L. BORRMANN, *Die Ächtungsfiguren des Alten und Mittleren Reiches – Mechanismen sozialer Aus- und Abgrenzung zwischen Lebensrealität, ritueller Magie und Formfindung jenseits der kanonischen Kunst* (unpubl. Master-Arbeit FU Berlin 2012). Ihr Katalog umfasst 561 Figurinen; zu entsprechendem Material aus dem AR und unter dem Aspekt des magischen Schutzes durch Deponierung dieser Figuren und der dazugehörigen weiteren Paraphernalien s. C. THEISS, *Magie und Raum* (2014), 65-87; 722ff. und 807-813. Im Rahmen von staatlich sanktionierter und praktizierter Gewalt gegen innere wie äußere Feinde vor der Zeit des Neuen Reiches jetzt monographisch gewürdigt von L. BESTOCK, *Violence and Power in Ancient Egypt* (2018), 211ff. (speziell zu Ächtungsfigurinen).

Die Kürze dieser Aufschriften rechtfertigt die geringe Größe solcher Figuren von 5-6 cm Höhe und 2-3 cm Breite.

Textologisch sind zwei Arten von Aufschriften zu unterscheiden:

1. Notation von Personennamen, bisweilen mit Filiationsangaben oder derjenigen von Ethnika, wenn die Individuen keine Ägypter sind, aber ägyptische Namen tragen. Ein Beispiel: Heißt jemand *Hrww-nfr*, ein gut ägyptischer PN, ist ethnisch aber Nubier, dann wird seine Herkunft durch die vorangestellte Notiz *nḥsi*, also „Nubier", vereindeutigt. Das gleiche Verfahren gilt bei Frauen.[5] Auch Titel können vor diesen Namen zu stehen kommen.

2. Neben diesen reinen Namenaufschriften gibt es umfangreichere Figuren aus Nilschlamm von etwas größerem Umfang und mit längeren, phraseologisch mehr oder minder genormten Texten. Diese Texte listen alle diejenigen Länder und Volksgruppen auf, die auf die Idee verfallen könnten, gegen Ägypten und damit den König zu rebellieren. Aus diesem Grund wird diese Textsorte auch als *Rebellionsformel* geführt. Rein sprachlich bzw. grammatisch ist diese Formel z.B. nach folgendem Schema aufgebaut:

> „Alle Rebellen, alle Ägypter (*rmṯ.w*), alle Edlen, alles Volk etc. im Lande Wawat etc., die rebellieren sollten, Ränke schmieden sollten etc. ...".

Damit endet diese Textsorte, ein zu erwartender Nachsatz unterbleibt regelhaft. Was dies bedeutet, wird am Ende dieses Kapitels noch zu hinterfragen sein.

Zuvor ist aber ein Blick auf die archäologischen Kontexte von Ächtungsfiguren im AR, soweit dokumentiert, vonnöten.

---

[5] J. OSING, „Ächtungstexte aus dem Alten Reich (II)", in: *MDAIK* 32 (1976), 133-185 mit Taf. 40-51; dort: 159f.

Abb. 1: Der Abu-Bakr-Fund von Ächtungsfiguren im Westfriedhof von Giza (x)[6]

## I.    Der Abu Bakr-Fund in Giza

Auf dem Westfriedhof der Cheops-Pyramide in Giza entdeckte der ägyptische Archäologe ABU BAKR (1907-1976)[7] im Jahre 1955 nördlich der Mastaba eines *Nfri* zwei Krüge mit ca. 250 solcher Figurinen plus einer Tontafel von groben menschlichen Umrissen mit einem der genannten längeren Texte samt Rebellionsformel. Publiziert wurde der Fund dann 1973 von eben demselben ABU BAKR und OSING, und OSING sind auch die Transkriptionen und Interpretationen der Aufschriften und Texte zu verdanken. Insgesamt sind aus den Giza-Nekropolen bislang drei Konvolute solcher Figurinen und Texte bekannt und auch publiziert.

---

[6] Aus: K. LEMBKE – B. SCHMITZ (Hgg.), *GIZA. Am Fuß der großen Pyramiden* (2011), 12.
[7] M.L BIERBREIER (Hg.), *Who Was Who in Egyptology* (2012), 4f.

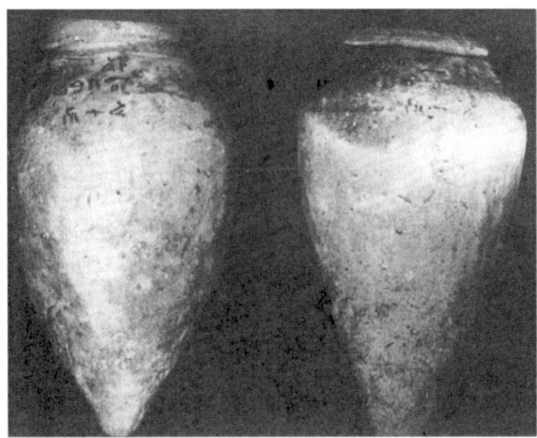

Abb. 2: Giza-Krüge mit Datierungen auf ihrer Schulter[8]

Ovoide Gefäße mit mehr oder minder spitzem oder abgerundetem Boden und
ausgeprägtem Rand werden als Figurencontainer verwendet und in unmittelbarer Nähe der genannten Mastaba deponiert.

Erst im Jahre 1998 hat FALTINGS in ihrer Dissertation *Die Keramik der Lebensmittelproduktion im Alten Reich*[9] diese Krüge typologisch sauber bestimmt.
Danach handelt es sich um typische Bierkrüge der 6. Dyn. von ca. 31 cm Höhe
und ca. 16 cm als größtem Durchmesser. Dieser keramologische Befund mag
für sich genommen belanglos oder geradezu trivial erscheinen. Sobald wir aber
feststellen, dass auch andere Konvolute von Ächtungsfiguren in solchen Krügen an anderen Stellen des Cheops-Friedhofes deponiert wurde, sollte das zu
denken geben. Ist das reiner Zufall, weil billige Massenware, dass man sich
ihrer zu derartigen Deponien bedient? Oder steckt in Anbetracht der zumeist
titellosen Individuen in den Namensaufschriften vielleicht ein semantischer Zusammenhang mit dem Status und Arbeitsbereich dieser Personen dahinter? Ich
meine damit konkret das Dienstpersonal der Patrone, die in ihren Mastabas ruhen und die auf ewig ihre jenseitige Versorgung mit Brot und Bier sicherstellen
wollten. Um auch dieses Personal in alle Ewigkeit als Arbeitende in Betrieb zu
halten, ist es denkbar, dass man sie auf magisch-bannende Weise von jeglichem

---

[8] A.M. ABU BAKR – J. OSING, „Ächtungstexte aus dem Alten Reich", in: *MDAIK* 29 (1973),
97-133 mit Taf. XXXI-LVI; dort: Taf. XXXIa.
[9] S. 211; 219 und 222.

Aufbegehren hat abhalten wollen. Schließlich gibt es auch Befunde solcher Figurinen und Texte direkt in der Grabkammer.[10] Darüber hinaus wäre ein unmittelbarer Zusammenhang mit den sog. Dienerfiguren denkbar. Diese werden zwar in aller Regel im sog. Serdab bzw. einer eigens dafür gebauten Statuen-Kammer der unterirdischen Anlagen deponiert, aber auffällig bleibt – von ganz wenigen Ausnahmen abgesehen[11] – ihre Anonymität.

Kurzum, der keramologische Typ der Krüge mag ein Fingerzeig sein auf das Metier der in ihm deponierten Figurinen bzw. der dahinter stehenden Individuen.

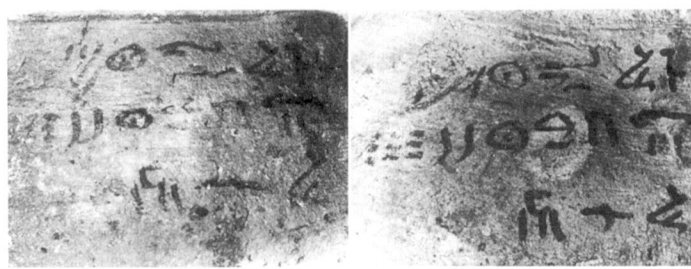

Abb. 3: Aufschriften

Man hat es sogar für nötig befunden, das Datum ihrer Deponierung auf der Schulter schriftlich festzuhalten.

Der dafür Verantwortliche zeichnet mit seinem Namen, auch wenn uns dieser PN wie in den beiden noch folgenden Konvoluten einige Rätsel aufgibt. Keiner der auf diesen Bierkrügen ist nämlich bislang eindeutig im Namenmaterial des AR belegt.

---

[10] So etwa der von den Australiern gemachte Fund in Schacht 5 der Mastaba von Nedjetempet in Saqqara aus der Zt. zwischen Teti und Pepi I; s. dazu J.F. QUACK, „Some Old Kingdom Execration Figurines from the Teti Cemetery", in: *BACE* 12 (2002), 149-160; dort 157 Anm. 2-5 nähere Lit.hinw.; dazu gleich.

[11] Besonders hervorzuheben ist hier das Konvolut von Dienerfiguren im Grab des Nikauinpu im Museum des Oriental Institute in Chicago; s. M. HILL, „Note on the Dating of Certain Stone Serving Statuettes", in: *Egyptian Art of the Old Kingdom* (1999), 386-396; dort bes.: 388-394 (Kat.-Nr. 137-141). Bei diesen Exemplaren handelt es sich u.a. um direkte Familienangehörige des Grabherrn, inkl. seiner eigenen Ehefrau. – Zu ihrer Interpretation als „serving statues" anstelle von „servant statues" s. A.M. ROTH, "The Meaning of Menial Labor: 'Servant Statues' in Old Kingdom Serdabs", in: *JARCE* 39 (2002), 103-121.

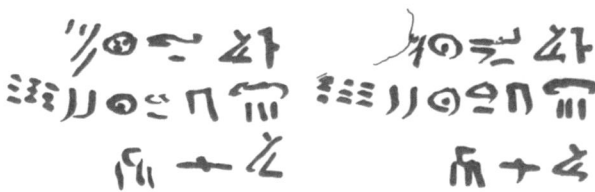

Abb. 4: Faksimiles der Aufschriften[12]

In Übersetzung lauten diese Aufschriften:

　　1. „Jahr nach dem 5. Mal (der Zählung),
　　2. Monat 3 der Sproßzeit, Tag 29;
　　3. (PN) Mez"

Zwei der in diesen Krügen deponierten Figürchen tragen basilophore Namen
wie Unas-anch und Teti-anch, und nach dem aus der Datierung zu entnehmen-
den Regierungsjahr 11 können die Krüge nur in einer der auf Teti folgenden
Herrschaften deponiert worden sein. „Jahr nach dem 5. Mal der Zählung" bedeutet Jahr 11 und da Teti nur 18 Jahre regiert hat, ist es unwahrscheinlich, dass
die Person namens Teti-anch bereits im zarten Alter von 7 Jahren magisch ge-
bannt werden musste. Wir befinden uns aber irgendwo am Anfang der 6. Dyn.

Abb. 5: Beispiele von Figurinen des Abu Bakr-Fundes[13]

So sehen diese Figurinen im Original aus, sie gleichen eher sog. Hundemarken
bei der Armee mit aufgeschriebenen Namen. Der Körper ist nichts weiter als
eine schematisierte Fläche und der Kopf reduziert auf einen Zapfen.

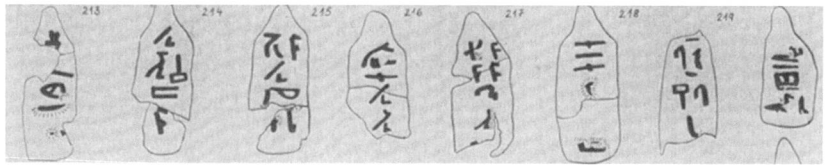

Abb. 6: Die entsprechenden Faksimiles[14]

---

[12] A.M. ABU BAKR – J. OSING, *loc. cit.*, Taf. 32.
[13] A.M. ABU BAKR – J. OSING, *loc. cit.*, Taf. 54, 1. Reihe.
[14] A.M. ABU BAKR – J. OSING, *loc. cit.*, Taf. 55, 1. Reihe.

Dass die Namen kein Determinativ „Sitzender Mann" aufweisen, hängt sicher nicht zuletzt an der Tatsache, dass die Figuren selbst die Rolle des Determinatives übernehmen, ganz ähnlich wie in hieroglyphischen Inschriften an Grabwänden der Beamten dieser Zeit die Darstellung des Grabherrn gleichzeitig den eigenen Namen determiniert. Bei diesen Figurinen hat offenbar die Andeutung der Konturen einer menschlichen Figur ausgereicht.

Abb. 7: Unbeschriftete Figur des Abu Bakr-Konvolutes[15]

Hier zum Vergleich die einzige mit der Ächtungs- und Rebellionsformel beschriftete Figur aus dem Abu Bakr-Fund bzw. deren Reste:

Abb. 8: Faksimile der großen und mit kompletter Phraseologie beschrifteten Figur[16]

Im Bild re. auch OSINGS Transkription, in der die verlorenen Partien durch Punktierung angedeutet werden. Die nachfolgende Übersetzung lehnt sich wieder weitgehend der seinen an:[17]

> „Jeder Rebell des Landes, (und zwar) alle Menschen, alle pᶜwt, alle rḫwt, alle Männer,
> alle Kastraten, alle Frauen, jeder Fürst, jeder Nubier, jeder ,Starke', jeder Bote, jeder

---

[15] A.M. ABU BAKR – J. OSING, *loc. cit.*, Taf. 33.
[16] A.M. ABU BAKR – J. OSING, *loc. cit.*, Taf. 56.
[17] J. OSING, in: *MDAIK* 32, 153f. Der besseren Lesbarkeit sind hier ausnahmsweise die von OSING gesetzten Klammern um zerstörte Partien weggelassen.

‚Verbündete', jeder ‚Vereinigte' von einem jeden Fremdland, die rebellieren sollten, in den Ländern *W3w3t*, *Z3tw*, *Jrtt*, *J3m*, *Tᶜnḫ*, *M3sjt* und *K3(w3)*, die jemals gegen Ober- und Unterägypten rebellieren oder aufgrund von Propagierung der Subversion oder aufgrund irgendwelcher böser Äußerungen Subversion begehen sollten.'"

## II.    Der Reisner-Fund in Giza

Bereits Jahrzehnte vor ABU BAKR stößt REISNER (1867-1942)[18] bei seinen Giza-Grabungen in den Jahren 1907 und 1927

Abb. 9: Fundort von REISNERs Ächtungsfiguren (Blick Richtung Osten)[19]

im Ostfriedhof der Cheops-Pyramide auf einen dem ABU BAKR-Komplex sehr ähnlichen Fundkontext.

Abb. 10: Bierkrug mit Ächtungsfigurinen[20]

Leider ist der Krug, der die Figurinen enthielt, nicht mehr erhalten bzw. sein Aufbewahrungsort unbekannt, aber eine Zeichnung existiert immerhin noch davon. Diesen Typus kennen wir bereits, es handelt sich um einen typischen

---

[18] M.L BIERBREIER (Hg.), *Who Was Who in Egyptology* (2012), 459f.
[19] Aus: K. LEMBKE – B. SCHMITZ (Hgg.), *Giza. Am Fuß der großen Pyramiden* (2012), 66 Abb. 3.
[20] J. OSING, „Ächtungstexte (II)", in: *MDAIK* 32 (1976),51. Zu einer möglichen „allusion to a positive personification or beneficent spirit" anstelle eines echten Personennamens in Z. 3 dieser Aufschrift s. A.D. ESPINEL, „A newly identified Old Kingdom execration text", 31; s. weiter u. das volle Lit.-Zitat.

Bierkrug,[21] in diesem Fall am unteren Ende noch etwas spitzer zulaufend als die beiden aus dem Abu Bakr-Konvolut, was nach FALTINGS ein Kriterium für ein geringfügig höheres Alter ist. Danach könnte der Reisner-Fund an die Wende von der 5. zur 6. Dyn. datiert werden, wenn wir der Keramik allein trauen wollen. In diesem Gefäß von ca. 37 cm Höhe fanden sich an die 70 Ächtungsfigurinen aus Nilschlamm, also sehr ähnlich dem ABU BAKRs Material.

Die Aufschrift datiert das Gefäß in ein „Jahr nach dem 5. Mal (der Zählung), den 2. Peret-Monat, Tag 22", damit nur 37 Tage vor den Abu Bakr-Krügen, wenn wir uns im gleichen Jahr befinden. Sollte das zutreffen, wiegt das keramologische Moment des geringfügig höheren Alters als die anderen Krüge nicht mehr sonderlich schwer.

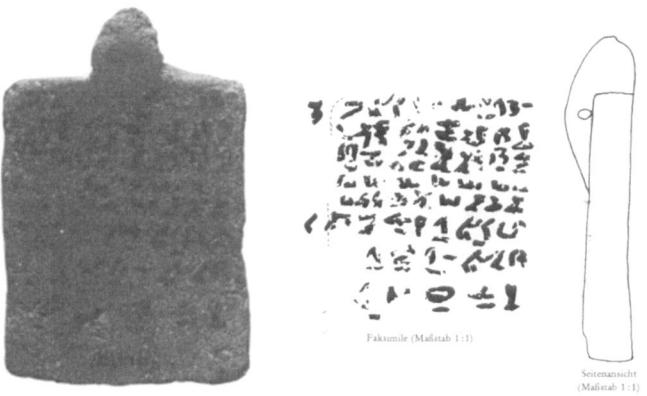

Abb. 11: Große Figur aus dem Reisner-Konvolut; re. Faksimile OSING[22]

Bei der Großen Figur des Reisner-Fundes handelt es sich um eine sehr schematische Figur mit Resten der das gesamte Objekt dominierenden Ächtungs- und Rebellionsformel. Ihre größten Maße betragen 9,5 x 6,0 cm. Die Seitenansicht zeigt einen durchbohrten Wulst auf der Rückseite, also war wohl auch diese Figur einst an einer Schnur aufgezogen.

---

[21] „a rough O.K. jar (also inscribed in black ink)"; Zitat bei J. OSING, in: *MDAIK* 32 (1976), 133.
[22] J. OSING, „Ächtungstexte (II)", Taf. 51. – NB: Das Photo ist schon in der Publikation recht kontrastarm!

Abb. 12: Transkription des Textes auf der Großen Figur[23]

Hier folgen Transkription und Übersetzung in Anlehnung an die von OSING:

> „Jeder Nubier, welcher rebellieren sollte, in (den Ländern) *Jrt*[*t*], *Wȝwȝt*, *Zȝtw*, *Jȝm*,
> *Kȝȝw*, *ʿnḫj* (oder *Jʿnḫ*), *Mȝsjʾt*, *Mḏȝ* und *Mtrtj*, welche rebellieren, Subversion betreiben
> oder begehen oder irgendwelche bösen Äußerungen tätigen sollten.“

Kurz zum Layout des Textes: Z. 1 ist komplett horizontal geschrieben, die Z. 2
mit ihren sieben nubischen Ländernamen im Grunde genommen ebenso, wenn
auch in sich jeder Ländername vertikal gelistet wird; wir haben von rechts nach
links zu lesen. Ob die Zahl „7" hier zufällig oder absichtlich zum Ausdruck
ihrer potentiellen Gefährlichkeit instrumentalisiert wird, stehe dahin.[24] Ebenso
horizontal sind die Zeilen 3-6 notiert. Wir befinden uns in der 5. und 6. Dyn.
noch in einer Epoche, in der hieratische Texte mit gewissen Ausnahmen in Listen (Überschriften) und Briefen (Adressaten) z.B. vertikal arrangiert wurden.

## III.  Der Junker-Fund in Giza

Bevor wir Giza als Fundort von Ächtungstexten samt Behältnissen verlassen,
gilt es noch ein weiteres Konvolut aus dem Westfriedhof der Cheops-Pyramide
zu behandeln. Entdeckt wurde es von JUNKER (1877-1962)[25] und publiziert in
Bd. VIII seiner Giza-Grabungen (1947).[26]

---

[23] J. OSING, „Ächtungstexte (II)", 146.
[24] Vgl. M. ROCHHOLZ, *Schöpfung, Feindvernichtung, Regeneration. Untersuchung zum
Symbolgehalt der machtgeladenen Zahl 7 im Alten Ägypten* (2002).
[25] M.L BIERBREIER (Hg.), *Who Was Who in Egyptology* (2012), 285f.
[26] Auf den Seiten 30-38 und Taf. VIb-VII.

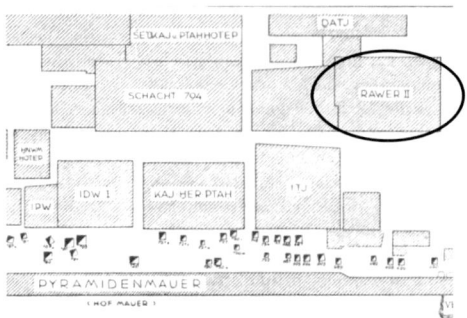

Abb. 13: Fundort Junker-Konvolut[27]

Östlich der Mastaba von Rawer II an der NW-Ecke der Cheops-Pyramide, zwischen den später als die Mastaba selbst datierenden Grabschächten 679 und 705, stieß JUNKER auf einen Bierkrug der bekannten Art mit 17 kompletten und 4 fragmentarischen Figurinen.

Abb. 14: Junkers Krug[28]

Und dieser Krug datiert gleichfalls in ein „Jahr nach dem 5. Mal (der Zählung), 3. Peret-Monat, Tag 22. (Name des Stifters / Besitzers(?)) Chetem". OSING vermutet einen engen chronologischen Konnex zu den anderen beiden datierten Krügen aus den Reisner- und den Abu Bakr-Ensembles. Damit wäre der Junker-Krug 47 Tage jünger als Reisners und nur 7 Tage älter als Abu Bakrs Fund. Sollte hier ein solcher chronologischer Bezug existieren, dann wirft das gewichtige Fragen für die dahinter stehende Strategie der Bannung potentieller Feinde von Staat, König und / oder Privatmann auf, insbesondere dann, wenn

---

[27] H. JUNKER, *Gîza VIII* (1947), 1.
[28] H. JUNKER, *Gîza VIII*, Taf. VIb.

sie sich an Gräbern konzentriert, die eventuell chronologisch gar nicht im gleichen Jahr fertiggestellt und belegt wurden.

JUNKER selbst hat sich der Mühe einer Transkription nicht unterzogen. Erst O-SING hat 1976 die Aufschriften des Junker-Konvolutes transkribiert und interpretiert und weist deren überwiegend nubische Provenienz nach.[29]

OSING hat den von ihm publizierten Ächtungstextfunden aus Giza am Ende seines 2. Aufsatzes[30] eine Paläographie beigefügt, in der sich auch die Stücke aus JUNKERs Grabung verarbeitet finden.

Abb. 15: Aus der Paläographie der Giza-Ächtungsfiguren – Ligaturen[31]

Dabei verzeichnet er folgende Spezifika der Textkorpora:

1. Der Schriftduktus aller von ihm untersuchten Aufschriften ist recht einheitlich, aber

2. der Schreiber des Reisner-Materials in Kairo (= RK) ist ein anderer als der der anderen Figurinen.

3. Auch neigt er mehr zu Ligaturen als seine Kollegen. In der Tabelle ist das die linke Spalte.

---

[29] In: *MDAIK* 32 (1976), 157.
[30] In: *MDAIK* 32 (1976), 171-185.
[31] In: *MDAIK* 32 (1976), 184f.; dort: 184. Die Siglen stehen für: RK = Reisner-Material in Kairo; J = Junker-Fund; RB = Reisner-Material in Boston; A = Abu Bakr-Material.

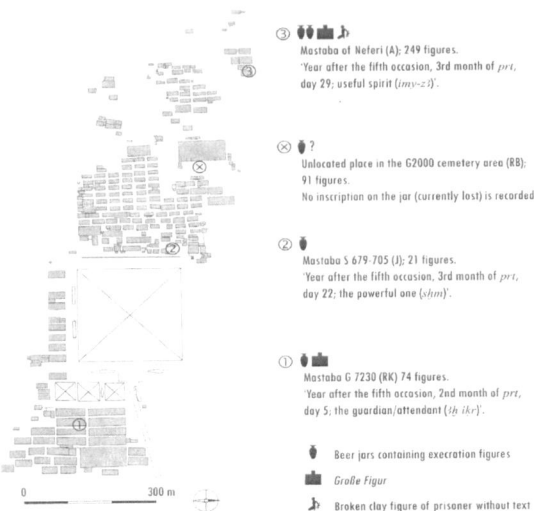

Abb. 16: Karte mit der geographischen Verteilung und chronologischen Datierung
der vier Giza-Konvolute bei ESPINEL[32]

Diese Karte bietet einen sehr schönen Einblick in die Objektkategorien, die mit
den Ächtungstextkonvoluten in Giza verbunden sind und wie sich chronologisch von Osten nach Westen verteilen.

Doch mit diesen Giza-Ensembles ist die Beleglage bei weitem nicht erschöpft.
In der Zwischenzeit, also seit den 70er Jahren des vergangenen Jahrhunderts
mit ABU BAKRs und OSINGs Publikationen von AR-Ächtungstexten und -figu-
ren, sind mindestens drei weitere Konvolute bzw. Einzelfunde hinzugekommen. Zwei davon haben einen sauber dokumentierten archäologischen Kontext,
der dritte stammt leider aus dem Kunsthandel.

### IV.   Der Fund aus dem Teti-Bezirk in Saqqara

Der zweite archäologisch dokumentierte Komplex außerhalb von Giza datiert
in die 6. Dyn.-Nekropole des Teti-Bezirks in Saqqara und ist von einer australischen Équipe 1994 ausgegraben worden. Bearbeitet hat die insgesamt 12 Figurinen QUACK, auf dessen Arbeit ich mich hiermit stütze.

---

[32] A.D. ESPINEL, "A newly identified Old Kingdom execration text", in: E. FROOD – A.
MCDONALD (Hgg.), *Decorum and experience. Essays in ancient culture for John Baines*
(2013), 26-33; dort: 30 Fig. 3. Bei den Nrn. 3 und 1 werden die Übersetzungen der Personennamen miteinander verwechselt.

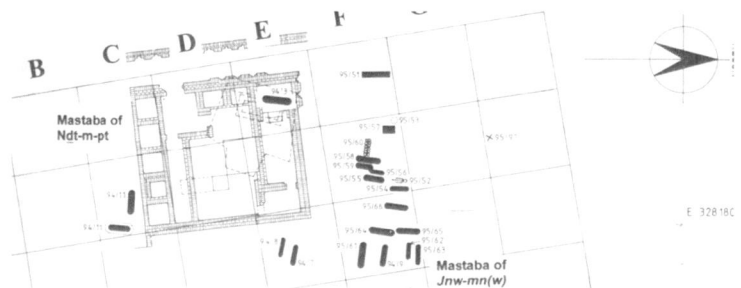

Abb. 17: Archäologischer Kontext im Teti-Bezirk von Saqqara (schwarze Marken)[33]

Deponiert waren diese Figuren in Schacht 5 der Mastaba eines Nedjetempet, auf dem Plan ist der exakte Fundort leider nicht präzise markiert.

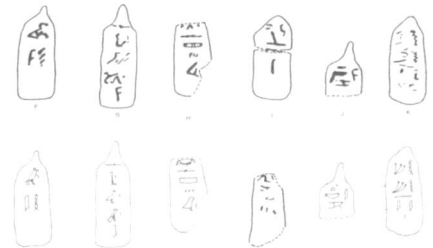

Abb. 18: Ächtungsfiguren aus der Nedjetempet-Mastaba in Saqqara[34]

Von den Personennamen auf diesen Täfelchen sind allenfalls die Nrn. C, F und K ägyptischer Provenienz, die übrigen sind mit Sicherheit nubischer Natur bzw. repräsentieren eine der damals im nubischen Großraum gesprochenen Sprachen. Was bei diesem Konvolut aus der Nedjetempet-Mastaba fehlt, ist eine sog. Große Figur mit der Frühform der Rebellionsformel.

## V.    Der Fund von Balat – Dachlah-Oase

Der Einzelfund aus Balat sei hier nur im Vorbeigehen erwähnt.

---

[33] K. SOWADA et al. (Hgg.), *The Teti Cemetery at Saqqara Vol. IV* (1999), 65, Pl. 19 und 40, sowie J.F. QUACK, „Some Old Kingdom Execration Figurines from the Teti Cemetery", in: *BACE* 13 (2002), 149-160 mit Pl. 25.

[34] J.F. QUACK, „Some Old Kingdom Execration Figurines", Pl. 25.

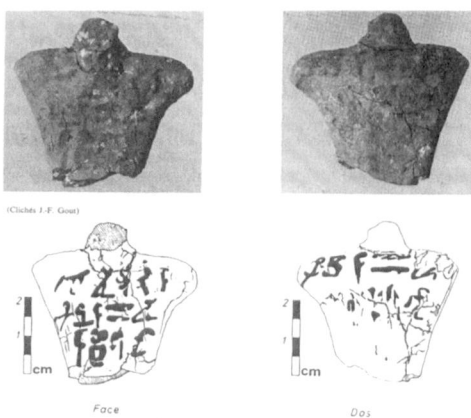

Abb. 19: Figur aus Balat/Dachlah[35]

Von dieser vereinzelt gefundenen Figur aus Balat/Dachlah-Oase ist nur noch der Oberkörper samt Kopf erhalten. Der Figurinentypus entspricht dem einer nur wenige cm hohen wie breiten und gleichfalls sehr schematisch geformten Figur. Balat ist uns inzwischen bekannt als derjenige Ort in der Dachlah-Oase, an dem im AR der für diese Region zuständige Gouverneur ansässig war. Westlich seiner Residenz liegt die AR-Nekropole Ayn Asil. Diese Figur hat einen eher privaten Kontext und versucht einen Nubier aus dem Lande *Jȝm*, also der Kerma-Region, zu bannen.

## VI.    Ächtungsfiguren aus dem Antikenhandel

Der letzte Komplex dieser Art besteht aus nur einigen wenigen Figurinen, allerdings beschriftet mit der genannten Rebellionsformel. Leider haben diese Exemplare keinerlei archäologischen Kontext. Sie sind Anfang der 90er Jahre des letzten Jahrhunderts im Schweizer Kunsthandel aufgetaucht und wurden dann bei einer Auktion vom Staatlichen Museum Ägyptischer Kunst in München ersteigert, wo sie sich seitdem auch in der Ausstellung befinden.

---

[35] N.P. GRIMAL, „Les «Noyés» de Balat", in: *Mélanges offerts à Jean Vercoutter* (1985), 111-121; dort 112 Pl. I. Die Lesungen und Deutungen GRIMALs nach der in Z. 1 der Brust sicher lesbaren Aufschrift *Jȝm* dürfen füglich komplett bezweifelt werden, ohne einstweilen Besseres anbieten zu können; dazu einstweilen S.J. SEIDLMAYER, „Nubier im ägyptischen Kontext im Alten und Mittleren Reich", in: *Orientwissenschaftliche Hefte 4. Mitteilungen des SFB „Differenz und Integration" 2: Akkulturation und Selbstbehauptung* (2002), 89-113; dort: 98 mit Anm. 19.

Abb. 20: Figuren aus Antikenhandel – © SMÄK München[36]

Von den beiden Stücken zeigt die Nr. b noch deutliche Markierungen in der Gesichtspartie, so dass an der intendierten Anthropomorphie dieser und ähnlicher Figurinen nicht gezweifelt werden kann. Sie sind wie gesagt androgyn, weisen also keine Geschlechtsmerkmale auf, weil sie theoretisch ja als Schriftträger auch weibliche Namen und Ethnika wie *nḥs.t*, also „Nubierin", tragen sollten.

Auch bei diesen Exemplaren lohnt noch ein kurzer Blick auf ihre Paläographie und das Layout. Die Anordnung der Aufschriften ist wieder wohldurchdacht. Bis auf die drei nubischen Ländernamen ist der gesamte Text des Wortlautes horizontal angeordnet, ganz wie bei den Großen Figuren aus dem Abu Bakr- und dem Reisner-Fund in Kairo.

WIMMERS Übersetzung ist bislang die einzig publizierte, allerdings in entscheidenden Punkten durch ESPINEL korrigiert.[37] Ein weiteres Problem ist das der

---

[36] A. GRIMM *et al.* (Hgg.), *Pharao. Kunst und Herrschaft im Alten Ägypten* (1997), 20; s.a. A. GRIMM – S. SCHOSKE, *Stimmen vom Nil. Altägypten im Spiegel seiner Texte* (2002), 63f. Nr. 42 mit einer Abb. der Figur a. Diese Münchener Figurinen sind inzwischen im Lichte der von ESPINEL in der Festschrift BAINES publizierten Parallelstücke zu betrachten, die bei Sotheby's 2002 unter den Hammer kamen und vom *Museu Egici di Barcelona* erworben wurden, id., „A newly identified Old Kingdom execration text", in: E. FROOD – A. McDONALD (Hgg.), *Decorum and experience. Essay in ancient culture for John Baines* (2013), 26-33. Darin werden entscheidende Fehllesungen bei den Filiationsangaben auf den Münchener Pendants durch WIMMER rektifiziert; s. letzteren, „Neue Ächtungstexte aus dem Alten Reich", in: *Biblische Notizen* 67 (1993), 87-100; dazu a. bereits *en passant* S.J. SEIDLMAYER, „Nubier im ägyptischen Kontext im Alten und Mittleren Reich", 98 Anm. 19 (falsche Nennung Asiens durch Wimmer).

[37] Deshalb wäre der Verweis auf ESPINELs Beitrag in der Festschrift BAINES statt auf WIMMERs Artikel bei L.D. MORENZ, *Hoffen und Handeln. Vom altägyptischen Heka* (2016), 132 Anm. 415, angebracht gewesen, zumal die Inschriften eben keinen Hinweis auf Asiaten enthalten, wie MORENZ schreibt; s. hier vorige Anmerkung.

Übersetzung der ersten drei Namen in den Zz. 1-2 durch WIMMER. Dabei beachtet er die Regel der Filiationsangabe im AR nicht, wenn er nach dem späten MR-Schema liest „A = Sohn von B = Sohn von C". Stattdessen ist prinzipiell und rein statistisch, ungeachtet weiterer Probleme hinsichtlich der korrekten Transliteration, zunächst so zu filiieren:

„Metjentis♂ Sohn Idumutef(?)senys♂ Sohn Muhetji"

M.a.W., der potentielle Rebell ist nur der letztere, Muhetji. WIMMER hat bei seiner Übersetzung aus der erstgenannten Person den vermeintlichen Übeltäter gemacht, wobei diese Person tatsächlich ein Großelternteil des Rebellen ist. Die Frage ist ferner, welchen Geschlechts die beiden vor dem Enkelnamen Muhetji stehenden Personen eigentlich sind. WIMMER transkribiert in beiden Fällen nach deren PN das Determinativ des Sitzenden Mannes (A1).

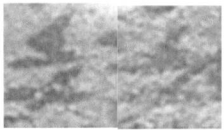

Abb. 21: Determinativ der Sitzenden Frau + z3-Gans

Abb. 22: Zum Vergleich die Sitzende Frau in den Gebelein-Papyri der 4. Dyn.[38]

Vergleichen wir diesen Sitzenden Mann nun zunächst mit den anderweitig belegten Formen dieses Zeichens in der Paläographie des AR-Hieratischen, dann fällt eine erhebliche Diskrepanz zu den Münchener Schreibungen auf. Weniger bis gar keine Probleme haben wir dann, wenn diese beiden Zeichen dagegen mit der entsprechenden Form der Sitzenden Frau (B1) verglichen werden, z.B. in den Personenlisten der Gebelein-Papyri aus der 4. Dynastie, wo dieses Zeichen ja extrem häufig belegt ist, im Unterschied zu den Abusir-Archiven, die auch hieratistisch männerdominiert sind. Dann sieht das Bild erheblich anders aus. M.E. liegt bei den ersten beiden Namen der Münchener Ächtungsfiguren jeweils ein Frauenname vor, nur der dritte ist ein maskuliner, zudem nicht determinierter. Um diese Person nur geht es ja letztendlich auch. Frauen spielen als potentielle Rebellen in den Ächtungsformeln und –listen keine Rolle, so-

---

[38] P. POSENER-KRIÉGER, *I papiri di Gebelein*, 26. – S.a. o. Kap. 4.

lange sie nicht ausdrücklich als *ḥm.t-ḥkȝ* – „Herrschergemahlin" tituliert wer-den.[39] Die Namen auf den Plaketten sind in aller Regel indeterminiert, weil generell als maskulin zu verstehen.

Da nun aber der 2. PN auch eindeutig als der einer Frau determiniert ist, kann die Filiationsangabe davor nicht einfach nur *zȝ* – „Sohn" gelesen werden, son-dern wir werden mit den Beobachtungen EDELs an dem hieratischen Material aus der Qubbet el-Hawa hier eine Defektivschreibung für *zȝ.t* – „Tochter" an-nehmen dürfen.[40] Dagegen ist dann das 2. *zȝ*–Zeichen wieder als „Sohn" zu lesen, denn der 3. Name trägt keinerlei Determinativ.[41]

Meine eigene Übersetzung sieht dementsprechend aus wie folgt:

„Metjentis♀ Tochter Jdumute…(?)zenys♀ Sohn Muhetji"

Abschließend sei noch auf ein paläographisches Detail aufmerksam gemacht. Der Sterbende Mann mit dem Blutstrom aus seinem Kopf (A 14) hat eine ext-rem eigenwillige Form in den Münchener wie den Barcelona-Aufschriften:

Abb. 23: „Sterbender" in roter Tusche (München ÄS 7123 und 7124)

Zum Vergleich: Der Sterbende auf den zwei Barcelona-Figurinen sieht – trotz im Wesentlichen gleichen Wortlautes ihrer Texte – doch etwas anders aus:

---

[39] J. OSING, in: *MDAIK* 29 (1973), 129.

[40] E. EDEL, *Die Felsengräber der Qubbet el Hawa bei Assuan. II. Abt. Die althieratischen Topfaufschriften. I. Bd., 2. Teil* (1970), 73 (*dd*), und zum vorliegenden Filiationsmuster *op. cit.*, 70ff. (α). Das im 2. Namen eventuell auftretende Bildeelement(?) *mwt* halte ich nicht für eine Wiedergabe des äg. Wortes für Mutter, sondern für den Versuch der phonetischen Wiedergabe eines entsprechenden Namensbestandteils in dem dahinterliegenden nubischen Idiom, welches auch immer das sei; s. J. OSING, in: *MDAIK* 32 (1976), 167 unten. Es ist ferner auffallend, wie vielen der mit *mwt* in An- oder Auslaut gebildeten Namen in den Giza-Ächtungstexten der Sibilant /z/ folgt, s. J. OSING, *loc. cit.*, 169 (3.).

[41] Was die roten Zeichen danach darstellen, vermag ich einstweilen nicht zu sagen.

Abb. 24: Gefesselter und zu enthauptender(?) Gefangener hinter männlichem (Mitte) und weiblichem Namen (links und rechts)[42]

Was auch immer der schräg durch den Nacken laufende Strich andeuten soll, er wird stets begleitet durch einen links von ihm aufgetragenen roten Strich, welcher Blut markiert. Dadurch wird der mit diesem Zeichen versehene Name als derjenige eines bereits Toten oder noch zu Tötenden ausgezeichnet. Pikant an dieser Markierung ist der Umstand, dass unter diesen Namen auch weibliche sind.[43]

Eine wohl erheblich jüngere Form dieses Hieratogramms aus einer kursiven Sargtext-Handschrift auf Pap. Gardiner II sieht dagegen so aus:

Abb. 25: „Sterbender" in Pap. Gardiner II[44]

Aber ist das wirklich der Sterbende mit dem blutenden Schädel? Und wenn ja, was stellt die detaillierte Innenzeichnung auf den Münchener und Barcelonenser Figurinen dar, etwa eine Art Ganzkörperfesselung mithilfe von Stricken?

\* \* \* \* \*

Abschließend seien diese Ächtungsfiguren noch kurz unter einem textgeschichtlichen Aspekt diskutiert, genauer gesagt unter ihrem ritualgeschichtlichen Aspekt. Es steht ja außer Frage, dass ihre Verwendung in einen rituellen

---

[42] A.D. ESPINEL, *loc. cit.*, 28 c.
[43] Potentielle Rebellen können durchaus auch Frauen sein, insbesondere solche von Herrschern (ḥḳꜣ) fremder Länder, dazu A.D. ESPINEL, *loc. cit.*, 29.
[44] Dessen Datierung nach wie vor umstritten ist; s. einstweilen I. REGULSKI, „Papyrus Fragments from Asyut: A Paleographic Comparison", in: U. VERHOEVEN (Hg.), *Ägyptologische „Binsen"-Weisheiten I-II. Neue Forschungen und Methoden der Hieratistik* (2015), 299-333; dort: 305. Eine weitere Handschrift mit Auszügen aus den Coffin Texts ist von LAVRENTYEVA vorgestellt worden in; ead., „Rare Copies of Religious Texts on Papyrus: Storage Form or Method of Transformation?", in: *Aegyptiaca Rossica* (2016), 203-219 (in Russ.) und engl. abstract auf S. 424f. Die Kenntnis dieses Beitrages verdanke ich Dr. Arkadiy Demidchik (St. Petersburg State University).

Kontext eingebettet war. Spätestens die archäologischen Befunde dieses Genres aus dem MR in Mirgissa und auf Elephantine machen dies klar, wenn ihre Deponierung inmitten von Nekropolen allein in Giza und Saqqara der 6. Dyn. das nicht ohnehin schon deutlich gemacht hat. Wenn wir uns die Texte auf den sog. Großen Figuren vergegenwärtigen, mit ihren Aufzählungen aller potentiellen Feinde und Länder südlich Ägyptens, dann fällt dabei eines sehr markant ins Auge. Ihre Formulierung nach dem Muster „Jeder Rebell jedes Landes etc., die rebellieren sollten etc." ist grammatisch betrachtet eine syntaktische Ellipse. Man erwartet doch unbedingt einen Nachsatz etwa des Inhalts „die werden vernichtet werden" o.ä. Dieser Nachsatz bleibt aber in allen Belegen dieser Rebellionsformal aus, das gilt auch für die späteren Textzeugen aus dem MR. Wie also ist das zu erklären? Denkbar wäre, diesen sprachlich bzw. textuell fehlenden 2. Akt des durch ein prospektives Partizip bzw. eine *sḏm.ti=fi*-Form eröffneten Bannspruches *de facto* in der anschließenden Deponierung der Figuren samt Namen und Rebellionsformel zu erblicken. Er braucht keine schriftlich fixierte Fortsetzung oder Vollendung, sondern diese wird durch den manuellen Akt des Einsperrens der Figuren in einen Krug und deren finale Ablage an besagten Orten vollendet. M.a.W., die rituelle Destruktion wie Deponierung der Figurinen ist ein materialisiertes Futur.

## VII. Die älteste Handschrift mit Pyramidentexten

Was wir konkret mit dieser früh verschrifteten Rebellionsformel vorliegen haben, ist m. W. der älteste Beleg für einen Ritualtext in hieratischer Schrift überhaupt. Sämtliche anderen Ritualtexte aus dem AR, und ich denke dabei besonders an das Corpus der Pyramidentexte, sind uns bislang aus dieser Epoche ausschließlich in hieroglyphisch-gravierter Form überliefert, in keinem Falle aber in kursiver Tintenschrift aus der gleichen Zeit. Es ist kaum zu bezweifeln, dass auch sämtliche Pyramidentexte kursive Vorlagen in Kursivhieroglyphen oder gar schon Althieratisch gehabt haben werden, aber eine solche Vorlage ist bislang erstmalig aus der 12. Dyn. bezeugt, nicht aber schon aus der 6. Dynastie.[45]

---

[45] S. hierzu den Vorbericht über den im Pepi I-Bezirk von Saqqara entdeckten Papyrus, dessen Handschrift aber wohl erst in die 12. Dyn. zu datieren ist; C. BERGER-EL-NAGGAR, „Des Textes des Pyramides sur papyrus dans les archives du temple funéraire de Pépy Ier", in: S. BICKEL – B. MATHIEU (Hgg.), *D'un monde à l'autre. Textes des pyramides & Textes des sarcophages* (3e éd., 2012), 85-90.

Abb. 26: Papyrus aus Saqqara mit Pyramidentexten, Seite A[46]

Deshalb hier zum Abschluß ein letzter Blick auf dieses eine Blatt mit zwei unterschiedlichen Kursiven. Dabei trägt die Seite A Auszüge aus dem Spruch 217 (= §§ mindestens 155c-159c[47]) und datiert entweder an das Ende der 6. Dyn. oder bereits in die 11. Dyn.

Eine Gegenüberstellung dieser Version zeigt schon in ihren ersten Versen (ab *dwȝ-sw* … (§ 155c-d in Kol. x+2 unten – x+3) Varianzen zur bislang ältesten Version in der Sargkammer bei Unas (Ende 5. Dyn.): Seite A ist in der normalen Schriftrichtung von rechts nach links angelegt.

---

[46] Abb. aus: C. BERGER-EL-NAGGAR, in: S. BICKEL – B. MATHIEU (Hgg.), *D'un monde à l'autre. Textes des pyramides & Textes des sarcophages* (2004), 90.
[47] In der Unterteilung des Spruches nach K. SETHE, *Die Altägyptischen Pyramidentexte nach den Papierabdrücken und Photographien des Berliner Museums. Erster Band* (1908), 88f.

Li.: Pap. Saqqara – Re.: Sargkammer Unas-Pyramide[48]

*dwȝ* in *dwȝ-sw ȝḫj.w* – „Laßt [= Osiris & Isis] die Verklärten ihn preisen …!"
ist in der Papyrusversion durch 𓀟 (A30) determiniert, bei Unas nicht, im
Unterschied zu *mr.w=f* mit ▭ (N36), das als „einfaches" *mr=f* im Papyrus
erscheint.[49] *ꜥnḫ=f* weist eine Ligatur aus den Konsonanten *n* und *ḫ* auf.

---

[48] S. die Photographie des Unas-Version bei A. PIANKOFF, *The Pyramid of Unas* (1968), Pl. 41, 2. Kol. von links.
[49] Übersetzung nach J.P. ALLEN, *The Ancient Egyptian Pyramid Texts* (2005), 33.

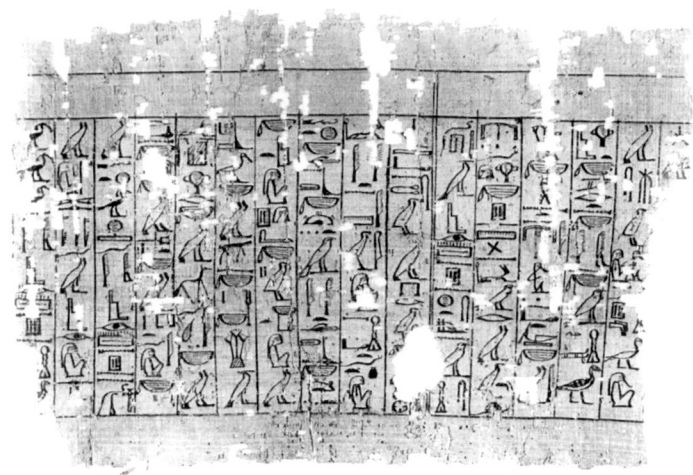

Abb. 27: Pap. Saqqara., Seite B

Seite B dagegen ist retrograd sowie kursivhieroglyphisch beschriftet und enthält Auszüge aus Spruch 690 (= §§ 2096d-2101b)[50] und wird von seiner Her-
ausgeberin BERGER EL-NAGGAR in die 12. Dyn. datiert. Der Text nennt keinen
Königs- oder Königinnennamen, sondern die entsprechenden Stellen sind
durch den Platzhalter *Wsjr mn-pn* – „Osiris Dieser-NN" besetzt (z.B. Kol. x+1),
im konkreten Bedarfsfalle also mit dem entsprechenden Eigennamen aufzufül-
len. In dieser Textvorlage ist rein gar nichts hieratisch notiert und aus diesem
Grunde könnte direkt von ihr ausgehend eine Übertragung auf eine Sarg- oder
Grabwand vorgenommen worden sein. Das Gleiche gilt für die Seite A wegen
ihres kursiven Charakters nicht.

Zu Ächtungstexten aus der 1. Zwzt. und dem MR s.u. Kap. 12.

---

[50] K. SETHE, *Die Altägyptischen Pyramidentexte*, 511f.

## 10.   Briefe an Ahnen – 6. Dyn. und frühe 1. Zwzt.

Papyrus zum Transfer von Briefen kennen wir aus den Abusir-Archiven, aus Saqqara und Elephantine und von den Tontäfelchen aus Balat in der Dachlah-Oase. Alle diese Mitteilungen haben als Absender wie Adressaten lebende Personen, sie sind teils administrativ-offizieller, teils privater Natur. Dazu gesellen sich aber spätestens in der 6. Dyn. solche von Lebenden an Tote, genauer gesagt von Nachkommen an ihre Ahnen; sie repräsentieren also eine weitere Ausprägung der Untergattung Privatbrief. Diese speziellen Schreiben laufen seit der Hauptedition durch SETHE (1869-1934)[1] und GARDINER (1879-1961)[2] im Jahre 1928 unter dem Label *Letters to the Dead* oder *Briefe an Tote*.[3] Da es sich bei den jenseitigen Adressaten in keinem Falle um Tote der Kategorie *mwt / mwt.t*, also um „Verdammte" oder „Wiedergänger" handelt, sondern stets um qua Ritual zu *ꜣḫ.w* – „Verklärten" transformierte Familienangehörige, möchte ich diese Unterkategorie eher *Briefe an Ahnen* titulieren, im Englischen böte sich die Benennung als *Letters to the Ancestors* an.

Der Umstand, dass wir überhaupt Kenntnis von solchen Briefen haben, lässt darauf schließen, dass man in altägyptischer Zeit keinerlei Problem darin gesehen hat, mit seinen Vorfahren in einen entsprechenden, u.a. auf kursivem Text basierenden Kommunikationsmodus in Kontakt zu treten. Ihre Ablage in Gräbern impliziert ja zugleich eine Art Archivierung im Jenseits, diese Briefe sollten selbst nach „Lektüre" und bestenfalls „Beantwortung" seitens der Adressaten als Belege über diese Kommunikation zwischen Lebenden und Verklärten verfügbar bleiben.

Neben literaten Zeitgenossen sind also auch die Ahnen potentielle Briefleser, denn ihre Literalität wird dabei in jedem Einzelfall unterstellt. Aus keinem der Texte geht in irgendeiner Weise hervor oder wird auch nur angedeutet, dass es Dritte sein sollten oder könnten, die diese Briefe ihren Adressaten hätten vorlesen sollen. An keiner Stelle eines dieser Briefe wird aber auch *expressis ver-*

---

[1] M.L BIERBREIER (Hg.), *Who Was Who in Egyptology* (2012), 502f.
[2] M.L BIERBREIER (Hg.), *Who Was Who in Egyptology* (2012), 205-207.
[3] A.H. GARDINER – K. SETHE, *Letters to the Dead Mainly from the Old and Middle Kingdoms* (1928). Eine monographische Studie hatnun S. DONNAT BEAUQUIER unter dem Titel *Écrire à ses morts. Enquête sur un usage rituel de l'écrit dans l'Égypte pharaonique* (2014) vorgelegt; s.a. G. MINIACI, *Lettere ai morti nell Egitto antico e altre storie di fantasmi* (2015) (*non vidi*).

*bis* eine schriftliche Rückantwort erbeten. Die Ahnen sollen vielmehr auf andere Weise in das Leben der sie um Hilfe Ersuchenden eingreifen. Das kann beim jenseitigen Gericht vor dem Großen Gott (*ntr-ꜥ3*) sein oder in Gestalt von Beeinflussung derjenigen Personen, die dem Briefschreiber Schwierigkeiten bereiten.

Die Zahl derjenigen Briefe an Ahnen noch aus der Zeit des AR ist nicht eben sehr hoch. Selbst wenn wir die 1. Zwzt. mit hinzunehmen, kommen wir auf momentan 10 Exemplare, von denen fünf durch GARDINER und SETHE 1928 in ihrer Monographie vorgelegt wurden. Weitere vier folgten kurz darauf durch GARDINER 1930,[4] PIANKOFF (1897-1966)[5] und CLÈRE 1934 (1906-1989)[6] sowie SIMPSON 1966[7] bzw. 1970.[8] Ein fünfter in der Berliner Papyrussammlung ist erst kürzlich von REGULSKI identifiziert worden und befindet sich derzeit noch in Bearbeitung.[9] DONNA BEAUQUIER[10] setzt das Corpus auf gegenwärtig 19 Texte an. Aus der Zeit des MR und des frühen NR sind bislang keine eindeutigen Textzeugen dieser Art bekannt geworden, was aber auf dem Zufall des Nichterhaltenen oder noch nicht Entdeckten beruhen dürfte.

Aus der Ramessidenzeit liegt dann ein Brief eines Witwers an seine verstorbene Ehefrau vor,[11] sowie aus der frühen Saitenzeit ein solcher in Kursivhieratisch.[12] Seit dem späten NR mehren sich die Belege für Briefe an Götter und solche an

---

[4] „A new letter to the dead", in: *JEA* 16, 19-22 und Pl. X.

[5] M.L BIERBREIER (Hg.), *Who Was Who in Egyptology* (2012), 431f.; s. seinen Ko-Artikel mit Clère „A letter to the dead on a bowl in the Louvre", in: *JEA* 20, 157-169 und Pl. XX-XXI.

[6] M.L BIERBREIER (Hg.), *Who Was Who in Egyptology* (2012), 125f.

[7] „The letter to the dead from the tomb of Meru (N3737) at Nag' ed-Dêr", in: *JEA* 52, 39-52 und Pl. IX-X.

[8] „A late Old Kingdom letter to the dead from Nag' ed-Dêr N 3500", in: *JEA* 56, 58-64 und Pl. XLVI-XLVIA.

[9] Ihr sei auch an dieser Stelle herzlich für ihre Kommunikationsfreudigkeit in dieser Sache gedankt. Der Brief auf Pap. Berlin P. 10481 wird von ihr im Rahmen einer Gesamtedition der darauf auch fixierten CT-Sprüche geschehen; s. ihre Bemerkungen dazu in: U. VERHOEVEN (Hg.), *Ägyptologische „Binsen"-Weisheiten I-II. Neue Forschungen und Methoden der Hieratistik* (2015), 299-334; dort: 301-309.

[10] *Écrire à ses morts* (2014).

[11] Pap. Leiden I 371, ed. A.H. GARDINER – K. SETHE, *op. cit.*, 8f. und 23f. und Pl. VII-VIII; Photo unter: http://www.rmo.nl/collectie/zoeken?object=AMS+64 (nota bene: Afbeelding 10 ist leider seitenverkehrt).

[12] Identifiziert und ediert von R. JASNOW UND G. VITTMANN, „An Abnormal Hieratic Letter to the Dead (P. Brooklyn 37.1799 E)", in: *Enchoria* 19/20 (1992/1993), 23-44 und Taf.2-3.

den Weisen und Heiler Imhotep,[13] die *à la longue* spätestens dann ab der Ptolemäerzeit diejenigen an Ahnen endgültig abgelöst zu haben scheinen.[14]

Nicht alle Briefe an Ahnen sind in kursiver Form oder Hieratisch geschrieben.
Diejenigen aber in dieser Kursive repräsentieren ein damaliges Schriftverständ-
nis, das nicht auf Dauer und Perpetuierung des Geschriebenen abgestellt ist,
sondern auf seinen mitunter transitorischen Charakter. Briefe an Ahnen in Hieratisch und ohne jedes hieroglyphische Einsprengsel sind auf die unmittelbare
und im Bestfalle recht bald erledigte Angelegenheit abgestellt, sie wollen in
keinem Falle eine Kommunikation auf Dauer mit den Verklärten bewerkstelligen.[15]

Die ersten Beispiele datieren wie gesagt aber in das späte AR und in die 1.
Zwzt. Wenn wir eine Bestandsaufnahme in Sachen Brief machen wollen, dann
kommen wir inkl. derjenigen an Ahnen, an Lebende und derjenigen in Balat
neuentdeckten auf mindestens 60-70 Stück. Insbesondere durch die französischen Grabungen in der AR-Siedlung und –Nekropole von Balat hat sich die
Zahl der AR-Briefe ca. vervierfacht. Das sind aber nur die kursiv geschriebenen, dazu gesellen sich noch diejenigen in hieroglyphischer Version und in
Stein gravierten. Wir zählen hierbei vier Exemplare, sämtlich von Königen an
Beamte adressiert, nie umgekehrt. Drei davon stammen aus der Residenzkanz-
lei von Djedkare-Isesi aus der 5. und einer von Neferkare Pepi II. aus der 6.
Dynastie.[16]

Der momentane Gesamtbestand kann insgesamt untergliedert werden in die
folgenden Subtypen:

---

[13] Entdeckt und in Bearbeitung befindlich durch QUACK, s. id., „Imhotep – der Weise, der
zum Gott wurde", in: V. LEPPER (Hg.), *Persönlichkeiten aus dem Alten Ägypten im Neuen
Museum* (2014), 43-66.
[14] A.G. MIGAHID, *Demotische Briefe an Götter von der Spät- bis zur Römerzeit* (1987); G.
VITTMANN, „Zwei demotische Briefe an den Gott Thot", in: *Enchoria*22 (1995), 169-180
und Taf. 49-50; id. – A.G. MIGAHID, „Zwei weitere frühdemotische Briefe an Thot", in: *Rd'É*
54 (2003), 47-65 und Pl. VI-VIII.
[15] Das arbeitet DONNAT BEAUQUIER in ihrem Buch *Écrire à ses morts*, 194-207; dort: 200,
recht überzeugend heraus. Für den z.T. engen lexikalischen und phraseologischen Zusammenhang mit den Briefen aus dem Archiv des thebanischen Totenpriesters Heqanacht s. die
Literaturangabe in Kap. 12.
[16] Insofern möchte ich die Klassifizierung der AR-Briefe etwas differenzierter vornehmen
als EICHLER, s. id., „Zwei Bemerkungen zu den hieratischen Briefen des Alten Reiches", in:
*GM* 123 (1991), 21-26, in dem es um die Selbstbezeichnungen der Absender (1. vertikale
Kolumne rechts vom Textkörper) und die Platzierung von diesem wie auch den jeweiligen
Adressaten (horizontale Zeile oberhalb des Textkörpers) geht.

1.   Solche königlicher Provenienz und Verfasserschaft, wenn wir davon aus-
     gehen wollen, die betreffenden beiden Könige hätten ihre Schreiben ei-
     genständig formuliert, in jedem Falle haben sie deren hieroglyphische(!)
     Reproduktion in den Grabanlagen der Adressaten autorisiert. Diesen
     Briefen eignet nämlich ein gehöriger forensischer Aspekt dergestalt, dass
     sie einer regelrechten Veröffentlichung z.B. an der eigenen Grabfront
     unterzogen werden konnten wie geschehen etwa bei Harchuef an der Au-
     ßenwand seines Grabvorhofes in der Qubbet el-Hawa (34n);[17]

2.   Offizielle Amtsschreiben zwischen Beamten innerhalb der Verwaltung
     rein geschäftlichen Inhalts;

3.   Reine Privatbriefe wie den noch unpublizierten einer Tochter an ihren
     Vater aus Elephantine (s. hier Kap. 8); und schließlich

4.   Briefe an Ahnen rein privater Natur und abseits alltagsbezogener Vor-
     gänge in Verwaltung und Kultbetrieb z.B.

Es versteht sich von selbst, dass Briefe an Könige und solche von Königen an
Privatleute einer festen Diktion unterlagen, hierbei sind den sprachlichen For-
mulierungen oder dem sprachlichen Code sicher sehr enge Grenzen gesetzt gewesen. Das gleiche Postulat gilt im Prinzip auch bei amtlichen wie privaten
Schreiben, auch wenn Adressformeln und Höflichkeitsphrasen im einen oder
anderen Fall übergangen werden können. Dies kann entweder aus absichtlich
unterdrückter Etikette geschehen, oder aus schlichtem Platzmangel auf dem
Schriftträger wie auf den Täfelchen aus Balat.

Um auf die Briefe an Ahnen zurückzukommen, so lässt sich diese fehlende
Etikette geradezu regelhaft beobachten und dürfte ganz überwiegend aus dem
zweiten der genannten Gründe zustande gekommen sein: In den zumeist auf
kleinen Trinkschalen notierten Texten war einfach nicht genügend Raum für
die vollständige Briefformel z.B. memphitischer Prägung und Provenienz mit
allen nur denkbaren Segensformeln.[18] Die Absender fallen zumeist nach einer

---

[17] E. EDEL, *Die Felsgräbernekropole der Qubbet el Hawa bei Assuan. I. Abteilung (Band 1-
3) Die Architektur, Darstellung, Texte, archäologischer Befund und Funde der Gräber QH
24 - QH 209*. Aus dem Nachlass verfasst und herausgegeben von Karl-J. Seyfried und Gerd
Vieler, Bd. 1 (2008), 617-666; dort: 626-629 und Taf. XXVIII Abb. 8.
[18] Das klassische Beispiel hierfür ist der Anfang des schon altägyptisch als *Kemyt* zitierten
Textes aus dem MR, §§ I-IV in der Ausgabe von G. POSENER, *Catalogue des ostraca
hiératiques-littéraires de Deir el-Médineh II. 1* (1951) und jetzt in der handlichen Edition
samt Bearbeitung bei E. PETERSMARCK, *Die Kemit. Ostraka, Schreibtafel und ein Papyrus*
(2012), 20-22 §§ I-VII.

kurzen Selbstvorstellung mit der Tür ins Haus. Sie kommen stets unverzüglich zur Sache, denn es fehlt nicht nur der Platz, es fehlt auch die Zeit. Sämtliche vorgebrachten Anliegen sind von Stress innerhalb der eigenen Familie und der weiteren sozialen Umgebung geprägt und verlangen nach einer raschen Lösung. Dazu soll der jeweilige Ahne entweder direkt oder unter Einwirkung auf Dritte in Jenseits oder Diesseits beitragen. Die Ahnen werden folglich zu juristischen Instanzen, die über die Zeit- und Raumgrenze zwischen Diesseits und Jenseits mit derartigen Anliegen behelligt werden können. Inwieweit der Schritt hin zu einer derartigen Kommunikationsform erst nach dem Scheitern weltlicher Instanzen vollzogen wurde, oder präventiv oder gar begleitend zu den Briefen ins Jenseits, entzieht sich unserer Einsicht. Dazu bräuchten wir diejenigen schriftlichen Aufzeichnungen über die verhandelten Streitgegenstände wie Haus und Mobiliar, Gewalttätigkeiten seitens Dritter etc. Aber diese Dokumente haben wir in keinem Falle und von daher hängen sämtliche dieser Briefe an Ahnen situationspragmatisch für uns völlig in der Luft. Das gilt nicht nur für diese spezielle Untergruppe, das gilt für die Verstehbarkeit der allermeisten altägyptischen Briefe generell, von denen uns eine erhebliche und kaum zu überbrückende „kommunikative Differenz"[19] trennt.

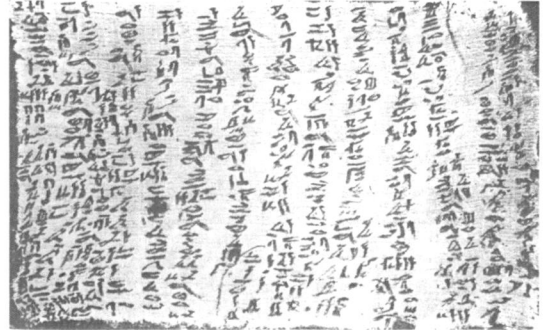

Chr. Kap. 8

Abb.1: „Cairo Text on Linen"[20]

Dieses Beispiel bildet zugleich den bislang umfangreichsten Brief an einen Ahnen aus der Zeit des AR und MR. Ungewöhnlich ist der Schriftträger, nach dem er auch gerne benannt wird, nämlich Leinen. Dieser Umstand erhöht nicht gerade seine Lesbarkeit, aber das ist bei Weitem nicht der einzige Grund für die kommunikative Differenz, die unser Verständnis erschwert. Dennoch fragt man

---

[19] H.G. PLETT, *Textwissenschaft und Textanalyse. Semiotik, Linguistik, Rhetorik* (2., verb. Aufl. 1979), bes. 44; 80 und 89.
[20] A.H. GARDINER – K. SETHE, *op. cit.*, Pl. I.

sich, weshalb Mutter und Sohn für ihr spezielles Anliegen zu einem Stoffstreifen gegriffen haben anstatt zu Papyrus oder einer tönernen Trinkschale. DON-
NAT BEAUQUIER klassifiziert den Schriftträger Leinen wie manche der mit Briefen an Ahnen beschrifteten Schalen als „support votif", also als Schriftträger
mit der Funktion von Votivgaben.[21] Ob eine dieser beiden Personen den Brief
eigenhändig geschrieben hat, bleibt im Verborgenen, die Mutter kommt dafür
weniger in Betracht. Es könnte genauso gut ein bezahlter Schreiber an deren
Wohnort diese Aufgabe übernommen haben. Gefunden wurde dieser Leinen-
streifen von MASPÉRO in dem Grab eines Seanchenptah in Saqqara vom Ende
der 6. Dyn., und dieser Name ist ja auch derjenige des Adressaten. Deshalb
werden wir eine Identität dieser beiden Personen wohl annehmen dürfen.

Die beiden frühesten Papyri mit entsprechendem Brief sind erst 40 Jahre nach
GARDINER – SETHE, *Letters to the Dead*, ediert worden. SIMPSON hat zwei solcher Texte aus der Nekropole von Nag' ed-Dêr, südöstlich von Achmim auf
dem Ostufer des Nils, vorgelegt, die während der Grabungen von REISNER z.T.
mit archäologischem Kontext gefunden wurden.

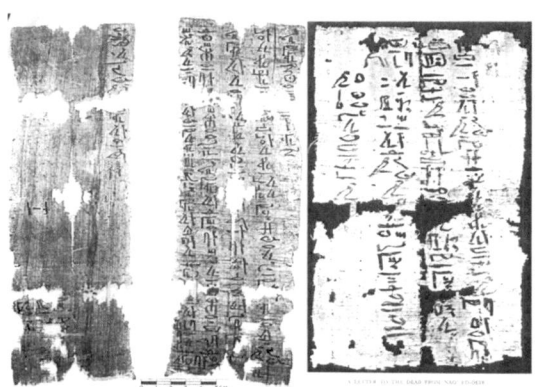

Abb. 2: Nag' ed-Deir–Papyri (li.: N 3737 – re.: N 3500)[22]

Datiert wird derjenige aus N 3737 durch seinen architektonischen Kontext in
dem gleich nummerierten Grab in die 9. Dyn., und diese Datierung könnte auch
auf den ohne Kontext zutage gekommenen Brief N 3500 zutreffen, sicher ist
das aber nicht.

---

[21] *Écrire à ses Morts.* (2014), 198 Tabelle.
[22] W.K. SIMPSON, „The Letter to the Dead from the Tomb of Meru", in: *JEA* 52 (1966), 39-
50, Pl. IX.

Beiden Texteditionen hat SIMPSON individuelle paläographische Tabellen beigefügt, trotz der chronologischen Nähe der Briefe zueinander werden sie aber
nicht etwa am Ende seines 2. Artikels zusammengefügt. Das hat erst CZERWIK
1999 getan, aber dazu gleich mehr.

N 3737 ist auf der Recto-Seite und Verso-Seite beschriftet. Absender und Adressat sind auf dem Verso unten links so platziert, dass sie nach Faltung zu
einem Paket sichtbar waren. N 3500 ist nur auf dem Recto beschriftet.

Abb. 3: Faltung von Nag' ed-Deir–Papyrus N 3737[23]

Von einer abschließenden Siegelung des Papyruspakets schreibt SIMPSON
nichts.

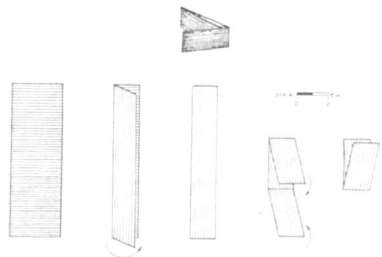

Abb. 4: Aus der Paläographie von Pap. N 3500[24]

Hier zunächst ein Ausschnitt aus der Paläographie des kürzeren Briefes N 3500
mit von Simpson als markant erachteten Zeichen. Stimmt die Datierung in die
9. Dyn., mithin grob in die Zeitspanne von 2130/60-2080, dann lässt sich noch
keine wesentliche paläographische Änderung gegenüber derjenigen der 5. und
besonders der 6. Dyn. erkennen. Zu beachten ist beispielsweise ein Spezifikum,
u.z. die Nr. A 1', ein sitzender Mann mit einem diakritischen Haken hinter dem
Kopf. Mit diesem Zusatz erscheint das Zeichen nur in dem Wort *mwt* – „Verdammter; Wiedergänger", es kennzeichnet also einen solchen rastlosen Unto-
ten als magisch Gebannten dadurch, dass sein Kopf oder Nacken zumindest als

---

[23] W.K. SIMPSON, in: *JEA* 52, 41 Fig. 1.
[24] W.K. SIMPSON, in: *JEA* 56, Fig. 1 nach Pl. XLVI.

verletzt zu denken sind. Dieses Diakritikon erinnert an die als verstorben, wenn nicht gar als getötet vorzustellenden Individuen alias potentiellen Rebellen auf den tönernen Ächtungsfigurinen aus dem Antikenhandel, die wir in Kap. 9 behandelt haben; s.a. die Leidener und Helwaner Ostraka aus der 4. Dynasie.

Abb. 5: Aus der Paläographie von Pap. N 3500: Einkonsonantenzeichen $k$[25]

Dieser Brief verwendet viermal das Zeichen V 31, den Henkelkorb mit der Lesung $= k$, und das jedes Mal mit dem Henkel – noch – auf der linken Seite.

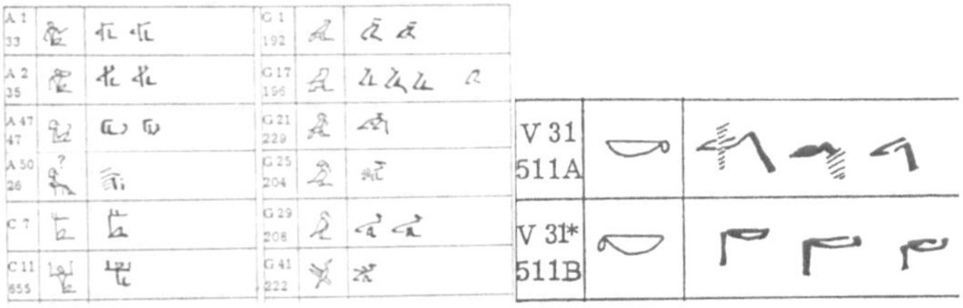

Abb. 6: Aus der Paläographie von Pap. N 3737[26]

Und hier ein Ausschnitt aus der Paläographie von N 3737. Schauen wir auf das gleiche Zeichen V 31/*, dann sehen wir ein Schwanken des Schreibers zwischen der einen oder anderen Ausrichtung. Die obere Variante sollte allmählich die Oberhand gewinnen, deshalb hat diese Paläographie durchaus einen gewissen moderneren Zug als die von N 3500. Insgesamt listet SIMPSON zu diesem Brief 60 Einzelzeichen auf.

Von diesen 60 Zeichen verbleiben in der Paläographie der Briefe an Ahnen des AR und frühen MR bei CZERWIK allein noch ganze 12 übrig.[27] Zudem deklariert sie die Zeichenformen bzw. deren Auswahl als eine solche von „characteristic hieratic signs“. Das ist bei Lichte betrachtet eher enttäuschend, da sie just jene Zeichen unter den Tisch fallen lässt, die in den beiden Briefen mit Fug und Recht als charakteristisch klassifiziert werden könnten. Das sind eben der Sitzende Mann in der spezifischen Form als Determinativ zu $mwt$ – „Verdammter; Wiedergänger“ oder die Zeichendrehung des Henkelkorbs V 31. M.a.W. diese Art von Paläographie ist eher verschleiernd als erhellend. Noch dazu hat

---

[25] W.K. SIMPSON, in: *JEA* 56, Fig. 2 nach Pl. XLVI.
[26] W.K. SIMPSON, in: *JEA* 52, 51 Fig. 2 und 3.
[27] „Some Remarks on the Letters to the Dead from the First Intermediate Period“, in: *GM* 173 (1999), 61-68.

sie die Zeichen nur nach den Editionen reproduziert, ohne Autopsie der Originale. Das wäre alles nicht so schlimm, wenn sie nicht soweit gehen würde, ihre chronologischen Schlüsse daraus zu ziehen, auch wenn diese nicht über die bereits gemachten hinauskommen.

Abb. 7: Napf aus QeH 30b[28]

Bis vor gar nicht allzu langer Zeit hat man die Briefe an Ahnen auf Gefäßen ausschließlich nach sprachlichen und paläographischen Kriterien datiert. Grammatische, lexikalische und Eigenheiten des Hieratischen waren der Maßstab für deren zeitliche Einordnung. SEIDLMAYER hat exemplarisch gezeigt, wie trügerisch ein solches Vorgehen sein kann, wie wir bereits gesehen haben.[29] Dieser Napf aus dem Grab Qubbet el-Hawa 30b datiert mitnichten noch in die 6. Dyn., wie EDEL meinte, sondern aufgrund seiner keramologischen Laufzeit und Typologie in die späte 11. bis frühe 12. Dyn. Die Texte auf Innen- wie Außenseite richten sich an einen aus der vorangehenden Epoche datierenden Grabbesitzer von 30b mit der Bitte, in diesem seinem Grab eine mindestens sekundäre Bestattung vornehmen zu dürfen. Durch diese Adresse und dieses Anliegen reihen sich Napf und Texte in das Corpus von Briefen an Ahnen ein, auch wenn es hier nicht um die Beseitigung von innerfamiliären Zwistigkeiten wie Erbstreitereien geht, sondern um die Erlaubnis, ein altes Grab neu belegen zu dürfen. In diesem Fall war es die keramologisch exakt berücksichtigte Tatsache, dass der Gefäßtyp nicht mehr in die Zeit der übrigen von EDEL in diesem und anderen Gräbern geborgenen Töpfe gehört, die von ihm problemlos in die 6. Dyn. gesetzt werden konnten.

---

[28] E. EDEL, *Eine althieratische Liste von Grabbeigaben aus einem Grab des späten Alten Reiches der Qubbet el-Hawa bei Assuan*, Taf. I Abb. 1 und Taf. 5 Abb. 8.
[29] „Zum Verständnis der „Liste von Grabbeigaben" von der Qubbet el-Hawa", in: *GM* 2008 (2006), 95-103; s.o., Kap. 9.

Abb. 8: Louvre-Schale E 6134 (Ø 13,5 x H 7,5 cm)[30]

Leider sind die allermeisten Briefe an Ahnen auf Näpfen und Schalen noch immer nicht im Photo zugänglich.[31] Deren Texte sind das einzige, was von GARDINER und SETHE in ihrer Edition von 1928 vorgelegt wurde, die Keramiktypologie war den beiden Granden unserer Wissenschaft zum einen nicht von gleichrangigem Interesse, zum anderen hätten sie diese aber auch gar nicht so präzise wie SEIDLMAYER den QeH-Napf datieren können, denn dazu waren die Voraussetzungen in den 20er Jahren des letzten Jahrhunderts noch nicht einmal im Ansatz gegeben. Deshalb darf man ihnen diesen Vorwurf eigentlich auch gar nicht machen.

Die Bekanntmachung dieser Louvre-Schale ist nur sechs Jahre nach GARDINER – SETHES Edition *Letters to the Dead* erfolgt, nämlich 1934 aus der Feder von PIANKOFF und CLÈRE. Allerdings können auch diese beiden Forscher noch nichts zur Laufzeit dieses Gefäßtyps sagen und ihr einziges Datierungskriterium bleibt wieder die Paläographie: „The writing belongs to the First Intermediate Period".[32] Allerdings liefern sie Angaben zu den Maßen und zu der Tatsache, dass die Schale auf der Innenseite einen roten Überzug hat und auf dem äußeren Rand eine 4 cm breite und ebenso rote Tünche aufweist. Diese Angaben sind für Keramologen von höchster Bedeutung, denn mit Hilfe eines von Dorothea ARNOLD entwickelten sog. Gefäßindex' können solche und ähnliche Keramiktypen mit einer ziemlichen Genauigkeit zwischen der 1. Zwzt. und dem Ende der 18. Dyn. platziert werden. Dieser Gefäßindex sieht so aus, dass bei diesem Verfahren der Mündungsdurchmesser mit 100 multipliziert, diese Summe dann geteilt wird durch die Höhe des Gefäßes. Angewandt auf die Louvre-Schale sieht die Rechnung dann so aus:

---

[30] Ausschnitt aus dem Photo bei A. PIANKOFF – J.J. CLÈRE, in: *JEA* 20, Pl. XX.
[31] Diejenigen bei S. DONNAT BEAUQUIER, *op. cit.*, 237-241 Fig. 1-13, präsentierten haben eher Stellvertretercharakter.
[32] A. PIANKOFF – J.J. CLÈRE, in: *JEA* 20 (1934), 157.

$$13,5 \text{ cm} \times 100$$
$$7,5 \text{ cm}$$
$$= 180$$

Nun gibt es für den in Verdacht stehenden Zeitraum von der 1. Zwzt. bis zur 18. Dyn. durchaus lokale Unterschiede hinsichtlich dieses Index' bei Gefäßen dieses Typus zu berücksichtigen. BOMMAS hat diese Differenzen bei der Bestimmung der relativ-chronologischen Datierung u.a. dieser Louvre-Schale in Anschlag gebracht und kommt dann für die keramologisch bekannten Regionen um Dahshur und Elephantine zu den folgenden Datierungen:

Dahshur: 12.-13. Dyn.

Oberäg. / Elephantine: frühe 12. – frühe 13. Dyn.

Mal ganz abgesehen von anderen lokalen Indizes, die unbekannt sein mögen, gilt es auf jeden Fall zu betonen, dass die Laufzeit von Gefäßen den Zeitpunkt ihrer Beschriftung nur relativ-chronologisch, nicht aber absolut-chronologisch eingrenzen kann. Bei Anlegen der Laufzeiten nur in diesen beiden Regionen kommen wir aber auf einen Zeitpunkt der Beschriftung, der irgendwo in der 12. Dyn. zu verorten sein dürfte.

Es sind aber nicht nur diese keramologischen Kriterien, die BOMMAS[33] bei seinem Datierungsversuch dieses und der anderen Gefäße mit Briefen an Ahnen anlegt, sondern auch die Paläographie einzelner Zeichenformen der Louvre-Schale, die er in Texten aus Illahun in der Mitte der 12. Dyn. wiederfindet.

Sei dem im Detail wie auch immer, es geht an dieser Stelle primär um die inzwischen erweiterte Betrachtungsweise solcher Gefäße und deren Aufschriften, als man das noch im hohen 20. Jh. betrieben hat. Und zu diesen beiden Kriterien, Gefäßtypus und Paläographie, kommt als mindestens drittes Kriterium noch der archäologische Kontext und damit die Provenienz hinzu, die bei Bekanntsein sämtlich in Anschlag gebracht werden müssen, um auf dem dornigen Gebiet der Datierung kursiver Handschriften einen Schritt voranzukommen. Es versteht sich von selbst, dass bei Fehlen der archäologischen Provenienz die Exaktheit der Datierung von zusätzlichen Unwägbarkeiten beeinträchtigt wird.

---

[33] M. BOMMAS, „Zur Datierung einiger Briefe an die Toten", in: *GM* 173 (1999), 53-60; dort: 56 und 59.

## 11. Aus dem Übergang vom AR zum MR
### Hieratische Graffiti und Dipinti im Steinbruch von Hatnub, das Konvolut des Totenpriesters Heqanacht in Theben und Anti-Giftsprüche auf einem Turiner Papyrus

### I. Hatnub-Hieratisch

Hauptthema dieses Kapitels sind zwei größere Konvolute von hieratischen Texten aus dem Übergang vom AR zum MR. Die Orte und die Träger ihrer Niederschriften könnten unterschiedlicher kaum sein. Das erste Konvolut oder Corpus findet sich auf präparierten Felswänden unter freiem Himmel im Steinbruch von Hatnub. Das zweite Corpus besteht aus in antiker Zeit gefalteten und versiegelten Papyri in einem Privatgrab aus der 11. Dyn in Theben-West. Dennoch haben sie manches miteinander gemein und das ist ihre Paläographie. Die Papyri stammen aus dem Privatarchiv eines Totenpriesters namens Heqanacht und datieren aus einer Reihe von Kriterien später als das Grab, in dem eine amerikanische Mission sie im Winter 1921-22 fand; dazu später mehr.

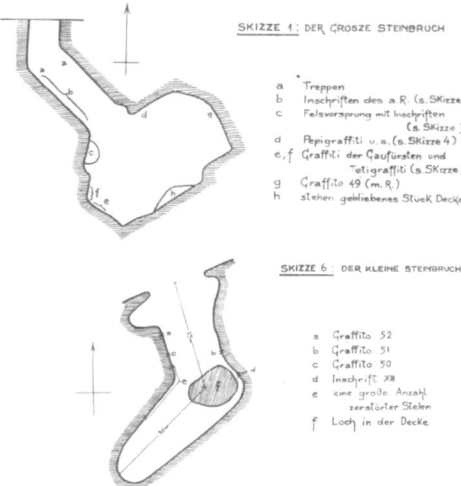

Abb. 1: Grundriss der zwei Steinbrüche von Hatnub nach Anthes[1]

Eigentlich hätten diese Steinbruchtexte durch MÖLLER ediert werden sollen, aber dazu ist es infolge seines frühen Todes 1921 nicht mehr gekommen. MÖL-

---

[1] *Die Felsinschriften von Hatnub nach den Aufnahmen Georg Möllers* (1928), Taf. 1-2.

LER hat aber eine Auswahl von Zeichen noch in den 1. Band seiner 1909 erschienenen *Hieratische(n) Paläographie* aufgenommen.[2] Seine Vorarbeiten
vor Ort im Jahre 1907 und diejenigen von 1892 seitens der britischen Kollegen
BLACKDEN (1864-1934)[3] und WILLOUGHBY FRASER (1866-1923)[4] hat dann
ANTHES (1896-1985) im Jahre 1928 vorgelegt.[5] Dieses Buch ist die Standardedition bis heute geblieben, allerdings haben jüngst ENMARCH von der Universität Liverpool und GOURDON vom IFAO die ägyptologische Arbeit in Hatnub
wieder aufgenommen und dabei auch schon weitere Texte freigelegt, die sich
noch in Bearbeitung befinden.[6]

Abb. 2: Der sog. Hauptsteinbruch von Hatnub[7]

Was für hieratische Texte sind das nun und welches sind ihre Spezifika? Zunächst ist zu sagen, daß wir bislang 53 Dipinti alias Graffiti aus Hatnub zählen,
die eine Laufzeit von der 1. Zwzt. bis in die 12. Dyn. haben. Wenn wir nun
diejenigen heranziehen wollen, die in die Übergangsphase vom späten AR bis

---

[2] S. 11 und jeweils Spalte 3 von links in seinem Tafelteil. Als Datierungsmarge gibt er „Dyn.
10./11.".
[3] M.L BIERBREIER (Hg.), *Who Was Who in Egyptology* (2012), 62.
[4] M.L BIERBREIER (Hg.), *Who Was Who in Egyptology* (2012), 200.
[5] *Die Felsinschriften von Hatnub nach den Aufnahmen Georg Möllers* (1928).Zu Person und
Werk ANTHES s. M.L BIERBREIER (Hg.), *Who Was Who in Egyptology* (2012), 22f.
[6] S. den Verweis auf sein gegenwärtig (seit 2014) laufendes Project Hatnub Quarries Epigraphic Expedition, zu finden auf seiner websitehttps://www.liverpool.ac.uk/archaeology-clas-
sics-and-egyptology/research/projects/hatnub/ (letzter Zugriff 03.12.17), sowie den Vorbericht „Les nouvelles inscriptions ruprestres de Hatnoub" von Y. GOURDON, in: *BSFÉ* 189
(2014), 26-45. Diese Arbeiten stehen unter dem Diktat baldiger Steinbrucharbeiten seitens
der Ägypter.
[7] P.T. NICHOLSON – I. SHAW (Hgg.), *Ancient Egyptian Materials and Technology* (2000), 59.

zum frühen MR datieren, dann müssen wir zunächst fragen, wie es sich gegenwärtig mit ihrer Datierung überhaupt verhält. Abgesehen von dem glücklichen Umstand, dass einige dieser Dipinti sogar ausdrücklich in Regierungszeiten von Königen oder solche von Lokalfürsten des Hasengaues datiert sind, ist dieser glückliche Umstand bei anderen wiederum nicht gegeben. Und die ägyptologische Debatte um eben dieses dornige Problem hat denn auch eine ganze Weile angehalten. Mittlerweile aber stehen wir auf einem recht sicheren Fundament und selbst wenn wir viele der Texte nicht auf ein absolut-chronologisches Jahr genau datieren können, so ist ihre relativ-chronologische Einordnung vielleicht nicht mehr das Problem, wie es noch das eines ANTHES 1928 war. Eine neue Untersuchung von GESTERMANN zu dieser Frage kann u.a. für das unten besprochene „Graffito" Nr. 20 eine Datierung unter Amenemhet I. nachweisen.[8]

Zum Zwecke der Illustration von Charakteristika und Duktus der hieratischen Dipinti wählen wir solche besonders gut erhaltenen und vom Umfang her etwas ausführlicheren. Damit wäre der methodische Grundsatz der Repräsentativität des Zeicheninventars zumindest annähernd gewahrt, ohne dieses Inventar exakt quantifizieren zu können. Aber eine kurze Tintenaufschrift von nur drei kurzen Zeilen verspricht keine repräsentativen paläographischen Erkenntnisse.

Das bislang bekannte Corpus besteht aus folgenden kursiven Dipinti und hieroglyphischen Inschriften:

AR:
Inschriften I-VIII
Graffiti / Dipinti 1-8

*post*-AR und MR:
Inschriften IX-XIII
Graffiti / Dipinti 9-51

---

[8] L. GESTERMANN, „Die Datierung der Nomarchen von Hermopolis aus dem frühen Mittleren Reich – eine Phantomdebatte?", in: *ZÄS* 135 (2008), 1-15. Zu älteren Vorschlägen einer ganzen Anzahl von Hatnub-Texten s.a. bes. H. WILLEMS, „The Nomarchs of the Hare Nome and Early Middle Kingdom History", in: *JEOL* 28 (1983/84), 80-102, beigetragen; s.a. W. GRAJETZKI, *The Middle Kingdom of Ancient Egypt* (2006), *pass*. – Zur Entdeckungsgeschichte des Steinbruchs und seiner Inschriften s. T.G.H. JAMES, „The discovery and identification of the Alabaster Quarries of Hatnub", in: *Melanges Jacques Jean Clère = CRIPEL* 13, (1991), 79-84.

Dazu gesellen sich seit der Edition ANTHES noch mehrere ehemals freistehende hieratische Stelen.[9]

Worum geht es in diesen Texten? Sie stammen von Gaufürsten, Beamten, Priestern und z.T. auch Heilern und Magiern, die im Auftrag ihres jeweiligen Königs oder eben Gaufürsten mit dem Auftrag des Steinbrechens nach Hatnub geschickt wurden. Sie erwähnen auch bisweilen die Herstellung und den Transport diverser Schiffstypen, die dafür gebraucht wurden und das Verrichten von Opfern nach vollzogenem Auftrag. Nicht selten lassen sich die Stifter dieser Texte vor einem Opfertisch darstellen, mit Dienern und Familienangehörigen etc. Auch Königsnamen kommen dabei vor. Diejenigen in die 12. Dyn. datierenden Texte stammen sämtlich von Bewohnern des 15. oäg. Gaus mit Hermopolis als Zentrum. Allein die Dipinti 14-28 stammen aus nur fünf aufeinanderfolgenden Jahren.

Abb. 3: Hatnub Dipinto Nr. 20 des Gaufürsten Neheri I (Ende 11. – Anf. 12. Dyn.)[10]

Die Nr. 20 unter den Dipinti ist ein besonders illustratives Beispiel von hieratischer Inschrift nebst begleitender Darstellung ihres Besitzers. In diesem Falle handelt es sich um die Selbstpräsentation des Oberhauptes vom 15. oäg. oder Hasengau mit Namen Neheri (I.), der hier sogar nach seiner eigenen Regent-

---

[9] Roland Enmarch (Univ. Liverpool) teilt mir mit, dass zu den von MÖLLER erfaßten 70 „features" in Steinbruch P, wie er Inschriften und Darstellungen einzeln benennt, seinerseits inzwischen noch 123 neue hinzukommen werden. Von diesen 123 neuen Dipinti sind 43 in rot ausgeführt, inkl. solcher, die nur Figuren darstellen. Die allermeisten Beischriften sind in rotem Hieratisch, nur zwei in rot gemalten Hieroglyphen geschrieben. Insgesamt sind derzeit mindestens 99 rote Dipinti bekannt. Das Projekt verspricht also einige Überraschungen (email v. 20.01.14).

[10] R. ANTHES, op. cit., Taf. 18.

schaft datiert, in sein Jahr 6. Wir wissen nun dank der o.a. Arbeit von GESTER-
MANN, dass er mindestens 8 Jahre über den Hasengau geherrscht hat, und dies
unter der Herrschaft von Amenemhet I.[11] Hier maßt sich also ein Kleinfürst in
der tiefsten Provinz königliche Privilegien an, und das tut er in der horizontalen
Zeile über dem Haupttext. Genau besehen stilisiert er seine Inschrift damit als
historische Urkunde, und tatsächlich werden darin auch Begebenheiten geschildert, die sich in seiner Amtszeit zugetragen hätten. In den Zeilen 9-11 etwa
spielt er auf eine Hungersnot an, während der er seine Untertanen mit dem Nö-
tigsten versorgt habe. Er selbst sei göttlicher Herkunft, ein Sproß der Ur-
schlange *ḳrḥ.t*, verglichen mit der die Menschen nur „Urin" (*wzš*; Z. 1) seien,[12]
und ein Sohn des Thot, seines Lokalgottes im Gau von Hermopolis. Der restliche Wortlaut ist stark phraseologisch untersetzt und lehnt sich der entsprechenden Gattung der sog. Autobiographie an. Mit dieser professionell formulierten
Selbstpreisung kontrastiert die ungehobelt daherkommende Darstellung seiner
selbst in der linken Hälfte, und hinter ihm schließt Dipinto Nr. 21 mit dem Vermerk des Sachmetpriesters Ahanacht an, in dem dieser versichert, eigens zur
Anbringung der Inschrift angereist zu sein. Damit haben wir einen namentlich
zeichnenden Schreibervermerk, dem wir eine individuelle Handschrift zuweisen dürfen.

Schauen wir auf Layout und Paläographie des Hieratischen. Der Haupttext ist
in vertikalen Kolumnen angelegt, mithin noch in alter bzw. AR-Manier. Dieses
Layout bedingt eine entsprechende Anordnung der Hieratogramme, horizontal
nebeneinander stehende kommen als Wortschreibung durchaus vor, gehen aber
in diesen Fällen kaum Ligaturen ein. Überhaupt werden Ligaturen hier noch
sehr zurückhaltend verwendet. Der Grad der Abbreviation einzelner Zeichen
ist auch noch sehr begrenzt.

---

[11] W. GRAJETZKI, *op. cit.*, 110.
[12] Dazu grundlegend D. FRANKE, „'Geschöpf des 'Ersten Tages'. Eine Assoziationstechnik
zur Statuserhöhung in der 10. und 11. Dynastie", in: *GM* 164 (1998), 63-70.

Abb. 4: Stele aus Slg. MICHAILIDES + Fragment[13]

Aber es gibt bereits interessante Übergangsformen zum späteren MR-Hieratisch, wie es dann aus den Illahun-Papyri der späten 12. – frühen 13. Dyn. bekannt ist. 30 Jahre nach ANTHES' Edition der ersten 51 Dipinti (bei ihm „Graffiti") aus Hatnub hat SIMPSON 1958 eine Kalksteinstele von noch ca. 16 cm Höhe aus der Kairener Privatsammlung von MICHAILIDES publiziert, deren Herkunft bis dato unbekannt war. Aufgrund diverser Kriterien des Textformulars und nicht zuletzt seiner Paläographie gelangt SIMPSON zu dem Schluss, dass diese auf Vorder- und Rückseite beschriftete Stele nur aus einem der Steinbrüche von Hatnub stammen kann, auch wenn sie selbst nicht aus Travertin, sondern aus Kalkstein besteht.

Zunächst wieder zum Layout von Texten und Darstellung des Besitzers auf beiden Seiten. Als Vorderseite wird diejenige bezeichnet, die den Besitzer unterhalb einer horizontal angeordneten Königstitulatur präsentiert. Er trägt eine Kurzhaarperücke, ein Armband, einen Halskragen, und für die Zeit der 11. – frühen 12. Dyn. typisch einen Bart und sein Körper ist rot bemalt, so SIMPSON. Die Königstitulatur nennt Sesostris I. mit seinem Horusnamen in der 1. und mit seinem Thronnamen in der 2. Zeile. Die gequetschten Zeichen am Ende der 1. Zeile weisen auf die miserable äußere Gestalt der Stele vor ihrer Beschriftung hin, ihre Konturen sind also in keiner Weise handwerklich nachbearbeitet worden. Der Stein wurde wohl so beschriftet wie vorgefunden, allenfalls die Schreiboberfläche ein wenig geglättet. Aber dazu macht SIMPSON keine Angaben. M.a.W., wir haben es mit einer Sparversion zu schaffen, Kosten und Zeit

---

[13] W.K. SIMPSON, „A Hatnub Stela of the Early Twelfth Dynasty", in: *MDAIK* 16 (1958), 298-309; dort: S. 300 und 301 sowie Taf. XXIX-XXX; id. (1961), „An Additional Fragment of a „Hatnub" Stela", in: *JNES* 20 (1961), 25-30 (ergänzt seine Publ. von 1958).

wurden jedenfalls gescheut, sie hieroglyphisch zu beschriften und in die symmetrische Form einer Stele mit Halbrund oder Lunette zu bringen.

Ihre hieroglyphische Beschriftung beschränkt sich nämlich auf die 1. Zeile der Vorderseite, schon der Thronname in Z. 2 ist kursiv notiert, mit Ausnahme des Anch-Zeichens hinter der Kartusche. Es ist also ein Potpourri aus den beiden damaligen Schriftarten auf kürzester Textstrecke! Schreiten wir weiter im Text voran und gehen in die Kolumnen auf beiden Seiten, dann erfolgt der Übergang zu echtem Hieratisch, wobei der Beginn der 1. Kol. auf dem Recto in ebenfalls gedrängter Form sich der ursprünglichen Kontur des Steins anpassen musste. Auf weitere Details komme ich gleich zu sprechen, denn diese Stele ist durch SIMPSON zu einem Musterbeispiel für paläographische Studien von Hatnub-Dipinti gemacht worden. Das hätte MÖLLER vielleicht in seiner eigenen Edition der von ihm aufgenommenen Hatnub-Texte getan, auch wenn er das Material ja bereits in den 1. Band seiner *Hieratische(n) Paläographie* inkorporiert hatte. Trotzdem vermisst man entsprechende Schrifttafeln dieses in sich konsistenten Corpus in der ANTHES-Edition.

Die von SIMPSON angefertigte Transkription lässt aufgrund der weitgehend bekannten Phraseologie solcher Stelen eine recht sichere Ergänzung der fehlenden Partien besonders am unteren Rand der Rückseite zu. Mittels entsprechender Klammern und Schraffuren markiert er die Verluste.

Worum geht es nun in diesem Text? Kurz zusammengefasst ist der Inhalt folgender:

1. Der Besitzer ist ein ausgehobener Soldat. Von seinem Namen ist nur der 1. Bestandteil Chenty-[…] erhalten;

2. Es folgt eine Segensformel zugunsten derjenigen Betrachter und Leser seiner Stele, die ihren Arm anbetend zu ihr und ihrer Inschrift ausstrecken werden. Diese werden unversehrt nach Hause zurückgelangen;

3. Diese Versicherung wird ihrerseits gefolgt von einer Fluchformel zum Schaden derjenigen, die die Inschrift abwischen und die Darstellung beschädigen sollten. Sie werden keinerlei Erfolg mehr haben bei dem, weswegen sie gekommen sind, ihrer Steinbrucharbeit wird also kein Erfolg beschieden sein. Außerdem werden sie ihre Ämter nicht mehr ihren Kindern vermachen können. Zwei Götter, nämlich Thot und Nemty, damit Haupt- und Nebengott des 15. oäg. Gaues von Hermopolis, werden einen solchen Ikonoklasten bestrafen.

Was wir hiermit vor uns haben, ist einer der frühesten Belege des sog. *Anrufs an Lebende* in hieratischer Form. Damit ist in der Ägyptologie eine Textsorte oder besser gesagt Sprechhaltung gemeint, die potentielle Besucher und Leser von öffentlich sichtbaren Inschriften entweder direkt anspricht oder auf indirektem Wege. Die direkte Adresse erfolgt mittels Vokativen wie „O all ihr Lebenden, die ihr (hier) vorbeikommen werdet / solltet und diese Bilder und Texte betrachten solltet, …". Es folgt die Bitte um Opferrezitationen. Versprochen wird eine gute Heimkehr und die Vererbung des eigenen Amtes an die Kinder. Den gegenteiligen Fall haben wir gerade schon gehört. Die indirekte Adresse ist diejenige unserer Hatnub-Stele aus der MICHAILIDES-Slg. und sie erfolgt mittels der Phrase *ir-NN-nb sw3.ty=fy/=sn* – „Was jeden NN angeht, der/die (zufällig) vorbeikommen sollten …".[14]

Abb. 5: Hieratische Spezifika der Stele aus Slg. MICHAILIDES

Die Paläographie nur dieser einen Stele hat einige interessante Phänomene zu bieten, die ganz klar zeigen, dass wir uns mit ihr in einem Übergangsstadium vom AR- zum MR-Hieratischen befinden. SIMPSON hat diese Charakteristika bereits in einem eigenen Exkurs herausgehoben.

Auf der Vorderseite ist zunächst das Bemühen des Schreibers festzustellen, dass er der Königstitulatur durch deren Hieroglyphik die ihr gebührende Sakralität verleihen wollte, denn welch ein Text könnte sakraler aufgeladen sein als eine solche Ehrerbietung gegenüber einem König? Dabei sind dem Kopisten aber schon recht schnell einige Widerstände in den Weg geraten. So hat er z.B. überhaupt keine Platzberechnung vorgenommen und gerät mit seinem letzten

---

[14] Diese kasuistische *ir-sḏm.ty=fy*-Formel erinnert stark an die ohne Apodosis verbleibende der Ächtungstexte des AR (Kap. 8), auch wenn sie in diesen Inschriften einen positiven und/oder negativen Nachsatz erfährt.

Wort des Horusnamens *ʿnḫ-ms.wt* am linken Rand arg in die Bredouille, in Z. 2 schreibt er den Titel *nsw.t-bit* und den Namen *Ḫpr-kʒ-Rʿ* in der Kartusche regelrecht hieratisch, allenfalls das folgende *ʿnḫ*-Zeichen ist wie gesagt wieder hieroglyphisch. An seinen Hieroglyphen in der 1. Zeile meint man ihn als Akten- und damit Hieratischschreiber unschwer erkennen zu können. Der Titelbestandteil *ʿnḫ* dann zu Beginn der 1. Kolumne weist eine gelungene Ligatur von /n/ +/ḫ/ auf. Das /r/ in *nfr* ist bereits extrem kursiv geraten.

Abb. 6: *ʿnḫ* hieroglyphisch in Königstitulatur bzw. 1x hieratisch

Abb 7: Mann mit Waffe(?) in rechter Hand

Abb. 8: Wachtelküken hieroglyphisch (li.: Z. 1) und hieratisch (re.: Kol. 1)

Weitere Details auf der Vorderseite zeigen des Schreibers Handschrift wie etwa der /w/-Vogel in der Titulatur (links) und im kursiven Text (rechts). Die Kurzform der Wachtel kommt auf dieser Stele gar nicht und in den übrigen Hatnub-Dipinti noch ausgesprochen selten vor.

Der hockende Mann mit dem Appendix hinter dem Kopf hat den Hieratisten lange Zeit Probleme bereitet, weil es anscheinend keine eindeutige hieroglyphische Entsprechung zu geben scheint. SIMPSON entscheidet sich für einen Stock, den er in der rechten Hand hält.

Abb. 9: Pap. Nag ed-Deir-N 3500 (li.) und 1. Zwzt.-Stele aus Naqada (re.)[15]

---

[15] W.K. SIMPSON, *loc. cit.*, 308. Das hieroglyphische Beispiel als Determinativ zum Ethnonym *Wʒwʒ.tyw* nach vorangehendem *Mḏʒy.w* ohne den Stock beim sitzenden Mann bei H.G. FISCHER, *Inscriptions from the Coptite Nome* (1964), 72 und Pl. XX, 3. Segment von oben.

Auf keinen Fall ist das Zeichen identisch mit dem männlichen Determinativ nach dem Wort *mwt* - „Toter; Verdammter" wie in einem der Briefe an Ahnen auf dem Nag' ed-Deir-Papyrus N 3500 (s.o. Kap. 10). Der Mann auf der Hatnub-Stele scheint die Linke an den Mund zu halten, SIMPSON wendet sich aber gegen eine solche Transkription, weil sie dann das Zeichen des Kindes aufweisen müsste mit den hängenden Beinen (A17).

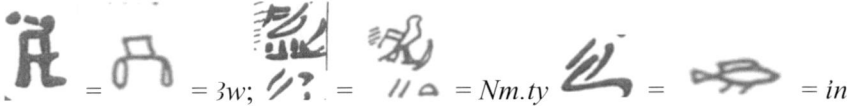

Abb. 10: Paläographie der Stelen-Rückseite[16]

Die Rückseite bietet u.a. mit ihrem Zeichen F40 mit der Lesung *ꜣw* eine vergleichsweise junge Form, die zudem eine generelle Tendenz vom Alt- zum Mittelhieratischen manifestiert. Gemeint ist die Ersetzung von Zeichen mit darüber gesetzter Punktierung durch solche mit darüber gesetzten Strichen.

Der *Nm.ty*-Falke ist ein ganz besonderer, dem nämlich noch zusätzlich ein Szepter aus seinem Rücken ragt. In Verbindung mit der Komplementierung *.ty* haben wir ihn *Nm.ty* zu lesen.[17] Er ist auch einer der Lokalgötter des Hasengaues.

Das Zeichen für den *in*-Fisch stimmt mit der für Hatnub typischen Form weitgehend überein, soll sich dann aber bis zur 12. Dyn. grundlegend verändern, wie schon MÖLLERS *Hieratische Paläographie* I Nr. 253 zeigt.

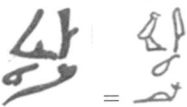

Abb. 11: Konjugierte Partikel *iw* in typischer Pyramidentextgraphie

Die Partikel *iw* mit folgendem Suffix erscheint noch in der für Pyramidentexte der 6. Dyn. typischen Graphie mit dem Fleischzeichen (⟋) in diesem Kontext bildet die Eröffnung eines Versprechens im Futur „er wird [seine Heimat] erreichen …". Dieses Fleischzeichen wird wohl deshalb gewählt, weil das ägyptische Wort für „Fleisch" eben *iwf* lautet, Kopt. af u.ä.

---

[16] W.K. SIMPSON, *loc. cit.*
[17] E. GRAEFE, *Studien zu den Göttern und Kulten im 10. und 12. oberägyptischen Gau* (1980), 2-26, zur Lesung dieses und ähnlicher hieratischer wie demotischer Zeichen(gruppen).

Abb. 12: *sin* – „abwischen" u.ä.

Das Wort *sin* – „abwischen" u.ä. ist zwar ohne jedes Determinativ notiert, an seiner Bedeutung „abwischen; abreiben" im Hinblick auf Inschriften und Dipinti gibt es aber kein Zweifel.

Erinnert sei an dieser Stelle an die Erfindung des Pastenreliefs durch Neferma'at am Anfang der 4. Dyn. Dieser behauptet in einer der begleitenden Inschriften, dass seine Inschriften auch nicht *zin* – „abgerieben; ausgewischt" werden könnten (s.o. Kap. 1).

Unser Stelenbesitzer verwendet dieses Verbum nun konkret auf seine Tintenaufschrift, deren „Abrieb" negative Folgen für den Täter nach sich ziehe. An dieser Stelle sei das Verbum so verstanden, dass es sich auf das Wegwischen einer hieratischen Tinteninschrift beziehen wird und nicht auf das Aushöhlen einer mit bunter Füllung versehenen Hieroglypheninschrift.

Abb. 13: Hatnub-Stele[18]

Kurz noch zum Vergleich der MICHAILIDES-Stele eine weitere aus Hatnub, diesmal 1968 von POSENER publiziert. Sie ist in Jahr 22 Sesostris' I. datiert und gehört dem Mitglied einer Priesterphyle (*imy-z3*),[19] dessen Name größtenteils

---

[18] G. POSENER, „Une stèle de Hatnoub", in: *JEA* 54 (1968), 67-70 und Pl. VIII-IX/A.
[19] S. QUIRKE, *Titles and Bureaux of Egypt 1850-1700 BC* (2004), 109f.

weggebrochen ist. Man beachte, dass sich der Schreiber bei dieser Königstitulatur gar nicht erst die Mühe gegeben hat, sie hieroglyphisch zu gestalten.

Dieser Mann berichtet, im Auftrag eines Lordsiegelbewahrers namens Sobekhotep nach Hatnub gesandt worden zu sein, wozu, verschweigt er, aber das
dürfte sich von selbst verstanden haben. Nach der Preisung seines Vorgesetzten
folgt wieder ein indirekter Anruf an die Lebenden mit Segens- und abschlie-
ßender Fluchformel. Das Verbum für die potentielle Zerstörung seines Dipintos
lautet hier übrigens nicht sind wie auf der MICHAILIDES-Stele, sondern wesentlich allgemeiner ḥḏ, eben „zerstören; vernichten".[20]

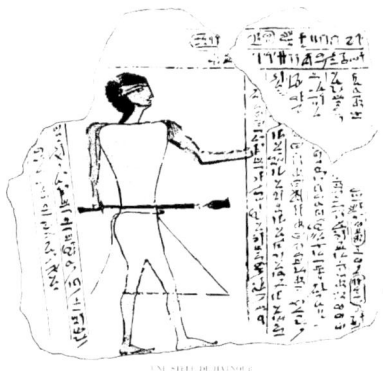

Abb. 14: Faksimile POSENER

Dem Duktus dieses Textes lassen sich gegenüber der MICHAILIDES-Stele schon
einige Neuerungen ablesen.

---

[20] Dieses Verbum ist z.B. aus mehreren Expeditionsinschriften mit Verweis auf die mutwil-
lige Zerstörung der Graffiti in Nubien belegt; s. Z. ŽABA, *The Rock Inscriptions of Lower
Nubia* (1974), 84 ad No. 57, Z. 2-3.

Abb. 15: Transkription POSENER

Hier das Transkript von Posener. Zu den Neuerungen gehört die leicht gestiegene Zahl von Ligaturen und ein Gesamteindruck, der noch stärker in die fortgeschrittene 12. Dyn. weist als das soeben gezeigte Pendant. Im Einzelnen:

Abb. 16: Kursives /w/ in *iw=f* (li.) und leicht verwechselbare Zeichen(gruppen) (Mi. u. re.)

Dazu gehört auch das kursive /w/ in /iw=f/, das im Übergang von der 11. zur 12. Dyn. noch äußerst sparsam verwendet wird. Es gibt ferner Zeichengruppen, die auf den ersten Blick leicht zu verwechseln sind wie die Gruppen *ꜥnḫ* und *rnp.t-zp* / *ḥsb.t* bzw. die Präposition *ḥr* mit der Partikel *grt* (hier nicht im Bild).

**II.     Das Briefarchiv des Totenpriesters Heqanacht von Theben / Deir el-Bahari**

Gehen wir von Hatnub nach Theben-West, genauer gesagt an den Nordabhang von Deir el-Bahari. Im Zuge einer archäologischen Mission des Metropolitan Museum of Art in New York ist WINLOCK (1884-1950)[21] einen Winter vor CARTERs Entdeckung des Tutanchamun-Grabes, nämlich 1921-22, auf ein Papyruskonvolut im Grab eines Meseh gestoßen. Dieses Grab grenzt westlich an

---

[21] M.L BIERBREIER (Hg.), *Who Was Who in Egyptology* (2012), 584f.

das eines Wesirs namens Ipy (TT 315) aus der Zt. Mentuhoteps' II. bzw. bildet ein Nebengrab zu dem des Ipy und trägt deshalb auch keine TT-Nr. Infolge dieses archäologischen Kontextes und Befundes wurden die Papyri auch bis vor ca. 20 Jahren in die Zeit Mentuhoteps' II. datiert. Neuere Forschungen haben aber ein anderes Bild gezeichnet und vieles spricht dafür, dass die Papyri in die Zeit Seanchkare Mentuhoteps' III. gehören.[22]

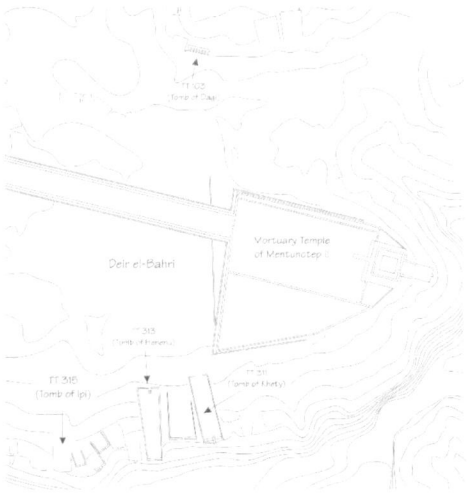

Abb. 17: Fundort der Heqanachte-Papyri – Grab des Meseh, westl. von dem Ipys[23]

Zunächst aber noch kurz zu den näheren Fundumständen. Im Schutt des Zugangs zum Grab des Meseh kamen die Papyri zutage, nebst diversen weiteren Objekten, besonders solchen aus der Ausrüstung eines zeitgenössischen Schreibers.[24]

---

[22] J.P. ALLEN, *The Heqanakht Papyri* (2002), 248-255.
[23] J.P. ALLEN, *op. cit.*, Pl. I.
[24] *En détail* rekonstruiert bei J.P. ALLEN, *op. cit.*, 3-6.

Abb. 18: Brief III in gefaltetem Zustand + Siegel[25]

WINLOCK fand sie in noch zusammengerolltem und –gefaltetem Zustand in As-
semblage mit Siegeln, an denen noch Papyrusfäden hafteten. Brief Nr. III z.B.
trug noch das Originalsiegel an einem Ende seines Paketes. Keiner der Papyri
war also je geöffnet und dann gelesen worden, und daraus resultiert natürlich
die Frage, weshalb sie überhaupt in diesem Grab des Meseh deponiert wurden.[26] Diese Frage möge hier einstweilen auf sich beruhen, stattdessen stehen
die Texte und ihre Paläographie im Vordergrund.

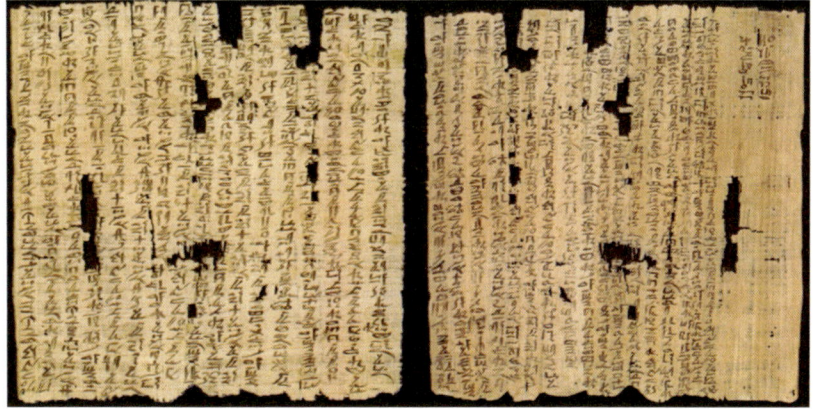

Chr. Kap. 9

Abb. 19: Brief I in entfaltetem Zustand, recto (li.) und verso (re.)[27]

---

[25] J.P. ALLEN, *op. cit.*, Pl. 6C und 7.
[26] Zu diesem Problem J.P. ALLEN, *op. cit.*, 78-80, wo er sich auch mit James' Zuweisung an
individuelle Schreiberhände auseinandersetzt.
[27] J.P. ALLEN, *op. cit.*, CD-ROM.

Wir haben es mit vier Briefen auf vier Papyri und fünf Abrechnungen auf vier weiteren Papyri aus der Korrespondenz eines *ḥm-kꜣ*-Totenpriesters namens Heqanacht zu tun.[28] Dazu gesellen sich noch die Fragmente A-E unterschiedlichen Inhalts. Nicht alle diese Dokumente stammen von dem gleichen Schreiber. Das hat bereits der Erstherausgeber dieses Archivs JAMES in seiner Edition bemerkt, allerdings stimmt seine Zuordnung der einzelnen Texte an die von ihm angenommenen Schreiber bis auf eine Ausnahme nicht 100%ig mit der neuen Zuordnung durch ALLEN[29] überein. ALLEN geht von folgender Zuweisung aus:

1.       I-II: Briefe von Heqanacht selbst geschrieben, ebenso Abrechnung
        VII + Pap. Purches + Frg. A

2.       III-IV: Briefe von NN geschrieben, da wohl diktiert
        Abrechnungen + Abr. V

3.       Abrechnung VI von NN

Die Abrechnungen VI und VII und den Pap. Purches weist ALLEN anderen Schreibern zu, als JAMES dies noch getan hat. Er spricht z.B. im Falle der von Heqanacht eigenhändig geschriebenen Briefe I und II entsprechend von Autographen, bei den anderen Schreibern rekonstruiert er eine Situation von in die Binse diktierten Niederschriften. Autographen wiesen eine größere Tendenz zu Emendationen oder Korrekturen während des Schreibprozesses auf als Diktate etc., so ALLEN.

Es sind nicht nur minutiös beobachtete Idiosynkrasien in Bezug auf den Duktus der Schreiber, die ALLEN z.T. unter dem Mikroskop hat feststellen können. Es sind auch orthographische Eigenheiten, die den einen vom anderen unterscheiden helfen, wie auch die Zahl der verwendeten Ligaturen oder diejenige von abgekürzten Zeichenformen gegenüber volleren und noch stärker hieroglyphischen. So hat er in einer Tabelle (S. 79 = Table I) den Grad der Ähnlichkeit und Unterschiede zwischen markanten Zeichen prozentual erfasst, um dadurch in quantifizierbarer Form die identifizierbaren Hände zu differenzieren.

---

[28] Zu lexikalischen wie phraseologischen und inhaltlichen Gemeinsamkeiten mit den Briefen an Ahnen aus dem späten AR bis 1. Zwzt. s. den Beitrag von S. DONNAT BEAUQUIER, „Gestion in absentia du domain familial. À propos des lettres aux morts et des documents d'Héqanakht", in: A. GASSE *et al.* (Hgg.), *Et in Ægypto et ad Ægyptam. Receuil d'études dédiées à Jean-Claude Grenier. II* (2012), 227-242.
[29] J.P. ALLEN, *op. cit.*, 78-85.

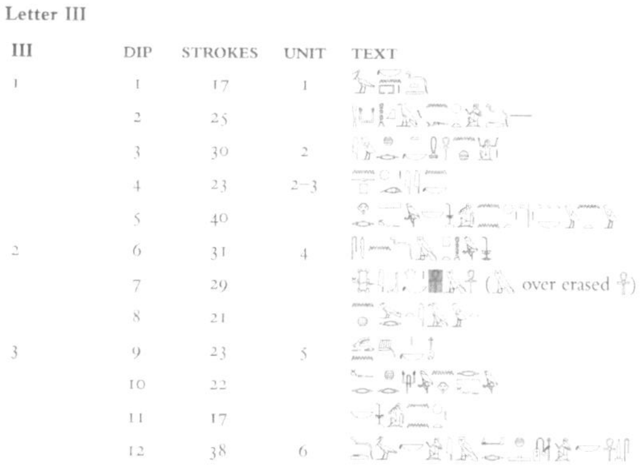

Letter III

| III | DIP | STROKES | UNIT | TEXT |
|---|---|---|---|---|
| 1 | 1 | 17 | 1 | |
| | 2 | 25 | | |
| | 3 | 30 | 2 | |
| | 4 | 23 | 2–3 | |
| | 5 | 40 | | |
| 2 | 6 | 31 | 4 | |
| | 7 | 29 | | ( over erased ) |
| | 8 | 21 | | |
| 3 | 9 | 23 | 5 | |
| | 10 | 22 | | |
| | 11 | 17 | | |
| | 12 | 38 | 6 | |

Abb. 20: „Dips“ und „strokes“ etc. in den ersten drei Zeilen von Brief III[30]

ALLEN hat aber den Schreibern nicht nur im Hinblick auf diese Kriterien genauestens auf die Finger geschaut, er hat sich m.W. erstmals der Mühe unterzogen, die Frequenz und Stellen des Wiedereintauchens (*dips*) ihrer Binsen zu lokalisieren und auszuzählen. So hat er eigens Zeile für Zeile eines jeden Textes dieses Archivs den Gebrauch der Binse des jeweiligen Schreibers untersucht und das Ergebnis in Appendix B seiner Edition zusammengestellt. Als Beispiel und kleiner Auszug daraus dienen seine Funde zu den ersten drei Zeilen von Brief III. Da finden wir für Z. 1:

1. Das erste Mal des Eintauchens der Binse für eine Strecke von 17 Strichen, nicht gleichbedeutend mit Zeichen, da es ja solche gibt, die mehr als einen Strich benötigen. Ganz nebenbei ist die generelle Strichführung bei solchen Zeichen diejenige von oben nach unten und von links nach rechts. Diagonale Striche werden grundsätzlich von rechts nach links ausgeführt. „Unit“ bezeichnet lexikalische oder syntaktische Einheiten, letztere sind eindeutig in der Überzahl. Was bedeutet das? ALLEN konnte durch diese Beobachtungen herausfinden, dass die damaligen Schreiber in aller Regel Satz- und Nebensatzgrenzen peinlichst beachtet haben, indem sie jeweils davor ihre Binse mit frischer Tinte füllten. Anders gesagt, sie haben mehr oder minder im Rhythmus ihrer Sprache geschrieben, wohl auch unter begleitendem vor sich hin Murmeln ihres jeweiligen Textes. Wir wissen ja, dass altägyptische Schreiber ihre Texte laut zu lesen hatten und dies auch pflegten, denn stummes Lesen ist angeblich eine Erfindung der Römerzeit, so jedenfalls die *communis opinio*. Man kann

[30] J.P. ALLEN, *op. cit.*, 236.

sich einen im Schneidersitz hockenden Schreiber über seinem Text und im Taktleicht wippend bei der Arbeit vorstellen.

Zurück zu Unit 1, dann sehen wir, dass ALLEN diese in zwei Partien aufgeteilt hat:

i. *b3k n-pr-ḏ.t* und 2. *ḥḳ3-nḫt ḏd* + Trennstrich. Auf diese beiden Partien werden jeweils 17 + 25 Binsenstriche verwendet und wir sehen, dass der Schreiber von Brief III vor der Niederschrift des Namens Heqanacht nochmals frisch eingetaucht hat.

ii. Bei der Position des Wiedereintauchens der Binse hat er, von der Ausnahme in *nfr* in Z. 3 abgesehen, dabei tatsächlich syntaktische oder lexikalische Grenzen beachtet. Dazu gehört auch die gelegentliche Abtrennung eines indirekten Genitivs durch vorheriges Neueintauchen der Binse, s. *dip* Nr. 4 und 8. Ein geübter Schreiber wird aus seiner Erfahrung im Umgang mit seinen recht spitzen Binsen ziemlich genau gewusst haben, wieviel Striche bzw. wieviel Text er damit schreiben konnte, ohne dass die Tinte zu sehr ausbleicht.

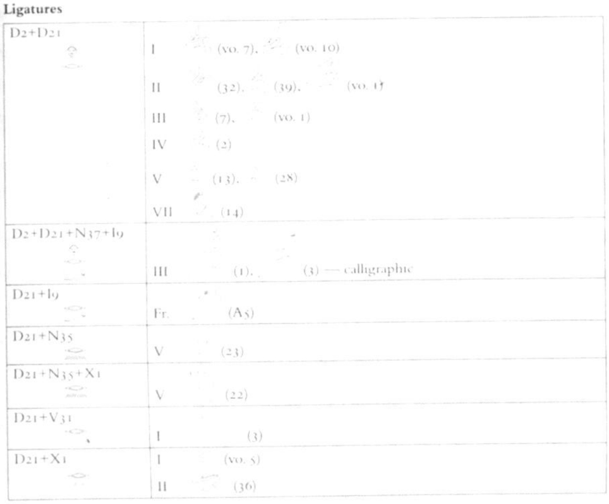
**Ligatures**

| | |
|---|---|
| D2+D21 | I (vo. 7), (vo. 10)<br>II (32), (39), (vo. 1?)<br>III (7), (vo. 1)<br>IV (2)<br>V (13), (28)<br>VII (14) |
| D2+D21+N37+I9 | III (1), (3) — calligraphic |
| D21+I9 | Fr. (A5) |
| D21+N35 | V (23) |
| D21+N35+X1 | V (22) |
| D21+V31 | I (3) |
| D21+X1 | I (vo. 5)<br>II (36) |

Abb. 21: Aus der Paläographie des Heqanacht-Archivs: Ligaturen[31]

ALLENs paläographische Tabelle stellt gleichfalls ein Novum in der modernen Hieratistik dar, an der ein MÖLLER seine helle Freude gehabt hätte. Dies geschah unter optimalem Einsatz der um die letzte Jahrtausendwende vorhandenen Bildbearbeitungstechniken.

[31] J.P. ALLEN, *op. cit.*, 217.

Im Original nicht Erhaltenes wird in dieser Liste durch grau untersetzte Partien markiert. Man hätte es genauso gut umgekehrt handhaben können, indem die tatsächlich vorhandene Tinte in ihrer Originalfarbe schwarz notiert und das Fehlende, aber sicher zu Ergänzende, weiß belassen worden wäre. Aber das hätte sicher einen erheblich höheren Zeitaufwand in der Reproduktion der Zeichen und Wörter impliziert.

Allgemein kann zur chronologischen wie typologischen Einordnung der Paläographie dieses Archivs vermerkt werden, dass sie sowohl altertümliche wie auch moderne Züge aufweist. Dieses Faktum platziert es damit in eine Art Übergangsstadium der hieratischen Kursive, wenn an ein und demselben Ort wie Theben bzw. thebanischer Tradition zwei unterschiedliche Duktūs zur Anwendung kommen. Noch stehen wir ja mit diesem Konvolut oder Archiv am Ende der 11. oder frühen 12. Dynastie.

Abschließend noch ein Hinweis auf die moderne Rezeption der Heqanacht-Papyri, konkret seiner Briefe. Nach dem Auffinden im Winter 1921-22 wurden die Papyri zur Bearbeitung einem der damals brillantesten ägyptologischen Philologen und Grammatiker anvertraut, und dieser Auserwählte war erstaunlicherweise nicht GARDINER, sondern der von ihm geförderte britische Nachwuchsägyptologe GUNN (1883-1950).[32] Sein Hauptwerk sind die *Studies in Egyptian Syntax* von 1924 und er ist der „Entdecker" der sog. „GUNN'schen Regel", die in Bezug auf die Affirmativ- und Negativkonstruktionen der mäg. *sḏm=f*-Formen noch heute gültig ist. GUNN hat die Heqanacht-Papyri zwar übersetzt, aber am Ende dann doch nicht ediert. Über ihn hat dann ein anderer, erheblich jüngerer britischer Ägyptologe und Demotist, von dem Inhalt der Texte erfahren. Dies war GLANVILLE (1900-1956).[33] Er war mit einem der damals führend britischen Archäologen persönlich bekannt, u.z. mit Sir MALLOWAN (1904-1978). Dieser war seinerseits mit keiner Geringeren verheiratet als Agatha CHRISTIE (1890-1976). GLANVILLE drängte CHRISTIE förmlich, einen ihrer Romane im Alten Ägypten anzusiedeln und schlug ihr als Rohmaterial die Heqanacht-Briefe vor. CHRISTIE griff diesen Ball auf und publizierte 1944 in den USA und ein Jahr später in Großbritannien ihren einzigen nicht in der Gegenwart angesiedelten Krimi *Death comes as the end*. Sie ändert zwar alle Namen gegenüber denen des Heqanacht-Archivs, aber sie greift die wesentlichen Anliegen dieses Totenpriesters auf. Das sind ganz zuvorderst dessen Sorge um

---

[32] M.L BIERBREIER (Hg.), *Who Was Who in Egyptology* (2012), 232.
[33] M.L BIERBREIER (Hg.), *Who Was Who in Egyptology* (2012), 214.

die Akzeptanz seiner Nebenfrau, während er sich selbst im Norden, wohl in der Nähe von Memphis, auf Geschäftsreise befindet. Währenddessen befürchtet er zuhause Intrigen gegen diese seine zweite Frau, was CHRISTIE kriminalistisch und mit einiger Spannung umzusetzen weiß. Ihr sog. *Historical who dunnit* hinterlässt am Ende übrigens eine wahre Blutlache mit sieben Morden an der Zahl. GLANVILLE hat sie übrigens auch dazu bewegen können, ihr ursprünglich vorgesehenes Ende des Romans in seinem Sinne zu ändern, so wie er denn auch tatsächlich erschienen ist. CHRISTIE hat das im Nachhinein sehr bedauert.[34]

Wie dem auch sei, der Krimi liest sich wie für CHRISTIE nicht anders zu erwarten, spannend von Anfang bis Ende, und aufmerksame ägyptologische Leser haben zudem ihre helle Freude am Entdecken weiterer Textzitate wie z.B. aus der Lehre des Ptahhotep, den Liebesliedern und Briefen an Ahnen oder eben den *Letters to the Dead*. Der Titel *Death comes as the end* ist nebenbei ein Zitat aus der 18. Maxime des Ptahhotep.

## III.  Anti-Giftsprüche auf einem Turiner Papyrus (CGT 54003)

Ein beidseitig u.a. mit prophylaktischen Sprüchen gegen Schlangengift beschrifteter Papyrus im Turiner Museum zählt zu den bislang frühesten seiner Art und wird paläographisch gewöhnlich in den Anfang des MR datiert. Auch wenn keine präzise Provenienz bekannt ist, spricht die Erwerbungsgeschichte doch für einen Fund in oder nahe GEBELEIN, demjenigen Ort, an dem der italienische Archäologie SCHIAPARELLI in den Jahren 1900-01 im Auftrag des Turiner Museo Egizio gegraben hat. Unter der Nr. CGT 54003 ist der Papyrus 1970 von ROCCATI ediert und bearbeitet worden.[35] Paläographisch weist der Papyrus auf beiden Seiten noch recht altertümliche Zeichenformen und so gut wie keine Ligaturen auf, der Schreiber hat zudem eine kräftige Binse benutzt, wie wir das aus hieratischen Urkunden und Briefen des AR inzwischen bestens kennen. ROCCATI hat seiner Edition eine ausführliche Zeichenliste beigefügt, an deren Ende sich ganze acht „Legature e Gruppi" finden und die uns bereits aus dem hohen AR bekannt sind. Darunter dürften sich mehrere Ligaturen befinden, deren Klassifizierung als solche ausschließlich durch Autopsie des Originals er-

---

[34] GUGLIELMI hat die Entstehungsgeschichte des Romans in ihrem Artikel „Agatha Christie und die Aneignung altägyptischer Quellen" nachgezeichnet in: C. TRÜMPLER (Hg.), *Agatha Christie und der Orient. Kriminalistik und Archäologie* (1999), 350-390; dort: 351-366.

[35] *Papiro ieratico n. 54003: Estratti magici e rituali del Primo Medio Regno, Musée de Turin II* (1970).

laubt sein dürfte. Da ROCCATI direkt am Papyrus seine Bearbeitung durchgeführt hat, wird man seiner Liste Vertrauen schenken dürfen. Am Photo allein
und aus der Distanz wären solche Zeichenklassifizierungen unzulässig, zumindest unvorsichtig.

Seit ROCCATIS Edition ist der Papyrus nur sporadisch Gegenstand weiterer Forschung geworden, und in Grammatiken zum Alt- und Mittelägyptischen taucht
er erst gar nicht als Spendertext auf.[36] Der von OSING neubehandelte Spruch III
sei hier in Abbildung, sowie indessen gegenüber ROCCATIS verbesserter Transkription und Übersetzung geboten:

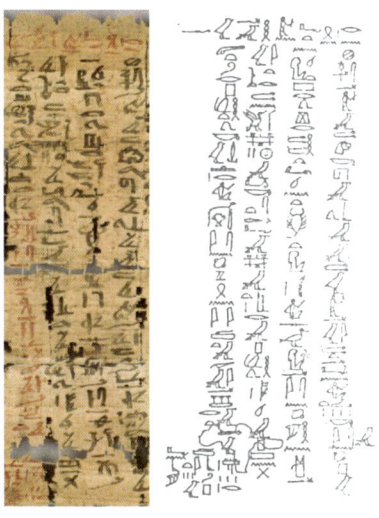

Abb. 22: Pap. Turin CGT 54003 rt. 13-16[37]

Die Überschrift ist horizontal und in roter Tinte bzw. Tusche gehalten, der Rest
des Spruches in altem Layout wie Briefe des AR bis in die späte 12. Dyn. senkrecht. Eine kurze schwarze Trennlinie trennt diesen von dem vorangehenden
Spruch rechts vom Anfang der Z. 13. Die manuelle Instruktion beginnt in der
4. bzw. Z. 16 der Recto-Seite gleichfalls in rot bei ḏd-mdw ḥr-sjn… und da der
Kopist sie offenbar noch am unteren Rand des Blattes unterbringen wollte, sah
er sich zu einem „Ausrutscher" nach links gezwungen. Damit der Rezitierende
diesen finalen Wortlaut nicht mit dem angrenzenden Spruch IV durcheinander-

---

[36] Zu Spruch III, dem ersten von zwei Anti-Schlangengiftsprüchen, s. J. Osing, „Zu einigen
magischen Texten", in: *Studia Aegyptiaca* 14, *The Intellectual Heritage of Ancient Egypt.*
*Studies Presented to László Kákosy* (1993), 473-480; dort: 473f., mit der älteren Lit.
[37] A. ROCCATI, *op. cit.*, nicht-nummerierte Tafel, und Osing, *loc. cit.*, 473.

bringt, hat er eine dicke Begrenzungslinie an seinem linken Rand gezogen. O-
SING hat die Rubra und die Trennlinie nicht in seiner Transkription eigens markiert, einzig die roten Partien durch Großbuchstaben in seiner Übersetzung.
Diese liest sich dann folgendermaßen, mit geringfügigen Änderungen seitens
des Verf.:

> „SPRUCH ZUR ABWEHR EINER SCHLANGE
>
> (13) Abgewiesen ist dein Angriff – du, der du mit deiner [lit. „seiner"; F-E] Wut her-
> geschickt bist. Ich habe deine ‚Pflöcke' (= Zähne) übergossen mit diesem Lehm (14)
> der Isis, der unter der Achsel[38]der Selkis herauskam. Mein Finger, er wird auf den
> Lehm achtgeben, daß er versperrt hält.
>
> Wo sind sie? Wo sind sie? Siehe, sie (sc. Finger und Lehm) sind hier an ihrer (richti-
> gen) Stelle. Greife[39] nicht den Knochen an, reiße nicht (16) die Ader (oder: Sehne)
> auf, bis du verendet bist – du mit dem unversehrten (= unschädlichen) Maul!
>
> ZU SPRECHEN ÜBER LEHM, IN DEN EIN MESSER EINGESCHLOSSEN IST,
> DAS VERSCHNÜRT HALTEN [LEIN?]EN, *dbjt* ODER HALFA-GRAS."

Hier waltet mit OSING ein klassischer Analogiezauber: Ebenso wie der Lehm-
klumpen in der Hand des Zauberers ein umschnürtes Messer verschlossen hält,
sollen auch die Giftzähne im Maul einer Schlange unschädlich gemacht werden.

Erst jüngst ist ein weiterer Spruch dieser Handschrift einer neuen Betrachtung
unterzogen worden, diesmal die Zeilen 8-14 auf dem Verso.[40] Dem Autor geht
es um den Nachweis von drei über den Wortlaut dieses Spruches verteilten
kryptographischen Schreibungen in diesem Text.

---

[38] So mit *Wb der medizin. Texte II*, 640, statt OSINGs „Schulter".
[39] *ph* mit der Bedeutung „angreifen" ist gut belegt und blasses „erreiche nicht …" wird der
Drastik und Dramatik des Ko(n)textes nicht gerecht.
[40] J.-G. OLETTE-PELLETIER, „Note sur l'emploi d'une rubrique cryptographique dans un papyrus du Moyen Empire", in: *NEHET. Revue numérique d'Égyptologie* (Paris-Sorbonne –
Université de Bruxelles) 4 (2016), 59-64. Der Aufmerksamkeit von Dietrich Raue verdanke
ich die Kenntnis dieses Aufsatzes.

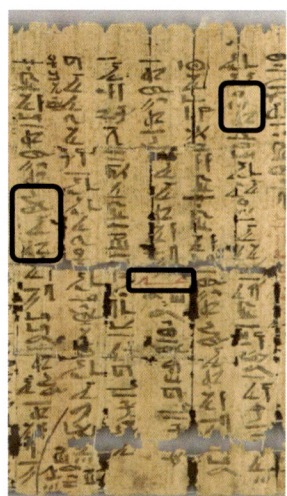

Abb. 23: Pap. Turin CGT 54003 vs. 8-14[41]

Hatte ROCCATI hinter diesem Spruch noch eine Anrufung des Gottes Min zwecks Öffnung der Augen einer Statue gesehen, damit einen kultischen Kontext, geht OLETTE-PELLETIER in eine ganz andere Richtung. Er versteht den Anruf mit der Bitte um Öffnung der Augen des Rezitierenden in streng medizinischem, genauer gesagt ophthalmologischem Kontext. Der Gott Min hat durchaus einige Bezüge zu Sonne und Mond und so erscheint seine Adresse durchaus nachvollziehbar. Als Fazit notiert der Autor: „Il s'agit ici d'une formule traitant d'un cas de trouble oculaire obstruant la vision".[42] Konkret vernutet er eine Art Gerstenkorn im Auge infolge einer Verletzung. Es sind drei rubrizierte Textteile, die ihn zu dieser medizinischen Deutung führen und die er in der vorstehenden Abbildung eingerahmt hat: Sitzender Mann 🖾 – gebeugter Arm ⌒— als Regieanweisung und das Lexem *m3(3)* – „sehen". Alle drei Rubren sind assoziativ miteinander verknüpft und ihre rote Farbe dient der Abwehr alles Bösen. 🖾 steht nach ihm für das Suff. 1. Sg. und zugleich(!) für den *z'* – „Mann" im Sinne von „Patient" wie in medizinischen Texten üblich. ⌒— steht als Regieanweisung („didascalie") zugleich für das Verbum *grḥ* – „aufhören", nämlich des Leidens, und das Verbum *m3(3)* – „sehen" für das gewünschte wieder sehen können. In kombinatorischer Lektüre machen sie auf diese Weise auch fehlendes incipit bzw. Spruchtitel wett. Es geht also darum, das mangelnde „Sehvermögen" eines „Patienten" „aufhören" zu lassen.

_____

[41] Photo mit Einrahmungen bei J.-G. OLETTE-PELLETIER, *loc. cit.*, 64 Fig. 2.
[42] *Loc. cit.*, 63.

OLETTE-PELLETIER resümiert das dahinter stehende Verfahren als eines der Chiffrierung, wenn er konstatiert: „En cela, nous avons alors affaire à ce que nous pourrions qualifier de *rubrique cryptographique*, à savoir une rubrique n'étant pas immédiatement compréhensible, déchiffrable ou identifiable".[43] Da aber keinem der eigens rubrizierten Schriftzeichen ein neuer Lautwert zugewiesen wird, als Leser einem „nur" die Aufgabe zukommt, aus dem „normalen" Repertoire der den Zeichen eignenden Lesungen die korrekte Kombinatorik zu ermitteln, handelt es sich kaum um Kryptographie im Sinne einer graphischen Verschlüsselung von Inhalt und Sinn. Wie immer wir dieses „Schriftspiel" terminologisch benennen mögen, bis zum Auftauchen weiterer solcher Phänomene scheint das eher verzichtbar. In jedem Falle haben wir mit dieser „Zeichensetzung" eine Art von *matres lectionis et interpretationis* vor uns, also Lese- und Deutungshilfen, die identifiziert und kombiniert werden wollen.

## IV.  Pyramidentexte in Hieratisch auf den beiden Särgen des Priesters Herischefhotep im Ägyptischen Museum der Universität Leipzig (Ä-MUL 3 und 4)

Neben Textträgern wie Papyrus, Ostraka aus Stein oder Keramik, Ton wie in Balat oder als Ächtungsfiguren darf auch Holz nicht vergessen werden. Mit der zunehmenden Beschriftung von hölzernen Särgen durch religiöse Texte greift auch die Kursive auf diese Objekte über. Pyramidentexte und später die sich von diesen emanzipierenden sog. Sargtexte bedecken deren Innenwände in unterschiedlicher Extension und in ihrer graphischen wie textuellen Qualität.

Zwei Exemplare von Pyramidensprüchen auf dem Innen- wie Außensarg eines Totenpriesters aus Abusir namens Herischefhotep (I) sind dank einer Schenkung der Deutschen Orientgesellschaft 1908 in das Ägyptische Museum der Universität Leipzig gelangt, nachdem sie im Gefolge der BORCHARDT'schen Grabungen Anfang des letzten Jahrhunderts im Pyramidenbezirk des Niuserre in einem einfachen Kammergrab beim Aufweg entdeckt worden waren.[44] Auch wenn wir das Grab und damit die Lebenszeit von Herischefhotep (I) nicht exakt datieren können, ist die Ansetzung in die späte 1. Zwzt. anhand der Typologie des in diesem und benachbarten Gräbern gefundenen Beigabeninventars am

---

[43] *Loc. cit.*, 64.
[44] H. SCHÄFER, *Priestergräber und andere Grabfunde vom Ende des Alten Reiches bis zur griechischen Zeit vom Totentempel des Ne-user-Rê* (1908), 42-81.

wahrscheinlichsten.[45] Damit haben die auf seinen zwei Särgen aufgezeichneten Pyramidensprüche 213-219 (= „Liturgie A") und 539 bereits eine Laufzeit von knapp 400 Jahren seit ihrer Erstbezeugung unter Unas hinter sich.

Die Qualität der Kopien ist ausgesprochen dürftig, was nicht zuletzt der mediokren Qualität des Sarges selbst und seines Beschriftungsmodus geschuldet ist. Restauratorische Untersuchungen haben nämlich ergeben, dass Beschriftung und Dekoration der Innenwände erst nach(!) deren Zusammenbau erfolgt sind, was zu erheblichen Beeinträchtigungen auf Seiten des Kopisten geführt haben muss. Dieser Umstand ist deshalb auch einer der Faktoren, der für die Paläographie der Zeichen mitverantwortlich zeichnet. Man kann sich heutzutage allerdings nur wundern, warum diese Arbeit nicht vorher erledigt worden ist. Man beachte die von rechts nach links fortschreitende Schlagseite der Zeichen, die nur einem Rechtshänder angelastet werden können, der zunehmend in Platznot geriet.

Wie dem auch sei, allein in der 1. Zeile begegnen gleich mehrere Versehen des Schreibers.

Chr. Kap. 10

---

[45] Zur Datierung des Grabes und damit auch der Särge in die späte 11. Dyn. s. J. MÁLEK, „Old Kingdom Rulers as „local saints" in the Memphite area during the Middle Kingdom", in: M. BÁRTA –J. KREJČÍ (Hgg.), *Abusir and Saqqara in the Year 2000* (2000), 241-258; dort: 245f. und 248f., mit weiteren einschlägigen Lit.-Angaben.

Abb. 24: Sarg des Herischefhotep (I) (ÄMUL 3) Boden – Register I[46]

Anstatt des intendierten *Ḥry-š=f-ḥtp-pn* –„dieser H." mit zwei notierten Zeichen für /p/ in der Wortfuge notiert er in Kol. 60 nur eines, praktiziert also eine Haplographie. Umgekehrt schreibt er zweimal das Suff. der 2. Sg. mask. =*k* in *n-šm.n=k* – „nicht bist du fortgegangen", praktiziert hier also eine Dittographie. Die zu diesem Negationsmuster noch gehörende Partikel *js* schreibt er defektiv als *s* mit überflüssigem Schrägstrich danach. Das Wort *jt* für „Vater" in Kol. 66 ist defektiv *j* und ohne *t* geschrieben etc. Wir könnten dem Schreiber zahlreiche weitere echte Versehen ankreiden, aber diese Arbeit hat uns MÖSCHEN in ihrer Master-Arbeit bereits abgenommen.[47]

An paläographischen Spezimina nur dieses kurzen Passus seien die folgenden Hieratogramme herausgehoben und mit ihren Entsprechungen im Turiner Zauberhandbuch CGT 54003 verglichen:

-  = 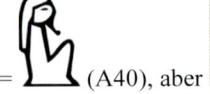 (A40), aber  in Kol. 3 Ende und  in Kol. 4, 5 u. *pass*. Die Gestaltung dieses Zeichens ist also alles andere als einheitlich über extrem kurze textuelle Distanz hinweg. Bei den zwei schrägen Protuberanzen fragt

[46] Aufnahme MARION WENZEL (Kustodie Univ. Leipzig); hierogl. Transkription in: S. MÖSCHEN, *Studien zu den Pyramidentexten auf dem inneren Sarg des Herischef-Hotep in Leipzig (ÄMUL Inv.-Nr.: 3)* (unpubl. Master-Arbeit 2012 an der Univ. Leipzig); s.a. das Beispiel in der diesen Band begleitenden Chrestomathie. Die Textversionen auf dem äußeren Sarg (ÄMUL 4) wurden gleichzeitig von NÖRLICH bearbeitet und im selben Jahr als Master-Arbeit eingereicht.

[47] Genauso wie auch NÖRLICH in ihrer Parallelarbeit zum äußeren Sarg.

es sich, ob sie die beiden Beine darstellen sollen. Es erinnert entfernt an das Determinativ des GN Osiris auf der Naqada–Stele eines *Dȝg* in Rom, die FISCHER publi-

ziert hat (Abb. 25): .[48] Man vgl. dagegen die im Oberteil erheblich anders strukturierten Formen in Pap. Turin CGT 54003 belegten Varianten (Abb. 26):

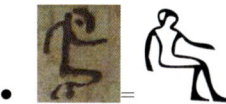.[49]

•  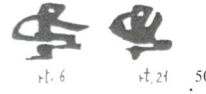 (A17*) in Kol. 2; vgl. die beiden in dem chronologisch nicht

weit entfernten Pap. Turin CGT 54003 bei ROCCATI (Abb. 27): [50]

•  = sitzender Mann mit Stock in rechter Hand in Kol. 62 und 68, ohne Gar-
diner-Nr., aber s. Hatnub Nr. 16.6 (J. 5 Gaufürst Neheri I[51]). Hieroglyphisch belegt
ist es z.B. als Determinativ zu *wȝwȝ.tw*–Nubiern in Naqada (8. Dyn. oder später) und

mit Lit.hinw. besprochen wieder bei FISCHER: (Abb. 28).[52] Dieses Zeichen
ist an der Stelle bei Herischefhotep (I) dagegen schlicht überflüssig.

•  = (F22) in Kol. 63; vgl. bes. mit den Formen in rt. 24 und vs. 1 des

Turiner magischen Pap. CGT 54003 (Abb. 29): [53]

[48] „7. Provincial Inscriptions of the Heracleopolitan Period. 1. Stelae from Naqada", in: id.,
*Egyptian Studies III. Varia Nova* (1996), 79-83; dort: 79 Anm. 6 zur Zeichenform des Got-
tesdeterminatives „with projecting arms" und Umzeichnung auf S. 80.
[49] A. ROCCATI, *op. cit.*, 43 und 47.
[50] A. ROCCATI, *op. cit.*, 47.
[51] S. GIULIANI, „A New Proposal for the Interpretation of Hatnub Graffito N° 16", in: *GM*
159 (1997), 53-60: 10. Dyn.
[52] *Inscriptions from the Coptite Nome Dynasties VI-XI* (1964), 72 und Taf. XX.
[53] A. ROCCATI, *op. cit.*, 48.

- ![image] = ⸗ (T20) in Kol. 67 ist post-AR-Form nach FISCHER.[54] Interessanterweise schreibt nämlich die älteste Version dieses Spruches in der Unas-Pyramide bereits die jüngere Form mit zwei horizontalen Appendizes am oberen Ende, wie FISCHER in seinen *Varia Nova* vermerkt. Bereits in seinen *Egyptian Studies I. Varia* von 1976 widmet er diesem Zeichen ganze vier Seiten (104-108). Nach seiner Rekonstruktion der hieroglyphischen Entwicklung ist die Zeichenform bei Herischefhotep (I) ganz eindeutig vor-MR, d.h. auch noch vor der 12. Dyn. anzusetzen; vgl. die AR-Formen

in Pap. Turin CGT 54003 (Abb. 30):    rt. 15    vs. 16    vs. titolo .[55]

Die paläographischen Unterschiede mögen gar nicht so sehr differierenden Datierungen anzulasten sein als vielmehr geographischen Schreibtraditionen am Ende des AR und in der 1. Zwzt. Stammen die Herischefhotep-Särge aus dokumentierten Grabungen, verbleibt die exakte Provenienz und damit auch der archäologische Kontext von Turin CGT 54003 nebulös, wenn auch einiges für Gebelein spricht. In jedem Falle muss mit regionalen Traditionen in der Geschichte des Hieratischen schon in dieser relativ frühen Phase seiner Geschichte unbedingt gerechnet werden.

## V. Gravierte Kursive auf Sargwänden bei gleichzeitiger Tintenvorzeichnung

Noch sehr wenig bekannt ist eine hieratische Beschriftungsweise auf Särgen des frühen MR aus Deir el-Bersheh. Dabei wurden die aus dem Corpus der Sargtexte gewählten Sprüche des sog. *Zweiwegebuches* (CT 1029-1130) zunächst in Tinte vorgezeichnet und anschließend mittels eines Dechsels, in jedem Falle eines spitzen Gerätes, in das Holz graviert. SHERBINY hat erst kürzlich auf diese Inschriftentechnik hingewiesen und in diesem Zusammenhang eine paläographische Studie zum Hieratischen auf MR-Särgen in Aussicht gestellt.[56]

---

[54] *Dendera in the Third Millenium B.C. down to the Theban Domination of Upper Egypt* (1968), 82 mit Anm. 349, und s.a. id., *Egyptian Studies III* (1996), 26 mit. Anm. 89-91.
[55] A. ROCCATI, *op. cit.*, 52 und S. 45.
[56] „The Earliest Source of the So-called Book of Two Ways as a Coffin Floorboard Decoration from the Early Middle Kingdom", in: M. TOMORAD – J. POPIELSKA-GRZYBOWSKA (Hgg.), *Egypt 2015. Perspectives of Research* (2017), 87-96. Verf. dankt Wael Sherbiny für eine Kopie seines Beitrages.

Als Beispiel diene die folgende Passage auf dem Sarg B6C:

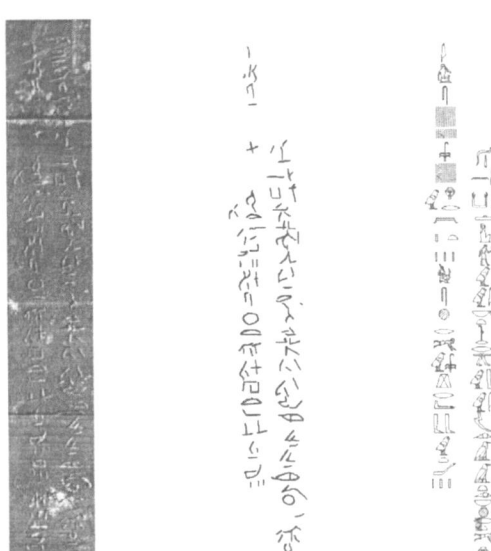

Abb. 31: CT spell 1127 graviert auf den Sarg B6C
(Faksimile WIŚNIEWSKA und Transkription
© und mit Erlaubnis des Autors SHERBINY[57])

Diese Version des Spruches mit einer Rezitation von Hekau-dem-Ältesten ist nicht in der Standardausgabe der Coffin Texts DE BUCK aufgenommen (CT VII, 457). Nach Auskunft von SHERBINY gibt es nicht nur gravierte Sargtext-Sprüche auf den Särgen B2Bo, B6C und B3C, sondern darüberhinaus auf weiteren Särgen aus dieser Nekropole. Für alle weiteren Details hierzu s. seine 2017 erschienene Monographie.[58]

## VI. Retrogrades Hieratisch auf MR-Särgen

GOEDICKE notiert auf S. xxi seiner *Old Hieratic Paleography* den vermeintlichen Fund retrograder Kursive auf einem Sarg aus Balat in der Dachlah-Oase. Versehentlich hat er dabei den archäologischen Umstand außer Acht gelassen, dass diese um 180° gedrehte Schriftrichtung einem Abklatsch geschuldet ist,

---

[57] *Loc. cit.*, 94 Fig. 49 (rechte Hälfte).
[58] *Through Hermopolitan Lenses. Studies on the So-called Book of Two Ways in Ancient Egypt* (PdÄ 33).

der sich durch Kollaps der Sargwände auf deren neuer Unterlage ergeben hatte.[59]

Was GOEDICKE aber kaum ahnen konnte, ist die Tatsache, dass bisweilen Ausflüge in die retrograde Richtung nicht nur im Kursivhieroglyphischen, sondern auch in der vollen Kursive unternommen worden sind. So geschehen z.B. auf dem Assuaner Sarg des Heqata (Cairo *JdE* 36418) aus der Zeit Amenemhets' I. Sein Bearbeiter WILLEMS notiert mehrere „reversals" nicht nur hieroglyphischer, sondern eben auch hieratischer Zeichen innerhalb der Leserichtung der jeweiligen Fries-Beischriften. Rote Vorzeichnung der Schriftzeichen wird bisweilen noch überschrieben von schwarzer Tinte, was bedeuten könnte, dass man der roten Farbe in der Kursive nicht nur eine differenzierende und mitunter auch diskriminierende Funktion zugewiesen hätte, sondern auch äquivalent zu roten Vorzeichnungen von Hieroglyphen einen präliminaren Status, der erst durch schwarzes Nachzeichnen seine endgültige Gestalt erhalten sollte.

Ein Beispiel für Zeichendrehungen liegt vor oberhalb des Frieses der Frontseite (FR 2.13, Group A):

Abb. 32: Partiell retrogrades Hieratisch in Friesbeischrift[60]

WILLEMS schlägt nun vor, das Zeichen 𓏲 hinter dem Kopf der ersten Klagefrau als 𓎼 (Q1) für Isis und das 𓊪 über dem der 2. Frau als 𓎡 für die Göttin Nephthys zu umschreiben. Das wären sehr eigenwillige oder unbeholfene Zeichenformen, und da deren präzise Identifizierung noch aussteht, soll auch an dieser Stelle kein definitiver Vorschlag unterbreitet werden. Einzig die Transkription von 𓊪 , denn nach Abzug aller nicht zu diesem Zeichen

---

[59] Bei korrekter Lektüre des Reports in M. VALLOGGIA, *Balat I: Le mastaba de Medou-nefer* (1986), 75. wäre diese Interpretation vermeidbar gewesen.
[60] H. WILLEMS, *The Coffin of Heqata (Cairo JdE 36418)* (1996), 205 und Pl. 29; s.a. 543b, s.v. Hieratic; Orientation of.

gehörigen Tintenspuren bleibt ein dem 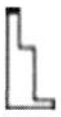 recht ähnlich anmutendes 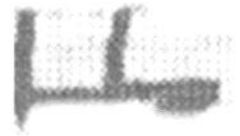 übrig, m.a.W., die Transkription *ꜣs.t* wäre nicht dem vogelartigen 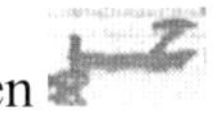 anzulegen, sondern eben umgekehrt.

Wie dem auch sei, das zweite Beispiel von demselben Sarg scheint mir erheblich luzider. Es findet sich in dem Fries auf der Frontseite (FR.3.15) und zeigt eine komplett retrograd notierte Überschrift oberhalb des Sargschlittenzugs, die auch diesem Schreiber erheblich Mühsal bereitet hat:

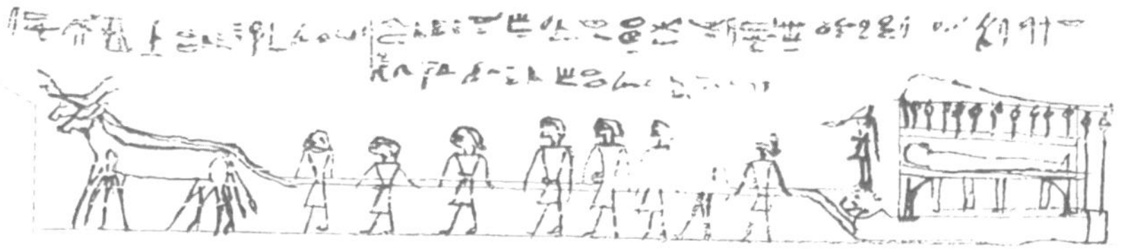

Abb. 33: Komplett retrogrades Hieratisch mit einigen verstellten Zeichen in Friesüberschrift[61]

Dies ist WILLEMS' Transkription:

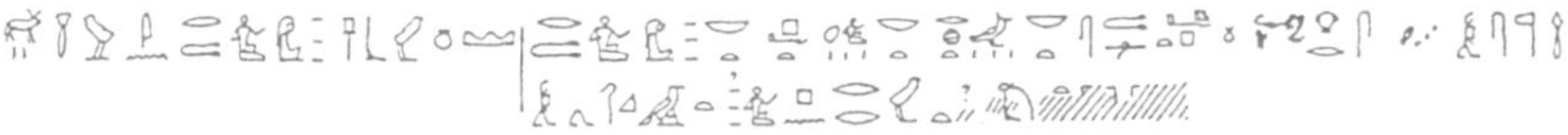

In seiner Übersetzung lautet die Beischrift:

> „Pulling by the two young head of oxen and the people of Elephantine, all people, all *pꜥ.t*-folk, all *rḫy.t*-folk who pull the rope(?) … on it … To accompany this Heqata to the entrance of the *wꜥb.t* (?) [of the] *p*[*r-wr*] (?)."

Hier stehen die Zeichen für die etwas missratene Wachtel  nach *wꜣḏ* sowie das 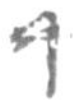 *nṯr*-Zeichen „falsch" herum, die Agenspartikel  *jn* ist deplatziert hinter *wꜣḏ* geraten statt hinter das Rinderzeichen für *ngꜣ.w*.

NB: Wir haben es hier nicht mit einer Schriftrichtung im Hieratischen zu tun, deren Einzelzeichen sämtlich in die „falsche" Richtung bzw. an den Textanfang blicken, dabei aber mit der Lesung an deren linkem anstelle am rechten Ende begonnen werden müsste.

---

[61] H. WILLEMS, *op. cit.*, 233f. mit Fig. 68 auf S. 234 und Pl. 31-32; s.a. 235 Anm. 1291.

## 12.    Aktenkursive der 11.-13. Dynastie

Die Geschichte der hieratischen Kursive des 3. Jt. ist geprägt von der Verschriftung dokumentarisch-administrativer und magiwadisch-bannender Diskurse.
Alltagsaufzeichnungen aus Tempelbetrieben (z.B. Totentempel von Saqqara
und Abusir), Expeditionsstationen (s. Wadi el-Jarf in der 4. Dyn.) bestimmen
einerseits das Bild. Dazu gesellen sich spätestens ab der 6. Dyn. auch Kommu-
nikationen offizieller wie privater Natur in dem Medium „Brief" (Saqqara; Balat; Elephantine). Auch wenn jeder einzelne dieser Diskurse einer textsorten-
spezifischen Phraseologie unterzogen wurde, deutet nach dem derzeit vorliegenden Befund nichts auf eine wie auch immer geartete poetische Formung der
jeweiligen Texte hin. Ein anderes fehlendes Kriterium, das diese Texte aus dem
Alltagskontext herausheben und ihnen einen zeit- und ortsunabhängigen Sitz-
im-Leben verleihen würde, ist das der Fiktionalität. Ganz im Gegenteil, alles
bisher Betrachtete hat einen realweltlichen Hintergrund und dazu zählen auch
die sog. Ächtungstexte mit ihren prophylaktischen und grammatisch im Futur
gehaltenen Bannformeln. Poesie als solche, z.B. in Gestalt von Erzählungen
oder Hymnen mit Göttern als Protagonisten und Adressaten, hat es sicher gegeben, dazu genügt ein kurzer Blick in das imposante Corpus der Pyramidentexte. Nur liegt uns bislang keiner dieser Sprüche in einer hieratischen Verschriftung und noch aus der Zeit des AR selbst vor (s.o. Kap. 9 zu dem Saqqara-
Papyrus aus der 12. Dyn.). Dass Erzählungen über Götter, Schöpfungs- und
andere Mythen in Priesterkreisen bereits kursiert haben müssen, wird insbesondere dann wahrscheinlich, wenn wir eine Frühdatierung des Mythos[1] anzusetzen bereit sind.

Aus der gesamten Zeit des AR liegt uns jedoch genauso wenig eine einzige
portable Handschrift in Kursiv-Hieroglyphen vor, die anschließend 1:1 an eine
Fels-, Grab- oder Tempelwand geschrieben oder in unverkürzte Hieroglyphen
übertragen worden wäre.[2]

---

[1] Mit J. ZEIDLER, „„Zur Frage der Spätentstehung des Mythos in Ägypten", in: *GM* 132
(1993), 85-109. Zur Frage der Frühstufen von „Literatur" im performativen, ästhetischen
wie rezeptionsgeschichtlichen Sinne s. bes. J. BAINES, „Prehistories of literature: performance, fiction, myth", in: G. MOERS (ed.), *Definitely: Egyptian literature* (1999), 17-41; G.
Burkard – H.J. Thissen, *Einführung in die altägyptische Literaturgeschichte I. Altes und
Mittleres Reich* (2003), Kap. B.4. und 5.
[2] Ostraka mit zumeist nur partiellen Kopien literarischer Werke sind für das AR am allerwenigsten zu erwarten, hat sich doch der Gebrauch dieses Schriftträgers insgesamt erst sehr

In der Entwicklung des Hieratischen nimmt die 12. Dyn. deshalb eine besondere Stellung ein, weil innerhalb dieser Zeitspanne von ca. zwei Jahrhunderten die größte Ausdifferenzierung in verschiedene Duktūs zu beobachten ist. Abhängig von Texttypus und Sakralitätsgrad des Verschrifteten wählt man entweder

1. die Urkundenkursive mit zunehmendem Trend zu Abbreviaturen und Ligaturen,

2. zu literarischem Duktus mit ausgeprägtem Hang zu Kalligraphie und geringerer Anzahl an Ligaturen und Abkürzungen, sowie

3. zu Kursivhieroglyphen bei wissenschaftlichen und religiösen Texten, bisweilen unter gleichzeitig gegenläufig bzw. retrograd verlaufender Schriftrichtung. Dabei blicken die Zeichen auf das Ende des Textes und nicht, wie gewöhnlich, auf dessen Anfang.

Im Layout der Texte werden sowohl die vertikale, als auch die horizontale Ausrichtung praktiziert, mit gemischten Layouts insbesondere bei literarischen Handschriften. Der generelle Trend verläuft in den ersten zwei Spielarten zur Horizontalität, die ab dem Ende des MR überwiegen wird. Religiöse Texte wie z.B. das sich in der 2. Zwzt. von den Coffin Texts oder Sargtexten emanzipierende Totenbuch werden bis zur 3. Zwzt. ganz überwiegend in senkrechten Zeilen produziert. Es wird in allen Textsorten und Layouts stark mit vorlinierten Kolumnen gearbeitet, die ein Kontingent von etwa vier Zeilen zwischen sich aufnehmen. Senkrechte Linierung geschieht bei Urkunden wie – besonders ab dem späten MR – dann auch bei literarischen Werken. Zwischen roter und schwarzer Tinte wird weiterhin nach bestimmten Prämissen gewechselt, in Urkunden bei Überschriften sowie der Natur bestimmter Einträge wie z.B. Getreideeinträgen in schwarz für Gerste und rot für Emmer. Bei religiösen Texten greifen dagegen andere Regeln, die u.a. mit Fragen der Tabuisierung bestimmter Götter zu tun haben.[3]

---

selten nachweisen lassen; s.o. Kap. 5. Diese Seltenheit im Befund mag dem Zufall des Erhaltenen geschuldet sein, sehr wahrscheinlich ist diese Annahme vor dem Hintergrund der m.E. berechtigten Hypothese eines noch sehr begrenzten Schriftgebrauches generell aber mitnichten.

[3] G. POSENER, „Les signes noires dans les rubriques", in: *JEA* 35 (1949), 77-81, und id., „L'encre rouge dans les manuscripts égyptiens", in: *JEA* 37 (1951), 75-80, den man stets gleichzeitig heranziehen sollte.

Nachdem die extreme Frühdatierung literarischer Werke wie beispielsweise der *Klagen des Ipuwer* bzw. der *Admonitions* (Pap. Leiden I 344 rt.) noch in die 1. Zwzt. *ad acta* gelegt worden ist, sodann solche zu Klassikern avancierenden Lehren wie die des Ptahhotep und die des Königs Chety für seinen Sohn Merikare gleichfalls frühestens in die 12. Dyn. zu datieren sein dürften, bleibt von der vermeintlichen „AR-Literatur" und der aus der 1. Zwzt. datierenden nichts mehr übrig.[4]

Doch bevor diese Literaria hier in ihren wesentlichen Manuskripten vorgestellt werden können, muss zunächst noch der dokumentarische Befund über das Corpus von Briefen und Abrechnungen aus der späten 11. Dyn. mit seinem Heqanacht-Dossier hinaus behandelt werden. Dazu gehören ganz zuvorderst zwei mengenmäßig sehr unterschiedliche Konvolute von Administrativa aus einem Grab in Nag' ed-Deir einerseits sowie der Pyramidenstadt und Umgebung von Illahun am Eingang des Fayum andererseits.

## I.     Ächtungstexte aus dem frühen Mittleren Reich – Gegen Mütter und Ammen

Kap. 9 widmete sich mehreren Konvoluten von sog. Fluch- oder Ächtungstexten. Als eigenständige Textgattung sind diese spätestens seit der 6. Dyn. greifbar und bilden – dies zur Erinnerung – die frühesten Ritualtexte in hieratischer Kursive. Auch aus dem MR kennen wir mehrere Deposita solcher Texte, teilweise sogar mit dokumentiertem archäologischem Kontext und in Vergesellschaftung mit anderen Ritualrequisiten.

Eines der frühesten Konvolute aus dieser Zeitspanne dürfte das von POSENER schon in den 30er Jahren des vergangenen Jahrhunderts bearbeitete und nach seinem Tode von OSING edierte sein.[5] Es besteht aus 26 mehr oder minder anthropomorphen Tontafeln und wird im Kairener Museum aufbewahrt. Über Fundort und –umstände ist nichts bekannt. Von 10,5 – 11,5 cm Höhe und 9,5 –

---

[4] Der bislang als Corpus der 12.-13. Dyn. betrachtete Textbestand wird gegenwärtig von manchen Forschern heftig reduziert. Dieser Trend der niedrigeren Datierung mehrerer Literaturwerke aus der 12. Dyn. z.B. in die 18. Dyn. ist gerade in den letzten 20 Jahren sehr modern geworden. Die Diskussion ist noch weit von ihrem Abschluss entfernt, sofern es einen solchen in diesem Punkte je geben kann; s. die beiden folgenden Bände: A. STAUDER, *Linguistic Dating of Middle Egyptian Literary Texts* (2013), sowie G. MOERS u.a. (eds.), *Dating Egyptian Literary Texts* (2013), darin bes. der Beitrag „Sailing past Ellsinore. Interpreting the Materiality of Middle Kingdom Poetry", 123-137. Zu beiden Bänden s. inzwischen die gewichtige Rezension von K. JANSEN-WINKELN, in: *Orientalia* 86 (2017).

[5] „Tablettes-Figurines de Prisonniers", in: *Rd'É* 64 (2013), 135-175; s. ferner C. THEIS, *Magie und Raum* (2014), 65-87; dort: 73-87 und 725-728.

9,8 cm Breite sind sie auf der Vorderseite beschriftet, während die Rück(en)seite Andeutungen von gefesselten Armen und reliefierten Füßen trägt.

Paläographisch sind die Tafeln verschiedenen Schreiberhänden zuzuweisen, „d'une onciale large et gauche voisine des hiéroglyphes …, à une cursive très rapide … ".[6] Allerdings können innerhalb des Ensembles auch kleinere Gruppen ein und derselben Hand zugewiesen werden. Die Zeichenformen rangieren zwischen einem späten AR-Duktus bis hin zur frühen 12. Dynastie. POSENERs Hauptdatierungskriterium in die 11. Dyn. ist die neue Schreibung der Filiation z3-„Sohn" durch das Ei, die jedoch diejenige mit der Gans nicht vollständig ablöst. Für diese Zeit typische Personennamen kommen hinzu. Jedem Geächteten gilt das nur jeweils zu Beginn einer Tafel einfach geschriebene Wort *mwt*-„Toter; Verdammter",[7] gefolgt vom Namen, geb. dem Vater X und geb. der Mutter Y, gestillt von Y. Dies ist die einzige Serie von Ächtungstexten, die auch die Ammen der Verdammten auflistet (*mnˁ.t* bzw. *mnˁ.n*-NN-„gestillt von NN")!

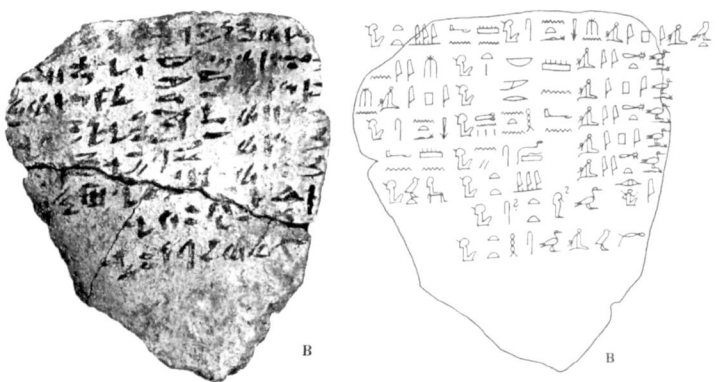

Abb. 1: Tafel B mit der Familie des *mwt*-„Verdammten" Ipi (Z. 1 Anfang)[8]

Die Graphie des auf dem Rücken Gefesselten hat in diesen Tafeln eine markante Form, die mit der älteren aus den Münchener Ächtungstexten der 6. Dyn. (Kap. 9) z.B. verglichen sei:

---

[6] G. POSENER, *loc. cit.*, 137.
[7] Ausnahme ist die Tafel L.
[8] G. POSENER, *loc. cit.*, 142f. und Pl. III.

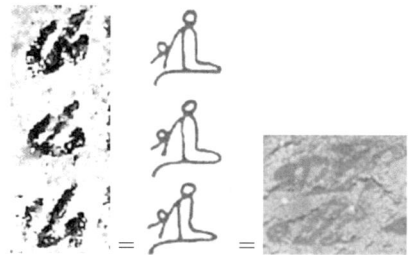

Abb. 2: Gefesselter auf Taf. B (li.) und auf Tafel München ÄS 7123 (re.; 6. Dyn.)

Der in schwarzer und roter Tinte gefesselt zu Enthauptende auf den von ESPI-
NEL publizierten Barcelonenser Exemplaren erscheint auf diesen Kairener Tä-

felchen nicht (Abb. 3): 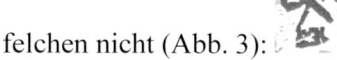 .

Es gibt eine Reihe weiterer Konvolute von Ächtungstafeln und -figuren aus
dem MR, die hier nicht alle *en détail* präsentiert werden können.[9] Ihre Paläographie zeichnet sich geradezu regelhaft durch extreme Abbreviaturen aus, und
auch wenn sie sämtlich einem sakralen Akt bzw. einer rituellen Deponierung
unterzogen worden sein dürften, „färbt" diese Sakralität in keiner Weise auf
den Duktus ihrer Aufschriften dergestalt ab, dass man sie kursivhieroglyphisch
oder zumindest in einem eher literarischen oder „gepflegten" Hieratisch gehalten hätte. Im Gegenteil, man gewinnt den Eindruck, je kursiver die Texte sind,
mit umso größerer Verachtung der genannten Personen wurden sie aufgetragen.
Dieser Eindruck mag trügen, aber die krude Gestalt der Figurinen selbst mag
auch seinen Teil zu dieser buchstäblichen Entmenschlichung beigetragen haben. Nicht unwahrscheinlich, dass die Geächteten durch die genannten Maßnahmen ihres *rmṯ*-Status, ihres Mensch- und Ägypterseins beraubt werden sollten.

## II.    Akten aus einem Grab: Die Reisner Papyri I-IV

Das erste Konvolut ist das nach seinem Entdecker REISNER (1867-1942)[10] benannte Dossier der Reisner Papyri I-IV aus dem Anfang der 12. Dynastie. Gefunden 1904, auf einem Sarg deponiert, in der zur antiken Stadt Thinis gehörenden Nekropole von Nag' ed-Deir (8. oäg. Gau; Grab N 406, ehemals 408).
Diese vier Handschriften wurden von SIMPSON in vier Folianten mit darin u.a.

[9] S. dazu S.J. SEIDLMAYER, „Execration Texts", in: D.B. Redford (Hg.), *The Oxford Encyclopedia of Ancient Egypt. Vol. 1* (2001), 487-489.
[10] M.L BIERBREIER (Hg.), *Who Was Who in Egyptology* (2012), 459f.

enthaltenen paläographischen Tabellen veröffentlicht.[11] Zu datieren sind alle diese Akten mit einiger Sicherheit in die Regierungszeit Sesostris' I., dies aber wesentlich unsicherer aus paläographischen Beobachtungen, vielmehr aufgrund einiger in ihnen namentlich und mit Titeln genannter, hochstehender Persönlichkeiten.[12] Prosopographische Kriterien legt auch OBSOMER an, wenn er die Karriere des in Pap. Reisner II schriftliche Anordnungen treffenden Wesirs Antefoqer als ausschließlich in die Jahre Sesostris' I. platzieren kann.[13] Bei Vorliegen von einander überschneidenden Daten zu Identitäten, Aktivitäten und bestenfalls groben Lebensdaten historischer Personen wie hoher Beamter in solchen Dokumenten lassen sich die Unwägbarkeiten der kursiven Paläographie ausräumen. Ihr verbleibt damit nur noch ein äußerst geringer Stellenwert in der Datierung solcher Texte.

Inhaltlich handelt es sich um Auflistungen von Arbeitern (samt Filiation) auf einer königlichen Baustelle (wohl eines *ḥw.t-nṯr*–Tempels) und einer Schiffswerft im thinitischen Gau, deren Mannstärke, Versorgung mit Lebensmitteln und Arbeitsgeräten etc. Auch mehrere briefliche Anweisungen vonseiten des auch anderweitig aus der Zt. Amenemhets' I. und seines Nachfolgers Sesostris' I. bekannten Wesirs namens Antefoqer sind darin zu finden (Pap. Reisner II).

Aus der Perspektive der hieratischen Paläographie und ihrer Duktūs stehen diese Papyri chronologisch zwischen Mentuhotep III. bzw. der frühen 12. Dyn. (Heqanacht-Dossier) und Amenemhet III. (Illahun-Archive). Ihren Stellenwert in der Geschichte des MR-Hieratisch charakterisiert SIMPSON so:

---

[11] *The Records of a Building Project in the Reign of Sesostris I. Papyrus Reisner I* (1963); *Accounts of the Dockyard Workshop at This in the Reign of Sesostris I. Papyrus Reisner II* (1965); *The Records of a Building Project in the Early Twelfth Dynasty. Papyrus Reisner III* (1969); *Personnel Accounts of the Early Twelfth Dynasty. Papyrus Reisner IV* (1986). Ein weiteres Blatt zu Nr. IV harrt noch seiner Edition, s. C. OBSOMER, *SésostrisI^er. Étude chronologique et historique du règne* (1995), 214 n. 39.

[12] SIMPSON selbst hat seine anfängliche Datierung von Pap. Reisner I in diese Zeit in seiner Edition von Pap. Reisner III relativiert „in the early Twelfth Dynasty" (*op. cit.*, 11). Allerdings hat spätestens FRANKE in seiner Rez. von Pap. Reisner IV auf datierungsrelevante Kriterien unter diesen König hingewiesen, id., in: *BiOr*45 (1988), 98-102. Dabei spielt auch ein von SIMPSON diskutiertes Hieratogramm eine nicht unbedeutende Rolle (= Pap. Reisner II, S. 46: „Pitchfork series"). Die Anmerkungen zu FRANKES Rez. sind bedauerlicherweise bei der Drucklegung unter den Tisch gefallen, liegen Verf. aber schreibmaschinenschriftlich vor.

[13] Id., *SésostrisI^er. Étude chronologique et historique du règne* (1995), 212-214.

„The stage of hieratic script which it [Pap. Reisner I: F-E] exhibits is also of prime interest" bzw. „One of the chief points of interest is the stage of hieratic script it exhibits. ... the stage bridges what has hitherto been a gap between the *Heka-nakhte* Papers and associated documents of the end of Dynasty 11 and the Illahun archives and the Ramesseum account texts of the latter half of Dynasty 12 and the beginning of Dynasty 13."[14]

Allerdings repräsentieren diese Handschriften nicht durchgehend das Werk nur eines einzigen Schreibers, es lassen sich ältere und jüngere Duktūs ausmachen.[15] Dabei ist grundsätzlich stets mit der Möglichkeit zu rechnen, dass ältere, und konservativere Schreiber neben und gleichzeitig mit jüngeren und moderneren tätig waren. Außerdem werden in vertikalen Listen eher ältere Zeichenformen verwendet als in horizontalen, die ausschließlich von den jüngeren dominiert werden.[16]

Hier einige Kostproben aus den Reisner-Papyri, zunächst eine weitestgehend erhaltene Kolumne aus Nr. IV:

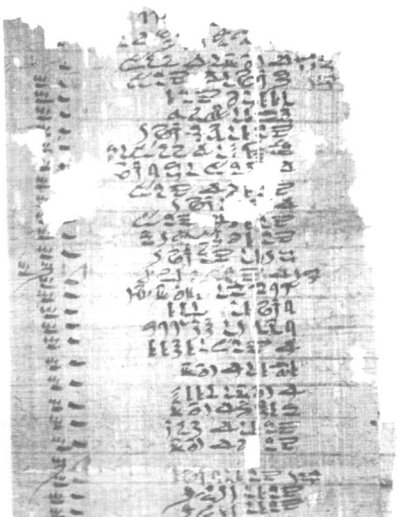

Abb. 4: Pap. Reisner IV, Section B[17]

---

[14] W.K. SIMPSON, *Papyrus Reisner I* (1963), 15 und 93.
[15] Inwieweit der häufig auch namentlich genannte Schreiber Sefechy tatsächlich für alle Akten verantwortlich zeichnet und ihm womöglich gar das anonyme Grab gehörte, ist ungewiss; s. D. FRANKE, *loc. cit.*, 100, sowie W.K. SIMPSON, *Papyrus Reisner II* (1965), 41.
[16] W.K. SIMPSON, *Papyrus Reisner II* (1965), 19.
[17] W.K. SIMPSON, *Papyrus Reisner III* (1969), 12f., und *Papyrus Reisner IV* (1986), 11 und 13f. sowie dort der hier reproduzierte Ausschnitt aus Pl. 10. Ausführlich diskutiert sind diese Notationen bei W.K. SIMPSON, *Papyrus Reisner I* (1963), 86-88, dort auch zu möglichen Ursachen der Differenzierung bei gleichbleibender Bedeutung.

Auffällig ist die unterschiedliche Notation der Filiationsangabe in all diesen vier Papyri. SIMPSON hat sie eingehend diskutiert und sich dabei für folgende

Transkriptionen entschieden: 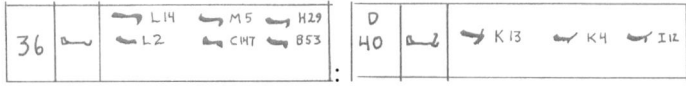 repräsentiert 𓀀 : *O* (= *z3*; A1:H8) und die Gruppe 𓀀 : 𓅭 (= *z3*; A1:G38/39) A1. Dabei ist die erste Form eine Ligatur aus „Sitzender Mann über Ei", die zweite dagegen separat ausgeführt als „Sitzender Mann über Gans".[18] Beide Formen bedeuten aber nichts anderes als „A's Sohn B" inder für diese Urkunden noch gültigen Filiationsweise.

Weitere markante hieratische Zeichenformen hat SIMPSON in seiner Edition von Pap. Reisner I besprochen.[19] So werden die beiden Arm-Zeichen 𓂝 (D36) und 𓂡 (D40) säuberlich differenziert, während die Form ohne Stock in der Hand im späteren Hieratisch für beide steht. Damit stehen die Formen noch dem Hieroglyphischen näher als sie das nach der 12. Dyn. tun:[20]

| 36 | 𓂝 | ⟶ L14 | ⟵ M5 | ⟵ H29 | D 40 | 𓂡 | ⟶ K13 | ⟶ K4 | ⟶ I12 |
|---|---|---|---|---|---|---|---|---|---|
|  |  | ⟵ L2 | ⟵ CWT | ⟵ B53 |  |  |  |  |  |

Abb. 5: Arm ohne und mit Stock in der Hand[21]

𓇋 (M17) und 𓏏 (V28) sind für sich genommen kaum differenzierbar, einzig der Kontext entscheidet über die richtige Lesung:[22]

| 17 | 𓇋 | C77 | C86 | J17 | 28 | 𓏏 | B48 | C116 | K4 |
|---|---|---|---|---|---|---|---|---|---|
|  |  | K4 | N12 | F194 |  |  | N5 | C133 | J12 |

Abb. 6:[23]

Von M17 sind eigentlich nur die Belege C 86, J 17 und K 4 diagnostisch und können von denen zu V28, nämlich C 116, C 133 und K 4, in dem beide Zeichen vorkommen, unterschieden werden.

𓇬 (M42) und 𓏦 (Z11) werden erstmalig auseinandergehalten, während in älteren Texten M42 noch für beide Zeichen steht:[24]

---

[18] Wir werden eine recht ähnliche Differenzierung und Diskussion bei der Transkription der Filiationsangabe im Kursivhieratischen antreffen; s. Kap. 19.
[19] *Op. cit.*, Bd. I, 93.
[20] *Op. cit.*, 95 resp. 96 (Palaeography).
[21] Aus: W.K. SIMPSON, *Papyrus Reisner I*, 95 resp. 96.
[22] *Op. cit.*, 99 resp. 102 (Palaeography).
[23] Aus: W.K. SIMPSON, *Papyrus Reisner I*, 99 resp. 102.
[24] *Op. cit.*, 99 resp. 103 (Palaeography).

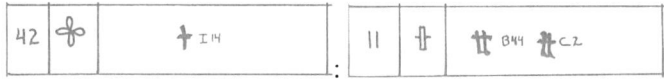

Abb. 7:[25]

Das noch immer nicht einwandfrei identifizierte Zeichen ⊜ (Aa1) wird je nach Position deutlich auf zwei Schreibweisen verteilt notiert, nicht zuletzt auch abhänig davon, ob in Ligatur oder frei:[26]

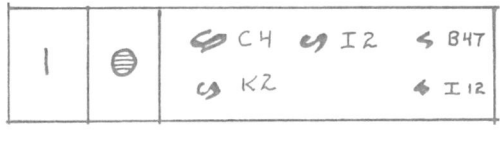

Abb. 8:[27]

Unterhalb eines anderen Zeichens wird es verkürzt wie in B 47 und I 12, freistehend erscheint es als C 4 etc. Erstere Gestalt ist paläographisch nicht von einem kursiven X1-Brot zu unterscheiden.

Ligaturen von bis zu drei Zeichen sind keine Seltenheit mehr wie im Falle von *ntf* und *rn=f*:[28]

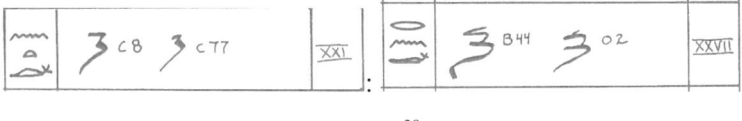

Abb. 9:[29]

Nicht nur auf Papyrus und damit auf kurze Lesedistanz orientiert, sondern auch auf gänzlich anderer Schreibunterlage und dabei auf größere Lesedistanz und Lesbarkeit ausgerichtet, wird Hieratisch ja im Baubetrieb für Kontrollmarken und Teamabzeichen verwendet. Blöcke und Lagen von Steinblöcken werden bei Herausbrechen aus ihrem Steinbruch[30] mit entsprechenden Markierungen in Rot und Schwarz gekennzeichnet. Diese Markierungen geschehen unter Benutzung wesentlich dickerer Binsen, deren Strichstärken sich von den auf

---

[25] W.K. SIMPSON, *Papyrus Reisner I*, 99 resp. 102
[26] *Op. cit.*, 103 (Palaeography).
[27] W.K. SIMPSON, *Papyrus Reisner I*, 103.
[28] *Op. cit.*, 104 (Palaeography) = Nr. XXI und XXVII bei Möller, *HP I*.
[29] W.K. SIMPSON, *Papyrus Reisner I*, 104.
[30] Und nicht erst dann, wenn sie verbaut werden; F. ARNOLD, in collaboration with D. ARNOLD *et al.*, *The South Cemeteries of Lisht Volume II. The Control Notes and Team Marks* (1990), 30, und C. OBSOMER, *Sésostris I*, 97 n. 178; ibid., 95-100, zur chronologischen Rolle einiger Control Notes für die Frage nach der Korregenz von Amenemhet I. und Sesostris I.

begrenztem Schriftfeld einer Papyruskolumne verwendeten kapital unterscheiden. So auch z.B. geschehen auf diversen Blöcken aus dem
Pyramidenbezirk Sesostris' I. in Lisht, datierbar in dessen Jahre 10-24 und
damit zeitgleich mit den auf den Reisner-Papyri notierten Texten. Publiziert
sind diese Dipinti in mustergültiger Weise von Felix ARNOLD, einige
paläographische Spezimina sollen hier kurz vorgestellt werden.[31]

So findet sich etwa die Arm-Hieroglyphe (D36) mit zweierlei Lesungen, u.z.
als Einkonsonantenzeichen sowie auch mit dem Lautwert $\underline{d}i$ (< $r\underline{d}i$ – „geben;
aushändigen (u.ä.)"):

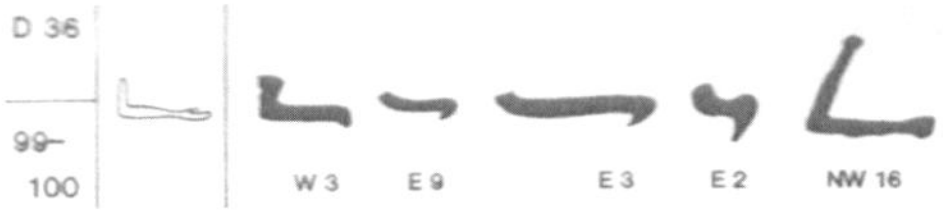

Abb. 10:[32]

In den Dipinti N 21 und W 27 wird zur Notation des Vermerks $\underline{d}i$ –„delivered"
dagegen der Arm-mit-Spitzbrot (D37-39) verwendet:

Abb. 11:[33]

Und schließlich erscheint der Arm-mit-Stock (D40) ausschließlich als
Determinativ:

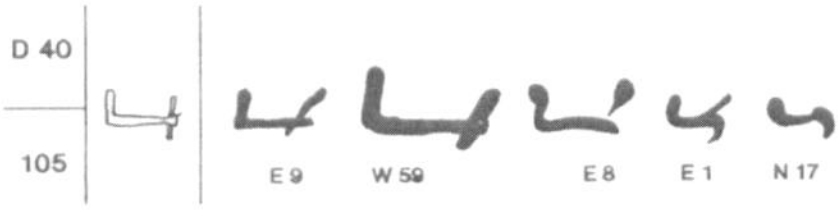

Abb. 12:[34]

M17 und V28 werden im Unterschied zur Paläographie der Reisner-Papyri
(s.o.) erheblich deutlicher differenziert:[35]

---

[31] F. ARNOLD, op. cit.; s. dort die Paläographie der Sesostris I-zeitlichen Dipinti auf den
Seiten 40-47. Zusätzlich zu diesen Aufschriften finden sich in dem Band noch zahlreiche
weitere aus den Pyramidenbezirken Amenemhets' II. und seiner Nachfolger.
[32] F. ARNOLD, op. cit., 40.
[33] F. ARNOLD, op. cit., 40.
[34] F. ARNOLD, op. cit., 40.
[35] Sämtliche Beispiele aus den Tabellen bei F. ARNOLD, op. cit.

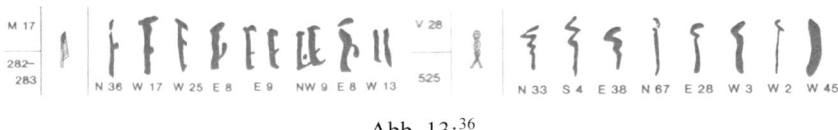

Abb. 13:[36]

Und schließlich erscheint das unklare Zeichen Aa1 nicht in kursiver Form und abhängig von seiner spezifischen Zeichenposition wie in den genannten Papyri:

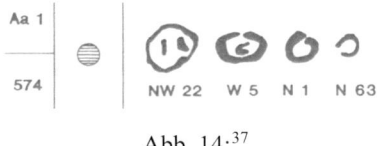

Abb. 14:[37]

Fehlende Kursivität dieses Zeichens liegt auch vor in Ligaturen wie *r-ḫ-t*, und das unabhängig von Horizontal- oder Vertikalschreibung.[38]

Inwieweit diese Unterschiede auf ihre jeweiligen Schriftträger allein zurückzuführen sind, stehe dahin. Derartige Usancen innerhalb synchroner Paläographie gilt es systematisch zu untersuchen, Einzelbeispiele mögen hierbei allenfalls als Anregung dienen.

Waren die beiden zuletzt kurz präsentierten Konvolute einem MÖLLER Anfang des 20. Jh. noch unzugänglich,[39] konnte er bereits von dem reichhaltigen Material der von PETRIE in Illahun entdeckten und von Griffith publizierten Papyri Gebrauch machen. Dazu gesellten sich die durch Ankauf BORCHARDTs nach Berlin gelangten und damals erst teilweise restaurierten Stücke, die in zumeist provisorischer Nummerierung Eingang in seinen 1. Band haben finden können. Wenden wir uns diesem in der Zwischenzeit erheblich besser bekannten Papyrusbestand nun etwas näher zu. Dabei wird dann auch Literarisches zu berücksichtigen sein.

### III.   Illahun – Ein Ort voller Handschriften

Eine wahre Fundgrube an hieratischen Papyri diverser Textsorten aus der späten 12. – frühen 13. Dyn. bildet dieser Ort Illahun, alias Kahun, am Eingang des Fayum, die sog. Pyramidenstadt Hetep-Senusret von Sesostris II. und ihr

---

[36] F. ARNOLD, *op. cit.*, 42.
[37] F. ARNOLD, *op. cit.*, 44.
[38] F. ARNOLD, *op. cit.*, Tab. S. 45 unter „Ligatures".
[39] Ob er von den 1904 seitens REISNERs gefundenen Nagʻ ed-Deir alias Reisner-Papyri irgendwelche Kenntnisse, bestenfalls gar Photographien, zur Verfügung hatte, darf bezweifelt werden. Im 1. Band seiner Hieratischen Paläographie (1909) hätte er womöglich zumindest die Papyri kurz erwähnt, aber das bleibt Spekulation.

dazugehöriger Totentempel samt den westlichen *Ranks* A-K (Sechem-Senus-ret; ca. 1840 v. Chr.).[40] Ein Großteil der Handschriften ist systematisch von PETRIE in der und um die Siedlung herum ergraben worden. Ein anderer, nicht unbedeutender Komplex ist auf dem Antikenmarkt Ende des 19. Jh. aufge-taucht und konnte u.a. über BORCHARDT (1863-1938), SCHÄFER (1868-1957)[41] und besonders über einen gewissen REINHARDT[42] vom Äg. Museum Berlin und Papyrussammlung erworben werden. BORCHARDT hat daraufhin seinerseits im Bezirk um den Taltempel und östlich wie nördlich der Siedlung in den sog. „rubbish heaps"[43] auch Sondagen vorgenommen und dabei u.a. die Herkunft von im Antikenhandel erworbenen Papyri als aus Illahun stammend erkannt. Ganz abgesehen davon war BORCHARDT auch ein brillanter Entzifferer und In-terpret einiger der von dort kommenden und extrem kursiven Handschriften.[44] Schon diese extreme Kursive erklärt zumindest teilweise, dass sich keine lite-rarischen Texte darunter befinden, wurden diese doch auch in der 12. Dyn. in einer Unziale niedergeschrieben, eben nicht in der Aktenkursive. Die BORCHARDT'schen Papyri datieren nicht mehr in die Zeit Sesostris' II. selbst, sondern in die seiner Nachfolger Sesostris III. und Amenemhet III.

Die erste gewichtige Edition von hieratischen Handschriften aus diesem Ort erfolgte bereits 1898 durch GRIFFITH, den wir bereits in Kap. 1 kurz als beson-

---

[40] Die Kampagnen liefen im Sommer 1889 und Winter 1889-90 resp. Die Variante *Kahun* geht auf ein Missverständnis des 1. Ausgräbers, FLINDERS PETRIE, zurück; s. seine Mittei-lung darüber 1923 in: id. – G. BRUNTON, *Lahun II*, 1; s. ferner seine Publikationen *Kahun, Gurob, Hawara* (1890) und *Illahun, Kahun, Gurob* (1891). Die dritte Form dieses Namens ist – ohne seinen arabischen Artikel – *Lahun*; s. für einen konzisen Überblick zum Ort und seiner antiken Geschichte S. QUIRKE, *Lahun. A town in Egypt 1800 BC, and the history of ist landscape* (2005); zu den Papyri bes. S. 30-37; 71-73; 106-112; zu den Toponymen sowie Stadtteilen Illahuns Z. HORVÁTH, „Temple(s) and Town at El-Lahun. A Study of Ancient Toponyms in the el-Lahun Papyri", in: D.P. SILVERMAN *et al.* (Hgg.), *Archaism and Inno-vation: the Culture of Middle Kingdom Egypt* (2009), 171-203.

[41] M.L BIERBREIER (Hg.), *Who Was Who in Egyptology* (2012), 490f.

[42] Keine biographischen Daten verfügbar.

[43] *S.* QUIRKE, *Lahun*, 32.

[44] S. z.B. seinen Artikel „Der zweite Papyrusfund von Kahun und die zeitliche Festlegung des Mittleren Reiches der ägyptischen Geschichte", in: *ZÄS* 37 (1899), 89-103. – Eine Ge-samtedition von sechs Bänden der in Berlin lagernden Tempelakten aus genanntem Ankauf und Fund wird derzeit von OSING für die Reihe *ÄOP* des Ägyptischen Museum Berlin und Papyrussammlung vorbereitet. S. einstweilen den Handschriftenkatalog von U. KAPLONY-HECKEL, *Verzeichnis der Orientalischen Handschriften in Deutschland im Einvernehmen mit der Deutschen Morgenländischen Gesellschaft* herausgegeben von W. VOIGT, *Ägypti-sche Handschriften Teil 1.* (1971); zum Berliner Bestand und dessen Katalogisierung wie Nummerierung bes. die Seiten IX-XX.

ders talentierten Entzifferer des Meroïtischen und Abnorm- oder Kursivhieratischen kennengelernt haben.[45] Leider blieben beide, PETRIE wie GRIFFITH,
exakte Angaben über die Fundorte der Papyri schuldig. Es sollte bis 1998 bzw.
2009 dauern, dass eine Rekonstruktion der PETRIE'schen Grabungen in und um
Illahun anhand seiner Tagebücher erfolgen konnte.[46]

Mit den dokumentarischen Quellen aus diesem Ort erreicht die hieratische Kursive einen Grad an Abbreviaturen und Ligaturen, der in diesem Umfang bislang
im älteren Material nicht bezeugt ist. Die Reisner-Papyri sind noch erheblich
sparsamer hinsichtlich dieser beiden Kriterien.

Ein bereits von MÖLLER im 1. Heft seiner *Hieratische(n) Lesestücke für den
akademischen Gebrauch* (1910)[47] verwendetes Exemplar der extremen Kursive
ist Pap. Berlin P. 10012. Die Zeilen 18-21 tragen eines der wichtigsten astronomischen Daten der altägyptischen Geschichte, den heliakischen Frühaufgang
der Sothis (Äg. *spd.t*) bzw. des Siriussterns, der in einem offiziellen Schreiben
vom Bürgermeister und Tempelvorsteher Nebkaure dem Vorlesepriester (*ḥry-
ḥ3b*) und „Oberhaupt" (*ḥry-tp*)[48] Pepyhotep für den 16. Tag des 4. Peret-Monats
(Pharmouthi) angekündigt wird.[49]

---

[45] *The Petrie Papyri. Hieratic Papyri from Kahun and Gurob* (1898).

[46] C. GALLORINI, „A reconstruction of Petrie'sexcavation at the Middle Kingdom settlement
of Kahun", in: S. QUIRKE (Hg.), *Lahun Studies* (1998), 42-59; zu den einzelnen Fundkonvo-
luten von Papyri (lots) aus diesem Ort s. M.A. COLLIER, „Lots I and II from Lahun", in: D.P.
SILVERMAN *et al.* (Hgg.), *Archaism and Innovation: the Culture of Middle Kingdom Egypt*
(2009), 205-259. – Das im University College London (UCL) aufbewahrte Material haben
COLLIER und QUIRKE in drei Bänden herausgegeben; iid., *The UCL Lahun Papyri: Letters*
(2002); *The UCL Lahun Papyri: Religious, Literary, Legal, Mathematical and Medical*
(2004); *The UCL Lahun Papyri: Accounts* (2006). – Ausgewählte Listen aus Illahun diskutiert ausführlich S. QUIRKE, „Contexts for the Lahun Lists", in: I. REGEN – F. SERVAJEAN
(Hgg.), *Verba manent. Recueil d'études dédiées à Dimitri Meeks, II* (2009), 363-386. – Zu
einigen der im University College London aufbewahrten und von COLLIER und QUIRKE
edierten Tempelakten s.a. den kurzen Überblick von W. GRAJETZKI, „Urkunden aus einem
Pyramidenbaubüro des Mittleren Reiches", in: *Sokar* 19 (2/2009), 46-51.

[47] S. 19 γ.

[48] Zum Splitting der beiden Priestertitel *ḥry-ḥ3b* resp. *ḥry-tp* und Interpretation als „Vorlesepriester" resp. „Oberhaupt" bzw. „Chef" (< Lat. *caput*; Deutsch > „Haupt") s. die grundlegenden Aufsatz von J. QUAEGEBEUR, „La désignation (P3-)ḤRY-TP : PHRITOB", in: G.
DREYER – J. OSING (Hgg.), *Form und Maß. Beiträge zur Literatur, Sprache und Kunst des
alten Ägypten. Festschrift für Gerhard Fecht* (1987), 368-394.

[49] Dieser kurze Text ist zahlreich übersetzt und kommentiert worden. Ich gebe hier nur die
folgenden Verweise: U. LUFT, *Die chronologische Fixierung des ägyptischen Mittleren Reiches nach dem Tempelarchiv von Illahun* (1992), 54-57 (2.13.1), und dazu die wichtigen
Korrekturen zu Lesung und Übersetzung von M. MÜLLER, „Randnotizen zu einigen Illahun-
Papyri", in: *GM* 150 (1996), 13-32; dort: 20-26; Z. HORVÁTH, „Temple(s) and Town at El-

Das leider am rechten und linken Rand nicht vollständige Photo bei LUFT zeigt den Zustand aus den 90er Jahren des vergangenen Jahrhunderts:

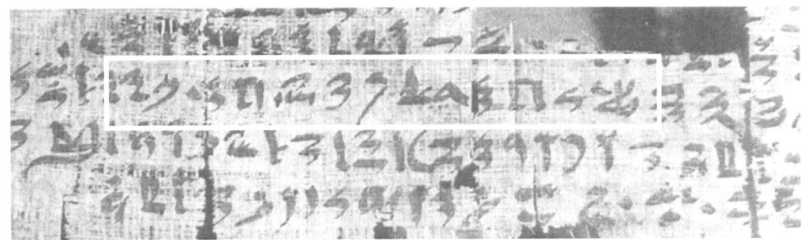

Abb. 15: Aus dem Tempeltagebuch von Illahun: Ankündigung des Sothis-Aufgangs[50]

In MÖLLERS Faksimile sieht die gleiche Passage so aus:

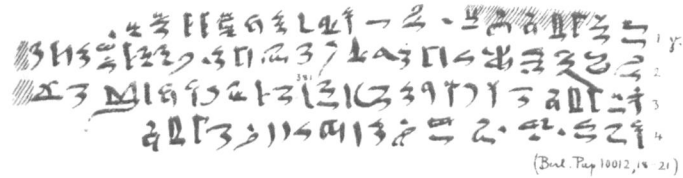

Abb. 16: Faksimilie MÖLLER[51]

Und schließlich hier noch HORVÁTHs Transkription,[52] der den Ausschnitt um eine Zeile mit der Überschrift darüber erweitert. Daraus geht hervor, dass es sich um die „Kopie" (mity) eines „Briefes" (šˁ.t) aus dem Westteil der Stadtanlage Hotep-Sesostris-maa-cheru handelt, wozu auch der Taltempel der Pyramidenanlange und die Straßenzüge von PETRIES Ranks A-K gehören:

Abb. 17:[53]

---

Lahun.", 188-190. Die Umsetzung des Datums in eines unseres 1582 eingeführten gregorianischen Kalenders gelangt auf der Basis der Forschungen von KRAUSS zum 8. Juli 1830 v. Chr.; s. D. FRANKE, „Zur Chronologie des Mittleren Reiches (12.-18. Dynastie Teil 1: Die 12. Dynastie", in: *Orientalia* 57 (1988), 113-138; dort: 132.

[50] *Op. cit.*, Taf. 7.

[51] G. MÖLLER, G., *Hieratische Lesestücke für den akademischen Gebrauch.* 1, 19.

[52] In der einzig das zweite Zeichen des allerersten Wortes in ein /t/ verbessert werden muss, denn so wird der Aktenterminus mity – „Kopie" nun wahrlich nicht in der Kursive geschrieben.

[53] Z. HORVÁTH, Temple(s) and Town at El-Lahun (2009), 188.

Die dritte Zeile liefert den entscheidenden Passus: *ḏd ḏi<=i r>ḫ=k r-nt.t pr pr.t śpd.t m 3bd 4 pry.t sw 16* - „ … sagend: <Ich> lasse dich <wis>sen, dass die Sothis am 16 des 4. Peret (am Morgenhimmel) heraufkommen wird.“[54] Diese Zeile bietet übrigens mit ihrer Zeichengruppe – inklusive der Ligatur aus

Buchrolle+Suffix *=k* – eine erhebliche paläographische *crux* mit der Folge, dass die bisherigen Bearbeiter diese unterschiedlich analysiert haben.

Diese Gruppe kann kaum anders denn durch transkribiert werden, nur wie ist sie zusammen mit dem vorangehenden aufzulösen? Am wahrscheinlichsten so wie oben geschehen: *ḏd ḏi<=i r>ḫ=k* – „… sagend: <Ich> lasse dich <wis>ssen … .“ Allerdings ist dabei selbst bei ein und demselben Autoren ein Schwanken zwischen zwei Lesungen zu beobachten. So transkribiert BROSE in seiner Grammatik einerseits *ḏd<=j ḏj=j> rḫ=k*,[55] sodann *ḏd<=j> rḫ=k*[56] und schließlich *ḏd<=j> ḏi<=i> rḫ=k*.[57] Paläographisch ist immerhin anzumerken, dass das oberhalb des mit /ḫ/ in Ligatur stehende Zeichen alles andere als ein „normales“ /r/ bildet.

Der enorme Grad an gelegentlicher Abbreviatur mag nicht auf den ersten Blick erkennbar sein, aber das Zeichen der Sonnenscheibe als Determinativ zur Jahreszeitenangabe *pry.t* – – ist zu einem winzigen von links oben nach rechts unten verlaufenden Haken „degeneriert“ und damit deutlich von dem Determinativ der laufenden Beine nach dem ähnlich lautenden Infinitiv

*pr.t* – – differenziert. /r/ und /t/ bilden wie selbstverständlich in diesen Urkunden des fortgeschrittenen MR eine Ligatur, bei der sich die Größe des /r/ der des kleineren /t/ anpasst, nicht umgekehrt. Ökonomie im Sinne von Zeit- und Platzersparnis im Schreibprozess dominiert hier das Tagesgeschäft eines Aktenschreibers.

---

[54] Mit der bei HORVÁTH vorgeschlagenen Emendation, *loc. cit.*, 189 mit Anm. 125.
[55] *Grammatik der dokumentarischen Texte des Mittleren Reiches* (2014), 44 (161).
[56] *Op. cit.*, 227 (78); 238;
[57] *Op. cit.*,399 und 469.

Der Text datiert in das Jahr 7 Sesostris' III., ist horizontal geschrieben und wie gesehen nicht komplett fehlerfrei.[58] Dies führt HORVÁTH auf den Umstand zurück, dass man Briefe bis zur 1. Hälfte der Regierung Amenemhets' III. vertikal angelegt habe und bei ihrer Transposition in die Horizontale dann leicht Fehler auftreten konnten.

Rückschauend auf die Reisner-Papyri sei ein leicht zu übersehender Unterschied in der ubiquitären Notation des Sitzenden Mannes 𓀀 als Determintav nach Personennamen erwähnt, u.z. abhängig von der jeweiligen Position dieses Zeichens innerhalb einer Liste von Namen. SIMPSON hat dazu in seiner Edition von Pap. Reisner I wieder sorgfältige Beobachtungen angestellt:[59]

„The determinative for the seated man in the papyrus is the typical abbreviated form of the Middle Kingdom account texts, a short downward diagonal stroke from left to right. … In the Illahun papyri the filiation sign in the lists of men is usually a diagonal stroke downward from right to left, while the determinative at the end of the name is a similar but thicker diagonal stroke in the opposite direction, this latter usage corresponding to that of *P. Reisner I*.“

Dazu folgt die wichtige Fußnote, in der SIMPSON die alte Transkription dieses Zeichens innerhalb der Filiation durch GRIFFTIH in die des Eies $O$ mit der Lesung *z3* – „Sohn" verbessert.[60] GRIFFITH hatte dort noch den Sitzenden Mann transkribiert. Da sich beide Kürzel aber grundsätzlich ähneln, werden sie in differenzierender Strichführung in den Text platziert. Am linken Ende der Einträge von Personennamen wird 𓀀 also in beiden Konvoluten in der gleichen Strichführung notiert, nur in den Filiationsangaben davor erscheint es entweder gar nicht (= Ei; Illahun) bzw. in den älteren Reisner-Urkunden in der Ligatur aus übereinandergeschriebenem 𓀀 + 𓅭 (= *z3*; G38/39) oder – als Variation dazu – in der Gestalt des $O$.

Die Reisner- und die ältesten Illahun-Akten liegen rein chronologisch nur ca. 40-50 Jahre auseinander, zwischen der zweiten Regierungshälfte Sesostris' I. und der Regierungszeit Sesostris' III.,[61] aber in dieser kurzen Zeitspanne hat

---

[58] Eine weitere *crux* liegt vor am Ende der soeben diskutierten Zeile, wozu s. die zit. Lit. bei Z. HORVÁTH, *loc. cit.*, 188f.

[59] *Papyrus Reisner I* (1963), 86 („2-part filiations and determinatives").

[60] So auch durchgehend umschrieben von COLLIER und QUIRKE in ihren Editionen des UCL-Materials.

[61] Aus der Zeit Sesostris' II. selbst sind aus Illahun noch keine Urkunden bekannt; S. QUIRKE, *Lahun*, 32.

sich hieratisch allein bei der Kennzeichnung von Filiationen doch einiges
verändert.

### Exkurs – Ein neues Sothisdatum aus der thebanischen Westwüste

Nun ist aber das Illahuner Sothis-Datum nicht mehr das einige offiziell in
Hieratisch notierte aus dem MR oder der 2. Zwzt. Inzwischen kennen wir auch
ein von John C. und Deborah DARNELL in der Westwüste entdecktes Graffito,
das nur leider den Nachteil hat, nicht exakt einer Dynastie zugewiesen werden
zu können. Es trägt keinen Königsnamen und für eine sichere paläographische
Auswertung ist es viel zu kurz. Die beiden Autoren sprechen sich für eine
Datierung in die 17. Dyn. aus.[62]

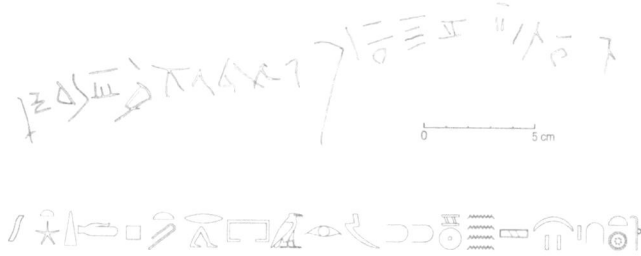

Abb 18: Gebel Tjauti Inscription No. 11: Sothisdatum; ca. 26,75 x 6,50 cm[63]

Es besagt mithin: „Jahr 11, 2. Monat der *šmw*-Jahreszeit, Tag 20: Beobachtung
des (heliakischen) Aufgangs der Sothis.‟

Die Schrift ist mit einem extrem spitz-präparierten Gegenstand in die Wand
geritzt worden, weshalb die Zeichen denn auch äußerst schmale Konturen
aufweisen. – Ende Exkurs

Nach reichlicher Präsentation paläographischer Details ist es an der Zeit für den
Blick auf einen gut erhaltenen Illahun-Brief *in toto*. Das ausgewählte Exemplar
hat bereits MÖLLER im 1. Heft seiner *Hieratische(n) Lesestücke* in
faksimilierter Gestalt präsentiert.[64] Es eignet sich aus mehreren Gründen gut
für den akademischen Unterricht. Das Stück bietet zusätzlich zu seinem
erfreulichen Erhaltungszustand eine ausgewogene Handschrift, ob von dem
Diener der Totenstiftung Neni selbst angefertigt, kann nur gemutmaßt werden.

---

[62] *Theban Desert Road Survey in the Egyptian Western Desert Volume 1. Gebel Tjauti Rock
Inscriptions 1-45 and Wadi el-Oôl Rock Inscriptions 1-45* (2002), 49-52 und Pl. 4b sowie
29-30; kritisch zur Datierbarkeit a. D. FRANKE in seiner Rez., in: *OLZ* 101 (2006), 126.
[63] D. DARNELL – J.C. DARNELL, *op. cit.*, 49.
[64] *Op. cit.*, Taf. XIX B.a.

Der Brief datiert wahrscheinlich in die frühen Jahre Amenemhets' IV. (ca. 1773-1764), ist also ca. 100 Jahre später als die Reisner-Papyri. Das Layout des eigentlichen Briefkörpers ist bereits komplett horizontal gehalten, was ja ab der zweiten Hälfte der Zeit Amenemhets' III. die Regel wird. Eine AR-Reminiszenz ist allenfalls der vertikal und rechts vom Text vorgeschaltete Absender samt Adressat, wobei, und das ist der Unterschied, im AR der Adressat in horizontaler Zeile oberhalb des eigentlichen Briefes zu stehen kam (s.o. Kap. 6).

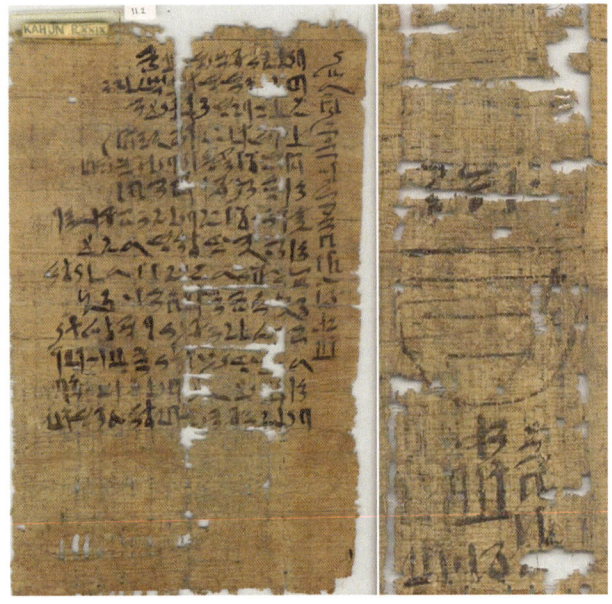

Abb. 19: Pap. UCL 32199: links Brief (rt.) und rechts Absender + Adressat (vs.)[65]

Der Schreiber macht einigen Gebrauch von in dieser Zeit bereits geläufigen Ligaturen, jedoch nicht gleich zu Beginn der Adresszeile. Der Jabiru-Storch 𓆭 (G39) und der Henkelkorb ⌒ werden nicht in Ligatur geschrieben, wie das in senkrechten Briefen ganz normal ist. Die Namen des Absenders Neni und der im Brief erwähnte (Z. 14) zitierte Teti werden mit dem abgekürzten Hieratogramm für 𓀒 notiert, nicht dagegen der Name des Adressaten Jy-ib, obwohl auch Teti den Rang eines *imy-rꜣ* bekleidet, konkret den eines „Tempelmanagers". Dieses Amt impliziert in Illahun zusätzlich das des *ḥꜣty-ꜥ*– „Bürgermeisters" der gesamten Siedlung *Šḥm-Zꜣ-n-wsr.t* (Ostteil) und *Ḥtp-Zꜣ*-

---

[65] M.A. COLLIER – S. QUIRKE, *The UCL Lahun Papyri: Letters* (2002), 96-99 und CD_ROM UC32199f+b. Dort auch die technischen Angaben und wichtigste Bibliographie.

*n-wsr.t*(Westteil der Stadt inkl. der Tempel für Sesostris II, Anubis und Sobek).[66] Der Absender hat folglich nur bei der von der Briefetikette vorgeschriebenen Unziale die volle Zeichenform bemüht, unter gleichzeitigem Ignorieren des erheblich höheren Ranges des Teti im Verhältnis zu dem des Iyib. Spätestens bei der Adresse auf dem – ehemals außen sichtbar gewesenen – Verso wählt er dann aber die abgekürzte Version des Sitzenden Mannes. PARKINSON hat das ehemalige Aussehen dieses einstmals gefalteten und gesiegelten Briefes rekonstruiert:[67]

Abb. 20:

Der Text liefert einige typische Ligaturen aus zwei oder drei Zeichen. Beispiel

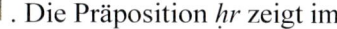

für letzteres ist das Pronomen *ntk* in Z. 8: . Die Präposition *ḥr* zeigt im

stat. pron. diese Form: (Z. 7 Ende); im stat. nom. dagegen diese: (Z. 8 Anfang), also mit einer Unterlänge weniger.

Die Illahun-Briefe, ganz gleich ob vertikal oder horizontal geschrieben, legen hinsichtlich solcher Zeichen, die im Hieroglyphischen mindestens eine horizontale Komponente enthalten, einen ausgeprägten Linksdrall an den Tag. Ihr Abstrich erfolgt überwiegend von rechts oben nach links unten.

Beim Brief des Neni kommt eine weitere interessante Komponente hinzu, die eigentlich an allen übrigen Urkunden dieser Art aus Illahun systematisch autopsiert werden müsste. Wenn auch nur an dem von COLLIER und QUIRKE publizierten Farbphoto überprüft, taucht der Schreiber seine Binse an syntaktisch relevanten Positionen frisch ein. Die Ausnahmen in den Zeilen 11 (=*s* nach der Präp. *r*) und 13 (*ḥr* in *ḥr=s*) bestätigen die Regel. Seine Schreibzäsuren kongruieren nebenbei mit den von FECHT rekonstruierten

---

[66] S. QUIRKE, *Titles and Bureaux of Egypt 1850-1700 BC* (2004), 121.
[67] *Voices from Ancient Egypt. An Anthology of Middle Kingdom Writings* (1991), 91.

Regeln der altägyptischen Metrik. FECHT hatte ja, ohne je den Beweis dafür anzutreten, stets behauptet, Briefe würden gleichfalls der metrischen Gliederung unterliegen, nicht nur Literaturwerke oder Poesie.

Aktenkursive ist nun aber im MR bei Weitem nicht auf Papyrus als Schriftträger beschränkt. Ostraka gesellen sich hinzu, wenn auch solche aus dem Niltal selbst von extremer Seltenheit sind, was dem Zufall des Gefundenen geschuldet sein mag. Dank ägyptischer Grabungen seit den 70er Jahren des vergangenen Jahrhunderts am Roten Meer kennen wir eine stattliche Anzahl an hieratisch mit Tusche beschriebener Tongefäßscherben sowie einige mit gravierter Aufschrift.

## IV.   Expeditionsnotizen auf Ostraka vom Roten Meer

Ein weiterer Schriftträger, der im Unterschied zu Papyrus zu allen Zeiten umsonst zu haben war und buchstäblich überall herumlag, waren sog. Ostraka aus Tonscherben oder Kalksteinsplittern. Solche Splitter oder Scherben haben wir erstmalig in der 4. Dyn. u.a. anhand von vier Objekten aus der Sammlung des Rijksmuseum van Oudheeden in Leiden und vergleichbare Exemplare in Wien kennengelernt. Stücke ähnlichen Inhalts sind in der Nekropole von Helwan gefunden worden, allerdings haben sie eher ziegelsteinartige Gestalt und nicht die zufällig aufgenommener Kalksteinsplitter. Mit Titeln, Namen und Angaben zur Provenienz beschriftet, wurden sie Priesterinnen, Hirten und Handwerkern mit ins Grab gelegt (s.o. Kap. 5). Zwischen der 4. und der späten 12. Dyn. scheint es bislang keine Konvolute von hieratischen Ostraka im Sinne zerbrochener Tongefäße oder von Kalksteintafeln zu geben.[68]

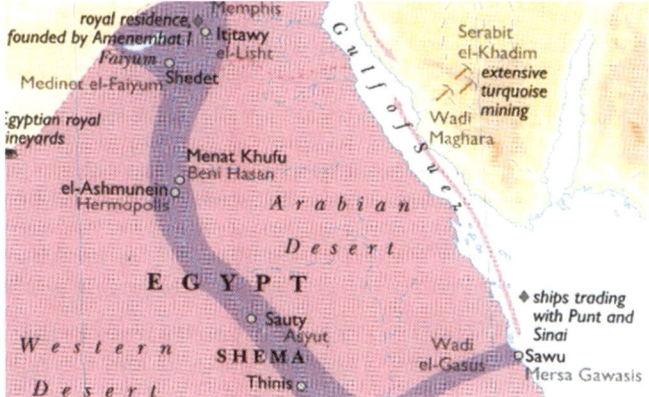

Abb. 21: Wadi el-Gasus am Roten Meer[69]

---

[68] Schöne Literatur in Gestalt eines Auszuges aus der Geschichte des Sinuhe auf einem Ostrakon begegnet bislang erstmalig auf einem Ostrakon aus der Hyksoszeit, dessen genauere Datierung nicht möglich ist; s. Kap. 13.

[69] Ausschnitt aus Karte in: B. MANLEY, *The Penguin Historical Atlas of Ancient Egypt* (1996), 45.

Das ändert sich mit dem 1977 von einer ägyptischen Mission an der Küste des Roten Meeres bei Mersa Gawasis gemachten Fund.[70] Dort sind Ostraka entdeckt worden, die ursprünglich als Krugetiketten gedient haben.[71] Kurze Notizen zu Lieferungen von solch elementaren Kommoditäten wie Lebensmitteln, besonders Dörrfisch (*rˁ.t*), bestimmen diese Dokumente. Sie sind in der Regel in ein Regierungsjahr, unter Angabe von Monat und Tag, datiert und nennen einen König namens *Zi-n-wsrt* oder Sesostris. Weitere Nennungen von hohen Beamten datieren diese Ostraka in die Regierungszeit Sesostris' III., also nach dem Ansatz von FRANKE (1988)[72] etwa in die Jahre 1837-1818. Eingebettet ist dieser Königsname in den einer Stadt, und das ist keine geringere als Illahun, auf Ägyptisch * sḫm-(Zˁ-n-wsrt)*, genauer gesagt der Ostteil mit der erhöht liegenden Residenz des Bürgermeisters (*ḥȝty-ˁ*) und den großen Villen am Nordende.

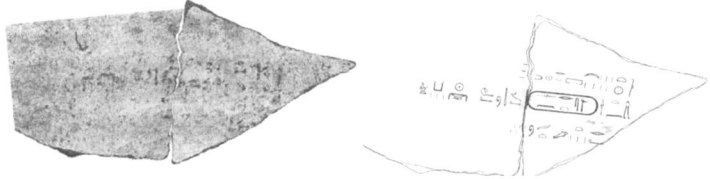

Abb. 22: O. WG 20 & O. WG 22[73]

Ein typischer Eintrag auf einem solchen Ostrakon lautet wie auf O. WG 20 & O. WG 22: „(1) Jahr 5, 2. Peret, Tag 13: (2) Was herbeigebracht hat der Bürgermeister von Sechem-Senwosret-maacheru (namens) Nebukaure (3): Dörrfisch: ausgenommen: 107 (Stück)". Dabei ist uns der Name des Bürgermeisters aus zahlreichen Illahun-Papyri bekannt, er datiert in die Jahre von Sesostris' III.[74]

---

[70] Der Basisartikel zu diesem Fund ist der von A.M. A.H. SAYED, „Discovery of the Site of the 12th Dynasty Port at Wadi Gawasis on the Red Sea Shore", in: *Rdˊ É* 29 (1977), 138-178; neuere Lit. bei MAHFOUZ, s. nächste Anm.

[71] Publiziert hat sie S. MAHFOUZ, „Les ostraca hiératiques du Ouadi Gaouasis", in: *Rdˊ É* 59 (2008), 267-334. Weiteres Material, aus dem auch die Destination nach oder Provenienz von Produkten aus Punt hervorgeht, bei id., „Amenemhat IV au ouadi Gaouasis", in: *BIFAO* 110 (2010), 165-173 und Fig. 1-6; id. „Les ostraca hiératiques du Ouadi Gaouasis", in: *Égypte, Afrique et Orient* 41 (2006), 31-34; „Amenemhat III au ouadi Gawasis", in: *BIFAO* 108 (2008), 253-279; dort: 258f. und Fig. 10-11 (O. WG 101). Seine Transkription der äußerst schwer lesbaren Aufschrift ist nicht über jeden Zweifel erhaben.

[72] „Zur Chronologie des Mittleren Reiches (12.-18.[sic] Dynastie) Teil 1: Die 12. Dynastie", in: *Orientalia* 57 (1988), 113-138.

[73] S. MAHFOUZ, *loc. cit.*, 269f. und Pl. XXXIV.

[74] S. MAHFOUZ, *loc. cit.*, 280f.

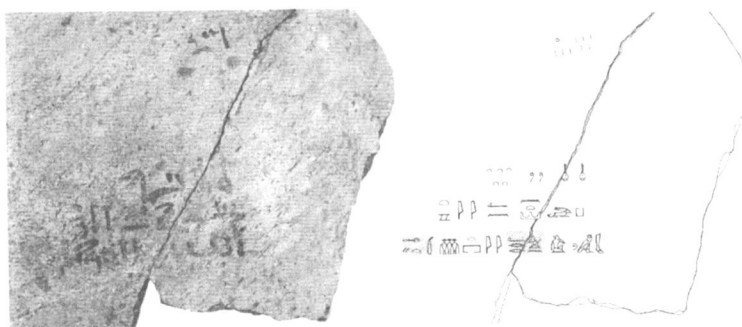

Abb. 23: O. WG 40 mit der Nennung von Punt, eines von mehreren[75]

Besonders interessant sind diejenigen Ostraka, die den Landesnamen Punt erwähnen, wie die Nr. O. WG 40, das als „Domäne" (*rmny.t*) eines *wḥm.w*-Be-
richterstatters des Tores von Chenty-[chety-wer]" ausgewiesen ist. Der Name
des *wḥm.w* ist gleichfalls aus Illahun-Akten bekannt.[76]

Der Fund eines solchen, wenn auch extrem wortkargen, Textes mit der Nennung von Punt ist außerordentlich bedeutend für die Frage nach der Lokalisa-
tion dieses noch immer nicht einwandfrei identifizierten Landes. Immerhin
weist der Fundort einer solchen Quelle darauf hin, dass man Punt tatsächlich
zu Schiff in der späten 12. Dyn. angesteuert hat. Weitere Lieferungen betreffen
z.B. Augenschminke (WG 21), aus einem anderen Ort als Illahun, nämlich Herakleopolis parva (WG 21).

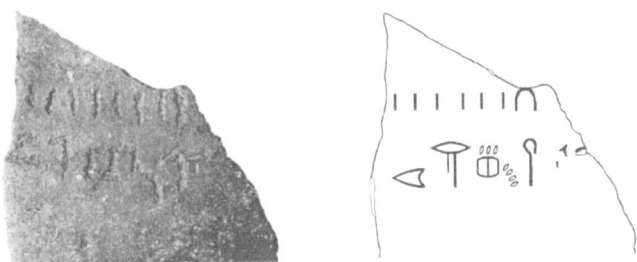

Abb. 24: Graviertes Ostrakon (WG 12)[77]

Was nun sicherlich kaum zu erwarten war, ist die offenbar in Ermangelung von
Tusche erfolgte Gravur von hieratischem Text auf eine Tonscherbe (WG 12).

---

[75] S. MAHFOUZ, *loc. cit.*, 273f. und Pl. XLI; id., „L'expédition de Sésostris III au Pays de
Pount", in: *PAM Supplement Series 2.2/3* (2010), 431-438; dort: 433f.
[76] S. MAHFOUZ, *loc. cit.*, 281f.
[77] S. MAHFOUZ, *loc. cit.*, 278 (Trskr.) und Pl. LIV.

Sie datiert in ein Jahr 16 und beschränkt sich in der 2. Zeile auf den Eintrag „1 heqat[78] (4,8 l), ⅔ + ½ (= 10,4 l)", von welchem Produkt, wird nicht gesagt. Dass an diesem entlegenen Ort Mangel an Papyrus geherrscht haben könnte, wird auch durch den Befund erhärtet, dass einige der Ostraka Palimpseste sind, wie MAHFOUZ ausdrücklich notiert.[79]

Die Stücke stammen wie gesagt aus einem Hafen am Roten Meer und die auf ihnen erscheinenden Orts- und Landesnamen wie Illahun, Herakleopolis magna und Punt zeigen an, dass man solche Punt-Expeditionen u.a. lokal aus der Totenstadt Sesostris' II., chronologisch unter der Herrschaft seines direkten Nachfolgers Sesostris' III. mit Lebensmittelrationen und anderen Kommoditäten ausgestattet hat. Vielleicht wurde dafür in Illahun, genauer gesagt im Totentempel von Sesostris II. Weihrauch und Myrrhe aus Punt als Gegengabe erwartet.[80]

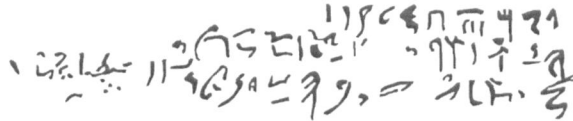

Abb. 25: O. WG 06 - Faksimile MAHFOUZ [81]

Das Hieratische auf diesen Scherben unterscheidet sich in keiner Weise gravierend von dem zeitgenössischen und z.B. in Illahun bestens belegten Duktus, ungeachtet der Differenzierung in individuelle und chronologisch unterscheidbare Handschriften. Zudem sind die Einträge ausgesprochen kurz in ihrem Umfang, teils noch dazu schlecht erhalten und bieten paläographisch wenig Ergiebiges.

Es ist unbedingt damit zu rechnen, dass diese Ostraka nicht von permanent in jenem Hafen ansässigen Schreibern beschriftet worden sind, sondern von solchen, die aus dem Niltal zumindest bis zu diesem Hafenort mitgezogen sind. Dort haben sie dann diejenige an ihrem Heimatort praktizierte Kursive auf die lokalen Tonscherben übertragen.

---

[78] T. POMMERENING, *Die altägyptischen Hohlmaße* (2005), 136-139.

[79] S. MAHFOUZ, *loc. cit.*, 269.

[80] Das vermutet jedenfalls auch sehr ansprechend S. MAHFOUZ, *loc. cit.*, 280.

[81] S. MAHFOUZ, *loc. cit.*, 271 (Trskr.) und Pl. XXXV. Allerdings ist sein Faksimile der Z. 3 nur schwer mit den auf dem Photo erkennbaren Spuren in Einklang zu bringen. Hierzu wäre allerdings eine höher auflösende Aufnahme vonnöten. Seine Transkription in: *PAM Supplement Series 2.2/3* (2010), 432, weicht von der in: *Rd'É 59* (2008), ab.

Festhalten können wir an dieser Stelle, dass der Gebrauch von Tonscherben zwecks Beschriftung mit Notizen über Lieferungen an den östlichen Ausgang des Wadi Hammamat, in einen – saisonal genutzten? – Hafen am Roten Meer der bislang einzige größere Komplex dieser Art aus dem gesamten MR ist.

Aber wir müssen gar nicht erst ans Rote Meer gehen, um auf vergleichbares Schriftmaterial aus der 12. Dyn. zu stoßen. So sind bei den amerikanischen Grabungen unter WEGNER im Totentempelbezirk Sesostris' III. in Abydos hieratisch beschriftete Scherben entdeckt und publiziert worden. Dass es dabei jedoch bisweilen an der korrekten Transkription und daraus irreführenden Schlussfolgerungen auf den Gebrauch dahinter stehender kompletter Gefäße scheiterte, hat MANASSA in einem kurzen Beitrag gezeigt.[82] So liefert die folgende Scherbe nichts weiter als fünf Personennamen und tatsächlich bildet sie keine Aufschrift auf einem ursprünglich intakten Gefäß zur Aufbewahrung von Lebensmitteln, wie WEGNER gemutmaßt hatte.

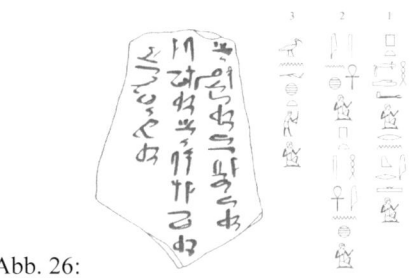

Abb. 26:

Paläographisch bietet die Aufschrift wenig Diagnostisches, das eine Datierung nur in die unmittelbare Zeit post-Sesostris III. erlauben würde. Die Ligatur

bzw.          in Z. 2 ist typisch für die Buchschrift der 12. Dynastie.[83]

Nach ihrer Lesung stehen die beiden Namen in den Zeilen 1 und 2 in Filiation zueinander, u.z. noch nach dem System des AR: Ptahsched's <Sohn> Reniqer usw. Der Name in Z. 3 stünde dann entweder für sich oder würde den Großvater

---

[82] Zunächst die Ed. des betreffenden Stückes bei J. WEGNER, *The Mortuary Complex of Senwosret III at Abydos* (2007), 259 fig. 109 no. 1; C. MANASSA, „Loaves and Zirs: A Re-examination of a hieratic Text from Abydos", in: *GM* 229 (2011), 81-88; dort: 88 Fig. 1-2. Manassa verweist dort zudem auf weitere hieratische Ostraka des MR mit Aufschriften z.B. zu Gefäßinhalten.

[83] G. MÖLLER, *HP II*, 69 XVIII. – Die Nebenform(?) *si:ꜥnḫ* für einfaches *s:ꜥnḫ*, wenn so richtig, bleibt in jedem Fall noch erklärungsbedürftig, dürfte aber kaum ohne die entsprechende Namensform *Jꜥnḫ* auf den Giza-Ächtungsfiguren von Abu Bakr zu sehen sein; s.o. Kap. 9.

von Sianch in Z. 2 bilden. Die Filiation wäre also nach dem von Edel A B „des A <Sohn>, (nämlich) B" genannten Schema vorgenommen, eine extrem seltene Form im AR.[84] Bei dieser Verwandtschaftsangabe ist ferner zu beachten, dass beide Namen ein Determinativ haben müssen, was hier der Fall ist.

Mit Ausnahme von zwei Belegen aus den Hatnub-Inschriften stammen alle anderen aus Elephantine, sogar die dreiteilige Version bis zurück zum Großvater ist bezeugt in den Elephantine-Papyri aus der 6. Dynastie. Da auf dem Abydos-Ostrakon nichts weiter als Personennamen notiert sind ohne jede explizite Filiationsangabe mittels z3-„Sohn", könnte theoretisch sogar bis zum Ururgroßvater zurückgeschritten werden, was extrem unwahrscheinlich ist.

Die eigentliche Frage bei dieser Aufschrift ist doch die nach ihrem Zweck. Wozu werden diese fünf Namen überhaupt aufgelistet und stehen sie tatsächlich in einem Verwandtschaftsverhältnis zueinander? Ich denke, diese Frage ist auch durch die korrigierte Lesung bei MANASSA noch nicht beantwortet.

## V.    Hieratisch auf Privatstelen

Des Weiteren erscheinen hieratische Aufschriften auch auf zahlreichen Privatstelen der 12. und besonders der 13. Dyn..[85] Bisweilen tragen sie nur kursiven Text oder eine Mischung aus hieratischen und hieroglyphischen Beischriften. Ein illustres Beispiel für letztere Mélange ist diese Abydos-Stele Fitzwilliam Museum Cambridge E.60.1926 aus der 13. Dyn.:

---

[84] E. EDEL, *Die Felsengräber der Qubbet el Hawa bei Assuan. II. Abteilung Die althieratischen Topfaufschriften* (1970), 72; folge a. bes. seinem Verweis auf den Nachtrag zu § 307 seiner *Altägyptische(n) Grammatik*.

[85] D. FRANKE, *Egyptian Stelae in the British Museum from the 13th to 17th Dynasties*, edited by Marcel Marée, with a contribution from Janet Ambers (2013), 53 Anm. 8, nennt die wesentliche Lit. und Quellen. S. ferner W.K. SIMPSON, *Inscribed Material from the Pennsylvania-Yale Excavations at Abydos* (1995), 33-53, darunter bes. die Stele C2 in Fig. 58 (ohne Photo), sowie CGC 20591 (in der permanenten Ausst. des Äg. Mus. Kairo).

Abb. 27: Hieratische Stele Cambridge (E.60.1926)
H 27,5 B 18,2 cm[86]

Sie gehört einem Hausverwalter (*imy-rȝ-pr*) namens Sobekhotep Seneberau und einem gleichbetitelten Sesostris. Die Stele trägt außer der einleitenden *ḥtp-di-nswt*-Formel nur Namen und Filiationsangaben, wahrscheinlich von Familienangehörigen der beiden Stelenbesitzer. Doppelnamen sind typisch für die späte 12. und dann die 13. Dyn., der zweimal erscheinende Titel *nb.t-pr*– „Hausherrin" bei zwei Frauennamen hilft weiter in der Datierung, da dieser Titel nicht vor Sesostris III. auf Privatstelen auftaucht. Der Schriftduktus ist ganz überwiegend vergleichbar mit dem von vertikal geschriebenen Urkunden dieser Zeitspanne, wenn auch in vielerlei Hinsicht noch wesentlich enger am Hieroglyphischen orientiert. Allein der Titel *imy-rȝ-pr* plus der Name *Sbk-ḥtp* in Kol. 2 Mitte sind wenig hieratisch notiert, am ehesten noch das Krokodil für *Sbk*, wohingegen der 2. Teil *ḥtp* eher die hieroglyphische Form von ⟨≏⟩ (R4) repräsentiert.

Über den Doppelnamen und den *nb.t-pr*-Titel haben wir mindestens zwei sichere Kriterien für die chronologische Eingrenzung der ganzen Stele und können von hieraus auch den Typus des Hieratischen in eine zukünftige Paläographie des MR einbauen. Die Schrift allein könnte dies mitnichten.

---

http://webapps.fitzmuseum.cam.ac.uk/explorer/index.php?qu=E.60.1926&oid=52421 (Zugriff 23.12.2016); dort alle wichtigen technischen und bibliographischen Angaben.

Der Grund für die kursive Beschriftung in Tusche ist nicht bekannt. Kostengründe mögen eine nicht unwesentliche Rolle gespielt haben, vielleicht auch Zeitdruck, der für eine rasche Aufstellung der Stele verantwortlich zeichnete.

Ein Graffito im Sinne der ursprünglichen Wortbedeutung, also ein in die zumeist steinerne Unterlage geritzter oder gravierter Text, liegt z.B. vor auf der Stele BM EA 220, die einem Wab-Priester namens Anchu Sesostris gehört und gleichfalls in die 13. Dyn. datiert. Es fällt sofort ins Auge, dass die hieroglyphische und hieratische Ausführung von sehr unterschiedlicher Extension ist, aber letztere in den abschließenden drei horizontalen Zeilen dominiert. Hieratische Gravur lässt sich an folgenden Stellen notieren:

Abb. 28: Stele BM EA 220 (H 31,5 x B 20,8 cm);
rechts Umzeichnung der Zeilen 4-13 von PARKINSON[87]

Das Register unterhalb des Bildfeldes mit der Darstellung des Stelenbesitzers und seiner Mutter ist nach dem Schema von Namenlisten in kursiven Akten aufgebaut, mit Filiationsangaben wie $z\exists=f$, $sn=f$ und $sn.t=f$ in einfacher Platzierung, unterhalb der dann die folgenden Zeilen eingerückt notiert werden. Es sind ganz besonders diese Filiationsangaben, die hieratisch graviert sind, aber in den letzten drei Zeilen hat der Graveur die hieroglyphische Schreibweise zugunsten der hieratischen aufgegeben; s. PARKINSONs Faksimile der Passage. Die gesamte Epigraphik der Stele erweckt den Eindruck, dass hier

---

[87] D. FRANKE, *op. cit.*, 52-54 mit Fig. 3 (Faks. PARKINSON) und Pl. 11.

ein der Hieroglyphen nicht kundiger Aktenschreiber sich als Graveur versucht hat, dabei bisweilen sogar Namenbestandteile wie in Z. 9 (*Mn<tw>-ḥtp*) auslassend.

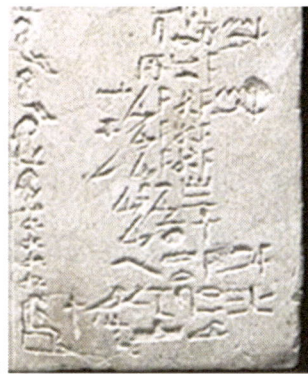

Detail re. unt. Ecke:

Abb. 29: BM EA 226: Hieroglyphisch + Hieratisch (H 42,4 x 26,2 cm)[88]

Dieses Stück zeigt eine weitere Liste von Namen mit vorgeschalteten Filiationsangaben und in der vorletzten Zeile den Titel (*wᶜb*). Allerdings ist der Graveur hier etwas anderes verfahren als im Falle von BM EA 220, denn beide Stelen (und noch weitere) gehen wohl auf seine Hand zurück.[89] In den Zeilen 18-31 in der rechten unteren Stelenhälfte wechselt er die Schriftart innerhalb von Z. 24: *sn=f* = hieroglyphisch + *Ỉiw-ᶜ3* = hieratisch. Dazu gehört auch am linken Spaltenende das nach unten verrutschte erste hieratische Determinativ von 𓀀 . Im Unterschied zum Sitzenden Mann ist das der Sitzenden Frau durchweg hieroglyphisch gehalten, dasjenige in den Zeilen 20-21 würde ich allerdings anders als FRANKE nicht als „two men on missing chairs" lesen, sondern als Kindhieroglyphe (𓀔) – ohne Arme! – zur Markierung des noch geringen Alters dieser beiden Brüder des Stelenbesitzers, denn immerhin die beiden letzten Wab-Priester der Zeilen 30-31 sitzen auf einem vornehmen Stuhl. Ein letztes Detail: Innerhalb der Vater-Sohnfolge in Z. 30 ist die Filiation *z3* – „Sohn von" hieratisch graviert, im Unterschied zu allen anderen Verwandtschaftsangaben zuvor und am Beginn der Zeilen. Prüfen wir jedoch

---

[88] D. FRANKE, *op. cit.*, 70-73 und Colour Pl. 2.
[89] M. MARÉE, in: D. FRANKE, *op. cit.*, 72f.

die weiteren, außerhalb dieser Liste, notierten Filiationen, dann fällt ein starker Trend zum Hieratischen bei den *z3=f-* und *z3.t=f –* Belegen, also seiner Töchter und Söhne auf.

Man muss also sehr genau hinschauen, wie auf derartigen Stelen das graph(em)ische „Werkverfahren" vonstatten ging. Da es sich zumeist um Angehörige der Mittel- oder Grundschichten der damaligen Gesellschaft handelt, darf durchaus mit „preiswerteren" Verfahren gerechnet werden, als dies bei Stelen von Mitgliedern der leitenden Elite der Fall war.

Die kursiv ausgeführten Namenlisten auf solchen Stelen, deren Determinative deutlich vom eigentlichen Namen nach links abgesetzt sind, haben m.E. nicht vereinfachend ihren Ursprung in hieratisch geschriebenen Akten, sondern ganz konkret in solchen, die in Illahun z.B. unter dem Terminus *wpw.t-* „Hausstandsliste" firmierten.[90] Was wir hier vor uns haben, sind zumindest in Stein gemeißelte Extrakte von Familien- und Haushaltsangehörigen, deren biologische Existenz und soziale Konstellation durch dieses Medium Stele auf ewig gestellt werden sollte. Dazu übernimmt man auch den Typus von Schrift, der für solche ansonsten transportable Papyrusurkunden der gängige ist, das Hieratische seiner Zeit.

Am oberen linken Rand von BM EA 226 finden sich zudem Reste eines hieratischen Dipintos, dessen Lesbarkeit durch Abrieb leider arg gelitten hat. PARKINSON vermutet hier nachträglich hinzugefügte Personennamen, deren letzter das Element *z3.t* enthalten haben könnte.[91]

Abb. 30: BM EA 226: Hieratisches Dipinto in Lunette (PARKINSON)
© Courtesy Trustees of The British Museum[92]

---

[90] Alles Nötige und Aktuelle bei C. EYRE, *The Use of Documents in Pharaonic Egypt* (2013), 218-22; dort 221: „The purpose of these family declarations is difficult to divine. … . They seem to be privately held documents, although they are officially authorized. This would imply that they were written and kept because they were of benefit to the family."
[91] Eine systematische Sammlung und Untersuchung sämtlicher Stelen des MR mit hieratischen Auf- oder Inschriften wäre eine lohnende Aufgabe.
[92] *Apud* D. FRANKE, *op. cit.*, 70 mit seinem Faksimile in Fig. 4.

## VI.    Zwei Paläographien oder Schreibstile zur gleichen Zeit ? *oder* **Der Sonder(?)fall Elephantine**

Auch ein Staatswesen wie das AR- und MR-Ägypten bestanden aus Zentren und Peripherien. Memphis-Saqqara und Heliopolis waren im 3. Jt. die politischen, administrativen und nicht zuletzt theologischen Metropolen mit einer nur zu erahnenden Textproduktion wie –reproduktion in kursiver wie hieroglyphischer Weise. Provinzen wie Theben und noch weiter südlich Elephantine-Assuan, von den übrigen Siedlungen dazwischen ganz zu schweigen, fallen demgegenüber vergleichsweise bescheidener aus. Das jeweilige Textaufkommen dürfte nicht zuletzt mehr oder minder proportional zu der zu verwaltenden Bevölkerung und deren Dichte gewesen sein.

Zunächst– in den 90er Jahren des vergangenen Jahrhunderts – widersprach die damalige stratigraphische Einschätzung eines konkreten archäologischen Befundes jeglicher Annahme einer „geradlinigen Entwicklung" des Hieratischen von verhaltener und ligaturarmer Kursive hin zu einer extremer werdenden Abkürzung der Schriftzeichen. Zumindest dann, wenn wir auf das bislang aus der 12. Dyn. auf Elephantine entdeckte hieratische Material schauen. Durch zahlreiche Funde von Trinkschalen und deren bisweilen Datierung in ein extrem hohes – anonymes – Regierungsjahrwurde dieses evolutionistische Bild von der örtlichen Paläographie gehörig beeinflusst. Um es vorweg zu nehmen, an diesem Grenzort zu Nubien hat sich allem neueren Anschein keine(!) Art hieratischer Digraphie in die Verwaltung der örtlichen Institutionen eingeschlichen, die in dieser Ausprägung andernorts und in dieser Epoche bislang auch ihresgleichen suchen würde. Es hat nämlich im Gegensatz zu früheren Publikationen nicht mehr den Anschein, dass die lokalen Schreiber für lokale Belange noch bis mindestens an das Ende der Regierungszeit von Amenemhets III. auf die aus der 6. Dyn. und der 1. Zwzt. bekannte Kursive des sog. „Althieratisch" zurückgegriffen hätten, wohingegen sie für Verwaltungskorrespondenz Richtung Norden zur Residenz die dort bereits fest etablierte Illahun-Kursive praktiziert hätten. Eine Durchsicht des hieratischen Materials aus der 12. Dyn. durch den Verf. anhand von Autopsien vor Ort wie anhand von Photographien hat auch dem Verfasser dieser Zeilen einen derartigen Eindruck allzu voreilig vermittelt.[93]

---

[93] Verf. ist für den Zugang zu den Originalen, Photoabzügen und digitalen Aufnahmen wie für zahlreiche aufschlussreiche Gespräche insbesondere Dietrich Raue, Cornelius v. Pilgrim

Ein sehr illustres und umfangreiches Beispiel für den „anachronistischen" AR-Stil des örtlichen Hieratisch unter Amenemhet III hat VON PILGRIM in seiner Dissertation vorgelegt und extensiv bearbeitet.[94] Es handelt sich um eine beidseitig beschriftete flache Trinkschale mit rotem Überzug auf ihrer Innenseite, der auf der Außenseite fehlt. Die Innenseite trägt 38 Zeilen oder Kolumnen Text, die äußere sogar 47 plus acht gesonderte Kolumnen. Gefunden wurde das Gefäß „direkt vor der Westwand von Raum G in H69b (Bauschicht 13) *in situ* … und lag mit der Außenseite bzw. dem Boden nach oben direkt auf dem Estrich."[95] Diese archäologische Evidenz wird uns am Ende dieses Abschnittes noch besonders zu beschäftigen haben.

Der Überzug auf der Innenseite hat den Erhalt und die Lesbarkeit von deren Aufschriften nicht unerheblich beeinträchtigt und so eignet sich auch die Außenseite für unsere Zwecke besser zur Illustration:

Abb. 31: Außenseite der Schale 19606P/d-6 aus Haus 69b auf Elephantine[96]

Da VON PILGRIM seine Transkriptionen aus technischen Gründen in Abschnitten präsentiert, sei davon auch nur einer exemplarisch herausgegriffen. Worum geht es also in den Einträgen? Hier findet sich u.a. eine Liste von 27 Personen, von denen 26 Frauennamen tragen. Vor diesen Namen stehen deren Titel und

(beide vormals DAI, Grabung Elephantine) und erst jüngst (Herbst 2017) Peter Kopp sehr zu Dank verpflichtet. – S. Verf., in: Vorbericht zur 28.-30. Kampagne, in: *MDAIK* 58 (2002), 214-218 (X. Hieratische Schriftzeugnisse).

[94] *Elephantine XVIII. Untersuchungen in der Stadt des Mittleren Reiches und der Zweiten Zwischenzeit* (1996), 285-302 und Taf. 40-41.

[95] C. V. PILGRIM, *op. cit.*, 285.

[96] C. V. PILGRIM, *op. cit.*, Taf. 41.

am jeweils linken Ende eine Summe von Getreidezuteilungen auf der Berech-
nungsgrundlage des ½ Heqat.[97] Unter den Titeln begegnen sehr wahrscheinlich
*sḥt.t* – „Weberin", *mr.t* – „Dienerin", *jw3y.t* – „Stellvertreterin" und auffällig
häufig eine anderweitig kaum zu findende Berufsbezeichnung *zbt.t*, leider ohne
jedes Determinativ, aber das gleiche gilt für die anderen Titel auch.[98] Anstatt
hier in die weitere inhaltliche Analyse dieser Aufschriften einsteigen zu wollen,
sei der Akzent auf den Schriftcharakter dieser – und weiterer noch unpublizierter – Schale(n) gelegt. VON PILGRIM hat bereits *en détail* auf besonders diagnostische und altertümlich anmutende Zeichen(formen) hingewiesen, die für
die Klassifizierung der Paläographie von Bedeutung sind. Dazu gehören:

- (A1):         (As. 25; Abb. 32).

- (G37):         (As. 23; Abb. 33).

- (I5A):         (As. 3; Abb. 34).

- (M8): in *bš3* – „Malz" (+ Summe)         (Is. 7; Abb.
  35).

- (N23):         (As. 12; Abb. 36).

- (Q3); noch ohne horizontalen Basisstrich in *ḥtp*:         (As. 2; Abb.
  37).

- (U9): in *bš3* – „Malz" (+ Summe)         (Is. 7; Abb. 38);
  Kornmaßeinheit von ½ Heqat.

- (W7): in Toponym *3bw* – „Elephantine"         (Is. 11; Abb. 39).

---

[97] Mit den auf dieser Schale von den üblichen Volumina im MR abweichenden Hohlmaßen
hat sich POMMERENING in ihrer Dissertation zu diesem Thema beschäftigt, s. ihre Arbeit *Die
altägyptischen Hohlmaße* (2005), 127f. A. IMHAUSEN, *Mathematics in Ancient Egypt. A
Contextual History* (2016), 49, geht anlässlich ihrer kurzen Besprechung von „submultiples
of the *hq3.t*" auf Elephantine nicht näher ein.

[98] Ob der 14x auftretende und ominöse Titel *zbt.t* etwas mit Musik zu tun hat, abzuleiten von
*zb3* – „Flötenspieler", maskulin auch defektiv *zb* geschrieben? Zu weiblichen Flötisten im
MR s. das Grab des Uchhotep in Meir, ed. A.M. BLACKMAN – M.R. APTED, *The Rock-Tombs
of Meir Part VI* (1953), Pl. XIX (North Wall. Upper Scene, unt. Register, 2. v. links). Allerdings wäre dies eine extrem hohe Dichte von Musikerinnen dieses Instruments.

- ⩜ (Aa6): Kornmaßeinheit nach *bš3* und *swt* (<*dmd* – „Summe")

  ⫯⫯ (Is. 10 und *pass.*; Abb. 40)

Einzig die Schote – ⫯ (M30) in dem Wort *bnj*[99] für „Dattel" – wirkt „moder-

ner": ⫯⫯ (As. Z. 9; Abb. 41). Die Determinativgruppe besteht aus U9 :
N33 : Z2. (Abb. 32-41).

Die auf beiden Seiten notierten Listen von Personen und Gütern samt Volumina
werden am ehesten Aufstellungen von Rationen sein, die aufgrund regelmäßi-
ger Zahlungen oder aus einem besonderen Anlass zustande gekommen sind.
Bruchstücke von weiteren derart beschrifteten Gefäßen des gleichen Typs deuten auf deren ganz geläufige Verwendung zu solchen Zwecken hin. Ob und
wenn ja, wie sie archiviert wurden, stehe einmal dahin.

Es dürfte kaum zweifelhaft sein, dass ein solches im Antikenhandel auftau-
chendes Objekt von Hieratikern anhand seiner AR-Paläographie flugs in diese
Epoche gesetzt würde, niemals in die hohe 12. Dynastie. VON PILGRIM weist
mit allem Nachdruck daraufhin, dass diese Schale 1. typologisch nicht in die 6.
oder anschließende Dynastien gehöre, 2. sie einen unwiderlegbaren stratigra-
phischen Fundkontext habe,[100] und 3. eine Datierung in ein 46. Jahr (Innens. 4)
und nicht etwa in das „Jahr nach der 21. Zählung" bei zugrundeliegender bien-
naler Rinderzählung wie im hohen AR aufweise. Ein König wie Pepi II. von
angeblich astronomischer Lebenszeit und entsprechender Regierungslänge
kommt hier also nicht in Betracht, allenfalls solche Figuren wie Antef II. mit
49 und Mentuhotep II mit 51 Jahren. Dagegen sprächen aber die Kriterien 1
und 2!

---

[99] Zum Radikalbestand des pseudohistorisch *bnr* geschriebenen Namens *bnj* für die Dattel s.
W. SCHENKEL, in: *MDAIK* 20 (1965), 115f., und J. Osing, *Die Nominalbildung des Ägyptischen II* (1976), 623 Anm. 635.
[100] C. V. PILGRIM, *op. cit.*, 286: „So ist durch die stratigraphische Anbindung von Bauschicht
13 an die Kapelle des Ameni-seneb im Heqaib-Heiligtum diese Bauschicht zeitlich mit den
späten Regierungsjahren von Amenemhet III. zu korrelieren."

Dieser Datierung wird nun vonseiten KOPPS heftig widersprochen, der sich den archäologisch-stratigraphischen und keramologischen Befund neu angeschaut hat: „Therefore it [= Haus 69; F.-E.] has to be dated to one of the other Kings in discussion, Intef II, Mentuhotep II or Senwosret I. And now the worked out archaic ductus of the language is not anymore surprising but just fits, the hieratic of the southern province doesn't necessarily keep an older stage" (S. 10).[101]

Somit steht von Verf. 2002 vorgebrachte Hypothese einer hieratischen Digraphie auf Elephantine in der späten 12. Dyn. mehr als zur Disposition. *Errare humanum est!*

## VII.  Akten aus einem Arbeitslager der 12.–13. Dyn. – Pap. Brooklyn 35.1446

Springen wir aber nun in die spätere 12. Dyn. bis in den Anfang der 13. Dyn. und schauen uns ein für die administrative und strafrechtliche Erfassung der damaligen Bevölkerung höchst aufschlußreiches Konvolut von Akten an. Wir bewegen uns dabei grob zwischen den Jahren 1810 und 1720. Die Quelle hierfür ist ein gigantisches Namenregister von Strafgefangenen im Großen Arbeitslager (*ḫnrt-wr*) von Theben. Zu finden ist dieses Register – nebst deren Einträgen – auf dem Brooklyner Papyrus 35.1446. Ediert wurde er in einer mustergültigen Bearbeitung von HAYES 1955.[102] Diese Handschrift ist nicht nur paläographisch von einigem Wert, wie wir sogleich sehen werden, sie ist v.a. für gesellschaftsgeschichtliche Fragestellungen, solche der Arbeitsorganisation, Integration von Nicht-Ägyptern, der Strafpraxis etc. von herausragender Relevanz.

---

[101] Verf. ist Peter Kopp sehr dankbar für die Zusendung eines Grabungsberichtes, s. S.J. SEIDLMAYER *et al.*, „Report on the Excavations at Elephantine by the German Archaeological Institute and the Swiss Institute from autumn 2014 to spring 2015", darin die Seiten 4-10 von KOPP.

[102] *A Papyrus of the Late Middle Kingdom in the Brooklyn Museum (Papyrus Brooklyn 35.1446)* (1955; repr. 1972). Diese Quelle und ihre Edition hat ein enormes Echo in der Ägyptologie erlebt, wovon die in dem *Preface to the Reprint Edition* abgedruckten Rezensionen und Kommentare andernorts ein beredtes Zeugnis ablegen, und das ist wohlgemerkt nur die Liste bis kurz vor 1972! Neuere Diskussion einiger Listeneinträge und Dokumente zu Besitzübertragungen an Diener(inne)n in diesem Papyrus findet sich bei T. HOFMANN, *Zur sozialen Bedeutung zweier Begriffe für ‹Diener›: b3k und ḥm* (2005), 141-156; C. EYRE, *The Use of Documents*, 261-263 (bes. zu den später kopfüber eingefügten Texten, u.a. königlichen Dekreten).

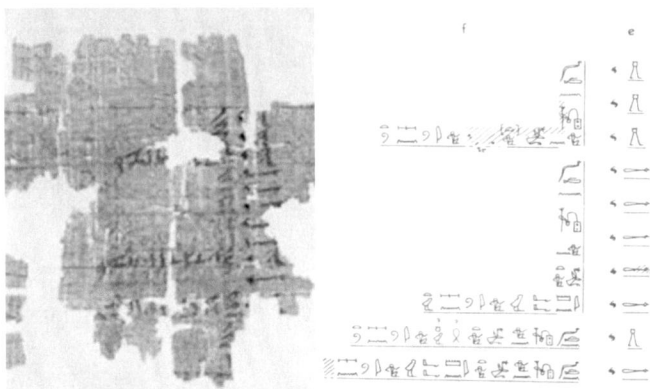

Abb. 42: Pap. Brooklyn 35.1446, Rt. 1-10[103]

Der gesamte Papyrus von ursprünglich ca. 210 cm Länge und 32 cm Höhe ist vor seiner Beschriftung mit von links nach rechts gezogenen horizontalen Linien versehen worden. Das sind Hilfslinien, wie wir sie auch aus Illahun- und Ramesseum-Papyri kennen. Diese hatten den Zweck, den Schreiber bei seiner Arbeit auf Kurs, treffender gesagt: auf Linie zu halten und damit das Manuskript übersichtlich zu gestalten. In der Regel finden drei, seltener auch vier, horizontale Zeilen zwischen zwei solcher Linien Platz. Rote und schwarze Tusche wird verwendet, die rote z.B. für Überschriften oder Einleitungen, des Weiteren Kurzvermerke über den Status der Diener(inne)n wie ⟨glyph⟩ – „hier; anwesend", ⟨glyph⟩ - *iw* – „angekommen", ⟨glyph⟩ *in* – „herbeigebracht" und ⟨glyph⟩ *ḫn* – „(Fall) abgeschlossen".[104]

HAYES hat minutiös beobachtet, dass der gesamte Papyrus nicht nur von mehr als nur einem Schreiber beschriftet wurde, sondern sich auch der gesamte Nutzungszeitraum der Urkunde über ca. 90 Jahre erstreckt haben muss. Dieser Zeitraum ist der zwischen Jahr 10 Amenemhets' III. und Jahr 3 Sobekhoteps' III., also zwischen dem Ende der 12. und der Mitte der 13. Dynastie.

---

[103] W.C. HAYES, *op. cit.*, Pl. II. Einige der rubrizierten Zeilen sind inzwischen sehr verblasst und in der Transkription nur anhand der Unterstreichung als solche markierbar.
[104] Zu Aktenvermerken in hieratischen und demotischen Texten s. M. ALLAM, *Marking Signs in Hieratic and Glosses in Ancient Egyptian Texts* (2007); wesentlich erschöpfender in Hinblick auf hieratische Dokumente jetzt J. JÜNGLING, *Vermerke in hieratischen Akten und Urkunden* (unpubl., BA-Arbeit Univ. Leipzig 2017), deren Überarbeitung für den Druck vorbereitet wird.

Die Recto-Seite entspricht dabei hinsichtlich ihrer Personenlisten der 12. und die Verso-Seite hinsichtlich ihrer Personenlisten der 13. Dyn.

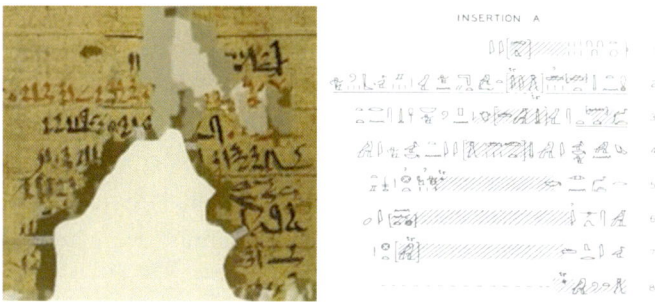

Abb. 43: Einschub A in rt. 25-54[105]

Zwischen den Einträgen 25-54 auf dem Recto findet sich ein eingeschobener Text A in Gestalt der „Kopie" (*mity*) eines Dokumentes aus dem 36. Jahr eines Königs, wahrscheinlich Amenemhet III.

Diese eingeschobene Urkunde hat mit den umgebenden Personenlisten nicht das Geringste zu tun, außer der Tatsache, dass sie wie die Namenlisten dem Zweck der „conscription, control, and assignement of working personell"[106] dienen, so dass schon an dieser Stelle der Verdacht aufkommen musste, dass es sich um einen sekundär hinzugefügten Text handelt. Die Vermutung wird spätestens dann erhärtet, wenn wir uns die anderen beiden Einschübe B und C anschauen.

Abb. 44: Einschub B (re.) auf dem Kopf stehend zu links und rechts stehenden Einträgen[107]

---

[105] W.C. HAYES, *op. cit.*, Pl. IV; dazu bes. C. EYRE, *The Use of Documents*, 261.
[106] C. EYRE, *op. cit.*, 262.
[107] W.C. HAYES, *op. cit.*, Pl. V.

Hier ist der Einschub B (rt. 55-80 a, b, g) sogar im Verhältnis zum älteren, links und rechts davon stehenden, Text auf den Kopf gestellt worden. Wahrscheinlich datiert er in ein Jahr 5 eines Königs der 13. Dyn., bei dem es sich am ehesten um Sobekhotep III. (ca. 1708-1705) handeln dürfte. Inhaltlich geht es um den Auftrag an den Wesir Anchu, sich um Beschwerden wegen unrechtmäßiger Konskription von Arbeitern zu kümmern, gekleidet ist der Text in die Phraseologie eines Königsdekretes. Der adressierte Wesir ist auch aus anderen Quellen bekannt und kann mit dem genannten König bestens synchronisiert werden. Der gleiche „Dreher" um 180° ist auch beim Einschub C vorgenommen worden (rt. 55-80 c, d).

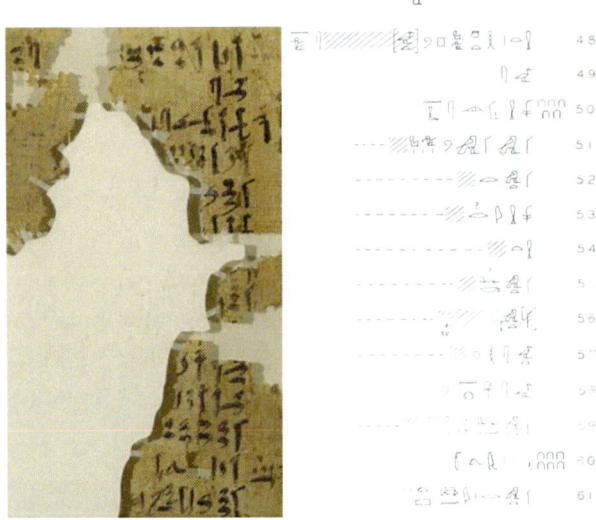

Abb. 45: Nummerierung alle zehn Zeilen, hier die Ziffern „50" und „60"[108]

Dieses Register bietet noch ein weiteres und für die Geschichte des Layouts von hieratischen Handschriften insgesamt höchst bedeutsames Merkmal. Gemeint ist die Nummerierung von Zeilen, insbesondere solchen, die aufgrund ihrer hohen Anzahl einen in sich geschlossenen Textblock bilden. So werden die Zeilen 1 bis mindestens 79 in Zehnerschritten durchnummeriert, also Z. 10, 20, 30 bis 70; soweit ist die Ziffer jedenfalls erhalten. Diese Zeilenzahlen stehen direkt rechts vor dem jeweiligen Eintrag. Dieses Faktum sei hier auch deshalb besonders hervorgehoben, weil wir beim Pap. Ebers auf eine ähnliche Art der Nummerierung treffen werden, in jenem Falle allerdings eine solche von Kolumnen.

---

[108] W.C. HAYES, op. cit., Pl. XI.

Mit dem Hinweis auf diese im MR erstmalig belegte Praxis allein ist es aber m.E. nicht getan. Es stellt sich doch unmittelbar die anschließende Frage: Wozu werden Zeilen und/oder Kolumnen überhaupt nummeriert? Es könnte die reine Anzahl der im Lager befindlichen Personen zu einem gegebenen Zeitpunkt widerspiegeln bzw. derjenigen Insassen, die z.B. an einem Morgenappell antreten mussten, sofern es so etwas schon dort und damals gab. Eine andere Möglichkeit wäre, eine solche hätte einen referentiellen Charakter, anders gesagt, dass man als Buchhalter der jeweiligen Handschrift auf eine bestimmte Person bzw. Passage innerhalb der Urkunde verweisen können oder sie einfach nachschlagen und ggf. korrigieren möchte. Nehmen wir die Zeilen 50 und 60 in der Abbildung, dann hätte ein Aktenschreiber z.B. bei Bedarf „zitieren" können, also etwa den „Diener der Krone" (ḥm-nswt) namens Resuseneb = Z. 50. Es fragt sich dann aber, welches Wort für „Zeile" im Ägyptischen verwendet worden sein soll.

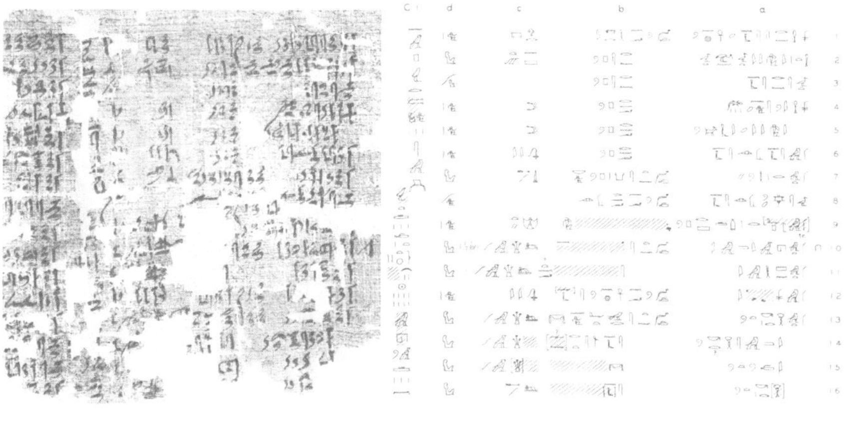

Abb. 46: Vier Spalten zu Name, Spitzname, Beruf und Geschlecht resp. Alter[109]

An diese Namen schließen links auf der jeweiligen Kolumne noch drei weitere Spalten an, und insgesamt sieht ein solcher Personeneintrag dann folgendermaßen aus. Am rechten Ende der Zeile steht der jeweilige Erst- oder Geburtsname und Spalte 2 nennt ggf. den Rufnamen (ḏd.w-n=f / ḏd.t-n=s – „zu dem/der gesagt wird: …")[110] oder „sein/ihr Name ist das" (rn=f/ =s-pw). Spalte 3 nennt

---

[109] W.C. HAYES, op. cit., Pl. VIII.

[110] Dazu monographisch P. VERNUS, Le surnom au Moyen Empire. Répertoire, procédes d'expression et structures de la double identité du début de la XIIe dynastie à la fin de la XVIIe dynastie (1986), bes. 82-85. Solche Zweitnamen werden zumeist erst im Verlaufe des Lebens verliehen, (iw) ḏd.w-n=f/=s-Formeln ersetzen auf Privatstelen der 13. Dyn. die ältere

den Beruf der Person und Spalte 4 das Geschlecht. Ein sitzender Mann (A1) bedeutet entsprechend ♂, eine sitzende Frau (D1) ♀. Kinder kommen auch einige vor, auch diese werden nach Geschlecht differenziert. So erscheint ein hockender Mann unter dem abgekürzten Determinativ für *msi* – „gebären" für einen Knaben, eine hockende Frau unter diesem Zeichen für ein Mädchen.

Zusätzlich ist aber unbedingt zu erwähnen, und das macht die gesamte Urkunde nicht zuletzt so besonders interessant, dass sich vor mindestens 45 Einträgen der Vermerk ꜥ₃mw / ꜥ₃m.t – „Asiat(in)" findet. Konkret bedeutet dies, es handelt sich um Arbeiter und Handwerker aus dem levantinischen oder nordwestsemitischen Raum, die in ägyptischen Diensten standen. Ihre Berufe sind zumeist solche, die größeres Geschick erfordern als die der gebürtigen Ägypter(innen). Das spricht entweder für ihren Status als eine Art Gastarbeiter mit besonderen Qualifikationen oder sie wurden eben wegen dieser Fähigkeiten unfreiwillig ins Land geholt, z.B. durch Rhazzien.

Abb. 47: Hieratisch auf pBrooklyn: Nameneintrag auf Vs. 28: „Dienerin Wewis Tochter Jret. Das ist ihr Name"[111]

Nun aber noch ein paar Notizen zum hieratischen Duktus bzw. genauer gesagt den individuellen Duktūs. HAYES beobachtet hier sehr fein und bemerkt mindestens zwei verschiedene Hände bei der Beschriftung der Kolumnen a-d und nennt sie Schreiber X und Schreiber Y. Schreiber X praktiziert einen sorgfältigeren, feingliederigeren und eckigeren Stil als Schreiber Y. Dieser habe nach HAYES die Kolumnen a-c von Z. 1-24 auf dem Recto geschrieben, während die letzte oder Kol. d von Y angelegt worden sei. Letzterer schreibt fetter, runder und weniger detailliert und verwendet andere Ligaturen etc.[112]

---

Form *rn=f/=s-nfr*-„sein/ihr Schöner Name"; bezeichnet nicht selten einen Spitznamen und stammt aus der Phraseologie der Ächtungstexte.
[111] W.C. HAYES, *op. cit.*, Pl. IX. Zum Vermerk *rn=f/=s-pw* zur Bezeichnung des vorangehenden als des einzigen Namens, den die jeweilige Person trägt, s. W.C. HAYES, *op. cit.*, 103.
[112] *Op. cit.*, 10.

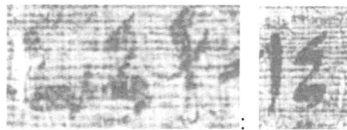

Abb. 48: Ligaturen: /r/-/t/ in PN ꞽr.t : /r/-/n/ in rn=s

Als kleine Kostprobe für die bisweilen extreme Kursive und damit auch die Gefahr der Verwechselbarkeit von Zeichen und besonders Ligaturen miteinander seien hier zwei Beispiele angeführt. Man vergleiche die Ligaturen der Grapheme *r* + *t* und *r* + *n* in dem PN ꞽry.t und in dem Wort *rn* – „Name". Auf separierten Kleinstfragmenten sind solche Ligaturen unmöglich auseinander zu dividieren, dazu braucht es Ko-Text.

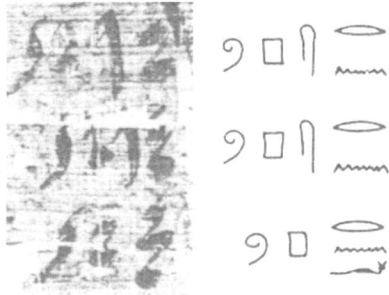

Abb. 49: rn=s :rn=f auf Verso 2-4[113]

Oder schauen wir erneut auf die Ligaturierung von *rn* – „Name" in seiner femininen und seiner maskulinen Referenzierung. Während das Stoff-*s* ∩ nicht mit der Ligatur *rn* verknüpfbar ist, funktioniert dies bei der *f*-Schlange sehr wohl. Das Verfahren führt dann allerdings dazu, dass diese Schlange und damit ein äußerst geläufiges Graphem einen „Schlenker" nach unten rechts vollzieht, was es sonst allenfalls am äußersten Ende von Zeilen tut, aber nicht mittendrin. Die Ligatur für sich genommen und ohne jeden Ko-Text könnte mit gleichem Recht auch *\*mt / rnt* oder *rn* mit sitzendem Mann darunter gelesen werden.

HAYES bemerkt eine paläographische und bezüglich der Ortsnamen große Nähe zum Onomastikon aus dem Ramesseumsgrab der 13. Dyn.[114] sowie zu Pap. Boulaq XVIII. Von letzterer Quelle kann hier leider kein Photo präsentiert werden, da der Papyrus bislang nur in einem Faksimile von MARIETTE (1821-1881)

---

[113] W.C. HAYES, *op. cit.*, Pl. VIII.
[114] S.u. Kap. 14, Ende.

aus dem Jahre 1872 vorliegt.[115] Diese aus zwei Handschriften unterschiedlicher Datierung und Duktūs bestehende Akte enthält ein sog. Rechnungstagebuch des Hofes von Medamud, ca. 8 km nö. von Luxor.[116] Die Urkunde stammt aus dem thebanischen Privatgrab eines Neferhotep, seines Zeichens „Schreiber des Großen Arbeitslagers" (zẖ3.w n ḥnrt wr).[117] Er wird damit auch solche Register wie die auf dem Brooklyner Papyrus nicht nur gekannt, sondern auch eigenhändig angelegt haben. In Pap. Boulaq XVIII listen er und ein 2. Schreiber u.a. diejenigen Lebensmittelrationen auf, die anlässlich eines Besuches des königlichen Hofstaates in Medamud an Verwandte, Bedienstete und Gäste, inkl. nubische Delegationen, ausgeteilt werden. Die beiden Handschriften des Pap. Boulaq XVIII gehören zur Kategorie „Tagebuch" (hrwy.t) und datieren in die frühe 13. Dyn., zumindest die größere der beiden.[118]

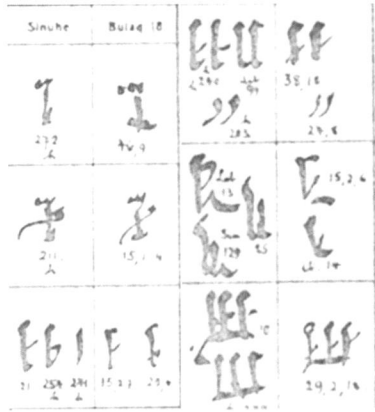

Abb. 50: Probe aus Boulaq XVIII über MÖLLER *HP I*

Hier nur ein kleiner Ausschnitt aus dem paläographischen Spektrum von Pap. Boulaq XVIII, im Vergleich zu Berliner Handschriften von Sinuhe (P. 3022) und dem Lebensmüden (P. 3024; dazu Kap. 13). Insgesamt pflegen die beiden

---

[115] M.L. BIERBRIER (Hg.), *Who Was Who in Egyptology* (2012), 355-357; A. MARIETTE, *Les papyrus égyptiens du Musée de Boulaq* (1872), pl. XIV-LIV.
[116] Die wichtigste Bibl. bei C. EYRE, *The Use of Documents in Pharaonic Egypt* (2013), 317 mit Anm. 345.
[117] Zu diesem Titel jetzt S. QUIRKE, *Titles and bureaux of Egypt 1850-1700 BC* (2004), 95; G. MINIACI – id., „Reconceiving the Tomb in the Late Middle Kingdom. The Burial of the Accountant of the Main Enclosure Neferhotep at Dra Abu el-Naga, in: *BIFAO* 109 (2009), 339-383; W. GRAJETZKI, *Die höchsten Beamten der ägyptischen Zentralverwaltung zur Zeit des Mittleren Reiches* (2000), *pass.*
[118] S. QUIRKE, *The Administration of Egypt in the Late Middle Kingdom. The Hieratic Documents* (1990), 13.

Aktenschreiber des Boulaq-Papyrus erwartungsgemäß eine erheblich stärker ausgeprägte Kursive, die stellenweise bis zur Unleserlichkeit verkürzt ist.[119]

Die in Bd. 1 von MÖLLERs *Hieratische(r) Paläographie* auf Pap. Boulaq XVIII folgenden Spalten haben noch das mathematische Handbuch des Pap. Rhind im Britischen Museum (EA 10057) und den Pap. Westcar (Berlin P. 3033) als Leitfossil. Dazu kommen abschließend die von ERMAN so betitelten *Hymnen an das Diadem der Pharaonen*[120] auf Pap. Goleniščev und der Leipziger Pap. Ebers. Von diesen Handschriften stammt die auf Pap. Goleniščev aus Tebtynis[121] im Fayum, die drei anderen aus Theben, wenn auch dort nicht genauer lokalisierbar. Pap. Goleniščev ist leider bis heute nicht in Photographie und/oder Faksimile publiziert und die bei MÖLLER zu findenden Schriftproben verdankt er einer kurzfristigen Einsichtnahme in das Original durch ERMAN. Dieser durfte den Papyrus dank des Entgegenkommens seines damaligen Besitzers Wladimir GOLENIŠČEV[122] im Winter 1907 im Original studieren.

---

[119] S. QUIRKE, *Administration*, 12 mit Anm. 10. S.a. seine paläographischen Bemerkungen zum sog. „smaller manuscript" auf Pap. Boulaq XVIII insgesamt auf S. 196: „The hand already displays a fondness for flourishes and sweeping curves, lending the document a later appearance than the larger manuscript of P. Boulaq 18. The unfamiliar ligatures obstruct attempts to understand the text, but there current formulae can be read with some confidence." Wiederholungen der gleichen Phrasen und Formeln können also *à la longue* bei der Entzifferung eines derart kursiven Dokumentes behilflich sein.
[120] Mit dem Zusatz *aus einem Papyrus der Sammlung Golenischeff* (1911). Diese Arbeit ist übrigens auch deswegen von einem wissenschaftsgeschichtlichen Gewicht, als sie eine der allerersten Untersuchungen zur altägyptischen Metrik vornimmt, *op. cit.*, 15-22. – Zum Ritualcharakter dieser Hymnen s. jetzt B. RUSSO, „Un rituel matinal dans la tombe du Moyen Empire", in: *RdÉ* 55 (2004), 113-123; I. GUERMEUR, „Les nouveaux papyrus hiératiques exhumés sur le site de Tebtynis: unaperçu", in: S. LIPPERT - M. SCHENTULEIT (Hgg.), *Graeco-Roman Fayum - Texts and Archaeology* (2008), 113-122; dort: 120f. (zur Herkunft aus Tebtynis), adressiert an den Gott Sobek.
[121] Nicht Krokodilopolis, wie ERMAN noch annahm.
[122] M.L. BIERBRIER (Hg.), *Who Was Who in Egyptology* (2012), 216. S.a. sein Werk *Le conte du Naufragé* (1912).

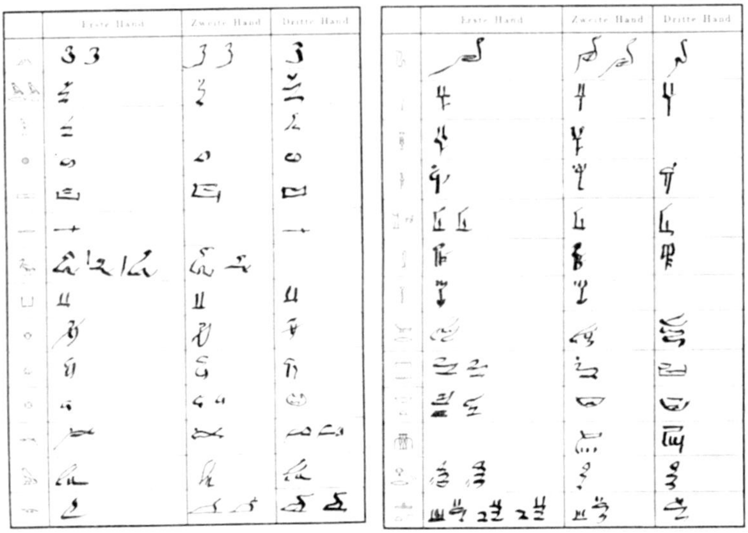

Abb. 51: ERMAN, *Hymnen an das Diadem*: Zeichenliste[123]

ERMAN bietet eine zweiseitige paläographische Liste ausgewählter Zeichen und Ligaturen, die er drei verschiedenen Schreibern zuweisen möchte, dies unter Verweis auf 1. Band von MÖLLERs zwei Jahre zuvor erschienener Paläographie. Diese drei Schreiber haben nach ihm jeweils 6, 7 und 5 Kolumnen beschriftet. Zwei Stellen weisen Korrekturen in roter Tinte auf (5.3 und 13.2).[124] Sein Format ist ein recht handliches von nur 7.1 cm Höhe, bei einer Länge allerdings von 5.72 m.

---

[123] A. ERMAN, *op. cit.*, 4-5.
[124] Am absoluten Ende der Recto-Seite, nach ca. 1 m leer belassenem Papyrus, findet sich noch eine Liste von 57 Personennamen, die C. RILLY – A. DE VOOGT, *The Meroitic Language and Writing System* (2011), 5f., als proto-meroïtisch bestimmen möchte; s. A. ERMAN, *op. cit.*, 55f.

## 13. Lehre und Erzählung
Pap. Prisse und Pap. Eremitage 1115 als bislang älteste literarische Handschriften

Wir müssen uns bis zum handschriftlich bzw. paläographisch datierbaren Auf-tauchen fiktionaler Texte also bis zur frühen 12. Dyn. gedulden, wenn erstmalig Manuskripte bzw. Kompositionen unzweideutig literarischen Anspruchs und Charakters greifbar werden. Anstelle sich einer unpräzisen Begrifflichkeit zu bedienen und von „literarischem Charakter" zu reden, sollten wir die Dinge gleich so beim Namen nennen, wie sie sich inzwischen in der Ägyptologie ein-gebürgert bzw. etabliert haben. Die Ägyptische Literaturgeschichte tritt in ihrer frühesten Ausprägung in verschrifteter Form *erzählerisch, belehrend* und *(be)klagend* in Erscheinung. Die ägyptologische Literaturwissenschaft spricht demzufolge von *Erzählungen, Lehren* und *Klagen* resp. *Dialogen.*

### I.    Papyrus Prisse – Lehren des Ptahhotep und für Kagemni

Von diesen drei Großgattungen eröffnen zwei Lehren und eine Erzählung den Reigen. Gemeint sind die Lehren – wahrscheinlich eines Wesirs – an seinen „Sohn" *Kagemni*, sowie die eines weiteren Wesirs namens *Ptahhotep* an den seinen.[1] Von der ersten Lehre ist nur ein geringer Teil ihres Schlusskapitels erhalten, diejenige des Ptahhotep hingegen in voller, u.z. erheblicher, Länge. Niedergeschrieben sind beide Texte auf eine heute noch ca. 7 m lange Papyrus-rolle, die sich in der Bibliothèque Nationale von Paris befindet und unter dem Namen ihres Erstbesitzers und –herausgebers PRISSE D'AVENNES (1807-1879)[2] kurzerhand Pap. Prisse[3] läuft. Die Handschrift rangiert gewöhnlich unter der kodikologischen Bezeichnung „Palimpsest", womit eine abgeriebene und min-destens zweifach beschriftete Handschrift gemeint ist, deren Ersttext also ge-löscht wurde. Die heute lesbaren Texte *Kagemni* und *Ptahhotep* auf ihrer Recto-Seite[4] überdecken angeblich eine mehr oder minder gelungene Ausra-dierung eines oder mehrerer Vorgängertexte. Das trifft aber nach genauerer

---

[1] S. G. BURKARD – H.J. THISSEN, *Einführung I,* 83-85 (Kagemni) und 85-98 (Ptahhotep) resp.; s. jetzt a. J.P. ALLENs Anthologie *Middle Egyptian Literature. Eight Literary Works of the Middle Kingdom* (2015), 161-227 (Kagemni und Ptahhotep).

[2] M.L BIERBREIER (Hg.), *Who Was Who in Egyptology* (2012), 445f.

[3] Inv.-Nr. BNF 186-194.

[4] Das Verso ist unbeschriftet. A.S. V. BOMHARD, „Le conte du Naufragé et le papyrus Prisse", in: *Rd'É* 50 (1999), 51-65; dort: 56 Anm. 24, merkt an, dass Pap. Prisse schon im 19. Jh. auf

Analyse durch CAMINOS überhaupt nicht zu. Denn nur zwischen dem Ende der Lehre für Kagemni und dem Beginn derjenigen des Ptahhotep finden sich über eine Distanz von 1,37 m Spuren eines ausgeriebenen älteren Textes, nicht aber unterhalb der Textschichten dieser Lehren selbst.[5] Ob aber auch diese(r) getilgte Text seinerseits literarischer Natur war, bleibt müßige Spekulation.

Es muss aber in diesem Zusammenhang auch die Frage nach der ältesten literarischen Handschrift in Hieratisch insgesamt gestellt werden. Ist das der Pap. Prisse oder seine Teildublette, der im British Museum aufbewahrte Pap. BM EA 10371 + 10435 (L1). Für diesen Ansatz plädiert nämlich HAGEN[6], damit älteren Vorschlägen wie denen eines Kenners des sog. Mittelhieratischen, DÉVAUD (1878-1929),[7] folgend. Auch die Hs L1 ist ein Palimpsest mit deutlichen Spuren eines zuvor administrativen Textes innerhalb von horizontalen Hilfslinien, die nur unvollständig ausradiert wurden, bevor die Lehre des Ptahhotep darauf fixiert wurde. Pap. Prisse datiert HAGEN erst in die spätere 12. Dyn., was hier aus paläographischen und Layout-Beobachtungen zumindest in Frage gestellt sei.

In gleichem Atemzug mit der Handschrift des Pap. Prisse muss sogleich ein weiteres literarisches Manuskript genannt werden, dessen Text zudem im akademischen Anfängerunterricht zum Mittelägyptischen nach wie vor eine zentrale Rolle spielt. Gemeint ist die *Geschichte des Schiffbrüchigen*. Erhalten ist dieser Text in voller Länge bislang einmalig auf dem Pap. Eremitage 1115 in St. Petersburg.[8]

---

eine Unterlage geklebt worden sei, was eine Beschriftung der Verso-Seite – hoffentlich – ausschließt.

[5] R.A. CAMINOS, „Some Comments on the Reuse of Papyrus", in: M.L. BIERBRIER (ed.), *Papyrus: Structure and Usage* (1986), 43-61; dort: 44f. – Eingehend autopsiert und die Palimpsestspuren faksimiliert bei F. HAGEN, *An Ancient Egyptian Literary Text in Context. The Instruction of Ptahhotep* (2012), 138 Fig. 5.

[6] *Op. cit.*, 134.

[7] M.L BIERBREIER (Hg.), *Who Was Who in Egyptology* (2012), 152f. – DÉVAUD verdanken wir die beste synoptische Ausgabe in hieroglyphischer Transkription der 1916 verfügbaren Ptahhotep-Versionen, s. sein Werk *Les Maximes de Ptahhotep d'après le papyrus Prisse, les papyrus 10371/10435 et 10509 du British Museum et la tablette Carnarvon* (1916).

[8] S. G. BURKARD – H.J. THISSEN, *Einführung I*, 141-148. S. jetzt a. die didaktisch aufbereitete Ausgabe in J.P. ALLENs Anthologie *Middle Egyptian Literature* (2015), 9-53. Das einzige Desiderat in diesem Band sind Abbildungen der Originalquellen, die dem Leser einen Eindruck von ihrer Materialität und ihrem Layout vergegenwärtigt hätten.

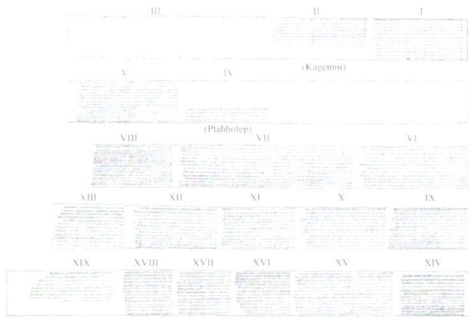

Abb. 1: Layout von Pap. Prisse[9]

Doch zunächst zurück zu Ptahhotep und der Haupthandschrift des Pap. Prisse. Sein Layout ist eine recht unregelmäßiges hinsichtlich seines Seiten- oder Kolumnenspiegels. Die Textmenge pro Kolumne ist alles andere als ausgewogen, der Zeilenabstand bisweilen extrem gedrängt, die Zeichenanordnung nicht selten dergestalt, dass keine imaginären Schriftquadrate gefüllt werden, sondern hieratische Zeichen geradezu linear aufeinander folgend notiert werden. Das alles spricht für ein recht hohes Alter dieses Manuskriptes innerhalb des MR, genauer gesagt der 12. Dynastie.

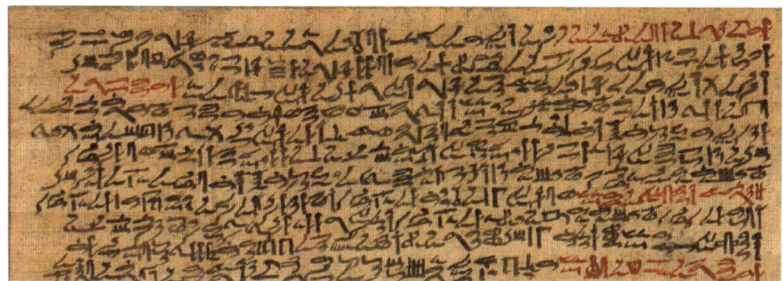

Abb. 2: Pap. BNF 187 = Lehre des Ptahhotep Kol. 6.1-7.3[10]

Trotz der klaren Genreunterschiede zwischen der Lehre des Ptahhotep einerseits und der anonymen Erzählung des Schiffbrüchigen andererseits sollten wir diese beiden Werke unter dem Aspekt ihrer Paläographie nicht losgelöst von-

[9] F. HAGEN, *An Ancient Egyptian Literary Text in Context. The Instruction of Ptahhotep* (2012), 135 Fig. 4.
[10] Aus dem Ausstellungskatalog *Savoir et Pouvoir à l'Époque de Ramsès II. Khaemouaset Le Prince Archéologue* (2016), 175. S. die Beschreibung und Übersetzung der abgebildeten Passagen durch MATHIEU auf den Seiten 173-177.

einander betrachten. Im Gegenteil, nach ersten Beobachtungen durch GO-
LENIŠČEV (1856-1947) und MÖLLER[11] hat im Jahre 1999 VON BOMHARD Pap.
Prisse und Pap. Eremitage 1115 einem detaillierten Schriftvergleich unterzo-
gen.[12] Dabei konnte sie eine stattliche Anzahl von einander extrem ähnlichen
Zeichenformen und Ligaturen ermitteln, die auf die Hand ein und desselben
Schreibers hindeuten.

Einige der Hauptmerkmale in Duktus und Layout beider Handschriften sind die
folgenden. Während die Lehre des Ptahhotep durchgehend horizontal geschrieben ist mit zwischen 11 und 14 wechselnder Anzahl von Zeilen/Kolumne,

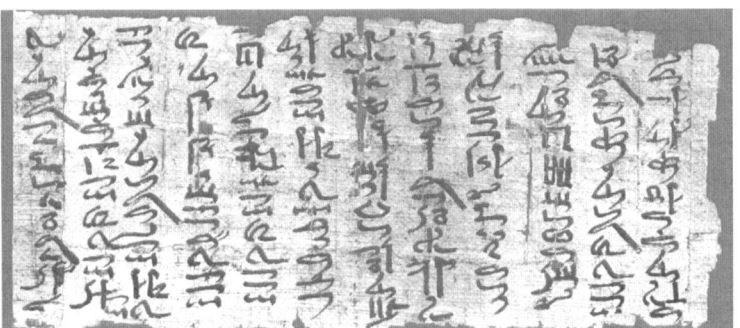

Chr. Kap. 11

Abb. 3: Pap. Eremitage 1115, Z. 1-12[13]

wechselt der Schreiber auf der Handschrift Eremitage 1115 sein Layout nach
anfänglich 123 senkrechten Zeilen

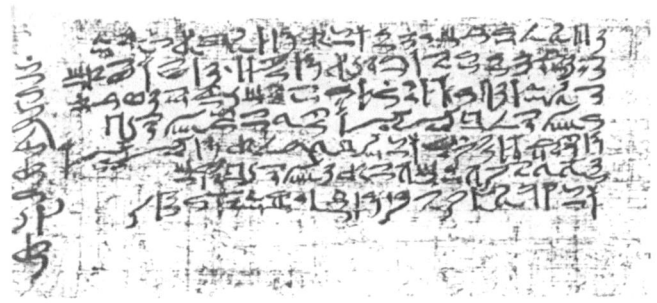

Abb. 4: Pap. Eremitage 1115, Z. 170-176 und 177[14]

---

[11] *Hieratische Paläographie I*, Kolumne Prisse, sowie in dem von GRAPOW 1936 hg. Zu-
satzband zu MÖLLERs *Hieratische Paläographie* auf den S. 3 und 4.
[12] *Loc. cit.*, 51-65.
[13] Abb. aus: *Stimmen vom Nil. Altägypten im Spiegel seiner Texte* (2002), 29 Nr. 19.
[14] W. GOLENIŠČEV, *Les papyrus hiératiques No. 1115, 1116 A et 1116 B de l'Ermitage
impériale à St. Petersbourg.* 1913.

in die Waagerechte bei dann durchschnittlich 9 Zeilen/Kolumne bis Z. 176, um dann in Z. 177 wieder in die Vertikale überzugehen, und dies bis zum Ende in Z. 189, inkl. des Kolophon in den Zeilen 186-189.

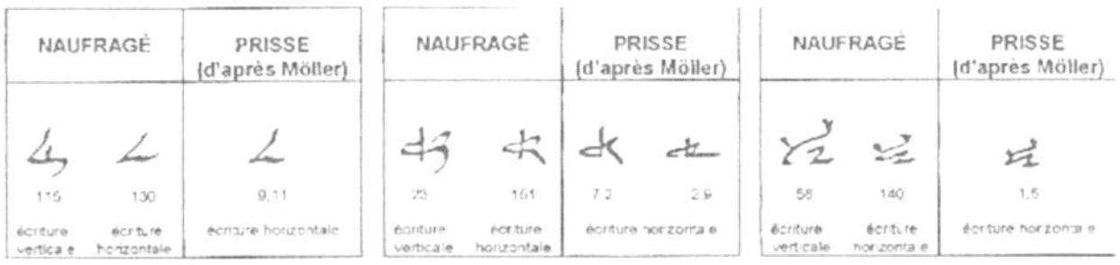

| NAUFRAGE | PRISSE (d'après Möller) | | NAUFRAGE | PRISSE (d'après Möller) | | NAUFRAGE | PRISSE (d'apres Möller) |
|---|---|---|---|---|---|---|---|

Abb. 5: Tab. S. 52 Auszug aus Schriftvergleich bei v. Bomhard[15]

Die Zeichenhöhe ist dabei abhängig von der Schriftrichtung, denn in der Vertikalen erreichen die Zeichen und Ligaturen eine geringfügig größere Höhe als in der Horizontalen, in der sie gedrungener ausfallen. Bei der Kopie des Ptahhotep-Textes sind zudem eine ganze Reihe linear hintereinander geschriebener Einkonsonantenzeichen zu beobachten, ein Merkmal, das spätestens nach dem Ende der 12. Dyn. vollkommen untypisch bzw. ungebräuchlich im Hieratischen wird:

Abb. 6: Linearität von Einkonsonantenzeichen in Pap. Prisse[16] S. 55

Man hat stark den Eindruck, dass beim Layout dieser Handschrift noch experimentiert und dabei so mancher sog. *horror vacui* oberhalb der zumeist niedrigen Einzelzeichen in Kauf genommen wurde. BURKARD konnte zudem sehr wahrscheinlich machen, dass dieser Text von einer noch vertikal geschriebenen Vorlage bei der Kopie in die Horizontale transponiert wurde, was so manchen Kopierfehler erklären würde.[17]

---

[15] *Loc. cit.*, Tab. S. 52.

[16] A.S. VON BOMHARD, *loc. cit.*, 55

[17] *Textkritische Untersuchungen zu Weisheitslehren des Alten und Mittleren Reiches* (1977), 68. Die andere Ptahhotep-Handschrift Pap. BM EA 10371 + 10435 (L1) gehört zwar sicher auch noch in die 12. Dyn., ist aber m.E. wegen ihres Duktus und trotz(!) ihrer senkrechten Kolumnen später als der Pap. Prisse und wird hier nicht eigens behandelt.

Abb. 7: Palimpsestspuren auf Pap. Prisse oberhalb von Ptahhotep Kol. 1[18]

Diese Abbildung bei HAGEN ist die m.W. bislang beste in der Ptahhotep-Sekundärliteratur, weil sie die Palimpsestspuren um den Anfang der Lehre herum deutlich erkennen lässt.

HAGEN hat die oberhalb des Anfangs von Ptahhotep auf Pap. Prisse noch erkennbaren Spuren des Vorgängertextes zusätzlich faksimiliert. Er kommt zu dem Schluss, dass diese Spuren auf einen früheren, gleichfalls literarischen Text hindeuten.[19]

Unterm Strich kongruieren diese Pap. Prisse- und Eremitage 1115 Handschriften von Ptahhotep und dem Schiffbrüchigen ganz besonders eklatant in ihren horizontalen Zeilen und dürften deshalb aus ein und derselben Binse stammen, in jedem Falle aus ein und derselben Schreiber- bzw. Schrifttradition.[20]

Gegenwärtig rangieren diese beiden Handschriften in Paris und St. Petersburg für manche Ägyptologen als die ältesten literarischen Papyri Ägyptens insgesamt und werden an den Anfang der 12. Dyn. gesetzt.[21] Dafür spricht auch das-

---

[18] F. HAGEN, *op. cit.*, 138 Fig. 5.
[19] *Op. cit.*, 137f.
[20] A.S. VON BOMHARD, *loc. cit.*, 53. Der Pap. Prisse ist ca. 1843 in Theben-West erworben worden und dürfte wegen seines bemerkenswert guten Erhaltungszustandes aus einem der dortigen, möglicherweise gar ungestörten Gräber stammen; zur Entdeckungs- und weiteren Erwerbungsgeschichte dieses für die altägyptische Literatur- wie Schriftgeschichte so eminenten Manuskriptes s. M. DEWACHTER, „Nouvelles informations relatives à l'exploration de la nécropole royale de Drah Aboul Naggah", in: *Rd'É* 36 (1985), 43-66. Über den Fundort von Pap. Eremitage 1115 ist noch weniger bekannt.
[21] Vgl. G. BURKARD – H.J. THISSEN, *op. cit.*, zu den jeweiligen Texten. – Sollte der Titel *šms.w* im Schiffbrüchigen tatsächlich mit dem volleren Titel *šms.w n-ḥḳꜣ* – „Leibwächter des Herrschers" zu korrelieren sein, dann wäre die Erzählung allerdings nicht vor Sesostris III. komponiert worden, ab welcher Herrschaft es diesen Titel nämlich erst gibt; s. S. QUIRKE, *Titles and bureaux of Egypt 1850-1700 BC* (2004), 104, mit Verw. auf O. BERLEVs einschlägige Arbeiten. S.a. den in Anm. 24 zit. Aufsatz von S. HODJASH und O. BERLEV.

zwischen der Vertikalen und Horizontalen noch schwankende Layout des Textes auf dem Eremitage-Papyrus, denn erst im Verlaufe der 12. Dyn. erfolgt der weitgehend endgültige Übergang von ersterer in letztere und wird dann nach der 12. Dyn. zum Standardlayout bei literarischen Werken. Dokumentarische Texte machen aus sachlichen Gründen durchaus weiterhin noch regen Gebrauch von der Vertikalen, wenn dies der Übersicht des Notierten und graphischen Scheidung einander ergänzender Textteile dient.

Inhaltlich ist zu den beiden Werken auf Pap. Prisse wie auf Pap. Eremitage zu bemerken, dass die Lehren einen engen Rückbezug zu Namengebung und Gepflogenheiten bei Hofe zu signalisieren versuchen. Kagemni als Adressat der ersten und nur in Gestalt der zwei finalen Kolumnen erhaltenen Lehre trägt einen Namen, der ihn mit einem im späten AR und in der 1. Zwzt. vergöttlichten Repräsentanten gleichen Namens verbinden könnte.[22]

Das Gleiche gilt für Ptahhotep, unter welchem Namen wir fünf Wesire der gleichen Zeitspanne des späten AR zählen. Zudem ist einer der Herren namens Ptahhotep posthum als der „Große; Ältere" göttlich verehrt worden, was die Zuschreibung der Lehre an eben diese Person sehr wahrscheinlich macht.[23] M.a.W., die beiden Lehren situieren sich gewiss nicht zufällig in dieses (kultur)historische Ambiente und die Paläographie ihrer Kopien mag gewollt altertümlich wirken, um das Label „archaisch" zu vermeiden, weil hier schlichtweg unangemessen.[24]

---

[22] Nachweise bei P. VERNUS, *Les sagesses de l'Égypte pharaonique* (2ème éd., révisée et augmentée, 2011), 89f.

[23] Nachweise bei P. VERNUS, *op. cit.*, 106f.

[24] Anders als VERNUS rechne ich mit einer Niederschrift von Pap. Prisse spätestens in der frühen, nicht in der späten, 12. Dyn., und sekundiere damit den minutiösen Beobachtungen von S. HODJASH – O. BERLEV, „An Early Dynasty XII Offering Service from Meir (Moscow and London)", in: *Essays in honour of Prof. Dr. Jadwiga Lipińska* (1997), 283-290; dort: 287 mit Anm. 25.

**II. Die sog. „Berlin Library" – Sinuhe, Beredter Bauer, Lebensmüder und Hirtengeschichte**

Selbst wenn die beiden vorangehend besprochenen Werke nicht aus einem einzigen archäologischen Kontext stammen sollten, haben die an ihnen exerzierten paläographischen Studien klare Indizien dafür erbracht, dass sie eine Art Konvolut „aus der Feder" alias „Binse" eines und desselben Schreibers entsprungen sein könnten, der im Kolophon am Ende des Schiffbrüchigen mit seinem Namen signiert: *Imn.y z3 Imnw-ʿ3* – „Amenys Sohn Amen-aʿa".

Im Unterschied zur völlig unbekannten Herkunft der Papyri Prisse und Eremitage 1115 gibt es bei der sog. „Berlin Library" immerhin eine gewisse Anzahl von Indizien, die auf den ungefähren Fundort dieser Handschriften als eines in sich geschlossenen Konvolutes hindeuten. So spricht einiges dafür, dass mit ihr eine in einem Privatgrab der 12. Dyn. deponierte Literatur-Bibliothek vorliegt, die ein Priester oder Beamter bewusst mit ins Jenseits genommen hat. Es ist damit die erste Bibliothek dieser Art, der diejenige aus einem anonymen Grab unterhalb des Ramesseums an die Seite gestellt werden kann. Diese werden wir im Anschluss an die „Berlin Library" vorstellen.

Zunächst aber zu dem von PARKINSON ausführlich rekonstruierten und porträtierten Quartett von Papyri mit Versionen der Sinuhe- und Bauer-Erzählung, den Klagen des Lebensmüden und der nur fragmentiert erhaltenen Hirtengeschichte.[25] Diese bilden die in der Berliner Papyrussammlung aufbewahrten Papyri P. 3022-5.[26] PARKINSON hat minutiös den möglichen Fundort im Asasif, entlang des Aufweges zum Bezirk von Mentuhotep II, rekonstruiert.

In der sog. Nekropole 700 und der südlich von diesem Aufweg gelegenen Nekropole 300 fanden sich schon im frühen 19. Jh. eine Reihe von MR-Gräbern mit für die späte 12. Dyn. typischen Beigaben. Nach Erwerb durch den griechischen Antikenjäger D'ATHANASI (1798-1854),[27] der im Auftrag des britischen

---

[25] Entscheidend neues Textmaterial zum Anfang vom Lebensmüden und zu seinem literarischen Konnex mit der Hirtengeschichte hat jüngst ESCOLANO-POVEDA entdeckt und unter dem Titel „New Fragments of Papyrus Berlin 3024", in: *ZÄS* 144 (2017), publiziert.
[26] Erst kürzlich komplett neu photographiert und in Schwarzweiß-Abbildungen wie auch in farbigen Lichtbildern auf einer CD-ROM von PARKINSON und BAYLIS vorgelegt; s. iid., *Four 12th Dynasty Literary Papyri (Pap. Berlin P. 3022-5): A Photographic Record* (2012); zur möglichen Provenienz, den Spezifika dieser vier Handschriften und diversen Kopierfehlern ihrer möglichen Schreiber s. R.B. PARKINSON, *Reading Ancient Egyptian Poetry. Among Other Histories* (2009), Kap. 4.
[27] M.L. BIERBREIER (Hg.), *Who Was Who in Egyptology* (2012), 28.

Proconsuls SALT (1780-1827)[28] aktiv war, gelangten die Papyri 1837 bei Sotheby's zur Auktion in der Hoffnung, das British Museum würde sie ankaufen. Das erwies sich als Trugschluss und so gelangten sie 1842 für einen Spottpreis durch Vermittlung von LEPSIUS ins Berliner Ägyptische Museum.[29]

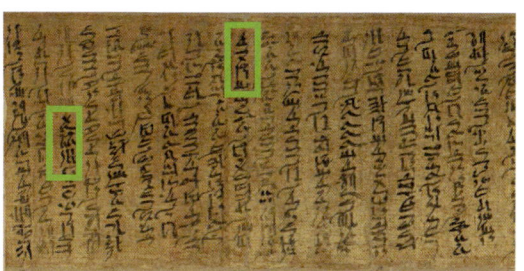

Chr. Kap. 12

Abb. 8: *Re-dippings* in der Sinuhe-Erzählung (Pap. Berlin P. 3022, Z. 51-6)[30]

Hier eine Kostprobe aus der Berliner Sinuhe-Hs P. 3022, die sehr deutlich einige Positionen veranschaulicht, an denen der Kopist seine Binse in frische Tinte getaucht hat. Dieses *re-dipping* praktizieren besonders aufmerksam kopierende Schreiber an Strukturstellen ihrer Texte, nämlich dort, wo neue Verse, Verspaare oder ganze Abschnitte einsetzen. Nicht selten kongruieren derartige *re-dippings* mit metrischen Einheiten entsprechend der Rekonstruktion der altägyptischen Metrik durch FECHT (1922-2006).[31]

---

[28] M.L. BIERBREIER (Hg.), *Who Was Who in Egyptology* (2012), 484f.
[29] LEPSIUS war auch der erste, der sie publizieren sollte, u.z. als sorgfältig angefertigte Faksimiles in seinem monumentalen Werk *Denkmäler aus Ägypten und Nubien*, Abth. VI Bd. XII, Taf. 104-14 (Berlin 1849-1858).
[30] R.B. PARKINSON, *Reading Ancient Egyptian Poetry* (2009), 91 Fig. 4.8. Der Bildausschnitt bietet tatsächlich erheblich mehr solcher neuen Tintenfüllungen! – S.a. J.P. ALLEN, *op. cit.*, 55-154.
[31] M.L BIERBREIER (Hg.), *Who Was Who in Egyptology* (2012), 188. Aus seinen zahlreichen einschlägigen Publikationen sei hier stellvertretend auf den Aufsatz „The Structural Principle of Ancient Egyptian Elevated Language", in: J.C. DE MOOR – W.G.E. WATSON (Hgg.), *Verse in Ancient Near Eastern Prose* (1993), 69-94, verwiesen, der zugleich den letzten aus der Feder FECHTS zu diesem Thema bildet.

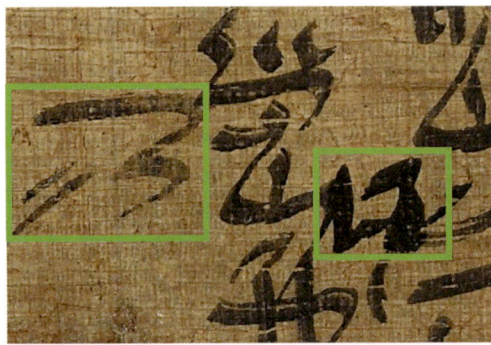

Abb. 9: Nachträge & Fehler in Sinuhe (Pap. Berlin P. 3022, Z. 175f.)[32]

Nachträge und Fehler sind in der Berliner Sinuhe-Hs durchaus keine Seltenheit und zeigen bisweilen auch unterschiedliche Binsenfüllungen wie neben den Zeilen 175 (frisch) und 176 (schwindend).

Grundsätzlich ist zu bemerken, dass die Schriftrichtung und damit das Layout auch auf diesen vier Berliner Handschriften noch schwankt, zwischen der älteren vertikalen und der jüngeren und sich allmählich durchsetzenden horizontalen Schriftrichtung. Neben den gemischt vertikal–horizontal kopierten Texten des Sinuhe und Bauern (Hs B1) hat der Kopist des Lebensmüden, der Hirtengeschichte sowie der Hs B2 des Bauern diese durchgehend vertikal niedergeschrieben. Besonders markante Passagen wie z.B. das briefliche Dekret von Sesostris' I. an Sinuhe wird in horizontaler Ausrichtung geschrieben, nachdem der vorangehende Text vertikal notiert ist, ebenso der dem Dekret nachfolgende. Die verwendete Tinte ist überwiegend schwarz, und rot wird nur für Rubren oder Kapitelanfänge verwendet.

PARKINSON kann zwei Schreiberhände in dieser „Bibliothek" unterscheiden. So hat nach ihm Schreiber Nr. 1 den Sinuhe und die Hs B1 vom Bauern angefertigt und war nach ihm auch identisch mit dem Grabbesitzer. Die Kopien des Lebensmüden, der Hirtengeschichte und von der Hs B2 des Bauern habe dieser Beamte oder Priester von einem Kollegen erworben. Zahlreiche Beobachtungen am Detail wie z.B. das erneute Eintauchen der Binse, die Art des Schreibflusses (ob hastig oder sorgfältig und langsamer), die Formung der Zeichen (ob runder oder eckiger) führen ihn zu dieser Analyse.

Schauen wir uns dazu einige Beispiele etwas genauer an.

---

[32] R.B. PARKINSON – L. BAYLIS, *op. cit.*; s. die dem Band beigefügte CD-ROM.

Abb. 10: Getilgte Hilfslinien des Vorgängerlayouts für Akten
(Bauer B1 298 und 305-315)[33]

Zwischen Bauer B1 Z. 304 und 305 sowie zwischen Z. 305 und 315 sind deutlich die Reste von ausradiertem älterem Text und schwarz gezogenen Hilfslinien zu erkennen, die von dem früheren Layout des Blattes bzw. der Rolle stammen und die nur unzureichend gelöscht sind.

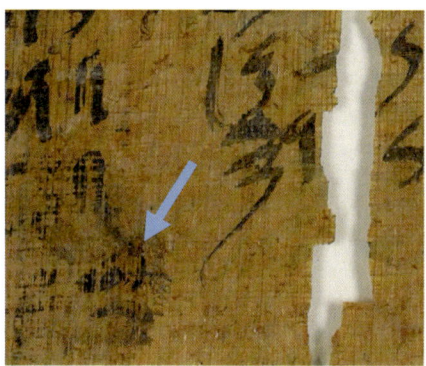

Abb. 11: Radierung re. unterhalb B1.304[34]

Und rechts unterhalb Z. 304 der gleichen Handschrift findet sich eine gleichfalls unvollständige Rasur früheren Textes.

---

[33] R.B. PARKINSON – L. BAYLIS, *op. cit.*, CD_ROM Abb. 19 P. 3023 D-E vso= Peasant B 1 305-315, obere rechte Ecke; s.a. R.B. PARKINSON, *Reading Ancient Egyptian Poetry*, 105 Fig. 4.12.

[34] R.B. PARKINSON – L. BAYLIS, *op. cit.*, CD_ROM Abb. 18 P. 3023 D vso (2) = Peasant B 1 297-304, untere rechte Ecke.

Insgesamt betrachtet zeichnen sich sämtliche Handschriften der sog. „Berlin Library" dadurch aus, dass sie Palimpseste darstellen. Keine einzige von ihnen wurde originär und ausschließlich für die Aufnahme der genannten Literaturwerke oder Poesie verwendet. Im Gegenteil, ihre sekundären Beschreiber haben ältere Abrechnungen und im Falle von Bauer B1 vielleicht auch einen medizinischen oder mathematischen Text ausgewaschen oder ausradiert.[35] Unterm Strich werden wir durch diese Beobachtung PARKINSONs das bislang vorliegende medizinische oder mathematische Corpus des späteren MR noch um mindestens diese eine Handschrift ergänzen dürfen, selbst wenn die Details dieses Traktates nicht mehr exakt zu ermitteln sind.[36] Literatur in hieratischer Kursive bedurfte also schon zu dieser Zeit ihrer frühesten Verschriftung nicht zwangsläufig einer unbenutzten Papyrusrolle wie dies z.B. Vorschrift für die Kopie von Beschwörungen auf einem „neuen Papyrusblatt" ($dm^c$ $n$-$m3wy$) war.[37]

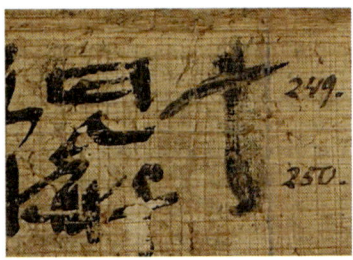

Abb. 12: Sinuhe B 249-250: Nicht getilgtes *nfr*-Zeichen rechts neben der Kolumne[38]

Bisweilen wurden sogar noch Wörter oder einzelne Zeichen des Vorgängertextes stehen gelassen und drum herum geschrieben, obwohl es keiner allzu großen Mühe bedurft hätte, auch diese letzten Spuren zu tilgen. In diesem Beispiel aus

[35] Ägyptische Tinte ist nach Selbstaussage eines spätramessidischen Briefschreibers nicht wasserlöslich bzw. kann nicht durch einen „Regenschauer abgerieben" (*bwpwy ft*) werden; dazu ausführlich R.A. CAMINOS, „Some Comments on the Reuse of Papyrus", in: M.L. BIERBREIER (ed), *Papyrus: Structure and Usage* (1986), 43-61; dort: 45 = Pap. BM EA 10326 Z. 20 = J. Černý, *Late Ramesside Letters* (1939), 18.14. Sie wurde abgekratzt, was nicht selten zur Verschlechterung und Zerfaserung der Schreibfläche führte; s. dazu einschlägige Beobachtungen von LEACH und TAIT, „Papyrus", in: P.T. NICHOLSON – I. SHAW (Hgg.), *Ancient Egyptian Materials and Technology* (2000), 227-253; dort: 239.

[36] R.B. PARKINSON, *The Tale of the Eloquent Peasant* (1991), XV. Allerdings kann die dort zitierte Verbalform *dd.ḥr=k* auch auf eine ehemalige Rechenaufgabe hindeuten, was zur ursprünglichen Benutzung des Papyrus als Abrechnungsliste ebensogut passen würde.

[37] Dazu Beispiele bei R.A. CAMINOS, *loc. cit.*, 50.

[38] Dessen Semantik in Bezug auf den Vorgängertext noch zu klären wäre; Ausschnitt aus: R.B. PARKINSON – L. BAYLIS, *op. cit.*, CD_ROM 17 P. 3022 G(2) = Sinuhe B 235-248, obere linke Ecke; s.a. R.B. PARKINSON, *Reading Ancient Egyptian Poetry*, 97 Fig. 4.10.

der Berliner Sinuhe-Hs ist zwischen der 5. und 6. Kol. bzw. den Zeilen 235 und 249 ein beinahe zwei Textzeilen umspannendes *nfr*-Zeichen stehengeblieben.

Auffällig bleibt, dass sämtliche Handschriften dieses Papyrus-Quartetts Palimpseste darstellen und auf ursprünglich für Aktennotizen samt Hilfslinien ausgelegten Kolumnen niedergeschrieben worden sind. Sie alle repräsentieren einen für literarische Werke verwendeten unzialen Duktus, der nicht frei von Ligaturen und Abkürzungen ist, der sich insgesamt aber einer nicht zu übersehenden Kalligraphie befleißigt, die bei Akten mit ihren teilweise extremen Ligaturen und Abbreviaturen keine Rolle spielen sollte. Dort kam es nicht auf Ästhetik des Schriftbildes an, sondern auf Rapidität und Authentizität der zu notierenden Urkunden jeglicher Art. Vorgänge und Tatbestände der alltäglichen Verwaltung galt es möglichst präzise zu notieren ohne jeglichen Anspruch auf „entertainment" der sie Lesenden und Archivierenden.

### III.   Literarischer Ausflug in die Westwüste *oder* Sinuhe an der Wand

Bis 2002 war uns die Geschichte des Sinuhe nur auf Papier alias Papyrus und Ostraka bekannt. In diesem Jahr erscheint der 1. Band von John C. und Deborah DARNELL mit insgesamt 90 Graffiti in der Westwüste zwischen Luxor und Hu, dem antiken *Ḥw.t-Sḫm* bzw. Diospolis Parva im 7. oberäg. Gau.[39] Die exakte geographische Lage der Inschriften wird geheim gehalten, aus Angst vor – bereits *in situ* beobachtetem – Vandalismus und touristischer Erschließung bei gleichzeitig unzureichender Bewachung.

Unter den – in den anstehenden Felsen eingeritzten – Graffiti befindet sich auch ein Exemplar aus dem 30. Jahr Amenemhets' III. (ca. 1790), das im Verbund mit zwei direkt angrenzenden Inschriften die sog. Götterliste aus der Erzählung in der Tradition des NR-Ostrakons im Ashmolean Museum Oxford wiedergibt, dieses Datum horizontal über bzw. neben drei in senkrechten Kolumnen geschriebenen Inschriften platziert (Z. 1-2).

Zur Erinnerung: Sinuhe schreibt nach Erhalt eines Amnestie-Dekretes von seinem neuen König Sesostris I an diesen zurück und listet dabei eine Reihe von Gottheiten auf, die in dieser Konstellation anderweitig nicht zu finden ist (= Sin B 206-206 = O. Ashm. 22-24). Allerdings sind einige Auslassungen und Umstellungen zu verzeichnen. Dennoch ist die Übereinstimmung so auffallend groß, dass an einer Art Zitat aus der Erzählung zu Zeiten Amenemhets' III. kaum gezweifelt werden kann.

Verfasst ist Inschrift 5 in hieratischer Gravur von einem *ḥm-nṯr*-Priester namens Dedu-Sobek aus Thinis, als er sich auf dem Weg von seinem Heimatort nach Theben befand, „um Rituale für Menthuhotep zu vollziehen" (*r-jr.t-jḫ.t n-* (*Mntw-ḥtp*); Inschr. 5, „Left Vertical Lines", dort: Z. 6-7).[40] In dem rechts anschließenden Text („Right Vertical Lines" 8-13) folgt dann eine Begrüßung des in einer noch weiter rechts und außerhalb der Kolumnen angebrachten Opferformel (Nr. 4) genannten Wab-Priesters Cheperka. Zur Orientierung dieses zunächst kompliziert scheinenden intertextuellen Befundes diene ein Blick auf die Gesamtumzeichnung in der Publikation:

---

[39] *Theban Desert Road Survey in the Egyptian Western Desert Volume 1. Gebel Tjauti Rock Inscriptions 1-45 and Wadi el-"ôl Rock Inscriptions 1-45.* Inzwischen ist auch der 2. Band erschienen, s. J.C. DARNELL, *Theban Desert Road Survey II. The Rock Shrine of Paḥu, Gebel Akhenaten, and Other Rock Inscriptions from the Western Hinterland of Qamûla* (2013).
[40] J.C. DARNELL, *Theban Desert Road Survey Vol. 1*, 96-101 und Pl. 65 und 74-82.

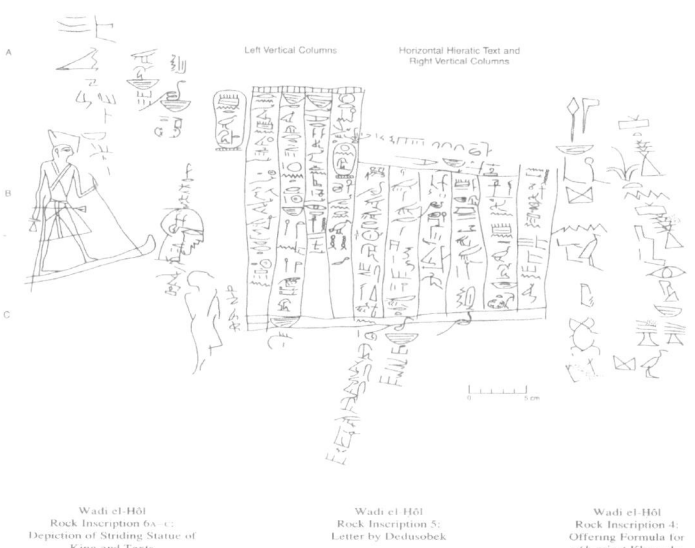

Abb. 13: „Figure 2: Three Related Inscriptions: Wadi el-"ôl Rock Inscriptions 4, 5 and 6"[41]
– Größe des Tableaus von Nr. 5: ca. 24,8 x 29,6 cm

Und in Transkription sowie J.C. DARNELLs Übersetzung gestalten sich die Zeilen 8-13 dann folgendermaßen:

Abb. 14:[42]

„(8) And greetings to this wab–priest: in (9) the praise of Monthu lord of Thebes, (10) Amun lord of the throne of the Two Lands, Sobek, Horus, Hathor, (11) Nekhbet the white goddess of Nekhen, and all the gods; she of Imet, (12) Haroeris who is over the foreign lands, Weret,

---

[41] J.C. DARNELL, *op. cit.*, 96.
[42] J.C. DARNELL, *op. cit.*, 99.

mistress of Punt, (13) Nut, Haroeris-Re, Sopdu-Neferbauenra-Semseru, and Horus the east-
erner."[43]

Wohlgemerkt, hier liegt kein Auszug aus den narrativen Partien der Sinuhe-
Geschichte vor, möglicherweise „nur" zeitgenössisches Begrüßungsformular
aus der Gattung Brief. Nicht unwahrscheinlich aber, dass hier ein „im Ausland" sich wähnender Priester mit seinem literarischen Helden und Exulanten
sympathisiert hat. Dabei mag er gewisse Analogien mit dessen außerhalb des
ägyptischen Kern- und Kulturlandes gemachten Erfahrungen gezogen haben.
Zugleich scheint er durch die geschickte Einbettung dieser Passage in seine eigene Inschrift seine literarische Bildung demonstriert haben wollen.

Nun aber zum Schriftcharakter selbst. Schließlich zitieren wir diese Inschrift
auch aus dem Grunde, weil sie in einem Mix aus Hieroglyphisch und Hieratisch
graviert ist. Dabei musste der Verfasser natürlich gewisse durch die Steinober-
fläche bedingte Inkommoditäten in Kauf nehmen, weshalb manche Zeichen ungelenk wirken und in den Zeilen 12-13 einen Linksdrall annehmen. Aus diesem
Grunde sind solche Graffiti nur bedingt zu paläographischen Datierungszwecken geeignet. Eine solche Fahrlässigkeit kann aber J.C. DARNELL in keinem
einzigen Fall unterstellt werden, im Gegenteil, seine Lesungen, angefertigt unter schwierigsten Erhaltungs- und Lichtbedingungen, nötigen dem Leser den
allergrößten Respekt ab. Von daher darf dieses Inschriftencorpus als ein Meilenstein im Bereich ägyptologischer Forschung an Graffiti- und Dipinti betrachtet werden.

Ein winziges paläographisches Detail in Z. 12 sei hier noch angeführt. Es geht

um die Graphie des Zeichens für den Hasen im Toponym *Pwnt*:
(MÖLLER, *HP I*, Nr. 132). Selbst wenn der Graveur dieses Tier hat schreiben
wollen, ist ihm doch unversehens eine große Ähnlichkeit zum Tilapia-Fisch

unterlaufen (MÖLLER, *HP I*, Nr. 253): (Abb. 15). Diese Zeichenformen stammen aus Pap. Prisse (li.), Illahun (Mitte), sowie Sin B 198 und
Lebensmüder (re.). Daraus aber nun eine intendierte Schreibung *Pjnt* ableiten
zu wollen, mag zu weit gehen.

---

[43] J.C. DARNELL, *op. cit.*, 99.

Aufs Ganze gesehen ist diese Publikation, wie auch deren 2. Band, eine wahre Fundgrube für Lapidarhieratisch[44] besonders im Mittleren und Neuen Reich. Zu einem weiteren und bislang einmaligen literarischen Text aus diesem Wadi s. am Ende dieses Kapitels.

Schließlich sei zur frühen Traditionsgeschichte des Sinuhe unbedingt das Ostr. Berlin P. 12341 ins Feld geführt, das zugleich zu den allerersten, wenn nicht gar der bislang ersten, Kopien von *belles lettres* auf diesem Schriftträger gehört. Sein Schreiber hat die aus der Hs B 34-36 bekannte Passage auf die Innenseite der Scherbe eines großen Vorratsgefäßes geschrieben, deren Außenseite mit Aktennotizen gefüllt ist, ob vom gleichen Schreiber, stehe dahin. Allerdings befinden wir uns mit dem Zeitpunkt seiner Niederschrift nicht mehr in der Epoche des MR, sondern bereits in der ausgehenden Hyksoszeit, wie die Paläographie verrät. Da die Tinte arg verblaßt ist, sei auf einer erneute Reproduktion an dieser Stelle verzichtet, es genüge der Hinweis auf eine bei Parkinson präsentierte Abbildung und kurze Besprechung.[45]

Wann das Kopieren von Schöner Literatur auf Ostraka einsetzt, läßt sich mangels entsprechender Funde aus dem MR nicht einschätzen.

## IV.   Die sog. Ramesseum-Bibliothek

Im Winter 1895/96 entdecken Petrie und Quibell (1867-1935)[46] bei ihren Grabungen im Millionenjahrhaus alias Totentempel Ramses' II. u.a. ein anonymes Schachtgrab aus der späten 12. oder frühen 13. Dynastie.[47]

---

[44] Zum Gebrauch von Lapidarhieratisch für Urkunden in Stein geritzt s. Kap. 20.
[45] *Reading Ancient Egyptian Poetry. Among Other Histories* (2009), 175 Fig. 71; id., in: A. Oppenheim et al. (Hgg.), *Ancient Egypt Transformed. The Middle Kingdom* (2015), 182 mit Anm. 17 auf S. 333.
[46] M.L Bierbreier (Hg.), *Who Was Who in Egyptology* (2012), 450f.
[47] J.E. Quibell, *The Ramesseum* (1898). Eine Präsentation der Grabung und ihrer Papyrus-Fundes. s.u. http://www.britishmuseum.org/research/publications/online_research_catalogues/rp/the_ramesseum_papyri.aspx (Zugriff 11.12.2016). Einzig die Rubrik „All Objects" ist leer belassen worden.

Neben zahlreichen Paraphernalia und Requisiten, die auf die Praxis von Beschwörungen durch den antiken Besitzer[48] hinweisen, fand sich darin auch eine Holzkiste mit mindestens 24 Handschriften unterschiedlichster Kursive und diverser Text-Genres.[49] Neben Administrativa, die wir ja auch aus anderen Privatgräbern des MR vorliegen haben,[50] sind es sakrale und literarische Texte von einigem Umfang, die hier von Interesse sind. Zugleich bietet diese Bibliothek samt Akten-Archiv die gesamte Bandbreite von hieratischen und kursivhieroglyphischen Duktūs, die es in der fortgeschrittenen 12. Dyn. zumindest im thebanischen Raum gegeben hat. Kursivhieroglyphen waren eine präferierte

---

[48] GNIRS hat in einem breit angelegten Aufsatz versucht nachzuweisen, dass dieses Grab eher einer Frau zuzuweisen sei, die die entsprechenden Objekte und Papyri verwendet und gelesen bzw. rezitiert habe. In Anbetracht der sehr unwahrscheinlichen „akademischen Ausbildung" in Magie und Medizin und der damit einhergehenden Literalität von Frauen im MR generell steht diese Hypothese auf eher tönernen Füßen; dazu jetzt a. S. QUIRKE, „Writings for good health in social context: Middle and New Kingdom comparisons", in: C. PRICE *et al.* (Hgg.), *Mummies, Magic and Medicine in Ancient Egypt: Multidisciplinary Essays for Rosalie David* (2016), 183-196, der davor warnt, anhand der Objekt- und Textfunde in diesem Dreikammergrab den antiken Besitzer, sei es nun ein Mann oder eine Frau gewesen, allzu sehr über die Texte als z.B. Vorlesepriester oder gar „Magier" zu „professionalisieren"; zur Literalität von Frauen generell J. BAINES, *Visual & Written Culture in Ancient Egypt* (2007), bes. 83-89 und *pass.*; W. GRAJETZKI, „Women and writing in the Middle Kingdom: stela Louvre C 187", in: *Rd'É* 60 (2003), 209-214, diskutiert eine bislang unikale Bemerkung, wonach ein Vater seine Tochter *sb3* „erzogen" habe, ob zum Lesen & Schreiben, stehe dahin. Die vermeintliche Inhaberin des Ramesseums-Grabes müsste allerdings Handschriften z.B. aus dem Gebiet der Gynäkologie regelrecht „usurpiert" haben, deren praktizierende Adressaten, also Heiler im magiko-medizinischen Sinne, sämtlich mittels des mask. Suff. =*k* adressiert werden. Danach scheint die Frauenheilkunde eine reine Männerdomäne gewesen zu sein. S. ihren Beitrag „Nilpferdstoßzähne und Schlangenstäbe. Zu den magischen Geräten des sog. Ramesseumsfundes", in: R. SCHULZ *et al.* (Hgg.), *Texte – Theben – Tonfragmente. Festschrift für Günter Burkard* (2009), 128-156.
[49] Der Komplex ist zwar oft in der Fachliteratur beschrieben worden, aber insbesondere aus literaturgeschichtlicher Perspektive hat wieder PARKINSON dieses Konvolut im 6. Kap. seines Buches *Reading Ancient Egyptian Poetry* eingehend gewürdigt. Wie schon für die „Berlin Library" sei für alle Details auf dieses Werk verwiesen.
[50] S. z.B. den Komplex der Heqanachte-Dokumente aus TT 315 und den Fund der nach ihrem Finder Reisner-Papyri (I-IV) aus Nag' ed-Deir genannten Urkunden; dazu o. Kap. 12.

Domäne von Ritualtexten wie etwa Pap. Ramesseum E,[51] dem sog. Dramatischen Ramesseumspapyrus mit einem Statuenritual für Sesostris I.,[52] sowie rituell zu performierenden Hymnen (z.B. an Sobek auf Pap. Ram. VI). Die Literaria dieses Ramesseum-Konvolutes wie auch die Magika[53] zeigen mehr oder minder die gleiche Art der Kursive, wie sie schon auf den Handschriften der „Berlin Library" praktiziert wurde.

Abb. 16: Pap. Ramesseum II vs. II[54]

PARKINSON schlägt vor, die Handschriften auf drei Phasen innerhalb der späten 12. bis frühen 13. Dyn. zu verteilen. Zur 1. Gruppe gehört nach ihm u.a. die fragmentiert erhaltene Hs von Pap. Ramesseum II mit Resten einer Weisheits- oder Lebenslehre auf ihrem Verso. Schriftgeschichtlich ist u.a. von Interesse,

---

[51] S. die monographische Studie von R. A. DÍAZ HERNÁNDEZ, *Der Ramesseumpapyrus E. Ein Ritualbuch für Bestattungen aus dem Mittleren Reich* (2014); Photographien der Fragmente finden sich unter der website http://www.britishmuseum.org/research /publications/online_research_catalogues/rp/the_ramesseum_papyri/the_catalogue/5_p_ramesseum_e.aspx (Zugriff 11.12.2016).

[52] S. J.F. QUACK, „Zur Lesung und Deutung des Dramatischen Ramesseumpapyrus", in: *ZÄS* 133 (2006), 72-89; D. LORAND, *Le Papyrus Dramatique du Ramesseum* (2009); dazu die Rez. von J.F. QUACK, in: *BiOr* 67 (2010), 523-527; T. SCHNEIDER, in: *JNES* 72 (2013), 322-325. S. jetzt a. die Diss. von C. GEISEN, *The Ramesseum Dramatic Papyrus – A new edition, translation, and interpretation*, die in der Reihe YES erscheinen wird.

[53] Dazu ist inzwischen eine Dissertation aus der Feder von MEYRAT (2019) erschienen, die sämtliche der von GARDINER in seinen *Ramesseum Papyri* (1956) vorgelegten und nur partiell transkribierten sowie selektiv kommentierten Spruchsammlungen in Transkription, philologischer und religionshistorischer Bearbeitung vorlegen konnte. Diese Arbeit setzt damit einen Schlusspunkt unter die seit 1956 praktizierte philologische „Funkstille", die gewöhnlich solange währt, wie schwer zu lesende und noch schwerer zu verstehende altägyptische Handschriften nicht in „lesbaren" linearen Hieroglyphen zugänglich sind. Mit dieser Arbeit wird ein erklecklicher „Materialzuwachs" zur hieratischen Kursive des MR der weiteren Forschung zugänglich gemacht, von dem rein materiellen Zugewinn an magischen Sprüchen aus dem MR ganz zu schweigen.

[54] Sämtliche Fragmente einsehbar unter: http://www.britishmuseum.org/research/ publications/online etc. (Zugriff 11.12.2016). Hier ist allerdings wegen höherer Auflösung Pl. VI aus GARDINERs Edition gewählt worden.

dass sie erstmalig von Gliederungs- bzw. Verspunkten Gebrauch macht. Dabei werden auf Vs. I schwarze Punkte am Ende einer Zeile gesetzt,

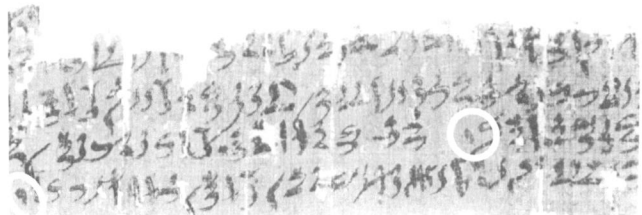

Abb. 17: Ausschnitt aus Pap. Ramesseum II vs. II: Position der Gliederungspunkte[55]

und auf Vs. II rote am Ende einzelner Verse wie auch kleinerer Abschnitte. Diese graphischen Hilfsmittel werden direkt auf der gedachten Zeile platziert und auf sie folgt in Z. 4 und 5 ein kurzes *spatium*, bevor es mit dem Text bzw. einem thematisch neuen Abschnitt weitergeht. Es handelt sich hierbei noch nicht um die aus NR-Handschriften bestens bekannten und nun stets oberhalb der Zeile platzierten „Verspunkte", die zumeist metrisch basierte Verse beschließen und dann kein *spatium* mehr nach sich ziehen müssen.[56] Vielleicht erfolgte bei dem Vortrag eines derart markierten Textes an diesen Stellen eine kurze Sprechpause, die länger war als diejenige zwischen den einzelnen Versen.

---

[55] A.H. GARDINER, *op. cit.*, Pl. VI.
[56] Die gesamte Problematik dieser sog. Vers- oder Gliederungspunkte ist noch bei weitem nicht ausdiskutiert. Zu ihrer Rolle in der Metrik s. das bei G. FECHT, *Literarische Zeugnisse zur »Persönlichen Frömmigkeit« in Ägypten. Analyse der Beispiele aus den ramessidischen Schulpapyri* (1965), 22f. mit Anm. 25, Gesagte; ferner N. TACKE, *Verspunkte als Gliederungsmittel in ramessidischen Schülerhandschriften* (2001), 137-145: nicht nur in „literarischen" Werken verwendet.

Abb. 18: Pap. Ramesseum D (Berlin P. 10495), Frame 9[57]

Zur 2. Gruppe gehören nach PARKINSON u.a. das erste Onomastikon mit einer umfangreichen Liste von Orten, Festungen, Namen von Körperteilen, Tieren, Pflanzen, Flüssigkeiten etc. (Pap. Ramesseum D), das im Berliner Ägyptischen Museum und Papyrussammlung aufbewahrt wird. Des Weiteren gehören hierzu zwei Handschriften mit weiteren Versionen des Sinuhe und Beredten Bauern (Pap. Ramesseum A),[58] die wegen der Nennung von Sesostris III. nicht älter sein können als dessen Regierungszeit (ca. 1837 – 1818 oder gar 1798).[59] Das Hieratisch dieses Manuskriptes charakterisiert GARDINER mit den Worten: „The Ramesseum Onomasticon exhibits a bolder and perhaps earlier [als Sinuhe R und die „Berlin Library"; F.-E.] handwriting, … . The signs are clear and well formed, obviously the work of an experienced scribe".[60] Zusammen mit weiteren Ramesseum-Papyri sei diese 2. Phase von einer starken Zunahme magiko-medizinischer Texte geprägt, so PARKINSON.

---

[57] Die Handschrift ist extrem nachgedunkelt und schwer zu reproduzieren. Es empfiehlt sich eine persönliche Autopsie in Berlin; für Informationen s. unter http://www.britishmuseum.org/research/publications/online etc. (Zugriff 11.12.2017). Bereits in Transkription und Kommentar publiziert bei A.H. GARDINER, *Ancient Egyptian Onomastica I-III* (1947).
[58] Pap. Berlin P. 10499 B. Das Recto trägt eine partiell erhaltene weitere Version zu Geschichte und Klagen des Beredten Bauern, während das Verso eine partielle neue Version der Geschichte Sinuhes liefert.
[59] Nach T. SCHNEIDER, *Lexikon der Pharaonen* (München 1996), 419.
[60] A.H. GARDINER, *Ancient Egyptian Onomastica I*, 6.

Abb. 19: Pap. Ramesseum 13[61]

Die 3. und letzte Gruppe bzw. Phase werde dann von den soeben genannten Magiko-Medizinika dominiert, im Bild hier Pap. Ramesseum 13 mit medizinischen Texten auf dem Recto und einem Balsamierungstagebuch von Tag 1-77 auf dem Verso.[62] Ihr Schriftduktus weise „more rounded forms" auf und sei „more ligatured".[63]

Abb. 20: Pap. Ramesseum V: medizinische Rezepte (vgl. Pap. Ebers, Text Nr. 689)[64]

Hier ein Auszug aus Pap. Ramesseum V, einem nicht nur in Kursivhieroglyphen kopierten Textensemble, sondern zusätzlich retrograd bzw. gegenläufig.[65]

---

[61] Abb. unter http://www.britishmuseum.org/research/publications/online etc. (Zugriff 11.12.2016).

[62] Diese Handschrift ist gleichfalls von MEYRAT, Les papyrus magiques ..., ediert worden.

[63] R.B. PARKINSON, Reading Ancient Egyptian Poetry, 150.

[64] A.H. GARDINER, The Ramesseum Papyri (1956), Pl. XV.

[65] Zur retrograden Anordnung von Text(teil)en s. ausführlich H.G. FISCHER, Egyptian Studies II. The Orientation of Hieroglyphs. Part I. Reversals (1977); id., L'écriture et l'art de l'Égypte ancienne: Quatre leçons sur la paléographie et l'épigraphie pharaoniques (1986), 105-130; sowie jüngst R.S. SIMPSON, „Retrograde Writing in Ancient Egyptian Inscriptions", in: R. JASNOW – G. WIDMER (Hgg.), Illuminating Osiris. Egyptological Studies in Honor of Mark Smith (2017), 337-345. Im Falle hieroglyphischer Inschriften im Verbund

Die horizontale Überschrift in roter Tinte ist wie die darunter in Kästchen angeordneten Ingredienzen zum „Weichmachen (diverser) Versteifungen (und)
Ausstrecken von Verkrümmungen" von links nach rechts zu lesen, wobei die
Zeichen selbst ihre Blickrichtung nicht ändern und wie in einem „normal" von
rechts nach links geschriebenen Text nach rechts schauen. Warum ist ein medizinisches Handbuch statt in „regulärem" Hieratisch welchen Kursivitätsgra-
des auch immer in retrograden Kursivhieroglyphen geschrieben?[66] Letztere
Schriftart in gegenläufiger Richtung mit den Zeichen in Richtung Textende blickend ist typisch für religiöse Texte wie z.B. Sprüche des Totenbusches, allgemeiner formuliert für solche Texte und Beischriften hochgradig sakralen Charakters. Ausgehend von der Unterstellung, dass der Akt des Diagnostizierens
und anschließenden Behandelns eines Patienten alles andere als eine „profane" Allerweltstätigkeit seitens eines professionellen Heilers war, darf medizinischen Handschriften ein hoher Grad an Sakralität generell attestiert werden.

Insgesamt betrachtet ist diese sog. Ramesseum-Bibliothek die bislang umfangreichste Kollektion kursiver Handschriften mit der zugleich größten Bandbreite
an Textsorten oder Gattungen aus dem MR. Hand in Hand mit dieser Textsor-
ten-Diversität geht diejenige einer erheblich diversifizierten und sich über Generationen von Handschriftenbesitzern entwickelnden hieratischen Kursive,
die in dieser Form in der 1. Zwzt. und in der frühen 12. Dyn. noch nicht existiert
bzw. noch nicht greifbar ist.

---

mit dazugehörenden Darstellungen bietet sich häufig eine recht pragmatische Erklärung dieser Zeichenanordnung an, fern aller unterstellbaren zusätzlichen Sakralisierung dieser Texte.
Diese pragmatische Lösung bzw. Lesung dürfte bei kursiven Exemplaren wie Pap. Ramesseum V oder Totenbuchsprüchen nicht ohne Weiteres gelten, bleibt also nach wie noch weiter zu erforschen. Das Gegenstück zu „retrograde" heißt bei SIMPSON übrigens „prograde",
ein Terminus, der m.W. weniger verbreitet ist in der Ägyptologie; ferner MUNRO, in: ead. –
R. FUCHS, *Papyrus Amenemhet. Ein Totenbuchpapyrus der 18. Dynastie* (2015), 13-17; O.
GOELET, „Observations on copying and the hieroglyphic tradition in the production of the
Book of the Dead", in: S.H. D'AURIA (ed), *Offerings of the Discerning Eye. An Egyptological Medley in Honor of Jack A. Josephson* (2010), 121-132; dort: 128f.
[66] Diese Kategorie fehlt in Table 1 bei J. BAINES, *Visual & Written Culture in Ancient Egypt*
(2007), 46. Zu diesem Schrifttyp s. bes. *op. cit.*, 142-144. Die gleiche Anordnung zeigt auch
der aus Illahun stammende Veterinär-Papyrus aus der 12. Dyn.; s. W. WESTENDORF, *Handbuch der altägyptischen Medizin I* (1999), 77.

## V.    Illahun – Ein Ort voller Literatur

Es sind die von PETRIE in der Stadtanlage Illahun selbst entdeckten und nach
London transferierten Papyri, unter denen sich auch zahlreiche Fragmente von
literarischen, religiösen und wissenschaftlichen (bes. medizinischer, magischer
und mathematischer Natur) Abschriften befinden. Literatur im allerweitesten
Sinne von Texten, die über eine befristete Relevanz und Laufzeit innerhalb alltäglicher Geschäftsvorgänge hinausgeht, wurde mithin in dieser Stadt gelesen,
rezitiert und tradiert. Inwieweit Illahun auch Ort literarischer Kreativität und
nicht nur der Reproduktion war, lässt sich kaum ermessen. Ausgeschlossen
werden darf dieses Moment sicherlich nicht.[67] Nehmen wir z.B. nur den berühmten und im Hieratisch-Unterricht gern gelesenen Begrüßungshymnus auf
Sesostris III. (Pap. UC 32157).[68]

Chr. Kap. 14

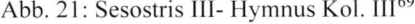

Abb. 21: Sesostris III- Hymnus Kol. III[69]

---

[67] QUIRKE hat soeben die Frage nach dem Personenkreis und dessen Lokalisierung innerhalb
der Mauern von Illahun gestellt, der für die Literaria aus dieser Siedlung verantwortlich
zeichnen könnte; id., „Who writes the literary in late Middle Kingdom Lahun?", in: K.
RYHOLT – G. BARJAMOVIC (Hgg.), *Problems of Canonicity and Identity Formation in Ancient Egypt and Mesopotamia* (2016), 127-152.

[68] Es handelt sich um einen typischen Vertreter von Hymnen mit dem Thema des *adventus
regis* oder der Ankunft-des-Königs in einer Stadt bzw. Tempel. Die *editio princeps* geht auf
GRIFFITH zurück, s. sein *The Petrie Papyri*, 1-3 und Pl. 1-3; Re-edition mit Transliteration
und Übersetzung bei M. COLLIER – S. QUIRKE, *The UCL Papyri: Religious, Literary, Legal,
Mathematical and Medical* (2004), 16-19; Transkription im Anhang und Photos auf beilie-
gender CD_ROM.

[69] M. COLLIER – S. QUIRKE, *op. cit.*, CD_ROM UC 32157-PAGES2-3-F-RI. – Vgl. jetzt auch
die ungestückelten Abbildungen sämtlicher Kolumnen in dem Ausstellungskatalog des Metropolitan Museum New York, hg. von A. OPPENHEIM *et al.*, *Ancient Egypt Transformed. The
Middle Kingdom* (2015), 186 Cat. 118.

Die Kopie zeigt eine klare, von Ligaturen kaum durchzogene, Hand mit wenig abgekürzten Zeichenformen, niedergeschrieben auf einem originär für die Aufnahme einer Urkunde präparierten bzw. linierten Papyrus. Allerdings macht der Schreiber von Lang- und Kurzformen ein und desselben Zeichens, insbesondere bei einkonsonantigen, Gebrauch. So schreibt er den Alephvogel () in ein und demselben Wort *tš* für „Grenze" in Kol. I 10 (vertikal) ausführlich, in Kol. II 10 nach dem Rubrum *iny.t=f*–„sein Refrain" (s. Photo) in verkürzter Form (s.a. das Wachtelküken und die Eule). Andere Zeichen in beiderlei Gestalt sind etwa der stehende und der sitzende Mann.[70] Woran man allerdings erkennen kann, dass der Kopist ein geübter Aktenschreiber im Hauptberuf war,

das ist seine horizontale Notierung des *nswt-bi.t*-Namens  (*H*ᶜ-

*k3.w-R*ᶜ) und des *z3-R*ᶜ-Namens (*Zi-n-Wsr.t*), jeweils in anfangs und final markierter Kartusche (Kol. I 1), sowie seine vertikale des ersteren in

Kol. I 2: . Allein *Zi-n-Wsr.t* enthält zwei Ligaturen: *r + t* und *z(i) + n*. In dem anderen Königsnamen bieten sich die Zeichenformen in keiner der beiden Schriftrichtungen zu einer Ligatur an.

Die „Berlin Library" enthält u.a. die bedeutendste Sinuhe-Handschrift (P. 3022), zusammen mit derjenigen aus dem Ramesseum (Berlin P. 10499) konstituiert sie den ältesten Haupttext, von den NR-Versionen auf Ostraka hier einmal abgesehen. Aber auch in Illahun war die Erzählung alles andere als unbekannt und wurde in sehr sorgfältigem Hieratisch reproduziert. Vielleicht wurde ja just aus diesem Grunde einer seiner Bewohner auch nach dem Helden der Geschichte Sinuhe benannt, welcher Name ansonsten mehr als selten belegt ist.[71]

---

[70] Diese Spezifika sind bereits in 1. Band. von MÖLLERs *Hieratische Paläographie* in der Spalte „Illahun" verzeichnet.

[71] M. COLLIER – S. QUIRKE, *The UCL Lahun Papyri: Religious, Literary, Legal, Mathematical and Medical* (2004), 110/1, dort: Z. 9: *zḫ3 n-mšᶜ Z3-nh.t* – „Truppenschreiber" Sinuhe, als Verfasser einer Hausstandsliste (*wpw.t*) aus J. 15 Sechemkares (13. Dyn.) und „ins Bild gesetzt" bei B. KEMP, *Ancient Egypt. Anatomy of a Civilization* (2nd ed. 2006), 219 Fig. 79.

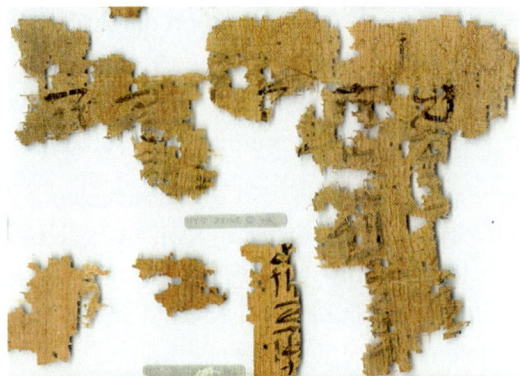

Abb. 22: Aus der Geschichte des Sinuhe (= B1 8-11; UC 32106B-B vs.)[72]

Im Unterschied zur Recto-Seite ist die mit Sinuhe beschriftete Verso-Seite nicht umrahmt, was in den Illahun-Literaria bislang einmalig bleibt.[73]

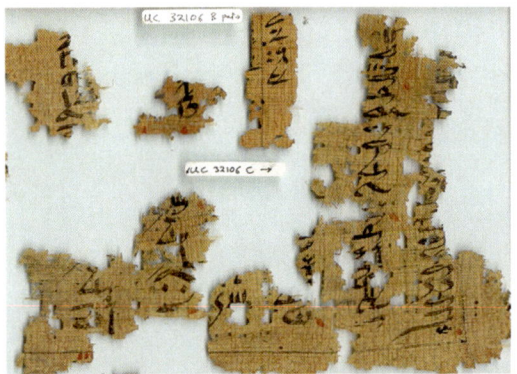

Abb. 23: Beginn eines literarischen Textes (Pap. UC 32106 rt.)[74]

Bei diesem Anfang eines anderweitig unbekannten Literaturwerks kommen eventuell gleich drei Innovationen in der Anlage hieratischer Manuskripte zusammen:

1. Rahmung eines Textes am rechten wie unteren Rand, wahrscheinlich mit Hilfe einer als Lineal verwendeten Schreiberpalette. Die vertikale Linie vor der 1. Zeile deutet auf den Beginn eines Textes hin;

---

[72] Das vertikale Fragment unterhalb von Z. 3 gehört nicht zu Sinuhe!
[73] M. COLLIER – S. QUIRKE, op. cit., 35.
[74] M. COLLIER – S. QUIRKE, op. cit., CD_ROM 32106B-F.

2. Innerhalb der Kolumnen werden an syntaktischen bzw. metrisch relevanten Positionen bzw. dem rechten unteren Ende eines Verses rote Gliederungspunkte platziert, wie wir sie aus horizontal geschriebenen Werken wie Pap. Ram. II (s.o.) bereits kennen;

3. unterhalb von Kol. 6 sind rote Spuren einer eventuellen Kolumnen- oder Zeilennummer „6" auszumachen, was recht ungewöhnlich wäre, wenn die Interpretation von COLLIER und QUIRKE zutreffen sollte. Warum ausgerechnet die Zahl „6", wenn wir berücksichtigen, dass in durchnummerierten horizontalen Zeilen wie auf der Urkunde Pap. Brooklyn 35.1446 (vs. 1-79; s.u. Kap. 12) alle zehn Zeilen entsprechende Zehnerziffern davor gesetzt werden.[75]

Es ist müßig darüber zu spekulieren, ob und falls ja, im weiteren Textverlauf die Schriftrichtung wie bei den Werken der „Berlin Library" oder dem Schiffbrüchigen von der Vertikalen in die Horizontale wechselte. Wir befinden uns chronologisch mit den Literaria aus Illahun in der Zeitspanne, die den Übergang in die Horizontale als die dominierende vollziehen wird.

Abb. 24: Rubrizierter Beginn der Erzählung von Neferpesdjet

(UC 32156 A)[76]

Die Formulierung des Textanfangs auf Pap. UC 32156 A ist die gleiche wie beim Beredten Bauern: *zi-pw wn Nfr-psḏ.t-rn=f* – „Es war einmal ein Mann, N. mit Namen", im Bauern lediglich durch den Namen des Protagonisten *Ḥw-n-*

---

[75] Ein Sexagesimalsystem hier zu unterstellen, geht kaum an, da die ägyptischen Mathematiker dieses System – im Unterschied zu den Babyloniern – nachweislich nicht verwendet haben.

[76] M. COLLIER – S. QUIRKE, *op. cit.*, 42f. und CD_ROM 32156A-F.

*Inpw* unterschieden. In diesem Illahun-Manuskript übernehmen die horizontalen Linien ober- und unterhalb des Textes jedoch keine rahmende Funktion, sondern bilden die Reste eines originär wieder zur Aufnahme von Urkunden präparierten Blattes.

Zusätzlich zu dem in diesem Kapitel nicht thematisierten Aktenhieratisch und der kalligraphischen Literaturkursive wurde in Illahun noch ein dritter Typus von Hieratisch praktiziert, und das sind die schon aus der Ramesseums-Bibliothek eines Heilers bekannten Kursivhieroglyphen, also eine Mischung aus nicht verkürzten Hieroglyphen und geringfügig kursiv gehaltenen einzelnen Zeichen, jedoch keinen Ligaturen. Dieser Typus fand wie in Theben Verwendung bei wissenschaftlichen Texten wie dem sog. Veterinärpapyrus, erneut in retrograder Schriftrichtung.

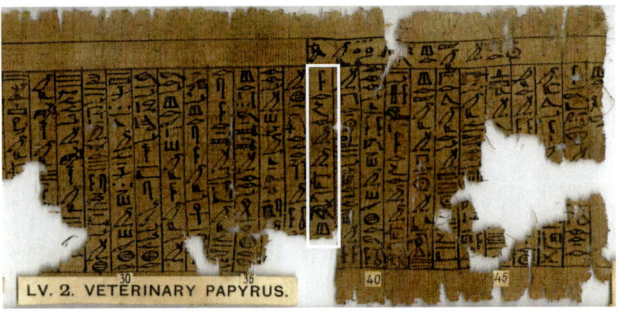

Abb. 25: Kursivhieroglyphen auf Pap. UC 32036[77]

Dieser Traktat handelt von diversen Rinderkrankheiten und deren Therapien. Im Unterschied zur Standardphraseologie von medizinischen Manualen spricht der Veterinär hier von sich in der 1. Pers. Singular: *ir-m33=i-k3 ḥr*-XY – „Wenn ich einen Stier mit XY betrachte, …" (s. eingerahmte Kolumne auf der Abb.). Alle übrigen Quellen richten sich an ein maskulines Du.

Aber auch bei diesem Exemplar einer retrograden Handschrift in kursiven Hieroglyphen stellt sich die Frage nach der Veranlassung für diesen Schrifttypus. Wenn die Annahme eines hohen Grades an Sakralität etwas für sich haben soll, dann könnte es sich z.B. um einen heiligen Stier handeln, nicht um jeden x-beliebigen Vertreter seiner Spezies.

---

[77] M. COLLIER – S. QUIRKE, *op. cit.*, 54-57 und CD_ROM 32036-F-RI.

## VI.    Ein bislang einmaliges literarisches Graffito aus dem Wadi el-Ḥôl

Bei der Besprechung der Sinuhe-Überlieferung haben wir bereits kurz auf diesen schönen Fund von neuer Literatur an der Wand hingewiesen. Entdeckt haben ihn wieder John. C. und Deborah DARNELL bei ihren Feldforschungen in der Wüstenregion zwischen Luxor und Hu. Es handelt sich um die als Nr. 8 gezählte viereinhalbzeilige Inschrift eines Schreibers aus Hut-Sechem (7. oberäg. Gau) namens Anch, die sehr wahrscheinlich mit der Einleitung *ḥȝ.t-ᶜ m-*[…] beginnt, deren entscheidender Gattungsterminus aber leider nicht mehr einwandfrei zu erkennen ist. DARNELL erwägt verschiedene Optionen wie … *sbȝy.t* - „Lehre", *nḫt* – „Siegesbericht" oder *md.t* – „Rede" usw.

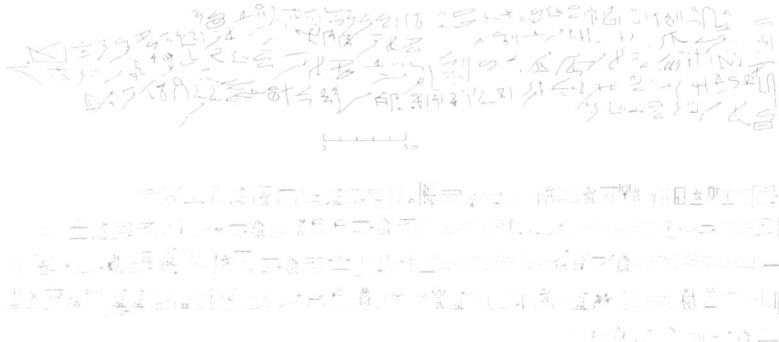

Abb. 26: Wadi el-Ḥôl-Inschrift Nr. 8[78]
Größe des Tableaus von Nr. 8: ca. 47,0 cm x 7,5 cm

Hier zunächst noch die Übersetzung J.C. DARNELLS:

„(1) The be[ginning …] of the scribe of Hou, Ankh: „(Oh) all people great and small, and all the ar[my], behold – a man is in the City, [whose ki]nd(?) is unknown
(2) […] He has [come(?)] against the one who carries away(?)[…] his [pupil(?)[79]] without [his] being ensnared … [as he desired. It is(?) the foreigner whom he has […], one who slays as he desires while traversing [from] the mountain
(3) to(?) mountain […] his nostrils(?)[…] by himself. He cannot love the people who are loyal to that of his enemy. A true(?) *s*-man (is he)
(4) one intelligent for the officials(?) … among the multitude (of enemies), he being haughty because of what has happened, he spending the night hungry until day breaks, and he sees the sky like a flame.
(5) His joy is the successful completion of the watch."

---

[78] J.C. DARNELL, *Theban Desert Road Survey Vol. 1* (2002), 107-119; dort: 108, und Pl. 65 sowie 85-88.
[79] Gemeint ist ein *sbȝ.ty* – Schüler", keine Pupille!

Einmal abgesehen von den nicht zu füllenden Lücken und den auch daraus resultierenden Verständnisproblemen dürfte die literarische Qualität der Inschrift
außer Zweifel stehen. Hier spricht ein – gewöhnlicher? – Schreiber aus Hut-
Sechem über einen „Mann in der Stadt" (*z'/zj m n'.t/n(j)w.t*), von DARNELL auf
einen anonym gehaltenen König in Theben bezogen. Den Text datiert er in das
späte MR bzw. die 2. Zwzt., welcher König das in dieser Zeitspanne sein soll,
bleibt unklar. FRANKE hat in seiner Rezension dieses Bandes einen Selbstbezug
des Sprechers bzw. Verfasser vorgeschlagen, der eben von sich in der 3. Person
rede und sich dabei als „Mann (von Rang und Status; *z3-z'/zj*) in der Stadt" be-
zeichne.[80] Diese Bezeichnung sie für einen regierenden König im MR nicht
bezeugt.

Wie dem auch im Einzelnen sei, Verf. könnte sich unter dem Text eine Klage
vorstellen, in der ein gestandener Schreiber und angesehener Bürger seiner
Stadt (= Hut-Sechem) über den Umstand klagt, Nachtwache in der Wüste halten zu müssen, ein Job, für den es doch andere, eben niedere, Chargen gegeben
haben sollte. Dann versteht sich vielleicht sein – gleichfalls aus Sinuhe entlehn-
ter – Stoßseufzer in der letzten Zeile: *rš=f-pw km-z3ww* – „seine Freude ist die
Beendigung der (Nacht)wache". *rš=f-pw* beschließt in dem Hymnus auf
Sesostris I. bei Sinuhe die erste Strophe (B 60f.).

Vielleicht ist die Passage *m-tntn/dndn-dw n-dw* –„while traversing [from] the
mountain to(?) mountain" in Z. 2-3 sogar eine weitere Reminiszenz an Sinuhe
B 28-29, u.z. das noch in der Perserzeit auf der Statue des Udjahorresnet adaptierte Zitat *rd.n-wj h3s.t n-h3s.t* – „Fremdland gab mich (weiter) an Fremdland".

Es scheint Verf. mehr als unwahrscheinlich, dass dieser Schreiber mit diesen
Text bereits vor Reiseantritt komponiert hat mit der Absicht, ihn an einer mehr
oder minder geeigneten und von der „Stadt" entlegenen Felswand einzugravie-
ren. Hier könnte echte Stegreif-Poesie vorliegen, die auch nicht auf Kopie und
Tradition angelegt war.

Zum Schriftduktus vermerkt DARNELL einige interessante Details: „The hand
is fairly neat, given the nature of the surface into which it was cut; considering
the rough and undulating surface, the signs retain the appearance of their ink
prototypes to a remarkable degree. Although there is in general an avoidance
of ligatures, …, many well-executed ligatures do appear: … . The overall im-
pression is one of hieratic with occasional, hieroglyphicizing modifications. …

---

[80] In: *OLZ* 101 (2006), 123-129; dort: 127f.

The intrusions of hieroglyphic forms result more likely from a recognition that those more elaborate signs are more appropriate to the medium of stone."[81]

Insgesamt sprächen einige Zeichenformen für einen Ansatz in das späte MR bzw. die nachfolgende Ära, bis hin zum frühen NR: „The paleography and the proximity to a large number of late Middle Kingdom and Thirteenth Dynasty inscriptions together suggest a date around the time of the Hyksos invasion."[82]

---

[81] *Op. cit.*, 107.
[82] *Op. cit.*, 115.

## 14. Spätes Mittleres Reich – 18. Dynastie

## I. Literaria und Wissenschaftliches auf Papyrus

In Kap. 12 haben wir u.a. einige hieratische Intrusionen auf überwiegend hieroglyphisch beschrifteten Stelen aus der 12.-13. Dyn. vorgestellt. Dieses Phänomen ist auch noch auf solchen biographischen Privatdenkmälern bis in die
17. Dyn., also durch die gesamte 2. Zwzt. hindurch, zu beobachten. KUBISCH
hat dazu in ihrer Dissertationen einige repräsentative Beispiele tabellarisch gesammelt:[1]

| Aus dem Hieratischen entnommene Zeichen | GEG, sign list | Referenz |
|---|---|---|
| 𓉶 | O28 | Edfu 3 (Hildesheim 4589), Z. 16 |
| 𓋴 | S28 | Edfu 8 (Kairo CG 20537), Z. 4 |
| 𓌻 | U28 | Edfu 16 (Kairo CG 20499), Z. 7 |
| 𓅬 | G7 | Edfu 16 (Kairo CG 20499), Z. 12 |
| 𓈖 | F21 | Et Tod 1 (Pittsburgh CM 9007-57), Z. x+3 |
| 𓈗 | N2 | Et Tod 1 (Pittsburgh CM 9007-57), Z. x+4 |

Abb. 1: Hieratismen auf hieroglyphischen Stelen der 2. Zwzt. (nach S. Kubisch)

Diese Tabelle ließe sich mühelos nach Durchsicht ihres Textkataloges erweitern, aber hier kommt es nicht auf jedes Detail an, sondern auf die Tendenz zur
vieler Orten zu beobachtenden Hieratisierung auf solchen Denkmälern. Ihre
Tabelle 8 (S. 129) listet „Zeittypische Formen einiger Hieroglyphen" auf, denen eine Mélange aus Kursivhieroglyphen und Hieratisch eignet.

Die in 1. Band von MÖLLERs *Hieratische(r) Paläographie* auf Pap. Boulaq
XVIII folgenden Spalten haben noch das mathematische Handbuch des Pap.
Rhind im Britischen Museum (EA 10057) und den Pap. Westcar (Berlin P.
3033) als Leitfossil. Dazu kommen abschließend die von A. ERMAN so betitelten *Hymnen an das Diadem der Pharaonen*[2] auf Pap. Goleniščev und der

---

[1] *Lebensbilder der 2. Zwischenzeit. Biographische Inschriften der 13.–17. Dynastie* (2008),
128.
[2] Mit dem Zusatz *aus einem Papyrus der Sammlung Golenischeff* (1911).

Leipziger Pap. Ebers. Von diesen Handschriften stammt die auf Pap. Goleniščev aus Tebtynis[3] im Fayum, die drei anderen aus Theben, wenn auch dort nicht genauer lokalisierbar.

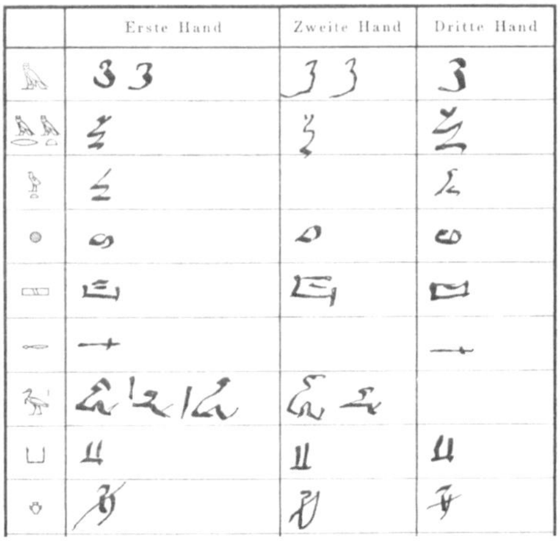

| | Erste Hand | Zweite Hand | Dritte Hand |
|---|---|---|---|
| | | | |
| | | | |
| | | | |
| | | | |
| | | | |
| | | | |
| | | | |
| | | | |
| | | | |

Abb. 2: Aus der Zeichenliste von ERMAN, *Hymnen an das Diadem der Pharaonen*[4]

ERMAN bietet eine zweiseitige paläographische Liste ausgewählter Zeichen und Ligaturen, die er drei verschiedenen Schreibern zuweisen möchte, dies unter Verweis auf 1. Band von MÖLLERs zwei Jahre zuvor erschienener Paläographie. Diese drei Schreiber haben nach ihm jeweils 6, 7 bzw. 5 Kolumnen beschriftet. Es versteht sich von selbst, dass solche Annahmen erst durch die Autopsie des Originals verifiziert oder widerlegt werden können. Zwei Passagen weisen Korrekturen in roter Tinte auf (5.3 und 13.2).[5] Sein Format ist ein recht handliches von nur 7,1 cm Höhe bei einer Länge allerdings von 5,72 m.

Aus der 2. Zwzt. liegen uns bislang keine umfangreicheren Handschriften literarischer Natur vor, also solche im Stile der Gattungen Erzählung, Klage oder Lehre. Der bekannteste Vertreter des Genres Erzählung aus dieser Zeitspanne ist nach wie vor der 1890 von ERMAN edierte Pap. Westcar mit seinen Wundergeschichten am Hofe des Königs Cheops.[6]

---

[3] Und eben nicht Krokodilopolis, wie ERMAN noch annahm.

[4] *Op. cit.*, 4.

[5] Zu der am absoluten Ende der Recto-Seite vorhandenen Liste von 57 Personennamen s. wieder C. RILLY – A. DE VOOGT, *The Meroitic Language and Writing System* (2011), 5f., als proto-meroïtisch bestimmen möchten; s. A. ERMAN, *op. cit.*, 55f.

[6] *Die Märchen des Papyrus Westcar I Einleitung und Commentar*; id., *II Glossar, Palaeographische Bemerkungen und Feststellung des Textes* (1890). Aus der Fülle der textrelevan

Chr. Kap. 15

Abb. 3: Pap. Westcar, Kol. 8[7]

Das Format dieser Handschrift mit seinen 33,5 cm Höhe ist ein komplett anderes als das der Hymnensammlung auf Pap. Goleniščev. Paläographisch typisch
für die Hyksoszeit schon nach der Bestimmung von ERMAN sind seine gerun-
deten Zeichenformen. Es gilt aber zu bedenken, dass sich hier ein Schreiber der
Buchschrift oder Kalligraphie befleißigt hat und bei der nächsten Akten sehr

---

ten Lit. sei hier nur auf G. BURKARD – H.J. THISSEN, *Einführung in die altägyptische Literaturgeschichte I* (2003), 177-187, und R.B. PARKINSON, *Poetry and Culture* (2002), 182-187,
verwiesen.
[7] A.M. BLACKMAN, *The Story of King Kheops and the Magicians Transcribed from Papyrus
Westcar (Berlin Papyrus 3033) Edited for Publication by W.V. Davies* (1988), Pl. 8; dort a.
der Lit.hinw. auf ERMANs *editio princeps*.

wahrscheinlich zur Geschäftskursive gewechselt hätte. Von daher ist ein Vergleich zwischen Unziale und Kursive stets mit größter Vorsicht zu genießen.
Im Bild hier ist die Kol. 8 mit insgesamt 26 Zeilen von 12 erhaltenen Textkolumnen.[8]

Abb. 4: Ausschnitt aus ERMANs Zeichenliste[9]

Und hier zur Erinnerung ERMANs erster paläographischer Vergleich (1890) von
Pap. Westcar mit solchen seiner Ansicht nach älteren, mehr oder weniger synchronen und späteren Handschriften. Dabei bleibt die Spalte 2 zu Pap. Boulaq
XVIII notgedrungen überwiegend ungefüllt, da es sich ja um einen Auszug aus
dem extrem kursiv geschriebenen Palasttagebuch von Medamud handelt, das
sich somit kaum für einen Vergleich mit der Berliner Sinuhe-Hs P. 3022 eignet.
Er hat sich auf die zu seiner Zeit (1890) zur Verfügung stehenden Editionen
oder Faksimiles beschränken müssen. ERMANs Liste erstreckt sich chronologisch bis hin zu den Berliner Hymnen auf Pap. Berlin P. 3049 (Spalte 16) aus
der Zt. Takelothis' II.[10]

---

[8] Die Zeilenzahl/Kolumne bewegt sich überwiegend zwischen 25 und 26.
[9] *Op. cit. I*, Schrifttafel I.
[10] In Faksimile in: *Hieratische Papyrus Berlin II* (1905), Taf. 10-26.

Knapp zehn Jahre nach Erscheinen seiner drei Bände *Hieratische Paläographie* unternimmt MÖLLER in einem Aufsatz[11] eine chronologische Reihung mehr oder minder literarischer Handschriften vom Anfang der 18. bis zum Ende der 19. Dynastie. Sein ältester Textzeuge ist der Pap. Ebers, sein jüngster ist ein Mix aus zwei einem namentlich bekannten Schreiber zuweisbaren Handschriften. Das sog. Zweibrüdermärchen findet sich auf dem nach seiner Erstbesitzerin Elizabeth D'ORBINEY (c. 1804-1893)[12] benannten Pap. d'Orbiney und stammt ebenso wie u.a. Pap. Anastasi IV aus der Binse eines memphitischen Schreibers namens Enene (*Inin*), der zur Zeit Sethos' II. wirkte. Diese beiden Papyri legt Möller also als die zu seiner Zeit jüngsten Handschriften des NR mit literarischem Duktus zugrunde. MÖLLERs Tabelle 31 liefert besonders diagnostische Zeichenformen und achtet dabei dezidiert auf grundlegende Veränderungen dieser Zeichen im Verlaufe von ca. drei Jahrhunderten. Diakritika, also Zusätze zur differentialdiagnostischen Unterscheidung und Abgrenzung von ansonsten gleich oder sehr ähnlich gewordenen Zeichen, spielen dabei eine tragende Rolle. Diese Diakritika befinden sich morphologisch an den oberen Enden von Hieratogrammen. Dazu kommen der Austausch einzelner Grapheme und der Ersatz durch neue Formen etc. MÖLLERs Materiallage war damals äußerst bescheiden, aber daraus macht er auch keinen Hehl. Wir werden weiter unten bei der Vorstellung des Louvre Dattelpapyrus E 3226 noch MEGALLYs Kritik an MÖLLERs selektivem Vorgehen hören, weil MÖLLER vielleicht den „Fehler" gemacht hat, eben dieses nicht-literarische Pariser Aktenkonvolut mit in seine Auflistung und damit den paläographischen Abgleich aufzunehmen. Hat er also „Äpfel mit Birnen verglichen" oder Buchschrift mit Kanzleischrift, wie er die beiden Haupttypen nennt?

---

[11] „Zur Datierung literarischer Handschriften aus der ersten Hälfte des Neuen Reiches", in: *ZÄS* 56 (1920), 34-43.
[12] M.L BIERBREIER (Hg.), *Who Was Who in Egyptology* (2012), 158.

Hier ein Auszug aus seinen Tabellen:

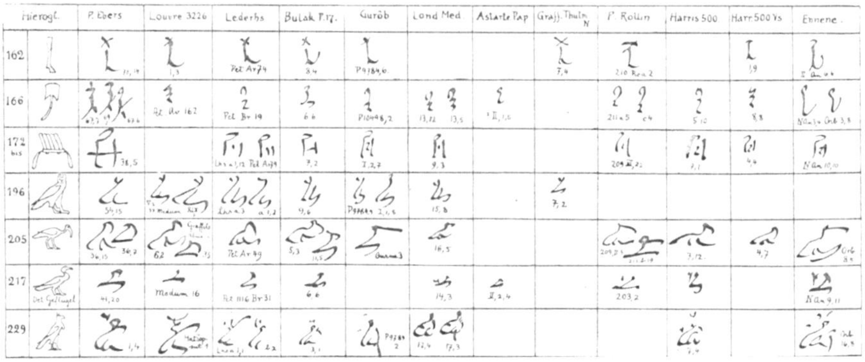

Abb. 5: Aus: *ZÄS* 56 (1920), Taf. II

Nr. 162 trägt z.B. ein kreuzartiges Diakritikon oberhalb des Rinderbeines, um es von dem ansonsten paläographisch gleich aussehenden menschlichen Bein zu unterscheiden. Der Schreiber Enene verwendet zumindest eine Art Appendix. Eine deutliche morphologische Entwicklung macht Nr. 166, das Tierfell, durch, spätestens nach Pap. Ebers. Dabei wird auch der obere Zeichenansatz in manchen Handschriften um 180° gedreht. Besonders markant ist auch die Veränderung des Vogels Nr. 229, der u.a. einen diakritischen Punkt oberhalb seines Rückens erhält.

Man muss aber MÖLLER auch heute nach ca. 100 Jahren konzedieren, dass er mit seinen relativ- wie absolut-chronologischen Datierungen weitgehend richtig lag, so dass auch diese kleine Arbeit aus seiner Feder alles andere als eine Episode in der Erforschung des Hieratischen des NR darstellt.

Dass es durchaus auch auf dem Gebiet des Literarischen aus dieser Zeitspanne, insbesondere der 18. Dyn., noch neuere Funde zu heben gibt, hat erst vor wenigen Jahren PARKINSON gezeigt. Paläographisch dem bislang singulären Pap. Westcar ähnlich sind Reste eines 1999 von ihm vorläufig edierten British Museum-Papyrus (EA 10475) aus der späten 17. oder frühen 18. Dynastie.[13] Seine Provenienz ist unbekannt, es sprechen aber nach PARKINSONs Recherchen einige Gründe für Theben als Ort der Auffindung und der Niederschrift.

---

[13] „Two New „Literary" Texts on a Second Intermediate Period Papyrus? A Preliminary Account of Pap. BM EA 10475", in: J. ASSMANN – E. BLUMENTHAL (Hgg.), *Literatur und Politik im pharaonischen und ptolemäischen Ägypten* (1999), 177-196 und Fig. 1-5.

Abb. 6: Reste einer narrativ gerahmten Königseulogie (BM EA 10475 rt. x+1-x+4)[14]

Recto und Verso sind von zwei verschiedenen Händen beschriftet worden, die beide dem Schreiber von Pap. Westcar nahestehen. Dazu gehören diesbezüglich diagnostische Zeichen wie 𓀀 (L1), ⌣ (D36) und ⌣ (V30).

Im Unterschied zum Westcar-Papyrus hat derjenige aus dem British Museum wohl nur eine Blatthöhe von ca. 17-18 cm umfasst. Das Verso enthält nach Ausweis mehrerer narrativer Verbalformen eine mittels Verspunkten markierte Erzählung, in der u.a. das Lebenshaus (*pr-ꜥnḫ*) am Palast (*ꜥḥ*) eines namentlich nicht mehr ermittelbaren Königs eine gewisse Rolle spielt.[15]

Wenn auch nur wenig von beiden Texten erhalten geblieben ist, bildet diese Handschrift eine willkommene Bereicherung des literarischen Bestandes der 2. Zwzt. Einige grammatische Erscheinungen deuten auf eine Komposition im späten MR.[16]

## II.  Wissenschaftliches

Schreiten wir von der Literatur zu fachwissenschaftlichen Texten, besser gesagt zu regelrechten Handbüchern wie solchen der Medizin, Magie und Mathematik. Erste Belege für derartige Quellen haben wir wie im Falle der erzählenden, klagenden oder belehrenden Literatur in der 12. Dyn., wie aus Illahun und dem Grab unterhalb des Ramesseum aus der 13. Dynastie.

Eine regelrechte Prachthandschrift[17] liegt uns vor in Gestalt des Papyrus Ebers, des berühmtesten medizinischen und pharmakologischen Traktats aus dem

---

[14] R.B. PARKINSON, *loc. cit.*, 195 Fig. 2.
[15] Den Vers *sṯꜣ.n=f-pr-ꜥnḫ mi-ḳd=fᵒ* (Kol. x+4) würde ich aufgrund seiner Determinierung durch Mann-auf-Pluralstrichen nach *pr-ꜥnḫ* und der Verwendung des Verbums *sṯꜣ* anders als PARKINSON verstehen: „Es wurden zu ihm (= König ?) die (Mitglieder) des Lebenshauses eingeführt". Zur höfischen Konnotation von *sṯꜣ* s. Neferty E I.4-5, wo es wie an anderen einschlägigen Stellen die zeremonielle Einführung eines Untertanen vor den König bezeichnet.
[16] R.B. PARKINSON, *loc. cit.*, 193 n. 107. Zu dem frühesten Ostrakon mit einem Auszug aus Sinuhe s.o. Kap. 13. Es gehört ja in etwa die gleiche Zeitspanne wie Pap. Westcar und der Londoner Pap. BM EA 10475.
[17] Mit G. MÖLLER, *Hieratische Paläographie I*, 20, ein „kalligraphisches Meisterwerk".

pharaonischen Ägypten überhaupt. Benannt nach seinem Käufer und Erstbesitzer EBERS (1837-1898),[18] gelangte der ursprünglich ca. 18,63 m lange und 30 cm hohe Papyrus in die Universitätsbibliothek der Albertina zu Leipzig, wo er sich noch heute befindet.[19] Durch Verluste während des Zweiten Weltkrieges zwar um acht Kolumnen beraubt und einige weitere nur noch in Fragmenten,[20] bietet er nach wie vor auch aus hieratistischer Perspektive einige aufschlussreiche Phänomene und Besonderheiten.

Zunächst zu seiner Datierung. In der 1. Kolumne auf dem Verso befindet sich unter dem Datum Jahr 9, 3. *šmw*-Monat, Tag 9 unter Amenhotep I. ein Kalender mit den Namen eponymer Monatsfeste, von anderer Hand geschrieben als die medizinischen Texte. Da wir davon ausgehen dürfen, dass die Recto-Kolumnen 1-102 und Verso-Kolumnen 103-110 chronologisch vor diesem Kalender niedergeschrieben worden sind, ist das Kalenderdatum als *terminus post quem* im Verhältnis zum Datum des Kopiervorgangs des medizinischen Handbuchs zu verstehen. Die chronologischen Ansätze für den von manchen Ägyptologen vermuteten Sothisaufgang schwanken in der Ägyptologie,[21] und die $C^{14}$-Analyse des Papyrusmaterials hat eine Zeitspanne von nur wenigen Jahrzehnten innerhalb des 16. Jh. v. Chr. ergeben, innerhalb welcher die Beschriftung vonstattengegangen sein muss, so dass die Paläographie für diesen Typ von Text(en) recht präzise datiert werden kann. Wir werden bald sehen, dass diese Paläographie bei weitem nicht auf die zeitgenössischen und nur wenig späteren Administrativa zutrifft. Aber das sollte uns inzwischen nicht mehr verwundern.

---

[18] M.L BIERBREIER (Hg.), *Who Was Who in Egyptology* (2012), 169f.

[19] Ohne Inventarnummer. Alle wichtigen Daten zu Erwerb, Schicksal und Restaurierung bei R. SCHOLL, *Der Papyrus Ebers. Die größte Buchrolle zur Heilkunde Altägyptens* (2002); zum medizinischen Inhalt seiner 879 Einzeltexte W. WESTENDORF, *Handbuch der altägyptischen Medizin 1. Band* (1999), 22-35 und pass., sowie id., *op. cit. 2. Band*, 547-711 (Übersetzung); s. jetzt a. die Neubearbeitung von L. POPKO, unter: www.sae.saw-leipzig.de. Unter der website „Papyrus Portal" ist der komplette Text in hochauflösenden Photographien einsehbar: http://www.organapapyrologica.net/content/papportal_start.xed?XSL. PortalType.SESSION=papportal. Unter den Lemmata „Kaufort" und „Kaufdatum" ist der Artikel „Ludwig Borchardts Recherche zur Herkunft des pEbers" von S. VOSS, „Ludwig Borchardts Recherche zur Herkunft des pEbers", in: *MDAIK* 65 (2009), 373-376, nachzutragen.

[20] Präzise Nachweise hierzu verdanke ich Reinhold Scholl (Handschriftensammlung der Albertina und Seminar für Alte Geschichte der Univ. Leipzig).

[21] J. V. BECKERATH, *Chronologie des pharaonischen Ägypten* (1996), 45, mit den bis dato vorgelegten Umrechnungen. Die jüngeren Beiträge zu dieser Frage revolutionieren den Sachstand in keiner Weise, und ob das Jahr 9 Amenhoteps' I. z.B. 1530 oder 1517 anzusetzen ist, ist für die Paläographie des Ebers-Papyrus völlig irrelevant.

Pap. Ebers präsentiert ein geradezu auf Kalligraphie und gute Lesbarkeit aus-
gerichtetes Hieratisch mit wenigen Ligaturen und entsprechend seltenen Abbreviaturen. Da es sich bei der altägyptischen Heilkunde im weitesten Sinne[22]
um einen sakralen Akt im Sinne der Wiederherstellung der mikrokosmischen
Ordnung (= Ma'at) eines menschlichen Individuums handelt, sind die einschlägigen Handbücher zur Wiedererlangung dieses Idealzustandes nicht in der Ak-
ten- oder Geschäftskursive ihrer Zeit geschrieben worden, sondern in der für
literarische und religiöse Texte vorgesehenen Kalligraphie oder in kursiven
Hieroglyphen. Ob es nach den medizinischen Ramesseumpapyri noch weitere
in retrograder Schriftrichtung gegeben hat, lässt sich einstweilen nicht sagen.
Der gegenwärtige wissenschaftliche Textbestand auf Papyrus nach der 2. Zwzt.
spricht dagegen.

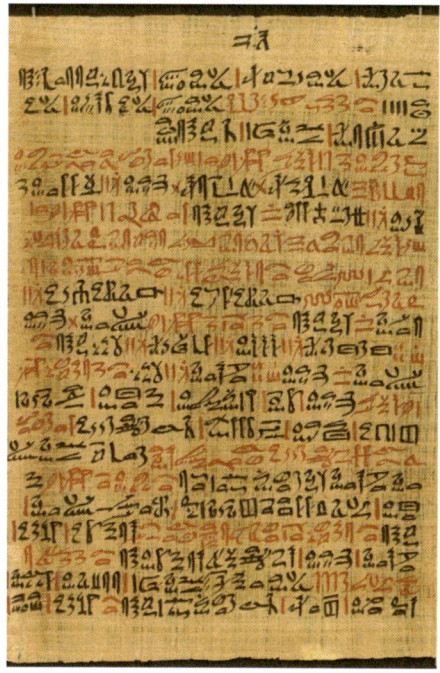

Abb. 7: Pap. Ebers, Kolumne 78[23]

---

[22] Also im Sinne diagnostisch-therapeutischer Medizin, beschwörender Magie und applizier-
ter Pharmakopöe.
[23] http://papyri.uni-leipzig.de/rsc/viewer/UBLPapyri_derivate_00500750/p_ebers_23_77-
79300.jpg (Zugriff 31.12.16)

Eine weitere Besonderheit der Ebers-Handschrift ist die Paginierung am oberen Rand der Kolumnen von 1-27 und 30-110, unter Auslassung der Seitennummern 28-29. Zunächst sei betont, dass wir mit dieser Handschrift die bislang älteste mit gesicherter Paginierung vorliegen haben. Die sublineare Ziffer „6" auf dem Papyrus Illahun UC 32106 rt. kann ja nicht mit letzter Gewissheit als solche Paginierung und damit als Erstbeleg für diese Schreiberpraxis identifiziert werden (s.o. Kap. 13). Die Nummerierung aller zehn Zeilen bzw. Namenseinträge haben wir erstmalig beim Brooklyner Papyrus 14.1446 angetroffen, allerdings ohne jede Form von zusätzlicher Paginierung (s.o. Kap. 12).

Beim Ebers-Papyrus besteht an dieser Praxis also kein Zweifel mehr, der Schreiber mag allein infolge des gewaltigen Kolumnen- und Textumfangs die Notwendigkeit einer solchen Referenzierbarkeit empfunden haben. Aber wurde der Ebers-Papyrus dadurch tatsächlich innerhalb der Ärzteschaft referenzierbar und falls ja, mittels welcher Terminologie? Dienten die „Seitenzahlen" der leichteren Auffindbarkeit von Diagnosen, Therapien und Rezepten? Es ist m.W. bislang kein einziger ägyptischer Text bekannt geworden, der intertextuell auf eine bestimmte und nummerierte Kolumne eines anderen Textes verweisen würde, von Fußnoten ganz zu schweigen. Warum dann die ausgelassenen Zahlen 28 und 29 und die auf diesem Umwege erreichte Gesamtzahl „110"? Hierzu wird seit GRAPOW[24] gerne auf das ideale Lebensalter der Ägypter von 110 = 10 + 100 Jahren verwiesen.[25] Nur warum wurden dann nicht z.B. die Kolumnen 108 und 109 einfach übersprungen, wenn das Ende der Kopie in Sichtweite war? In welcher Reihenfolge ist der Kopist bei seiner Paginierung vorangeschritten, von 1-… oder rückwärts von 110-…? War die mitten im Satz abgebrochene Niederschrift des chirurgischen Handbuchs auf Pap. Edwin Smith (dazu gleich mehr) über ihre bis dahin kopierten 48 *casūs* hinaus gleichfalls auf 110 Fälle angelegt? Jener Papyrus ist nicht paginiert, aber das vielleicht nur, weil er den Torso einer medizinischen Monographie zu ganz alltäglichen Verletzungsarten bildet.

---

[24] Dieses Referenzsystem ist erst im späten 17. Jh. im Gefolge des Buchdrucks allmählich eingeführt worden bzw. hat sich nach und nach eingebürgert; Grundsätzliches und viele Einzelheiten dazu bei A. GRAFTON, *Die tragische Geschichte der deutschen Fußnote* (1995).
[25] Zu dieser Auflösung 10+110 und nicht wie bislang angenommen von 100+10 Extrajahren s. J. ASSMANN, „Die Unschuld des Kindes. Eine neue Deutung der Nachschrift von CT spell 228", in: T. DU QUESNE (Hg.), *HERMES AEGYPTIACUS. Egyptological Studies for BH Stricker* (1995), 19-25.

Zur Differenzierung diverser Textpartien verwendet der Schreiber von Pap. Ebers schwarze und rote Tinte: rot für *incipit von Buch- und Rezepttiteln, Anfängen einzelner Diagnosen und darauffolgenden Therapieanweisungen, Quanten- und Drogenangaben. Die Seiten- oder Kolumnenzahlen sind durchweg in schwarz ausgeführt. Die Tinte, ob rot oder schwarz, ist von seltener gleichbleibender Leuchtkraft, weshalb *re-dippings* im Unterschied etwa zu dem in Kap. 12 untersuchten Brief aus Illahun kaum auszumachen sind. Dieses Bild wird sich beim Schriftvergleich mit Pap. Edwin Smith erheblich ändern; s.u.

Trotz aller kalligraphischen Pracht ist der Ebers-Papyrus nicht frei von Fehlern und Korrekturen. Beim Wechsel von schwarzer zu roter Tinte und *vice versa* hat der Aschreiber nicht immer konsequent die Binse gewechselt. Gemessen an dem Umfang des kopierten Textes fallen diese Versehen aber eher bescheiden aus. Unter rein technischen Aspekten wird diese Kopie am wahrscheinlichsten als Abschrift nach direkter Vorlage erfolgt sein, denn allein aufgrund der zahllosen Rezepturen unter minutiöser Angabe der Drogenquanten ist ein Zustandekommen aus dem Gedächtnis mehr als unwahrscheinlich. Kol. 110 trägt keinen Kolophon etwa dergestalt, dass der Kopist seine Abschrift „so angefertigt habe, wie vorgefunden in der Schrift" o.ä. Nach LUISELLI ist dies eine Usance, die sich nur bei literarischen und zwei religiösen Texten finde.[26]

Im Verlaufe der digitalen Bearbeitung wissenschaftlicher Texte in hieratischer Schrift haben sich zahlreiche Fragen zur korrekten oder adäquaten Transkription der Texte in Hieroglyphen ergeben.[27] Das betrifft auch einige Graphien im Ebers- und Edwin Smith-Papyrus. Anlässlich der 3. „Binsen"-Weisheiten-Tagung in Mainz (April 2016) haben DILS und POPKO einige Proben aus diesen

---

[26] Zu Kolophonen und ihrer wechselnden Phraseologie vom MR zum NR s. R.B. PARKINSON, „Teachings, discourses and tales from the Middle Kingdom", in: S. QUIRKE (Hg.), *Middle Kingdom Studies* (1991), 91-122; dort: 94-96; M. LUISELLI, „The Colophons as an Indication of the Attitude towards the Literary Tradition in Egypt and Mesopotamia, in: S. BICKEL – A. LOPRIENO (Hgg.), *Basel Egyptology Prize 1. Junior Research in Egyptian History, Archaeology, and Philology* (2003), 343-360; ead., *Der Amun-Re Hymnus des P. Boulaq 17 (P. Kairo CG 58038)* (2004), 37f.

[27] Die Rede ist hier natürlich von dem Leipziger Akademie-Projekt *Strukturen und Transformationen des Wortschatzes der ägyptischen Sprache. Text- und Wissenskultur im Alten Ägypten* (https://www.saw-leipzig.de/de/projekte/strukturen-und-transformationen-des-wortschatzes-der-aegyptischen-sprache) in Kooperation mit dem Partnerprojekt an der Berlin-Brandenburgischen Akademie der Wissenschaften (http://www.bbaw.de/ forschung/ aew).

Befunden zur Diskussion gestellt.[28] Sie berühren grundsätzlich Fragen im wissenschaftlichen Umgang mit hieratisch-spezifischen Graphien und auch Zeichen oder Hieratogrammen, die so nicht 1:1 im Hieroglyphischen Verwendung finden. Hier sei exemplarisch nur ein Zeichen problematisiert, das als Determinativ nach diversen Wörtern im Ebers-Text vorkommt, dessen präzise Transkription in Hieroglyphen aber alles andere als einfach oder selbstverständlich ist. In Anlehnung an den Sprachgebrauch von DONKER VAN HEEL zu multipel verwendeten Zeichen(formen) in völlig unterschiedlichen Wörtern und Namen sei hier sein Terminus *multifunctional sign* auf die geschilderten Befunde in älteren hieratischen Texte vorgeschlagen.[29] Es geht hier um das eiartige Zeichen am Ende der folgenden Wörter:

(Abb. 8) *wdꜥy.t* – „Muschel"     (Abb. 9)

(Abb. 10) bzw.     (Abb. 11) *wdd* bzw. *bnf* – „Galle"

(Abb. 12) bzw.     (Abb. 13)

(Abb. 14) *iwšš* – „Teig"     (Abb. 15)

(Abb. 16) *ꜥmm* – „Gehirn"     (Abb. 17)

(Abb. 18) *ꜥgꜣy.t* – bzw. *ꜣgy.t* – „Harz"     (Abb. 19)

(Abb. 20) *ḥzꜣ* – „Gallapfel"     (Abb. 21)

Die Umschriften stammen aus dem *Wörterbuch der medizinischen Texte der Alten Ägypter* sowie dem *Wörterbuch der ägyptischen Drogennamen* und ver-

---

[28] Unter dem Titel „Transcribing Hieratic into Hieroglyphs for the TLA. Problems and Priorities of a Lexicographical Database". Verf. dankt den beiden Projekt-Mitarbeitern sehr herzlich dafür, auf ihre Arbeit hier schon verweisen zu dürfen. Eine Publikation des Vortrages inkl. der vorgebrachten Kommentare zu dem Referat wäre mehr als wünschenswert: Einzelnachweise der Abb. 8-21 darin.

[29] S. seinen *A Very Easy Crash Course in Abnormal Hieratic. Being a Step by Step Introduction to the Least Accessible of All Ancient Egyptian Scripts* (Uitgaven vanwege de Stichting Het Leids Papyrologisch Instituut 25, Leiden 2013), 12-14. Dazu mehr in Kap. 19.

anschaulichen die fehlende Differenzierung des Determinativs. Ist es also tatsächlich stets ein und dasselbe Zeichen und wenn ja, was stellt es dar? Oder repräsentiert es verschiedene hieroglyphische Realitäten, die uns momentan entgehen und entspricht es dann einem sog. *multifunctional sign*?

Der medizinische „Partner" zu Beginn der 18. Dyn. ist der nicht minder bedeutende, wenn auch auf die Chirurgie von Kopf-, Brust- und Rückenverletzungen begrenzte, Pap. Edwin Smith. Die gesamte Textfolge basiert auf der nicht nur in Ägypten, sondern auch in Mesopotamien[30] praktizierten, Auflistung von Körperteilen nach dem Prinzip *a capite ad calcem*, mithin „vom Kopf bis zur Ferse".

Auch seine Handschrift zeichnet sich durch eine vergleichsweise geringe Anzahl an Abbreviaturen und in der Geschäftskursive üblichen Ligaturen aus. Wieder einmal können wir feststellen, dass medizinische Texte mit Referenzoder Nachschlagefunktion in sauberer hieratischer Kursive anzufertigen waren, auf ungehinderte Lesbarkeit über den einmaligen Gebrauch hinaus abgestellt waren. Zahlreiche Glossen, also Erklärungen, unterfüttern die Lehrtexte. Sein Verso trägt eine Reihe von Beschwörungen gegen durch Dämonen verpestete Luft, Haut- und Menstruationsprobleme sowie ein Rezept zur Verjüngung der Haut.

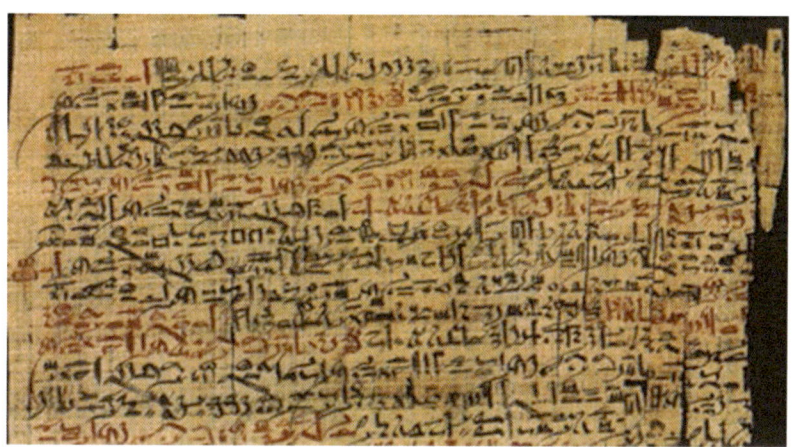

Abb. 22: Pap. Edwin Smith, Ausschnitt aus Kol. 2[31]

---

[30] W. v. SODEN, in: B. LANDSBERGER – id., Die Eigenbegrifflichkeit der babylonischen Welt – Leistung und Grenze sumerischer und babylonischer Wissenschaft ([1936, repr.] 1965), 21-123; dort: 46 und 103f.
[31] Die Basis-Edition ist immer noch J.H. BREASTED, *The Edwin Smith Surgical Papyrus* 2 Bände (1932); Abb. aus: J.P. ALLEN, *The Art of Medicine in Ancient Egypt* (2005), 74.

Zunächst ist auch in diesem Falle eine Beschriftung der insgesamt 5,68 m und 33 cm hohen Papyrusrolle durch zwei verschiedene Hände zu beobachten. Schreiber 1 ist für die Kopie von rt. I.1 – vs. IV.8 verantwortlich und Schreiber 2 von vs. IV.9 – Ende V, und das sind magische Beschwörungen und ein Verjüngungsrezept für alte(rnde) Männer. Dabei hat der erste Schreiber auf Kol. XVII.19 noch dazu mitten im Satz seine Chirurgie-Monographie abgebrochen (*ir.ḥr=k n=f* <...> - „Dann hast Du ihm anzufertigen <...>."), also am Beginn einer Therapieanweisung. Die Gründe für diesen Abbruch liegen im Dunkeln.

Auch dieser Schreiber macht Gebrauch von schwarzer und roter Tinte, allerdings in erheblich ungleich verteilter Intensität und Regelmäßigkeit als der des Ebers-Papyrus. Zahlreiche Korrekturen in roter über schwarzer Tinte und *vice versa* sowie Tilgungen kennzeichnen seine Arbeit. Seine Fallbeschreibungen können dabei rot enden, mit dem Beginn des nächsten Falles in schwarz, um diesen von seinem Vorgänger optisch abzuheben. Der Regelfall sieht ja rot für einen neuen Textabschnitt vor.[32] Aktuell laufende Untersuchungen zu den frischen Binsenfüllungen bei Schreiber 1 zeichnen ein für die Rekonstruktion des Zustandekommens dieser Handschrift durchaus aufschlussreiches Szenario.[33]

BREASTED bietet in seiner *editio princeps* des Smith-Papyrus eine selektive Paläographie beider Hände, unter Vergleich mit derjenigen des Ebers-Papyrus und älterer Handschriften wie der des Pap. Westcar sowie solchen aus Abusir (5. Dyn.), Hatnub (11.-12. Dyn.), Illahun der 12.-13. Dyn., sowie jüngeren wie den 18 Fragmenten von Pap. Boulaq XIII[34] (ramessidisch oder etwas früher) und anderen Handschriften.

---

[32] J.H. BREASTED, *op. cit.*, 29. Diese „Unregelmäßigkeiten" im Umgang mit rot und schwarz sind auch typisch für so manche Abschrift von magischen Sprüchen.
[33] A. BRAWANSKI (Univ. Regensburg) hat dem Leipziger Akademieprojekt „Strukturen und Transformationen des ägyptischen Wortschatzes. Text- und Wissenskultur im Alten Ägypten" im Dezember 2016 Einblicke in seine laufenden Studien, die dabei angewendeten Verfahren und erzielten Zwischenergebnisse gewährt, wofür ich ihm auch an dieser Stelle sehr herzlich danken möchte.
[34] *Editio princeps* samt Versuch einer Übersetzung und Annotation von F. HAYKAL, „Papyrus Boulaq XIII", in: *BIFAO* 83 (1983), 213-248 und Pl. XLIII-LI (Photos), 18 Tafeln Faksimile plus Transkription sowie zwei Tafeln ausgewählter Paläographie. Diese Fragmente verdienten unbedingt eine gründliche Neubearbeitung.

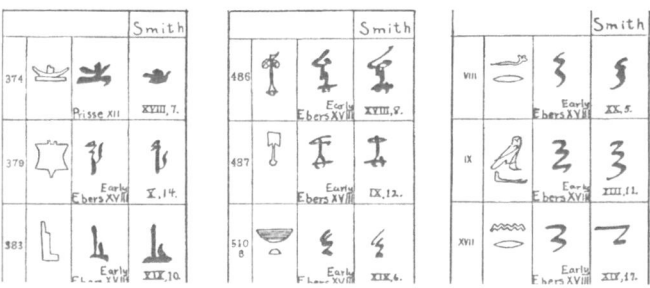

Abb. 23: Die Hände von Pap. Smith und Pap. Ebers im Vergleich[35]

Ich gebe hier nur einen kleinen Ausschnitt aus seinen Tabellen, unter besonderer Berücksichtigung der Ligaturen. Es gilt dabei stets zu berücksichtigen, welche Hand wir mit welcher anderen vergleichen, da BREASTED beide Schreiber, also von rt. I.1 – vs. IV.8 einerseits und von vs. IV.9 – V.17 in seinen Tabellen zitiert.

Die Handschriften von Smith und Ebers sind einander *grosso modo* zwar ähnlich, aber eben nicht identisch. Sie werden wohl mit Recht in die gleiche Zeitspanne, d.h. in die sehr frühe 18. Dyn., gesetzt werden dürfen. Hier sei auch nochmals an den Kalender auf Vs. 1 von Pap. Ebers erinnert, der ja in Jahr 9 Amenhotep I datiert ist, nach absoluter Datierung in das Ende des 16. Jh. v.. LiterChrarische Kalligraphie, keine *Tachygraphie oder Kurz- oder Schnellschrift, bestimmt den jeweiligen Duktus, bei Ebers noch mehr als beim Smith. Paläographisch und orthographisch wird die Handschrift als ganze von ihrem Herausgeber BREASTED etwas früher als der Ebers-Papyrus angesetzt.[36]

In der letzten Zeile von Kol. 17, also der letzten des Recto, bricht der Schreiber mitten im Satz ab. Der Grund hierfür ist unklar, jedenfalls ist die gesamte Komposition sicher *a capite ad calcem* angeordnet gewesen, aber das Traktat des Wundenbuches ist somit ein Fragment im klassischen Sinne, ein unvollendetes Werk. Der Text endet mit der Instruktion zu einer Zerrung eines Rückenwirbels mit diesen Worten:

*ir.ḫr=k-n=f* – „Dann sollst du ihm (= Patienten) anfertigen <...>"

Obwohl auf dem Verso genügend Platz zur Fortsetzung seiner Chirurgie vorhanden gewesen wäre, wechselt der Schreiber das Genre und beschriftet Kol. XVIII.1 – XXI.8 mit Beschwörungen und den anderen genannten Rezepten.

---

[35] J.H. BREASTED, *op. cit.*, 27.
[36] *The Edwin Smith Surgical Papyrus* (1930), 593-595.

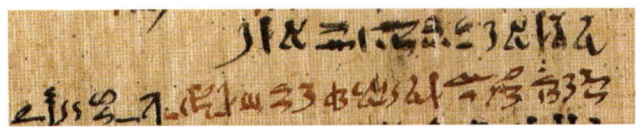

Abb. 24: Schreiberwechsel auf Verso IV.8-9 von Pap. Smith[37]

Ab Z. 9 wechselt plötzlich die Hand und wir sehen einem 2. Schreiber bei der Kopie des Verjüngungsrezeptes zu. Auch hierfür bleibt der Grund für uns im Dunkeln.

Pap. Edwin Smith ist im Unterschied zu Pap. Ebers noch nicht im 1. Band von MÖLLERS *Hieratische(r) Paläographie* erfasst, weil diese Handschrift ja erst 1930 von BREASTED ediert wurde.

Die jüngst erschienene Neuedition des chirurgischen Teils von SANCHEZ und MELTZER widmet sich der Medizin und der Grammatik und Philologie des Traktates, geht aber auf die paläographischen Aspekte der Handschrift nicht ein. Auch werden die Sprüche auf dem Verso nicht neuerlich bearbeitet.[38] Pap. Edwin Smith ist hinsichtlich seiner Sprachgestalt in vielen Punkten altertümlicher als der gesamte Textbestand auf Pap. Ebers. Er weist noch zahlreiche Spezifika des Altägyptischen auf.[39]

Kurz noch zum möglichen antiken Kontext beider Traktate. Angesichts ihres unbekannten Fundortes bleibt es sehr spekulativ, wo und von wem sie dereinst verwendet und deponiert worden sein könnten. Eine medizinische Tempelbibliothek dürfte der ursprüngliche Aufbewahrungsort gewesen sein, aber auch Privatbesitz ist nicht auszuschließen. Ich erwähne diese Option deswegen, weil es genau in dem Zeitraum der Niederschrift des Ebers-Papyrus in Theben einen Sachmet-Priester und damit Arzt namens Nefer gegeben hat, der sich in seiner in vielen Punkten außergewöhnlichen Biographie u.a. auch des Besitzes zahlreicher medizinischer Traktate rühmt:

Abb. 25: Nefer-Stele[40]

---

[37] J.P ALLEN, *op. cit.*, 112.

[38] *The Edwin Smith Papyrus. Updated Translation of the Trauma Treatise and Modern Medical Commentaries* (2012).

[39] W. WESTENDORF, *Grammatik der medizinischen Texte* (1962), § 486, und E.S. MELTZER, in: G.M. SANCHEZ – id., *op. cit.*, pass.

[40] I.E.S EDWARDS, „Lord Dufferin's Excavations at Der el-Bahari and the Clandeboye Collection", in: *JEA* 51 (1965), 16-28 und Pl. IX-XII; dort: 25f. und Pl. XI.3; zur Stelle Verf.,

„Ich war ein wahrhaft fähiger Schreiber,
ein Heiler mit wirksamen Finger(behandlunge)n,
Besitzer von Heilkunden (*šs3.w*), mit zahlreichen dazugehörigen Traktaten (*iry.w*),
der Krankheiten des Leibes abgetastet hat."

Die Ebers- und Smith-Papyri wimmeln nur so vor *šs3.w*-Heilkunden und ersterer zitiert sogar ein *iry*-Kompendium wortwörtlich.

Wie dem auch sei, genauso wie Akten aller Art mit ins Grab genommen wurden als Ausweis der Schreib- und Lesefähigkeit in Sachen Hieratisch, so wurden doch auch gerne medizinische und magische Textsammlungen ihrem eigentlichen Sitz-im-Leben entzogen und erhielten durch ihre Deponie im Grab einen neuen Sitz-nach-dem-Leben.

## III.   Funeräre und magische Sprüche

Bis hierhin haben wir literarische und medizinische Texte der späten 2. Zwzt. und der frühen 18. Dyn. vorgestellt.[41] Was nicht fehlen darf, sind religiöse aus den Bereichen der Funerärliteratur sowie der Alltagsmagie. Zwischen der 13. und der 17. Dyn. wird das Corpus der Sargtexte mit seinen mindestens 1185 Sprüchen weitgehend abgelöst von ersten überarbeiteten Nachfahren in Gestalt des sog. Totenbuches oder der „Sprüche vom Herausgehen am Tage ...", wie der Anfang des ägyptischen Titels heißt. Dieses neue Corpus sollte eine Laufzeit von ca. der späten 12. Dyn. bis etwa in das 1. Jh. v. Chr. erleben. Insbesondere seine Frühgeschichte erlebt in den letzten Jahren eine intensive Erforschung.[42] Die Diskussion um die Klassifizierung der betreffenden Sprüche als

---

„Stolz auf seine Fachbibliothek oder Die Thaumaturgischen Hände des Dr. Nefer", in: *WdO* 43 (2013), 106-114. Zum Ausweis des Besitzes von Schriftrollen s.a. den Vermerk im Kolophon von Pap. d'Orbiney 19.9: *ir.n-zh3.w ˀnin3 p3-nb n-p3y-zh* – „angefertigt vom Schreiber Enene, dem Besitzer dieser Handschrift".

[41] Der Vollständigkeit halber müsste der Mathematische Papyrus Rhind auch gebührend besprochen werden, der von seinem Kopisten in das 33. Jahr des Hyksoskönigs Auserre Apopis (15. Dyn.) datiert wird, damit grob in den Zeitraum von 1570-1530 gehört. Seine – kalligraphische – Paläographie trägt außer zahlreichen mathematischen Notationen aber wenig Neues zum damaligen Hieratisch bei. Recht ordentliche Photographien seiner Kolumnen bzw. Rechenaufgaben samt Illustrationen bei G. ROBINS – C. SHUTE, *The Rhind Mathematical Papyrus, an ancient Egyptian text* (1987), Pl. 1-24.

[42] Hier sei stellvertretend auf die folgenden Arbeiten verwiesen: L. GESTERMANN, „Die Anfänge des altägyptischen Totenbuches", in: B. BACKES *et al.* (Hgg.), *Totenbuch-Forschungen, Gesammelte Beiträge des 2. Internationalen Totenbuch-Symposiums Bonn, 25. bis 29. September 2005* (2006) 101-113; ead., „Auf dem Weg zum Totenbuch: Von Tradition und Neuerung", in: R. LUCARELLI *et al.* (Hgg.), *Herausgehen am Tage. Gesammelte Schriften zum altägyptischen Totenbuch* (2012), 67-77; W. GRAJETZKI, „Another early source for the

noch zu den Sargtexten oder schon zum Totenbuch gehörend kann hier nicht
im Einzelnen verfolgt werden, dazu sei auf die angegebene Fachliteratur verwiesen. Allerdings haben sich für das Studium der Verwendung des Hieratischen innerhalb dieser Textüberlieferung einige interessante Aspekte ergeben,
die in aller gebotenen Kürze Erwähnung finden müssen. Zunächst ist festzuhalten, dass hieratische Kursive der literarischen, nicht administrativen, Kursive,
auf den Innenseiten hölzerner Särge der 13. Dyn. und späten 2. Zwzt. verwendet wird, Hieroglyphen dagegen auf den Außenseiten. Diese Särge gehören
Mitgliedern königlicher Familien wie Ehefrauen und Söhnen, daneben Privat-
leuten, aber eben nicht Königen selbst. Die hieroglyphischen Texte der Außen-
wände bilden zuvorderst solche ritueller Natur und schöpfen aus dem Corpus
der Sargtexte, die kursiven Aufschriften der Innenwände stellen den Verklärten
dagegen prioritär Wissenstexte zur Verfügung und schöpfen aus dem Corpus
des gerade entstehenden Totenbuches, unter Einschluss von Vorläufern in den
Sargtexten. Diese Differenzierung geht auf eine Studie GESTERMANNS zurück.[43]

Unter dem Aspekt der Repräsentativität und eventuell auch des Grades an Sakralität können die Sargtexte außen einen höheren Stellenwert für sich verbuchen, die Totenbuchsprüche der Innenseite dagegen sind nicht auf Ästhetik ausgerichtet, sondern auf Verfügbarkeit für den Toten im Jenseits und werden wie
Literatur in der 12. Dyn. in entsprechender Kursive zur eigenen Rezitation mitgegeben. Interessant ist zusätzlich, dass Totenbuchsprüche erst nach dem NR
für eine geraume Zeitspanne überwiegend hieratisch geschrieben werden, bis
dahin sind es kursive und retrograd[44] notierte Hieroglyphen, in denen sie auftreten. Man könnte ab der späten 2. Zwzt. von einer Art „Enthieratisierung",

---

Book of the Dead: The SIP Burial D25 at Abydos", in: *SAK* 34 (2006), 205-216 (u.a. frühes-
ter Beleg für Tb 149, aber nicht in Hieratisch); R.B. PARKINSON – S. QUIRKE, „The Coffin
of Prince Herunefer and the Early History of the *BOOK OF THE DEAD*", in: A.B. LLOYD
(Hg.), *Studies in Pharaonic Religion and Society in Honour of J. Gwyn Griffiths* (1992), 37-
51 mit Pl. I-IV. – Zu den spätesten Totenbüchern s. S. QUIRKE, „The Latest Books of the
Dead?", in: W.V. Davies (Hg.), *Studies in Egyptian Antiquities. A Tribute to T.G.H. James*
(1999), 83-98 und Pl. XIX-XX; S. TÖPFER – M. MÜLLER-ROTH, *Das Ende der Totenbuch-
tradition und der Übergang zum Buch vom Atmen. Die Totenbücher des Montemhat (pTübingen 2012) und der Tanedjmet (pLouvre N 3085)* (2011).
[43] L. GESTERMANN, „Auf dem Weg zum Totenbuch: Von Tradition und Neuerung". S. jetzt
u.a. auch die konzisen Beiträge von H. KOCKELMANN – E. COLE – P.F. DORMAN in dem von
F. SCALF hg. Band *Book of the Dead. Becoming God in Ancient Egypt* (2017).
[44] Dazu jetzt a. I. MUNRO, in: ead. – R. FUCHS, *Papyrus Amenemhet. Ein Totenbuch der 18.
Dynastie* (2015), 13-16; dort a. mit einer Liste von hieratischen Einsprengseln im ansonsten
norm-kursivhieroglyphischen Text; s. ferner O. GOELET, „Observation on Copying and the

hin zu einer „Hieroglyphisierung", des Totenbuches sprechen, die dann pha-
senweise zu ihrer ersten Manifestation in Hieratisch zurückgeführt wird. Aber
das soll uns erst in Kap. 21 näher beschäftigen.

Schauen wir zunächst auf ein Beispiel einer der frühesten Kollektion von Totenbuchsprüchen auf dem Fragment vom Kopfende eines Holzsarges, das dem
Obersten Siegler, Generalissimus und ältesten Königssohn namens Heru-nefer
gehörte und wahrscheinlich aus der späten 17. Dyn. stammt. Sein in der Filiation genannter Vater namens Mentuhotep ist nicht sicher zu identifizieren bzw.
zu datieren.[45]

Abb. 26: Innenseite von BM EA 29997 (L 64,5 x H 21 cm)[46]

Der Text bildet Spruch 17 in einer für das Totenbuch überarbeiteten Version
seines Vorgängers Spell 335 in den Sargtexten. Die Schreibfläche ist nicht
stuckiert, was ungewöhnlich für diesen Zeitraum ist. Holztafeln als Schreibun-
terlagen für literarische, religiöse, administrative und andere Textsorten sind
dies nämlich geradezu regelhaft bis zum späten NR, wenn sie von planierten
Kalksteintafeln abgelöst werden, um dann spätestens in der Kuschitenzeit wieder gehäuft für alle Textsorten Verwendung zu finden.[47]

---

Hieroglyphic Tradition in the Production of the *Book of the Dead*", in: S.H. D'AURIA (Hg.),
*Offerings to the Discerning Eye* (2010), 121-132; dort: 128ff. mit weiterer Lit. in Anm. 47
auf S. 128 sowie zu durch retrogrades Schreiben verursachten Fehler auf den Seiten 13ff.
[45] S. R.B. PARKINSON – S. QUIRKE, „The Coffin of Prince Herunefer and the Early History
of the *BOOK OF THE DEAD*".
[46] R.B. PARKINSON – S. QUIRKE, „The Coffin of Prince Herunefer and the Early History of
the *BOOK OF THE DEAD*". 42 Pl. II.
[47] P. VERNUS, s.v. *Schreibtafel*, in: *LÄ* V, 703-709; dort: 704; eine weitere Tafel aus der
frühen 18. Dyn. mit kalendarischen Omina und Abrechnungen auf der anderen Seite gründlich ediert von id., „Omina calendériques et comptabilité d'offrandes sur une tablette
hiératique de la XVIIIe dynastie", in: *Rd'É* 33 (1981), 89-124 und Pl. 5-6. S. jetzt a. F. HA-
GEN, „An Eighteenth Dynasty Writing Board (Ashmolean 1948.91) and the Hymn to the

Abb. 27: Paläographie der Sarginnenwand BM EA 29997[48]

Die beiden Bearbeiter des Sargfragmentes haben ihrem Beitrag auch eine kleine Paläographie beigefügt, allerdings ohne vergleichbare Zeichen- und Ligaturen aus mehr oder minder zeitgenössischen hieratischen Texten.[49] Sie datieren die Aufschrift in Übereinstimmung mit einer Bemerkung ČERNÝs zu diesem Text „nearer the Eighteenth than to the early Thirteenth Dynasty".[50] Bei

Nile", in: *JARCE* 49 (2013), 73-91; zum Hieratischen S. 81f.; K. HASSAN, „An 18th Dynasty Wooden Board in the Egyptian Museum of Cairo JE 95750-CG 25366", in: *Egyptian Journal of Archaeological and Restauration Studies* 6 (2016), 125-132 (Empfangsbestätigung über eine Barkenladung von Rindern und zugehörigen Personen auf der Innenseite eines Kastendeckels); zur Präparation von Schreibtafeln bes. 82f. Das Fragment einer noch unpublizierten Holztafel aus der späten 17. Dyn. mit Resten aus der Lehre des Amenemhet befindet sich im Náprstek Museum (P 7228) und wird von Verf. im Zusammenhang mit den anderen aus der ehemaligen ČERNÝ-Sammlung stammenden hieratischen Ostraka veröffentlicht. – Eine weitere unpublizierte Tafel aus der 2. Zwzt. befindet sich in der Äg. Sammlung des National Museum of Scotland, s. https://www.nms.ac.uk/explore-our-collections/collection-search-results/?item_id=300695 (Zugriff Nov. 2017).

[48] R.B. PARKINSON – S. QUIRKE, „The Coffin of Prince Herunefer and the Early History of the *BOOK OF THE DEAD*", 38 Fig. 1.

[49] Dabei ist allenfalls in Spalte 2 Z. 8, s.v. „(cf. 303)", eine kleine Korrektur dergestalt vorzunehmen, dass das Zeichen der Sonnenscheibe hier eben keinen Uräus trägt, im Unterschied zu Z. 11 Anfang.

[50] R.B. PARKINSON – S. QUIRKE, „The Coffin of Prince Herunefer and the Early History of the *BOOK OF THE DEAD*", 49; s.a. loc. cit., 37, wo ČERNÝs Notiz zitiert wird: „cannot be ascribed to a period long preceding the beginning of the XVIIIth Dynasty". Auf den aus der 13. Dyn. datierenden – und heute verlorenen - Sarg einer Königin namens Mentuhotep mit seinen hieratischen Aufschriften auf den Innenwänden gehe ich hier aus Platzgründen nicht eigens ein. Er spielt in der Debatte um die Entstehung des Totenbuchcorpus eine gravierende Rolle, seine Hieratika sind aber leider bislang nur verfügbar im Faksimile bei E.A.W. BUDGE, *Facsimiles of of Egyptian Hieratic Papyri in the British Museum with Descriptions, Translations, etc.* (1910), Pl. XXXIX-XLVIII. Die Texte sind von C. GEISEN, *Die Totentexte des verschollenen Sarges der Königin Mentuhotep aus der 13. Dynastie. Ein Textzeuge aus der Übergangszeit von den Sargtexten zum Totenbuch* (2004), vorgelegt und bearbeitet wor-

genauerer Betrachtung sind aber durchaus einige Abbreviaturen aus der Geschäftskursive zu verzeichnen, die auf eine recht rapide Niederschrift schließen
lassen. Ein Beispiel dafür ist z.B. der Name des Königs Mentuhotep,[51] die Ti-
telkonstellation *z3-nswt imy-r3-mš‘* sowie *rn* und *m3‘-ḥrw*, also die drei ersten
Einträge in Spalte 1.

Eine ebenfalls funeräre Quellengruppe aus der späten 2. Zwzt. und frühen 18.
Dyn. in Theben, sog. *stick shabits*, ist erst kürzlich in zuverlässigen Photographien, Faksimiles und Bearbeitungen von WHELAN präsentiert worden.[52] Diese
Stab-Uschebti zeigen nicht selten eine interessante Abfolge von kommerziell
vorgefertigter semi-hieroglyphischer *ḥtp-di-nswt*– Opferformel plus im Falle
des Kaufes zusätzlich aufgetragener hieratischer *n-k3-n*–Widmungs-formel
samt Besitzernamen. Ein gutes Beispiel dafür ist UC 40181:

Abb. 28: Opferformel = semi-hieroglyphisch + Widmung = hieratisch – © Courtesy of the
Petrie Museum of Egyptian Archaeology, UCL[53]

Ferner kann bei diesen Figurinen der Brauch beobachtet werden, dass das Totenbuchkapitel 6 bzw. der sog. Uschebtispruch durchgehend und regelhaft in

---

den. Leider hat sie nur die WILKINSON-Faksimiles der hieroglyphisch beschrifteten Außenseiten im Tafelteil reproduziert; s. dazu die Rez. von M. MÜLLER, in: *WZKM* 101 (2011),
343–366 [erschienen 2013].

[51] Vgl. auch die starke Abbreviatur des Namens der Königin Sat-Kamose auf Pap. Cairo JE
95675a Kol. IV.18: ⟨hieratisch⟩ = ⟨hieroglyphisch⟩ bei HELCK† in einem Appendix
zu MUNRO, *Totenbuchhandschriften der 18. Dynastie im Ägyptischen Museum Cairo. Mit
einem Beitrag von Wolfgang Helck. Textband* (1994), 195-204: dort: 197 und Taf. 68. Die
Abkürzung betrifft dort den Stativ *ms.w* durch den leicht gebogenen Strich für schwierige
bzw. aufwendig zu schreibende Determinative.

[52] *Mere Scraps or Rough Wood? 17th-18th Dynasty Stick Shabtis in the Petrie Museum and
other Collections* (2007).

[53] P. WHELAN, *op. cit.*, 75 (UC 40181).

Hieratisch aufgetragen wird.[54] Paläographisch ist diese Objektgruppe noch nicht ausgewertet, bei welcher Arbeit sich einige Besonderheiten manifestieren dürften, die dem nicht selten kruden Schreibuntergrund geschuldet sind.

Eine bereits MÖLLER bekannt gewesene Sammelhandschrift von Beschwörungen und Rezepten zum Schutze von Mutter und Kind gehört paläographisch ebenfalls in die Phase des Übergangs zum NR; für den Versuch einer genaueren Datierung s.u.[55]

Abb. 29: Pap. Berlin P. 3027, Kol. 1[56]

Der Papyrus misst 2,17 m in der Länge x 15,7 cm in der Höhe und umfasst insgesamt noch x+9 erhaltene Kolumnen auf seinem Recto und sechs weitere auf dem Verso. Der Duktus zeigt zwei schon von ERMAN differenzierte Schreiberhände, die sich von I.1–V.7 und von V.8–XV.7 erstrecken. Der antike Anfang der Rolle ist nicht mehr erhalten.

---

[54] P. WHELAN, *op. cit.*, 40 und Pl. 8.

[55] A. ERMAN, *Zaubersprüche für Mutter und Kind. Aus dem Papyrus 3027 des Berliner Museums* (1901); Neuedition von N. YAMAZAKI, *Zaubersprüche für Mutter und Kind. Papyrus Berlin 3027* (2003). Das Faksimile in *Hieratische Papyrus Berlin. Schriftstücke der VI. Dynastie aus Elephantine Zaubersprüche für Mutter und Kind Ostraka* (1911), Taf. XVII–XXV, ist nach wie vor für die Lektüre der zahlreichen Rubra von großer Hilfe, die durch die bislang vorgelegten Photographien nicht geleistet wird. Selbst auf der Farbaufnahme der Kol. I–II in dem Ausstellungskatalog *Nofret die Schöne. Die Frau im Alten Ägypten. »Wahrheit« und Wirklichkeit* (1985), 50-51, sind die Rubra in I.3 und 9 sowie die in II.6 und 10 nur mit Mühe auszumachen.

[56] N. YAMAZAKI, *op. cit.*, Taf. 2. *Hieratische Papyrus Berlin. Schriftstücke der VI. Dynastie aus Elephantine Zaubersprüche für Mutter und Kind Ostraka* (1911).

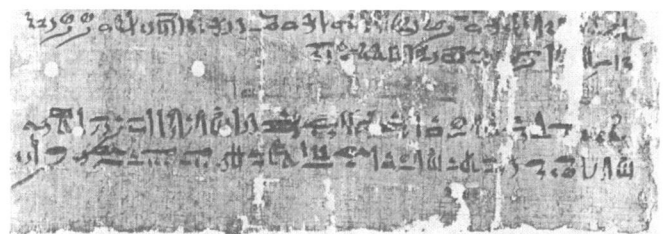

Abb. 30: Übergang von Schreiber 1 zu Schreiber 2 im Rubrum auf rt. V.8[57]

Da die Datierung der Niederschriften beider Schreiber in der Literatur noch immer zwischen der 17. und der 18. Dyn. schwankt, mag es nützlich sein, nach sog. diagnostischen Zeichenformen Ausschau zu halten, die einen etwas gesicherteren Ansatz ermöglichen. Hierzu bietet CAMINOS (1915-1992)[58] in seiner mustergültigen Edition einiger literarischer und religiöser Papyri im Moskauer Pushkin Museum wertvolle Beobachtungen.[59] Von den bei ihm als typisch für die späte 18. Dyn. gelisteten Graphien hat YAMAZAKI in ihrer Auswahlpaläographie von Pap. Berlin P. 3027 einzig die aufliegende Gans (G 41), die in den Berliner Sprüchen noch nicht den zusätzlichen kurzen Strich unterhalb ihres Körpers aufweist, wie er für die Moskauer Papyri aus der späteren 18. Dyn. charakteristisch ist.[60] Die šw-Feder (H 6) trägt noch keinen diakritischen Strich an ihrer rechten Seite (1. Hand I.2; 2. Hand V.9), der Kormoran (G 35) „with the tail made as a separate stroke added to the back line" weise nach CAMINOS ebenfalls in die 18. Dyn. und wird auch tatsächlich so in Berlin P. 3027 geschrieben.[61] CAMINOS verweist häufig auf den Berliner Papyrus 3027, ohne sich auf dessen präzisere Datierung festzulegen. Unterm Strich dürften die Zaubersprüche für Mutter und Kind wohl eher in diese Dynastie als noch in die ausgehende 2. Zwzt. zu setzen sein.

---

[57] N. YAMAZAKI, op. cit., Taf. 6.
[58] M.L BIERBREIER (Hg.), Who Was Who in Egyptology (2012), 101f.
[59] Literary Fragments in the Hieratic Script (1956), 1ff.; 22f. und 40f.
[60] Op. cit., 57.
[61] R.A. CAMINOS, op. cit., 2.

## IV.    Dipinti und Literatur auf der Wand – Besucherinschriften

Von Papyri und Stab-Uschebti kommen wir zu den erst 2005 in Grab N 13.1
(11. Dyn.) in Assiut auf Wände und Pfeiler verteilt gefundenen ca. 150 Text-
Dipinti. Mit der Entdeckung u.a. dieses Grabes im Rahmen des *joint venture*-
Projektes dreier Universitäten haben wir einen erheblichen Zuwachs an hieratischen Kopien von literarischen und religiösen Werken zu verzeichnen, wie
sie wahrscheinlich im Kontext von „Schulausflügen"[62] und dabei erteiltem Literaturunterricht bzw. Hinterlassenschaften an einem besonderen Ort der eigenen Vergangenheit aus der 18. – 20. Dyn. aufgetragen wurden.

Ein Exemplar darunter (A2; neue Nr.: TAS1) hat endlich den Namen des Sprechers der bis dato wegen des fehlenden Titels *Enseignement Loyaliste* bzw. *Lo-
yalistische Lehre* genannten Komposition liefern können.[63] VERHOEVEN datiert
diese Kopie paläographisch in die Zeit Thutmosis' III. – Amenhoteps' II.

 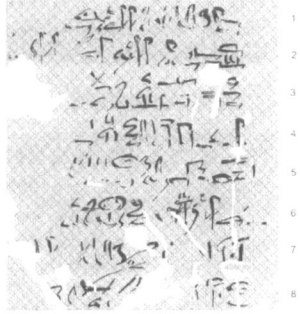

Abb. 31: Photo und Faksimile von Dipinto A2/TAS1" in Grab N 13.1 in Assiut[64]

Der Name *K3-ir-sw* war seit langem als der eines Wesirs des AR bekannt, dem
in einer Laudatio auf Alte Weise im gleichen Atemzug mit Ptahhotep (s.o. Kap.

---

[62] J. KAHL, „Ein Zeugnis altägyptischer Schulausflüge", in: *GM* 211 (2006), 25-29. Das Projekt der Universitäten Berlin FU, Mainz und Sohag hat eine stattliche Anzahl an Vorberichten wie monographischen Publikationen gezeigt, die sämtlich unter der website
https://www.aegyptologie.uni-mainz.de/publikationenpublications/ zu finden sind (Zugriff
2.1.2017) einzusehen sind. Diese Dipinti werden voraussichtlich 2019 von VERHOEVEN
ediert werden. – Zahlreiche Dipinti aus der 18. und 19. Dyn. in Saqqara und Abusir sind jetzt
ausführlich neu behandelt in dem Band *Visitor's Graffiti of Dynasties 18 and 19 in Abusir
and Northern Saqqara. With a Survey of the Graffiti at Giza, Southern Saqqara, Dahshur
and Maidum* (2016) von NAVRÁTILOVÁ.
[63] *L'Enseignement Loyaliste. Sagesse égyptienne du Moyen Empire* (1976). S. jetzt U. VER-
HOEVEN, „Von der „Loyalistischen Lehre" zur „Lehre des Kaïrsu". Eine neue Textquelle in
Assiut und deren Auswirkungen", in: *ZÄS* 136 (2009), 87-98 mit Taf. XII.
[64] U. VERHOEVEN, *loc. cit.*, Taf. XII und S. 89 Fig. 1.

13) ein lehrhafter Traktat zugeschrieben wird, nur konnte ihm bis 2009 keiner der bekannten Vertreter dieser Gattung zugeordnet werden.

Hier zur besseren Nachvollziehbarkeit auch Verhoevens Transkription, der Name ist größtenteils in Z. 7 Anfang in der Form *K3-ir-s* erhalten:

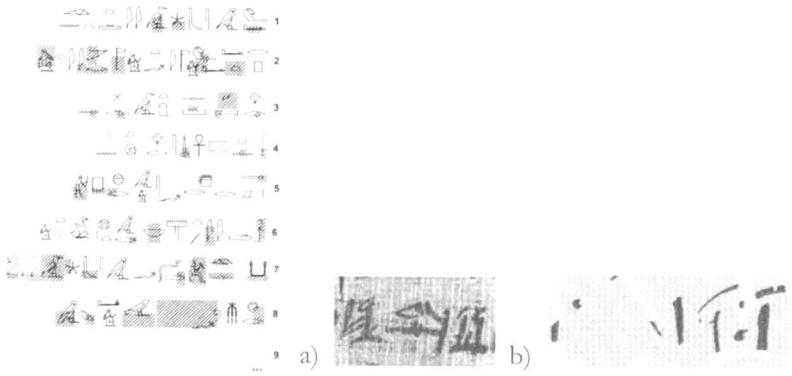

Abb. 32: Transkription VERHOEVEN (li.) und Abgleich zwischen Graphie des Namens in Pap. Chester Beatty IV vs. 3.7 (a; Mitte) und Assiut Graff. A2/TAS1 (b; re.)[65]

Das Grab Assiut N 13.1 enthält gleich zwei Kopien des Textanfangs, jedoch ist nur in A 2/TAS1 der Name weitestgehend noch erhalten.

Der Anfang dieser Lehre[66] liegt bereits auf der Rückseite der Stele eines Vizeschatzmeisters namens Sehetepibre aus der Zt. Amenemhets' III. (ca. 1818/7–1773/2) vor (CG 20538 vs. 8 Mitte – 20 Anfang),[67] der sich als „Verfasser" (*ir.n=f*) ausgibt, dies aber nach Ausweis des Assiut-Dipinto kaum sein kann. Wie dem auch sei und ob die Langfassung der Lehre bereits im MR vorgelegen hat oder nicht,[68] soll uns hier nicht beschäftigen. Mir geht es um die

---

[65] U. VERHOEVEN, *loc. cit.*, 89 Fig. 2 und 91 Fig. 3 sowie 97 mit Anm. 76 zur paläographischen Datierung. Die Transkription wird in verbesserter Gestalt von der Bearbeiterin vorgelegt werden.

[66] Bis einschließlich § 6.10 in POSENERs Edition (1976).

[67] H.O. LANGE – H. SCHÄFER, *Grab- und Denksteine des Mittleren Reiches. Catalogue Générale 20001-20780* Band 4 (1925), Pl. 40. – S. ferner R. LEPROHON, „The Stela of Sehetepibre (CG 20538). Borrowings and Innovation", in: D.P. SILVERMAN *et al.* (Hgg.), *Archaism and Innovation: the Culture of Middle Kingdom Egypt* (2009), 277-291; J.P. ALLEN, *Middle Egyptian Literature. Eight Literary Works of the Middle Kingdom* (2015), 155-160. Alle Autoren bringen zwar Photos der Stele, diese sind aber hier nicht reproduzierbar.

[68] S. die wieder die Diskussion um die Datierung von MR-Literaturwerken in: G. MOERS *et al.* (Hgg.), *Dating Egyptian Literary Texts* (2013), pass.; A. STAUDER, *Linguistic Dating of Middle Egyptian Literary Texts* (2013) sowie die gewichtige Rez. „Zur Datierung der mittelägyptischen Literatur" von K. JANSEN-WINKELN, in: *Orientalia* 86 (2017), 107-134.

Demonstration der seltenen Möglichkeit, die hieroglyphische Version eines literarischen Textes mit ihren kursiven Kopien zu vergleichen. Dabei zeigen sich
so manche Differenzen in der Graphie einzelner Wörter. Generalisierend kann
man feststellen, dass hieroglyphische Versionen im MR und NR – und nichtli-
terarische Texte allgemein – sparsamer im Gebrauch von phonetischen Kom-
plementen und v.a. von Determinativen verfahren. Schauen wir uns ein paar
Beispiele aus CG 20538 vs. 8-20 und solchen auf hieratischen Ostraka belegten
Versen einmal vergleichend an:

Abb. 33: CG 20538 vs. 10-11 (Amenemhet III.) = § 2.1 Lehre des Kairsu[69]

Abb. 34: Ostr. DeM 1427 Z. 1 (Ramessidenzt.) = § 2.1 Lehre des Kairsu[70]

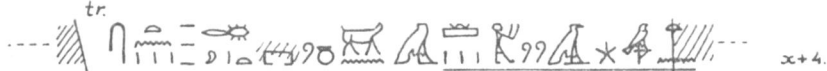

Abb. 35: Transkription POSENER[71]
„Verehrt den König im Innern eurer Leiber!"

Die Wörter *dw3.w* – „betet an …!" und *ḥ.t* – „Leib" sind auf dem Ostrakon
*plene* und determiniert geschrieben, wesentlich knapper dagegen auf der
Stele. Der Königsname Amenemhet (III.) steht nur auf der Stele, weil oberster
Dienstherr des Stelenbesitzers, *ḥnw* – „Inneres" wird phonetisch voll komplementiert im Hieratischen. Die im Hieratischen nicht selten pleonastisch verwendeten Pluralstriche – wie hier nach *ḥ.t* – sind kein verlässlicher Indikator
für diesen Numerus, diese Annahme wird aber in diesem Falle durch die Stelen-
version unterstützt. Von Rubrizierung bei Strophenanfängen wird in hieroglyphischen Texten kein Gebrauch gemacht. Dazu hätten die entsprechenden Zeichen farblich bzw. rot markiert werden müssen und der Rest der Inschriften
schwarz.

---

[69] J.P. ALLEN, *op. cit.*, 156.
[70] G. POSENER, *Catalogue des ostraca hiératiques-littéraires de Deir el-Medineh* T. III
(1978), Pl. 21 *a*.
[71] *Op. cit.*, Pl. 21.

Ein anderes, und noch erheblich divergierenderes Beispiel für den (ortho)graphischen Unterschied von hieroglyphischen und hieratischen Versionen eines und desselben Textes liefert § 5.14 der Kairsu-Lehre:

Abb. 36: CG 20538 vs. (späte 12. Dyn.) = § 5.14 Lehre des Kairsu
„Wen er (= König) in Ungnade fallen lässt, der unterliegt der wandernden Bettelei."

Abb. 37: Ostr. Ashmolean Museum 1938.912, Z. 5 (Ramessidenzt.)[72]

Abb. 38: Transkription POSENER[73]
„Wen er zittern(?) lässt, der wird seiner wandernden Bettlerschaft unterliegen."

Hier fallen weitere Divergenzen ins Auge. Die seitenverkehrt geschriebene ⸢ - Sichel (U1; in: *šmꜣ*; so a. Z. 1 im Königsnamen *Ni-mꜣꜥ.t-Rꜥw*) ist in der Kursive vollkommen unüblich, die Präp. *ḥr* wird determiniert, aufwendiger als auf der Stele jedenfalls sind dies die Wörter *ꜣsdꜣ* (?; statt *sfꜣ*) und *šmꜣ* bzw. *šmꜣ.y.t* (o.ä.), letzteres insofern, als es nicht einfach nur etwas „Negatives" (⸢⸣) impliziert, sondern zielloses Umherwandern auf der Suche nach Nahrung. Des Weiteren markiert die kursive Kopie das Strophenende durch das rubrizierte *grḥ*-Zeichen für „aufhören; Ende" (⸢⸣), das im Hieroglyphischen m.W. nicht vorkommt.[74]

Insgesamt sind in Grab N13.1 von Assiut Teilkopien von den Lehren Amenemhets' I., des Cheti, eines Mannes an seinen Sohn, der Prophezeiung des Neferti und des Großen Nilhymnus als Dipinti angebracht worden. Davon zeichnet sich diejenige vom Anfang der Lehre Amenemhets' I. auf der Nordseite

---

[72] In Photo und Transkription bei J. ČERNÝ – A.H. GARDINER, *Hieratic Ostraca* I (1957), Pl. LXXVI/A. Von diesem kalligraphischen Prachtstück kursierte Anfang der 60er Jahre des 20. Jh. eine Kopie auf dem Antikenmarkt von Luksor, gesehen von POSENER; s. id., *L'Enseignement Loyaliste*, 8 Anm. 10.

[73] *L'Enseignement Loyaliste*, 91.

[74] Zu seiner Verwendung, gerne in Kombination mit den sog. Verspunkten, H. GRAPOW, *Sprachliche und schriftliche Formung ägyptischer Texte* (1936), 53.

von Pfeiler B durch einen recht ungelenken Duktus aus, obwohl der Kopist in bequemer Sitzhöhe seine Inschrift hat anbringen können:[75]

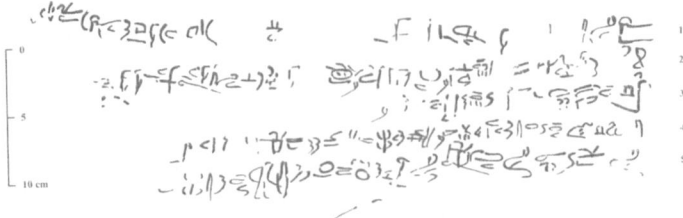

Abb. 39: Dipinto auf Pfeiler B in Grab Assiut N13.1 mit Anfang der Lehre Amenemhets' I.

Die Abschrift erweckt den Eindruck einer Anfängerarbeit, auch wenn einige Zeichen mit VERHOEVEN sich einer älteren, vor die frühe 18. Dyn. zu datierenden, Paläographie zu bemühen scheinen. Das Arrangement des Textes entspricht dabei dem auf einer zeitgenössischen Holztafel, § 1 reicht von Z. 1-4 und § 2 beginnt am Anfang von Z. 5, obwohl in Z. 4 noch Raum dafür gewesen wäre. Vielleicht sollte der Lehre durch seine Paläographie der Anstrich einer entsprechenden Anciennität verliehen werden.[76]

Die auffallenden Zeichenformen sind u.a. diese:

| Möller, Pal. I-II / Gardiner, Sign List | Sign in the graffito | Remarks | Möller, Pal. I-II Gardiner, Sign List | Sign in the graffito | Remarks |
|---|---|---|---|---|---|
| 11/A21 | | note the form of the legs | 319/N29 | | note the low and square shape |
| 82/D4 | | uncommon round end on the left side | 332/D35 | | reading: n (prep.) |
| 146/F4 | | with a stroke under the back of the head | 459/V22 | | unusual form |
| 179/F34 | | unusual form | 461/T21 | | |

Abb. 40: Auswahlpaläographie des Dipintos auf Pfeiler B[77]

Solche Kopien von klassischen Dichtungen wollten gelernt sein, inhaltlich wie graphisch. Das wurde geübt, entweder in einer Art „Schule" – Ägyptisch ꜥ.t-sbꜣ(y.t) – „Unterrichtsraum" – oder wie im Falle von Besucherinschriften direkt

[75] U. VERHOEVEN, „Tomb N13.1: The Teaching of Amenemhat I (§ 1-2) on pillar B", in: J. KAHL et al., „The Asyut Project: Ninth Season of Fieldwork (2011)", in: SAK 41 (2012), 206-209; dort: 207 Faksimile und Transkription. S. ferner U. VERHOEVEN, „Literatur im Grab – der Sonderfall Assiut", in: G. MOERS et al. (Hgg.), Dating Egyptian Literary Texts (2013), 139-158 mit Taf. 1-6; dort: 145f. und Taf. 4-5 mit Photos der Inschrift.
[76] In der aktuellen Debatte um das tatsächliche Kompositionsdatum von Werken der sog. MR-Literatur spielt die Lehre Amenemhets eine kapitale Rolle.
[77] U. VERHOEVEN, in: SAK 41 (2012), 208.

vor Ort. Wollte man z.B. den Terrassentempel der Hatschepsut oder den dort angeschlossenen Amun-Komplex „besichtigen" (Äg. *m33*), dann bedurfte es zur Kommemoration an einen solchen Ausflug der Kenntnis der einschlägigen Phraseologie. Diese sah zumindest zu Eingang einer solchen Verschriftlichung die Phrase *iw.t-pw ir.n-NN r-m33* Tempel / Toponym XY o.ä. – „Kommen tat NN, um den Tempel / den Ort XY zu besichtigen … ." Dass es bei derartigen Schreib(er)übungen zu bisweilen kruden und unsicheren Strichführungen bei Anfängern kam, verwundert kaum. RAGAZZOLI hat erst jüngst ein sehr aufschlussreiches Exemplar aus der frühen 18. Dyn. dazu vorgelegt.[78]

Abb. 41: Ostracon UCL 31918 – Zwei Hände auf einer Seite: Z. 1-2 und 5 = 2. Hand; Z. 3-4 = 1. Hand

RAGAZZOLI zeigt sehr schön, dass hier zwei verschiedene Hände am Werk waren: So stehen die Zeilen 3-4 der 1. und größeren Hand im Zentrum der Ostrakonseite, die 2. und wesentlich gedrängter schreibende Hand rankt sich unter- und oberhalb dieser Zeilen in deutlich anderem Duktus darum herum. Die Strichführung ist bei Hand Nr. 1 klar die erfahrenere und sicherere, diejenige der 2. Hand ähnelt eher einer Art Puzzle in der Zusammensetzung der einzelnen Zeichen.

---

[78] „Genres textuels et supports matériels: une inscription de visiteur comme exercice sur ostracon (Ostracon University College 31918)", in: *Nehet* 4 (2016), 67-76; dort: S. 66 Photographie und Faksimile. Dort a. weitere Lit. zu Besucherdipinti aus Theben-West, die erst jüngst von ihr und anderen Forschern entdeckt bzw. aufgearbeitet worden sind.

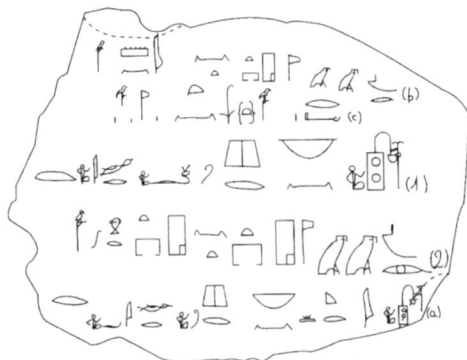

Abb. 42: Ostr. UCL 31918: Transkription RAGAZZOLI

Ein Schreiber namens Nebencheruef[79] werde danach den Tempel der Hathor (ḥw.t-nṯr n.t-Ḥw.t-Ḥrw) besichtigen (Hand 1), bzw. den des Amun-Re von Karnak (Hand 2).

## V.    Ostraka diversa

Eine zukünftige Paläographie des Hieratischen der 18. Dyn. wird neben Handschriften auf Papyri und Holztafeln auch insbesondere solche auf Ostraka zu berücksichtigen haben. Dieser Schriftträger war einem MÖLLER vor 100 Jahren in diesem Umfang noch nicht ausreichend verfügbar, da der Publikationsstand vergleichsweise dürftig war.[80] Die Quellenlage hat sich in der Zwischenzeit erfreulich verändert, besonders durch Editionen von HAYES und sie wird in naher

---

[79] Der – ansonsten unbekannte – Name Nb-n-Ḥr.w=f-šri ist tatsächlich nur Nb-n-ḥr.w=f zu lesen, ohne das von RAGAZZOLI noch transkribierte Adjektiv šri – „Junior". Im Hieratischen wird der Name Ḥr.w=f alleine – wie nicht selten – durch Sitzenden Mann+Sitzende Frau– auf–Pluralstrichen determiniert. Von šri steht da in keiner der beiden Hände irgendetwas. Ihr Faksimile ist an der entscheidenden Stelle eher irrführend, klar hingegen ist das Photo. Der Name „Herr-seiner-Familienangehörigen" bringt aber deutlich zum Ausdruck, was in zahlreichen biographischen u.a. Texten als Fürsorge gegenüber diesen „(familiären) Untergebenen" betont wird; dazu D. FRANKE, Altägyptische Verwandtschaftsbezeichnungen im Mittleren Reich (1983), 231-244. – M.E. ist auf dem Ostrakon auch die Eingangsformel iw.t pw ir.n nicht zwangsläufig zu ergänzen, da der Text auch so übersetzbar ist: „Schreiber N. wird besichtigen …", mithin eine Absichtserklärung o.ä. im Futur III getätigt wird. – nṯr.w in Z. 2 wird durch drei Pluralstriche determiniert, mit dem ersten über den zwei weiteren. Ein Falke-auf-Standarte steht dort ebenso wenig.

[80] Mehr oder minder zeitgleich mit MÖLLERs 2. Band seiner Hieratische(n) Paläographie erschien Band III der Reihe Hieratische Papyrus Berlin. Schriftstücke der VI. Dynastie aus Elephantine Zaubersprüche für Mutter und Kind Ostraka (1911). Darin sind ab Taf. XXVI– XLII auch 40 Holztafeln und Ostraka im Faksimile präsentiert, von denen ca. 11 in die 18. Dyn. datieren, einige weitere sogar älter sind (ob in jedem Fall „Hyksoszeit", wie in den Beschreibungen?).

Zukunft durch ein von RÖMER (FU Berlin) durchgeführtes Editionsprojekt noch um ca. 400 Exemplare erweitert werden.[81]

Einen völlig unerwarteten „Text" im Sinne einer alphabetischen Liste hat aber erst kürzlich HARING unter den von STRUDWICK im Grab des Sennefri in Theben (TT 99) entdeckten Ostraka aus der Zeit Thutmosis' III. identifiziert.[82] Die Reihenfolge der Einträge entspricht – wenn auch in selektiver Manier – dem altsüdarabischen *halaham*-Alphabet, dessen Existenz in ägyptischen Texten bereits 1991 KAHL anhand von späten Texten hat nachweisen können.[83]

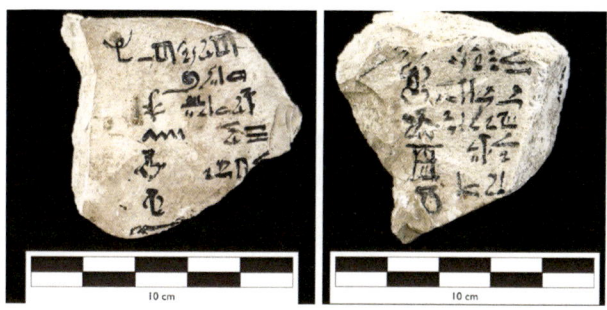

Abb. 43: Ostrakon 99.95.0297 rt. (li.) und vs. (re.) aus TT 99[84]

Inzwischen ist ein erster Deutungsversuch als Notation von Buchstabennamen nach der von HARING erkannten Reihenfolge vorgelegt worden.[85] Diese Namen

[81] *Ostraka and Name Stones from the Tomb of Sen-Mūt (No. 71) at Thebes* (1942), und id., „A selection of Thutmoside ostraca from el-Bahari", in: *JEA* 46 (1960), 29-52 mit Pl. IX–XIII; einige Exx. auch bei J. ČERNÝ – A.H. GARDINER, *Hieratic Ostraca I* (1957); s.a. K. HASSAN, „A Visitor's Hieratic Ostracon Concerning the Temple of el-Bahri", in: *BIFAO* 113 (2013), 183-191; M. RÖMER, „Die Ostraka DAI/Asasif 55 und 56 – Dokumente der Bauarbeiten in Deir el-Bahri und im Asasif unter Thutmosis III., in: E.-M. ENGEL *et al.* (Hgg.), *Zeichen aus dem Sand. Streiflichter aus Ägyptens Geschichte zu Ehren von Günter Dreyer* (2008), 613-625; id., „Miszellen zu den Ostraka der 18. Dynastie aus Deir el-Bahri und dem Asasif", in: B. HARING *et al.* (Hgg.), *The Workmen's Progress. Studies in the village of Deir el-Medina and documents from Western Thebes in Honour of Rob Demarée* (2014), 211-216; s.a. seine „Informationen zum Projekt: Die Ostraka der frühen 18. Dynastie aus Theben" auf seiner academia.edu-Seite.
[82] „*Halaham* on an Ostracon of the Early New Kingdom", in: *JNES* 74 (2015), 189-196
[83] „Von h bis ḳ. Indizien für eine „alphabetische" Reihenfolge einkonsonantiger Lautwerte in spätzeitlichen Papyri", in: *GM* 122 (1991), 33-47; s. B. HARING, *loc. cit.*, 194 Anm. 41, mit der neueren Lit.
[84] B. HARING, *loc. cit.*, 190 Fig. 1-2, dort auch eine Transkription. Hier kann auf eine bessere Aufnahme von MIDDLETON mit © STRUDWICK zurückgegriffen werden.
[85] H.-W. FISCHER-ELFERT – M. KREBERNIK, „Zu den Buchstabennamen auf dem Halaham-Ostrakon aus TT 99 (Grab des Sennefri)", in: *ZÄS* 143 (2016), 169-176. Zu Addenda & Corrigenda s. iid., unter www.academia.edu (Seite FISCHER-ELFERT).

sollen hier nicht wiederholt werden, im Zusammenhang mit der Geschichte des Hieratischen ist nämlich ein anderes Spezifikum an dieser Liste von Relevanz.

Das Layout der Liste ist zweiteilig, rechts stehen die Namen der Buchstaben in teilweise syllabischer Orthographie, wie sie spätestens seit dem MR besonders für Fremd- oder Lehnwörter aus der vorderasiatischen und aus der nubischen Region verwendet wurde.[86] Links davon und zumeist in einem gewissen Abstand folgen Determinative oder Klassifikatoren, die nicht in allen Fällen solchen aus dem bisher bekannten ägyptischen Lexikon entsprechen. So finden wir auf dem Recto in Z. 2 eine Schlaufe, die einen Strick darstellt und das davorstehende semitische Wort *l-w-y* – „umwinden; umgeben" determiniert. Z. 3 zeigt eine Binse am linken Rand, die sonst nicht typisch als Determinativ für Pflanzennamen ist. Hier steht es als solches hinter dem Wort *ḥ-l-p-t* – „Halfagras" (zugleich das Etymon unseres Wortes für diese Pflanze). Das Zeichen nach dem „alphabetisch" notierten *d-ꜣ-y-t-y* in Vs. x+4 dürfte einen Webstuhl zeigen, der gleichfalls als Determinativ in ägyptischen Wörtern des Spinnens und Webens ungebräuchlich ist. Der davorstehende Buchstabenname entspricht Semit. *ṭ-w-y* – „(ver)drehen; spalten; zwirnen; spinnen", wovon ein Webstuhl leicht hergeleitet werden kann usw. Zur besseren Kennzeichnung der vor ihnen stehenden Fremdwörter werden diese Determinative ausgesprochen hieroglyphisch notiert, die Lemmata davor sind in literarischem Hieratisch gehalten, und dies umso mehr auf dem Recto als auf dem Verso.

Eine Diskussion von Hieratisch auf Ostraka der 18. Dyn. wäre unvollständig, würde sie ohne Berücksichtigung solcher in Kursivhieroglyphen beschrifteten Exemplare auskommen wollen, auch wenn diese Schriftart nicht unser primärer Gegenstand ist. Ausgehend von der Frage, auf welche Weise kursiv vorgeschriebene Texte letztlich in Hieroglyphen auf eine Wand gelangen, z.B. die eines Grabes, stand immer wieder kursives Hieratisch im Verdacht, eine Art Kladde gebildet zu haben, von der ausgehend der endgültige Wortlaut des zu reproduzierenden Textes während seiner Übertragung auf eine solche Wand in Hieroglyphen transformiert worden wäre. HARING hat sich mit diesem Problem auseinandergesetzt und kommt zu dem Ergebnis: „The hypothesis I would like to put forward is that, as a rule, the making of inscriptions in monumental hier-

---

[86] Zur syllabischen Orthographie s. J.E. HOCH, *Semitic Words in Egyptian Texts of the New Kingdom and Third Intermediate Period* (1994); dazu kritisch D. MEEKS, in: *BiOr* 44 (1997), 32-61. Eine völlig neuen Ansatz bietet M. KILANI 2019.

oglyphs required master copies in monumental hieroglyphs, whose overall layout would be much similar to the final composition on the walls."[87] Auf der
gleichen Tagung „Binsen"-Weisheiten II hat LÜSCHER von ihr wieder aufge-
fundene und kursivhieroglyphisch beschriftete Ostraka aus dem Grab des
Nachtmin (TT 87) aus der Zt. Hatschepsut – Thutmosis III. präsentiert.[88] Auf
den insgesamt acht Exemplaren sind Vorschriften aus den Corpora der Sargtexte und des Totenbuches notiert, die anschließend mehr oder minder 1:1 und
gegen den Uhrzeigersinn auf die Wände der Grabkammer übertragen wurden.
Dabei gibt es kleinere Abweichungen zwischen Formen einzelner Zeichen auf
den Ostraka und den auf den Wänden endgültig reproduzierten zu verzeichnen:

Abb. 44: Graphische Unterschiede zwischen Vorlage (li.) und Abschrift (re.)[89]

So finden sich hieratische Zeichen auf einem Vorlagen-Ostrakon dann als kursivhieroglyphische umgesetzt. Bei dem hier reproduzierten Beispiel betrifft das
die Zeichen 𓅡 (G1: ꜣ) und 𓅂 (G4: tiw). G1 und G4 vertreten innerhalb ihrer
Textversion sogar beide Vogelarten in den Wörtern bꜣ.w und psḏn.tiw. Bei letzterem Wort für Neumond hat der Kopist auf der Wand zusätzlich das Riegel-z
(—; O34) vergessen. Es gilt ferner zu bedenken, dass solche Vorlagen-Ostraka ihrerseits wohl nur Zwischenabschriften von z.B. auf Papyrus oder Leder
niedergeschriebenen Textsammlungen sein werden, da aus rein technischen
Gründen eine mehrere Meter lange Papyrusrolle von keinem Kopisten vor einer

---

[87] „Hieratic Drafts for Hieroglyphic Texts?", in: U. VERHOEVEN (Hg.), Ägyptologische „Binsen"-Weisheiten I-II. Neue Forschungen und Methoden der Hieratistik (2015), 67-84; Zitat
S. 79.
[88] In: U. VERHOEVEN (Hg.), Ägyptologische „Binsen"-Weisheiten I-II, 85-117. inzwischen
liegt auch die daraus resultierende Monographie vor: Die Vorlagen-Ostraka aus dem Grab
des Nachtmin (TT 87) (2013); dazu a. die Rez. von Verf., in: BiOr 57 (2015), 412-417.
[89] B. LÜSCHER, in: U. VERHOEVEN (Hg.), op. cit., 103.

Grabwand während seiner Arbeit handhabbar gewesen sein dürfte. Es empfahl sich also manövrierbare Kopien anzufertigen, die dann in der Reihenfolge der zu übertragenden Sprüche an die Reihe kamen. Danach wurden übrigens die Exemplare aus TT 87 im Putz der Wände verbaut, weil sie nicht mehr gebraucht oder in ein Archiv bzw. eine Bibliothek zurückgeführt werden mussten. Als Illustration des Befundes diene hier das als OP4 bei LÜSCHER nummerierte Ostrakon und seine Platzierung auf dem entsprechenden Wandabschnitt bei Nachtmin:

Abb. 45: Ostr. Louvre E 22394 rt. mit Auszug aus CT 154 (Photo: Georges Poncet)[90]

Und hier der Anbringungsort:

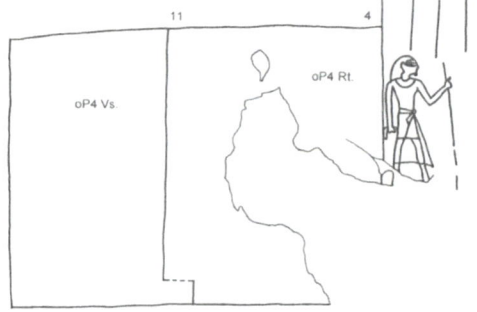

Abb. 46: Verteilung von OP4 Recto & Verso
rechts vom Eingang zur Grabkammer von TT 87[91]

---

[90] B. LÜSCHER, *op. cit.*, 28-30 und Taf. 2.
[91] B. LÜSCHER, *op. cit.*, 45 Abb. 22.

LÜSCHER kommt unterm Strich zu dem gleichen Ergebnis wie HARING, wonach hieroglyphische oder kursivhieroglyphische Textkopien auf Grabwänden entsprechende Vorlagen, jedenfalls keine hieratischen, regelhaft gehabt haben dürften.[92]

Nach dem bislang publizierten Material wird erkennbar, dass sich verschiedene Duktūs auf hieratischen Ostraka der 18. Dyn. nachweisen lassen, nämlich literarische wie administrative, ohne dass sie regelhaft abhängig von der jeweils kopierten Textsorte zur Anwendung gekommen wären. Es findet sich also z.B. auch literarische Kursive im administrativen Kontext.[93]

Insgesamt gesehen darf mit diesen dokumentarischen Ostraka und den zeitgleichen Urkunden auf Papyrus ein wesentlicher Schritt weg vom Mittelhieratischen und hin zum auch sprachlich adaptierten Neuhieratisch gesehen werden. Lexikalische wie grammatische Neuerungen gegenüber dem Mittelägyptischen sind in den Notizen auf den Deir el-Bahari-Ostraka alles andere als selten. Neue Wörter, die spätestens ab der 19. Dyn. syllabisch, also wie Quasi-Fremdwörter geschrieben werden, tauchen hier zwar noch in konventioneller Graphie auf (z.B. die Präp. *bl* – „außerhalb; draußen"; später nur noch syllabisch in *r-bl* – „nach draußen; hinaus" > Kopt. ebol u.ä..

---

[92] Ein m.E. weiteres eindeutiges Exemplar einer kursivhieroglyphischen Vorlage zu einer daraus resultierenden Wandinschrift bei HASSAN mit seiner Edition des Ostrakons Cairo Egyptian Museum serial no. 467, s. seinen Beitrag „A Solar Hymn Ostracon from Deir el-Bahari", in: *BIFAO* 114 (2014), 245-260; dort: 252 zur Funktion des Ostrakons, bestehend aus sechs joinenden Topfscherben. Beschrieben ist es in retrograder Textanordnung mit der 1. Std. des Stundenrituals, zu dessen vorläufiger Synopse s. GRAEFE, sub: https://www.uni-muenster.de /imperia/md/content/iaek/_v/stundenritual/stundenritual.pdf. Dieses Ostrakon ist dort noch nicht in der Quellenliste verzeichnet.

[93] So etwa auf dem Stück Nr. 1 der Pl. IX bei W.C. HAYES, in: *JEA* 46, allerdings mit Maßangaben eines tempelartigen, somit sakralen, Gebäudes. Vielleicht ist der Duktus dem Textreferenten, einem sakralen Ort, geschuldet. Wir werden sehr ähnliche Phänomene z.B. auch bei Felderkatastern der späten 20. und frühen 21. Dyn. antreffen.

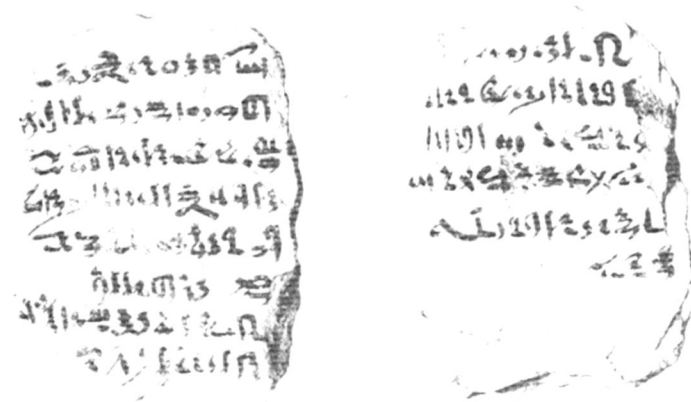

Abb. 47: Senmut-Ostraka Nr. 63 rt. (li.) und vs. (re.) aus TT 71[94]

Hier noch einige Beispiele für Geschäftsnotizen auf Kalksteinostraka aus Theben-West. Geradezu vorbildliche archäologische Befunde und Dokumentatio-
nen haben wir aus Grab TT 71 in Scheich Abd el-Gurna, das – neben TT 353 –
Senmut, dem Vermögensverwalter der Hatschepsut und Erzieher ihrer Tochter
Nefrure, gehörte.[95] An verschiedenen Stellen sind im Schutt dieses Grabes TT
71 hieroglyphische und hieratische Ostraka gefunden worden, neben solchen
ausschließlich illustrierten ohne jede Aufschrift.[96] Die insgesamt 153 Ostraka
sind von diversen Schreibern und auch Schreibschülern beschriftet und illustriert worden, so dass wir mit diesem Material eine ideale Situation antreffen,
die uns verschiedene individuelle Duktūs innerhalb einer kurzen Zeitspanne
von ca. 2-3 Jahren bietet. Die erhaltenen Datierungen weisen nämlich auf Jahr
7-9 unter Thutmosis III (ca. 1460). Wir befinden uns also in einem Zeitraum
ca. 50 Jahre nach den Papyri Ebers und Smith.

Das abgebildete Exemplar stammt aus dem Betrieb am Bau von TT 71 und
notiert Art und Umfang von Arbeiten daran (Planieren und Verputzen von
Wänden; Auftragen von Farbe und deren Verbrauch sowie Titel, Name oder
Ethnikon der Ausführenden: Handwerker, Schreiber und Zuträger (Nubier)).

---

[94] W.C. HAYES, *Ostraka and Name Stones*, 21 und Pl. XIII samt Transkription.
[95] Zu ihm s. die Biographie von C. MEYER, *Senenmut. Eine prosopographische Untersu-
chung* (1982); zu seinen Gräbern TT 71 und TT 353 in Deir el-Bahari s. P.F. DORMAN, *The
Tombs of Senenmut: The Architecture and Decoration of Theban Tombs 71 and 353* (1991).
Zu dieser eminenten Persönlichkeit s. ferner id., „The Career of Senenmut", in: C. ROEHRIG
(Hg.), *Hatshepsut. From Queen to Pharaoh* (2005), 107-133.
[96] Publ. von W.C. HAYES, *Ostraka and Name Stones from the Tomb of Sen-Mut (No. 71) at
Thebes* (1942, repr. 1973), einige davon auch übersetzt bei C. MEYER, *op. cit.*, 246-255.

Die Handschriften dieser Notizen zeichnen sich durch eine extrem geringe
Höhe und Größe der Zeichen aus, sie sind recht kursiv und stark an Ligaturen
und Abkürzungen. Alles musste rasch vonstattengehen.[97]

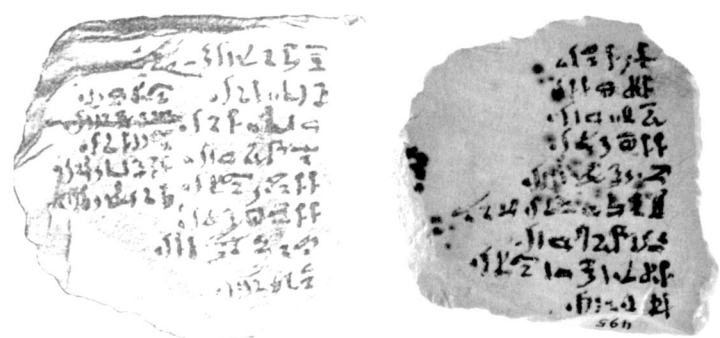

Abb. 48: „Die neuen(?) Syrer" auf Ostr. ÄMUL 495 (li. Recto & re. Verso)[98]

Dieses Leipziger Ostrakon ist beidseitig mit einer Liste syrischer Diener oder
Kriegsgefangener beschriftet: *N3 n ḫ3rw n-m3w.t* – „Die neuen(?) Syrer" (rt.
1).[99] Einen antiken Kontext hat das Ostrakon also nicht mehr, seine thebanische
Herkunft ist zwar nicht unwahrscheinlich, aber auch nicht gesichert. Der Duktus ist dem der Baujournale aus Scheich Abd el-Gurna und Deir el-Bahari jedenfalls verblüffend ähnlich. Zugleich ist es ein instruktives Beispiel für den
systematischen Gebrauch der syllabischen Orthographie, handelt es sich doch
um eine Liste nichtägyptisch sprechender Leute wahrscheinlich aus der Levante,[100] deren fremde Provenienz durch den regelhaft am Namensende platzierten „Fremdlandstock" (∫) markiert wird.

---

[97] Beispiele solcher Journale und anderer Urkunden aus dieser Zeitspanne Hatschepsut –
Thutmosis III befinden sich auch im Ägyptischen Museum der Universität Leipzig. Diese
werden im Rahmen des Bestandskataloges publiziert werden; s. a. C. EYRE, *The Use of Documents* (2013), 28; M. BARWIK, „A Building Ostracon from Deir el-Bahari", in: *ZÄS* 136
(2009), 107-113 mit Taf. XIII-XIV.
[98] Li. Abb. aus: G. STEINDORFF, „Eine ägyptische Liste syrischer Sklaven", in: *ZÄS* 38
(1900), 15-18; dort: 16; Photo rechts WENZEL (Kustodie der Universität Leipzig).
[99] Zu Grammatik und Bedeutung von *n3 n-NN* s. M. BROSE, *Grammatik der dokumentarischen Texte des Mittleren Reiches* (2014), § 53: „Possessivpräfix" bzw. frühneuäg. Pluralartikel. STEINDORFF konnte das Stück 1895 in Ägypten erwerben; s. id., „Eine ägyptische Liste
syrischer Sklaven", in: *ZÄS* 38 (1900), 15-20. STEINDORFF hat seine Transkription noch von
links nach rechts verlaufend angelegt und läuft damit der originalen Schriftrichtung konträr.
Diese „Unsitte" der spiegelverkehrten Transkription hieratischer Texte hat sich leider sehr
lange im Fach gehalten, sollte aber grundsätzlich vermieden werden, da sich auf diese Weise
sehr rasch Fehler einschleichen.
[100] Das Ethnikon *ḫ3rw* entzieht sich nach wie vor einer präzisen geographischen wie linguistischen Bestimmung.

Auch ägyptische Schreiber machen mitunter Fehler oder revidieren ihre Texte. So auch hier geschehen: Das Zeichen ∟ im 2. Namen der rechten Spalte vom Recto wurde rot durchgestrichen, ebenso der gesamte Name in Z. 2 der linken Spalte. Eine solche Tilgung deutet auf das Herausnehmen von Namen und Person aus der Liste, aus welchen Gründen immer.

Das Hieratisch ist stellenweise extrem kursiv, so etwa im Determinativ zu *ḫꜣrw*

ⳠⳠ = Mann-auf-Pluralstrichen sowie Sitzender-Mann als Klecks am Ende der einzelnen Namen. Bei der Niederschrift der dem Schreiber fremden Namen hat er dagegen größere Sorgfalt walten lassen.

## VI.   Akten auf Papyrus und Leder

Urkunden auf Papyrus wie Leder und sicher in die 18. Dyn. datierbar liegen uns zwar einige vor, allerdings ist der Editionsstand immer noch recht unausgewogen und in vielen Fällen schlicht unzureichend. Das betrifft insbesondere die Qualität einiger der reproduzierten Abbildungen. Die paläographische Auswertung dieser Quellen steckt demzufolge noch immer in den Kinderschuhen. Entsprechend wenig administratives und juristisches Material konnte MÖLLER im 2. Band seiner *Hieratische(n) Paläographie* verarbeiten. Dieser Umstand ist umso bedauerlicher, als die bislang bekannt gemachten Briefe aus dem thebanischen Raum, Werftdokumente aus Perunefer bei Memphis, Gerichtsprotokolle auf Pap. München 809 (alias Pap. Mook; Thutmosis IV.) und der Berliner Lederrolle P 3029 (Amenhotep II.), ganz zu schweigen von den lediglich in Faksimile vorliegenden Boulaq-Papyri aus dieser Zeitspanne von einiger Bedeutung für die Hieratistik allgemein.

Ohne alle diese Quellen hier im Einzelnen angemessen würdigen zu können, seien sie wenigstens kurz gestreift, allein um den Zugang über die bislang vorliegenden Editionen zu ermöglichen.

So haben wir ein nicht unbeträchtliches Dossier von sechs Privatbriefen aus der Korrespondenz eines Schreibers Ahmose von Pen-It, seines Zeichens im Hauptamt „Stellvertreter des Vorstehers der Arbeiten des Oberägyptischen Heliopolis (= Armant) Pen-It (*idnw n imy-rꜣ-kꜣ.t n ꜣꜣwnw šmꜥ P-n-ꜣꜣt*)".[101] Dieser

---

[101] Vier davon ediert von S.R.K GLANVILLE, „The Letters of Aaḥmōse of Peniati", in: *JEA* 14 (1928), 294-312 und Pl. XXXI-XXXV; Lit. zu den zwei weiteren dort auf S. 294 Anm. 3-5; neu übersetzt von M. MÜLLER, „Ägyptische Briefe aus der Zeit der xviii. Dynastie", in: B. JANOWSKI – G. WILHELM (Hgg.), *Texte aus der Umwelt des Alten Testaments, NF 3:*

Schreiber war unter gleich fünf Königen der 18. Dyn. aktiv und seine Korrespondenz erstreckt sich über den Zeitraum von Amenhotep I. bis Thutmosis III. Ahmose von Pen-It ist uns auch aus mehreren privaten Denkmälern bekannt. Die Briefe an seine Adresse sind mit dicker Binse geschrieben, gespickt mit Neuägyptizismen und damit am Übergang vom Mittelägyptischen zu dieser folgenden Sprachstufe stehend. Darin werden diverse Vorgänge des Alltags erwähnt, u.a. solche Details den Bau und die Größe eines Hauses betreffend und der dabei zu verwendenden Materialien. Paläographisch werden diese Briefe von GLANVILLE nicht ausgewertet.

In Phraseologie und Schriftcharakter mit diesen Ahmose-Briefen verwandt wird ein kleiner, nur drei Zeilen umfassender, Brief aus Deir el-Bahari von HAYES kurz bearbeitet. Seine Schrift charakterisiert er dabei so: „The handwriting is the characteristic „business" hand of Hatshepsut's day – small and neat with thickset, squarish signs and very few ligatures. The form of the letter and the formulae used find parallels in the approximately contemporary letters of Ahmose of Peniaty".[102]

Diese Bemerkung ist bei näherer Betrachtung der vorhandenen Photos der Ahmose-Briefe doch recht pauschal und oberflächlich. Allein die Anzahl der verwendeten Ligaturen ist verschwindend klein, ubiquitäre Zeichen wie ⟨glyph⟩ und

⟨glyph⟩ (A2) werden geradezu altertümlich und eher der aus religiösen und literarischen Texten oder dem Pap. Ebers bekannten ausführlichen Gestalt ausgeführt. Stellvertretend für viele andere hier zwei Beispiele aus Pap. BM EA 10002 rt.

9 und 10: ⟨glyph⟩ (p3; auch in n3 (-n)) und ⟨glyph⟩ (k3), direkt übereinander in den Zeilen 9 und 10.[103] Die Kurzform von ⟨glyph⟩ findet sich vornehmlich im Art. p3.

---

*Briefe* (2006), 314-329. S. ferner zwei Briefe bei T.E. PEET, „Two Eighteenth Dynasty Letters: Papyrus Louvre 3230", in: *JEA* 12 (1926), 70-74 und Pl. XVII, allerdings nur in Transkription. – Eine Sammlung von Briefen der 18. Dyn. in Übersetzung bietet auch E.F. WENTE, *Letters from Ancient Egypt* (1990), 89-97.

[102] „An Administrative Letter to Thuty", in: *MDAIK* 15 (1957), 89-90 mit Pl. XIII(2) und Fig. 1; Zitat dort auf S. 89; Gutes Photo a. in: id., *The Scepter of Egypt II. The Hyksos Period and the New Kingdom* (1959), 178 Fig. 99. Gefunden wurde er in noch gefaltetem Zustand im Rahmen einer Metropolitan Museum of Art Mission an der Nordostecke des Vorhofes von Hatschepsuts Totentempel. Neue Übersetzung von M. MÜLLER, *loc. cit.*

[103] *JEA* 14 (1928), Pl. XXXI.

Der Schreiber des Deir el-Bahari- Briefes an Djehuty wird bei 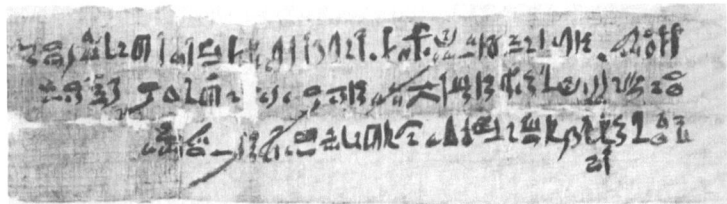 dagegen innerhalb von zwei der insgesamt nur drei Zeilen schon kursiver, und das beim

gleichen Wort bzw. der gleichen Wurzel *md.t* bzw. *mdwi* :

Abb. 49: Pap. Metropolitan Museum of Art / NY 27.3.560[104]

Auch erscheint hier durchweg die Kurzform von , z.B. in dem zweimal gebrauchten Verbum *h3b* - „senden": (Z. 1, in: *h3b-pw*) und (Z. 3 mit vergessenem ⌒ (D54)). Man hat den – wissenschaftlich sicher wenig valablen – Eindruck von Rapidität, mit dem der Djehuty-Brief zu Papyrus gebracht worden ist, im Unterschied zu den Ahmose-Briefen. Die von HAYES publizierten Baustellen-Ostraka aus Deir el-Bahari vermitteln diesen Eindruck durchweg.

Inhaltlich ist der – auf Eingangsfloskeln verzichtende! – Djehuty-Brief ein Vorwurf eines titellosen *ṯyt*[105] an den Adressaten und Vorgesetzten (!; *nb=f*) Djehuty hinsichtlich seines Umgangs mit „den Leuten aus Heliopolis (*n3 n rmṯ.w n Jwnw*)". Über den *wḥmw* – „Herold" Geregmennefer möge er sich an den namentlich nicht genannten *wr-m3.w* – Hohepriester jener Stadt wenden. Bei Djehuty handelt es sich wahrscheinlich um den auch anderweitig gut bekannten Schatzmeister und Architekten der Hatschepsut.

Mit Pap. Reisner II aus der Zt. Sesostris I. haben wir bereits Auszüge aus den Akten einer Schiffswerft in Thinis kennengelernt, und solche Dokumente haben wir auch aus der hohen 18. Dyn., genauer aus Jahr 52 Thutmosis' III., angefertigt in einer memphitischen Schreiberkanzlei. Es war wieder GLANVILLE, der die Quelle bekannt gemacht hat, wenn auch photographisch nur anhand dreier Textkolumnen, die ganz überwiegend aus Listeneinträgen bestehen und

---

[104] W.C. HAYES, *The Scepter of Egypt II*, 178 Fig. 99.
[105] H. RANKE, *Personennamen I*, 383.20.

deshalb paläographisch wenig Aussagekraft haben.[106] Deshalb bedarf es immer noch einer Gesamtedition, um hierzu überhaupt Stellung beziehen zu können.

Inhaltlich ist abgesehen von zahlreichen technischen Angaben zum Schiffsbau und dessen Materialaufwand etc. der Umstand von einigem Interesse, dass ein Königssohn namens Amenhotep (wohl der zukünftige II. König dieses Namens) in seiner Prinzenzeit der Leitung einer solchen Institution und Werkstatt vorstand, spätestens dann, wenn dort königliche Barken gezimmert wurden.

GLANVILLE gibt einige interessante Indizien zum Zustandekommen der Handschrift, wenn er die Texte von rt. 1-9 und die der Verso-Seite einem Schreiber A zuweist, diejenigen von rt. 10-18 einem Schreiber B. Beide Hände bleiben anonym. Diese Schreiber unterscheiden sich erheblich in puncto phonetische Komplementierung, Determinierung und abgekürzte oder Pleneschreibungen ein und desselben Wortes.[107] Als Beispiel für die unterschiedlichen Hände

---

[106] „Records of a Royal Dockyard of the Time of Thutmosis III: Papyrus British Museum 10056", in: *ZÄS* 66 (1931), 105-121, und *ZÄS* 68 (1933), 7-41 mit Taf. I-II; die – seitdem umstrittene – Datierung in Jahr 52 Thutmosis' III. ist m.E. durch eingehende Studien von PASQUALI bestätigt; id., „La date du papyrus BM 10056 Thoutmosis III ou Amenhotep II?", in: *Rd'É* 58 (2007), 71-86. Die dort S. 75 Anm. 24 und 25 diskutierten Aktenvermerke *rȝ-ꜥ-iw* ꜥ*ḥꜥ* und *rȝ-ꜥ-zḥȝ* ꜥ*ḥꜥ* sind noch nicht recht verstanden und verdienen eine Neuanalyse im Lichte der von PANTALACCI zum Verbalpräfix *rȝ-ꜥ-* angestellten Untersuchungen; ead., „Remarques sur les composés de type ꜥ-, *rȝ-*, ou *rȝ-ꜥ* devant racine verbale en Ègyptien ancien", in: *OLP* 16 (1985), 5-20. – Die unter der website http://www.britishmuseum. org/research/collection_online/ etc. (Zugriff 11.01.2017) eingestellten Photos reichen für eine paläographische Analyse nicht aus. – Zu diesen Werftakten gesellen sich allerdings seit 1994 leicht zu übersehende neue Hinweise auf die Existenz mindestens einer weiteren(?) *wḥr.t*-Werft mit dort angestellten *ḥmww.w* – „Handwerkern" und *mḏḥ.w* – „Tischlern". Quelle hierfür ist das Verso von Pap. Cairo JE 95675 mit dem Totenbuch eines *Nb-m-tr.t* auf dem Recto. Dessen Rückseite trägt erkleckliche Reste von Auszügen aus Versorgungslisten einer solchen Institution und dem dort beschäftigten Personal, wozu auch zahlreiche *ḥm.w* – „Diener; Sklaven" zählen. Lesbar gemacht hat diese Urkunde HELCK† in einem Appendix zu I. MUNRO, *Totenbuchhandschriften der 18. Dynastie im Ägyptischen Museum Cairo. Mit einem Beitrag von Wolfgang Helck. Textband* (1994), 195-204: dort: 198 VI.5; *Tafelband*, Taf. 70 = JE 95675c. Datiert wird diese Urkunde aus einer staatlichen Scheunenverwaltung von HELCK in die Jahre 10-15 unter Hatschepsut, nicht zuletzt wegen der darin vorkommenden Namen Senenmut und Minmose. Da der Papyrus in einem Grab in Saqqara gefunden wurde, könnte es sich bei der Werft um die gleiche oder eine der in Pap. BM EA 10056 genannten memphitischen *wḥr.t* – „Werften" von Peru-nefer handeln. Und da diese neu hinzugekommene Urkunde aus dem gleichen Milieu um Jahrzehnte vor dem BM-Papyrus datiert, bietet sich zudem ein paläographischer Vergleich an.

[107] Nebenbei erscheint in dem PN *Pȝ-nmw* – „Der-Zwerg" das im Hieratischen äußerst seltene entsprechende Determinativ eines Zwerges ▭, auch ohne zusätzliches 𓀎 (rt. 14.4 u. *pass.*) auf Taf. I bei GLANVILLE; dieser Name ist m.W. bislang weder bei RANKE,

diene hier das auf Taf. I zweimal belegte Wort für den Schiffsteil *wnḫ.w* –
„Planke":

Abb. 50: *wnḫ.w* in Pap. BM EA 10056 rt. 5.5 (li. Schreiber A) und rt. 14.3
(re. Schreiber B) – Courtesy Trustees of The British Museum[108]

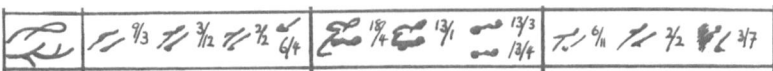

Abb. 51: Die gleiche Determinativgruppe in GLANVILLEs Faksimiles
(li. und re. von A und Mitte von B)[109]

Verglichen mit derjenigen Paläographie sämtlicher Ahmose-Briefe (s.o.) ist die
der Werfturkunden eine für die fortgeschrittene 18. Dyn. typische und wirkt
weniger klobig und ist buchstäblich weniger dick aufgetragen, mit flotter Binse
geschrieben sozusagen. Dass Pap. BM EA 10056 nach GLANVILLE aus derselben Aktenstube wie das – vermeintliche – Verso des Pap. St. Petersburg (alias
Leningrad) 1116 B stammen könnte, sei nur am Rande erwähnt.[110] Das Recto
jener Handschrift trage Akten in gleicher Paläographie wie der Werftpapyrus
aus dem British Museum. Diese Behauptung harrt allerdings noch immer einer
vergleichenden Autopsie an den Originalen.

Am Ende seiner Vorbemerkungen zu Schrift und Herkunft des Papyrus bekennt
GLANVILLE freimütig, dass er die kurz nach Fertigstellung seiner Transkriptionen von GARDINER aufgestellten Regeln über „The Transcription of New Kingdom Hieratic"[111] nicht mehr eingearbeitet habe, denn „it seemed scarcely worth
while to make the extensive alterations necessary to conform with his usage,

---

*Personennamen* I/II, noch in den von M. THIRION in: *Rd'É* vorgelegten Nachträgen & Korrekturen zu Ranke, *PN*, verzeichnet, auch nicht bei G. Vittmann, *„Riesen" und andere riesenhafte Wesen in der Vorstellung der Ägypter* (1995), 10, 16f. oder in seinem Index von
Personennamen auf S. 85.

[108] Li. und re.: S.R.K. GLANVILLE, in: *ZÄS* 68, Taf. I.

[109] In: *ZÄS* 66, Taf. 1* Fig. 2.

[110] S.R.K. GLANVILLE, in: *ZÄS* 66, 107 und pass., zitiert die Recto- und Verso-Seite von Pap.
Leningrad 1116 B falsch. Ihm geht es bei seinem Schreiberabgleich mit Pap. BM EA 10056
um die jeweiligen Akteneinträge, aber an keiner Stelle um die Hand der Kopie von Nefertis
Prophezeiung. Richtiggestellt hat die Zuweisung Recto = Akten und Verso = Neferti G. Po-
SENER, *Littérature et politique dans l'Égypte de la XII^E dynastie* (1956), 145 Anm. 1.

[111] In: *JEA* 14 (1928), 48-55. Dieser Artikel sollte von allen Anfängern im NR-Hieratisch
gründlich studiert werden, ganz gleich, mit welchem Genre man es zu tun hat. Wir werden
ihn in Kap. 15 kurz skizzieren.

although I was attempted to do so".[112] Diese Entschuldigung soll hier nicht kommentiert werden, was zu tun bliebe, wäre eine neue Transkription der von ihm vorgelegten Akten entlang den GARDINER'schen Vorschlägen anzufertigen. An dieser Stelle genüge der Hinweis GARDINERs, für sämtliche Hieratogramme diesen so nahe wie möglich kommende hieroglyphische Pendants zu finden und in der Transkription zu verwenden, also z.B. 𓅀 (G7) anstatt 𓀭 (A40) zu umschreiben. Hieratische Texte verwenden den Sitzenden-Gott-mit-Bart überwiegend in religiösen Handschriften, Akten und literarische Texte begnügen sich mit dem Falken-auf-Standarte, der aus nur zwei Strichen besteht.

Manche Dokumentaria haben lange Zeit ein Schattendasein in der ägyptologischen Papyrologie fristen müssen, insonderheit dann, wenn sie auf dem gleichen Schriftträger von vermeintlich interessanteren oder wichtigeren Texten umgeben oder überschrieben sind. So auch geschehen im Falle einer Notiz über Holzlieferungen auf der sog. Berliner Lederhandschrift (P. 3029) aus der Zt. Amenhoteps' II. Zum Zwecke der Übertragung einer Bauinschrift Sesostris' I.[113] von Leder auf Stein wurden die „profanen" Texte größtenteils abgerieben (> Palimpsest), und im Verhältnis zu den Akten erscheint die Bauinschrift um 180° gedreht, eine Praxis, die wir bei solchen nachträglich auf ein und derselben Kolumne eingefügten Texten in Pap. Brooklyn 35.1446 (s.o. Kap. 12) kennen gelernt haben. Allerdings war auf jener Rolle keine „Literatur" im Spiel.

---

[112] In: *ZÄS* 66, 109.
[113] Dazu zuletzt B. HOFMANN, *Die Königsnovelle. „Strukturanalyse am Einzelwerk"* (2004), 58-73.

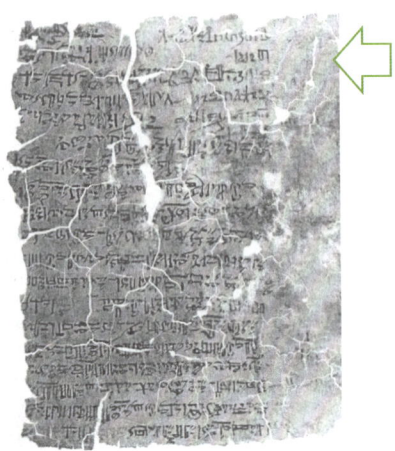

Abb. 52: Pap. Berlin P. 3029: Abrechnung über Holz oben rechts,
auf dem Kopf stehend dazu Teile der Bauinschrift Ses. I. (> Pfeil)[114]

In einem kurzen Beitrag kann ALI drei bislang in falscher Reihenfolge angeordnete Fragmente einer „Gottesopferausgabe an einen Bürgermeister" korrekt
arrangieren, so dass sich eine fortlaufende Liste von zumeist Teilen eines Rindes ergibt.[115] Zu finden ist diese Liste auf Pap. Kairo CG 58078 aus der 18.
Dyn., die hohe Jahreszahl „53" kann nur auf Thutmosis' III. letztes Jahr bezogen werden. Damit wäre diese Urkunde nur ein Jahr jünger als das Werfttage-
buch auf Pap. BM EA 10056; s. Alis Abb. 3-4 auf S. 5-6.[116] Allerdings bringt
er kein Photo der Handschrift, sondern nur sein Faksimile der drei Fragmente.
Aus Platzgründen reproduziere ich hier nur das oberste Fragment mit der Datierung:

---

[114] M. MÜLLER, „Die administrativen Texte der Berliner Lederhandschrift", in: E. BECHTOLD
*et al.* (Hgg.), *From Illahun to Djeme. Papers Presented in Honour of Ulrich Luft* (2011),
173-181 mit 2 Abb.
[115] „Der Papyrus Kairo CG 58078 – Ein Teil von Papyrus Boulaq 11?", in: *Ling Aeg* 5
(1997), 1-12; Zitat dort S. 1.
[116] Weshalb ALI nicht auf die – unproblematische – Zuweisung dieses extrem hohen Regie-
rungsdatums eingeht, vermag ich nicht abzuschätzen. Es kommt kein anderer König der 18.
Dyn. in Betracht und Thutmosis III. stirbt am 30. des 3. Peret-Monats in seinem 53. Jahr.

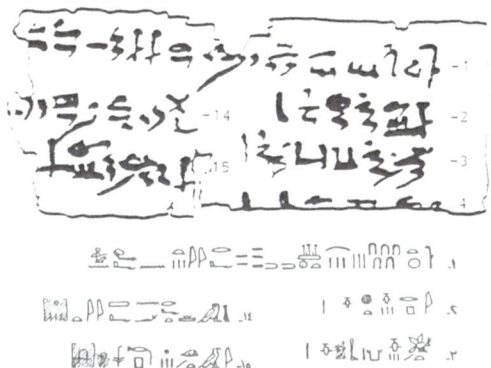

Abb. 53: Pap. Kairo CG 58078. oberstes Fragment in Faksimile und Transkription[117]

So verdienstvoll dieser kleine Beitrag auch ist, es versteht sich von selbst, dass ein Faksimile allein nicht die Grundlage für weitere paläographische Studien bilden kann. Es bleibt zumindest die Edition von brauchbaren Photographien abzuwarten.

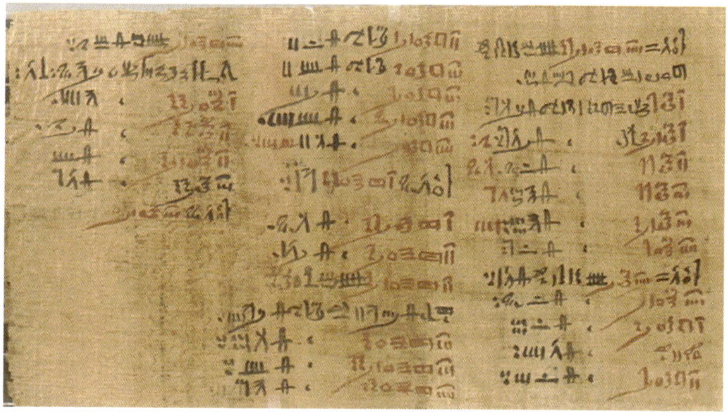

Abb. 54: Pap. Louvre E 3226 Recto Kol. I-III[118]

In diesem Zusammenhang muss unbedingt ein hervorragend erhaltenes Dokument aus der Verwaltung der Dattel- und Getreideproduktion behandelt werden, das zugleich und im Unterschied zu allen vorangegangenen Dokumenten hieratistisch gründlich, regelrecht monographisch, untersucht worden ist. Es

---

[117] M.S. ALI, *loc. cit.*, 3. Die äußerst geübte Hand ALIs in der Wiedergabe der Hieroglyphen verdient ganz nebenbei höchstes Lob und scheint an Vorbildern wie BLACKMAN (s. dessen Pap. Westcar-Transkription) und GARDINER geschult zu sein. Im Zeitalter von Computerfonts für Hieroglyphensätze und nicht länger handschriftlich erlernten und gepflegten Textkopien ist diese seine Sorgfalt umso mehr zu goutieren.
[118] S.a. M. MEGALLY, *Le papyrus hiératique comptable E. 3226 du Louvre* (1971), 27f. und Pl. LXIII.

datiert in die Jahre 28-35 Thutmosis' III. (i.e. ca. 1452-1445) und stammt vermutlich aus Theben. Angefertigt wurde dieser sog. Dattelpapyrus Louvre E 3226 in der Großen Scheune des Amun-Tempelbezirks, der ja zugleich ein riesiger Wirtschaftsbetrieb war und Ländereien samt Pächter über ganz Ägypten verstreut besaß. Die Handschrift umfasst 61 Textkolumnen auf seinen beiden Seiten und bei einer ursprünglichen Gesamtlänge von ca. 4,44 m.

Dieses Dokument ist 1971 von MEGALLY ediert und ausführlich kommentiert worden. Zu seinem Kommentar gehört insbesondere ein gut 50-seitiger Abschnitt über die Paläographie, die Synchronizität unterschiedlicher Zeichen- und Ligaturformen sowie die manuskriptinterne Entwicklung des Zeicheninventars. Ein bedeutender Punkt in seiner Argumentation dabei ist, dass die MÖLLER'sche Paläographie generell und der 2. Band speziell eine historische Entwicklung eben von Zeichen suggeriert, di es so gar nicht gegeben hat. Anders gesagt, in ein und demselben Manuskript von einigem Umfang können völlig unterschiedliche Formen ein und desselben Graphems oder einer Ligatur auftreten, die man bei getrennter Überlieferung auf verschiedenen Papyri z.B. ganz verschiedenen Epochen zuweisen würde.

Feine Beobachtungen zum abnehmenden oder zunehmenden Grad an Kursivität ein und desselben Zeichens in ein und derselben Zeile finden sich bei MEGALLY.[119]

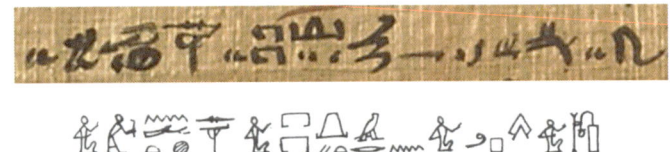

Abb. 55: Pap. Louvre E 3226 B rt. IX.2:[120]

𓀀 in unterschiedlicher Kursive: zunehmend und wieder abnehmend gegen Ende der Zeile

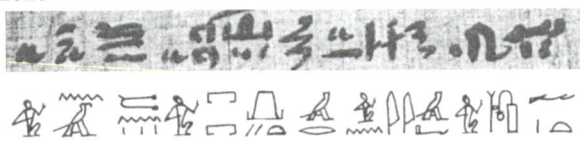

Abb. 56: Pap. Louvre E 3226 B vs. X.2:[121]

---

[119] *Considérations sur les variations et la transformation des formes hiératiques du papyrus E. 3226 du Louvre* (1971), 50-52.
[120] M. MEGALLY, *op. cit.*, Pl. XXXIX und LXXII.
[121] M. MEGALLY, *op. cit.*, Pl. LIV und LXXVI.

in unterschiedlicher Kursive: abnehmend vom 1. zum 2. Beleg
und gleichbleibend bis zum 4. Beleg[122]

Dabei gibt es keine feste Regel, nach der etwa als Determinativ eines Personennamens kursiver wäre als nach einem Titel oder *vice versa*.

## VII.  Hieratisches neben Keilschrift auf einem Textträger

Es mutet beinahe wie ein Kuriosum in der Geschichte des Hieratischen an,
wenn wir seine Verwendung auch auf ungebranntem Ton haben beobachten
können wie schon in der AR-Siedlung und Nekropole von Balat (Dachlah-
Oase; s.o. Kap. 7).[123] Dabei wurden die Zeichen mit Hilfe eines Stylus bzw.
angespitzten Knochen in die Schreibfläche geritzt, streng genommen handelt
es sich also um Graffiti im ursprünglichen Sinne dieses Wortes. Aus der Zeit
Amenhoteps' III. und IV. bzw. Echnatons haben wir gleichfalls Hieratisch auf
Ton, allerdings diesmal in schwarzer und roter Tinte auf nicht-ägyptischen Ton
fixiert.[124]

---

[122] M. MEGALLY, *Le papyrus hiératique comptable*, Pl. LXXII + XXXIX resp. LXXVI +
LV.

[123] Etwas am Rande notiert sei auch auf den Gebrauch von Ton für die Gravur eines Totenbuchspruches (151d–g) hingewiesen, dessen Schriftträger gemeinhin unter Bezeichnungen
wie „Magischer Ziegel" oder „magical bricks" firmiert; letzte Bearbeitung von C. THEIS,
„Wenn Archäologie und Philologie nicht harmonieren. Magische Ziegel, ihre Nischen und
Totenbuchspruch 151d–g", in: *ZÄS* 142 (2015), 85–95.

[124] F. HAGEN, „The hieratic dockets on the cuneiform tablets from Amarna", in: *JEA* 97
(2011), 214–216, diskutiert dort die ägyptischen Aktentermini *mity/mit.t* – „Kopie" im doppelten Sinne von „(von außerhalb erhaltene) Textkopie" und „(hier vor Ort angefertigte)
Textkopie" sowie den Vermerk *s:phr* – „kopiert". Dort findet sich auch die relevante Lit.
zum Thema. Dieser Vermerk scheint z.B. auch im Stativ *s:phr.ti* in Kolophonen zu Totenbuchhandschriften nebst anderen textkritischen(!) Termini der Zeit; s. I. MUNRO, *Die Totenbuch-Handschriften der 18. Dynastie im Ägyptischen Museum Cairo* (1994), Pl. 71 Kol.
971f, und umgekehrt in der Einleitung zu einer Textkopie erscheint *s:phr* im Kopf des mathematischen Pap. Rhind; s. G. ROBINS – C. SHUTE, *The Rhind Mathematical Papyrus an
ancient Egyptian text* (1987), Pl. 1, Kol. 3.

Auf sechs der insgesamt 350 Amarna-Tafeln mit Briefen und/oder Inventarlisten befinden sich Kopiervermerke unter Annotation eines quasi logographischen *s:ph̬r* – „kopiert; übertragen (u.ä.)":

Abb. 57: ⳲF (F40) - Faksimiles HAGEN[125]

Dabei werden wir mit HAGEN davon ausgehen dürfen, dass es sich um Vermerke über den Status von bereits als „Kopie" aus dem Ausland eingetroffenen
Briefen handelt, nicht dagegen um solche erst in Amarna angefertigte Abschriften. Dagegen sprechen auch die von HAGEN zitierten petrologischen Analysen des verwendeten Tons, die ihn als aus Mittani kommend ausweisen.

Ein erheblich umfangreicherer Gebrauch von hieratischen Vermerken auf solchen Tafeln ist aber derjenige über das Eingangsdatum auf dem linken Rand
von EA 27. Hinter diesem Kürzel verbirgt sich ein Beschwerdeschreiben des
Königs Tušratta von Mittani an Echnaton:

Abb. 58: Abb. aus: REEVES, *Echnaton*[126]

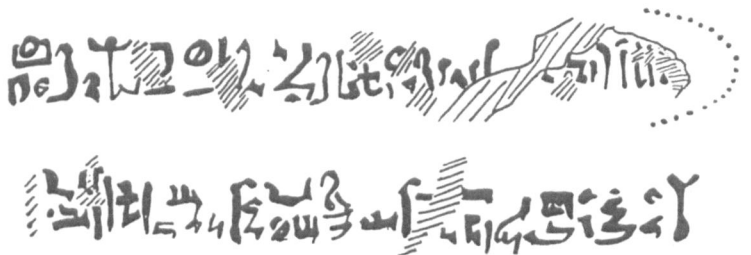

Abb. 59: Hieratische Notiz auf der Kante von EA 27

---

[125] *Loc. cit.*, 214. Die Belege sind die Tafeln EA 220, 221, 225, 262, 294 und 326. – D.
MEEKS, *Année lexicographique Tome 2* (1978), 78.3473, kann dieses Lexem auch in einer
späten Dendera-Inschrift nominal als *s:ph̬r.w* in der Bedeutung „l'écriture" nachweisen.
Zum frühesten Beleg dieser Komposithieroglyphe H.G. FISCHER, „The evolution of composite hieroglyphs in ancient Egypt", 14 Anm. 109: seit der 13. Dyn.
[126] N. REEVES, *Echnaton: Ägyptens falscher Prophet* (2001), 89 Abb. 46.

Abb. 60: Transkription der Notiz aus EA 27[127]

Dieses ägyptische Subskriptum zu einem akkadischen Text hat FRITZ ausführlich behandelt und auch eine hieroglyphische Transkription sowie Übersetzung geliefert. Letztere lautet in Anlehnung an FRITZ

> „(Jahr) 2, I. Peret, Tag (9?), als Man[128]in der Südstadt (= Theben) in der Festung Haemachet war:[129] Kopie des Naharinabriefes, welchen der Bote Pirissi (und) der Bote [Tulubri] brachte."[130]

D.h., die eingetroffene Tafel trägt ihrerseits bereits die Kopie eines Tušratta-Briefes, dessen Original in Mittani[131] verblieben ist. Historisch von einigem Interesse ist der Umstand, dass Echnaton zu diesem Zeitpunkt seiner Herrschaft

---

[127] W. FRITZ, „Bemerkungen zum Datierungsvermerk auf der Amarnatafel KN 27", in: *SAK* 18 (1991), 207-214; Abb. 59-60 dort: 212. Das Kürzel „KN" steht für den Namen KNUDTZON, den Ersthg. der Amarna-Tafeln (1915).

[128] Das unpers. Pron. *–tw* wird besonders in kursiven Texten gerne – aber nicht despektierlich(!) – mit Verweis auf den regierenden König verwendet, dabei nicht selten durch Falken-auf-Standarte determiniert. Anfänge dieses Gebrauchs finden sich bereits im MR, s. G. POSENER, *Littérature et politique dans l'Égypte de la XIIᵉ Dynastie* (1956), 11; 12 und 55 Anm. 4. Davon ist allerdings der letztere Verweis auf sein Vorkommen in der Prophezeiung des Neferty heute chronologisch nicht mehr unumstritten, da just dieser Text von manchen Ägyptologen als Kronzeuge für eine Spätdatierung in die post-MR-Zeit datiert wird. POSENER liefert aber auf S. 55 Anm. 4 Verweise auf authentische MR-Belege für diesen individualisierenden Gebrauch von -*tw*. – Zur keilschriftlichen Wiedergabe der neuägyptischen Form im Präsens I *tw=tw* s. E. EDEL, *Ägyptische Ärzte und ägyptische Medizin am hethitischen Königshof. Neue Funde von Keilschriftbriefen Ramses' II. aus Boğazköy* (1976), 97: dort steht dann explizit das Sumerogramm LUGAL für akkad. *šarru*.

[129] Zu solchen Vermerken über den Aufenthaltsort Pharaos zum Zeitpunkt der Niederschrift von Urkunden s. F. HAGEN, „On some movements of the royal court in New Kingdom Egypt", in: J. VAN DIJK (Hg.), *Another Mouthful of Sand. Egyptological Studies in Honour of Geoffrey Thorndike Martin* (2016), 155-181. Nach den bei ihm versammelten Quellen hält sich Pharao stets auf ägyptischem Boden auf. In demotischen Urkunden dagegen, z.B. auf Ostraka aus der Tiernekropole von Nord-Saqqara, wird mitunter auch auf seine Abwesenheit im Ausland hingewiesen: *p3 bl Kmy* – „der (gerade) außerhalb Ägyptens weilt"; s. J.D. RAY, *Texts from the Baboon and Falcon Galleries. Demotic, Hieroglyphic and Greek Inscriptions from the Sacred Animal Necropolis, North Saqqara* (2011), 230. Z. 7 der Inschrift.

[130] Die Namen der Boten sind hurritische und der 2. kann aus internen Beobachtungen an EA 27 ergänzt werden.

[131] Naharina ist der semitische Name dieses Landes = „Die-beiden-Flüsse" = Euphrat-und-Tigris, später aramaisiert als *Naharaim*.

noch in Theben residierte, die internationale Diplomatie aber bereits über das „Auswärtige Amt" in Amarna als Zielort informiert gewesen sein muss.

Nebenbei ist die Transkription des Zeichens 𓊡 (M24) durch 𓇆 (M26) nicht ganz korrekt, ein Versehen, dass schon altägyptischen Schreibern dann und wann unterlaufen ist.

Schließlich haben sich Schreiber in Amarna in der Interpunktion von keilschriftlich geschriebenen Mythen mittels roter und schwarzer Punkte geübt. So sind die Kopien des *Mythos von Adapa und dem Südwind* (EA 356) sowie von *Nergal und Ereškigal* (EA 357) mit zumeist roten „Verspunkten" versehen, wie das bei ägyptischen Literaturwerken auf Papyrus seit der späten 12. bzw. frühen 13. Dyn. allmählich in Gebrauch kam. Damals noch auf imaginären oder tatsächlichen Zeilenlinien angebracht, wandern diese Punkte spätestens bis zur 18. Dyn. in die Höhe und kommen nun oberhalb des letzten Wortes eines Verses oder Verskolons zu stehen (s.o. Kap. 13). So eben auch geschehen auf den Tafeln EA 356 und 357.[132] Auch dort koinzidieren sie laut Isre'el entweder mit „metreme boundaries" (S. 47) oder „points come not only at word or metreme ends, but sometimes also elsewhere, notably at morpheme boundaries. In ll. 43-46, the red points have been overpainted with black ink." (S. 55). Dieses aus ägyptischer Schreiberpraxis stammende Verfahren dürfte von akkadischen Muttersprachlern adaptiert und, sprachlich geringfügig modifiziert, auf ihre eigenen Werke übertragen worden sein.[133]

Kurz zusammengefasst kann man sagen, dass mit den administrativen Ostraka aus Theben-West und besonders dem Pariser Dattel-Papyrus der Übergang vom Mittelhieratischen (bis zum Ende der 2. Zwzt.) hin zum Neuhieratischen allmählich vollzogen wird. Das zeigt sich auch an Orthographien bzw. veränderten Graphien altbekannter Wörter, auf die hier nicht *en détail* eingegangen werden kann. Zudem dürfte der quantitativ erheblich umfangreichere Schriftgebrauch in der Verwaltung als im zeitgleichen „Literaturbetrieb" Trends gesetzt haben und nicht die poetische Freizeitgestaltung einiger weniger Schreiber und/oder Priester. Der Einfluss der neuägyptischen Grammatik in Sachen Syntax, Verbalmorphologie und Vokabular steigt ebenfalls.

---

[132] S. S. ISRE'EL, *The Amarna Scholarly Tablets* (1997), 46f. und Pl. X IX-XXII bzw. XXIII-XXX.

[133] Es sind übrigens die bislang einzigen Belege für die Punktierung oder Interpunktion akkadischer Literatur. Aus dem vorderorientalischen Raum ist diese Praxis nicht bezeugt.